하이컬처의역사

A HISTORY OF THE ROMAN PEOPLE

하이켈하임 로마사

프리츠 M. 하이켈하임 지음 | 김덕수 옮김

현대
지성

차례

11. 서방에서의 로마의 제국주의 (기원전 200~133) ···························· 247

12. 전쟁과 제국주의가 로마의 국내 정세에 끼친 영향 ···················· 261

13. 로마의 문화 (기원전 300~100) ······························· 292

제3부 공화정 후기

18. 카이사르의 등장(기원전 60~52) ·················· 419

19. 카이사르의 승리와 몰락 (기원전 50년대 중반 ~ 44) ··············· 436

제4부 초기 로마 제국

30. 서기 첫 두 세기의 로마 문화와 사회 ················· 741

제5부 로마 제국의 변형과 해체

41. 후기 로마 제국의 생활과 문화 (서기 337~565) 977

42. 로마 멸망의 문제 999

부록

머리글

맨 처음 이 책을 구상한 프리츠 M. 하이켈하임(Fritz M. Heichelheim)은
이 책 초판이 출판된 뒤 불과 여섯 해만에 타계하셨다. 이 책이 그뒤로 스무
해가 넘도록 재쇄를 거듭하며 남았다는 사실이 이 책의 어떠함을 말해 준다.
이 사실만큼 이 책을 구상한 분께 바칠 더 훌륭한 찬사가 떠오르지 않는다.
그러나 지난 20년 동안 고대 로마에 대해서는 고전학과 역사학 분야에서 유
난히 역동적인 연구가 펼쳐졌다. 새로운 사실들이 발견되었고, 자료들에 대한
색다른 해석들이 개진되었으며, 강의실에서 강조하는 점이 변하였다. 그러므로
「로마인들의 역사」를 시대의 흐름에 맞게 유지하기 위해서 개정판 출판이 필
요했다.

이전 판의 특장 중 하나는 수준을 떨어뜨리지 않은 채 미국의 보통 대학생
들이 쉽게 읽을 수 있는 문체를 사용했다는 점이었다. 이 특장은 개정판에서
도 그대로 살렸다. 그러나 장들을 좀더 세분하여 배우는 이들이 새로운 자료
를 소화하는 데 겪는 어려움을 줄이고 가르치는 이들이 하루분 강의로 쉽게
사용할 수 있게 했다. 아울러 개별 장들 안에서 그리고 장들 사이에서 해설을
좀더 강조했다. 이로써 우리가 바라는 것은 로마사의 장구한 세월 동안 발생
한 변화와 발전에 대해서 학생들이 그 이유를 좀더 깊이 이해하고 강의실에서
좀더 심도 있는 논의가 이루어질 수 있도록 더 탄탄한 기초를 제공하려는 것
이다. 그러면서도 책을 이전 판처럼 연대기 순으로 구성하고 오히려 이런 구
성 형식을 부각시킨 이유는, 순수히 주제적 접근법을 사용할 경우 대다수 대
학생들이 혼동하지 않을 만큼 로마사의 기초 자료에 익숙하지 못하기 때문이
다.

이런 틀 안에 이전 판의 골격이었던 정치·경제적 문제들과 아울러 사회사

와 문화사에 관한 자료를 좀더 많이 첨가했다. 개정 판에서도 문학 논의 부분에 로마 저자들의 글을 인용하지 않은 점을 두고 애석해 하는 분도 더러 계실 것이다. 그러나 방대한 저서의 한 문맥에서 따온 인용문이란 그 저서를 잘 모르는 학생들에게는 뜻이 잘 통하지 않는다. 그래서 서로 관련된 저서들을 대놓고 바라볼 수 있는 적절한 해석 배경을 제시하는 게 더 실용적이라고 판단했다.

지면과 비용 때문에 전체 삽화 수를 줄일 수밖에 없었던 것은 유감스러운 일이다. 예술과 건축 논의 부분에서는 아쉬움이 더하다. 하지만 본문만큼은 기본 원칙들을 좀더 자세히 파악하게 해줌으로써 강의 시간의 슬라이드나 삽화의 효과를 배로 더해주리라 믿는다. 반면에 고대 세계에 친숙하지 않은 학생들의 이해를 돕기 위해서 역사 사건들의 지리적 배경이 되는 지도의 수는 상당히 늘렸다. 마지막으로, 이 개정판은 시대 범위를 콘스탄티누스의 죽음부터 유스티니아누스의 죽음까지 2백 년이 넘게 확대해서 잡았다. 이렇게 한 이유는 콘스탄티누스 이후에야 비로소 제국이 해체 과정에 접어들었고, 유스티니아누스가 서방의 기존 국경선을 되찾는 데 실패한 뒤에야 비로소 동방과 서방 간의 분열이 고착되었기 때문이다.

이 기회를 빌어 과거에 우리를 가르쳐 주신 모든 분들과, 수년간 우리 사상의 공명판이 되어 준 학생들과 동료 교수들께 감사를 드리고 싶다. 우리 원고를 꼼꼼히 읽어 주시고 처음부터 끝까지 개선할 점을 제시해 주신 헌터 대학의 사라 B. 포메로이(Sarah B. Pomeroy) 교수와 브라운 대학교의 커트 A. 라플롭(Kurt A. Raaflaub) 교수께 각별한 감사의 뜻을 전한다. 마지막으로 출판사 직원들과 특히 편집자 스티븐 돌핀(Steven Dalphin)과 세레나 호프먼(Serena Hoffman)의 인내와 협조와 지지에 깊은 감사를 드린다.

세드릭 A. 요(Cedric A. Yeo)
앨런 M. 워드(Allen M. Ward)

제1부

로마 이전 시대의
이탈리아와 로마의 등장

1

초기 로마와 이탈리아의 토대

대다수 사람들이 로마를 기억하는 주된 이유는 그 위대한 제국이 문명으로써 그리고 결국에는 그것의 해체로써 현대 서방 유럽 국가들과 그들이 세운 문명의 발전에 방대한 영향을 끼쳤기 때문이다. 그러나 로마 제국과 그 문명이 어떻게 수립되었는지를 이해하려면 먼저 로마가 선사 시대 이탈리아의 원시 촌락의 상태에서 이탈리아의 모든 인구를 포괄한 연방 형태의 도시 공화국으로 발달할 때 힘입은 지리적·인구학적·종족적 조건들을 이해할 필요가 있다. 로마인들은 그렇게 발달하는 과정에서 획득한 자원들과 시야를 가지고 서유럽의 상당 지역과 고대 근동의 많은 지역, 그리고 북아프리카의 대부분 지역을 정복하여 그 지역들을 단일 정치 및 문화권으로 통일했다.

지리. 기원전 750년경, 고고학 증거에 따르면 로마의 터에 훗날 도시의 중심부가 될 촌락이 형성되고 있을 무렵에, 이탈리아에서는 선진 문명이 이제 막 걸음마 단계에 접어들어 있었다. 동쪽에서는 그리스와 크레타와 에게 해 섬들이 미노아 인들과 미케네 인들의 주도로 대략 기원전 2000년부터~1200년까지 찬란한 선진 문명의 시대를 향유한 뒤였고, 그 지역들은 다시 그보다 더 오래 전에 문명의 중심지들이었던 고대 근동과 이집트에 근접해 있었다. 문명의 영향이 서쪽을 향해 이탈리아로 퍼져나가기까지는 시간이 좀더 오래 걸렸다. 하지만 초기의 이러한 지리적 불리에도 불구하고 이탈리아는 지리적으로

기원전 6세기 이탈리아

Italy
in the 6th Century B.C.

Areas dominated by
Greeks
Etruscans

지중해와 그 동쪽 연안의 유서깊은 문명의 중심지들을 지배하기에 유리한 조건을 갖추고 있었다.

첫째, 이탈리아 반도는 유럽 대륙에서 지중해 한복판을 향해 남서쪽으로 1200km를 내닫는다. 그러므로 이탈리아 반도와 그 지질학적 연장인 시칠리아섬 — 이 섬은 반도와의 사이에 협소한 메사나(메세나, 메시나) 해협만 두고

있고, 북아프리카와도 물길로 140km밖에 떨어져 있지 않다 — 은 지중해 동
서 연안을 잇는 해상로들과 연안 지역들을 군림하듯 내려다 보는 위치에 있었
다. 따라서 북쪽과 서쪽에서 더 큰 세력이 일어나기 전에 이탈리아를 장악한
세력은 전략적·경제적으로 지중해 세계 전체를 지배하기에 이상적인 위치를
차지하고 있었던 셈이다.

둘째, 이탈리아는 단일 도시가 이탈리아 전체를 통일하고 그 전략적·경제
적 이점들을 해외에서 이용할 만큼 강력하게 만들어 준 내적인 지리적 이점들
을 갖고 있었다. 비록 아펜니노 산맥이 아드리아 해를 따라 거대한 활 모양을
이루며 북서쪽에서 남서쪽으로 반도를 길게 양분하며 내닫다가 티레니아 해
를 따라 남서 해안으로 방향을 틀지만, 이것은 내부 통일에 중대한 장애가 되
지 못한다. 평균 높이가 해발 1200~1800m인 이 산맥은 중간중간에 교통이
수월한 통로가 여러 군데 뚫려 있다. 더욱이 이탈리아와 시칠리아의 평야들은
지중해 세계에서 가장 면적이 넓고 비옥한 농경 지대였다.

북쪽과 북서쪽이 알프스 산맥에 가로막히고 남쪽이 아펜니노 산맥에 가로
막힌 이탈리아의 북부, 즉 대륙 쪽 지역은 포 강과 아디제 강이 적시고 흐르
는 광활한 충적토 평야이다. 아펜니노 산맥과 티레니아 해 사이에 펼쳐진 서
쪽 해안은 에트루리아, 라티움, 캄파니아를 이루고 있는 드넓은 평야로서, 과거
의 지질학 시대에 활동한 여러 화산들에서 분출된 화산재와 풍화된 용암 층
때문에 매우 비옥하다. 이 평야를 적시며 흐르는 아르노 강, 테베레 강, 라리스
강, 볼투르누스 강은 고대에는 작은 배들이 쉽게 오르내렸고, 그러면서 해안과
내륙 사이에 편리한 교통과 통신을 제공해 주었다. 이 비옥한 평야는 베르길
리우스(Vergil)의 표현을 빌자면 이탈리아를 "사람들의 어머니" 곧 고대 군사
력의 주원천으로 만든 밀집된 인구를 먹여 살렸다.

삼림과 광물 자원. 이탈리아에는 다른 값진 자원들도 풍부했다. 고대 이탈리
아는 현대의 표준으로 보자면 부유한 편이 아니었지만 당시의 표준으로 보자
면 부유했다. 광활한 삼림은 기원전 1000년 말에 크게 벌목되기 전까지 연료
와 선박·건축용 목재를 위한 충분한 나무를 공급했다. 가장 풍부한 광물 자
원은 건축용 석재 — 화강암, 사암(砂巖), 대리석, 현무암, 석회화(石灰華) 형태

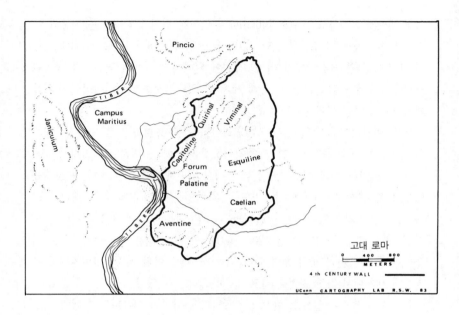

의 석회암, 시멘트 용 화산회(火山灰) — 였다. 에트루리아는 이런 자원들을 소유했을 뿐 아니라 고대 경제에서 중요한 금속들도 풍부히 매장된 지대였다. 에트루리아는 납, 아연, 수은, 구리, 주석을 생산했고, 엘바 섬에 있는 고대 이 탈리아의 철광석 대부분을 관장했다.

로마의 터. 지리적으로 로마는 이탈리아를 통일하고 자원과 전략적 위치를 십분 활용할 수 있는 이상적인 터에 자리잡았다. 천혜의 자연 조건을 지닌 서 해안 중앙에서 테베레 강을 따라 24km 올라간 라티움 북쪽 가장자리가 그곳 이었다. 이곳에서는 테베레 강이 강 복판에 떠 있는 섬에 가로막혀 더디 흐르 며, 이 섬이 강 어귀에서 가장 가까운 1차 교두보를 제공한다. 아울러 이 지점 에서 일곱 개의 언덕이 강 동편 둑에 해발 60∼90m의 높이로 솟아 있어 방어 를 용이하게 한다. 테베레 강에 가장 근접한 언덕은 카피톨리누스, 팔라티누스, 아벤티누스 언덕들로서, 각각 계곡에 의해 분리되어 있다. 동쪽으로 더 가다보 면 네 개의 언덕이 활 모양으로 이 언덕들을 두르고 있는데, 그 명칭은 퀴리 날리스, 비미날리스, 에스퀼리누스, 카일리우스이다. 이 일곱 언덕 위에 후대의 도시 로마가 들어섰다. 강 건너에 있는 다른 두 언덕인 야니쿨룸과 바티칸도 결국에는 로마에 복속되었다.

고대 로마인들은 도시 로마가 위대하게 된 공로를 대부분 테베레 강에 돌렸다고 한다(리비우스 5. 45. 5). 테베레 강만 중시했다는 게 과장일 수도 있지만, 어쨌든 그 강은 중요했다. 초기에 테베레 강과 그 계곡은 해안에서 중앙 이탈리아로 소금을 운반하는 데 중요한 루트였다. 로마는 테베레 강 어귀의 모래톱 때문에 지중해의 주요 항구는 되지 못했으나, 결국 이탈리아에서는 가장 큰 포구(浦口)가 되었다. 로마는 대양의 주요 항구는 되지 못했어도 해상 공격으로부터 안전했고, 테베레 강은 북쪽에서 밀려오는 침공을 저지하는 장벽 역할을 했으며, 그 계곡은 로마 군대로 하여금 중앙 이탈리아에 쉽게 접근할 수 있게 해주었다.

로마는 리비우스가 언급했듯이 "도시로 성장할 조건을 두루 갖춘 독특한 터"를 갖고 있었다. 주변에 아주 단순한 연장으로도 캐내 가공할 수 있는 석회화, 응회암, 온천 침전물 등 좋은 건축 자재들뿐 아니라 도로 포장에 쓰이는 포석(selce)과 시멘트 제조에 쓰이는 화산회까지도 널려 있었다. 앞서 언급했듯이, 로마는 테베레 강의 한복판에 섬을 두고 있어서 강 위에 매우 수월하게 다리를 놓을 수 있었다. 로마는 이탈리아 중앙에 자리잡고 있는 지리적 위치 때문에 반도를 동서남북으로 잇는 주요 교통로들의 요충지가 되었고, 이런 유리한 교통 여건에 힘입어 로마 군대는 최소한의 노력으로도 어느 방향으로든 마음대로 공격할 수 있었다. 일곱 언덕은 적군의 이동을 관측할 수 있게 해주었고, 언덕들이 서로 근접해 있음으로써 여러 촌락 공동체들이 단일 국가로 융합하고 결국에는 이탈리아에서 가장 넓고 인구가 많은 국가가 되기에 용이했다. 포구(浦口)로서, 가교 도시로서, 교통 요지로서, 교역과 인구를 끌어들이는 자석으로서, 로마는 천혜적으로 이탈리아의 수도가 되고, 이탈리아에서 중심적인 위치와 대 인구를 거느리고, 지중해 제국의 좌소가 될 만한 여건을 갖고 있었다[참조. Cary, *Geographical Background of Greek and Roman History*, pp. 132-133].

로마 이전 시대의 이탈리아 주민들. 인구는 정치적·문화적 힘의 원천으로서 결코 무시할 수 없는 또 하나의 요인이다. 로마 공화정이 시작할 무렵 (기원전 약 500년경) 이탈리아의 인구는 수천년을 거슬러 올라가는 다양한 민족과 문화 유산의 산물이었다. 로마인들은 초기의 전설들에서 이러한 다양성을 일부 인정했다. 그 전설들은 예를 들어 로물루스(Romulus)가 이탈리아 전역을 대상으로 망명자들과 추방자들을 위한 피난처를 세움으로써 로마에 정착민들을 끌어모은 경위와, 이 사람들이 이웃의 사비니 인에게서 여자들을 탈취하여 아내를 삼은 경위와, 타르퀴니우스(Tarquin)라고 하는 에트루리아 이주민이 로마의 제5대 왕위에 오른 경위, 그리고 강력한 사비니 인과 아투스 클라디우스(Attus Cladius)와 4천 명에 달하는 그 친족과 식솔들로 구성된 그의 씨족이 로마에 힘을 보태고 그 대가로 시민권을 얻은 경위를 말했다.[1]

신석기 시대와 청동기 시대의 종족들, 기원전 3000~1000년. 이주민들은 선진 문명에 필요한 기본적인 요소들을 기원전 3000년 무렵부터, 그러니까 신석기 시대 농민들이 아드리아 해를 건너 남동부 해안에 정착하고, 그곳에 밀·보리 경작과 소·양 사육을 보급할 때부터 이탈리아 반도에 가지고 들어오고 있었다. 기원전 1800년경에는 중앙 유럽에서 온 사람들이 포 강 계곡에 도착하여, 구리와 주석을 융해하여 청동을 만드는 기술을 보급함으로써 이탈리아에 청동기 시대를 열었다. 그 합금은 돌과 구리로 만든 것보다 더 날카롭고 단단한 연장과 무기를 만드는 데 사용되었다.

이탈리아 청동기 시대에서 가장 잘 알려지고 가장 흥미를 끄는 종족은 오늘날 헝가리에 해당하는 땅에서 기원전 1700년경 이탈리아 북부로 이주하였다. 이들은 오늘날 그 지역 농민들이 이 지역 터에 산적해 있는 썩은 쓰레기 더미에서 파내곤 하는 테라마라(검은 흙)를 근거로 테라마리콜리 인 (Terramaricoli)이라 불린다. 테라마리콜리 인은 의미심장한 기술과 문화적

---

1) 리비우스(2. 16. 4)는 그의 이름을 아티우스 클라우수스(Attius Clausus)로 밝히지만, 아티우스와 클라우디우스는 고대 비명(碑銘)에 나타나는 대로 둘 다 초기의 사비니 인의 이름이며, 로마의 클라우디우스 씨족 창시자의 정확한 이름일 것이다. 그의 후손들 중에서 아투스라는 이름은 라틴 식으로 변해 아피우스(Appius)가 되었다.

특징을 가지고 왔는데, 그들은 이것에 힘입어 북 이탈리아와 중앙 이탈리아의 다른 종족들보다 분명한 우위를 점하게 했다. 그것은 우월한 밭 작물(아마(亞麻), 콩, 두 종류의 밀) 생산력과, 가축(소, 양, 돼지, 말) 사육, 도자기 제조 기술과 재능, 그리고 청동 주물 기술, 낫, 도끼, 끌, 단검, 장검 같은 연장과 무기 제조 기술이었다. 마지막으로, 그들은 이탈리아에 화장(火葬) 관습을 보급했고, 아마 인도유럽어를 보급한 듯하다.[2]

결국 테라마리콜리 인은 소규모 무리를 지어 이오니아 해를 지나 서해안과 남동해안으로 이탈리아에 들어온 반(半)유목민들, 즉 아펜니노 문화권 사람들과 합류했다. 이 사람들도 인도유럽어를 말한 듯하며, 이들이 역사 시대의 아펜니노 부족들에 의해 언급된 사람들의 조상이 되었다. 이들은 테라마리콜리 인과 밀접한 상업적·문화적 관계를 맺었고, 그들의 영향을 남쪽으로 보급하는 데 이바지했다.

초기 철기 시대 종족들, 기원전 1000~750년. 빌라노바 인(the Villanovans) 은 기원전 1000~800년에 이탈리아가 청동기 시대에서 철기 시대로 이행하도록 해주었다. 빌라노바 문화는 그 문화의 가장 전형적인 형태가 발견된 빌라노바(볼로냐에서 북서쪽으로 8km 떨어진 작은 마을)에서 그 이름을 취했다. 빌라노바인들은 측면이 둥근 오두막을 지었고, 시신을 화장했고, 그 재를 높은 뿔옹기(처음에는 점토로, 나중에는 청동으로 제작함)에 담았다. 납골 옹기는 손으로 빚은 것으로서, 연기로 검게 그을렸고, 겉에 뇌문(雷汶), 꺾쇠줄, 만(卍)자로 이루어진 정교한 기하학적 무늬를 장식했다. 위에 주발 같은 것을 엎어 놓은 이 납골 단지는 둥그런 구멍이나 직사각형 가장자리를 돌로 두른 무덤에 두었다. 각종 연장과 무기, 그리고 브로치, 팔찌, 면도칼 같은 작은 장신구들을 무덤 내부나 둘레에 두었다. 이런 물품들이 빌라노바인들의 연대와 유래를 가늠할 수 있는 주된 정보원이다.

---

2) '인도 유럽' 이라는 용어는 인도의 산스크리트 어, 페르시아어, 아르메니아어, 슬라브 방언들, 그리스어, 켈트 방언들, 게르만어, 영어, 그리스어, 그리고 그리스어에서 파생한 모든 로망스어를 포괄하는 유사 언어 계열을 지칭하는 데 쓰이는, 순전히 언어학적 용어이다.

하지만 불행하게도 결정적인 증거가 없다. 빌라노바 인이 실제로 어디서 왔는지에 관해서 아직까지도 정설로 굳어진 것이 없다. 몇몇 과학자들은 장례식의 비슷한 점들을 들어 빌라노바 인이 테라마리콜리 인의 후예라고 주장한다. 더러는 그들이 알프스 산맥을 넘고, 아무런 흔적도 남기지 않은 채 포 강 계곡을 휩쓸다가 마지막으로 볼로냐 근처에 정착했을 것으로 믿는다. 그러나 두 견해를 순수히 받아들이기 어렵게 만드는 사실이 있다. 그것은 빌라노바 인이 최초로 살았던 곳이 볼로냐 근처가 아니라 에트루리아 남부와 로마 옛터를 포함하는 라티움 북부였다는 사실이다. 이 집단이 남부 빌라노바 인이었다. 그들 중 일부가 후대에 북쪽으로 흩어진 듯하다.

남부의 빌라노바 인은 두 종류의 납골 단지를 사용했다. (1) 볼로냐에서 발굴된 것처럼 양쪽이 볼록한 전형적인 납골 단지. 주발을 엎어놓거나 깃 장식을 단 청동 혹은 옹기 투구를 얹음. (2) 오두막형 납골 단지. 작고 옆면이 둥그런 그들 가옥의 축소형. 그들이 살던 단지, 브로치, 칼, 면도칼의 모양과 무늬에 근거하여 최근의 고고학자들은 초기 빌라노바 인이 발칸 반도에서 아드리아 해를 건너와서 나중에 아펜니노 산맥을 넘고 결국 기원전 9세기 어느 시점에 라티움과 에트루리아에 정착했을 것으로 믿게 되었다. 그러나 증거가 매우 모호하여 많은 의문점들이 답변되지 않은 채 남아 있다.

빌라노바 인은 남부 에트루리아와 북부 라티움에서 포사 인과 이웃하여 살았다. 포사 인은 인도 유럽어 족으로서, 그들도 발칸 반도에서 유래한 듯하며, 에트루리아에서부터 서해안을 따라 남쪽으로 칼라브리아까지 뻗어 살았다. 빌라노바 인의 바로 오른쪽 지대에 살던 사람들은 똑같거나 유사한 공동묘지를 사용했으나, 시체를 화장(火葬)하지는 않았다. 그 대신 사방에 돌을 두른 긴 직사각형 구덩이(fussae, 단수, fussa)에 시체를 매장했다. 그런 이유에서 고고학자들은 그들을 포사 인이라고 한다. 포사 인의 문화는 발칸, 시칠리아, 그리스, 본토 이탈리아의 여러 요소들이 혼합된 문화로서, 남부 빌라노바 인에게 매우 강력한 영향을 끼쳤다. 그들이 쓰던 물동이는 아마 빌라노바 인의 납골 단지의 원형이었던 것 같으며, 그들이 옹기와 칼집에 새긴 무늬 — 뇌문(雷汶), 지그재그 선, 만(卍) 자, 유사 나선(false spirals), 동심원 — 는 남부와 북부의 빌라노바 인이 자유롭게 사용했다.

기원전 500년경 이탈리아의 종족 분포. 기원전 6세기 말경에는 고고학 자료에 의해서만 알려진 다양한 선사 시대 집단들이 그리스인들 같은 새로운 정착민들의 이주에 의해서 로마사의 기록 자료들에 신원이 나타나는 여러 부족으로 발전 내지 변모했다. 이 주민들이 바로 로마인들이 서로 부대끼며 살고, 또 후기 로마사 과정이 형성되는 데 이바지한 사람들이다. 그들의 이름은 다음 몇 장에서 종종 등장하는데, 여기서 개괄적으로 살펴보는 게 유익할 것이다.

리구리아 인(Ligures). 이들은 알프스 산맥, 타키누스 강, 그리고 아르노 강까지 내려가는 아펜니노 산맥의 서쪽 기슭 사이에 펼쳐진 이탈리아의 북서쪽 모퉁이에 거주했다. 이들은 주로 신석기 시대 초기에 그 일대에 살던 주민들의 후손들이었으나 인도유럽어권 이민자들과 통혼했고, 그 결과 그들의 언어인 리구리아어도 인도유럽어의 한 방언으로 발전했다. 그들의 주요 도시는 제노바였지만 그들이 고도의 발전에 도달한 적은 없으며, 기원전 2세기에는 손쉬운 승리를 모색하던 로마 사령관들에게 간편한 표적이 되기 일쑤였다.

베네티 인(Veneti). 한편 아디제 강과 알프스 산맥, 그리고 히스트리아(이스트리아) 동쪽 아드리아 해에 둘러싸인 북동쪽에는 베네티 인이 있었다. 이들은 아테스티네스 인으로 알려진 초기 철기 시대 문화권 사람들의 후손이었다. 그들은 뛰어난 금속 제조업자들로서 그리스어와 매우 밀접한 인도유럽어권 방언을 말했으나 색다른 문자를 썼다.

라이티 인(Raeti). 이들은 베네티 인의 서쪽 지대인 산맥과 아디제 강 계곡에서 살았다. 이들도 분명히 인도유럽어권 방언을 말했다. 북쪽으로 밀어부치는 공세적인 에트루리아인들 때문에 산악 지대를 지키며 살 수밖에 없었다.

에트루리아 인(Etruscans). 이들은 테베레 강과 아르노 강 사이의 에트루리아(토스카나)에 거주했다. 기원전 500년경에는 이들도 아펜니노 산맥을 넘어 루비콘 강에서부터 마기오레 호수에 이르는 계곡을 차지하고 살았다. 이들은 비(非)인도유럽 어권 사람들로서 부유하고 강력한 도시 문화를 발달시켰다. 이들이 로마와 이탈리아에 끼친 영향은 지대했다. 이들에 관해서는 다음 장에서 좀더 자세히 다룬다.

피케니 인(Picentes). 이들은 중부 이탈리아, 안코나 근처의 동해안에 자리잡은 피케눔에서 살았다. 대부분 일리리아에서 밀려온 인도 유럽어권 침략자들의 후손이었던 이들은 호전적이고 독립적인 부족이었다. 기원전 2~1세기에는 피케눔의 많은 지도급 인사들이 로마에서 중요하게 되었는데, 그들 중 가장 중요한 인물은 대 폼페이우스(Pompey the Great)였다.

라틴 인(Latins). 테베레 강 이남 중부 이탈리아의 서해안에는 비옥하고 물이 넉넉한 라티움 평야가 펼쳐져 있는데, 이곳이 라틴 인의 고향이었다. 이들은 후기 청동기 시대와 초기 철기 시대에 인도 유럽어 족이 이탈리아 전역에 흩어질 때 형성된 또 다른 인도 유럽어 권 집단이었다. 이들의 방언은 아펜니노 산맥 중앙 지대에서 널리 쓰인 이탈리아어 권 가운데 하나였다. 동쪽의 아펜니노 산맥 경사면과 낮은 기복을 이루며 펼쳐진 중앙의 평야는 목축과 곡물 재배에 이상적인 지대였다. 서쪽에는 숲이 우거져 건축과 연료에 풍성한 목재를 공급했다. 따라서 라틴 인은 인구가 증가했고, 알바 롱가(기원전 600년경에 멸망), 안티움, 아르데아, 아리키아, 코라, 라누비움, 라비니움, 포메티아, 프라이네스테, 로마, 티부르, 투스쿨룸 등 여러 번성한 소도시들이 발달했다. 결국 로마는 이들 모두를 통합하게 되고, 로마를 통해서 그들의 이탈리아 방언은 세계에서 중요하기로 손꼽히는 언어가 된다.

움브로-사벨리 인(Umbro-Sabellians). 아펜니노 산맥 중앙 지대, 그러니까 북쪽으로는 산맥이 아리미눔(리미니)에서 아드리아 해에 가까이 붙은 루비콘 강에서부터 캄파니아까지 내려간 지대에는 움브로-사벨리 어라고 부르는 이탈리아 방언들을 말하는 서로 밀접한 부족들 집단이 살았다. 이 집단들 가운데는 움브리아 인, 베스티니 인, 프렌타니 인, 사비니 인, 아이퀴 인, 마르시 인, 볼스키 인, 삼니움 인이 있었다. 그들이 사용하던 이탈리아 방언들은 인도유럽어권에 포함되긴 했지만 이 방언들은 그 지역 선주민들이 쓰던 비(非)인도유럽어의 뚜렷한 요소를 간직했다. 움브로-사벨리 인은 주로 유목민이자 농민들로서, 증가하는 인구를 먹여살리기 위해서 끊임없이 더 넓은 토지가 필요했기 때문에 주변 평야들, 특히 라티움과 캄파니아에서 나름대로 영토 확장을 꾀하던 더 부유하고 더 도시화한 부족들과 빈번히 치열한 투쟁을 벌였다. 공화정 초기 로마의 대외 역사는 주로 이러한 주변 부족들, 특히 아이퀴 인, 마르시 인, 볼스키 인, 삼니움 인과 벌인 전쟁들을 중심으로 진행된다.

오스카 인(Uscans)과 이아피기아 인(Iapygians). 오스카 어를 말하는 사람들은 루카니아와 캄파니아 근방에 거주했다. 이들은 주로 초기 비(非) 유럽어 권 사람들의 후손이었다. 그런데도 삼니움 인이 점차 자기들의 영토로 이동해와 이탈리아 방언을 대대적으로 보급하기 전에도 오스카 인은 이미 이전의 인도유럽어 권 이민자들에게 영향을 받았을 가능성이 있다. 아펜니노 산맥 너머로 아드리아 해 남부와 타렌툼 만 부근에는 망라하여 이아피기아 인으로 알려진 여러 부족들이 살고 있었다. 이 부족들 가운데 하나가 마사피 인(the Massapii)으로서, 이들은 이아피기아 인의 언어인 마사피아 어에 자기들의 이름을 남겼다. 이 언어도 인도유럽어였지만 이탈리아 방언 군(群)의 일부는 아니었다.

그리스 인(Greeks). 나폴리 만에서 타렌툼에 이르는 이탈리아 남부 해안 전역에는 그리스인들이 기원전 9세기 말부터 중요한 식민시들을 설립했다. 그중 여러 도시들은 번성한 무역 중심지로서 이탈리아의 다른 부족들에게 적지 않은 문화적 · 경제적 영향을 끼쳤다. 이들에 관해서는 다음 장에서 좀더 자세히 논할 것이다.

이렇게 종족과 출신 지역이 다르고 저마다 독특한 문화 유산을 지닌 다양한 부족들이 기원전 500년경 이탈리아의 인구를 구성했다. 그러므로 이 무렵 이탈리아는 갈가리 분열되어 있었던 셈이다. 그러나 이렇게 다양한 종족들의 후손들은 평화적인 동맹으로나 혹은 대부분의 경우처럼 격렬한 정복으로 로마 국가에 흡수되면서 로마인들(Populus Romanus)로 융합되었다.

2

로마 이전 시대 이탈리아의
에트루리아인들과 그리스인들

기원전 1000년경 선사시대 이탈리아의 대다수 사람들은 상대적으로 원시적이고 미개한 상태에 있었다. 그러나 두 집단이 이탈리아에서 복합 문명이 발달하도록 깊은 영향을 끼치기 시작했다. 이들의 영향은 특히 라티움에서, 그중에서도 결국 이탈리아의 모든 인구를 통일하게 될 도시 로마에서 각별히 중요했다. 한 집단은 라티움에서 테베레 강을 건너 에트루리아에 정착한 에트루리아인들이었고, 다른 한 집단은 기원전 8세기 중엽에 라티움 서쪽에 자리잡은 캄파니아와 타렌툼 근방의 이탈리아 남해안에 정착하기 시작한 그리스 식민자들이었다. 사실상 아주 많은 그리스인들이 이탈리아 남부와 시칠리아에 정착했기 때문에 그 지역은 마그나 그라이키아(대 그리스)로 알려지게 되었다.

에트루리아. 이곳은 북쪽으로 아르노 강, 동쪽과 남쪽으로 테베레 강, 서쪽으로 티레니아 해에 둘러싸여 있다. 지리적으로는 대략 북부 절반과 남부 절반으로 나뉜다. 북부는 강을 낀 비옥한 계곡들, 평야들, 낮은 구릉으로 형성된 사암 지대 혹은 석회암 산지이다. 남부는 화산과 바람과 물의 작용으로 형성된 좀더 거칠고 험한 지대이다. 석회화(石灰華, tufa)라고 하는 부드러운 화산석이 깊은 계곡 혹은 협곡으로 깎였고, 계곡 위에는 봉우리들이나 작은 메사

(mesa. 꼭대기는 평평한 바위 지대이고 주위는 벼랑인 지형)가 펼쳐져 그 위에 초기의 여러 에트루리아 도시들이 세워졌다.

마그나 그라이키아를 제외한 이탈리아의 거의 전역에 촌락 생활이 성행할 당시에 에트루리아의 중심지들은 이미 소도시들이 되었고, 그것들 중의 일부는 규모가 큰 도시로 변하고 있었다. 이 도시들은 많은 경우 빌라노바의 터에 세워졌고, 때로는 해안에 혹은 근처의 강가에 세워졌으며(카이레〈케르베테리〉, 타르퀴니, 불키, 포풀로니아), 때로는 내륙에 세워졌다(볼시니, 오르비에토, 클루시움〈키우시〉, 페루기아, 아레티움, 파이술라이). 고대의 자료들에 따르면 에트루리아인들은 전성기에 열두 도시 국가의 동맹을 맺었지만, 도시의 이름이 자료들마다 들쭉날쭉하여 그 열두 도시의 이름을 거론하기란 쉽지 않다. 앞서 언급한 소도시들(이 소도시들은 로마인들과 투쟁한 일로 역사에 나름대로의 자리를 차지한다) 외에도, 고고학은 끊임없이 다른 소도시들을 찾고 있다.

에트루리아에 관한 사료. 에트루리아인들에 관한 현대의 지식은 대부분 그들 도시의 유적지에서, 좀더 구체적으로 말하면 그들의 무덤에서 나온다. 크기와 모양과 유형이 저마다 다른 무덤들 — 빌라노바 시대의 구덩이와 도랑 무덤, 버섯 형태에 위에 풀이 덮이고 밑에는 쪼은 돌로 두른 봉분들(tumuli), 산기슭에 세운 원형 석재 지하납골소, 바위를 깎아 만든 주랑(柱廊) 무덤 — 은 내부에 보관된 옹기, 금속 그릇, 가구, 보석, 혹은 벽화 등과 함께 에트루리아인들의 문화 생활을 엿보게 한다.

기원전 1세기와 서기 1세기에 활동한 로마 저자들은 후기 에트루리아인들의 종교에 대한 중요한 정보를 남기지만, 그 이전 시기에 관한 정보는 남아 있지 않다. 거의 만 개에 달하는 에트루리아인들의 비문들(그중 더러는 기원전 7세기까지 거슬러 올라가고, 더러는 훨씬 후대인 아우구스투스 때로 거슬러 올라간다)이 발견되었다. 에트루리아어가 충분히 해독되지는 않았지만 많은 비문들이 상당한 정도의 확신을 가지고 번역할 수 있다. 물론 이 비문들이 아직까지는 초기 에트루리아의 정치사에 관해서 많은 빛을 비춰 준 것은 아니다. 왜냐하면 비문에 단어가 서른 개가 넘는 경우가 열두 개뿐이고, 대다수가 이름들의 긴 목록, 종교적 문구, 헌사(獻辭), 시문(詩文)을 싣고 있기 때문이다.

그렇긴 하지만 그 안에 담긴 문체와 통계 형태로 미루어 그들의 사회와 종교와 문화를 어느 정도 추론할 수 있다.

에트루리아 문자의 음가(音價)는 그 문자가 나폴리 근처의 그리스 식민 도시 쿠마이에서 차용한 게 분명한 그리스 알파벳으로 기록되어 있기 때문에 파악이 가능하다. 그러나 에트루리아어를 확실하게 다른 언어와 연관지을 만큼 단어와 문장이 충분한 것은 아니다. 대다수 학자들은 그 언어가 인도유럽어도 아니고 셈족 어도 아니며, 그것이 무엇인지는 아무도 모른다는 데에 동의한다.

고대 그리스어 자료와 라틴어 자료에서 에트루리아에 관해서 알 수 있는 것은 희박하다. 그리스인들은 에트루리아인들에 대해서 지나치게 사치를 좋아한다고 비판한 것 외에는 다른 말을 남기지 않았다. 키케로(Cicero)는 그들의 종교 생활에 관해서 약간 언급하며, 리비우스(Livy)는 그들이 로마와 벌인 전쟁만 언급한다.

에트루리아인들의 기원. 에트루리아인들이 과연 어디서 유래했는가 하는 문제는 적어도 2500년간 연구와 논쟁을 발생시켰다. 그리스 사가 헤로도토스(Herodotus, 기원전 460년경)에 따르면 최초의 에트루리아인들이 기근을 피해 새로운 고향을 찾아 서쪽으로 항해한 이민자들 — 소아시아 서해안에서 온 리디아 인들 — 이었다고 한다(「역사」제1권 94). 그로부터 약 450년 뒤에 또 다른 그리스 사가 할리카르나소스(헤로도토스의 출생지)의 디오니시오스(Dionysius)는 자신의 저서 「로마 고대사」(*Roman Antiquities* 1권 25~30장)에서 상반된 견해를 제시하면서, 에트루리아인들이 이탈리아 본토인들이었다고 주장했다.

일부 현대 사가들은 에트루리아인들이 기원전 1000년 전에 중앙 유럽에서 이주해 와서 포 강 계곡에 정착했다가 나중에 에트루리아에 정착했다고 주장했다. 이 견해는 대체로 배척을 당했다. 반면에 디오니시오스의 견해를 지지하여 빌라노바인들이 외지인들과 접촉한 뒤에 에트루리아인들로 발전했다고 말하는 사람들과, 헤로도토스의 견해를 지지하여 동 지중해에서 온, 적지만 의미 있는 수의 진보된 에트루리아인들이 에트루리아 문명의 발전을 주도했다고 말하는 사람들을 뒷받침할 만한 증거는 많다.

고고학 기록은 에트루리아인들의 기원을 설명할 만한 어느 정도 규모를 갖춘 집단의 갑작스런 침공을 보여 주지 않는다. 대다수 에트루리아의 소도시들은 새 종족의 침공을 암시함직한 고고학적 유물에서의 급격한 단절이 없이 초기 빌라노바의 터나 그 근처에 나타난다. 예를 들어, 최초의 에트루리아 도시들 중 하나인 타르퀴니이(타르퀴니아)에서 볼 수 있는 서로 다른 무덤의 형태와 무덤에서 발견되는 유품의 종류는 초기 빌라노바인들의 화장(火葬)과 질박한 납골 단지 방식의 장례에서 출발하여 화장과 납골 방식이나 구덩이 매장 방식의 장례(각 경우 좀더 사치스런 유품들을 함께 묻었다)를 거쳐 최종적으로는 전성기 에트루리아 문명의 현저한 특징인, 정교하게 깎아 장식한 바위 묘실에 매장하는 일반적인 관습으로 점진적인 발전을 이루었음을 보여 준다.

반면에 이렇게 바위를 깎아 만든 묘실을 낳은 도시 문화의 발전이 에트루리아 남부에서 신속히 진행되었기 때문에, 많은 학자들은 그것이 빌라노바인들에 의해서만 이루어졌을 리가 없다고 생각한다. 이탈리아 다른 지역에 있는 동시대 빌라노바인들의 터에서는 그런 발전의 징후가 나타나지 않는다. 그러므로 기원전 750년경에 적지만 의미심장한 수의 이민자들이 문화가 한층 발달한 동 지중해를 떠나 에트루리아에 와서 살았을 가능성이 대단히 크다. 만약 그랬다면 그들은 발달한 무기와 우수한 통치 기술과 고도의 기술에 힘입어 지역 빌라노바인들 사이에서 신속히 권력과 지도력을 확보할 수 있었을 것이고, 빌라노바인들은 곧 새 문명을 받아들여 자기들 식으로 고쳐 썼을 것이다.

에트루리아의 경제. 에트루리아인들이 어디서 왔을까 하는 문제의 답이 무엇이든간에, 에트루리아 문명은 에트루리아 자체의 부유한 천연 자원이 없었다면 존재할 수 없었다. 비옥한 토지와 풍부히 매장된 광물 자원이 부의 원천이었다. 에트루리아인들은 농업, 광업, 제조업, 벌목, 상업을 통해 이 풍부한 자원을 대규모로 개발했다.

충적토가 쌓인 강의 계곡들은 내수와 수출을 위한 곡식, 리넨 옷감과 돛 제조용 아마를 생산했다. 덜 비옥한 토지들은 소, 양, 말을 사육할 만한 목초지로 이용된 반면에, 산비탈은 포도원과 올리브 과수원으로 활용되었다. 인구가 늘어나면서 정교한 배수 터널(cuniculi)과 댐 체계로 습지에서 물을 빼냄으로써 새 토지를 확보하거나 기존 토지의 부식을 막았다.

에트루리아인들은 해안에서 멀지 않은 엘바 섬의 풍부한 철광과 내륙에 매장된 구리와 주석을 개발했다. 포폴로니움(포풀로니아)에서는 엘바 섬에서 운반해온 철광석을 제련하여 철을 만들었다. 구리 채광과 제련은 볼라테라이(볼테라)와 베툴로니움(베툴로니아)에서 이루어졌다. 여러 에트루리아 도시들이 투구와 무기와 전차와 납골 단지와 나뭇가지 모양의 촛대, 거울 같은 완성된 철과 청동 제품을 수출하고, 그 대신 원자재와 사치품을 수입했다. 그들은 또한 리넨과 모직 의류, 가죽 제품, 순도 높은 금장신구, 도자기를 제조하기도 했다. 너도밤나무, 떡갈나무, 전나무, 소나무로 울창한 원시림이 에트루리아 제철소들에 땔감으로, 신전과 가옥과 가구를 위한 목재로, 그리고 전함과 상선용 목재로 쓰였다.

카르타고, 시칠리아, 코르키라, 아테네, 페니키아, 이집트와의 무역은 에트루리아인들의 이탈리아를 지중해 세계의 앞선 도시 문화들과 긴밀히 접촉하게 했다. 그것이 궁극적으로는 이탈리아에 화폐 경제와 표준 주화가 등장하는 것으로 이어졌다. 에트루리아에서 발견된 최초의 주화들은 소아시아의 그리스 도시들에서 제조한 것이다. 기원전 480년 이후에 에트루리아 도시들은 각자 자체의 은, 청동, 금 주화를 발행하기 시작했다.

에트루리아의 해외 무역은 주로 사치품과 고가품으로 이루어졌다. 그로 인해 무역과 공업 종사 계층이 재산을 모았고, 이것은 상류층 사이에 우아하고 화려한 것에 대한 취향을 자극했다. 따라서 에트루리아인들은 동시대 그리스인들 사이에서 과도한 사치로 유명했다.

에트루리아 도시들과 사회·정치적 구조. 에트루리아인들은 여러 강력한 국가들을 발달시켰고, 국가들은 각각 부유하고 강력한 중심 도시를 가지고 있었다. 그들은 도시를 건설할 때 경제적 이유에서 비옥한 계곡이나 배가 드나드는 하천 근처에 건설했고, 군사적 이유에서 절벽으로 인해 방어가 쉬운 산꼭대기에 건설했다. 처음에는 나무 울타리나 흙 누벽으로 도시를 요새화했고, 그뒤에는 흙으로 메꾼 돌벽으로 요새화했다.

성벽 내부를 들여다 보면, 에트루리아인들은 그리스인들이 시작했던 것처럼 질서정연한 격자 도면에 따라 몇몇 도시를 건설한 듯하다. 몇몇 경우에는 후기 로마 군대 숙영지의 카르도(cardo, 남북로)와 데쿠마누스(decumanus, 동서로)처럼 오른쪽 모퉁이에서 직각으로 교차되는 두 대로를 도면의 중심에 둔 듯하다. 맨 먼저 올라간 건물들은 신들을 위한 신전과 왕을 위한 궁전이었다. 그러고 나서 인구가 증가함에 따라 이면 도로들이 포장되고, 배수로가 설치되고, 대중 오락을 위한 건축물들이 세워졌다. 그리스의 도시들이 그랬듯이, 이 도시들도 기원전 7세기 이전에 테베레 강과 아르노 강 사이에서 일어난 다양한 국가들의 정치·군사·종교·경제·문화 중심지들이었다. 그 국가들을 살펴보자면, 해안을 따라서는 카이레(케르베테리), 타르퀴니이(타르퀴니아), 불키, 베툴로니움(베툴로니아), 루셀라이, 포풀로니움(포풀로니아)가 있었는데, 이상이 가장 오래된 국가들이다. 확실히 단정할 수 없는 남쪽의 베이이만 빼놓는다면, 볼시니(볼세나), 클루시움(키우시), 페루시아(페루기아), 코르토나, 아레티움(아레초) 같은 내륙의 도시들이 후대에 설립되어 에트루리아 문명의 발달과 팽창을 예시해 준다.

12개의 주도적인 에트루리아의 도시들은 주로 종교 축제를 공동으로 기념하기 위해서 동맹을 맺었다. 동맹 도시들의 질투와 그들 사이의 집요한 종주권 요구가 연방 결성에 장애가 되었고, 이로 인해 그 도시들은 훗날 자기들을 차례차례 패망시키려 했던 침공을 막아낼 수 없게 되었다. 나중에 도시들이 상황에 밀려 어쩔 수 없이 통일했지만, 때가 너무 늦었다.

초기에 에트루리아 도시 국가들의 실권은 귀족 족장들의 위원회가 자기들 중에서 선출하고 지지하는 왕의 수중에 있었다. 왕은 국가의 상징이자 군사령관이자 국가 종교의 대사제이자 자기 백성의 재판관이었다. 그는 자주색 관복을 입었고 아마 금관을 쓴 듯하며 상아로 장식한 전차를 탔다. 그가 행차하면 전령들이 앞서 가고 릭토르(lictor)들이 양날 선 도끼(권표와 함께 공의와 종교의 상징)가 달려 있는 권표(權標, fasces. 도끼를 막대기 다발로 묶은 공권력의 상징—역주)를 들고 그를 수행했다. 그렇긴 했어도 왕은 세습 군주도 절대 통치자도 아니었다. 기원전 6~5세기의 어느 시점에 귀족들은 왕에게서 정치·군사·사법의 권력을 박탈하고, 귀족들로 구성된 원로원이 지배하고 로마에서처럼 일년 임기의 선출직 행정관들이 수장이 되는 공화정을 수립했다. 국가의 실권은 어느 때나 소수의 지주 가문들의 수중에 있었다. 이들은 비옥한 땅을 광범위하게 획득 내지 탈취한 데 힘입어 토지 귀족이 되어 전사(戰士) 귀족 계층과 사제(司祭) 계층에 따르는 온갖 특권을 누렸다. 훗날 몇몇 도시들의 경우 그들은 광산, 제조업, 상업을 통해서 부와 사회적 지위를 얻은 소수의 부유한 외지인들과 권력을 분점할 수밖에 없었다. 중간 계층과 하급 계층은 소규모 토지 소유자, 상점 주인, 소규모 무역상, 장인(匠人), 해외 이민들, 유산자의 예농 혹은 노예들로 구성되었다.

에트루리아인들의 가정 생활. 초기 에트루리아 사회의 가장 현저한 특징은 고도로 발달한 가정 생활과 다소 평등했던 여성의 지위이다. 에트루리아인들의 가정 생활은 고대 세계 여러 문화권의 가정 생활과 달랐던 것으로 보이며, 20세기 전의 유럽과도 거의 비교가 되지 않을 만큼 우수한 점이 있었다. 남녀 관계가 그리스인들보다 차별이 적고 동료의 성격이 강했고, 로마인들보다 덜 가부장적이고 덜 권위적이었으며, 초기 그리스도인들처럼 금기 사항이 많거나 금욕적이지 않았다. 그들 가정은 아버지와 어머니간의 법률적·사회적 평등과, 남편과 아내간의 동지로서의 상호 존중에 기초를 두었다.

에트루리아 여성은 집안에만 틀어박혀 지내야 하거나 남편의 사교 생활과 사회적 지위에 끼어들 수 없는 가재도구나 가정부가 아니었다. 반대로 중세 기사도의 낭만적 전승이나 잉글랜드와 버지니아 해안 지대의 귀족 신사도 전승에서처럼 이상화되거나 과도히 떠받들지지도 않았다. 오히려 에트루리아인의 아내는 자신의 독특한 권리를 지닌 인격체로 여겨졌다. 남편과 동등한 존재요 그의 배우자요 동료였다. 자녀의 이름을 지을 때도 양친의 이름을 모두 반영했다. 아내의 무덤이 남편의 무덤보다 성대한 경우가 많았다. 석관 덮개에는 아내의 조각상이 남편의 조각상 곁에 세워졌는데, 품위와 자신감이 남편에 조금도 뒤지지 않는다.

에트루리아 여성은 종종 남편과 함께 공식 석상에 나타났다. 남편과 함께 종교 축제에 참석했다. 그리스 여성과는 달리 공식 연회 때 남편 곁에 비스듬히 누웠다. 여성의 손거울에 글귀를 새겨 장식하던 공통된 관습은 이 값비싼 물품을 사용할 만한 여력이 있던 사람들의 교양 수준이 꽤 높았음을 암시한다. 많은 에트루리아 여성들은 스포츠에도 관심이 컸다. 직접 참여하기도 좋아했고, 관람하기도 좋아했다. 때로 남자 선수들이 나체로 경주를 벌이는 대회를 여성들이 관람하던 에트루리아의 관행은 대개 여성들에게 그런 관람을 허용치 않던 그리스인들의 눈에 음란한 행위로 비쳤다. 그리스인들은 아마 에트루리아 여성들이 입고 다니던 화려한 드레스와 그들이 매력적으로 보이기 위해 사용하던 화장품, 미세한 의복, 보석 따위도 탐탁치 않게 생각했을 것이다.

에트루리아 여성들이 누리던 이러한 특별 대우와 자유는 로마인의 가정에 적지 않은 영향을 주었을 가능성이 크다. 로마인의 가정에서도 여성이 대다수 고대 그리스 여성들보다 훨씬 높은 지위를 누렸다.

에트루리아의 문화와 종교. 에트루리아어는 비록 구어(口語)로서는 서기 2세기까지 오랫동안 존속했고, 황제 클라우디우스 1세(Claudius I, 41~54 A.D.)가 에트루리아 역사에 관해 스무 권의 책을 쓸 수 있었을 만큼 기록 자료들이 1세기까지 충분히 남아 있었는데도 불구하고, 에트루리아의 문헌은 한 권도 현존하지 않는다. 추측컨대 종교와 점술에 관한 많은 책들과 가문들과 도시들의 연대기가 많았을 것이다. 전원풍의 노래와 의식용(儀式用) 노래도 더러 있었다. 혹시 에트루리아인들이 희곡이나 철학 혹은 과학서를 저술했더라도 그 흔적은 남아 있지도 않고 복원된 적도 없다.

에트루리아 사회에 지적 공백이 있었다고 해도 그들은 그 공백의 일부를 음악에 대한 열정으로 벌충했다. 플루트를 좋아하여 그 악기의 날카로운 선율이 연회, 사냥, 운동 경기, 제사, 장례, 심지어 노예들에 대한 채찍질 등 생활의 모든 활동에 뒤따랐다. 그들은 플루트 주자, 트럼펫 주자, 수금(리라) 주자로서 로마와 그리스 전역에서 명성을 떨쳤다. 춤도 그들 문화의 중요한 요소였다. 연회와 종교 축제와 장례 때 춤이 빠지지 않았다. 어떤 행사이건 황홀경에 빠져 난교 때와 같은 열정으로 춤을 추었다.

스포츠 무덤 그림들은 옥외 스포츠가 에트루리아인의 생활에 중요한 위치를 차지했음을 보여 준다. 스포츠는 종교와 죽은 자들을 위한 의식과 관계를 맺고 있었기 때문에 중대사에 속했고 스포츠를 등한시하는 것은 불경스런 행위로 손가락질을 받았다. 운동 경기가 인기를 끈 데에는 사회학적 이유도 있었다. 도시의 발달, 공업과 상업의 확대, 유한 계층의 등장이 갖가지 스포츠를 본격적으로 시행할 만한 시간과 기회와 돈을 제공했다. 선사 시대 사람들에게는 불가피한 생계 수단이었던 사냥과 낚시가 에트루리아 부자들에게는 레크레이션의 일환이 되었다. 사냥 다음으로 인기를 끈 종목은 승마와 전차 경주였다. 그리스에서 성행했던 것과 같은 조직적인 육상 경기가 특히 인기를 끌었다. 이런 경기는 상류층 청년들에게 자신의 기술과 용맹을 과시할 기회를 주었다. 일반 대중에게 오락 거리를 제공하는 역할도 했다. 이 점에서 가장 두드러지는 것은 타르퀴니이에 있는 전차들의 무덤(Tomb of the Chariots)의 거대한 소벽(frieze)인데, 이것은 거대한 경기장과 그 안에서 전차 경주자들과 달리기 선수들과 권투 선수들과 레슬링 선수들과 곡예사들을 응원하는 허다한 남녀 관람객들의 모습을 보여 준다. 그림 여러 점은 로마의 검투 시합과 비슷한 경기가 큰 인기를 끌었음을 보여 준다. 원시 시대의 인신(人身) 제사의 유물로 추측되는 이 유혈 낭자한 스포츠는 장례 경기의 한 종목이었고, 원래는 죽은 자의 영혼을 존속시킬 피를 공급할 의도가 담겨 있었다.

종교. 대다수 현대 저자들은 초기 에트루리아인들의 종교가 공포스럽고 음울한 분위기 일색이었고, 미신적이고 권위주의적인 사제들에 의해 주관되었다고 주장한다. 하지만 이 견해는 무덤 벽화들이 제시하는 증거와 상충되는 듯하다. 그 벽화들은 초기 에트루리아인들이 쾌활하고 낙천적인 사람들이었음을 보여 주기 때문이다. 그들은 우주를 다스리는 권세들 — 모호하고 비인격적이고 이름도 없고 인식 불가능한 — 이 살아 있는 모든 것, 즉 인간과 나무와 번개와 호수와 하천과 산맥과 바다에 자신들을 드러낸다고 믿었다. 이 세력들의 신비 안으로 뚫고 들어가려면, 이 세력들로 하여금 말하게 하려면, 그들에게서 비밀을 벗겨내려면 공교한 의식이 필요하다고 믿었다. 일단 신의 뜻이 파악되면 세심한 주의를 기울여 반드시 순종하여 실행해야 했다. 세월이 흐르면서 에트루리아의 종교는 점점 더 형식적이고 신학적이고 계율적인 모습으로 변해갔고, 사람들의 영적 생활을 움켜쥔 사제들의 전유물이 되었다.

그리스의 영향을 받아 에트루리아의 신들은 의인화하고 신인동형적 모습을 띠었다. 그중에서 첫째 신은 천둥으로 말하고 하늘 이끝에서 저끝으로 번개를 집어던지는 타니아(Tania)로서 나중에 로마의 유피테르(Jupiter)가 된다. 그는 운명의 법령들을 집행했다. 원래 이탈리아 여신들이었던 우니(Uni 혹은 Juno)와 미네르바(Minerva)가 티니아와 결합했다. 이 세 신이 천상의 삼 신을 이루었고, 이들의 신전(kilth)이 에트루리아의 모든 도시와 로마의 카피톨리누스 언덕에 들어섰다. 이 세 신은 다른 아홉 신과 함께 여섯 쌍의 남신과 여신으로 구성된 열두 신의 회의를 이루었다. 에트루리아인들은 지옥의 세 신, 즉 만투스(Mantus〈Hades〉), 마니아(Mania〈Persephone〉), 그리고 추수의 여신인 테쿰〈Tekum〈Ceres〉)이 지하 세계를 다스린다고 믿었다.

에트루리아의 하위 신들에는 포도나무와 정원의 신 베르툼누스(Vertumnus)와 특정 도시들과 성지들에 고유한 여러 다른 신들이 있었다. 그밖에도 열등한 신들 곧 귀신들이 있었는데, 이들 중에서 가장 무서운 신은 그리스어로 카론(Charon)에 해당하는 카룬(Charun)으로서, 죽은 자를 지하 세계로 데리고 가는 신이었다. 그는 에트루리아 미술에서 큰 코에 뾰족한 귀, 푸른색 피부, 머리와 어깨 위에서 꿈틀대는 뱀의 모습으로 표현된다.

에트루리아 종교의 가장 현저한 면은 이른바 디스키플리나(disciplina)였다. 이것은 사제들이 미래를 예견하고, 위에 있는 신들의 뜻을 알고, 무덤 저편에 있는 악신들의 진노를 돌이키게 하려고 자연 현상을 연구하고 해석하는 일에 지침을 삼은 정교한 규율 체계였다. 점(占)은 여러 가지가 있었지만, 가장 중요한 것은 내장복점관들(haruspices)이 제사를 드리기 위해 잡은 양과 그밖의 짐승들의 창자를 조사하는 것이었다. 천둥과 번개 그리고 그밖의 무수한 징조들도 신의 뜻을 알리는 징표로 연구되었다. 로마인들이 전쟁과 선거와 그밖의 국가의 중대사를 앞두고 면밀히 연구한 새들의 비행 모습은 에트루리아인들에게는 그다지 중요하지 않았다.

에트루리아의 예술과 건축. 에트루리아의 예술은 그들의 가장 두드러지고 항구적인 업적이었다. 종교가 예술에 기회와 자극을 주었다. 그리스의 경우와 마찬가지로, 에트루리아의 성전들과 경내들은 장식 부조들과 그림들로 화려하게 장식되었다. 이집트인들처럼 생명의 사후 불멸을 믿은 에트루리아인들은 죽은 자들을 위해 정교한 무덤을 만들어 주었고 — 이를테면 일부는 카이레(케르베테리)에 있는 레골리니-갈라시(직경 47m) 봉분 — 무덤 건립과 장식에 비용을 아끼지 않았다. 에트루리아의 귀족출신 또는 상인출신 유력자들은 자기 무덤에 생시에 쓰던 전차, 사냥 장비, 보석, 아끼던 그리스 화병, 포도주, 값진 의복과 장신구로 꾸민 아내의 조각상, 그리고 아름다운 그림들을 집어넣어, 살아있을 때 가정과 전원과 바닷가에서 보내던 즐거운 순간들을 남기고자 했다. 이 무덤들에는 그리스 예술품뿐 아니라 에트루리아 예술의 걸작들이 많이 보존되어 있는데, 이를테면 아테네에서 수입된 검정색 꽃병, 조각된 뚜껑이 달린 석관, 은팔찌, 금·은 장신구, 세공 보석, 벽화가 그런 것들이다. 죽은 자의 인격을 계속 남겨두려는 욕구가 조각상의 전승을 낳았다(이 전승은 후대에 로마인들 가운데서는 여러 저명한 로마인들의 모습으로 현존하는 흉상으로 발전했다).

기원, 발달, 일반적 특징들. 에트루리아 예술에는 세 가지 경향이 흘렀다. 첫째는 본토 빌라노바인의 경향으로서, 이들의 소박한 기하학적 무늬는 특히 클루시움(키우시)과 그밖의 내륙의 중심지들에서 존속했다. 둘째는 지중해 동부의 경향이다. 지중해 동부 문화와 접촉하면서 이 주제를 다루는 사가들이 오리엔트적 주제들 — 아시리아, 히타이트, 페르시아, 이집트 — 이라 부르는 것이 유입되었다. 이중에서 최초이자 가장 현저한 것은 아시리아인들의 사냥 정경, 독특하게 꾸민 말, 머리 둘 달린 새, 목이 긴 물새, 스핑크스, 사자, 황소였다. 이러한 오리엔트적 경향이 절정에 달하기 전에도(기원전 약 650~600년) 그리스로부터 에트루리아에 영향을 끼친 세번째 거대한 경향이 흘러오기 시작했는데, 맨 처음에는 코린토스에서, 다음에는 이오니아에서, 그 다음에는 아테네에서 흘러왔다. 기원전 6세기 내내 그리스는 에트루리아와 지중해 세계 전체의 예술에 강한 영향을 끼쳤다. 아티카의 검정색 — 후에는 붉은색 — 꽃병이 상당량 수입되어 에트루리아인들에게 감탄과 모방의 대상이 되었다. 적지 않은 수의 그리스 예술가들과 장인들이 에트루리아 남부의 항구들과 도시들에 모습을 나타냈다. 그러나 에트루리아에 지역 학교들과 전통들이 널리 보급되고 기원전 6세기부터 5세기 초까지 상당한 정도의 독창성과 창작의 자유를 가지고 활동을 한 본토 예술가들의 보수적 경향이 확고히 자리를 잡으면서 그리스 문화의 영향은 다소 희석되었다.

다음 세기(기원전 450~340년)에는 그리스 문화의 영향도 약해지고 에트루리아 예술 활동의 질도 쇠퇴했다. 예술의 침체와 동시에 정치, 사회, 경제적 위기가 발생했는데, 이는 아마 로마, 갈리아, 그리스와의 전쟁 때문이었을 것이다. 고전 그리스 예술에 대한 심리적 반감도 있었다. 에트루리아인들은 추상적 사고보다 행동을, 보편적이고 이상적인 것보다 눈에 보이는 구체적인 것을 좋아했다. 그들은 페리클레스(Pericles) 시대 아테네 예술에 나타난 이상주의, 절제, 완전, 장중미를 이해하거나 평가하기 어려워했고, 이전 시대의 작품에 나타났던 스타일과 주제를 그대로 재현했다.

다음 세기(기원전 340~230년)에는 에트루리아 예술에 르네상스가 발생했다. 아마 로마와의 평화와 그 시기의 사회 정치 상황의 전반적인 개선이 촉진제가 되었을 것이다. 그리스 세계, 특히 아테네와 이탈리아 남부와의 문화 관계가 개선되었다. 에트루리아에서 이러한 르네상스가 있기 전에 그리스 예술 자체에 변화가 있었다.

알렉산드로스 시대 전부터도 그리스 예술은 완전에 대한 기존의 이상들 중 일부를 잃기 시작했다. 그리스 예술이 구속과 절제의 성격이 조금씩 희석되고 정조(情操)와 감정이 자유롭게 표현됨에 따라, 에트루리아인들로부터 좀더 좋은 반응을 얻고 모방되었다. 이것이 에트루리아에서부터 로마로 옮겨갔다.

가옥과 신전. 이탈리아 최초의 건축물은 에트루리아의 것이었고, 이것이 로마의 건축 양식에 큰 영향을 미쳤다. 에트루리아의 가옥 양식은 지붕이 없는 안뜰을 삥 돌아가며 거실들을 배열하는 로마의 아트리움(atrium)에 모델이 되었다. 로마 신전들은 그리스와는 사뭇 다른 에트루리아의 신전 디자인으로부터 광범위한 영향을 받았음을 보여 준다. 그리스 신전과 비교할 때 에트루리아의 신전은 다소 낮고 땅딸막하고 가분수 형태의 건물이었다. 산 위에 세워진 경우가 많았고, 그리스 신전과 마찬가지로 정면이 돌 기초에다 양쪽으로 벽을 세워 올린 널찍한 계단으로 이루어졌다. 신전 벽은 벽돌로 쌓아 올렸고, 지붕과 기둥은 나무로 올렸다. 기둥들은 정면의 깊은 현관에만 쓰였다. 내진

(內陣, cella)의 견고한 벽들은 현관 바로 뒤에 있었다. 내진은 거의 정사각형 형태로서 세 개의 작은 방들로 세분되었고, 방 하나마다 삼신(三神) 중 한 신을 모셨다. 방마다 신전 정면과 연결된 출입문이 있었다. 신전 맨 꼭대기에는 길고 낮게 지른 나무 천장이 있었다.

벽돌과 목조에는 밝은 색을 입히거나 나뭇잎 장식 쇠시리(moldings)와 아칸서스 장식 소용돌이처럼 그리스 조각 양식으로 장식한 테라코타를 입혔다. 박공벽과 박공은 테라코타 소벽과 신들의 조각상과 신비스런 그림으로 장식했다. 이것은 전체적으로는 다소 부조화하다는 인상을 준다. 왜냐하면 지나치게 장식된 박공벽과 박공 지붕이 하부의 평범한 기둥들과 어색하게 만나기 때문이다. 후대에 그리스인들에게 영향을 받은 로마인들은 에트루리아 신전 양식과 로마 신전 양식이 매우 조화롭게 융합된 양식을 내놓았다.

아치. 에트루리아의 건축가들은 아치와 볼트(둥근 천장)를 사용한 것으로 유명했다. 초기의 에트루리아 건축가들은 돌의 가로줄을 계단 형태로 돌출하게 하여 전체가 꼭대기에서 만나 견고한 통일체를 이루도록 하는 내물림 구조를 사용하여 아치와 볼트를 만들었다. 그러나 기원전 3세기에 에트루리아인들은 벽돌이나 홍예석(아치를 만드는 쐐기 모양의 석재—역주), 즉 모서리를 잘라 원하는 곡석에 맞추도록 다듬은 돌로 우리에게 낯익은 둥근 아치 방식을 차용했다. 그런 뒤 그 방식을 도시의 성문, 하수구, 다리, 무덤을 짓는 데 적용했다. 로마인들은 아치와 볼트를 채택하여 로마 문명과 밀접히 관계된 위대한 공학 및 건축상의 업적들을 많이 이루어냈다.

조각. 에트루리아의 조각은 대단히 뛰어나며, 처음에는 근동의 조각에, 나중에는 그리스의 조각에 영향을 받긴 했지만 독창적인 민족 예술로 발전했다.

초기 에트루리아 조각가들이 남긴 대표작들에 쓰인 매체는 대리석이 아닌 점토였다. 그들이 이 부드럽고 유연한 재료를 얼마나 솜씨있게 다루었는가 하는 것은 소파 형태의 여러 석관에서 잘 엿볼 수 있는데, 석관의 측면에는 정교한 부조(浮彫)가 조각되어 있고, 뚜껑에는 부부의 상이 조각되어 있다. 엄숙하든 우울하든, 매력적이든 추하든, 이 정교한 테라코타 소파에 기댄 남녀의 얼굴은 실제 모습을 반영한다. 때로는 극단적인 풍자가 가해지기도 한 이 인물 조각상에 나타난 사실주의는 저 유명한 베이이의 아폴로 상이 연출하는 나신(裸身)의 힘과 열정과 마찬가지로 그리스인들의 취향과 낯설다. 아폴로 상은 그리스의 유서깊은 조각상들의 전형인 미소를 제외하면, 적진 속으로 과감히 진군하는 그의 활기찬 걸음과 강력한 다리 근육으로 사실주의를 완연하게 드러낸다. 전승에 따르면 타르퀴니우스 오만왕(Tarquin the Proud: 에트루리아 출신 로마왕으로 기원전 509년 로마 귀족들에게 축출됨--역주)이 불카(Vulca)를 로마로 불러 카피톨리누스 신전에 세울 유피테르 상을 만들어 달라고 부탁했다고 한다.

후기 에트루리아의 조각가들의 특장은 브론즈였다. 이 재료로 저 유명한 카피톨리누스의 늑대(기원전 6세기)와 똑같이 유명한 아레티움(아레초)의 키메라(기원전 5세기) 류의 여러 점의 걸작들이 제작되었다. 이 작품들은 그 우수함 때문에 한때는 그리스인의 작품으로 생각되었고, 또한 그리스로부터 영향을 받은 흔적이 있긴 하지만, 도전적인 늑대 상은 틀림없이 에트루리아인의 작품이다. 키메라도 마찬가지이다. 이 조각상은 사실성이 너무 뛰어나 벨레로폰(Bellerophon)의 화살에 맞아 치명상을 입고서 고통스럽게 내지르는 그 야수의 표효가 들리는 듯하다. 에트루리아인들이 남긴 다른 두 점의 독창적인 작품은 이른바 카피톨리누스의 브루투스(기원전 2세기의 브론즈 두상〈頭像〉)와 저 유명한 조각상인 오라토르(Orator. 기원전 2세기)이다. 오라토르는 그 엄격한 외모와 위엄 있는 인상이 아피우스 클라우디우스(Appius Claudius)나 대 카토(Cato the Elder)의 위엄을 모두 갖추고 있다.

회화. 회화는 에트루리아 예술의 대표적 분야는 아니지만 그럼에도 보존 상태가 가장 양호하다. 그림들은 무덤들, 특히 타르퀴니이와 카이레의 무덤들에 보존되어 있는데, 거기에 보존되어 있는 그림들은 고대 회화의 저장고로서 심지어 고대 이집트의 무덤들을 능가한다. 물론 그리스인들이 조각과 건축과 마찬가지로 회화에서도 에트루리아인들을 능가했겠지만, 그리스인들의 회화 작품들은 (도자기에 보존된 작품들을 제외하고) 유실되고 흩어지고 혹은 그것들을 전시한 건물들과 함께 파괴되었다. 그러므로 에트루리아인들의 회화 작품들은 역사적 의미가 각별하다. 유실된 그리스 회화 작품들과 후기 로마의 작품들 사이에 유일한 다리를 놓아 주기 때문이다.

소묘 작품들은 대담하고 섬세하다. 색은 밝고, 병렬과 대치를 통해 빼어난 효과를 낸다. 대개 실물에서 취한 주제들은 직설적이고 단호한 사실주의로 전개되며, 잔인할 정도로 노골적인 경우가 많다. 타르퀴니이에 있는 조점관들(鳥占官, Augurs)의 무덤(기원전 6세기)에 보존된 어떤 그림은 두 명의 레슬링 선수가 서로 얽혀 있는 모습을 보여 준다. 같은 무덤에 있는 또 다른 그림은 스포츠를 후대 로마 원형극장의 검투 경기처럼 잔인하게 묘사한다. 억세고 땅딸막한 남자가 머리에 자루를 뒤집어 쓴 채 적이 줄을 잡고 있는 사나운 개를 때려 눕히려 하고 있다. 만약 그 남자가 이기면 적을 자기 마음대로 할 수 있고, 만약 지면 개의 먹이가 된다.

무덤 회화들은 인생의 축제적인 측면을 주제로 애용한다. 암사자들의 무덤에서는 연회에서 비스듬히 기대어 누운 남녀들과 담쟁이덩굴로 화환을 두른 거대한 그릇, 그리고 악기를 연주하는 사람들의 모습을 볼 수 있다. 연회에 참여한 사람은 너나할 것 없이 흥겨운 표정들이다. 춤추는 소녀는 이제 막 목도리를 벗어던지고 흥에 겨워 열정적으로 관능적인 춤을 춘다. 남자 관객 중 한 사람은 흥분을 참지 못하고 소녀와 함께 춤을 추기 위해서 뛰어오른다. 이런 유의 그림들은 무덤 회화들에 대단히 자주 묘사되는데, 이런 장면들이 두루 합하여 에트루리아 사회와 종교 생활을 흥미롭게 설명해 준다.

에트루리아 세력의 흥기와 몰락.

이탈리아에서 에트루리아 세력의 팽창. 기원전 7세기 중엽에 이르면 에트루리아인들은 에트루리아 본토에 확고히 세력을 다지고 바깥으로 팽창할 준비가 되어 있었다. 그러나 이 팽창은 공공의 협조에 의해 이루어진 것 같지 않다. 팽창의 추진력은 오히려 국내에서보다 더 큰 부와 기회를 확보하기 위해서 사병(私兵)들을 동원한 약탈자들과 기업가들에게서 나왔다.

첫째, 그들은 테베레 강을 건너 캄파니아로 이어지는 유리한 교역로에 자리 잡고 있는 라티움의 여러 소도시들을 차지했다. 기원전 7세기 경에는 에트루리아의 왕조가 로마를 장악하기까지 했다. 기원전 6세기 초에 그들은 캄파니아로 침입하여 카푸아를 비롯한 그밖의 소소한 소도시들을 세웠다. 기원전 540년에 그들은 카르타고인들의 지원을 받아 코르시카 근처에서 페니키아계 그리스인들과 해전을 벌여 승리를 거두고, 그리스인들을 오늘날 프랑스에 해당하는 남동부 해안에 있는 페니키아의 강력한 그리스 식민시인 마실리아(마르세유)로 물러가도록 만들었다. 틀림없이 그 승리에 자신감을 얻은 그들은 기원전 525년에 캄파니아 해안 지대를 차지하고 있던 그리스인들을 물리치기 위해서 쿠마이를 공격했으나 실패하고 말았다.

기원전 6세기 후반에 에트루리아인들은 북쪽에 살고 있는 종족들을 누르고 세력을 확장하기 시작했다. 기원전 6세기가 끝날 무렵 에트루리아인들의 세력은 절정에 달하여, 그들의 영향력은 알프스 산맥에서부터 살레르눔(살레르노)에까지, 동해안에서 서해안까지 뻗어 있었다. 그들의 배가 양쪽 바다를 누비고 다녔고, 지중해 서부의 패권을 놓고 그리스와 카르타고의 해군과 접전을 벌였다.

에트루리아인들이 덜 발달한 이탈리아의 종족들에 대해 우위를 점할 수 있었던 것은 좀더 우수한 무기와 전략 때문이었다. 그들은 손쉽게 얻을 수 있었던 금속 자원들과 제련 기술에 힘입어 일찌감치 그리스의 중장보병 밀집대전술을 채택했는데, 이 방식에 의해 병사들은 금속 투구와 흉갑과 정강이받이를 착용했고, 몇몇 '용사들' 위주로 전투를 벌이기보다 대오(隊伍)를 갖추고서 전투를 벌였다. 훗날 로마인들도 에트루리아 왕들로부터 이런 전쟁 방식을 터득한 다음부터는 주변 종족들에게로 급속히 팽창해 갈 태세를 취했다.

에트루리아 세력의 쇠퇴. 에트루리아인들은 팽창의 속도와 활력, 그들의 부와 탁월한 문화에도 불구하고 피정복민들의 무장 반란을 예방하거나 로마인들, 그리스인들, 삼니움인들, 갈리아인들을 정복했던 에트루리아인들을 지원할 수가 없었다. 그들의 기본적인 취약점은 안정된 정치 조직과 통일된 군 지휘 계통을 수립하지 못한 데 있었다. 우선 에트루리아의 정복은 팽창해 가는 통일된 국가의 응집된 추진력으로 이루어지지 않고, 모험을 좋아하고 일확천금을 꿈꾸고 혹은 국내 정치 상황에 불만을 느낀 호전적인 족장들의 일관성 없는 시도로 이루어졌다. 그들이 세운 개별적인 식민 도시들은 중앙집권적인 정치 권력이나 확고한 동맹에 의해서보다 상업적·문화적·종교적 연대에 의해서 결집되었다. 그 식민 도시들은 그들의 원만한 정복을 뒷받침하거나 그들의 제국을 파멸로 몰아넣는 공격에 대해 저항할 수 없었다.

기원전 474년에 에트루리아인들은 시라쿠사이의 히에론 1세(Hieron I)와 해전을 벌여 대패를 했다(히에론 1세는 훗날 승리에 대한 보답으로 현존하는 에트루리아인의 투구를 델피 신전에 기탁했다). 그 패전으로 에트루리아 해군은 궤멸되었고 코르시카, 엘바, 그리고 에트루리아 본토마저 그리스의 공격에 노출되었다. 기원전 5세기 초에 로마인들은 자기들을 지배하던 에트루리아 왕조를 축출한 것으로 만족하지 않고 베이이를 급습함으로써 적극적인 공세를 취했다. 마침내 기원전 438년에 삼니움인들이 카푸아를 점령하고 캄파니아에서 에트루리아의 영향력을 일소했다. 기원전 4세기에 접어들면서 갈리아 인들이 포 강 계곡으로 밀려들어와 펠시나(볼로냐 근처)를 차지하고 남쪽으로 진군하여 에트루리아에 있는 클루시움(키우시)을 공격했다. 한때 정복했던 지역들을 잃은 에트루리아인들은 기원전 350년 이후에 로마인들과 생존을 위한 전투를 벌였으나, 로마인들은 에트루리아인들로부터 너무 많은 것을 배운 상태였고, 이탈리아의 운명은 항구적으로 그들의 손아귀에 넘어가게 되었다.

이탈리아의 그리스인들. 초기에 그리스인들이 이탈리아와 로마에 끼친 영향은 지대했다. 그리스인들은 때로는 교역과 정착을 통해 이곳을 직접 지배했고, 때로는 특히 에트루리아인들을 통해서 간접적으로 이곳을 지배했다. 에트루리아인들은 그리스인들과 폭넓은 교역 관계를 유지하면서 그들의 예술과 문화에서 많은 것을 채택했고, 채택한 것을 이탈리아의 여러 지역에 퍼뜨렸다.

처음에 그리스인들이 이탈리아와 접촉한 것은 구리와 철 같은 금속을 공급하려는 상인들을 통해서였다. 기원전 8세기부터 시작하여 이탈리아와 시칠리아를 익숙히 아는 상인들이 상업적으로 유리한 전초 기지를 확보하고 사회적·정치적 문제를 일으키고 있던 농지 감소 현상의 타개책을 찾아 그리스 도시들에서 이주한 영구 정착민들에게 길을 안내해 주었다. 정착민들은 자기들이 나온 모(母) 도시와 정치적·종교적·상업적 유대를 유지했겠지만, 본국 그리스의 개별적인 도시 국가들과 다름없이 저마다 완전히 독립된 정치적 실

그리스 식민시들

Areas of Greek settlement

체가 되었다.

이탈리아의 그리스 식민시들. 이 당시(기원전 750년경) 이탈리아에 들어선 최초의 본격적인 그리스 정착지의 주된 후원 세력이 중앙 그리스의 동해안에서 조금 떨어진 에우보이아 섬의 칼키스였다는 사실은 의미심장하다. 그리스어로 '구리'라는 뜻인 칼키스는 금속 제련의 중심지로서, 기원전 8세기에 비옥한 렐란티우스 평야를 놓고 — 이 평야는 칼키스와 에트루리아 사이에 펼쳐져 있었다 — 에트루리아와 저 유명한 전쟁을 벌였다. 구리와 토지를 얻기 위해서 많은 사람들이 칼키스에서 이탈리아로 건너왔다. 이탈리아는 그 둘이 비교적 다 풍부했던 것이다.

칼키스인들과 함께 온 사람들이 있었는데, 그들은 에레트리아에서 온 사람들과, 이웃 도시들인 쿠마이와 그라이아에서 온 사람들이었다. 이들은 기원전 750년경 맨 처음으로 나폴리 만 북단에서 조금 떨어진 피테쿠사이 섬에 정착했다. 이들은 세력을 확장해 가면서 본토로 이동하여 쿠마이를 건설했다(이

도시 명은 에우보이아의 쿠마이의 지명을 따서 지었다). 훗날 이들은 만에서 동쪽으로 조금 더 간 곳에 외딴 항구 도시를 건설했고, 이 두 지역에 인구가 넘치자 인구 과잉 문제를 조절하기 위해서 또 다른 도시인 나폴리('새 도시')를 건설했다.

이 도시들이 저마다 로마인들에게 흔적을 남겼다. 로마인들이 그리스어 알파벳을 끌어다 쓴 곳은 아마 직접 혹은 에트루리아인들의 매개를 통해서 쿠마이였을 것이다. 쿠마이 어를 통해서 인근 이탈리아 부족들이 여러 그리스 신들 — 예를 들면 헤라클레스(헤르쿨레스), 아폴로, 카스토르, 폴리두케스(폴룩스) — 을 도입했다. 쿠마이에 있는 시빌라(Sibyl)의 신탁은 대단한 명성을 얻었고, 시빌라의 어록으로 추정되는 모음집인 「시빌라들의 신탁집」(the Sibylline Books)은 로마사의 여러 위기 시점에서 타개책을 얻기 위해 문의되었다.

그리스인들은 자기들을 헬레네스들(Hellenes:Hellen의 후손이라는 뜻인데, Hellen은 그리스 신화에서 대홍수 때에 살아남은 유일한 부부인 Deucalion과 Pyrrha의 아들 또는 Deucalion의 형제로 알려져 있다 — 역주)이라고 불렀지만, 나폴리 만 주위의 정착지들에서 처음 만난 사람들이 그라이인들(Graei)이었기 때문에 로마인들은 그들을 그리스인들이라고 불렀다. 쿠마이의 항구는 로마사를 통틀어 이탈리아에서 가장 중요한 무역항이었던 푸테올리(포추올리)가 되었다. 나폴리는 캄파니아의 부유한 지역에서 가장 인구가 많은 도시가 되었고, 그곳에서 오랫동안 로마의 팽창을 가로막았다. 그러나 로마가 이곳을 점령한 뒤에는 부유한 로마인들이 만 주변을 뺑 돌아가며 호화로운 바닷가 별장을 지었고, 베르길리우스 같은 많은 로마인들이 나폴리의 시인들과 철학자들에게 그리스 문학과 철학을 배웠다.

그 밖의 무수한 그리스 정착민들도 쿠마이 설립자들의 본을 따랐다. 비옥한 토양에 군침을 흘린 아카이아 그리스인들은 기원전 720년경에 쉬바리스에 위치한 타렌툼 만 서쪽 해안에 정착했고, 기원전 700년경에 크로톤에 정착했다. 그들은 차례로 이탈리아의 맞은 편 해안에 다른 도시들을 건설했다. 쉬바리스는 포시도니아(파이스툼), 스키드로스, 라오스를 후원했고, 크로톤은 테리나와 테메사를 세웠다. 쉬바리스는 부와 사치스런 환락으로 이름을 떨쳤기 때문에 오늘날도 그런 행위를 가리켜 쉬바리스 풍이라고 하며, 그런 행위에 몰두하는 사람들을 가리켜 쉬바리스 사람이라고 한다. 쉬바리스는 결국 경쟁 도시인 크로톤에 의해 멸망했는데, 크로톤은 피타고라스(Pythagoras)의 활동 무대이자 그의 철학파로 유명하다. 로마인들조차 초기의 왕들 중 한 명인 누마 폼필리우스(Numa Pompilius)가 피타고라스의 제자였다고 믿었다(물론 아주 잘못된 믿음이긴 하지만).

크로톤과 쉬바리스의 북부에는 스파르타인들이 기원전 700년경에 타라스(타렌툼, 타란토)를 건설했다. 이곳은 거대한 제조업 중심지가 되었고, 나중에는 그 해안의 만(gulf) 전체의 지명이 되어서 그곳의 상품들을 찾는 선원들이 쉽게 도착할 수 있게 했다. 기원전 3세기 중엽에 타렌툼에서 포로로 붙잡혀 온 노예 루키우스 리비우스 안드로니쿠스(Lucius Livius Andronicus. 참조. 297쪽)는 그리스의 서사시, 비극, 희극을 라틴어로 개작했고, 본격적으로 로마 문학의 터를 닦았다.

타렌툼에 정착한 지 250년 뒤에 아테네인들은 한때 쉬바리스가 차지했던 지역 근처에 투리이를 건설했다. 나중에 타렌툼과 투리 사이의 질투와 의혹이 로마를 끌어들였고, 타렌툼은 에피로스의 왕 피로스(Pyrrhos)에게 로마인들을 막아달라고 요청했다. 그 치명적인 조치를 계기로 로마가 남이탈리아의 모든 그리스 도시들을 장악하게 되었다.

시칠리아. 이탈리아에서 비옥한 시칠리아 섬으로 건너간 그리스인들은 이탈리아 본토에서보다 더 많은 도시를 건설했다. 이 섬에서 그들은 페니키아인들과 경쟁을 벌였는데, 페니키아인들이 서부의 파노르무스(팔레르모), 솔루스, 모티아를 차지한 반면에, 그리스인들은 선주민들인 시켈 인, 사칸 인, 엘리미아인을 굴복시키고 섬의 나머지 대부분의 지역을 차지했다. 그리스 본토에서와 마찬가지로 이 섬에서도 그리스인들이 세운 도시들 중에서 가장 오래된 도시는 칼키스(Chalcis, 에우보이아 섬의 도시)의 주도로 건설되었다. 기원전 730년경에 건설된 이 도시는 낙소스 섬에서 건너온 일부 동료 정착민들의 이름을 따서 낙소스라 불렸고, 아이트나(에트나) 산 밑에 자리잡고 있으면서 시칠리아와 이탈리아 사이에 있는 메사나 해협을 장악했다. 그뒤 불과 몇 년 안에 칼키스인들은 이탈리아 남단의 해협을 건너 시칠리아 섬과 레기움 섬에 칸타나이, 레온티니, 잔클레(훗날 메사나라 불림)를 건설했다.

도리아계 그리스 도시들은 시칠리아의 남동부 해안과 남해안의 셀리누스, 겔라, 아크라가스(아그리겐툼), 시라쿠사이 같은 지역들을 장악했다. 그중에서 기원전 730년경 그리스 북서부 해안에서 떨어진 코르퀴라 섬에서 온 정착민들이 건설한 시라쿠사이가 가장 중요했다. 아테네보다 더 큰 규모로 발전한 이 도시는 부와 세력과 문화에서 아테네와 경쟁을 벌였다. 기원전 5세기 초 시라쿠사이의 참주들 중 한 명인 히에론(Hieron)은 기원전 474년 쿠마이 해전에서 서부의 그리스인들을 이끌고 에트루리아인들과 싸워 승리를 거두었다. 에트루리아는 이때 패배한 것을 기점으로 긴 몰락의 길에 접어들었다. 디오니시우스 1세(Dionysius I)가 기원전 4세기 초에 이탈리아 남부와 시칠리아에서 잠깐동안 권력을 되찾았지만, 그것을 계속 유지하지는 못했다. 기원전 246년에 메사나 시를 놓고 카르타고와 시라쿠사이가 벌인 경쟁은 로마에게 개입의 빌미를 주어 제1차 포에니 전쟁을 발발케 했는데, 이 전쟁은 로마가 시칠리아를 지배하는 것으로 막을 내렸다.

이탈리아와 시칠리아에 세워진 그리스 도시들의 쇠퇴. 에트루리아의 도시 국가들과 마찬가지로, 이탈리아와 시칠리아에 건설된 그리스의 도시 국가들도 비록 고도의 경제적 번영과 문화와 정치로 첫발을 내디뎠지만, 궁극적으로는 기원전 4세기와 3세기에 진행된 로마의 이탈리아 정복을 가로막지 못했다. 이탈리아와 시칠리아에 있던 각각의 그리스 도시들은 힘에 부치는 독립과 약육강식하는 제국주의 사이에서 중간 지대를 찾아낼 수 없었다. 오히려 그 도시들은 모든 곳에서 그리스 도시 국가들의 속성인 강렬한 독립과 약육강식하는 경쟁을 계속했다. 그러므로 그들의 동맹은 약했고 그들의 제국들은 불안정했다. 로마인들은 그 도시 국가들의 예술가들과 작가들과 철학자들로부터 참으로 많은 것을 빌어다 쓰면서도 그 국가들을 차례로 하나씩 무너뜨렸다.

3

초기 로마(기원전 750~500년)

에트루리아에서 빌라노바인들의 촌락들이 에트루리아의 도시들로 변모해 가고, 그리스인들이 이탈리아 남부와 시칠리아에서 도시들을 건설하고 있을 때, 장차 로마가 발전한 그곳에는 훗날 자기들이 고대 세계에서 가장 강력한 도시의 설립자들로 평가받을 줄을 꿈에도 생각지 못하던 유목민들과 단순한 농경민들의 조야한 오두막 집들이 서너 군데 군락을 이루고 있을 뿐이었다. 후대 로마인들이 로마 건국일로 널리 받아들인 날짜는 오늘날 서양력에 따르면 기원전 753년 4월 21일이었다. 이 날짜는 기원전 1세기 말에 로마의 고대 사가 마르쿠스 테렌티우스 바로(Marcus Terentius Varro)가 설정한 것이다. 그는 구체적인 과학적 증거 없이 고대 로마에 관한 신화들과 전설들을 연구함으로써 이 날짜를 도출해 냈다. 현대 학자들은 바로만큼 구체적인 날짜를 제시하지 못하지만, 고고학 발굴에 힘입어 신석기 시대와 그뒤 다시 기원전 1500년경에 그곳에 사람들이 정착한 흔적이 있긴 해도, 그 터에 사람들이 본격적으로 거주하기 시작한 것은 기원전 750년경으로 거슬러 올라간다고 확증한다.

초기 로마사의 자료들(기원전 750경~500경). 초기 로마에 관한 고대 역사 전승은 진실과 허구, 전설과 애국적 발상이 뒤섞여 있다. 초기 로마에 관한 현존하는 최고(最古)의 문학 자료들은 142권으로 된 리비우스(Livy)의

「로마사」(*Ab Urbe Condita*) 제1권, 그리스 사가 할리카르나소스의 디오니시 오스(Dionysius)가 쓴 「고대 로마사」(*Roman Antiquities*)의 처음 세 권, 시 칠리아 출신 그리스인 디오도루스 시쿨루스(Diodorus Siculus)의 세계사 제 7-9권의 단편들이다. 세 사람 모두 기원전 1세기 말에 황제 아우구스투스 치 하에서 글을 썼으며, 따라서 한결같이 초기 로마에 대한 역사 전승의 기초를 세운 초기 저자들의 글에 의존할 수밖에 없었다. 그들은 종종 선대의 오류를 답습했고, 새 주제들을 강조하거나 더욱 극적이고 흥미로운 이야기를 만들어 나가려 하다가 새로운 오류를 보탰다. 서기 1세기 말이나 2세기 초에 집필된 초기 로마 왕들인 로물루스(Romulus)와 누마 폼필리우스(Numa Pompilius) 에 관한 플루타르코스의 전기들은 그 과정을 답습한 데 지나지 않았다. 단편 으로만 현존하는 카시우스 디오(Cassius Dio)의 「로마사」(*Roman History*) 처음 세 권에 대해서도 같은 말을 할 수 있다(비시니아 계 그리스인이었던 디 오는 서기 2세기 말과 3세기 초에 로마의 고위 관리였다).

건국 때부터 아우구스투스 때까지의 로마사에 대해서는 서기 4~5세기의 저자들인 플로루스(Florus), 아우렐리우스 빅토르(Aurelius Victor), 에우트로 피우스(Eutropius), 페스투스(Festus), 오로시우스(Orusius), 율리우스 옵세켄 스(Julius Obsequens)가 리비우스의 저서에 광범위하게 기초하여 쓴 간략한 요약서들이 많이 남아 있다. 같은 시기에 나온 「요약집」(*Periochae*)에는 리 비우스의 저서 각 권 중에서 136권과 137권을 제외한 모든 책에 대한 요약이 실려 있다.

로마사에 관한 최초의 기록은 기원전 3세기 말과 2세기 초에 연(年) 단위로 사건들을 기술한 연대기 저자라고 불린 사가들의 집단과, 초기 로마사를 조리 있게 기술하려고 노력한 애국적 서사시인들이 남겼다(참조. 298-304쪽). 이 기 록들은 모두 상실되었으나, 그 기록들이 후대의 모든 저자들이 근거한 기본 골격을 이루었다. 불행하게도 그 기록들은 사건이 발생하고 수백 년이 지난 뒤에 기술되었고, 따라서 그들로서는 사용할 만한 신빙성 있는 기록들이 없었 다. 연대기 저자들이나 시인들 모두 전설과 민담, 그리고 기원전 390년경 갈리 아인의 로마 약탈(Gallic sack of Rome) 뒤에도 살아남은 기록 자료들에 의 존할 수밖에 없었다.

그러나 심지어 그 약탈 이전에도 기록 자료들이 그다지 방대한 것은 아니었다. 물론 기원전 6세기 중반 이후부터는 로마에 기록이 존재하긴 했지만. 초기의 사람들과 사건들에 관한 약간의 정보가 담긴 비명들을 지닌 무덤들과 기념비들이 더러 있었다. 신전들에 새겨진 헌사(獻辭)들이 종교에 관한 정보뿐 아니라 연대기적 정보를 제공했을 수가 있고, 초기의 조약서들과 법률들이 돌과 청동판에 새겨졌다. 몇몇 중요한 사제들이 기록을 유지했지만, 그 기록들은 일년 임기의 정무관들과, 축제, 홍수, 화재, 가뭄, 전염병, 지진 같은 중대한 종교적 세속적 사건들에 관한 간략한 표기에 지나지 않았다.

이 자료들 중 어느 정도나 갈리아인의 약탈을 견디고 남았는지는 분명하지 않지만, 그중 일부는 틀림없이 유실되지 않고 남았다. 흑석(黑石, the Lapis Niger) 비명(로마 광장에서 이 비명이 발견될 때 그 위를 덮고 있던 검은 돌에 착안하여 붙은 명칭)은 기원전 6세기 말이나 5세기 초로 거슬러 올라간다(참조. 67쪽). 또한 매우 오래된 그리스어로 기록된 여러 조약들의 비명들이 아우구스투스 시대에도 현존했다. 연대기 저자들은 아마 로마 최초의 법전인 12표법(the Twelve Tables)의 정확하고 완벽한 본문을 구해 읽을 수 있었을 것이다. 이 법전은 기원전 5세기 중반에 편찬되었고, 초기 몇 세기의 관습들과 불문율을 더러 보존했다(참조. 123쪽). 이 법전은 기원전 1세기 말까지도 학동들에 의해 암기되고 있었다.

그러나 얼추 기원전 750년부터 500년까지 공공 문서들이 많이 존재했을 가능성은 없다. 이 시기의 주요 사료들은 잘 알려진 전설들과 민담들이었다. 때로는 자기 조상들의 밀랍 조상들(彫像, imagines)과 흉상들을 보존한 대 귀족 가문들의 전승을 따서 ― 그들의 업적은 묘비에 새겨졌고, 그들의 기억은 다음 대 후손을 위해 행해진 장례식 연설로 새롭게 환기되었다 ― 초기의 시인들과 연대기 저자들이 전설들과 민담들을 보충할 수 있었다. 그러나 가문의 자부심이 비역사적 과장과 사실 왜곡으로 비화되는 경우가 잦았다. 때로는 티마이오스(Timaeos, 기원전 356경~260)와 필리누스(Philinus, 기원전 250경) 같은 그리스계 시칠리아 사가들도 초기 로마와 접촉했던 마그나 그라이키아 도시들의 전승들에서 유용한 정보를 보존했다.

그럼에도 불구하고 초기 로마사의 연대기적 전승이 확실하지 못한 비문헌적 자료에 의존해 있을지라도 여전히 유용한 정보를 많이 간직하고 있는 것은 부인할 수 없다. 전설들과 민담들은 그것들을 지어낸 사람들이 직접 체험한 상황들을 반영한다. 비록 구체적인 이름들과 연대들과 사건들이 대단히 의문시되긴 해도, 그것들은 초기 로마사의 일반적인 사회적·경제적·정치적·문화적 상황을 간직하고 있다. 더욱이 이 일반적인 상은 초기 로마의 터와 라티움과 에트루리아에 있는 그 시대 정착지들을 발굴한 고고학자들에 의해서, 그리고 유사한 상황의 사회들을 연구해온 인류학자들의 작업으로 훨씬 더 밝히 드러날 수 있다.

예를 들어, 비교 인류학은 초기 로마 종교에 많은 빛을 비춰 준다. 고고학자들에게 원시적인 오두막들의 터전과 무덤에서 출토된 예술품들은 초기 단계의 로마 사회를 특징지운 소박한 생활 방식을 드러내 주었다(참조. 61쪽). 마찬가지로 카피톨리누스 언덕의 유피테르 신전 같은 공공 건물들과 신전들에서 발굴된 유적들은 그 사료들이 기원전 6세기에 왕들의 지배를 받던 로마가 이탈리아에서 대단히 부유하고 강력한 도시였음을 정확히 반영해 주었다(참조. 64쪽).

로마 건국 전설들. 로마의 기원에 관한 표준적인 이야기에 따르면, 로마는 트로이가 멸망할 때 거기서 피해 나와 수년 간 방랑하다가 라티움에 정착한 트로이의 영웅 아이네아스(Aeneas)와 더불어 시작했다. 그는 이곳에서 왕 라티누스(Latinus)를 만났고, 라티누스의 딸 라비니아(Lavinia)에게 구애하던 선주민과 전쟁을 벌인 끝에 그녀와 결혼하고, 새 아내를 기리기 위해 라비니움이라는 도시를 건설했다. 그뒤 아이네아스의 아들 아스카니우스(Ascanius〈Iulus〉)는 알바 롱가를 건설했다. 아스카니우스 이후 열두번째 알바 왕인 누미토르(Numitor)는 일리아(Ilia, Rhea Silvia)라는 딸을 낳았는데, 그녀는 군신(軍神, Mars)에 의해 잉태되어 두 아들 로물루스와 레무스를 낳았고, 이 두 아들은 테베레 강에 내버려져 떠내려가다가 로마의 터 근처에서 암늑대에게 발견되어 건져졌으며, 암늑대는 발견하여 젖을 먹여 그들을 키웠다. 그런 뒤에 파우스툴루스(Faustulus)라는 목동이 이들을 데려다 키웠다. 그뒤 두 사람은 각각 그들이 기적적으로 구조된 장소 근처에 정착했으나, 얼

마 지나지 않아 로물루스가 레무스와 말다툼을 벌이다가 레무스를 죽였다. 나
중에 아내감이 부족했던 로물루스와 그의 부하들은 근처의 사비니인 마을에
서 여자들을 약탈함으로써 자기들 도시를 존속하게 했다.

이 이야기는 기원전 3세기 말, 그러니까 시인들과 사가들이 라틴과 그리스
와 에트루리아에서 유래한 여러 독자적인 이야기들을 독창적으로 조합하고
뒤섞고 잘라내고 이어붙인 뒤에야 비로소 그 기본적인 형태가 형성되었다. 로
물루스와 레무스가 알바 롱가에서 와서 로마를 건립했다는 이야기는 최초의
라틴 전승에 들어 있다. 초기에 알바 롱가는 라틴 도시들을 놓고 경합을 벌이
던 로마의 주된 경쟁국이었으니, 그 이야기는 주도권을 내세우던 알바의 주장
을 떠받치기 위한 선전이었을 것이다. 고고학 증거는 초기 로마와 알바와의
긴밀한 관계를 보여 주지만, 로마가 알바에서 유래했다는 주장을 입증하는 데
이용될 수는 없다.

로물루스와 레무스라는 인물들은 로마라고 하는 도시를 창건한 것으로 추
정되고, 그래서 그 도시의 이름의 기원이 된 전형적인 영웅에 대한 약간 다른
두 해석에서 나온 이름들인 것 같다. 로마의 라틴인들은 이탈리아 남부의 그
리스 정착민들로부터 그런 이야기들을 들어 친숙히 알게 되었을 것이다. 사실
상 어떤 그리스 전설은 로마가 오디세우스(Odysseus)와 키르케(Circe) 사이
에 태어난 아들 로무스(Romus)에 의해 설립되었다고 주장한다.

이탈리아와 시칠리아에 정착한 그리스인들은 자기들의 지역을 본토의 영광
스러운 서사시 전승들과 연계하려는 마음이 자연스럽게 들었을 것이다. 「오디
세이아」(Odyssey)에 나오는 오디세우스의 방랑이 이미 한 개의 연결 고리를
제공했고, 기원전 6세기의 시칠리아 그리스 시인 스테시코로스(Stesichorus)
는 트로이의 영웅 아이네아스가 비슷한 일련의 모험을 거쳐 서방으로 이주했
다고 적음으로써 또 다른 전승을 제공했다. 의미심장한 점은 아이네아스가 마
치 호메로스의 서사시에서 트로이인들이 초기 그리스인들의 적이었던 것처럼,
이탈리아의 그리스인들에게 큰 적이었던 에트루리아인들과 신속히 유대를 맺
게 되었다는 점이다.

에트루리아인들은 아이네아스를 기꺼이 자기들의 일원으로 받아들였다. 아
이네아스를 통해서 에트루리아인들은 경쟁 상대인 그리스인들 못지 않은 유

서깊고 영광스러운 과거를 가질 수 있었다. 아이네아스가 아버지 안키세스(Anchises)를 배석시킨 채 서약을 하는 모습을 묘사한 기원전 6세기의 조각상들이 베이이에서 발견되었고, 동일한 장면이 기원전 6세기 말과 5세기 초의 에트루리아 무덤들에서 발견된 열일곱 개의 화병들에 나타난다. 에트루리아인들은 아마 그들의 왕들이 기원전 6세기에 로마를 다스릴 때 아이네아스 이야기를 널리 퍼뜨린 듯하다.

에트루리아인들이 늑대의 이야기를 로마 건국 전설에 보탰을 가능성이 있다. 오늘날도 카피톨리누스 신전을 장식하고 있는 대형 청동 암늑대 상은 기원전 500년경에 제작된 에트루리아인의 작품이다. 쌍둥이 아기 상은 르네상스 이전까지는 덧붙지 않았지만, 늑대가 남자 아기에게 젖을 먹이는 모습을 묘사한 기원전 600년경의 에트루리아 부조가 있다.

표준적인 전설의 일부가 된 마지막 요소들 가운데 하나는 알바 왕들의 목록이었다. 그리스 학자들과 사가들은 실력이 좀더 쌓이면서 정확한 연대 설정에 관심을 두게 되었다. 기원전 3세기 초반에 시칠리아의 그리스 사가로서 서방의 그리스인들과 그들에 관련된 사건들을 최초로 포괄적으로 다룬 저자인 티마이오스(Timaeos)는 로마의 건국 연대를 카르타고의 건국 연대와 동일시하여 대략 기원전 814년으로 잡았다. 약 50년 뒤에 또 다른 그리스인인 에라토스테네스(Eratosthenes)는 고대에 트로이 멸망의 표준 연대를 기원전 1184년으로 잡았다. 분명한 것은 아이네아스가 이탈리아에 도착하기 전 370년 동안을 방랑했을 가능성이 없다는 점과, 따라서 그의 아들이 알바 롱가를 건설한 시점과 로물루스가 로마를 건설한 시점 사이에 긴 간격이 있었다는 점이다. 알바 왕의 목록은 이 간격을 메꾸는 데 용이하며, 그 전승은 로마 건국 연대로서 고대에 기원전 748년과 나중에 753년이 지지를 받았을 때 기존의 건국 연대에 일어난 변화들에 맞게 개작되기에 충분히 융통성이 있다.

라티움과 초기 로마. 로마의 기원에 관한 전설상의 이야기는 거의 완전히 비역사적 허구이기 때문에, 최초의 로마에 관해 알려진 것은 지리적 증거와 몇몇 고고학적 인공 유물을 가지고 추론해야 마땅하다.

기원전 8세기 경에 라티움에는 라틴인들이 정착해 살고 있었다. 이들은 인

중앙 이탈리아

도유럽어 계열의 방언을 말했고, 농사를 짓고 가축을 길러 먹고 살았던 것이 분명하다. 손으로 짠 투박한 옷을 입었고, 손으로 조야한 도자기를 만들어 썼다. 몇몇 보석 장신구와 청동 혹은 철 연장을 제외하면, 그들은 해외에서 물건을 수입해서 쓴 것이 거의 없었던 것 같다. 그들의 가옥은 보 혹은 장대로 지지한 초가 벽과 지붕으로 엮은 원형이나 타원형 나무 오두막 집이었다. 화로에서 나오는 연기가 천정에서 낸 구멍을 통해서 빠져나가게 했고, 하나뿐인 큰 문은 채광과 통풍에 쓰였다. 바로 이런 가옥의 터들이 로마의 팔라티누스 언덕에서 발견되었다.

비록 농지들의 면적은 좁았으나 그 안에서 여러 촌락들이 발달할 수 있었고, 이 촌락들이 훗날 읍이나 도시로 발전했다. 북쪽에는 아이노 강 곁에 티부르가 있었고, 테베레 강을 굽어보는 피데나이 성채 도시가 있었다. 내륙 쪽에는 고지대에 건설된 프라이테스테가 에트루리아와 캄파니아를 잇는 도로를 장악했고, 투스쿨룸도 있었다. 그중에서 아마 가장 오래된 곳은 알바 롱가로서,

라티움의 종교 중심지이자 로마의 건설적인 모시(母市)였다. 해안에는 라비니움이 있었고, 그 바로 곁에는 아르데아가 있었다. 이 도시들의 동편에는 아라키아, 라누비움, 벨리트라이가 있었다. 남쪽, 특히 그중에서도 부유한 폰티누스 지대에는 세티아, 코라, 포에티아, 수에사, 사트리쿰, 노르바 같은 일단의 소도시들이 있었다.

기원전 750년경에는 라티움의 다른 곳에 있는 촌락들과 같은 서너 곳의 농촌 촌락들이 훗날 로마로 인해 유명하게 된 산지의 일부를 차지하고 서 있었다. 초기의 산지 촌락들은 저마다 독특한 방언과 관습을 갖고 있었던 것 같다. 이 원시 정착촌들 가운데 팔라티누스 언덕에 들어선 정착촌이 최초의 로마였을 것이다. 다른 촌락들은 에스퀼리누스 언덕과 퀴리날리스 언덕에 자리잡았고, 아마 카일리우스 언덕에도 촌락이 들어섰을 것이다. 이 촌락들은 한결같이 경사면과 중간의 계곡을 묘지로 사용했다. 팔라티누스 언덕에 자리잡은 사람들은 화장(火葬)을, 에스퀼리누스 언덕의 사람들은 참호식 무덤을 사용한 매장을 시행했다. 퀴리날리스 언덕 사람들의 장례 관습은 시신을 화장한 뒤 납골 단지에 보존하는 방식에서, 에트루리아의 빌라노바인의 지역에서 시행된 참호식 매장으로 바뀌었다. 결국에 가서 그 촌락들은 더 많은 매장지를 필요로 했고, 그 필요에 따라 훗날 로마 광장이 들어선 팔라티누스 언덕 밑에 공동 묘지를 조성했다. 개별적인 촌락들이 단일체로 통합하기까지는 먼저 이런 협력이 선행되었을 것이다.

초기 로마의 경제. 초기 로마인들의 주요 생계 수단은 틀림없이 소와 양이었다. 이 사실은 그들의 신화와 종교 관습과 언어에서 정확히 추론된다. 전설에 나오는 로마의 시조와 그의 쌍둥이 형제 레무스는 양치기의 오두막집에서 양육되었다고 한다. 로물루스가 로마를 건축한 날로 추정되는 4월 21일에 거행된 팔릴리아(Palilia) 축제는 마구간과 양우리를 소제하는 날로서 기념되었다. 또한 곡식뿐 아니라 짐승의 다산(多産)을 관장하는 원시 시대의 여신인 지모신(地母神) 곧 텔루스(Tellus)를 기리기 위해서 초기의 로마인들은 매년 두 차례에 걸쳐 포르디키디아(Fordicidia) 축제를 기념했는데, 이 축제 때 그들은 봄에는 수태한 암소를, 초겨울에는 수태한 암퇘지를 제물로 바쳤다.

이러한 전원적 전승 때문에, 로마인들은 구약성경의 유대인들처럼 자기들의 신들에게 짐승을 제물로 바쳤다. 유노(Juno)에게는 염소를, 마르스(Mars, 軍神)에게는 황소를, 유피테르에게는 흰 황소를 바쳤다. 배경이 같았다는 흔적들이 성문들 중 하나에 붙은 '메에 대문'(Mooing Gate:Porta Mugonia)과 에그레기우스(egregius. '양떼에서 선별한'이라는, 따라서 '탁월한'이라는 뜻), 그리고 페쿠니아(pecunia. 양떼로 인한 '부'라는 뜻. 그러나 훗날에는 일반적으로 '돈'을 뜻함)라는 단어들에 분명히 나타난다.

그럴지라도 로마인들이 더 광활한 목초지를 정복하고 아펜니노 산맥의 여름 방목지로 연결되는 도로들을 장악할 때까지 대대적으로 목초지를 찾아다닌다는 것은 불가능했다. 로마인들은 가축이동로를 놓고 사비니 산지 주민들과 전투를 벌이다가 협정을 맺고 공존하게 되었으며, 이 공존에 힘입어 로마인들은 아펜니노 산맥의 여름 방목지에 들어갈 수 있었고, 사비니인은 하(下) 테베레 강 유역의 겨울 방목지에 들어갈 수 있었으며, 서로간에 통혼할 수 있게 되었다.

한편 로마인들은 또 다른 생계 수단이 있었다. 그들은 물고기를 잡았고, 돼지와 닭을 키웠고, 순무, 완두콩, 콩, 양상추, 양배추 밭을 경작했다. 가옥 근처의 조그만 텃밭에다가는 딱딱한 종류의 에머 밀(emmer wheat)인 스펠트를 재배했는데, 이 식물은 마카로니 원료에 쓰이는 듀럼밀처럼 빵보다는 죽(porridge:오트밀에 우유나 물을 부어 만든 죽)에 더 적합했다. 로마인들은 들포도와 무화과 과실도 수확한 듯한데, 그들은 이 열매들을 그냥 먹기도 하고 술을 담그기도 했다.

로마인들의 원시 생활에 일어난 변화는 더디지 않았다. 기원전 8세기에 지중해 세계는 상업 활동으로 활기를 띠고 있었는데, 로마인들도 곧 그 활동에 참여하게 되었다. 라티움의 해안에 페니키아인들과 그리스인들이 왔다. 에트루리아인들은 테베레 강을 건너 캄파니아로 잇는 도로 중간에 위치한 사트리쿰과 프라이네스테를 차지했다.

고대 무역 형태에 일어난 변화들은 사람들로 하여금 로마의 지리적 입지를 이용하게 만들었다. 로마에 사람들이 정착하기 오래 전에 아펜니노 산맥 중앙의 산지 지방에서 온 사람들이 테베레 강 어귀 근처의 염전에서 테베레 강의 양안을 따라 난 길을 닦아왔다. (소금은 유럽에서 심지어 프랑스 대혁명 때까지도 돈벌이가 되는 상품이었다. 그것은 테베레 강 하류지역의 특산물이었다.) 뗏목을 타고 강 하류로 내려가기란 상대적으로 쉬웠지만, 급류 때문에 상류로 거슬러 올라가기란 불가능했으며, 따라서 강 양둑으로 난 오솔길이 대신 교통로로 사용되었다. 서쪽 강둑을 따라 난 오솔길은 덜 파괴되고 덜 불규칙하며, 경작하기도 쉽고 작물도 잘 자라는 강 하구로 이어졌다.

이 오솔길이 에트루리아인들이 사는 베이이의 통제하에 들어갔을 때 개별적인 소금 광부들과 상인들은 동쪽 둑을 따라 난 옛 소금 길(살라리아 가도)를 이용해야만 했다. 훗날 기원전 7세기 중엽에 에트루리아인들이 강을 건너 피데나이 요새를 차지했을 때 소금 업자들은 이 길을 이용할 수 없게 되었다. 생계를 유지하기 위해서 혹은 통행료를 아끼기 위해서, 그들은 알리아 산으로 난 내륙의 노멘툼 가도를 멀리 돌아 피데나이를 우회할 수밖에 없었다. 안템나이에서 다시 강을 만나면 옛 소금길을 타고서 로마로 갔다. 테베레 강을 안전하고 편하게 건널 수 있는 곳은 로마 부근뿐이었는데, 이는 베이이의 통제를 벗어난 지역이기 때문이기도 했고, 테베레 섬이 다리 건설을 용이하게 했기 때문이기도 했다. 최초의 다리는 기원전 7세기 말에 목재로 건설한 수블리키우스 다리(폰스 수블리키우스)였다. 일단 건설된 뒤 카피톨리누스 성채로부터 보호를 받은 이 다리는 많은 도로들로 이어졌고, 초기의 로마 시가 발달하는 데 이바지했다.

도시의 발달. 기원전 7세기에 개별적인 촌락들이 의미심장한 하나의 작은 도시로 발달해 간 것은 고고학적 기록과 역사 시대에까지 존속된 고대 로마의 몇몇 종교 관습에서 추적해 볼 수 있다. 고고학은 표준화하고 전문적인 기술을 갖춘 제품들이 증가했음을 보여 주는데, 이것은 좀더 큰 상거래와 더 막대한 부를 암시한다. 예를 들어 에스퀼리누스 언덕에 있는 기원전 7세기 중엽의 참호식 무덤들 중 하나에는 갑옷 한 벌과 전차 한 대가 들어 있었다. 기원전 625년경 이후에는 에트루리아에서 수입된 값비싼 금속 제품들과 도자기들이 크게 증가했다.

셉티몬티움(일곱 언덕들 혹은 성벽으로 둘러싸인 언덕들)은 팔라티누스 언덕, 에스퀼리누스 언덕, 카일리우스 언덕에 자리잡은 공동체들이 종교 축제를 공동으로 창설한 데서 연유한 듯하다. 그 세 언덕에는 사실은 모두 합쳐 일곱 개의 개별적인 언덕들이 있었다. 이를테면, 에스퀼리누스 언덕에는 오피우스, 키스피우스, 파구탈리스 언덕들이, 팔라티누스 언덕에는 케르말루스, 팔라티누스, 벨리아 언덕들이 있었고, 그리고 나머지 하나가 카일리우스 언덕이었다. 이 종교적 유대를 끝으로 해서 팔라티누스 공동체가 정치적 통일을 주도한 듯하고 훗날 퀴리날리스 언덕이 합병된 듯하다.

고대의 두 사제직인 살리 신전의 사제들과 루페르쿠스 신전의 사제들은 팔라티누스 언덕과 퀴리날리스 언덕을 대표하는 두 집단이 되었다. 이 관습은 사제들이 원래는 두 독립된 공동체들에 공통되었음을 암시한다. 리비우스 (2.13)에 따르면 팔라티누스 공동체와 퀴리날리스 공동체의 결합은 네 지역의 로마—즉 팔라티누스, 에스퀼리누스, 카일리우스, 퀴리날리스 언덕들—로 알려진 것을 만들어냈다. 이 네 지역은 대강 고대 도시 로마의 성스러운 경계 안에 있었다.

고고학 증거로 볼 때, 기원전 6세기 말경에는 로마 광장의 묘지가 폐쇄되었고, 그 지역에 고인 물이 배수되었으며, 가옥들이 그곳에 들어섰다. 로마 광장은 그때까지 포장되지 않았지만, 가옥들은 기와 지붕에 상당한 크기의 목재들로 지어졌다. 로마는 당대의 다른 라틴 소도시들이 에트루리아의 영향하에 경험하고 있던 것과 똑같은 비약적인 발전을 경험하고 있었던 것 같다.

에트루리아의 영향. 라티움에 최초로 정착한 에트루리아인들은 아마 군사 모험가들이 아니라 진취적인 상인들이었을 것이다. 이들이 라티움에 관심을 가진 이유는 주로 이곳을 관통하는 도로들이 캄파니아의 부유한 시장들로 이어졌기 때문이었다. 맨 처음 에트루리아의 문물을 받아들인 공동체들은 에트루리아와 캄파니아 사이를 잇는 두 개의 간선 도로변에 자리를 잡았다. 한쪽 도로는 오스티아에서 아드레아와 사트리쿰으로 이어지는 해안길을 따라 나 있었다. 다른 한쪽 도로는 아펜니노 산맥 언저리를 지나갔다. 카이레 혹은 베이이에서 시작한 좀더 중요한 내륙 도로는 피데나이에서 테베레 강을 건너 티부르와 프라이네스테로 이어졌다. 이런 강력한 지점들로부터 방어가 용이했던 이 도로는 폭풍과 해적과 적군의 공격이 잦았던 해안 도로에 비해 상인들에게 캄파니아까지 안전한 통행을 제공했다.

에트루리아인들은 라티움을 군사적 정치적으로 지배하기 전에 상업 활동으로 그 문화 생활에 혁명적인 변화를 일으켰다. 그들은 몇 세대 전에 쿠마이의 그리스인들에게 배운 문자를 라티움에 보급해 주었을 가능성이 있다. 상인들의 뒤에 바짝 붙어 따라온 장인들은 프라이네스테와 그밖의 도시들에 금속, 점토, 가죽, 양털을 가공하는 최신기술을 보급했다. 에트루리아인들은 철기 시대에 머물러 있던 라틴인들의 산지 촌락들을 오피다(oppida), 즉 성벽을 갖춘 소도시들 혹은 요새화한 성채를 갖춘 도시들로 바꾸어 놓았다. 그들은 라틴인들에게 목재 골격 가옥을 짓는 법을 가르쳐 주었다. 그들은 신전들을 짓고 에트루리아의 양식으로 장식했고, 종교를 조직된 제도로 만들었으며, 본격적인 도시 국가를 건설했다. 이런 활동에 힘입어 기원전 600년경에는 에트루리아의 제도와 산업과 순수 예술이 라티움으로 이전되었다. 프라이네스테의 화려한 무덤들 — 손으로 두드려 만든 청동 가마솥들, 은대접들, 정교하게 장식한 상아들, 섬세한 금 장신구들이 간직된 — 은 카이레에 있는 유명한 레골리니 갈라시 무덤을 그대로 빼닮았다. 유색 테라코타 장신구들이 보관된 사트리쿰, 라누비움, 벨리트라이의 신전들은 에트루리아에 세워진 신전들과 거의 구분할 수 없다.

에트루리아의 신분 구조가 라티움에도 곧 전래되었다. 에트루리아의 상인들과 전쟁 제후들, 그리고 아마 몇몇 유복한 라틴 가문들은 유산자에 의한 귀족정을 수립하여 여러 라틴 도시들의 경제, 사회 생활을 지배했다. 이들은 교역이나 해적질에서 거둔 수익에 힘입어 대규모 토지를 확보했을 뿐 아니라 — 그러는 과정에서 비록 규모는 작았지만 전에는 자영농이었던 사람들이 힘에 밀려 노예, 소작인, 혹은 예농이 되어 그 땅에 그냥 남아서 살았다 — 에트루리아, 그리스, 이집트, 심지어는 발트 해 연안에서 수입한 물품들을 가지고 몸과 집을 꾸미고 기품있게 화려하게 살았다.

농업이 계속해서 인구의 주된 직업이자 생계 수단이었고, 라티움은 에트루리아의 지배를 받는 동안 잘 개간되었다. 에트루리아인들은 숲과 관목 지대를 개간하고, 소택지에서 물을 빼고, 좀더 개선된 쇠 쟁기와 우월한 경작 방법을 도입했을 뿐 아니라, 다양한 품종의 밀, 포도, 과실수들을 개량했다. 좀더 나은 농법이 인구 증가를 촉진했고, 인구 증가는 다시 농업 발전을 더욱 촉진했다.

그 지역의 인구가 증가하면서 더 많은 땅을 개간하고 경작할 필요가 생겼고, 그래서 처음에는 구릉 지대가 개간되고, 나중에는 산등성이까지 개간되었다. 그러나 얕은 토양에 내린 비로 딱딱한 각질이 제거되자 산비탈의 흙과 자갈과 토사가 산 밑 평야로 떠내려 갔다. 유입된 토사에 흐름이 막힌 강이 범람하면서 한때 비옥했던 들판이 거대한 잡초밭과 자갈 뒤섞인 황무지로 뒤바뀌었다. 대자본과 다수의 소작인들을 소유하고 있던 영리한 지주들은 저지대 농민들과 산기슭 농민들을 보호하기 위해서 정교한 쿠니쿨리(cuniculi) 체계, 즉 바위를 깎아 대략 높이 1.5m에 너비 60cm의 배수로를 만들었다. 틀림없이 고도의 기술과 막대한 비용과 수많은 훈련된 사람들을 요했을 이 탁월한 배수 체계는 여러 세대 동안 라틴 캄파니아의 농업을 보존했다. 같은 시기에 건설된 배수로 운하인 에미사리아(emissaria)는 알바 호수와 네미 호수의 연안에 새로 정착한 사람들을 위해 호수의 수위를 낮춤으로써 광활한 넓이의 비옥한 농토를 개간해 주었다.

초기 로마 국가. 전승에 따르면 로마는 건국 때부터 기원전 500년경까지 일곱 왕들에 의해 통치를 받았다. 처음 네 왕은 라틴인들과 사비니인들로서, 로물루스, 누마 폼필리우스, 툴루스 호스틸리우스, 앙쿠스 마르키우스였다. 마지막 세 왕은 에트루리아인들로서, 타르퀴니우스 프리스쿠스(대 타르퀴니우스), 세르비우스 툴리우스(마스타르나), 타르퀴니우스 수페르부스(타르퀴니우스 오만왕)였다. 그러므로 기원전 750년경부터 500년경에 이르는 시기는 종종 일인정 혹은 왕정 시기라 불린다.

초기 로마가 왕들에 의해 통치되었다는 것은 합리적인 추정이다. 아리키아, 투스쿨룸, 라누비움도 그러했으며, 라티움과 에트루리아의 다른 도시 국가들도 아마 그랬을 것이다. 더욱이 기원전 6세기 로마 고고학 유물들에 에트루리아의 자료가 상당량 들어 있었다는 사실은 로마의 마지막 왕들이 에트루리아인들이었다는 일반적인 견해를 뒷받침한다.

왕들이 기원전 6세기에 로마를 통치했다는 견해는 로마 광장에 남아 있는 가장 오래된 기념비(기원전 5세기 초) 라피스 니게르(흑석) 밑에서 발굴된, 훼손된 돌 피라미드에 뚜렷이 각인된 레케이(RECEI. rex〈왕〉라는 단어의 한 형태)라는 단어로 뒷받침된다. 왕들의 존재는 공화정 시대에 인테르레그눔(interregnum. 왕들의 재위 사이의 기간)이라는 용어와 인테렉스(interrex. 간왕〈簡王〉)와 사제의 임무를 띤 렉스 사크로룸(rex sacrorum. 특별제사담당사제: 공화정 초기에 신설된 이 관직은 왕이 수행하던 종교적 기능을 대표하면서 특정한 제사를 집행하는 관리였고, 그래서 rex(왕)라는 칭호가 주어졌다. 그러나 그는 대사제(Pontifex Maximus)보다 하급 관리였다. ─ 역주)이라는 칭호들이 살아남아 있었다는 점으로도 입증된다. 공화정 시대에 폰티펙스 막시무스(대사제)의 관저로 쓰인 레기아(Regia) 곧 왕의 집은 원래는 왕들의 궁전이었을 가능성이 크다.

로마는 유사 이래 성문법을 가져본 적이 없고, 대신에 오늘날 영국과 마찬가지로 특정 역사 시점에 '국제(國制, constitution)'가 무엇인가가 결정되는 과정에서 끊임없이 발전하고 변하는 관습과 선례와 규례의 복합체만 있었을 뿐이다. 왕정 시대의 국체는 복잡하지 않았다. 그 기본 골격은 그 뒤에 온 공화정 시대에도 그대로 보존되었고, 초기 그리스에 존재했던 비슷한 왕정에 관해서 알려진 것으로부터 많은 것을 추론할 수 있다.

왕. 초기 로마 국가의 통일과 권력과 권위의 살아 있는 상징은 왕이었다. 왕은 종신직이었지만, 세습되거나 민회에서 선출되지 않았다. 오늘날 일부 저자들, 특히 이탈리아 저자들은 왕이 선왕에 의해 지명되었다고 주장한다. 그러나 공화정 시대에 콘술(consul, 집정관) 선출을 위해 마련된 제도를 감안하여 제기된 것이 틀림없는 고대의 견해는 왕이 죽을 때 왕권에 신의 재가를 부여하는 점(auspices)을 침으로써 신들의 뜻을 판별하는 아우스피키움(auspicium)의 권리가 자동적으로 원로원, 즉 사회 지도층 인사로 구성된 자문단에게로 돌아갔다는 것이었다. 그러면 원로원은 의원들 가운데 한 명을 선출하여 인테렉스(interrex, 왕권대행)로서 닷새를 봉직하게 했다. 그는 다시 또 다른 의원을 선출하여 닷새 동안 봉직하게 하고, 그러기를 신들과 원로원을 다 만족시키는 왕이 선출될 때까지 계속했다. 왕이 선출되면 인테렉스로서 맨 마지막에 봉직한 사람이 성인 남자 시민들로 구성된 민회, 즉 쿠리아회(comitia curiata)에 지명자를 추천하여 비준을 얻게 했다. 이 민회의 기능은 단지 회의에 참석하여 점의 최종 결과에 대해 증인이 되고, 박수 갈채로 새 왕에게 지지를 표시하며, 그가 왕의 명령권(imperium)을 취하면 그에게 충성과 순종을 맹세하는 것이었다. 이러한 공식적 왕위 취임식은 그에게 거의 무제한한 대권, 즉 '생살여탈권'을 주었다.

에트루리아인들이 왕으로 다스리던 왕정 시대에 왕권은 군 통수권, 사법권, 제사권 등 세 가지 기능을 망라하는 거의 총체적인 것이었다. 국가 수장이자 군 통수권자로서, 왕은 휴전 협정을 맺고 선전포고를 하며, 외교를 관장하고, 외국과의 조약을 체결하는 권한을 가졌다. 또한 군대를 훈련시키고, 시민들을 군대에 징집하고, 전시에 세금을 부과하는 권한과, 전리품을 병사들에게 배분하고, 전시 공채에 대한 상환으로 시민들에게 토지를 배분하는 권한을 가졌다. 내정과 법 집행의 책임자로서, 왕은 아마 입법권과 사법권을 동시에 가진 듯하며, 국가의 안전과 통치에 필요하다고 판단되는 칙령들을 발행했다. 그럼에도 불구하고 왕은 사법(私法)이나 민법의 입법과는 무관했다. 왜냐하면 초기 로마에서는 법은 왕의 명령이나 민회 절차에 의해 제정되지 않고, 공동체의 관행과 관습과 사회적 도덕심으로부터 발달한 듯하기 때문이다. 왕은 대사제의 권한으로 이른바 '왕의 법(royal laws)'을 공포했는데, 당시에는 법이 종교와 관습으로부터 분리되지 않고 사제들에 의해 규제되었기 때문이다.

왕은 국가 수장, 총사령관, 재판장, 대사제로서 많은 의무들을 수행하기 위한 방대한 권력을 소유했다. 그는 관습에 근거한 법이든 명령에 의한 법이든 자신의 릭토르들을 통해서 법을 집행했다. 범법자들에 대해서는 체형, 구금, 벌금, 동산 압류 등의 다양한 제재 조치를 취했다. 반역, 존속 살해, 신성모독 등 신들이나 국가에 대해 저지른 대죄는 사형으로 다스렸다. 중재 요청을 받지 않고는 사적인 분쟁에 간섭하지 않았으며, 중재 요청을 받을 때도 일반 원칙을 환기시키고, 구체적인 판결은 정식 판사들이나 특별 중재자들에게 넘겼다.

왕의 가장 중요한 기능은 종교적인 것이었다. 종교는 왕권의 기초였고, 국가의 운명이 종교와 맞물려 있었기 때문이다. 왕은 국가 종교의 수장이므로 그의 인격을 훼손하거나 침해해서는 안 되었다. 왕의 의무는 국가의 신들과의 관계에서 인민을 대표하고, 몸소 국가의 제사를 집례하고, 점괘를 받아 신들의 뜻을 판별하고, 사제들을 임명하고 그들의 활동을 감독하고, 달력을 작성하며, 신들이 각각 가납할 만한 축제일들을 선포하는 것이었다. 왕 선출, 민회 소집, 군대의 출정 등 국가의 중대사를 앞두고는 신들의 뜻을 문의해야 했다.

왕은 세부 행정 업무를 관리들에게 위임했다. 도시 담당관(prefect of the city)은 왕의 부재시에 왕을 대신하여 국정을 수행했고, 재판관들은 반역과 그 밖의 공공 범죄를 재판했고, 사제들은 제사를 관장하고 달력을 확정하고 시민법을 해석했고, 복점관(卜占官, augurs)들은 신들의 뜻을 확인하고 해석했으며, 베스타 신전의 여사제들은 도시의 신성한 불이 항상 타오르도록 관리했다.

원로원. 초기 로마 정부의 두번째 기관은 왕에게 조언을 하는 지도급 원로들의 회의체인 원로원(senate)이었다. 아마 최초의 원로원은 씨족 지도자들의 회의체였던 듯하며, 훗날 그중 한 사람이 왕이 되었다. 왕제가 생긴 지 얼마 안 가서 왕이 정부의 항구적인 부분이 되었음에 틀림없으며, 왕은 자신의 권한이 증대되면서 원로원을 순수한 자문 회의로 격하시켰다. 씨족들(gentes)이 훨씬 더 많은 수의 부유하고 힘 있는 가문들로 분산됨에 따라 왕은 원로원 의원 수를 늘렸다. 기원전 575년부터 450년 사이의 어느 시점에 원로원은 300명으로 구성되기에 이르렀고, 이 숫자가 기원전 1세기 술라(Sulla. 기원전 85~80년) 때까지 국법상의 숫자로 고정된 채 유지되었다.

원로원의 권한과 기능. 원로원은 입법권이 없었고, 왕이 자문할 때에만 조언을 할 수 있었다. 왕은 이 조언을 언제나 받아들인 것만은 아니다. 왕이 원로원의 조언을 습관적으로 무시한다거나 거부한다는 것은 특히 중대한 문제일수록 정치적 '지혜'에서 벗어나는 행동인데도 그러했다. 그런 행위는 조만간 유력 가문들의 증오를 살 것이고, 타르퀴니우스 가의 마지막 왕처럼 심지어는 권좌를 잃게 될 수도 있었던 것이다. 위에 언급한 대로 왕이 죽으면 원로원 의원들이 새로운 왕의 선임에 대해 동의할 때까지 아우스피키움의 권리는 원로원으로 귀속된 것 같다. 원로원은 또 하나의 유서 깊은 권위의 원천을 갖고 있었다. 아욱토리타스 파트룸(auctoritas patrum)이란 용어로 요약되는 그 권한은 원로원이 입법에 앞서 민회의 결의안을 재가하는 권한이었다.

민회(Comitia curiata, 쿠리아회). 정부의 세번째 기관은 전통적으로 코미티아 쿠리아타로 알려진 민회(Popular Assembly)였다. 그 기원은 모호하고, 대개 이 민회에 돌려지는 기능들은 후대의 관행에 기초한 것인 듯하다. 알려진 민회 중 가장 오래된 이 쿠리아회는 통일된 로마 공동체의 통일 자체만큼이나 오래된 듯하며, 무기를 들 수 있는 모든 시민들로 구성되었다. 이 민회는 왕이 어떤 사업에 대해 재가를 받기 위해서 소집할 때에만 모임을 가졌다. 초기에는 전령들이 소집을 주도했지만, 에트루리아 왕 시대에는 릭토르들의 소집으로 법적 자격이 있는 시민들이 정기적으로 로마 광장에서 모였고, 경우에 따라서는 카피톨리누스 언덕에서 종교 의식을 거행하기 위해 모이기도 했다. 시민들은 쿠리아라고 하는 무리를 단위로 대오를 정렬했고, 그 모임 전체에 쿠리아타라는 칭호가 붙은 것은 거기에서 유래했다. 각 쿠리아(curia)는 일정한 지역에서 사는 친족들의 무리였던 것 같으며, 이들은 조세와 선거뿐 아니라 종교적·군사적·정치적 목적을 위한 하나의 단위로 조직된 듯하다. 전하는 바로는 애당초 로마인들은 세 개의 트리부스(부족), 즉 람네스(Ramnes), 티티에스(Tities), 루케레스(Luceres)로 구성되었고, 각 트리부스는 다시 각각 열 개의 쿠리아로 조직되었다고 한다. 쿠리아 회에서의 투표는 단위별로 치러졌고, 각 쿠리아는 하나의 투표권을 가졌으며, 그 투표권은 쿠리아 구성원들의 다수결에 의해 결정되었다.

쿠리아 회의 기능. 왕정 시대에 정치에서 쿠리아 회의 역할은 소극적인 것이었던 듯하다. 초기 사회에서는 입법 행위가 드물었고(관습법을 수정하거나 변경할 필요가 거의 없었다), 왕이 민회를 소집할 때는 말하도록 하기 위해서가 아니라 듣게 하기 위해서였다. 비록 그 당시에도 궁극적인 주권(maiestas)이 인민에게 있다고는 했으나, 그 권력은 아직은 발달 단계에 있어서 잠재적이고 이론적인 것에 지나지 않았다. 그럼에도 불구하고 왕은 법과 정책에서 큰 변화를 가지려 할 때 인민의 협조와 동의를 얻어내기 위해서라도 그들의 권한을 무시하지 않을 만큼은 지혜로웠다. 인민은 왕이 거행하는 공적인 종교 의식에 참여했다. 인민은 왕의 취임식에 참석하여 점의 최종 결과를 지켜보고, 왕이 명령권(imperium)을 취할 때 그에게 공개적으로 충성과 순종을 맹세했다. 인민은 휴전과 전쟁, 그리고 그 밖의 국가 중대사들에 관한 왕의 포고문을 들었다. 쿠리아회는 이런 공적 기능들 외에도 유언과 양자 입양에 대해 비록 인준은 아니지만 증인이 되었고, 사법(私法)에 관련된 그밖의 문제들을 다루었다.

이 초창기 민회는 비록 왕정 말기 이전은 아닐지라도 공화정 초기에는 정치적으로 쇠퇴했다. 그리고 코미티아 켄투리아타(comitia centuriata, 켄투리아회)로 알려진, 무장을 할 능력을 갖춘 사람들로 구성된 또 다른 민회로 대체되었다. 쿠리아 회는 그 규모가 서른 명의 릭토르(릭토르 한 명이 한 쿠리아를 대표)의 모임으로 축소되었고, 이제 유일하게 남은 기능은 켄투리아 회가 선출한 정무관들에게 명령권 곧 임페리움을 부여하는 것뿐이었다.

이 새로운 민회는 에트루리아 왕들의 시대에 이루어진 군대 개혁과 새로운 장비와 전술의 도입 때문에 발생되었을 가능성이 크다. 이 점에 대해서는 차후에 논하기로 한다.

왕들 치하의 업적. 로물루스 이후에 즉위한 왕들의 이름(기원전 750년경~500년경의 기간 전체를 설명하기에는 극히 적은 수이긴 하지만)과 전통적으로 그들에게로 돌려지는 행위들 가운데 더러는 몇 가지 중요한 역사 사실에 기초한 것일 수 있다. 전승에 따르면 누마(Numa)는 전사(戰士) 왕(warrior-king) 로물루스 이후에 로마에 평화의 기술을 도입한 사제(司祭) 왕(priest-king)이었다고 한다. 그러한 진술은 시대의 추이를 지나치게 개인에게 맞춘다는 인상을 준다. 누마의 업적으로 거론되는 모든 제도들 — 종교 의식, 사제직(예를 들면, 제관들〈祭官들, flamens〉, 사제들〈司祭들, pontiffs〉, 군신〈軍神〉의 제관〈Salians〉, 베스타 여신의 여사제들〈Vestal Virgins〉, 12개월로 구성된 달력) — 이 발달하는 데까지는 한 왕의 재위 기간만 가지고는 부족했을 것이다. 그러나 누마라는 이름의 왕이 여러 소규모 촌락들을 단일 국가로 통일하는 과정에서 중요한 역할을 했고, 그로써 로마인들의 민간 전승에서 항구적인 자리를 얻었을 가능성이 크다.

툴루스 호스틸리우스(Tullus Hostilius)는 좀더 세세한 사실들에서 두드러진다. 호스틸리우스 가(the Hostilii)는 왕들의 목록이 작성되고나서도 줄곧 명성을 얻지 못했다. 이 사실은 그의 이름이 초기 로마의 전통적 이야기들에 등장하는 많은 이름들이 종종 그렇듯이 몇몇 세력가들의 비위를 맞추기 위한 후대의 허구가 아니었음을 암시한다. 그가 기원전 7세기 중엽에 알바 롱가에 대해 역습을 주도하여 그곳을 궤멸했다는 것은 기원전 650년경에 알바가 자취를 감춘 사실이 뒷받침한다. 적군 지휘관인 메티우스 푸페티우스(Mettius Fufetius)에게 붙은 이름조차 그 이야기에 무게를 더한다. 왜냐하면 '메티우스'는 오스카어로 일종의 정무관인 메딕스(meddix)에 해당하는 라틴어이기 때문이다. 전승이 오랜 세월 동안 전달되면서 낯선 외국의 직함을 본명으로 기록한 '실수'가 사실상 그 신빙성을 뒷받침해 준다.

전승에 제4대 왕으로 등장하는 안쿠스 마르키우스(Ancus Marcius)는 툴루스 호스틸리우스처럼 신빙성이 있어 보인다. 왜냐하면 오랜 훗날 전승에서 왕들의 목록이 굳어질 때까지 로마에 그밖의 유력한 마르키우스들이 없었기 때문이다. 그가 기원전 7세기 말에 재위하는 동안 테베레 강 어귀에 오스티아가 건설되었다는 이야기를 뒷받침해 줄 만한 고고학적 증거는 없다. 하지만 로마인들이 테베레 강 어귀의 염전에 본격적인 관심을 갖기 시작한 것은 바로 이때였다. 그러므로 안쿠스 마르키우스가 소금 유통로를 잇기 위해서 테베레 강을 가로지르는 목재 수블리키우스 다리를 건설했다는 견해는 사실일 가능성이 크다. 그는 아마 폰티피케스(pontifices)라는 존경받는 사제직 제도를 만들었는데, 그 뜻은 다리 건설자들이라는 뜻이다.

최초의 로마사에 관한 추론보다 시기적으로 앞서는, 분명히 독자적인 에트루리아의 전승이 타르퀴니우스 가(家)의 존재를 뒷받침한다. 불키 근처의 프랑수아의 무덤에 남아 있는 벽화에는 다른 여러 이름들 중에서 그네베 타르쿠 루마크(Gneve Tarchu Rumach〈로마의 Gnaeus Tarquinius〉)라는 이름이 표기되어 있다. 어떤 사람들이 세르비우스 툴리우스 왕의 에트루리아 식 이름인 마스타르나(Mastarna)로 보지만, 이 벽화에 표기된 또 다른 이름인 막스트르나(Macstrna〈Mastarna〉)는 바로 왕 세르비우스 툴리우스와 동일인이라고 단언할 수 없다. 물론 전설에서 그 로마 왕의 친구로 나오는 카일리우스 비베나(Caelius Vibena〈Caile Vipinas〉)도 그 벽화에 표기되어 있지만 말이다. 그 밖의 에트루리아의 비명들은 타르크나 가(타르퀴니우스 가)가 에트루리아의 귀족들이었음을 입증한다. 불키에 있는 비명은 타르퀴니우스 가의 초대 왕이

자 세르비우스 툴리우스의 후견인인 타르퀴니우스의 전설상의 아내 타나퀼
(Tanaquil)의 이름을 언급한다.

에트루리아인들의 통치하에서(기원전 575년경부터 508년경까지 또는 그 이
후까지) 로마는 경제적으로 문화적으로 정치적으로 급속히 발달했다. 영토는
대략 140 평방 킬로미터에서 900 평방 킬로미터 혹은 그 이상으로 확장되었
다. 도시 로마와 근교의 인구가 이웃 라틴인들의 수를 웃돌았다. 도시 자체는
로마 콰드라타(Roma Quadrata. 네 지역으로 이루어진 로마)로 설계되었는데, 익
명의 라틴 저자(켄소르를 지낸 카토〈Cato〉로 추정된다)가 남긴 현존하는 파피루스
단편에는 설계자가 세르비우스 툴리우스로 표기되어 있다. 도시 둘레에는 의
식(儀式)을 행하며 쟁기질을 한 도랑(이른바 pomperium)이 있었다. 에트루
리아의 도시 계획에 따라서 카르도(cardo) 도로와 데쿠마누스(decumanus)
도로가 수직으로 교차하도록 설계된 이 도시에는 여러 동의 공공 건물들, 광
장, 배수 시설, 대 경기장, 카피톨리누스 언덕에 거의 한 에이커를 차지하고 있
는 유피테르 대신전이 들어 서 있다. 이 신전은 에트루리아 최고의 조각가와
예술가들이 건축하고 장식했으며, 그리스 사가 폴리비오스에 따르면 기원전
509년 혹은 508/7년에 에트루리아인들이 로마에 소개한 고대 이탈리아의 신
들인 유피테르, 유노, 미네르바라는 삼신에게 봉헌되었다.

에트루리아 왕들은 몸소 로마의 경제 발전을 촉진하려고 많은 노력을 기울
인 듯하다. 그들의 토목 사업은 도시를 미화했을 뿐 아니라 세련된 기술로 저
수지를 만들기도 했다. 상인들과 장인들의 이주를 장려한 것 외에도 아벤티누
스 언덕에 외국 상인들이 와서 살 수 있는 주거 단지를 만들어 주었는데, 그
곳의 디아나 신전 경내에서 열린 연례 장터는 라티움에 사는 모든 사람들을
제사와 매매를 위해 그곳으로 끌어들였다. 폴리비오스의 번역본으로 남아 있
는 카르타고와 서명한 조약문도 혹시 신빙성이 있다면 에트루리아인들의 지
배 말기에 로마의 교역 범위가 이탈리아 바깥 어디까지 확대되었는지를 보여
주는 셈이다.

에트루리아 왕들의 치하에서 과거의 단순한 왕제가 강력한 제도가 되었다.
공교한 국가 의식으로 위엄이 갖춰졌고, 이후로 영구히 로마의 공적 삶의 일
부가 된, 두려움을 자아내는 왕권의 상징들이 사용되었다. 예를 들면, 파스케스

(fasces, 막대기 다발에 양날 선 도끼)를 묶은 것, 독수리 머리를 새긴 상아 홀(笏), 금관, 수를 놓은 자색 토가(toga, 긴 관복), 고관 의자(curule chair), 그리고 네 필의 말이 끄는 위풍당당한 전차가 그런 것들이다. 에트루리아 출신 왕들은 자신들의 강력한 지위를 사용하여 로마의 군대를 개혁하고 그로써 로마를 라티움에서 가장 강력한 국가로 만들어 놓았다.

초기 로마의 군대. 초기 로마인들 가운데도 틀림없이 아가멤논(Agamemnon)이나 율리시즈(Ulysses: 트로이 전쟁에서 활약한 그리스 장군. Odysseus의 라틴 이름으로 원래는 Ulixes인데, Ulysses로 잘못 표기되기도 한다. — 역주) 같은 용감한 사람들이 있었겠지만, 그들의 군대나 전쟁에서의 무용담을 노래한 호메로스 같은 작가는 나오지 않았다. 이렇게 당대의 증인이 없다는 점은 고고학으로도 충분히 메꿔지지 않기 때문에, 오늘날 학자들은 초기 로마의 전쟁을 상세히 재구성할 수 없지만, 어느 정도 윤곽은 그려낼 수 있다.

기원전 7세기 말 전에는 무장한 다수의 사람들에 의한 조직적인 싸움이 없었다. 「일리아스」(Iliad)의 용사들처럼, 씨족 족장들은 전차를 타고 전장으로 나가 적군과 개별적으로 전투를 벌였다. 그들의 무기는 창과 칼 혹은 전투용 도끼였고, 큰 타원형 방패로 목에서 무릎까지를 보호했다. 족장 뒤에는 도보로 가신들의 무리가 따랐지만, 이들은 싸움에 끼어들기보다 뒤에서 응원으로 힘을 북돋워 주었다. 전쟁은 국가가 등장하면서 비로소 존재하게 되었다.

기원전 6세기에, 그러니까 에트루리아 왕들의 시대에 경제, 사회, 군사, 정체 분야에 변화의 조짐이 발생했는데, 이것은 세계사에 가한 충격이란 점에서 기원전 6세기 말의 왕조의 몰락과 공화정의 탄생보다도 더 혁명적인 변화였다. 이를테면, 로마가 도로의 요충지이자 교역의 전초 기지로 발달한 점, 로마의 면적과 인구와 부가 증가했다는 점, 사유 재산과 개인 가족이 대두한 점, 씨족이 정치적·군사적 단위로서 지녀온 가치가 퇴색한 점, 그 모든 원시 조직들이 단일 도시 국가로 통합된 점들이 그것이다. 이러한 중요한 발전들이 군사 전략과 군대 구성에서 급진적인 변화를 일으켰다. 새로운 군대는 시민 군대였고, 그 힘은 신생 국가의 통일을 당당하게 표현하며 움직인 중무장 보병에게 있었다.

비슷한 형태의 군대가 일찍이 그리스에서도 일어난 적이 있었다. 도시 국가들이 발생하면서 호메로스의 서사시에 나오는 스타일의 개인 전투는 구식이 되었다. 그 자리를 신 병기와 전술이 차지했고, 그중에서 가장 중요했던 것은 중갑 보병에 의한 팔랑크스(phalanx, 밀집대전술)라는 전투 대형이었다. 이것은 중무장한 보병이 여덟 줄 내지 열두 줄까지 밀집 대형을 이루고 진군하는 방식이었다. 병사 개개인은 긴 창을 들었다. 병사는 왼팔에 바짝 밀착시킨 둥그런 방패와 투구, 몸통 갑옷, 온통 쇠로 된 정강이받이로 자기 몸을 보호했다. 일찍이 기원전 7세기 초에 리디아인들이 시행착오를 겪으며 개선시키고 스파르타인들이 완성시킨 팔랑크스 전술은 곧 엄청난 파괴력을 지닌 전술로 발전했다. 기원전 7세기의 마지막 몇 십 년 동안 그리스인들에 의해 이탈리아로 도입된 이 전술은 점차 이탈리아 종족들 사이에 확산되었고, 타르퀴니이 근처 불키에서 발견된 타조 알에 장식된 그림에서 보듯이, 기원전 6세기에는 에트루리아 인들에 의해 채택되었고, 그들은 이것을 로마인들에게 전수했다.

로마 최초의 정식 군대는 세 개의 종족을 근간으로 삼은 듯하다. 각 종족마다 열 개의 쿠리아가 있었고, 쿠리아 하나마다 열 명의 기병과 백 명의 보병이 있었다. 각 종족의 보병 천 명은 투리부누스 밀리툼(tribunus militum, 천부장)이라고 하는 군사령관이 지휘했고, 기병 백 명은 트리부누스 켈레룸(tribunus celerum)이라고 하는 기병 대장이 지휘했다. 전승(傳承)은 전체 군사 개혁의 공로를 왕 세르비우스 툴리우스(기원전 6세기 중엽)에게로 돌리는데, 비록 그 모든 변화가 한 왕에 의해 시작된 것은 아니고 적어도 기원전 6세기 후반에 점차 발전했겠지만, 기록에 남은 기본적인 개요를 그대로 받아들일 만한 충분한 이유가 있다. 이 세르비우스의 재편이 로마로 하여금 점증하는 군사 활동에 능동적으로 대처할 수 있게 해주었다.

전쟁의 손실을 충당하고 더 큰 규모의 부대를 증원하기 위해서는 유일하게 입대 자격이 부여된 계층인 시민들이 더욱 많이 필요했다. 공교롭게도 에트루리아 왕 치하의 로마는 시민권을 얻기 위해 군 복무를 감수할 의지가 있던 이민들로 충원되었다. 그들에게 시민권을 주기 위해서는 시민권의 자격을 종족과 씨족이라는 혈연 집단에서 벗겨내 그것에 시민적 기반을 부여해야 했다. 그러므로 이른바 세르비우스의 재편이 비록 군사적 필요에서 이루어지긴 했지만, 그것은 단순한 군사 개혁의 차원을 넘어섰다. 왜냐하면 그것은 국가도 변형시켰고, 비록 그중 많은 내용은 기원전 5~4세기에야 비로소 제대로 작동하긴 했지만, 그래도 혁명적인 정치적 함의들을 지니고 있었기 때문이다. 그 결과는 더 이상 고대의 씨족에 근거하지 않고 공동체와 군대 모두의 구성원인 시민들에 근거한 도시 국가였다.

전승에 따르면 세르비우스 툴리우스는 군사 목적상 피해방인들을 지역에 의거한 새로운 트리부스들로 할당했는데, 네 개의 트리부스는 도시로, 열여섯 개의 트리부스는 농촌으로 할당했고, 거주의 원칙을 엄격히 지켰다. 새 트리부스들은 세금과 병력 차출에 목적을 둔 시민 등록과 그들의 재산 평가를 위한 센서스 구역들 역할을 했다.

재산 평가는 대단히 중요했다. 왜냐하면 국가가 군사 장비를 개인에게 제공하지 않았기 때문에, 한 개인의 재산은 그가 마련할 수 있는 장비의 종류를 결정했기 때문이다. 시민들은 비록 처음부터는 아니더라도 적어도 결국에는 센서스에 의해 최소한의 토지 소유 — 아마 각각 20, 15, 10, 5, 2½ 혹은 2 유게라(iugera)를 기준으로 삼았을 것인데 1 유게라는 2/3에이커에 해당했다 — 에 따라 구분된 5개의 클라시스(등급)로 구분되었다. 후대에 가서는 금전상의 평가 기준이 되었다. 각 계층은 또한 최전선에 나가 복무할 수 있는 17-46살의 연소한 남자들인 유니오레스(iuniores, 청년조)와 수비대에 복무하여 성벽 방어에 동원할 수 있는 47-60살의 연로한 남자들인 세니오레스(seniores, 장년조)로 구분되었다.

더 나아가 센서스에 의한 각 계층의 구성원들은 켄투리아이(centuriae) 곧 '백인대'(百人隊)라고 하는 단위 부대들로 할당되었다. 원래의 백인대는 아마 전부 정확히 백 명씩으로 구성되지 않고, 백 명의 군인들을 제공해야 할 책임이 있는 집단을 가리켰을 것이다. 각 집단에서 백 명을 받아 지휘하는 장교는 자연히 백부장(百夫長, centurion)으로 알려지게 되었다. 기병과 중무장한 군단 병력이 군대에서 가장 큰 비중을 차지하게 되고 그에 따라 가장 비싼 장비를 구입해서 써야 하게 되면서, 센서스에 따른 등급화에서 상위 등급 사람들은 더 많은 수의 백인대에 흩어져 있는 데 반해, 경무장 보조병, 척후병, 목공병, 철공병, 나팔수, 그리고 그 밖의 지원병들을 구성한 하위 등급 사람들은 더

적은 수의 백인대에 몰려있게 되었다.

최초의 군대 개혁이 로마 군단 규모에 끼친 정확한 수적 변화는 알려지지 않았고, 또한 그로 귀결된 시민 집단의 궁극적 정치 조직만큼이나 중요하지 않다. 기원전 5세기 중엽에는 백인대로 조직된 시민들에 기초한 새로운 민회인 켄투리아 회(comitia centuriata)가 확고히 수립되었다.

그러므로 왕정 시대에 로마는 근처의 산꼭대기들에 들어선 개별적인 작은 농촌 마을들의 군락에서 테베레 강 하류를 따라 약 900 평방 킬로미터를 장악하고 라티움에서 가장 큰 인구를 감싸앉은 통일된 도시 국가로 발전했던 셈이다. 특히 에트루리아인들이 왕으로 있던 시기에 로마는 로마 광장 둘레에 번성한 도시 중심지를 둔 중요한 상업적 교차로가 되었다. 비록 농업이 부의 주된 근간으로 남아 있긴 했지만 말이다. 로마는 비교적 정교한 정치적·군사적 체계를 받아들여서 라티움과 에트루리아 남부에서 중요한 세력이 되었다. 에트루리아 왕들은 곧 타도되고 공화정이 들어서긴 했지만, 그들의 유산은 지속되었다.

4

초기 로마의 사회 구조, 종교, 가치관

로마사를 이해하기 위해서는 로마인의 인간 관계와 사회 관계의 성격과, 그 관계를 떠받쳐 준 종교적·윤리적 틀을 이해할 필요가 있다. 그 중심에는 로마인의 가정이 있었다. 가정은 초기 국가의 근간이었고, 그것은 단순히 가족들의 이익을 보호하기 위해서 조직되고 가족들의 수장들인 파트레스(patres, 가부장들)에 의해 통제되던 공동체였다. 하나의 집단으로서 가족들에 관련된 것이 국가, 즉 레스 푸블리카(res publica, 문자적으로 공동의 부〈common wealth〉 혹은 공동의 것)였다. 그것이 가족들의 파트레스와 밀접히 연관된 것이 국가 (country)에 해당하는 라틴어 파트리아로 확증된다(이 단어는 '아버지에게 속한' 이란 뜻의 형용사 파트리우스〈patrius〉에서 파생했다). 로마의 종교와 법은 기본적으로 공동체를 구성하고 다스린 파트레스들과 가족들의 종교적·윤리적 관행의 연장(延長)이다.

가족을 국가보다 중시하는 의식은 로마사에서 완전히 자취를 감춘 적이 없었다. 이것은 로마사가 끝날 때까지 황제들이 왕조에 대해서 품었던 야심에서 잘 엿볼 수 있다. 가족은 생명체였으나, 국가는 그렇지 않았다. 시민들이 국가에 유익을 끼칠 의욕을 품은 것은 국가 자체를 위한 것이라기보다 자신과 자기 가족을 위해 얻을 수 있는 입신 양명을 위한 것이었다. 조상들이 승인하는가의 여부가 시민적 행동을 취하는 데 강력한 동인이 되었다(로마인들이 조상들의 임재〈臨在〉에 대해 지녔던 생각은 대대로 전수된 전승들과, 로마의 가정을 장식한 데드 마스크〈death mask〉들과 흉상들에서 항상 느낄 수 있다). 반면에 가족의 이익이 국가의 이익과 동시에 걸려 있는 상황에서 양쪽을 다 지지할 수 없는 경우에는 국가의 이익을 희생하려는 강한 유혹이 언제나 대두되었다. 그러므로 국가는 국가를 지배하던 유력한 가문들 사이에서 이익을 놓고 전투를 벌이는 전장으로 쉽게 전락할 수 있었다.

로마 가족의 역사적 발달. 가족에 해당하는 영어(family)는 그것의 모체가 된 그리스어 파밀리아(familia)를 번역할 때 쓰이지만, 이 두 단어는 완전한 동의어가 아니다. 초기 로마의 가족은 일차적으로는 혈통적인 개념이 아니었다. 비록 후대의 저작들은 파밀리아라는 단어를 혈족 관계의 의미로 쓰긴 하지만, 그것은 단순히 혈연이나 결혼의 유대에 의해서 연결된 개인들의 집단이 아니었다. 오히려 혈족, 입양된 식구, 노예, 피해방인 등 동거인들(housemates)의 집단이었다. 더욱이 가족에는 죽은 식구들의 혼령들도 포함했다. 로마인들은 그들의 임재를 느끼고 살았고, 그들이 가족의 안녕과 활동에 적극적인 관심을 갖고 있다고 믿었다.

로마인들의 가족은 사람들뿐 아니라 사물들로도 구성되었다. 파밀리아라는 단어의 기원이 그 점을 분명히 말해주는데, 이 단어는 처음에는 주거지 혹은 가옥을 뜻하다가, 나중에는 가옥 공동체(house-community)를 뜻하게 된 듯하다. 그러므로 이 단어는 법적인 의미에서 가산을 뜻하게 되었다. 사람들과 재산이 파테르 파밀리아스라 불린 가부장의 뜻에 따라 처리되었고, 그의 절대권 하에 종속되었다.

파테르 파밀리아스의 지도와 통제와 관리하에 로마인들의 가족은 노동과 재산의 공동체였을 뿐 아니라 국방과 법률과 정부의 체제, 즉 국가의 축소판이기도 했다. 최초의 로마 법은 가족을 자급자족적이고 자충족적이고 독립된 집단과, 당시에 시행되던 경제 체계라는 좀더 큰 틀 안에서 자치로써 기능하고 국가의 간섭에서 완전히 자유로운 경제 단위로 인정했다. 가족은 종교적 조직, 즉 노상(爐床) 숭배와 죽은 자 숭배를 중심으로 하는 제사 공동체이기도 했다.

혈통(가계)상으로 초기 로마인의 가족은 하나의 가구(household) 안에서 함께 살고 일하는 여러 세대들로 구성된 하나의 확대된 단위였을 것이다. 이 견해는 언어학적 증거가 뒷받침하고, 비교 법학과 민속학이 정당화하고, 역사 시대까지 전해 내려온 유물들이 확증하는 듯하다. 플루타르코스는 기원전 1세기 초에 마르쿠스 크라수스(Marcus Crassus)가 비좁은 아버지의 집에서 이미 결혼한 두 형제의 식구들과 함께 살았고, 그들 전부가 한 상에서 식사를 했다고 말한다. 한 세기 전 사람인 아이밀리우스 파울루스(Aemilius Paullus)도 다 성장한 열여섯 명의 남자 형제들의 일원으로서, 이들 모두가 아내들과 여러 명의 자녀들과 함께 작은 한 집에서 살면서 베이이 근처의 작은 농장에서 일했다. 이런 사례들은 분명히 초기 로마인들이 어떤 형태로 가족 생활을 했는지를 보여 주는 가장 나중의 잔존 증거들이다.

초기 로마에서는 조야한 연장으로 척박한 땅을 경작하고, 가축을 키우고, 노예 수도 많지 않았기 때문에 경제적으로 대가족을 이루고 살 수밖에 없었다. 그러나 경제와 인구가 불어나면서 로마인의 가족은 대체로 식구들이 모두 한 집에서 살 수 없을 만큼 규모가 커졌다. 형제들과 아들들이 분가하여 새로운 가구를 세웠다. 하지만 그들의 파테르 파밀리아스가 살아 있거나 정신적인 지주로 남아 있는 동안은 그들 모두가 단일 가부장 아래 한 가족의 일원으로 남아 있었다.

씨족. 원래 로마인의 가족은 씨족(gens)에 속해 있었다. 겐스라는 그리스어(복수형은 gentes)는 어원적으로 그리스어 게노스(genus)와 영어 킨(kin)과 관련되며, 이 세 단어가 모두 씨족(clan)으로 번역된다. 이것은 대개 공동의 가명(家名)과 한 사람의 남자 조상(신, 인간, 혹은 동물)에게서 같은 핏줄을 물려받았다는 믿음을 지닌 일단의 가족들을 말한다.

초기에 로마인들은 저마다 두 가지 이름을 갖고 있었다. 하나는 자기 개인 이름(praenomen)이었고 다른 하나는 씨족의 이름(nomen)이었다. 후대에 씨족이 규모가 커지고 가족들로 분화되면서 셋째 이름, 즉 가문명(cognomen)이 덧붙었다. 그러므로 예를 들어 가이우스 율리우스 카이사르(Gaius Julius Caesar)는 세 가지 이름을 갖고 있었는데, 가이우스가 자기 이름이고, 율리우스는 씨족 명이고, 카이사르는 율리우스 씨족에 속한 그의 가문 명이었다. 그러므로 겐스라는 단어는 로마인들에게 혈통의 유대로 연합된 가족들의 연합체이자, 사실상 고대의 모든 인도유럽어권 사람들 안에 유사점들을 갖고 있던 사회 조직이었다.

몇몇 현대 저자들은 로마 일대의 지역에 원래는 세 종족 — 로마 전승에 나오는 티티에스(the Tities), 람네스(the Ramnes), 루케레스(the Ruceres) — 이 정착해 살았다고 주장하는데, 아마 이 주장이 옳은 듯하다. 이 종족들이 분산되면서 이들이 정착했던 지역도 파기(pagi: pagus의 복수로 마을, 촌락의 뜻이다 — 역주)로 알려진 작은 농촌 행정 단위들로 세분되었다. 그 뒤로 로마인들은 농촌의 파가니(pagani: pagus의 거주민, 즉 촌락민 — 역주)와 도시의 몬타니(montani. 일곱 언덕의 거주민들)로 구분되었다. 파구스(pagus) 하나마다 씨족 하나가 살았다. 씨족은 구성원들에게 사법권과 견책권을 행사했고, 자체의 영토 곧 파구스 안에서 연대감과 상부상조의 정신을 촉진했다. 도시 국가가 형성된 뒤에 씨족은 자기들의 지도자를 왕의 자문 회의인 원로원에 보냈다.

초창기에 씨족은 자체의 군대를 보유했는데, 그 고립된 잔존 흔적들이 늦게는 기원전 1세기 초까지 남아 있었다. 군대가 적국에게서 빼앗은 영토는 개별적인 가족(가문)들에게 할당되지 않고 공동 영토로 선포된 뒤 씨족들이 차지하도록 남겨졌다. 정복된 영토에 살던 주민들은 크리엔테스(clientes: cliens의 복수로 피호인이라고 번역. — 역주)라 불린 종속민들로 전락했다.

훗날 기원전 5세기에 국가가 국방, 치안, 법 집행의 기능을 떠맡으면서 씨족은 진정한 정치·경제 조직으로서의 기능을 상실했다. 그 영향력은 주로 종교 공동체로서 그리고 같은 이름을 지닌 가문들 사이의 정신적 유대감으로 존속했다. 씨족 구조의 유용성이 사라진 것을 확인한 개별 가문의 수장들은 그것을 보호의 근원으로 여기기보다 걸리적거리는 것으로 여기는 경향이 있었다. 그러나 가족(가문)은 가장 중요한 집단으로 남았다.

기원전 5세기 중반 — 비록 그 이전은 아니지만 — 에는 세 가지 중요한 발전이 이미 완결돼 있었거나 이미 진행 중에 있었다고 결론지을 수 있다. (1) 씨족이 정치와 경제 조직으로서의 기능을 상실했다. (2) 가문들이 여러 가구들(households)로 확대되었다. (3) 토지 재산이 개인 소유가 되고 강력한 파테르 파밀리아스의 수중에 집중되는 경향이 있었다.

파테르 파밀리아스 파테르 파밀리아스는 꼭 혈육상의 아버지이지만은 않았다. 파테르 파밀리아스라는 말은 단순히 '한 가구(家口)의 장'을 뜻할 뿐이다. 친자가 하나도 없어도, 심지어 독신이어도 괜찮았다. 유일한 자격 조건은 국가의 권위 외에 다른 어떤 권위에도 종속되지 않아야 한다는 것과, 다른 가족들과 국가에 대해서 법적으로 독립되고 자충족적이어야 한다는 것뿐이었다. 법적인 의미에서 파테르 파밀리아스는 가족이었고, 그가 없이는 가족도 권속도 없었다.

가족내에서 그가 지닌 권한은 국가나 다른 어떤 사회 기관에 의해서 제한을 받지 않고 다만 일시적으로 시행된 도덕적·경제적 조건들에만 종속되었다. 따라서 가족 안에서 그는 법의 원천이었으며, 사회도 그의 명령은 법적인 구속력을 가진 것으로 인정했다. 그의 권위는 조상들의 관습에 근거했는데, 그 관습을 판단하고 해석할 수 있는 권한은 오직 그에게만 있었다. 그는 권속의 재판관이었고, 그의 지배권은 어떠한 외부의 권위도 제재할 수 없었다. 이를테면 그는 심지어 자기 아들들이나 동거인들(housemates)을 죽이고 고문하고 추방하고 노예로 만들 수 있었고, 가족 재산을 나누거나 마음대로 처리할 수 있었다.

가부장의 절대권, 즉 파트리아 포테스타스(patria potestas)가 포악적이거나 압제적인 성격을 띠는 경우는 거의 없었다. 그는 가족의 다른 식구들, 특히 성인 남자들과 가모(mater familias)와 상의할 의무가 있었다. 그의 기능은 가족 전체의 복리를 향상시키는 데 있었지, 그것을 남용하여 파산시키는 데 있지 않았다. 그러므로 그 기능의 중요한 부분은 이롭게도 작용할 수 있고 해롭게도 작용할 수 있는 보이지 않는 세력들의 호의를 이끌어 내는 것이었다. 매일 아침과 저녁마다 파테르 파밀리아스를 사제(司祭)로 하여, 노예를 포함한 전 가족이 조상에게 기도와 제사를 드렸다. 로마인의 조상 숭배에서 필수적인 요소는 살아 있는 파테르 파밀리아스의 수호신(genius)의 숭배였는데, 가부장 곧 가족의 통일성과 영속성의 화신이었다. 그 수호신은 그의 출산력의 화신 이상이었다. 그것은 그의 지도 정신이요 그와 떼어놓을 수 없는 반려요 그의 권위와 힘의 근원이요 그를 그의 조상들과 묶어주는 띠였다. 그는 매일 가정의 노상(爐床)에서 죽은 조상들에게 제사를 드렸다. 노상에서 꺼지지 않고 타오르는 불은 가족의 통일과 영속을 상징했다.

결혼을 통해 낳은 자녀들과 입양을 통해 얻은 자녀들이 모두 그들의 연령과 지위와 상관 없이 그의 뜻에 종속되었다. 그가 공식적으로 해방시키지 않으면, 그의 아들들은 결혼하고 자신의 가정을 꾸민 뒤에조차 그의 권위에서 벗어날 수 없었다. 마찬가지로 딸들도 아버지의 승락을 받아 결혼을 하여 수권(手權)에의 귀입(歸入, conventio in manum)이 있기 전까지는 아버지의 포테스타스(권한) 아래 남아 있었다. 남자의 계보에서는 파테르 파밀리아스가 자기 자녀들에 대해서 뿐 아니라 자기가 살아 있거나 정신적인 역량을 유지하고 있는 차후 세대들에 대해서까지도 이러한 권위를 유지했다. 그러나 파테르 파밀리아스의 이런 권위도 시민으로서, 트리부스 명부에 기재된 투표인으로서, 그리고 군인으로서 그의 권리와 의무에 우선하지는 않았다. 그의 포테스타스 아래 있는 아들들도 합법적 결혼을 하고 재산을 취득할 수 있었다. 비록 초기 로마법의 관점에 볼 때 그들은 이 재산을 온전히 소유할 수 없었고, 가문의 토지에 구속력을 갖는 계약을 맺을 수도 없었고, 그들의 노동으로 벌어들인 수입을 개인 용도로 보유할 수 없었지만 말이다.

법이 관습의 뒷받침을 받고 국가의 어느 기관에 의해서도 강제를 받지 않던 사회에서 파테르 파밀리아스가 행사한 권력은 그런 것이었다. 종교 계율에 힘입어 전승을 존중하고 그것에 복종하는 태도가 대개 그의 권위 행사를 야수적 힘의 과시로 만들지 않고, '도덕적 명령'이 국가에 의해 '법적 명령'으로 대체될 때까지 유일한 정의의 집행자로 공인을 받을 수 있게 했다.

더욱이 국가는 로마 가족의 가부장적·권위주의적 성격에서 혜택을 입었다. 가족의 생활은 권위에 대한 복종과 자신의 의무에 대한 수행 의지를 심어 주었다. 공공 생활의 차원에서, 왕과 훗날 공화정 정무관들은 지위에서는 파테르 파밀리아스와 비슷한 권위를 지녔다. 그들은 가족 안에서 파테르 파밀리아스가 수행했던 것과 똑같은 의무들을 서로 다른 가족들의 구성원들 사이에서 행사했다. 그들은 하급자들로부터 똑같은 복종을 기대할 수 있었다. 전시에는 지휘관이었던 이들은 마치 파테르 파밀리아스가 자기 권위하에 있는 자들에 대해서 그랬듯이, 명령에 불복종하는 자들을 처형할 수 있었다. 정상적인 상황에서는 그러므로 로마 가족에 의해서 길러진 권위에 대한 복종이 국가 안에서 가족의 이익을 추구하느라 발생했던 지방 분권적 세력들을 억제하는 데 이바지했다.

피호제도. 국가에 중대한 의미를 지녔던 또 다른 사회 제도는 보호자(patron)와 피보호자(client)간의 관계인 피호제도였다. 이것은 중세의 봉건영주와 그의 봉신(封臣)들 사이의 관계와 매우 비슷했다. 그러나 초창기 로마에서 피호인들은 처음에는 개별 보호자들 혹은 소규모 단일 가족들에 종속된 사람들이라기보다 씨족에 종속된 사람들이었을 것이다.

피호인이 되는 동기는 다양했다. 더러는 정복된 영토의 비로마계 주민들이었고, 더러는 자유인으로서 살아갈 능력이 없거나 자신의 생명과 재산을 지킬 능력이 없는 로마인들이었고, 더러는 피해방인들이었으며, 더러는 항구적으로 로마의 영토에서 살고 그로써 로마 시민권을 취득하기 위해서 씨족에 자발적으로 들어가기를 원한 외국인들이었다. 이러한 사회적 결합은 씨족과 피호인 모두에게 이익이 되었다. 토지 하사(下賜), 정치적·재정적 지원, 법정에서의 보호, 씨족의 종교 생활에 참여하는 특권 등에 대한 대가로, 피호인은 충성과 협력을 바쳐야 했고, 군역을 이행해야 했고, 들판에 나가 노동해야 했으며, 보호자가 요구하면 그밖의 방식들로 도와야 했다. 피호인은 이런 방식으로 안전을 보장받았고, 씨족은 노동력과 병사들을 얻었다.

씨족이 중요성을 잃어가면서 피호인들도 더 이상 씨족에 예속되지 않고, 씨족에게서 독립한 부유하고 세도 있는 가문들에 예속되었다. 그런 가문들은 경제적 이유에서 뿐 아니라 사회적·정치적 이유에서도 피호인들을 흔쾌히 받아들였다. 될 수 있는 대로 많은 피호인를 거느리는 것이 세도의 표지였다. 더욱이 정치적 직위를 놓고 선거가 벌어지면 피호인들은 자기 보호자들이나 보호자들이 선호하는 후보자들을 위해 선거 운동과 투표를 했다.

보호자와 피호인의 관계는 종교적으로 재가된 피데스(fides), 즉 의무를 수행하는 신실한 태도[신의]에 의해 강화되었다. 한 번 상호 관계를 맺은 뒤 맡은 의무를 태만히 하면 보호자든 피호인이든 신들에게 죄를 짓는 것이었다. 이러한 생각이 심지어 로마의 최초의 법전인 12표법(the Twelve Tables)에도 담겨 있었다: "자기 피호인에게 해악을 끼치는 보호자는 저주를 받을 것이다."

　보호자와 피호인의 관계 이면에 깔려 있던 태도들이 로마와 다른 국가들 사이의 교류에도 영향을 끼쳤다. 로마의 정책은 언제나 강자의 위치에서 다른 국가들에게 조약을 강요하는 것이었지, 힘에 의해 로마에 강요된 조약을 받아들이는 것은 아니었다. 그러므로 로마는 보호국로서의 우월한 위치에 섰지, 피보호국의 열등한 위치나 심지어 동등한 파트너의 위치에조차 서지 않았다. 로마인들은 신의의 원칙에 따라 어떤 조약이든 성실히 지키고 조약 상대국의 이익을 지켜줄 의무가 있었다. 반면에 조약 상대국은 대개는 조약 문서에 명시되지 않은 방식으로 보호국인 로마에 대해 성실한 피보호국이 되어야만 했다. 로마의 이러한 태도를 이해하지 못하고 조약 문서에 명시된 내용만 이행하면 된다고 생각하는 동맹국은 예기치 않게 로마의 진노의 대상이 될 수 있었다.

　귀족(patricians)과 평민(plebeians). 왕정 후기 이전과 공화정 초기 (기원전 500년경) 사이의 어느 시점에 어떤 경위로 로마인들이 고대 도시 국가들의 전형대로 귀족과 평민이라는 뚜렷한 사회적·정치적 계층으로 구분되었는지는 그다지 분명하지 않다. 두 신분 모두 시민으로서 기본권을 누렸지만, 사회적·정치적 특권에서는 서로가 달랐다. 귀족들은 원로원을 독점하고, 사제단을 구성하고, 간왕(間王, interrex) 같은 고위직을 차지했다. 사회 관습은 그들을 대(大) 귀족들(patres maiorum gentium)과 소(小) 귀족들(patres minorum gentium)로 구분했지만, 그 구분은 그다지 중요하지 않았다.

　평민은 시민으로서 상업적 계약을 체결하고, 부동산을 소유하고, 합법적 결혼 계약을 맺고, 법정에서 소송을 하고 소송을 당하고, 민회에서 투표할 수 있는 등의 권리가 있었다. 그러나 대개 원로원 의원이 되거나 국가의 사제가 되거나 국가의 관리가 되지는 못했으며, 일반적으로 귀족들과 결혼하지 못했다. 더욱이 이러한 구분은 세월이 갈수록 넓어졌고, 기원전 6세기 말과 5세기 초에는 좀더 공식화하는 경향이 있었다.

　두 신분간의 구분은 재산만 가지고는 설명할 수 없다. 비록 대다수는 아닐지라도 적지 않은 수의 평민들이 귀족만큼 부유했다. 두 신분의 출신도 각각 특정 종족을 기반으로 하지 않았다. 두 신분 다 라틴인, 사비니인, 에트루리아인의 혈통이 섞여 있었기 때문이다. 아울러 평민들이 오로지 씨족의 피호인 출신들인 것 같지도 않다. 초창기의 평민들 자체가 씨족들로 분할되었기 때문이다. 그러나 일부 평민 씨족들의 창건자들이 자수성가하여 독립을 했으나 사회적으로는 열등한 씨족으로 남았을 가능성이 있다. 반대로 과거에는 부유하고 세도가 있던 몇몇 씨족들은 농사, 전쟁, 사업에서 다른 씨족들보다 덜 성공을 거두어 귀족 신분과 어깨를 나란히 할 수 없는 낮은 사회적·경제적 지위로 내려앉았을 가능성이 있다. 마지막으로, 에트루리아 왕들의 시대에 평민들의 숫자가 이민 상인들, 무역상들, 예술가들, 노동자들, 그리고 로마에 의해 정복되고 흡수된 외지 출신자 때문에 불어났다. 많은 수의 새 전입자들은 경제적으로 열등한 사람들이 아니었으나, 로마의 귀족들은 자기들과 사회적으로 동등한 지위의 사람들로 받아들이지 않았을 것이다.

초기 로마의 종교. 종교는 로마의 개인 생활과 정치 생활 모두에 중요한 역할을 했다. 가정과 농장과 목장의 종교였던 로마의 종교는 과거나 미래보다는 현재에 관심이 있었다. 그것은 근면한 노동과 기율과 의무와 용기와 충성의 덕들을 심어 주었다. 가정의 종교가 국가의 종교가 되었을 때 그것은 단일 사회로써 사람들을 공고히 뭉치게 했고, 국가에 수 세기 동안 지속될 내적 힘과 응집력을 주었다. 계층 갈등, 정부의 변화, 대외 전쟁 등에도 불구하고, 로마의 종교는 부자와 빈민, 귀족과 평민, 농민과 도시 거주자를 하나로 묶는 띠를 제공했고, 로마 국가로 하여금 통일과 힘을 지닌 세계에 대처할 수 있게 해주었다.

이탈리아의 다른 종족들과 마찬가지로, 로마인들은 과거로부터 다양한 종교 유산을 물려받았다. 이탈리아의 여러 선사 시대 주민들, 중앙 유럽와 발칸 반도의 인도유럽어권 이민들, 이탈리아 북부의 에트루리아인들과 남부의 그리스 식민시 주민들이 로마인들에게 종교 유산을 물려 주었다. 그 결과 로마의 유산에는 알려진 거의 모든 종교적 경험의 요소들이 포함되어 있었다. 예를 들면, 토템 숭배, 마술, 터부(taboo, 금기), 동력론(dynamism), 물활론(animism), 다신교, 신인동형론(anthropomorphism)이 그런 것들이다. 씨족 종교들에는 토템주의의 흔적들이 있다. 마술과 터부는 비록 국가 종교에서는 금지되긴 했지만 로마사 내내 평민들 사이에서는 사라지지 않았다.

　주술(magic)과 터부(taboo). 자연, 영혼, 혹은 다른 사람에게 자신의 뜻을 이행하도록 만들기 위해서 특정 물질, 의식, 제문 혹은 주문을 기계적으로 사용한 마술은 고전 시대 이후까지도 살아남았다. 공감 주술(共感呪術. sympathetic magic: 어떤 사물이 비물리적 결합에 의하여 떨어져 있는 다른 사물에 영향을 끼칠 수 있다는 신앙에 의한 주술 — 역주)의 한 가지 예가 '우석'(雨石; Dripping Stone⟨lapis manalis⟩) 의식인데 그것은 카페나 성문(Porta Capena) 바깥에 있는 마르스 신전 근처에 둔 젖은 돌을 가뭄이 계속될 때 비를 부르기 위해 도시 안으로 운반하는 의식이었다. 또 다른 예는 셰익스피어가 「줄리어스 시저」(*Julius Caesar*)로써 널리 알린 루페르칼리아 제(祭)였다. 두 무리의 젊은 이들이 이마에 희생 염소의 피를 바르고 허벅다리에 염소 가죽을 두른 채 팔라티누스 언덕 둘레에서 경주를 하면서 만나는 모든 여성들에게 가죽 채찍을 휘둘렀다. 이 의식의 목적은 불임(不妊)의 저주를 쫓아내려는 데 있었다. 질병과 전염병과 악천후를 몰아내기 위해, 부러진 뼈를 붙이기 위해, 풍년을 기원하기 위해, 그리고 심지어 전쟁에서 이기기 위해서까지도 부적과 주문을 사용했다.

　주술과 함께 원시의 또 다른 유산은 대개 폴리네시아의 말로 알려진 터부이다. 일반적으로 터부는 개인이나 공동체에 위험하다고 간주되는 사람, 사물혹은 행동을 금하는 것이다. 여성에게는 헤라클레스 숭배에 참석하는 것이 터부였고, 남성에게는 여성이 집례하는 보나 데아(선한 여신) 의식을 지켜보는것이 터부였으며, 말에게는 디아나의 성스런 묘지 경내에 들어가는 것이 터부였다. 유피테르를 섬기는 대사제(플라멘 디알리스⟨Flamen Dialis⟩)의 생활과직무에는 설명할 수 없는 고대의 터부들이 잔뜩 둘러져 있었다. 그는 전투 장비로 무장한 군대를 보거나 공동 노동에 참여해서는 안 되었다. 말, 암염소 혹은 개를 타거나 만져서는 안 되고, 쇠칼로 자기 머리나 손톱을 자르거나 깎아서는 안 되고, 온전한 반지를 끼거나 옷에 매듭을 지어서도 안 되고, 다른 여러 가지 중에서 밀가루 빵, 날고기, 콩을 먹어서는 안 되었다. 독신으로 지낼수 없었고, 가장 오래된 형태의 결혼인 콘파레아티오(Confarreatio: 신부가 가져온 빵으로 제사를 지낸 다음 10명의 증인 앞에서 선서하고 빵을 나누어 먹음으로 성립되던 고대 로마인의 결혼 양식 — 역주)에 의해서 자기 아내인 플라메니카 디알리스(Flamenica Dialis)와 결합해야 했다. 플라메니카는 유피테르 숭배를 집례하는 데서 똑같은 역할을 수행했고, 비슷한 터부들에 제약을 받았다.

다이내미즘과 애니미즘. 초기 로마인들의 토착 종교는 일부 학자들이 애니미즘(animism: 자연물, 자연현상, 우주에 영혼이 있다는 이론 — 역주)으로, 다른 학자들이 다이내미즘(동력론; dynamism: 우주의 모든 현상은 자연의 힘에서 유래한다는 이론 — 역주)으로 부르는 것이다. 다이내미즘은 그리스어 뒤나미스(힘)에서 유래한 단어로서, 초자연적 힘들이 특정 사물들, 장소들, 자연 현상들에 깃들어 있고, 생물들에는 무인격체이고, 내재적이고, 편만한 것으로 인식되는 초자연적 영혼들이 거하고 있다는 신념이다. 반면에 애니미즘은 '혼'(魂) 혹은 '영'(靈)을 뜻하는 그리스어 아니마(anima)에서 유래한 단어로서, 위와 같은 사물들에 인격적 의지를 지닌 별개의 영 — 비록 인간 모양을 한(신인동형론적 〈anthropomorphic〉) 신의 성품을 지니지는 않은 — 이 깃들어 있다고 간주한다. 다이내미즘은 종종 애니미즘의 좀더 원시적인 형태로 간주되지만, 실제로 두 가지 신앙은 서로 밀접한 관계를 가지고 공존했다.

애니미즘의 최초의 형태는 아마도 모여있는, 명확하지 않은 영들에 대한 막연한 믿음이었는데 대개는 깊은 숲, 어두운 동굴, 화산 혹은 벼락맞아 쓰러진 고목들처럼 늘 마음 속에 나타나는 사람들, 사물들, 장소들을 적대적이거나 해로운 세력으로 간주했다. 이 영들은 두려움을 불러일으켰고, 제물과 기도로 달래야 했다. 농촌과 가족 생활이 좀더 정착되고 안전해지면서 특정한 영들은 제대로 달랠 경우 우호적이고 유익한 존재로 간주되었다. 그 영들은 집과 농장의 친숙한 곳들에 거했다. 집 문에는 야누스, 화로에는 베스타, 이 농장과 저 농장을 구분짓는 경계석에는 테르미니, 그리고 무엇보다도 빛과 구름과 폭풍의 영역인 하늘에는 유피테르가 거했다.

후대의 애니미즘은 특정 사물과 장소에 거하는 영들 외에도 특정한 인간의 행위들, 그중에서도 특히 곡식을 재배하고 보관하는 일과 관련된 행위들을 관장하는 영들을 인정했다. 이중에서 가장 개성화되고 보편적으로 숭배된 영들은 곡식의 영인 케레스(Ceres), 추수하여 저장된 곡식의 영인 콘수스(Consus), 경작의 영인 사투르누스(Saturn), 녹 혹은 곰팡이의 영인 로비구스(Robigus), 꽃의 영인 플로라(Flora), 과실들의 영인 포모나(Pomona)였다.

종교가 치밀한 조직을 갖추어 가면서 들판 일 하나하나마다(이를테면, 쟁기질, 써레질, 씨뿌리기, 잡초 뽑기, 추수, 저장) 특정한 영이 따라붙었다. 이 여러 기능적인 영들은 저마다 매년 정해진 시기에 제물을 받았다. 특정 영들이 여러 장소 여러 가족을 위해 동시에 활동하고 있는 것이 목격되면서 그들은 좀더 실제적이고 좀더 인격적이고 형상과 성품이 좀더 인간적이 되는 경향을 띠었다. 그들은 점차 이름들과 그들에 대한 제사를 관장하는 특별한 사제들과 의식들을 얻었고, 결국에는 신의 지위를 얻었다.

누멘 혹은 마나. 특정 신성한 사물들과 장소들, 자연 현상의 변화, 인간 활동, 그리고 신들 안에 깃든 초자연적 세력들은 신비하고 보이지 않는 힘 혹은 영향력을 가지고 있다고 생각되었는데, 기원전 1세기 말과 서기 1세기 초의 라틴 저자들은 이들을 가리켜 누멘(numen. 복수형은 numina)이라고 했지만, 현대의 인류학자들은 마나(mana)라는 멜라네시아의 이름으로 부른다. 누멘은 구체적인 개념이기도 하고 일반적인 개념이기도 했다. 영은 누멘이었고, 그의 생명력도 누멘이었다. 초기 로마인들에게 특정한 누멘에 힘입지 않고 존재하는 것이란 아무것도 없었고, 그것이 없이는 어떤 일도 수행할 수 없었다. 사람에게 타격을 주는 것은 코브라가 아니라 코브라 안에 깃들어 있는 누멘이었다. 찌르는 것은 창이 아니라 창 안에 있는 누멘이었다. 유피테르는 하늘일 뿐 아니라 하늘의 누멘이었고, 야누스는 문인 동시에 문 안에 깃든 영이기도 했다. 마나와 마찬가지로 누멘은 힘, 생명, 의지라는 삼중 개념을 함축한다. 힘으로서는 인간의 능력을 초월하는 결과를 초래하고, 생명으로서는 살아 있는 의식을 갖고 있으며, 의지로서는 마음만 먹으면 이롭게 할 수도 있고 해롭게 할 수도 있다.

제사와 기도. 이런 신비스러운 **힘-생명-의지**의 결합이 먼저는 종교 감정에 불안감이나 걱정을 불러 일으켰고, 다음으로는 속죄, 기도, 제사, 그밖의 의식들로써 다양한 누멘(numen, 정령)들과 바른 관계를 맺으려는 욕구를 불러일으켰다. 로마인들은 제사를 드릴 때 그것이 신령들뿐 아니라 예배자에게도 유익하다는 확신을 지녔고, 제사 중에 드린 막테 에스토(macte esto. "영예 받으소서")라는 기도에는 제물이 영들의 힘을 증대시켜 예배자에게 유익을 끼치는 그들의 특별한 기능을 수행할 수 있게 한다는 신념이 담겨 있다. 제사는 영이 써버린 활력의 곳간을 재충전했다. 지모신(地母神)이 곡식을 자라게 하느라 취해간 활력을 되찾기 위해서, 로마인들은 매년 봄에 포르디키디아(Fordicidia)라는 축제를 거행하였는데, 이 축제 때 그들은 송아지를 밴 암소의 생산력을 땅에 '이전'하기 위해서 새끼를 밴 암소를 죽이고 태에서 꺼낸 송아지를 제물로 태워 바쳤다. 제사는 누멘을 소유하지 않은 사물들에 그것을 주입하는 방법이기도 했다. 로마인들은 농장들 사이에 새운 새 경계석을 축성(祝聖)하기 위해서 어린양이나 암돼지의 피와 함께 향, 곡식, 꿀, 포도주의 예물을 바치곤 했다. 기존의 모든 경계석들에 깃든 누멘을 소생시키기 위해서, 매년 봄에 테르미날리아 축제 때와 비슷한 의식을 거행했다.

어떤 영의 누멘 혹은 마나를 증식시키고, 소생시키고, 활력을 주고, 혹은 그것을 다른 데 주입할 때 쓰인 방법이 제사였다면, 그렇게 증식된 힘을 예배자가 어떤 용도로 어떤 방향으로 쓰고 싶은지 그 소원을 표시하는 방법은 기도였다. 그들은 자기들의 소원과 기도를 분명히 충분히 전달하기 위해서 기도할 때 정확하고 모호하지 않은 단어를 사용했다. 말이 조금이라도 빗나가면 반드시 고쳐서 해야 했다. 예배의 두 가지 중요한 행위 — 제사와 기도 — 를 정확히 숭엄한 태도로 이행하면 예배자는 자기 몫을 다 한 셈이었다. 나머지 몫은 보이지 않는 세력들의 의지에 달려 있었다.

집과 들판의 신들. 집과 들판의 의식들과 축제들은 가장 오래되고 가장 중요했다. 그것들은 로마 설립 이전부터 존재했고, 로마가 멸망한 뒤까지 존속했다. 이 의식들과 축제들은 로마가 융성할 당시 폼페이의 벽화들에 표현되었고, 베르길리우스, 호라티우스, 오비디우스, 티불루스의 시에도 많이 언급되었다. 그리스와 오리엔트의 종교들이 그것들을 완전히 대체하지 못했다. 그리스도교도 그것들을 완전히 말살하지 못했다. 그 의식들과 축제들은 다양한 명칭과 구실 아래 이탈리아와 히스파니아의 농민들 사이에서 오늘날까지도 살아남아 있다.

집의 영들은 소수였지만, 모두가 앞서 설명한 애니미즘의 다양한 양상들을 드러냈다. 이들은 부분적으로는 지역적인, 부분적으로는 기능적인 성격을 띠었다. 가정이 바깥 세계와 불안한 관계에 있음을 반영한 문의 영인 야누스가 있었다. 그는 문의 안팎을 향하고 있으면서 친구들은 들여보내고 적들은 못들어오게 했다. 가족 생활은 야누스와 함께 시작했다. 결혼식 때는 신부가 야누스의 문설주에 늑대 기름을 바르고 야누스의 문지방 위에 달아걸리는 것이 관습이었다. 아기가 태어나면 도끼와 공이와 빗자루로 문지방을 쳐서 거친 영들을 집 밖으로 내몰았다. 집에서 누가 죽으면 혼령이 문을 찾아 도로 집으로 들어오지 못하도록 시체를 발부터 밖으로 운구했다.

집 안에는 화로의 영인 베스타가 있었다. 베스타의 불은 온기를 주었고 매일 음식을 조리하게 해주었다. 베스타는 살아 있는 불꽃의 누멘인 정결한 영이었다. 초기에는 그녀의 상이나 동상이 제작되지 않았다. 그런데도 가족 생활과 예배의 중심이었다. 가족의 우두머리는 그녀에게 자신의 신부나 갓태어난 아기를 선보였다. 베스타의 노변(爐邊) 앞에는 저녁 식사용 식탁이 놓여 있었는데, 이것 역시 신성한 물건이었다. 식탁 위에는 소금 그릇과 그 집 딸들이 구운 신성한 소금 빵이 놓였다. 저녁 식사 때 가족의 우두머리는 의식(儀式) 행위로써 빵을 한 조각 떼어 불에 던졌다. 가족 기도에서 부른 신들의 목록을 야누스가 시작했다면 베스타는 마감했다.

노변에서 그리 멀지 않은 곳에는 식료품 저장실이 있었다. 이곳에는 집단적으로 페나테스(Penates, 가정의 수호신)로 알려진 이름없는 영들의 모호한 집단이 거했다. 이 영들은 베스타가 요리한 음식을 수호했기 때문에 노변(爐邊)에 바쳐진 제물을 함께 나누었다. 라틴 문학에서 그들은 가정과 동의어였다. 라레스(Lares)도 마찬가지였다.

원래 라레스는 집의 신들이 아니라 들판의 신들이었던 듯하다. 들판의 영들로서 라레스는 교차로 축제(Compitalia) — 노예들까지도 참가한 감사절 — 때에 제사의 대상이었다. 그 의식 때 쟁기를 던져 추수의 작업이 종결되었음을 알렸고, 모든 사람들이 한 자리에 모여 음식을 먹으며 즐겼다. 이보다 훨씬 더 생기 넘쳤던 것은 암바르발리아(Ambarvalia) 축제로서, 5월 말에 신의 가호를 입어 곡식이 잘 자라고 익도록 하기 위해서 거행되었다. 농부와 그의 가족은 흰 옷을 입고 올리브 화관을 쓴 채 엄숙하게 돼지와 양과 황소(suovetaurilia)를 몰고 농장을 세 번 돌았다. 그런 다음 세 마리의 짐승을 죽인 뒤 배를 갈라 창자의 형태로 징조를 살핀 뒤 제단 불에 태웠다. 그리고서는 원래 농사의 신이었던 마르스(軍神)에게 좋은 기후와 풍년을 비는 긴 기도를 올렸다.

앞서 설명한 포르디키디아와 테르미날리아 외에도 봄에는 리베르(Liber, 포도주의 신)를 위해서 리베랄리아(Liberalia)를, 케레스(Ceres, 곡식의 여신)를 위해서 케레알리아(Cerealia)를 거행했고, 그외에도 밀밭을 망쳐 놓는 곰팡이나 좀을 막기 위해서 붉은 개를 제물로 바치는 로비갈리아(Robigalia)를 거행했다. 목자들도 봄의 축제들을 거행했다. 팔릴리아(Palilia) 곧 양떼와 소떼의 영인 팔레스(Pales)의 축제가 여름 목초지로 지루하게 여행하기 직전인 4월에 거행되었다. 새벽에 소 모는 사람들이 가축들에 물을 뿌리고 외양간을 청소하고 그곳을 푸른 잎사귀들로 장식했다. 그런 뒤 밀짚과 솔과 그밖의 다른 물건을 모아 모닥불을 피워 놓은 다음 가축들을 몰아 불 가운데로 지나가게 하고 목자들 자신들도 그 불 위로 뛰어넘어갔다. 팔레스에게 우유와 과자를 제물로 바치고, 건강과 안전과 가축의 번식을 비는 기도를 드린 다음 운동을 하고 먹고 마시며 그 날의 남은 시간을 보냈다.

늦여름이나 초가을에 거행된 두 가지 축제는 유피테르과 마르스의 이름과 결부되기 때문에 주목할 가치가 있다(두 신이 농사와 관련되었다는 사실은 후대에 가서는 거의 다 잊혀졌다). 첫째 축제는 포도주의 축제(Vinalia Rustica)로서 유피테르를 기리기 위해 8월 19일에 거행되었다. 축제 때 유피테르의 대제관은 어린암양을 엄숙히 제물로 바친 다음 포도의 첫 가지를 자름으로써 포도 수확의 계절을 열었다. 둘째 축제는 전쟁의 신이자 농사의 신으로서 이중의 능력을 지닌 마르스를 기리기 위한 시월의 말(October Horse) 축제였다. 이 축제 때는 전차 경주가 벌어졌다. 승리한 팀의 말과 창은 마르스에게 제물로 바쳐졌다. 남근의 상징인 말 꼬리를 왕의 저택으로 신속히 운반했고, 아직 온기가 식지 않은 그 피를 노변(爐邊)에 떨어뜨렸다. 노변은 집 안에서 생명력의 좌소로서, 그 의식으로써 말의 힘과 정력이 집 안으로 전달되었다. 칼로 잘라낸 과자로 장식한 말 머리를 차지하기 위해 로마의 인접한 두 선거구에서 선출된 장정들이 쟁탈전을 벌였고, 승자들이 그것을 자신의 구역에 트로피로 걸어놓게 했다.

유피테르와 마르스. 초기 로마의 농촌 세계에 생기를 불어넣은 대부분의 무수한 영들과는 달리, 유피테르와 마르스는 인간적인 성격과 형상을 지닌 채 완전히 신인동형론적인 형태로 역사에 들어왔다. 원래 하늘이자 하늘에 내재한 영으로, 빛의 원천이자 수여자로, 번개와 폭풍과 비 안에 존재하는 보이지 않는 세력으로 태어난 유피테르는 오래 전부터 포도주의 영이기도 했으며, 원시 이탈리아의 포도주와 정원의 영인 베누스와 결합했다. 라틴인들과 로마인들 사이에 정치와 도시 생활이 발달하면서 유피테르는 농사의 신으로서의 지위를 상실하는 대신 큰 도시들과 지방 소도시들의 신으로 자리를 잡았다. 유피테르는 라틴인들의 종족 신이자 여러 라틴 소도시들의 수호신이었다. 로마에서 유피테르는 모든 신들 중에서 가장 위대한 신이자 로마 국가의 상징이자 승리의 수여자이자 법과 정의의 영이었다.

로마는 유피테르와 비슷하게 마르스도 숭상했다. 한때 이탈리아의 숲의 영이었던 마르스 신은 농부의 곡식과 가축의 수호자였으나, 후에는 전쟁 신이자 로마를 적국으로부터 보호하는 신이 되었다. 이렇게 로마가 도시와 국가로 대두하면서, 유피테르와 마르스는 농사와의 모든 관계를 상실했고, 다만 앞서 기술한 농촌의 축제들에 그들의 기억만 남아 있다.

그밖의 로마의 신들도 비슷한 변화를 겪었다. 이탈리아와 에트루리아의 신들은 로마에 소개되기 오래 전에 이탈리아 남부에 사는 그리스인들의 신인동형론적 영향을 받았다. 이 영향의 외적 상징들은 신전들과 신상들이었다. 옛 토착 영들과 달리, 이 신인동형론적 새 신들은 거주할 집과 자기들의 모습을 표현한 신상을 가져야 했다.

이탈리아의 제식(祭式)들. 로마는 가교 도시이자 도로 중심지이자 교역 전초지가 된 뒤에, 라티움과 에트루리아 남부의 제식들과 밀접한 관계를 맺게 되었다. 그러면서 새로 대두된 필요를 가장 잘 채워주는 제식들을 자신들의 것으로 채택했다. 그중에서 가장 현저하고 널리 퍼진 것은 이탈리아 전역에서 숭배되고 라티움과 에트루리아 남부에서 특히 인기가 있던 유노의 제식이었다. 로마에서 유노의 제식이 갈수록 인기를 끌었다는 사실은 그 도시가 테베레 강 양쪽에 펼쳐진 두 구역의 문화적 수도가 되어가고 있었음을 암시한다.

미네르바의 제식은 테베레 강 이북 고지대에 세워진 반(半) 에트루리아계 소도시인 팔레리에서부터 유래했다. 미네르바는 고대 이탈리아의 예술과 기술의 여신이었으나 에트루리아의 여러 소도시들에서 멘브라(Menvra)라는 이름으로 숭배되었다. 이 여신을 로마에 소개한 사람들은 도기류와 금속류 제조에 능했던 팔리스키 계 이민 기술자들인 듯하며, 로마에서 이 여신이 숭배되었다는 것은 로마와 에트루리아 남부 사이에 상업과 공업적으로 밀접한 유대 관계가 있었음을 보여 주는 고고학 증거와 일치한다. 로마의 상업적 접촉이 확대되었다는 것도 가축 시장(Forum Boarium)에 그리스와 이탈리아의 보부상들의 수호신인 헤라클레스 제단이 세워졌다는 점에 의해 예시된다. 정치적으로 디아나 숭배가 아프리카에서 아벤티누스 언덕으로 이전된 사실은 라틴 동맹에 대해 주도권을 가지려 했던 로마의 야심을 부각시킨다. 장래에 대단히 중요하게 될 그밖의 다른 두 라틴의 여신들이 로마에 도입된 사실도 같은 점을 부각시킨다. 그 두 여신은 안치오에서 수입되어 훗날 그리스의 운명의 여신 티케(Tyche)와 동일시된 포르투나(Fortuna)와, 과거에는 아르데아에서 정원과 과수원의 여신으로 숭배를 받았으나 후대에는 그리스의 사랑과 미의 여신 아프로디테(Aphrodite)와 동일시된 베누스(Venus)이다.

방금 거명한 신들 중에서 헤라클레스를 제외한 모든 신들이 원래는 고대 이탈리아의 신들의 세계에 속했다가 로마에 도입되기 전에 그리스의 영향으로 인간적인 속성과 형태를 지닌 신들로 변화했다. 이탈리아의 영들 중에서 가장 지상적이고 가장 토착적인 케레스조차 이 변화의 영향을 면치 못했다. 그리스의 곡식의 여신 데메테르(Demeter)와 동일시된 케레스는 가축 시장에서 헤라클레스 숭배보다 더 이국적인 제식을 갖고 있었다. 아벤티누스 언덕에 세워진 그 여신의 신전은 곡물 교환소(Grain Exchange)였을 뿐 아니라 공화정 초기에는 빈민들의 구휼소이자 당시에 국가의 종교 및 정치 생활에서 배제된 평민들의 정치 회합소였다.

에트루리아의 영향. 에트루리아인들과의 접촉은 로마인들 사이에 그리스의 신인동형적 사상 유입에 한층 더 강한 자극을 주었다. 에트루리아인들이 숭배한 신들 중에서 우니(Uni)와 멘브라(Menvra)가 이탈리아의 유노와 미네르바였다. 에트루리아의 토착 신인 티니아(Tinia)는 초기에는 유피테르와 동일시되었다. 타르퀴니아인들이 삼신을 위해서 카피톨리누스 언덕에 세운 신전은 로마인들에게는 새로운 것이었음에 틀림없다. 그때까지 로마인들은 자기네 신들을 위해서 조야한 돌 제단이나 흙에 잔디를 입힌 제단을 세웠을 뿐, 그 이상 더 정교하거나 내구성 있는 제단을 세워본 적이 없었던 것이다. 신전 터가 평지보다 올라간 점과 신전의 육중한 외모, 그리고 그리스-에트루리아 방식의 아름다운 장식은 로마의 가장 위대한 신에게 적합한 집을 제공했다. 카피톨리누스 신전은 아벤티누스 언덕에 세워진 디아나와 미네르바의 두 신전과 함께 신전 건물을 로마 종교의 항구적인 특징으로 확고히 자리잡게 했고, 애니미즘에서 그리스의 신인동형론적 신 개념으로 옮겨가던 당시의 사조를 강력하게 뒷받침했다.

로마에 신전보다 훨씬 더 중요했던 것은 「에트루리아 규율서」(*Disciplina Etrusca*)가 도입된 사실이었다. 이 규율서는 종교 의식들을 규정했고, 천둥과 번개, 새의 비행 형태, 제물로 잡은 짐승의 내장 형태 — 특히 간의 모습을 조사함으로써(hepatoscopy) — 같은 것들을 통해 징조를 해석했다. 사제로 봉직한 로마 귀족들은 종종 아들들을 에트루리아 도시들로 보내 이 귀중한 지식을 배워 오게 했다. 이런 징조들을 해석한 에트루리아의 사제들은 하우루스피케스(hauruspices)라 불렸는데, 로마인들은 비상 시국이 닥치면 신들의 뜻을 파악하기 위해서 에트루리아에 사람을 보내 하우루스피케스를 오게 했다.

그리스 제의들. 에트루리아와 이탈리아와의 접촉을 통해 그리스의 신인동형론적 사상이 도입되는 것을 전후로 해서 남이탈리아 그리스인들과의 좀더 직접적인 접촉에 의해 왕정이 몰락하게 되었다. 로마에서 가장 가깝고 가장 오래된 그리스 정착지인 쿠마이로부터 기원전 500년 쯤에 치유와 예언의 신 아폴로(Apollo) 숭배가 들어왔다. 아폴로는 라틴화하지 않은 그의 이름에도 불구하고 후대에 로마 판테온(pantheon, 만신전)에서 가장 위대한 신들 가운데 하나가 되었다.

쿠마이는 아폴로에게 영감을 받은 여사제 시빌라(Sibyl)의 고향이기도 했다. 타르퀴니우스가 「시빌라 신탁집」(*Sibylline Books*)를 구입했다는 이야기는 아마 순전히 전설이겠지만, 시빌라의 신탁이 에트루리아 왕 치하의 로마에 알려졌던 것만큼은 틀림없다. 최초의 시빌라 신탁모음은 기원전 500년경 공화정 초기에 제작된 듯하다. 유피테르 신전에 보관되어 두 명으로 구성된 특별 사제단에 의해 엄격히 비밀로 보호된 이 신탁들은 전쟁, 재난, 전염병, 가뭄이 발생할 때 원로원의 결의에 의해서만 문의되었다. 비상 시국에 문의된 「시빌라 신탁집」은 공화정 내내 과거의 토착 애니미즘을 새로운 그리스-로마의 신인동형설로 대체하는 데 결정적인 역할을 했다.

문의를 하고나면 그 결과로 대개 몇몇 새로운 그리스 신이나 예배 형식이 소개되었다. 예를 들어 기원전 496년경 가뭄이 들었을 때 신탁에 문의하는 대가로 아벤티누스 언덕에 신전을 세우기로 약속했고, 3년 뒤에 이름말고는 거의 모든 점에서 데메테르(Demeter), 디오니소스(Dionysus), 페르세포네(Persephone)와 동일한 세 농경 신들인 케레스(Ceres), 리베르(Liber), 리베라(Libera)에게 봉헌했다. 다음 해에는 아벤티누스 언덕에 메르쿠리우스(Mercury)란 이름하에 또 다른 그리스 신인 헤르메스(Hermes)에게 신전이 봉헌되었다. 메르쿠리우스는 헤르메스처럼 무역업자들, 특히 에트루리아와 그리스령 이탈리아에서 곡물 상인들의 신이었다. 그의 신전은 상인들과 무역업자들의 회합 장소였을 뿐 아니라 곡물 시장이기도 했다.

이탈리아 남부에서 물건이 선박으로 수입된 점은 그리스의 대양(大洋) 신 포세이돈(Poseidon)이 일찍부터 전래된 이유에 설명이 될 수 있을 것이다. 그 신은 넵투누스(Neptune)와 동일시되었다. 비록 넵투누스는 원래 바다 신이 아니라 샘과 못과 그밖의 작은 물의 영이었지만 말이다. 넵투누스는 곧 삼지창과 포세이돈의 해마와 포세이돈 신화에 나오는 모든 것들을 받았다.

「시빌라 신탁집」는 새 신들을 소개하는 데 그치지 않고 새로운 숭배 형태를 규정했는데, 그중 일부는 대단히 화려하고 격정적이었으며, 모두가 한결같이 초기 로마 종교의 경건하고 엄숙한 정신과는 이질적이었다. 수와 종류에서 다 이루어진 이러한 혁신들은 장례 의례와 세속 경기, 무대극과 그밖의 연극 공연, 의식적 춤, 종교 행렬, 그리고 신들의 연회(lectisternia)를 포괄했다. 그중에서 신들의 연회에서는 남녀 한 쌍씩 무리를 지은 신들이 음식과 술을 차려 놓은 상 앞에 비스듬히 기대누워 있는 모습을 사람들이 가면을 쓰고 공식적으로 공연했다.

로마의 국가 종교. 방금 설명한 외국의 제식(祭式)들이 로마인들의 종교 생활에 일어난 변화에 작용한 유일한 요인들은 아니었다. 집과 들판의 원시 종교가 국가 종교로 조직되면서 위와 똑같이 중요한 변화들이 발생했다.

로마는 국가 자체가 본질상 종교적 기관이었다. 국가 종교는 가족, 씨족, 부족 같은 모든 유서깊고 규모가 작은 사회적 종교적 공동체들을 포괄하고 통합했다. 전설에 따르면 로마의 국가 종교는 로물루스가 종교 의식을 갖추어 출범시켰다고 한다. 도시 로마를 에워싼 포메리움(pomerium)은 신성한 영역이었다. 도시 로마가 인구가 증가하고 면적이 확대되면서 전체 사회를 위해 모든 사람들에게 공동의 종교 생활을 제공하는 것이 국가의 책임이었다.

가족 생활이 도시와 농촌에서 별로 다를 바 없었기 때문에 가족 제식은 큰 호응을 얻었다. 가장 큰 인기와 성공을 거둔 것은 야누스와 베스타 숭배였다. 집 문의 영이었던 야누스는 로마 광장 북동쪽 모퉁이에 있는 신성로(神聖路, the Sacred Gateway)의 신이 되었다. 추측컨대 초기의 군대는 전쟁을 하러 갈 때 이 문을 지나 행군했기 때문에 이 대문은 평화로울 때만 닫혀 있었다. 가족의 신들 중에서 국가 종교에서 한 자리를 차지한 또 다른 신은 베스타였다. 국가의 새해 첫날인 3월 1일에만 불을 다시 붙인 그 여신의 신성한 노변(爐邊)은 신성한 불이 항상 타오르도록 베스타의 여사제들이 관리했다. 국가 달력에 열거된 유서깊은 여러 들판 제식들과 축제들과는 달리, 야누스와 베스타 숭배는 국가라는 하나의 큰 가족에 대한 소속감을 촉진했기 때문에 시민들 사이에 진정한 종교 감정을 일으켰다. 로마에 대한 자부심과 사랑을 가장 강렬히 일으킨 제식들은 유피테르와 마르스의 제식이었다. 마르스는 승승장구하던 로마 군대의 신이었고, 그의 제단은 로마의 군사력의 상징이었다. 유피테르 옵티무스 막시무스(Jupiter Optimus Maximus: 최고이자 최대의 신 유피테르)는 로마에 "끊임없는 신적 가호의 이슬"을 내려보냈다.

초기 로마 사회의 가치관. 사람들은 공동으로 가지고 있는 가치관과 도덕적 전제의 틀 안에서 행동한다. 그러므로 사람들이 어떻게 왜 그렇게 행동하는지를 이해하고 싶으면 그들을 움직이게 하는 윤리적 틀을 이해할 필요가 있다. 초기 로마인들은 그들 자신의 역사뿐 아니라 후대의 역사에도 영향을 끼친 가치관을 발전시켰다. 오늘날 인도유럽어 권의 이름들 중에서 도덕적 개념이 담긴 이름들은 대부분 그리스어에서 유래했고, 그중 일부는 여전히 원래의 의미를 간직하고 있다는 것은 의미심장하다. virtue(덕), prudence(사려분별), temperance(절제), fortitude(꿋꿋함), justice(정의), piety(경건), fidelity(신의), constancy(절개), perseverance(인내) 같은 영어 단어들은 그리스어 어근에서 유래했다. 그중에서 virtue만 고대 로마에서 쓰였던 의미와 사뭇 다른 의미를 가지고 있다. 위 단어들에 상응하는 그리스어 개념들이 모두 초기 로마인의 생활에서 대단히 중요한 부분이었다. 그 개념들 모두가 모스 마이오룸(mos maiorum〈조상의 관습〉)에 깊이 간직되었고, 사생활과 공생활로 행해진 교육과 모범을 통해 의식적으로 권장되었다.

덕(virtus). 비르투스라는 단어는 비르(vir〈사람, 남성〉)에서 유래했으며, 한 남자로서 진실하고 사회 구성원으로 유익한 존재가 되게 하는 모든 것을 포함했다. 시인 루킬리우스(Lucilius, 기원전 180경~103)는, 비르투스란 사람이 무엇이 선하고 무엇이 악하고 무엇이 쓸데없고, 수치스럽고, 불명예스러운지를 아는 것이고, 악한 사람과 관습에게는 적이 되고, 선한 사람과 관습에는 친구와 보호자가 되고, 먼저 조국의 유익을 생각하고, 다음에 부모의 유익을 생각하고, 마지막에 자신의 유익을 생각하는 것이라고 했다.

비르투스는 강하고 튼튼한 신체, 가족을 부양할 능력, 국가에 대한 관심과 헌신, 그리고 전장에서의 용맹을 뜻하기도 했다. 만약 그중에서 용맹이 가장 위대한 것이었다면, 그것은 아킬레우스(Achilles)나 헥토르(Hector)의 개인적 용맹이 아니었다. 용맹이 덕이 되는 경우는 국가의 유익과 안전을 위해 발휘될 때뿐이었다. 로마의 이상적인 영웅은 용기와 지혜로 누란에 처한 조국을 구하는 사람이었다. 로마인들은 젊은이들의 도덕 교육에서 모범으로 인용되는 덕들을 그리스에서처럼 영웅들의 시에서 끌어오지 않고 역사에서 끌어왔다.

젊은이들에게는 과거의 영웅들이 그랬듯이 조국을 위해 죽는 것이 영광스러운 일이라고 가르쳤다. 비르투스는 초기 로마인의 가치관과 품성에서 이처럼 중요했기 때문에 오늘날 많은 언어들에서 모든 종류의 인간의 탁월함을 가리키는 총괄적인 용어가 되었다.

경건(pietas). 경건, 신의, 위엄, 절개—이 네 가지 덕목은 로마의 독특한 덕으로서 역사적 의미가 지대했다. 첫째 덕목인 경건은 가족의 덕목이었다. 이것은 가족에 대한 헌신과 충성, 그리고 부모의 권위를 받아들이려는 의지로 구성되었고, 이것이 가족에게 일체성과 힘을 부여했다. 이것은 더 나아가 가족 구성원으로서 종교 의식과 행사를 규정대로 엄수함으로써 신들에 대한 경외와 헌신을 행동으로 나타내는 것을 뜻했다. 국가에 대한 경건은 법에 대한 순종과 신실한 봉사, 정의와 법에 부합하는 애국심을 함축했다. 애국적인 저자들은 로마가 위대하게 된 주된 원인을 이 덕목에서 찾았다.

신의(fides). 로마인들이 자부심을 가진 또 다른 덕은 '정의의 토대', '인간 행복에 대한 최고의 보장'으로 불린 신의였다. 이것은 가족보다 더 큰 사회 단위들, 즉 씨족과 국가 안에서 각별히 중요했다. 신의란 자신의 말에 충실하고, 빚을 갚고, 맹세를 지키고, 합의한 의무를 수행하는 것을 뜻했다. 종교와 법에 기초를 둔 이것은 공생활과 사생활의 토대였다. 신의를 저버리는 것은 신들과 공동체에 대한 침해였다. 권력을 남용하여 피보호자에게 신의를 저버린 보호자는 저주를 받았다. 행정관이 민중을 불의하게 억압한 행위로 신의를 저버리면 민중은 반란을 일으켜도 정당했다. 사회적 양심에 뿌리를 둔 신의는 사회의 모든 구성원들을 하나로 묶는 결속력에서 성문법이나 법령보다 강했다.

위엄(gravitas)과 절개(constantia). 신의는 로마인의 다른 두 덕으로 뒷받침을 받아야 했다. 하나는 위엄이고 하나는 절개였다. 전자는 절대적인 자기 통제, 즉 선한 운명이든 악한 운명이든 위엄 있고 진지하고 침착하게 대하는 것을 뜻했다. 몇 가지 극단적인 예로, 로마인은 공공 장소에서 춤을 추어서는 안 되고, 부부가 집 밖의 장소에서 입을 맞추어서는 안 되었다. 둘째 덕은 모진 시련 속에서라도 성공할 때까지 필요하고 옳다고 판단되는 일을 하는 끈기 혹은 인내였다. 로마 자체가 이 덕을 가장 잘 설명해 주었다. 그 긴 역사에서

로마는 재앙에 가까운 패배를 많이 겪었기 때문이다. 그런 패배들을 겪으면서
도 굴하지 않고 오히려 그런 상황에서 승리를 엮어낸 그들의 역사는 로마인의
교육에 절대로 작은 힘이 아니었다.

존엄(dignitas)과 권위(auctoritas). 위에서 논한 품성들을 특히 공공 생활에
서 나타내는 사람들은 디그니타스(존엄)와 아욱토리타스(권위)를 얻었다. 그것
들이 귀족들의 지도적 역할을 확증했기 때문에 귀족들에게 큰 찬사를 받았다.
전쟁에서 나라를 지킴으로써 덕을 과시한 사람들과, 보호자와 사제와 행정관
과 원로원 의원으로서 자신의 본분을 성실히 수행하여 공공의 안녕을 증진한
사람들은 그들을 다른 사람과 구별해 주고 그들에게 계속해서 나라를 이끌어
갈 권세를 주는 존엄과 권위를 얻었고, 이것은 다시 그들에게 더 큰 디그니타
스와 아욱토리타스를 얻을 수 있는 기회를 주고, 그로써 동료 귀족들과 경쟁을
벌이는 과정에서 그들의 사회적 지위를 향상시켜 주었다.

기원전 500년 쯤에는 가부장적 가족이 중심이 되고 한 사람의 귀족 엘리트
가 지배하는, 여러 세기를 지속한 로마의 독특한 사회 구조가 고착되었다. 종
교도 토착 애니미즘, 에트루리아의 점(占), 그리스-에트루리아의 신인동형설,
그리고 그들과 연관된 다양한 의식들이 복잡하게 뒤섞여 제 모습을 형성했다.
이러한 사회적·종교적 발전과 아울러 로마인들이 개인과 민족으로서 자신들
에 대해 가졌던 견해를 규정한 가치 체계가 발전했다.

이런 발전들의 궁극적인 결과는 보수적인 것이었다. 로마의 가족 생활, 종
교, 도덕은 보수적 형태의 인간을 장려했다. 권위주의적이고 가부장적인 가족
과 피호 제도 안에 이어져온 의존적 태도가 국가를 통치하는 귀족들에게 대단
히 유리한 '권위에 대한 복종'을 낳았다. 모스 마이오룸이란 단어에 담긴 조상
들과 그들의 관습에 대한 경외가 로마의 윤리 전승에 담긴 절제와 경건과 함
께 모든 계층 사이에서 급진적인 혁신을 꾀하려는 시도를 가로막았다. 더 나
아가, 기존 관습들은 이미 신들에게 재가를 받았기 때문에, 그 관습들에 변화
를 가하려는 태도는 신들에 대한 침해였다. 혁신에 대한 혐오감이 혁명에 해
당하는 그리스어 레스 노바이(res novae. 새로운 것들)에 암시되어 있다. 그러
므로 케케묵고 진부한 많은 관습, 제도, 직책이 제 기능을 상실한 오랜 뒤에도
로마에 그대로 존속했다.

새로운 것들을 도입하려면 과거에서 선례를 찾아 그것을 정당화해야 했다. 어쩔 수 없이 새로운 상황에 자신들을 적응시켜야 했던 로마인들은 특히 이 관습에 정통하게 되었다. 그러므로 종교에서는 그 모호한 성격 때문에 여기저기에 편리하게 갖다 붙일 수 있고 또 위조조차 가능했던 고대의 「시빌라 신탁집」이 때때로 새로운 종교와 제식의 도입을 정당화했고, 아울러 신의 뜻을 해석하는 데 정통한 사제들은 옛 글귀에서 새로운 의미를 추려낼 수 있었다. 정치에서도 정확한 기록보다 들쑥날쑥한 구전 전승이 성행하던 사회에서 '조상의 선례'는 연사의 최근의 연설만큼이나 최근의 것일 수가 있었다. 이렇게 하여 로마의 보수주의는 무력화되는 것을 면했고, 로마의 가장 큰 장점 가운데 하나인 연속성에 대한 깊은 의식이 유지되면서도 변화가 발생할 수 있었다.

5

로마 공화정의 대두 (기원전 509~287)

공화정 시대로 알려진 로마사의 시기는 기원전 500년경(전승에 따르면 기원전 509년)부터 로마 제정의 효시가 된 아우구스투스의 원수정(principate)이 시작된 시점인 기원전 27년까지 전개되었다. 공화정(res publica)이라는 용어는 반드시 민주적이지만은 않되 본질상 왕이나 황제 치하에 존재하는 정체(政體)와는 다른 정치 형태를 뜻하게 되었다. 로마인들에게 레스 푸블리카(res publica: 공동의 재산, 공동의 것)라는 단어는 원래 사유 재산과 사적 문제와 반대되는 공동의 재산과 공적 문제를 가리켰다. 로마가 거의 무제한의 권력을 지닌 황제에 의해 통치를 받고, 따라서 과거에는 공동의 것이고 공적인 것이었던 것을 황제가 사실상 사적으로 지배하던 시점에서 과거를 돌아보는 사람들의 관점에서 볼 때, 레스 푸블리카는 본질상 기원전 5~4세기에 발달한 정치 형태, 즉 민주주의와는 거리가 멀고, 귀족 계층이 독단적 권력 전횡을 제한하는 법과 제도를 통해서 국사를 동등하게 참여하는 형태와 관련되었다. 그 체제의 생성 경위는 문서로 충분히 뒷받침되지는 않지만 그 과정을 합리적으로 개관해 볼 수는 있다.

초기 공화정 역사에 관한 자료. 이 장과 다음 장에 해당하는 두 가지 주요 문헌 자료는 리비우스의 「로마사」(2-5권)와 할리카르나소스의 디오니시오스의 「고대 로마사」(*Roman Antiquities*, 4-20권)의 저서들이다. 그들의 정보는 여전히 대부분 초기 연대기 저자들에게서 끌어온 것으로서 사용할 때는 반드시 주의해야 한다. 연대기 전승을 대표하는 또 한 가지 주요 인물은 카시우스 디오로서, 그의 「로마사」는 이 시기에 해당하는 방대한 단편들에 보존되어 있다(4-10권). 두 가지 중요한 간략한 자료는 지중해 세계의 보편사 가운데 제6권에서 로마의 정체(政體) 이론과 발전을 다룬 2세기 중엽의 그리스 사가 폴리비오스의 저서와, 「국가론」(*De Re Publica*) 제2권에서 열세 개의 짧은 장들을 이 주제에 할애한, 기원전 1세기 중엽의 저명한 로마의 웅변가이자 정치가 키케로의 저서이다. 플루타르코스가 쓴 피로스(Pyrrhus) 전기도 피로스 전쟁이 발생한 시기(기원전 280~275)를 이해하는 데 가치가 있다. 더러는 중요하고 더러는 중요하지 않은 몇 가지 사실이 플루타르코스의 「카밀루스 전기」와 디오도루스의 「세계사」 제10-14권(11-14권은 온전히 보존됨)에 실려 있다. 후자가 이바지한 가장 중요한 점은 대략 기원전 486년부터 시작된 로마 콘술들(일년 임기의 고위 정무관들)의 목록이다.

신전 봉헌. 신전에 남겨진 봉헌 자료들도 이 시기의 연대를 파악하는 데 매우 중요하다. 기원전 507년에 설립된 것으로 명기된 카피톨리누스 신전의 봉헌 연대는 현대의 가장 회의적인 비평가 중 한 사람에 의해 로마사 가운데 연대 추정이 가능한 가장 오래된 사건으로서 로마 연대기의 초석이라는 평가를 받았다. 주요 사제들(pontiffs)이 신전을 봉헌할 때 그런 중요한 사건들을 정확히 기록하느라 애를 먹었겠지만, 몇몇 신전들에 적힌 연대들은 사제들의 기록과 별도로 확인되었다. 예를 들어 기원전 431년은 그리스의 자료들에 의해 플라미니우스 목초지에 아폴로 신전이 건축되어 봉헌된 연대로 입증되었다.

파스티(fasti). 고대 국가들에서 역년(曆年)은 연대기적 순서로 계산되지 않고 일년 임기의 고위 정무관들 ― 아테네는 수석 아르콘(archon), 스파르타는 수석 에포르(ephor), 로마는 콘술 ― 의 이름으로 계산되었다. 이런 정무관들은 모두 연호(ephonymous) 정무관들로 알려진다. 이러한 체계는 사업과 법률적·행정적 목적상 목록을 쉽게 만들어 놓지 않을 경우 엄청난 기억력을 요구했다. 로마 공화정기 4~5세기 동안에는 관리들과 사제들과 일반 개인들에

로마의 뛰어난 정치가이며 웅변가였던 키케로

게 그런 많은 목록들이 아주 유용했을 것이다.

로마 정무관들의 목록 중에서 아마 가장 오래되고 틀림없이 가장 유명한 목록은 공화정 초기부터 사제들이 보관한 목록이었을 것이다. 대사제는 매년 초반에 희게 회칠을 한 서판을 집무실에 갖다 놓았다. 서판 맨 위에는 콘술들과 그밖의 중요한 정무관들, 그리고 사제들의 이름을 적었다. 다음에는 제일 혹은 휴일들(nefasti)과 사업을 하거나 재판을 열 수 있는 평일들(fasti)의 목록을 적었다. 매일의 공간 맞은 편 여백은 일식이나 월식, 지진, 전염병, 불가사의한 사건, 신전 봉헌, 전쟁과 승전 등 특이한 사건을 적도록 남겨 두었다. 한 해가 끝나면 훗날에 참조하기 위해 서판을 공문서 보관소에 보관했다. 정무관들의 목록이 공적 용도와 사적 용도로 편찬했을 때는 아마 이런 원시적인 '카드식 색인'이 토대가 되었을 것이다.

이런 정보가 어떤 경위로 그리고 얼마나 많은 분량이 후세에 전해졌는가 하는 문제는 큰 쟁점이지만, 그것은 사제들이 기원전 130년에 연단위 기록표 작성을 중단한 뒤에 결국 출판되었고 「대연대기」(*Annals Maximi*)로 알려지게 되었다. 이 연대기에 실린 내용은 공화정 초기부터의 정무관들의 이름, 개선식, 그리고 신전 봉헌 등이다. 아마 이것이 로마의 다양한 사가들이 편찬한 여러 파스티(제일 목록, 콘술 목록)의 주된 자료였을 것이다. 여러 파스티들은 모두 합치면 기원전 509년 대 브루투스(Brutus the Elder)로부터 서기 565년의 소 바실리우스(Basilius Junior)에 이르기까지 1074명에 이르는 연호 로마 정무관들의 목록이 나온다.

카피톨리누스의 파스티(Capitolini Fasti). 또 다른 자료는 비명(碑銘)들이다. 로마, 오스티아, 안치오(안티움), 그리고 그밖의 장소에서 발견된 완성도가 각기 다른 서른다섯 개의 콘술 명단 중에서 가장 공식적이고 광범위한 것은 흔히 카피톨리누스 파스티라고 부르는 목록으로서, 로마 광장에 세워진 아우구스투스의 아치의 대리석에 새겨져 있다(제작 연대는 아마 기원전 18년경인 듯하다). 공화정 초기부터 아우구스투스 때에 이르는 콘술들과 그밖의 연호 정무관들의 명단 외에도, 카피톨리누스의 파스티는 로물루스 이래로 개선식의 영예를 누린 모든 사람들의 명단을 싣고 있다. 반절만 남아 있는 콘술의 명단은 기원전 483년 이후에 대해서만 단편들을 갖고 있다. 이 명단은 대단히 중요하긴 했지만 신빙성이나 권위 면에서 리비우스나 디오도루스의 글보다 우월하지 못하다. 이 명단은 기원전 마지막 세기에 입수할 수 있었던 공동의 자료에 기초를 두었다.

로마사 전승의 신빙성. 공화정 초기사 전승의 구조 전체가 기초를 두어야 하는 곳은 파스티의 견고함이다. 디오도루스가 목록을 작성하기 시작한 기원전 486년부터 기원전 302년까지에 이르는 185년이라는 기간 안에, 리비우스와 디오도루스는 비록 전혀 다른 자료를 사용하면서도 콘술들의 이름 중 97%가 서로 일치한다. 디오도루스와 같은 시기에 해당하는 카피톨리누스의 파스티 사이에도 비슷한 일치가 있다.

그럼에도 불구하고 공화정 초기에는 귀족들만 고위 관직에 오를 수 있었다고 믿는 학자들은 기원전 509년부터 400년까지의 파스티에 나타나는 65명의 평민들의 이름을 사실로 인정하지 않는다. 하지만 왕정에서 공화정으로 이행하는 시기에 평민이 절대로 고위 관직에 오른 적이 없다고 보는 것은 시대 착오적인 일인 듯하며, 따라서 평민이라는 이유로 이름을 배제하는 것은 현명하지 못하다. 워낙 많은 이름을 옮겨적는 과정에서 삽입과 실수도 더러 있었겠지만, 그런 사례는 그다지 많지 않았던 것으로 보인다. 파스티는 적절한 주의를 기울여 사용하면 공화정 초기의 역사를 재구성하는 데 훌륭한 윤곽을 얻을 수 있다.

왕정에서 공화정으로. 왕정에서 공화정으로의 이행은 로마사에서 가장 쟁점이 되는 문제 중 하나이다. 문헌 자료가 신빙성이 떨어지고 고고학 자료도 희소하기 때문이다. 고대 전승에 따르면 로마인들은 거만한 왕 타르퀴니우스가 전제적 통치를 일삼고 그의 아들이 타르퀴니우스 콜라티누스(Tarquinius Collatinus)의 고결한 아내 루크레티아(Lucretia)를 겁탈한 이유로 타르퀴니우스를 타도했다고 한다. 루크레티아가 몸을 더럽힌 데 따른 수치감을 이기지 못하고 자살한 사건으로 촉발된 폭력 혁명이 타르퀴니우스 왕가 축출, 왕정 철폐, 충분히 발달한 정부 기관들을 갖춘 공화정 수립으로 귀결되었다고 한다.

그 전승 기사에는 개연성이 없는 내용이 많이 실려 있어서 거의 해결할 수 없는 난제들이 생긴다. 그것은 정체(政體)에 변화를 일으킨 혁명이 어떤 성격의 혁명이었는가, 혁명이 일어난 시점은 언제였는가, 왕권을 대체한 집행 권력의 성격이 어떤 것이었는가 하는 문제들이다.

많은 학자들은 왕정이 갑자기 전복되었다는 전승을 배격하고 싶어한다. 오히려 왕정에서 공화정으로 이행한 최종 단계가 그 궁극적 결과의 관점에서만 혁명적이라 할 수 있는 더딘 발전 과정의 절정이었다는 견해가 좀더 개연성이 있다. 그 전승에서 배격해야 할 또 다른 점은 왕들을 대체할 정도로 충분히 발달한 행정 체제의 갑작스런 출현이다. 동등한 권력 분점, 협력, 그리고 거부권을 지닌 콘술직은 오랜 기간의 실험과 발전을 거친 뒤에야 비로소 정착되었을 것이다.

학자들의 일치된 견해는, 왕정 몰락의 원인이 아마 몇 차례에 걸친 군사적 패배로 절정에 달한 사회적·경제적·정치적 쇠퇴에 있었으리라는 것이다. 쟁점이 되는 것은 그 절정의 시기이다. 많은 학자들은 여전히 파스티의 전통적 연대(기원전 509~507)를 받아들인다. 최근의 몇몇 학자들은 훨씬 뒤의 연대(기원전 474~450)를 주장했지만, 그들의 주장은 고고학적 증거에 기초를 하고 있는데, 그 증거 자체가 해석에 어려운 점이 있고 반드시 전승의 연대를 부정하지만은 않는다는 약점이 있다.

독자적인 그리스의 연대기에 따르면, 에트루리아인들은 기원전 525년경에 캄파니아의 도시 쿠마이를 점령하려다가 결정적인 패배를 당했고, 그 틈을 타서 라틴인들이 에트루리아계 로마의 지배와 에트루리아와 캄파니아 사이의 영토 단절을 타파하기 위해 반란을 일으켰다고 한다. 이런 상황과 맞물려 사비니인과 그밖의 산지 종족들이 라티움을 침공한 사건이 로마에 경제적·정치적 위기를 불러일으켰고, 결국 타르퀴니우스 정권을 무너뜨리는 데 일조했다. 타르퀴니우스 정권은 그전부터 군대에 대한 장악력과 강력한 귀족 가문들이 국가 통치권을 탈취하는 것을 사전에 막을 만한 힘을 점차 잃어왔을 것이다.

타르퀴니우스 왕정의 몰락을 촉발한 위기는 기원전 474년 이후, 그러니까 에트루리아인들이 시라쿠사이의 히에로 1세(Hiero I)와의 해전에서 대패를 한 이후에 발생했을 수도 있다(그 패전은 결국 라티움의 상실로 이어졌다). 이 주장에 대한 뒷받침은 로마 광장에서 발굴 작업을 벌인 스웨덴 고고학자들에게서 나왔다. 그들은 기원전 475년경~450년의 시기까지 에트루리아인들이 여전히 문화적으로 강한 영향을 끼쳤음을 드러낸다. 그러나 그것이 반드시 이 기간에 로마에 에트루리아의 왕정이 존속했음을 암시하는 것은 아니다. 정치적 지배권을 상실했더라도 에트루리아인들이 라티움의 나머지 지역에서 여전히 위세를 떨치고 있었으므로 문화적으로 강한 영향력을 행사했더라도 이상한 일이 아닐 것이다.

콘술직의 발달. 훨씬 더 쟁점이 되는 것은 왕을 대체한 권력의 성격이다. 학자들 중 더러는 그것이 독재관 직이었다고 추정하고, 더러는 삼인의 프라이토르제(triple praetorship)였다고 추정하며, 더러는 초보적 형태의 프라이토르—콘술제였다고 추정한다.[1] 이 추정들 중에서 아마 마지막 것을 제외하고는 파스티, 고대 전승, 혹은 그 자체의 개연성과 상충하기 때문에 모두 반박을 면할 수 없다. 그러나 그 초기의 형태나 칭호가 무엇이었든간에, 공화정의 고위 정무관직은 기원전 5세기 중엽쯤에는 콘술 직으로 알려져 있었다. 콘술 직에는 과거에 왕이 지닌 명령권(imperium)이 부여되었다. 이 직위는 일년 임기로 선출된 두 사람이 공동으로 차지했다. 권력 남용을 막기 위해 각 사람은 상대를 거부할 완전한 권한을 지녔다. 콘술들은 군 통수권을 가졌을 뿐 아니라, 켄투리아 회를 소집했고, 그 민회에 입법안을 제출했다.

콘술들은 과거에 왕이 누리고 사용하던 것들을 상당 부분 그대로 사용했다. 옛 왕들이 입던 자주색 토가는 축제 때에만 입었지만, 자주색 가두리가 달린 일상복을 입음으로써 지위를 구별했다. 이동식 상아 권좌(sella curulis)에 앉

---

1) 공화정 초기의 고위 정무관들을 훗날 더 잘 알려진 그들의 칭호인 콘술로 표기하는 게 일반적이지만, 그들의 본래 칭호는 아마 프라이토르였을 것이다. 이것은 혼동을 일으킨다. 왜냐하면 후대에 프라이토르라는 칭호는 원래 고위 정무관들이 수행한 법률적 기능을 이양받은 새 정무관들에게 쓰였기 때문이다.

왔고, 두 사람 각각에게는 처형과 형벌권을 상징하는 파스케스, 즉 막대기 다발에 묶인 양날 선 도끼를 든 열두 명의 릭토르들이 딸렸다.

그러나 콘술들은 왕들이 수행했던 종교적 기능은 이어받지 않고, 그것을 종신 관리인 렉스 사크로룸(Rex Sacrorum, 특별 제사 담당 사제)에게 이양했다. 렉스 사크로룸은 지극히 고대의 종교적 기능만 수행했으므로 다른 다양한 사제직들과 비교할 때 꾸준히 중요성을 상실했다(참조. 114쪽).

원로원. 공화정의 초창기에 콘술들은 법률상으로 뿐 아니라 실질상으로도 원로원보다 더 큰 권력을 갖고 있었다. 당시의 원로원은 왕정 때와 마찬가지로 자문 회의에 지나지 않았다. 그러나 원로원의 권력과 영향력은 정체(政體)가 발달하고 그로써 콘술들과 그밖의 정무관들이 비록 법률상으로는 그렇지 않더라도 실질상으로는 중대한 대내외 정책에 대해서 자문하지 않을 수 없게 됨에 따라 점차 증가했다. 콘술들은 원로원의 자문을 함부로 반대하거나 무시할 수 없었다.

원로원의 권력이 증대한 데에는 여러 가지 사실이 작용했다. 콘술들은 왕들과는 달리 일년 임기의 관리들이어서 임기 말에는 혹시 자기들이 임기 중에 원로원의 자문을 거슬러 국정을 운영하다가 저지를 수도 있었을 실수를 시민들에게 설명해야 했을 것이다. 그들의 정치적 경력이 불명예스럽게 끝날 수도 있었고, 종신 원로원 의원이 됨으로써 그 보상을 받을 수도 있었다. 반면에 원로원은 항구적인 정부 기관이었다. 원로원은 국정 운영 경험이 있는 전직 정무관들로 구성되었고, 그 의원직은 종신직이었다. 의원 수는 공화정 시대에는 대체로 300명쯤 되었고, 기원전 1세기에는 600명이었다. 마지막으로 지적할 사실은, 로마가 건국된 이래로 단절되지 않고 이어져온 고대 전통의 권위는 오직 원로원에만 속했다는 사실이다. 민회들 중에서 켄투리아 회는 비교적 최근에 구성된 것이어서 아직 완숙한 경지에 도달하지 못한 반면에, 쿠리아 회는 그 기능이 공허한 형식주의로 쇠퇴해 버린 노쇠한 단체였다.

권위(auctoritas). 원로원의 권력의 원천은 종교적·정체적(政體的) 함의를 다 지닌 개념인 이른바 그 집단의 아욱토리타스였다. 사실상 그 용어는 원로원이 그 의원들의 위엄과 뛰어난 인품에 힘입어 소유한 신망과 위신을 뜻했다. 정체적인 면에서 볼 때 원로원은 기원전 339년 이전에는 민회들에 의해 통과된 법안을 재가하고 선출된 정무관들을 승인하는 권한을 갖고 있었다. 그 재가가 없으면 민회들에 의해 통과된 어떠한 법안도 법이 될 수 없었다. 이 권위의 배후에는 모든 법과 결의가 신들을 기쁘게 하는 것이어야 한다는 종교적 사상이 깔려 있었다. 키케로에 따르면, 원로원 의원들 중 조상의 계보를 역사의 초창기까지 거슬러 올라가 잡은 몇몇 의원들은 자기들이 신의 뜻을 아는 초월적 지식을 갖고 있는 체 행세했다. 다른 세대 사람에게는 이상하게 보이는지 모르나, 신들과 인간들 사이의 간격을 그리 넓게 생각하지 않았던 로마인들 사이에서는 그러한 주장이 널리 받아들여졌다.

국가 재정에 대한 장악. 원로원은 아마 콘술들의 명령으로 지불되는 기금을 제외하고는 모든 국가 재정을 완전히 장악했다. 초기에는 콘술들이, 나중에는 켄소르(censor, 감찰관)들이 금고의 열쇠를 쥐고 있었지만, 전쟁과 공공 사업에 들어갈 기금의 액수를 결정한 주체는 법률상으로나 관습상으로 모두 실질상 원로원이었다. 원로원이 기금을 배정해 주지 않으면 군인도 보수를 받을 수 없었고 승리한 장군도 수당을 받을 수 없었다. 원로원은 이렇게 재정을 장악함으로써 실질상 국가를 장악하게 되었다.

자문 기능. 원로원이 국내외 문제, 군대, 재정, 정부를 장악하게 된 궁극적인 토대는 정무관들이 민회에 상정하고자 한 모든 법안들에 관해 정무관들에게 공식적인 자문을 해줄 권리에 놓여 있었다. 공화정이 존속하는 동안 원로원은 성문법이 아닌 관습에 기초를 둔 이 자문 기능을 잃지 않았다.

원로원이 제시한 자문은 두 부분으로 구성되었다: (1) 정무관들이 자문하는 문제에 관해 원로원 의원들 개개인이 내놓은 견해들(sententiae); (2) 원로원의 결의(senatus consultum) 즉 정무관들이 자문한 문제에 대한 대답으로 채택된 최종적인 해결안. 세나투스 콘술툼은 원로원의 일방적인 행위가 아니라 원로원과 수석 정무관 사이의 공동 행위였다. 수석 정무관만 그것을 입법화할 수 있었고, 오직 그만 그 법을 집행할 수 있었고, 수정하거나 철회할 수 있었다. 그 법의 효력과 시행 시기는 엄격히 제한되었다. 혹시 정무관에 의해 폐지되거나 평민의 호민관에 의해 거부되면 그 법안은 '이러이러한 행동 과정이 국가에 가장 유익하겠다'는 원로원의 권위 있는 견해로 받아들여져 세나투스 아욱토리타스로서 등록되었다. 원로원은 이런 방식으로 자기들이 그 결과에 대해 책임이 없음을 천명했다. 만약 일이 잘못되면 원로원의 자문을 무시하고 강행한 정무관이 민중의 분노를 당해내야 했다. 원로원은 비록 초법 기관이 아니었으나, 국가의 위기 때는 국가의 안전을 보장하기 위해서 초법적 조치를 취할 수 있었다.

켄투리아 회. 앞에서 설명했듯이(참조. 77쪽), 세르비우스 툴리우스의 업적으로 돌려지는 군대 재조직은 새로운 민회인 켄투리아 회를 탄생시켰다. 이 켄투리아 회는 공화정 초기의 주된 민회가 되었다. 켄투리아 회에 속한 백인대들(centries)은 군사 징집과 조직이 더 이상 그들을 기초로 삼지 않게 된 뒤에도 기병과 보병, 그리고 적절한 군사 장비를 제공할 수 있는 경제적 능력에 따른 전문적 계급들로 구분되었다. 켄투리아 회는 여전히 명령권 곧 임페리움을 지닌 정무관의 지시에 의해 나팔을 불어 소집했고, 새벽에 신성한 경내(pomerium) 밖에 있는 캄푸스 마르티우스(마르스의 들판)에서 군대의 대오를 갖추고서 모였다. 회의가 진행되는 동안 카피톨리누스 언덕과 야니쿨룸 언덕 꼭대기에는 붉은 깃발이 나부꼈다. 이 깃발들 중 하나가 내려가면 회의를 즉각 중단해야 했다. 왜냐하면 그런 신호는 적군이 침공해 오고 있다는 경고였고, 회의에 참석한 사람들에게 나가서 적군과 맞서 싸우라는 신호였기 때문이다.

켄투리아 회의 기능. 켄투리아 회의 권한은 선거, 입법, 사법적 기능으로 이루어졌다. 이 회는 전임자들이 지명한 고위 정무관들을 선출했다. 정체(政體)가 발달하면서 이 정무관들은 일년 임기의 콘술들과 특별한 경우에 선출된 딕타토르(dictator, 독재관)들뿐 아니라, 아래에 논할 켄소르(censor, 감찰관)들과 프라이토르(praetor, 법무관)들을 포함했다. 고위 정무관들, 특히 콘술들은 법안을 가결하거나 부결하고, 전쟁이나 휴전에 관한 선포를 수락하고, 조약을 비준하기 위해 켄투리아 회를 소집했다. 살인과 대역죄에 대한 재판은 켄투리아 회에서 진행되었고, 공화정 초기에 이 켄투리아 회는 도시 안에서 권위를 행사하는 정무관에 의한 강제 행위나 사형 언도에 대한 항소 법원이 되었다.

켄투리아 회에서의 상층시민의 우위. 켄투리아 회는 충분히 발달한 형태에서는 에퀴테스(equites〈기병〉: 인구〈재산〉 조사에 의해 기병으로 지명된 1등급 계층 남자들)로 구성된 18개의 켄투리아, 마찬가지로 1등급 계층 남자들인 80개의 보병 켄투리아(40개는 청년조, 40개는 장년조), 2-4등급 계층에서 각각 20개씩의 켄투리아(절반은 청년조, 절반은 장년조), 5등급 계층에서 30개 켄투리아, 최소 재산 평가 이하 사람들로 구성된 5개의 켄투리아(두 개는 장인들, 두 개는 나팔수들, 하나는 프로레타리아들)로 구성되었다. 그러므로 켄투리아의 수는 모두 193개였다. 이들은 단위별로 투표했고 — 각 켄투리아는 다수결에 의해 표의 방향을 결정했다 — 먼저 18개의 기병 켄투리아에서부터 투표를 하기 시작하여 과반수인 97표에 도달하면 거기서 투표를 종결했다. 4등급 시민 이하의 켄투리아들이 비록 가장 많은 수의 시민들로 구성되었을지라도 투표에 참여할 기회를 얻었을 가능성이 매우 희박하며, 98개의 켄투리아가 과반수를 이루었기 때문에 1등급 시민 혼자서만 투표를 주도했을 가능성이 있다.

따라서 그 제도는 민주주의와는 거리가 멀었다. 98개의 켄투리아를 장악한 부자들이 언제나 표 대결에서 낮은 등급 시민들을 이길 수 있었다. 아울러 장년조가 언제나 청년조를 이길 수 있었다. 왜냐하면 장년조는 비록 수는 적어도 청년조만큼 많은 켄투리아를 갖고 있었기 때문이다. 더욱이 몇몇 켄투리아들 내부에서 투표가 백중세일 경우 그것은 총 단위 표수가 투표에 참가한 과반수의 표와 다르다는 것을 뜻할 수도 있었다. 그것은 미국 대통령 선거를 위한 선거인단 제도에서 후보자가 여론 조사에서는 뒤졌을지라도 선거인단의 과반수를 얻을 수 있는 것과 같은 이치이다. 그러므로 이 민회 조직은 이론적으로는 무장 가능한 모든 계층 모든 시민을 대표할지라도 실제로는 상위 켄투리아들을 차지한 보수적 토지 귀족들에 의해 지배를 당했다.

사제직과 사제단. 공화정 시대에 사제단으로 알려진 공식 사제들은 공예배의 정확한 집례를 위해 조직되었고, 왕정 때보다 더 광범위하고 독립된 역할을 수행했다. 왕은 군주인 동시에 대사제였기 때문이다. 왕정 때에는 모든 사제들과 신관들이 왕에게 임명을 받았고 왕의 보조자 겸 고문 역할을 했다. 왕정이 몰락한 뒤 선거에 의해 등장한 정무관들이 왕의 정치적·군사적 권력을 취했으나 종교적 기능은 특별 제사 담당 사제(Rex Sacrorum)와 대사제(Pontifex Maximus) 사이에 분할되었다. 후대에 전자의 권한이 쇠퇴하면서 후자의 권한이 점차 증대되었다. 대사제는 강력한 사제단에 대해서 뿐 아니라 베스타 여사제들과 유피테르, 마르스, 퀴리누스, 그리고 열두 명의 군소 신들에게 배당된 신관들(flamines)에 대해서까지도 지배권을 획득했던 것이다. 특별 제사 담당 사제조차도 비록 전복된 사제-왕들의 명목상 후계자이자 공화정 초기에는 위엄과 신망이 대단했던 직위였지만, 실제로는 대사제의 지배권에 종속되었다.

사제단 구성원들은 어떠한 개별적 사제들이나 사제직보다 조직된 국가 종교에 중요했다. 그들은 사제들이었지만, 반드시 경건이 뛰어나거나 특별한 심령적 투시적 능력을 갖춘 사람들이지만은 않았다. 오히려 학식과 정치 경험, 그리고 높은 사회적 신분을 지닌 사람들이었다. 부유했기 때문에 보수를 받지 않고서 사제의 임무를 수행할 수 있었다. 더러는 사제가 되기 전에 정무관을 역임했고, 더러는 사제직과 정무관직을 겸직했으며, 많은 경우는 원로원 의원들이었다. 사제단에 들어갈 수 있는 중요한 자격은 종교 전승, 종교법, 그리고 올바른 의식과 행사 절차에 관한 정확한 지식이었다.

두 개의 주요 종교 담당관이 있었는데, 하나는 복점관들(augurs)이었고, 다른 하나는 사제단(pontiffs)이었다. 세 명의 종신 구성원들로 이루어진 복점관들(훗날 다섯 명으로 늘어났다가 결국에는 15-16명으로 늘어남)은 정무관들을 도와 점(auspices)을 치고 그로써 고위 정무관들의 선출과 민회 소집 같은 중요한 국가 사업을 앞두고 신의 뜻을 파악했다.

정무관이 하늘을 유심히 살핀 뒤 눈을 가린 복점관에게 자기가 본 것을 알리면, 복점관은 징조들에 대한 자신의 전문 지식을 사용하여 신들의 뜻을 파악하고 해석했다. 천둥과 번개, 새들의 비행과 울음, 신성한 병아리들이 모이를 먹는 모습, 특정 짐승들과 뱀의 행동에서 징조를 얻었다. 만약 문의하지도 않은 징조가 불길하다고 선언되면, 정무관은 계획했던 행동을 징조가 좋게 나올 때까지 연기해야 했다. 복점관들은 이런 식으로 공화정 시대에 정치에 상당한 영향력을 행사하는 지위에 있었다.

훨씬 더 중요한 것은 사제단이었다. 원래 사제직(pontifex)은 마법으로 초기 라티움에 놓인 취약한 다리들에 내구성을 부여한다고들 믿은 마술사였다. 왕정하에서는 이 기능이 순전히 자문역으로 제한되긴 했지만, 이 사제단은 공화정이 탄생할 때부터 점을 제외한 국가 종교의 모든 면을 장악하고 통제했다. 원래 세 명이었던 구성원 수가 나중에는 여섯 명으로, 기원전 300년에는 아홉 명으로, 기원전 82년에는 열다섯 명으로 증가했다. 이들은 종신직이었고, 이들의 기능은 많았으며, 그 영향력도 지대했다.

사제들은 신들에 대한 국가의 종교적 법적 관계를 다 같이 지배하는 신성한 법의 수호자이자 해석자였다. 모든 법적 계약 행위에, 그리고 서약을 할 때 쓰이는 적합한 형식에 적용할 수 있는 정확한 문구를 아는 사람은 그들뿐이었다. 그들은 신전의 고문서 보관소의 유일한 관리자였고, 공예배 때 쓸 각종 의식, 기도, 찬송, 호칭 기도를 규정했다. 신전과 제단의 봉헌과 축성(祝聖), 장례, 전쟁과 조약 체결 선포도 그들이 관장했다. 축일들과 정무관이 법정에 앉아서는 안 될 날들을 규정한 달력을 작성한 것도 그들이었다. 그 사제단의 수장은 인간의 일과 신의 일의 재판관이자 중재자로서, 쿠리아 회를 소집하고 주재할 권한이 있었다. 이 민회는 입양과 유언에 관한 법안을 통과시켰기 때문에, 사제들은 이 민회를 통해서 유언 법에 대해 지대한 영향력을 행사했다.

마찬가지로 중요했던 것은 권리 청구 법에 대해 사제들이 행사한 영향력이었다. 법원에 제출된 권리 청구는 그것이 근거한 법의 정확한 의미를 따라야 했기 때문에, 사제의 조언과 지원 의사가 실려 작성되었을 경우 가장 효력이 있었다. 사제는 공화정이 시행된 처음 두 세기 내내 독점적인 법 해석권을 쥐고 있었던 것이다(기원전 500~300).

로마 법에 규정된 사제의 역할. 사제가 국가 종교의 감독관으로서 수행한 역할은, 유스티니아누스 법전으로 부여받은 최종 형태로써 유럽 법의 토대이자 현대 서양 문화 형성에 중요한 요소가 된 초기 로마 법 분야에서 그들이 기여한 업적에 가려졌다. 법과 법학 발전에 대한 이 기여는 그들의 정치 활동의 결과도 아니었고(그들 중 다수는 원로원 의원들이었고, 종교와 법 문제에 관한 상설 위원회의 의원들이었다), 그들의 법률적 기능의 결과도 아니었다. 정무관들이 소송건을 놓고 사제들에게 법률적 견해를 자주 문의하긴 했지만, 사제들은 판사도 아니고 정규적으로 활동하는 법률가도 아니었기 때문이다. 그들이 로마 법에 기여할 수 있었던 것은 공화정 초기에 법의 자문가이자 해석가로서 수행한 기능 때문이었다.

소송건이란 기존의 법으로 명쾌히 해결되지 않는 데서 생기게 마련인데다, 아무리 현명하고 재능이 탁월한 입법자들이라 할지라도 미래의 상황을 빠짐없이 예견할 수 없는 노릇이기 때문에, 재판관들과 법 해석자들은 법의 정확한 의미뿐 아니라 법의 정신도 파악해야 하고, 그 세부적인 의미를 확대해 나갈 수 있어야, 즉 옛 법에 새로운 의미를 적용할 수 있어야 한다. 사제들은 선례들에 근거하여 법을 해석했는데, 선례들을 알고 있는 사람은 그들뿐이었고, 게다가 기원전 450년경에 최초의 로마 법전인 12표법(the Twelve Tables. 참조. 123쪽)이 발행되었어도 그 비밀이 완전히 걷히지 않았다. 사제들은 조상의 관습(mos maiorum)에 입각한 선례들에다가 12표법에 대한 해석 곧 주석과, 법률 행위를 위한 지침, 특히 계획한 행위와 이미 수행한 행위의 적법성에 대한 견해들(responsa)을 덧붙였다. 사제들은 로마 국가의 필요에 보조를 맞추어 기록되지 않은 고대의 관습과 12표법에 담긴 원칙들에 기초한 법률 체계를 차근차근 구축하기 시작했다. 그들의 업적은 영국과 미국의 판사들이 보통법(the common law)을 만든 것이나, 미국 대법원이 헌법을 발전시킨 것과 다르지 않다.

기원전 4세기 말과 그 이후까지 사제들이 사실상 법학을 독점하게 된 계기는 처음부터 로마 종교와 로마 법 사이에 아무런 차이가 없었던 점에 있었다. 형법은 사회에 대한 범죄가 신들에 대한 범죄라는 원칙을 기초로 삼았다. 사적인 소송에서 원고와 피고 양측은 만약 어길 경우 신들의 진노를 사게 될 서약을 했다. 로마 최초의 종교법, 사법, 공법 학자들은 각각 비서들과 필사자(筆寫者)들과 기록 담당자들로 구성된 막료를 둔 사제단에서 나왔다. 정무관들은 종교와 헌법에 관한 문제들이 생기면 사제단에게 자문했고, 사적인 소송은 사제단이 적임자로 지명한 사제에게 자문했다. 이러한 권위는 법 지식이 점차 일반 평민들에게 널리 보급된 때인 기원전 4세기 말이나 3세기까지는 도전을 받지 않았다.

신분 투쟁. 연대기 전승에 의해 조성된 한 가지 허구는 타르퀴니우스 왕가가 몰락한 뒤 소수 귀족들이 국가를 절대적이고 배타적으로 지배했다는 것이다. 하지만 라티움에서 전쟁과 봉기가 일어나고, 타르퀴니우스 가문이 왕정을 회복하기 위해 투쟁을 벌이고 있는 동안 에트루리아인들이 남기고 간 힘의 공백을 메꾸기 위해서 사비니인과 볼스키인이 이동해 옴으로써 내부 불안과 혼동이 빚어지던 상황에서 그러한 절대적 지배란 불가능한 일이다. 이런 상황에서 귀족들이 평민 계층 가운데 부유하고 세력 있는 일부 가문들의 지원과 협력과 동조를 받지 않고서 정부를 장악해 가기란 사실상 불가능했을 것이다.[2] 초기 콘술들의 이름이 적힌 파스티에 평민들의 이름이 더러 포함된 데에는 틀림없이 그런 이유가 있었을 것이다.

귀족 지도자들이 권력의 기반을 닦고 왕정 복고의 위험을 씻어버릴 때까지 평민 중 상류층에 속하는 사람들의 군사적·정치적 지원을 얻으려 했을 가능성이 있다. 위기가 가시고 평민들의 지원이 더 이상 필요가 없어졌을 때, 귀족들은 틀림없이 관직 독점을 제도화하고 부유한 평민 가문들을 배제한 채 배타적인 사회 정치적 집단이 되는 방향으로 나갔다.

귀족들이 평민들을 공직이나 군 지휘관직에서 몰아내는 데 사용했음직한 한 가지 방법은 켄투리아 회에서 이미 선출된 후보자들일지라도 쿠리아 회에

---

2) 평민(plebeian)이란 용어는 혜택을 받지 못하는 다수의 빈민들을 뜻하게 되긴 했지만, 에트루리아 계 로마 같이 문화와 정치가 발달한 사회가 오로지 엄격히 구분된 두 계층, 즉 상부 계층의 소수의 배타적인 귀족들과 다수를 이루고 있는 서로 엇비슷한 하부 계층의 평민들로만 구성되었을 가능성은 적어 보인다. 평민 계층은 재산과 직업과 사회적 신분이 서로 다른 여러 계층들을 포함했다. 이를테면, 농촌과 도시의 빈민들, 부자들의 피보호인들, 상인들과 장인들, 어느 정도 부유하고 세력 있고 피보호인들을 거느린 지주 가문들이 그들이었다. 세르비우스의 켄투리아 회 개혁은 재산을 기준으로 계층들을 구분함으로써 이 계층을 인정하고 부유한 평민들을 군대와 아마 국가의 정치 생활 안으로 받아들인 듯하다.

서 정식으로 명령권(imperium)을 수여받지 못하도록 거부하는 것이었다. 명령권이 없으면 아무리 콘술로 선출되었을지라도 취임할 수 없었던 것이다. 귀족들은 결국 귀족 가문과 평민 가문 사이의 통혼을 금하는 데까지 나갔다.

귀족들이 자기들을 원로원과 고위 관직에서 배제하려 한다는 것을 가장 예리하게 느낀 유복한 평민들의 주도로 대대적인 평민 운동이 일어나 귀족들에 대해서 기존 사회에서 탈퇴하고 새롭고 분리된 국가를 설립하겠다고 위협했다. 그런 운동을 조직적으로 일으키기란 그리 어렵지 않았을 것이다. 왜냐하면 가난한 평민들이 품고 있던 경제 개혁의 열망이 관직에 오르고 싶어하던 평민 지도자들의 열망에 못지 않게 절박했음에 틀림없기 때문이다. 정치, 사회, 경제 개혁을 위한 이러한 투쟁이 다음 두 세기 동안 로마 공화정의 내부 역사를 주도하게 되었다. 그 성과는 훗날 기원전 367년과 287년의 대대적인 입법 행위에 의해 이룩된 로마 정체 자체의 발전이었다.

로마와 라티움을 지배하던 에트루리아인들의 몰락은 틀림없이 상업과 공업을 두절시켰을 것이고, 경제 침체를 촉진시켜 도시 안에 사는 장인들과 상인들과 그들의 가족들에게 경제적 시련을 안겨 주었을 것이다. 평민들의 소규모 자영농들도 곤궁에 처했다. 면적이 1.5에이커를 넘지 않았을 그들의 농지는 가족을 부양하기에는 너무 작았다. 설상가상으로 그들은 자기들이 종종 정복하도록 도와준 공유지에 대해 공정한 몫을 받지 못했다. 강제로 입대해야 했던 그들은 자기들의 농지를 방치해 두어야 했으며, 전역하고 돌아와 보면 농지가 적군에게 약탈당해 폐허가 되어 있기가 일쑤였다. 그들은 또한 가혹한 채무법의 희생자였다. 채무 불이행의 경우 채권자는 법적 행위 없이도 농지를 차지하고, 그 농지에 딸린 사람들을 모두 노예로 팔고, 심지어는 그들을 죽일 수도 있었다.

평민들의 철수(Secession of the Plebs). 정치적 · 경제적 · 사회적 정의에 대한 요구를 귀족들이 완고히 거부하자, 평민들은 국가에서 철수하는 혁명적 조치를 취했다. 그것은 대체로 비폭력적 운동이었지만, 로마가 자주 에트루리아인들과 주변 산지 부족들인 아이퀴인들과 볼스키인들에게 공격을 받던 상황에서 대단히 위협적인 조치였다.

전승에 따르면(그다지 신뢰성이 없는 전승이지만) 한 번은 이런 공격을 받은 뒤에 로마 군대가 그들을 격퇴하고 도시의 문들에 막 도착했을 때였다. 자기들의 개혁 요구 조건들이 원로원에 의해 거절당했다는 사실을 안 평민 병사들은 자기들의 귀족 장군을 버리고 아니오 강(the Anio)에서 5킬로미터 쯤 떨어진 신성한 산(the Sacred Mountain)으로 갔다. 자기들의 도움이 없으면 로마가 어떤 전투도 치를 수 없다는 사실을 안 그들은 귀족들의 후속 조치를 기다렸다. 그들은 두 명의 호민관(tribune)이 이끄는 자체의 임시 조직을 구성하고, 신성한 법(lex sacrata)으로 알려진 법에 서약을 했다. 신성한 법은 이탈리아에서, 특히 사비니인들과 삼니움인들 사이에 잘 알려진 군사적 맹세였다. 이 경우에 이 맹세는 호민관들이 신성불가침함을 선포하는 데 사용되었다. 누구든 호민관에게 손을 대면 저주를 받게 되고 그런 자는 죽여도 벌을 받지 않는다고 했다. 이런 행동은 기원전 494년에 일어난 것으로 추정되는데, 연대를 너무 올려잡은 것이 확실하다.

평민들이 최초로 철수한 사건은 기원전 471년경에 아벤티누스 언덕에서 실제로 발생한 듯하다. 그들은 거기서 신성한 법에 대해 맹세를 하고, 트리부스 평민회(concilium plebis tributum) 혹은 단순히 평민회로 알려진 민회를 조직한 다음 세 개의 도시 트리부스들 각각을 대표하는 호민관을 임명했다. 호민관의 수는 몇 십년 뒤 열 명으로 고정된 다음에는 변하지 않았다. 최초의 호민관들은 선출되지 않고, 자신들의 지도력에 힘입어 혁명적 무리의 우두머리가 된 다음 추후에 갈채로 확증을 받은 듯하다. 아벤티누스 언덕에서의 철수 사건 이후에, 모든 호민관들과 그들의 조수들인 아이딜리스(aedile)들은 평민회에 의해 선출되었다. 호민관에 선출되려면 평민 출신이어야 했다.

호민관의 권한과 의무. 호민관의 의무와 기능은 정무관의 전횡을 막아달라고 자신에게 도움을 청하는 모든 평민들의 생명과 재산을 보호하는 것이었다. 언제든 찾아와 도움을 청하도록 하기 위해서, 그는 밤낮 자기 집 문을 열어 놓아야 했고, 도시 밖으로 나가지 말아야 했다. 그가 위협을 받지 않고 의무를 수행할 수 있도록, 그의 신체는 신성불가침으로 선포되었다. 그에게 폭행을 가하거나 그의 의무 수행을 의도적으로 저해하는 자는 저주 곧 사형에 처해졌다.

호민관들은 민회들이 통과시킨 법안과 원로원의 결의, 그리고 정무관(독재관〈dictator〉을 제외한)의 행위 중에서 평민의 이익을 저해한다고 간주되는 것에 대해서는 중재 또는 거부할 권한이 있었다. 이 권한은 로마 시 내부와 시 경계선에서 1.6킬로미터 이내 지역에서만 효력이 있었고, 평민들의 중범죄를 보호하는 데는 사용할 수 없었다. 그 거부권은 비록 구체적인 헌법에 기초를 두지는 않았지만, 관습으로 인정되었고 정치적으로 효력을 발휘했다. 원로원조차 후대에는 그 효력을 인정했고, 호민관들에게 문제를 일으키는 콘술들을 제재하는 데 그 권한을 사용하도록 장려했다.

아이딜리스. 평민의 보호자인 호민관들의 보조자들은 두 명의 평민 출신 아이딜리스들이었다. 이들은 원래 아벤티누스 언덕에 세워진 케레스 신전의 관리인들이었는데, 케레스 신전은 장터이자 무역 전초지였을 뿐 아니라 초기에 평민들의 정치 유세 중심지였다. 이들의 기능은 많아지고 종류도 다양해졌다. 이들은 평민들의 기금과 문서보관소의 관리인들이었고, 리비우스(Book 3:55)에 따르면 기원전 449년부터는 원로원의 결의들을 관리했다. 훗날에는 경찰로서 활동했고, 시장터, 계량(計量), 공공 사업, 음식과 물 공급, 공공 오락을 관장했다.

트리부스 평민회(Concilium Plebis Tributum). 호민관들과 아이딜리스들은 트리부스 평민회에서 선출되었다. 이 민회는 대개 호민관들이 소집하고 주재했지만, 경우에 따라서는 아이딜리스들도 소집하고 주재했다. 모든 로마 시민들이 분할되어 소속된 '트리부스'(결국에는 네 개의 도시 트리부스와 서른한 개의 농촌 트리부스)의 평민 회원들만 투표권이 있었다. 각 '트리부스'(tribe)는 자체의 과반수 투표로 결정된 하나의 투표권을 가졌다. 평민회의 결의안들(plebiscita)은 켄투리아 회에 의해 재가되지 않으면 국가 전체에 대해 구속력이 없었고, 아마 그 민회에서 재가를 받았을지라도 원로원의 명확한 승인이 없으면 구속력이 없었다. 기원전 287년의 호르텐시우스 법(lex Hortensia)이 제정된 뒤에야 비로소 플레비스키타는 그 자체로 법적 효력을 가졌다.

사회 정의를 쟁취하기 위한 평민들의 투쟁. 자기들이 로마의 국방에 없어서는 안 될 존재들임을 과시한 평민들은 국가 안에서 세력 집단이 되었다. 평민들은 독자적인 민회와 독자적인 지도자들과 옹호자들을 두었는데, 그들에 대해서는 귀족들도 힘을 행사할 수 없었다. 그들이 사회 정의를 위해 벌인 투쟁은 로마 정체의 발전에서 귀족 계층 자체에도 궁극적으로는 유익하게 이바지했다.

한 가지 불만 원인은 귀족들의 구전 전승의 성향에 종속되지 않는 법이 없었다는 점이었다. 기원전 452년경, 성문법을 제정하려는 몇 차례의 시도가 무위로 끝난 뒤, 호민관들은 원로원에 대해서 정의롭고 공평한 법의 골격을 세우기 위한 위원회(양 진영을 모두 대표하는)를 설치하자고 제의했다. 원로원은 평민들의 참여 제의는 거부했지만, 기존의 법을 법전화하기 위한 10인의 입법자(decem viri)로 구성된 위원회를 설치하기로 동의했다. 그러나 원로원 의원 일행이 솔론(Solon)의 법을 연구하기 위해 아테네로 갔다는 이야기는 사실이 아닌 듯하다.

10인의 입법 위원회(the decemviral commission, 10大官)가 설치되기 전 2년 동안 두 가지 법이 평민들의 압력하에 통과된 듯하다. 첫째 법은 아벤티누스 언덕의 토지를 평민들에게 할애한 이킬리우스 법(lex Icilia)이다. 나머지 법은 콘술이 서른 마리의 소와 두 마리의 양에게 부과할 수 있는 부담금을 제한한 아테르니우스 타르페이우스 법(lex Aternia Tarpeia)이었다. 아울러 의장을 맡은 콘술들은 권좌로 복귀한 듯하다. 만약 로마의 공식적 파스티가 정확하다면, 세 명의 평민 출신 콘술들, 즉 기원전 454년의 스푸리우스 타르페이우스(Spurius Tarpeius)와 아울루스 아테르니우스(Aulus Aternius)와 451년의 티투스 게누키우스(Titus Genucius)가 있었던 셈이다. 세 사람 모두 트리부스 평민회와 관련이 있었다.

10인 입법 위원회. 입법 위원회의 활동을 둘러싼 전승은 혼동되고 모순된다. 추측컨대 기원전 452년 말에 정규 콘술직과 호민관직이 보류되었고, 452년에 10인의 입법 위원회 — 아피우스 클라디우스(Appius Claudius)가 의장을 맡은 10명의 귀족들 — 가 정부를 맡아 운영하고 법전을 편찬했다. 분명한 점은 그 해 말에 그들이 모든 사람을 만족시킬 만큼 자기들의 임무를 완수하지 못했고, 따라서 2차 10인 입법 위원회 — 절반은 귀족들이고 절반은 평민들이었지만 여전히 아피우스 클라우디우스가 의장을 맡음 — 가 그 작업을 완수하도록 임명되었다.

아피우스 클라우디우스는 2차 위원회에서 불공정한 법 — 예를 들면 귀족과 평민간의 결혼을 금지하는 법 — 을 강요하는 등 폭군처럼 행동한 듯하다. 예를 들어 그는 전하는 바로는 그가 정욕을 채우기 위해서 거짓말로 아름다운 베르기니아(Verginia)를 자신의 노예라고 주장했고, 그 결과 그녀의 아버지가 자포자기의 심정으로 딸을 불명예에서 건지기 위해 그녀를 죽였다고 한다. 아피우스와 10인 입법 위원회에 대한 항의로 평민들이 다시 한 번 철수했고, 그 결과 위원회의 의원들이 사임하고, 기원전 449년에 평민들에게 우호적인 10명의 호민관들과 2명의 콘술들이 선출되었다고 한다.

10인 입법 위원회가 개편되어 구성된 것은 역사 사실일 수가 있지만, 이 기록 가운데 상당 부분은 허구인 듯하다. 아피우스는 아마 거만하고 고압적인 인물이었겠지만, 그가 어떻게 평민 위원들에게 귀족과 평민간의 결혼을 금지하는 법을 채택하도록 강요할 수 있었겠냐 납득하기 어렵고, 전통적인 권선징악의 색채를 띠고 있는 것으로 보이는 베르기니아 이야기도 아마 그의 탁월함과 거만함 때문에 그에게 연결되었을 것이다. 한 가지 확실한 사실은 10인의 입법 위원들이 기존하는 로마의 공법과 사법을 법전화했고, 그것이 로마 광장에 있는 열두 개의 청동 현판에 새겨졌다는 것이다. 이 법전은 그 뒤로 12표법(the Law of the Twelve Tables)으로 알려졌다.

12표법. 12표법(十二表法)은 비록 인간 지성의 가장 지고한 업적에 들지는 않을지라도, 그것이 씨앗이 되어 거기서 로마의 시민법이 성숙하게 발전하게 되었고, 로마 법 체계가 사제들과 후대의 전문 법률가들의 유권 해석을 통해 발달하게 되었다. 리비우스는 12표법이 모든 사법과 공법의 원천이었다고 주장했고, 키케로는 그것이 로마법 전체의 몸체였다고 주장했다. 법의 기초와 원천인 이 법은 미국 헌법과 비교해 봄 직하다.

12표법의 문체와 내용. 12표법 본문의 1/3 가량이 후대 저자들의 인용문들로 보존되어 있다. 문체는 고풍스럽고 단순하고 간결하고 투박하되 법률적으로 명쾌하고 정확한데, 다음 예에서 그 점을 확인할 수 있다. 제1표법의 "만약 그가 그를 법정으로 소환하면 그는 가야 한다. 만약 그가 가지 않으면 고소인은 증인을 부를 것이고, 그런 뒤 그를 데려갈 것이다"라는 내용. 혹은 제7표법의 "그들은 도로를 보수할 것이다. 만약 그들이 도로를 보수하지 않으면 사람은 자기가 원하는 데로 수레를 몰고가도 무방하다"라는 내용. 혹은 제8표법의 "만약 밤에 도둑이 들어서 (주인이) 그를 죽였다면 그는 법에 의해 죽은 셈이다. 만약 낮에 도둑이 들었다면 도둑이 무기를 들고 스스로를 방어하지 않은 이상 그는 법에 의해 죽은 것이 아니다"라는 내용.

12표법은 헌법도 포괄적인 법전도 아니었다. 그 주 원천은 옛 관습법이었지만, 원시적인 불문법을 완전히 대체하지 않았다. 이 법은 과거에는 구전 전승과 사제의 전승에 담긴 들쭉날쭉한 내용에 종속되었던 기존의 법과 관습을 명확하게 작성하려는 좀더 제한된 목적으로 제정되었다. 국가 내부의 평화와 조화와 정의를 유지하기 위해 제정된 12표법은 기존의 관습법을 성문화했지만, 해석을 통해서 장래의 필요를 충당할 수도 있었다. 이 법은 콘벤티오 인 마눔(수권에의 귀입, conventio in manum)으로 결혼하지 않은 아내에게 만약 그녀가 일년에 사흘 밤낮을 집에서 떠나 있을 경우 남편의 권위에서 자유를 얻도록 허용함으로써 여성들의 지위를 격상시켰다. 이 법은 가족 단위를 유지하는 데 굳이 필요하지 않은 가부장(pater familias)의 권한을 축소했고, 재산과 유언에 대한 권리를 보장했고, 민간인들의 분쟁에 국가가 개입할 길을 열어놓았고, 가문의 복수를 폐지했으며, 중대한 재판을 켄투리아 회로 회부하도록 허용했다. 또한 이 법은 자유인들에게서 증거를 얻는 수단으로 사용되어온 고문을 폐지했다.

간단히 말해서 12표법의 기본적 중요성은 원칙상 귀족과 평민간의 법적 공평성과, 다소나마 법 앞에 모든 시민의 평등성을 수립한 데에 있다. 그럼에도 불구하고 이 법은 주로 기존의 관행을 성문화했기 때문에 평민들의 불만의 뿌리는 사실상 건드리지 못했다.

10인 위원회 이후의 발전. 연대기 저자들은 그 상황의 실체를 흐려왔지만, 발레리우스-호라티우스 법(the Valerio-Horatian laws)으로 알려진 몇 가지 중대한 조치가 기원전 449년에 취해진 것만큼은 분명하다. 그것은 신임 콘술들인 루키우스 발레리우스 포티우스(L. Valerius Potius)와 마르쿠스 호라티우스 바르바투스(M. Horatius Barbatus)가 평민들을 위해서 취한 조치였다. 이 법은 정무관으로부터의 항소권, 호민관들의 신성불가침에 대한 법적 승인, 민회들에서 트리부스 단위의 투표로 통과시킨 결의안들이 원로원에 의해 재가를 받으면 법이 된다는 조항을 포함했다.

트리부스 인민회(the Comitia Tributa). 평민회만 트리부스 단위로 투표를 했을 뿐 아니라, 이 무렵이나 조금 전에 존재하게 된 또 다른 민회인 트리부스 인민회도 보다 번폐스러운 켄투리아 조직 대신에 부족 단위로 투표를 한 모든 시민들의 민회였다. 트리부스 회는 보다 편리했고 또한 단위별 투표 관습을 따랐기 때문에, 여전히 보다 많은 농촌 트리부스들에서 보수적인 지주들의 투표권에 보다 많은 비중을 주었다. 이 민회는 임페리움을 가진 정무관이 소집했고, 제출된 법안들에 대해 투표할 권한과 항소를 들을 권한을 가진 것 외에도, 콰이스토르(quaestor, 재무관)들과 쿠룰리스 아이딜리스(curule aedile. 이들에 관해서는 아래에서 설명한다)들을 선출했다.

평민들이 거둔 승리들. 기원전 445년경 두 가지 사실이 귀족들과 밀고 당기는 투쟁을 벌이고 있던 평민들에게 이롭게 작용했다. 가장 중요한 사실은 군사적 위기 상황이었다. 귀족들이 정확하게 이해한 대로, 그 위기 상황은 평민들의 선의와 협력이 없이는 대처할 수 없었다. 두번째 사실은 그 해의 콘술들 가운데 한 사람이 평민인 마르쿠스 게누키우스(M. Genucius)였다는 점이다. 평민들이 통혼금지법을 폐지한 것도 게누키우스를 통해서였을 것이다. 구법을 폐지한 카눌레이우스 법(lex Canuleia)은 처음에 호민관 카눌레이우스(Canuleius)가 제출하고 평민회에 의해 통과되었지만, 콘술 중 한 사람에 의해 켄투리아 회에 상정되기 전에는 법으로 확정될 수 없었던 것이다.

신분 갈등에서 도출된 타협안은 평민이 최고 정무관이 되는 것을 정식으로 허용하되, 콘술이 아니면서 콘술의 권한을 지닌 트리부누스 밀리툼(military tribunes)으로 허용하는 것이었다. 이것은 분명히 귀족들의 교묘한 전략이었다. 왜냐하면 이 타협안은 여전히 귀족들의 콘술 직 장악을 보장하는 동시에, 평민들에게 정부 안에서 한 몫을 줌으로써 군사적 통일을 확보했기 때문이다. 파스티는 기원전 445년 전에도 평민들이 이따금씩 콘술직에 올랐음을 암시하지만, 그 해에 트리부누스 밀리툼에게 콘술의 관한을 부여하기로 결정한 것이 연대기 전승에 따르면 국가 최고 관직이 양 계층에게 다 열린 최초의 사례였다(리비우스 4.6.8).

칸술러 트리뷴. 파스티상의 다음 78년 기간인 기원전 445~367년 동안 칸술러 트리뷴(consular tribunes)이 50번 최고위직을 차지했고 콘술들이 28번 차지했는데, 원로원이 그 둘 중의 어느 하나를 결정한 게 분명하다. 칸술러 트리뷴들의 수는 3-9명으로 다양했는데, 처음에는 대개 세 명 혹은 가끔 네 명이었다가 나중에 여섯 명이 되었다. 이들은 콘술들과 동일한 군사적·행정적 권한을 행사했다. 그들이 직위에 오른 기간 동안 열한 번의 독재가 발생했다. 그들이 콘술의 임페리움을 갖고 있지 않았다면 국제상 자기들이 소유하지 않은 권한을 위임할 수 없었을 것이다. 그럼에도 불구하고 그들은 개선식을 할 권한이 없었고 임기 후에 원로원 의원이 되는 전임 콘술의 권한도 없었다. 또한 죽어서 왕권을 상징하는 자주색 토가를 입고 매장될 특권도 없었다.

칸술러 트리뷴 단의 구성원은 저마다 그 직위에 따른 모든 활동에 참여할 수 있었다. 비록 정무관들 전체가 이론상으로는 만장일치의 원칙하에서 활동했을 가능성이 있긴 하지만, 칸술러 트리뷴들은 저마다 거부권을 갖고 있었다. 실제로는 책임 한계도 있었다. 한 사람은 법 질서와 그밖의 행정상의 기능을 수행하기 위해 도시에 남았고, 나머지 사람들은 필요한 군사 작전을 수행했다.

그들에게는 군대 지휘가 좀더 중요한 기능들 중 하나였지만, 전쟁이 일어난 연대들과 그들이 공직에 오른 연대들 사이의 어떠한 상호 관계도 입증할 수 없다. 칸술러 트리뷴들이 재위할 때와 마찬가지로 콘술들이 재위할 때도 전쟁이 많이 일어났다. 기원전 400년 이후의 파스티에는 열다섯 명의 평민의 이름이 등장한다. 기원전 399년과 396년에는 여섯 명의 칸술러 트리뷴 중에서 다섯 명이 평민이었다. 기원전 379년에는 여덟 명 중에서 다섯 명이 평민이었다. 기원전 399년과 기원전 396년은 베이이와 전쟁을 벌인 해였는데, 전쟁이 벌어진 해에는 평민들이 특히 칸술러 트리뷴 직을 뚫고 들어가는 데 성공했을 가능성이 크다. 파스티에 실린 이 이름들을 죄다 후대의 삽입으로 일축한다면 그것은 로마 역사 전승 가운데 확실하고 신빙성있는 부분들을 배척하는 것이다.

정무관 직의 발달.

켄소르(censor). 파스티에 기록된 443년에는 초대 칸술러 트리뷴 직이 설치된 직후에 또 다른 중요한 정무관 직인 켄소르 직이 등장한다. 이 직위는 비록 원수정 때까지는 아닐지라도 술라(Sulla) 시대까지 점차 권한을 확대해 가며 존속했다. 이 새로운 직위의 목적은 과거에 콘술들이 수행했던 의무들, 특히 선거와 조세와 병무(兵務)의 목적상 작성한 로마 시민들의 공식 명부인 인구조사 자료 편찬 업무를 맡는 것이었다. 이 의무를 수행하기 위해 4년이나 5년마다 켄투리아 회에 의해 두 명의 켄소르들이 선출되었다. 그러나 파스티에 기록된, 기원전 434년에 통과된 법에 의해 그들은 18개월만 근무할 수 있었다.

처음에 켄소르들은 서기나 사무원보다 나을 게 없는 그다지 중요하지 않은 사람들이었던 것 같다. 그들은 임페리움이나 파스케스에 대한 권한이 없었고, 민회나 원로원에게 소집령을 내릴 수 없었고, 심지어 후임자를 지명할 수도 없었다. 하지만 후대에는 시민들의 이름과 재산을 등록하고, 조세와 병무에 대한 시민들의 능력을 평가하고, 투표를 위해 그들에게 트리부스와 켄투리아를 배정해 주는 일을 하는 과정에서 임페리움과 파스케스 없이도 콘술들보다 더 두려움과 존경의 대상이 되었다. 켄소르 직은 그처럼 비중있는 정무관 직이었기 때문에, 켄소르는 죽을 때 왕에 해당하는 정복 자색 토가를 입고 장사되는 영예를 누렸다.

켄소르의 권한과 기능. 세금 자료, 병무 자료, 투표인 명부를 작성하는 업무 외에도, 켄소르들은 기원전 312/10년 이후에는 원로원 의원을 지명하는 권한과, 품행이 로마 도덕법의 표준에 미달하는 의원들을 원로원에서 제명하는 권한을 획득했다. 켄소르들은 시민 명부의 이름 맞은 편에 검정 표시를 함으로써 시민을 트리부스에서 축출하고, 농촌 트리부스에서 도시 트리부스로 전출시키고, 혹은 적어도 5년간 시민권 자체를 박탈할 수 있었다.

켄소르들은 원로원이 사용하거나 콘술이 지불한 기금의 내력을 확인하는 일도 맡았다. 도로, 교량, 수로, 공공 건물 같은 주요 공공 사업을 위한 계약서를 작성했다. 세금 등록과 국가 세입을 관장하면서 일년 예산을 작성하는 데 필요한 지식을 얻었다. 이들은 그런 세입을 거둬들이기 위한 계약을 승인하고, 국유지, 광산, 염전, 어업권을 임대하고, 투기업자 혹은 세리(稅吏)들을 시켜 항만세와 국유지 무단 점유세를 거둬들였다. 켄소르들이 손댈 수 없었던 세입은 전쟁 노획물에서 거둔 세입뿐이었다.

콰이스토르(quaestor). 하위직이면서도 결코 하찮지 않았던 이 직위의 기원은 불명확하다. 대다수 고대 사료들은 이 직위의 기원이 왕정 시대임을 지적하며, 이 지적이 옳은 듯하다. 하지만 현대의 저자들은 공화정 초기에 이 직위가 최초로 등장했다고 보았다. 공화정 초기에 이들은 콘술들에 의해 보좌관들로 임명된 듯하지만, 기원전 287년 이후에는 트리부스 인민회에서 선출되었다. 처음에는 두 명으로 모두 귀족이었던 이들의 수는 파스티에 따르면 기원전 421년에는 네 명으로 늘었고, 이때 이 직위가 처음으로 평민들에게 개방되었다. 비록 실제로 평민 콰이스토르들이 임명된 것은 파스티상의 기원전 409년이었지만 말이다. 원래 이들의 기능은 살인죄를 조사하는 것이었지만, 그보다 사소한 경제 사범들도 그들의 관할권 아래로 들어갔다.

네 명의 콰이스토르 중에서 두 명은 콘술을 따라 전쟁터로 갔고, 그곳에서 병력들에 대한 군수 물자 보급과 급료 지급을 책임지는 병참 장교 역할을 했다. 나머지 두 명은 도시에 남아 국고 관리자와 조세 사건 담당 검찰관 역할을 수행했다. 국고는 사투르누스의 신전에 보관되었기 때문에, 그들은 그 건물에 보관된 국가 기록과 문헌을 관리하는 임무도 맡았다. 이 중대한 임무를 수행할 때 여러 필사자들과 비서들의 지원을 받았다.

잠시 제동이 걸린 평민들의 상승. 확대되어 가던 평민들의 권리와 특권은 에

트루리아계 도시인 베이이와의 격렬한 전투와, 기원전 390년경 로마의 약탈로
비화되는 기원전 4세기 초 갈리아인들의 재앙적인 침공에 의해서 중단되었다
(참조. 145쪽). 이 난국은 사람들의 관심을 내적 분쟁에서 국가 보존으로 돌려
놓았다. 신분 갈등과 정치적 반목은 생존을 위해 투쟁하는 집단이 용인할 수
없는 사치였다.

   평민들을 위한 추후의 개혁. 기원전 376년경 당장 눈앞의 위험이 현저히 줄
어든 시기에, 두 명의 호민관들인 리키니우스 스톨로(C. Licinius Stolo)와 섹
스티우스 라테라누스(L. Sextius Lateranus) — 두 사람 다 재산과 사회적 지
위와 귀족 혈통의 여성과의 결혼에 힘입어 최고위 정치적 직위에 둘러쳐 있던
빗장을 부술 힘을 얻은 대단히 유능하고 역동적인 신흥 평민 지도자들이었다
— 는 평민회에 세 가지 계획을 제시했다: (1) 부채에 대해 이미 지불한 이자
를 부채 원금에서 공제하고, 그래도 부채가 남을 경우 똑같은 불입금으로 3년
안에 갚도록 한다; (2) 개인이 300에이커 이상의 공유지를 소유하는 것을 허
용치 않는다; (3) 칸술러 트리뷴 직을 폐지하고 콘술들만 선출하며, 콘술들 중
한 사람은 반드시 평민이어야 한다. 기원전 367년에 이 계획들은 법으로 시행
된 듯하다.

   리키니우스 섹스티우스 법에 관한 현존하는 기록에는 구체적인 점들에 여
러 가지 문제점이 있긴 하지만, 그 전승의 알맹이를 허구로 배척할 이유는 없
다. 이 법이 칸술러 트리뷴 직을 폐지한 것은 확실해 보인다. 왜냐하면 기원전
367년 이후에는 그 직위가 더 이상 등장하지 않기 때문이다. 그러나 이 법은
회복된 콘술 직들 중 하나가 평민에 의해 **충원**될 수 있다는 점만 명시한 듯하
다. 평민에 의해 **충원**되어야 한다는 내용은 기원전 342년 루키우스 게누키우
스(L. Genucius)의 법이 제정될 때까지는 명시되지 않았을 것이다. 대지주들
이 공유지(ager publicus)를 독점하는 경향의 증가를 가로막기 위한 제재책은
합리적인 조치로 보인다. 물론 500유게라의 상한선은 연대기 저자들이 후대의
법을 앞당겨 삽입한 것일 가능성이 크지만 말이다. 로마가 중앙 이탈리아를
정복하면서 곧 대규모 공유지가 생겼고, 빈농으로 전락했던 소작인들을 위해
수많은 소규모 토지가 불하되었다. 따라서 가난한 평민들이 안고 있던 중요한

경제적 불만 가운데 하나가 한 세기 동안 누그러지게 되었다.

부채에 대한 리키우스 섹스티우스 법은 아무런 문제도 제기하지 않는데, 그 점으로 미루어 불만의 중요한 원천을, 특히 재산이 없고 빚 때문에 노예로 전락할지 모르는 위기에 처해 있던 사람들 사이에 팽배했던 불만을 누그러뜨리려는 또 하나의 시도가 아니었는가 싶다. 그 과정은 이자율을 기원전 357년에는 연리 8 ²/₃%로, 347년에는 4 ¹/₆%로 제한하는 규제책으로 지속되었다. 기원전 342년에 게누키우스는 이자를 받는 대부 자체를 완전히 폐지하려고 했지만, 이 비현실적인 법은 곧 사문서가 되었다.

그보다 훨씬 현실적인 조치는 기원전 352년에 정부의 특별 5인 위원회(quinqueviri mensarii)가 설치된 일이었다. 이들은 적절한 담보가 될 수 있는 저당물을 받는 방식으로 곤궁에 처한 채무자들을 도와주었다. 많은 경우는 당시에 막 분배되고 있던 새로운 토지를 담보로 잡았을 것이다. 마침내 기원전 326년 혹은 313년의 포이틸리우스 법(lex Poetilia)은 시민이 채무 때문에 노예로 전락하는 상황을 극히 엄격히 제한함으로써 그러한 관행이 곧 사라지게 되었다.

신흥 귀족의 등장과 정무관 직에 발생한 추후의 변화. 기원전 367년의 리키니우스-섹스티우스 법은 재력에 힘입어 무보수 근무가 가능했던 부유한 평민들에게 콘술 직의 문을 효과적으로 열어 놓았다. 이 상황은 어쨌든 오게 되어 있었다. 왜냐하면 초기 공화정을 지배했던 귀족 가문들이 냉혹하게 소멸해 가고 있었기 때문이었다. 귀족들은 소규모의 권속(family)들을 두는 보편적 추세, 기원전 445년의 카눌레이우스 법(lex Canuleia)이 제정된 이후에도 견지한 평민과의 통혼 기피, 로마의 주변 종족들과의 허다한 전투로 인한 인원 감축 등으로 그 수가 현저히 줄어들었다. 예를 들어, 기원전 5세기에는 53개였던 귀족 씨족이 기원전 4세기에는 29개로 줄어들었다. 평민이 콘술 직에 오르는 경우가 잦아지면서(기원전 342년 이후에는 정규적으로), 귀족과 평민으로 이루어진 새로운 콘술 귀족들이 오로지 귀족들만으로 이루어졌던 옛 콘술 귀족들을 대체했다. 이 신흥 귀족 계층은 콘술을 배출한 가문들로 구성되었다. 가문에서 최초로 콘술 직에 오른 사람은 노부스 호모(novus homo), 즉 신인이었다. 그는 콘술이 됨으로써 자기 가문을 귀족 가문으로 만들었고 대대로 후손들의 감사의 대상이 되었다.

프라이토르라는 새로운 직위. 그렇지만 옛 귀족들은 여전히 기득권을 즉시 포기하지 않았다. 국가 경제가 점차 복잡해짐에 따라 콘술들의 중요한 법적 기능들을 떼어내 그것을 다른 정무관에게 위임하는 게 바람직하게 되었다. 그러므로 귀족이 지배하던 원로원은 프라이토르(법무관)라는 고대의 칭호를 되살리고, 콘술의 법률적 기능을 프라이토르라는 귀족들에게만 국한된 새로운 관직에게 위임했다. 콘술들은 이제 군사와 외교 문제에만 전념할 수 있게 되었고, 귀족들은 법 체계 장악에 힘입어 여전히 국내 정치를 장악할 수 있었다.

원래는 프라이토르가 한 사람뿐이었고, 두 명의 콘술들 가운데 연소한 사람이 그 직위를 맡았었다. 그의 정식 칭호는 프라이토르 우르바누스(praetor urbanus, 도시 담당 프라이토르)였다. 그는 도시 내에서 법 집행을 위임 받았고, 후대에는 다른 도시들이 로마의 지배하에 들어옴에 따라 그 도시들의 법과 치안 유지의 책임도 맡게 되었다. 콘술들과 마찬가지로, 프라이토르는 매년 켄투리아 회에 의해 선출되었다. 콘술들 중 연소한 자인 그는 임페리움을 소유했고, 필요하다면 군 통수권도 취할 수 있었다. 평상시에는 소규모 민회들만을 소집하고 주재했지만, 콘술들의 부재 시에나 그들의 위임을 받을 때는 켄투리아 회나 원로원을 소집하여 콘술의 모든 기능을 수행할 수 있었다. 프라이토르는 파스케스와 여섯 명의 릭토르, 자색 테를 두른 토가, 상아 의자, 그리고 고위 정무관직에 따르는 그밖의 모든 기장들을 소유했다.

결국에 로마가 한 세기 이상에 걸쳐 이탈리아에서 팽창한 뒤에 다른 도시들을 돌아봐야 할 프라이토르의 임무가 힘겨워졌을 때 그 임무들은 제2의 프라이토르인 프라이토르 페레그리누스(praetor peregrinus, 외국 담당 프라이토르)에게 맡겨졌다. 그뒤로 프라이토르 직은 콘술 직에서 독립된 별개의 정무관 직의 성격을 띠었고, 국가 행정상의 필요가 늘어남에 따라 그 직위에 구성원들이 보강되었다.

쿠룰리스 아이딜리스 직 (the Curule Aedileship). 또 다른 관직인 쿠룰리스 아이딜리스 직은 시 행정의 범위가 확대되면서 늘어난 몇 가지 기능들을 수행하기 위해서 이 시기에 제정되었다. 이 관직에 쿠룰리스 아이딜리스라는 직함이 붙은 이유는 두 명의 새 아이딜리스들이 상아 의자에 앉을 권리를 가졌기 때문이다. 최초의 쿠룰리스 아이딜리스들은 귀족들이었지만, 나중에는 평민들도 격년으로 그 관직에 등용될 수 있었다. 이들의 기능은 앞에서 기술한 평민 아이딜리스들의 기능과 같았다(참조. 121쪽). 아이딜리스들의 수가 두 명에서 네 명으로 증가한 것은 시 행정의 기능들이 그만큼 확장되었다는 증거이다.

관직의 승진 코스(the Cursus Honorum). 수세기 동안 귀족들의 정치 역정의 특징을 이루어온 관직들의 승진 코스, 즉 쿠르수스 호노룸은 콰이스토르, 아이딜리스, 프라이토르, 콘술, 켄소르 순이었다. 호민관들은 국가 전체의 정무관들이 아니라 평민들만의 관리들이었기 때문에 이 쿠르수스에서 배제되었다. 평시의 관직이 아니라 국가 비상시의 관직인 딕타토르(dictator, 독재관)도 그러했다.

기원전 367년 이후 평민들에게 닫혀 있던 관직들이 곧 그들의 압력에 못이겨 문이 열리게 되었다. 기원전 356년에 저명한 평민 가이우스 마르키우스 루틸리우스(C. Marcius Rutilius)는 독재관이 되었고, 기원전 351년에 평민으로는 처음으로 콘술 직에 올랐다. 그런 뒤 기원전 339년에 또 다른 평민 독재관이 켄소르 중 한 사람은 반드시 평민이어야 한다는 규칙을 수립했다. 마침내 평민들은 기원전 337년에 프라이토르 직에 오르게 되었다. 또한 한 개인이 고위 관직들을 독점하는 것을 막기 위해서 정무관이 일년에 한 개 이상의 쿠룰레 직(보유자에게 상아 의자를 제공하는 관직: 쿠룰리스 아이딜리스, 프라이토르, 콘술, 켄소르)을 보유하거나 10년 내에 동일 관직을 두 번 맡는 것을 불법으로 규정했다.

프로마기스트라투스(promagistrates, 대행 정무관들). 로마의 국정이 보다 복잡해지면서, 일년 임기의 정무관들만으로는 필요한 모든 행정과 군사 업무를 충분히 감당할 수 없었다. 그러므로 합당한 권위를 지닌 관리들을 임용하기 위해서 원로원은 프로마기스트라투스라 부르는 대행 정무관 직들을 설치하는 방식에 의존했다. 이 새로운 방식을 처음 사용한 것은 기원전 327년 제2차 삼니움 전쟁이 발발한 때였다. 공격을 개시할 때 지휘권을 맡은 콘술이 일년 임기가 끝난 뒤에도 계속 직위를 맡도록 하는 것이 바람직했던 것이다. 그러므로 원로원은 투표를 하여 그를 콘술 대행, 즉 프로 콘술레(pro consule)로 삼았다. 이런 식으로 연장된 권력을 지닌 정무관은 임기가 연장되었다고들 했다. 처음에는 연장이라는 표현이 콘술에게만 아껴 사용되었지만, 점차 다른 정무관들에게도 확대해서 사용되었고, 대행 정무관들은 특히 프로콘술(proconsul, 콘술 대행)들과 프로프라이토르(propraetor, 프라이토르 대행)들의 경우에 아주 흔하게 사용되었다.

평민들이 종교 관직을 허락 받음. 또 다른 법률적 개혁은 평민들에게 시빌라 신탁집을 연구하고 해석하는 일에 동참하도록 허락한 것이었다. 과거에 이 책은 귀족들의 전유물로서, 그들은 평민들이 요구하는 사회·정치·경제 개혁을 저지하는 데 이 책을 사용했다. 열 명으로 구성된(그중 다섯 명은 평민이어야 했다) 새로운 위원회가 이 책들을 관장할 임무를 띠고 구성되었다.

귀족들에게 마지막 보루 중 하나는 사제직이었다. 기원전 300년에 오굴니우스 법(lex Ogulnia)은 사제들의 수를 여덟 명으로, 복점관의 수를 아홉 명으로 늘리면서, 그중 네 명의 사제와 다섯 명의 복점관은 평민이어야 한다고 규정했다. 아직까지 귀족들에게 남은 유일한 사제직들은 특별 제사 담당 사제 (the King of Sacrifices), 유피테르와 마르스와 퀴리누스의 특별 신관들 (flaminatus), 살리(the Salii)의 사제단 혹은 도약 사제들(Leaping Priests)뿐이었다.

신분간의 화합. 평민들의 큰 불만 사항들은 이제 충족되었다. 조화의 상징인 화합의 신전이 서원되고 봉헌되었다. 그럼에도 불구하고 기원전 367년에 시작된 과정을 마무리한 몇 가지 헌법상의 개혁이 여전히 남아 있었다.

기원전 339년에 푸블릴리우스 법(lex Publilia)이 제정되어 켄투리아 회나 트리부스 회에서 통과된 법안을 거부하는 원로원의 권한을 폐지했다. 비록 이 법은 정무관들이 법안을 민회에 제출하기 전에 원로원의 승인을 받도록 규정하긴 했지만 말이다. 아피우스 클라우디우스(10인 위원회 의원이 아닌, 아피우스 가도를 건설한 312년의 유명한 맹인 켄소르)는 토지를 소유하지 못한 사람들을 단순히 네 개의 도시 트리부스들 대신에 당시 기존의 스물일곱 개의 농촌 트리부스들에 분산시킴으로써 도시 평민들을 도와주려고 했다. 농촌 트리부스들에는 비교적 인구가 적었고, 따라서 개인의 투표권이 보다 비중을 갖고 있었다. 그러나 기원전 304년에 켄소르들은 모든 피해방인들을 네 개의 도시 트리부스 안에 등록하도록 제한함으로써 피해방인의 투표권의 가치를 감소시켰다.

그럼에도 불구하고 자유스러운 변화는 중단되지 않았다. 기원전 304년에 피해방인의 아들 그나이우스 플라비우스(Cn. Flavius)는 보통 시민들이 재판에 좀더 쉽게 접근할 수 있도록 법 절차와 법조문을 실은 유용한 지침서를 펴냈다. 기원전 300년에 콘술 마르쿠스 발레리우스 막시무스(M. Valerius Maximus)는 정무관의 사형 선고나 도시 내에서의 체형에 대해서 항소할 수 있는 권리, 즉 프로보카티오(provocatio)를 보장하는 법을 얻어냈다. 기원전 290년경에는 또 다른 법이 정무관들의 선출에 대해 원로원이 갖고 있던 거부권을 폐지하고, 원로원이 선거 결과를 미리 재가하도록 규정했다.

마지막으로 기원전 287년에 몇 차례에 걸친 지리한 삼니움 전쟁(참조. 149쪽)의 여파로 채무를 둘러싼 또 다른 위기가 발생했고, 그 결과 평민들은 테베레 강을 건너 야니쿨룸 언덕으로 철수했다. 콘술들은 평민인 퀸투스 호르텐시우스(Q. Hortensius)를 그 상황을 타개할 독재관으로 임명했다. 그가 제정한 법이 호르텐시우스 법(lex Hortensia)으로서, 이 법은 평민회(concilium plebis)의 결의 곧 플레비스키타(plebiscita)에 완전한 법적 효력을 부여했다. 이런 방식으로 평민들은 이제 국가를 위한 입법권을 갖게 되었다.

로마 국제(國制)의 실체들. 이제 분명히 밝혀지겠지만, 로마 공화정의 국제는 몇 가지 이론적 원칙들을 가지고 단번에 완성되어 단일 문건에 고이 안치된 게 아니었다. 영국의 정체와 마찬가지로, 로마의 정체도 수세기를 지나며 관습과 선례와 구체적인 법률이 조화를 이루며 발전했다. 그러므로 그 결과를 정의하기란 쉽지 않다. 많은 학자들은 기원전 287년 호르텐시우스 법이 통과된 시점을 로마에 참된 민주적 정체가 출현한 시점으로 보았다.

기원전 2세기의 그리스 사가 폴리비오스(Polybius) 같은 다른 학자들은 그 법을 가리켜 혼합된 정체, 즉 아리스토텔레스가 정의한 세 가지 '훌륭한' 타입의 정체가 고루 섞인 혼합정체라고 불렀다(그 세 가지 타입이란 정무관들에 의해 대표되는 군주정, 원로원에 의해 대표되는 귀족정, 호민관들과 민회들에 의해 대표되는 민주정이다). 이 이론에 따르면 각 계층은 서로 균형을 유지했고, 그로써 어느 한 계층이 나머지 두 계층을 누르고 더 강해질 수 없었던 셈이 된다. 두 견해 모두 옳지 않다. 공화정은 강력한 과두정(oligarchy)에 의해 지배되었다.

로마 사회는 디그니타스와 아욱토리타스 같은 단어들을 중시한 데서 드러나듯이 지위와 신망을 지나치게 의식했다. 현대와 같은 평등주의 사상이 당시에는 존재하지 않았다. 이 사람이 저 사람보다 낫다는 평가가 자연스럽게 이루어졌다. 예를 들어 원로원의 업무는 엄격한 서열의 원칙에 따라 집행되었다. 인구(재산) 조사 때마다 켄소르들은 신망있는 전임 콘술들 가운데 한 사람을 프린켑스 세나투스(Princeps Senatus), 즉 원로원의 제일인자로 지명했다. 이 사람이 제일 먼저 토론회에서 자신의 정견을 밝혔다. 그뒤 대개 엄격한 서열순에 따라 켄소르 당선자들과 켄소르들(그들이 재직중이었을 경우), 전임 켄소르들, 콘술 당선자들(그 해의 선거가 끝났을 경우), 콘술들과 전임 콘술들, 프라이토르 당선자들과 프라이토르들, 전임 프라이토르들의 순으로 정견을 발표했다.

토론이 전임 프라이토르의 순서까지 진행되면 거의 대부분 주제가 바닥나게 마련이었고, 그러면 원로원의 회원들은 방의 이 편이나 저 편으로 자리를 옮기는 방식으로 투표를 했다. 서열이 낮은 사람들은 정견을 발표할 수 있는 유일한 방법이 발(pedes)로 방에서 자리를 옮겨다니는 것뿐이었기 때문에 페다리이(pedarii)라고 불렸다.

이런 체제하에서 원로원의 토론은 콘술들의 선에서 결론의 윤곽이 잡히고, 앞의 발언자들이 제시한 노선을 따라 결론이 내려지곤 한 게 분명하다. 분명히 그렇다고 볼 수 있는 이유는 서열이 낮은 사람들은 대부분 전임 콘술들의 강력한 지원을 받아 정무관 직에 선출되었고, 더 높은 정무관 직에 오르기 위해서 그들의 지속적인 후원을 기대할 수밖에 없었기 때문이다. 그러므로 그들은 콘술 후원자들의 비위를 건드리지 않기 위해서 특정 쟁점에 대해서 그들의 견해에 동조했을 가능성이 농후하다.

같은 이유에서 정무관들은 짧은 임기 동안 귀족이 지배하는 원로원으로부터 사실상 독립하지 못했다. 그들은 원로원을 구성하고 있던 전임 정무관들의 집단적 지혜에 의존했을 뿐 아니라, 정무관들 자신이 아직 원로원 의원이 되지 못했을 경우 자기들도 원로원에 들어가기를 기대했고, 이미 원로원에 들어간 사람들은 서열이 오르기를 기대했다. 콘술들조차 자금을 얻어내고 명예와 부가 보장된 군사령관 자리를 얻기 위해, 혹은 해외 제국이 형성된 뒤에는 속주 총독 자리를 얻기 위해 원로원에 의존했다. 따라서 사실상 과두정을 형성하고 있던 원로원 내의 실세 콘술들의 의사에 따르지 않으면 안 되는 강한 압박이 있었다.

보통 시민들의 보호자들로 출발한 호민관들조차 사실상 이 과두세력에 의해 선출이 좌우되었다. 고위 관직에 오르고 원로원에 들어간 평민 가문들의 수가 증가하면서, 새 호민관들 중 많은 수가 정치 경력이 일천한 젊은이인 경향을 띠었다. 자연히 그들 대다수는 원로원을 장악하고 있는 콘술 귀족들과 손잡기를 바랐고, 실세 귀족들의 이익을 대변하여 동료 호민관들에 대해 거부권을 행사할 의지가 있었다. 결국 호민관들이 엄밀히 말해 쿠르수스 호노룸에는 들지 못했지만 원로원 의원이 된 이유는 귀족들에게 이렇게 길들여졌기 때문이었을 것이다.

마지막으로, 다양한 민회들은 원로원의 토지 귀족들과 콘술 귀족들의 이익에 의해 좌우되었다. 물론 쿠리아 회는 공화정 시대 내내 과거의 형식적인(pro forma) 잔재에 지나지 않았고, 따라서 그 민회에 이런저런 방식으로 굳이 영향력을 행사할 필요가 없었다. 켄투리아 회, 트리부스 회, 평민회는 달랐다. 이 민회들은 정무관들을 선출하고 법안을 통과시키는 배타적 권한을 갖고 있었고, 중요한 법률적 기능들도 갖고 있었다. 이미 설명했듯이, 단위 투표제 때문에 켄투리아 회의 193개 켄투리아는 인구(재산) 조사에서 가장 부유한 계층 사람들로 구성된 98개의 켄투리아에 의해 지배되었다. 그 계층은 매우 부유한 지주들로 구성되었는데, 이들의 시각은 부유한 원로원 의원들과 정무관들과 하등 다를 바 없었다. 이러한 상황은 아마 기원전 241년 이후에 다수결에 도달하기 위해 두번째 재산 계층의 투표를 필요로 했던 어지간한 개혁 가지고는 꿈쩍도 하지 않았다.

단위 투표제는 트리부스 회와 평민회에 속한 보통 시민들의 투표권도 억압했다. 이 두 민회에서는 투표가 트리부스 단위로 치러졌다. 기원전 241년 이후에 모든 로마 시민들이 등록한 트리부스들의 수는 네 개의 도시 트리부스와 서른한 개의 농촌 트리부스로 고정되었다. 따라서 토지가 없는 상당수의 도시 거주자들은 투표권이 모두 합해서 네 개밖에 없었기 때문에 서른한 개의 투표권을 갖고 있는 농촌 트리부스들에게 밀릴 수밖에 없었다. 더 나아가 투표는 모두 로마에서 이루어졌기 때문에 농촌 트리부스에 속한 소규모 토지 소유자들은 로마에 가옥들을 두고 있거나 투표하러 로마에 갈 여유가 있는 부유한 귀족 지주들과 그들의 친구들과 비교할 때 크게 불리했다. 소규모 토지 소유자가 투표를 하러 로마에 갔더라도 그는 자기 고향 주변에 대규모 사유지를 지닌 귀족의 피호인이었을 것이고 따라서 자신의 보호자가 바라는 대로 투표를 했을 것이다. 그러므로 많은 농촌 트리부스들의 표는 소수 귀족들에 의해 좌우되었는데, 그 귀족들이 바로 켄투리아 회, 원로원, 그리고 정무관직을 장악한 바로 그 사람들이었다.

신분 투쟁은 2백년간 강도를 달리하여 지속되었다. 그 기간에 공화정은 250년 이상 그 정체의 보증 마크가 될 법과 제도와 관행을 발전시켰다. 그 동안 일반 평민들은 몇 가지 이득을 얻었다. 빚 때문에 노예가 될 위험이 사라졌고, 정무관들의 독단적 권력 사용으로부터 보호를 받았고, 법 체제가 좀더 개방되었고, 토지가 없던 사람들이 토지를 얻으려고 한 시도가 어느 정도 성공을 거두었다. 그러나 가장 많은 토지를 소유한 사람들은 부유한 평민 지주들이었다. 이들은 옛 귀족들과 동등한 정치 권력을 얻은 뒤 그들과 결탁하여 배타적인 귀족-평민 과두정을 이루어냈는데, 이것은 공화정 출범 때 존재한 것과 사뭇 다른 정체였다.

보통 로마인들의 관점에서 볼 때 그런 체제에는 본질적으로 잘못된 게 없었다. 그들은 자신들의 적당한 필요가 채워지는 한에는 자기보다 재산과 권력이 많은 사람들에게 지배를 받는 것으로 만족했다. 그들이 요구한 것은 권력

을 쥔 사람들에게 학대를 당하지 않는 것뿐이었다. 만약 학대를 당한다는 느
낌이 들면 그들은 반란을 일으키고, 고통을 덜어주겠다고 약속하는 귀족 보호
자를 기대했다.

6

로마의 이탈리아 정복 (기원전 509~264)

앞 장에서는 귀족과 평민을 따로 다루었지만, 귀족과 평민간의 투쟁, 그리고 공화정 정체의 발달에 얽힌 사건들은 로마인들과 이탈리아 반도에 살고 있던 다른 종족들 사이에 거의 끊임없이 전쟁이 벌어지고 있는 동안에 발생했다. 이런 전쟁들을 치르느라 평민들의 협력이 절실히 필요했기 때문에, 인구의 소수를 구성하고 있던 귀족들은 더디게, 대개 마지못해서 평민 지도자들의 요구를 들어줄 수밖에 없었고, 적군들의 면전에서 단결해야 했기 때문에 양 진영이 내전이라는 극한으로 치닫지 않을 수 있었다.

주변 종족들과의 투쟁. 리비우스의 「로마사」 제2권부터 제5권의 중간 부분까지 상당 부분은 기원전 5세기의 전쟁들로 채워져 있다. 리비우스가 평했듯이, 많은 내용은 그의 사료들에서 발견되는 허구적이고 수사적인 과장들인 듯하며, 그것을 그가 더욱 윤색했을 것이다. 그가 기록한 많은 수의 전쟁들은 비록 거창하게 미화되긴 했지만 약탈을 위한 침공이거나 얼마 되지 않는 토지 소유권을 놓고 접경에서 벌인 소규모 접전이었을 것이다. 이런 전투들이 로마와 주변 종족들인 라틴인, 사비니인, 헤르니키인, 아이퀴인, 볼스키인, 에트루리아인 사이에서 발생했다. 물론 애국적인 로마 사가들은 로마가 방어를 위해서만 다른 종족들과 싸웠다고 주장했다. 어떤 종족이든 스스로를 침략자로 믿는 경우는 극히 드물고, 스스로 침략자라고 시인하는 경우는 훨씬 더 드문 법이다. 침공의 책임에 관한 한 로마인들도 주변 종족들과 하등 다를 바 없었다.

로마인들과 이탈리아의 다른 종족들은 기본적으로 자급자족적인 농민들이자 목축업자들이었다. 그들이 살던 원시 농경 사회에서는 인구 증가에 따른 토지 부족이 고질적인 문제였다. 예를 들어 로마에서 신분 투쟁이 벌어지는 기간에 가난한 평민들이 항상 쏟아낸 불평도 토지의 부족에서 비롯된 것이었다. 더욱이 그러한 사회에서는 재산과 지위가 토지에 근거를 두었기 때문에, 부유한 지도자들도 항상 더 많은 토지를 확보하려고 힘썼다. 어떤 공동체에서든 더 많이 소유하려면 남에게서 빼앗는 방법밖에 없었다.

약탈과 위세가 전쟁을 일으키는 목적인 경우도 종종 있었다. 가난한 농민 병사는 남의 재산을 빼앗음으로써 자신의 재산을 늘리는 게 썩 괜찮은 방법이라는 것을 발견했다. 그의 귀족 지도자들도 많은 전쟁 노획물을 기대했다. 그러나 거기서 한 걸음 더 나아가서, 지도자들은 군사 원정을 성공리에 마치고 돌아올 때 얻게 될 명성을 생각했다. 고대의 영웅적·귀족적 규례에서는 그것이 대단한 업적으로 칭송되었던 것이다.

기원전 5세기에 몇 차례 중대한 전쟁이 있었다. 전쟁의 상대는 특히 에트루리아인들과 라틴인들이었는데, 이 전쟁들은 훗날 로마의 세력에 중대한 영향을 끼쳤다. 공화정 출범 초기에 에트루리아 도시 쿨루시움 출신의 라르스 포르세나(Lars Porsenna)는 로마에 에트루리아 왕정을 재수립하려고 꾀했다. 비록 호라티우스(Horatius)가 수블리키우스 다리를 방어함으로써 로마의 함락을 막았다는 영웅적인 전설이 있긴 하지만, 실제로는 포르세나가 로마를 함락하고 한동안 그곳을 차지했던 것 같다. 그러나 기원전 506년경 쿠마이의 참주 아리스토데무스(Aristodemus)의 강력한 지원을 받은 다른 라틴 도시들이 로마를 구하러 왔다. 이들은 아리키아에서 포르세나의 아들 아룬스(Arruns)를 물리쳤다. 로마는 해방되었고, 에트루리아와 캄파니아를 잇는 중요한 교통로들이 이제 라틴인들의 수중에 들어갔기 때문에 에트루리아의 세력은 약화되었다.

그런데 묘하게도 로마는 곧 다른 라틴인들과 투쟁을 벌이게 되었다. 로마는 자신을 구출하는 데 이바지한 라틴 동맹의 회원국이 아니었다. 더욱이 공화국의 지도자들은 과거에 로마가 에트루리아 왕들 치하에서 누렸던 라티움에서의 주도권을 되찾으려고 했다. 그 결과는 레길루스 호수에서 아마 투스쿨룸이 주도한 라틴 동맹과 로마 사이의 전투로 분출되었다. 애국적인 로마 사가들은 로마가 카스토르와 폴룩스 두 신들의 신적 지원에 힘입어 승리를 거두었다고 주장하지만, 그 전투는 무승부로 끝난 듯하며, 전투 기간 중에 아이퀴인들과 볼스키인들 같은 주변 산지 종족들이 라티움을 침입하도록 빌미만 준 듯하다. 이 전투는 평민들에게 로마에서 더 많은 권리를 확보하기 위해 귀족들을 압박하도록 만들었다.

기원전 493년에 로마인들과 라틴 동맹은 카시아누 조약(foedus Cassianum)을 맺어 서로간의 차이를 해소하기로 결정했다. 이 조약은 평민 지도자 스푸리우스 카시우스(Spurius Cassius)가 주선했고, 그 조약문은 4백 년 뒤 로마 광장에서도 여전히 볼 수 있었다. 이 조약은 그 내용에 로마의 지위를 라틴 동맹 전체의 지위와 동등하게 규정했기 때문에 라티움에서 로마의 세력 확장에 대단히 중요한 의미를 지녔다. 로마인들은 공동 방위를 위한 절반의 군대를 제공하기로 했고, 라틴 동맹은 나머지 절반을 제공하기로 했다. 군대를 소집한 쪽에서 그 군대를 지휘하도록 했으며, 노획물은 공평하게 반분하기로 했다. 로마가 라틴인들을 등에 업고 세력을 확장하게 된다는 것은 필지의 사실이었다. 동맹군 소집 결정권은 로마에게만 있었던 반면에, 라틴 동맹은 소집에 응하기 전에 동맹국들에게 납득할 만한 이유를 제시해야 했다. 이렇게 해서 로마는 단일 시이면서도 노획물의 절반을 차지한 반면에, 동맹국들은 나머지 절반을 서로 나눠 가졌다

로마는 노련한 외교에 의해서도 이익을 얻었다. 아이퀴인과 볼스키인의 영토는 헤르니키인의 영토에 의해 분할되었는데, 헤르니키인은 로마보다 이 두 종족을 더 두려워했다. 로마인들은 기원전 485년경에 헤르니키인과 방어 동맹을 체결했고, 이 동맹으로 아이퀴인과 볼스키인은 서로 단절되었으며, 그로써 결국에는 그들을 물리치기가 한결 쉬워졌다. 여기서 분명히 드러난 '분할하여 통치하라'(divide et impera)는 원칙이 수세기 동안 로마의 팽창에 이바지했다. 사실상 로마인들은 이 원칙을 과거에도 성공적으로 사용한 적이 있었다. 전승에 따르면 기원전 504년에 귀족들이 사비니인 족장 아투스 클라디우스와 그의 씨족에 속한 모든 사람에게 귀족의 신분을 주고, 사비니의 접경을 흐르

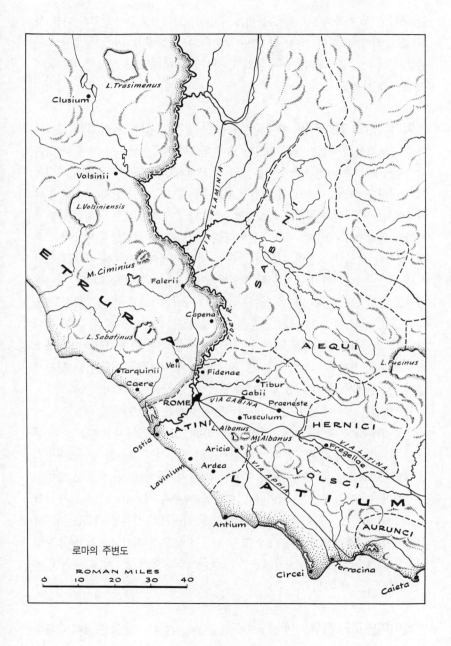

로마의 주변도

ROMAN MILES

0   10   20   30   40

는 아니오 강 이북의 토지를 그들에게 주면서, 그 대가로 사비니인의 다른 사람들로부터 그 지대를 방어하게 했던 것이다. 아투스 클라디우스의 로마식 이름은 아피우스 클라우디우스가 되었고, 공화정 내내 수많은 중요한 후손들이 그 이름을 사용했다.

아이퀴인과 볼스키인. 아이퀴인과 볼스키인은 기원전 5세기 내내 로마의 가장 고질적인 원수였다. 아이퀴인이 로마 남동쪽 투스쿨룸 근처에 솟아 있는 알기두스 산이라는 전략적 고지를 점령한 뒤로 로마인들은 그들을 몰아내기가 어려웠다. 파스티에 따르면 기원전 458년에 로마 군대가 알기두스 산 밑의 계곡에서 아이퀴인의 함정에 걸렸는데, 만약 다섯 명의 기병이 포위선을 뚫고 로마로 달려가 그 소식을 전하지 않았더라면 로마 군은 몰살당할 뻔했다고 한다. 전승에 따르면 그것이 너무나 중대한 위기 상황이었기 때문에 원로원이 보낸 사절이 4에이커의 농지를 갈고 있던 킨킨나투스(Cincinnatus)를 만나러 갔다고 한다. 원로원의 강권을 못이긴 킨킨나투스는 독재관 직을 수락하고 군대를 끌고 가서 아이퀴인에게 철저한 패배를 안겨 주었다. 그런 뒤 그는 독재관 직을 사임하고 고향으로 돌아가 황소에 멍에를 씌웠다. 하지만 킨킨나투스의 승리는 아직까지는 결정적인 것이 아니었다. 로마인들은 기원전 431년까지 알기두스 산에서 아이퀴인을 몰아내지 못했다.

볼스키인은 몰아내기가 훨씬 더 어려웠다. 이들은 남동쪽에서 끊임없이 라티움을 침략했고 해안을 따라 가며 여러 라틴 소도시들을 차지했다. 로마 전설에 따르면 한 번은 평민들의 적대감 때문에 망명길에 올랐던 코리올라누스(Coriolanus)라는 로마의 귀족이 기원전 491년에 볼스키인을 이끌고 로마를 공격했다가 그의 용감한 어머니와 아내인 베투리아(Veturia)와 볼룸니아(Volumnia)의 설득으로 철수했다고 한다. 그 이야기의 사실성 여부를 떠나서 볼스키인은 북쪽으로 알바누스 산까지 깊숙이 뚫고 들어왔고, 그 세기 말에 가서야 비로소 로마와 라틴 동맹군이 그들을 라티움에서 몰아내고 접경에 여러 식민시들을 세워 방비를 했다.

베이이인과의 전쟁. 기원전 5세기에 로마가 감행한 침공들은 특히 테베레 강 이북으로 15마일 떨어진 에트루리아의 도시 베이이를 겨냥한 것이었다. 베이이는 크고 부유하고 요새화한 도시로서, 하 테베레 강 유역을 놓고 로마와 관할권 투쟁을 벌인 주요 경쟁 세력이었다. 기원전 5세기 중엽에 라티움에 남은 에트루리아의 유일한 요새는 베이이에서 강 건너편에 자리잡은 피네나이라는 교두보뿐이었는데, 이곳에 베이이의 수비대가 주둔하고 있었다. 기원전 479년 로마인들은 피데나이를 차지하려다가 실패했다. 피데나이에서 테베레 강과 합류하는 크레메라 강에서 벌어진 전투에서 여전히 영웅전사를 앞세운 구식 전술로 전투를 벌이던 로마의 씨족 파비우스 가(the Fabii)는 사실상 전멸을 당했다. 그러나 기원전 426년경 전투 끝에 베이이의 왕을 죽인 코르넬리우스 코수스(A. Cornelius Cossus)의 지휘하에 로마인들은 피데나이를 점령하는 데 성공했다.

20년 뒤 로마인들은 전쟁을 재개하여 베이이 자체를 공격했다. 리비우스는 그 공격을 호메로스의 트로이 전쟁에 견줄 수 있는 10년간의 서사시적 혈전으로 묘사한다. 그 정도로 대규모 전쟁은 아니었지만, 그래도 로마가 아직까지 감행해 본 적이 없는 가장 대규모의 군사 작전이었다. 로마인들은 마침내 베이이의 성벽 밑에 땅굴을 파고 들어가는 방법으로 승리를 거두었다. 이것은 트로이 목마처럼 독창적인 작전은 아니었지만, 로마인들이 전쟁에 토목 기술을 사용한 현저한 예였다. 토목 기술을 사용한 공격이 군단 병력의 공격보다 더 성공적인 것으로 입증된 경우가 적지 않았다.

로마인들은 결국 베이이를 무너뜨리고, 그 주민들을 노예로 팔아넘기고, 그 영토를 합병했다. 그렇게 해서 합병된 영토는 아게르 로마누스(ager Romanus, 로마의 영토)의 면적에 거의 두 배나 되었다. 베이이 전쟁을 승리로 이끈 독재관 카밀루스(Camillus)는 유피테르 신상처럼 얼굴과 손을 붉게 칠하고, 네 마리의 말이 끄는 전차를 타고 로마 거리를 누비며 개선 행진을 벌였다. 바로 그 순간에 북쪽에서 전운(戰雲)이 몰려오고 있다는 것을 로마는 까맣게 모르고 있었다.

갈리아인의 로마 약탈. 카밀루스가 베이이에 대한 승리를 자축하고 있는 동안 갈리아인들이 알프스 산맥을 넘어 밀려 내려오고 있었다. 얼마 뒤에는

기원전 265년경의 이탈리아

ROMAN TERRITORY
ALLIED TERRITORY
□ ROMAN CITIZEN COLONIES
■ *Latin Colonies*
● <u>Greek Cities</u>

그들이 반도를 휩쓸고 내려오면서 지나는 곳마다 죽음과 폐허를 남겨놓게 된다. 로마는 그들이 지나갈 길목에 자리잡고 있었기 때문에 그들의 남진을 피할 수 없었다.

로마인들이 갈리 인들(Galli, Gauls)이라 부른 이 새로운 침략자들은 켈트족으로 알려진 큰 덩어리의 인도 유럽어족의 일부였다. 이들은 특히 금속 제련 기술이 뛰어났고, 여러 세기 동안 라인 강에서 도나우 강 중간에 이르는 유럽 중부에 정착했었다. 이들은 기원전 700년 이후에 그리스와 에트루리아와의 교역에 힘입어 급속히 발전했다. 기원전 500년경에 인구 증가와 게르만 종족들의 이민으로 인한 압박이 이들을 밖으로 내몰고 있었다. 비록 그리스에 정착하려던 켈트인들은 격퇴되었지만, 그중 한 종족인 갈라티인(the Galati)은 기원전 3세기 초에 소아시아로 비껴가서 그 지역에 정착했는데, 그들이 정착한 지역은 그들의 이름을 따서 갈라티아라 불리게 되었다. 다른 많은 켈트인 집단들은 이탈리아 북부, 영국 제도, 프랑스의 대부분 지역, 히스파니아의 많은 부분으로 이주했다. 그들의 후손들은 부르타뉴, 아일랜드, 웨일스, 스코틀랜드 산지에서 여전히 만날 수 있다.

켈트인의 북 이탈리아 침공. 아마 기원전 500년이라는 이른 시기에 갈리아인들은 알프스 산맥을 넘어 에트루리아인들이 지배하고 있던 이탈리아 북부로 진입하기 시작한 듯하다. 다섯 개의 거대한 종족이 여자들과 자녀들, 소떼와 양떼, 전차들, 마차들, 등짐을 진 짐승들을 거느리고 평야를 새까맣게 메우면서 끊임없이 밀려왔다. 에트루리아인들은 그 광활한 지대에서 변변히 저항조차 못했다. 볼로냐는 기원전 350년까지 버텼고, 마르차보토도 오랜 혈전을 치른 뒤에야 함락되었지만, 대다수 지역은 싱겁게 점령당했다. 침략자들 중 많은 수는 결국 그곳에 정착하여 온화하고, 역량 있고, 열심히 일하고, 번성하는 좋은 농부들이 되었다. 코모에서 안코나까지, 밀라노에서 베로나까지 이르는 나라 전체가 켈트인이 대세를 이루는 하나의 영토가 되었으며, 로마인들에게 키살피나 갈리아(Cisalpine Gaul, 알프스 이쪽 편의 갈리아)로 알려지게 되었다.

침략자들의 마지막 대열에 합류한 세노네인(the Senones)은 북쪽의 좋은 땅이 이미 차지된 것을 발견하고서 남진하여 기원전 390년경 에트루리아의 소도시인 클루시움(키우시)을 덮쳤다. 불안을 느낀 로마인들은 협상을 요청하기 위해 사절단을 그리고 보냈지만, 사절들 중 한 사람이 갈리아의 한 족장과 싸움에 휘말리는 바람에 협상이 무산되고 말았다. 이로써 평화의 가능성이 사라졌다.

알리아 강(the Allia). 로마는 좋은 요새를 갖추고 있지 못했기 때문에, 로마인들은 갈리아인들을 중간에서 저지하기 위해서 진군해 올라갔다. 이들이 갈리아인들과 만난 곳은 알리아 강이었다. 이 강은 북쪽으로 흘러 로마에서 11마일쯤 되는 지점에서 테베레 강과 합류하는 작은 강이었다. 쇠 신발을 신은 갈리아 기병대와 길고 잘 벼린 칼로 무장한 보병대가 둔하고 기동력이 떨어지는 로마의 창병 팔랑크스를 공격했다. 팔랑크스의 대열이 무너지면서 공포에 사로잡힌 로마인들은 테베레 강을 헤엄쳐 건너 베이이로 도주했다. 이렇게 해서 로마로 가는 길은 뻥 뚫리게 되었다.[1]

알리아 강에서 발생한 재앙 소식을 들은 일부 로마인들은 강을 건너 카이레로 도주했고, 다른 이들은 황급히 카피톨리누스 언덕을 요새화했다. 갈리아인들은 무방비 상태가 된 도시 로마로 진군해 들어와 카피톨리누스 언덕을 제외한 모든 것을 불태웠다. 전하는 바로는 카피톨리누스 언덕은 유노의 신성한 거위의 두려운 울음 소리와, 마르쿠스 만리우스(Marcus Manlius)의 용기에 힘입어 구출되었다고 한다.

일곱 달 동안 카피톨리누스 언덕을 포위한 갈리아인들은 베네티인들이 포강 계곡에 있는 자기들의 영토를 침공했다는 소식을 들었다. 이들은 속히 귀향하고 싶은 마음에 1천 파운드의 금을 배상금으로 받고 철수하는 데 합의해 주었다.

잿더미 위에서. 로마는 크게 훼손되었고, 방어선은 뭉개졌고, 시민들의 재

---

1) 로마인들은 이 재앙으로 받은 충격이 워낙 컸기 때문에 해마다 이 사건을 기억하는 행사를 가졌다. 그들은 그 날짜를 7월 18일로 기록했다. 리비우스에 따르면 그 사건은 기원전 390년에 일어났다. 연대기를 7월에 시작하여 6월에 마치는 폴리비오스는 그 연대는 기원전 387/86년이 되고, 디오도루스 시쿨루스에 따르면 기원전 386년이 된다.

산은 고갈되었으며, 라티움에서 세워온 위신도 바닥으로 떨어졌다.

로마인들은 폐허가 된 도시를 재건하러 돌아왔을 때 국방을 튼튼히 할 필요를 절실히 깨달았다. 베이이를 공격할 때 그 성벽이 얼마나 난공불락이었는가를 기억한 그들은 베이이 근처에 있는 그로타 옵스쿠라에서 운반해온 회색빛 감도는 노란 석회화(石灰華)로 베이이와 비슷한 성벽을 쌓기로 결정했다. 이 돌은 과거에 사용한 어떠한 석재보다 우수했는데, 로마인들은 기원전 2세기 말까지 그것을 네모 반듯한 돌로 다듬어 사용했다. 석회화는 길이가 고르지 않은 직사각형 블록으로 다듬어 전면이 들쭉날쭉하도록 블록을 쌓았다. 즉, 직사각형의 블록들을 한 켜는 가로로, 다음 켜는 세로로 쌓았다. 이런 방식으로 건축된 것이 이른바 '세르비우스 성벽'이다. 이 성벽은 두께가 3.6미터, 높이가 7.2미터로서 아벤티누스 언덕을 포함하여 총길이 8.8킬로미터로 도시 전역을 에워쌌다.

갈리아인들이 로마의 영토에서 철수한 뒤 몇몇 라틴 도시들 특히 티부르, 벨리트라이, 프라이네스테, 안티움, 사트리쿰이 독립을 주장하고 심지어는 로마에 대한 적대감까지 나타내기 시작했다. 나머지 도시들은 카시아눔 조약으로 맺어진 동맹에 충실히 남은 듯하다. 설상가상으로 에트루리아 도시들인 아이퀴, 헤르니키, 볼스키 — 모두 과거에 로마가 정복한 도시들로 추정됨 — 가 로마 세력권에서 벗어난 지역을 침공했다. 카밀루스가 이들의 공격을 맞받아쳐 엄청난 승리를 거두었다고 전해진다. 그러나 그 자세한 경위를 그대로 소개하는 것은 무의미하다. 왜냐하면 그 전승은 뒤죽박죽된 연대, 내용의 중복, 날조들 때문에 매우 불확실하기 때문이다. 그렇긴 하지만 로마가 이 당시에 라티움의 정세를 안정시키는 데 성공을 거두었을 가능성은 있다.

당시 로마에게 침공에 대한 두려움보다 더 피부적으로 와닿은 것은 독재에 대한 두려움이었을 것이다. 그리스의 도시 국가가 비슷한 상황에 처하였다고 가정한다면 다급한 시기에는, 특히 비상 시국에는 아마 강력한 사람에게 정부를 맡기는 것이 가장 효과적인 방법이라는 호소가 먹혀들었을 것이다. 로마는 그렇지 않았다. 그런 주장이 먹혀들기에는 공화정의 자유에 대한 전통이 워낙 확고히 뿌리를 박고 있었던 것 같다.

독재 정치의 후보자들이 없지 않았다. 그들 중에서 여러 전쟁을 승리로 이끈 영웅이자 성벽 재건 위원회의 의장인 카밀루스만큼 역량이 뛰어난 사람은 없었다. 하지만 카밀루스는 탁월한 공적과 두터운 개인적 신망에도 불구하고 추방을 당했다. 비슷한 야심을 품고 있던 다른 두 명의 최고 군사 및 정치 지도자들은 처형되었고, 한 사람의 강력한 지도자도 없이 개혁이 이루어졌다.

중앙 이탈리아에서 초기에 이루어진 정복들. 기원전 367년경에 시작된 정부의 재조직이 행정의 효율성을 한층 높인 동시에 유서깊은 귀족 가문들과 세력 있는 신흥 평민 가문들 사이의 갈등을 해소했다는 것은 수긍할 만한 점이다. 정부가 재조직되고 두 사회 계층이 정치적 평등을 공유하게 된 가장 큰 원인은 대외적인 문제들이었다. 그러나 개혁 운동이 향후 이탈리아 정복이라는 뚜렷한 목적을 가지고 기획되었다고 말한다면 그것은 극단적인 과장일 것이다. 로마인들은 목전의 위기에 대처하려고 했을 뿐이다. 그러나 일단 로마가 기원전 4세기의 위기들을 정확히 평가하고 대처했을 때, 상황은 이탈리아뿐 아니라 지중해 세계까지도 정복할 수 있게끔 조성되었다.

기원전 350년에 이탈리아에는 로마 외에도 갈리아, 에트루리아, 삼니움 같은 군사 강국들이 포진하고 있었다. 그중에서 에트루리아와 갈리아는 그다지 두려워할 것이 없었다.

에트루리아인들은 비록 문제는 일으킬 능력은 있지만 정말로 중요한 일은 일으킬 수 없는, 소멸해 가는 도시들의 동맹이었다. 기원전 474년경에 그들은 그리스인들과 삼니움인들에게 캄파니아를 빼앗겼다. 기원전 400년경에는 북부 지방을 갈리아인들의 맹공에 빼앗겼다. 이제 그들은 북쪽의 갈리아와 점점 더 세력을 키워가던 남쪽의 로마 사이에 끼여 강한 압박을 받는 처지에 있었다.

갈리아인들은 알리아 강에서 연출했던 장면을 반복할 수 있는 힘이 없었다. 비록 후대에 그들이 라티움과 아풀리아를 침공하여 그들의 야수성에 대한 희미한 옛 기억을 되살려 놓긴 했지만, 그들이 도시들에 성벽을 쌓았다는 것은 공격할 힘과 의사가 희박해졌다는 반증이었다. 기원전 349년에 그들이 다시 침공했을 때, 로마인들은 그들을 쉽게 격퇴했다. 그들이 과거에 감행했던 공격들은 사실상 로마인들을 저해했다기보다는 도와준 꼴이었다. 로마에게 외침에 대한 방비가 허술하다는 점을 일깨워줘 정부 개혁의 필요성을 각성시켜 주었기 때문이다. 갈리아인들은 에트루리아의 위협을 제거해 주었고, 야만적인 공격과 무차별한 살상과 철저한 약탈을 보여 줌으로써 많은 이탈리아 공동체들로 하여금 로마의 지도와 요청을 바라게 만들었다. 마지막으로, 그들은 발작적이고 지리멸렬하고 비효율적인 작전들로 인해서, 이탈리아의 운명이 로마인들과 삼니움인들 사이에서 결정되도록 만들어 놓았다(삼니움인들은 캄파니아와 루카니아에 사는 오스키인들을 누르고 영토를 확장해온 아펜니노 산맥 중남부의 움브리-사벨리 계통의 한 종족이었다).

삼니움인들과 로마. 로마인들과 삼니움인들은 아마 갈리아인들을 서로 무서워했기 때문에 기원전 354년경에 동맹 조약에 서명한 듯하지만, 그것은 강요된 결합이었기 때문에 오래 갈 수 없었다. 삼니움인들은 오랫동안 인구 증가의 압박과 자원 부족으로 주변 종족들을 희생시키며 영토를 확장할 수밖에 없었다. 볼스키인들도 오래 전에 뒤에서 삼니움인들로부터 끊임없이 압박을 받다가 견디지 못하고 라티움을 침공하여 로마인들과 지리한 전쟁을 치른 적이 있었다. 이탈리아 남부의 그리스인들에게도 삼니움인들은 항상 의기소침케 만드는 위협적인 존재였다.

기원전 350년경에는 삼니움인들이 로마인들보다 훨씬 강했던 것으로 보인다. 그들은 영토가 로마보다 세 배 반이나 넓었고(21500 : 5960 평방 킬로미터의 비율로 넓었다), 인구도 두 배나 많았다(약 650,000 : 317,400명). 이런 수치도 로마인들이 초기에 얼마나 유약했는지를 제대로 전달하지 못한다. 왜냐하면 그 수치에는 이미 신뢰할 수 없고 적대적인(10년 뒤면 로마와 전쟁을 벌일) 인구들과 지역들이 포함되어 있었기 때문이다. 그럼에도 불구하고 그 세기가 채 끝나기 전에 로마가 삼니움을 제압한 원인은 로마가 인력과 자원에서 점차 우월성을 확보해 갔기 때문이었다. 로마는 대략 10년 단위로 한 단계씩 세력을 확장해 갔다.

반면에 삼니움이 캄파니아와 루카니아로 팽창했다해서 삼니움의 전쟁 수행 능력이 증대되지는 않았다. 삼니움의 토착민들 중 많은 수는 부자가 되었고 지역 귀족들 사이에서 지도자의 지위를 얻었다. 이들은 동족들 중 무산(無産) 계층이 벌이는 방대한 정복 사업으로 현상(現狀)이 뒤집히는 것을 원치 않았기 때문에 로마인들의 뒤에 줄을 서는 경향이 있었다. 마찬가지로 루카니아의 삼니움인들도, 혹은 적어도 그중에서 지배 계층만큼은 북쪽의 동족들에게 등을 돌리고서, 그리스 도시 국가들의 세계에서 큰 역할을 수행하기를 원했다. 이따금씩 이들은 자기 부족과 대치하면서까지 로마인들과 동맹을 맺었다.

이보다 더 심각하고 위험했던 것은 삼니움인들과 그들의 배경이 되어온 북부 접경 지대 종족들, 즉 마르시인, 파일리그니인, 마루키니인의 관계였다. 로마인들이 이 부족들과 동맹을 맺었을 때, 로마인들은 곧장 삼니움의 심장부로 진군해 들어갈 수 있었다. 삼니움인들은 용맹스런 전사들이었고 자기들의 산지(山地) 본국을 지키려는 열의가 대단했지만, 너무 배타적이어서 인근 종족들과 협력하지 못했다.

삼니움인들의 본국 자체는 네 개의 대 종족들로 구분되었는데, 이 종족들은 통일과 결집이 어느 때보다 필요한 전시에 갈가리 흩어지기 쉬운 느슨한 연방을 구성했다. 이 연방은 삼니움인들로 하여금 명쾌하고 장기간에 걸친 전쟁 정책을 수립할 수도 있게 했을 법한 국가적 성격이 결여되어 있었다. 따라서 삼니움인들이 거둔 가장 혁혁한 전승들도 항구적인 결과로 이어지지 못했다.

삼니움인들은 산악 지대의 전투에서 로마인들에게 뼈아픈 교훈을 여러 차례 안겨줄 수 있었고, 또 실제로 그렇게 했다. 그리스인들과 수차례 전투를 치르면서, 삼니움인들은 중장보병 밀집대전술이 비록 평지에서는 대단한 위력을 발휘해도 산악 지형에서는 매우 취약하다는 사실을 터득했다. 로마인들은 삼니움인들과 전쟁을 벌이는 동안 산악 전투의 비결을 익혔지만, 삼니움인들은 로마인들의 정치·외교적 방식을 배우는 데 더뎠으며, 이러한 차이가 오랜 세월 전쟁을 치러온 두 종족 사이에 최후 승리와 최종적인 패배라는 명암을 갈라 놓았다.

제1차 삼니움 전쟁 (기원전 343~341). 기원전 434년경 삼니움인들이 카푸아 북부의 작은 도시 국가인 시디키니를 공격했다. 카푸아가 로마에 도움을 요청하자 로마는 흔쾌히 응했다. 왜냐하면 그렇게 함으로써 이탈리아에서 두번째로 큰 도시와 동맹을 맺게 되는 셈이고 캄파니아에 발판을 구축하게 되는 셈이기 때문이었다. 그로써 발생한 전쟁 자체는 그다지 대단하지 않았고, 그 전

쟁에 관한 기록들도 허구로 가득 차있다. 어떤 학자들은 이 전쟁의 사실성 자
체마저 거부하지만, 그것을 부정하면 로마인들이 캄파니아에 들어가 살고 있
었던 점과 전쟁 뒤에 발생한 몇 가지 사건들을 설명하기 힘들게 된다.

카푸아는 구출되었다. 그러나 왜 고향에서 그렇게 멀리 떨어진 곳까지 와서
전쟁을 벌여야 했는지 이해하지 못한 로마 병사들이 폭동을 일으켰다. 상황이
이쯤 되자 로마인들은 평화 조약에 기꺼이 임했고, 삼니움인들도 마찬가지였
다. 삼니움인들은 기원전 343/42년에 그리스 도시 타렌툼의 원조 요청에 응하
여 이탈리아에 상륙해 있던 스파르타 왕 아르키다모스(Archidamus)가 두려
웠던 것이다. 기원전 341년의 평화 조약은 삼니움인들이 시디키니인들의 영토
를 차지할 권리와, 로마와 카푸아의 동맹을 승인했다.

라틴 전쟁 (기원전 340~338). 로마의 라틴과 캄파니아 동맹국들은 기원전
341년의 조약을 시디키니에 대한 치욕스런 배반으로 간주했다. 기원전 340년
경 삼니움인들이 그 작은 국가를 점령하기 시작하자, 그 동맹국들은 로마의
뜻과 조언을 거스르고서 그 국가를 지키기 위해서 무기를 들었다. 수년 동안
라틴인들은 로마와의 동맹을 몹시 못마땅하게 여겨온 터였다. 그들의 눈에 그
동맹은 지배의 또 다른 형태로 비쳤던 것이다. 기원전 349년 이후에 갈리아인
들이 더 이상 위협 세력이 되지 않자, 그들은 삼니움의 시디키니 점령을 해방
과 독립의 기회로 보았다. 라틴인들은 이미 삼니움과 전쟁에 들어갔고, 불복종
의 태도로 인해 로마와도 전쟁 상태에 들어갔다. 이 전쟁은 로마인들에게 큰
전쟁을 치르기 전에 라틴 문제를 해결할 기회를 주었다(이제는 우호적인 관계
를 맺게 된 삼니움인들의 도움을 받아).

파스티에 따르면 기원전 338년경에는 그 치열한 전투가 끝났다. 캄파니아인
들은 이미 자기들에게 제시된 관대한 조건을 수락하고서 기존의 동맹 세력들
을 버린 뒤였다. 그뒤 라틴인들과 볼스키인들은 곧 궤멸되어 다시는 일어서지
못했고, 옛 라틴 동맹은 해체되었다. 이제부터 라틴인들의 미래는 로마의 기분
에 따라 좌우될 운명에 놓였다.

로마의 동맹 체제. 기원전 338년에 해체된 옛 라틴 동맹은 긴 역사를 지

넜었다. 이 동맹은 공동의 축일들을 합동으로 거행하기 위한 고대의 종교 동맹들 가운데 하나에서 발전했다. 이 동맹은 스푸리우스 카시우스(Spurius Cassius, 참조. 140쪽)의 주도로 초기 로마 공화국 정부와 아마 서른 개의 라틴 도시들 사이에 체결된 조약에 의해 정치적·법률적 지위를 획득했다. 이 조약은 기원전 358년경에 로마의 주도권을 강화하는 몇 가지 조문들이 첨가된 채 재개되었다.

스푸리우스 카시우스가 작성한 것으로 알려지는, 공격과 방어 동맹을 수립한 원래의 조약문에서 로마는 형식상으로 라티움에 대한 모든 지배권을 포기했다. 그 골자는 두 진영에 영원히 평화가 있어야 한다는 것, 한 진영의 적은 다른 진영에게도 적이라는 것, 전쟁이 일어나면 양 진영이 동일한 수의 병력을 내보낸다는 것, 공동으로 싸워 거둔 전쟁 노획물은 동일하게 나눈다는 것이었다. 라틴인의 권리(Latin Rights)로 알려진 시민들의 사적인 권리들에 관한 규정들도 있었다. 이 조항들은 특히 중요했다.

로마 시민들이 라틴의 동맹국들에서 누릴 수 있었던 권리와 라틴 시민들이 로마에서 누릴 수 있었던 권리는 통혼권(conubium), 사업권과 통상권(commercium), 이주권(migratio)이었다. 라틴인과 결혼한 로마인 남편이나 아내의 자녀는 로마 시민권과 부모의 재산을 상속했다. 로마에서 사업을 하는 라틴 시민들은 로마 법정에서 소송을 제기할 수도, 당할 수도 있었고, 로마의 상법과 상속법의 혜택을 누릴 수 있었다. 모든 계약은 애당초 계약서를 작성한 지역의 법원에서만 강제 집행될 수 있었다. 초기에 라틴 시민들은 상호간에 이주권을 갖고 있었고, 후에는 시민권을 획득할 권리를 가졌다. 라틴인이 로마로 이사하면 제비뽑기에 의해 배정된 트리부스에 속해 투표하게 되었다.

기원전 338년 이후의 라틴인의 권리들. 로마인들은 옛 라틴 동맹을 해체할 때 밑에 깔려있던 적대감이나 증오감이 그 공백을 메꾸도록 방치하지 않았다. 적어도 여섯 개의 라틴 도시들 즉 무니키피아(municipia : 자치도시들)는 기존의 독립을 상실하자마자 투표권과 피선거권을 포함하는 완전한 시민권이 보장되는 로마 국가로 편입되었다. 이 도시들에서는 지역 정부가 여전히 기능을 수행했다. 동맹이 건설한 식민시들도 동일한 권리를 보장받았다. 나머지 라틴 도시들과 신뢰를 받은 몇몇 에트루리아 동맹 도시들은 투표권이 없는 한정된 로마 시민권(civitas sine suffragio)을 받았지만, 징집령을 받으면 로마 군대에 병력을 내보내야 하는 의무가 있었다. 지역 정부를 둘 권한을 허용받았지만, 독자적인 외교 정책을 수립하거나 자기들끼리 동맹을 결성할 수는 없었다. 자체 도시들 간의 통혼권이나 통상권은 금지되었다. 이런 행위는 오직 로마와만 수행할 수 있었다.

그들은 이제 외침에 대해서 완전히 보호를 받았고, 모든 사업 활동에서 로마 민법의 충분한 혜택을 보장 받았다. 그밖에도 지역 정부의 특권들을 여전히 누릴 수 있었다. 그들 중 상당수는 틀림없이 이미 받은 혜택들을 만족스럽게 여겼을 것이고, 로마에게 충실히 협력하여 나중에는 완전한 시민권에 따른 특권들을 받을 자격이 있음을 스스로 보여주고 싶어했다.

이렇게 하여 로마는 자신에게 패배한 라티움 지역의 모든 적국들을 충성과 희망의 끈으로 묶어두었다. 이 정책이 현명했다는 것이 입증되었다. 라틴 동맹국들은 패배를 겪는 가장 암울한 순간에조차 삼니움인들과 피로스(Pyrrhus)와 한니발(Hannibal) 같은 장래의 적들이 내미는 각종 유혹에도 넘어가지 않고 로마 편에 충실히 남았기 때문이다.

라틴인의 권리가 이탈리아 공동체들에게로 확장됨. 기원전 338년의 조약은 시민권의 역사 전반과, 피정복 공동체들과 중앙 정부 사이의 상호 관계의 역사에 새로운 획을 그었을 뿐 아니라, 처음에는 이탈리아와 나중에는 지중해 세계에 대한 정복에 전형이 되었다. 그것은 고대 세계에서는 찾아보기 힘든 정치적 재능의 발휘였고, 정복의 무기로서 몇 개의 군단보다 더 가치가 있었다. 기원전 338년 이전에는 정복당한 도시는 로마인들이 베이이에 대해서 그랬듯이 완전히 파괴되거나 원한에 사무친 상태로 방치되어 언제든 정복자의 통제력이 느슨해지기만 하면 반란을 일으킬 태세가 되어 있는 그런 식이었다. 그러나 기원전 338년 이후에 로마인들은 그런 방식을 포기하고, 로마라는 중앙 정부 안에서 자치 정부 체계를 유지하는 방식을 고안했다.

자치 도시들(municipia). 자치 도시들은 주민들이 투표권과 로마에서의 재산 취득권을 갖지 않은 채 로마 시민의 모든 의무(munera)를 지녔던 라티움, 에트루리아, 캄파니아의 도시들과 읍들이었다. 이들은 전쟁이 발생하면 병력이나 지원금을 내놓아야 했고, 다른 국가들을 상대로 전쟁을 일으키거나 조약을 체결할 권한이 없었다. 그런 일들을 제외한 지역 문제들은 과거에 했던 대로 자신들의 헌법과 법률과 전통에 따라 처리할 수 있었다. 이들은 라틴의 통혼권과 로마 민법의 혜택을 누렸기 때문에, 이들의 지위는 완전한 독립과 완전한 로마 시민권 사이의 중간쯤 되었다고 말할 수 있다.

식민시들. 로마의 또 다른 고안은 이탈리아 전역의 전략적 거점들에 식민시들을 건설하는 것이었다. 이러한 아이디어는 새로운 것이 아니었다. 식민시 건설은 옛 라틴 동맹이 공동으로 벌인 활동 중 하나였고, 그 목적은 정복한 영토를 장악하는 동시에 잉여 인구의 배출구로 삼는 데 있었기 때문이다. 그러한 두 개의 식민시가 에트루리아 남부 베이이로부터 정복한 땅에 건설되었다. 그밖의 여러 식민시들은 정복된 볼스키의 영토에 건설되었다. 옛 라틴 동맹이 와해될 당시에 그러한 식민시가 아홉 군데 있었다.

식민시 건설이 로마의 정식 정책으로 자리잡은 것은 기원전 338년 이후의 일이다. 그뒤 50년간 항구와 항로를 보호하거나 라티움 해안을 방어하기 위해 오스티아, 안티움, 테라키나, 시누에사, 민투르나이에 식민시들이 건설되었다(당시에 로마는 해군 상비군을 보유하고 있지 않았다). 그밖에도 식민시 건설자들을 캄파니아와 아풀리아로 보내 전략 요충지들을 차지하도록 했고, 움브리아와 그밖의 요충지들에 보내 갈리아인들을 견제하도록 했다.

식민시들에는 두 종류가 있었다. 하나는 로마 시민들의 식민시들이었고, 다른 하나는 라틴 식민시들이었다. 라틴 식민시들이 훨씬 수가 많았다. 제1차 포에니 전쟁(기원전 264~241) 발발 전까지 라틴 식민시는 21개나 건설된 반면에, 로마 시민들의 식민시는 9개밖에 되지 않았다. 이 두 가지 타입은 식민시 건설자들만 다른 게 아니었다. 양자가 라틴인들과 로마인들을 모두 받아들일 수 있었기 때문이다. 정작 다른 점은 인구 규모와 헌법상의 지위였다. 기원전 194년 남짓한 기간까지 로마인들의 식민시는 300세대로 한정된 반면에, 라틴 식민시는 가족 수가 2500-6000세대로 다양했다. 전하는 바로는 타렌툼에서 북쪽으로 48km 떨어진 베누시아에 건설된 식민시는 20,000세대의 가족으로 이루어졌다고 한다. 로마 시민들의 식민시들은 국가를 형성하기에는 너무 규모가 작았고, 식민시 건설자들이 완전한 로마 시민권을 잃는 일도 없었다. 라틴 식민시들은 라틴 동맹국이나 일반 자치 도시의 지위를 지녔다. 이들은 자체의 법과 자체에서 선출한 정무관들, 자체의 센서스와 주화를 지닌 지역 자치 정부의 권한을 가졌다. 라틴 식민시에서 살던 사람이 로마로 이사를 하면 군 입대 연령의 아들을 그곳에 남겨두었을 경우 로마 시민이 될 수 있었다.

로마 시민들의 식민시들은 전략상으로는 중요하되 경제나 교통 면에서는 전망이 없는 지역들에 파견된 소규모 수비대에 지나지 않았다. 라틴 식민시들은 특히 이탈리아 북부에서는 종종 몇몇 대도시들의 기초가 되었다.

방어를 위한 동맹들. 로마인들은 삼니움인들과 그밖의 주변 종족들로부터 위협을 느끼던 그리스와 이탈리아의 도시 국가들과 방어를 위해 다각도로 동맹을 맺었다. 로마는 그 도시 국가들과 개별적으로 조약을 체결하되, 조약의 내용은 상호간의 필요와 의존성과 군사 상황의 중대성의 정도에 따라 각기 달랐다. 동맹을 맺은 국가들은 한결같이 로마의 의사대로 병력을 배치해야 했고, 외교 활동을 로마의 손에 맡기는 데 합의해야 했다. 그 대가로 로마는 그들에게 세금을 부과하지 않고 각 동맹국들에게 자체 군대를 모집하고 장비를 갖춰주고 통솔하도록(한 사람의 로마 사령관의 지휘하에 전장에 나가기 전까지) 허용하기로 동의했다. 전시에는 로마가 자체 비용으로 동맹국 군대들에게 식량과 생활비를 제공하고 전리품을 그들과 나누곤 했다. 더 나아가 모든 동맹국들은 로마 민법에 관한 라틴인의 권리와 통혼권을 누릴 수 있었다. 동시에 자체의 법과 정치 제도를 갖춘 지역 자치 정부를 허용받곤 했다.

중앙 이탈리아의 최후 정복.

제2차 (대) 삼니움 전쟁 (기원전 327~304/3). 로마는 비록 삼니움인들의 적대감을 촉발시킬 의도가 추호도 없었지만, 로마의 식민시와 동맹 체제가 삼니움인들로부터 서쪽으로 확장할 기회를 효과적으로 차단했고, 그 점 때문에 갈등이 일어날 수밖에 없었다. 삼니움인들의 자존심은 334년에 더욱 상처를 입었다. 로마인들이 오스키인들과 전쟁을 벌이고 있던 타렌툼(타란토)과 조약을 체결함으로써 삼니움의 동쪽을 잠식했기 때문이다. 로마인들과 삼니움인들간의 적개심은 기원전 327년에 삼니움인들이 나폴리에서 발생한 내분에서 한쪽 진영을 두둔하느라 그 도시에 수비대를 진주시켰을 때 마침내 겉으로 터졌다. 반대 진영을 지원하던 로마인들은 나폴리를 포위한 끝에 함락했다. 이로써 삼니움인들과의 본격적인 전쟁이 시작되었다.

이 전쟁의 전사(戰史)는 불확실하다. 연대기 저자들이 기록하는 전투들은 그 대부분이 비록 실제로 발생했다손 치더라도 파스티가 기원전 321년에 발생했다고 적는 카우디움 분기점(Caudine Forks) 전투를 제외하고는 중요하지 않다. 캄파니아를 출발하여 아펜니노 산맥을 넘어 아풀리아로 진격하려고 하던 로마인들은 거짓 정보에 속아서 카우디움 분기점이라고 하는 길목에서 덫에 걸렸고, 그곳에서 항복하고 인질을 내주고 다시는 전쟁을 일으키지 않겠다고 동의했다. 이들은 홑껍데기만 남기고 옷을 죄다 벗기운 채 창 두 개를 땅에 박고 다른 창으로 위에 걸쳐 만든 멍에문 밑을 기어서 지나가는 치욕을 당했다. 멍에문을 기어서 지나간다는 것은 완전한 패배와 무조건 항복의 표시였다.

새로운 군사 전술. 카우디움 분기점 전투는 로마인들에게 산악 전투 방법을 익혀야 할 필요를 절실히 깨우쳐 주었다. 그들은 평화를 이용하여 군대를 철저히 재조직했다. 전열을 3열 횡대로 배열하고, 각 횡대마다 따로 훈련시키고 다른 무기로 무장하고 독자적으로 작전을 수행할 수 있는 부대를 배치했다. 이 새로운 진용은 산악 지형에서 더 효과적으로 전투를 벌일 수 있었고, 몇몇 부대는 팔랑크스의 장창대신 삼니움인들의 투창으로 무장했다. 이제 두 개 군단대신 네 개 군단을 전장에 투입하고, 평지에서는 그리스인들처럼, 산지에서는 삼니움인들처럼 효과적으로 전투를 벌일 수 있게 된 로마인들은 기원전 316년에 평화 조약을 파기하고 전쟁을 재개할 구실을 찾았다.

이렇게 군대를 재조직했어도, 로마인들로서는 억센 삼니움인들과 전쟁을 벌인다는 게 여전히 어려운 과제였다. 다음 해에 로마인들은 테라키나 근처의 라우툴라이라고 하는 라티움 남부의 해안 읍에서 또 한 번의 심각한 패배를

당했다. 이 패배로 인해 캄파니아 동맹국들이 동맹에서 거의 이탈할 지경에
이르렀으나, 강력한 압박으로 인해 다시 동맹 안으로 들어왔다. 라틴인들은 확
고한 태도를 견지했다. 그것은 삼니움인들이 자기들의 본거지에 너무 가까이
접근해 와 있었기 때문이기도 했고, 로마인들이 기원전 338년 이후에 자기들
을 너무나 잘 대해주었기 때문이기도 했다.

빼앗겼던 땅을 되찾고 중요 거점들에 식민 전초 기지들을 세우는 방식으로
캄파니아 전선에서 전세를 안정시킨 로마인들은 과거에 루케리아에 대규모
기지를 건설했던 아풀리아 전선으로 관심을 돌렸다. 그러는 동시에 삼니움 포
위 정책을 계속해서 펼쳤다. 남쪽에서는 루카니아인들과 군사 동맹을 체결하
고, 북쪽에서는 마르시인들, 마루키니인들, 파일리그니인들, 프렌타니인들과 군
사 동맹을 체결했는데, 이들 모두가 삼니움인들과 가까운 친족들이었다.

북쪽에서 삼니움에게 모욕을 주는 이런 전략은 즉시 효력을 발휘하지 못했
다. 삼니움인들도 로마의 외교 전술을 모방하여 에트루리아 남부의 몇몇 도시
들을 설득하여 그들이 로마와 맺은 조약을 폐기하게 하고, 그로써 로마에 대
한 제2의 전선을 형성했기 때문이다. 게다가 삼니움인들이 갈리아인들을 끌어
들여 군사 조약을 맺을지도 모르는 위험이 있었다. 하지만 갈리아인들은 조금
도 움직이지 않았고, 그에 힘입어 로마인들은 계속해서 중부 이탈리아를 세로
로 분할하는 넓은 완충 지대를 형성했고, 거기서 삼니움의 심장부에 치명적인
공격을 가할 수 있었다. 이러한 힘의 과시로써 로마인들은 에트루리아인들에
게 조약을 다시 체결하고 준수하게 만드는 부수 효과도 거두었다.

이 빈틈없는 군사·외교 전략을 기획한 사람은 기원전 312/10년의 켄소르
였던 아피우스 클라우디우스 카이쿠스(Appius Claudius Caecus: 원래 그의 별
명은 Crassus였는데 말년에 눈이 멀었기 때문에 Caecus 즉 맹인이라는 별명을 갖게 되었다.
— 역주)로 추정된다. 명민한 정치가였던 그는 로마 최초의 거대한 수로를 건설
하고 여러 가지 개혁을 촉진함으로써 인민의 지지를 받았다. 로마에서 카푸아
를 잇는 대로를 건설하여 병력이 어떤 기후에서든 신속히 이동할 수 있도록
만든 것도 그의 아이디어였다. 그것이 저 유명한 아피우스 가도였다.

이렇게 전략이 탁월하고 위험과 패배 앞에서 인내와 용기를 잃지 않았음에
도 불구하고, 로마인들은 제2차 삼니움 전쟁을 쉽사리 승리로 이끌지 못했다.

양 진영이 여전히 영토와 인구에서 백중세를 유지하고 있었다. 저마다 나름대로 신뢰할 수 없는 동맹국들을 갖고 있었다. 로마의 동맹국들 중 더러는 로마가 워낙 강력하여 향후 자신들의 안전을 기약할 수 없다고 판단하여 변절하고서 삼니움 진영에 붙었다. 이 전쟁은 오래 가고 희생자도 많이 냈으며, 승리도 절대적이지 못했다. 기원전 304/3년의 평화 조약에 그 점이 여실히 드러나 있다. 삼니움인들은 원래의 영토를 한 군데도 잃지 않았고, 독립도 상실하지 않았으며, 다시 싸울 능력도 잃지 않았다.

제3차 삼니움 전쟁 (기원전 298~290). 그럼에도 불구하고 힘의 균형은 꾸준히 로마 쪽으로 기울고 있었다. 기원전 304/3년 이후에 로마가 23,937 평방 킬로미터의 영토와 927,000명의 인구를 장악하고 있었던 반면에, 삼니움은 14,700 평방 킬로미터의 영토와 498,000명의 인구를 장악하고 있었다. 세력 균형이 깨질 위험이 점차 커지고 있다는 것은 사비니인들과 에트루리아인들, 움브리아 인들, 심지어 갈리아인들조차 분명히 의식하게 되었다. 이들이 로마를 저지하려는 희망을 가지고 기원전 295년에 삼니움과 군사 동맹을 체결했다. 이들은 움브리아의 센티눔에서 로마인들과 맞서 싸웠다. 콘술 데키우스 무스(Decius Mus)는 자신을 신들에게 바친 뒤 의도적으로 적군의 손에 붙잡혀 죽음으로써 로마인들에게 강렬한 의분을 일으켰다. 로마인들은 중부 이탈리아의 패권을 다툰 싸움에서 승리를 거두었다. 기원전 290년에 삼니움인들은 모든 희망이 사라졌다는 것을 알고는 항복하고 화평을 간청했다. 그들의 땅은 합병되었고, 그들은 로마 동맹국의 지위를 얻었다.

에트루리아인들과 갈리아인들. 그러나 에트루리아인들과 갈리아인들은 포기하지 않고 계속 싸우다가 기원전 283년에 바디모 호수에서 벌어진 대 접전에서 패배했다. 다음 해 또 한 번 패배를 한 갈리아인들은 화평을 청했다. 에트루리아인들은 수년간 계속 저항했으나 마침내 항복하면서 온건한 조약을 맺었다. 영토를 잃은 에트루리아의 유일한 도시는 과거에 로마의 동맹국이었던 카이레뿐이었다. 이 도시는 아마 기원전 273년에 합병된 듯하며, 그 시민들은 투표권이 없는 로마 시민권(civitas sine suffragio)을 받았다.

피로스 전쟁들과 남 이탈리아 정복. 에트루리아인들은 기원전 282년 이후에도 전쟁을 포기하지 않았고, 로마인들은 결국 그들에게 온건한 평화 조약을 제시했다. 그렇게 한 이유는 또 다른 중대한 위기가 닥쳤기 때문이었다. 중부 이탈리아에서 삼니움과 벌인 전쟁에서 승리하게 되자, 이제 남 이탈리아에서 가장 강력한 그리스 도시 국가 타렌툼과 로마 사이에 첨예한 전선이 형성되었다. 타렌툼인들도 자기들 쪽의 아펜니노 산맥에서 삼니움인들뿐 아니라 브루티아인들과 루카니아인들과 전쟁을 벌여 그들을 밀어내려고 하고 있었다. 그러는 과정에서 타렌툼인들은 아드리아 해를 건너 그리스의 여러 군사 모험가들을 불러들였다. 맨 처음 온 사람이 스파르타의 왕 아르키다모스(Archidamus)였고(기원전 343/42~338), 다음으로 온 사람이 알렉산드로스 대왕의 삼촌 에피로스의 알렉산드로스(Alexander of Epirus)였고(기원전 334~331/30), 그뒤로 또 다른 스파르타의 왕 클레오니모스(Cleonymus, 기원전 303/2), 그리고 그뒤로 시라쿠사이의 아가토클레스(Agathocles)가 왔다(기원전 298~289). 그러나 그중 한 사람도 타렌툼을 강대국으로 만들거나 직접 제국을 만들어 내지 못했다.

심지어 타렌툼인들은 에피로스의 알렉산드로스를 몹시 혐오하게 되어 그의 지원을 거부했고, 그는 루카니아인들과 전투를 벌이다가 죽었다. 그럼에도 불구하고 그는 타렌툼인들에게 중요한 유산을 남겼다. 기원전 334년 그는 삼니움인들을 공격할 당시에 로마인들과 조약을 맺은 바 있었다. 이 조약에서 로마인들은 제1차 삼니움 전쟁이 끝난 뒤 잠시 로마의 동맹국이 되었던 삼니움인들을 지원하지 않겠다고 동의했다. 그 조약에는 로마가 타렌툼 만에 선박을 보내지 않기로 하는 약속도 담겨 있었다. 알렉산드로스가 죽자 로마인들은 그 조약도 폐기되었다고 간주했으나, 타렌툼 인들은 달리 생각했다.

타렌툼인들은 제2차 삼니움 전쟁 때 양 진영 사이에서 중재하려던 자기들의 시도를 로마가 거절한 일과, 제3차 삼니움 전쟁이 끝난 뒤 자기들의 아풀리아 접경 지대에 로마가 식민시 베누시아를 건설한 일 때문에 이미 심기가 불편해져 있었다. 그런 상황에서 기원전 285년에 타렌툼 만 서쪽 해안에서 그리 멀지 않은 그리스 도시 투리이가 루카니아인들에게 공격을 받자 타렌툼이 아닌 로마에 원조를 호소하는 사건이 발생했다. 아마 투리이인들은 로마가 타렌툼보다 더 강하고 더 신뢰할 만한 데다 위험도 덜하다고 믿은 듯하다. 로마인들은 꺼림칙한 기분을 무릅쓰고 지원을 약속한 뒤 루카니아인들을 패주시키고 투리이에 소규모 수비대를 배치했다. 레기움, 로크리, 그리고 아마 크로톤도 로마에게 보호를 요청하여 승락을 받았다.

로마가 그리스령 이탈리아의 내정에 간섭하게 되자 타렌툼은 의혹과 증오감에 불타올랐다. 그러던 참에 기원전 282년 10척으로 구성된 로마의 소규모 함대가 기원전 334년의 조약을 어기고서 타렌툼 만으로 항해해 들어오자, 타렌툼인들은 경고도 하지 않고 공격을 가하여 전함들을 침몰시키고 로마 제독을 죽였다. 그런 다음 원정 준비를 하여 투리이로 진격한 뒤 로마 수비대를 몰아내고 그 도시를 약탈했다. 로마에서 사절들이 파견되어 시정(是正)과 배상을 요구했으나, 공개적으로 모욕을 당하고, 그리스어에 서툴다는 이유로 조롱을 당하고, 말할 기회도 얻지 못했다. 타렌툼인들은 만약 그 전에 또 다른 그리스 전쟁 모험가 피로스(Pyrrhus) 왕을 부르지 않았다면 로마 사절들의 말을 듣고 사태를 수습하려는 태도를 보였을 것이다.

피로스는 그리스 북서쪽에 자리잡은 작은 산지 나라 에피로스의 왕이었다. 야심찬 인물이었던 그는 이집트에서 교육을 받고, 프톨레마이오스 왕가의 공주와 결혼하고, 여러 해 동안 프톨레마이오스 2세(Ptolemy II)의 지원금을 받았다. 기원전 288~285년에 마케도니아 절반의 왕을 역임했고, 또 제2의 알렉산드로스 대왕이 되려는 망상을 품고 있었다. 그는 타렌툼으로부터 초청을 받고는 그것을 평소에 꿈꿔온 제국 건설의 천재일우로 여겼다.

기원전 280년 봄에 그는 2만 5천 명의 용병대를 거느리고 이탈리아에 도착했다. 그는 이탈리아에 오기 전에 중무장한 2만 명의 중장보병 부대를 고용했고, 인도산 전쟁용 코끼리를 20마리 구입했었다. 그는 이탈리아에 상륙한 직후에 헤라클레아에서 로마 군대와 만났다. 놀랍게도 그의 중장보병 밀집대전술은 로마 군단들을 뚫지 못했다. 삼니움 군대의 방식으로 무장하고 훈련을 받은 로마 군단은 여기저기서 흩어진 뒤에 언제든 다시 결집할 수 있었다. 마라톤 전투 이래 처음으로 밀집대전술이 호적수를 만난 것이다.

그럼에도 불구하고 피로스는 코끼리들의 덕을 톡톡히 볼 수 있었다. 그는 코끼리들을 오늘날의 전차처럼 사용하여 로마 군단의 대오 한복판을 뚫는 전

법을 쓰지 않았다. 만약 그렇게 했다면 로마 군단은 코끼리들이 뚫고 들어오
도록 내버려 둔 다음 보병이 뒤따라 들어오기 전에 그들을 차단했을 것이다.
피로스는 코끼리들과 기병대를 가지고 로마 군단의 양쪽 옆구리를 공격하는
편법을 사용했다. 이렇게 해서 포위를 당한 로마 군단은 7천 명의 병력을 잃
고 퇴각하지 않을 수 없었다. 그러나 피로스도 4천 명의 병력을 잃었으니 다
만 전술상의 승리밖에 거두지 못한 셈이었다. (그후로 그러한 결과가 '피로스
의 승리'로 알려지게 되었다.)

그러나 그는 기원전 283년에 재차 반란을 일으킨 바 있는 오스키인들과 삼
니움인들에게 지원을 받았다. 이렇게 해서 남 이탈리아 거의 전역을 장악하게
된 피로스는 그 다음에 로마를 기습 공격하기로 작전을 세우고 그것을 강행했
다. 그는 로마 시에서 64km 내에 있던 프라이네스테까지 진격했으나, 놀랍게
도 자신을 지원해오던 로마의 다른 동맹국들이 자신의 깃발 아래 모이지 않았
다. 그러자 그는 공세적인 평화 조약을 시도했으나 그것도 여의치 않자 또 한
번의 전투를 준비하지 않을 수 없었다.

그는 아풀리아에 위치한 아스쿨룸에서 로마인들과 대치했다. 첫날에 로마인
들은 피로스의 팔랑크스(밀집대전술) 부대가 힘을 못 쓰는 울퉁불퉁한 지대에
서 전투를 벌였다. 다음 날 피로스는 후퇴하는 척하면서 좀더 평평한 지대로
나갔다. 그러자 로마인들이 따라왔다. 피로스의 코끼리들이 로마인들의 전열
한복판을 뚫었다. 이렇게 해서 피로스가 승리를 거두었으나 그 대가가 너무나
컸다. 4천 병의 병력을 잃은 것이다. 당시에 피로스는 "이런 승리를 또 한 번
만 거두면 나는 망한다!"고 외쳤다고 한다.

피로스의 시칠리아 침공 (기원전 278~275). 로마인들에게 승리를 거두긴 했
으나 그러느라 너무 큰 대가를 치른 피로스는 이탈리아에 제국을 세우려는 그
이상의 시도를 단념했다. 그가 생각을 바꾸게 된 데에는 다른 곳에 기회가 열
려 있었던 점도 작용했다. 기원전 279년에 켈트인들이 마케도니아를 침공하여
그 나라 왕을 죽인 일이 발생했다. 피로스는 만약 그럴 힘만 있다면 그리스
세계의 투사로서 그곳에 가서 마케도니아의 권좌를 되찾고 싶은 마음이 있었
다. 카르타고인들에 의해 정복될 위기에 처해 있던 시칠리아가 또 다른 가능

성을 제시했다. 다급해진 시라쿠사이는 사절단을 보내 그에게 도움을 간청했다. 피로스는 아마 이집트로부터 다소 자극을 받은 뒤에 시칠리아에서 자신의 운명을 시험해 보기로 작정했다. 그는 로마인들과 평화로운 대화를 시작했고, 만약 오스티아를 떠났던 대규모 카르타고 함대의 제독 마고(Mago)가 갑자기 나타나 로마에 대해서 피로스를 이탈리아에 묶어둘 경우 선박과 돈과 그밖에 로마가 합리적으로 원하는 것을 제공하겠다고 제안하지 않았다면 그런 화해적인 분위기는 그대로 계속되었을 것이다. 결과적으로 피로스는 기원전 287년 가을에 군대를 이끌고 시칠리아로 항해할 때 로마로부터 어떠한 명확한 지원 약속도 받지 못한 채 동맹국들을 방어하기 위해 병력의 절반을 타렌툼에 남겨두지 않을 수 없었다.

그가 시칠리아에서 거둔 성공은 즉각적이면서도 컸다. 그는 본섬에서 카르타고인들을 몰아내고 그들의 최후의 보루였던 릴리바이움이라는 작은 섬을 포위 공격하기 시작했다. 그때 카르타고인들이 강화를 청했다. 방비가 허술한 카르타고를 기습 공격하고 내부 반란자들의 도움을 얻어 이집트를 정복할 수 있는 가능성이 피로스의 눈 앞에 어렴풋이 떠올랐다. 이 꿈은 실현되지 못했다. 불가사의하게도 시칠리아 도시 국가들이 갑자기 용기를 얻어 중립을 선언하고 나선 것이다. 시라쿠사이만 그에게 충실히 남았지만, 시라쿠사이마저도 내부 갈등으로 양분되어 있었다. 시칠리아 원정은 실패로 끝났다. 이탈리아로 철수하는 것밖에 다른 수가 없었다.

피로스는 기원전 276년에 이탈리아로 철수하려다가 카르타고인들과 벌인 해전에서 함대의 일부를 잃었다. 나중에 이탈리아로 돌아온 그는 몇몇 그리스 도시들을 함락하고, 로크리에 있는 페르세포네 신전의 보물을 약탈한 뒤 타렌툼으로 돌아갔다. 거기서 병력을 재규합한 그는 북쪽으로 진군하여 삼니움으로 들어갔다. 베네벤툼 근처에서 로마인들과 그리 대단치 않은 전투를 벌이다가 애지중지하던 코끼리들을 상당수 잃은 그는 두 명의 콘술이 지휘하는 두 개의 부대에 생포되는 것을 면하기 위해 타렌툼으로 철수했다.

그는 비록 육상 전투에서 단 한 번도 패한 적이 없었지만, 그의 이탈리아 원정은 크게 볼 때 실패였다. 그는 기원전 275년에 그리스로 돌아갔고, 기원전 274년에 다시 마케도니아의 왕이 되었다. 2년 뒤 그는 아르고스를 공격하다가 어떤 여인이 2층 창문에서 던진 옹기에 머리를 맞아 목숨을 잃었다. 피로스가 죽음으로써 북쪽으로 피사와 아리미눔(리미니)에서부터 남쪽으로 브룬디시움(브린디시), 타렌툼, 그리고 메사나 해협에 이르는 온 이탈리아가 명실상부하게 로마의 지배하에 들어가게 되었다.

로마가 이탈리아에서 성공을 거두게 된 원인들. 많은 학자들은 로마가 어떻게 해서 기원전 5세기, 4세기, 그리고 3세기 초에 숱한 적대적인 주변 종족들을 꺾고 이탈리아 반도를 정복할 수 있었는지 그 원인을 연구했다. 물론 그 원인을 한 마디로 시원스럽게 설명할 수는 없다. 로마는 그런 승리를 거둘 수 있게 한 이점들을 독특하게 결합하여 갖고 있었다. 물론 이런 이점들은 로마의 적국들도 나름대로 다양하게 갖고 있었을 것이다. 중요한 점은 어떤 나라도 로마처럼 그 이점들을 조합하지 못했다는 것이다.

로마가 성공을 거두게 된 원인의 일부는 기원전 367년경에 정부를 재조직한 데 있다. 그 조치가 외침의 위협 앞에서 확고한 내부 결속을 가져다 주었다. 로마의 승리는 조약에 따른 의무를 지키려는 로마인들의 의지와 능력에도 기인했고, 전략적 동맹 체제를 구축하는 데 나타난 지도자들의 정치적 역량에도 기인했다. 로마가 라틴 동맹국들에 대해서 보여준 강력하면서도 관대한 정책은 결국 그들의 충성을 얻어냈다. 아울러 대부분의 다른 이탈리아 공동체들도 라틴 동맹국들이 로마와 맺은 동맹이 공정하다는 것을 발견했고, 남쪽의 삼니움인들과 북쪽의 갈리아인들을 로마보다 더 위협적인 세력으로 간주했다.

로마가 지리적으로 이탈리아의 중앙에 자리잡음으로써 확보한 전략적 이점들은 로마 군대가 한 개 이상의 전선에서 닥쳐오는 공격에 신속히 대응할 수 있게 해주었고, 적국들이 힘을 결집하는 것을 쉽게 막을 수 있었다. 자체 영토와 충직한 동맹국들의 비옥한 영토와 많은 인구는 로마인들이 초기의 패배를 딛고 일어나 결국 적국들을 무릎 꿇게 할 수 있도록 자원과 인력을 공급했다. 또한 과거에 에트루리아 왕들이 로마 군대에게 물려주고 로마인들이 계속해서 발전시킨 조직과 전술이 가끔씩 로마 영토를 침범했던 덜 발전된 종족들에 비해서 우수했다. 더욱이 권위주의적이고 귀족 중심의 사회 구조가 명예를 보존하고 증대시키는 데 확고한 의지를 가진 지도자에게 복종하는 잘 훈련된 병사들을 배출했다.

마지막으로, 순전한 운이라는 비이성적인 요인도 무시할 수 없다. 로마인들에게는 다행히도 잠재적으로 가장 강력한 적국들이었던 고도로 발달된 에트루리아와 그리스 도시 국가들이 모두 질투와 경쟁으로 분열되어 있었고, 그로써 양쪽 그룹이 힘을 결집하여 로마에 대항할 수가 없었다. 이탈리아 제국을 꿈꾸며 그리스에서 건너온 탁월한 군사 모험가들이 외교에는 형편없었다는 점도 로마인들에게는 행운이었다. 기원전 390년경에 로마를 약탈했던 갈리아인들이 그곳에 항구적으로 정착하지 않고 로마인들이 좌절하기 전에 로마를 떠난 것도 로마인들에게는 행운이었다.

이런 이점들이 한데 뒤섞여 로마인들은 강력하고 융통성 있는 동맹 체제를 통해 이탈리아 반도 전역을 장악했고, 기원전 264년경에 로마를 지중해 세계에서 주요 강대국의 하나로 만들어 준 탄탄한 동맹 체제를 구축했다. 그런 터 위에서 로마는 주요 강대국들 중에서 가장 인접한 곳에 자리잡은 카르타고와 지중해 세계 서쪽 절반의 주도권을 놓고 대규모 전쟁을 벌이게 되었다. 결국 이 전쟁에서 로마에게 승리를 안겨 준 주된 요인은 로마의 이탈리아 동맹이 갖고 있던 강력하고 항구적인 성격이었다.

제2부

로마 공화정의 전성기

7

로마 제국주의의 시작과 제1차 포에니 전쟁
(기원전 264~241)

기원전 264~133년에 로마 공화정은 여러 가지 면에서 전성기를 누렸다. 기원전 264년이 되면서 숱한 내부 동요의 원인이 되던 신분투쟁이 막을 내렸다. 주변의 적국 앞에서 통일을 유지하기 위해서, 귀족들은 사회적·정치적 권력에 오르는 동등한 조건을 요구하던 부유한 평민들의 요구를 점진적으로 수용했다. 이웃 종족들을 정복하여 얻은 전리품과 영토가 가난한 평민들의 경제적 곤궁을 덜어주는 데 이바지했다. 그러므로 기원전 264~133년에 로마의 정치 체제는 원로원에 모인 귀족-평민의 신귀족 계층의 지배하에 기본적으로 안정을 유지했다. 그러나 다른 전선에서는 많은 변화가 발생했는데, 이 변화들이 이 장과 다음 여섯 장의 주제가 될 것이다.

제1차 포에니 전쟁과 더불어 시작한 이 시기는 로마 공화국이 지중해권 제국을 꾸준히 이루어 가는 것을 지켜 보았다. 한 해도 거르지 않고 전쟁을 치르는 것이 공화정 초기의 생활 방식이 되었다. 모든 계층의 시민들은 전쟁이 가져다 주는 이익들에 익숙해졌고, 귀족 지도자들은 군사적 영광을 동경하고, 원정에서 승리했을 때 얻은 인기를 바탕으로 정치적인 이득을 얻었다. 로마가 시칠리아, 사르디니아, 코르시카, 히스파니아, 마케도니아, 그리스, 그리고 북아프리카와 소아시아의 광활한 지역을 삼켜가면서 제국주의의 야망이 서서히 자라났다. 때로는 패전으로 휘청거리긴 했지만, 모든 적대 세력을 필연적으로 그리고 때로는 무자비하게 분쇄해 가는 동안 공화국의 군사력은 다함이 없는 것 같았다. 그러나 공화국의 제국적 승리는 기원전 133년 이후의 격동기에 공화정 붕괴의 직접적 원인이 된 문제들을 일으켰다.

로마가 해외 제국을 거느리게 됨에 따라 로마 문화와 헬레니즘 그리스 문명의 통합이 가속화되었다. 기원전 264년에도 여전히 헬레니즘적 그리스 문명이 동쪽으로 히말라야 산맥에서부터 서쪽으로 히스파니아의 대서양에 이르는 세계의 정치·경제·문화 생활 전반을 주도했다. (헬레니즘적[Hellenistic])이란 용어는 알렉산드로스 대왕[기원전 323년에 죽음] 이후, 그러니까 수많은 비 그리스계 사람들이 고전 그리스 문명의 수많은 요소들을 받아들임에 따라 번성한 그리스 문명의 독특한 국면을 가리키는 데 쓰인다.) 기원전 264년 이후에 로마 문화는 헬레니즘적 그리스인들의 영향을 받아 급속히 성숙해갔다. 그들의 시, 연극, 역사, 수사학, 철학, 예술이 로마인들에게 모델이 되어 로마 제국 멸망 때까지 지중해 세계를 특징지운 독특한 그리스-로마 문명을 생산하게 했다.

기원전 264~133년에 해당하는 로마사의 자료. 로마사의 이 시점에서야 비로소 처음으로 꽤 신뢰할 수 있는 문헌 자료들이 있다. 폴리비오스, 리비우스, 그리고 그밖의 저자들이 의존한 초기 연대기 저자들은 이 시기 사람들로서, 자신들이 기록한 사건들을 직접 목격했거나 목격자들로부터 직접 들었다. 폴리비오스 자신은 기원전 264년 제1차 포에니 전쟁이 발발한 지 꼭 한 세기 뒤에 로마에 왔다. 그 전쟁에 대해서 그가 간략히 남긴 기록과 제2차 포에니 전쟁과 그뒤 로마가 지중해 세계를 정복한 과정에 대한 상세한 기술은 대단히 신빙성이 있다. 불행하게도 그의 저서는 기원전 215년(1-6권)까지만 손상되지 않고 남아 있고, 기원전 145/44년의 사건들로 매듭을 지을 때까지의 내용(7-40권)도 단편들만 남아 있다. 그러나 로마 연대기 저자들의 자료와 함께 폴리비오스의 자료도 사용한 리비우스는 기원전 291~167년에 이르는 시기를 다 기록하고 있다(21-45권). 그 이후 시기에 대해서는 그의 「요약집」(*Periochae*)(46-56)과 제국 말기의 발췌문들(epitomes)이 참조된다(참조.

990쪽).

서기 1세기 초에 글을 쓴 벨레이우스 파테르쿨루스(Velleius Paterculus)는 로마사 개요에서 기원전 167~133년에 대해 간략히 기술하는데(1권—2권 1장), 그의 자료는 상당한 의문점이 있다. 카시우스 디오(Cassius Dio)는 폴리비오스와 로마 연대기 저자들의 자료를 상당히 많이 사용하며, 그의 「로마사」(*Roman History*)와 관련된 저서들의 단편이 많이 남아 있다(11-23). 초기 연대기 저자들과 폴리비오스의 글은 디오도루스 시쿨루스(Diodorus Siculus)의 저서 23권에서 32권까지의 단편들에도 남아 있고, 서기 2세기에 집필 활동을 한 알렉산드리아 출신 그리스인 아피아누스(Appian)의 「로마사」(*Roman History*) 6-9권과 11권에도 남아 있다. 코르넬리우스 네포스(Cornelius Nepos. 기원전 1세기 말)가 쓴 카르타고의 장군들인 하밀카르(Hamilcar)와 한니발(Hannibal)의 전기와 플루타르코스(Plutarch)가 쓴 대 카토(Cato the Elder), 플라미니누스(Flamininus), 아이밀리우스 파울루스(Aemilius Paulus)의 전기는 비록 그 자료상에 나타나는 어려운 점 때문에 신빙성에 문제가 있긴 하지만, 그 시기의 주요 인물들의 면모를 이해하는 데 도움이 된다. 기원전 1세기 말의 지리학자 스트라보(Strabo)도 몇 가지 유익한 사실들을 보존하며, 서기 2세기 중반의 여행가 파우사니아스(Pausanias)의 「그리스 기행기」(*Descriptium of Greece*) 제7권은 기원전 146년에 로마가 벌인 활동들에 관한 중요한 정보를 간직하고 있다.

더욱이 플라우투스(Plautus)와 테렌티우스(Terence), 그리고 그밖의 무수한 저서들의 단편들 같은 동시대 문학 저서들이 처음으로 등장하여 그 시기의 삶과 문화를 비춰보는 데 도움을 준다(참조. 298쪽). 당시에 발행된 주화들은 경제사(經濟史)를 보여줄 뿐 아니라 그 주화들을 발행한 관리들과 주화들에 묘사된 장소, 사건, 개념에 관해 많은 것을 드러내 주는 풍부한 고전학(古錢學)적 증거를 제공해 주기 시작한다. 비명(碑銘)들도 수가 더욱 많아지고 쓰여진 내용도 중요한 것들이 많아진다. 유명 인사들의 정치 활동과 경력, 그리고 일반인들의 일상 생활을 재구성하는 데 도움이 되는 조약문과 법조문과 비문이 그 안에 보존되어 있다. 마지막으로 로마와 카르타고와 그밖의 무수한 지역에서 이루어진 방대한 고고학 발굴 작업이 사회적·경제적·정치적·문화적 경향에 관해 많은 것을 드러내 준다.

카르타고. 이탈리아 반도의 '발끝'까지 팽창한 로마는 기원전 264년에는 시칠리아와 불과 4.8km밖에 떨어지지 않은 메사나 해협에 진출해 있었다. 이 곳에서는 카르타고라는 북아프리카의 강력한 도시가 그리스 식민시 주민들과 함께 패권을 놓고 경쟁을 벌이고 있었다. 이 무렵 카르타고는 헬레니즘 세계의 강자가 되어 있었다. 카르타고는 알렉산드로스에게 정복을 당한 적도 없고 그가 정복한 지역을 물려받은 적도 없었지만, 시칠리아와 지중해 서부에서 그리스인들과 끊임없이 교역과 경쟁을 벌이는 동안 폭넓은 영향을 받았다. 상류 계층은 그리스의 정부 형태, 농법, 제조업, 건축, 의복, 보석, 예술, 금속 제품, 심지어 언어까지도 받아들였다. 헬레니즘 세계라는 동일한 무대에서 급속히 부상하고 있던 카르타고와 로마는 곧 대대적으로 충돌하지 않을 수 없는 상황이었고, 이 충돌에서 로마가 지중해 서부를 장악하게 될 것이었다.

카르타고는 북아프리카에서 튀니스 만으로 돌출한 본 곶(Cape Bon)이라는 작은 곶에 자리잡은 도시로서, 그리스인들보다 훨씬 오래 전에 무역업자와 상인으로 유명했던 페니키아인들에 의해 건설되었다. (포에니〈punic〉라는 표현은 페니키아에 해당하는 라틴어에서 유래했고, 이런 이유에서 로마와 페니키아의 식민시 카르타고의 전쟁을 가리켜 포에니 전쟁이라고 한다.) 카르타고의 건국 이야기는 로마의 건국 이야기와 마찬가지로 전설들로 덮여 있다. 그러나 고고학 발굴 결과들은 카르타고도 과거의 추측처럼 기원전 860~814년이 아닌 기원전 750년경에 건설되었음을 보여 준다. 카르타고는 지중해가 가장 좁아지고 따라서 양쪽 대륙으로 쉽게 접근할 수 있는 전략적 요충지에 자리잡은데 힘입어 제해권을 장악하기에 이상적인 도시였다. 시칠리아와 북아프리카 중간에 있는 몰타(멜리타) 섬을 점령한 뒤에는 상업과 식민시 개척에서 가장 힘겨운 경쟁자들인 그리스인들을 지중해 서쪽 절반에서 사실상 몰아낼 수 있었다.

카르타고는 수십 년간 티로스(두로)의 충실한 자(子) 도시로 남았지만, 기원전 7세기에 모(母) 도시가 아시리아에게 그리고 그후에는 바빌로니아와 페르시아에게 종속되었다. 티로스는 이제 서쪽에 자리잡은 페니키아의 식민시들을 통제하거나 보호할 수 없었다. 그러므로 유리한 지리적 조건을 갖춘 카르타고인들은 상업적 이익을 보호하고 확대하기 위해서 지중해에서 어느 국가도 따라올 수 없는 강한 해군을 창설했고, 결국에는 과거에 페니키아 식민시들과, 동쪽에서 벵가지에서부터 서쪽에서 지브롤터와 포르투갈에 이르는 지역 — 사르디니아, 코르시카, 시칠리아의 일부, 그리고 발레아레스 제도(諸島)를 포함한 — 을 세력권으로 하는 제국을 건설했다.

카르타고의 지도자들은 로마인들이 이탈리아에서 사용했던 방식대로 다른 페니키아 정착지들과 본토 인들을 충실하고 협조적인 동맹 세력으로 만드는 대신에, 그들을 힘으로 눌러 조공을 바치는 속민(屬民)들로 만들었다. 카르타고로부터 온화한 대접을 받은 유일한 사람들은 시칠리아 사람들이었다. 왜냐하면 카르타고인들은 그들을 자기들의 속민으로 묶어두기 위해 처음에는 시라쿠사이와 경쟁했고, 다음에는 로마와 경쟁했기 때문이다. 카르타고는 근시안적인 제국주의 정책을 수행한 결과 우방국들을 얻는 데 실패했고, 로마와 전쟁을 벌이는 동안 히스파니아와 북아프리카 속민들 가운데서 무수히 발생한 반란을 진압하지 않으면 안 되었다. 그런 상황은 전쟁에 임하는 카르타고의 집중력을 크게 저해했다. 후대의 사건들이 입증하듯이, 카르타고는 막대한 부와 압도적인 해군력에도 불구하고 그런 정책을 펼칠 여유가 없었다.

카르타고의 부와 무역. 카르타고는 지중해 연안의 풍부한 광물 자원을 장악했다. 사르디니아는 광물 자원이 물량으로는 적었으나, 납, 아연, 구리, 철, 은 등 종류는 매우 다양했다. 히스파니아 광산은 매장량이 보다 풍부했고, 2백5십 년간 계속 채광을 했는데도 여전히 납, 아연, 수은, 구리, 금, 은뿐 아니라 수백만 톤의 철광석을 생산했다. 히스파니아의 가데스(가디츠)를 떠난 카르타고인들은 아마 오래 전에 페니키아인들이 그랬을 것으로 예상되듯이, 북쪽 콘윌로 항해해 올라가 값진 주석을 배에 싣고 오곤 했다. 같은 항구를 거점으로 또 아프리카 해안 쪽으로 또 다른 여행이 이루어져 남쪽으로 황금 해안, 카메룬, 심지어 가봉까지 내려갔으며, 거기서 금, 상아, 노예들, 그리고 전쟁용 코끼리들을 실어왔다.

카르타고의 선박에 실려온 모든 광물들이 다 카르타고의 주물 공장들에 의해 소화된 것은 아니다. 그중 많은 양은 지중해 동부의 헬레니즘 세계로 재운송되었다. 제1차 포에니 전쟁 이전의 수세기 동안 서에서 동을 잇는 해운업은 사실상 카르카고가 독점했다. 왜냐하면 그리스, 에트루리아, 혹은 로마의 해운업이 조약이나 해군력에 의해서 지중해 서부의 거의 절반 지대에서 발을 붙일 수 없었기 때문이다. 지중해 서부에서 그리스 선박이 발견되면 십중 팔구는 격침되었다. 이러한 정책에 힘입어 카르타고 상인들은 그 지역 내에서 저렴한 비용으로 생산한 상품들을 독점으로 판매할 수 있었다. 카르타고의 제품들 중에서 자유 시장에서 경쟁력을 갖춘 제품은 직물, 특히 자주색으로 염색 가공한 직물뿐이었다. 카르타고 산 직물은 지중해 세계 전역에서 호평을 받았다.

농업. 카르타고인들이 과학적 영농에, 특히 노예들을 이용하는 집단 농장의 발달에 이바지한 점은 대개 간과된다. 로마인들에게 대규모 노예들의 노동력을 이용하여 판매용 단일 곡물이나 단일 산물을 재배하는 기법을 가르친 사람들은 카르타고인들이었다. 그리스와 다른 고대 도시들에서도 노예 매매와 농장과 상점에서 소규모로 노예들을 사용하긴 했지만, 그런 정도의 노예 노동력이란 그리스나 셀레우코스 제국 혹은 프톨레마이오스 왕조의 이집트에서의 본토 피해방인들의 노동력과 경쟁이 되지 못했다. 하지만 카르타고인들은 그리스와 헬레니즘 세계의 특수 작물 재배를 위한 과학적 영농법에 의존하는 동시에 대규모 노예 노동력을 사용한 플랜테이션 경영 체계를 시행했다.[1]

카르타고 정부. 아리스토텔레스가 묘사한 대로, 카르타고의 정부 형태는 과두 공화정으로서, 네 부분으로 구성되었음에 틀림없다. 매년 선출된 두 수페스

---

1) 146년에 카르타고가 멸망한 직후에, 원로원은 틀림없이 이탈리아의 부유한 지주들이 활용하도록 할 용도로 마고(Mago)가 카르타고의 농업에 관해서 쓴 서른두 권의 고전을 그리스어로 번역하도록 지시했다 — 마고의 저서는 로마인들이 보존하고 연구할 가치가 있다고 생각한 카르타고 문헌의 일부에 지나지 않는다. 이 저서가 후기 로마의 농업 관련 저자들에게 끼친 영향은 결코 과소평가해서는 안 된다. 아울러 그 영향력은 그 저자들로써 끝나지 않았다. 중세 히스파니아의 무어인과 아마 히스파니아인들에게도 간접적으로 전달되었다. 히스파니아인들은 신세계에서 노예 노동력을 사용한 플랜테이션 농법을 뿌리내리게 했다.

들(shophetim: 라틴어로 단수 sufes, 복수 sufetis; 집정관들)로 구성된 행정부와 3백 명의 의원으로 구성된 원로원, 민회, 그리고 104명의 법관으로 구성된 최고 법원이 그것이다. 그러나 민회는 그다지 실권을 갖지 못한 듯하며, 정부는 부유한 사업가들, 상인들, 지주들로 구성된 소수의 강력한 과두정으로 구성되었다. 두 명의 집정관과 모든 장군들이 민회에 의해 선출되었지만, 한결같이 부자들이었고 이 배타적인 과두 체제에 속한 사람들이었다.

정부의 실권은 최고 법원과, 민회에 의해 원로원의 한 위원회로 기능하도록 선출된 30인 위원회 이 두 기관의 수중에 있었다. 두 명의 집정관이 비공식 회원으로 가담하는 이 위원회는 원로원의 의사 일정을 준비했다. 최고 법원의 구성원들은 원로원 의원들이기도 했지만, 30인 위원회와는 달리 민회에 의해 선출되지 않고 재정, 육군, 해군을 관장하는 다섯 명의 행정부 수장들로 구성된 내각 — 아리스토텔레스는 이들을 가리켜 5두 정부(Pentarchs)라 불렀다— 에 의해 선출되었다. 최고 법원은 원래는 독재를 견제하기 위해서 구성되었지만, 점차 그 자체가 국가에서 가장 두려운 기관 중 하나이자, 5두 정부와 결탁하여 가장 탐욕스럽고 부패한 기관이 되었다. 한니발이 제2차 포에니 전쟁이 끝난 뒤에 개혁의 메스를 대기 전까지의 카르타고 정부가 그러했다.

해군과 육군. 제1차 포에니 전쟁이 발발하기 전에 카르타고의 자랑거리는 대규모 해군이었다. 카르타고는 지중해 서부 무역의 독점권을 보호하고, 선박들의 입출항을 규제하고, 식민시들을 보호하고, 해적을 퇴치하기 위해서 해군이 필요했다. 반역의 소지가 있고 미온적인 승무원들을 배제하기 위해서, 카르타고 해군은 자국 해군 선박들에 해군 전문가들의 지휘하에 자국 시민들만 승무원으로 태웠다. 반면에 육군은 자국 시민들이 배제되고 주로 리비아, 사르디니아, 히스파니아에서 징집된 본토인들과, 카르타고와 동맹 관계를 유지하되 독립을 유지한 알제리아와 모로코 추장들에게 고용된 군인들, 그리고 지중해 전역에서 선발된 상인들로 구성되었다. 카르타고의 위신이나 부(富)가 바닥으로 떨어진 시기에 그런 이질적 집단이 충성을 유지하기란 어려웠다. 더욱이 장군의 임무는 어려울 뿐 아니라 위험하기까지 했다. 전투에서 너무 많이 승전을 거두면 독재의 야심을 품고 있다고 고소를 당하고 최고 법원 앞에서 문책을 당할 소지가 있었다. 또한 너무 많이 패하면 십자가에 못박혀 죽을 가능성이 있었다. 이런 상황이 때로는 중대한 시기에 노련한 지도자를 잃는 데로 비화되기도 했다.

제1차 포에니 전쟁 발발 (기원전 264년). 시칠리아에서 지중해 서부의 강력한 두 공화국인 로마와 카르타고 — 전자는 육지에서, 후자는 바다에서 강했다 — 가 양국의 어느 국민도 원치 않은 기나긴 전쟁을 시작했다. 기원전 264년 이전에는 양국의 어느 쪽도 상대에 대해서 적대감을 일으킬 만한 행동을 하지 않았다. 두 나라의 관계는 비록 우호적이지는 않더라도 외교적인 예의를 지켰다. 기원전 348년에 로마 공화정 원년으로 거슬러 올라가는 과거의 조약을 재개한 것일 가능성이 있는 조약을 체결했다. 카르타고인들은 라티움에서 항구적인 영토를 얻으려 하지 않고, 로마와 동맹을 체결한 어떠한 라틴 도시에 대해서도 침공이나 간섭을 하지 않겠다고 동의했다. 이에 대해 로마인들은 지중해 서부의 해상 무역에서 카르타고의 독점권을 인정했다. 시칠리아와 카르타고 자체만 로마의 상인들에게 문호를 개방하기로 했다. 이로 보건대 로마에는 아직 상업적 관심이 강하지 않았음이 분명하다. 리비우스에 따르면 기원전 306년에조차 로마인들은 그 조약을 한 번 더 흔쾌히 재개했다고 한다. 한 세대 뒤인 기원전 279년에 로마인들과 카르타고인들은 피로스의 군사 원정 앞에서 적절한 상호 방위 협정을 체결했다. 그러므로 불과 15년 뒤에 로마인들과 카르타고인들이 서로 전쟁으로 치달았다는 것은 의아한 일이다. 특히 여러 로마 원로원 의원들이 결국 전쟁의 불길을 당기게 될 사건에 대해서 카르타고를 자극하지 않으려고 했던 점을 감안하면 더욱 그러하다.

시칠리아에 대한 로마의 간섭 (기원전 264년). 이 중대한 사건에는 마메르티니 부대(the Mamertines)가 연루되었다. 이 부대는 마메르스(Mamers), 즉 전쟁 신 마르스(Mars)의 이름을 따서 부대명을 지은 캄파니아 용병 집단이었다. 그들은 시라쿠사이인들에게 고용된 용병들이었으나, 기원전 289년에 메사나 해협에 매우 근접한 시칠리아 북동쪽 모퉁이의 전략적인 소도시 메사나를 배반하고 그 도시를 탈취했다. 마메르티니 부대는 메사나의 모든 남자들을 죽이고, 그들의 아내들을 취하고, 시라쿠사이 영토를 약탈하기 위해서 침공을 감행하였다. 이 위협을 근절하기 위해서 시라쿠사이의 젊고 유능한 왕 히에로 2세(Hiero II)는 기원전 265년에 메사나를 공격했는데, 그 도시를 거의 함락할 시점에 마메르티니 부대가 인근에 주둔해 있던 카르타고 함대의 제독에게 도움을 호소했고, 그는 시라쿠사이인들이 전략적으로 대단히 중요한 그 지점을 장악하는 것을 막기 위해서 막강한 해군을 이끌고 해안으로 접근했다. 두려움을 느낀 히에로는 공격을 포기하고 고향으로 철수했다.

마메르티니 부대는 비록 자기들을 도와준 제독에게 감사하기는 했으나, 전부터 시칠리아 전역을 장악하려고 해온 카르타고인들이 메사나에 항구적으로 남으려 할까봐 걱정이 되었다. 그들은 로마 원로원에게 군사적 지원과 로마와의 동맹을 요청했다. 로마는 그들에게서 보다 멀리 떨어져 있었기 때문에 자신들의 독립에 덜 위협적인 세력으로 비쳤던 것이다. 로마 원로원은 이 문제를 놓고 양분되었다. 다수파를 이루고 있던 보수 진영은 마메르티니 부대와 동맹을 맺을 경우 전쟁이 발발할 것을 우려했다. 이것은 그들이 특히 피하고 싶어한 상황이었다. 왜냐하면 과거에 전쟁에서 승리를 거두고 돌아온 장군들이 동료 원로원 의원들보다 정치적으로 유리한 위치에 올랐고, 게다가 로마는 해군이 없었으므로 지중해 세계에서 가장 강력한 해군력을 보유하고 있던 카르타고와 전쟁을 치를 준비가 되어 있지 않았기 때문이었다. 아울러 보수파 의원들이 내세운 주장은 최근에 메사나 해협을 건너자마자 있는 레기움(레기오)을 사적인 이익을 위해 탈취한 혐의로 처벌을 받은 로마 군인들처럼 탈주자들이요 살인자들이요 도적들로 구성된 무법한 패거리인 마메르티니 부대와 동맹을 맺는다는 건 로마의 위신에 크나큰 저해가 된다는 것이었다. 이런 어려운 문제에 직면한 원로원은 아무런 조치도 취하지 않기로 결정했다.

로마의 콘술들 중 한 사람이자 유명한 켄소르의 손자인 아피우스 클라우디우스 카우덱스(Appius Claudius Caudex)와 마메르티니 부대의 요청을 긍정적으로 생각하고 있던 그의 친구들은 그 문제가 그렇게 쉽게 기각되도록 내버려 둘 마음이 없었다. 그들은 그 문제를 민회에 제출했고, 인민들은 비록 전쟁에 몹시 지쳐 있었음에도 그들의 설득을 받아들여 전쟁의 위험을 무릅쓰고 그 동맹을 인정하기로 결의했다. 제3세력들과 중대한 문제를 일으킬 수밖에 없도록 발목을 잡는 동맹을 감연히 받아들이는 행위는 로마인들이 제국이 팽창하는 동안 종종 채택하곤 한 행위였다.

기원전 264년에 아피우스 클라우디우스가 지휘하는 두 개 군단 병력이 레기움으로 진군해 내려가 메사나를 수복할 준비를 했다. 그는 정찰대를 보내 해협을 건너게 했지만, 이들은 메사나에서 카르타고 함대로부터 상징적인 저항을 받는 데 그쳤다. 그동안 마메르티니 부대는 카르타고의 장군에게 메사나 읍에서 수비대를 철수시키라고 요구했다. 그 장군은 어리석게도 수비대를 철수시키고 로마 군대로 하여금 무혈 입성하도록 만들었는데, 이 과오로 인해 그는 훗날 십자가형을 당하게 되었다.

메사나의 상실은 카르타고 정부에게 행동에 나서도록 자극했다. 그들은 메사나를 재탈환하기 위해서 군대를 파견하는 한편, 시라쿠사이의 히에로 2세를 설득하여 자기들과 동맹을 맺도록 했다. 동맹군은 이제 병력을 결집하여 그 읍을 공격하고 봉쇄했다. 아피우스 클라우디우스는 야음을 틈타 자신의 주력 부대에게 해협을 건너게 했다. 그런 뒤 카르타고인들이 봉쇄를 풀라는 자신의 요구를 거절하자, 그는 먼저 시라쿠사이인들을 공격한 다음 카르타고인들을 공격했는데, 양자가 모두 그 앞에서 맥없이 무너졌다. 그의 행동은 메사나를 구했으나, 카르타고와 시라쿠사이를 상대로 한 전쟁을 촉발시켰다.

전쟁의 원인. 카르타고와 적대 관계를 피하려고 한 사람들도 더러 있었는데도 불구하고 제1차 포에니 전쟁이 일어나게 만든 여러 가지 요인들이 있었다. 가장 중요한 요인은 기원전 264년까지 추진되어 온 로마의 정책이었다. 로마는 이탈리아 남부의 그리스 도시 국가들을 전부 포괄할 정도로 동맹 체제를 확대해왔다. 이 도시 국가들 중 타렌툼, 투리, 레기움 같은 많은 국가들은 카르타고와 교역의 비중이 매우 높았고, 카르타고와 경쟁을 벌이고 있었다. 이 국가들의 상업 활동을 방해하는 것이 카르타고의 해묵은 정책이었다. 카르타고가 이 정책을 견지하면서 내건 중요한 목표 중 하나는 시칠리아와 극히 중요한 메사나 해협을 장악하는 것이었다. 이 정책이 성공을 거두면 이탈리아 남부의 그리스 상인들의 선적 활동을 목 죌 수 있게 될 것이었다.

로마인들은 자체의 동맹 체제 안에서 자신들을 보호자로 여겼고, 동맹국들에 대해서는 신의(fides)에 묶여 재산과 생명을 보호받아야 하는 피보호자들로 여겼다. 로마인들은 해외 무역에는 별 관심이 없었지만, 많은 로마인들은 로마가 이탈리아 남부 그리스 도시들의 동맹자요 보호자가 되려면 동맹국들의 상업적 이익을 지켜 주고 메사나가 카르타고의 지배에 들어가지 못하도록 막아야 한다는 신념을 갖고 있었다. 그들은 주장하기를, 만약 로마인들이 행동에 나서지 않는다면 동맹국들의 보호자로서 지니고 있는 지위와 신뢰성이 훼손될 것이고, 어렵사리 얻은 이탈리아 반도의 맹주의 자리도 위태롭게 될 것이라고 했다.

전쟁으로 몰고간 또 다른 중요한 요인은 로마가 전통적으로 강력한 주변 국가들에 대해서 품어온 두려움이었다. 이 두려움은 수 세기에 걸쳐 에트루리아와 삼니움 같은 주변 종족들과 투쟁을 벌이고 난 뒤에는 거의 편집적인 성격을 띠었다. 로마인들은 '장화' 같은 이탈리아의 '발끝'까지 세력을 확대하고나자, 불현듯 자기들이 해협 건너 시칠리아에 자리잡고 있는 카르타고라는 강대국과 대치하고 있다는 사실을 깨달았다. 그들은 피로스와 전쟁을 벌이는 과정에서 시칠리아를 장악하고 있는 세력으로부터 예상되는 위험을 터득했다. 그 세력이 얼마든지 이탈리아를 침공할 수 있었기 때문이다. 그러므로 많은 로마인들은 카르타고가 시칠리아에서 더 이상 세력을 강화하지 못하도록 막는 게 유익하다고 생각했을 것이다.

일부 로마인들에게 카르타고와 전쟁을 벌일 의지를 심어준 세번째 요인은 야심찬 귀족들 사이에 퍼져 있던 군사적 업적에 대한 욕구였다. 안정된 세력을 구축하고 있던 원로원 의원들 중 다수는 마메르티니 부대와 손잡는 것을 반대했었다. 그들과 손잡으면 큰 전쟁으로 비화되고, 큰 전쟁이 벌어지면 자기들보다 못한 자들이 신분 상승의 기회를 얻거나 정적들이 이익을 얻게 될 것이기 때문이었다. 아피우스 클라우디우스 카우덱스는 중요한 지휘권과 모두가 부러워하는 승전의 기회를 열망하던 사람들 중 하나였다. 그랬기 때문에 그는 그 문제를 직접 민회로 가져갔고, 그들을 설득하여 마메르티니 동맹을 받아들이게 만들 수 있었다. 그가 마메르티니 부대를 지원하기 위해 파견된 병력을 지휘한 콘술이었다는 것은 우연의 일치가 아니었다.

다수의 로마 시민들이 아피우스 클라우디우스 카우덱스의 논리에 설득을 당했던 사실이 제1차 포에니 전쟁 발발에 네번째 요인이 된다. 로마가 이탈리아 반도를 장악하기까지 장구한 세월을 끊임없는 전쟁으로 보낸 상황에서, 많은 로마 시민들은 패배한 적국에게서 취한 전리품으로 수입을 보충하는 데 익숙해져 있었다. 부유하고 번성하던 시칠리아는 로마 군인들에게 군침이 도는 대상이었다. 리비우스에 따르면 아피우스 클라우디우스는 운집한 인민 앞에서 연설을 할 때 그 점을 빠뜨리지 않고 강조했다고 한다. 이런 여러 가지 요인들이 한데 결합하여 마메르티니 부대 지원에 대한 반대 여론을 누르고 로마로 하여금 이탈리아 본토 바깥에서 발생한 일에 대해 이익을 주장하고 나서게 했다. 이것이 로마와 카르타고와 지중해 세계의 역사에 엄청난 결과들을 몰고오게 된다.

카르타고인들의 관점에서 볼 때, 비록 그들은 전면전을 벌일 준비가 되지 않았지만 아피우스 클라우디우스의 요구를 거부하고 전쟁의 위험을 받아들이지 않을 수 없었다. 그들의 눈에는 로마인들이 틀림없이 침략자들로 비쳤을 것이다. 로마는 시칠리아에 아무런 연고도 없었던 반면에, 카르타고는 오래 전부터 그곳의 주요 세력들 중 하나였기 때문이다. 로마의 개입을 묵인할 경우 수백 년 동안 시칠리아에 들여온 공이 하루아침에 무너지게 될 우려가 있었다. 왜냐하면 정의가 자기들 편에 있는 듯한 상황에서 제 이익을 지킬 능력도 의지도 없는 사람들로 비칠 것이기 때문이었다. 더욱이 마메르티니 부대의 보호자로 자처하고 나선 로마인들과 타협하고 그들의 주장을 인정할 경우 마메르티니 부대가 로마 권력의 우산 아래서 시칠리아에서 마음대로 문제를 일으키고 다닐 것이었다. 그러므로 카르타고의 관점에서 볼 때 로마를 적대시하지 않을 수 없었다.

전쟁의 확대. 그러나 카르타고인들은 대단히 불리한 여건에 놓여 있었다. 그들의 전함들은 대부분 피로스 전쟁 이래로 항상 부두에 정박해 있었다. 따라서 전함들을 가동할 수 있도록 다시 손질하고, 수병들을 고용하여 훈련해야 했는데, 그러려면 상당한 시간이 필요했다. 그러나 기원전 264년에 카르타고의 제독들은 의지만 확고했으면 소수의 전함들을 가지고서도 아피우스 클라우디우스가 해협을 건너오지 못하도록 쉽게 막을 수 있었을 것이다. 그들이 수수

방관한 것이 히에로 2세를 격노케 했고, 그가 카르타고와의 동맹을 파기하게 만들었다. 로마인들이 기원전 263년에 4천 명의 육군 병력을 이끌고 시라쿠사이를 공격했을 때, 카르타고로부터 아무런 지원이 없는 데 경악한 히에로는 항복한 뒤 15년 기간의 동맹을 체결하고, 로마의 대(對) 카르타고 전쟁에 재정을 지원하기로 약속했다. 기원전 262년에 로마 군대는 히에로 2세의 지원을 받아 아그리겐툼(그리스어로는 아크라가스. 오늘날의 기르겐티)을 포위 공격했다. 그곳은 시칠리아에서 두번째로 큰 도시로서, 카르타고인들이 그곳에 강한 수비대를 주둔시키고 있었다. 카르타고의 증원군이 패배한 뒤 그 도시는 함락되었고, 그 주민들은 노예가 되었다.

아그리겐툼이 함락되자, 로마인들은 카르타고인들을 시칠리아에서 아예 몰아낼 수 있는 가능성을 엿보게 되었다. 그들에게 장애물은 이제 완전히 가동할 준비를 갖춘 카르타고의 함대였다. 그만한 함대라면 시칠리아에 주둔한 로마 군대를 이탈리아 본토로부터의 보급에서 단절시켜 굶주리게 하고, 항복을 이끌어낼 수 있었다. 아울러 이탈리아의 해안 도시들을 아무런 저항 없이 침공할 수도 있었다. 로마는 어떠한 비용을 들여서라도 해군을 창설하든지 아니면 전쟁을 포기하든지 결단을 내려야 한다는 사실을 깨달았다.

로마가 새 함대를 건조하다 (기원전 261). 기원전 311년에 스무 척의 트리레미스(trireme)를 건조한 것이 해군을 창설하려는 로마인들의 최초의 시도였다. (전함에 그런 이름이 붙은 이유는 삼단 노〈三段櫓〉를 갖추었기 때문이다. 한 사람이 하나의 노를 젓게 되어 있었다. 이 전함은 가볍고 속도가 빨랐지만, 항해에는 적합하지 않았다.) 하지만 이렇게 보잘것 없는 해군마저 기원전 278년 이후에는 유명무실하게 되었다. 로마는 바다에 관한 한 전적으로 남 이탈리아 동맹국들에게 의존했다. 이 나라들도 삼단 노 선박 이상의 수준은 되지 못했지만 그래도 기원전 264년에 아피우스 클라우디우스가 육군을 이끌고 해협을 건너도록 선박을 공급해 주었다. 기원전 264년에는 로마가 해군을 전혀 보유하지 않았다고 말해도 과언이 아니다. 로마의 처지에서는 트리레미스 함대라도 사용할 유혹을 받았겠지만, 헬레니즘 세계의 해군들은 이미 오래 전에 그런 선박을 포기하고 큰 바다에서 전쟁을 수행할 수 있는 무거운 선박을 도입하고 있었다.

카르타고 해군이 자부하던 것은 퀸퀘레미스(quinquereme)였다. 이 배는 50-60개의 노가 장착된 한 개의 층으로 된 배로서, 노 하나에 다섯 명 (quinque)의 수병이 배치되는 전함이었던 것으로 믿어진다. 퀸퀘레미스는 트리레미스에 비해 무겁고 느렸지만 항해에 더 적합했다. 가장 중요한 것은 배의 무게였다. 왜냐하면 함포가 없었던 고대의 해전은 주로 충돌이나 적함으로 옮겨타 공격하기로 이루어졌기 때문이다. 충돌로 적함을 침몰시키기 위해서는 중량이 필수적이었고, 따라서 트리레미스는 폐물이 되었다.

로마인들은 아피우스가 시칠리아로 건너가면서 퀸퀘레미스 한 척을 나포하기 전까지는 퀸퀘레미스 같은 선박을 한 척도 보유하고 있지 못했다. 이 배를 모델로 삼고 동맹국인 그리스 도시 국가들의 조선 기사들의 도움을 받은 그들은 약 육십 일 동안 백 척의 퀸퀘레미스와 스무 척의 트리레미스를 건조했다. 배를 건조하는 일은 배를 항해할 수병들을 물색하는 일에 비하면 그리 어렵지 않았다. 노를 저을 대다수 수병들은 이탈리아 남부의 그리스 항구들에서 모집해야 했는데, 그들만으로는 충분하지 않았다. 전함이 건조되는 동안, 로마인들은 신참 수병들에게 노 젓는 법을 훈련시키기 위해서 육지에 목재 전함을 설치했다. 실로 로마인들에게 다행스러웠던 것은 수병들이 한 사람도 빠짐없이 노 젓는 일에 숙달되어야 했던 트리레미스가 폐물이 되었기 때문이다. 반면에 다섯 명이 하나의 노를 젓는 퀸퀘레미스에서는 한두 사람만 숙달되면 되고 나머지는 그들을 따라하면 그만이었다.

퀸퀘레미스가 로마의 필요에 딱 들어맞았던 또 다른 이유가 있었다. 로마인들은 선원보다는 군인이었기 때문에, 해전을 육지 전투로 전환하기 위해 퀸퀘레미스의 크기를 십분 활용했다. 그들은 자기들이 건조한 새 전함들에 한때 아테네인들이 펠로폰네소스 전쟁 때 발명하여 시칠리아 원정 때 사용했으나 이렇다 할 성과를 거두지 못했던 장치를 장착했다. 그것은 끝에 무거운 쇠갈고리가 달린 이동식 다리 혹은 연결다리(gangway)였다. 이 쇠갈고리 혹은 부리로부터 그것의 로마식 명칭인 코르부스(corvus, 까마귀)가 유래했다. 도르래를 지나는 밧줄에 의해 돛대에 고정된 이 다리는 수직으로 들어올리거나, 적함에 떨어뜨려 끝에 달린 갈고리를 적함의 갑판에 단단히 박을 수 있었다. 이

동식 다리가 적함에 설치되면 로마인들은 다리를 타고 적함으로 돌진하여 육지에서와 똑같이 전투를 벌였다. 애당초 아테네인들이 이 장치를 발명했을 때는 전함들이 다들 트리레미스처럼 가벼웠기 때문에 실용성이 없었고, 심지어 퀸퀘레미스 같은 무거운 전함들조차 항해의 효율성을 떨어뜨렸다.

기원전 260년에 로마 총독 두일리우스(Duilius)는 이 새로운 함대를 이끌고 바다로 나가 메사나에서 그리 멀지 않은 밀라이 부근 바다에서 카르타고 해군과 대치했다. 카르타고의 제독은 쉽게 승리를 거두리라고 예상하고서 앞뒤를 가리지 않고 정면 충돌 공격을 감행했으나, 상당수 정예 전함들에 코르부스가 가서 박히고, 로마 수병들이 그것을 타고 쏟아져 들어와 전함들을 탈취했다. 카르타고 제독은 교전을 중단하고서 도피했다. 두일리우스는 로마에 가서 자신의 승전을 축하하는 의식을 거행했고, 자신의 명예를 위해 로마 광장에 해전에서 탈취한 뱃머리 충각(衝角, ram:적함에 부딪치기 위해 설치한 이물의 돌각 — 역주)들로 장식한 기둥들을 세웠다. 카르타고의 제독은 기원전 258년에 전술을 수정하여 사르디니아 근처에서 또 한번의 해전을 벌였다가 패배한 뒤 무능하다는 이유로 즉각 십자가형을 당했다.

로마의 아프리카 침공 (기원전 256~255). 바다에서 기대하지 않은 승리를 연거푸 거둔 로마인들은 전쟁을 속히 끝내기 위해서 아프리카를 침공하기로 결정했다. 기원전 256년에 콘술들인 레굴루스(Regulus)와 불소(Vulso)는 250척의 전함과 80척의 보급선과 약 1만5천 명의 병력을 이끌고 항해를 시작했다. 이들은 시칠리아 동부 해안에 위치한 에크노무스 곶 근처의 바다에서 카르타고 함대와 교전을 벌였다. 카르타고의 제독 하스드루발(Hasdrubal)은 후퇴하는 척하면서 로마 함대를 자신의 대열 한복판으로 유인했고, 사다리꼴 대형으로 흩어져 있던 그의 나머지 전함들이 로마 함대의 뒤를 돌아 후미를 공격했다. 만약 후위에 배치되어 있던 두 명의 제독이 이 작전을 이해하고 받아들여 실행했더라면 이 작전이 제대로 통했을 것이다. 그러나 그러지를 못했기 때문에 로마인들이 세번째 승리를 거두었다. 이로써 카르타고의 해군력은 일시적으로 손상을 입고 카르타고 자체도 공격에 무방비상태가 되었지만, 로마인들은 하스드루발이 코르부스에 대한 대비책을 이미 발견했다는 사실을 알고는 기원전 255년 이후에는 다시는 그것을 사용하지 않았다.

기원전 256년 가을에 레굴루스가 아프리카에 상륙했다. 그는 카르타고인들에게 사소한 패배를 안긴 뒤 그들이 곧 항복하리라고 생각하고서 평화 조약안을 제시했는데, 그 내용이 너무 가혹하다는 것을 확인한 카르타고인들은 그것을 거부했다. 아프리카에서 전쟁을 수행하기에는 겨울이 최적의 계절이었는데도, 그는 봄이 되기를 기다리기로 작정했다. 한편 카르타고는 손을 놓고 있지 않았다. 카르타고는 마케도니아 팔랑크스와 전쟁용 코끼리 부대의 활용에 능숙한 히스파니아의 전략가 크산티푸스(Xanthippus)를 고용했다. 새로운 용병들이 고용되었고, 수많은 카르타고 시민들이 자원 입대했다. 겨울 동안 전쟁 준비와 군사 훈련이 강도높게 진행되었다.

기원전 255년 봄에 레굴루스는 카르타고 전투를 개시했다. 그는 바그라다스 계곡으로 진군했지만 그리로 들어가보니 이미 적군이 자기를 기다리고 있었다. 크산티푸스는 이미 이곳에 자신의 팔랑크스를 배치해 두고 있었던 것이다. 그는 전면에 코끼리들을 배치하고 양쪽에 기병대를 배치했다. 레굴루스는 중앙에 병력을 결집시켰는데, 그것은 무모한 행위였다. 카르타고 기병들이 양쪽에서 로마 군대를 포위하고 있는 동안 코끼리들이 중앙을 뚫고 들어가 밀집되어 있는 군단 병력들을 밟아 죽였다. 로마 군대는 2천 명의 병력을 제외하고 모두 몰살했다. 이들 패잔병들은 해안으로 도주하여 그곳에 있던 해군에게 구출되었다. 레굴루스 자신은 포로가 되었다. 이로써 로마인들은 카르타고인들이 바다에서 당했던 것과 똑같은 철저한 패배를 육지에서 당했다.

로마가 해군력의 우위를 상실하다. 기원전 255년에 카르타고 봉쇄를 위해 파견된 250척으로 구성된 로마의 무적 함대가 헤르마이아 곶 부근의 바다에서 200척의 카르타고 함대를 만나 물리쳤지만, 바다에서 행운의 여신은 로마에게서 등을 돌리기 시작했다. 레굴루스의 패잔병들은 배에 오른 뒤에 다시 바다로 나갔다. 그들이 시칠리아 해안에 접근하고 있을 때 갑자기 돌풍이 불어닥쳐 80척을 제외한 모든 전함을 잃어버렸다. 2년 뒤에는 리비아를 침공하고 돌아오던 또 다른 함대가 시칠리아 북쪽 해안에서 좌초했다. 이런 예상치 않은 참사들로 인해 로마 해군은 지중해에서 차지하고 있던 우월한 지위를 잠시 빼앗겼다.

시칠리아에서 벌어진 전쟁 (기원전 254~241). 기원전 254년부터 전쟁이 끝날 때까지는 시칠리아와 그 주변 해역이 군사 작전의 유일한 무대가 되었다. 기원전 254년에 로마인들은 파노르무스(팔레르모)를 함락한 뒤 시칠리아 서쪽 끝에 있는 두 개의 요새를 제외한 시칠리아의 거의 모든 지역에서 카르타고인들을 쫓아냈다. 그 요새들은 드레파나 해군 기지와 릴리바이움으로서, 두 곳 다 육지와 바다에서 로마인들에게 봉쇄되었다. 카르타고인들은 한동안 시칠리아에 해군 기지들만 보유하는 것으로 만족하는 듯했고, 그러는 동안 아프리카에서 제국을 확장하는 데 주력하고, 자원들을 확보하기 위해서 원주민들의 반란을 진압하고 있었다. 그러나 기원전 249년에 그들은 다시 주도권을 잡게 되었다.

카르타고인들이 바다에서 거둔 승리들 (기원전 249~247). 로마인들은 기원전 255~253년의 참사들을 겪은 뒤 해군을 재건했는데도 불구하고 바다에서의 우월한 지위는 이미 상실했다. 기원전 255년 뒤부터 그들은 가장 공격적인 무기였던 코르부스를 포기해야 했다. 그 이유는 카르타고인들이 그것을 막아낼 효과적인 전술을 개발했기 때문이기도 했고, 그 무게로 인해 태풍에 매우 취약했기 때문이기도 했다. 더욱이 그뒤로 로마 함대의 지휘권을 받은 제독들의 역량이 밀라이 해전을 승리로 이끈 두일리우스나 심지어 에크노무스의 레굴루스에 훨씬 못 미쳤다.

기원전 249년에 총독 푸블리우스 클라우디우스 풀케르(Publius Claudius Pulcher)의 빈약한 전술로 인해 드레파나(트라파니) 부근에서 벌어진 해전에서 로마의 해군은 120척의 로마 전함 중에서 93척을 잃었다. 전하는 바로는 점닭(sacred chicken)들이 전투가 벌어지기 전에 모이를 먹기를 거부하자 — 그것은 선원들에게는 대단히 불길한 징조였다 — 그가 발끈하여 "저 망할 놈의 닭들을 바다에 던져 버려! 먹지 않으면 마시게 해!"라고 소리쳤다고 한다. 클라우디우스의 패주 이래 두번째 로마의 패배가 잇달았다. 다른 콘술은 120척의 전함의 호위를 받아 800척의 보급선을 이끌고 시라쿠사이를 출항했다.

이 거대한 함대가 궤멸한 이유는 카르타고의 공격 때문이기도 했고 폭풍 때문이기도 했다. 그뒤 몇해 동안 카르타고인들은 바다를 지배했다. 그들은 이제 릴리바이움에 대한 로마의 봉쇄를 깨뜨리고, 로마와 시칠리아 사이의 교류를 단절하고, 이탈리아 해안마저 침공할 수 있었다.

하밀카르 바르카와 카르타고인들의 실패 (기원전 247~241). 카르타고로서는 전쟁의 전망이 더 이상 밝을 수가 없었다. 특히 기원전 247년에 시칠리아에 젊은 하밀카르 바르카(Hamilcar Barca)를 파견한 뒤에는 더욱 그러했다. 너무나도 탁월한 장군이었던 그는 로마의 전열(戰列) 배후를 전광석화처럼 이동하고 이탈리아 해안을 과감히 공격함으로써 로마인들에게 공포의 대상이었다. 과연 카르타고어로 급습 혹은 번개를 뜻하는 바르카라는 이름이 붙을 만한 인물이었다.

히말카르 바르카의 탁월한 전술과 카르타고 해군의 혁혁한 전과에도 불구하고, 카르타고는 전쟁에서 패하게 되는데, 그 이유는 주로 로마가 패배하여 비틀거릴 때 최후의 일격을 가하지 못한 데 있었다. 로마의 궁극적 승리는 흔히 주장되는 대로 그들의 끈기와 인내와 도덕적 자질 때문만이 아니라 카르타고 자체의 유약함 때문이기도 했다. 카르타고가 이렇게 유약하게 된 것은 상인 부호들과 강력한 토지 귀족들 사이의 내분과 기득권 투쟁 때문이었다.

카르타고 해군과 하밀카르 바르카의 지휘가 전쟁을 승리로 이끈 것처럼 보이는 바로 그 순간에, 이른바 대 한노(Hanno the Great)가 이끄는 지주 그룹 ― 그들은 카르타고가 북아프리카 영토를 정복하는 과정에서 부를 얻었다 ― 이 카르타고 정부를 장악했다. 그들에게는 아프리카의 광활한 옥토를 정복하는 것이 시칠리아, 해군, 그리고 로마와의 전쟁보다 더 중요했다. 카르타고 정부의 실세들이 전쟁에서 승리하는 데 관심이 없었다는 것은 기원전 244년에 모든 카르타고 전함들을 도크에 대고, 사람들을 내리게 한 뒤 그 승무원들과 노젓는 병사들과 전투 병사들을 해군에서 육군으로 전출시켜 아프리카 정복 사업에 충원한 데서 극명히 나타난다.

한편 로마는 자신이 생존할 수 있는 유일한 기회가 해군력 복원에 있다는 것을 간파했다. 부유한 시민들에게 전쟁에서 승리를 거두면 대가를 지불하겠다고 약속함으로써 해군 복원 사업에 투자하도록 설득했다. 기원전 242년에 200척의 최신 전함들로 구성된 로마의 함대가 시칠리아 근해에 나타났다. 다음 해에 폭풍이 몰아치는 어느 아침에 아이가테스 제도 근처에서 로마 함대는 카르타고 함대와 마주쳤다. 카르타고 함대는 수병들도 제대로 훈련되지 않고 정비도 변변치 않은 상태에서 릴리바이움에 있는 수비대에 전달할 곡물과 그 밖의 물품들을 잔뜩 싣고 있었다. 그 결과는 카르타고에 전쟁의 대가를 지불하게 만든 참사였다. 릴리바이움의 수비대는 더 이상 보급을 받을 수 없게 되었고 조만간 굶주리다가 항복하게 될 처지에 놓였다. 평화를 청하는 길밖에 없었다.

로마 평화 조약 (기원전 241). 카르타고 정부는 하밀카르 바르카에게 최근 해전의 승자인 콘술 루타티우스 카툴루스(Lutatius Catulus)와 평화 조약을 체결하도록 전권을 주었다. 양측은 오랫동안 계속된 치열한 싸움 탓에 지칠 대로 지쳐 있었다. 승전으로 거둘 이익이 미미하다는 것을 간파한 로마의 협상 대표들은 비교적 가벼운 조건을 내세웠다. 카르타고가 릴리바이움에서 철수하고, 시칠리아를 완전히 포기하고, 모든 포로들을 석방하고, 20년 안에 2200탈렌툼의 배상금을 지불하는 것이 그 골자였다.[2] 이 조건은 켄투리아 회에서 조약안을 비준해야 했던 로마의 투표권자들에게 지나치게 관대하게 비쳤다. 그들은 배상금을 3200탈렌툼으로 늘리고 지불 기한도 10년으로 줄였다. 아울러 카르타고인들에게 시칠리아와 이탈리아 사이에 있는 모든 섬을 포기하고, 이탈리아 해역에서 선박을 모두 철수시키고, 이탈리아에서 용병들을 모집하는 행위를 중단할 것을 요구했다.

큰 전쟁의 경우가 다 그렇듯이, 승자들과 패자들 모두가 크게 영향을 받았고 중대한 변화를 겪었다. 무엇보다도 전쟁은 인력과 재산 양면에서 막대한 손실을 끼쳤다. 비록 사상자 수가 고대의 자료들에 의해 종종 부풀려지긴 했지만, 로마와 카르타고는 각각 수백 척의 전함과 수만 명의 인명을 상실했다. 카르타고의 해군력이 분쇄되었고, 지중해 서부에 대한 통제권이 영구히 종식

· 2) 로마의 화폐 단위들의 가치에 대해서는 293쪽을 참조하라.

되었다. 반면에 로마는 광범위한 지중해 세계의 문제에 반드시 개입하는 주요 해군 및 해상 국가가 되었다. 이러한 변화로 로마는 외국들을 대하는 방식이 바뀌었을 뿐 아니라 국내적으로도 중대한 변화들을 겪게 되는데, 그 점에 대해서는 다음 장들에서 살펴 본다.

8
전쟁과 전쟁 사이 (기원전 241~218)

제1차 포에니 전쟁이 끼친 영향들 중 하나는 많은 로마인들로 하여금 카르타고를 깊이 의심하고 그 나라가 보복을 시도하지 못하도록 사전에 무력화시켜야 한다는 자각을 심어준 것이었다. 다른 이들은 해외 정복이 가져다 주는 단 열매를 맛보았고, 그 맛을 더 보고 싶어했다. 카르타고에서는 로마가 안겨준 굴욕에 비분 강개하면서 카르타고가 장차 해외에서 옛 명성을 되찾을 것을 희망하는 사람들이 있었던 반면에, 카르타고 주변의 영토를 농지로 집중 개발하려고 작정한 사람들도 있었다. 그러나 카르타고를 보다 직접적으로 괴롭힌 문제는 육군의 태반을 이루고 있는 용병들에게 급료를 지불할 능력이 없음으로써 발생한 큰 위기였다. 카르타고가 처한 이런 난처한 상황을 이용하고 이익을 얻으려는 유혹이 상당수의 로마인들에게 뿌리칠 수 없을 정도로 컸다는 것이 결국 입증되었다. 그것은 로마인들이 스스로 자랑스럽게 생각한 공정한 거래에 대한 명성과 정반대되는 태도였다.

휴전 없는 전쟁과 로마의 책략 (기원전 241~238). 카르타고는 제1차 포에니 전쟁이 끝날 때 로마와 평화 조약을 맺자마자 자체의 용병들과 너무나 잔인하고 야만적인 전쟁을 치러야 했다. 용병들이 시칠리아에서 귀환한 즉시 그중 2만 명이 정부에 대해 그동안 밀렸던 급료와 시칠리아에서 하밀카르 바르카가 약속했던 보상을 요구했다. 당시 대(大) 한노 같은 반동적인 지주들이 장악하고 있던 카르타고 정부는 이러한 합리적인 요구를 거절했다. 용병들은 반란을 일으킨 뒤 억압받던 리비아 본토인들, 즉 동쪽의 리비아-페니키아인들과 서쪽의 누미디아인들과 한 편이 되었다. 곳곳에서 반란의 불길이 뜨겁게 타올랐다. 용병들은 광활한 지대의 지배자가 되었고, 카르타고는 거기서 고립되었다. 그것은 중단 없는 전쟁이었고, 따라서 휴전 없는 전쟁(the Truceless War)으로 알려진다. 추후에 사르디니아에서도 비슷한 반란이 일어났다.

카르타고인들은 생애 처음으로 실제로 전투를 치르는 경험을 하게 되었다. 한노가 군 통수권을 쥐고 있었지만, 그의 '위대성'은 아무런 군사적 성공도 거두지 못했다. 상황은 하밀카르 바르카가 통수권을 취할 때까지 악화되었다. 온갖 방법의 잔학 행위, 십자가형, 무자비한 행위가 양 진영에서 자행되면서 전쟁이 3년을 끌던 끝에 하밀카르가 최종적으로 반란을 진압했다.

처절한 생존 투쟁을 하는 과정에서 카르타고인들은 예상치 않게 로마로부터 동정과 지원을 받았다. 로마는 반란군 진영에는 식량 원조를 거절한 반면에 카르타고 진영에는 식량 원조를 제공했고, 이탈리아와의 무역을 허용했으며, 심지어 그곳에서 군대를 모집할 수 있게 했다. 아울러 로마는 우티카와 사르디니아의 반란 진영이 동맹 체결을 호소해왔을 때도 그것을 거절했다.

그러나 아프리카에서 카르타고에 대한 반란이 진압되자, 카르타고에 반감을 가진 파벌이 로마 원로원에서 우위를 점하게 되었다. 기원전 238년에 하밀카르가 사르디니아를 재점령하기 위해 이동을 시작하자, 이 파벌은 원로원 의원들을 상대로 사르디니아 반란 세력의 호소를 경청하고, 사르디니아와 코르시카에서 카르타고를 축출하고, 1200탈렌툼의 배상금을 증액하여 요구하자고 설득했다. 로마는 아무런 제재를 받지 않고도 이 국제적 해적 행위를 저지를 능력이 있었다. 카르타고는 함대도 없었고 저항할 수도 없었기 때문이었다. 하지만 사르디니아 본토인들은 자기 영토를 점령하려 드는 로마인들에 맞서 격렬히 항전했고, 그 결과 로마는 기원전 225년에야 비로소 사르디니아를 완전히 점령했다. 이로써 두 개의 섬이 로마의 두번째 속주가 되었다.

카르타고의 회복. 사르디니아와 코르시카를 상실한 직후, 카르타고는 급속히 회복했다. 그것은 주로 하밀카르 바르카의 재능과 열정에 힘입은 결과로서,

그는 용병들을 물리치고 카르타고를 지중해의 강국으로 회복시켰다. 그의 주도로 히스파니아를 재정복함으로써 두 섬의 상실을 벌충하고도 남는 수확을 거두었다. 제1차 포에니 전쟁과 그뒤의 휴전 없는 전쟁을 벌이는 동안, 카르타고는 가데스를 제외한 히스파니아의 대다수 지역을 본토 반란자들에게 빼앗겼고, 무역권의 대부분을 지중해 서부의 무역에서 주요 경쟁 상대인 그리스 식민시 마실리아에게 빼앗겼다. 하밀카르는 그러한 영토와 기득권을 되찾았고, 그외에도 훨씬 더 많은 것들을 확보했다. 기원전 237년에 가데스에 상륙한 그는 히스파니아 남부의 모든 지역을 정복했고, 전쟁과 외교를 지혜롭게 병행하여 카르타고가 일찍이 소유했던 것보다 크고 부유한 제국을 수립했다.

하밀카르 바르카는 불행하게도 기원전 229년에 익사했지만, 그의 사위 하스드루발이 제국 건설 사업을 지속시켰다. 그는 오늘날 카르타게나(Cartagena)라고 불리는 노바 카르타고를 건설했는데, 이곳이 히스파니아에 위치한 카르타고 제국의 수도이자 해군과 육군의 거점이자 병기고가 되었다. 모든 중요한 광산 지대가 이제 다시 카르타고의 수중에 들어갔다.

여러 해 동안 많은 수의 로마인들은 카르타고가 발전하는 이러한 모습을 점차 의혹과 두려움의 시선으로 바라보고 있었다. 그들에게 특히 경각심을 심어준 것은 제1차 포에니 전쟁 때 대(對) 로마 정책을 대단히 성공적으로 이끌어간 바르카 가문이 히스파니아에 건설된 대제국과, 규모는 작지만 현대화한 해군과 좋은 전투 장비를 갖추고 있고 게다가 히스파니아 종족들과 끊임없이 전쟁을 치르느라 강도 높은 훈련을 거친 카르타고 시민들과 북아프리카 및 히스파니아의 장정들을 보유하고 있다는 사실이었다. 더욱이 히스파니아의 광산들은 그들에게 연간 2천 내지 3천 탈렌툼의 세입을 가져다 주었다. 이 막대한 세입에 힘입어 바르카 가문은 히스파니아와 카르타고 양 지역에서 왕과 다름 없는 권력을 행사했다.

그렇지만 카르타고가 히스파니아에서 이룩한 팽창은 마실리아의 팽창만큼 로마의 경제적 이익에 직접 영향을 주지 않았다. 오랜 세월 동안 맺어온 우호 관계와 아마 이 시기에는 정식 동맹에 의해 로마와 가까웠던 마실리아는 카르타고가 자국의 히스파니아 식민시들과, 특히 제1차 포에니 전쟁 때 카르타고의 침체를 틈타 확장시킨 무역을 위협하고 있다고 로마인들에게 불평했다. 기원전 231년경 로마인들은 히스파니아에 사절단을 보내 실태를 조사하도록 했지만, 사절단은 하밀카르로부터 자신이 다만 카르타고가 로마에 지불해야 할 배상금을 마련할 새로운 세입원을 모색하고 있을 뿐이라는 설명을 듣고는 만족스런 표정으로 돌아왔다.

이베르 조약. 그럼에도 불구하고 히스파니아에서 카르타고의 팽창이 지속되자 마실리아로부터 훨씬 더 큰 불평이 터져나왔다. 마침내 기원전 226년에 로마는 하스드루발과 협상을 벌여 저 유명한 이베르 조약(Ebro Treaty)을 체결했다. 이 조약은 하스드루발에게 전쟁의 의도를 갖지 않고는 이베르 강을 건너지 못하도록 금하되, 강 이남에서는 자유로운 활동을 보장한다는 내용이었다. 이베르 강은 동쪽으로 흐르면서 히스파니아 북부를 가로질러 지중해로 흘러들어가기 때문에, 이 조약은 그에게 이베리아 반도의 7/8에 해당하는 거의 전 지역에 대한 관할권을 넘겨준 셈이었다. 마실리아는 비록 이베르 강과 피레네 산맥 사이에 자리잡은 두 개의 연안 식민시들의 안전을 보장받았고 카르타고령 히스파니아와 평화로운 교역에서 배제되지 않았지만, 틀림없이 불만스러웠을 것이다.

기원전 241년 이후에 로마가 안게 된 문제들. 제1차와 제2차 포에니 전쟁 중간에 로마를 가장 크게 압박하던 문제는 다음과 같은 것들이었다: (1) 새로 확보한 두 속주 시칠리아와 사르디니아에 덧붙여 코르시카까지 관할해야 했던 행정적 부담; (2) 전시에 가장 무거운 부담을 짊어졌던 중간 계층 농민들의 요구를 만족시키기 위한 정부의 개혁; (3) 장차 있을 지도 모르는 갈리아의 공격으로부터 접경 지대를 보호하는 동시에 농업 정착을 위한 더 많은 토지를 확보하기 위한 북 이탈리아 정복; (4) 아드리아 해에 출몰하던 해적들에 대한 소탕; (5) 히스파니아에서 카르타고의 팽창 억제.

시칠리아 정복은 로마에게 이탈리아 바깥 지역을 통치한다는 전혀 새로운 문제를 안겨 주었다. 로마가 새로 정복한 도시들에게 전시에 육군과 해군의 군사적 지원을 받는 대가로 지역 자치 정부를 제공함으로써 그 도시들을 동맹으로 만드는 기존의 이탈리아 정책을 먼저 시행한 것은 자연스러운 일이었다.

그러한 노선에 따라 시라쿠사이와 메사나, 그리고 나중에 다른 두 도시를 동맹에 받아들였다. 하지만 로마는 시칠리아 안에서도 과거에 카르타고의 지배를 받던 그 지역들에 이런 정책을 적용하기가 불가능하다는 사실을 추후에 발견하게 되었다.

시칠리아인들은 로마의 정부 형태에 익숙해져 본 적이 없었다. 그들의 전통은 로마와 사뭇 달랐다. 군사적 지원도 마지못해서 제공되었고, 제공되더라도 항상 소규모인데다 아마 거의 쓸모 없었던 것 같다. 그들에게는 나와서 싸우라고 요청하는 대신에, 그들이 늘 시행해왔던 대로 돈이나 농작물의 형태로 조공을 바치게 하고 따로 내버려 두는 편이 나았다. 이 정책은 로마 자체의 전통에는 낯선 것이긴 했지만 아무튼 로마는 그것을 채택하기로 결정했다. 동방에서 헬레니즘 세계 군주들이 오래 전부터 시행해 왔고 훗날 서방에서 카르타고와 시라쿠사이가 받아들인 정책을 채택하는 것이 로마 역사상 처음으로 편리한 듯했다.

태고적부터 이집트와 고대 근동의 다른 나라들은 무릇 토지란 신의 소유이고, 따라서 지상에서 신을 대표하는 왕의 소유라는 이론을 주장했다. 농부가 몇 마지기의 토지를 '소유'하는 것은 호텔에 묵고 있는 사람이 객실 하나를 소유하는 것과 다름 없었다. 그는 십분의 일 세(稅), 즉 그 토지에서 추수한 농작물의 십분의 일을 바치는 조건으로 그 토지를 사용하도록 허용되었다. 이 이론은 알렉산드로스 대왕과 그 이후에 등장한 모든 헬레니즘 세계 왕들에 의해 채택되었고, 훗날에는 카르타고와 시라쿠사이의 히에로 2세에 의해 채택되었다.

국가가 토지를 소유한다는 이 고대 근동의 이론은 로마인들에게는 낯선 것이었다. 로마인들은 국가가 적으로부터 몰수한 공유지(ager publicus)를 제외한 모든 토지는 개인의 소유라고 믿었던 것이다. 그들은 시칠리아 정복 후 그곳에 대해 근동의 관행을 적용했지만, 시칠리아의 농지에서 거둔 세입을 소작료로 간주하지 않고, 훗날 트리부툼(tribute)이라고 불리게 된 행정과 국방의 경비를 위해 징수된 세금으로 간주했다(트리부툼은 전시에 로마 시민들에게서 거둔 재산세의 명칭이다).

과거에 카르타고나 시라쿠사이의 지배를 받았던 시칠리아의 그 지역들은 조세 제도와 경제 운용 방식이 헬레니즘 세계 이집트와 거의 흡사했다. 로마 인들은 시칠리아의 다른 지역들에 시라쿠사이의 제도를 적용했다. 다만 달랐 던 것은 히에로 2세가 프톨레마이오스 왕조 치하의 이집트와 똑같이 농부들 에게 매년 심어야 할 작물을 지정해 주었던 것과는 반대로 농부들이 원하는 작물을 심도록 허용한 점뿐이었다. 히에로 2세의 법들을 라틴 식으로 개정한 렉스 히에로니카(lex Hieronica : 히에로 법)를 로마인들은 계획 영농을 위해 사용하지 않고 오로지 조세의 목적으로만 사용한 것이다.

로마령 시칠리아의 조세 제도. 시칠리아 같은 농업 속주에서 주요 세입 원은 십분의 일 세(稅)였다(밀이나 보리 같은 추수한 곡물은 십분의 일을 거 두었고, 채소나 과일에는 오분의 일을 거두었다). 기원전 212년까지는 시칠리 아의 절반만 로마령 속주 행정부로부터 십분의 일 세를 요구받았다. 속주의 나머지 지역들은 세금을 면제받았다. 켄투리파이, 할라이사, 세가스타, 할리키 아이, 파노르무스—이 다섯 도시는 전시에 지원을 해준 대가로 자유와 독립을 얻었다. 그외의 네 도시인 메사나, 시라쿠사이, 타우로메니움, 레온티니는 로마 의 동맹 도시들로서 로마의 요청이 있을 때 육군이나 해군을 제공할 의무가 있었다.

기원전 212년 이후에 시라쿠사이는 자체에 종속된 도시들과 함께 로마에 반란을 일으켰다가 실패한 결과 면세 동맹국의 특권적 지위를 상실하고 십일 조 세를 바치게 되었다. 그외에도 이 반란 세력이 장악했던 지역의 일부가 몰 수되고 공유지(ager publicus)로 선포된 뒤 매년 수확한 곡물의 1/3을 소작료 로 내는 조건으로 기존의 지주들이나 다른 사람들에게 임대되었다.

카르타고와 시라쿠사이가 과거에 시행했고 시라쿠사이의 히에로 2세가 자 신의 히에로 법에서 명시했던 십분의 일 세 제도가 로마인들에 의해 채택되 었다. 십분의 일 세를 부과받은 시칠리아 도시들의 정무관들은 해마다 주변 영토의 모든 농부들(지주든 소작인이든)을 대상으로 센서스를 실시하여 농지 규모, 경작 중인 농지의 면적, 파종한 씨앗의 양을 기록했다. 맹세의 문구와 함 께 서명된 그 기록들은 지역 관청의 문서국에 보관되어, 십분의 일 세를 산출 하려는 세금 징수원 푸블리카니(publicani. 개인일 수도 있었고, 세금 징수 회

사의 직원일 수도 있었다)가 자유롭게 열람할 수 있게 했다. 이 센서스 결과
를 근거로, 푸블리카니는 곡물 수확 예상량을 산정하고, 약정된 계약 체결일에
로마의 콰이스토르(quaestor, 재무관) 앞에 가서 징세 액수를 놓고 입찰을 벌
였는데, 그 액수는 곡물 수확 예상량의 10.4%를 기준으로 삼았다. 10%는 속
주 세입으로 들어가고 나머지는 세금 징수원들이 가져갔다. 가장 높은 액수를
부르는 입찰자가 도급을 받고 도급 액수를 선불로 지급한 뒤에 농부들에게 가
서 십분의 일 세의 총량과 그것을 공공 창고에서 지불할 날짜를 명시한 합의
서에 서명을 받았다. 이 합의서들은 지역 관청에 비치되었고, 지역 관리들은
세금을 강제 징수하고 징수된 세금을 속주 국고에 전달하는 일을 책임졌다.

그밖의 속주 세입원은 다음과 같았다: 모든 수입 및 수출품에 부과된 5%의
관세(portoria); 공동 방목지에서 방목되는 가축들의 머릿수대로 현금으로 부
과된 사용한 방목세(scriptura); 공유지에 부과되던 연간 곡물 수확량의 1/3
에 해당하는 소작세; 광산과 채석장에 부과된 사용료.

속주 통치자들. 로마인들은 시칠리아를 통치할 때 먼저 그 도시 행정을 책
임진 콰이스토르들을 통해 로마로부터 직접 통치하려고 했다. 그러나 14년간
의 경험을 통해서 로마가 직접 통치하기에는 너무 멀리 떨어져 있다는 사실과
속주에서는 국방 문제와 법과 치안 유지 문제를 다룰 수 있는 전권을 지닌 정
무관이 필요하다는 사실을 깨닫게 되었다. 콰이스토르는 충분한 권한을 갖지
못했고 다만 콘술이나 프라이토르처럼 명령권(imperium)을 소유한 정무관이
그 일을 할 수 있었다. 따라서 기원전 227년 이후에 로마 민회는 해마다 두
명의 프라이토르를 더 선출하여 한 사람은 시칠리아 총독(gorvernor)으로, 다
른 한 사람은 사르디니아와 코르시카 연합 속주의 총독으로 파견했다.

총독의 고시. 로마 원로원은 비록 속주 통치의 일반 원칙들을 제시하긴 했지
만, 구체적인 사안은 속주 통치를 맡은 총독의 권한에 맡겼다. 새로 선출된 총
독은 부임하자마자 시민 담당 프라이토르의 고시와 비슷한 고시를 발행하고,
자신이 일년의 임기 동안 추구할 규율과 규례를 제시했다. 그 고시에는 그가
자신의 법 집행에 적용할 절차법이 진술되었다. 이 고시들은 해가 바뀌어도

제 모습을 그대로 유지했고, 특별한 상황에서만 변경되었다.

의무와 권한. 속주의 총독은 행정 업무상 한 사람 또는 그 이상의 콰이스토르의 지원을 받았다. 콰이스토르는 재무관이나 세금에서 거둔 세입 관리자 역할을 맡았다. 서열이 원로원 의원에 해당하는 세 명의 레가투스들(legates) — 프라이토르가 지명하고 원로원에 의해 임명되는 프라이토르의 대리인들 — 은 프라이토르와 원로원 사이의 연락관 역할을 했을 뿐 아니라 프라이토르의 고문과 종종 그의 대리자 역할을 하기도 했다. 또한 총독은 속주 통치에 통찰력을 제공할 수 있는 여러 명의 동료들 혹은 가문의 젊은 친구들을 참모로 거느렸다. 그외에도 그는 많은 수의 가내 노예들뿐 아니라 비서들과 서기들로 구성된 직원들을 거느렸다. 속주 총독의 기능은 다양했다. 그는 속주 내의 병력을 지휘하고, 콰이스토르들의 재정 업무를 감독하고, 로마 시민들이 포함된 모든 민사·형사 사건에서 법을 집행할 책임과 속주 공동체들 사이에서 발생하는 분쟁을 중재할 책임이 있었다.

속주 내에서는 총독의 권한이 사실상 절대적이었다. 그의 결정이나 행동을 반대할 동등한 서열의 동료나, 평민의 권익을 옹호하기 위해 거부권을 행사할 호민관이나, 로마에서처럼 높은 권위에 힘입어 그의 전횡에 대해 도덕적으로 제재할 원로원이나, 그가 복종해야 할 법을 통과시킬 민회가 없었다. 외세의 피지배자인 속주 사람들은 항소권도 없었고, 생명의 권리를 지켜 줄 법적 보장도, 자유도, 재산도 없었다. 몇몇 도시들은 로마 원로원에게 받은 자치의 특권을 누렸지만, 그런 특권도 몰염치한 총독들에 의해 쉽게 묵살될 수 있었다. 총독의 임기는 이론적으로는 일년으로 제한되었지만, 후임자 선출을 등한시하거나 방해함으로써 일년이 넘는 경우도 심심치 않게 발생했다. 아울러 이론적으로는 속주 사람들이 학정과 수탈로 인해 총독을 고소할 권리가 있었지만, 키케로 때(기원전 70년)까지 그렇게 했다고 알려진 사례가 없었고, 그 이후에도 대단히 드문 상황에서 극악무도한 수탈와 학정에 대해서만 그런 일이 이루어졌다. 시간이 지나면서 로마 속주의 총독들이 행사한 사실상 무제한의 권력은 로마의 정치 형태인 공화정에 위험한 요소가 되었다. 공화정은 지배 귀족 개개인이 갈등과 불화의 때에 동료들의 동등한 권위를 존중하려는 의지에 기초를 두고 있었기 때문이다. 해외에서 호사스런 독립을 누리는 데 익숙해진 사람들에게는 고국에서 공화정의 제약들이 짜증나는 것이 되었다.

프라이토르 페레그리누스(Praetor Peregrinus) 속주들을 통치하기 위해 콘술들보다 총독들을 선출해야 했던 것은 기원전 242년에 취한 조치, 즉 시민 담당 프라이토르가 혼자서 다루기에는 너무 벅찰 정도로 많았던 법률 분쟁들 — 로마에 상당수의 규모로 들어온 외국 상인들과 이민들 사이에서 발생한 — 을 처리하기 위해 또 다른 총독인 프라이토르 페레그리누스, 즉 외국인 담당 프라이토르를 세웠던 조치의 논리적 귀결이었던 것으로 보인다. 쟁점이 되는 모든 사안들에 로마 법이 반드시 들어맞은 것은 아니었기 때문에, 로마의 시민법(ius civile)을 다른 나라 법률에 담긴 전형과 판례들로 보완하고, 보편의 평등 개념에 기초하여 절차법을 발달시키는 것이 필요했다.

국제적 법 체계. 속주 총독들이 칙령을 작성할 때, 그리고 시민 담당 프라이토르가 로마 시민들과 외국인들 사이의 분규를 처리할 때 프라이토르 페레그리누스와 동일한 관행을 따랐다. 이런 방식으로 로마가 갈수록 보다 광범위한 세계에 개입하게 됨에 따라 폭이 좁은 로마의 민법을 보완한 국제법 체계, 즉 만민법(ius gentium)이 점진적으로 수립되었다. 세월이 흐르면서 이 체계는 광범위하게 확대되어 유스티니아누스 법전(the Justinian Code)과 나폴레옹 법전(the Code Napoleon)에까지 포함되었을 뿐 아니라 현대 국제법의 기초가 되었다. 오늘날 국제법의 최고 권위자들은 프랑스, 네덜란드, 스위스, 이탈리아, 그리고 특히 라틴 아메리카 국가들에서 발견되는데, 이 나라들의 민법은 대체로 로마 법에 기초를 두고 있다.

가이우스 플라미니우스와 개혁의 문제들. 제1차 포에니 전쟁이 끝난 뒤의 시기는 제국 팽창의 시기였을 뿐 아니라 사회 · 경제 · 정체(政體) · 법률 전반에 걸친 개혁의 시기이기도 했다. 이 개혁 운동은 한편으로는 소규모 토지 소유자들과 다른 한편으로는 제1차 포에니 전쟁 때 정부에 돈을 빌려준 대가로 가장 큰 이익을 본 — 그들은 공유지를 대가로 받는 경우가 빈번했다 —

대규모 지주들인 귀족들 사이에 점차 긴장이 고조된 결과로 발생했다. 로마 주변과 라티움 지역에서 소규모 농지를 경작하던 사람들의 불만이 특히 컸다. 강제 징집되어 고향에서 멀리 떨어진 곳에서 오랫동안 전쟁을 벌여야 했던 그들은 고향을 떠날 때 그들의 중요한 생계 수단인 곡식을 방치해 두고 가지 않을 수 없었다. 전쟁 기간에 그들 중 다수가 빚을 졌고, 나중에는 빚을 갚을 돈을 벌 수 없었다. 시칠리아에서 밀이 수입되어 밀 가격이 떨어졌기 때문이었다. 또 다른 불만의 원인은 새로 정복한 토지 중에서 분배하고 정착하기에 적합한 토지가 부족한 데 있었다. 새로 속주로 편입된 시칠리아와 사르디니아는 식민화의 기회를 전혀 제공하지 않았기 때문이었다. 이러한 불만 요인들과 그 밖의 요인들이 합쳐져 정치 불안과 개혁 요구로 이어졌다.

개혁 운동을 주도한 사람은 가이우스 플라미니우스(Gaius Flaminius)였다. 기원전 232년에 호민관을 지낸 그는 사전에 원로원과 상의를 거치지 않은데다 원로원의 격렬한 반대를 무릅쓰고 트리부스 회를 통해서 아게르 칼리쿠스(ager Gallicus) ─ 반세기 전에 갈리아인들로부터 몰수한 아리미눔(리미니) 남부의 공유지 ─ 를 소규모 농지로 잘게 분할하여 평민 가족들에게 분배할 것을 요구하는 투표를 강행했다. 그가 이렇게 전통을 어기고 원로원의 권위와 특권을 무시한 것은 한 세기 뒤에 하층민의 요구를 대변하고 나선 다른 사람들에게 선례가 되었다(참조. 338쪽).

갈리아 전쟁과 북 이탈리아 정복 (기원전 225~222). 귀족들의 입장에 편중된 전승(폴리비오스에 의해 보존된)은 기원전 232년의 토지 분배가 기원전 283년 이래로 온순한 농부들로 살아온 북 이탈리아의 갈리아인들에게 경각심을 심어 주었고, 그들을 자극하여 중부 이탈리아를 침공하게 만들었다고 주장한다. 물론 그것도 갈리아 전쟁의 한 가지 원인이었을 수도 있지만, 그것만 가지고는 보이이인(the Boii)이 아리미눔을 공격했다가 실패한 기원전 236년에 이미 시작되었던 갈리아의 불안정을 다 설명할 수는 없다. 북 이탈리아의 갈리아인들은 주기적으로 남쪽의 새 영토를 정복하는 방식으로 늘어가는 인구를 분산시키려고 모색해왔고, 그런 터에 기원전 236년에 휴전 없는 전쟁(the Truceless War)에 카르타고인들에게 고용되었던 갈리아 용병들이 제대하여 귀환함으로써 불안정을 더욱 가중시켰을 가능성이 있다.

기원전 236년 이후에 로마인들은 아드리아 해에서 발생한 문제들로 골머리를 썩이고 있었고, 그런 차에 갈리아 부족들은 로마에게 도전하기 위해 보다 철저한 준비를 하고 있었다. 기원전 225년에 7만 명으로 추산되는 갈리아인들의 연합군이 아펜니노 산맥을 넘어 에트루리아로 쏟아져 내려와서는 닥치는 대로 약탈했다. 이 위협에 직면한 로마인들은 중부 이탈리아와 남 이탈리아에 사는 동원 가능한 병력을 대상으로 센서스를 시행했다. 폴리비오스에 따르면(2.24) 인구 조사 결과 대략 보병이 700,000명, 기병이 70,000명이었고, 그중에서 보병 250,000명과 기병 23,000명이 로마인들이었다고 한다. 이 엄청난 동원 자원을 대상으로 로마인들은 두 명의 콘술을 지휘관으로 하는 두 개의 강력한 콘술 부대를 일으켰는데, 이 두 개의 부대가 에트루리아 중부 해안에 위치한 텔라몬 곶 근처에서 갈리아인들과 조우하여 그들을 거의 전멸시켰다.

이 승리를 거둔 뒤 로마인들은 북 이탈리아를 정복함으로써 갈리아의 위협을 영원히 종식시키려고 작정했다. 가이우스 플라미니우스는 기원전 223년에 콘술로 있는 동안 인수브레스 갈리아인(the Insubrian Gauls)에게 결정적인 승리를 거두었고, 이 승리가 계기가 되어 기원전 220년 쯤에는 모든 갈리아인들이 로마인들에게 굴복하게 되었다(피에몬테의 타우리니인과 그밖의 몇몇 알프스 산록 지대의 부족들을 제외하고). 그는 기원전 220년 켄소르로 재직할 때 거대한 군사 도로를 건설할 준비를 했다. 플라미니우스 가도라고 하는 이 군사 도로는 로마에서 북동쪽으로 뻗어 아드리아 해의 아리미눔에 이르며, 오늘날 이탈리아에서 가장 중요한 철도들과 자동차 도로들 중 하나의 전신이 되었다. 같은 해에(혹은 약간 늦게) 그는 포 강 중앙의 도하 지점들을 장악하고 토지에 굶주린 로마의 농부들에게 숨통을 틔워 주려는 목적에서 크레모나와 플라켄티아(피아첸차)에 라틴 식민시들을 건설했다.

켄투리아 회 개혁. 가이우스 플라미니우스가 활동할 때, 아마 기원전 220년 그가 켄소르로 재직할 때 정체(政體)에 대단히 중요한 의미를 지닌 개혁이 있었는데 그것은 오랫동안 로마의 유산 계층을 겹겹이 지켜준 보루였던 켄투리아 회의 개편이었다. 기원전 241년에 투표권을 지닌 두 개의 트리부스들이 로마의 시민단에 추가되어 트리부스들의 수를 최종적으로 서른다섯 개로 늘려놓았다. 개편의 결과 트리부스들은 새로 참정권을 받은 시민들이 주거지와 상관 없이 배정되는 순전히 행정적 구분이 되었다. 켄투리아 회는 그 모임에서 이루어지는 투표를 보다 평등하게 만들기 위해서 새로운 트리부스 조직에 준하여 재조직되었다.

과거에는 가장 부유한 사람들이 켄투리아 회에서 다수 표를 장악했다. 18개의 켄투리아가 기병 즉 에퀴테스에 할당되었고, 80개의 켄투리아가 5개의 재산 계층 중 제1등급에게 할당되었다. 나머지 네 계층에게는 각각 20개, 20개, 20개, 그리고 30개의 켄투리아가 할당되었고, 프로레타리이에게는 5개의 켄투리아가 할당되었다. 단위 투표 원칙에 따라 가장 부유한 계층이 98표를 가졌고, 95표는 나머지 시민들이 나누어 가졌다. 개혁이 시행된 뒤에도 기병과 프로레타리이가 종전대로 각각 18개와 5개의 켄투리아를 보유했지만, 다섯 등급의 재산 계층들은 각각 청년조와 장년조(마흔다섯 살이 넘은 남자들)에 공평히 배정되어 구분된 70개씩의 켄투리아를 배정받았으며, 그로써 켄투리아의 총수는 373개(350개에 23개가 더해짐)가 되었다.

그러나 켄투리아 회의 전통적인 표수 193개를 유지하기 위해서, 네 개의 하위 재산 계층을 구성한 280개의 켄투리아들은 두세 켄투리아가 합쳐서 하나의 투표권을 가짐으로써 1백 개의 단위 표를 만들어 냈다. 이런 방식으로 가장 부유한 시민들이 독단적으로 표의 향배를 결정할 수 없었다. 왜냐하면 다른 시민들이 105표(프로레타리이의 다섯 표와 다른 네 재산 계층의 280개 켄투리아가 장악한 100표)를 가지게 된 데 반해, 그들은 88표(기병 켄투리아의 18표와 제1등급 재산 계층 켄투리아의 70표)밖에 장악하지 못하게 되었기 때문이다. 따라서 이제는 켄투리아 회에서 다수결의 단위 투표가 이루어지기 전에도 적어도 제2등급 재산 계층도 투표에 참여할 수 있게 되었다.

이러한 개혁은 아마 토지 소유자들뿐 아니라 상인들까지도 포함한 제2등급 센서스 계층의 재정적 자격을 갖춘 시민들의 영향력이 증대된 것을 보여 준다. 그러나 제1등급과 제2등급 사이의 재산 차이가 서로 빈번히 이해가 엇갈릴 만큼 심하지 않았고, 따라서 제2등급 재산 계층이 지닌 투표권의 가치를 늘린다 해도 대규모 지주들에게는 그다지 큰 위협이 되지 않았다.

절차법상의 또 한 가지 변화는 맨 처음 투표할 수 있는 권리가 기병 켄투리
아에서 제1등급의 청년조 켄투리아들 가운데 하나(매번 제비뽑기로 선정함)에
게로 넘어간 것이다.

그 시기의 다른 개혁들. 여러 정치가들이 자신들의 정치적 지지자들을 확
보하기 위해서 그밖의 개혁을 추진했다. 기원전 218년에 호민관 퀸투스 클라
우디우스(Quintus Claudius)는 추측컨대 가이우스 플라미니우스의 선동으로,
원로원 의원이 해외 무역을 할 수 있을 만큼 대형 선박을 보유하거나 운영하
는 것을 금한 클라우디우스 법(lex Claudia)의 통과를 이끌어냈다. 추측컨대
원로원 의원들 중에서 이 법안을 지지한 사람은 플라미니우스 혼자였다는 점
을 감안할 때, 상당수의 원로원 의원들이 해외 무역에 손댔던 것으로 보인다.
반면에 만약 그 법안의 의도가 정말로 원로원 의원들로 하여금 장사에 손대지
못하도록 금하려는 것이었다면, 적어도 다른 원로원의 상업 활동을 시샘하던
원로원 의원들이나 소신 있는 원로원 의원들이 그 법안을 지지했을 가능성이
있다. 그러나 그것보다도 플라미니우스와 클라우디우스가 원로원의 경쟁자들
에게 제재를 가함으로써 제1차 포에니 전쟁에서 카르타고에 패한 뒤에 해외
무역에 생긴 공백을 메꾸는 데 기여한 수많은 부유한 비(非) 원로원 인사들로
부터 호의를 얻으려고 했을 가능성이 더욱 크다.

과거에 기원전 312/310의 켄소르를 지낸 아피우스 클라우디우스 카이쿠
스와 기원전 304/3년의 아이딜리스를 지낸 나이우스 플라비우스에 의해 시작
된 추세에 따라, 호민관으로서는 최초로 대사제 직에 올랐던(기원전 254) 티
베리우스 코룬카니우스(Tiberius Coruncanius)는 자신이 누구에게나 무료 법
률 상담을 해줄 준비가 되어 있다고 공표했었다. 가이우스 플라미니우스 때
박학한 법학자 섹스투스 아일리우스 파이투스 카투스(Sextus Aelius Paetus
Catus)는 12표법과 복점관들에 의해 전수된 법률 해석들에 대한 유명한 주석
을 집필하기 시작했다. 기원전 204년에 이 저서가 출판된 뒤에는 부자든 빈민
이든 누구나 로마 법을 자기 힘으로 배울 수 있었다.

일리리아 전쟁 (기원전 229~228, 220~219). 북 이탈리아에서 갈리아로부터 위협을 받을 때부터 기원전 218년에 제2차 포에니 전쟁이 발발하기 직전까지, 로마인들은 두 차례에 걸쳐 일리리아 전쟁을 벌였다. 로마인들이 지중해 동부에서 최초로 벌인 이 전쟁들은 방어전이나 제국 확장을 위한 전쟁이라기보다 경찰 행위에 가까운 전쟁이었다.

제1차 포에니 전쟁이 진행되는 동안, 알바니아와 유고슬라비아의 해안 지대 대부분을 차지하고 있던 일리리아의 군주 아그론(Agron)이 남쪽의 주변 종족들과 전쟁을 벌임으로써 자기 왕국을 크게 확장했다. 그가 죽자 그의 아내 테우타(Teuta) 여왕은 침공을 계속하여 에피로스를 정복하고 영토를 코린토스 만까지 넓혔다. 그러나 로마인들이 개입하게 된 것은 테우타 여왕의 침공 때문이 아니었다. 그것은 오히려 일리리아인들이 태고적부터 저질러온 해적 행위를 테우타가 막을 능력도 의지도 없었기 때문이었다. 일리리아 해안은 해안선이 들쭉날쭉하고 울퉁불퉁한데다 작은 섬들이 무수히 널려 있어서 마음만 먹으면 이 짭짤한 사업을 쉽게 벌일 천혜의 자연 조건을 갖추고 있었다. 일리리아 해적들은 가볍고 빠른 선박을 이용하여 잠복하고 있다가 인근을 통과하는 상선을 숱하게 약탈했다. 이들은 그리스의 세력이 약해진 틈을 타서 바다를 마음껏 휘젓고 다니면서 그리스 선박뿐 아니라 이탈리아 선박까지도 공격하고 승무원들을 납치하거나 살해했다. 이들은 점점 더 대범해져 이탈리아 남부의 아드리아 해 연안 도시들을 노략했다. 이 해적들의 희생자들 중 상당 수가 로마 동맹국 사람들이었기 때문에 로마는 행동에 나서지 않을 수 없었다.

기원전 230년에 두 명의 로마 사절들이 그런 사태에 대해 항의하기 위해서 일리리아의 수도 스코드라(스쿠타리, 스카다르)에 도착했으나, 테우타는 당시에 전쟁을 벌이느라 바빠서 자기 국민들이 선천적 권리라고 주장하는 그 문제에 관한 시덥지 않은 항의를 경청할 여유가 없었다. 로마 사절들의 항의는 무례하게 일축되고 그들도 퇴짜를 맞는 수모를 겪었다. 귀국 길에 두 사절 중 한 사람이 살해되었다.

로마는 즉각 행동에 나섰다. 기원전 229년 여름에 2백 척으로 구성된 함대가 코르퀴라(코르푸) 섬 근처에 나타났다. 테우타에게 섬 방어 책임을 맡은 파로스의 데메트리우스(Demetrius of Pharos)는 여왕을 배반하고 전투 한 번 치르지 않은 채 로마인들에게 항복했다. 로마 함대는 아폴로니아와 디르하키움(두라초) 두 읍을 공격하고 있던 2만2천 명의 로마 육군을 지원하기 위해 북쪽으로 올라갔다. 이들을 격퇴할 수 없었던 테우타는 평화 조약을 요청할 수밖에 없었다. 로마인들은 테우타에게 그리스 정복을 중단하고, 로마인들에게서 빼앗아간 섬들과 해안 읍들의 소유권을 포기하고, 두 척 이상의 일리리아 선박이 리수스(오늘날 알바니아의 읍 알레시오)를 통과하지 못하도록 하는 조건으로 왕권 유지를 허락받았다. 데메트리우스는 반역에 대한 보상으로 본토의 일부 읍들뿐 아니라 그의 고향인 파로스 섬의 통치권을 얻었다.

하지만 데메트리우스는 어느 누구에게도, 심지어 로마인들에게도 진실할 수 없었다. 테우타가 죽은 뒤, 그는 발칸 반도의 문제에 로마가 개입해 주기를 내심 바라던 마케도니아의 대리 왕 안티고노스 도손(Antigonus Doson)과 공모하여 도둑질하듯 자기 왕국을 일리리아 전역으로 확장하고, 로마의 보호령들을 침공하고, 훨씬 남쪽에 위치한 그리스 도시들을 공격하고, 에게 해로 깊숙이 들어가 해적질을 했다.

이런 행위들에 대해서 팔짱을 끼고 있을 수 없었던 로마인들은 신속히 원정을 감행하여 데메트리우스의 알바니아 왕국을 정복했고, 데메트리우스는 마케도니아의 왕으로 새로 즉위한 젊은 필리포스 5세(Philipos V)의 궁으로 도피했다. 그는 그곳에 여러 해를 묵으면서 젊은 왕에게 온갖 복수 음모를 충동질했다. 로마인들은 더 이상 일리리아 원정을 계속할 수 없었다. 그 순간에 지중해 서쪽 끝에서 불길한 소식이 들려오기 시작했기 때문이다.

하밀카르 바르카가 죽은 뒤 그의 사위 하스드루발은 히스파니아 반도 중 이베르 강 이남의 거의 전지역을 카르타고의 지배하에 들어오게 했다. 기원전 221년에 하스드루발이 켈트인 부관과 개인적으로 다투다가 암살을 당하자, 하밀카르 바르카의 장남 한니발이 그의 직위를 계승했다.

한니발과 히스파니아에서의 발전. 한니발의 성품에 관해서는 알려진 바가 그리 많지 않다. 폴리비오스는 하밀카르가 아홉살 난 한니발에게 만약 제단으로 가서 절대로 로마의 친구가 되지 않겠다고 맹세한다면 히스파니아로 데려가 주겠다고 했다는 공상적인, 하지만 사실일 가능성이 큰 이야기를 전한다.[1] 그뒤부터 한니발은 평생을 병영에서 지냈다. 장군이 된 뒤에도 병사들과 함께 식사를 하고 그들과 똑같은 옷을 입었다. 병사들과 똑같이 불침번과 보초를 서는 조건으로 잠을 잤고, 잘 때도 외투 하나만 덮고 잤다. 그의 지도력은 대단히 뛰어났음에 틀림없다. 그렇게 보게 되는 이유는 그가 아프리카, 히스파니아, 갈리아, 페니키아, 그리고 그밖의 여러 종족 출신의 병사들로 구성된 부대를 15년간 계속해서 지휘했고, 게다가 그가 병사들을 이끌고 길고 무수히 많은 강과 습지와 심지어 눈 덮인 알프스 산맥을 넘어 길고 피곤한 행군을 감행하는 동안 단 한 차례의 항명이나 반란도 일어나지 않았기 때문이다.

2년을 준비한 뒤 한니발은 히스파니아의 카르타고 수도인 카르타케나(새 카르타고)로부터 오늘날 살라망카에 해당하는 지역을 향해 북서쪽으로 진군하여 타구스 강 상류와 두로 강의 여러 종족들을 정복했다. 이제는 사군톰(사군토)을 제외한 이베르 강 이남의 히스파니아 전 지역이 정식으로 카르타고의 영토로 선포되었다. 암반 고원에 자리잡고서 중동부 해안을 한눈에 내려다 보던 소도시인 사군툼은 마실리아의 교역 상대였고, 기원전 230년과 219년 사이의 어느 시점에 로마와 동맹을 체결했다.[2]

기원전 219년에 한니발은 그의 표현을 빌자면 카르타고에 속한 이웃 종족들을 정당한 사유 없이 공격했다는 이유로 사군툼을 포위했다. 여덟 달에 걸친 필사적인 공방전 끝에 그 소도시는 함락되었다. 사군툼이 함락된 것을 계기로 제2차 포에니 전쟁이 시작되었다. 이 전쟁은 로마를 지중해 세계의 강국으로 만들어 주었고, 로마로 하여금 동방 그리스의 헬레니즘 세계 왕국들을 정복하도록 빌미를 제공한 사건들을 촉발시켰다.

---

1) 훗날 로마의 저자들은 한니발이 로마를 영원히 적으로 삼겠다고 맹세했다고 전하는데, 그것은 폴리비오스가 전하는 것보다 로마에 대한 더욱 적극적인 적개심을 뜻하는 것으로서, 아마 전쟁의 책임을 몽땅 한니발과 그의 가문에게 떠넘기려는 로마인들의 시도였던 것 같다.

2) 사군툼과 그 주요 교역 상대인 마실리아는 자신들의 은화의 무게를 기원전 231년경에 일리리아로부터 처음으로 도입된 로마의 승리 주화(victoriatus)의 무게로 통일했다. 기원전 226년의 이베르 조약에 사군툼에 관한 언급이 전혀 없는 점으로 미루어 볼 때, 사군툼은 기원전 226년 이후의 어느 시점에, 틀림없이 마실리아의 끈질긴 주장에 힘입어 로마와 동맹을 맺었던 것으로 보인다.

9

제2차 포에니 전쟁 (기원전 218~201)

제2차 포에니 전쟁의 원인. 로마와 카르타고 어느 쪽도 제2차 포에니 전쟁을 적극적으로 도발하지 않았다. 한니발과 바르카 가문이 강렬한 복수심으로 오래 전부터 로마를 침공할 계획을 세웠었다는 지극히 단순한 견해는 양측 모두에게 편리한 허구였다. 로마인들은 이 허구가 자기들의 책임을 면제해 주기 때문에 좋게 받아들였고, 훗날 많은 카르타고인들은 이 허구가 로마의 승자들을 대할 때 오직 바르카 가문만 희생양으로 삼을 수 있도록 해주었기 때문에 좋게 받아들였다.

기원전 238년과 219년 사이에 카르타고인들과 로마인들은 제1차 포에니 전쟁을 끝내면서 체결한 조약과 이베르 조약을 충실히 지켰다. 이 조약들은 하스드루발과 체결한 것들이었다. 로마인들이 이베르 강 이남의 사군툼 시와 우호 관계를 맺은 것도 두 조약 중 어느 것도 어긴 것이 아니었다. 그것은 로마의 귀중한 동맹 시 마실리아를 선린 관계 안에 묶어두려는 조치였을 뿐, 카르타고인들이 히스파니아에서 벌인 행동에 대한 공식적인 적대 행위가 아니었다. 물론 일부 로마 원로원 의원들은 장차 전쟁이 터지면 사군툼이 작전을 펼치기에 유리한 전략 거점이 될 것이라고 생각했겠지만 말이다. 당시에 한니발은 로마가 사군툼에서 발생한 내분을 중재하는 과정에서 친 카르타고 파벌에게 제재를 가한 사실에 분개를 표시하지 않았고, 사군툼을 자극하여 로마인들을 분노케 하지 않으려고 조심했다.

그러나 여러 가지 요인들이 양국으로 하여금 서로 두려워하고 오해하게 만들어 서로를 궁지에 몰아넣고, 양국의 관계가 파국에 직면했을 때 선전포고를 기꺼이 받아들이도록 만들었다. 무엇보다도 사군툼은 히스파니아에서 상업적인 경쟁 도시인 마실리아의 사주를 받아 한니발이 이베르 강에 이르는 다른 모든 영토를 장악하려 한다는 불평을 로마 원로원에 끊임없이 제기했다. 기원전 220년에 아마 카르타고의 의도를 견제할 뿐 아니라 사군툼과 마실리아를 유화하기 위해서, 원로원은 실태를 파악할 사절들을 파견했다. 그들은 한니발에게 사군툼이 로마와 신의(fides) 관계를 누리고 있다는 점을 지적하면서, 그에게 이베르 조약을 상기시켰다. 한니발의 입장에서 로마 사절들의 이러한 행동은 틀림없이 로마의 불필요한 간섭으로 비쳤을 것이다. 그는 아마 로마인들이 과거에 시칠리아의 마메르티니 부대와 사르디니아의 용병 반란을 이용했던 것처럼 이번에도 카르타고를 적대시하기 위해 사군툼을 이용하고 있다고 우려했을 것이다. 한니발은 즉시 자신의 정세 분석 보고서를 카르타고 원로원에 보내면서 조언을 요청했다. 카르타고 원로원은 그의 분석에 동의했음에 분명하다. 한니발이 다음에 취한 행동이 기원전 219년 초 사군툼을 포위한 것이었기 때문이다.

로마인들이 사군툼의 상황을 히스파니아의 카르타고와 전쟁을 벌일 구실로 사용하려는 직접적인 계획을 갖고 있지 않았던 것이 분명하다. 당시에 그들은 정반대 방향인 일리리아에 두 개의 콘술 부대를 파견하고 있었다. 한니발이 사군툼을 침공했다는 소식이 로마에 접수되었을 때도, 원로원은 그 상황을 당장 어떤 행동을 취할 만큼 심각하게 생각하지 않았다. 하지만 기원전 218년 초에 사군툼이 함락되자 상황이 달라졌다. 그 소식은 로마 시민들 사이에 카르타고에 대한 적개심을 불러일으켰을 것이다. 로마의 신의에 따른 보호를 요청하던 도시가 허무하게 함락된 사건으로 로마의 위신은 크게 실추되었다. 처음에는 망설였던 원로원은 이제 한니발에 대해서 중대한 조치를 취하지 않을 수 없었다. 원로원은 지도급 원로원 의원들과 두 명의 콘술로 구성된 사절단을 카르타고로 보내 만약 카르타고가 전쟁을 원치 않는다면 한니발을 로마에 넘기라고 요구했다.

카르타고 원로원 의원들의 다수는 자기들이 지원한 지휘관을 내주는 치욕을 감수할 생각이 없었다. 제1차 포에니 전쟁 말미에 로마인들이 애당초 협상했던 것보다 더 가혹한 조약안을 제시한 일과 훗날 카르타고로부터 사르디니아와 코르시카를 탈취한 일로 인해 틀림없이 증오심을 품고 있을 그들에게 그러한 요구는 감내할 수 없는 것이었다. 카르타고 원로원은 전쟁을 택했다.

많은 로마인들이 전쟁을 원한 데에는 여러 가지 이유가 있었다. 마실리아인들의 주장대로, 히스파니아의 카르타고인들과 갈리아 남부의 켈트 종족들이 결국 힘을 합쳐 로마를 공격할 것이라는 적지 않은 우려가 있었을 것이다. 아울러 기원전 218년의 클라우디우스 법이 보여주듯이, 이제는 해외 무역에 종사하는 무시 못할 로마인들의 그룹이 있었다. 카르타고가 히스파니아에서의 확장에 힘입어 옛 세력을 되찾자, 로마의 무역업자들과 해운업자들은 그들이 더욱 강한 경쟁 상대로 부상할 것을 우려했고, 따라서 카르타고를 한 번 더 약화시키기를 원했을 것이다. 마지막으로, 귀족들 중에는 성공적인 군대 지휘를 통해서 위신을 더욱 증가시키려고 한 야심찬 사람들이 항상 있었다. 기원전 218년의 두 콘술 푸블리우스 코르넬리우스 스키피오(Publius Cornelius Scipio)와 티베리우스 셈프로니우스 롱구스(Tiberius Sempronius Longus)가 그런 사람들이었다. 이들의 가문들은 과거에 사르디니아와 코르시카에 대한 로마의 탈취 작전을 도운 적이 있었다. 그러므로 양 진영은 두번째로 전쟁의 도전을 받아들였다.

한니발의 전쟁 전략. 한니발은 정예 부대를 지휘하고 있었으나 ─ 그 부대는 충직하고, 훈련이 잘 돼 있고, 최고급 히스파니아제 칼과 창을 갖추고 있었다 ─ 그 부대를 보완하고 지원해줄 해군이 없었다. 로마의 해군이 워낙 강해서 카르타고는 해상으로는 대규모 군대에게 군수 물자를 안전히 지원할 수 없었고, 로마인들이 마음대로 교두보를 설치해도 그것을 막을 수가 없었다. 로마인들은 월등한 해군력에 힘입어 여러 전선에서 동시에 전쟁을 수행할 수 있었고, 아프리카와 히스파니아를 동시에 침공하고, 두 지역에 수많은 군대를 동시에 상륙시킬 수 있었다.

한니발이 인력과 물자를 충당한 유일한 원천은 히스파니아였고, 그에게는 잘 훈련되고 믿을 수 있는 부대가 하나밖에 없었기 때문에, 그가 승리를 거둘 수 있는 유일한 길은 단일 전선을 형성하는 데 있었고, 그 전선이 이탈리아에 형성되면 더욱 좋았다. 로마가 위기에 처해 있는 한 로마인들은 대 병력을 이탈리아에 결집시키지 않을 수 없을 것이기 때문이었다. 그로서는 반드시 이탈리아를 침공해야만 주도권을 쥘 수 있었다.

한니발이 이탈리아 침공을 결심한 배후에 깔려 있던 훨씬 더 강력한 이유는 그가 잠재적으로 카르타고의 여섯 배나 일곱 배가 되는 로마의 군사력의 뿌리를 절단하고 싶어한 데 있었다. 로마의 동맹 체제와 이탈리아 연방을 분쇄해야만 그 막대한 전쟁 잠재력을 무력화시키고 파쇄해볼 생각을 할 수 있었다. 그는 북 이탈리아의 갈리아인들이 이미 로마와 전쟁을 벌이고 있었으므로 틀림없이 자기 주위에 규합하리라는 것을 알았고, 중부 이탈리아와 남 이탈리아의 로마의 동맹국들도 동맹을 탈퇴하고서 해방자인 자신에게 합류할 것이라고 기대했다.

로마의 전쟁 계획. 로마인들은 전쟁을 공세적으로 치를 계획을 수립했다. 자신들의 해군력이 막강하므로 즉시 주도권을 쥐고 군사 작전의 무대를 임의로 정할 수 있다고 판단했다. 콘술 푸블리우스 코르넬리우스 스키피오가 지휘하는 부대는 실제로 히스파니아 침공을 위해 마실리아에 상륙했다. 또 다른 부대는 아프리카 침공을 위해 시칠리아에 결집했다. 마실리아 상륙 결정은 이론적으로 좋은 전략이었다. 그곳을 거점으로 히스파니아를 침공할 수도 있고, 혹시 한니발이 이탈리아 북부 침공을 감행할 경우 프랑스에서 한니발을 저지할 수도 있는 등 이중 효과가 있었기 때문이다. 아울러 마실리아에 상륙함으로써 마실리아 함대를 활용하여 히스파니아 해역에서 작전을 펼칠 수도 있었다. 로마인들은 이 몇 가지 효과들 중에서 두 가지만 얻을 수 있었다. 왜냐하면 마실리아에 너무 늦게 상륙하는 바람에 한니발을 저지할 수 없었기 때문이다. 한니발은 이미 그곳을 지나 알프스 산맥을 향해 진군하고 있었다.

알프스 산맥으로의 진군. 기원전 218년 5월 첫날 쯤에 한니발은 보병 4만 명, 기병 6천 명, 그리고 6십여 마리의 코끼리를 이끌고 새 카르타고를 출발했다. 이베르 강을 건너 피레네 산맥을 넘었고, 8월 중순에 론 강에 도착하여 스키피오에게 저지를 받기 전에 그 강을 건넜다. 스키피오는 자신이 너무 늦게 도착했다는 사실을 알고는 자기 형제에게 군대를 끌고 히스파니아로 진군하라고 지시한 뒤, 자신은 한니발이 알프스 산맥을 넘어올 것을 대비하여 키살피나 갈리아에서 두 개 군단 병력을 지휘하기 위해 배를 타고 이탈리아로 돌아갔다.

한니발의 이동 경로는 알려지지 않는다. 그가 알프스 산맥에 들어갈 때 취했을 법한 유력한 이동 경로는 뒤랑스 강 계곡을 타고 올라가는 길이었거나, 아니면 이제르 강을 건너 몽체니 산이나 몽제네브르 산의 고개를 넘어 이탈리아로 들어가는 길이었을 가능성이 유력하다. 어느 경우든 쉽지 않은 경로였다. 험준한 고개, 발목까지 빠지는 눈, 살을 에는 듯한 늦가을 서리, 그리고 무엇보다도 산지 종족들의 뜻하지 않은 공격으로 인해 그는 병력과 물자에 큰 손실을 겪었다. 우여곡절 끝에 북 이탈리아의 평지에 도착했을 때, 그의 병력은 보병 2만6천 명, 기병 4천 명, 코끼리 2십 마리로 크게 줄어 있었다. 그러나 당시에 로마와 전쟁을 벌이고 있던 인수브레스인(the Insubres)과 보이이인(the Boii)이 그의 군대에 합류하여 손실된 병력을 벌충해 주었다. 물론 코끼리는 벌충할 수 없었다. 한니발의 군대는 잠시 휴식을 취한 뒤에 티키누스 강에서 로마 군대를 만났다.

티키누스 전투 (기원전 218). 티키누스 전투는 한니발의 누미디아 기병이 기동력과 장비와 훈련이 떨어지던 스키피오의 기병을 포위하여 물리친 기병들의 소규모 접전이다. 콘술 스키피오 자신도 부상을 입었고, 만약 열일곱살 난 그의 아들에게 구출되지 않았다면 포로 신세를 면치 못했을 것이다. 아버지와 마찬가지로 이름이 푸블리우스 코르넬리우스 스키피오였던 그의 아들은 훗날 카르타고를 정복하고 한니발을 무찌른 아프리카누스(Africanus)이다. 로마인들은 포 강 이남으로 퇴각하지 않을 수 없었다.

이 사소한 패배만으로도 로마인들에게 원래 계획했던 아프리카 침공을 포기하고 다른 콘술 티투스 셈프로니우스 롱구스와 그의 군대를 북 이탈리아로 이동하게 할 만큼 심각한 경각심을 심어 주었다. 로마 군대는 이탈리아로 이동하기에 앞서 아프리카와 시칠리아의 해상 교역로를 장악하고 있던 몰타를 점령할 수 있었지만, 단일 전선을 형성하려고 한 한니발의 시도는 이미 성공을 거두고 있었다.

트레비아 전투 (기원전 218). 두 명의 콘술 스키피오와 셈프로니우스는 4만 명이 넘는 연합군을 거느리고 포 강의 남쪽 지류인 트레비아 강 동편 즉 오른쪽 제방에 진을 쳤다. 혹독한 추위가 몰아친 12월 어느 날 아침에 한니발은 기병 분견대를 선발하여 강을 건너게 했다. 이들은 너무 허약하게 패배하여 쫓겨 도망쳐 왔다. 쉽게 승리를 거둔 데 고무된 로마인들은 빗물로 불어난 강물을 건너 한니발이 진을 치고 있는 맞은 편 둑으로 건너왔으나, 짙은 관목 숲 밑에 매복해 있던 한니발의 군대에게 전격적인 공격을 받아 포위되었다. 1만 명의 로마 병사들만 포위망을 뚫고 플라켄티아(피아첸차)에 도착할 수 있었다. 포 강 계곡 전 지역이 한니발의 수중에 들어갔다.

북 이탈리아를 상실한 사건은 그 지역의 정복과 정착을 장려해온 사람들을 격분시켰다. 그들은 기원전 217년에 가이우스 플라미니우스가 콘술에 선출되도록 도왔다. 그는 인수브레스인을 진압하고 키살피나를 로마의 지배 아래 들어오게 한 인물이었다. 나이우스 세르빌리우스가 나머지 콘술이었다. 병력을 새로 징집하여 새로운 군단들이 창설되었고, 신임 콘술들에게는 현상을 유지하고, 여력이 있으면 북 이탈리아를 수복하라는 주문이 가해졌다.

트라시메네 호수의 전투 (기원전 217). 한니발이 중부 이탈리아로 밀고 내려오는 것을 막기 위해서 세르빌리우스는 아리미눔으로 이동했고, 가이우스 플라미니우스는 에트루리아의 아레티움(아레초)으로 이동했다. 한니발은 에트루리아로 곧장 내려오지 않고 전혀 예상치 않았던 길을 택했다. 그 길은 너무 험해서 로마 군대가 배치되어 있지 않았다. 군대를 이끌고 아르노 강이 범람한 그 지대를 통과하느라 상당수의 병력과 말을 상실한 한니발은 에트루리아에 도착했고, 거기서 방어선이 뚫린 사실을 뒤늦게 안 플라미니우스가 그의 뒤를 근거리에서 추격하기 시작했다. 한니발은 행군하는 동안 옆구리를 노출함으로써 로마 군대가 싸움을 걸어오도록 유도했다. 그러나 플라미니우스는 덫에 걸리지 않은 채 계속 근거리를 유지하면서 그의 뒤를 추격했다. 닥치는 대로 약탈하고 평화스런 마을에 불을 질러도 로마 군대가 공격을 개시하지 않자, 한니발은 교묘한 전술을 세웠다. 마치 자기가 로마를 목표로 진군하고 있는 것처럼 보이게 만들었다. 갑자기 기수를 동쪽으로 틀어 페루지아로 향한 한니발의 부대는 트라시메네 호수의 북쪽 연안을 지나갔다. 호수의 그 부분은 깎아지른 듯한 산이 거의 호수 가장자리까지 내려와 있어서 길이 몹시 협착했다. 이 곳을 제외한 호수 둘레는 육지 쪽으로 움푹 들어가 길이가 8km 가량 되는 작은 평지를 이루고 있었다. 그는 자기 병력을 평지 위에 솟은 산 위에 잠복시켜 놓은 뒤에 기다렸다. 이 평지로 안개가 자욱히 낀 어느 이른 아침에 플라미니우스가 3만6천 명의 병력을 이끌고 행군해 왔다. 그때 한니발의 병사들이 산에서 천둥같은 소리를 지르며 쏟아져 내려왔다. 두 시간이나 계속된 전투에서 로마인들은 대부분 죽거나 생포되었고, 플라미니우스 자신도 죽었다. 얼마 후 세르비우스가 플라미니우스 가도로 내려보낸 4천 명의 기병대도 똑같은 운명에 처해졌다. 이 기병대는 아마 트라시메네 전투에서 몰살당한 군단들을 지원하러 온 듯하다.

프라시메네 패전 소식을 들은 로마인들은 로마가 함락될 날이 머지 않았다고 생각하고서 두려움에 휩싸였다. 그것은 근거 없는 두려움이었다. 왜냐하면 한니발은 공격 장비와 탄탄한 군수 물자 보급이 없이 요새화된 대도시를 공격한다는 것은 무모한 짓인 줄을 알고 있었기 때문이다. 또한 로마인들은 여전히 한니발을 저지할 야전군을 보유하고 있었다. 한니발은 다른 계획을 세워놓고 있었다.

이 탁월한 전투 전술가는 정치가이자 위대한 전략가이기도 했다. 그는 이탈리아를 침공할 때 로마 동맹 체제에서 균열을 찾아내고 그 균열을 어떻게든 넓혀 이용할 수 있을 것이라는 기대를 가졌다. 전투에서 승리하는 것은 오로지 이 목적을 이루기 위한 수단에 지나지 않았다. 그러나 한니발의 군대는 북 이탈리아에서만 만족스런 성과를 거두었을 뿐 에트루리아나 중부 이탈리아에서는 이렇다 할 성과를 거두지 못했기 때문에, 한니발은 남부에서 그런 성과를 거두게 될 것을 기대했다.

지연자(遲延者, Cunctator) 파비우스 막시무스 (기원전 217).

트라시메네에서의 패배, 포위에 대한 두려움, 매일 열리는 원로원 회의, 시민들의 우상 플라미니우스의 전사, 원로원에서 그의 파벌의 몰락, 보수파 원로원 의원들의 재기, 이 모든 것이 독재관 — 30년간 사장되어 있던 직위 — 의 부활과 화려한 혈통에다 정치와 전쟁에 대한 극단적인 보수적 견해를 지닌 이상하고 수수께끼 같은 퀸투스 파비우스 막시무스라는 인물의 등장을 부채질했다. 그가 독재관 직에 오른 것은 대단히 이례적인 일로서, 그 직위는 특히 그에게는 불만스러운 일이었다.

국가가 위기에 처했을 때는 콘술들이 여섯 달 동안 릭토르들과 군 통수권(imperia)과 통치권을 독재관에게 이양하고, 독재관은 자신의 기병 대장을 임명하는 것이 고대로부터 내려온 관습이었다. 그런데 이제 콘술 중 한 사람은 죽었고 다른 한 사람은 로마에서 멀리 떨어져 있었기 때문에 파비우스는 켄투리아 회에 의해 독재관에 임명되었다. 켄투리아 회는 그의 기병 대장으로 저돌적이고 충동적이고 고집센 미누키우스 루푸스(M. Minucius Rufus)라는 인물을 임명했다. 미누키우스는 전쟁 방안을 놓고 사사건건 파비우스와 의견 충돌을 보였다.

파비우스는 독창적이긴 했지만 다소 소극적인 전략을 채택했다. 그것은 새로운 전투 전술보다 — 그는 로마 기병대가 한니발의 기병대에 비해 훨씬 열등했기 때문에 전투를 가급적 피했다 — 소모와 고갈에 입각한 일종의 심리 전술을 위주로 한 것이었다. 이 전략은 한니발이 부주의하게 스스로 막다른 골목으로 들어가서 매우 불리한 여건에서 싸우지 않으면 안 될 처지에 몰릴 때까지 불리한 전투는 일절 삼갈 것을 요구했다. 한편 파비우스는 자신의 군대를 항상 산지에 주둔시켜서 한니발이 우월한 기병대를 활용할 수 없게 하고, 항상 한니발의 후미를 괴롭히고, 그의 행보를 방해하고, 그가 동맹 세력을 확보하거나 식량을 조달하거나 기지를 구축하지 못하도록 가로막음으로써 그를 지치게 하려고 노력했다. 이렇게 적의 사기를 꺾는 전략으로 파비우스는 한니발이 원정을 감행한 주요 목적 — 로마의 동맹 체제 붕괴 — 을 달성하지 못하도록 막을 수 있을 것으로 기대했다.

파비우스의 이 조심스러운 전략은 오늘날까지 '파비우스식'(Fabian)으로 알려져 있으며, 이 전략으로 인해 그는 당시에 지연자(Cunctator)라는 별명을

얻었다. 미누키우스는 이 전술이 몹시 싫었고, 자기들의 군사력을 정확히 파악
하지 못한 다른 사람들도 역시 마찬가지 반응을 보였다. 지연 전술은 양날 선
무기와 같아서 적군뿐 아니라 사용자 측에도 큰 부담을 주는 법이다.

기원전 217년에 미누키우스는 신임 콘술들을 선출하기 위해 모인 민회 앞
에 나타나 쩌렁쩌렁한 음성으로 로마는 아직 총력을 집중하여 한니발과 싸워
보지 못했다고 선언하면서, 전쟁을 하루바삐 끝낼 사람들을 콘술들로 선출해
야 한다고 역설했다. 시민들은 콘술로 새로 선출된 테렌티우스 바로(Terentius
Varro)와 루키우스 아이밀리우스 파울루스(Lucius Aemilius Paulus)가 한니
발을 신속히 제거해 주기를 기대했다.

칸나이 전투 (기원전 216). 두 콘술은 8만 명의 병력을 이끌고 한니발을
치기 위해 아풀리아의 칸나이 근처에 도착했다. 칸나이는 작은 요새이지만 아
우피두스 강 근처에 자리잡은 중요한 군수 물자 기지였다. 그들은 3열 횡대로
대오를 갖추되 평소보다 밀집된 대형을 갖춘 가운데 보병을 한복판에 배치했
다. 오른쪽에 배치된 기병은 파울루스의 지휘를 받았고, 보병과 아우피두스 강
사이에 섰다. 바로의 지휘하에 왼쪽에 배치된 기병은 개활지에 섰다.

한니발은 양쪽의 기병들만 로마 군대와 똑같이 배치하고, 중앙의 대형은 로
마 군대보다 덜 진부한 형태로 배치했다. 주로 갈리아인들과 히스파니아인들
로 구성된 전열은 한복판이 불쑥 튀어나오도록 했다. 그들 뒤에는 전쟁 경험
이 많은 중무장한 아프리카 병사들을 사다리꼴로 배치했다.

눈부신 아침 햇살 아래, 로마 보병이 한니발의 전열을 향해 진격했다. 전열
에 배치된 한니발의 병력은 한동안 로마 보병의 공격에 완강히 버티더니 그
압박을 견디지 못하고 뒤로 빠졌다. 하지만 로마 보병은 여진히 적진을 뚫을
수 없었다. 양쪽 날개에 배치된 아프리카 병력들이 완강히 버티고 섰다. 로마
군대가 서서히 뒷걸음질 치는 한니발의 군대를 따라 깊숙이 들어갈수록 양쪽
에 버티고 섰던 한니발의 군대가 로마 군대를 더욱 좁게 에워쌌다.

보병전이 벌어지는 동안 기병전도 진행되고 있었다. 왼쪽 날개에 배치되었
던 카르타고 기병이 오른쪽 날개에 배치된 로마 기병을 공격하여 쉽게 무너뜨
렸다. 로마 기병은 군단들과 강 사이의 협소한 공간 때문에 전력을 충분히 발

휘하지 못한 면이 있었다. 로마의 오른쪽 기병을 무찌른 카르타고의 왼쪽 기
병은 한 바퀴 돌아 한니발의 오른쪽 기병과 교전 중이던 바로의 왼쪽 기병을
공격하여 그들을 전멸시켰다. 로마 군대의 양쪽 기병이 제거되자, 카르타고의
기병은 마음놓고 로마 보병의 후미를 공격할 수 있었다.

　로마의 보병 병사들은 이미 적진 중앙으로 너무 깊이 들어간 나머지 더 이
상 무기를 사용할 수 없을 정도로 사방으로 꽉 죄었다. 수만 많았지 힘을 제
대로 쓸 수 없었던 이들은 그뒤에 따른 두려운 대학살을 막아낼 수 없었다.
전투가 끝나자 여러 원로원 의원들과 귀족들과 콘술 아이밀리우스 파울루스
를 포함한 7만 명의 로마인들이 시체가 되어 들판에 즐비하게 누워 있었다.
간신히 도망친 사람들 중에는 콘술 바로와 마르켈루스와 젊은 푸블리우스 코
르넬리우스 스키피오가 있었는데, 이들은 훗날 다시 한니발에게 도전하게 된
다. 한니발의 기세는 이제 절정에 달하게 되었다.

　한니발이 칸나이에서 거둔 승리는 전술의 고전적인 모범의 하나로 남아 있
다. 그 승리는 병력의 파격적 배치에 근거했을 뿐 아니라 시간 조절과 협력에
도 근거했기 때문이다. 하지만 만약 한니발의 초승달 형 전열이 너무 빨리 후
퇴했거나 로마 군대에게 돌파를 허용했다면 그의 부대는 두 동강이 나서 쉽게
패했을 것이다. 만약 그의 기병이 제때에 로마 기병을 무찌르고 로마 보병의
후미를 치지 않았다면 전투 결과는 사뭇 달라졌을 것이다.

　전투의 여파. 숱한 로마인들의 목숨을 앗아간 이 피비린내 나는 전투는 트라
시메네 호수 전투보다 더 심각한 결과를 초래했다. 로마인들은 한니발이 로마
로 진격해 올까봐 너무 두려웠기 때문에, 방어 준비에 온 힘을 기울이고, 열여
섯살 이상의 모든 시민들을 징집하고, 심지어 두 개의 노예 군단을 조직했다.

　더욱 심각한 것은 한니발이 애당초 전쟁을 시작했을 때 세웠던 목표를 거
의 다 성취했다는 사실이었다. 로마 동맹국들은 지칠 대로 지쳤다. 더러는 충
성심이 흔들리기 시작했다. 아폴리아의 여러 읍들과 루카니아와 브루티움의
대다수 도시들이 한니발의 손에 넘어갔다. 캄파니아의 카푸아와 시칠리아의
시라쿠사이 같은 큰 도시들이 로마와의 동맹 관계를 끊고 반란을 일으킨 뒤
한니발에게 문을 열어 주었다. 한니발은 타렌툼을 함락시켰다. 심지어 라틴 도

시들과 식민시들 중 일부마저 로마가 엄청난 규모의 인력과 재정을 징발해 가는 것에 대해 불평하기 시작했다. 그보다 더욱 심각했던 것은 로마가 일리리아에 세워둔 교두보들로부터 로마인들을 쫓아내고 싶어하던 마케도니아의 필리포스 5세가 기원전 215년에 한니발과 상호 지원 협정을 체결했다는 사실이었다.

카르타고의 입장에서는 기원전 216~212년만큼 전쟁의 전망이 더 밝았던 때가 없었다. 칸나이 전투 이후, 로마인들은 파비우스가 사용했던 지연 전술을 채택하고 칸나이 전투 같은 식의 전투를 회피하는 전술로 되돌아갔다. 이제 그들은 이탈리아 동맹국들과의 관계를 돈독히 하고 한니발이 이탈리아에서 자기 군대의 군수 물자를 조달하거나 카르타고로부터 보급 물자를 얻지 못하도록 하기 위해서 과거에 한니발에게 넘어간 도시들을 로마에게 돌아오게 하는 일에 주력하기 시작했다. 그러는 동안 시칠리아, 일리리아, 히스파니아에서 열정적으로 전쟁을 수행했다. 이런 과제는 막대한 재정과 인력 지출이 필요했다. 적어도 2백 척의 전함으로 이루어진 함대를 유지해야 했고, 국내외에서 25개 군단 병력에게 식량과 물자를 지원해 주어야 했기 때문이다.

로마인들은 막대한 인력과 자원 때문에 한니발을 저지할 수 있었을 뿐 아니라 배반한 도시들을 재정복할 수도 있었다. 한니발은 카르타고로부터 병력과 물자를 지원받지 않는 한 이탈리아의 동맹국들을 보호하고 동시에 자신의 군대를 보호할 수 없었다. 그는 로마가 자신의 새로운 동맹국들을 하나씩 재정복하는 상황을 무력하게 지켜볼 수밖에 없었다. 그의 속수무책은 그의 위신을 높여주지도 못했고 다른 도시들에게 로마에 반란을 일으키도록 조장하지도 못했다.

로마인들은 아풀리아 도시들을 되찾은 다음 카푸아를 포위했다. 한니발은 카푸아에 병력과 식량을 공급해 줄 수도 없었고 로마인들을 공격함으로써 그 도시를 지켜줄 수도 없었다. 마침내 그는 로마를 공격하는 척함으로써 카푸아를 구출하고 로마인들로 하여금 포위를 풀고 철수하게 만들려고 했다. 그 계략이 실패로 끝나자, 그는 카푸아를 제 운명에 맡겨놓을 수밖에 없었다. 기원전 211년에 카푸아가 함락됨으로써 캄파니아 전역이 로마의 수중으로 되돌아갔다. 2년 뒤 지연자(the Conctator) 파비우스가 기원전 213년에 한니발에 의해 함락되었던 타렌툼을 탈환했다.

시라쿠사이 포위. 카푸아가 함락되기 일년 전에 시라쿠사이가 유명한 로마 장군 마르켈루스(Marcellus)가 지휘한 포위 공격에 함락되었다. 로마에 대해 반란을 일으킨 해(기원전 214년)부터 시라쿠사이는 수학자이자 물리학자인 아르키메데스(Archimedes)가 발명한 장비들과 포병에 힘입어 자체를 방어할 수 있었다. 포위를 당하는 동안 카르타고는 시라쿠사이에게 해군을 지원하는 미미한 시도 외에는 효과적인 지원을 해주지 못했다. 그 도시는 마지막에 히스파니아 육군 대장에게 배신을 당했다. 시라쿠사이는 함락된 뒤 약탈당하여 그 예술품들이 배에 실려 로마로 운송되었고, 영원히 독립을 상실했다. 기원전 210년 아그리겐툼이 함락된 뒤 시칠리아 전역이 다시 한 번 로마의 멍에를 메게 되었다.

제1차 마케도니아 전쟁 (기원전 215~205). 마케도니아의 필리포스 5세는 한니발과 동맹을 체결한 뒤에 그리스와 발칸 반도에서 로마에 대해 두번째 전선을 형성하려고 시도했다. 기원전 214년에 그는 일리리아에 있는 로마의 보호령과 해군 기지들을 공격했고, 카르타고 함대의 지원을 받아 이탈리아를 침공하여 한니발을 지원할 계획을 세웠다. 그러나 기다리던 카르타고 함대는 도착하지 않고, 대신 50척으로 구성된 로마의 소함대가 왔다. 로마인들은 해군 기지들과 기존의 보호령 일부를 쉽사리 탈환했다. 로마인들은 필리포스가 계획하고 있던 이탈리아 침공을 막기 위해서 아이톨리아 동맹 및 그밖의 그리스 국가들과 공세적 동맹을 체결함으로써 그리스에서 반 마케도니아 연합을 결성했다. 필리포스는 그리스 연합을 분쇄하기 위해 네 차례나 탁월한 원정을 감행했지만, 그리스 전쟁은 필리포스를 묶어두어 이탈리아에 와 있는 한니발에게 효과적인 지원을 하지 못하도록 함으로써 로마의 목적에 일조했다. 이로써 이탈리아와 발칸 반도에서 세력 균형이 이루어짐으로써 한동안 전쟁이 한 쪽의 일방적인 승리로 기울지 않도록 막았다.

히스파니아 전쟁 (기원전 218~207). 한니발이 전쟁 1회전에서 패배한 곳은 히스파니아였다. 적장은 기원전 218년의 콘술 푸블리우스 코르넬리우스 스키피오였다. 그는 비록 훌륭한 전략가는 아니었지만, 한니발의 로마 제패 전략의 의미를 이해했다. 한니발이 론 강을 건너는 것을 막을 수 없었던 그는 자기 형제 나이우스를 히스파니아로 보냈고, 자신의 군대가 트레비아에서 패한 뒤에 자신도 그곳으로 가서 그와 합류하였다. 이 히스파니아 원정의 목적은 한니발에게서 주요 거점과 인력 및 물자의 근원을 박탈하고, 한니발의 형제 하스드루발이 이탈리아로 지원군을 파견하지 못하도록 막는 데 있었다.

히스파니아 원정의 승리는 히스파니아 연안에서 로마 해군의 우월권을 확정지었다. 그것은 기원전 217년 마실리아의 지원을 받아 치러진 해전으로 결판났다. 기원전 215년에 두 명의 스키피오가 이베르 강 유역 이베라 근처에서 벌어진 전투에서 하스드루발과 대치했다. 하스드루발은 한니발이 칸나이에서 사용한 것과 똑같은 전술을 사용했지만, 중앙이 너무 허술하여 양쪽 날개가 중앙을 파고 드는 로마 군대를 양쪽으로 좁혀 완전히 포위하기 전에 중앙을 돌파당함으로써 전투에서 패했다. 두 동강이 난 그의 군대는 쉽게 궤멸되었고, 스키피오 형제는 승리의 여세를 몰아 기원전 211년에 사군툼을 함락시켰다. 카르타고가 히스파니아에서 구축했던 지위는 하스드루발이 누미디아의 부정직하고 파렴치한 시팍스(Syphax)의 반란을 진압하도록 북아프리카로 소환됨으로써 더욱 약화되었다.

하스드루발이 패배한 뒤 히스파니아의 여러 종족들이 로마인들에게로 넘어갔지만, 하스드루발이 돌아간 뒤 스키피오 형제는 나중에야 비로소 자기들과 동맹을 맺은 히스파니아 종족들이 얼마나 신의가 없는지를 알게 되었다. 기원전 211년에 많은 히스파니아인들이 탈영하자 로마 군대는 패배했고, 스키피오 형제는 전사했다. 빈약한 전력으로 로마의 최종 승리에 크게 이바지했던 스키피오 형제는 그렇게 최후를 마쳤다.

스키피오 아프리카누스. 전사한 스키피오의 아들이자 조카로서 티키누스 강 전투에서 아버지를 구출했던 미래의 스키피오 아프리카누스(Scipio Africanus)도 칸나이 전투에 참전했다. 그 참패를 겪은 뒤에 그는 로마 군대의 패잔병들에게 계속 싸우도록 독려했다. 그는 기원전 210년에 아버지가 히스파니아에서 전사한 뒤, 켄투리아 회에서 자신의 요청대로 히스파니아의 로마 군 사령관으로 임명되었다. 그는 비록 쿠룰레스 아이딜리스보다 높은 관직을 차지한 적이 없었고, 사인(私人)이었음에도 명령권(imperium)과 콘술 대행의 지위를 받았는데, 이것은 전례가 없는 일이었다.

스키피오는 수준높은 그리스 교육을 받았고, 대다수 로마 귀족들보다 개인주의적이었으며, 유머 감각이 뛰어났다. 패배한 적군 병사들에게 이례적으로 친절과 관용을 베풀었지만, 아울러 비양심적이고 기만적일 수도 있었다. 그는 장군으로서 용기와 충분한 지략과 자신감과 부하들에게 확신을 심어주는 능력을 소유했다.

히스파니아에서 스키피오는 이탈리아제 단도(찌르는 데만 유용한)를 히스파니아제 장창으로 교체했는데, 끝을 강철로 잘 제련한 이 장창은 찌르는 데뿐 아니라 베는 데도 사용할 수 있었다. 절대 확실한 것은 아니지만, 그가 히스파니아제 투창(pilum)을 도입했을 가능성이 있다. 그는 기존의 로마 군단의 밀집 대형을 포기했다. 기존의 로마 군단은 3열 횡대로 배치되고, 각 횡대는 10개 중대 병력으로 구성되었다. 이처럼 무거운 대형은 전진할 때는 가공할 위력을 발휘했지만, 회전이나 방향 전환을 쉽게 할 수 없었고, 따라서 칸나이 전투에서처럼 측면 공격에 취약했다. 또한 전체로서 행동하는 경향이 있었고 병사 개개인이나 소규모 단위 병력이 개별적으로 전투를 벌일 수가 없었다. 스키피오는 칸나이 전투에서 한니발이 사용했던 것과 비슷한 새로운 대형을 채택했다. 그것은 필요할 경우 신속하게 전개하거나 응집할 수 있는 대형이었다. 이런 혁신적인 전술을 실전에서 사용하려면 과거 로마 군대가 받았던 것보다 훨씬 더 강도 높은 훈련과 연습이 필요했다. 훈련소를 나온 신참 로마 병사는 곧 정복의 유용한 도구가 되었다.

히스파니아 정복. 스키피오는 자신의 군대를 훈련시킨 뒤 기원전 209년 적군의 영토로 과감히 진군하여 비범한 기회를 이용하여 카르타고 노바(새 카르타고)의 요새를 함락시켰다. 성을 방어하던 적군은 대개 바닷물에 깊이 잠겨 있던 도시의 바다쪽 성벽의 수비를 허술히 했다. 그러나 마침 강한 북풍이 바닷물을 밀어낸 데 힘입어 로마 병사들은 걸어서 얕은 바다를 건넌 뒤 성벽을 기어오를 수 있었다. 이 행운을 목격한 스키피오의 병사들은 그가 신적인 영감을 받았다고 확신했고, 그도 그러한 신념을 적극적으로 권장했으며, 그로써 그뒤로 병사들은 그의 지시를 맹목적으로 믿고 따랐다.

카르타고 노바의 함락은 스키피오에게 우수한 기지, 은광, 여러 척의 선박, 엄청난 양의 전리품, 돈, 무기, 게다가 카르타고인들이 히스파니아인들의 애국심을 보장받기 위해 인질로 잡아두고 있던 1만 명의 히스파니아인들을 안겨 주었다. 스키피오는 관대하게 그 인질들에게 전리품을 나눠 준 뒤 집으로 돌아가게 해주었다. 그 조치로 그는 히스파니아의 종족들 사이에서 상당한 신망을 얻었다.

하스드루발은 기원전 208년에 스키피오에게 패한 뒤에 자신의 군대를 거의 다 이끌고 후퇴할 수 있었다. 그는 이탈리아에서 한니발과 합류하기 위해서 장정에 올랐다. 그러나 하스드루발이 떠나자 스키피오로서는 히스파니아에 주둔하고 있던 카르타고의 다른 장군들을 공략하기가 한결 쉬웠다. 특히 그들은 서로 뜻이 맞지 않았기 때문이었다. 카르타고의 히스파니아 주둔군은 기원전 207년의 일리파 전투를 끝으로 완전히 무너졌다. 이 전투에서 스키피오는 포위 전략의 대가임을 입증했다. 곧 히스파니아 전역이 로마의 수중에 들어갔고, 심지어 가데스와 말라가 같은 유서깊은 페니키아 식민시들도 자발적으로 로마의 동맹국이 되었다.

메타우루스 강 전투와 하스드루발의 죽음 (기원전 207). 하스드루발이 알프스 산맥을 넘기 직전에 로마의 상황은 좋지 못했다. 농부들이 많이 징집된 까닭에 농업 생산이 감소했고, 많은 비옥한 지역들이 거듭해서 황폐하게 되었으며, 가뭄이 전역에 퍼졌다. 만약 로마가 이집트로부터 약간의 밀을 얻지 못했다면 식량 문제가 심각해졌을 것이다. 이탈리아와 라틴 동맹국들 중 더러는 전쟁으로 피폐해질 대로 피폐해져서 로마에게 더 이상의 인력이나 재정을 공급하기를 거절했다.

만약 하스드루발이 한니발의 군대와 합류하는 데 성공했다면 로마는 전쟁에서 패했을 것이다. 그러나 한니발은 이탈리아에서 유일하게 자신의 좋은 거점인 브루티움을 잃을까봐 두려워서 북 이탈리아에서 자기 동생과 합류하려고 하지 않았다. 그는 북쪽으로 아풀리아까지 진군해 들어왔으나 콘술들 중 한 사람인 가이우스 클라우디우스 네로(Gaius Claudius Nero)가 지휘하는 네 개의 로마 군단에게 저지를 당했다.

더욱이 하스드루발이 자기 형에게 움브리아로 진군하여 로마 근처에서 자신을 만날 것을 요청하며 보낸 서신이 도중에 가로챔을 당하였다. 로마인들은 이제 그의 소재를 정확히 파악하게 되었다. 네 개의 로마 군단이 북쪽에서 그를 기다리고 있었다. 클라우디우스 네로는 소수 병력을 뒤에 남겨 한니발을 감시하도록 한 뒤, 조용히 북쪽으로 진군하여 엿새 뒤에 메타우루스 강에 도착했다. 하스드루발은 전혀 예상치 않게 두 개 로마 군단으로 이루어진 우월한 병력의 공격을 받게 되었다. 그는 서둘러 강을 건너 퇴각하려고 해보았으나 때는 너무 늦었다. 그의 탁월한 부대는 섬멸되고 그 자신도 전사했다. 여러 날 뒤에 잘린 그의 목이 한니발의 진영에 던져졌다. 한니발은 그제서야 자신이 전쟁에 패했음을 알고서 비통한 마음으로 브루티움으로 철수했다.

불행이 두 번 더 잇달아 발생했다. 기원전 205년에 지원 병력과 보급품을 운반하던 카르타고 함대가 폭풍을 만나 좌초했다. 군대를 이끌고 제노아에 상륙한 바 있는 한니발의 막내 동생 마고(Mago)가 같은 해에 패배하여 부상을 입고 다시 제노아로 철수했고, 그곳에서 카르타고로부터 배를 타고 귀국하라는 지시를 받았다. 그는 귀국하는 도중에 죽었다.

마지막 접근. 기원전 206년에 스키피오는 로마로 돌아와 콘술에 선출되었다. 원로원은 전쟁을 끝내는 방법을 놓고 논쟁을 벌였다. 이미 누미디아의 하찮은 두 왕 마시니사(Massinissa)와 시팍스(Syphax)를 상대로 거래를 터놓은 바 있는 스키피오는 아프리카 침공을 원했다. 원로원 지도자 파비우스는 벼락 출세한 그 젊은이, 그의 그리스 사상, 그의 우월감, 앞뒤 가리지 않는 무모함이 싫어서 아프리카 침공안을 극구 반대했다.

결국 원로원은 마지못해서 스키피오에게 아프리카 침공안을 승락했지만, 병력 징집은 승락하지 않았다. 스키피오는 민회에 직접 나가 아프리카 원정 자원자들을 모집하여 7천 명의 입대자를 확보했다. 이들이 이미 시칠리아에 주둔하고 있던 두 개 군단과 함께 아프리카 원정군을 형성했다. 파비우스는 원정이 실패하고 말 것이라고 확신했으나, 그것은 스키피오의 비범한 과단성, 지략, 그리고 카리스마적 지도력을 고려하지 않은 판단이었다. 그의 이런 특징들은 보수 성향의 마르쿠스 포르키우스 카토, 즉 대 카토(M. Porcius Cato〈Cato the Elder〉)도 제대로 평가하지 못했다. 그는 기원전 204년에 콰이스토르를 지낸 인물로서 시칠리아로 간 스키피오에게 배속되었다.[1]

기원전 204년에 스피키오는 튀니지의 우티카 근처에 상륙한 뒤 누미디아의 두 왕 시팍스와 마시니사의 분쟁에 개입했다. 두 왕은 카르타고의 누미디아 총독 하스드루발 기스코(Hasdrubal Gisco)의 아름다운 딸 소포니스바(Soponisba)를 열렬히 사랑했다. 고만고만한 중에서 세력이 좀더 강했던 시팍스가 소포니스바를 얻는 데 성공하여 경쟁자를 폐위하고 카르타고와 동맹을 맺었다. 이제 사랑도 영토도 권좌도 없게 된 마시니사는 스키피오의 진영으로 피신했다.

그 전에 스키피오는 카르타고와 시팍스와 거짓으로 평화 협정을 체결했었다. 그것은 오로지 두 진영의 의심을 무마하고 그들 군대의 특성과 배치 상황을 파악하기 위한 것이었다. 스키피오는 일단 자신이 원하는 정보를 파악하자 밤을 타서 고리버들과 갈대로 지은 시팍스의 군대 막사를 포위하고 불을 질렀다. 카르타고 군대는 그 화재가 우발적인 것으로 생각하고서 서둘러 달려왔다가 시팍스의 군대와 함께 로마 군대의 공격을 받고 궤멸했다. 스키피오는 이제 교활과 배반에서 시팍스와 마시니사보다 한 수 위임을 입증한 셈이었다. 그는 이제 곧 전투에서도 한니발보다 한 수 위임을 입증하게 된다.

마시니사는 곧 시팍스를 생포하고 소포니스바와 결혼한 뒤, 자신이 잃었던 모든 것을 되찾고서 누미디아로 의기양양하게 돌아갔다. 그는 스키피오에게 받은 혜택들에 대한 대가로 로마 군대에게 기병을 제공하라는 요청을 받았다. 얼마 뒤에 스키피오는 혹시 소포니스바가 남편을 유혹하여 카르타고와 동맹을 맺게 할지도 모른다고 우려하기 시작했다. 그는 마시니사에게 상아 의자와

---

1) 일부 학자들은 카토가 콰이스토르를 지낸 해가 기원전 205년이라고 주장하지만, 그것은 너무 이른 시기인 듯하며, 카토와 스키피오가 기원전 204년에 공개적으로 다투었다는 설은 후대에 두 사람간에 빚어진 반목을 연대를 무시하고 투영한 결과인 듯하다.

그밖에 몇 가지 허울좋은 영예와 혜택을 제공하는 방법으로 그를 설득하여 독을 섞은 포도주로 소포니스바를 제거하게 만들었다.

카르타고인들도 스키피오의 교활과 기만과 배반을 모방하여 그에게 평화 협상을 제안하는 한편 뒤로는 이탈리아에 있던 한니발을 불러들였다. 한니발은 이탈리아를 떠나기 전에 청동판에 알프스 산맥을 넘을 때부터 자신의 모든 행위에 관한 연대기를 새겨놓고, 그것을 크로톤 근처의 헤라 라키니아 신전에 보관했다. (폴리비오스는 자신이 그것을 읽었다고 주장한다.) 한니발이 아프리카에 도착한 뒤 평화 협상이 갑자기 중단되었다. 스키피오와 한니발이 나라가라(Naraggara)에서 조우할 때까지 전쟁이 계속되었다. 나라가라는 자마에서 서쪽으로 사흘길을 행군하면 나오는 곳이지만, 그 전투에는 전통적으로 자마의 지명이 붙는다.

자마(나라가라) 전투 (기원전 202). 기병이 취약했던 한니발은 혁신적인 전략을 세우지 않을 수 없었다. 정상적인 절차에 따라 보병의 양 측면을 보호할 기병을 배치한 그는 중앙을 파격적인 방법으로 배치했다. 맨 앞줄에 코끼리들을 세우고, 다음 줄에 경보병 부대를 세우고, 그 다음 줄에 중보병 부대를 세우고, 그 다음 줄은 빈 공간으로 남겨둔 다음 다시 중보병 부대를 세웠다. 마지막으로 후미에 어느 정도 거리를 둔 채 이탈리아에서 데리고 온 노련한 병사들을 예비대로 세웠다. 앞의 세 줄에 세운 보병은 로마의 초기 공격을 흡수하는 방패로 사용한 다음 나중에 로마의 후미를 공격할 때 사용할 계획이었다.

로마의 전투 대형도 두 개의 기병을 측면에 배치하는 방식이었다. 그러나 스키피오는 히스파니아에서 익힌 대로 군단들을 작은 단위 부대들로 세분하고, 단위 부대들 사이에 공간을 남겨 적의 코끼리들이 돌진해 와도 대형이 깨지지 않도록 했다. 그러므로 한니발의 코끼리들은 로마의 대형에는 아무런 피해도 끼치지 않은 반면 양 측면에 배치되어 있던 한니발의 기병에게로 우르르 몰려가 큰 손상을 입혔다. 처음부터 약했던 한니발의 기병은 이로써 곧 마시니사의 기병에게 제압을 당하게 되었다.

약 1만2천 명의 용병들 ― 리구리아인, 켈트인, 무어인 출신들 ― 로 구성된 한니발의 전열은 로마의 공격을 처음에는 용감하게 오래 저지했으나, 리비아 인들과 카르타고인들이 기대한 것만큼 속히 지원하러 오지 않자 자기들이 버림을 받았다고 생각하고는 공포에 휩싸여 후퇴하다가 전진해 오던 제2열에 짓밟히고 말았다. 그러므로 한니발은 전열을 안정시키기 위해서 계획했던 것보다 일찍 예비대를 전열로 내보내지 않을 수 없었다. 잘 훈련된 로마 병력은 처음에는 혼비백산하다가 곧 전열을 가다듬었다. 그러던 중 한니발의 예비대가 후미에서 적의 기병에게 강한 타격을 입었다. 카르타고 군대는 로마 군대의 두번째 공세를 견뎌내지 못하고서 짓밟혔다. 스키피오가 시팍스를 상대로 벌인 교활한 술책으로 카르타고의 기병이 약해진 것이 한니발이 패한 원인이었다. 카르타고 병사들이 대부분 전사했으나, 한니발은 가까스로 도망쳤다.

평화 조약. 카르타고에게 평화 협상을 요청하도록 조언한 사람은 다름 아닌 한니발이었다. 그는 협상 조건이 매우 까다로울 거라고 예상하면서도 그렇게 조언했다. 기원전 201년에 카르타고는 아프리카 바깥의 모든 영토를 포기하고, 누미디아의 독립과 마시니사와 로마의 동맹을 승인하고, 아프리카 바깥에서는 전쟁을 벌이지 않고 심지어 아프리카 내에서도 로마의 허락 없이는 전쟁을 벌이지 않고, 함대를 열 척의 가벼운 트리레미스나 해안 경비선으로 축소하며, 1만 탈렌툼의 배상금을 50년 동안 갚아야 하는 처지로 전락했다. 평화가 선포되자 스키피오는 로마로 돌아가 원로원의 정적들이 한사코 저지하려고 한 개선식을 거행했고, 아프리카누스라는 자랑스러운 칭호를 받았다.

로마가 승리를 거둔 원인. 혹시 한니발이 자마 전투를 승리로 이끌었더라도 카르타고는 전쟁에서 패했을 것이다. 한니발이 이탈리아에서 비록 트라시메네와 칸나이에서 승리했을지라도 로마의 동맹을 깨뜨리지 못함으로써 전쟁의 승패가 일찌감치 결정되었었기 때문이다. 로마의 동맹을 깨뜨리는 것이 한니발의 전쟁 전략 가운데 최우선적인 목표이자 그가 성취하려고 했던 궁극적인 승리였던 것이다. 로마에게 승리를 안겨준 일등 공신은 자마 전투의 승자인 스키피오 아프리카누스가 아니라 지연자 파비우스 막시무스였다. 그가 즐겨 사용한 지연과 고갈 전술이 한니발의 구도를 무력화시키고 로마의 막대한 전쟁 동원력이 가동될 시간을 벌어 주었던 것이다. 그는 지연함으로써 국가를 구했다(cunctando restituit rem).

카르타고 정부 내에 한니발의 반대 파벌이 있긴 했지만, 그의 노력은 국내 정치 문제에 의해 무산되지 않았다. 카르타고는 한니발과 전쟁을 일관되게 총력을 기울여 지원했다. 로마는 당시로서는 파격적으로 공정하고 서로에게 유익한 동맹 체제로부터 카르타고와는 비교할 수 없이 월등한 인적·물적 자원을 공급받았고, 그것이 온갖 역경을 극복하고 그 자원을 활용한 로마의 의지와 합하여 한니발의 패배를 이루어냈다.

한니발의 운명. 후대 역사의 율리우스 카이사르(Julius Caesar)와 나폴레옹과 마찬가지로, 한니발은 전후의 활동을 통해 행정가로서 탁월한 재능을 발휘했다. 전쟁이 끝난 뒤 카르타고의 귀족들은 부정한 방법을 동원하고 전쟁 배상금의 부담을 하층민들에게 떠넘김으로써 자기들의 재산을 지키려고 노력했다. 인민은 일반 병사를 공평하고 선하게 대했던 전쟁 영웅 한니발을 지지하고 기원전 196년에 그를 수페스(shophet, 라틴어로 sufes) 즉 집정관으로 선출했다.

한니발은 수입과 지불 능력에 기초한 조세 세도를 수립하고, 세금 지출에 대해서 정부가 국민에게 책임을 지도록 만들었다. 재정 집행이 대단히 효율적이었던 까닭에 자마 전투가 끝난 뒤 10년밖에 지나지 않은 기원전 191년에 카르타고는 나머지 전쟁 배상금을 일시불로 갚겠다고 제안했다. 로마는 그 제안을 거부했다. 상업과 공업이 전례없이 활기를 되찾았고, 카르타고는 다시 지중해에서 가장 분주한 항구들 중 하나가 되었다. 그럼에도 불구하고 카르타고는 곧 그 효율적인 행정의 유익을 잃게 되었다. 카르타고의 괄목할 만한 회복에 놀란 로마는 한니발이 또 다른 전쟁을 계획하고 있다는 그의 정적들의 비난을 근거로 그를 전범으로 로마에 넘겨줄 것을 요구했다. 한니발은 목숨을 건지기 위해서 동방으로 피신했다. 불행하게도 당시에 로마는 그 쪽에도 관심을 기울이고 있었다. 점차 판도를 넓혀가던 자기들의 제국에 세계의 그 지역을 덧붙이는 과정에서, 그들은 결국 한니발을 집요하게 추적하여 기원전 183년에 그를 죽였다(참조. 238쪽).

10

헬레니즘 세계 동방에서의 전쟁과 제국주의
(기원전 200~133)

로마는 카르타고를 정복하고 지중해 서부를 장악하자마자 동방쪽 절반에 대해서도 힘을 과시하기 시작했고, 그로써 공화국의 해외 제국은 계속해서 확장되었다. 로마인들은 확장을 위한 일관된 정책이나 프로그램을 갖고 있지 않았지만, 그들의 동기는 이탈리아에서 세력을 확장하고 카르타고와 처음 두 번의 전쟁을 치를 때 밟았던 것과 비슷한 복합적인 형태를 띠었다. 한 가지 요인만 가지고는 그것을 설명할 수 없다. 어느 때는 이런 요인이, 또 어느 때는 저런 요인이 좀더 두드러지는 방식으로, 그리고 모든 요인이 서로를 강화해 주는 방식으로 여러 가지 요인들이 한꺼번에 작용했다.

로마가 동방에서 세력을 확장해 간 배경. 천재적인 군사 전략가 알렉산드로스가 일으킨 제국은 처음에는 마케도니아, 그리스, 소아시아 거의 모든 지역, 이집트, 그리고 근동의 모든 지역을 포괄한 터에서 지중해로부터 중앙 아시아와 북 인도로 확장해 갔다. 기원전 323년에 그가 죽은 뒤에 그 제국은 그의 장군들의 세력 투쟁으로 분할되었다. 장군들 중 어느 한 사람도 제국의 유일한 군주로 우뚝 서서 그 통일성을 유지하지 못했다. 기원전 275년 전에 알렉산드로스의 장군들이 조상이 된 세 개의 왕조가 강력한 왕국들을 수립했다.

외눈 왕 안티고노스(Antigonus)에게서 유래한 안티고노스 왕조는 마케도니 아를 지배했고, 이따금씩 그리스의 상당 지역을 지배했다. 프톨레마이오스 왕 조는 이집트, 퀴레네, 홍해와 동아프리카에 따라 설치된 교두보들, 페니키아, 에게 해의 여러 섬들, 그리고 소아시아 해안과 갈리폴리 반도의 일부 도시들 을 지배했다. 셀레우코스 왕조는 소아시아의 서부와 남부를 포괄하는 옛 페르 시아 제국의 대부분과 시리아 북부, 메소포타미아, 페르시아를 지배했고, 한 번 은 인도 북서부, 아프가니스탄, 그리고 중앙 아시아의 투르케스탄까지 지배했 다.

헬레니즘 세계의 작은 국가들 중에는 소아시아 북서쪽 모서리에 자리잡은 페르가몬이 있었다. 아탈로스 1세(Attalus I)와 기원전 3세기 후반 그의 계승 자들 치하에 농업과 융성한 해외 교역으로 부를 얻은 페르가몬은 예술과 문학 의 중심지로 꽃피었고 헬레니즘의 수호자가 되었다. 작지만 또 다른 중요한 국가는 소아시아의 남서단에서 떨어져 있는 섬 나라 로도스 공화국이었다. 로 도스 공화국도 페르가몬처럼 찬란한 문화 중심지였지만, 오로지 해상 교역을 통해서 경제적 번영을 이룩했고, 규모는 작지만 효율적인 해군이 해상 교역을 보호했다.

그리스에는 한때 강성했던 도시 국가들인 테베, 아테네, 스파르타가 여전히 불확실하나마 독립을 유지하고 있었다. 아울러 두 개의 정치·군사적 연방이 있었다. 하나는 작은 도시들과 농촌 공동체들로 구성된 아이톨리아 동맹으로 서, 기원전 250년경에는 코린토스 만 이북의 중앙 그리스의 대부분 지역을 포 괄했다. 다른 하나는 아이톨리아 동맹과 경쟁 관계에 있던 아카이아 동맹으로 서, 펠로폰네소스 반도의 주요 도시들이 많이 가입했으나, 스파르타, 엘리스, 메세니아는 포함되지 않았다.

헬레니즘 세계의 작은 국가들의 존립은 기원전 277~225년에 이집트, 시리 아, 마케도니아라는 세 강대국 사이에 이루어진 힘의 균형에 의존했다. 만약 세 강대국 중 어느 한 나라가 세력과 영토 확장에 성공을 거두면 나머지 두 나라가 힘을 합쳐 그 나라를 견제했다. 세 나라 중 이러한 세력 균형을 좋아 한 나라는 하나도 없었지만, 페르가몬 왕국, 로도스 공화국, 그리스의 아카이아 동맹과 아이톨리아 동맹, 그리고 그 세기 말경에는 이집트에게조차 그것이 구

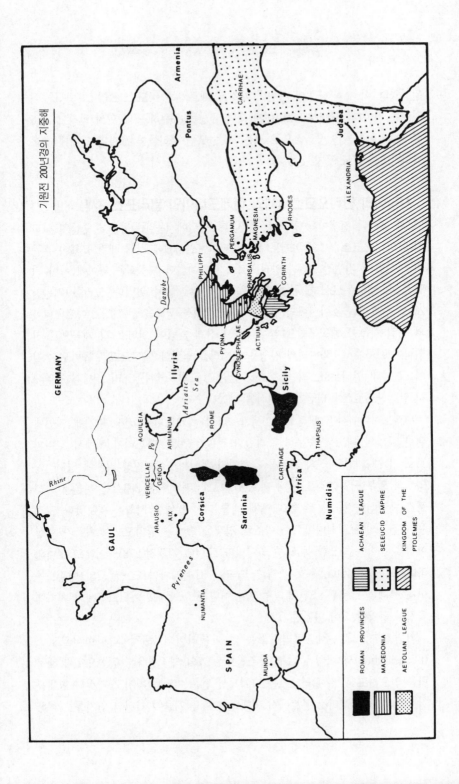

기원전 200년경의 지중해

원이었다. 이 세력 균형이 마침내 깨지자, 페르가몬, 로도스, 그리스 동맹들, 이 집트는 저마다 거듭해서 로마에게 세력 균형을 복원하는 데 힘써 달라고 호소 했다. 이 국가들은 궁극적으로 크든 작든 모든 나라들이 로마의 지배에 종속 되리라고는 꿈도 꾸지 못했다.

시리아의 안티오코스 3세와 마케도니아의 필리포스 5세. 서방에서

제2차 포에니 전쟁이 한창 진행 중일 때, 동방에서는 두 젊은 군주들인 시리 아의 안티오코스 3세와 마케도니아의 필리포스 5세에 의해 세력 균형이 흔들 리고 있었다. 기원전 223년 안티오코스가 열여덟이라는 젊은 나이에 왕이 되 었을 때 셀레우코스 제국은 거의 붕괴 직전에 놓여 있었다. 그러나 기원전 205년경에 그는 소아시아의 광활한 지역에 대한 정복을 완료했고, 아르메니아 와 이란 북부를 재정복했으며, 힌두쿠시 산맥을 넘어 인더스 강 계곡으로 진 입하여 그곳에서 150마리의 전쟁용 코끼리를 얻었다. 안티오크로 돌아오는 길 에 그는 대 안티오코스라는 칭호를 얻었고, 그의 공적은 그리스 세계 전역에 서 알렉산드로스에 버금가는 찬사를 받았다.

마케도니아에서는 필리포스 5세가 제1차 마케도니아 전쟁 말기에 자신에 대한 로마의 태도를 충분히 간파했다(기원전 205). 아드리아 해에서 로마의 보호국들에 대한 자신의 지위를 강화하기 위해서, 그는 전쟁 직후에 일리리아 영토의 일부를 부가적으로 더 확보했다. 그러나 기원전 203/2년 겨울에 필리 포스는 관심을 동쪽으로 돌려 에게 해를 다시 장악할 기회를 엿보았다. 그것 은 이집트의 프톨레마이오스 왕조와 경쟁을 벌여온 안티고노스 왕조가 항상 야심을 품어온 중요한 목표 중 하나였다. 그런데 기원전 273년 이래로 로마와 아미키티아(amicitia, 우호 관계)를 누려온 프톨레마이오스 왕조의 이집트는 이제 부패와 그릇된 조언에 휘둘리던 어린 왕 프톨레마이오스 5세의 치하에 국정이 엉망이 되어 있었다.

기원전 203/2년에 필리포스는 아이톨리아의 해적 디카이아르코스 (Dicaearchus)와 이익을 나누는 조건으로 그의 해적질을 지원함으로써 해군 력을 얻으려고 했다. 필리포스는 그에게서 얻은 이익을 가지고 자신의 함대를 건조했다. 그는 그리스 본토에서 최대한의 힘을 기울여 자신의 입지를 강화했고, 일부 영토를 아이톨리아 동맹에게 돌려 주겠다고 한 약속을 파기했다. 아이톨리아인들은 로마인들에게 다시 한 번 그리스에 개입해 달라고 요청했지만, 로마인들은 여전히 카르타고와 전쟁을 벌이고 있었기 때문에 그들의 요청을 거부했다. 아울러 많은 수의 로마 원로원 의원들은 아이톨리아인들이 기원전 206년에 자기들 마음대로 필리포스와 평화 조약을 맺은 것에 대해 앙심을 품고 있었다.

그러나 함대를 확보한 필리포스는 자신의 힘을 지나치게 과신했다. 그는 에게 해의 이집트 재산을 공격하는 것으로 만족하지 않고, 여러 그리스 독립 도시들을 공격하고 그 시민들을 노예로 삼고 흑해 무역로를 장악했는데, 그 무역로는 로도스와 아테네 양국의 곡물 교역에 치명적으로 중요한 항로였다. 로도스는 선전포고를 하고 로마의 오래된 친구인 페르가몬의 아탈로스 1세(Attalus I)를 설득하여 참전하게 했다. 여러 차례 해전을 벌인 뒤에 아탈로스와 로도스인들은 외국의 도움이 없이는 필리포스를 물리칠 수 없다고 결론을 내렸다. 기원전 201년에 그들은 로마에 사절단을 보내 지원을 호소한 뒤 원로원의 결정을 기다리게 했다. 일년 전만 해도 원로원은 필리포스에 대해서 불평을 쏟아내는 아이톨리아 사절단을 냉정하게 돌려보냈지만, 이제는 그들의 말을 훨씬 경청하는 분위기였다.

사절단은 필리포스가 페르가몬을 침공한 것을 주지시키는 한편, 한니발 전쟁으로 야기된 격앙된 분위기와 필리포스가 칸나이 전투 뒤에 간사하게도 한니발과 동맹을 맺은 일로 형성된 증오심을 이용했다. 그들은 필리포스가 이집트의 해외 재산을 분할하기 위해 안티오코스 3세와 비밀 협정을 체결했다고 비판하고, 그 협정이 궁극적으로는 로마를 겨냥한 것이라고 넌지시 지적했다. 이 '협정'은 로마를 겁주기 위해 선전용으로 내놓은 거짓말일 가능성도 있었으나, 로마인들은 그 말을 심각하게 들었다. 기원전 200년의 선거에서 제1차 마케도니아 전쟁 때 함락된 도시의 주민들을 노예로 만들어 이익을 본 일로 악명 높은 술피키우스 갈바(P. Sulpicius Galba)가 두번째로 콘술에 선출되었고, 마케도니아가 그의 속주로 선포되었다.

제2차 마케도니아 전쟁 (기원전 200~196). 기원전 200년에 콘술에 취

임한 갈바는 켄투리아 회에 마케도니아에 대한 선전포고 안을 내놓았지만, 놀랍게도 켄투리아 회는 그 안건을 부결시켰다. 다수의 로마인들은 또 다른 전쟁을 원치 않았다. 카르타고와의 긴 전쟁으로 지칠 대로 지친 것이다. 전쟁안이 처음으로 제기되었을 때 그들의 마음은 아직 선전에 의해 충분히 오염되지 않았다. 그들을 기꺼이 동참시키려면 시간이 필요했다. 그렇게 된다면 문제는 그들의 손에서 떠나게 될 것이고, 그들은 이 문제에 대해서 아무런 일도 하지 못하게 될 것이었다.

첫 전쟁안을 민회가 거부한 뒤에도 세 명의 원로원 의원들로 구성된 위원회는 집요하게도 상황을 조사하기 위해서 동방으로 향했다. 하지만 그들이 그곳으로 간 실제 목적은 당시에 아테네를 공격하고 있던 필리포스에게 로마 시민들이 요구한 적이 없는 거짓 요구안으로 그를 자극하여 전쟁을 걸기 위함이었다. 그 위원회는 필리포스에게 그리스의 어떤 도시도 침공하지 말라고 요구했고, 아탈로스 1세에게 배상금을 물도록 명령했다. 마치 필리포스가 아탈로스를 선제 공격한 것처럼 말이다. 필리포스는 이 부당한 요구를 받아들일 수 없었기 때문에 군사 작전을 계속했다. 실제로 켄투리아 회가 공식 선전 포고안을 놓고 투표하기 위해 두번째 모이기 전에 로마와 필리포스 사이의 전쟁은 이미 결정된 사안이었다. 민회의 입장에서는 오랜 전쟁으로 지친 스키피오의 노병들이 더 이상의 복무에서 면제된 뒤였기 때문에 그 안을 받아들이기가 한결 쉬웠다. 그러므로 귀족 계층의 로마 지도자들은 서로가 원치도 않고 대의명분도 없었던 전쟁에 두 나라를 끌어들인 전쟁을 결정했다.

로마의 동기. 많은 로마 원로원 의원들과 결국에는 켄투리아 회가 도발을 당하지 않은 채 필리포스에 대해 공세적인 전쟁을 원하게 된 이유는 제2차 포에니 전쟁 이후 로마 제국주의를 향한 일반적인 동기들을 적절히 예시해 준다. 과거에는 로마가 제2차 마케도니아 전쟁을 일으킨 동기에 대해서 영토 확장의 필요나 마케도니아의 정복에 대해 그리스인의 생활 방식을 보존하고 싶은 정조적(情操的) 회구로 설명하는 것이 인기를 얻었지만, 오늘날은 배제된다. 로마인들은 이미 히스파니아와 심지어 북 이탈리아에 자기들이 사용하고도 남을 넉넉한 토지를 보유하고 있었고, 전쟁이 끝난 뒤에도 그리스의 영토를 한 뼘도 차지하지 않았다. 마찬가지로 스키피오 아프리카누스, 티투스 플라미니우스, 아이밀리우스 파울루스 같은 소수를 제외한 대다수 로마 원로원 의원들은 그리스인들을 그다지 부러워하지 않았다. 클라우디우스 가(家)도, 파비우스 가(家)도, 대 카토(Cato the Elder)도, 그들과 손잡고 원로원을 지배하던 사람들도 원로원이 필리포스에 대해 전쟁을 선포할 때 그리스인들에 대해 그런 정서를 갖고 있지 않았다.

로마의 옹호자들은 로마의 동기들에 담긴 방어적 성격을 강조했다. 이런 설명을 이기적인 혹은 순진한 설명으로 일축해 버리기 쉽다. 그러나 당시의 상황을 로마인들의 시각에서 보려고 해야 한다. 카르타고와 치른 두 번의 전쟁, 특히 두번째 전쟁은 로마인들이 강력한 주변 세력에 대해서 전통적으로 지녀온 두려움을 강하게 자극했다. 필리포스는 칸나이 전쟁이 끝난 뒤 한니발과 동맹을 맺음으로써 로마인들에게 이런 두려움을 심어주었음에 틀림없다. 객관적으로 정당했든 정당하지 않았든간에, 필리포스는 피로스나 그 이전의 야심찬 헬레니즘 세계의 군주들처럼 이탈리아를 정복하려는 알렉산드로스의 야심을 갖고 있으리라는 우려는 실제로 많은 사람들의 관심사였다. 페르가몬과 로도스의 대사들이 이구동성으로 그 점을 지적했고, 켄투리아 회에게 선전 포고를 요청한 지도자들도 그 점을 지적했다.

그 우려와 아울러 필리포스에 대한 복수심도 함께 작용했다. 특히 필리포스는 제1차 마케도니아 전쟁에서 그다지 심각한 손실을 입지 않았기 때문이었다. 로마인들의 귀족적 가치관은 로마인들이 열성을 다해 수호한 집단적 긍지와 존엄 의식을 깊게 심어 주었다. 크든 작든, 실제이든 가상이든 로마에 대한 어떠한 경시도 로마의 명예를 지키기 위해 응징해야만 했다.

로마인들은 현대 제국주의 국가들처럼 시장과 원자재에 대한 관심에 큰 영향을 받지는 않았지만, 그래도 경제적 동기들이 존재했다. 기원전 218년의 클라우디우스 법이 지적하듯이, 상당수의 로마인들과 이탈리아의 동맹국 사람들이 해외 무역과 제1, 2차 포에니 전쟁 동안의 영토 확장에 힘입어 부자가 되었다. 그런 개인들은 지중해 동부에서 자신들의 경제 활동 기회를 확장해 주거나 경쟁을 줄여줄 수 있는 전쟁에 대해서 옹호하거나 찬성표를 던지기를 주저하지 않았을 것이다. 그밖에도 그리스 동부는 대단히 숙련되고 지적인 노예들의 보고(寶庫)였다. 갈바는 이미 제1차 마케도니아 전쟁 때 노예들을 생포해 옴으로써 적지 않은 이익을 얻은 바 있었고, 로마 시장에서 그런 노예들을 매매하는 일이 급증하고 있었다. 마케도니아와 또 한 번 전쟁이 벌어진다면 또 한 번 큰 돈을 벌 수 있는 기회가 생길 것이었고, 그것은 언제나 귀족이든 평민이든 로마인들의 마음을 설레게 한 일이었다. 그밖에도 카르타고의 경우에서 볼 수 있듯이, 전쟁에서 이기면 부유한 적국들에 대해서 거액의 배상금을 받아낼 수 있었다.

해외 전쟁은 아울러 로마의 귀족들의 야심을 자극했다. 스키피오가 한니발을 꺾음으로써 얻은 엄청난 군사적 영광은 그에게 탁월한 디그니타스(위엄)와 아욱토리타스(권위)를 안겨 주었다. 푸블리우스 술피키우스 갈바와 그 뒤를 이어 콘술이 될 자격을 갖춘 사람들은 해외에서 또 한 번 대전이 벌어지면 스키피오와 동일한 공적을 세우게 되기를 희망했다. 마지막으로 그런 전쟁들에 참전한 대규모 군대들은 로마 광장에서 정치 투쟁이 벌어질 때 유용한 지지자들이 될 수 있는 전역 군인들의 수를 늘려 주었고, 해외의 부유하고 강력한 친구들을 얻음으로써 다른 귀족들과의 경쟁에서 승리하는 데 필요한 자원과 위신을 증가시켜 줄 것이었다. 필리포스와 다시 전쟁을 벌이자고 주장한 사람들은 아마 이런 사실들을 의식못하지 않았을 것이다.

처음 두 해 (기원전 200~198). 로마인들은 기원전 200년 가을에 일리리아에 상륙했지만, 다음 해까지는 전투를 벌이지 않았고, 다음 해에도 이렇게 할 중요한 전투를 벌이지 않았다. 그 시기에 로마인들이 거둔 유일한 성과는 필리포스의 해묵은 적들이었던 아이톨리아인들에게 전쟁을 일으키도록 설득한 것뿐이었다. 처음 두 해 동안 필리포스가 이전에 공격했던 아테네를 제외한 다른 그리스 국가들은 중립을 지켰다. 만약 이 그리스 이웃 국가들이 필리포스를 버리고 로마와 합류한다면, 필리포스의 보복이 대단할 것이었다. 따라서 많은 그리스인들은 승부가 불확실한 경마 경기에서 어느 쪽 말에 돈을 걸지 결정하기 위해서 기다렸다.

티투스 퀸크티우스 플라미니누스. 기원전 198년, 신임 콘술 티투스 퀸크티우스 플라미니누스(Titus Quinctius Flamininus)가 지휘권을 맡기 위해 도착했을 때 전쟁은 중대한 국면으로 접어들었다. 그는 그리스인들에게 정확한 그리스어로 말했고 글도 능숙하게 썼다. 그는 한니발과 전쟁을 벌일 때 탁월한 로마 장군 마르켈루스 밑에서 참전했었다. 그는 스무세살 때 프로프라이토르(propraetor, 프라이토르 대행)의 지위로 타렌툼의 로마 수비대를 지휘했다. 흡인력 있는 인격, 열정, 선천적인 재치가 외교관으로서 적격이었다. 다소 부주의하고 텁수룩한 외모도 그의 인격을 더욱 돋보이게 했다. 그는 무엇보다도 선동의 대가였다. 그는 그리스에 도착하자마자 그리스 세계를 '온 그리스인들의 자유와 자결'이라는 구호로 전율케 했다. 참으로 비범한 로마인이었다!

플라미니누스는 필리포스를 테살리아의 데메트리아스에 위치한 중요한 요새들과 에우보이아의 칼키스, 펠로폰네소스 반도의 코린토스를 제외한 그리스의 거의 모든 지역에서 몰아냈다. 이제 테살리아에 갇히게 된 필리포스는 플라미니누스와 평화 회담을 추진했다. 두 사람은 서로를 이해하고 존경했지만, 회담 자체는 필리포스가 조상에게 유산으로 물려받은 세 요새를 포기하기를 거절함으로써 성과 없이 결렬되었다. 그러나 플라미니누스는 전쟁을 지속하도록 프로콘술(콘술 대행)에 임명됨으로써 그의 군사적 승리에 대한 보상을 받았다.

키노스케팔라이 전투 (기원전 197). 전쟁은 다음 해에 테살리아의 산마루에 위치한 키노스케팔라이(개의 머리들)에서 판가름났다. 두 나라 군대는 대등하게 교전을 벌였다. 마케도니아 군대의 오른쪽 날개는 로마의 왼쪽 날개를 돌파한 반면에, 로마 군대의 왼쪽 날개는 마케도니아의 오른쪽 날개를 무너뜨렸다. 그러나 로마 군대는 판단이 민첩한 군단 사령관이 적의 왼쪽 날개를 무너뜨린 로마 군대의 오른쪽 날개 후미에서 몇 개 보병 중대를 떼어내 마케도니아의 오른쪽 날개에 배치된 육중한 중장보병 밀집대전술로 뒤에서 공격했을 때 승리를 거두었다. 중대 조직을 도입한 로마 군단의 전략적 융통성이 결정적인 승리의 요인임이 입증되었다.

평화 조약. 필리포스는 키노스케팔라이 전투에서 패했을 뿐 아니라 전쟁에서 패했다. 그는 다른 군대가 없었기 때문에 마케도니아는 침공에 노출되었고, 어떤 대가를 치르더라도 평화 조약을 체결하지 않으면 안 되었다. 조약의 조건은 예상했던 것보다 가벼웠다. 왜냐하면 플라미니누스와 로마 원로원의 다수가 (아이톨리아인들의 요구대로) 필리포스가 굴복한 마당에 마케도니아 국가를 멸망시키는 것을 원치 않았기 때문이다. 마케도니아는 북쪽의 거친 발칸 종족들에 대해 완충국 역할을 했다. 아울러 필리포스는 장래에 로마에 쓸모있는 동맹자가, 어쩌면 아이톨리아인들보다 더 쓸모있는 동맹자가 될지도 몰랐다.

기원전 197년 말에 필리포스는 그리스인들의 자유와 독립을 승인하고, 그리스, 에게 해, 일리리아에서 자신의 모든 주둔군을 철수시키고, 함대를 해체하고, 병력을 5천 명으로 감축하고, 1천 탈렌툼의 배상금을 지불하되 절반은 일시불로 지불하고 나머지는 1년 단위로 열 번에 나눠 지불하는 의무를 떠안았다. 이에 불만을 품은 아이톨리아인들은 자기들의 승리의 몫으로 테살리아 전체를 요구했지만, 플라미니누스는 포키스와 테살리아의 서쪽 지방만을 양보하려 했고, 설상가상으로 필리포스가 평화 협상 때 그들을 조롱하도록 방치해 두었다.

플라미니누스의 선언. 기원전 196년 7월에 코린토스에서 이스트미아 경기가 개최되었을 때 플라미니누스는 화려하고 장중한 격식을 갖춰 경기장에 참석하여 로마 원로원의 이름으로 그리스 국가들에 대해 약속된 자유와 독립을 선언했다. 그리스 국가들에는 군대를 주둔시키지 않고 조공을 부과하지도 않지만, 그들에게 로마 법을 부과한다고 선포했다. 경기장은 환희와 감사로 축제마당이 되었는데, 이것은 알렉산드로스가 모든 그리스인들에게 귀향할 권리를 선포한 날 이래로 구경할 수 없었던 분위기였다. 알렉산드로스의 유명한 스타테르 주화를 본딴 금화가 티투스 플라미니누스의 초상이 실린 채 발행되었다. 몇몇 도시들에서는 아예 그를 신의 반열에 올려놓고 숭배했다. 이것이 로마인이 신의 영예를 부여받은 최초의 사례로서, 로마의 다른 야심찬 귀족들은 이 점을 예의주시했다.

한동안 일부 그리스인들, 특히 친로마적인 귀족들은 새로 선포된 자유를 마

음껏 향유했다. 로마 귀족 플라미니누스는 그리스 귀족들을 이해하고 동경했
으며, 그들이 대중을 계속 지배해 주기를 바랐다. 그는 가난한 사람들과 소외
된 사람들에 대해서는 아는 바가 없었다. 그는 그 계층이 벌인 부채 말소, 토
지 재분배, 그리고 그밖의 사회·경제 개혁 요구를 파괴 행위로 간주했다.

플라미니누스는 심지어 그리스 귀족 친구들의 설득에 넘어가 스파르타에
대해 전쟁을 선포했다. 스파르타 왕 나비스(Nabis)는 비록 왜곡된 사료들에서
는 파렴치한 인물로 폄하되었지만, 실은 유능하고 정열적인 사람으로서, 기원
전 206년에 20년 전 클레오메네스 3세(Cleomenes III)가 시작한 개혁 프로그
램을 재개했다. 그가 개혁을 재개한 목적은 대규모 스파르타 군대에서 복무할
수 있는 토지 소유 시민들의 수를 늘리고 그로써 옛 스파르타의 영광을 재현
하려는 데 있었다. 그는 부채라는 악성 전염병을 말소하고, 대규모 토지 소유
를 금지하고, 토지를 균등히 분배하고, 예농들(helot)을 해방하고, 포로들과 노
예들에게 자유를 선포했다. 그의 왕국은 고향을 잃은 난민들의 피난처가 되어
왔었기 때문이다. 스파르타는 비록 짧은 기간에 상당한 강국이 되었지만, 로마
의 힘을 극복할 수는 없었다. 플라미니누스는 스파르타를 제물로 삼아 훨씬
더 큰 영예를 거두었고, 로마 병사들은 많은 탈취물을 거둬 갔으며, 5백 탈렌
툼이라는 거액의 배상금이 로마 국고로 들어갔다.

플라미니누스와 로마인들은 그리스의 자유에 관해서 낭만적인 개념을 갖고
있지 않았다. 그리스는 전략적으로 중요한 위치를 차지하고 있고, 인력도 우수
하고, 정치적으로 조각나 있어서 어느 한 세력이 전체를 장악하는 일이 없으
므로 합병하는 데 고통과 비용이 들지 않는 장점이 있었기 때문에, 플라미니
누스와 로마인들은 그리스를 현 상태로 묶어두는 데 관심이 있었다. 실제로
그들은 다양한 그리스 국가들이 감사하는 피보호자의 자세로 로마의 정책을
따라주고 현상을 유지해 주기를 기대했다. 그러나 불행하게도 그리스 내부에
는 항상 현상을 뒤엎으려고 하고 외부의 상황에서 이익을 얻으려는 시도가 있
었다.

대 안티오코스와의 전쟁 (기원전 192~189). 플라미니누스가 그리스에
서 군단들을 철수시켜 로마에서 화려한 개선식을 거행하자마자, 원로원은 안

티오코스 3세의 행동에 경각심을 갖게 되었다. 필리포스가 로마와 전쟁을 벌이는 동안에 안티오코스는 위험하게도 헬레니즘 세계의 세력 균형을 뒤흔들어 놓았다. 그는 기원전 200년에 팔레스타인 북부 파니움에 주둔하고 있던 이집트 군대를 공격하여 쳐부쉈다. 7년 뒤에는 자기 딸 클레오파트라 1세(Cleopatra I)와 이집트의 젊은 왕 프톨레마이오스 5세(Ptolemy V) 사이에 결혼 동맹을 체결했다. 이 결혼으로 이집트와 평화 관계를 공고히 다진 안티오코스는 소아시아 연안의 작지만 자유로운 도시들을 병합하기 시작했다. 한 세기가 넘도록 이집트가 점령해온 에페소스(에베소)를 점령했다. 기원전 196년에는 다르다넬스 해협을 건너 트라키아의 여러 읍들을 점령했다. 이 도시들은 모두 한때 셀레우코스 제국에 속한 적이 있었기 때문에, 안티오코스는 자신이 이 지역을 재점령할 완벽한 권리를 갖고 있다고 믿었다.

셀레우코스 1세의 제국을 회복하려는 안티오코스의 시도는 한때 옛 셀레우코스 왕조의 지배를 받았던 페르가몬을 기겁하게 했다. 페르가몬의 새 왕 에우메네스 2세(Eumenes II)는 아버지의 선례에 따라 로마에 호소하기로 결심했으나, 기원전 167년 자신의 통치가 끝날 무렵에 가서야 한때 자국의 모든 적들을 평정해 주었던 로마가 이제는 페르가몬과 그밖의 모든 소국들에서 자유와 독립을 박탈하려 한다는 사실을 깨달았다.

에우메네스와 소아시아의 몇몇 그리스 도시들의 호소에 답하여, 원로원은 기원전 196년에 플라미니누스에게 안티오코스와 협상할 권한을 부여했다. 플라미니누스는 그 왕에게 소아시아의 그리스 도시들의 독립을 저해하지 말 것과, 다르다넬스 해협을 넘지 말 것과, 최근에 이집트로부터 빼앗은 모든 소도시들에서 철수할 것을 강력히 요구했다. 안티오코스는 정확히 답변하기를, 플라미니누스에게는 소아시아의 그리스 도시들을 대변할 권리가 없고, 만약 로마인들이 자기를 내버려 둔다면 자기도 그들을 기꺼이 내버려 두겠노라고 했다. 로마인들은 아직 전쟁을 일으킬 준비가 되어 있지 않았으나, 유력한 사람들은 장래에 취할 행위에 기초를 놓고 있었다. 전쟁은 스키피오 아프리카누스와 그의 지지자들이 열렬히 기대하고 홍보하던 것이었다.

이 무렵(기원전 196)에 카르타고로부터 추방되었던 한니발(참조. 222쪽)이 에페소스에 도착해 있었다. 한니발은 안티오코스에게 질문을 받고는, 로마를 꺾을 수 있는 유일한 방법은 로마에 대항하는 모든 세력을 끌어모아 연합 전선을 형성하는 것뿐이라고 대답했다. 그러려면 안티오코스가 필리포스 5세, 이집트, 페르가몬과 협상을 벌여야 했고, 심지어 양보 조치들을 취하지 않으면 안 되었다. 이런 점을 고려한 안티오코스는 한니발에게 현명한 조언에 대해서 감사의 뜻을 표시한 뒤 그의 조언을 묵살해 버렸다. 그리스의 소국들과 동맹을 맺기보다 혼자 싸우기로 결정했는데, 이것이 대단히 어리석은 결정이 되고 말았다.

안티오코스 3세의 그리스 침공 (기원전 192). 그리스에서는 잔뜩 불만을 품은 아이톨리아인들이 로마를 격렬히 비판했다. 평화 조약으로 자신들의 유리한 사업 — 주변 종족들을 약탈하는 — 이 제한을 받은 것이 주된 이유였다. 그들은 지긋지긋한 로마의 멍에를 떨쳐 버리기 위해 필리포스의 도움을 받으려 했지만, 필리포스는 그들이 플라미니누스에게 자신의 왕국을 멸망시키라고 종용한 일을 기억하고서 그들의 제의를 거절했다. 안티오코스는 무분별하게 그들의 초대를 덥썩 받아들였다. 그는 기원전 192년에 보잘것 없는 1만 명의 병력을 이끌고 그리스에 상륙한 뒤 즉각 아이톨리아의 총사령관으로 선출되었다.

이런 행위로써 안티오코스는 로마 제국주의의 특징이었던 반응들 — 두려움, 복수심, 탐욕, 그리고 영예에 대한 욕구 — 이 일어나도록 방아쇠를 당겼다. 로마인들은 필리포스에게 아직 지불되지 않은 전쟁 배상금을 면제해 주겠다고 제의하고, 그가 아이톨리아로부터 테살리아의 어느 도시를 빼앗든 그 도시를 그에게 주겠다고 약속함으로써 즉각 안티오코스를 제재하기 위해 공동의 보조를 취했다. 이로써 그들은 자신들의 긴 전쟁 역사에서 터득한 공리들 중 하나인 분할하여 통치하라(divide et impera)는 공리를 사용한 셈이다. 이 공리는 기원전 191년 로마 사령관 마니우스 아킬리우스 글라브리오(Manius Acilius Glabrio)가 그리스에 상륙할 때 그의 고문으로 활동한 카토(Cato)가 두번째로 사용했다.

필리포스, 페르가몬, 로도스, 아카이아 동맹, 누미디아, 심지어 카르타고와도 동맹을 체결한 로마인들은 역사적으로 지탱할 수 없었던 지점인 테르모필라이를 최후 거점으로 삼고 있던 안티오코스를 물리치는 데 아무런 어려움도 겪지 않았다. 안티오코스는 테르모필라이에서 패한 뒤 칼키스로 도망쳐 그곳에서 에페소스로 가는 배를 탔다.

　전쟁의 결과. 안티오코스의 패배는 두 가지 중요한 결과를 초래했다. 하나는 로마인들이 소아시아를 침공한 일이고, 다른 하나는 스피키오의 파벌이 로마의 정계에서 즉시 소생한 일이다. 비록 스키피오 아프리카누스가 평화 조약에 대해서 신랄한 비판을 가했을지라도, 플라미니누스의 대승은 자연히 파비우스파(아마 그가 속했을 듯한)에게 엄청난 위신을 안겨주었다. 후대의 사건들은 스키피오의 행위가 옳았음을 입증한 듯하며, 기원전 191년과 190년에는 오직 친(親) 스키피오적인 콘술들만 선출되었다.

　안티오코스와의 일대 결전을 앞둔 시점에서 당시 생존해 있던 로마 장군들 중에서 가장 위대한 스키피오 아프리카누스가 콘술에 선출되는 것이 가장 유리했을 것이다. 그러나 아프리카누스는 기원전 194년에 콘술을 지냈고 따라서 10년 내에 재선될 자격이 없었기 때문에, 시민들은 그 대신에 그의 동생 루키우스 코르넬리우스 스키피오를 콘술로 선출했다. 그의 동생이 아프리카누스를 레가투스로 임명하여 그가 사실상 지휘권을 맡게 되기를 바랐던 것이다. 루키우스는 시민들의 의도대로 시행했다.

　기원전 190년 초에 스키피오 형제는 소규모 군대를 이끌고 배편으로 브룬디시움을 떠나 그리스에 도착했다. 이미 그곳에 있던 대규모 군대의 지휘권을 이양받은 그 형제는 마케도니아를 지나 다르다넬스 해협으로 가는 행군을 시작했다. 분할하여 통치하라는 로마의 평상시 정책하에서 스키피오 형제는 필리포스의 적극적인 지원을 받아냈다. 필리포스는 로마 군대가 자신의 영토를 통과하는 것을 허용하는 한편, 그들에게 식량을 공급하고 여러 곳에 교량을 건설해 주고 도로를 보수해 줌으로써 그들을 도왔다.

　로마는 제해권을 장악하지 못했다면 동방을 정복할 수 없었을 것이다. 로마 군대는 제독 가이우스 리비우스의 탁월한 전술과 로도스와 페르가몬 해군의 효과적인 지원에 힘입어, 또한 안티오코스 자신의 어리석은 전략에 힘입어 제해권을 장악할 수 있었다.

최초의 결정적인 해전은 에페소스와 키오스 사이의 키수스 해역에서 벌어졌고, 다음의 해전은 팜필리아의 디데 해역에서 벌어졌다. 안티오코스는 탁월한 육군 사령관인 한니발을 함대 사령관에 앉히는 이해할 수 없는 대실수를 범했다. 그는 규모는 작지만 보다 효율적인 로도스 함대에게 패배했다. 그로부터 몇 주 뒤에 안티오코스의 주력 함대가 테오스와 사모스 사이의 미온네수스 해역에서 궤멸당했고, 스키피오의 육군은 적 해군의 저지를 받지 않은 채 다르다넬스 해협을 건넜다.

안티오코스가 평화 협상을 제의하다. 안티오코스는 평화 협상의 조건으로 트라키아를 포기하고, 아나톨리아령 그리스와 관계를 단절하고, 소아시아의 그리스 도시들의 독립을 인정하겠다고 제의했다. 그것은 7년 전에 플라미니누스가 요구한 조건이었다. 그밖에도 그는 전비의 절반을 무담하겠다고 제의했다. 로마인들은 만약 그가 다르다넬스 해협을 건너지 않고 트라키아의 도시들을 공격하지 않기로 순순히 동의했다면 그와 평화 조약을 맺었을 만한 때가 있었다. 그러나 이제 전보다 훨씬 더 철저한 제의를 했지만 때가 너무 늦었다. 스키피오 형제는 타우루스 산맥 북부와 서부의 소아시아 전역을 내놓고 전쟁 비용 전체를 부담하지 않으면 평화 협상에 임할 수 없다고 못박았고, 이 조건을 안티오코스는 거절했다.

마그네시아 전투. 기원전 190년 시필루스 강 유역의 마그네시아에서 아시아의 패권을 놓고 한 판 전투가 벌어졌다. 스키피오 형제가 와병으로 참전하지 않았는데도 불구하고 이 전쟁은 로마 군대의 승리로 싱겁게 끝났다. 안티오코스는 빈약한 용병술, 빈약한 장비, 그리고 수만 많았지 손발이 맞지 않는 가지각색 부대들 사이의 협조 부재로 인해 제대로 힘을 써보지도 못한 채 패했다. 마그네시아에서 안티오코스가 전쟁에 패함으로써 셀레우코스 제국은 세력을 잃었다.

아파메아 평화 조약 (기원전 188). 마침내 기원전 188년에 아파메아에서 평화 조약이 체결되었다. 왕 안티오코스는 타우루스 산맥 북부과 할리스 강 서부의 자기 전 재산을 포기해야 했고, 해군을 해체하고 1만5천 탈렌툼의 배상금을 물어야 했는데, 그 액수는 고대에 징수된 배상금 중에서 거액으로 손꼽힌다. 안티오코스가 로마인들에게 내준 소아시아의 광활한 영토 중 일부는 전쟁을 지원한 대가로 그리스 국가들과 로도스 공화국에게 돌아갔다. 로마인들은 아직 그렇게 방대한 지역을 통치할 준비가 되어 있지 않았던 것이다. 그러나 그로마의 몫은 페르가몬에게로 돌아갔고, 그에 힘입어 페르가몬은 면적이 원래보다 10배나 증가하여 오늘날 영국과 비슷한 크기가 되었다. 폴리비오스는 페르가몬 새 왕국이 이제 어느 나라에도 뒤지지 않았다고 적는다.

전쟁의 여파. 대 안티오코스는 기원전 187년 수사에서 신전을 약탈한 뒤에 암살당했다. 마그네시아 전투 뒤에 한니발은 먼저 크레타로 피신했다가 그뒤 비시니아로 피신했는데, 당시에 비시니아는 페르가몬과 전쟁을 벌이고 있었다. 그는 친구인 비시니아의 프루시아스 1세(Prusias I)를 위해 참전한 해전에서 승리를 거두었으나, 플라미니누스가 결국 그를 끝까지 추적하여 물리친 뒤 프루시아스를 협박하여 그를 넘겨주겠다는 약속을 받아냈다. 한니발은 기원전 183년에 독약을 먹음으로써 그 계획을 무산시켰고, 살아 있을 때와 마찬가지로 죽을 때도 당당함을 잃지 않았다.

그 해 초반에 한니발의 가장 큰 대적이었던 스키피오 아프리카누스도 불행한 상황에서 죽었다. 스키피오의 군사적 업적을 질투한 카토는 스키피오의 공세적 해외 정책과 비정통적인 정치 경력을 일관되게 반대했다. 그는 스키피오와 그의 가문과 그의 친구들에 대해서 정치적 법적 공격을 조금도 쉬지 않았다. 기원전 183년 아프리카누스는 마침내 시골 사유지로 은퇴했다가 얼마 뒤에 죽었다.

필리포스 5세는 키노스케팔라이에서 패한 이래 비교적 성공을 거두었다. 비록 안티오코스를 견제하기 위해 로마와 맺은 불명예스러운 동맹으로 그리 항구적인 이익을 거두지 못했지만 말이다. 그는 그 동맹의 대가로 로마로부터 소액의 탈렌툼을 받고 테살리아의 몇몇 소도시들을 약속 받았을 뿐이다. 게다가 그 약속마저 로마인들은 결국 지키지 않았다. 그는 늦게사 이집트, 시리아, 심지어 페르가몬 같은 헬레니즘 세계 국가들과 좋은 관계를 유지하려고 노력했다. 심지어 마케도니아의 헌법을 수정하여 자신의 지배하에 있던 소도시들에게 자치권을 허용했고, 그로써 억눌린 그리스 민중의 옹호자인 척했다.

필리포스는 마케도니아의 경제 수준을 끌어올리는 데도 손을 댔다. 농업을 장려하고, 새 광산을 개발하고, 옛 광산의 개발을 재개하고, 사람들에게 자식을 많이 낳도록 권장했다. 인구를 훨씬 더 늘리기 위해서 최근에 합병한 발칸 반도 지역 주민들을 트라키아로 데려다가 정착시켰다. 이런 조치들에는 자기 왕국의 군사력을 증가시키려는 의도가 깔려 있었다.

필리포스의 말년은 행복과는 거리가 멀었다. 친아들 데메트리오스를 반역죄로 처형했다가 나중에 그것이 사실이 아니었음을 발견했다. 그 참담한 사실을 안 뒤 필리포스는 자책감을 견디지 못해 잠을 이루지 못했고 쉽게 병에 걸렸다. 그는 기원전 179년에 죽었고, 그의 장남 페르세우스가 왕위를 계승했다.

제3차 마케도니아 전쟁 (기원전 171~167).

제3차 마케도니아 전쟁이 일어나게 된 것은 마케도니아가 다시 권력의 기반을 다진 탓도 있고, 에우메네스의 음모 탓도 있고, 안티오코스와 아이톨리아인들의 비참한 패배 이후 그리스를 덮친 무정부 상태 탓도 있다. 이런 모든 원인들이 히스파니아와 북이탈리아에서 전쟁이 종결된 뒤 마케도니아를 다음 목표물로 보고 있던 로마 원로원의 야심찬 귀족들에게 전쟁의 편리한 구실을 주었다. 더욱이 그리스인들은 기원전 196년의 이스트미아 경기 때 선포한 자유를 남용해서 그들 자신들에게 위험하고 원로원에게 끊임없는 걱정과 성가심을 안겨주는 혼돈과 무정부 상태로 빠져드는 실수를 범했다.

그리스는 유산자들과 무산자들 사이의 계급 투쟁으로 찢겨 있었다. 플라미니누스가 그리스 도시들을 자유와 자치의 대로로 인도해 주기를 바란 소수의 신흥 귀족들은 인민의 불만을 부채질하던 선동 정치가들 못지 않게 무정부 상태에 큰 책임이 있었다. 에우메네스는 미사여구와 그보다 더 좋은 금 선물로써 그리스인들에게 법과 질서를 지키라고 설득해 보았지만, 별 성과가 없었다.

이 전쟁의 처음 3년은 양 진영의 무능력을 여실히 드러냈다. 로마의 지휘관들은 뚜렷한 목적도 없이 진군과 퇴각을 거듭하다가 여러 번 실수를 저질렀는데, 그 실수들은 페르세우스(Perseus)보다 결단력 있고 용감한 사람이었다면 로마 군대가 카우디움 분기점, 트라시메네, 혹은 칸나이 전투들에 못지 않은 참담한 패배를 당하게 하고도 남을 만한 것들이었다.

페르세우스는 훌륭한 군인이었으나 장군은 아니었다. 평시에 그는 비록 아버지와 같은 열정과 결단력은 없었지만 좋은 왕이었을 것이다. 그가 거느린 4만3천 명은 한니발이 로마를 뿌리째 뒤흔들 때 보유했던 병력의 두 배나 되는 병력이었다. 더욱이 페르세우스는 1만 탈렌툼에 상당한 재산을 갖고 있었다. (그가 패한 뒤에도 여전히 5천8백 탈렌툼이 남아 있었고, 그것이 로마인들의 수중에 들어갔다.) 그는 만약 돈을 지불할 의지가 있었다면 2만 내지 3만 명의 켈트인을 고용할 수도 있었을 것이다. 그리스의 지원은 말할 것도 없고 에우메네스 2세의 지원도 받을 수 있었을 것이다. 정작 로마인들은 전쟁을 의도하고 왔는데 그는 어떻게 해서든 그들과 심각한 대결 국면을 피해 보려는 그릇된 희망을 가지고 지나치게 몸을 사림으로써 이런 기회들을 써보지도 못했다.

루키우스 아이밀리우스 파울루스와 피드나 전투 (기원전 168). 루키우스 아이밀리우스 파울루스는 스키피오 형제와 동맹을 맺었고 그리스 예술과 문화를 진지하게 높이 평가했다. 그는 기원전 182년에 콘술을 지냈고, 168년에 전쟁 수행 과정에서 불필요하고 원치 않는 조언에 방해를 받지 않는다는 조건으로 다시 콘술 직을 수락했다. 그는 페르세우스를 피드나의 결정적인 전투로 불러냈다.

피드나 전투는 키노스케팔라이 전투의 재판이었다. 옹골찬 마케도니아 중장보병 부대는 평지에서 로마 군단들을 공격하여 그들을 배후의 산지로 밀어부쳤다. 그러나 로마 군단들은 높고 울퉁불퉁한 지형에 서자 순발력을 발휘하여 마케도니아 군대의 밀집 대형을 분산시켰다. 전력을 고스란히 간직하고 있던 로마의 보병 중대들은 그로 인해 생긴 틈을 파고 들어가 적군의 중장보병 부대들을 포위한 뒤 우왕좌왕하는 그들을 쓰러뜨렸다. 이 전투는 알리아, 카우디움 분기점, 헤라클레아, 키노스케팔라이, 마그네시아 등지에서 벌어진 전투들과 마찬가지로 에파미논다스와 필리포스 2세 시대에 최상의 효율을 발휘하던 중장보병 밀집대전술이 이제는 완전히 시대에 뒤떨어진 전투 대형이라는 것을 다시 한 번 역력히 보여 주었다.

너무나 비운의 인물인 페르세우스는 포로의 신분으로 로마로 끌려갔고, 거기서 아이밀리우스 파울루스의 개선 행진 때 온몸에 검댕 칠을 한 채 걷는 수모를 겪었다. 그뒤 종신형을 선고받고 복역하다가 기원전 165년경에 죽었다. 그러나 로마는 모든 로마 시민들이 직접세를 면제받을 정도로 페르세우스의 금고에서 몰수한 재산과 매년 마케도니아인들에게 징수한 조공으로 엄청난 이득을 챙겼다.

피드나 이후의 마케도니아. 마케도니아에서 로마인들은 그리스 동맹국들에게서 본뜬 것이 분명한 실험을 하기로 결정했다. 로마인들은 왕정을 폐지하고 네 개의 독립된 공화국으로 대체했다. 각 공화국을 분리하고 부분적으로 군대를 해체하고 동맹국의 권리와 통혼권과 서로간의 교역권을 박탈했다. 아울러 로마인들은 왕 소유의 광산들과 영토를 로마의 국가 재산으로 삼고, 왕의 소유였던 금광과 은광을 십년 동안 폐광하고, 목재 수출을 금지하고, 매년 1백 탈렌툼의 조공을 거두었는데, 이 금액은 과거에 왕들에게 지불했던 토지세의 절반에 해당하는 액수였다.

마케도니아인들은 국가의 통일에 관심이 있었지, 정부 형태를 변화시키는 데는 관심이 없었다. 그들은 기존의 왕정을 억압의 구조로 여긴 적이 없고, 다만 국가 통일의 상징으로 여겼다. 마케도니아 왕국은 고대 세계의 여느 국가보다 통일 국가에 근접해 있었다. 그리스나 이탈리아의 도시 국가들 같은 나라도 아니었고, 에게 해 동맹 같은 도시들의 느슨한 연방도 아니었고, 셀레우코스 제국 같이 오로지 왕정에 의해서만 결집된 보편 국가도 아니었다. 민족, 언어, 종교, 관습, 정부가 하나인 국가였다. 로마의 실험은 마케도니아 국가의 성격 자체와 전통들을 침해했다.

제4차 마케도니아 전쟁 (기원전 149~148). 그러므로 로마의 실험이 불과 20년만에 실패로 끝났다는 것이 하나도 이상한 일이 아니다. 갑자기 왕위 계승권을 주장하고 나선 안드리스코스(Andriscus)라는 사람 — 아마 의류 제조업자의 아들인 듯하다 — 이 인민에게 자신이 페르세우스의 아들이라는 확신을 심어준 뒤 자신을 중심으로 그들을 결집하는 데 성공했다. 그는 기원전 149년에 왕정을 부활시키고, 심지어 자신을 제재하기 위해 파견된 소규모의 로마 군대를 물리치기까지 했다. 로마인들은 대규모 군대를 파견하여 그를 물리치고 기원전 148년에 마케도니아를 속주로 전환했으며, 그로써 마케도니아의 정치적 생존을 영구히 종식시켰다.

피드나 이후의 그리스 (기원전 168). 로마가 마케도니아를 다룬 방식은 그리스에 가한 형벌에 비교할 때 온건했다. 아이톨리아에서 로마인들은 자기들에게 빌붙는 그리스의 비류(非類)들에게 군대를 붙여주어 마케도니아 동조 세력 — 아마 그리스인들 중 대다수 지식인들과 민주적 인사들 — 을 소탕하게 했다. 아카이아에서는 역사가 폴리비오스를 포함한 1천 명의 지도급 시민들을 이탈리아로 추방했는데, 로마인들이 이들의 명단을 확보할 수 있었던 것은 페르세우스가 이들의 명단이 적힌 문서를 무심코 파기하지 않았기 때문이다. 아카이아의 인질들은 16년 동안 단 한 번의 재판이나 심문도 받지 못한 채 구금되었다가 그중 7백 명이 죽고나서야 비로소 풀려났다. 기원전 167년에 로마인들은 별다른 원한이 없던 에피로스에 대단히 참혹하고 잔인한 탄압을 가하여 70개의 소도시들을 파괴하고 1만5천 명의 주민들을 노예 시장에 내다 팔았고, 거기서 거둔 수익을 아이밀리우스 파울루스와 그의 병사들이 나눠 가졌다.

최악의 탄압이 아직 남아 있었다. 기원전 146년에 루키우스 무미우스(Lucius Mummius)가 코린토스에 도착했다. 로마에 반란을 일으켰다는 이유로 이 도시와 아카이아 동맹을 응징하기 위해서, 그는 이곳에 군대를 풀어 약탈하고 형적을 알아볼 수 없을 정도로 파괴했다. 수많은 주민을 학살하고, 많은 수를 노예로 내다 팔았으며, 값진 예술품들을 배에 실어 로마로 가져갔다. 기원전 146년에 코린토스를 파괴한 뒤에 로마인들은 독립을 되찾으려는 그리스인들의 마지막 필사적인 그러나 희망이 없는 시도를 짓밟기 위해서 아카이아 동맹과 대다수 그리스 동맹을 강제 해산했다. 그들은 호전적인 민주정을 분쇄하고 대신에 미약한 왕정이나 귀족의 과두정을 세웠다. 각 도시 국가는 이제 로마와 개별적인 관계를 맺게 되었으나, 로마는 마케도니아 총독에게 내

정 간섭권, 분쟁 조정권, 치안 유지권을 부여했다. 한 세기 뒤에 아우구스투스
는 그리스를 별개의 속주로 만들었다.

로도스와 페르가몬. 피드나 전쟁(기원전 168) 이후에 한 세기 동안 동부
해역이 해적의 침해에서 벗어난 데 힘입어 부유하고 콧대가 높아진 로도스에
도 로마인들의 손이 무겁게 내리눌렀다. 로도스는 과거에 필리포스 5세에 대
항하여 로마에 지원을 호소한 적이 있고, 후에도 로마가 안티오코스 3세와 전
쟁을 벌일 때 귀중한 해군 지원을 해준 적이 있었다. 이 충직한 친구가 마침
내 한 가지 실수를 저질렀다. 피드나 전쟁이 발발하기 직전에 로도스는 로마
와 페르세우스 중간에서 중재를 시도했다. 그것은 페르세우스를 동정해서라기
보다 로마가 지중해 동부에서 세력 균형을 깨고 유일한 강국으로 등장하게 되
는 것이 두려웠기 때문이었다. 이렇게 속이 들여다 보이는 중재 제의를 로마
인들은 불쾌하게 받아들였다. 어떤 프라이토르는 심지어 로도스에 대해 선전
포고안을 제시했다. 만약 연로한 카토가 가로막고 서서 로도스인들을 강력히
변호하지 않았다면 그 안은 통과되었을 것이다.

로도스인들은 자기들의 잘못을 뉘우치고, 친 마케도니아 성향의 지도자들을
희생양으로 삼아 체포하고, 전쟁에서 구출해준 데 대한 감사의 표시로 로마에
대형 금 화환을 보내고 동맹 결성을 간청했지만, 그럼에도 불구하고 로마의
응징을 면하지 못했다. 마그네시아 전투 이후에 얻은 소아시아 내의 영토를
빼앗기고(그로 인한 손실은 연간 110탈렌툼에 달했다), 마케도니아에서 선박
제조용 목재 수입을 금지당했다. 기원전 167/6년에 델로스가 아테네에게 넘어
가 비관세 항구가 되었다. 델로스와 경쟁을 벌이게 된 결과 로도스가 기원전
166년부터 금융, 조선, 상업 중심지로서 거둔 수입은 연간 약 25탈렌툼으로 줄
어들었다. 아시아의 영토와 항구세와 금융 활동으로 벌어들인 세입이 뚝 끊김
으로써 재정이 크게 악화되었고, 그로써 해군 병력을 축소하지 않을 수 없었
으며, 더 이상 동부 해안에서 해적들을 제재할 능력도 없었다.

헬레니즘 세계를 로마인들의 무자비한 손에 넘겨주는 데 크게 활약한 페르
가몬 왕 에우메네스 2세는 페르세우스와 결탁했다는 의심을 받고 원로원의
불쾌감을 자극했다. 그는 영토 몰수 조치로 응징을 받았고, 그에게 불리한 증

거를 수집하기 위해 소아시아에 파견된 로마의 적대적인 요원들에게 뒷조사를 받았다. 로마는 근동에서 가장 헌신적이고 굴종적인 맹방을 그런 식으로 대접했다.

기원전 159년에 에우메네스가 죽자 그의 형제 아탈로스 2세(Attalus II)가 그 위를 계승했다. 아탈로스 2세는 에우메네스의 정책을 이어받아 로마에 대해서는 우호와 복종의 태도를, 그리스 도시 국가들에 대해서는 사해동포적 태도를 견지했다. 아울러 페르가몬이 계속해서 문화 및 지식의 수도가 되도록 촉진하고, 소생하고 있던 근동의 토착 문화들을 그리스 문화로 억눌렀다. 그는 기원전 138년에 아탈로스 3세에게 자리를 내주었는데, 그는 부모의 신원이 불확실하다. 프랑스의 루이 16세(Louis XVI)와 마찬가지로, 그는 왕직을 수행하는 것보다 연구와 취미를 더 좋아했다. 식물학, 동물학, 의학, 과학적 영농법, 원예를 진지하게 연구했다. 후계자를 낳지 못한 그는 자기 왕국을 로마인들에게 유증했으며, 그로써 기원전 133년에 젊은 나이로 죽으면서 독립 국가로서의 페르가몬의 역사를 마감했다.

셀레우코스 왕조. 기원전 190년에 마그네시아 전투에서 패배한 셀레우코스 왕국은 급속히 해체되었다. 아랍인들, 유대인들, 이란인들, 파르티아인들, 힌두인들 등 본토인들이 곳곳에서 반기를 들었다. 심지어 동부의 그리스 식민시들조차 점차 정신과 종교와 정부가 동방화해 가고 있었다. 로마가 마그네시아 전투 때 셀레우코스 왕국의 안정에 가한 일대 타격이 소수를 지배하고 있던 그리스 문화가 다수의 본토인들의 문화로 흡수되는 불가피한 과정을 가속시키는 데 일조했다. 이 타격은 셀레우코스 왕국 자체의 본질과 특성상 헬레니즘 세계에 훨씬 더 피해를 입혔다.

셀레우코스 제국은 마케도니아 같은 단일 국가도 아니었고, 아테네나 로마 같은 도시 국가도 아니었다. 그보다는 여러 종족 집단, 언어, 심지어 다양한 정부 형태로 구성된 보편 국가였다. 이 모든 요소들이 알렉산드로스 대왕과 페르시아 왕들의 후계자들인 셀레우코스 왕들의 군사적 위신과 인품과 왕권과 신성에 의해 다소 느슨하게 결집되어 있었다. 왕의 권력과 그가 내세우는 왕의 위엄과 심지어 신성은 궁극적으로 군사적 승리에 기초해 있었는데, 군사적 승리가 왕의 자격과 신적 호의의 상징이었다. 전쟁에서의 패배는 이 필수적인 선결 요건들을 상실했음을 뜻했고, 다양한 지역 군주들, 지방 총독들, 태수들, 본토 왕들의 충성과 헌신에 대한 셀레우코스 왕들의 권리 주장을 말소하는 경향을 띠었다. 그러므로 마그네시아 전투에서의 패배는 셀레우코스 왕국의 통일과 안정에 치명적인 일격을 가하였던 셈이다.

소아시아의 대부분은 페르가몬과 로도스에게 돌아갔다. 아르메니아가 떨어져 나갔다. 파르티아인들이 이란의 넓은 지역을 차지했다. 훨씬 동쪽으로 가서는 거대한 왕국 박트리아가 이란의 동쪽 영토를 가로챈 뒤 떨어져 나갔다. 팔레스타인 남부, 요르단 강 동편, 시리아 동부에서 새로운 아랍 왕국들이 들어섰다. 약 20년 뒤에는 새로운 유대인 국가가 유대에 들어섰다.

마카베오 가(家)가 이끈 유대인 반란. 안티오코스 3세의 어린 아들 안티오코스 4세(Antiochus IV, 기원전 175~164)는 유대를 강력한 헬레니즘 국가로 만들어 이집트와 시리아 사이의 완충 지대로 활용하려고 했다. 이 프로그램이 유대인들 사이에 불만을 일으켰으나 본격적인 반란은 일어나지 않았다. 그러던 중 안티오코스가 야훼의 성전을 바알 샤민(Baal Shamin, '하늘의 주〈主〉') 곧 그리스인들이 올림포스의 제우스와 동일시하고, 헬라화한 유대인들이 야훼와 동일시한 보편적인 신을 숭배하기 위한 신전으로 봉헌하기로 결정하자 반란이 터졌다. 안티오코스는 그 결정을 내리면서, 유대인들에게 모세의 율법에 따라 살고 예배하도록 허용한 아버지 안티오코스 3세의 법령을 철회했다.

사제(司祭) 계층의 토지 소유자 유다스 마카베오(Judas Macabaeus)와 그의 형제들인 요나단(Jonathan)과 시몬(Simon)은 헬라화하지 않은 유대인들을 규합하여 반란을 일으키고 군대를 모은 뒤 왕의 군대에 계속해서 패배를 안겨 주었다. 기원전 164년 안티오코스 4세의 죽음과 그후 셀레우코스 제국이 분열된 데 힘입어, 마카베오 형제들은 예루살렘에서 헬레니즘의 자취를 말끔히 뿌리뽑고 고대 성전 국가를 회복했다. 기원전 161년에 로마인들은 유대의 성전 국가를 동맹국으로 승인함으로써 셀레우코스 제국이 팔레스타인과 이집트에 대해 더 이상의 야심을 품지 못하도록 장벽을 쌓았다.

로마가 동방에서 확대한 제국주의에 대한 개관 (기원전 200~133).

제2차 포에니 전쟁이 끝난 뒤 한니발을 지원한 마케도니아의 필리포스 5세를 응징해야 한다는 많은 로마인들의 정서와 헬레니즘 세계에서 알렉산드로스 대왕을 계승한 강력한 군주가 등장하여 세력을 서방으로 확대하려 할지 모른 다는 우려에서 로마의 관심은 계속해서 동방으로 쏠렸다. 이런 정서들에 개의 치 않은 다른 로마인들은 개인적 영예와 정치적 이익, 재정적 이득 혹은 이런 요인들의 결합을 기대하고서 로마가 동방에 개입하는 것에 찬성했다.

로마인들은 그리스 영토와 헬레니즘 세계의 왕국들을 차지하고 싶어했다는 의미에서 제국주의적 면모를 취한 것이 아니었다. 그들은 직접적인 탈취를 피 하기 위해서 자기들이 생각해 낼 수 있는 모든 조치를 다 취했다. 그러나 그 들은 아이톨리아, 로도스, 페르가몬 같은 대리자들을 사용하거나 다른 전략들 이 실패하면 직접 무력을 행사함으로써 헬레니즘 세계 동방을 자기들의 이익 에 종속시키려고 한 점에서는 틀림없이 제국주의적인 면모를 취했다. 반면에 로마가 자기들을 이용했듯이 로마를 이용하려고 한 헬레니즘 세계의 군소 국 가들의 시도와 마케도니아와 셀레우코스 왕조의 시리아 왕들이 취했던 팽창 정책은 로마로부터 의혹을 사고 결국 로마의 군사 개입을 초래했다.

로마인들이 동방 전쟁에서 한 번도 빠짐없이 승리한 이유는 개별적인 그리 스 국가들과 왕국들이 각자의 야심과 사소한 질투심을 버리고 로마에 대해 연 합 전선을 형성하지 못했기 때문이다. 로마의 많은 지도자들은 군사적 영예와 승리로 인한 다른 여러 가지 이익을 바라고서 거만하게 권력을 행사했고, 그 리스의 유약한 면모를 분리하여 통치하기 위한 기회로 사용했다. 더욱이 그리 스인들은 '서방의 야만인들'에 대한 우월심에 빠진 나머지 로마의 군사적 향 상을 도입하지 못했고, 그로써 로마 군단들과의 전투에서 승리할 수 있는 기 회를 스스로 저버렸다.

그 과정에서 로마는 헬레니즘 세계 국가들을 무력화시키기 위한 전략을 사 용하여 그들을 정치적으로 멸망시켰다. 아울러 철저한 약탈과 배상금 부과로 그들을 경제적으로도 무너뜨렸다. 그러므로 헬레니즘 세계 문화의 생명력은 꾸준히 약화되었고, 동방의 그리스 세계는 긴 쇠퇴의 길로 접어들었다.

11

서방에서의 로마 제국주의 (기원전 200~133)

로마인들은 동방에서 영토를 인수하지 않는 방식의 제국주의 정책을 추진하는 동안, 북 이탈리아와 히스파니아에서 영토 인수에 초점을 둔 제국주의 정책에 열을 올렸다. 그들은 서방에서도 동방에서와 다름 없는 동기들을 가지고 전쟁을 일으켰지만, 북 이탈리아와 히스파니아에서는 영토를 장악하기 위해서 의도적인 노력을 기울였다. 왜냐하면 경험상 로마의 안전에 치명적으로 중요한 데다 잠재적 적의 세력을 제거하지 않으면 안 되었던 그 지역들에 대해서는 통제권을 행사할 다른 방법이 없었기 때문이다. 북 이탈리아와 히스파니아에서 사람들은 여전히 농경 종족들로 느슨히 조직되어 있었다. 로마가 간접적으로 통제권을 행사할 만한 큰 도시 국가들이나 영토에 기반을 둔 군주국들이 없었다. 대리인으로 세울 만한 세련된 정치 엘리트들도 없었고, 평화 공존을 위한 기초를 제공할 만한 공통된 사상이나 가치관도 없었다. 그러므로 로마의 관점에서는 처음부터 직접적인 정복만이 유일한 해결책이었다.

북 이탈리아. 북 이탈리아를 차지하고 살던 갈리아 종족들은 기원전 390년 이래로 주기적으로 로마 영토를 공격하거나 항상 로마의 적과 한 편이 되었다. 제2차 포에니 전쟁 직전에 가이우스 플라미니누스의 지휘로 로마인들은 키살피나 종족들을 체계적으로 진압하고 그들이 포 강 이남 지역을 일컫던 키스파다나(Cispadana. Transpadana의 반대쪽) 지역을 식민화함으로써 영토와 안전이라는 두 가지 문제를 한꺼번에 해결하기 시작했었다. 이 노력은 갈리아인들이 지원한 한니발과의 전쟁으로 중단된 채 미완의 과제로 남아 있었다. 그러므로 로마인들은 제2차 마케도니아 전쟁에서 풀려나자마자 북 이탈리아의 갈리아인들에게 빚을 갚기 시작하여, 기원전 197~175년에 포 강 양쪽에 식민시들을 건설했다. 예를 들어, 그들은 기원전 196년에 메디오라눔(밀라노)을 점령하여 식민시로 만들었고, 기원전 190년에 과거에 식민시들이었던 팔라켄티아(피아첸차)와 크레모나 두 도시를 보강했다. 도합 6천 명의 로마와 라틴의 정착민들이 거주한 두 도시는 제2차 포에니 전쟁 때 요새로서의 역할을 톡톡히 수행했다. 다음 해에는 보노니아(볼로냐)에 3천 명의 정착민들이 거주하는 라틴 식민시가 건설되었고, 기원전 183년에는 파르마와 무티나(모데나)가 각각 2천 명의 로마 식민시 이주민들을 받아들였다. 북 이탈리아가 북쪽으로 이주하여 땅을 차지하기 위해서 몰려든 수많은 농부들에 의해 정착되면서 소규모 시장 소도시들과 행정 중심지들이 급속히 발생했다.

북 이탈리아의 중심 지역이 정복되고 정착된 이후에, 로마인들은 해안 지방으로 눈을 돌렸다. 기원전 181년에 그들은 아드리아 해의 머리 부분인 아퀼레이아에 라틴 식민시를 건설했는데, 이 도시는 훗날 로마가 이스트리아와 달마티아 해안을 정복할 때 도약대 역할을 했다. 공화정 후기와 제정 초기에 아퀼레이아는 이탈리아에서 분주하기로 손꼽히는 무역항이었다(참조. 144쪽 지도).

서해안, 즉 리비에라 해안 지방에서는 완강하지만 문화적으로는 뒤처져 있던 리구리아 종족들에 대한 정복은 수 차례의 패배와 몇 차례의 승리, 그리고 몇 차례의 악명높은 잔악 행위를 수반한 길고 힘겨운 작전이었다. 기원전 2세기 초반에는 리구리아 지역이 승리를 추구하던 로마 장군들에게 좋은 사냥터가 되었다. 몇몇 장군들은 우호적이고 온순한 종족들에게 전쟁을 걸어서 억지로 승리의 기회를 만들었다. 악명 높은 두 명의 노예 포획자들인 마르쿠스 포필리우스 라이나스(Marcus Popillius Laenas)와 그의 형제 가이우스(Gaius)는 그런 전쟁들로 인해 특히 약점을 갖고 있었다.

기원전 172년경 원정을 몇 차례 거듭한 뒤, 로마인들은 이탈리아쪽과 프랑스쪽 리비에라 해안 지방을 마실리아 접경에 이르는 먼 지역까지 장악했다. 이들은 기원전 181년에 피사에, 178년에 아마 루카에, 그리고 177년에 루나(오늘날 이탈리아의 라 스페치아 해군 기지)에 식민시를 건설했다. 이들 로마와 라틴의 식민시들이 북쪽의 리구리아 해안을 따라 건설되고 있는 동안, 4만 명의 리구리아인들이 남쪽으로 이동하여 삼니움 중앙의 베네벤툼 근처의 빈 공유지에 정착했다(참조. 144쪽 지도).

북부 지방의 점령과 정착에는 도로 건설도 못지 않게 중요했다. 식민시 개척뿐 아니라 도로 건설에도 적극 활동한 사람은 기원전 187년의 콘술 가이우스 플라미니누스였다. 트라시메네 전투에서 전사한 그의 유명한 아버지의 노선을 따라, 그는 아레티움(아레초)에서 보노니아를 잇는 새 플라미니우스 가도를 건설했다. 이 가도가 채 완공되기 전에, 그의 동료 콘술인 아이밀리우스 레피두스가 옛 플라미니우스 가도의 종착지인 아리미눔(리미니)에서 보노니아를 지나 플라켄티아를 잇는 저 유명한 아이밀리우스 가도를 건설했다.

여러 해 뒤에(기원전 171년), 로마에서 아레티움을 잇는 카시우스 가도가 건설되었고, 이 가도는 아레티움에서 신 플라미니우스 가도와 연결되어 저 멀리 아퀼레이아까지 북 이탈리아를 관통하는 전략적 도로가 되었다. 약 20년 뒤에 또 다른 중요한 도로인 포스투미우스 가도가 북 이탈리아를 관통하여 건설되어 제누아(제노아), 플라켄티아, 크레모나, 베로나 같은 도시들로 이어졌다. 여러 보조 도로들이 건설되었고, 그로써 짧은 시간 안에 북 이탈리아는 이탈리아 반도의 필수적인 부분이 되었다. 전쟁은 그쳤고, 라틴어가 널리 보급되었다. 로마는 급속도로 통일 이탈리아의 수도가 되어갔다.

히스파니아 정복. 로마인들은 제2차 포에니 전쟁 때 히스파니아에서 카르타고인들을 몰아낸 뒤 다른 나라가 그 지역을 이탈리아 침공 기지로 삼지 못하도록 그 지역을 점령하기로 결정했다. 이런 결정을 하기까지는 광산들에 노다지가 매장되어 있고 토양이 대단히 비옥하다는 허황된 이야기들도 한몫 거들었다. 로마인들은 히스파니아 점령 비용을 충당하고 제2차 포에니 전쟁으로 겪은 재정 손실을 벌충하고 훗날의 전쟁을 위한 재정을 마련하기에 충분한 부를 히스파니아에서 끌어내기를 기대했다.

로마인들은 예상치 않았던 어려운 문제들에 부닥쳤다. 히스파니아에는 조공을 거두거나 법과 질서를 유지할 책임을 맡길 커다란 자치 국가들이나 왕국들이 없었을 뿐 아니라, 카르타고인들이 차지했던 반도의 내륙과 서부의 광활한 지역은 그들에게 굴복한 적도 없었고 그들에 의해 탐사된 적도 없었다. 이 후 미진 지대에서 살던 종족들은 오랫동안 히스파니아의 좀더 부유하고 좀더 문명화한 지역들 — 과거에 카르타고의 지배를 받았고 지금은 로마의 지배를 받게 된 — 을 침략하는 버릇이 있었다. 최근에 확보한 이익을 지키기 위해서, 로마인들은 정복을 확대하지 않을 수 없었다.

그러나 히스파니아는 산들에 의해서 작은 공동체들과 서로 분리된 여러 씨족들로 잘게 나뉘어 있었다. 그들은 서로간에도 의사 소통이 힘들었고, 그들에게 접근한다는 것은 사실상 불가능했다. 로마인들은 마케도니아나 소아시아를 정복할 때처럼 몇 번의 중대한 전투로써 그들을 정복할 수 없었다. 왜냐하면 히스파니아인들은 전광석화처럼 기습 공격을 한 다음 순식간에 빠져나가는 데 능숙한 소규모 군인들로 구성되어 있었기 때문이다. 로마인들은 히스파니아인들이 즐겨 사용한 이 게릴라 전법 때문에 큰 낭패를 보았다. 전쟁은 기원전 133년까지 끊임없이 계속되었고, 그 뒤에도 아우구스투스 때까지 히스파니아는 완전히 굴복하지 않았다.

근 히스파니아와 원 히스파니아. 원로원은 행정과 국방을 위해 기원전 197년에 로마령 히스파니아를 근(近) 히스파니아(Nearer Spain, Hispania citerior)와 원(遠) 히스파니아(Farther Spain, Hispania ulterior)으로 알려진 독립된 속주들로 분할하고, 각 속주를 평시에는 프라이토르가 다스리되, 전시나 비상시에는 콘술의 권한을 지닌 정무관이 다스리도록 했다. 피레네 산맥에서 카르타고 노바(카르타게나)의 약간 남쪽까지 이어진 지중해 해안 지대가 근 히스파니아로서, 이곳은 은광으로 인해 부유했으나 농업은 다소 빈약했다. 대략 안달루시아에 해당하는 원 히스파니아는 비옥한 과달퀴비르 계곡과 북쪽으로 시에라모레나 산맥의 은광 지대를 포함했다. 두 속주 모두 내륙 깊숙이까지 뻗지 못했고, 두 속주 모두 후기 청동기 시대 이후로 페니키아와 그리스와 에트루리아의 상인들과 선원들이 드나들었기 때문에 매우 잘 알려져 있었다.

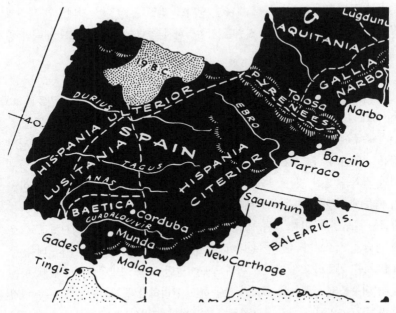

로마 공화정기의 히스파니아

속주 행정과 국방의 비용은 조공과 정규 세금으로 거둔 세입으로 충당했다. 조공(stipendium)은 모든 종족들과, 반(半) 도시 공동체들과, 말라카(말라가)와 가데스(카디츠) 같은 몇몇 자치 도시들에 부과했다. 조공은 다른 속주들의 경우와는 달리 세금 징수 청부인들이 아닌 정부 관리(prefect)가 징수했다. 때로는 밀이나 보리 같은 농작물로 조공을 받기도 했지만, 은이나 금으로, 즉 부분적으로는 순 은금으로, 부분적으로는 주화로 받는 경우가 더 많았다. 기원전 195년까지 조공 액수는 해마다 속주 정부의 필요와 총독의 욕심에 따라 달라졌다. 대체로 그 액수는 원시 농업 공동체들로서는 지나치게 높았고, 그 결과 폭동과 반란이 종종 발생했다. 반면에 정규 세금은 액수가 매우 작아 농작물의 1/20밖에 되지 않았고 현물로 납입할 수 있었다. 조공과 세금 외에도 모든 공동체들은 로마 군대에 병력을 제공해야 했다.

두 속주가 설립되던 해에, 두 속주에서 로마 프라이토르들의 사취와 독재 때문에 전쟁이 발생했다. 스키피오 이래로 해방자들로 환영을 받았던 로마인들은 카르타고인들보다 더 모질다는 평가를 받았다. 심지어 가데스와 말라카조차 로마가 약속한 동맹국 지위를 거절당하자 독립 전쟁을 일으킨 내륙의 종족들을 지원했다.

대 카토가 근 히스파니아의 총독이 됨. 기원전 195년에 신임 콘술 카토(Cato the Elder)가 5만 명의 병력을 이끌고 히스파니아 북동부에 도착했다. 그는 자신의 속주에서 반란을 성공적으로 진압하고 심지어 서쪽 저 멀리 타구스 강의 상류 지역까지 굴복시켰지만, 이러한 그의 군사적 업적보다 더 돋보이고 항구적인 결과를 끼친 것은 그의 경제 및 행정 개혁이었다(그가 선임 정무관이었기 때문에 이 개혁은 두 속주에서 다 시행되었다).

그는 조공을 줄이지 않는 대신 각 행정 구역별로 액수를 고정시켰고, 그로써 사람들 스스로가 자기들이 내야 할 조공을 미리 알 수 있게 했다. 더욱 중요한 것은 카르타고가 패배한 이래 중단되었던 광산 개발을 그가 재개했다는 점과, 대부분의 광산들을 국가가 소유하고 관리하고 통제함으로써 속주 행정에 새로운 수입원을 제공하고 카르타고 노바와 그밖의 광산 지대에 사는 좀더 가난한 하층민들에게 일자리를 주었다는 점이다.

티베리우스 셈프로니우스 그라쿠스 (기원전 180~178). 스키피오 아프리카누스의 사위이자 유명한 개혁 호민관들인 티베리우스와 가이우스 그라쿠스(참조. 14장)의 아버지인 티베리우스 셈프로니우스 그라쿠스(Tiberius Sempronius Gracchus)는 군사적 업적보다 개혁 조치들과 공정성과 호감으로 명성을 얻은 또 다른 총독이었다. 그는 사회 불안 요인들을 제거하기 위해서 여러 소도시들과 촌락들을 새로 건설하고, 근 히스파니아의 농민들과 노동자들에게 정착하기에 좋은 땅을 제공했다. 그가 인민들 속에 심어 놓은 믿음과 신뢰는 그들을 25년간 만족스럽고 평화스럽게 유지해 주었다.

티베리우스 그라쿠스가 히스파니아에 뿌리내린 평화와 질서는 후임 총독들의 잔인한 행위로 인해 파괴되었다. 원로원은 카토의 신랄한 비판과 히스파니아인들의 거듭된 호소에도 아랑곳 하지 않고 그들의 범죄를 처벌하지 않았는데, 이로 인해 히스파니아인들의 증오심은 기원전 1세기 말까지 차곡차곡 쌓여갔다.

제3차 포에니 전쟁 (기원전 149~146). 로마인들이 이베리아 반도에서 본토인들의 강렬한 저항을 진압하기 위해서 노력하고 있는 동안, 북 아프리카의 정세는 로마와 카르타고의 투쟁사에서 최종적이고 가장 아쉬운 장으로 치닫고 있었다. 자마 전투를 치른 뒤에도 카르타고는 군사적·정치적 세력을 상실했는데도 불구하고 번영을 구가했었다. 여전히 선적과 공업의 중심지였고, 아프리카와 헬레니즘 세계간의 모든 교역을 장악했다. 북 아프리카에 평화와 질서가 정착하자, 카르타고는 자국 공업 제품들을 전보다 더 왕성히 내다팔 수 있는 시장을 갖게 되었다. 소농지들과 집단 농장들에서 생산된 곡물들이 세계의 질시를 받았다. 로마와의 상업적·외교적 관계도 꾸준히 개선되었다. 로마인들을 만족시키고 그들과 협력하기 위해서, 카르타고인들은 조약 의무들을 빠짐없이 성실히 준수했다. 한니발을 거부하고 여러 번에 걸쳐 로마 군대들에게 식량을 제공했다. 로마인들이 필리포스 5세, 안티오코스 3세, 페르세우스와 전쟁을 치를 때 육군과 해군을 지원함으로써 그들을 도와 주었다. 만약 로마에 의해 손발이 묶인 카르타고를 희생시키는 대가로 몰염치하게도 자신의 누미디아 왕국을 확장한 마시니사(Massinissa)의 야심과 호전성이 아니었다면 로마와 우호 관계는 계속 유지되었을 것이다.

마시니사. 로마인들은 과거에 마케도니아와 셀레우코스 제국을 간접 통제하는 데 헬레니즘 세계의 소국들을 활용했던 것과 똑같은 방식으로 카르타고를 제재하는 데 그보다 세력이 약한 마시니사를 이용했다. 그리고 그 결과는 똑같았다. 마시니사는 로마를 교묘하게 조종하려고 했고, 그로써 큰 전쟁이 일어나도록 촉진했다.

카르타고는 자마 전투 이후에 로마와 체결한 조약으로 아프리카 해안에 자리잡은 여러 항구들과 무역 기지들을 그대로 보유하게는 되었으나 영토는 페니키아 영역(the Phoenician Bound)으로 알려진 반경(약 7만8천 평방 킬로미터 되는 지역을 둘러싸고 있음) 내에서 튀니지아의 북쪽 절반으로 제한되었다. 반면에 마시니사는 그 혹은 그의 조상들이 과거에 차지한 적이 있는 땅은 어디든 차지하도록 허용되었다. 또 다른 조항은 카르타고가 심지어 로마의 동의를 받지 않으면 방어 전쟁도 치르지 못하도록 금했다. 마시니사는 로마의 묵인하에 조약문의 두 조항을 십분 이용했다.

　마시니사는 모로코로부터 키레나이카의 서쪽 변경에 이르는 카르타고의 해안 식민시들의 대부분을 차지했다. 무역으로 이 공격을 막도록 허용되지 않은 카르타고는 로마에 호소했고, 로마는 중재를 위해 위원단을 파견했다. 이 위원단은 때로는 마시니사에게 유리하게 결정했고, 때로는 분쟁을 방치했다. 기원전 154년경 마시니사는 카르타고를 5천 평방 마일, 즉 기존 영토의 1/6을 잘라 갔다. 카르타고의 다급한 호소에 대해서 로마인들은 아마 카토를 단장으로 하는 국경 분쟁 조정 위원회를 파견했다. 이 위원회는 문제를 결정하지 않고, 오히려 로마로 돌아가기 전에 카르타고 국내와 변경을 대상으로 조사 여행을 벌였다.

　그 거만한 도시 — 부와 사치로 차고 넘치고, 전사(戰士)들로 차고 넘치고, 무기와 군사 장비가 그득하고, 조선소들마다 많은 일감으로 분주한 — 가 카토의 마음에 원인 모를 증오를 격동시켰다고 한다. 그는 즉각적인 선전 포고를 요구했고, 그런 뒤 흥분한 어조로 다음과 같은 구호를 반복해서 외침으로써 그 주제에 관한 연설을 마쳤다: "내 생각에 카르타고는 반드시 멸망해야 한다"(censo Carthaginem esse delendam).

전쟁의 동기들. 대(the Elder) 카토처럼 일부 로마인들 속에서 격동한 원인 모를 두려움과 증오가 과거에 두 차례에 걸친 전쟁에서 최대의 적이었던 카르타고에 대해 선전 포고를 해야 한다는 주장을 지지하게 만들었다. 카토는 적어도 동방에서는 불의한 제국주의적 도발에 자주 반대했었다. 그러나 비록 자주 부인되는 견해이긴 하지만, 이번에도 경제적 고려와 귀족들 사이에 전통적으로 존재해온 영광스런 승전에 대한 욕구가 원로원의 다수 의원들로 하여금 카르타고를 내버려 두자고 주장한 코르넬리우스 스키피오 나시카 코르쿨룸(P. Cornelius Scipio Nasica Corculum)의 호소를 무시하게 만든 동기들이었다는 점을 간과해서는 안 될 것이다. 예를 들어 카토는 해외 교역에 관련된 조선소들과 해운 회사들에 상당액을 투자해 놓고 있었다. (그는 원로원 의원의 해외 무역을 금지한 기원전 218년의 클라우디우스 법의 규제를 피하기 위해서 대리인을 기용했다.) 카르타고인들은 서방에서 로마의 주요 해외 경쟁자들이었다. 카르타고는 아울러 주요 농산품 수출국이었는데, 로마까지 배로 사흘길밖에 되지 않았기 때문에 그 나라의 농산품은 로마 원로원 의원들의 대규모 농촌 사유지에서 생산된 농산품이 출하된 로마의 시장에서 우월한 경쟁력을 갖고 있었다. 그러나 무엇보다도 중요한 점은 기원전 152년에 카르타고가 제2차 포에니 전쟁 뒤에 부과한 거액의 배상금을 완전히 갚았다는 점이다. 만약 그 살찐 거위가 더 이상 황금 알을 낳아 주지 못한다고 할 때, 많은 로마인들은 거위 자체를 식탁에 올려 놓고 싶어했을 가능성이 크다. 게다가 카르타고와 전쟁을 벌여 승리한 장군은 거대한 승전을 축하하게 될 것이고 막대한 전리품을 공화국에 갖다 바칠 수 있을 것이었다.

로마 원로원의 다수가 그 사건 이전에 전쟁 쪽으로 기울었다는 폴리비오스의 진술을 의심할 이유가 없다. 부족했던 것이라면 노골적인 침략을 그럴싸하게 미화할 수 있는 구실밖에 없었다. 그리고 그런 구실은 마시니사가 카르타고의 영토를 몰염치하게 가로챌 때 그것을 암묵적으로 권장함으로써 쉽게 생겼다. 카르타고에서는 마시니사의 침략과 로마의 무관심에 격분한 반 로마파 지도자들이 기원전 151년에 친 로마파 과두정으로부터 권력을 가로챈 상태에 있었다. 그들은 마시니사 옹호자들을 추방하고, 추방자들의 복권을 주장하도록 파견된 마시니사의 아들들을 공격했다. 기원전 150년에 카르타고와 마시니사 사이에 전쟁이 터졌고, 그 결과 훈련과 지휘력이 다 같이 미흡한 카르타고 군대가 참패하고 말았다. 설상가상으로 카르타고인들은 마시니사와 전쟁을 벌이는 동안 자마 조약을 어기고 그로써 로마가 선전 포고를 할 수 있는 편리한 구실을 제공했다.

로마인들이 아프리카에 군대를 파견할 준비를 하고 있다는 소식을 들은 카르타고인들은 자신들이 범한 잘못을 깨닫고 성급히 조치를 취했다. 친 로마 성향의 지도자들을 다시 세워 과두정을 수립하고, 민중 지도자들을 처형했다. 로마에서 온 사절들은 상황을 조사하고 나서, 카르타고인들에게 어떻게 하면 잘못을 바로잡을 수 있느냐는 질문을 받았을 때 애매하게 답변함으로써 로마의 의도를 감추었다. 한편 로마 원로원은 카토의 선동을 받아 전쟁을 준비했고, 기원전 149년에 켄투리아 회가 전쟁을 최종적으로 선포했다. 카르타고인들은 평화 협상을 요청하기 위해 로마에 사절단을 파견했다. 사절단은 로마 당국으로부터 만약 카르타고가 3백 명의 인질을 로마에 넘겨주고 콘술들이 앞으로 지시할 모든 내용을 그대로 이행한다면 영토와 독립을 보장받을 것이라는 답변을 들었다. 콘술들은 모든 군대를 해산하고 무기를 버리라고 요구했다. 콘술들은 병기와 군사 장비를 포기하겠다는 답변을 들은 뒤, 원로원의 마지막 비장의 조건을 고지했다. 그것은 카르타고인들에게 도시를 버리고 파괴한 뒤 해안에서 적어도 16킬로미터 안쪽으로 들어가 도시를 재건하라는 잔인한 내용이었다. 그것은 무역으로 생활하는 사람들에게 사형 선고였다. 로마인들은 그런 모욕적인 요구로 자기들이 바라던 전쟁이 일어나리라고 계산했다.

카르타고 포위와 소 스키피오 아프리카누스의 등장. 카르타고인들은 두려움과 분노에 휩싸인 채 자기들이 사랑하는 도시를 방어할 준비를 했다. 주변 농촌에서 식량을 서둘러 모아 도시로 운송했고, 도시에서는 시민들이 밤낮을 가리지 않고 새 무기를 만드느라 땀을 흘렸다. 감옥 문을 열었고, 노예들을 해방했고, 심지어 신전들마저 병기 공장으로 사용할 만큼 카르타고인들은 열정적으로 포위에 대비했다.

포위는 3년간 지속되었다. 카르타고는 방어하기에 탁월한 위치에 자리잡고 있었고, 그 성벽은 대단히 두텁고 튼튼했다. 로마인들은 늙은 마시니사로부터 아무런 지원도 받지 못했다. 그는 평생 야심과 음모로 노리고 있던 열매를 로마인들이 이렇게 강탈해 가는 데 분개했던 것이다. 로마 군대는 훈련이 엉망인데다 지휘관들의 역량도 형편없었다. 그러나 한 젊은 장교가 두각을 나타냈다. 그는 푸블리우스 코르넬리우스 스키피오 아이밀리아누스(Publius Cornelius Scipio Aemilianus)로서, 아이밀리우스 파울루스의 아들이자 스키피오 아프리카누스의 양손자였다.[1] 스키피오 아이밀리아누스의 공적은 대단한

---

1) 그도 역시 기원전 148년에 임종하던 마시니사에게 누미디아의 장래를 처리해 달라는 부탁을 받았을 때 로마를 위해 훌륭히 봉사했다. 스키피오는 누미디아를 늙은 왕의 세 아들에게 분할하고, 그로써 하나의 강력한 단일 왕국이 장차 로마의 안전을 위협하지 못하도록 사전에 예방했던 것이다.

것이었기 때문에 그가 기원전 147년에 쿠룰레스 아이딜리스에 출마하기 위해 로마에 갔을 때 — 그는 당시 서른살밖에 되지 않았고, 따라서 어떠한 공직에도 오를 수 없었다 — 그를 콘술로 선출하고 원정군의 통수권을 그에게 넘겨주기 위한 길을 열어 놓는 특별법이 통과되었다.

그 젊은 콘술은 마침내 기원전 146년 봄에 기습 공격으로 카르타고를 점령했다. 그 아름답던 도시가 불바다가 될 때까지 엿새 동안 밤낮을 가리지 않고 시내의 거리 곳곳에서, 건물 곳곳에서 격렬한 시가전이 벌어졌다. 마지막으로 함락된 곳은 성채로서, 그곳에서 1만5천 명의 시민들이 생포되었다. 모두가 노예로 팔려갔고, 카르타고는 아프리카 총독이 주둔하는 속주가 되었다.[2]

역사가 폴리비오스에 따르면, 한때 그토록 거대했던 도시가 마지막 숨을 거둘 때 그 현장에 있던 스키피오가 눈물을 흘렸다고 한다. 그가 눈물을 흘린 이유는 카르타고인들이 겪고 있는 고통 때문이 아니었다. 그는 그들에게 고통을 가하는 것이 더없이 행복했다. 그가 눈물을 흘린 이유는 로마도 장차 어느 날 비슷한 운명에 처해질 것이라는 생각 때문이었다. 그러나 당시에 로마는 천하 무적이었고, 스키피오는 로마의 가장 존경받는 시민으로 귀국하리라는 기쁜 생각에 눈물을 닦을 수 있었다.

히스파니아에서 벌어진 비리아투스와 누만티아와의 전쟁들 (기원전 151~133). 스키피오가 카르타고를 멸망시킬 바로 그 당시에 히스파니아 속주들에서는 반란으로 인한 전쟁의 불길이 다시 격하게 타올랐다. 이번에는 원히스파니아의 본토인들이 비리아투스(Viriathus)라는 이름의 노련하고 신망을

---

2) 그 도시가 평지가 되기까지 파괴되었고 경작지로 갈아 엎어졌다는 유명한 이야기는 오로시우스(Orosius. 서기 5세기)의 과장된 글에 근거한 것이다. 사실상 그 폐허는 수 세기 뒤까지 그대로 남아 있었다. 실제로 플루타르코스는 마리우스(Marius)가 한때 그 폐허 더미에 앉았었다고 말한다. 카르타고의 폐허는 그렇게 방대한 규모로 남아 있었기 때문에 수 세기 동안 옛 벽들과 신전들과 그밖의 건물들이 이미 장식된 돌의 채석장 역할을 했다. 스키피오의 병사들보다 그 도시를 훨씬 더 철저히 파괴한 장본인들은 기원전 28년에 옛 카르타고의 터에 들어선 로마령 카르타고의 건설자들과 훗날 여러 세기 동안 그곳을 다녀간 열정적인 돌 수집가들이었다.

받는 지도자를 발견했고, 그는 10년 동안 로마인들에게 애를 먹였다. 그의 이름은 심지어 2천 년이 지난 오늘날까지도 포르투갈 국민들(고대의 루시타니아 인들) 사이에서 자유와 동의어로 남아 있다. 목동이자 사냥꾼이었던 비리아투스는 산들과 계곡들과 꾸불꾸불한 산길을 손금보듯 훤히 알고 있었기 때문에 1만 명이나 되는 게릴라들을 이끌고 산을 누비고 다녔다. 그와 그의 추종자들은 8년 동안 로마인들을 궁지에 몰아넣었고, 로마의 부대를 하나씩 차례로 무너뜨렸다. 그는 로마 군대를 공격한 다음 그들이 도저히 따라갈 수 없는 소로들을 타고 어둠 속으로 유유히 사라지기를 수없이 반복했다.

기원전 141년에 비리아투스는 5만 명의 로마 병사들을 함정에 몰아넣은 뒤 자기 종족의 자유와 독립을 존중하는 조약을 맺는 대가로 그들의 목숨을 살려주었다. 그는 대다수의 원로원 위원들이 얼마나 파렴치한 데까지 내려갈 수 있는지 미처 몰랐다. 원로원은 그 조약을 비준했다가 다음 해에 파기한 것이다. 로마인들은 두 명의 배반자에게 뇌물을 주어 잠든 비리아투스의 숨통을 끊게 했고, 그렇게 해서 지도자를 잃은 루시타니아인들은 로마의 철 멍에에 굴복하고 말았다. 포로들 중 일부는 이송되어 로마의 전역 군인들과 함께 발렌티아(발렌시아)에 라틴 식민시를 건설했는데, 그곳에서 그들은 다시는 로마의 권위를 쉽게 거역할 수 없었다.

기원전 137년에 원 히스파니아의 새 총독 데키무스 유니우스 브루투스(Decimus Junius Brutus)가 육군과 함대를 끌고 히스파니아 북서부에 자리 잡은 칼라이키(갈리시아)를 공격했으나 그 지역을 항구적으로 차지하지는 못했다. 오히려 타구스 강을 원 히스파니아의 국경선으로 남겨두고, 그 어귀에 있는 올리시포(리스본)란 소도시를 요새화하는 데 그쳤다.

누만티아에 대한 포위. 근 히스파니아에서의 전쟁은 누만티아의 켈티베리아 성채 도시들을 둘러싸고 치열하게 벌어졌다. 수비대 병력은 약 4천 명밖에 되지 않았지만 누만티아는 숲이 깊게 우거진 계곡을 지나 양쪽으로 깊이 깎인 둑 사이로 흐르는 두 강의 합류점에 우뚝 솟은 산에 자리잡고 있었기 때문에 방어하기가 쉬웠다. 기원전 137년에 누만티아를 포위 공격하는 동안 로마 군 사령관 만키누스(Mancinus)는 자신이 이끄는 2만 명의 병력이 매복해 있던

4천 명의 켈티베리아인들에게 포위된 것을 보고서 조약안에 서명하지 않을 수 없었다. 그 조약은 같은 이름의 전임 총독의 아들 티베리우스 그라쿠스가 전에 누만티아인들에게 받아들이도록 설득한 바 있는 것이었다. 로마의 대규모 병력의 몰살을 막아준 기원전 137년의 이 조약을 로마는 훗날 뻔뻔스럽게도 파기했다.

그러한 패배를 여러 번 당한 로마인들은 기원전 134년에 당시 최고의 장군 스키피오 아이밀리아누스를 히스파니아로 보냈다. 카르타고를 멸망시켰던 그는 동료 시민들 사이에서 군사적 영광과 신망을 얻을 또 다른 기회를 기다리고 있는 중이었다. 히스파니아에 도착한 그는 기강이 해이해진 로마 군대를 개혁하고 재훈련하고, 전리품 상인들, 술 상인들, 매춘부들을 몰아내고, 누만티아를 8km 둘레의 이중 벽으로 에워싸고 벽 위의 곳곳에 망루를 세우고, 일곱 개의 병영을 두어 이 벽을 감시했다. 그런 뒤 식량 보급을 완전히 차단하여 누만티아로 하여금 항복하지 않을 수 없게 한 다음 그 소도시를 불질러버렸다.

기원전 133년에 히스파니아에서 누만티아를 멸망시키고, 아탈로스가 다스리던 소아시아 페르가몬 왕국을 인수함으로써, 로마는 숱한 일화를 남기며 지중해 세계의 상당 부분을 장악한 70년 남짓한 기간을 마감했다. 그 과정은 종종 잔인하게 진행되었으나, 로마인들이 과거에는 잔인하지 않았다고 생각한다면 그것은 퍽 순진한 생각이다. 다른 사람들, 특히 문화 배경이 다른 사람들을 굴복시키려 하면 종종 잔인성이 발휘되게 마련인데, 이렇게 남들을 굴복시키는데 발휘된 잔인성이 로마사에 선례가 없었던 게 아니다. 예를 들어, 알바 롱가와 베이이 멸망은 로마의 애국적 역사 전승에서는 훌륭하게 묘사되었다. 그렇지만 그 사료들에 나타난 개인적 편견이나 수사법상의 과장을 인정한다 치더라도, 로마 지휘관들이 문명이 발달한 종족이나 미개한 종족을 공격할 때 드러낸 잔인성의 수준은 로마가 해외로 확장되어 가면서 더욱 증가한 것 같지 않다. 그리스인, 카르타고인, 히스파니아 종족들 같이 문화 배경이 서로 다른 사람들이 로마인들이 기대한 평화와 질서 개념을 받아들이지 않은 일, 군사적 영예를 위해 남들을 제압하려던 로마인들의 야심, 탐욕, 그리고 재산에서 정적들에게 뒤지지 않아야 했던 필요, 이 모든 요인들이 한데 합쳐져 로마인들로

하여금 허다한 사람들을 노예로 만들고, 대학살을 자행하고, 적국을 제압할 때 철저히 멸망시킬 필요를 갈수록 더 느끼게 만들었다.

그러나 비 로마인들을 갈수록 잔인하게 대했던 것이 로마의 제국주의적 팽창이 빚어낸 유일한 변화는 아니었다. 로마의 국내 정세가 빚어낸 변화들은 한층 더 컸고, 그들의 잔인성과 다름없이 개탄스러운 경우가 적지 않았다. 이 점은 다음 장들에서 분명히 드러날 것이다.

12

전쟁과 제국주의가
로마의 국내 정세에 끼친 영향

로마는 전쟁과 정복으로 지중해 세계에서 패권을 쥐었고, 그로써 알렉산드로스 대왕이 시작하고 헬레니즘 세계 군주들이 지속해온 정치·경제적 통일을 완수했다. 제1차 포에니 전쟁이 발발한 이래 불과 한 세기 반도 되지 않는 기간에, 로마는 도시 국가에서 제국으로 발전했다. 자마, 키노스케팔라이, 마그네시아, 피드나 전투들은 로마 군대가 3개 대륙을 장악하게 된 분기점이 된 전투들이다. 로마는 대단히 강력한 왕국들을 조공국으로 굴복시켰다. 금과 은과 노예들과 그밖의 조공들이 거대한 강물처럼 로마의 손아귀에 흘러들어왔다. 그 앞에서 국가들은 벌벌 떨었다. 그 과정에서 로마의 문화가 훨씬 다양해지고 세련돼 가는 동안, 세계 정복과 확장이라는 이 현상은 로마인들의 경제, 사회, 정치, 윤리에 혁명적 파급 효과를 끼치기 시작했고, 이것이 공화정 자체가 몰락하게 되는 발판을 놓는다.

농업. 가장 괄목할 만한 변화는 농업 분야에서 발생했다. 공화정의 처음 몇 세기 동안 농업은 로마인들의 주요 직업이었을 뿐 아니라, 생계 수단이기도 했다. 대(the Elder) 카토는 초기 로마인들의 모든 도덕적 가치관을 농업의 영향으로 돌렸다. 카토가 즐겨 모범으로 삼은 초기 콘술들이자 독재관들인 킨킨나투스와 마니우스 쿠리우스는 당시의 다른 농민들과 마찬가지로 직접 들판에 나가 일을 했다.

농민은 아들들과 혹시는 한두 명의 노예의 도움을 받아 가족이 살아가는 데 필요한 모든 식량을 생산할 수 있었고, 가족의 의복과 신발과 그밖의 필수품들을 만들 수 있었다. 가끔 몇 부셀의 곡식이나 돼지 몇 마리를 내다 팔면 밭에서 생산할 수 없는 물품을 살 수 있었다.

기원전 2세기 중엽에는 이미 이탈리아의 농촌 생활에 급격한 변화가 일어나 있었다. 이 변화는 한니발의 침공으로 가속화했다. 14년 동안 카르타고의 군대와 로마의 군대가 반도를 오르내리면서 토지를 황폐케 하고, 곡식을 탈취하거나 망쳐 놓고, 가축을 죽이고, 수많은 가옥과 농촌 시설들을 불태웠다. 군사 작전과 전쟁으로 인한 무관심으로 인해 수 세대에 걸친 끈기있는 노력으로 건설된 중요한 배수 체계가 파괴되었다. 그 결과 저지대는 도로 소택지와 습지로 돌아가 말라리아 모기들의 좋은 서식처가 되었다. 이 지대들에는 말라리아가 창궐했고, 그로써 이미 전쟁으로 격감해 있던 인구를 더욱 감소시켰다.

인명 손실의 규모는 참담할 정도로 컸다. 제1차 포에니 전쟁 전에 시행한 인구 조사에서 대략 285,000명이었던 로마 시민들의 수가 기원전 203년에는 214,000명으로, 기원전 193년에는 144,000명으로 감소했다. 이러한 감소 수치에는 전쟁 사상자 수도 반영되어 있지만, 대부분 농촌에서 차출되어 해외 주둔군으로 파견된 수많은 장정들의 수도 반영되어 있었다. 농촌 출신 병사들 중 많은 수는 고향으로 돌아가려고 하지 않았다. 더러는 군대 생활이 보장하는 안전과 생전 처음 구경하는 이색적이고 흥미로운 지역들을 구경하는 것이 지루한 농촌 생활보다 더 마음에 들었다. 또한 더러는 고향에 돌아갔다가 집이 온데간데 없이 무너지고 밭도 가시와 엉겅퀴만 무성한 형국을 발견했다. 적지 않은 농장들이 빚 때문에 혹은 탐욕스런 이웃 때문에 타인의 소유로 넘어갔다. 혹시 운이 좋게도 고향에 돌아와 보니 집과 농장이 멀쩡하게 남아 있는 경우도 꼭 필요한 황소와 연장과 종자를 구입하려면 어떻게든 돈을 마련하지 않으면 안 되었다. 이런저런 이유에서 수많은 사람들이 좌절한 채 일거리를 찾아 로마로 흘러들었다. 더러는 군대에 재입대하거나, 농사보다 돈벌이가 더 잘 되는 약탈과 장사의 기회가 기다리고 있는 속주들로 돌아갔다. 제2차 포에니 전쟁 뒤에는 시민들의 수가 증가했지만, 농민들의 숫자는 여전히 심각할 정도로 줄어들었다.

막대한 재산과 인력의 손실에도 불구하고, 만약 로마의 지중해 정복이 이탈리아의 여러 지역에서 기존의 농법을 더 이상 사용할 수 없게 만든 새로운 경제력을 일으키지 않았더라면 불과 몇 십년 내에 고대 이탈리아의 가족 규모의 농장들이 되살아날 수 있었을 것이다. 전형적으로 이탈리아의 농업은 곡물 생산을 주업으로 삼는 소규모 지주들에 의해 주관되었다. 비록 사르디니아, 시칠리아, 그리고 기원전 146년 이후에는 아프리카에서 해운으로 싼값에 수입해 들여올 수 있었던 곡물이 로마의 농민들에게 준 충격은 지나치게 과장된 감이 없지 않지만, 팽창이 몰고 온 경제적 변화는 수많은 경우에 농민들에게 막대한 충격을 주었다.

로마의 해외 팽창은 로마와 지역 이탈리아의 귀족들에게 사유지를 사용하여 종종 라티푼디아(latifundia. 단수, latifundium)라고 불리는 대규모 자본 집약적 영농을 벌일 수 있는 매우 유리한 기회를 제공했다(물론 라티푼디아라는 용어는 서기 1세기 이전의 로마 저자들의 글에서는 찾아볼 수 없지만). 소, 양, 돼지 같은 가축을 전문적으로 사육하는 대규모 영농이 남 이탈리아, 에트루리아, 그리고 라티움의 일부 지역에 급속히 퍼졌다. 라티움의 다른 지역들과 특히 캄파니아에서는 올리브나 포도 재배만을 전문적으로 재배하는 대규모 사유지들을 아주 흔하게 볼 수 있었다. 두 경우 다 통일된 경영과 통제하에 국내나 해외 시장에 내다 팔 수 있는 특정 가축을 사육하거나 환금 작물을 재배하기 위해 인력과 장비와 토지에 막대한 자금을 투자하는 대규모 영농 사업의 형태를 반영했다.

대규모 상업적 농업이 발전할 때는 반드시 다섯 가지 주된 요소에 의존했다. 그것은 풍부한 자본과 토지, 값싼 노동력, 전문적 장비, 효과적인 조직과 경영, 시장 확장이었다. 로마가 해외로 팽창함에 따라 이 다섯 가지 요소 모두가 로마와 지방 이탈리아 귀족들에게 활용 가능했다.

자본과 토지. 해외 정복 사업에 따른 전리품과 조공, 그로 인한 상권 확장, 속주 자원의 공식적 개발, 부패한 속주 관리들이 부당하게 수탈한 자산에 의해 막대한 투자 자본이 로마로 유입되었다. 그렇게 유입된 자본의 일부는 조선과 상업과 공업에 투자되었으나, 대부분은 부동산(특히 농지)에 투자되었다. 왜냐하면 그것이 기원전 218년 클라우디우스 법이 원로원 의원들에게 허용한 유일한 투자 수단이었고, 기사 계층 곧 에퀴테스들에게 정치적 입신과 사회적 명성에 오르는 지름길이었기 때문이다.

대규모 사유지의 증가를 규제한 기원전 367년의 이른바 리키니우스-섹스투스 법은 한 번도 엄격히 시행된 적이 없었고, 제2차 포에니 전쟁 뒤에는 거의 무시되다시피 했다. 오히려 국가가 그러한 투자를 장려했다. 국가가 1천4백만 에이커의 토지를 소유하게 되었고(그 대부분은 전쟁 뒤에 몰수한 토지이다), 그중에서 적어도 9백만 에이커는 농사를 짓기에 알맞은 토지였기 때문이다. 국가는 대규모 투자자들을 상대하는 게 편했기 때문에 부유하고 세도 있는 지주들에게 공유지의 대부분을 장기 저리로 임대해 주었는데, 이들은 몇 세대 뒤에는 임대한 토지를 사유지로 간주하게 되었고, 심지어는 국가에 내던 임대료조차 중단했다.

캄파니아, 라티움 남부, 에트루리아의 일부 지역들에서 라티푼디아가 발달한 데에는 정부의 두 가지 정책에 힘입은 바 컸다. 하나는 시칠리아와 사르디니아에서 밀을 수입하는 정책이었고, 다른 하나는 국방의 목적상 북부를 식민화하는 정책이었다. 속주들에서 조공으로 받아 들여온 밀과(로마는 제2차 포에니 전쟁 전까지 시칠리아로부터 매년 백만 부셸의 밀을 조공으로 거두었다), 소작인들이나 로마 정부가 몰수한 경작 가능한 토지에서 임대세로 거둔 밀, 혹은 강력한 로마 관리들이 직접 현물로 거둔 밀이 캄파니아와 라티움의 소규모 혹은 중간 규모의 곡물 재배자들이 도무지 경쟁할 수 없는 가격으로 로마에서 거래되었다. 돈이 없어서 좀더 돈벌이가 되는 농업 방식에 뛰어들 수 없었던 많은 사람들은 농지를 팔거나 포기하고, 정부가 북부와 북서부에서 주도하던 식민 사업에 가담했다. 이들이 포기한 농지를 부유한 투자가들이 헐값에 사들여 처음에는 60-200에이커의 라티푼디아로, 그 뒤에는 5백 에이커 이상의 라티푼디아로 통합했다. 흉작, 과잉 생산, 혹은 추수 때의 일손 부족 등의 위기에 대처하기 위해 지주들은 한 곳에 거대한 라티푼디아를 경영하기보다 동떨어진 여러 지역들에 여러 개의 라티푼디아를 경영했다.

그러나 독립된 자영농이 이탈리아의 모든 곳에서 자취를 감추었다고 생각한다면 그것은 오산이다. 앞서 지적했듯이 그들은 이탈리아 남부, 캄파니아, 에트루리아, 그리고 라티움의 여러 지역들로 폭넓게 소개(疏開)되었다. 그럼에도 불구하고 로마 부근의 라티움 지역에서는 많은 농민들이 큰 비용을 들이지 않고도 곡물 재배에서 확장되어 가던 로마 시장을 겨냥한 채소 재배로 전환할 수 있었고, 다른 대도시 주변 지역도 상황은 다르지 않았음에 틀림없다. 북쪽의 비옥한 포 강 유역에서는 곡물을 주요 작물로 삼는 자영농의 소규모 농지가 규범으로 남았다. 그럼에도 불구하고 많은 지역에서 라티푼디아의 확산으로 피해를 입은 사람들의 수가 적지 않았고, 이 문제는 기원전 3~2세기의 전쟁들 때문에 야기된 노예 수의 증가와 맞물려 더욱 심화되었다.

노예 노동력. 정복 전쟁들은 수십만 명의 전쟁 포로들로 고갈된 인력을 벌충함으로써 전쟁으로 야기된 노동력 문제를 해결했다. 평시에 전쟁 포로가 없어서 생기는 노동력 부족 문제는 해적들과 전문 납치꾼들이 붙잡아온 사람들로 벌충했다. 이들은 로마 관리들의 묵인과 과거에 제재를 가하던 로도스의 해군력 상실을 틈타 활개를 쳤다.

노예 노동력은 일년 내내 손길이 필요하면서도 재배 방식이 매우 단순하여 기술이 없어도 아무나 금방 참여할 수 있는 작물들과, 감독 비용을 절감하기 위해서 가능한 한 좁은 지대에 최대한의 노동력을 투입할 수 있는 작물들을 생산하도록 장려했다. 이런 상황들에서는 올리브나무들과 포도나무들이 이상적인 작물이었다. 밀과 보리는 적합하지 않았다. 왜냐하면 상대적으로 재배 기간이 짧고 파종과 추수 때 상당한 일손이 필요한 데다, 한 사람의 감독이 될 수 있는 대로 좁은 지대에서 최대한도로 많이 투입된 노예들의 노동을 감독할 수 있는 집단 체제를 사용할 수 없었기 때문이다. (라티푼디움이 자급자족이라는 이상을 실현하기 위해서 어느 정도의 밀을 재배하기도 했지만, 그것이 주요 작물인 경우는 거의 없었다.)

조직적인 노예 노동이 갖는 이점은 여러 가지였다. 그것은 언제 어디서든 필요하면 즉시 활용 가능하고 대체도 용이한 안정된 인력 공급원이었다. 노예들은 소작인들과 달리 군대에 징집할 수 없었다. 그보다 훨씬 더 중요한 점은 주인이 적합하다고 판단하는 방식으로 노예들을 조직하고 집중시키고 결합시킬 수 있었던 점이다. 주인은 노예의 신체뿐 아니라 그들의 잉여 가치를 마음대로 사용할 수 있었기 때문에, 그들을 유지하는 데 드는 비용보다 약간 많은 비용으로 생산을 할 수 있었다.

농작물의 판매. 로마의 정복 사업과 지중해 세계의 정치적 통일은 자본과 노동력의 동원뿐 아니라 시장 개발과 확장에도 적지 않게 이바지했다. 일찍이 기원전 167년부터, 그리고 늦게는 술라 시대(기원전 87~80)까지, 이탈리아제 포도주와 기름이 동방 무역권의 도시들뿐 아니라 델로스와 그밖의 섬들에까지도 수출되었다. 비록 초기에는 수출품의 규모가 작았겠지만, 기원전 2세기 중반경에는 이미 로마의 농산물이 그리스가 독점해 온 시장들에서 경쟁력을 갖춰가기 시작했음을 보여 준다.

이탈리아 농산물의 주된 시장은 유럽의 서부와 북부였다. 포도주는 6갤론당 노예 한 명 값으로 프랑스로 수출했는데, 이 사업은 틀림없이 수익성이 컸을 것이고, 아마 대단히 이른 시기부터 시작되었을 것이다. 기원전 230년경에 침몰한 것으로 보이는 그리스 선박의 잔해가 마르세유 남부의 섬들 사이에서 발견되었다. 그 선박에는 캄파니아 산(産) 식기류와 포도주 약 1천 병이 선적되어 있었는데, 포도주 중 일부는 그리스 산이었지만, 대부분은 사비니 산지에서 생산된 적포도주였다.

물론 포도주와 기름과 그밖의 농산물은 수출량보다 국내 소비량이 훨씬 많았다. 재물과 인구의 유입에 발맞추어 로마와 그외 도시들에서의 수요도 틀림없이 급증했을 것이다. 푸테올리 항구는 공업 중심지이자 세계 무역의 관문으로서 괄목할 만한 발전을 시작하고 있었다. 서기 79년 멸망 직전의 폼페이라는 작은 도시(인구 2만5천 명)에 포도주 상점과 술집이 상당히 많았다는 사실은 카푸아, 푸테올리, 나폴리, 그리고 물론 로마 같은 훨씬 큰 도시들에서 포도주와 그밖의 농산품들이 얼마나 많이 소비되었을지 짐작하게 한다.

도시의 성장과 빈민들의 곤궁. 도시의 경제 활동이 왕성해지면서 로마와 이탈리아의 다른 도시들에는 농촌에서 경제적 압박으로 인해 보금자리를 잃은 허다한 사람들이 흘러들어왔다. 대지주들이 이웃의 토지를 빼앗으려고 부당한 압박을 가한 경우도 종종 있었지만, 도시에 가서 일자리를 얻거나 포도주 상점, 식당, 염색소, 빵집, 그릇 공장, 주물 공장 같은 소규모 사업을 시작할 기회가 소규모 지주들로 하여금 소규모 영농에 따르는 고단한 살림을 피해 자발적으로 토지를 팔도록 만들었다.

인구가 도시들로 급속히 유입됨에 따라 자연히 심각한 문제들도 대두했다. 도시 경제의 성장에도 불구하고, 새 전입자들, 특히 기술이 없는 사람들에게는 언제나 일자리가 충분하지 않았다. 실업과 불완전 고용이 많은 사람들을 고통으로 몰아넣었다. 가옥은 수요는 많은데 공급은 달려서 인술라이(insulae)라고 하는 급조된 아파트 지구들의 열악한 숙소조차 집세가 매우 비쌌다. 이런 여건 때문에 좁은 집에 많은 식구들이 살게 되었고, 이런 환경은 다시 건강과 위생과 안전에 심각한 문제들을 일으켰다. 허술한 건물들만 자주 붕괴된 게 아니라, 많은 건물들도 비상구가 없어서 화재가 발생하면 적절한 소방 대책이 없이 많은 인명이 희생되었다. 마찬가지로 체계적인 경찰 조직이 없었기 때문에, 그리고 먹고 사는 일이 힘겨웠기 때문에 범죄율이 증가했다. 이런 여건들 때문에 이탈리아의 도시 빈민들은 점차 불만이 쌓여갔고, 공공 질서와 정치 안정에 위협이 되었다.

이런 상황은 기원전 2세기 후반에 로마 자체에서 특히 심했다. 로마의 경제는 어떠한 생산적 기반에도 기초해 있지 않았다. 기원전 2세기의 첫 60년 동안 로마가 그렇게 급속히 성장하게 된 것은 해외에서의 팽창으로 거둬들인 수익 때문이었고, 그런 수익이 뒷받침이 되어 로마 시에는 대대적인 건축 붐이 일어났다. 전쟁에서 승리하고 돌아온 장군들이 전리품 중 일부를 털어 자기들이 전쟁터에서 도움을 빈 신들에게 바치는 신전들과, 공공 용도를 위한 바실리카들과 도로들과 수로들을 건설함으로써 자신들의 행위를 영구히 남기는 경우가 종종 있었다. 원로원도 전리품 판매 대금, 전쟁 배상금, 조공, 그리고 국영 광산들로 거둬들인 세입 중 막대한 금액을 들여 도시를 미화하고 유용한 토목 공사를 벌였다. 그러므로 농촌에서 도시로 인구를 끌어들일 만한 상당한 정도의 노동력의 수요가 있었다.

그러나 기원전 146년 카르타고와 코린토스가 멸망한 뒤에는 한동안 이익을 거둘 만한 전쟁이 없었다. 예를 들어 상대적으로 가난한 히스파니아 종족들과 벌인 전쟁들이 질질 끌면서 아마 자체의 경비조차 건지지 못했을 뿐 아니라, 전쟁을 하느라 정규 조공마저 거두지 못했다. 기원전 135년에 시칠리아에서 노예 반란이 일어났을 때도 그것을 진압하느라 상당한 경비가 필요했다. 따라서 130년대에는 개인적 구제와 공공 기금 지출이 다 같이 급격히 줄어들고 도시 경제가 심각한 불황을 겪었는데, 그런 상황이 도시 빈민들의 곤궁을 더욱 악화시켰다.

군사력의 쇠퇴. 소규모 지주들이 농촌을 버리고 도시로 떠남으로써 로마 군대에서 복무할 재산 자격을 갖춘 사람들이 급격히 줄어들었다. 기원전 2세기 중반에는 그로 인한 군사력의 약화가 현저해졌다. 로마의 콘술들은 병사들을 모집하기가 갈수록 어려워지는 것을 발견했다. 특히 154~153년에 히스파니아에서 벌어진 위험하고 인기가 없는 전쟁들이 군대를 기피하는 분위기가 조장되는 데 톡톡히 한 몫을 했다. 민중의 압박을 받은 호민관들은 군대 소집을 가로막고, 귀국한 장군들을 무능과 사기와 심지어는 반역죄로 고발함으로써 그들을 방해했다. 기원전 144년에 징집을 반대하는 폭동이 일어난 뒤 한 호민관은 심지어 콘술이 히스파니아로 떠나는 것을 막으려고 했고, 기원전 138년에는 호민관들이 실제로 더 많은 병력을 징집하려고 하던 콘술들을 실제로 투옥했다. 로마의 병력 동원 능력이 현저히 감소하고 있었다.

팽배한 불만과 노예 반란. 로마가 정복 전쟁들을 성공적으로 치르고서 얻은 결과들이 묘하게도 로마의 군사력을 약화시키고 있는 동안, 그 결과들은 아울러 무장 반란으로 로마의 권위에 도전할 만큼 밑바닥에 내동댕이쳐진 사람들의 수가 증가하는 데 일조했다. 헬레니즘 세계 동방 사람들이 로마의 전쟁들과 정복들의 결과로 특히 어려운 형편에 처해 있었다.

기원전 201~136년에 그리스, 이집트, 시리아, 그리고 근동의 다른 지역들은 아마 인구의 20-25%를 잃었을 것이다. 노동력이 부족했기 때문에 가옥들은 쓰러져갔고, 광활한 농경지는 황무지나 목초지로 변했다. 기원전 210~160년에는 임금이 낮은 상황에서 곡물, 집세, 그리고 그밖의 생활 필수품 가격이 올랐고, 거기에다 이따금씩 흉년마저 들면 물가가 천정부지로 치솟았다. 물가는 결국 구매력 부족 때문에 다시 내리긴 했지만, 그러는 동안 민중이 겪은 고통은 이루 말할 수 없었다.

노예 반란들. 가장 불만이 크고 잠재적으로 위험한 집단들 가운데 하나는 당시에 존재하던 거대한 수의 노예들로 구성되었다. 농노와 노예들은 초창기부터 로마 사회의 일부였지만, 당시에 그들의 수는 적었고 집과 들에서 주인들과 함께 살고 함께 일한 탓에 비교적 온건한 대우를 받았다. 그들은 모든 면에서 가족의 일부였다. 불행하게도 로마의 해외 팽창의 결과 많은 수의 노예들과 재산이 유입되고, 그로 말미암아 노예의 노동력을 근간으로 하는 시장 지향적인 대 사유지들이 발달하면서 기원전 2세기에 노예들의 생활 형편은 크게 바뀌었다.

기술이 있고 교육을 받은 도시 가문의 노예들은 여전히 좋은 대우를 받았지만, 대지주들과 상인들의 농장과 삼림과 광산에서 일한 이름없는 허다한 노예들은 짐승 취급을 받았다. 음식과 의복이 초라하기 짝이 없었고, 가족 생활도 거부당했다. 이들은 집단으로 모일 때는 쇠사슬에 묶인 채 밤새 지하 감옥에서 지내야 하는 경우가 적지 않았다. 매질이 예사였다. 더욱이 그들이 지닌 유일한 가치란 최소한도로 값싼 노동력에 있었기 때문에, 몸을 아끼지 않고 열심히 일하여 돈을 벌면 마침내 자유를 살 수 있다는 희망조차 품을 수 없었다. 이런 상황을 감안할 때 많은 노예들이 도주하여 강도와 산적이 되고 심지어 심각한 반란을 일으켰다는 것은 조금도 이상한 일이 아니었다. 농촌 노예들에 대한 감시가 허술한 경우가 많았고, 노예들 중 많은 수가 전쟁터에서 포로가 된 군인들이었기 때문에 그들이 그렇게 할 수 있는 가능성은 실제로 상당히 많았다.

노예 반란은 기원전 138년 이후에 로마 세계 전역에서 터지기 시작했다. 이탈리아에서는 노예 반란이 일어났다가 민투르나이에서 450명, 로마에서 150명, 시누에사에서 4000명이 십자가에 처형된 뒤에 진압되었다. 델로스의 거대한 노예 시장에서 일어난 반란과 아테네 근처 라우리움의 은광에서 일어난 반란도 군사력에 의해 진압되었다. 라우리움 은광에서는 반란을 일으킨 노예들이 몇 달 동안 독립 국가를 수립하고 심지어 자기들의 주화까지 발행했다. 페르가몬에서 에우메네스 2세의 서자인 아리스토니코스(Aristonicus)와 그의 스토아적 '태양국'이 로마에 대해서 일으킨 전쟁은 단순히 노예들과 프롤레타리아들과 병사들이 일으킨 대반란이었다. 가장 심했던 것은 시칠리아에서 일어난 노예 반란이었다. 이곳에서는 기원전 136년에 일상적인 노예 습격과 살인이 전면전으로 비화되었다. 반란을 주도한 사람은 에우누스(Eunus)라고 하는 시리아 출신 노예였는데, 그는 입으로 불을 토하고 신탁(神託)을 말함으로써 자신이 시리아의 왕 안티오코스라는 믿음을 70,000명(더러는 250,000이라고 함)의 동료 노예들에게 심어줄 수 있었다. 여러 해 동안 치열한 전쟁을 벌이고 많은 수의 지주들이 살해되고 재산에 막대한 손실을 입은 뒤에야 비로소 로마인들은 기원전 131년에 이 반란을 진압하고 그 최후의 불씨를 끌 수 있었다.

기사 신분. 기원전 2세기 후반에는 비록 무장 반란을 일으킬 만큼 절박하지는 않았더라도 자신들의 상황에 만족하지 못한 집단들이 있었다. 이 집단들 중 하나가 에퀴테스(equites) 곧 '기사들'이었는데, 이들은 종종 오르도 에퀘스테르(ordo equester) 곧 '기사 신분'이라 불린다. 기원전 3세기 경에는 에퀘스(eques) 곧 '기사'라는 용어가 널리 확대되어 켄투리아 회의 기사 백인대들에 등록된 사람들과 대등한 재산을 지닌 출생상의 시민을 가리키는 데 쓰였다. 이 사람들은 원로원 밖의 부유한 지주들, 이를테면 가문 단위로 로마 시민권을 얻은 이탈리아 지방 귀족들과 자수성가한 사람들이었다. 이들 중 더러는 도로, 교량, 신전 건설 사업 같은 공공 사업과, 군대에 식량과 장비를 제공하는 사업, 혹은 이탈리아와 속주들의 자원을 개발하고 세금을 거두는 사업에 투자했다. 다른 이들은 금융, 선박, 그리고 포도주 수출, 고급 도기 제작, 벽돌 생산 같은 대규모 사업에 참여했다.

물론 현실적으로는 부유한 지주들과 사업가들을 엄격히 구분할 수 없다. 지주들은 잉여 수입의 일부를 사업에 투자했고, 사업으로 돈을 번 사람들은 대개 수익금의 상당액을 토지에 투자함으로써 재정적 안전과 사회적 신분을 추구했다. 사업과 제조업에 대한 로마인들의 기교가 고만고만한 수준을 벗어나 발전하지 못한 한 가지 이유는 많은 사업가들의 목표가 수익금을 생산성 향상에 재투자하지 않고 사유지와 대저택에 투자함으로써 집세와 소작료로 지방 토지 귀족의 생활을 영위하고, 심지어 본인이나 아들들이 원로원에 진출하는 데 큰 뜻을 둔 데 있었다.

로마의 사업 부문에서 가장 발달한 부문은 재정 운용 부문이었다. 거대한 부가 흘러들어온 데 힘입어 로마는 지중해 세계의 금융과 대출의 중심지가 되었다. 투자가들의 체계적인 협력으로 선주(船主)들에게 그들의 뱃짐을 매입할 수 있는 자금을 대출해 주는 경우가 많았다. 가장 빈번하고 가장 수익성이 높았던 부문은 세금이나 조공의 부담에 시달리던 속주의 납세자들과 온 도시들에 대한 대출이었다. 그런 대출의 공식 금리는 대개 12%로 제한되었으나, 실세 금리는 24% 혹은 심지어는 48%인 경우도 있었다. 실제로 왕들이 왕권을 지키기 위해서 이런 금리로 돈을 갖다 쓰다가 왕국들 전체가 로마의 금융업자들에게 빚을 진 경우도 간혹 있었다.

로마의 금융업자들은 세상 물정에 매우 밝게 되었다. 개인들이 금융업자들과 당좌 계정을 틀 수 있었고, 금융업자들의 지불보증서를 현금 대신 사용할 수 있었다. 그런 방식으로 현금 거래가 성가시고 위험한 큰 거래일 경우 현금 대신 장부상의 기재로 지불을 쉽게 할 수 있었다.

어떤 집단보다 고도의 조직을 갖춘 집단은 푸블리카니(publicani)라고 하는 세금 징수 대행업자들로 구성된 회사들이었다. 이 회사들은 국가와 계약을 맺고서 국가가 계획한 토목 사업을 대행하고, 국영 광산이나 삼림을 대리 운영하고 세금을 대리 징수했다. 이 회사들은 법인의 특권을 받음으로써 개인 투자가들이 누구인가에 관계없이 계속 존속했다. 주요 동역자들인 소키이(socii)는 운영 자금을 조달하기 위해 국가에 파르테스(partes) 곧 지분을 내놓았다. 그러고 나면 회사는 켄소르들에게 특정 세금을 징수하거나 공공 계약을 체결할 수 있는 권리를 얻기 위한 입찰을 신청했다. 세금의 경우에는 가장 높은 입찰가를 제시한 회사에게 권리가 부여되었고, 투자한 금액과 실제 징수된 세금의 차액이 그들 회사에게 돌아갈 이익이 되었다. 다른 계약들의 경우에는 국가가 회사에 지불한 금액과 사업에 실제로 들어간 비용 사이의 차액이 그들의 수익이 되었다. 따라서 푸블리카니로서는 이익을 늘리기 위해서 납세자들에게서 최대한도의 세금을 짜내고, 공공 사업의 비용을 최대한도로 절감하고 싶은 유혹이 자연스럽게 들었다. 물론 그런 공사 자체는 투자가의 품위에는 어울리지 않았던지라 노예들과 피해방인들과 노동자들에게 맡기고, 마기스터 (magister)라는 고용 경영자를 시켜 감독하게 했다.

에퀴테스 사이에 불만이 팽패했던 한 가지 원인은 원로원 귀족 계층으로 신분 상승을 꾀하고 싶어도 대단히 어려웠고, 콘술급 귀족 신분으로 뚫고 올라간다는 것은 거의 불가능했다는 점에 있었다. 원로원 의원들과 특히 신귀족들은 자신의 독점적 신분을 철저히 지켰다. 기사 신분이 쿠르수스 호노룸(cursus honorum)의 하위 관직 중 하나에 오르려 할 때 대 귀족 가문의 요원들은 그를 지원하면서도, 그가 자기들의 고분고분한 피보호인으로 남아 자기들이 동료 귀족들과 경쟁을 벌일 때 지원해 주기를 바랐다. 그들은 최고의 영예로운 관직인 콘술 직을 독점했고, 자수성가하여 가문에서 최초로 콘술 직에 오른 노부스 호모(신인)에 대해서는 대단히 경원시했다. 대다수 기사 신분 사람들은 자기들의 신분에 만족한 듯하나, 자기들의 신분 중에서 로마에서 고위 관직에 오르고 싶어하는 사람들을 귀족들이 대하는 태도에 깔린 자기들의 신분에 대한 멸시에 대해서는 틀림없이 많은 사람들이 분개했을 것이다.

에퀴테스 중에서 구체적으로 푸블리카니는 원로원 의원들이 징수할 세금이나 국가 사업에서 거둘 수익을 극대화하려는 시도에 대해 견제하는 것을 못마땅하게 여겼다. 더욱이 푸블리카니는 수익금 중 한 몫을 떼어주지 않으면 활동을 방해하겠다고 위협할 수 있었던 정무관들이나 속주 총독들의 강압에 속수무책이었다. 법에 호소해봐도 재판관들이 정무관들과 속주 총독들이 속한 원로원 계층에 의해서만 독점적으로 임명되었기 때문에 소용이 없었다.

따라서 로마의 확장으로 인한 호경기에 힘입어 기사 신분이 성장함에 따라 그 구성원들은 권익을 발전시켰고, 그것이 가끔 원로원 지도자들의 불만을 일으키는 요인이 되었다.

피해방인(freedmen) 기원전 2세기 말에 원로원 지도자들에 대해서 분개하게 된 또 다른 집단은 노예 수가 급증함에 따라 점차 많이 생겨난 피해방인들이었다. 노예라고 해서 모두가 라티푼디아나 광산, 채석장, 혹은 그밖의 육체를 혹사하는 일터에서 모진 여건 속에서 강제 노동을 했던 것은 아니다. 동지중해 지역에서 포로로 끌려온 많은 수의 훈련되고 교육 받은 사람들은 개인 집에서 장부 회계원, 비서, 의사, 가정교사, 요리사, 집사, 시종, 하녀, 이발사, 마부로 일하거나, 도공, 목수, 석수, 칠장이, 재단사, 보석공 같은 기술자로 일했다. 그런 노예들을 많이 거느릴수록 신분이 높다는 표시였고, 따라서 부자들은 종종 자기들이 거느린 노예들의 숫자로 동료들과 경쟁을 벌이곤 했다.

여느 고대 민족들보다도 로마인들이 노예를 즐겨 해방시켰다. 특히 가족의 숙련된 노예들일 경우 더욱 그러했는데, 이들은 주인과 친밀한 관계를 맺고 살았고, 자유를 얻음으로써 생산적인 시민들이 될 수 있었다. 적지 않은 주인들이 기술을 가진 노예들을 고용한 뒤 수익금의 일부를 떼어 그들의 페쿨리움(peculium, 개인 재산)으로 주었다. 노예는 충분한 페쿨리움을 모으면 그 돈으로 자유를 살 수 있었다. 여자 노예는 일정한 수의 자녀를 낳은 뒤에는 자유를 얻을 수 있었다. 여러 해를 성실히 일한 노예가 해방되어 자유를 얻는 경우가 종종 있었고, 주인의 유언에 따라 해방된 노예들도 적지 않았다. 실제로 노예 해방은 흔한 일이었기 때문에 국가는 해방된 노예의 값에 5%를 매긴 세금을 징수하여 짭짤한 수익을 거두었다.

노예들을 해방시킨 주인들도 그 관대한 행위로부터 얻은 것이 있었다. 성실히 일하면 자유를 얻을 수 있다는 희망이 노예들에게 유순하고 열심히 일할 의욕을 주었다. 많은 수의 부유한 로마인들이 자기들이 해방한 사람들에게 자영업을 하도록 도와준 뒤 이익의 일부를 챙겼다. 로마 사회의 이러한 특성 때문에, 해방 노예가 과거의 주인에게 충실한 피보호인이 되는 것이 관행이었다. 노예를 해방한 주인이 죽으면 그에게서 해방된 사람들이 그의 무덤을 정성스럽게 관리해 주고, 그에 대한 기억을 생생히 기록해 두고, 제사도 적절히 드려 주었다. 살아 있는 주인에게는 해방을 통해 피보호인의 수를 늘리는 것에 중요한 정치적 속뜻이 깔려 있었다. 자유를 얻으면 자동적으로 시민권을 받았기 때문이다. 피해방인들은 공직에는 오를 수 없었지만(하지만 그들의 아들들은 그렇지 않았다), 투표권자와 정치적 대리인으로서의 해방 노예 피보호인들은 공직에 오르려는 주인에게 대단히 유익한 역할을 할 수 있었다. 그러므로 정치적으로 야심이 있는 주인들은 노예들을 해방시킬 만한 실질적인 동기가 있었던 셈이다.

　그러나 피해방인들 곧 해방 노예들에게 문제를 일으킨 것은 그들로 인한 정치적 충격이었다. 하층민 곧 자유롭게 태어난 시민들은 투표권자들의 트리부스들에 피해방인들이 유입되면서 자신들이 갖고 있는 투표권의 힘이 희석되는 것을 자연히 못마땅해 했고, 원로원 의원들은 경쟁자들이 트리부스 회에서 다수의 해방 노예 피보호인들을 보유함으로써 유리한 위치를 차지할까봐 두려워했다. (켄투리아 회에서 피해방인들은 그다지 우려의 대상이 되지 않았다. 그들은 투표 때 가장 영향력있는 상층 백인대들에 속할 만한 재산이 없는 경우가 대부분이었기 때문이다.) 그러므로 피해방인들의 트리부스 등록 문제는 정치적 논쟁의 근원이 되었다.

　관습상 피해방인들은 네 개의 도시 트리부스들에만 등록되었는데, 도시 트리부스들은 인구는 작지만 수는 더 많았던 지주들이 지배한 농촌 트리부스들에게 압도되었다. 그러나 기원전 312년에 유명한 켄소르인 아피우스 클라우디우스 카이쿠스(Appius Claudius Caecus the Blind)는 피해방인들을 모든 트리부스들에 등록시킴으로써 자신의 클리엔텔라(clientela), 즉 피호관계를 강화하려고 했다. 다수의 원로원 의원들이 이 조치를 비판했고, 그 결과 기원전 304년의 켄소르는 농촌 트리부스들에서 피해방인들을 제거하고 그들을 도시 트리부스들에 다시 국한시켰다. 자연히 피해방인들은 이 조치에 분개했다. 그 뒤 몇몇 켄소르들은 그들 편을 들어주었으나, 항구적인 변화는 일어나지 않았다.

이탈리아 동맹국들. 이탈리아 동맹국들도 로마의 제국주의적 팽창의 결과로 발생한 정치 논쟁과 투쟁에 휘말린 집단이었다. 처음에는 로마인들이 이탈리아의 피정복민들에게 부여한 특권과 의무의 정도가 각기 달랐던 동맹국들은 대체로 양 진영에 만족스럽게 처신했다. 그러나 기원전 2세기에 동맹국들은 로마가 해외로 팽창함에 따라 자신들의 지위가 갈수록 부담스러워지는 것을 발견했다. 아울러 그들은 제2차 포에니 전쟁 때 막대한 인력을 상실한 판국에, 다시 로마인들에게 해외의 전쟁터에서 장기간 복무할 것을 요구받고 있었다. 게다가 피정복 국가들에게 부과된 전쟁 배상금과 조공이 로마로 들어

갔기 때문에, 로마는 갈수록 부유해지는 데 반해 동맹국들은 전쟁들에서 거둔 이익 중 극히 일부만 배당을 받았을 뿐이다. 기원전 177년에 로마인들이 탈취해온 많은 전리품 중에서 동맹국의 병사 개인들에게 로마 시민들이 받는 몫의 절반만 보상하기 시작함에 따라 동맹국들의 몫은 심지어 줄어들게 되었다. 기원전 173년 이후에 로마의 새로운 식민시들에 정착한 동맹국 주민들도 로마 시민들이 비해 작은 토지를 배당 받았다.

로마가 이탈리아에서 점점 더 안전해지고 로마인들이 해외를 지배하는 데 익숙해지면서, 이탈리아 동맹국들을 대하는 로마 지도자들의 태도도 갈수록 고압적으로 변했다. 동맹국 병사들은 로마 지휘관들 밑에서 보다 가혹하고 변덕스러운 대우를 받았다. 로마의 정무관들은 동맹국 영토를 여행할 때 무료 숙식과 환대를 요구하기 시작했다. 기원전 186년에 로마 원로원은 이탈리아 내에서 비밀 바쿠스 제의(祭儀)를 탄압하는 법령을 통해 동맹국들의 내정에 일방적으로 간섭하는 위험한 선례를 남겼다. 노예들과 빈민들 사이에서 바쿠스 제의가 인기를 끄는 것을 보고서 그들을 탄압해야겠다고 생각한 것이다. 간단히 말해서 로마인들은 갈수록 이탈리아의 동맹국들을 속주민처럼 대하기 시작했다. 이런 현상은 결국 동맹국들로 하여금 시민권을 요구하게 만들었고, 로마인들이 이 당연한 요구를 완강히 거부할 때 격렬한 반란을 일으키게 만들었다.

여권 신장. 기원전 3~2세기에 지위가 향상된 한 집단은 상류층 여성들이었다. 이런 향상이 있게 된 한 가지 이유는 로마가 방대한 제국을 건설해서 이용함에 따라 귀족들의 재산이 크게 증가했기 때문이다. 남편들은 사치스런 치장으로 재력을 과시하는 아내들에 힘입어 높은 신분을 얻었다. 대(the elder) 스키피오 아프리카누스의 아내는 그러한 과시로 악명이 높았는데, 그녀는 자기 형제보다 더 많은 재산을 가지고 죽었다. 제2차 포에니 전쟁이 벌어지고 있던 기원전 215년에 제정된 오피우스 법(lex Oppia)은 여성이 바깥에서 입을 수 있는 의복과 장식품의 가격을 제한했다. 그러나 기원전 195년에 여성들이 크게 들고 일어나자 그 법은 아마 노인이 된 카토의 격렬한 반대에도 불구하고 철회되었다. 전쟁 사상자들로 인해 많은 여성들이 과부가 되어 막대한 재산을 소유하게 되었고, 기원전 169년에는 여성들의 상속을 제한하는 법이 통과되었지만, 그 효과는 미미했던 것 같다.

가족들이 부유해짐에 따라 딸들의 지참금과 상속도 더 커졌는데, 귀족 가문들은 딸들에게 보낸 재산에 대한 관리권을 잃고 싶지 않았다. 그러므로 마누스(manus. 부권〈夫權〉)가 보장된 옛날 방식의 결혼 — 아내로 하여금 남편의 철저한 통제를 받게 한 — 은 갈수록 희귀해졌고, 결혼 계약서에 아내가 남편보다 먼저 죽으면 그녀의 결혼 지참금을 친정 가족에게 반환한다는 규정이 포함되었다. 이런 방식으로 여성은 이제 자신에 관해 법적 권한이 없는 남자와 살았고, 여성의 남자 친족이나 법적 후견인같이 법적 권한이 있는 사람들에 대해서는 멀리 떨어져서 살았다. 이러한 상황은 기민하고 유능한 여성들에게 교묘한 책략을 사용할 여지를 많이 허용했다. 그러한 많은 여성들이 충직하고 유능한 개인 노예들에 둘러싸여 이런 상황을 십분 활용했다.

상류층 여성들의 교육 수준이 높아진 것도 그들의 독립성과 영향력에 이바지했다. 귀족 가문들이 점차 부유해지고 세련되어 가면서 자녀들을 위해 고도로 훈련된 가정교사들을 두는 일이 많아졌다. 집안에 노예 교사들이 많다는 것은 소녀들이 손에 물을 묻히지 않고 살았다는 뜻이었고, 따라서 고대에는 허락되지 않던 학과 수업에 참석할 수 있었다는 뜻이었다. 아울러 로마의 귀족들은 이제 헬레니즘 세계 그리스 교육을 받은 여성이 어떠한지를 알게 되었다. 이렇게 교육을 받게 된 많은 여성들이 곧 문인 서클을 후원하고 살롱을 운영하게 되었다. 마치 18세기 프랑스 귀족 여성들이 그랬듯이 말이다.

여성들의 독립성도 신장되었다. 왜냐하면 그들의 가까운 남자 친척들과 남편들이 멀리 군대에 나가 있거나 사업차 장기간 외국에 나가 있는 경우가 많았기 때문이다. 많은 남성들이 해외에서 전사하거나 죽었다. 먼 친척이거나 친척 관계가 없는 남성 후견인들도 홀로 남은 여성들의 복잡한 문제를 적극 관장해 봐야 득될 게 없었고, 이런 지극히 현실적인 이유로 부유하고 교육 수준이 높은 귀족 여성들은 자기 마음대로 살 수 있었다.

기원전 2세기 말에 크게 이름을 날린 어느 여성은 그런 여성들이 지닌 특성들과 업적들을 두루 갖추고 있다. 코르넬리아(Cornelia)라는 여성인데, 그녀는 대(the elder) 스키피오 아프리카누스의 딸이자 그라쿠스 형제의 어머니였다.

그녀의 남편 티베리우스 셈프로니우스 그라쿠스는 공직 경력이 대단히 화려한 사람이었다. 코르넬리아는 원래 부자였지만, 티베리우스가 죽자 더욱 큰 부자가 되었다. 헬레니즘 사상을 받아들인 아버지의 영향으로 좋은 교육을 받은 그녀는 열두 명의 자녀들 중 장성할 때까지 살아남은 세 자녀에게 최고의 교육을 받게 하려고 노력했고, 문인들과 철학자들의 후원자로서도 이름을 얻었다. 그녀 자신이 남긴 세련된 편지들이 그녀의 사후 여러 세대에 걸쳐 읽혔다. 그녀는 재산과 가문의 명예와 개인적 업적에 힘입어 심지어 이집트의 프톨레마이오스 7세(피스콘)로부터 청혼을 받기까지 했으나, 로마의 과부로 독립해서 사는 것을 더 원하여 청혼을 거절했다.

정치 발전

원로원. 기원전 264~133년에 걸친 로마의 전쟁들과 팽창이 정계에 몰고온 여파는 몇 가지 피상적인 개혁 시도에도 불구하고 원로원 귀족들의 권한을 신장하고 강화하는 쪽으로 나타났다. 제1차 포에니 전쟁이 끝난 직후에 켄투리아 회의 조직에 일정한 개혁 조치가 취해졌다. 그것은 센서스에서 제2등급에 등록된 사람들에게 좀더 큰 권한을 주기 위한 조치였던 것으로 보인다. 이 계층 사람들은 막대한 비용이 든 카르타고와의 전쟁 때 재정 지원을 아끼지 않았고, 그 결과 일정한 정치적 이득을 얻어낼 수 있었을 것이다(참조. 198쪽).

상위 두 계층간의 재산 차이는 크지 않았기 때문에 이 개혁은 로마 정체(政體)의 자유화라는 관점에서는 아주 미미한 조치에 지나지 않았다. 더욱이 다음 세기로 넘어가려는 시점에서도 추세는 공화정이 부유한 지주 출신 원로원 의원들에 의해 더욱 장악되는 쪽으로 흘러갔다. 그들은 경제적 이해 관계가 일치했고, 막대한 부에 힘입어 민회들에서 자기들의 요구대로 움직일 충실한 피보호인들을 확보하고 있었다.

초기에는 대다수 사람들이 원로원 귀족들이 로마를 지배하는 것을 만족스럽게 여겼다. 원로원 의원들은 처음 두 차례의 포에니 전쟁에 따른 위기 사태 때 지도력을 발휘하고 해외 팽창으로 국익을 신장시킴으로써 절대적인 신망을 얻었다. 그러나 묘하게도 로마인들이 전쟁과 팽창으로 불거진 문제들을 해결하기 위해 창조적인 지도력을 필요로 했을 때, 원로원을 지배한 콘술 출신

귀족들은 로마 전체의 복지 증진을 위해 노력하기보다 거의 배타적인 계급이 되어 자기들의 권력과 위신을 지키는 데 급급하고 서로간에 편협한 정쟁을 일 삼는 일이 많았다.

제1차 포에니 전쟁 이전 세기에는 평민들이 고정적으로 콘술 직에 선출되 어 여러 가문들이 원로원에 들어갔었다. 그러나 기원전 264년쯤 되어서는 이 신흥 귀족들이 옛 귀족 가문들과 결탁하여 자기들 계층이 불어나는 것을 막기 시작했고, 그 결과 콘술 귀족층은 소수의 세도 있는 귀족 가문들이 지배를 받 는 폐쇄적인 과두제의 실세들이 되었다. 예를 들어 기원전 232~133년의 100 년 동안 재임 중 사망한 사람 대신 선출된 콘술들을 포함하여 211명의 콘술 들이 있었다. 이들 전체가 불과 53개의 씨족에서 나왔고, 145명은 불과 27개 의 씨족에서 나온 반면에, 91명은 단지 11개의 씨족에서 나왔다. 그러나 더욱 의미심장한 점은 부계에 기초하여 최대 51개의 개별 가문들과 서로 밀접한 관계가 있는 개별 집단들이 145명의 콘술을 배출한 27개의 씨족을 대표했다 는 점과, 최대 25개의 개별 가문과 서로 밀접한 관계가 있는 개별 집단들이 91명의 콘술을 배출한 11개의 씨족을 대표했다는 점이다. 만약 결혼, 입양, 모 계 상속에 의한 유대도 고려한다면 이 가문들의 배타성은 훨씬 더 극명하게 드러난다.

마지막으로 232~133년의 콘술들 중 딱 한 명의 콘술을 배출한 19개의 씨 족들 중에서 17개 씨족은 평민들의 씨족이었다. 17개 씨족 중 14개는 역사를 통틀어 콘술을 단 한 명도 배출해본 적도 없고, 두 씨족은 딱 한 명만 배출했 고, 한 씨족은 단 두 명만 배출했으며, 열한 개의 씨족은 공화정의 나머지 두 세기 역사 동안 더 이상 콘술을 배출하지 못했다. 콘술들을 배출한 여섯 씨족 들 중에서 하나의 씨족만 다섯 명이라는 적지 않은 콘술을 배출한 반면에, 세 씨족은 단 한 명의 콘술, 한 씨족은 두 명, 한 씨족은 세 명의 콘술을 배출했 다. 그러므로 콘술을 배출하지 못한 평민 씨족의 가문들은 콘술 직에 오르기 도 어려웠지만, 일단 오른 뒤에라도 여러 명의 콘술을 배출한 귀족 가문들과 평민 가문들 출신의 강력한 경쟁자들로부터 견제를 받아가며 콘술의 위엄을 유지하기도 어려웠다.

해외 팽창의 결과 고위 정무관들의 수를 늘릴 필요가 커졌는데도 불구하고 콘술의 수는 증가하지 않았기 때문에, 몇몇 유력한 가문들이 콘술 직을 독점할 수 있었다. 원로원은 콘술 직을 늘리는 대신에, 정규 임기 뒤에 콘술이나 프라이토르의 군 통수권이나 속주 통치권을 연장하는 관행을 크게 증가시켰다. 임기를 연장 받은 정무관들은 정무관 대행이 되었다. 그런 사람들은 연장된 임기와 그로 인한 기회를 이용하여 피보호인들과 재정 자원을 얻고, 그에 힘입어 계속해서 고위 관직을 차지하려고 노력했다.

그 결과 로마에는 대단히 위험한 정치 상황이 조성되었다. 외부로부터 어떠한 도전도 받지 않은 채, 귀족들은 원로원 지배권과, 고위 관직과 군사적 승리가 가져다 주는 글로리아(영광), 디그니타스(명예), 아욱토리타스(권위)를 놓고 갈수록 치열한 내부 경쟁을 벌였다. 동시에 고위 관직에 오르면 다른 귀족 가문들과 경쟁하는 데 필요한 재원과 지원 세력을 축적하는 데 도움이 되었다.

정치 세력의 집단화. 귀족들간의 정치 투쟁은 공식 조직과 정강(政綱)을 지닌 정당을 기초로 벌어지지 않았다. 경쟁 세력들이 국내 문제나 해외 문제에 관해 상이한 견해를 갖고 있을 가능성이 충분히 있는 한, 그들의 지원자들은 가문의 인맥, 개인의 인맥, 서로 유익한 연합, 그리고 후원자들이라는 대단히 개인적인 기초로 조직되었다. 어떤 개인들과 가문들은 한동안 지속될 만한, 개인 지지자들로 구성된 비교적 안정된 파당을 만들 수 있었다. 한 번의 선거 유세 기간만 존속하는 파당도 있었다. 특정 개인, 가문, 혹은 가문들의 집단들간의 협력이나 경쟁 형태는 추적 가능한 것도 있지만, 대개는 특정 정치 사건에 개입된 파당간의 연합에 관해 확고한 결론을 내리는 데 필요한 구체적인 자료가 존재하지 않는다.

정치 행위의 변화. 정치 권력의 사회적 · 경제적 보상이 로마의 세력과 부와 함께 증가함에 따라, 경쟁에서 우위를 점하기 위해 정치 행위를 지배해온 관습적 규칙을 어기려는 유혹도 증가했다. 공화정의 정치 형태를 보존하는 데 필요한 가치관과 행위가 점차 그 유혹 앞에서 무너지기 시작했다. 한 사람이 경쟁자들을 물리치고 헬레니즘 세계의 군주들 — 로마 귀족들이 지중해 세계의 지배자들로 등장하면서 제거한 — 과 같은 방식으로 지배할 수 있는 길이 아무도 알아챌 수 없을 만큼 조금 열렸다.

그 과정을 잘 보여주는 예는 제2차 포에니 전쟁 때 대(the elder) 스피키오 아프리카누스가 남긴 경력이다. 스키피오의 아버지와 삼촌이 히스파니아에서 전사한 뒤에, 원로원은 소 스키피오에게 그곳에서 전쟁을 속행할 수 있는 콘술 대행의 명령권을 부여했다. 그가 스물다섯살밖에 안 된데다 아이딜리스 이상 올라가 본 적도 없었는데도 말이다. 그는 히스파니아 전쟁에서 승리를 거두고서 의기양양하게 로마로 돌아와서는, 나이가 자격 기준보다 훨씬 어리고 또한 콘술 후보자들이 규범처럼 여겼던 프라이토르 직도 수행해 본 일도 없는데도 기원전 206년에 콘술 직에 출마했다. 그는 군사 영웅으로서의 인기와, 선출되면 아프리카를 침공하겠다는 공약에 힘입어 그의 비정통적 경력에 이의를 제기하는 경쟁 가문들과 보수 성향의 원로원 의원들의 반대를 극복하고 콘술에 선출되었다.

스키피오의 반대자들은 그에게 칸나이 전투의 불명예스런 생존자들을 배속시키고 어떠한 침공에도 공공 기금을 대주지 않음으로써 그를 제지하려고 했다. 그러나 그는 자신의 인기를 십분 활용하여 충분한 기금과 병력 및 장비를 제공할 자원자들을 모으고, 군대를 최정예 부대로 훈련시켜 기원전 204년에 아프리카를 침공했다. 이렇게 한 사람이 막강한 권력과 독립성을 갖는다는 것은 확고히 뿌리를 내린 정치적 규범 내에서 활동하려는 여러 정치 세력들의 의지에 기반을 두는 공화정을 위해서는 좋지 못한 조짐이었다.

또 다른 야심찬 개인들이 그의 업적과 대등하거나 그것을 넘어서는 업적을 거두려고 하는 과정에서 스키피오가 걸었던 길을 속히 밟았다. 예를 들어 퀸크티우스 플라미니누스(T. Quinctius Flamininus)는 하급 천인대장(Miltary tribune) 이외의 다른 공직에 선출된 경험이 없었지만, 기원전 205년에 타렌툼을 관장하는 프라이토르 대행에 임명되었고, 기원전 198년에는 서른이 채 안 된 나이에 제2차 마케도니아 전쟁을 수행할 콘술에 선출되었다.

스키피오와 플라미니누스 같은 젊은이들의 초고속 상승은 그들의 경력에서 공화정 체제를 위협하는 요인을 간파한 그들의 경쟁자들과 그밖의 여러 원로원 의원들에게 경각심을 심어주어, 관습과 전통으로는 더 이상 지킬 수 없는 것을 강요하는 법들을 제정하도록 만들었다. 플라미니누스가 콘술에 선출된 직후에 콘술이 되려면 반드시 프라이토르 직을 거치도록 하는 법이 제정되었다(기원전 197년경). 기원전 180년에 쿠룰레 정무관들은 정무관 직에 관한 빌리우스 법(lex Villia Anallis)에 의해 체계적인 규제를 받았다. 이 법은 쿠룰레스 아이딜리스 직, 프라이토르 직, 콘술 직에 오를 수 있는 최소 연령 — 각각 서른여섯, 서른아홉, 마흔두살이었던 듯하다 — 과 임기가 끝난 뒤부터 다른 직에 오를 수 있는 기간을 최소한 2년으로 정했다. 이 시기의 콰이스토르 직의 지위가 어떠했는지 분명치 않지만, 최소 연령이 스물다섯살로 정해졌던 것 같으며, 비록 강제 조항은 아니었지만 대개 원로원의 쿠르수스 호노룸 중 첫번째 직위였다. 마침내 기원전 151년에 콘술의 재선을 금하는 법안이 통과되었다.

그럼에도 불구하고 전통적 정치 규범을 어기려는 유혹이 정쟁으로 강화되었다. 문제가 되는 선거 유세 방법이 갈수록 많이 사용되었던 것이 그런 행위를 규제하려고 한 기원전 181년의 나이비우스 법(lex Naebia)에 나타나 있다. 부자 귀족들이 자신들의 피호인 세력(clientelae)을 확대하고 재력을 사용하여 사람들에게 감명을 주려는 시도가 기원전 181년의 오르키우스 법(lex Orchia) — 저녁 식사에 초대할 수 있는 손님의 수를 제한한 법 — 이 제정되도록 했음에 틀림없다. 그러나 그런 법들이 효과가 없었다는 것이 기원전 161년에 환대에 관해 제정된 좀더 엄격한 규제법이 통과된 것과, 기원전 159년에 뇌물 수수 행위에 사형을 부과한 법이 통과된 것에 잘 나타나 있다.

상도 크고 따라서 유혹도 클 때는 단순한 법만 가지고는 바람직하지 못한 행동을 제재하기에 충분하지 않았다. 로마에서는 정치 행위에 대한 법적 제재가 어떤 경우든 특히 미약했다. 로마의 정치 체제는 정당한 심의를 허용하고 변화를 도입하는 데 책임이 있는 사람들의 전폭적인 승인을 요구하는 긴 과정을 거쳐야만 수정할 수 있는 기록된 헌법에 기초를 두지 않았다. '헌법적' 문제들은 단순히 관습적이거나, 혹은 정무관 직에 관한 빌리우스 법(lex Villia Annalis) 같은 통상적인 임시법에 의해서 조정되었다. 야심차고 인기 있는 지도자가 그런 규제를 피하기 위해서는 자신에게 유리한 새로운 법을 도출해 내면 그만이었다. 예를 들어 기원전 148년에 스키피오 아이밀리아누스 곧 소 아프리카누스는 빌리우스 법이 요구하는 자격을 하나도 갖추지 못했으면서도 콘술에 출마하기 위해 특별법이 제정되었다. 또 다른 특별법이 그에게 카르타고를 정복할 수 있는 명령권을 부여하였는데, 그것은 원로원이 콘술들에게 군통수권을 부여해온 관습적인 권리를 침해한 행위였다. 마지막으로 기원전 135년에 그는 콘술 직의 재임을 금지한 법으로부터 면제를 받음으로써 누만티아에 대해 전쟁을 벌일 수 있었다.

다른 야심찬 사람들도 법의 규제에서 면제를 받았다. 예를 들어 기원전 189년에 콘술 그나이우스 만리우스 불소(Gnaeus Manlius Vulso)는 자신의 권한을 넘어서서 갈라티아인들을 공격했다. 기원전 173년에 마르쿠스 포필리우스(M. Popillius)는 원로원의 명백한 지시를 무시하고 군사적 월계관을 쓰기 위해서 리구리아인들을 공격했다. 그런 뒤 정치적 인맥을 동원하여 자신의 행위에 대한 처벌을 면했다.

공화정의 속주 통치 과정에서 발행한 큰 문제들 가운데 하나는 정치적인 목적을 위해 권한을 남용하는 총독들의 행위를 어떻게 통제할 것인가 하는 문제였다. 속주에서는 총독 개인이 사실상 법이었다. 그들은 원로원 동료들의 감시의 눈길에서 멀리 벗어나 있었으며, 자기들의 속주에서 최고의 법적·군사적 권력을 행사했기 때문에 속주민들의 운명은 그들의 손에 좌우되었다. 총독은 속주를 1~2년밖에 통치할 수 없었으므로 오래 끌 만한 전쟁을 일으키는 데 관심이 없었다. 아울러 승진 자금을 마련하고, 빚을 청산하고, 귀국하여 경쟁이 치열한 동료들의 사회에서 신분을 유지하기 위해 권력을 이용하여 불행한 속주민들로부터 어떻게든 많은 돈을 긁어내는 데 관심이 있는 경우도 많았다. 그렇다고 해서 사리사욕을 떠나 의무에 충실한 총독들이 없었다는 말은 아니지만, 속주민들에게 원성을 사고 원로원에 걱정을 끼칠 만한 악질적인 총독들이 상당히 많았다.

기원전 149년에 이르러서는 호민관 루키우스 칼푸니우스 피소(L. Calpunius Piso)가 로마 최초의 영구적인 배심원 법원을 설치할 정도로 그 문제가 첨예하게 대두되어 있었다. 부당취득재산 반환청구 소송(quaestio perpetua de rebus repetundis)이라는 명칭이 붙은 이 법정에서 속주민들이 원로원 의원들로 구성된 배심원단 앞에 전임 총독의 수탈 행위를 고소하고 손해 배상을 청구할 수 있었다. 불행하게도 이 법정은 야심찬 총독들에게 수탈 행위를 더욱 부추기는 부작용을 낳았다. 그들은 재판 때 배심원들의 입을 뇌물로 틀어 막을 만한 돈을 마련함과 동시에 다른 목적들을 수행할 만한 돈을 마련하기 위해서 더욱 많은 돈을 긁어 모으려 했던 것이다. 아울러 경쟁 상대가 수탈 행위로 재판을 받을 때 그 재판을 후원하여 상대를 몰락시키려고 함으로써 그 법정은 귀족들간의 정쟁에 한 도구가 되기도 했다. 그 재판에서 유죄 판결을 받으면 시민권 박탈과 추방이라는 처벌이 내려졌던 것이다.

공화정의 전체 행정 체제는 로마의 팽창에서 생긴 거대하고 급속한 변화에 대처하는 데 필요한 건실하고 장기적인 정책들을 등한히 하고 정치 투쟁을 강화하는 경향을 띠었다. 임기 18개월의 켄소르 직을 제외하고 모든 고위 정무관 직들은 임기가 일년밖에 되지 않았다. 아무도 일관성 있고 장기적인 정책을 추진할 수 있을 만큼 오래 재직할 수 없었으며, 임기를 마치고 다음 관직에 출마해서 당선되기 위해 필요한 것만을 생각하게 하는 압박감이 강하게 작용했다.

만약 원로원이 충분한 검토를 거쳐 계획을 입안하고 일관성 있게 감독하는 통일된 기관이었다면 이 문제가 그처럼 심각하지는 않았을 것이다. 원로원은 고위 관직을 놓고 벌어진 파당주의와 개인적 경쟁에 의해 자주 사분오열되었으며, 그렇게 해서 승리한 후보자들이 원로원에서 주도적인 역할을 수행하는 데 필요한 신망을 얻었다. 그러므로 공화국의 장래의 안녕보다 현실 정치가 원로원의 행동을 종종 좌우했다. 문제도 많지 않고 게다가 단순했던 시기에는 이런 상황이 위험하지가 않았다. 그러나 로마가 급속한 사회·경제적 변화에 대처해야 하고 광활한 제국을 통치해야 하게 되었을 때는 그런 상태가 치명적인 약점이 되었고, 이런 변화들이 초래한 위기들을 더욱 악화시켰다. 기원전 133~27년에 귀족들간의 정치 투쟁은 종종 불만을 가진 집단들의 문제를 해결하지 못하도록 자주 방해했고, 그로 인해 불만이 고조되어 정치 안정이 훨씬 더 훼손되었다.

빌라노바 시대의 전형적인 화장용 납골 옹기 (29쪽 참조)

카이레(케르베테리)에 있는 에트루리아의 봉분들 (35쪽 참조)

카이레에서 출토된 기원전 500년경의 점토 관 (41쪽 참조)

타르퀴니아에서 발굴된 기원전 525년경의 "표범들의 무덤"에서 나온 연회 정경 (43쪽 참조)

피톨리누스의 늑대.
원전 6세기 에트루리아의
론즈 (46쪽 참조)

키메라.
기원전 5세기 에트루리아의
브론즈 (46쪽 참조)

조상들의 흉상을 들고 있는 로마 귀족 유니우스 브루투스.
서기 1세기에 제작된 실물 크기의 대리석상. (80쪽 참조)

(위) 기원전 3세기의 은 디드라크마. 주화의 한쪽 면(왼쪽)은
야누스의 얼굴이고, 다른쪽 면(오른쪽)은 유피테르(번개를 쥠)
가 4두 2륜 전차를 몰고 4두 마차 경주에서 승리를 한 모습이
다. 밑에 로마라는 단어가 새겨져 있다. (아래) 기원전 217 혹
은 215년에 도입된 형태의 데나리우스. 한쪽 면(왼쪽)은 전쟁
의 여신 벨로나의 얼굴이고, 다른쪽 면(오른쪽)은 말을 탄
카스토르와 폴룩스이며, 밑에 로마라는 단어가 새겨져
있다. (292쪽 참조)

로마 포룸 보아리움에 있는 포르투나 비릴리스의 신전(기원전 214). 이오니아식 기둥들과 지붕의 선이 그리스 신전 건축의 영향을 보여 준다. (294쪽 참조)

브루투스의 데나리우스. (왼쪽, 앞면) 브루투스의 두상. Brut. IMP라는 단어와 조폐국장의 이름이 새겨져 있다. (오른쪽, 뒷면) 단검 두 자루와 투구(해방 노예들이 썼던 모자). EID MAR(3월 15일)이란 단어가 새겨져 있다.

율리우스 카이사르의 데나리우스. (왼쪽, 앞면) 사제의 베일을 쓴 카이사르의 두상. (오른쪽, 뒷면) 베누스. 옆에 조폐국장의 이름이 새겨져 있다. 기원전 44년에 제조됨.

율리우스 카이사르의 데나리우스. (왼쪽, 앞면) 월계관을 쓴 카이사르의 두상. CAESAR, DICT. PERPETVO(종신 독재관 카이사르)라는 글귀가 새겨져 있다. (오른쪽, 뒷면) 베누스. 옆에 조폐국장의 이름이 새겨져 있다. (454쪽 참조)

밀납판에 철필로 묘사한 여인상. 폼페이에서 출토된 벽화로서 서기 40~50년에 제작됨.(508쪽 참조)

로마 광장의 전경. 오른쪽이 사투르니누스 신전의 기둥들이고, 가운데가 원로원 의사
당이며, 왼쪽이 셉티미우스 세베루스의 개선문이다.(515쪽 참조)

술라가 프라이네스테에 지은 포르투나 프리미게니아 신전의 모형도. 지붕 덮인 양쪽 경사로의 중심에 자리잡은 '홀'에서부터 중앙 계단을 타고 맨 꼭대기의 반원형 열주(列柱)로 이어지는 중앙의 축을 중심으로 저마다 다른 형태들과 건축적 요소들이 세심한 대칭을 이루고 있다. (515쪽 참조)

13

로마의 문화 (기원전 300~100)

로마와 로마의 문화는 기원전 3세기와 2세기에 괄목할 만한 성장기를 겪었다. 로마가 이탈리아를 제패하고 그 다음 해외 제국을 건설하면서 유입된 부(富)는 로마 시의 물리적 확장과 건축의 발달을 촉진했다. 남 이탈리아, 시칠리아, 그리고 헬레니즘 세계 동방의 세련된 그리스인들과의 빈번한 접촉도 초기 로마의 수준을 넘어서서 전반적으로 문화 생활이 향상되도록 기여했고, 이로써 지중해 전역을 무대로 한 그리스-로마 문화의 생성 과정이 시작되었다.

주화의 발달. 로마 경제의 성장과 그리스인들의 영향은 로마 주화의 발달 과정에서 엿볼 수 있다. 마지막 에트루리아 왕을 몰아낸 뒤(기원전 500년경), 로마인들은 기본적으로 타고 난 농업 경제로 되돌아갔는데, 그것은 고도의 토목 사업과 문화 활동을 뒷받침할 만한 충분한 잉여 재산을 만들지 못했다. 독립된 장인들, 소규모 상점 주인들, 소수의 무역업자들을 제외한 대다수 로마인들, 심지어 귀족들조차 로마 근교에 있는 자기 땅에 나가 농사를 짓고 거기서 나오는 산물로 생활했다. 기원전 300년 이전의 이 농업 경제의 낮은 수준은 돈을 뜻하는 라틴어 페쿠니아(pecunia)가 소나 양을 뜻하는 페쿠스(pecus)라는 단어에서 유래했다는 사실이 잘 예시해 준다. 목축과 농사가 위주인 경제에서는 소나 양이 가치의 표준이었던 것이다. 기원전 5~4세기에는 크기가 일정치 않은 청동 덩어리 곧 아이스 루데(aes rude)가 거래 때마다 번번이 무게를 재는 과정을 거쳐 소나 양 대신에 교환 수단으로 사용되었다. 후에는 크기를 일정하게 제조한 청동 덩어리가 사용되었고, 국가가 청동에 독특한 표지를 찍어 순수한 청동임을 보증했다. 이런 표지가 찍힌 청동을 가리켜 아이스 시그나툼(aes signatum)이라고 했다.

기원전 289년경에는 로마의 경제적 수요가 워낙 급증했기 때문에 로마인들은 세 사람의 화폐주조 담당자로 구성된 위원회 곧 트리움비리 모네탈레스(triumviri monetales)를 설치하여 카피톨리누스 언덕 위에 있는 유노 모네타(Juno Moneta) 신전에 세워진 국가 조폐국을 감독하게 했는데, 이 조폐국의 명칭에서 결국 민트(mint, 조폐국)와 머니(money, 돈)라는 단어가 유래했다. 이 조폐국은 아이스 시그나툼을 제조했지만 — 이것은 무게나 가치가 아닌 순도만 표시되었기 때문에 진정한 의미에서의 주화가 아니었다 — 아울러 아세스(asses. 단수, as) 혹은 아이스 그라베(aes grave. '무거운 청동')라 불린 로마 최초의 진정한 주화도 생산했다. 이 청동 주화들은 원형이었고, 로마의 한 파운드인 리브라(libra. 약 11온스)나 그것을 잘게 나눈 단위들로 발행되었다.

크기가 점차 작아진 1 아스짜리 청동화가 공화정 시대 내내 공통적인 주화로 통용되었다. 그럼에도 불구하고 로마인들은 특히 피로스 전쟁 때 남 이탈리아 그리스인들과 더욱 깊은 관계를 맺음에 따라, 그리스인들이 공통적으로 사용하던 은화에 비길 은화를 제조할 필요성을 발견했다. 그런 주화가 최초로 발행된 정확한 연대가 언제였든간에, 중부 이탈리아의 청동 주화와 달리 은이 주된 교환 매체였던 남 이탈리아 그리스 도시 국가들의 영역에서 발발한 피로스 전쟁을 재정 지원하기 위해서 로마인들로서는 그런 주화를 제조할 필요가 각별히 컸을 것이다.

최초의 로마 은화는 2 드라크마짜리 주화들인 디드라크마(didrachma)들로서, 캄파니아의 은화를 본따 만든 게 틀림없다. 로마 경제가 지중해 세계 전역과 맞물리게 된 제2차 포에니 전쟁 때 로마인들은 데나리우스(denarius. 복수, denarii)라 불린 가벼운 은화를 도입했다. 몇년 후 무게를 약간 줄여 만든 데나리우스는 당시까지 지중해 세계에서 가장 널리 통용되어온 아테네 드라크마와 동일했다. 기원전 170년경부터 데나리우스와 그보다 소액 주화들인 퀴나리우스(quinarius. 데나리우스의 절반) 그리고 세스테르티우스(sestertius. 1/4 데나리우스)가 로마 공화국의 표준 은화가 되었다. 6천 데나리이가 1탈렌툼과 같았다. 이 화폐 단위가 경제적 표준으로 얼마의 가치가 있었는가 하는 것은 한 데나리우스가 고용된 노동자의 평균 하루 품삯쯤 되는 액수였다는 사실에서 가늠해 볼 수 있다.

건축과 예술. 로마가 몇 차례에 걸친 포에니 전쟁을 치르고 그리스 동방으로 확장해 가기 전에, 로마 시는 지방적인 소도시와 지역 시장에 불과했다. 기원전 390년경 갈리아인들의 약탈 이후에 그리스 장인들의 도움을 받아 건축했을 방어벽들과 에트루리아 양식에 영향을 받아 건축한 몇몇 주요 신전들을 제외하면 로마에는 변변한 건축물이 없었다. 갈리아인들의 약탈 이후에 로마는 과거에 발전해 있던 대로 대충 재건되었다. 부자들은 중앙에 빛과 신선한 공기를 제공하도록 하늘을 향해 열린 중앙의 아트리움(atrium)이 딸린 널찍한 집에서 쾌적한 삶을 누렸지만, 대다수 주민들은 얇은 윗가지에 석회를 바른 작은 집에서 살았다. 그러나 널찍한 집이라도 후대에 부자들의 표지가 된 정원과 열주(列柱)는 아직 없었다. 로마 광장 주변의 상점들 곧 타베르나이 (tabernae)의 윗층에 발코니가 덧붙은 것은 기원전 338년에 비로소 된 일이다. 그 직후에 안티움에서 나포된(기원전 340년) 선박들의 **로스트라**(rostra) 곧 뱃부리들이 로마 광장의 연단에 진열되었다.[1] 이런 향상들이 로마의 공무와 상업의 중심지에 한층 인상적인 외관을 제공했지만, 로마는 여전히 남 이탈리아의 그리스 대도시들에 비하면 보잘것 없었다.

그러나 기원전 300년경에 로마인들은 훗날 그로 인해 명성을 얻게 된 대규모 토목 사업에 착수해 있었다. 기원전 312년에 켄소르 아피우스 클라우디우스 카이쿠스 밑에서 저 유명한 도로 포장 공사를 시작했는데, 그 도로는 그의 이름을 따서 아피우스 가도(Via Appia)라 칭하였다. 이 도로는 로마와 카푸아를 이었고, 후대에 지중해 세계 전역으로 뻗어단 로마의 거대한 도로망의 모

---

1) 원래 로스트라는 적함을 무지르기 위해 군함의 이물 아래쪽에 설치했던 부리 모양의 충각(衝角) 즉 뱃부리를 뜻했는데 이 일 뒤로 로마 광장의 연단, 또는 일반적으로 연단 또는 로마 광장 자체를 뜻하기도 했다. — 역주.

델이었다. 같은 해에 아피우스 클라우디우스는 로마의 수로(水路)들 중 최초의 수로인 아쿠아 아피아(Aqua Appia)를 착공했는데, 이 수로는 길이가 1.6km쯤 되었다. 기원전 272년에 이것보다 훨씬 긴 아니오 베투스(Anio Vetus) 수로가 완공되었다. 이 수로는 사비니 산지에서부터 80km가 넘게 설치되어 신선한 물을 공급했다.

 기원전 3세기에, 특히 2세기 초반에 로마의 급속한 팽창이 국가 관리들과 개인 후원자들에 의한 건축을 촉진했다. 전쟁에서 승리를 거둔 장군들은 막대한 전리품을 가지고 여러 개의 도로와 수로와 신전과 공공 건물과 개선문과 소도시의 가옥들을 건축했고, 이런 건축물들이 로마를 헬레니즘 양식의 중요한 메트로폴리스로 탈바꿈해놓았다. 그리스의 영향은 그리스 양식의 신전 전면과, 갈수록 대리석과 그밖의 석재를 많이 사용하는 경향, 그리고 공공 기관과 상업 기관의 건물에 바실리카 문양이 사용된 데서 엿볼 수 있다.

 탈취해 온 그리스 조각상들이 공공 건물뿐 아니라 개인 건물도 장식했고, 그리스의 원작품이 딸릴 때는 그리스 장인들을 고용하여 그리스 예술품을 모사하게 하거나 로마의 신들과 영웅들의 조각상들을 헬레니즘 양식으로 제작하게 했다. 기원전 2세기에 헬레니즘 세계에 일어난 인간의 실물 묘사에 대한 관심과, 조상의 형상을 밀랍 마스크(imagines)로 보존하던 로마-에트루리아인들의 관습, 그리고 장례 초상화들이 한데 합쳐져 돌과 브론즈를 사용한 사실주의적 인물 조각이라는 로마의 독특한 양식을 낳았다. 이런 인물 흉상의 뛰어난 작품들이 다수 현존하며, 따라서 공화정 후기의 여러 지도급 인물들의 모습이 현대인들에게도 낯익다.

 그리스의 프레스코 회화도 로마 예술에 큰 영향을 끼쳤다. 에트루리아인들이 이미 로마인들에게 이런 형태의 벽 장식을 소개한 바 있었으나, 기원전 3~2세기에 그리스 예술가들이 이런 회화 매체에 가장 완숙한 경지에 올랐다. 그들은 피로스 전쟁과 카르타고 전쟁에서의 승리 같은 로마사에서 중대한 사건들을 공공 건물에 묘사하도록 고용되었다. 부잣집들에서는 그리스의 작품들을 재현한 프레스코 회화들과 벽화들이 그리스 문학에 나오는 장면들을 묘사했고, 오늘날의 가정에 아름다운 그림 사진과 벽지가 사용되는 것과 똑같은 이치로 아름답고 조용한 인물상, 풍경, 장식 무늬를 제공했다.

문학. 초기 로마에는 본격적인 의미의 문학이 존재하지 않았다. 집필은 다른 모든 행위와 마찬가지로 장부 기재, 법률 기록, 연중에 발생한 중요한 세속적 종교적 사건들에 대한 기록, 신탁(神託)과 종교 의식의 보존 같이 주로 실질적이고 일상적인 목적을 위해 이루어졌다. 그러나 기원전 3세기부터 로마인들은 점차 그리스인들의 진보한 문학에 영향을 받기 시작했다. 대 카토(the Elder Cato) 같은 많은 로마인들이 그리스 문학을 자기들이 정복한 '유약한 그리스인의 것들'이란 말로 폄하하긴 했지만, 점차 많은 수의 로마인들이 그리스어를 배웠고, 심지어 대 카토 자신도 여러 가지 이유로 그리스어를 배웠다.

무엇보다도, 그리스 어는 로마가 이탈리아와 카르타고를 정복한 뒤에 중요한 부분이 된 광범위한 세계의 국제 공용어였다. 그리스 지도자들과 헬레니즘 왕국들을 대등한 입장에서 다루려면 로마 원로원 의원들로서는 그리스어를 알아듣고 쓸 줄 알아야 했다. 둘째로, 로마인들의 입장에서는 자기들이 점차 정복하고 지배하게 된 그리스인들에 관해서 보다 많은 것을 발견해야 할 실질적인 필요와 그들에 관한 호기심이 있었다. 셋째로, 많은 수의 로마인들은 도덕적·군사적 우월감에도 불구하고 더 오래되고 더 세련된 문화 업적들 앞에서 틀림없이 어느 정도 경외와 존경을 느꼈을 것이고, 그것을 모방하고 싶었을 것이다. 마지막으로, 그리스 문학은 로마의 상류층에 실질적이고 사회적인 가치가 있었다. 그리스어는 초기 라틴어보다 더 복잡한 개념과 사상을 형성하고 표현할 수 있게 해주었고, 라틴어에 대해 갈수록 복잡해져 가는 세계에 표현력을 확장해 갈 수 있는 모델이 되었다.

그리스의 웅변가들은 청중의 마음을 사로잡는 수사학의 원칙들을 완성했는데, 그것은 로마 귀족들이 원로원에서 논쟁을 벌일 때, 법정에서 진술할 때, 로마 광장에서 로마의 투표인단에게 연설할 때 대단히 유용했다. 더욱이 그리스어를 알고 그리스 문학을 이해하는 것은 사회적 신분의 표지였고, 그것이 상류 계층 사람들에게 하층민들과 구별되어 보이도록 하고 모든 엘리트들이 갈망하는 우월감을 주었다. 이 요인들이 그리스인 교사들의 수요를 창출했고, 이런 수요는 교육 받은 그리스 노예들을 부유한 주인의 집에서 가정교사로 부리는 형태로 충당되었다. 이들은 훗날 해방된 뒤 문법 학교를 열고, 거기서 야심을 품은 비귀족 계층에게 수업료를 받고 자신들의 지혜를 가르쳐 주었다.

리비우스 안드로니쿠스 (기원전 284경~204경). 이런 교사들 중 한 사람이 루키우스 리비우스 안드로니쿠스(Lucius Livius Andronicus)였다. 그는 기원전 284년 타렌툼에서 태어나 기원전 272년에 노예로 로마에 끌려가 루키우스 리비우스(Lucius Livius. Salinator?)의 집으로 들어갔다. 훗날 해방되면서 관례대로 자신의 이름에 후원자의 이름을 첨가하여 루키우스 리비우스 안드로니쿠스가 되었다. 안드로니쿠스는 그리스어와 그리스어 교사가 된 데 그치지 않고 로마인들을 위한 그리스 문학 번역자 겸 번안가가 되었다. 그의 초기 작품 중 하나가 호메로스의 「오디세이아」(*Odyssey*)를 그리스어의 사투르누스 운율로 번안한 작품이다. 사투르누스 운율은 개모음이든 폐모음이든 한 음절 안의 모음 종류와 말에서 음절의 길이를 중시하는 그리스 시처럼 음의 장단에 기초한 운율이 아니라, 한 단어 안의 음절들에 둔 강세에 기초한 강세적 운율로서, 라틴 시의 고유한 운율이다.

「오디세이아」는 로마의 독자들을 위해 번안하기에 대단히 좋은 선택이었다. 그 작품에 묘사된 이국 땅에서의 여행은 당시에 막 이탈리아의 좁은 울타리를 벗어나 지평을 확장하고 있던 로마인들의 마음을 사로잡았다. 아울러 「일리아스」(*Iliad*)와는 달리, 이 작품은 로마인들이 당시까지 자기들의 조상으로 내세우고 있던 트로이인들을 그리스인들이 물리친 이야기에만 머물지 않았다. 오디세우스의 방랑과 시련은 트로이 난민들을 이탈리아로 인도한 인물로 추정되는 아이네아스(Aeneas)의 방랑과 시련의 모델이 되었다. 그러므로 안드로니쿠스의 「오디세이아」는 그리스어로 번안된 최초의 그리스 문학 작품은 아닐지라도 로마에서 폭넓은 인기를 얻은 첫 작품이었다. 이 작품은 수백년 동안 교사들에 의해 교과서로 사용되었다. 기원전 1세기 말에 시인 호라티우스(Horace)는 소년 시절에 그 책의 단락들을 암송해야 했던 일을 회상했다.

기원전 240년에 매년 루디 로마니(Ludi Romani)라고 하는 로마 경기를 계획한 아이딜리스들은 최근의 제1차 포에니 전쟁 종전을 기념하는 특별 행사를 원했다. 그들은 리비우스 안드로니쿠스에게 로마의 무대에 올릴 그리스 비극과 그리스 희극을 한 편씩 번안해 달라고 주문했다. 그는 각본을 썼을 뿐 아니라 주연 배우로 공연하기까지 했다. 그의 노력은 큰 반항을 불러 일으켰고, 향후 로마 연극의 경향을 설정해 놓았다.

로마 문학의 독창성. 그뒤로 로마의 모든 저자들이 그리스 저서들을 마음대로 차용한 사실로 인해 로마 문학이 통째로 파생물이고 따라서 존중할 가치가 없다는 비판을 받아왔다. 고대 그리스와 로마의 독창성 개념은 현대의 개념과 다르다. 고대 예술가에게 최고의 과제는 깜짝 놀랄 만큼 새로운 것을 창조해내는 것이 아니라 주어진 전승 안에서 개선하고 향상하는 것이었다. 로마 최고의 저자들이 수행한 일은 그리스 문학 형식들을 로마 고유의 주제와 사상으로 번안한 것이었다. 로마 문학은 로마인들을 다른 국민과 구분짓는 로마의 역사와 가치관의 우수함을 묘사함으로써 대단히 애국적이고 심지어 국가주의적이기까지 했다.

나이비우스 (기원전 279경~199). 작가로서 최초로 성공을 거둔 로마인은 리비우스 안드로니쿠스보다 약간 어린 동시대 사람 그나이우스 나이비우스(Gnaeus Naevius)였다. 그는 비극과 희극과 서사시와 풍자에 능숙했다. 라틴시 고유의 사투르누스 운율을 계속 사용했고 로마 최초의 국가주의 시인이었다. 그리스 신화보다 로마사의 사건들을 다룬 최초의 중요한 희곡들, 즉 파불라 프라이텍스타들(*fabulae praetextae*)을 썼다. 아울러 최초의 애국적인 로마 서사시를 썼다. 당연한 일이겠지만, 나이비우스의 주제는 그가 직접 참전했던 제1차 포에니 전쟁이었다. 그는 아이네아스의 후손들이 로마를 건국했다고 전해지는 전설들을 써냈고, 그로써 베르길리우스(Vergil. 기원전 70~19)에게 「아이네이스」(*Aeneid*)를 쓰기에 유용한 자료를 제공했다. 나이비우스는 자신의 희곡에서 그 시대의 정치적 인물들에 관해 자주 비평적인 평가를 했다. 그렇게 비판을 받은 사람들 가운데는 카이킬리우스 메텔루스 가(the Caecilii Metelli)라는 강력한 가문이 있었다. 기원전 206년에 퀸투스 메텔루스(Quintus Metellus)는 그를 감옥에 처넣음으로써 그를 응징했다. 그는 사죄의 내용을 담은 두 편의 희곡을 쓴 뒤에야 간신히 석방되었다. 그뒤 북아프리카 우티카로 망명하여 그곳에서 살다가 최후를 마쳤다. 그의 운명은 그리스의 고대 희극에 특권적으로 사용된 개인 풍자가 로마 무대에서 크게 제한되게 만들었다.

엔니우스 (기원전 239~169). 비극과 희극과 서사시의 대가로서 나이비우스를 계승한 사람은 퀸투스 엔니우스(Quintus Ennius)였다. 그는 이탈리아 남부 루디아이에서 태어난 이탈리아 본토박이였다. 이탈리아 본토박이면서 로마의 지배를 받고 있는 이탈리아 남부의 그리스 도시들 근처에 살게 된 우연한 상황이 그를 오스카어, 그리스어, 라틴어 등 3개 언어에 능통하게 만들었다. 그는 재능도 다양했다. 그리스 사상을 치밀하게 이해했고, 언어 감각이 뛰어났고, 로마를 진심으로 경모했다. 로마에 대한 그런 심정 때문에 사르디니아 로마 주둔군에서 함께 복무하다가 기원전 204년 자신을 로마로 데려다 준 대 카토(Cato the Elder)의 반(反) 헬레니즘을 극복했다. 로마에서 엔니우스는 곧 자신의 후원자들이 되어 준 대(the elder) 스키피오 아프리카누스를 비롯한 로마의 주도적 인사들과 사귀게 되었다.

엔니우스의 비극들은 그의 희극들보다 더 인기를 끌었다. 그 작품들은 주제와 민족주의와 자유로운 비평에서 에우리피데스(Euripides)에게 영향을 받은 흔적을 보여 준다. 아울러 그는 철학서를 몇 권 썼고 풍자적 성격의 짧은 시를 몇 편 썼다. 그러나 그가 남긴 가장 위대한 업적은 「연대기」(*Annales*)라는 제목이 붙은 애국적 서사시였다. 열여덟 권으로 된 「연대기」는 로마의 과거 이야기들과 제2차 포에니 전쟁사를 다루었다. 이렇게 함으로써 엔니우스는 로마의 건국 전설들을 실제 역사와 통합하는 과정을 이끌어 갔다. 그 시인의 주요 혁신은 라틴 고유의 사투르누스 운율 대신 그리스 모델에 입각하여 음의 장단에 기초한 운율을 사용한 데 있다. 그러므로 엔니우스는 두 점에서 모두 베르길리우스의 주요 모델들 중 또 다른 모델이 되었다.

엔니우스 이후의 전문화

파쿠비우스(기원전 220경~130)와 아키우스(기원전 170~85경). 마르쿠스 파쿠비우스(Marcus Pacuvius)와 시의 모든 주요 장르를 통달한 루키우스 아키우스(Lucius Accius)는 나이비우스와 엔니우스의 전통을 이어받으려고 노력했으나, 가장 큰 노력을 기울인 분야는 희극이었다. 파쿠비우스는 엔니우스의 조카였다. 현존하는 그의 희곡들의 방대한 단편들은 그 작품들이 지적으로 탁월한 내용, 인상적인 배역 설정, 힘 있는 언어로 이루어졌음을 보여 준다. 아키우스도 이런 특성을 공유한 듯하며, 그렇기 때문에 후대에 호라티우스와 퀸틸리아누스는 그를 로마의 최고 작가들의 반열에 넣었다.

루킬리우스(기원전 180경~103). 파쿠비우스와 아키우스와는 대조적으로 가이우스 루킬리우스(Gaius Lucilius)는 로마가 서양 문학에 가장 크게 이바지한 장르인 풍자에 관심을 집중했다. 풍자 문학은 유명 인사들이 개선 행렬과 장례 행렬 같은 행사 도중에 자신들의 장점뿐 아니라 단점도 익살스럽게 지적함으로써 지나친 교만과 신들의 질투를 피하려고 한 본토인들의 강한 전승에서 발생했다. 루킬리우스는 다양한 사람들과 시대들의 사회적·정치적 삶에 예리하고 신랄하고 재치있는 비평을 가함으로써 풍자라는 장르를 현대적 의미로 발전시켰다. 소 스키피오 아프리카누스의 가까운 친구였던 루킬리우스는 스키피오의 지도력을 바라던 여러 주요 인사들을 만날 수 있었다. 예상할 수 있는 일이지만, 그는 특히 스키피오의 정적들을 예리하게 비판했다. 그의 라틴어는 격조가 높지는 않지만, 후대의 풍자 작가들인 호라티우스와 마르티알리스(Martial)와 비평가 퀸틸리아누스(Quintilian)가 높이 평가한 자연스럽고 열정적인 유머 감각이 있었다.

플라우투스(기원전 254경~184)와 테렌티우스(기원전 195경~159). 비극과 희극은 로마에서 가장 크게 발달한 최초의 문학 장르들이었다. 그러나 후대의 작품들에 실린 단편적 인용과 비평으로만 알려진 초기의 비극과는 대조적으로, 로마의 희극은 스물일곱 편의 완전한 희곡들에 의해 대표되는데, 그중 스물한 편은 티투스 마키우스 플라우투스(Titus Maccius Plautus)의 것이고 여섯 편은 푸블리우스 테렌티우스 아페르(Publius Terentius Afer)의 것이다. 플라우투스의 생애에 관해서는 알려진 사실이 거의 없다. 그의 실명조차 그의 희곡이 기록된 가장 오래된 사본이 발견된 1815년에야 비로소 알려졌다. 그는 로마 토박이가 아니라 이탈리아의 사르시나 읍 출신의 움브리아인으로서, 이

사실은 리비우스 안드로니쿠스와 엔니우스의 경우와 마찬가지로 정복되거나 동맹을 맺은 국가의 사람들이 로마에 유입되면서 로마의 문화가 비옥해졌음을 보여 준다. 오늘날의 뉴욕, 런던, 파리와 마찬가지로, 고대 로마와 관련된 위대한 문인들치고 로마 시의 본토박이는 없었다.

플라우투스보다 어린 동시대 사람인 테렌티우스(Terence)에 관해서는 약간 알려져 있다. 서기 2세기 초의 전기 작가 수에토니우스(Suetonius)에 따르면 테렌티우스는 카르타고에서 태어나 어렸을 때 테렌티우스 루카누스(Terentius Lucanus)라는 원로원 의원의 노예로 로마에 끌려온 아프리카인이었다고 한다. 그러므로 테렌티우스는 서양 세계 최초의 흑인 작가였을 가능성이 있다. 테렌티우스는 그 젊은이의 지적 재능을 알아보고 그에게 좋은 교육을 시킨 뒤 해방시켜 주었다고 한다. 테렌티우스의 재능은 스키피오 아이밀리아누스 곧 소(the younger) 아프리카누스의 눈에 띄게 되었고, 그의 도움으로 문인의 길에 들어섰다. 불행하게도 그는 기원전 159년에 그리스로 여행하는 동안 죽음으로써 그의 재능도 곧 사라졌다.

단편으로만 현존하는 플라우투스와 테렌티우스, 그리고 그밖의 작가들의 희극들은 기원전 3세기 말과 2세기 전반에 걸쳐 그리스 문화가 로마인들에게 점차 강한 영향을 주고 있었음을 분명히 보여 준다. 두 작가 모두 특히 메난드로스(Menander), 디필루스(Diphilus), 필레몬(Philemon)으로 대표되는 헬레니즘 시대 그리스의 새로운 희곡에 나오는 줄거리, 상황, 등장 인물을 자유롭게 차용했지만, 플라우투스는 자신의 희곡들에 이탈리아의 희극적 전승들을 많이 도입했다. 로마의 지식인들은 기원전 2세기 후반에 고대 그리스의 영향이 한층 강렬해질 때 그랬던 것과는 달리 아직은 그것을 업신여기지 않고 있었다. 세련된 그리스의 새 희극의 외양적 장식과는 달리, 플라우투스의 희극은 기본적으로 이탈리아 아텔라의 소극(笑劇)과 에트루리아 페스케니아의 시(詩)에 담긴 음탕한 유머에서 착상을 얻은 소극이었다. 익살스럽고 빠른 속도로 전개되는 만담(漫談)과, 현존하는 새 희곡에는 없는 요소인 공적 관심이 쏠린 문제들에 대한 풍자적 논평이 가득했다. 새 희극은 훨씬 더 점잖고 철학적 성격을 띠었다.

젊은 작가 테렌티우스는 헬레니즘이 기원전 2세기에 로마의 젊은 세대들에게 좀더 큰 영향을 주었다는 점을 보여 준다. 그는, 조상들보다 그리스 교육을 더욱 철저히 받고, 자체의 토대 위에 훨씬 세련된 수준에 올라서기 이전의 자신들의 토착 문화를 경시하기 시작한 스키피오 아이밀리아누스 같은 귀족들의 후원을 받았다. 테렌티우스의 희곡들은 플라우투스의 희곡들에 비해 지적인 성격은 훨씬 크고 만담적 성격은 작다. 그의 라틴어에는 장터 사람의 투박하고 외설적인 말투보다 교육받은 상류층의 말투가 배어 있다. 그의 희곡들에는 새 희곡의 심리적 교훈을 가르치려는 노력이 담겨 있다. 그 희곡들은 좋은 문학을 이루긴 하지만 플라우투스의 희곡처럼 즐거운 무대를 이루어내지는 못한다. 테렌티우스가 자신의 「포르미오」(*Phormio*)와 「장모」(*Mother-in-Law*)의 서문에 불평을 토로했듯이, 때로 청중의 관심을 끌지 못해 애를 태운 것도 그런 이유 때문이었다. 더욱이 테렌티우스 이후에는 비중있는 로마 희극 작가가 더 이상 나오지 않았다는 것은 의미심장하다. 갈수록 헬레니즘의 물을 먹은 엘리트 지식인들은 대규모의 청중에게 인기를 끄는 방식의 작품에 등을 돌렸다. 그들은 다른 형태의 작품 쪽으로 눈을 돌린 반면에, 보통 로마인들은 플라우투스의 작품과 가끔 테렌티우스의 옛 희극의 재공연을 좋아했다. 이들의 작품은 오늘날까지 희극 작가들에게 여전히 영감을 제공해왔다.

　플라우투스와 테렌티우스의 희곡들은 서양의 희극 드라마에 크게 기여한 점으로 중요할 뿐 아니라 로마가 제국이 되어가는 데 영향을 준 거대한 문화적·사회적·경제적 변화를 역사적으로 반영한 점으로도 중요하다. 그리스의 새 희곡이 로마 작가들에게 끼친 영향은 그리스 문화 일반의 영향을 거울처럼 비쳐 준다. 더욱이 새 희곡이 로마인들에게 인기를 끌었던 이유는 그들이 자기 시대에 직접 목격한 사건들을 다루었기 때문이다. 노예가 눈에 띌 만큼 자주 등장하는 것은 로마 사회에 노예들이 엄청난 수로 증가한 것과 일치한다. 종종 줄거리를 제공한 부자간의 갈등이나 부부간의 갈등은 스키피오 아이밀리아누스 같은 좀더 사해동포적 사상을 지닌 젊은 세대와 대 카토 같은 구세대 로마인들간의 갈등과 비슷하며, 상류층 여성들 사이에 점차 확산되어 가던 독립성을 강조한다. 상인들과 상류 생활을 즐기는 젊은이들, 남자를 유혹하는 정부들이 자주 등장한 것은 로마가 경험하고 있던 막대한 부의 유입을 비쳐 준다. 희곡의 형식은 그리스적 성격을 띠었으나, 주제는 그리스 못지 않게 로마의 특성을 많이 띠었다.

산문 문학. 로마의 산문은 희극에 비해 전성기에 도달하는 데 오랜 시간이 걸렸다. 사실상 최초의 본격적인 로마 산문 작가들은 제2차 포에니 전쟁 뒤에 그리스어로 쓴 역사가들이었다. 초기 로마의 역사가들 중 많은 수는 사제단이 보존한 매년의 공식 기록에 근거하여 글을 엮었기 때문에 연대기 저자들이라 불린다. 가장 최초로 알려진 두 명의 사가들인 퀸투스 파비우스 픽토르 (Quintus Fabius Pictor)와 루키우스 킨키우스 알리멘투스(Lucius Cincius Alimentus)는 모두 제2차 포에니 전쟁에 참전했던 로마 원로원 의원들이었다. 그중에서 알리멘투스는 한니발에게 생포되는 경험까지 겪었다. 그들은 모두 로마 건국부터 자기 시대에 이르는 역사를 썼다. 그들은 특히 포에니 전쟁에 관심을 기울였고, 로마 지도자들의 정책과 행위를 가장 밝은 시각에서 묘사하려고 했다.

그들이 그리스어를 채택한 것은 몇 가지 이유에서 논리적인 선택의 결과였다. 첫째, 산문 역사를 집필할 유일한 모델이 그리스어였고, 기존의 그리스어 어휘와 개념을 사용하는 것이 라틴어로 새로운 어휘와 개념을 만들어 사용하는 것보다 쉬웠다. 둘째, 그리스어를 사용함으로써 로마의 지식인 엘리트들과 그리스인들에게 다 읽힐 수 있었다. 그리스인들은 로마의 세력이 커짐에 따라 로마에 더욱 관심을 갖게 되었으나 라틴어를 너무 조야하고 자신들의 품위에 어울리지 않는다고 여겨 굳이 배우려고 하지 않았던 것이다. 셋째, 로마의 저자들은 포에니 전쟁과 관련하여 카르타고에게 호의적인 견해를 기록한 그리스 사가들을 비판하고 싶었다.

대 카토 (기원전 234~149). 라틴어로 본격적인 역사를 서술한 최초의 로마인은 대 카토(Cato the Elder)였다. 「기원」(*Origines*)이라는 제목이 붙은 그의 책은 최근 역사뿐 아니라 이탈리아 초기의 역사와 로마 건국사를 포함한다. 최근의 시기에 대해서는 다른 사람들의 이름을 비우고 자신의 연설의 일부를 포함시킨 카토는 다른 유력 인사들은 폄하하고 자신은 드높였다. 한 유명한 일화에서 카토는 한니발의 코끼리들 중 한 마리인 수루스(Surus)의 이름만 기재함으로써 유명 인사들의 이름을 생략했음을 분명히 했다. 카토는 자신의 로마사 외에도 라틴 산문에 여러 가지 중요한 기여를 했다. 법학, 의학, 농학에 관해서 상당한 부피의 책을 썼는데, 그중 농학 저서인 「농업서」(*De Agricultura*)는 현존하는 최초의 라틴 산문이자 기원전 2세기에 로마의 삶과 경제사의 면모를 엿볼 수 있는 귀중한 자료이다. 카토는 수사학에 관한 책도 펴냈고, 로마인으로서는 처음으로 자신의 연설집을 펴냈다.

수사학. 카토의 연설집과 수사학 저서가 출판된 것은 수사학과 수사학 훈련이 점차 중요성을 띠어가고 있었음을 강조한다. 로마가 세계 권력으로 부상해 감에 따라 국가는 원로원에서의 토의에서 그리고 해외 정부들을 다루는 데 있어서 국가의 문제들과 정책들을 유권자들에게 명쾌하게 설명할 수 있는 관료들과 지도자들을 필요로 했다. 로마의 삶이 점차 복잡해져 갔다는 것은 법률 소송이 증가했음을 뜻했고, 따라서 그들을 변호해 줄 훈련된 사람들이 더 많이 필요했음을 뜻했다. 자연히 데모스테네스(Demosthenes), 이소크라테스(Isocrates), 투키디데스(Thucydides) 같은 그리스의 수사학 대가들이 로마에서 이 분야의 정식 교육에 모델 역할을 했다.

철학. 로마에서는 수사학과 웅변술과 나란히 철학에 대한 관심이 자라났다. 물론 그리스 철학 말이다. 철학 체계는 실질적인 로마인들에게 유용했다. 왜냐하면 그 체계는 연설에서 쌍을 전개하기 위한 개념적·논리적 틀을 제공하고, 논쟁 기술을 예리하게 갈고, 개인적 혹은 파당적 목적에 화려한 수식을 입힐 수 있었기 때문이다. 아테네인들이 세 개의 주요 철학파의 수장들 — 소요학파의 크리톨라오스(Critolaus), 스토아 학파의 디오게네스(Diogenes), 플라톤 회의학파의 카르네아데스(Carneades) — 로 구성된 사절단을 보낸 기원전 155년에는 로마에 정식 철학 공부의 붐이 크게 일었다. 원로원에서 연설할 기회를 기다리던 그들은 대중 앞에서 연속 철학 강의를 하여 큰 반향을 불러일으켰다.

플라톤 학파의 카르네아데스가 가장 큰 인상을 남겼다. 회의론자였던 그는 절대적인 도그마를 갖지 않고서 윤리적·지적 질문들을 다루었다. 개연성 가

설을 사용했으며, 인간의 조건을 개선하기 위해 모든 철학파들의 가장 좋은 측면들을 절충적인 관점에서 두루 엮었다. 절대 도그마의 맹점을 입증하기 위해서 하루는 한 질문의 이쪽 면을 주장하여 자신이 옳음을 청중에게 확신시킨 뒤, 다음 날에는 다른 쪽 면을 똑같이 설득력 있게 주장했다. 대 카토는 이 회의주의적 접근이 로마의 전통 윤리관을 훼손할 것이라고 우려와 분개를 표출했다.

로마의 전통 가치관과 좀더 양립할 수 있었던 것은 스토아 철학이었다. 세상은 신이 창조했으므로 형제애와 질서를 존중해야 하고, 의무를 중요하게 여겨야 하고, 기성 권위를 떠받쳐야 하고, 현자들이 자연 이법에 따라 통치해야 한다는 스토아 학파의 학설은 팽창해 가던 제국을 자기들 스스로와 남들에게 정당화하려고 하던 로마인들에게 안성맞춤이었다. 이 사상은 스키피오 아이밀리아누스와 스토아 학파에 대한 지식 때문에 종종 사피엔스(Sapiens) 곧 '현자'(the Wise)라고 불린 스키피오의 친구 가이우스 라일리우스(Gaius Laelius)의 손님으로 한동안 지낸 로도스의 파나이티우스(Panaetius)에 의해 널리 보급되었다. 또 다른 스토아 철학자 쿠마이의 블로시우스(Blossius)는 호민관들인 티베리우스와 가이우스 그라쿠스의 가정교사였으며, 그들이 기원전 133년과 123년에 가난한 사람들을 지원하기 위해 개혁을 일으키는 데 일정한 영향을 끼쳤을 것이다(참조. 315쪽).

헬레니즘 그리스 철학의 네번째 주요 학파인 에피쿠로스 학파는 기원전 100년 이전에는 로마에서 중요한 지지자들을 많이 확보하지 못했다. 신의 형벌이 없고 쾌락 추구가 인생의 궁극적 목표라는 에피쿠로스 학파의 학설을 극단적으로 받아들이는 경향이 전통을 중시하는 보수 성향의 로마 귀족들을 두렵게 만들었다. 그러므로 일찍이 기원전 173년에 원로원은 에피쿠로스주의자들을 로마에서 추방했다.

로마인들 스스로는 철학에 이렇다 할 독창적인 기여를 하지 못했다. 복잡하고 시시콜콜한 철학 논쟁을 갑갑해 했다. 대부분 그리스 학파들의 확립된 체계들을 그대로 받아들여 자기들의 목적에 부합한 체제를 택하고 그것을 자기들의 삶에 적용했다. 예를 들어 법에 관심이 있는 사람들은 로마 법에 골격과 질서를 입히기 위해 스토아 학파의 엄격한 변증법을 채택했다.

법률. 기원전 200년경에 로마 법은 단순히 12표법의 지식만 가지고는 해결할 수 없는 복잡한 상황에 처해 있었다. 그 시기에 섹스투스 아일리우스 파이투스(Sextus Aelius Paetus)가 세 부분으로 구성된 체계적인 법률서를 펴냈다. 한 부분은 12표법 전문(全文)이고, 다른 부분은 오랜 세월 동안 12표법의 적용 사례들을 규명하고 해설한 다양한 해석들이고, 또 다른 부분은 다양한 형태의 소송 사건들과 그 적절한 서식(書式, formulae)을 구체적으로 소개한 내용이다. 기원전 2세기 후반과 1세기 초반에 무키이 스카이볼라이(Mucii Scaevolae)라는 가문에서 다양한 사람들이 유리스콘술티(Jurisconsulti) 곧 법 해석가로 두각을 나타내어 학생들에게 법학을 가르치고 법적 쟁점들에 대해 시원한 대답을 찾는 사람들에게 상담을 해주었다. 그중에서 가장 위대한 사람은 사제(the Pontiff) 퀸투스 무키우스 스카이볼라(Quintus Mucius Scaevola)였다. 키케로의 스승이었던 그는 유언, 상해, 계약, 법 절차 같은 문제들을 체계화했다. 그의 방법론과 체계는 법률 행위에 기초를 놓았다.

종교. 그리스 철학의 영향하에 법이 좀더 체계와 논리를 갖추어 가는 동안, 로마의 종교는 그리스 동방에서 유입된 신비주의 비의종교들의 영향으로 좀더 감정에 치우치고 관습에 제약을 받지 않게 되었다. 기원전 3세기에는 디오니소스(Dionysus) ― 로마인들의 칭호로는 바쿠스(Bacchus) ― 숭배가 남이탈리아의 그리스인들 사이에서 크게 성행했다. 의식이 술과 향락으로 진행되는 이 제식은 하루하루 모질고 고된 삶을 살아야 했던 가난한 계층, 그중에서도 특히 여성들에게 정서적 해방감을 제공했다. 보수적인 많은 로마인들은 디오니소스 숭배자들의 무절제한 행동에 충격을 받았을 뿐 아니라, 그 제식이 확산됨에 따라 비밀리에 진행되는 그 난잡한 의식이 로마의 이탈리아 지배를 저지하기 위한 음모의 온상이 될 수 있음을 우려했다. 기원전 186년에 원로원은 바쿠스 숭배자들을 제재하는 법안을 통과시켰고(이 법은 지금도 남아 있다), 로마나 이탈리아에서 프라이토르의 허가 없이 다섯 명 이상이 사사로이 그 제의를 위해 모이면 사형에 처한다고 엄히 금하였다.

원로원 의원들도 기원전 205년 제2차 포에니 전쟁이 벌어지던 암울한 시기에 「시빌라의 신탁집」[2]에 문의한 뒤에 로마에 수입된 대모신(大母神) 퀴벨레

(Cybele) 숭배의 지나친 감정주의를 금하려고 하였다. 대모신 숭배는 그 여신의 아들이자 남편인 신 아티스(Attis)의 죽음과 소생이 주축을 이룬다. 그 의식들은 매년 식물이 죽었다가 소생하는 것을 상징했다. 이 사교의 실질적인 숭배 대상은 소아시아 페시누스에서 가져와서 팔라티누스 언덕의 신전에 안치한 흑석(黑石)이었다. 흑석과 관련된 광란적인 의식들이 화려한 의복을 입은 내시 사제들에 의해 집례되었고, 떠들썩한 야외 행렬, 북과 심벌즈에 맞춘 격정적인 춤이 벌어졌고, 의식이 절정에 달하면 거세나 자해가 자행되었다. 로마의 지도자들이 깊이 우려하는 게 당연했고, 국가가 그 제식을 공식 후원했음에도 불구하고 로마 시민들에게는 그 제사 의식에 참여하는 것을 금했다.

이집트의 이시스(Isis) 교 같은 그밖의 동방의 제식들을 제재하려는 비슷한 시도가 있었지만, 그 제식들은 그런 제재에 아랑곳 없이 계속 유입되었다. 이 제식들이 전래된 시기는 로마의 팽창에 따라 사회·경제적 긴장과 격동이 만연하고, 그런 상황에서 과거 로마의 단순하고 엄격한 종교가 보통 사람들의 심리적 필요를 채워주지 못할 때와 겹치는 때가 많았다. 그러므로 부분적으로는 부의 증가에 따른 결과뿐 아니라 인민의 필요를 채워주기 위해서, 국가는 로마에서 거행하는 종교 축제들 곧 루디(ludi)의 규모와 범위를 크게 확대했다. 이 축제들에는 아마 한때는 그들과 관계된 계절의 윤회와 천체의 순환에 주술을 힘입어 영향을 주려했던 서커스 경주와 검투사 경기(기원전 264년에 에트루리아에서 도입되었고, 에트루리아에서는 죽은 영혼들에게 피와 생명력을 공급하기 위한 장례 의식의 일부분이었다), 그리고 연극 공연(그중 최초의 공연은 기원전 240년에 유피테르를 기념하여 열린 9월의 경기인 루디 로마니 때 거행되었다)이 포함되었다.

그밖의 중요한 축제들로는 11월에 역시 유피테르를 위해 열린 루디 플레베이이(Ludi Plebeii) 곧 평민의 축제와, 7월에 아폴로를 위해 열린 루디 아폴리나레스(Ludi Apollinares), 대모신을 위해 열린 루디 메갈렌세스(Ludi

---

2) Sibylline Books: 라틴어로 Sibyllini libri로 로마의 카피톨리누스 언덕의 유피테르 신전 지하실에 보관되어 있던 Sibylla(무녀)들의 신탁집. 국가적 재난이 닥쳤을 때 사제들이 이 책을 읽고 해석했음 — 역주.

Megalenses), 케레스를 위해 열린 루디 케레알레스(Ludi Cereales), 식물의 여신 플로라를 위해 열린 루디 플로랄레스(Ludi Florales)가 있었고, 나중 세 개는 모두 4월에 열렸다. 루디 아폴리나레스를 뺀 나머지 축제들은 아이딜리스들이 관장했는데, 워낙 큰 사회적 인정과 명성을 가져다 주었기 때문에 세월이 흐름에 따라 그들은 종종 사재를 털어서라도 축제의 일정과 행사를 늘리려고 했다.

교육받은 로마의 엘리트들은 옛 로마의 신들과 신화들을 신뢰하지 않았다. 이들은 정치적 의도를 가지고 종종 사제들과 공식 종교를 냉소적으로 이용했다. 그들은 옛 신앙 대신 그리스의 합리주의를 받아들였다. 많은 이들이 헬레니즘 사상가 에우헤메로스(Euhemerus)의 사상을 받아들였다. 에우헤메로스는 신들이 헤라클레스처럼 초인적 행위로 세상의 구원자가 된 인간들에 지나지 않는다고 주장했다. 그가 신들의 기원에 관해 쓴 책은 엔니우스(Ennius)가 라틴어로 번역할 정도로 큰 인기를 끌었다. 그 책은 명성과 영예를 얻으려는 로마 귀족들의 야심에 적지 않은 영향을 주었고, 훗날 로마 황제들의 신격화를 뒷받침하는 논리를 제공했다.

교육. 문화와 지적 생활이 확대되면서 로마인들에게는 정식 교육의 필요성이 더욱 크게 대두되었다. 로마인들의 생활이 귀족과 농민을 가릴 것 없이 주로 농사에 기반을 두었던 초창기에는 교육이 가정과 가문을 중심으로 이루어졌다. 노예를 가정교사로 데려다 쓰는 일이 없었다. 어린이가 적어도 일곱살 때까지는 어머니와 친족 여성들이 가르쳤다. 일곱살이 지나면 소녀들은 그대로 어머니 밑에서 가사를 배운 반면에, 소년들은 아버지를 따라 농장과 광장에 나가 일 하는 법과 좋은 시민이 되는 법을 배웠다. 아버지들은 아들들이 시민으로서의 역할을 배울 수 있도록 교훈과 모범을 제공하는 것을 큰 임무로 여겼다. 플루타르코스는 대 카토에 대한 전기에서 전통적인 로마인이 아들을 얼마나 꼼꼼하게 키웠는지 소상하게 소개한다.

소년은 열다섯살에 성년이 되어 토가 비릴리스(toga virilis) 곧 남자의 토가를 입었다. 남자는 성년이 되면 곧 아버지의 직접적인 감독에서 벗어난다. 젊은 귀족은 종종 아버지의 주선으로 아버지의 연로하고 저명한 친구에게 의탁

되어 사회 생활을 위한 훈련을 더 받았다. 그러고서 한두 해가 지나 열일곱살이 되면 군에 입대했다. 먼저 그는 사병으로서 전투 방법과 명령 복종을 배웠다. 제대한 뒤에는 로마에서 다른 노인 밑에 들어가 사회 생활 준비를 마무리했다.

이런 제도에 담긴 목적은 실질적인 문제에 기본 교육을 제공할 뿐 아니라 조상들의 관습인 모스 마이오룸(mos maiorum)에 담긴 바 로마의 도덕관과 국가에 대한 충성이라는 엄격한 체제를 심어주려는 데 있었다. 이 이상은 예컨대 로마인들의 운동 훈련에서도 볼 수 있다. 그리스인들은 군사 훈련을 위해서 뿐 아니라 건강과 아름다움 그리고 경쟁을 통해 남을 누르는 데서 얻는 만족을 위해서 운동을 했다. 로마의 신체 교육은 주로 전쟁 훈련이 위주가 되었고, 따라서 보수적인 로마인들은 나체와 방종으로 진행되는 그리스의 운동 경기를 보고 충격을 받았다.

그러나 기원전 3~2세기에 그리스 문화에 대한 관심이 증가하면서, 로마인들은 그리스 교육의 특장들을 받아들이기 시작했다. 부유한 로마인들은 교육받은 그리스 노예들을 데려다 젊은이들에게 그리스어와 문학을 가르쳤다. 그리스 출신 피해방인들은 문법학교를 열어 노예 가정교사를 둘 형편이 못 되는 어린이들을 가르쳤다. 처음에는 그리스어만 가르쳤지만 라틴 문학이 뿌리를 내리면서 라틴 문법 학교도 등장했다. 기원전 2세기에는 그리스의 직업 철학자들이 직접 로마에 와서 가르치기도 했다. 기원전 2세기 말에는 귀족 계층의 로마인들이 더 이상 로마에서 받을 수 있는 교육에 만족하지 않고 아테네나 로도스 같은 그리스 문화 중심지로 가서 유명한 철학 혹은 수사학 교사들에게 배움으로써 공식 교육을 마치는 경향이 시작되었다.

그렇다고 해서 기존 형태의 교육이 자취를 감추었다는 뜻은 아니다. 오히려 기원전 1세기에 키케로의 청년 시절이 보여 주듯이, 두 가지 교육 형태가 나란히 존재했다. 옛 체제는 여전히 로마의 청년들에게 옛 전통과 가치관을 심어주려고 한 반면에, 그리스 교육은 유용한 지적 수단과 세련됨을 주었다. 이런 식으로 로마인들은 서양의 언어, 문학, 예술, 사상에 항구적인 흔적을 남긴 그리스-로마의 혼합된 문화를 내놓았다.

제3부

공화정 후기

14

그라쿠스 형제와 농지 개혁을
둘러싼 투쟁 (기원전 133~121)

기원전 133년경 포에니 전쟁과 로마의 급속한 해외 확장으로 인한 사회·경제적 변화들은 여러 집단들 사이에 심각한 문제들과 불만을 일으켰다. 티베리우스 셈프로니우스 그라쿠스(Tiberius Sempronius Gracchus)와 그의 동생 가이우스(Gaius)는 이런 불만 요소들을 바로잡기 위해 나섰고, 이들의 시도가 갈수록 격렬해진 정치적 격변과 결국 그로 인해 로마 공화정의 몰락이 초래되는 세기(世紀)의 문을 열었다. 두 사람의 경력과 그들을 둘러싼 상황이 로마사에서 가장 집중적으로 연구되는 주제로 손꼽히는 이유는 바로 거기에 있다.

그라쿠스 형제 시대에 관한 자료들 (기원전 133~121). 불행하게도 이 중대한 시기에 관한 자료는 전 시대의 자료만큼 방대하거나 신뢰성이 있지 못하다. 그 시대의 자료들 가운데 현존하는 것이 없다. 폴리비오스는 비록 그라쿠스 시대의 위기 상황에서 살았고 그 시대가 그의 저서 중 마지막 단계를 윤색하지만, 그는 기원전 145/44년으로 자신의 「로마사」를 마감했다. 포시도니우스(Posidonius)가 폴리비오스를 이어서 기원전 78년경까지 쓴 자료(참조. 513쪽)는 유실되었다. 가장 광범위한 2차 기록인 리비우스의 「로마사」 제58-61권(동시대 혹은 거의 동시대의 자료들에서 인용한 가치 있는 많은 자료를 보관한 것으로 보임)조차 페리오카이(Periochae)의 간략한 요약과 제국 후기에 그의 책에서 드문드문 인용한 발췌집들을 제외하고는 모두 유실되었다(참조. 990쪽). 디오도루스 시쿨루스(Diodorus Siculus)의 제34권과 35권, 카시우스 디오(Cassius Dio)의 제24권과 25권에 유관한 단편들이 일부 있긴 하나 가치가 없다. 벨레이우스 파테르쿨루스(Velleius Paterculus)의 제2권(2-7부)도 마찬가지이다. 유일하게 포괄적인 기록은 관점이 자연히 좁을 수밖에 없는 티베리우스와 가이우스에 관한 플루타르코스의 전기와 아피아누스의 「내전기」(*Civil Wars*, 그의 역사서 전체로 보면 13-17권) 중 제1권 9-26장뿐이다.

징집 병력의 부족. 전통적으로 로마의 군단들은 최소한의 재산 자격을 갖춘, 대개 소규모 자영농 층의 토지 소유 시민들(assidui)에서 병력을 징집했다. 이 자격은 군단의 전쟁 수행에 필요한 무기와 장비를 자체 구입할 수 있는 능력을 감안한 것인 듯하다.[1] 그 자격 기준을 몇 차례에 걸쳐 낮추었는데도 불구하고, 기원전 133년경에는 거의 한 세기를 두고 계속된 전쟁으로 인한 사상자 수 증가와 경제 상황의 변화로 인한 소규모 자영농 계층의 몰락이 함께 작용하여 군단에 징집할 다수의 병력 자원이 위험 수위까지 감소해 있었다.

기원전 145년 혹은 140년에 스키피오 아이밀리아누스의 친한 친구 가이우스 라일리우스(Gaius Laelius)는 기원전 367년의 리키니우스-섹스티우스 법을 다시 도입하기 위한 법안을 제출함으로써 그 문제를 해결하려고 했다. 리키니우스-섹스티우스 법은 개인의 공유지 보유 상한선을 500유게라(약 320에이커)로 축소하고, 남는 공유지에 농지를 잃은 사람들을 재정착시키는 내용이 골자였던 것으로 추측된다. 가이우스 라일리우스는 다수의 원로원 의원들로부터 격렬한 반대에 부닥치자 자신의 법안을 철회하고 그 뜨거운 쟁점을 회피했다. 그러나 기원전 133년에 티베리우스 셈프로니우스 그라쿠스는 비슷한 상황에서 뒷걸음질치지 않고 그 문제에 맞부닥쳤다.

---

1) 재산 자격을 갖추지 못한 남자들은 로마 함대에서 노젓는 병력이나 기술병 혹은 대규모 부대에 필요한 그밖의 지원 병력으로 활용되었다.

티베리우스 그라쿠스의 호민관직 (기원전 133). 기원전 133년에 서른 살의 티베리우스 그라쿠스는 호민관 직에 올랐을 때 로마 시민들의 가난한 생활상을 한탄하고 로마 군단에 징집할 병력 자원의 상실을 우려했다. 그는 원로원과 한 마디 상의도 없이 평민회(concilium plebis)에, 공유지를 점유해서 형성된 대규모 농장들을 해체하여 그것을 토지가 없는 로마 시민들에게 분배하기 위한, 저 유명한 농지법안을 제출했다. 이 법안을 작성한 사람은 티베리우스가 아니었다. 그는 단지 대변인에 지나지 않았고, 법안 작성자는 원로원의 '프린켑스'(princeps)인 아피우스 클라우디우스 풀케르(Appius Claudius Pulcher)와 두 명의 박식한 법률가들인 리키니우스 크라수스(P. Licinius Crassus)와 무키우스 스카이볼라(P. Mucius Scaevola. 기원전 133년의 콘술)였다.

이 법안은 320에이커에다가 두 아들에 한해 각각에게 허용한 160에이커의 공유지 보유한도를 초과한 모든 공유지를 국가가 회수하도록 명령했다. 320에이커에서 640에이커 사이의 공유지 보유자들은 세금이나 지대의 의무가 없는 명확한 권리를, 그리고 국가로 회수될 토지에 건축이나 조림같은 개량사업을 한 사람들은 배상받을 권리를 보장받았다. 회수된 토지는 토지가 없는 시민들에게 아마도 9에이커에서 18에이커까지 각기 다른 크기로 분배되었고, 아주 적은 액수의 지대를 국가에 내게 했다. 분배된 토지는 판매나 양도가 불가능했다.

이 법안은 비록 전례가 없고 원로원에서 티베리우스에 대한 반감이 타오르게 했지만, 그가 원로원과 협의하지 않은 것 자체가 헌법을 위배한 것이거나 전례 없는 행위는 아니었다. 일찍이 기원전 232년에 가이우스 플라미니우스도 원로원과 상의 없이 농지법을 제정한 바 있었다(참조. 196쪽). 원로원 의원들 중 다수는 그런 법 자체에 대해서 반대했기 때문에 원로원에 그 법안을 제기한다는 것은 무의미했을 것이다. 이것보다 더욱 성급하고 혁명적인 행위는 나중에 티베리우스가 동료 호민관의 거부권을 인정하기를 거절한 일이었다.

거부권이 행사된 농지법안. 투표 당일에 시골에서 그 유례를 찾아볼 수 없을 만큼 많은 수의 농민들이 몰려들었다. 티베리우스는 감동적인 연설을 마치고 서기에게 법안을 인민 앞에서 낭독하라고 지시했다. 그때 동료 호민관 옥타비우스(Octavius)가 가로막고 서서 법안 반대자들의 입장에서 거부권을 행사했다. 티베리우스는 옥타비우스가 곧 마음을 바꾸리라고 기대하고서 민회를 산회했다. 다음 날에도 옥타비우스는 그 법안을 거부했다. 민회가 폭동의 조짐을 보이자, 친구들은 티베리우스에게 그 법안을 원로원에 회부하라고 설득했다. 법안이 강력하고 신랄한 반대에 부닥치자, 티베리우스는 반드시 자신의 뜻을 관철시키겠다고 결의한 뒤 정적들이 사용한 전통적인 헌정상의 무기를 회피하기 위해 좀더 급진적인 일련의 조치를 취했다.

옥타비우스의 면직. 자신의 개혁안을 통과시키기 위해서, 티베리우스는 옥타비우스의 거부권을 이겨내야 했다. 그는 평민들의 충분한 지원을 얻어낼 목적으로(그리고 원로원의 반대파를 일축해 버릴 목적으로, 그들이 무슨 동기로 자신을 반대하든 어쨌든 그들은 부유한 대지주들이었다) 원래의 개혁법안을 수정해서 농지 분배를 위해 더 많은 토지와 돈을 확보하려 했다. 수정된 안이 구체적으로 무엇이었는지는 정확하지 않지만, 개량된 토지에 대한 보상과 자녀들의 몫으로 남겨둘 수 있는 토지규모를 줄이거나 없애는 내용을 담고 있었던 듯하다. 만약 이 조치가 그의 정적들에게 옥타비우스로 하여금 원안에 대한 거부권을 철회하도록 만들지 못할 경우 티베리우스는 평민회에 있는 유권자들에게 아주 매력적인 그 수정안을 발판으로 삼을 수 있을 것이고, 그들은 옥타비우스를 면직시키고 그의 거부권을 무효화하는 대담한 동의안을 지지하게 될 것이었다.

옥타비우스는 그의 거부권을 완강히 고수했다. 티베리우스는 그가 호민관이면서도 평민들의 권익을 옹호하기는커녕 해치고 있다고 주장하고는 그의 면직 동의안을 요구하는 중대한 조치를 취했다. 트리부스 수가 35개였으므로 그의 면직 동의안은 18표만 얻으면 처리될 수 있었다. 마지막 순간까지 티베리우스는 옥타비우스에게 뜻을 돌이킬 기회를 주었다. 처음 17개 트리부스가 옥타비우스에게 반대표를 던졌을 때, 티베리우스는 투표를 잠시 중단시키고는 자기 동료에게 마음을 돌리라고 호소했다. 그러나 옥타비우스는 끝까지 완강했다. 투표가 재개되었고, 옥타비우스는 호민관 직을 박탈당한 뒤 호민관 석에서 강제로 끌려나갔다.

농지 분배 위원회. 티베리우스는 농지법을 실행하기 위해서 자신을 포함하여 동생 가이우스와 그의 장인 아피우스 클라디우스로 구성된 3인 위원회 설치를 민회에 요청했다. 이 위원회는 공유지와 사유지를 판정하고, 법이 허용한 보유한도를 초과한 모든 공유지를 회수하고, 그것을 새로운 정착자들에게 배분하도록 명령권(imperium)이 딸린 완전한 사법적 권한을 그 뒤에 받았다. 측량사들과 그밖의 관리들에게 급료를 주고 새 정착자들에게 가옥과 연장과 농사용 가축과 씨앗과 심지어 추수 때까지 연명할 곡식을 제공하여 새출발을 돕기 위해 막대한 자금이 필요했다. 그러자 전통적으로 정부 지출금을 심의해 온 원로원 내의 티베리우스 반대파들은 그 상황을 그를 저지할 호기로 판단했다. 그들은 사업 자금으로 하루당 겨우 1.5 데나리우스를 승인했다. 티베리우스는 그들의 의표를 찌르기 위한 또 다른 급진적인 조치를 취했다.

페르가몬 재산. 페르가몬의 아탈로스 3세는 죽으면서 자신의 사재(私財)와 왕국을 로마인들에게 증여한다는 유언을 남긴 바 있다(참조. 244쪽). 이 문제가 원로원에서 다루어지는 것이 보통이었지만, 티베리우스는 새로운 자금원을 찾던 차였기 때문에 민회에다 이 기금을 농지위원회가 사용할 수 있도록 해달라고 즉시 요청했다.[2] 의표를 찔린 그의 정적들은 그의 목숨을 위협하기 시작했다. 그들은 폭력의 근거를 마련하기 위해서 티베리우스가 자신을 왕으로 선포하고 그 목적으로 페르가몬 왕들의 왕관과 홀과 왕복을 차지했다는 소문을 퍼뜨렸다.

티베리우스의 재선 도전. 자신의 법안이 백지화하는 것을 막고 자신에 대한 법적 제재와 살해에서 스스로를 지키기 위해서, 티베리우스는 호민관 직의 재선에 도전했다. 이 행동은 최근의 관습에는 위배되었지만, 결정권을 쥔 민회가

---

2) 그 법안이 통과되었는지 혹은 속주 세입 관할권을 박탈하겠다는 위협 앞에서 원로원이 그 왕국 재산의 사용권을 농지위원회에 넘겨주었는지는 분명하지 않다.

과거에 관습을 거스르고 그의 할아버지 스키피오 아프리카누스를 제2차 포에
니 전쟁 때 총사령관으로 선출했던 것처럼 법이나 관습을 거스르고서도 얼마
든지 그를 다시 선출할 수 있었기 때문에 헌법에 위배되지는 않았다.

전통적인 정치 규율을 따르기를 거부한 티베리우스의 태도에 좌절감과 모
멸감을 느낀 그의 정적들은 그를 굴복시키고 파멸시키기로 작정했다. 티베리
우스는 부유한 기사 계층이나 도시 로마 유권자들의 지지를 얻지 못했기 때문
에 정적들의 공격에 취약했다. 그를 지지한 농촌 유권자들은 농사 일이 너무
바빠 선거일에 나오지 못할 가능성도 많았다. 그는 선거 유세를 통해서 군 복
무 기간을 단축하고, 재판 결과에 대해서 민회에 항소할 수 있는 권리를 확대
하고, 기원전 149년의 칼푸르니우스 법(Calpurnian Law)에 정해진 대로 속주
에서 총독들의 재산의 부당 취득 행위를 조사하기 위해서 창설된 법정에 기사
계층의 배심원들을 받아들이고, 이탈리아 동맹들이 농지 개혁법으로 인해 입
은 손실을 보상해 주겠다고 공약함으로써 자신이 필요한 다수 표를 얻으려고
노력했다.[3] 이 공약들은 종종 순전한 민중 선동으로 간주되기도 했지만, 절실
히 요청되던 개혁에 대한 희망을 제시했다.[4] 분명히 그 공약들은 도시 로마
유권자들의 전폭적인 지지를 끌어낼 만큼 충분히 급진적이지 않았다. 그것들
은 너무 작고 너무 늦은 것들이었다.

그럴지라도 초기의 투표는 그에게 대단히 유리하게 진행되었기 때문에 반
대파가 거부권을 행사하고 가짜 종교적 '징조들'을 내세우며 투표를 방해했
다. 민회가 공공연한 폭동으로 무산될 조짐을 보이자, 풀비우스 플라쿠스
(Fulvius Flaccus)가 군중을 헤집고 들어와 티베리우스에게 원로원이 여신 피
데스 신전(Temple of Faith)에서 긴급 회의를 열고 있다는 소식을 알렸다. 그

---

3) 기원전 149년의 칼푸르니우스 법(lex Calpurnia)에 따라 속주들에서 재산 부당 취득 혐의
로 고소된 총독들과 그밖의 관리들이 끼친 피해를 조사하고 보상해 줄 목적으로 프라이토르가
재판관이 되고 원로원에서만 차출한 50명의 배심원으로 구성되는 상설 법정(quaestio de rebus
repetundis)이 설치되었다.

4) 일부 학자들은 이 제안들이 10년 뒤 그의 동생이 제시한 제안들인데 티베리우스가 한 것
으로 잘못 생각했다고 믿는다. 그럼에도 불구하고 당시에 티베리우스가 처한 정치적 상황을 고
려할 때 그 제안들은 그가 취함직한 대단히 합리적인 조치들이다.

리고는 정적들이 티베리우스가 왕이 되려 한다고 고소했고 참주는 처형되어야 한다고 규정한 옛날 법을 끄집어 내어 참주로서의 티베리우스를 죽이려 한다는 점도 알렸다.

콘술 스카이볼라(Scaevola)는 공포에 질려 살해에 가담하기를 거부했지만, 스키피오 나시카 세라피오(Scipio Nasica Serapio)를 비롯한 몇몇 원로원 의원들은 동조자들과 노예들로 구성된 군중을 이끌고 로마 광장으로 달려갔다. 티베리우스와 군중들 사이에서 자신들의 신성불가침한 몸으로 폭력을 막을 수도 있었던 호민관들은 도망쳤다. 스키피오 나시카와 그의 일당은 부러진 의자 다리를 쥐고서 티베리우스에게 돌진하여 그와 3백명의 추종자들을 죽였다. 그리고는 시체들을 테베레 강에 던져 넣었다.

시체들이 테베레 강을 둥둥 떠내려 가고 있을 때 기원전 132년의 콘술 포필리우스 라이나스(Popillius Laenas)는 그라쿠스파를 심문하기 위한 특별 법정을 설치했다. 그리고 노골적인 그라쿠스 지지자들을 사형에 처했다. 민중의 보복을 예상한 스키피오 나시카는 위험을 사전에 피하기 위해 외교 임무를 띠고 페르가몬으로 파견되었고, 그곳에서 대사제로서 안전하게 부재중 대사제로서의 임무를 수행하다가 기원전 132년에 그곳에서 죽었다. 그가 촉발시킨 정치 폭력과 내란을 보지 못하고 일찍 죽은 것이다.

티베리우스의 동기. 티베리우스 그라쿠스의 농지 개혁 법안을 둘러싼 싸움을 단순히 티베리우스 진영과 로마 원로원간의 권력 투쟁으로 묘사한 학자들이 많았다. 이 학자들의 눈에는 티베리우스가 현대의 시각에서 볼 때 이데올로기를 주축으로 움직인 민주적·자유주의적 혹은 급진적 개혁자로 비치고, 원로원은 로마의 사회·경제적 문제에는 아랑곳 없이 자신들의 경제적 이익을 지키는 데만 급급했던 부유한 토지 귀족들로 비쳤다. 이 견해는 오래 버틸 수 없다. 티베리우스는 급진적 개혁을 염두에 두고서 일을 벌이지 않았다. 그의 개혁은 본질적으로 보수적인 개혁으로서, 언제나 토지를 소유한 농민들에 의존했던 군 병력 자원을 되살리고, 노예들에 의해 경작되는 대농장의 확산을 막는 데 그 목적이 있었다. 기원전 136~131년에 시칠리아에서 발생한 노예 반란과 캄파니아에서 잠깐 타오른 노예들의 봉기가 잘 말해주듯이 노예 수의 급증이 국내의 평화와 안정에 중대한 위협으로 대두되었던 것이다.

티베리우스는 자신의 법안이 파산한 농촌 시민들의 도시 로마 유입을 저지하고 심지어 이미 도시 로마에 유입되어 있는 인구도 농촌으로 되돌아가도록 유도할 수만 있다면, 로마 시가 안고 있던 실업과 그에 따른 사회·정치적 부담을 덜 수 있다고 기대했을 것이다. 로마의 경제 성장을 뒷받침해 주었던 전리품의 유입은 기원전 146년 카르타고와 코린토스의 약탈을 끝으로 중단되었다. 그뒤로 주로 가난한 종족들과 노예들을 상대로 치러진 로마의 전쟁들은 오히려 경제적 부담이 되었다. 항상 국가나 개인이 출자한 토목 사업에 크게 의존해왔던 도시 경제는 중대한 침체 국면에 들어가 있었다.

그러므로 티베리우스의 개혁은 추상적이고 급진적인 이데올로기에 기초를 둔 게 아니다. 물론 그가 미틸레네의 디오파네스(Diophanes)와 쿠마이의 블로시우스(Blossius) 같은 그리스계 스토아 교사들에게 교육을 받은 데 힘입어 자신의 대의의 정당성을 입증할 논리를 갖출 수 있었긴 하지만 말이다. 아울러 티베리우스가 하나의 기관으로서의 원로원과 투쟁한 것도 아니었고, 원로원 귀족들이 국가 경영을 주도하지 못하도록 차단하려고 한 것도 아니었다. 티베리우스 자신이 원로원을 장악하고 있던 콘술 가문들의 한 구성원이었다. 원로원은 티베리우스를 가로막고 원로원의 부유한 지주들의 이익만 대변하는 하나의 획일적인 장벽이 아니었다. 원로원의 유력한 의원들이 그의 초기 개혁 법안에 서명했던 사실이 종종 간과된다. 티베리우스를 반대했던 원로원 의원들 중 다수가 자신들의 방대한 토지 재산을 보호하기 위해서 그랬다는 것은 틀림없는 사실이다. 그러나 다른 의원들은 그의 행동을 자신들이 순수하게 믿고 있는 '정체'에 대한 위협으로 보았다. 또 개인과 계파의 정치에 근거하여 그를 반대한 의원들도 있었다.

역사 분석에서 '제도적 오류'(institutional fallacy)는 반드시 피해야 한다. 제도나 계급이나 국가 자체가 무엇을 이루는 게 아니다. 예를 들어, 미국의 상원은 무슨 일을 수행하지 않는다. 주어진 쟁점에 대해 투표하는 상원 의원들 중 과반수 혹시 때로는 전부가 어떤 행동을 취할 것인지의 여부를 결정하는데, 상원 의원 한 사람 한 사람이 다른 의원들과 상당한 정도로 동일한 동기들을 공유하고 있을지라도, 각 의원은 자기만의 독특한 동기들을 가지고 표를 던진다. 티베리우스 그라쿠스가 상당수의 동료 귀족들의 격렬한 반대를 무릅쓰고 농지 개혁을 추진하기로 결정한 것은 원로원의 귀족 개개인의 품성과 경력에 비추어 보지 않으면 제대로 이해할 수 없다.

원로원 계층 구성원들이 다 그랬겠지만, 티베리우스 그라쿠스는 정치적 야심을 품은 청년 귀족이었다. 여러 가지 요인들이 그를 그렇게 만들었다. 당시에는 이미 타계하고 없었으나 그의 아버지가 권력의 정점에 올라갔었다. 콘술을 두 번이나 지냈고, 두 번의 개선식을 거행했고, 히스파니아에서 총독으로 상당한 신망을 얻었고, 모두가 부러워하는 켄소르를 지냈으며, 존경받는 복점관 사제단의 일원이었다. 그의 살아남은 아들 중 맏이었던 티베리우스로서는 아버지의 업적을 재현하거나 뛰어넘고 가문의 디그니타스를 보존하는 것이 의무였다. 더욱이 셈프로니우스 가의 그라쿠스 형제는 한니발 전쟁 이래로 코르넬리우스 가의 스키피오 형제와 절친한 사이였다. 티베리우스의 어머니 코르넬리아는 한니발에게 승리를 거둔 노(老) 스키피오 아프리카누스의 딸이었다. 좋은 교육과 재능을 겸비한 그녀는 홀몸이 된 뒤에도 이집트 왕의 청혼을 거부하고 품위 있게 살아갔다. 아들들에 큰 기대를 걸고서 수사학자 미틸레네의 디오파네스와 스토아 철학자 쿠마이의 블로시우스를 가정 교사로 초빙했다. 전하는 바로는 아들들에게 부모의 가문들을 빛내고 자신을 아프리카누스의 딸로만 알려지지 않고 그라쿠스 형제의 어머니로 알려지게 하라고 당부했다고 한다! 마지막으로, 소(少) 아프리카누스이자 저 유명한 카르타고 정복자 스키피오 아이밀리아누스는 입양에 의해 티베리우스의 친척이 되었을 뿐 아니라 티베리우스의 누이 셈프로니아와 결혼하기까지 했다. (코르넬리아는 스키피오의 친고모 딸이기도 했기 때문에 그녀와 스키피오는 친사촌지간이었으며, 스키피오는 티베리우스 및 셈프로니아의 아저씨뻘이었다.)

처음에는 스키피오 아이밀리아누스와의 친족 관계가 티베리우스에게 유리하게 작용했다. 그는 청년 시절에 스키피오를 수행하여 카르타고로 갔을 때 용맹스런 행위로 찬사를 받았는데, 그것이 그가 기원전 138년에 콰이스토르에 출마했을 때 유권자들에게 좋은 기억으로 남아 있었을 것이다. 그럼에도 불구하고 티베리우스의 가족과 스키피오 사이에는 그들의 복잡한 인척 관계로 인해 생긴 유산 문제를 둘러싸고 악감정이 생겼다. 아울러 우호적인 관계를 회복하기 위해 시도되었을 셈프로니아와의 결혼이 불행하게 되어 사태를 악화시켰다. 로마 귀족들 사이에서 종종 발생하는 일이긴 했지만, 처음 몇 세대 동안 가문들 사이의 정치 협력으로 생긴 복잡한 인척 관계가 다음 세대들에 가서는 정치적 불화와 반감을 일으키는 개인적 증오로 이어졌다.

티베리우스는 아마 카르타고에서 돌아오고 나서 2~3년 뒤에 귀족 사회에서 우위를 점하기 위해서 스키피오의 큰 정적인 아피우스 클라우디우스 풀케르의 딸과 약혼하게 되었다. 기원전 137년에 티베리우스는 히스파니아에서 호스틸리우스 만키누스(C. Hostilius Mancinus. 그의 가까운 친척 L. Hostilius Mancinus는 스키피오의 정적이었다) 밑에서 콰이스토르로 일했다. 만키누스와 그의 군대는 수치스럽게도 누만티아인들에게 통째로 생포되었다. 티베리우스는 아버지의 명성 때문에 누만티아인들이 협상을 벌이기를 바라던 유일한 상대였다. 그는 협상을 벌여 로마 군대를 모두 석방시키고 그로써 로마를 위해 소중한 병력을 아꼈다. 티베리우스는 마치 자신의 입신을 보장하는 명성과 영예를 얻게 된 것처럼 보였다.

그러나 티베리우스는 크게 실망하게 되었다. 조약문을 재가해 달라고 원로원에 제출했을 때, 스키피오 아이밀리아누스가 재가를 완강히 거부하고 원로원 의원들의 다수를 설득하여 부결시키도록 만들었다. 더욱이 만키누스, 티베리우스, 그리고 그밖의 관리들이 비겁하게 처신했다는 혐의로 고소를 당했다. 티베리우스와 그밖의 사람들은 무혐의 처리되었지만, 만키누스는 태형을 선고받고 쇠사슬에 묶인 채 누만티아인들에게 넘겨졌다. (누만티아인들은 그를 도로 돌려보냄으로써 로마에 대해 경멸을 표했다.) 호스틸리우스 만키누스 가문에 대한 적대감이 스키피오가 그렇게 행동하게 된 요인이었을 가능성도 크지만, 훨씬 더 중요했던 것은 그가 전쟁을 지속함으로써 명령권을 계속 유지하고 또 다른 대승으로 로마의 수치를 보복하여 영광을 얻으려는 야심을 품고 있었다는 점이다. 실제로 그는 기원전 134년과 133년에 콘술 재임을 금지하는 법에 대해 예외를 인정받음으로써 그런 영광을 얻었었다.

스키피오는 야심을 성취하기 위해서라면 만키누스뿐 아니라 티베리우스 그라쿠스의 정치 생명까지도 희생시킬 용의가 충분히 있었다. 스키피오에 대해서 공정히 말하자면, 그는 티베리우스가 만키누스와 같은 운명에 떨어지지 않도록 도왔지만, 그 사건을 전체로 놓고 보면 티베리우스의 신망에 엄청난 타격을 입힌 셈이 되었고, 따라서 티베리우스로서는 일가 사람 시늉을 하려고 한 스키피오의 어설픈 행위를 조금이라도 감사하게 생각할 수가 없었다. 이제 그는 자신의 정치 생명을 유지하고, 아울러 두말할 나위 없이 스키피오를 응징할 수단을 필사적으로 찾게 되었다. 농지 개혁이야말로 가장 완벽한 수단이었다. 이미 살펴본 대로 로마의 절박한 사회적·경제적 및 군사적 문제들을 해결하는 데에는 농지 개혁이 절실히 필요했다. 호민관 출마를 앞두고 있던 티베리우스에게는 그것이 대규모 유권자들이 열렬히 지지하는 쟁점이 될 것이었다. 일단 당선되고 농지 재분배법을 통과시키는 데 성공하면 토지를 분배받은 사람들이 향후의 선거들에서도 그의 충실한 표밭이 될 것이었다. 마지막으로, 농지 위원회가 구성되면 티베리우스와 아피우스 클라우디우스 풀케르 같은 그의 후원 세력은 스키피오가 히스파니아에서 귀국하면 자신의 전역병들에게 보상해야 할 바로 그 토지를 장악하게 될 것이었다. 그러면 전역병들은 토지를 받은 데 대해 스키피오에게 감사하는 대신에, 티베리우스와 그의 동료들인 농지 위원회 의원들에게 감사하게 될 것이었다.

그러므로 원로원 귀족들 내부의 개인적 야심과 정치 공작이 티베리우스 그라쿠스와 그의 개혁에 앞장서 반대한 몇몇 정적들의 행동을 설명하는 데 도움이 된다. 티베리우스는 틀림없이 진심으로 농지 개혁을 통해 로마의 당면한 곤궁을 완화하고 싶어했을 것이다. 그러나 어떤 정치가에게든 가장 매력적인 개혁은 그 자체가 공의로울 뿐 아니라 정치가 본인에게도 정치적으로 이로운 개혁인 법이다. 티베리우스는 대 귀족 가문 출신 아버지와 어머니 사이에 태어난 야심찬 아들이었다. 그러한 그가 누만티아인들과 체결한 조약이 원로원에서 배척당한 불명예로부터 자신의 정치 생명을 지키기 위해서는 인기를 얻고 충실한 지지 세력을 구축하는 것이 필요했다. 그는 일단 개혁의 길에 들어서자 강력한 정적들 앞에서 굴복할 수 없었다. 두번째 정치적 패배를 당한다는 것은 원로원 엘리트로서 유지해온 자신의 정치 생명이 끝난다는 것을 의미했다. 그렇기 때문에 정적들이 그를 저지하기 위해 전통적인 합법적 수단을 사용하려고 할 때마다, 티베리우스는 그들을 가로막기 위해 점점 더 비전통적인 행위에 의존했던 것이다.

티베리우스는 농지 개혁을 스키피오 아이밀리아누스(소 아프리카누스)를 제재하는 무기로 사용하고 싶은 마음에 개혁 노선을 갈수록 더 고수했다. 왜냐하면 그와 스키피오 사이에는 해묵은 악감정이 있었고, 또한 스키피오가 자신의 이기적인 수단을 위하여 티베리우스가 누만티아와 체결한 조약을 배척하는 운동을 주도했기 때문이다. 반대로, 스키피오의 지지 세력은 원로원에서 스키피오의 중요한 경쟁세력인 아피우스 클라우디우스 풀케르의 지원을 받고 있던 티베리우스로부터 스키피오를 보호하려고 했다. 스키피오의 협력자들은 자신들의 경제적·정치적 이해, 티베리우스의 행위의 정치적 의미, 혹은 농지 재분배의 전반적인 원칙에 좀더 관심을 갖고 있던 원로원 의원들로부터 쉽게 지지를 받았을 것이다.

농지 분배 위원회와 그 여파. 셈프로니우스 농지법을 집행하도록 구성된 농지 분배 위원회가 그 입안자의 사후까지도 활동을 허용받은 것은 원로원 내에서 티베리우스에 대해 조성되었던 반감이 주로 개혁에 대한 이데올로기적 반대나 편협한 개인의 경제적 이해에 기초를 두지 않고 개인적이고 파벌적인 정책에 기초를 두었음을 암시하는 또 한 가지 점이다. 개혁으로부터 가장 큰 정치적 이익을 거둘 뻔한 당사자가 죽었기 때문에, 개혁 자체가 더 이상 그의 정적들에게 위협이 되지 못했다. 실은 이번에는 그들이 자진해서 호의(gratia)를 베풀고 토지를 분배 받은 사람들 사이에서 더 많은 수의 피호인들을 확보했다. 콘술 포필리우스 라이나스(Popillius Laenas)는 심지어 자신이 그 법을 시행하기 위해 했던 일을 자랑했다. 그는 루카니아의 지계석(地界石)에 자신이 "목동들로 하여금 농부들을 위해 길을 내주도록 만든 최초의 인물"이라는 글귀를 새겨넣게 했다.

티베리우스가 죽은 뒤에 임명된 농지 분배 위원회 위원들은 티베리우스의 적극적인 지지자들이었던 풀비우스 플라쿠스(M. Fulvius Flaccus)와 파피리우스 카르보(C. Papirius Carbo) 두 사람이었다. 그들은 열정적으로 활동한 결과 6년만에 7만5천 명이 넘는 인구를 정착시킨 듯한데, 그것은 군 복무가 가능한 병력 자원을 20% 늘린 셈이었다. 그라쿠스의 농지법은 로마의 군사력을 강화한다는 목적을 일시적으로 성취한 듯하다.

농지분배 위원회의 활동은 힘겨웠고 아마 불공정 행위도 개입되었을 것이다. 세월이 흐르자 고대의 형편없는 기록 방식 때문에 어느 땅이 공유지인지 파악하기가 쉽지 않게 되었기 때문이다. 농지분배 위원들이 아무리 양심적으로 옛 토지 등본을 참조하고 이웃들을 소환하여 증언케 했을지라도, 사유지를 강제로 빼앗은 경우도 있었을 것이고 지주가 소유한 옥답을 몰수한 경우도 있었을 것이다. 그로 인한 원성은 무척이나 컸음에 틀림없다.

로마의 동맹국들과 스키피오의 죽음. 로마 시민들의 원성은 귀담아 듣지 않았을지라도, 라틴 동맹국과 이탈리아 동맹국 시민들의 원성은 쉽게 일축해 버릴 수가 없었다. 동맹국들의 불만을 무시할 경우 그들이 로마의 조약국으로서 지니고 있는 권리를 침해하고, 평화로운 관계를 저해하고, 심지어 반란까지도 일으킬 소지가 있었다. 어쨌든 동맹국들에 대해서 로마는 개인적으로 혹은 집단적으로 공유지를 임대나 파격적인 하사로 분배해 주었다. 혹은 동맹국들의 부유한 지주들이 로마의 부자들이 그랬던 것처럼 아무도 와서 살지 않는 로마의 공유지를 잠식한 경우도 있었다. 어느 경우든 동맹국들은 자신들의 이익을 지켜 줄 옹호자를 찾으려 했을 때 카르타고와 누만티아를 멸망시킨 스키피오 아이밀리아누스가 적격자임을 발견했다. 스키피오는 그들의 군사적 지원의 가치를 파악하고 피보호자 망을 확대할 의도로 원로원에서 그들의 주장을 강하게 대변해 주기로 흔쾌히 동의했고, 농지 분배 위원회의 법적 권한을 적어도 라틴 동맹국과 이탈리아 동맹국들에 관련해서는 콘술들에게 위임토록 하는 데 성공했다. 만약 콘술들이 짜증나는 농지 분쟁에 휘말리고 싶지 않아 장기간 원정이라도 떠나 버리면 농지분배 위원회의 활동은 중단될 것이었다.

기원전 129년에 스키피오가 농지 문제에 관여한 것은 그의 인기에 도움이 되지 못했다. 사실상 그의 인기는 그가 민회에서 호민관직 재선을 합법화하기 위한 카르보의 법안에 반대했을 때부터 하강 곡선을 그렸었다.[5] 논쟁 과정에

---

5) 비록 카르보는 이 법안을 통과시키는 데는 실패했지만, 2년 전(기원전 131년)에는 무기명 비밀 투표법을 통과시키는 데 성공한 바 있다. 이 법만큼 정치적 기득권을 지닌 귀족들의 득표력을 약화시키는 것도 없었다. 왜냐하면 이제 그들은 선거 때 표를 끌어모으기 위해 혜택을 주었던 사람들을 쉽게 장악할 수 없었기 때문이다.

서 카르보는 그에게 티베리우스 그라쿠스의 살해를 어떻게 생각하느냐고 물었다. 그러자 스키피오는 "만약 그라쿠스가 정부를 장악할 의도였다면 정당한 보응을 받은 것이다"고 대답했다. 이 대답에 대해서 청중이 야유와 조롱을 보내자 스키피오는 화를 내면서 "나는 적군의 함성에도 머리터럭 하나 다치지 않았다. 그런데 당신들 이탈리아의 의붓아들들의 고함에 겁을 먹을 줄 아는가?"라고 소리쳤다.

기원전 129년 5월에 스키피오는 자신이 라틴 동맹국과 이탈리아 동맹국들에 관해 연설하겠다고 밝혔다. 그가 농지법에 관해 연설할 의도였는지 아니면 로마 시민권 부여에 관해 연설할 의도였는지는 확실치 않다. 그는 연설 준비를 위해 일찍 귀가했다. 그리고 다음 날 아침 침대에서 죽은 채로 발견되었다. 그가 자연사했는지 아니면 소문대로 스키피오의 아내이자 티베리우스 그라쿠스의 누이인 셈프로니아의 지원을 받은 그라쿠스파 요원에게 살해되었는지는 끝내 밝혀지지 않았다.

과거에는 로마인들이 라틴과 이탈리아 도시들에 사는 상류층 시민들에게 시민권을 부여하는 데 인색하지 않았지만, 반대로 동맹국 주민들 사이에서도 로마 시민권에 대한 애착이 그리 크지 않았다. 그러나 갈수록 격차가 커지던 로마 시민들과 동맹국 주민들 사이의 관계(참조. 274쪽)가 그라쿠스의 농지분배 위원회의 활동으로 인해 한결 첨예한 쟁점으로 부각된 듯하다. 다수의 라틴인들과 이탈리아인들이 시민권을 얻기 위해 더욱 적극성을 띠기 시작했다. 그런 분위기에서 로마에서 공공연히 벌인 선동으로 그들의 신망은 추락했고, 기원전 126년에 원로원의 승인을 얻은 호민관이 그들의 추방을 법제화하는 법안을 민회에서 통과시켰다.

풀비우스 플라쿠스가 이탈리아 동맹국 주민들에게 시민권을 부여해야 한다는 주장을 들고 나왔다. 그는 콘술(기원전 125년)의 자격으로 동맹국 주민들 가운데 누구든 원하는 자에게 시민권을 부여하자고 제안했다. 모든 계층이 한결같이 그의 제안에 반대하자 — 특히 자기들의 특권을 이탈리아인들과 나눠 갖고 싶지 않았던 평민 계층의 반대가 심했다 — 풀비우스는 자신의 법안을 취소하고서 농민들을 이주시키기 위한 새로운 토지를 정복하기 위해 갈리아 남부로 원정을 떠났다. 그것은 가이우스 플라미니우스 때부터 유권자들의 마음을 사로잡으려던 정치가들이 소중히 품고 있던 구상이었다.

같은 해에 동맹국의 도시인 프레겔라이가 반란을 일으켰다. 이 사건이 이탈리아인들의 로마 시민권 문제와 관계가 있었다해도 그것이 과연 어떤 관계였는지는 불확실하다. 로마에서 일어난 사건들이 프레겔라이인들 사이에 지역 분쟁을 가중시켰을 가능성도 있다. 어쨌든 그 반란은 프레겔라이의 '충성파'의 지원으로 진압되었다. 반란이 진압된 뒤 그들은 보상을 받았지만, 나머지 주민들은 재산을 몰수당하고 읍은 파괴되었다.

그밖에 반란을 일으킨 다른 도시는 없었지만, 프레겔라이에서 발생한 사건들은 다른 이탈리아인들 사이에 시민권 문제에 대한 관심을 첨예하게 고조시켰을 것이다. 로마에서는 감정이 격앙되어 갔다. 반란을 사주하고 권장했다는 혐의를 받는 사람들을 처벌하려는 시도가 이루어졌다. 방금 사르디니아에서 돌아온 가이우스 그라쿠스조차 고소를 당했으나, 자신의 결백을 입증할 수 있었다.

호민관 가이우스 그라쿠스 (기원전 123~122). 가이우스 그라쿠스의 재능과 능력은 세간에 잘 알려져 있었고, 그가 호민관이 되기 전부터도 두려움의 대상이었다. 티베리우스를 반대했던 사람들은 그를 위협적인 인물로 여겼다. 왜냐하면 그가 평민들에게 상당한 영향력을 갖고 있었을 뿐 아니라 자기 형이 설치한 농지 분배 위원회의 위원이기도 했기 때문이다. 따라서 그의 정적들은 기원전 126년에 그가 제비뽑기에 의해 콰이스토르의 자격으로 사르디니아로 가게 되었을 때 자연히 안도의 한숨을 내쉬었다. 사르디니아의 기후가 전염병이 창궐하기에 알맞았으므로 그곳에 가는 게 그의 몸에 아주 나쁘리라고 생각했기 때문이다. 그러나 그는 기원전 124년에 로마로 돌아왔다. 그는 강력한 동료 귀족들의 적대 행위에도 불구하고 호민관 직에 출마하여 당선되었다. 농촌 유권자들은 다시 한 번 로마로 상경했다. 10년 전에 그의 형을 지원하기 위해서 그랬던 것처럼 말이다. 기원전 122년에 그들은 공식 후보가 아니었던 그에게 몰표를 던져 그를 다시 호민관으로 선출했다.

가이우스 그라쿠스가 개혁을 추진한 동기는 두 가지 중요한 사항이 추가된 것을 제외하면 형 티베리우스의 동기와 본질상 같았다. 첫째, 형의 살해에 대해 보복하고 손상된 가문의 명예를 회복시키고 싶은 마음이 있었다. 둘째, 티베리우스에게 치명적인 약점으로 작용한 광범위한 정치적 지원 세력을 확보하기 위해서 사회적·경제적 집단들과 좀더 폭넓고 복합적인 연대를 형성하고 싶었다. 그런 연대를 형성하게 되면 갈가리 찢어진 가문의 디그니타스를 회복하는 데 필요한 공직들을 얻는 데 도움이 될 것이었다.

가이우스 그라쿠스가 호민관 직을 수행한 2년은 로마 공화정 역사에서 정치적으로 가장 기억에 남을 만한 해였고, 아마 로마인들의 역사에서도 가장 중요한 해였을 것이다. 그는 그때까지 원로원도 장악한 동일한 소수의 귀족 가문들이 차지하던 호민관 직을 야심찬 경쟁자 ― 대개 다른 귀족 가문 출신의 ― 가 귀족들의 지배를 효과적으로 저지할 수 있는 거의 절대적인 권력의 도구로 바꿔 놓았다. 한 세기 뒤(기원전 23)에 황제 아우구스투스(Augustus)는 콘술의 권한이 아닌 호민관의 권한(tribunicia potestas)을 발동하여 기존의 공화정 귀족들의 반대를 누르고 자신의 지위를 강화했다.

가이우스 그라쿠스의 개혁. 호민관 직에 오르자, 가이우스 그라쿠스는 인민을 선동하여 호민관의 신성 불가침의 권리를 침해한 자기 형의 살해자들과, 포필리우스 라이나스가 민회에 대한 상소권도 주지 않고 자기 형의 추종자들을 처형한 절차에 대해서 적대적인 여론을 일으켰다. 평민회(concilium plebis)는 원로원이 민회에 대한 상소권도 주지않고 특별 법정을 세워 정치범을 단죄하는 행위를 금하는 법안을 통과시킴으로써 가이우스의 입장을 뒷받침해 주었다. 이 법의 소급조항에 따라 포필리우스 라이나스는 유죄 판결을 받고 추방되었다.

이렇게 복수를 한 가이우스 그라쿠스는 좀더 건설적인 개혁 프로그램을 수행하는 쪽으로 방향을 선회했다. 그 개혁 프로그램은 동료 귀족들과의 경쟁에서 자신의 입지를 강화하기 위해 정치적 지지자들의 견고한 유대를 형성하는 한편, 로마의 정복 사업으로 발생한 사회적·경제적 문제들을 이지적이고 현실적으로 풀어가는 데 그 목적이 있었다. 가장 다급한 문제들은 실업과 빈민의 확산, 주기적인 곡가 파동, 군대의 전력과 효율성의 저하, 빈번한 노예 폭동, 고질적인 속주 통치 문제, 동맹국들의 불만 등이었다. 그러므로 그는 중간

층, 로마시의 프롤레타리이 유권자들, 농민들의 체계적인 연대를 이끌어 내려
고 시도했다.

농민 표. 농민들의 표를 얻기 위해서 가이우스는 형이 제정한 법률을 부활
시켜 확대했다. 스키피오 아이밀리아누스가 원로원을 설득하여 삭제하도록 한
것으로 추측되는 사법권을 농지 분배 위원회에 다시 주었다. 이때쯤에는 대부
분의 공유지가 분배된 상태였지만, 그는 대규모 도로 건설 사업으로 농민들에
게 혜택을 줄 수 있었다. 도로를 건설하면서 농가와 시장, 촌락과 읍, 읍과 로
마를 잇는 소로들을 건설했던 것이다. 이 도로들은 농민들에게 일자리를 주었
을 뿐 아니라 곡물을 좀더 싼 값에 쉽게 시장으로 운반하고 그로써 상거래를
향상시켰다. 아울러 로마 여행과 민회 참석을 쉽게 하여 농민들이 정치에 충
분히 참여할 수 있게 해주었다. 이 사업이 가이우스의 직접적인 지휘하에 빠
른 속도로 완공됨으로써 원로원을 더욱 큰 두려움으로 몰아넣었다.

도시 표. 도시 인민의 정치적 지지를 얻기 위해서 가이우스는 민회를 설득
하여 저 유명한 렉스 프루멘타리아(lex Frumentaria) 즉 곡물법을 통과시켰다.
이 법은 국가가 해외에서 곡물을 수입하여 로마에 거주하는 시민들에게 매월
일정량을 1모디우스(modius) 당 6,5 아스(ass)(한 부셸의 약 1/4쯤 되는 곡물에
비숙련 노동자의 하루 품삯의 절반쯤 되는 가격)에 공급하도록 규정했다. 이 가격
은 로마의 평균 시장 가격보다 그리 낮지 않았고, 오히려 높은 경우가 많았지,
이집트, 시칠리아, 북 이탈리아, 히스파니아 같은 곡창 지대의 정상적인 생산자
가격보다 낮은 적이 없었다. 그라쿠스의 개혁 사업을 통틀어 가장 신랄히 비
판을 받은 이 법은 무상분배를 의도한 것은 아니었다. 이 법의 제정은 오로지
소비자를 위해(오늘날처럼 생산자를 위해서가 아니라) 곡물 가격을 안정시키
기 위함이었다. 로마에서 소비된 막대한 분량의 밀은 조공으로 들어왔고, 따라
서 국가는 운송과 해군의 호송, 그리고 보관에 드는 비용만 부담했다. 곡물법
은 로마에 창고들과 부두들을 건설하는 규정도 포함했는데, 이것은 실업의 부
담을 더는 동시에 곡물 보조금을 제공하는 효과도 거두기 위한 조치였다.
　곡물법은 좀더 미묘한 목적도 있었다. 동료 귀족들의 피호인들을 줄이고 공

금을 사용하여 가이우스의 피호인을 늘이려는 의도가 깔려 있었다. 곡물 가격이 높은 시기에는 고위 정무관직에 출마하는 후보자들이 곡물 가격을 낮추겠다는 공약으로 표를 끌어모았다. 곡물법은 로마 시민들의 독립을 회복하도록 도왔고, 기원전 131년의 무기명 비밀 투표법을 더욱 효과적으로 만들었다. 아울러 곡물법은 로마에 거주하는 유권자들이 가이우스에게 그라티아(감사)의 심정을 갖도록 만들었다.

그밖에도 몇 가지 중요한 법안들이 통과되어 가난한 시민들에게는 필요한 구제를, 가이우스에게는 정치적으로 긴요한 자신에 대한 감사의 분위기를 제공했다. 군대법(lex Militaris)은 정부에게 병사들의 급료를 줄이지 않고 의복과 장비를 지급하고, 군복무 기간을 단축하고, 17살 미만 소년들의 징집을 금하도록 규정했다. 이 법은 항상 그라쿠스 형제의 관심사였던 군대의 사기를 끌어올리고, 수입이 적은 병사들, 동맹국 주민들, 유권자들의 정치적 지지를 끌어내는 데 목적이 있었다. 더욱이 기원전 122년에는 은화 데나리우스의 무게가 줄어들었다. 이 조치는 로마 시민들이 현실적으로 고정된 임차료와 세금을 덜 내게 되었음을 뜻했을 뿐 아니라, 특별법 없이도 로마 동맹국들의 조공이 상당히 줄어들었다는 것을 뜻하기도 했다.

이탈리아와 해외의 상업 및 농업 식민시들의 건설을 인가한 가이우스 그라쿠스의 법들은 로마의 인구 과밀을 해소하고 농민들과 상인들과 장인들과 생계 능력을 잃은 소규모 사업자들에게 경제적 기회를 제공하려는 의도를 지니고 있었다. 선정된 지역은 카푸아, 타렌툼, 카르타고였다. 루브리우스 법으로 합법화한 이 사업들 중에서 가장 야심찬 사업은 잿더미가 된 카르타고 인근에 유노니아를 건설한 사업으로서, 이곳에는 로마와 이탈리아의 나머지 부분에서 데려온 6천 명의 식민시 개척자들을 125에이커의 농지에 정착시키려는 계획

---

6) 가이우스의 정적들은 유노이아 건설을 강력히 반대했고, 선전 활동을 벌이고 기원전 146년의 저주에 대한 미신적인 두려움에 호소하는 방식으로 그라쿠스의 사후에 그 사업을 합법화한 루브리우스 법을 철회하도록 인민을 설득했다. 만약 그곳이 완공되었더라면 그라쿠스는 북아프리카의 중요한 곡창 지대에 해외 피호인들로 이루어진 충성스런 식민시를 갖게 되었을 것이다. 이렇게 해서 그는 거의 한 세기나 앞서서 아우구스투스와 후대의 황제들의 정책을 예견했다.

이었다. 가이우스는 정착의 초기 단계를 직접 감독하기 위해서 아프리카로 건너갔다. 이것이 최초로 식민사업의 원칙을 공식적으로 수립한 사례였다.[6]

기사 신분의 관심사: 속주의 세금 징수와 배심원 봉사. 부유한 기사 신분과 자신의 정적들 사이에 놓여 있던 쐐기를 제거하기 위해서, 그라쿠스는 두 가지 중요한 법을 제정함으로써 그 계층의 핵심 인사들의 경제적 관심사에 호소했다.

사업과 특히 세금 징수 도급(국가와 세금 징수권 계약을 맺고서 징수된 세금의 일부를 차지하는 사업)에 큰 관심이 있었던 기사 신분의 사람들은 이미 원로원의 귀족들이 재정과 속주 행정과 특히 아시아의 새로운 속주에서 나오는 막대한 세입을 독점하고 있던 현실에 불만이 팽배해 있었다. 기원전 133년에 아탈로스 3세가 페르가몬 왕국을 로마에 유증한 뒤에, 원로원은 고정된 총액의 직접세를 세금 징수 도급 회사들이 거두어 총독에게 지불하고, 총독은 다시 로마의 국고에 지불하도록 결정했다. 가이우스는 이 조치를 뒤집어 아시아에도 시칠리아처럼 십분의 일 세금으로 전환하는 법을 통과시켰다(참조. 192쪽). 지역 단위로 십분의 일 세금을 징수하던 시칠리아의 징수 제도와는 달리, 그라쿠스 법은 켄소르들이 로마에서 5년마다 세금 징수 도급 회사들을 대상으로 아시아의 십분의 일 세금 징수권을 경매하도록 명시했다.

새로운 조세 제도는 로마의 국고에 막대한 자금이 흘러들어오게 했고, 속주 납세자들의 입장에서도 현물 납세가 질이 좋은 곡식이든 떨어지는 곡식이든 구분하지 않았기 때문에 적어도 이론상으로는 고정된 세금보다는 부담이 적었다. 로마의 세금 징수 회사들에게도 유리했다. 왜냐하면 전쟁이나 그밖의 재난 때문에 생기는 손실을 보상해 준다는 조항들이 추가되었기 때문이다. 새로운 조세 제도는 자연히 기사 신분의 부유한 사람들에게도 이익을 주었다. 징세권이 400,000세스테르티우스(대략 100,000명의 비숙련 노동자들의 하루 품삯에 해당하는 금액)에 해당하는 재산을 소유한 사람들에게만 허용되었기 때문이다. 이 그라쿠스 법은 부유한 기사 신분의 경제력을 키워준 동시에 — 이들은 그 대가로 재산의 일부를 자기들에게 혜택을 준 정치가를 위해 사용해야만 했다 — 가이우스 자신의 계층인 귀족 경쟁자들의 세력을 약화시켰다.

기사 신분을 귀족들 가운데 가이우스의 경쟁자들로부터 이탈하게 만든 또 다른 조치는 아킬리우스 법이었다. 가이우스의 지지자들 중 한 사람의 후원을 받아 제정된 이 법은 원로원 의원들과 그들의 친족, 그리고 모든 쿠룰레스 정무관들을 기원전 149년의 칼푸르니우스 법이 속주 총독들의 재산부당취득 혐의를 조사하기 위해 설치된 상설 법정의 배심원단에서 배제했다.[7] 그러므로 이 법은 배심원 자격을 원로원 신분에서 기사 신분으로 옮겼다. 이 법은 기사 신분과 가이우스의 정적들 사이의 균열을 더욱 넓히려는 소기의 목적을 달성했지만, 사업가들이 속주에서 저지르는 대대적인 수탈과 갈취를 방지하는 선량한 총독들이 사업욕에 눈먼 기사 신분에게 처벌 받기가 쉽게 만들어 놓았다.

이탈리아 문제. 가이우스 그라쿠스는 호민관으로 두번째로 재직하면서 한 법안을 제안했는데, 그것은 긴급한 사회적·경제적 현안을 치유함으로써 주요 집단들로부터 좀더 많은 지지를 얻으려 한 가이우스의 시도들을 잘 보여 준다. 만약 그 법안을 통과시키는 데 성공했다면 그는 이탈리아 전역의 유권자 피호인들로 이루어진 방대한 지지세력을 확보했을 것이다. 로마 시민권을 라틴인들에게 확대 부여하고, 라틴인들의 권리를 이탈리아 나머지 지역 주민들에게 주는 것을 골자로 한 그 법안은 로마인들의 이기적인 무지와 원로원 내부의 가이우스의 정적들의 적의에 의해 좌절되었다.

리비우스 드루수스. 가이우스가 유노니아 식민시의 기반을 다지기 위해서 70일간 아프리카에 가 있을 때, 귀족들 내부의 그의 정적들은 이탈리아 시민권 법안과 그 발의자를 모두 파멸시키기 위한 계획을 세우고 있었다. 그들은 이 계획을 실행할 요인으로 유력한 귀족 가문 출신의 호민관 리비우스 드루수스(M. Livius Drusus)를 지목했다. 뛰어난 논객이었던 리비우스 드루수스는 만약 더 많은 인구에게 시민권을 주면 시민권이 보장하는 혜택들은 희석될 것

----

7) 아킬리우스 법이 제정될 때 제시된 명분은 원로원의 배심원들이 범법 혐의가 짙은 총독들에게 무죄 판결을 내리는 일이 빈번하기 때문이라는 것이었다.

임을 지적함으로써 로마인들의 이기적 욕구를 부추긴 뒤 시민권을 이탈리아 인들에게 확대하겠다는 그라쿠스 법안에 거부권을 행사할 것이라고 위협했다. 그 위협으로 인해 그 법안은 투표에 회부되지 못했다. 가이우스는 그 법안이 인기가 없고 따라서 통과되지 않을 것을 알고 있었다. 리비우스는 그뒤 이탈리아 병사들이 로마 군 장교들에게 부당 행위를 당하는 것을 예방하는 법안을 제출했다. 이 법안은 나름대로 중요한 진전이긴 했으나 시민권 법안을 무마하기 위한 궁색한 대안이었다.

그는 그뒤 이탈리아에 열두 개의 식민시를 건설하고, 각 식민시에 가난한 계층에서 선별한 3천 명의 식민시 개척자들을 배당하겠다고 약속하는 법안을 도입했다. 아울러 티베리우스 그라쿠스 법으로 농지를 할당받은 정착민들에게 지세를 면제할 것을 제의했다. 이탈리아에 식민시 열두 곳을 건설하겠다는 제의는 애당초 실행을 염두에 두지 않은 것이었다. 왜냐하면 이탈리아에는 그런 야심찬 계획을 허용할 만큼 충분한 공유지가 남아 있지 않았기 때문이다. 이 법안은 가이우스 그라쿠스를 파멸시키려는 소기의 목적을 달성한 뒤에는 속히 폐지되었다.

가이우스 그라쿠스의 몰락과 죽음. 아프리카에서 돌아온 가이우스 그라쿠스는 리비우스가 한때 자신을 지지한 도시 로마 선거민들의 견고한 유대를 깨뜨려 놓은 것을 발견했다. 가이우스는 너무 오랫동안 아프리카에 가 있었고, 그러느라 너무 늦게서야 자신에 대한 음모를 깨달았다. 그에 대한 워낙 두터운 지지가 그를 방심하게 만들고 그의 경쟁자들을 한데 결속시켰다. 게다가 그가 아프리카로 떠날 때 자신의 대리인으로 로마에 남겨둔 풀비우스 플라쿠스는 무모하고 난폭한 행동으로 가이우스의 진영에 적지 않은 해를 입힌 포악한 사람이었다. 가이우스는 호민관직에 세번째 출마했다가 낙선했다. 그의 목숨을 제거하기로 결의한 정적들을 가로막고 있었던 것은 그가 아프리카 위원회의 위원(루브리우스 법에 의해 명령권을 받음)이라는 신분뿐이었다.

명령권이라는 바람막이를 걷어내기 위해서, 그들은 유노니아 설립을 합법화한 루브리우스 법을 폐지하기 위해 서둘렀다. 가이우스는 여전히 아프리카 위원회 위원이라는 공직을 갖고 있었지만 민회를 소집하거나 법률 폐지 위협을 거부할 권한이 없었다. 그는 폭력으로 맞설 경우 정적들에게 자신에 대한 극단적인 조치를 합법화하는 빌미를 줄 수 있다는 판단하에 폭력을 피하고 싶어 했다. 그런데도 프레겔라이 파괴자이자 가이우스에 대한 격렬한 반대자인 신임 콘술 루키우스 오피미우스(Lucius Opimius)가 고의로 사건을 일으켰다. 오피미우스가 카피톨리누스 신전의 현관에서 제사를 드릴 준비를 하고 있을 때, 제사에 쓸 기구를 운반하던 그의 시종들 중 하나가 가이우스 앞에 똑바로 서더니 모든 '불량한 시민들'에게 현관에서 나가라고 요구하는 전통적인 문구를 외쳤다. 그라쿠스의 한 추종자가 칼을 빼서 그를 쓰러뜨렸고, 그로써 오피미우스에게 그가 그토록 기다려온 빌미를 주게 되었다.

사실상 계엄령을 선포한 원로원의 비상결의(Senatus Consultum Ultimum. 참조. 339쪽)로 무장한 오피미우스는 원로원 의원들과 그들의 노예들로 구성된 부대를 조직하고 크레타의 궁사들의 지원을 받아 아벤티누스 언덕으로 피신해 있던 그라쿠스의 추종자들을 공격했다. 이곳에서 그라쿠스의 추종자들은 패배하여 그중 250명이 죽었다. 풀비우스 플라쿠스는 도피하려다가 살해당했다. 가이우스도 도피하려고 시도했으나 자신의 절망적인 처지를 깨닫고는 자신의 노예를 시켜 자신을 죽이게 했다. 사람들은 그의 잘린 머리에 녹인 납을 부어 굳힌 뒤 그것을 오피미우스에게 가져갔고, 오피미우스는 그 무게를 금값으로 매겨 주었다고 한다. 그뒤 의사(擬似) 재판이 벌어져 그라쿠스 추종자 3천 명이 처형되었다.

가이우스 그라쿠스는 이렇게 죽었다. 그는 2년간 호민관으로 재직하면서 원로원과 민회들을 장악한 소수의 귀족들이 휘두르던 독점권을 잠시나마 분쇄했다. 여러 가지 행정권과 기능을 자신의 수중에 결집시켰다. 주민들에 대한 곡물 배분을 감독했고, 법원의 배심원들을 선정했고, 대로 건설 계약에 도급을 주고 도로 건설을 감독했고, 원로원 회의를 주재했고, 콘술 후보자들을 지원하고 그들을 위해 유세를 벌였으며, 호민관 직을 콘술 직보다 더 강력한 직위로 만들었다. 그가 일으킨 개혁들 중 몇 가지는 과연 생각이 깬 정치가로서 내놓은 조치였다. 또 어떤 개혁들은 정치적 계산에 따라 수행되었고, 순전히 기회주의적인 조치로 평가받아 마땅하다. 그러나 대부분은 이 두 가지가 뒤섞인 조치들이었다.

그라쿠스 형제는 살아서보다 죽어서 더 강한 힘을 발휘했다. 정적들은 그 형제를 죽임으로써 그 두 호민관을 뜻하지 않게 영웅의 반열에 올려 놓았다. 만약 그렇게 죽지 않았다면 그 형제는 곧 잊혀졌을 것이다. 그런데 그와는 달리 오히려 죽음으로써 공공 장소들에 그들의 조각상이 세워졌고, 그들이 죽은 지점들은 성지가 되었다. 마치 신들에게 바치듯, 기도와 제사가 그들에게 바쳐졌다. 아무리 거만한 귀족이라도 그 형제에 관해 말할 때는 자신의 사견과 무관하게 존경과 경의의 말 이외에는 감히 입밖에 내지 못했다. 평민들은 곤궁과 착취가 만연한 세상에 희망을 불어넣어 주었다는 이유로 그들을 존경했다. 정적들을 딛고 설 기회를 모색하던 야심찬 동료 귀족들은 그 형제의 정치 전략을 답습했다.

15

체제의 붕괴 (기원전 121~88)

그라쿠스 형제의 정치 경력은 로마 공화정의 안정을 유지하는 데 필요한 개혁들이 왜 실행하기 어려웠는지 그 큰 이유를 보여 준다. 아무리 이타적인 혹은 애국적인 동기에서 일으킨 개혁일지라도 로마 귀족 집단 내부의 개인적이고 파당적인 대립으로부터 초연할 수 없었다. 법들은 언제나 그 법들을 제정한 사람의 이름으로 명명되었다. 그러므로 불만을 품은 다수의 인민에게 유익을 주는 중요한 개혁을 초래한 법은 그것을 제정한 사람에게 유권자들 사이에 지지자들의 수를 크게 늘려주었다. 동시에 그에 대한 시기와 질투와 정치적 이기심이 공직과 명성을 놓고 경쟁을 벌이던 기존의 혹은 잠재적 경쟁자들에게 모든 수단을 동원해서라도 — 심지어 폭력도 불사하고, 대립이 치열해지면 결국 내전까지도 불사하면서까지 — 경쟁자의 개혁을 저지하도록 만들었다. 공화정 체제는 이런저런 위기를 겪는 동안 문제를 해결할 수 있다는 희망도 없이 흔들리기 시작했다.

기원전 121~88년 시기에 관한 자료. 그라쿠스 형제의 경우와 마찬가지로 이 시기에 관한 문헌 자료도 역시 뒤죽박죽이다. 「요약집」(*Periochae*)에 실린 리비우스 제62-76권의 간략한 요약과 제정 말기에 주로 리비우스로부터 발췌한 글들은 발레이우스 파테르쿨루스(Valleius Paterculus)의 글(2권 8-17장)처럼 개요만 전할 뿐이다. 디오도루스 시쿨루스(Diodorus Siculus)의 제

34-35권의 단편들은 기원전 111~104년에 발생한 사건들에 관해 약간의 정보를 싣고 있고, 제36-37권은 기원전 104~88년에 대한 가치있는 자료이다. 카시우스 디오(Cassius Dio)의 글에 실린 제26-29은 기원전 114~88년에 발생한 사건들을 아는 데 유용하며, 아피아누스(Appian)의 제8권에 실린 유구르타 전쟁(기원전 111~104)에 관한 일부 단편들도 있다. 현존하는 자료 중에서 유일하게 긴 자료는 기원전 1세기 중반의 사가 살루스티우스(Sallust. 참조. 527쪽)의 「유구르타 전쟁」(*The Jugurthine War*)과, 아피아누스의 역사서 중에서 「내전기」(*Civil Wars*)로 알려진 부분의 첫권 중 27-54부, 그리고 술라(Sulla)의 「회상록」(*Memoirs*) 일부에 기초한 플루타르코스의 마리우스(Marius)와 술라의 전기들이다. 지계석(地界石)들과 도로 이정표들에 새겨진 비명(碑銘)들과 식민시 정착촌들에 대한 발굴 결과들은 가이우스 그라쿠스 이후의 토지 분배 과정을 이해하는 데 도움을 주며, 키케로의 "대역죄인 라비리우스 변호연설"(*Pro Rabirio Perdulellionis*)은 기원전 101~100년에 벌어진 내란을 논한다. 키케로는 이 시기의 주요 인물들을 상당수 알았으며, 자신의 저서들, 특히 철학적 변증서들과 수사학 논문들에서 그들에 관해 자주 언급한다(참조. 522쪽).

옵티마테스(귀족파)와 포풀라레스(평민파). 그라쿠스 형제 이후 로마사의 한 세기를 얼룩지게 만든 정치 투쟁들을 분석할 때는 그 주역들에 종종 두 가지 꼬리표가 붙는다. 그라쿠스 형제의 예를 따라 유권자들이나 잠재적 유권자들 중 심각한 불만을 품고 있는 집단들을 무마하기 위한 개혁들과 정책들을 촉진함으로써 여론의 지지를 형성하던 야심찬 개인들은 종종 평민파(populares. 단수형 popularis)라 불린다. 로마의 정치 수사학에서 이 꼬리표는 좀더 전통적인 성향을 지닌 귀족들, 즉 원로원에서 기득권을 현상황으로 보장을 받던 사람들이 상대 진영 사람들에게 사용했다. 그들은 국가적 문제들을 놓고 다수의 유권자 집단들 사이에서 인기를 얻으려는 행위에 찬성하지 않았다. 그 대신에 가문의 명성, 다른 귀족들과의 개인적 연대, 개인적 봉사에 의해 충성을 얻어낸 피호인들의 관리 같은 전통적 정책 수단들을 선호했다. 이들은 자기들이 위험한 선동 전략을 사용한다고 비판한 포풀라레스와 대조하기 위해 스스로를 옵티마테스(optimates, 귀족파), 즉 가장 선한 사람들이라 불렀다. 귀족파는 자연히 자기들이 장악하고 있지 못한 권력의 기반을 추구하는 사람들을 싫어했고, 그들 중 많은 수가 평민파의 행동이 결국에는 인기에 의해 뒷받침을 받는 전제군주의 출현과 공화정 몰락으로 이어질 것이라고 솔직히 걱정했을 것이다.

평민파와 귀족파라는 용어를 헌법상의 공식 구조를 갖추고 뚜렷한 정치 철학적 틀이나 이념 안에서 행동하는 현대의 정당들처럼 어떤 정치 세력을 대표하는 것으로 받아들이면 곤란하다. 두 용어는 응집력을 갖춘 정파조차 상징하지 않았다. 그 용어들은 주로 광범위하게 공화정 후기 역사의 어느 시점에 개별적인 정치가들이 사용한 두 가지 서로 다른 정치 전략을 가리킨다.

평민파와 귀족파라는 꼬리표가 굳이 어떤 것을 의미할지라도 그것은 개인들이나 개인적 파벌이 특별한 정치 투쟁을 벌이던 상황 안에서만 적용할 수 있다. 그런 꼬리표가 붙은 사람들의 사회적 출신과 목표는 대부분 동일했다. 그들은 한결같이 원로원 귀족 가문에서 그리고 때로는 세도 있는 귀족과 연대를 맺은 야심찬 기사 가문들에서 나왔다. 그들의 목표는 동료들과의 경쟁에서 권력과 신망을 유지하거나 증식하는 데 있었다. 귀족파 개개인은 평민파 개개인과 경쟁을 벌일 때와 다름없이 서로간에 경쟁을 벌이는 경우가 많았고, 그 반대 경우도 마찬가지였다. 예를 들어 귀족파 개개인은 그들 모두를 딛고 올라서려고 위협하던 평민파 개인에 대항하여 일시적으로 연대를 할 수 있었지만, 그를 제거하고 난 즉시로 서로간에 치열한 경쟁을 재개하는 것이 보통이었다. 마찬가지로 평민파도 원로원이 로마 정부에서 주도적인 역할을 수행하는 데 반대하지 않았다. 그들 스스로가 대개는 원로원 의원들이었다. 그들은 호민관이라는 직위와 원로원 바깥 유권자들에 대한 호소를 활용하여 원로원에서 세력을 장악하기 위한 방법을 찾았다. 그들 다수가 자신들의 입장이 정당하다고 확신했겠지만, 그렇다고 해서 그들 대부분이 속한 귀족 계층의 권력을 타도할 생각은 조금도 없었다.

그러므로 공화정 후기의 정치 투쟁은 단일 기구로서의 원로원과 장외의 민주적 지도자들 혹은 개혁 집단들 사이의 투쟁으로 볼 수 없다. 문제는 어떠한 개인 혹은 정파적 연합으로 이루어진 집단이 로마를 끌고가는 원로원을 장악하느냐 하는 것이었다. 예를 들어 율리우스 카이사르(Julius Caesar)조차 원로원을 해산하려고 하지 않았다. 공화정 후기에 카이사르가 촉발시킨 내전에서 많은 원로원 의원들이 그를 지원했다. 그는 영광과 위신, 즉 디그니타스를 차지하려는 투쟁에서 자신을 대적한 동료 원로원 의원들에 맞서서 싸웠다. 그들을 친 다음에는 자신의 통치 기반을 탄탄히 다지기 위해서 원로원을 자신의 충직한 지지자들로 충원했다.

가이우스 그라쿠스가 죽은 뒤에 넓은 의미에서 귀족파로 분류할 수 있는 그의 정적들은 한때 그가 자신들을 누르는 대가로 이익을 얻으려 했다가 뜻을 이루지 못한 그의 법을 시행할 의지가 있었다. 그들은 곡물법을 폐지하지도 않았고, 부당취득재산 반환청구 법정에 선정된 배심원들을 교체하거나 속주 세금 행정 체제도 수정하지 않았다. 심지어 식민시 설립과 관련된 법을 포함한 농지법도 비록 수정은 했으나 폐기하지 않았다.

세나투스 콘술툼 울티뭄. 가이우스 그라쿠스의 살해에 뒤이은 공포 정치로 아무도 한동안 그의 옵티마테스 정적들에게 도전하지 못한 채 입 다물고 지낸 듯하다. 민회에서 살인 죄로 소추를 당한 오피미우스는 무죄 선고를 받았고, 이 무죄 선고는 원로원 비상결의(Senatus Consultum Ultimum. S.C.U.)의 적법성을 확증해 준 듯했다. 이 원로원 비상결의는 콘술들에게 국가 안전을 지키는 데 필요하다고 판단되면 무슨 조치든 취하라고 조언했고, 따라서 정상적인 법 관행을 유예하는 계엄령하의 법으로 해석될 수 있었다. 그러나 그런 비상결의를 선포할 수 있는 원로원의 권리는 어떠한 법률이나 고대의 관습에도 근거하지 않았다.

그러므로 그 유효성 문제는 순간순간의 정치적인 열정에 따라 좌우되도록 남겨졌다. 포플라레스들은 원로원의 비상 결의가 그라쿠스 형제를 제재하기 위한 무기로 제정된 데다 민회의 합법적인 재가를 받지 않았기 때문에 그것을 묵살했다. 그러나 옵티마테스들은 공화정 후기 내내 그것을 포플라레스 정적들을 제압할 완벽한 합법적 무기로 간주했다. 이 시기에는 그들이 권력을 장악했기 때문에 그들의 견해가 한동안 우세했으며, 심지어 티베리우스 그라쿠스의 추종자들을 죽인 죄로 민회에 의해 추방된 바 있던 포필리우스 라이나스조차 이제는 귀국을 허락받고 로마에 들어와 살고 있었다.

그라쿠스 형제 이후의 농지법. 세 번에 걸쳐 연속적으로 제정된 법들이 그라쿠스의 농지법과 관련된 모든 집단의 이해에 맞춰 점차 수정했다. 기원전 121년에 제정된 듯한 첫째 법은 정착민들에게 자기들이 할당받은 농지를 매매할 수 있도록 허용했다. 이 법은 군 복무를 위한 재산 자격을 갖춘 사람들을 충분히 확보하고, 부유한 토지 소유자에게 주변의 작은 토지들을 사들이거나 강제 매각하도록 허용하려는 목적을 무산시키는 경향을 띠긴 했지만, 반드시 인기가 없지만은 않았다. 소규모 토지에 의존하여 생계를 유지하기란 쉽지 않았다. 만약 그것을 상속자들에게 더 작은 토지로 분할해 준다면 생계 유지는 더욱 힘겨운 일이 될 것이었다. 따라서 많은 정착민들은 그것을 팔아 현금을 손에 쥐는 것을 좋아했을 것이다.

두번째 법(아마 기원전 118년에 제정됨)은 농지 분배 위원회를 해산하고 (그 위원회의 임무는 이미 끝났을 것이다), 이탈리아의 공유지에 대한 더 이상의 분할을 중단하고, 국가에 소액의 지대를 지불한 대가로 이미 분배된 토지에 대해 법적 소유를 보장했다. 이 법은 대규모 토지 소유자들과 소규모 소유자들을 동시에 만족시켰을 것이고, 특별히 이탈리아 동맹국들에게 환영을 받았을 것이다. 이탈리아의 공유지를 더 이상 분배하는 일이 생긴다면 그것은 그들의 희생을 전제로 할 것이기 때문이었다. 마지막으로, 기원전 111년에 세번째 법(비명〈碑銘〉에 부분적으로 보존된 토리우스 법〈lex Thoria〉인 듯함)이 제정되어 기원전 118년의 법에 의해 지시된 모든 임대 행위를 폐지하고, 그라쿠스 농지 분배 위원회에 의해 320에이커까지 분배된 모든 공유지를 사유 재산화하고, 식민시들과 자치 도시들에게 이미 준 토지를 안전히 보유하도록 보장했다. 아울러 이 법은 공공 방목지를 더 이상 잠식하는 것을 금지하고 그 목초지에서 풀을 뜯는 가축의 수효를 엄격히 규제했다. 지대 경감은 대규모 토지 소유자와 소규모 소유자 모두에게 혜택을 주었고, 자치 도시들의 동맹국 시민들은 자기들에게 하사된 토지의 안전한 보유권에 대해서 감사히 여겼다. 소규모 자영농들은 대규모 지주들이 부가적인 공유지를 불법으로 잠식하지 못하도록 막아준 조치를 환영했을 것이며, 소규모 목축업자들은 목초지를 못

쓰게 만드는 과잉 방목의 규제조치로 인해 혜택을 입었을 것이다.

식민시 건설사업. 그라쿠스 형제의 이탈리아 농지 정착 사업은 이탈리아의 경계를 넘어 이루어진 정복과 식민시 건설사업과 정착에 의해 가이우스가 호민관으로 재직하기 전후로 강력히 보강되었다. 루브리우스 법이 폐기된 뒤에도 카르타고 주변에는 수천 명의 로마인 식민자들이 여전히 남아 있었다. 기원전 123년에는 해적들의 은신처 역할을 해온 발레아레스 제도가 로마에 함락됨으로써 히스파니아 정복 사업이 가속화되었다. 발레아레스 제도는 장관(prefect)을 통해 행정상 근 히스파니아(Nearer Spain)에 편입되었고, 마조르카 섬의 팔마와 폴렌티아에 두 곳의 정착촌 — 식민시들이 아니라 아마도 약간의 전역병들을 포함하는 — 이 건설되었다.

가장 큰 활동은 남 갈리아에서 이루어졌다. 로마인들은 풀비우스 플라쿠스가 콘술로 재직할 때인 기원전 125년에 리구리아인들과 살루비이인들에 대한 마실리아인들의 거듭된 불평을 해결해 주기 위해 최초로 그곳에 개입했다. 이지역을 정복함으로써 로마인들은 이탈리아에서 론 강 계곡을 잇는 도로를 장악하게 되었다. 그들은 122년에 아콰이 섹스티아이(엑스)에 로마의 전역 군인들을 정착시켜 건설한 강력한 요새 기지를 거점으로 그 도로를 지배했다.

남 갈리아를 평정한 것은 주로 나이우스 도미티우스 아헤노바르부스(Gnaeus Domitius Ahenobarbus)의 업적이었다. 도미티우스는 마실리아의 작은 영토만 빼놓고 알프스 산맥에서부터 피레네 산맥에 이르는 남 갈리아 전역을 점령했고, 기원전 120년에는 그곳을 갈리아 트랜스알피나(Transalpine Gaul. 알프스 산맥 북서쪽의 갈리아. 오늘날 프랑스와 벨기에에 해당함)의 로마 속주로 조직했는데, 이곳은 훗날 나르보 갈리아(Gallia Narbonensis) 혹은 그냥 속주(Province)라고도 불렸다(오늘날 프로방스〈Provence〉라는 지명은 그래서 생겼다). 아울러 그는 항구적인 군사 대로인 도미티우스 가도(Via Domitia)를 론 강에서부터 히스파니아의 피레네 산맥에까지 건설했다. 기원전 118년에 이 대로변인 나르보에 로마 전역병들로 채워진 로마 시민 식민시가 건설되었는데, 카르타고의 유노니아를 제외하면 이곳이 아마 이탈리아 반도 바깥에 건설된 최초의 로마 식민시였을 것이다. 나르보 건설은 상인들에게 갈리아 남부에 무역 중심지를 제공했을 뿐 아니라, 중앙 이탈리아의 소규모 자영농들이 정착할 새로운 토지도 제공했다. 이런 방식으로 제대로 자격을 갖춘 병력 자원의 수가 유지될 수 있었고, 이탈리아에서 그라쿠스 농지법으로 할당받은 농지를 매각한 사람들은 그 돈을 갈리아의 부유한 속주에서 새 출발을 하는 자금으로 사용할 수 있었다.

그러므로 한동안은 누군가가 그라쿠스 형제의 포풀라레스 방식으로 정치에 이용할 만큼 본격적인 불만을 일으킨 사회적 쟁점이 없었다. 그러나 기원전 114년에 베스타 신전의 여사제가 벼락에 맞아 죽은 사건이 항간에 미신이 돌게 했다. 섹스투스 페두카이우스(Sextus Peducaeus)라는 호민관이 그 문제를 사제단으로부터 이관 받아 직접 조사하고, 전임 켄소르가 주재하는 특별 법정을 설치하는 법을 도입함으로써 그 상황을 이용했다. 재판 결과 세 명의 여사제들이 서약을 어기고 정절을 더럽힌 죄가 발견되어 화형을 당했다. 그렇지만 원로원에서 「시빌라들의 신탁집」에 문의를 하여 그리스인 한 명과 갈리아 남자 한 명과 여자 한 명을 신들에게 제물로 바치기 전까지는 민심의 동요가 가라앉지 않았다.

유구르타 전쟁 (기원전 111~104). 그러나 포풀라레스에게 본격적인 기회를 제공한 것은 인기도 없고 까다롭기 그지없던 전쟁의 발발이었다. 로마의 적 유구르타(Jugurta)의 이름을 따서 유구르타 전쟁으로 알려진 이 전쟁은 기원전 111~104년에 북아프리카의 누미디아 왕국에서 발생했다. 개전 초기에 로마 군대는 교활하고 용감한 적군을 맞이하여 부패하고 빈약한 외교와 무능한 지휘 체계로 일관했다. 유구르타는 자기 할아버지 마시니사처럼 사막의 사자, 뛰어난 운동 선수, 능숙한 기수와 사냥꾼, 그리고 타고난 군인이었다. 그는 누만티아 포위 공격 때 스키피오 아이밀리아누스 밑에서 싸웠고, 그 과정에서 로마의 여러 청년 장교들과 사귀었으며, 그들로부터 로마 사회의 상황에 관한 모든 정보를 들었다.

문제는 기원전 118년 왕 미킵사(Micipsa)가 죽었을 때 시작되었다. 미킵사는 유구르타와 그밖의 두 아들 아드헤르발(Adherbal)과 히엠프살(Hiempsal)에게 누미디아를 맡기고 세상을 떠났다. 세 왕자는 잠시 공동 통치를 시도하다가 왕국을 분할하기로 합의했으나, 유구르타가 은밀히 왕국을 독차지하려는 음모를 꾸몄다. 그는 히엠프살을 살해하고 아드헤르발에 대해 전쟁을 선포한 뒤 그를 무찌르고 누미디아 밖으로 쫓아냈다. 아드헤르발은 로마로 도망쳐 원로원에 호소했다. 많은 수의 원로원 의원들이 정중하고 동정스런 태도로 그의 호소를 경청했으나 간섭하기를 꺼렸다. 다른 의원들은 강하게 유구르타의 편을 들었다. 특히 유구르타가 보낸 요원들에게 많은 양의 금을 받은 뒤에는 더욱 그러했다. 얼마간 논쟁을 거친 뒤 원로원은 누미디아를 분할하기로 합의하고 기원전 116년에 아프리카로 가서 그 문제를 구체적으로 처리할 위원회를 구성했다. 이 위원회는 나머지에 비해 더 부유한 동쪽 절반을 아드헤르발에게 주었다. 이 지역에는 수도 키르타(오늘날 알제리의 콩스탕틴)가 포함되었는데, 이 도시는 로마와의 중요한 곡물 무역 중심지이자 기사 신분 출신인 이탈리아와 로마의 많은 상인들의 고향이었다.

3년 뒤 유구르타가 동쪽 영토를 침공하고 키르타를 포위하자, 아드헤르발은 다시 로마에 호소했으나 성과를 거두지 못했다. 키르타는 함락되었고, 아드헤르발은 고문을 당한 끝에 죽었으며, 외국 상인들은 학살당했다. 이 학살이 로마의 평민들과 기사 계층을 분노로 타오르게 만들었다. 그러므로 그 사건은 정치적으로 이용할 만한 가치가 있는 쟁점이 되었다. 마침내 기원전 111년에 호민관 가이우스 멤미우스(Gaius Memmius)가 일부 원로원 의원들을 유구르타에게 뇌물을 받은 혐의로 고소한 뒤 원로원을 워낙 신랄하게 비판한 까닭에, 원로원의 대다수 의원들은 유구르타에 대한 선전포고를 위해서 켄투리아회를 소집하도록 콘술들에게 지시했다.

콘술 칼푸르니우스 베스티아(L. Calpurnius Bestia)는 기원전 111년 중반에 군대를 일으켜 누미디아를 침공했다. 개전 초에는 상당히 위력을 과시하던 그는 얼마 가지 못해 유구르타에게 매우 유리한 조건으로 평화 조약을 체결했다. 호민관 멤니우스는 조사를 요구했고 유구르타를 증인으로 불러오기 위해 안전 통행권을 주어 로마로 데려오게 하는 법안을 통과시켰다. 유구르타가 로마에 왔으나 또 다른 호민관이 그에게 멤미우스로부터 누구에게 뇌물을 주었는지 밝히라는 요구를 받을 때 답변하지 말라고 사전에 주지시켰다. 그러나 유구르타는 당시에 로마에 살고 있던 자신의 사촌 형제 마시바(Massiva)를 청부 살해하고 원로원에 대해서 자신을 누미디아의 왕으로 인정해 달라고 촉구함으로써 자신의 힘을 과신하는 우를 범했다. 원로원 의원들의 대다수는 베스티아가 체결한 평화 조약을 철회하고 전쟁을 재개하지 않으면 안 된다고 판단했다.

기원전 110년에 콘술 스푸리우스 포스투미우스 알비누스(Spurius Postumius Albinus)와 그의 형제 아울루스(Aulus)가 군기가 형편없고 훈련도 제대로 되지 않은 대규모 군대를 이끌고 아프리카로 출발했다. 예상할 수 있었던 대로, 그들은 아무것도 성취할 수 없었다. 그뒤 스푸리우스가 기원전 109년 선거를 이끌기 위해 로마로 귀국했을 때 유구르타는 아울루스와 로마 군대를 유인하여 함정에 빠뜨리고 그들로부터 항복을 받아냈다. 그는 로마에 대해 열흘 안에 누미디아에서 완전 철수하고 자신을 왕으로 인정할 것을 요구했다.

이 대패의 소식이 전해지자 민회는 더욱 거세게 들끓었다. 굴욕적인 평화 협상안이 즉각 거부되었다. 가이우스 마밀리우스 리메타누스(Gaius Mamilius Limetanus)라는 호민관이 기사 계층에서 선정한 배심원들로 구성되되, 재판장은 아이밀리우스 스카우루스(M. Aemilius Sacaurus)라는 저명한 귀족이 맡는 특별 법원을 설치하여 부정한 방법으로 유구르타와 결탁한 혐의로 고소된 사람들을 조사하기 위한 법안을 관철시켰다. 그 법원은 베스티아, 스푸리우스, 포스투미우스 알비누스, 그리고 루키우스 오피미우스에게 유죄 판결을 내린 뒤 추방했다.

퀸투스 카이킬리우스 메텔루스 (기원전 109~108). 아프리카의 지휘권은 마침내 역량 있는 장군에게 맡겨졌다. 그는 기원전 109년에 콘술을 지내고, 당시에 로마에서 가장 세도 있는 귀족 가문 사람이었던 메텔루스(Quintus Caecilius Metellus)였다. 그는 청렴하고 엄격한 사람이었다. 그의 첫번째 임무는 기강이 해이하고 제대로 훈련 되지 않은 군대를 바짝 죄어 효과적인 전투 집단으로 만드는 것이었다. 그런 뒤에야 비로소 그는 태양이 작렬하는 사막 길을 힘겹게 행군한 뒤에 누미디아를 침공했다.

메텔루스를 자신의 매복 장소로 유인할 계획을 세운 유구르타는 일단 후퇴 작전을 썼다. 마침내 유구르타는 기습 공격을 감행했으나, 크게 패하여 막대한 손실을 입었다. 로마에서는 메텔루스가 유구르타를 생포하지 못한 점이 오해를 샀다. 사업을 하는 이해 당사자들은 아프리카 전쟁이 하루 속히 끝나기를 바랐지만, 사막 전쟁의 어려움을 제대로 이해하지 못했다. 그들은 메텔루스가 인기를 부풀리기 위해 아프리카 전쟁을 질질 끌고 있다고 비판하는 쪽으로 선회했다.

이 부당한 비판은 로마에서만 무게가 실린 게 아니라 메텔루스 밑의 선임 장교였던 가이우스 마리우스(Gaius Marius)의 활동에 의해서 신중히 조장되었다. 그는 북아프리카의 상인들에게 로마에 있는 친구들과 대리인들에게 편지를 써서 메텔리우스의 전쟁 수행에 항의하라고 촉구했다.

가이우스 마리우스 (기원전 157~86). 로마인들이 북아프리카 전쟁의 어려움을 이해하지 못했을지라도 가이우스 마리우스는 그것을 이해했다. 그러면서도 치밀한 계산하에 그것을 포플라레스적인 방식으로 이용하는 파렴치한 짓을 자행했다. 로마 남쪽의 작은 도시인 아르피눔 근교에서 태어난 마리우스는 기사 계층의 부유한 지주의 아들로 태어났다. 그의 야심은 로마의 콘술에 등극하여 가문을 빛내는 것이었다. 그는 탁월한 군인이었고, 일반 병사들에게 인기를 얻는 방법을 알고 있었다. 선거 때 그들이 자신을 기억해 줄 것을 염두에 두고서 말이다. 그는 군사령관이 된 뒤에도 일반 병사들과 똑같이 딱딱한 바닥에서 잠을 잤다. 외모가 투박하고 결연한 점과 일반 병사들과 똑같은 관용어를 사용한 점도 보통 사람들에게 인기를 끄는 요인이 되었다.

그는 누만티아 공략 때 스키피오 아이밀리아누스와 함께 있었다. 그의 용기와 신체적 지구력, 말과 전투 장비에 대한 남다른 관리, 병영의 구석구석에 대한 관심이 그를 스키피오의 눈에 들게 했다. 훗날 그는 유력한 메텔루스 가의 피호인이 되었고, 그 가문의 도움을 받아 기원전 119년에 호민관이 되었다. 그러나 호민관이 되자마자 자신의 보호자들을 저버렸다.

그는 귀족들에게 도전적인 태도를 보이고 콘술들 — 그중 한 사람이 메텔루스였다 — 에 대해서 보호자들이 자기들의 피호인들의 투표에 영향력을 행사하는 것을 좀더 어렵게 만든 자신의 법안을 반대한다는 이유로 체포도 불사하겠다고 위협함으로써 평민들에게 큰 인기를 얻었다. 이러한 그의 행동에 그의 귀족 보호자들이 크게 격분하여 아이딜리스 직에 출마한 그를 낙선시키는 데 힘을 모았다. 그러나 그는 어려움을 감수하고 또 많은 액수의 뇌물을 써서 기원전 115년에 프라이토르 직에 선출되었고, 그후에 프로프라이토르의 자격으로 원 히스파니아로 파견되었다. 그것은 그가 처음으로 맡게 된 군사령관 직이었다.

마리우스는 프라이토르가 됨으로써 원로원의 상위 계급으로 진입했다. 재력과 성공에 힘입어 유서깊은 귀족 가문인 율리우스 카이사르 가문 여성과 결혼했다. 그의 아내는 훗날 율리우스 카이사르(Julius Caesar)의 고모였다. 아울러 자신으로 인해 상처를 입은 과거의 보호자들과 관계를 회복했고, 대(對)유구르타 전쟁에서 메텔루스에 의해 참모로 선임되었다. 그럴지라도 자기에게는 귀족 조상이 없었기 때문에, 콘술 직은 대단히 특별한 상황이 아니면 오르지 못할 나무로 보였을 것이다. 바로 그런 특별한 상황을 그는 만들어가기 시작했다.

마리우스의 콘술 직 출마. 마리우스가 자신을 참모장으로 선임해 준 데 대해 메텔루스에게 얼마나 감사히 생각했든, 또한 두 사람이 군인으로서 서로를 얼마나 존경했든간에, 그런 정서는 마리우스가 콘술 선거 출마를 위해 로마로 가려고 허락을 구하고 메텔루스가 냉소적으로 거부했을 때 싹 사라졌다. 추측컨대 마리우스는 우티카에서 어떤 사제로부터 "청하라, 그러면 받을 것이요, 구하라 그러면 찾을 것이다"는 말을 듣고서 콘술 직에 출마할 용기를 얻은 듯하다. 구체적인 도움은 북아프리카의 기사 계층 상인들로부터 왔다. 그들은 로마에 있는 친구들과 대리인들에게 보낸 편지에서 전쟁이 질질 끄는 것을 불평하고 마리우스를 콘술에 당선시켜 누미디아 군사령관으로 임명하라고 촉구했다. 마침내 메텔루스는 잔뜩 불만을 품은 장교를 제거하기 위해 마리우스에게 로마로 가도록 허락했고, 로마에 간 마리우스는 기원전 107년에 콘술에 당선되었다. 가문의 역사상 처음으로 콘술에 당선된 마리우스는 노부스 호모(novus homo), 즉 유서깊은 귀족들에게 깊은 경원의 대상이 되는 신인이었다. 설상가상으로 그는 원로원의 메텔루스 지지자들의 의지와는 반대로 민회의 투표에 의해 북아프리카 군사령관으로 파견되었다.

북아프리카에서 복무할 병사를 모집할 때, 마리우스는 재산 자격을 무시하고 신체 조건을 갖춘 모든 자원자들을 군대에 받아들임으로써 병력 자원 문제를 해결하려고 시도했다. 이 조치는 병력 수급을 유지하기 위해 오랜 기간에 걸쳐 재산상의 군 복무 자격을 점차 낮춰온 추세의 논리적 귀결이었다. 과거에는 이 조치가 비상사태 때만 간혹 쓰였지만, 마리우스 이후에는 정상적인 관행이 되었다.

그러나 이러한 변화는 뜻밖의 중대한 정치적 결과를 몰고 왔다. 로마 군단들은 갈수록 직속 지휘관에게 충성을 바치는 무산자 지원병들로 충원되었고, 그런 병력들은 자기 지휘관에게 생계를 의지했으며, 따라서 그의 피보호인들이 되었다. 전쟁을 승리로 이끈 장군들은 이제 충성스런 전역병들의 표를 끌어모으거나 그들을 사용하여 정적들을 협박하는 방법으로 정적들과 쉽게 경쟁할 수 있었다. 이로써 지휘관 직의 가치가 높아졌고, 좀더 높은 지위를 얻기 위해서 해외에서 군사적 분쟁을 일으키려는 유혹도 커졌다. 더 불길한 것은 실전 경험이 많고 개인적으로 충직한 군대의 뒷받침을 받는, 전쟁에서 승리한 군사령관은 헌법의 테두리 안에서 정상적인 방법이 통하지 않으면 내전을 일으켜서라도 정적들을 누르고 일어설 만한 힘 있는 자리에 서게 되었다는 점이다.

아프리카에서의 마리우스. 마리우스는 자신의 신참 병력들을 훈련시키기 전까지는 아무런 일도 벌이지 않았다. 훈련을 마치자 물도 없는 뜨거운 광야로 멀고 힘겨운 행군을 감행했다. 여러 도시들과 요새들을 함락시키던 그는 마침내 자신의 원 기지에서 960킬로미터는 족히 떨어진 누미디아 서단 변경에 도달했다. 이곳에서 그는 유구르타가, 도저히 공격할 수 없어 보이는 암벽 꼭대기에 숨겨 놓은 전리품 보물을 차지하였고, 유구르타와 그의 동맹자이자 장인인 마우레타니아의 왕 보쿠스(Bocchus)에게 로마 군대와 대회전을 벌이지 않으면 안 되도록 만들었다. 두 차례에 걸친 피비린내 나는 전투에서 마리우스는 누미디아와 마우레타니아의 군사력을 분쇄하고 왕 보쿠스에게 로마와 평화 조약을 체결하고 우호 관계를 맺을 생각을 하게 만들었다. 그러나 유구르타 자신을 굴복시키기 전에는 전쟁이 끝났다고 판단하기에 일렀다. 그는 이 대단히 위험한 임무를 자신의 콰이스토르인 유능한 귀족 루키우스 코르넬리우스 술라(Lucius Cornelius Sulla)에게 맡겼고, 술라는 보쿠스를 설득하여 유구르타를 로마 군의 매복 장소로 유인하게 했다. 그렇게 해서 생포한 유구르타를 마리우스는 로마로 압송한 뒤 왕복을 입히고 사슬로 묶고는 자신의 개선 마차 앞에서 걷게 했고, 며칠 뒤 툴리아눔 감옥의 소름끼치는 지하 감방에서 그를 죽였다. 보쿠스는 배신의 대가로 유구르타 왕국의 서쪽 건조한 지역을 받았고, 동쪽 지역은 유구르타의 얼뜨기 형제인 가우다(Gauda)에게 돌아갔다. 마지막으로 마리우스의 기사 계층 친구들과 친족들에게 사업적 이권이 돌아갔다. 누미디아는 로마가 투자하고 시장을 개척하기에 안전했다.

킴브리인과 테우토네스인과의 전쟁 (기원전 105~101). 마리우스는 이제 가장 유명한 군사적 영웅이었다. 유구르타 전쟁이 끝난 뒤 그는 즉시 북쪽에서 훨씬 더 심각한 전쟁 위협을 해소하기 위한 지휘권을 받았다. 그는 기원전 104년에 콘술에 당선되었고, 그뒤 4년간 간혹 로마를 떠나 있기도 한 상황에서 콘술로 재직했다. 콘술에 재임하려면 10년의 간격을 요구한 법을 4년 내내 어긴 것이다.

무엇이 인민으로 하여금 법과 선례를 어겨가면서까지 마리우스를 콘술로 계속 선출하게 만들었을까? 그것은 킴브리인, 테우토네스인, 암브로네스인으로 구성된 게르만 종족들의 침공 위협이었다. 그들은 대대적인 이주로써 십년이 넘도록 중앙 유럽과 서유럽에 대소동을 일으켰다. 인구 과잉과 바닷물의 범람을 피해서 고향인 유틀란트와 슐레스비히를 등진 세 게르만 종족은 가족들을 가죽으로 덮어씌운 마차에 태우고서 남쪽으로 이동했다. 구리 투구, 길고 좁은 방패, 긴 쇠칼로 무장한 그들은 서로의 몸을 사슬로 연결하여 밀집 대형을 이루고서 전투에 임하는 데 익숙했다. 그들은 일반 로마인들에게 공포를 심어 주었다.

고향을 등진 이 허다한 무리는 토지나 약탈감을 찾아 줄지어 내려왔다. 프랑스 동쪽에서는 킴브리인, 테우토네스인, 그리고 그들의 동맹 세력이 로마 속주인 트랜스알파나 갈리아로 접근하여 기원전 109년에 콘술 유니우스 실라누스(M. Junius Silanus)의 군대를 공격하고 격파했다. 그 전투를 벌이기 전에 그들은 원로원에게 자기들이 정착할 토지를 달라고 요구하고 용병으로 로마 군대에서 복무하겠다고 제의했다. 후대의 로마 황제들이었다면 흔쾌히 받아들였을 법한 이 합리적인 제의를 원로원은 일축했다.

2년 뒤 또 다른 부족인 티구리니인이 론 강을 건너 남서 프랑스로 밀려들어와 콘술 카시우스 롱기누스(L. Cassius Longinus)를 만나 그를 물리치고 죽였으며, 그의 군대를 굴복시켰다. 티구리니인이 남서 프랑스에서 철수한 뒤 톨로사(툴루즈) 주민들이 로마에 반란을 일으켜 로마 수비대를 생포했다. 기원전 106년에 거만한 귀족 콘술 퀸투스 세르빌리우스 카이피오(Quintus Servilius Caepio)는 변절자들을 이용하여 도시를 재함락하고 신전에서 45톤의 금과 50톤 정도의 은을 약탈했다. 이 보물은 나중에 유실되었는데, 마실리아로 운반되는 도중에 강탈되었거나 항간에 떠돈 비난처럼 카이피오가 착복했다.

아라우시오 전투 (기원전 105). 게르만 종족들은 정착할 토지를 제공하고 로마 군대에 입대할 수 있도록 허용해 달라고 간청했다. 이번에도 그 요청은 냉담하게 거절당했다. 게르만족의 트랜스알피나 갈리아 침공과 이탈리아 침공 위협에 놀란 원로원은 콘술 말리우스 막시무스(Mallius Maximus) — 그도 마리우스처럼 신인(novus homo)이었다 — 에게 카이피오와 함께 병력을 규합하라고 명령했다. 카이피오는 병력을 규합하거나 말리우스로부터 지시를 받기를 거부했다. 훗날 로마 군대가 8만 명 가량의 병력을 잃어가며 패전하게 된 데에는 카이피오의 이같은 거부가 중대한 요인으로 작용했다. 그 재앙은 알리아 강 전투와 로마 약탈이라는 쓰라린 기억을 되살려 놓았다. 기원전 105년의 '킴브리인으로 인한 공포'는 마리우스에게 실권을 쥐어 주었고, 정체상의 모든 전례를 어겨가며 5년 동안 그를 권좌에 앉혔다.

마리우스의 군단 재편. 전쟁과 관련하여 마리우스의 가장 중요한 군사 개혁은 게르만 종족들에 의해 노출된 전술적 문제들을 해결하기 위해 로마 군단을 재편한 것이었다. 기존에 로마 군단은 대개 3천 명의 정규 보병과 1천2백명의 경무장 척후병들로 구성되었다. 마리우스는 척후병을 없애고 군단 병력을 5-6

천 명으로 늘리고 모두 중무장을 하게 했다. 하스타티(hastati, 투창 부대), 프린키페스(principes, 하스타티 뒤에 배치된 중무장 주력 부대), 트리아리이(triarii, 프린키페스 뒤에 배치된 보충 부대)로 뚜렷이 구분해온 기존의 부대 배치가 사실상 의미를 잃었기 때문에, 마리우스는 혹시 기존의 부대 배치법을 유지했다손 칠지라도, 그 세 개의 부대를 5-6백명, 즉 군단의 1/10 병력으로 재편한 전술 단위인 **코호르스**(cohort, 보병 대대)로 통합했다. 또한 기존의 군단 내의 개별 단위였던 120명, 즉 각각 60명인 두 개의 백인대로 구성된 보병 중대를 폐지했다. 그 대신 각각 200명으로 구성된 세 개의 보병 중대 — 각 중대가 과거의 세 개의 전투 대형의 각각에 해당함 — 로 새로운 보병 대대를 구성하도록 했다. 마리우스의 보병 대대들은 독자적인 전투를 수행할 만큼 강하면서도 다양한 전술적 연합에 배치할 만큼 병력 수가 충분한 초(超) 중대들이라 부를 수 있다. 이렇게 해서 군단은 융통성을 잃지 않으면서도 마리우스가 새로운 군기(軍旗)로 도입한 저 유명한 은 독수리로 상징되는 밀집성과 응집력을 확보했다.

병사들은 검투사처럼 검투사들이 사용한 베고 찌르는 전법으로 훈련을 받았다. 장거리 행군과 예를 들면 땅을 파는 등의 매우 힘겨운 임무로써 체력을 다졌다. 이렇게 고된 훈련과 투박하고 뜨거운 전우애에 힘입어, 마리우스는 가공할 군대를 길러냈고, 그것은 동시에 효과적인 정치적 무기가 되었다.

로마가 거둔 승리들. 게르만 종족들은 서로 멀찍이 떨어진 세 개의 변경에서 이탈리아를 침공할 계획을 세웠다. 테우토네스인과 암브로네스인은 갈리아 남부를 관통하기로 했고, 킴브리인은 알프스 산맥의 북쪽 경사면을 우회한 뒤 브레너 관문과 아디제 계곡을 지나기로 했고, 티구리니인은 줄리안 알프스와 베네티아를 지나기로 했다. 이런 식으로 병력을 분할한 그들의 전략은 치명적인 실수임이 입증되었다. 마리우스는 먼저 기원전 102년에 암브로네스인과 테우토네스인을 무찔렀다. 그런 뒤 기원전 101년에 알프스 산맥을 넘어, 킴브리인에게 밀려 포 강 남쪽으로 퇴각했던 퀸투스 루타티우스 카툴루스를 지원했다. 둘은 힘을 합쳐 베르켈라이(아마 토리노 근처)에서 킴브리인을 전멸시켰다. 티구리니인은 현명하게 전투 한 번 치르지 않고서 고향으로 되돌아갔다.

마리우스는 이제 명실상부한 영웅으로 떠올랐다.

시칠리아의 노예 반란 (기원전 104~99). 만약 게르만족이 이탈리아를 침공하여 수백만 명이 넘는 노예들을 해방시켰다면 그 여파는 진압하는 데 5년이 걸렸던 시칠리아 노예 반란과 비슷했을 것이다. 기원전 104년에 마리우스는 소아시아의 속국 왕들에게 게르만 침략자들로부터 이탈리아를 방어하려 하니 군대를 보내달라고 요청했다. 왕들이 자기들의 백성이 대부분 해적들에게 납치되어 노예로 팔려갔고 그중 많은 수가 시칠리아로 끌려갔다는 답신을 보내자, 마리우스와 원로원은 시칠리아 총독에게 불법으로 붙잡혀온 노예를 석방하라고 지시했다. 수백 명의 사람들이 풀려난 뒤, 지주들로부터 강력한 반발을 받은 총독은 나머지 노예들에게 각자의 주인에게 돌아가라고 엄명했다. 그러나 그들은 주인에게 돌아가지 않았다. 그 대신 산으로 들어가 저항을 준비했다. 트리폰(Tryphon)과 아테니온(Athenion)의 주도로 발생한 노예 반란은 전면전으로 비화했으며, 4년간(기원전 104~101) 노예들이 시칠리아를 장악했다. 킴브리인과의 전쟁이 끝나 충분한 병력이 반란을 진압하려 내려오기 전에 100,000명의 인명이 이미 희생되었다.

지중해 동부에서의 해적 활동. 시칠리아의 노예 반란을 진압하기 전에도 로마인들은 지중해 동부에서 출몰하는 해적들을 처리해야 했다. 로도스의 해군력이 와해된 이래로 킬리키아와 크레타의 해적들과 노예 상인들은 바다에서 무제한의 자유를 누리면서 시리아와 소아시아의 해안 지방을 상대로 납치를 벌여 델로스의 거대한 노예 시장(그곳에는 매일 1만 명의 노예들이 팔려갔다고 한다)과 로마의 구매자들에게 노예를 공급했다. 마침내 기원전 102년, 비시니아의 왕 니코메데스 3세(Nicomedes III)가 노동력 있는 백성의 절반이 납치되었다고 로마에 대해서 불평하자, 프라이토르인 마르쿠스 안토니우스(저 유명한 마르쿠스 안토니우스의 할아버지)가 지중해 동부의 해적들의 주요 거점들과 요새들을 공격하여 파괴하는 임무를 받고 파견되었다. 그는 해적들의 요새를 파괴한 뒤에 킬리키아의 해안 지방을 로마의 속주 겸 향후 해적 소탕 거점으로 병합했다. 이 조치로 해적 행위는 제재를 받긴 했으나 근절되지는 않았을 것이다. 이는 기원전 100년 혹은 99년에도 로마인들이 해적선에 대해서 자국의 통제하에 있는 모든 항구를 봉쇄했기 때문이다.

마리우스의 정치적 몰락. 대승을 거두고 귀국한 마리우스는 찬사와 심지어는 예배의 대상이 되었다. 사람들은 그를 '또 다른 카밀루스'이자 로마의 구원자로 보았다. 그는 헌신적인 군대로부터 일관된 지지를 받았고, 인민은 그에게 지도자가 되어달라고 강권했다. 콘술 직을 다섯 번이나 역임한 그는 이제 여섯번째, 일곱번째 콘술 직을 원했다.

마리우스는 기원전 100년에 여섯번째 콘술 직에 올랐다. 그러나 그로서는 불행하게도 로마가 평화로웠다. 그를 질투하던 원로원의 정적들은 이제 그를 마음놓고 위해할 수 있다고 느꼈다. 그들은 마리우스가 자신의 전역병들, 기사 계층의 지지자들, 그리고 이탈리아의 피호인들에게 혜택을 주려는 법안을 제출했을 때 그것을 반대했는데, 마리우스는 그들의 반대를 극복하기 위해서 두 명의 기회주의적인 포풀라레스들인 가이우스 세르빌리우스 글라우키아(Gaius Servilius Glaucia)와 루키우스 아풀레이우스 사투르니누스(Lucius Appuleius Saturninus)에 의존해야 했는데, 이들은 마리우스가 원하는 것보다 더 극단적인 정치적 조치를 취할 준비가 되어 있었다.

루키우스 아풀레이우스 사투르니누스 (기원전 103~100). 사투르니누스는 웅변가이자 유능한 인물로서, 중대한 실패를 겪은 바 있는 야심찬 귀족이었다. 기원전 104년에 콰이스토르를 지낼 때 오스티아에서 곡물 행정 책임을 맡았었다. 그때 본인의 과실과 무관하게 시칠리아의 노예 반란으로 곡물가가 폭등하고 기근이 임박하게 되자, 원로원 내의 정적들이 그를 면직시키고 자기들의

---

1) 원로원의 그 파벌 투쟁에서 피해를 입은 또 다른 정치가는 기원전 104년에 호민관을 지낸 그나이우스 도미티우스 아헤노바르부스(Cn. Domitius Ahenobarbus)였다. 아버지를 계승하여 사제단에 선임되지 못하여 화가 난 그는 신성한 의식을 제대로 집전하지 못한 죄목을 들어 아이밀리우스 스카우루스를 재판대에 세웠다. 그에게 유죄 판결을 받게 하는 데 실패한 그는 모든 사제직을 사제들의 지명 대신 열일곱 개의 트리부스에서 제비뽑기로 선출하도록 하는 법안(lex Domitia)을 통과시켰다. 이런 방식으로 도미티우스는 정적들의 허를 찌르고 인민이 선출한 최초의 대사제(Pontifex Maximus)가 되었다.

파벌 중 한 사람을 대신 그 자리에 앉혔다. 그러므로 사투르니누스는 정적들을 누르고 인기와 권력의 자리에 오르기 위해서 마리우스의 적극적인 지지자가 되었다.[1]

기원전 103년에 사투르니누스는 처음 호민관 직에 올랐을 때 아프리카에서 복무한 마리우스의 전역병들 각각에게 아프리카의 토지 66에이커를 할당하는 법안을 후원했다. 그의 정적들과 손잡고 행동한 그의 동료 호민관은 그 법안에 거부권을 행사하려고 하다가 인민에게 돌세례를 받은 뒤에 즉각 거부권을 철회했다. 사투르니누스는 방해 전략을 구사하거나 법 절차를 밟을 만큼 인내심이 많지 않았다. 거부권이나 종교적 '징조' 보다 주먹과 돌이 더 효과적이었다.

호민관으로 처음 재직하는 동안, 사투르니누스는 로마인들의 명예 혹은 존엄(maiestas)을 더럽히고 훼손하고 손상하는 행위를 형사 범죄로 규정하는 법을 도입했다. 이것은 매우 위험한 법이었다. 이 법을 근거로 사투르니누스는 기원전 105년의 아라우시오 전투 패배의 책임을 물어 카이피오와 말리우스를 기소했다. 카이피오의 경우에는 기존의 대역(perduellio) 법이 군대의 안전과 국가의 존립 자체를 위협하는 합법적 권위에 대한 불복종 행위에는 적용되지 않았기 때문에 그 법이 필요했다. 카이피오는 다른 이유들에서 대단히 인기가 없던 사람이었다. 그는 기원전 106년에 콘술로 재직하는 동안, 원로원 의원들에게 속주 총독의 재산 부당 취득 행위를 심문하는 법정의 배심원 자격을 회복시키는 법(104년에 가서 클라우키아의 호민관 재직 때 취소되었음)이 통과되도록 영향력을 행사했다. 아울러 그는 툴루즈에서 노획한 신전 보물들이 불가사의하게 증발한 사건의 책임자로 지목을 받았다. 카이피오가 이런 범죄들로 인해 민회에서 재판을 받을 때 재판에 거부권을 행사하려던 두 명의 호민관이 인민의 실력 행사에 의해 쫓겨났고, 유력한 귀족이자 프린켑스 세나투스(princeps senatus : 원로원 의원 명부에 맨처음 이름이 등재된 원로원 의원 — 역주)인 아이밀리우스 스카우루스(Aemilius Scaurus)는 인민이 던진 돌에 이마를 맞았다.

호민관으로 재임하던 기원전 100년에 사투르니누스는 본격적인 사회 분야의 입법에 착수했다. 이 사업에는 가이우스 그라쿠스가 죽은 뒤에 보류되었던 곡물 분배를 시장 가격 이하의 저가로 매월 정기적으로 재개하는 내용의 곡물법이 포함되었다(이 법은 아마 그가 호민관으로 처음 재직하던 기원전 103년에 제정된 듯하다). 이 법안은 동료 호민관들의 거부권 행사와 반역 죄를 적용하고 나선 콰이스토르의 격렬한 반대를 극복하고서 이행된 듯하다. 사투르니누스의 두번째 법은 시칠리아, 그리스, 마케도니아, 그리고 아마 아프리카에 전역병들의 식민시를 건설하기 위한 것이었다. 세번째 법은 한때 갈리아의 킴브리인과 테우토네스인이 소유했던 땅(아마 트랜스알피나 갈리아)을 마리우스 밑에서 참전했던 전역병들에게 할당했다.

　마지막으로 사투르니누스는 킬리키아의 해적들을 토벌하고 폰투스의 미트리다테스 6세를 쳐부수기 위해 로마 군에 총동원령을 내릴 것을 제안했다. 그것은 마리우스를 염두에 둔 제안이었다. 이런 일련의 법들에 대해 사투르니누스는 모든 원로원 의원들에게 닷새 안에 이 법들에 서약할 것을 요구하고, 그렇지 않을 경우 의석 상실, 추방, 20탈렌툼의 벌금을 감수해야 한다는 내용의 단서를 붙였다. 호민관들의 거부권, '징조들', 물리적 실력 행사 등에도 불구하고 이 법들은 통과되었다.

　이 법들에 대해서 원로원 내부의 마리우스와 사투르니누스의 정적들은 격렬하고 단호하게 반대했다. 그들은 호민관들을 매수하여 거부권을 행사하도록 했지만, 사투르니누스는 "투표를 계속 진행시키라"는 말로 그들의 거부권 행사를 일축했다. 그러자 원로원의 반대파 의원들은 투표를 관장하고 있던 정무관에게 특사를 보내 자기들이 멀리서 천둥이 치는 것을 들었다고 전했다. 그것은 입법 행위를 가로막기 위해 오래 전부터 쓰여온 종교적 '징조'였다. 사투르니누스는 특사를 보고, 적대적인 원로원 의원들에게 가서 천둥이 우박으로 바뀌지 않도록 입다물고 있으라고 권하라고 요청했다.

사투르니누스와 마리우스의 몰락. 모든 사람의 눈이 마리우스에게 쏠렸다. 그가 과연 갈리아의 토지를 자신의 전역병들에게 분배하는 법에 붙은 복종 서약에 임할 것인지 궁금했기 때문이다. 그는 마지막 순간에 "그 법이 합법한 한에서" 그것에 복종하겠다고 서약했다. 이러한 노골적인 태도 유보로 그 법은 웃음거리로 바뀌었다. 서약을 한 모든 원로원 의원들도 똑같이 유보를 할 수 있게 되었다. 마리우스의 실책은 그의 우유부단에 있었다. 그는 인민의 지도자들과 협력하고 싶었지만, 동시에 사투르니누스를 반대하던 강력한 원로원 의원들의 비위를 거스르고 싶지도 않았다. 이로써 그는 대부분의 포풀라레스들에게 전형적인 특성을 드러냈다. 고위 관직과 신분을 얻기 위해서 기회주의적인 방법으로 인기를 얻고 싶었으면서도 기본적으로는 정적들과 하나도 다를 바 없이 귀족들의 관점을 갖고 있었던 것이다. 그는 과거의 귀족 정적들과 동일한 지위를 얻고 난 뒤, 정치적 현상 유지를 위해서 본능적으로 그들과 협력했다.

두번째 호민관 임기가 끝나기 전에, 사투르니누스는 기사 계층과 도시 로마 평민 양 진영으로부터 지지를 잃었다. 기사 계층은 그의 급진적이고 혁명적인 방법들이 싫었고, 그가 다음에는 사유 재산이라는 신성한 권리를 침해할지도 모른다고 우려했다. 도시 유권자들이 그에게 등을 돌린 이유는 그가 기원전 100년에 제정한 곡물법이 대부분 이탈리아인들인 그의 전역병들에게 지나치게 많은 혜택을 부여했기 때문이었다. 적대적인 원로원 의원들은 마리우스, 사투르니누스, 기사 계층, 그리고 도시 로마 유권자들의 실수와 우유부단과 사소한 증오심을 놓치지 않고 포착하여 그들을 공멸로 이끄는 데 사용했다. 인민의 지도자, 그중에서도 사투르니누스와 글라우키아는 폭력과 암살을 사용하면 된다는 안일한 생각을 하고 있었다.

관직을 그만둔 순간부터 자기들의 목숨이 한줌 값어치도 없게 된다는 것을 안 사투르니누스와 글라우키아는 프라이토르 직 역임과 콘술직 출마 사이에 2년 간격을 요구한 빌리우스 법(참조. 281쪽)을 어기고서 각각 호민관 직과 콘술 직에 출마하여 당선되었다. 글라우키아는 유력한 정적을 제거하기 위해서 폭력배를 고용하여 전직 호민관 가이우스 멤미우스(Gaius Memmius)를 살해했다. 원로원은 비상 사태를 선포하고서 마리우스에게 원로원의 비상결의(S.C.U.)를 근거로 행동을 취할 것을 명령했다.

마리우스는 자신과 자신의 전역병들에게 많은 혜택을 끼친 사투르니누스, 글라우키아, 그리고 그밖의 포풀라레스 정치가들을 몰락시키거나 해를 입힐 의사가 없었다. 그들의 목숨도 구하고 동료 원로원 의원들의 명령도 따르기 위해서, 그는 그들을 원로원 건물에 감금했다. 그러나 성난 귀족들과 기사 계층이 지붕으로 기어올라가 기와를 벗겨낸 뒤 감금되어 있던 자들을 돌로 쳐서 죽였다. 마리우스도 파멸의 나락으로 떨어졌다. 귀족들 가운데 옛 정적들에게 불신와 혐오를 받고 과거의 친구들에게 유약하다는 이유로 멸시를 받은 그는 원로원이 사투르니누스 법에 대해 무효를 선언하는 것을 무력하게 지켜볼 수밖에 없었다. 이 조치로 마리우스의 정치 생명은 끝장이 났고, 포풀라레스의 전략으로 정치적 이익을 얻으려 하던 사람들에게 생각을 바꾸게 만들었다. 그가 서약을 지키기 위해 동방으로 가야 옳았음을 불현듯 '기억했다'는 것이 조금도 이상한 일이 아니다.

반동의 십년. 격렬하게 열렸던 공화정의 마지막 세기는 이내 수그러들었다. 무기력과 침체의 십년이 뒤따랐다. 기원전 104년에 시작한 시칠리아의 노예 반란은 기원전 99년에 성공적으로 진압되었다. 기원전 97~93년에 히스파니아에서 일어난 봉기도 훌륭하게 해결되었다. 마리우스의 전역병들은 여전히 불만에 차 있었고, 시민권을 요구하던 이탈리아인들의 문제는 기원전 95년에 그들이 도시 로마에서 추방된 것으로 답변되었다. 포풀라레스들이 호민관들의 입법을 이용하는 것을 좀더 어렵게 만들기 위해서, 기원전 98년에 평민회에 의한 법 제정과 법령 공포 사이에 17일의 간격을 두게 하는 법이 통과되었다. 이 조항은 현상태에 의해 정치 권력을 보장받는 사람들이 자기들의 마음에 들지 않는 법안을 무산시키기 위한 반대 공작을 벌일 수 있는 여유를 주었다. 아울러 새 법은 사투르니누스 같은 사람이 통과시키려고 했을 법한, 한 가지 이상의 조항을 포함시킨 총괄 법안(lex Satura)의 제정을 금지했다.

마침내 기원전 92년에 아시아의 부총독으로서 무키우스 스카이볼라를 지원한 루틸리우스 루푸스(P. Rutilius Rufus)가 재산 부당 취득 혐의로 재판을 받아 유죄 판결을 받는 사건이 발생했다. 기사 계층 배심원들의 눈에 비친 그의 '죄목'은 엄격하고 의로운 총독을 도와 모범적인 포고령을 작성하고 세금 징수 회사들의 속주민들 강탈을 금지한 것이었다. 이 정직한 사람이 유죄 판결을 받은 일은 속주 총독이 기회주의자가 되지 않으면 위험하다는 것을 입증한 듯하다. 이런 사건들이 소 리비우스 드루수스(the Younger Livius Drusus)가 등장하기 앞서 이 활기없고 침울한 십년 세월에 발생했던 주요 사건들이었다.

리비우스 드루수스의 불발에 그친 개혁 (기원전 91). 그 단조로운 상황은 기원전 91년에 호민관 소 리비우스 드루수스에 의해서 깨졌다. 그는 기원전 122년에 가이우스 그라쿠스의 몰락에 이바지했던 그의 아버지보다 더 명석했고 아마 이상주의적이었다. 리비우스 드루수스의 개혁안은 크게 두 가지 내용이었다. (1) 기사 계층에서 새 회원을 모집함으로써 원로원의 규모를 확대하는 것, (2) 이탈리아의 동맹국들에 로마 시민권을 확대 부여하는 것. 그는 기사 계층에서 가장 부유하고 유력한 사람들 300명을 받아들임으로써 원로원의 규모를 배로 늘리자고 제안했다. 이 개혁안은 신분과 재산을 대표하는 두 상류 계층을 혼합시키는 데 그 목표가 있었다. 이 두 계층의 마찰을 빚어온 주요 원천을 제거하기 위해서, 그는 속주 총독의 부당 취득 재산 반환청구 법정의 배심원들을 부분적으로는 확대된 원로원에서, 부분적으로는 켄투리아 회의 처음 열여덟 백인대에 등록된 에퀴테스들 중에서 선별하자고 제안했다. 이러한 법정 개혁안에다 뇌물 수수 행위를 형사 범죄로 규정하는 특별 조항을 덧붙였다.

이 제안은 자연히 원로원의 몇몇 기득권 층으로부터 냉담한 반응을 얻고 기사 계층의 반발을 샀으며, 따라서 드루수스가 대중의 지지를 얻기 전에는 민회에서 통과될 수가 없었다. 대중의 지지를 얻기 위해서 그는 곡물을 저가로 배급하고, 이탈리아와 시칠리아에 식민시들을 건설하고(자기 아버지가 과거에 제안했듯이), 공유지를 개별적인 식민자들에게 새로 분배하겠다고 공약했다. 그는 자신의 곡물법으로 발생하는 비용을 충당하기 위해서 은화의 가치를 그것의 1/8에 해당하는 동화로 평가 절하하겠다고 약속했다. 이 법안들은 모두 통과된 듯하나, 개별적으로 통과되었는지 총괄 법안으로 통과되었는지는 불명확하다.

또한 드루수스가 언제 어떻게 로마 시민권을 라틴과 이탈리아 동맹국들에게 확대하는 법안을 제출했는지, 실제로 그렇게 했는지도 불명확하다. 그것은 개별적인 법으로서는 풀비우스 플라쿠스나 가이우스 그라쿠스 때보다 통과될 가능성이 적었다. 도시 로마 유권자들은 전과 다름 없이 이 법에 강력히 반대했다. 기사 계층은 이탈리아의 상류 계층과 함께 법정에서의 권한과 속주에서의 징수권을 나눠 갖기를 원치 않았다. 단견적인 몇몇 원로원 의원들도 관직에 오를 수 있는 권한을 이탈리아 도시들의 귀족들과 공유하기를 바라지 않았다. 드루수스로서는 그 제안을 좀더 인기를 끌 수 있는 다른 제안들과 묶을 수 있기를 바랐을 가능성이 있다. 그 법의 필요성과 현명함과 공의로움에는 의문의 여지가 없었다. 이탈리아 동맹국들은 로마의 전장에서 싸운 병사들의 절반 이상을 보냈으면서도 로마의 고위 관직에 오르지 못했고, 로마의 정책 결정에 발언권을 행사하지 못했고, 로마 시민들이 공유지 분배 때 누리던 혜택을 받지 못했고, 로마 장군들과 장교들의 학대와 횡포에 항거하지 못했고, 로마인 재판관들이 주재하는 소송들에서 항소권이 없었다.

결국 리비우스 드루수스의 나머지 법안들은 이탈리아인들에게 시민권을 부여하자는 제의와 마찬가지의 운명에 처해졌다. 배심원 법안은 통과되었고, 비록 부유한 비귀족들이 자기들의 독점적인 기구에 들어오는 것을 완강히 반대한 완고한 전통주의자들이 그라쿠스의 법을 폐지하고 원로원에 배심원 자격을 완전히 회복시켜 주기를 바랐음에도 불구하고 처음에는 원로원에서 보편적인 지지를 얻는 듯했다. 최근에 원로원을 장악하게 된 일부 인사들도 충성 확보를 장담할 수 없는 원로원 의원 수를 대폭 늘리는 것을 원치 않았다. 기사 신분의 재정적 투기에 힘입어 이익을 거둘 수 있었던 다른 의원들은 그라쿠스 법이 폐지되는 것을 원치 않았다. 마침내 콘술 마르키우스 필리푸스(L. Marcius Philippus)가 주도한 반대가 강력한 힘을 얻어 리비우스 드루수스의 법들이 비합법적 방법과 폭력에 의해 통과되었다는 이유로 무효라고 선포되기에 이르렀다.

자신의 개혁 법안이 무로 돌아간 뒤에도 드루수스는 이탈리아 동맹국들에 시민권을 부여하는 특별법을 제안할 결심을 했던 것 같다. 그러나 자신의 법안을 투표에 부치기 전에 그는 자객에 의해 자기 집 입구 근처에서 칼에 찔려 죽었다. 공화정 후기의 정치와 개혁이 얼마나 폭발적이었는지를 여실히 보여주었던 비운의 인물인 소 리비우스 드루수스는 그렇게 최후를 마쳤다.

이탈리아 전쟁 즉 동맹국전쟁 (기원전 90~88). 소 리비우스 드루수스가 법적 방법으로 이탈리아 동맹국들을 위해 확보하는 데 실패한 정의(正義)는 만약 로마 귀족들이 서로간의 대립과 이기심을 버렸더라면 얼마든지 피할 수 있었던 전쟁으로 성취되었다. 삼니움 전쟁과 피로스 전쟁 이래로, 심지어 쿠마이 전쟁 이후의 가장 암울한 시절 이래로, 리비우스 드루수스가 칼에 찔려 죽은 뒤 몇 달만큼 이탈리아에서 로마의 수위권이 기초까지 흔들려본 적은 없었다. 그가 죽음으로써 이탈리아 동맹국들이 평화로운 방법으로 시민권의 권리와 자유를 얻을 수 있는 마지막 희망도 사라졌다. 프라이토르 가이우스 세리빌리우스 카이피오는 아브루치로 가서 아스쿨룸(아스콜리) 주민들 앞에서 그들이 시민권을 얻기 위해 일으킨 선동과 그들의 혁명 단체들을 격렬히 비판하는 연설을 했다. 그의 모욕적인 위협에 분노한 아스쿨룸 주민들은 카이피오와 그의 릭토르들을 살해한 뒤 그 도시에 사는 모든 로마인들을 학살했다. 리비우스 드루수스가 막으려고 애썼던 전쟁이 시작되었다.

아브루치에서 시작된 반란은 요원의 들불처럼 아펜니노 산맥 남부까지 번져 나갔다. 먼저 마르시인이 무기를 들었고, 그 다음 근처에 사는 파일리그니인, 마루키니인, 프렌타니인이 들고 일어났다. 북쪽에서는 참정권이 없던 피케눔인과 베스티니인이 반란을 일으켰다. 남쪽에서는 삼니움인, 루카니인, 아풀리아인이 반란을 일으켰다. 포 강에서 메사나 해협에 이르기까지 이탈리아인들이 무장 봉기했다. 지주들이 밀집되어 있던 움브리아와 에트루리아만 조용했고, 비교적 로마화가 많이 진전된 라틴인과 캄파니아인, 그리고 나폴리에서 타렌툼에 이르는 해안의 그리스 도시들도 평화로웠다.

전쟁 준비. 반란자들 중에서 가장 격렬했던 이들은 마르시인과 삼니움인이었다. 이들은 동맹국들과 함께 독립을 선포하고 이탈리아라고 하는 연방을 구성한 다음 로마에서 동쪽으로 120km 가량 떨어진 아브루치의 코르피니움에 수도를 정했다. 그들의 정부는 로마 정부를 본따 여러 종족들과 도시들을 대표하는 500명의 의원들로 구성된 원로원과 매년 원로원에 의해 선출되는 두 명의 콘술과 12명의 프라이토르로 이루어졌다. 새 국가는 독자적인 주화를 발행했는데, 대개 주화 한쪽 면에는 바쿠스 혹은 이탈리아를 상징하는 여성의 두상이 새겨졌고, 다른 쪽 면에는 군대의 선서식 장면이나 이탈리아의 황소가 로마의 암늑대를 뿔로 찌르는 모습이 새겨졌다.

이탈리아 연방은 100,000명의 군대를 일으켰는데, 이들 중 다수는 로마 군대의 전술과 기율로 훈련을 받은 정예 병사들이었다. 마르시인의 폼파이디우스 실로(Q. Pompaedius Silo)와 삼니움인의 파피우스 무틸루스(C. Papius Mutilus)라는 두 명의 탁월한 장군이 이 군대를 지휘했다. 기원전 90년 봄에 이탈리아 군대는 서쪽으로 진군하여 삼니움 군대는 캄파니아를 공격하고 마르시 군대는 라티움을 공격했다. 로마를 남부 지방으로부터 단절시키기 위함이었다.

이탈리아 군대와 전쟁을 치를 때, 로마인들은 여러 가지 중요한 이점들이 있었다. 이탈리아의 항구들을 장악했을 뿐 아니라 제해권을 가지고 있었기 때문에 속주들의 인력과 자원을 끌어다 쓸 수 있었고, 갈리아, 히스파니아, 누미디아에서 병력을 징집할 수 있었다. 이들은 짧은 시간 안에 150,000명 가량의 병력을 징집하여 무장시킬 수 있었다. 또 다른 이점은 내륙에서 교통 통신망을 작동시킬 수 있었다는 점이다. 그들은 도로망을 장악함으로써 반란군보다 더 신속하게 병력을 이곳에서 저곳으로 이동시킬 수 있었다. 반란군 지역 안에도 로마인들은 강력한 저항 거점들을 두고 있었다. 그것은 로마 시민들의 식민시들과 이미 오래 전에 시민권을 받은 도시들로서, 이곳들은 이탈리아의 전쟁 기도를 위협하거나 방해할 수 있었다.

군사 작전. 이런 이점들에도 불구하고 로마 군대는 전쟁 첫해에는 형편없이 밀렸다. 그렇게 밀리게 된 이유들 중에는 여러 원로원 의원들이 그들의 가장 유능한 군사 지도자 마리우스에 대해서 적개심과 앙심을 품고 있었기 때문이었다. 자기 발로 아시아에 유배길에 올랐던 그는 소환명령을 받았으나 마르시인들을 진압하기 위해 동쪽으로 파견된 군대의 지휘권을 받은 대신에 군사 기술이나 경험이 전무한 콘술 루틸리우스 루푸스(P. Lutilius Lupus) 밑의 부사령관에 불과한 레가투스(legatus)라는 직위를 받았다. 콘술은 군대를 훈련시킬 만한 시간을 벌라는 마리우스의 조언을 거부하고서 즉각 출정했다가 패배를 당하고 전사했다. 마리우스의 군사적 재능만이 로마 군대를 철저한 궤멸에서 구해냈다. 그런 뒤에조차 그는 최고 지휘관직을 세르빌리우스 카이피오(Q. Servilius Caepio)와 공동으로 행사할 수밖에 없었다. 카이피오는 나중에 적의 매복 지점으로 유인당했다가 전사했다.

로마가 이탈리아인들에게 시민권을 부여함. 전쟁은 로마인들에게 불리하게 지속되다가 기원전 90년 말에 콘술들 가운데 한 사람인 루키우스 율리우스 카이사르(Lucius Julius Caesar. 저 유명한 가이우스 율리우스 카이사르의 사촌)가 마침내 애당초 했어야 할 일을 시행할 때에야 비로소 역전되기 시작했다. 그는 로마로 돌아와 여전히 로마에게 충성을 하는 모든 라틴인들과 즉시 무기를 놓을 용의를 보인 이탈리아인들에게 시민권을 부여하는 율리우스 법(lex Julia)이라 불리는 법안을 통과시켰다. 기원전 89년에 호민관들인 마르쿠스 플라우티우스 실바누스(M. Plautius Silvanus)와 가이우스 파피리우스 카르보(C. Papirius Carbo)는 어느 동맹 사회에서 거주하던 60일 이내에 로마의 프라이토르 앞에 등록하는 모든 자유인들에게 시민권을 부여하는 좀더 포괄적인 법안인 플라우티우스 파피리우스 법(lex Plautia-Papiria)을 통과시켰다. 세번째 법은 그나이우스 폼페이우스 스트라보(Gnaeus Pompeius Strabo. 같은 해의 콘술이자 대 폼페이우스의 아버지)가 제안한 폼페이우스 법(lex Pompeia)으로서, 포 강 이남의 키살피나 갈리아에 거주하는 모든 피해방인들에게 시민권을 확대 부여하고 강 이북에 거주하는 사람들에게 라틴인의 권리를 주었다. 반란은 가라앉기 시작했다.

스트라보는 매우 선량한 장군으로서, 로마 정계에서 일정 시점에 개인적으로 가장 이익이 되어 보이는 진영을 지지한 기회주의적인 정치가였다. 키케로와 카틸리나 같은 후대의 유명 인사들과 함께 스트라보의 참모로 일한 그의 아들은 군사적으로나 정치적으로 매우 비슷했지만 그보다 인간미가 더욱 많았다. 젊은 폼페이우스는 아버지 스트라보가 반란군의 손에 붙잡혀 죽을 위기에 처했을 때 그들에게 호소하여 아버지의 목숨을 구했다. 스트라보는 아스쿨룸을 함락함으로써 북부에서의 전쟁을 종결시켰는데, 그 과정에서 전리품을 착복했다는 고소를 당했다. 기원전 88년에 그는 자신의 지휘권을 인수하기로 되어 있던 사촌인 콘술 퀸투스 폼페이우스 루푸스(Q. Pompeius Rufus)의 살인 사건에 연루되었다. 그뒤로 그는 중앙 이탈리아에서 마르시인과 그들의 동맹 세력을 굴복시킬 때까지 계속 전쟁을 수행했다.

남부 전선에서는 88년의 또 다른 콘술인 술라(Sulla)가 루키우스 율리우스 카이사르로부터 지휘권을 이양받아 캄파니아 남부에서 파피우스 무틸루스가 이끄는 삼니움인에게 결정적인 패배를 안겨주었다. 캄파니아에서 삼니움인의 군대를 섬멸한 뒤에, 그는 삼니움으로 진격했다. 승승장구하던 그는 결국 유명한 마르시인 장군 폼파이디우스 실로에게 역전을 당함으로써 저지되었는데 그 장군은 훗날 퀸투스 메텔루스 피우스(Q. Metellus Pius)와의 전투에서 전사했다. 그 위대한 마르시인 장군이 전사함으로써 산발적인 지역적 저항을 제외하고는 전쟁은 막을 내렸다. 가장 오래 버틴 곳은 캄파니아의 놀라로서, 이곳은 9년만에 함락되었다.

동맹국전쟁의 여파. 그 전쟁은 로마의 이탈리아 동맹국들에게 시민권을 부여하자는 리비우스 드루수스의 제안을 가로막은 단견적이고 옹색한 정치에 값비싼 대가를 치르게 했다. 전쟁으로 입은 인적 물적 피해는 한니발 때문에 입은 피해만큼이나 컸다. 경제적 시련은 이루 말할 수 없을 만큼 심했다. 식량이 턱없이 부족한데다 값은 천정부지로 올랐다. 부자든 가난한 자든 갚을 길이 없는 부채에 허덕였다. 도시는 이탈리아 난민들로 북적댔다. 기원전 89년 로마 시의 프라이토르 아울루스 셈프로니우스 아셀리오(A. Sempronius Asellio)는 이자를 금한 기원전 4세기의 법을 부활시킨 칙령을 공포함으로써 채무자들의 부담을 다소나마 덜어 주려고 했다. 그러나 그는 분노한 채권자 무리에게 살해당했다.

그 전쟁은 사실상 내전이었고, 몇몇 경우에는 200년간 서로 투쟁해온 공동체들에게 싸움을 붙였다. 이탈리아의 내전에 위험한 선례를 남겼고, 개인의 정치적 목표를 위해서는 내전도 불사하는 지도자 세대를 훈련시켜 놓았다.

전쟁의 원인이 된 문제들에 관해서 대다수 원로원 의원들은 전쟁을 겪고나서도 그 문제를 제대로 파악하지 못한 듯하다. 전쟁이 거의 끝난 시점에도 정치는 달라지지 않았다. 새로 시민권을 얻은 사람들을 서른다섯 개의 트리부스들 가운데 여덟 개나 열 개에만 등록하게 함으로써 그들의 투표권을 제약하려는 움직임이 있었다. 이 단견적인 행동은 향후에 공화정에 금이 가게 만든 좀 더 치열한 내부 갈등에 기름을 끼얹은 격밖에 되지 않았다.

그럼에도 불구하고 전쟁은 몇 가지 좋은 결과를 냈다. 약 500,000명의 새 시민들을 시민 명부에 추가로 등록케 했다. 포 강에서 메사나 해협에 이르기까지, 모든 자유인들은 이제 로마 시민이었고, 서로 다른 종족적 요소들도 시간이 흐르면서 자연히 한 국가 안에서 융합될 것이었다. 지역 자치 정부는 여전히 존재했고, 모든 공동체들과 자치 도시들도 네 명의 정무관단(Quattuorviri)을 선출할 권한을 누렸다. 이들은 점차 라틴어를 공용어로 받아들였을 뿐 아니라 로마의 사법과 공법을 채택했다. 로마 시민권을 보편적으로 부여한 조치는 후의 여러 세기에 이탈리아의 특징이 된 국가 통일과 공통의 라틴 문화 발전을 향한 거대한 발걸음이었다.

16

마리우스와 술라 :내전과 반동
(기원전 88~78)

그라쿠스 형제 이래로 발생한 해외와 국내의 위기들은 로마 공화정이 안고 있던 몇 가지 근본적인 문제들을 드러냈다. 공화정을 지배한 세력은 대지주들인 귀족 계층이었고, 이들의 주요 활동은 서로간의 경쟁을 통해 고위 관직과 군 지휘관 직을 얻어 부와 명예를 축적하는 것이었다. 거대한 해외 제국을 얻게 되고 그에 따라 귀족들이 경쟁을 벌일 상의 가치도 커짐에 따라 상호간의 경쟁도 더욱 치열해졌다. 해외 제국 건설은 귀족들 자신도 혹은 공화정의 기구들로도 대처할 수 없는 커다란 사회적·경제적·행정적 문제들을 숱하게 발생시켰다.

국가 최고의 행정 및 군사 직인 콘술 직을 포함한 고위 관직들이 임기가 일년밖에 되지 않았기 때문에 해마다 선거를 치러야 했다. 이런 제도로써는 일관성 있는 정책이나 프로그램을 발전시키기 어려웠고, 거의 모든 행위가 개인적 경쟁과 단기적 선거 정책의 정황에서 판단되기 십상이었다. 그러므로 국가에 유익하고 필요한 개혁을 단행하기란 극히 어려웠다. 군사 작전도 제한된 시간에 승리를 거둬야 한다는 압박감 때문에 그르치기가 일쑤였고, 역량 있는 인물도 목표를 달성할 수 있기 전에 교체되었다. (이 문제는 마리우스가 킴브리인과 테우토네스인의 침공을 받는 동안 다섯 차례나 연거푸 콘술에 선출되었을 때 모두가 암묵적인 동의를 한 셈이다.) 속주들은 속주들대로 차기 선거에 들 비용이나 지난 번 선거에 진 부채를 갚을 비용을 마련하는 데 혈안이 된 총독들에 의해 부당하게 수탈당했으며, 따라서 속주의 불안이 가중되었다.

원로원은 귀족들의 각축장이었기 때문에 그곳에서는 문제들에 대한 객관적이거나 합리적인 해결책이 나오기가 쉽지 않았다. 민회들도 효율성이 없기는 마찬가지였다. 민회들은 정무관이 소집할 때만 부정기적으로 모였고, 로마에서 먼 거리에 사는 시민들은 참석하기가 쉽지 않아 산발적으로 참석했으며, 정치가들의 경쟁과 순간의 격정에 의해 쉽게 선동되거나 조작되었다.

이런 요인들로 인해서 점차 늘어가는 문제들이 불안을 가중시켰고, 불안이 가중되면서 더 많은 문제들을 일으키고 그 결과 불안도 더욱 깊어졌다. 이런 신드롬의 좋은 예는 제1차 미트리다테스 전쟁에서 찾아볼 수 있다. 동맹국 전쟁 말기에 발생했고, 로마가 이제 허약해 보인 점도 원인으로 작용한 이 전쟁은 명령권(imperium)을 둘러싼 마리우스와 술라 사이의 경쟁을 크게 가중시켜 갈수록 야만성을 더해가던 내전들을 촉발시켰다.

기원전 88~78년에 대한 자료. 전 시대에 대해서 유일하게 방대한 자료는 아피아누스와 플루타르코스의 저서들뿐이다. 아피아누스는 제12권(*Mithridatic Wars*, 1-63절)에서 제1차 미트리다테스 전쟁(기원전 88~85)을, 제13권(*Civil ars*, 제1권, 55-107절)에서 기원전 88~78년의 로마의 격동을 다룬다. 플루타르코스의 마리우스와 술라의 전기는 각별히 중요하며, 그의 세르토리우스(Sertorius), 루쿨루스(Lucullus), 폼페이우스(Pompey), 크라수스(Crassus), 카이사르(Caesar), 키케로(Cicero) 전기들의 초반에서도 관련된 정보를 얻을 수 있다. 벨레이우스 파테르쿨루스(Velleius Paterculus)는 자신의「역사」(*Histories*) 제2권(18-29)에서 이 시기를 요약하며, 리비우스의 제77-90권은「요약집」(*Periochae*)과 후대 저자들의 발췌문에 요약된다. 카시우스 디오(Cassius Dio)의 제30-35권의 단편들이 약간 현존하며, 디오도루스 시쿨루스(Diodorus Siculus)의 제37-39권의 상당 분량의 단편들도 현존한다. 서기 1세기의 그리스 사가 폰투스 헬라클레아의 멤논(Memnon)이 제1차 미트리다테스 전쟁에 관해서 쓴 몇몇 흥미로운 단편들도 현존한다. 미트리다테스 전쟁에 관해서는 술라와 미트리다테스 양자가 남긴 공식 문헌들이 비명(碑

銘)들에 남아 있다. 국내 문제들에 관해서는 키케로의 저서들에 산재해 있는 무수한 언급들이 그를 당대의 가치 있는 증인으로 만든다.

미트리다테스 6세 (Eupator). (기원전 134~63).

동맹국 전쟁을 끝내기 위해 이탈리아인들에게 시민권을 부여할 때, 원로원 지도자들은 이탈리아의 불리한 군사 정세만 감안하지 않고, 폰투스 왕 미트리다테스 6세 (Mithridates VI)의 공세적인 행동도 감안했다. 그는 동부 속주에서 수탈을 일삼는 로마 총독들이 일으킨 반감과 로마가 먼저 게르만족의 침공과 다음에는 필사적인 동맹국 전쟁에 휘말린 상황을 십분 이용했다. 그의 목표는 동 지중해에서 로마의 통치를 타도하고 알렉산드로스 대왕의 제국을 본따 자신의 제국을 수립하는 것이었다. 기원전 90년경에 그는 흑해 서쪽 연안과 소아시아 내륙 지방을 제외한 동 지중해 전역을 장악하고 있었다. 그러나 당시에 그가 비시니아와 카파도키아를 동시에 점령하자 로마인들은 크게 격분했다. 그러므로 원로원은 특사 마니우스 아퀼리우스(Manius Aquilius)를 미트리다테스에게 보내 두 왕국에서 철수하고 아리오바르자네스(Ariobarzanes)를 카파도키아의 합법적인 왕으로, 니코메데스 2세의 아들 니코메데스 3세(Nicomedes III)를 비시니아 왕으로 인정하도록 강요했다. 그 강요가 먹혀들자, 아퀼리우스는 대단히 어리석은 행동을 했다. 로마인들이 비시니아에 간섭한 데 대한 보상으로 충분한 전리품을 거두기 위해서 니코메데스를 자극하여 폰투스를 침공하도록 자극한 것이다.

미트리다테스의 대(對) 로마 선전 포고. 아퀼리우스가 니코메데스를 설득하여 폰투스를 침공하도록 했을 때(기원전 88), 미트리다테스는 몇 차례 사소한 저항 끝에 로마를 공격하기로 결심했다. 니코메데스를 즉각 패배시킨 뒤, 그는 유약한 로마 병력을 물리치고 페르가몬을 침공했다. 그는 아퀼리우스를 굴복시킨 뒤 녹인 금을 그의 식도에 부음으로써 그가 요구했던 돈을 그에게 지불했다. 소아시아의 많은 사람들은 미트리다테스를 구원자요 해방자로 환영하고, 40년간 압제를 일삼은 로마인들에게 그 대가를 톡톡히 지불할 기회를 잡았다. 그들은 사전 계획에 따라 많은 이탈리아인들, 대부분의 세금 징수업자들, 대금업자들, 상인들을 학살했다. 물론 자료들에 나오는 8만 명이라는 희생자 숫자는 지나친 과장인 듯하지만 말이다.

소아시아 정복만으로는 충분하지 않았다. 미트리다테스는 그리스를 자신의 영토에 합병하기까지는 안심하지 못했다. 로마인들이 소아시아에서만큼 그리스에서도 미움을 받고 있다는 것을 잘 안 그는 자신의 대리인들을 아테네와 그밖의 도시들에 보내서 자신의 주장을 선전하게 했다. 한편 그의 강력한 해군이 에게 해로 뚫고 나가 델로스 섬을 침공했고, 그 섬에서 2만 명의 이탈리아 상인들과 노예 상인들을 학살하도록 지시했다. 번영을 누리던 그 섬은 그 학살과 재산 약탈로 다시는 과거의 번영을 되찾지 못했다. 아테네도 반란을 일으킬 준비가 되어 있었고, 아테니온(Athenion)과 아리스티온(Aristion) 같은 철학자들의 주도로 친로마 과두 정부를 타도하고 미트리다테스와 공동 보조를 취했다. 미트리다테스의 장군 아르켈라우스(Archelaus)는 피라이우스(아테네의 항구)를 점령하고 그곳을 거점으로 삼아 대다수 그리스 남부를 정복했다. 폰투스의 또 다른 군대가 북쪽에서 그리스로 진입했다. 동방의 상황이 이처럼 위험해지자, 로마는 동맹국 전쟁의 잿더미에서 서서히 몸을 풀고 일어났다.

술라의 등장 (기원전 138~78). 두 명의 저명하고 노련한 로마 장군들인 마리우스와 술라는 저마다 미트리다테스 전쟁에서 명령권을 차지하기를 갈망했다. 마리우스는 유구르타 전쟁과 킴브리 전쟁을 끝내고 누리다가 나중에 잃고 만 인기를 되찾고 싶었다. 한동안 콘술 귀족 내에서 두각을 나타내지 못한 유서깊은 귀족 가문 출신인 술라는 그 전쟁을 쉽게 이길 수 있다고 믿었고, 그 전쟁이 권력과 명예와 부를 가져다 줄 것이라고 생각했기 때문에 명령권을 차지하고 싶었다. 그와 마리우스와의 경쟁은 그 기원이 적어도 그가 유구르타를 생포하고, 그 일 때문에 마리우스를 깎아내리면서 유구르타 전쟁을 종식시킨 데 자신의 공로가 적지 않았음을 주장한 때로 거슬러 올라간다. 그는 원로원에서 마리우스의 정적들과 긴밀한 유대 관계를 맺었고, 그들의 지원에 힘입어 기원전 88년에 콘술에 선출되고 동맹국 전쟁에서도 중요한 명령권을 확보한 데 반해, 마리우스는 특사 역할로 만족해야 했다. 이제 술라의 유력한 친구들은 그가 몹시 원하던 대(對) 미트리다테스 전쟁 명령권을 차지하도록 만들어 주었다.

술피키우스 루푸스의 호민관 재직 (기원전 88). 미트리다테스 전쟁 명령권 문제는 만약 소 리비우스 드루수스의 절친한 친구이자 그를 존경하던 호민관 푸블리우스 술피키우스 루푸스(P. Sulpicius Rufus)의 정치적 야심이 끼어들지 않았다면 만족스럽게 해결되었을 것이다. 술피키우스는 새로 참정권을 받은 이탈리아인들을 서른다섯 개 트리부스들 가운데 여덟 개 트리부스로 국한하는 데 강력히 반대했다. 그는 비록 대단히 유서깊고 유명한 귀족 가문 출신이자 막대한 부의 상속자이긴 했으나, 호민관 출마 자격을 갖추기 위해서 귀족 신분을 포기했다(기원전 89). 가이우스 그라쿠스와 마찬가지로, 그는 대단한 위력을 갖춘 연설가였다. 그의 연설은 약간 허세도 있긴 했지만, 키케로에 따르면 그가 들은 연설 중 가장 탁월했다고 한다.

호민관으로서 술피키우스 루푸스는 다음과 같은 네 가지 법안을 제의했는데, 이 네 가지 법안은 하나의 통합 법안에 포함되어 제출된 것으로 보인다. (1) 자유인들뿐 아니라 이탈리아의 새 시민들을 서른다섯 트리부스 전부에 등록한다. (2) 모든 추방자들을 불러들인다. (3) 뇌물과 독직을 방지하기 위해서 2천 데나리우스 이상의 채무증서를 소유한 의원들을 원로원에서 모두 추방한다. (4) 미트리다테스 전쟁에서 지휘관을 술라 대신 마리우스로 대체한다. 첫째 법안이 채택될 가능성이 가장 희박했다. 그는 열두 트리부스의 지원을 끌어낼 수 있었다(그에게는 열여덟 개의 트리부스가 필요했다). 네 개의 트리부스는 기원전 115년에 아이밀리우스 스카우루스가 피해방인들을 할당한 도시 트리부스들이었고, 여덟 개의 트리부스는 이탈리아인들이 이미 투표권을 지니고 있던 트리부스들이었다. 다른 여섯 트리부스의 지원을 더 얻어내기 위해서 그는 마리우스와 거래를 해야만 했다. 마리우스는 미트리다테스 전쟁의 지휘권을 얻는 대가로 자신의 전역병들의 표를 통해서 술피키우스가 원하는 과반수에 필요한 여섯 개의 트리부스를 확보해 줄 수 있었던 것이다. 어쨌든 그 법안은 비록 상당한 반발과 폭력을 일으키긴 했지만 법으로 통과되었다.

술라가 로마로 진격하다. 술라는 처음에는 민회의 모든 모임을 연기할 목적으로 종교 성일들을 공포함으로써 이 법안들의 통과를 막으려고 노력했다. 그 종교적 무기의 거듭된 사용에 격분한 술피키우스와 그의 무장한 추종자들은 마침내 폭동을 일으켰다. 아이러니컬하게도 술라는 마리우스의 집으로 피신했다. 술라가 공식적으로 종교 성일들을 철회하자, 마리우스는 다른 노병에게 친절을 베푸는 노병처럼 그에게 자기 집으로 피신하도록 허용했다. 그가 망명할 것을 기대하고서 말이다. 그러나 술라는 망명하는 대신에 당시에 놀라를 포위 공격하고 있던 자신의 군대에게 화급히 전갈을 보내 로마로 진군하도록 설득했다. 야심찬 정치가들 사이에 갈수록 치열하게 벌어지던 파벌 싸움이 로마 공화국의 연대기들에서 처음으로 직접적인 내전으로 이어졌다. 이런 행위가 가능했던 데에는 부분적으로는 마리우스의 병제 개혁 탓도 있었다. 그의 개혁으로 병사들이 직속 지휘관들에게 의존하는 정도가 커진 대신에 국가에 대한 충성은 약화되었던 것이다.

뒤이은 공포 정치 때 술라는 저항을 했던 도시 로마의 모든 지역들을 불지르고 무고한 많은 사람들을 처형했다. 술피키우스는 피하려 했으나 배신을 당했다. 결국 그는 살해되고 그의 머리는 로마 광장의 연단에 내동댕이쳐졌다. 마리우스도 간신히 도피하여 북아프리카 해안으로 갔다.

승리한 술라는 술피키우스 루푸스의 법들을 폐지했다. 그는 비록 최고 이자율을 1할로 감소시킴으로써 채무자들을 구제하기 위한 법을 제정하긴 했지만, 그런 다음에는 자신의 옵티마테스 친구들 그룹 밖에 있는 어느 누구도 원로원 귀족들 내부로부터 그들의 주도적인 지위에 도전할 수 없도록 만들 의도로 여러 가지 반동적인 변화를 일으켰다. 호민관들이 평민회에서 법을 제정하는 권한을 폐지함으로써 켄투리아 회를 주된 입법 민회로 격상시켰다. 아울러 켄투리아 회를 원로원 계층, 기사 상층부, 그리고 제1등급 시민의 백인대들이 명백한 과반수를 얻도록 재편했다. 또 다른 반동적인 조치는 정무관들이 새로운 법안을 도입하기 전에 원로원에 자문하도록 요구한 것이었다.

술라는 콘술 선거에 간섭하려고 했으나 뜻을 이루지 못했다. 신임 콘술들 중 한 사람인 루키우스 코르넬리우스 킨나(Lucius Cornelius Cinna)에게 이미 이루어진 술라의 국제상의 변화들을 손대지 않겠다는 약속을 받아낸 것이 수확이라면 수확이었다. 술라는 국제상의 개혁을 한 뒤에 미트리다테스와 전쟁을 벌이기 위해서 동방으로 떠났다.

킨나의 콘술 직 (기원전 87). 술라가 이탈리아 해안을 떠나자마자 킨나는 술라가 제정한 법들을 폐지하고 술피키우스의 법들을 다시 제정했다. 자신의 동료 그나이우스 옥타비우스(Gnaeus Octavius)가 포함된 옵티마테스의 반발을 무릅쓰고 서른다섯 개 트리부스 전부에 이탈리아인들을 등록시켰다. 옥타비우스는 반란을 일으킨 뒤 킨나를 도시 로마에서 추방하고 원로원의 투표에 의해 그를 공적으로 선포했다. 그렇게 하는 과정에서 킨나의 대적들은 대단히 큰 실수를 저질렀다. 왜냐하면 킨나가 이탈리아 유권자들에게 호소하여 당시에 캄파니아의 도시 놀라를 포위 공격하고 있던 군대의 지지를 얻어낼 기회를 주었기 때문이다. 그는 아프리카에 가 있던 마리우스를 불러들였고, 술라의 치명적인 본을 따서 로마로 진격했다.

마리우스와 그의 공포 정치. 아프리카에서 부름을 받고 온 연로한 마리우스(아마 일흔살은 족히 넘었을 것이다)는 로마의 항구 오스티아를 기습 공격하여 로마의 곡물 공급을 차단하고 항복할 때까지 로마 주민들을 굶겼다. 오랜 세월 전쟁과 학살로 잔인성이 몸에 밴 마리우스는 배은망덕과 홀대에 분노하고 최근에 법의 보호를 박탈당하고 이탈리아와 아프리카에서 추격을 당한 일에 원한이 사무쳐 분노와 피에 대한 열망을 남김없이 쏟아냈다. 여러 날 동안 시내를 마치 미치광이처럼 헤집고 다녔다. 그의 추종자들은 그가 미워하던 귀족들과 원로원 의원들을 남김없이 처단했다. 사지가 떨어져 나간 그들의 시체가 거리에 널브러졌으며, 그들의 머리는 피가 뚝뚝 떨어지는 채로 광장의 연단을 장식했다. 그들의 집과 농장은 몰수되어 공매되었다. 그의 분노는 킨나조차 움츠러들게 하고 결국 그의 분노를 그치게 만들었다. 기원전 86년에 마리우스는 마침내 그토록 열망하던 일곱번째 콘술 직에 올랐지만 승리를 오래 향유하지 못했다. 취임한 지 며칠 못가서 몸져 누웠다가 죽고 만 것이다.

마리우스의 의의. 마리우스는 신인(novus homo)치고는 로마사에 엄청난 영향을 끼쳤다. 군에 몸담고 있는 동안 로마 군대를 전술적으로 보다 효율적으로 만들었고, 유구르타를 물리치고 게르만 침공의 위협을 종식시킴으로써 확고한 영웅의 기반을 닦았다. 그러나 정치적으로는 악당보다 더 했다. 문제는 그가 토지를 소유하지 못한 계층에게 군 복무의 길을 열어 준 행위와 그것이 정치에 미친 부정적인 영향에 있지 않았다. 그 일은 언제고 발생할 일이었다. 오히려 문제는 그의 유일한 목표가 콘술 직을 차지하고 그것을 계속 유지하는 것이었다는 점에 있었다. 로마의 다급한 현안들을 해결할 만한 진정한 프로그램이 그에게는 없었다. 그러므로 그는 사태를 더욱 악화시키고 정치에 대한 불신만 조장했을 뿐이다. 직접적인 내전에 호소하기는 그가 처음이 아니었지만, 그 점에서 술라의 예를 따르고자 한 그의 의지가 공화정 몰락에 크게 작용한 폭력의 선례들을 남겼다. 더욱이 군사적 영웅으로서 그의 명성과 그와 연대를 맺은 사투르니누스, 술피키우스, 킨나의 인기에 영합한 정책들은 그의 전역병들과 도시 평민들과 이탈리아의 새 시민들 사이에 공화정 후기에 도를 더해가던 파벌 투쟁에서 그의 이름에 호소하는 방식으로 조작할 수 있는 큰 세력 집단을 만들어 놓았다.

킨나의 시대 (Cinnanum Tempus). 기원전 86년에 마리우스가 갑자기 죽은 뒤 킨나가 사실상 독재관으로 남게 되었다. 전술한 선거들에서 그는 루키우스 발레리우스 플라쿠스(Lucius Valerius Flaccus)를 마리우스를 대신할 콘술로 임명했고, 85년과 84년에는 자신과 그나이우스 파피리우스 카르보(Gnaeus Papirius Carbo)를 콘술로 임명했다. 그러나 킨나는 자리를 유지하기 위해 권력을 사용했던 마리우스보다는 훨씬 더 책임있게 자신의 권력을 사용하려고 했다. 술라의 반동적인 법들을 뒤엎고 그를 지지했던 사람들의 합당한 불만들을 해소해 주려고 노력했다. 새로운 이탈리아 시민들을 서른다섯 개 트리부스 전체에 고르게 등록할 인사들이 켄소르들로 선출되도록 영향력을 행사했다. 플라쿠스는 부채 총액의 3/4을 변제해 주는 반면에 최근의 정치 불안으로 불안정해지고 부패한 대금업자들 때문에 가치가 하락한 화폐 가치를 회복함으로써 통화 안전을 지키는 법안을 도입했다.

킨나 밑에서 원로원과 법정들은 제 기능을 계속 수행했고, 많은 귀족들이 그를 지지했다. 그를 지지하지 않는 사람들은 현명하게 저자세를 유지한 채 술라에게 어떤 일이 발생할지를 주시했다. 술라는 미트리다테스 정벌을 위한 지휘권을 박탈당했음에도 불구하고 킨나의 정부를 무시하고 계속해서 전쟁을 수행해 갔다. 킨나는 평화 조약을 체결하기를 바랐지만, 술라는 그것을 바라지 않았다. 술라가 승승장구하면서 동방과 그곳의 모든 자원을 장악함에 따라 로마에서 지지도가 그에게 쏠리기 시작하자, 킨나는 더욱 완강한 입장을 고수하고 또 다른 내전에 대비할 수밖에 없는 형편이었으나, 그러기 전인 기원전 84년에 갑자기 죽었다.

미트리다테스에 대한 술라의 작전. 기원전 87년에 그리스에 3만 명의 병력을 상륙시킨 술라는 겨우내 포위 작전을 펼친 끝에 기원전 86년에 아테네를 함락하고 약탈했다. 그해 여름에는 중앙 그리스인 카이로니아와 오르코메네스에서 미트리다테스의 헬레니즘식 중장보병 부대를 만나 로마의 우월한 전술을 사용하여 그들을 굴복시켰다. 카이로니아 전투가 끝난 뒤 킨나가 술라로부터 지휘권을 이양하도록 파견한 콘술 플라쿠스가 또 다른 군대를 이끌고 그리스에 도착했으나, 아무 일도 성취하지 못했다. 그는 바다에서 미트리다테스 함대와 전투를 벌이다가 일부 병력을 잃었다. 또 다른 병력은 지휘권을 이양하라는 합법적인 명령을 거부한 술라에게 넘어갔다. 플라쿠스는 구두 합의 후에 즉시 마케도니아와 트라키아를 경유하여 아시아를 향해 떠났다. 그러나 그가 헬레스폰트 해협을 건너 비시니아에 도착하자마자 그의 병사들이 자신의 사절 플라비우스 핌브리아(C. Flavius Fimbria)의 사주를 받아 반란을 일으키고 플라쿠스 자신을 살해했다. 병사들의 회의에서 차기 지휘관으로 선출된 핌브리아는 놀라운 에너지와 재능을 발휘했다. 한밤의 기습으로 미트리다테스의 아들이 이끄는 군대를 패주시키고 페르가몬으로 진군했다. 미트리다테스는 자신의 군대가 거듭 패하고 있는 데다 소아시아에서 자신의 독재와 전제에 항거하는 폭동이 연거푸 일어나는 점으로 미루어 자신이 이미 전쟁에서 패했다는 것을 깨닫고는 화평을 청했다.

술라는 마음놓고 이탈리아로 돌아가서 마리우스와 킨나의 추종자들에게 복수하고 싶었으므로 평화를 원했다. 그가 기원전 85년에 트로아스의 다르다노스에서 체결한 평화 조약은 로마인들이 일찍이 알지 못했던 유순한 내용이었다. 특히 그것이 로마와 이탈리아의 무수한 시민들을 강탈하고 살해한 미트리다테스 같은 원수와 체결한 조약이라서 더욱 그랬다. 미트라다테스가 요구한 것이라고는 소아시아 정복을 중단하고, 전함 중 80척을 포기하고, 2천 탈렌툼라는 비교적 약소한 배상금을 무는 것뿐이었다. 아시아 속주는 이보다 훨씬 가혹한 부담을 지게 되었다. 2만 탈렌툼의 배상금과 5년치 세금을 소급해서 지불해야 했다. 술라는 기원전 85~84년 겨울에 자신의 군대를 소도시들에 주둔시키고, 그 소도시들에 자신의 병사들에게 하루 16드라크마를 지불하도록 요구했는데, 그 금액은 그들이 아울러 요구받은 음식과 의복 부담을 제외하더라도 2만 탈렌툼은 족히 되었다. 이 막대한 자금을 끌어모으기 위해서 속주는 로마의 대금업자들에게 손을 벌려야 했고, 그 결과 막중한 빚을 걸머지게 되었다.

술라의 이탈리아 복귀 (기원전 83). 미트리다테스와 평화 조약을 맺은 뒤, 술라는 핌브리아의 군대를 인수했는데 그(핌브리아)는 나중에 자살했다. 그 군대를 루키우스 리키니우스 무레나(Lucius Licinius Murena)에게 배속시켜 아시아 속주의 항구적인 수비대로 배치한 뒤, 술라는 배를 타고 이탈리아로 갔다. 국가보다 자신에게 더욱 충직한 자신의 3-4만 명의 병력의 수행을 받은 그는 기원전 83년 봄에 브룬디시움 해안에 상륙했다. 술라를 막기 위해서 전임 콘술 카르보는 5만 명에 이르는 두 개 부대를 일으켰는데, 이들은 대부분 신참들로서 제대로 훈련이 되지 않았고 충성도나 신뢰도도 그리 높지 않았다. 이들을 이끈 지휘관들도 변변치 않았다. 지휘를 맡은 두 명의 콘술 루키우스 코르넬리우스 스키피오(L. Cornelius Scipio)와 가이우스 노르바누스(C. Norbanus)는 전쟁에 관해서 생소했기 때문이다. 술라는 별 어려움 없이 노르바누스의 군대를 물리쳤다. 스키피오의 병사들은 그를 버리고 술라에게 넘어갔다. 이제 술라를 물리칠 역량을 갖춘 유일한 반(反) 술라주의자는 퀸투스 세르토리우스(Quintus Sertorius) 한 사람뿐이었지만, 술라의 다른 정적들은 그가 너무 지나치게 비판을 일삼는 것을 발견하고서 일찍이 그를 배에 태워 히스파니아로 보냈었다.

술라가 소아시아를 떠난 뒤에 그와 합류한 지도자들은 군사적 역량과 경험에서 정적들에 비해 훨씬 월등한 사람들이었다. 우선 술라가 북아프리카에 망명해 있을 때 그곳에서 많은 수의 지원병들을 모아 가지고 온 그의 자형 퀸투스 카이킬리우스 메텔루스 피우스(Quintus Caecilius Metellus Pius)가 있었다. 다음은 히스파니아에서 소규모 부대를 이끌고 온 젊은 마르쿠스 리키니우스 크라수스(Marcus Licinius Crassus)가 있었다. 폼페이우스 스트라보의 젊은 아들 그나이우스 폼페이우스(Gnaeus Pompeius)는 그가 이끌고 온 다수의 병력과 군사 기술이라는 양면에서 훨씬 더 가치 있는 원군이었다. 그는 솔선해서 피케눔에서 세 개 군단을 모집했고, 술라에게 오자마자, 아직 젊었지만, 폼페이우스는 임페라토르(imperator)라는 아첨 섞인 칭호로 환영받았다. 폼페이우스가 여러 차례 승리를 거둔 뒤에, 술라는 다소 익살스럽게 그를 마그누스(Magnus), 즉 '위대한 자'라고 불렀는데, 이 명칭이 그의 이름에 붙게 되었다.

반 술라파는 자신들의 흔들리는 권력 기반을 떠받치기 위해서 기원전 82년에 그나이우스 파피리우스 카르보(Cn. Papirius Carbo)와 죽은 마리우스의 양자 가이우스 마리우스(Caius Marius)를 콘술들로 선출했다. 두 사람은 특히 노(老) 마리우스가 큰 지지를 얻었던 에트루리아와 삼니움에서 병력을 끌어모으는 데 꽤 성공을 거두긴 했지만, 어느 누구도 최상급 장군은 아니었다. 카르보는 남부로 가서 수천 명의 삼니움인을 자신의 진영으로 끌어들인 반면에, 마리우스는 자기 아버지의 이름의 마력에 힘입어 수많은 전역병들을 끌어들였다. 여러 곳의 전투 지역들을 선정한 뒤, 카르보는 북부에서 작전을 펼쳤고, 마리우스는 로마 외곽에서 작전을 펼쳤다. 술라가 아피우스 가도를 타고 올라오는 것을 막기 위해서, 마리우스는 힘겨운 전투를 벌이다가 패한 뒤에 프라이네스테로 도피했다. 술라는 즉각 북쪽으로 돌진하여 에트루리아의 클루시움(키우시)에서 카르보와 조우했다. 비록 완성을 거두지는 못했지만, 카르보의 군대의 사기를 꺾는 데는 성공을 거두었다. 그들의 사기는 북 이탈리아에서 메텔루스의 성공으로, 움브리아에서 폼페이우스와 크라수스의 성공으로 이미 다소 처져 있었다. 카르보는 더 이상 싸워봐야 소용없다고 판단하고서 북아프리카로 도피했다.

카르보가 너무 빨리 포기한 것인지도 모른다. 전쟁은 아직 끝나려면 멀었고, 승리를 거둘 가능성이 여전히 있었기 때문이다. 만약 카르보가 마리우스만한 군사적 감각이 있었다면 심지어 패배한 자신의 부대를 이끌고서라도 로마 외곽에서 삼니움인들의 대군을 상대하러 남쪽으로 급히 이동하던 술라를 추격할 수 있었을 것이다. 콜리나 성문 전투에서 밤이 이슥하도록 격렬한 전투를 벌여 술라가 직접 지휘하던 왼쪽 날개를 무너뜨렸고, 따라서 만약 오른쪽 날개를 지휘하던 크라수스가 승리를 거두지 않았다면 술라는 로마의 독재관이 될 수 없었을 것이다. 만약 카르보가 그 중대한 순간에 군대를 끌고 도착했다면 로마를 술라의 승전으로 인한 공포에서 건졌을 것이다.

술라의 공포 정치 (기원전 82). 콜리나 성문에서 벌어진 피비린내 나는 전투는 이탈리아에서의 모든 저항에 종지부를 찍었다. 그리고 나서 공포 정치가 시작되었고, 그로 인해 수천 명의 사람들이 종종 고문을 당하면서 처형되었다. 술라가 원로원 모임에서 연설하던 벨로나 신전의 다음 문에서 6천 명의 삼니움 포로들이 ― 그들의 죄라고는 자유와 정의를 위한 일이라고 믿었던 전투에서 패했다는 것 외에는 없었다 ― 고문을 당하다가 죽었다. 그들이 죽어가며 내지르는 비명이 연설 도중에 들려와 일부 원로원 의원들을 실신시킬 정도로 괴롭히자, 술라는 다만 몇몇 전범들만 자신의 지시로 처형되고 있다고 단호하게 설명했다.

처벌 대상자 명단공개(Proscription). 그는 무자비함에다가 방법론까지 덧붙였다. 그는 제거하려고 작정한 사람들의 명단을 내걸었는데, 그중 더러는 자신이 직접 심사숙고하여 선별한 사람들이고, 더러는 그의 측근들이 선별한 사람들이었다. 더러는 정치적 이유에서 명단에 포함되었고, 더러는 사적인 원한을 풀기 위해서, 또 더러는 오로지 부동산이 많다는 이유로 명단에 포함되었다. 명단에 포함된 사람들은 법의 보호를 박탈당한 채 살해되었고, 그들의 목에는 현상금이 걸렸다. 술라는 그들의 재산을 몰수하고 그 자녀들의 시민권을 취소했다. 그가 죽이기로 작정한 수천 명의 사람들 중에는 90명의 원로원 의원, 15명의 전직 콘술들, 2600명의 기사 계층이 포함되었고, 이들의 재산은 술라의 지지자들과 전역병들에게 분배되었다. 학살의 대가로 수익을 얻은 그들은 필요할 때는 그를 중심으로 집결하거나, 그가 회복하겠다고 제안한 과두정을 충실히 지원했다. 술라는 자신의 희생자들에게 속했던 수만 명의 노예들을 해방시킴으로써 부가적인 지지자들을 확보했다. 그는 일부 피해방인들에게 관대하게 보상을 베풀었다. 예를 들면 어떤 피해방인은 약 1백5십만 데나리우스의 가치가 있는 토지를 단돈 2천5백 데나리우스에 매입하도록 허락을 받았다.

불행하게도 술라가 부자들을 살해하고 약탈하여 끌어모은 돈은 군대를 제대함으로써 일자리를 잃은 자신의 전역병들에게 약속한 연금과 농장을 제공할 만큼 충분하지 못했다. 그는 하는 수 없이 도시들과 읍들과 그밖의 공동체들에게, 특히 자신의 권력 장악에 저항했거나 자신의 적군을 지원했다는 의심을 받는 지역들에게 자기 진영에 대한 그들의 몫을 내놓도록 강요했다. 그들에 대한 처벌은 그들이 저항하고 반대한 기간과 정도에 비례하여 이루어졌다. 미미한 반대만 한 도시들은 벌금을 내고 성벽을 허물고 비록 영토의 전부는 아니더라도 대부분을 포기하도록 요구받았다. 라티움의 프라이네스테나 에트루리아의 플로렌티아(피렌체)같이 장기간 완강히 저항한 지역들은 파괴되고 그 주민들은 노예로 팔렸다. 아울러 술라는 삼니움에서 가장 부유하고 인구밀도가 가장 높은 지대들을 황무지로 만들어 놓았다. 비록 몰수와 노예화가 가장 심했던 곳은 중앙 이탈리아와 북 이탈리아의 에트루리아와 그밖의 몇몇 지역들이었지만, 삼니움은 오랫동안 고적한 황무지로 남았다. 로마의 지배 엘리트들 사이에서 점차 도를 더해가던 치열한 세력 투쟁이 결국 내놓은 결과란 그러한 만행이었다. 로마 공화정은 몰락의 기로에 서 있었다.

술라가 국제(國制)에 가한 변화. 술라는 기원전 82년 로마에 도착하기 며칠 전에 켄투리아 회에 발레리우스 법(lex Valeria)으로 알려진 법이 정식으로 통과되도록 요구하여 뜻을 관철했다. 그것은 기존의 법률을 재작성하고 국가를 '재구성'하도록 자신을 종신 독재관으로 임명하는 것을 골자로 한 법안이었다. 이미 군대의 힘으로 기정 사실이 된 것을 추인한 그 민회는 기원전 3세기 중반 이래로 딱 한 번만 가동되었던 그 관직을 되살리고(기원전 217년 지연자 파비우스 막시무스〈Fabius Maximus Cunctator〉가 그 관직에 오른 유일한 사람이었다), 자신의 살인, 재산 몰수, 만행들을 합법화했다. 법이나 관습, 항소권, 호민관의 거부권 등에 의해 제재를 받지 않은 술라의 독재관 직은 본인이 죽거나 사임하는 경우만 임기가 종료될 수 있었다. 그는 생살여탈권을 지녔고, 그의 명령권은 절대적이었다.

기원전 81년에 술라는 원로원 의원 수를 늘렸는데, 그 수는 마리우스와 술라 자신이 주도한 내전과 일련의 암살들로 인해 줄어들어 있었다. 300명의 새 의원들이 켄투리아 회의 처음 열여덟 개 백인대와 이탈리아 자치 도시들의 부유한 지주들인 기사 계층에서 선출되었다. 원로원의 의석수를 500석 규모로 유지하기 위해서, 그는 임기를 마친 뒤에 원로원에 들어갈 수 있었던 콰이스토르의 수를 12명에서 20명으로 늘렸다. 원로원의 의석수를 늘린 큰 목적은 자신이 그 기능을 기사 계층에서 원로원으로 옮겨 놓은 배심원 업무를 담당할 인원을 확보하는 데 있었다. 원로원 의석수를 늘리고 배심원 자격을 원로원 의원에게만 한정함으로써, 술라는 사실상 소 리비우스 드루수스의 법안을 이행한 셈이었다. 더욱이 이 조치는 이탈리아 지방 귀족 출신 기사들에게 원로원의 문을 개방했을 뿐 아니라, 원로원을 술라에게 감사한 마음으로 충성을 바치는 그의 피호인들과 내전에서 그를 지지한 사람들로 채워넣었다.

법정 개혁. 술라는 법정 개혁에서는 리비우스 드루수스보다 훨씬 더 깊숙이 들어갔다. 민회에서 재판을 행하던 관행을 폐지하고 모든 재판을 상설 법정 체제에 위탁했으며, 배심원들은 원로원 의원들로 임명했다. 주요한 범죄를 재판하기 위한 특별 배심원 법정의 수를 일곱 개로 늘렸다(즉, 속주 총독의 부당취득 재산 반환 청구법정⟨quaestio de repetundis⟩, 반역죄를 다루는 법원 ⟨quaestio de maiestate⟩, 선거 때 뇌물 수수 행위를 다루는 법정⟨quaestio de ambitu⟩, 위조 사건을 다루는 법정⟨quaestio de falsis⟩, 공금 횡령을 다루는 법정⟨quaestio de peculatu⟩, 살인 사건을 다루는 법정⟨quaestio de sicarii et veneficis⟩, 폭행 사건을 다루는 법정⟨quaestio de vi publica⟩). 이 상설 법정들을 관장할 충분한 판사들을 확보하기 위해서 프라이토르의 수를 여섯 명에서 여덟 명으로 늘렸다. 법정 개혁은 술라의 개혁 중에서 가장 위대하고 가장 항구적 영향을 끼쳤다. 중대한 범죄들을 다루는 법을 규명하고 개정했으며, 로마의 형법에 기초를 놓았다.

정무관 직들에 일어난 변화. 관직 보유 제도를 통제하고 정치적인 경쟁을 파괴적인 수준으로 달아오르게 했던, 비정통적인 출세를 막기 위해서, 술라는 기원전 180년의 빌리우스의 정무관직에 관한 법(lex villia Annalis)을 상당히 수정된 형태로 다시 제정했는데, 원래 이 법은 관직에 오르는 명예의 코스(cursus honorum)—첫째는 콰이스토르 직이고, 그 다음은 프라이토르 직이고, 마지막은 콘술 직이었다—를 규정했었다. 그는 콘술이 되기 위해서 10년의 간격을 요구한 규정을 재확인했다. 그가 개정한 법은 공직 취임 가능 연령을 콰이스토르에 대해서는 30살, 프라이토르는 40살, 콘술은 43살로 상향 조정했다. 정무관직에 있는 해는 여덟 명의 프라이토르와 두 명의 콘술은 이탈리아에 남아 있어야 했고, 군대를 모집하는 것이 금지되었다. 관직을 마친 다음 해에 원로원은 그들에게 속주를 배정하고 프로콘술과 프로프라이토르라는 이름으로 파견하여 속주를 다스리도록 했다.

호민관 직에 대해서도 그 직위의 효율성과 그 직위를 포풀라레스적 방식으로 사용하려는 유혹의 씨앗을 없애기 위해 변화가 가해졌다. 술라는 호민관 직이 유능하고 야심찬 사람들에게 매력을 끌지 못하게 하기 위해서 호민관 역임자는 더 높은 관직을 차지하지 못하도록 규정함으로써 그 직위를 무력하게 만들었다. 호민관의 거부권을 개인의 권익 보호의 차원으로 제한했고, 당시 호민관이 트리부스 회에 법안을 상정하거나 기소하던 권한을 제한하거나 폐지했다.

속주들의 재조직. 술라 시대 이전에는 속주가 모두 아홉 개였는데, 여섯 개는 서방에(시칠리아, 사르디니아와 코르시카, 근 히스파니아, 원 히스파니아, 프로콘술의 아프리카 총독령, 갈리아 트랜스알피나), 세 개는 동방에 있었다(마케도니아, 아시아, 킬리키아). 키레나이카는 비록 기원전 96년에 그 왕 프톨레마이오스 아피온(Ptolemy Apion)으로부터 유증으로 받았지만, 기원전 74년까지 정식 속주로 조직되지 못했다. 열번째 속주는 술라에 의해 창설되었는데, 그는 키살피나 갈리아를 이탈리아 나머지 지역에서 분리하고, 주기적으로 알프스 산맥을 넘어 이곳으로 밀려내려오던 침략자들을 막기 위해 총독과 수비대를 이곳에 보냈다.

술라가 프라이토르의 수를 여섯 명에서 여덟 명으로 늘린 것은 열 개의 속주를 담당할 총독을 충분히 배출하기 위함이었다. 두 명의 콘술과 마찬가지로 이들도 로마에서 임기를 마치면 자동적으로 속주 총독이 되게끔 규정했다. 원로원의 권한을 한층 강화하고 야심찬 총독들이 원로원을 장악할 만큼 강력한 사병(私兵)을 일으키지 못하도록 예방하기 위해서, 술라는 총독의 임기를 1년으로 제한하고 원로원의 명백한 승인 없이는 자신의 속주를 넘어가서 전쟁을 벌이는 것을 금했다. 그가 이로써 기대한 것은 원로원으로 하여금 군대를 완전히 장악하게 하고 콘술들과 프라이토르들이 이탈리아와 속주들에서 전쟁을 일으킬 가능성을 줄이는 것이었다. 대규모 전쟁이 벌어질 때는 원로원이 군대를 모집하고 장군을 선출하고 그에게 '비상 대권'(extraordinary command)을 부여하도록 했다. 술라가 미쳐 예견하지 못한 것은 원로원의 앞날에 도사리고 있던 진정한 위험이 속주 총독들에게서 나오지 않고 '비상 대권'을 부여받은 장군들에게서 나오게 될 것이라는 점이었다.

술라의 콘술 취임, 사임, 그리고 죽음. 술라는 정부를 자신의 구상대로 완전히 재편하고 자신과 자신의 파벌이 성취한 주도권을 유지하기 위한 체제를 굳힌 뒤인 기원전 80년에 콘술에 출마했고, 당선되어 콘술 겸 독재관으로서 정부를 이끌었다. 이듬해에 독재관 직을 사임하고 캄파니아 푸테올리(포추올리) 근처에 있는 자신의 시골 사유지로 은퇴했다. 그곳에서 여생을 편하고 사치스럽고 만족스럽게 보낼 작정이었다. 그러나 그런 생활을 오래 누리지 못했다. 기원전 78년에 뇌졸중으로 생애를 마감하고 대단히 성대한 장례 뒤에 로마에서 화장(火葬)되었다. 그는 죽기 전에 자신의 묘비에 "나는 언제나 친구들에게는 선으로, 원수들에게는 악으로 갚았다"는 비명을 새겨 넣도록 지시했다.

술라의 실패. 술라는 자신에게 펠릭스(Felix)라는 이름을 붙였는데, 그것은 '행운아'라는 뜻이다. 그는 죽어서 오히려 더 큰 행운을 누렸다. 자신이 벌여 놓은 큰일들이 물거품으로 돌아가는 것을 보지 않을 수 있었기 때문이다. 그는 자신에게 보상을 받은 친구들의 주도로 로마에 안정된 정부를 제공할 체제를 수립했다는 뿌듯한 신념 속에서 죽었다. 그들이 원로원을 주도할 것이고, 과거에 원로원 의원들 중 야심을 품은 자들이 원로원 지도자들을 견제할 수 있도록 해준 국제상의 수단들이 그들에게는 장애가 되지 않을 것이었다. 술라가 항구적으로 만들려고 한 국제에는 훌륭한 면들이 있었다. 이를테면 법정 개혁, 기사 신분에 대한 원로원 문호 개방, 정무관직들과 속주 정부에 대한 합리적인 조정이 그것이다. 그러나 그것은 실패하게 될 운명을 띠고 있었다. 그것은 그의 원칙에 따라 정치 게임을 할 마음이 없던 정치가들이 그가 권력을 맡겨 놓은 채 남겨 놓은 자들에게 도전하기 위한 권력 기반을 닦는 데 이용할 수 있는 기본적인 사회적·경제적·제국주의적 문제들은 하나도 해결해 놓지 않았던 것이다. 그의 화장(火葬)에 쓰인 장작의 재가 식자마자 세심하게 구도된 그의 국제의 상부 구조가 그 밑을 떠받치고 있던 모래의 붕괴로 인해 왕창 무너지기 시작했다.

기원전 70년대와 60년대 내내 국내와 해외에서 일어난 일련의 위기들이 야심찬 개인들에게 워낙 큰 인기와 피호인들과 군사력을 얻을 기회를 주었기 때문에, 원로원을 지배한 사람들은 그들을 제어할 힘을 잃게 되었다. 술라가 기원전 80년대에 내전의 원인이 된 파괴적인 개인들의 주도권 다툼을 방지하기 위해 세워둔 국제상의 안전 장치들은 부적절했다. 실제로는 그 장치들이 오히려 문제의 일부였다. 왜냐하면 그 장치들은 기사 계층과 평민의 권익과 특권들을 제한했고, 야심을 품은 정치가들은 기사와 평민들을 제어하도록 마련된 안전 장치들을 타파하려는 움직임을 지원함으로써 인기를 얻을 수 있었기 때문이다.

더욱이 술라는 자신을 이어간 과두정치가들에게 많은 적들이 생기게 만든 반감과 미움을 유산으로 남겼다. 이 과두정치가들의 가장 신랄한 적들은 처벌자 명단공개, 추방, 재산 몰수를 당한 원로원 의원들과 부유한 기사 계층의 아들들과 친족들과 친구들이었다. 그들의 가슴에는 강렬한 복수심과 권력 회복에 대한 기대가 크게 자리잡고 있었다. 에트루리아의 삼림 지대에는 한때는 평화롭고 유복했던 농민들이었으나 전역병들을 배려하려는 술라에 의해 토지를 몰수당한 사람들이 정처 없이 유랑 생활을 하고 있었다. 로마 시에서는 가난한 사람들이 곡물 배급이 끊긴 채 지내고 있었다. 많은 기사들이 재정 파탄을 겪고 부당취득재산 반환 법정에서 배심원 자리를 박탈당했다.

그러나 세월이 흐르면서 가장 큰 좌절을 겪고 반역적인 심정을 품은 사람들은 다름 아닌 술라 자신의 전역병들이었다. 그들은 몰수된 토지를 지급받았으나 농사법도 몰랐고 단조로운 농촌 생활에도 진력이 났던 것이다. 그들은 곧 빚더미에 앉게 되었고, 로마 사회에서 가장 불만이 심하고 잠재적으로 가장 위험한 분자들이 되었다. 이들은 정체의 틀을 얼마든지 무시하더라도 자기들에게 개인적 이익을 약속한다면 누구든지 지지할 태세가 되어 있었다. 따라서 공화정에 속히 위기가 임했다는 것은 놀라운 일이 아니다.

17

개인의 야심과 국가의 위기 (기원전 78~60)

로마 원로원 내의 선별된 소수 귀족들에게 과두적 지배권을 주기 위한 국제를 수립하는 과정에서, 술라는 로마 사회 내부의 무수한 집단들을 소외와 좌절과 격분에 빠뜨렸다. 그러나 그들의 증오와 좌절과 복수심도 지도자가 변변치 않아 배출구를 찾을 수 없던 차에, 술라 다음 세대에 조성된 정치 상황 하에 그들의 지도자들이 등장했다. 이 지도자들은 기원전 30년 공화정을 몰락으로 이끈 또 다른 격동과 내전의 장을 열어 놓았다.

기원전 78~30년의 로마사에 대한 자료. 이 장과 다음 세 장에서 다루게 될 기원전 78~30년의 시기는 로마사에서 자료가 가장 잘 남아 있다. 키케로가 기원전 43년에 죽을 때까지 남겨놓은 무수한 연설문과 수상록과 편지들은 당대 사건들을 예리하게 관찰하고 거기에 참여한 사람의 관점에서 말할 수 없이 귀중한 정보를 상당량 제공한다(참조. 397쪽). 키케로가 남긴 편지들에는 다른 중요한 참여자들이나 관찰자들로부터 받은 편지들도 들어있다. 카이사르의 회고록들 ─ 「갈리아 전쟁기」(*Galic War*. 처음 일곱 권)와 「내전기」(*Civil War*), 그리고 그밖에 그의 몇몇 관리들이 쓴 다른 저서들(「갈리아 전쟁기」의 제8권, 「아프리카 전쟁기」, 「알렉산드리아 전쟁기」, 「히스파니아 전쟁기」) ─ 은 당대의 저서들 가운데 두번째로 큰 군(群)을 이루며, 기원전 58~46년에 발생한 갈리아 정복과 내전을 다룬다. 또 다른 당대의 중요한 증인은 살루스티우스(Sallust)로서, 기원전 78~67년을 다루는 그의 「역사」(*Histories*)는 단편들로만 남아 있지만, 카틸리나(Catiline)의 음모(기원전 63)에 관한 그의 기록은 현존한다. 코르넬리우스 네포스(Cornelius Nepos)도 당대의 사가이다. 불행하게도 그의 키케로 전기는 유실되었지만, 키케로의 헌신적인 친구 아티쿠스(Atticus)에 관해서 쓴 전기는 현존한다.

카툴루스(Catullus)의 시들(참조. 518쪽)과 루크레티우스(Lucretius)의 교훈적 서사시 「사물의 본성에 관하여」(*De Rerum Natura*. 참조. 520쪽)는 카이사르가 등장할 당시의 분위기를 이해하는 데 도움이 되며, 베르길리우스의 「목가집」(詩選, *Eclogues*)과 「농경시」(*Georgics*)는 카이사르의 후계자이자 훗날의 황제 아우구스투스인 옥타비아누스의 시대를 이해하는 데 도움이 된다. 기원전 1세기 말의 저자 다마스쿠스의 니콜라우스(Nicolaus)가 쓴 아우구스투스의 생애 초기에 관한 전기의 단편들도 남아 있다. 아우구스투스가 자신의 경력을 공식적으로 요약한 「신 아우구스투스의 업적록」(*Res Gestae Divi Augusti*)도 여러 도시들의 비석에 새겨졌기 때문에 대부분 보존되어 있다. 가장 완전한 판본은 오늘날 터키 앙카라에 있는 '앙퀴라 비문비'(Monumentum Ancyranum)이다.

후대의 저자들도 방대한 자료를 제공한다. 기원전 1세기 중엽이 아스코니우스(Asconius)가 키케로의 몇몇 연설에 관해서, 특히 유실된 몇몇 연설에 관해서 쓴 주석은 가치가 대단히 크다. 당대의 저자들과 문헌들을 종종 인용하는 기원전 2세기 초반의 저자 수에토니우스(Suetonius)가 쓴 카이사르와 아우구스투스의 전기들도 금광과 같다. 플루타르코스가 남긴 세르토리우스, 루쿨루스, 폼페이우스, 크라수스, 키케로, 카이사르, 소 카토, 브루투스, 안토니우스의 전기들도 그러하다. 그의 전기들은 종종 아시니우스 폴리오(Asinius Pollio) 같은 당대 저자들의 자료들에 기초를 둔다(참조. 606쪽). 리비우스의 제91-133권은 「요약집」(*Periochae*)에 실린 요약들과 제정 후기의 짧은 사기(史記)들에만 남아 있고 디오도루스 시쿨루스(Diodorus Siculus)는 제40권의 몇몇 단편들(기원전 71~63)을 제외하고는 유실되긴 했지만, 이야기식 자료들은 방대하게 남아 있다. 아피아누스(Appian)는 자신의 「내전기」(*Civil War*)의 처음 다섯 권(그의 사기 중 13-17권)에서 첫권 107절에서부터 그 책 끝까지 기원전 78~35년의 이야기를 적는다. 기원전 69년의 사건들로부터 책을 쓰기 시작하는 카시우스 디오는 나머지 연대를 완벽하게 다룬다(36-50권). 아울러 벨레이우스 파테르쿨루스(Velleius Paterculus)의 이야기는 비록 짧기는 하지만 이 시기에 대해서만큼은 이전 시기보다 훨씬 상세히 다룬다(2,30-85).

레피두스의 반란 (기원전 78). 술라의 과두정을 최초로 공격한 사람은 가장 유서깊은 귀족 가문 출신인 기원전 78년의 콘술 마르쿠스 아이밀리우스 레피두스(Marcus Aemilius Lepidus)였다. 그는 처음에는 술라의 측근이었다. 술라가 추방한 자들의 재산을 헐값에 사들여 재산을 늘렸고, 후에 시칠리아 총독이 된 뒤에는 후안무치하게 그 속주의 고혈을 짜내다가 가까스로 탄핵을 면했는데, 그때 위협을 느껴 반란 세력의 지도자가 되었다.

술라를 화장시킬 장작더미에 불이 붙자마자 레피두스는 모든 추방자들을 귀환시킬 것과, 빈민들에게 곡물을 다시 염가로 배급할 것과, 몰수된 모든 토지를 전 주인들에게 돌려줄 것과, 호민관들의 권한을 회복시킬 것을 골자로 한 법안을 제출했다. 처음 두 법안에 대해서 원로원 내의 술라의 계승자들은 다소 마지못한 태도로 받아들였다. 하지만 마지막 두 법안은 완강히 반대하여 법의 통과를 막는데 성공했다. 추방당했던 사람들이 곧 귀환하기 시작했다. 맨 처음 마르쿠스 페르페르나(Marcus Perperna)가 돌아왔고, 그뒤로 소 루키우스 킨나(Lucius Cinna), 가이우스 율리우스 카이사르(Gaius Julius Caesar)라고 하는 청년이 돌아왔다. 정치 클럽들이 우후죽순처럼 생겼고, 로마 시의 술집들과 매음굴들은 정치 음모와 술수를 꾀하는 사람들로 북적거렸다.

원로원을 장악한 사람들은 어려운 상황에 처하게 되었다. 그들은 레피두스를 제거하기 위해서 그를 피렌체 근처에서 발생한 무장 반란을 진압하라는 임무와 함께 에트루리아 북부로 파견했다. 그곳에서는 쫓겨난 농민들이 은거지에서 돌아와 술라의 전역병들을 쫓아내고 자기들의 땅을 다시 차지했던 것이다. 레피두스는 임무 수행을 위해서 키살피나 갈리아로 가서 군대를 일으켰다. 자신의 특사 마르쿠스 유니우스 브루투스(M. Junius Brutus)에게 이탈리아 북부를 남겨둔 채 에트루리아로 진격한 그는 그곳에서 반도를 진압하는 대신에 그들을 자신의 군대로 끌어들인 뒤 로마로 진격했다. 원로원은 그에게 군대를 해산하라고 명령했지만, 그는 두번째 콘술 직을 보장해 줄 것과 호민관들의 권력을 회복해 줄 것을 요구함으로써 답변했다.

기원전 77년에 그의 정적들은 자기들의 충직한 콘술 카툴루스(Catulus)를 보내 레피두스와 싸우게 했고, 대 폼페이우스는 유니우스 브루투스와 싸웠다. 카툴루스가 술라의 전역병들의 지원을 받아 레피두스를 로마에서 에트루리아로 격퇴하는 동안, 폼페이우스는 브루투스를 제압하고 그를 죽였다. 그런 뒤 폼페이우스는 에트루리아로 이동하여 코사에서 레피두스를 쳐부셨다. 뜻이 무산된 레피두스는 자신의 패잔병들을 데리고 사르디니아로 갔다가 거기서 얼마 살지 못하고서 죽었다. 그의 특사 마르쿠스 페르페르나(Marcus Perperna)는 군대를 이끌고 히스파니아로 가서 세르토리우스와 합류했다. 세르토리우스는 기원전 80년 이래로 로마 정부에 맞서 전면전을 벌리고 있었다.

대(對) 세르토리우스(기원전 122경~73) 전쟁. 퀸투스 세르토리우스 (Quintus Sertorius)는 분명히 로마사에서 대단히 인상적인 군지휘관이었다. 그는 마리우스 밑에서 킴브리아 전쟁과 동맹국 전쟁에 참전했고, 병사들을 훈련시키고 군기를 세우는 법을 터득했다. 소수의 로마군 장교들과 어느 정도 규모의 본토 히스파니아 병사들로 구성된 단위 부대들을 이끌고서 8년 동안 그를 정벌하도록 히스파니아에 파견된 속주 총독들의 부대에 번번이 좌절을 안겨 주었다.

만약 기원전 83년에 술라와의 전쟁을 그르친 마리우스계 지도자들이 세르토리우스를 배편으로 히스파니아로 보내지 않고 그의 군사적·정치적 재능을 활용했더라면 그들은 공화정의 역사를 바꾸어 놓았을는지도 모른다. 만약 세르토리우스가 콜리나 성문 앞에서 용감한 삼니움 전사들을 지휘했더라면 술라는 승리를 거두지 못했을 것이다.

히스파니아에서의 세르토리우스 (기원전 82~73). 로마 원로원을 지배하던 자들에게 도전하기 위해서, 세르토리우스는 본토 귀족들을 로마화하고 그로써 속주의 충성을 얻어내려고 했다. 무수한 히스파니아인들과 루시타니아인들을 로마 시민으로 받아들이고, 그들의 몇몇 지도자들을 자신이 로마에 대립하여 구성한 원로원으로 받아들이고, 상류층 청소년들을 교육할 학교를 세웠다.

그는 전쟁과 외교와 순전히 인격의 힘으로 히스파니아인들에 대해서 예전의 어떤 본토인 추장도 (심지어 비리아투스조차) 행사한 적이 없는 권위를 가지고 있었다. 그는 로마 병사들과 싸우기 위해서 자신의 군기 아래 몰려든 수천 수만의 사람들에게 그들의 게릴라 전의 소질을 십분 활용하여 군사 훈련을 시켰다. 마치 자기가 어디든 자기를 따라다니는, 디아나(Diana: 달의 여신으로 처녀성과 사냥의 수호신 ─ 역주)의 선물인 흰 새끼 사슴에게서 모든 비밀스런 정보를 받는 척하여 그들의 미신을 이용했다. 그는 기지와 정의감과 온화함으로 인해 히스파니아인들의 사랑을 받았고, 그 나라의 대부분을 장악했고, 술라의 장군들, 심지어 메텔루스 피우스 같은 위대한 장군조차 거듭해서 물리쳤다.

세르토리우스는 로마 군대와 전투를 벌이긴 했지만 자기가 로마와 전쟁을 벌이는 게 아니라 다만 술라 정권과 전투를 벌이는 것이라고 느꼈다. 그래서 술라가 죽은 뒤에 적극적으로 화해를 모색했으나, 술라의 정치적 후계자들은 전쟁을 속행하기로 결정했다. 그들은 기원전 79년 이래로 술라의 옛 동지 퀸투스 카이킬리우스 메텔루스 피우스를 지휘관으로 세웠다.

대 폼페이우스(기원전 106~48)의 등장. 기원전 77년까지 메텔루스가 세르토리우스에 대해서 이렇다 할 전과를 거두지 못하고 있던 차에, 대 폼페이우스가 레피두스를 격퇴하고서 로마로 돌아왔다. 폼페이우스는 자신의 군대를 해산하라는 원로원의 명령을 거부하고 구체적으로 자신을 히스파니아로 파견하여 세르토리우스와 싸우고 있는 메텔루스와 합류하게 해달라고 실용적으로 요구했다. 적지 않은 수의 원로원 의원들이 메텔리우스의 친구들이기 때문에 혹은 속주 사령관직이라는 그렇게 위험한 무기를 쿠르수스 호노룸(cursus honorum)의 가장 낮은 관직조차 오를 수 없을 만큼 어린 사람에게 맡기기가 두려워서 머뭇거렸지만, 원로원의 다수가 그의 요구에 동의했다. 폼페이우스는 콘술의 명령권과 근 히스파니아의 총사령관직을 맡았다.

그나이우스 폼페이우스 스트라보의 후계자인 폼페이우스는 피케눔 지역에서 가장 부유한 지주였다. 그러므로 많은 수의 피호인들과 막대한 인적 자원을 보유하고 있었다. 그는 원래 매력적인 인물로서 자기 자녀들과 자기의 여러 아내들에게 충성과 사랑을 받은 듯하지만, 아울러 야심도 무척 커서 자신의 자원을 사용하여 출세할 수 있는 기회가 오면 아무리 작은 것이라도 놓치지 않았다. 스물셋의 나이에, 그러니까 자신이 요구하는 것만큼의 인정을 킨나(Cinna)로부터 거절당한 뒤에 그는 대규모 사병(私兵)을 일으켜 술라와 합류했다. 훗날 술라가 정치적으로 더 유리한 배우자와 결혼할 것을 권하자, 그는 자신의 조강지처를 버렸다. 또한 과거에 자신이 어려움에 처해 있을 때 자신을 도와준 친구들이 자기가 보는 앞에서 술라에게 공격을 당할 때 그들을 위해 변호해 주지 않았다. 한술 더 떠서 그는 술라의 정적들을 맹렬히 색출함으로써 아둘레센툴루스 카르니펙스(adulescentulus carnifex, 젊은 도살자)라는 별명을 얻었다. 그리고 나서 시칠리아와 북아프리카에서 카르보와 그의 추종자들을 섬멸한 뒤에 술라로부터 군대를 해산하라는 요구를 받았을 때, 그는 술라의 요구를 거부하고 자기에게 개선식을 허락해 달라고 청하여 뜻을 관철시켰다. 술라의 법으로는 자신이 개선식을 치를 수 없었기 때문이다. 그런 뒤 술라는 그에게 마그누스(Magnus)라는 익살스런 칭호를 붙여주었는데, 이 칭호를 폼페이우스는 자신에게 유리하게 기회주의적으로 사용했다.

폼페이우스는 장군으로서는 탁월하지 못했다. 그를 비방한 사람들은 그가 남들이 자기보다 먼저 가서 피터지게 싸워 다 이겨 놓은 전투를 승리로 이끌었을 뿐이라는 일리 있는 말을 남겼다. 하지만 그가 남들이 그렇게 준비해 놓지 않은 전투도 종종 승리로 이끌었다. 왜냐하면 전투 계획을 치밀하게 세워 놓고, 자신이 수적으로 압도적인 우세한 전력을 확보하기 전에는 절대로 공격하지 않았기 때문이다. 정치가로서 폼페이우스는 다소 서투르고 시야가 좁았다. 어눌한데다 남들 앞에 나가 말하기를 어색해 했고, 할 말이 떠오르지 않아 뒷전에 입다물고 앉아 있는 때가 많았다. 이데올로기도 정치 프로그램도 없었다. 야심이 있다면 그것은 공화정의 가장 위대한 영웅으로 추앙을 받고, 그런 영웅이 자연스럽게 누리는 정치적 신망을 누리고 싶은 것뿐이었다. 그는 자신을 낳아 준 공화정을 무너뜨릴 의도가 추호도 없었고, 따라서 만약 자신이 그 일에 일조했다는 사실을 알았다면 대경실색했을 것이다.

히스파니아에서의 폼페이우스 (기원전 76~71). 기원전 76년에 폼페이우스가 히스파니아에 도착했을 때 군사 상황이 자기가 예상한 것만큼 만만치 않다는 것을 발견했다. 탁월한 전술가이자 야전 사령관인 세르토리우스는 자기보다 적은 병력을 가지고 그에게 두 번씩이나 패배를 안겨 주었다. 한 번은 연로한 메텔루스가 원군을 끌고 제때 도착하는 바람에 폼페이우스의 육군이 전멸의 위기에서 간신히 구출되었다. 폼페이우스는 로마 원로원에 강력한 증원군을 파견해 달라는 내용의 통렬한 편지를 보냈고, 마침내 증원군이 도착했다. 증원 군의 도움을 받아, 그리고 기원전 74년 혹은 73년에 세르토리우스가 자신을 배반한 페르페르나에게 암살된 데 힘입어 폼페이우스는 마침내 히스파니아 원정을 완성했다.

폼페이우스는 전술 면에서는 메텔루스만 못했지만, 선전 면에서는 더 탁월 했던 것 같다. 전쟁이 끝났을 때 여론은 폼페이우스에게 승리를 안겨주었기 때문이다. 개선 장군이 된 폼페이우스는 즉각 페르페르나를 세르토리우스 살 해 죄로 처형했다. 그러면서도 지혜롭게 세르토리우스의 선례를 따라 히스파 니아인들을 대단히 공정하게 대했다. 히스파니아인들을 존중한 그의 평화 조 약은 히스파니아에 번성을 되찾아 주었고, 히스파니아인들에게 감사히 기억되 었다.

대(제3차) 미트리다테스 전쟁 (기원전 74~63). 메텔루스와 폼페이우스 가 히스파니아에서 세르토리우스와 전투를 벌이고 있는 동안, 지중해 동단(東 端)도 전화(戰火)에 휩싸였다. 기원전 75년 말 혹은 74년 초에, 자녀가 없던 비시니아의 왕 니코메데스 4세(Nicomedes IV)는 자신의 왕국을 로마인들에 게 유증했다. 그에 따라 원로원은 비시니아를 로마 속주로 선포했다. 이 행위 가 폰투스의 미트리다테스 6세를 자극했다. 그는 로마의 비시니아 지배가 자 신의 에게 해 진출을 봉쇄할 것을 우려했다. 미트리다테스는 신속히 군대를 이동하여 로마 군대가 도착하기 전에 비시니아를 점령했다.

양국 사이에는 오래 전부터 전쟁이 예견되었었다. 로마 원로원은 제1차 미 트리타테스 전쟁 뒤에 술라가 체결한 관대한 평화 조약을 마지못해서 재가했 었고, 술라의 아시아 레가투스 무레나(Murena)가 기원전 83~82년에 비합법 적인 공격으로 제2차 미트리다테스 전쟁을 촉발했다가 술라에게 소환을 당했

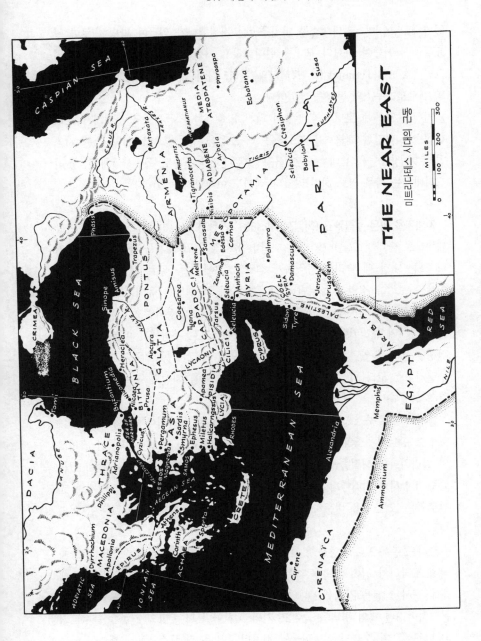

었다. 그뒤에 미트리다테스는 마리우스를 지원했다가 외국에 망명한 로마 장교들을 끌어들여 자신의 군대를 현대화하고 자신의 사위인 아르메니아의 티그라네스 2세(Tigranes II), 크레타와 킬리키아의 해적들, 그리고 히스파니아의 세르토리우스와 동맹을 맺었었다.

기원전 74년에 로마와의 전쟁이 터지자, 해적들은 폰투스로 몰려가 미트리다테스가 막강한 해군력을 강화하는 데 도움을 주었다. 세르토리우스는 전역한 로마 장교들을 보내 폰투스 육군을 로마군의 전술로 훈련시키게 했다. 티그라네스는 아무 일도 하지 않았다. 적어도 아직까지는 말이다.

지휘권을 맡은 루쿨루스 (기원전 74~66). 기원전 74년의 콘술 루쿨루스는 상대적으로 술라의 그늘에 가려진 대단히 유서깊은 귀족 가문 출신이었다. 그러나 그는 내전 때 술라를 충직하게 섬겼고, 그에 상응한 보상을 받았다. 그는 이제 원로원을 장악한 옵티마테스의 최측근들과 긴밀한 유대를 맺고 있었다. 콘술 직을 마친 뒤에는 키살피나 갈리아 총독으로 내정되었으나 본인의 의사를 관철시켜 킬리키아와 아시아 속주들의 총독으로 부임했고 미트리다테스와 전쟁을 벌이고 있던 로마 군을 지휘하게 되었다. 그의 동료 콘술 마르쿠스 아우렐리우스 코타(M. Aurelius Cotta)는 비시니아를 자신의 속주로 받고 함대를 지휘했다.

동시에 마르쿠스 안토니우스(Marcus Antonius, 옥타비아누스와 대결한 마르쿠스 안토니우스의 아버지)는 미트리다테스의 해군 동맹 세력들인 크레타와 킬리키아의 해적들을 제압하기 위해서 특별 지휘권을 받았다. 그러나 그는 아주 비참하게 패배했다. 크레타의 해적은 그에게 치욕스런 조약을 맺게 했고, 원로원은 그 조약을 비준하기를 거부했다. 그는 훗날 크레타에서 최후를 마쳤다.

코타도 총독으로 부임한 첫해에는 큰 어려움을 겪었다. 루쿨루스가 전쟁 지역에 도착하기 전에 완승을 거두고 싶었던 코타는 성급하게 미트리다테스에 대해 군사 작전을 감행했으나, 미트리다테스는 육지와 바다로 코타의 군대를 공격하여 3천 명의 병력을 죽이고, 거의 70척이나 되는 그의 전함을 불사르거나 나포했으며, 오늘날 이스탄불인 비잔티온 맞은 편 보스포로스 해협에 있는 도시 칼케돈에 코타의 군대를 봉쇄했다.

마침내 루쿨루스가 도착했다. 그는 3만 명이 채 안 되는 보병과 1천6백 명의 기병을 이끌고 미트리다테스를 공격하여 그로 하여금 칼케돈 포위를 풀게 만들었고 자기 병력의 몇 곱절이나 되는 적군에 대해서 몇 차례에 걸쳐 대승을 거두었다. 미트리다테스의 입장에서는 만약 손금 읽듯이 훤히 알고 있는 폰투스 산지로 후퇴하여 매복했다면 로마 군대를 유인하여 쉽게 승리를 거둘 수 있었을 뻔했다. 그러나 그렇게 하지 않고 서쪽으로 후퇴하여 퀴지쿠스라는 대도시를 포위 공격하다가 거기서 자기가 함정에 빠져 막대한 육군 병력 대부분을 잃었다. 미트리다테스를 비시니아에서 쫓아낸 뒤, 루쿨루스는 기원전 73년 가을에 폰투스를 침공했다. 72년에 카비라에서 그는 미트리다테스에게 치명적인 패배를 안겼고, 미트리다테스는 자신의 사위인 아르메니아 왕 티그라네스의 궁정으로 망명했다.

부하들이 폰투스 정복을 마무리하는 동안, 루쿨루스는 로마의 아시아 속주로 돌아가 술라가 그곳 도시들에 매겼던 막중한 배상금과, 그 배상금을 무느라 로마의 대금업자들에게 받지 않을 수 없었던 고리의 차관을 완화해 주었다. 곡물에 25%의 세금을 부과하고 가옥들과 노예들에 특별세를 부과함으로써 도시 재정을 지원했다. 부채에 대한 이율의 상한선을 12%로 고정하고, 부채의 2/3을 탕감하고, 부채 상환 조건을 4년 거치 무이자로 완화하고, 채권자들에게는 수입의 1/4 이상을 세금으로 내도록 하는 조치를 취했다. 이런 조치들은 속주의 경제 상황을 급속히 회복시켰지만 로마의 자본가들을 격분시켰다. 그들은 그의 실각을 위해 활동을 벌였다.

루쿨루스의 실각. 미트리다테스를 생포하지 않고는 항구적인 평화란 불가능했다. 티그라네스가 미트리다테스를 넘겨달라는 요구를 거부하자, 루쿨루스는 원로원의 승인을 받지 않은 채 기원전 69년에 아르메니아를 침공했다. 아르메니아의 수도 티그라노케르타에서 자신의 병력보다 압도적으로 많은 티그라네스의 군대를 궤멸시킨 그는 제2의 수도 아르탁사타를 향해 길고도 힘겨운 행군을 감행했다. 하지만 그곳에 도달하지 못했다. 피눈물도 없이 군대를 모질게 훈련시키던 지휘관이었던 그는 자기 병사들로부터 사랑을 받지 못했다. 그는 자기 병사들을 혹사했고 함락된 도시들을 약탈하지 못하도록 엄히 금했다. 그런데다 초겨울 눈발을 헤치고 아르메니아의 산맥을 넘는 강행군을 하자 병사들의 불만은 고조될 대로 고조되었다. 그런 상황에서 루쿨루스의 정책들에 손해를 입은 장사꾼들과 그의 기회주의적인 자형이자 그의 참모 푸블리우스 클로디우스(Publius Clodius)가 폭동을 일으켰다. 어쩔 수 없이 겨울 동안 메소포타미아로 퇴각할 수밖에 없었던 루쿨루스는 그곳에서 니시비스에 대해 탁월한 공략을 펼쳐 함락시키고 풍성한 전리품을 차지했다.

루쿨루스가 아르탁사타에서 후퇴하는 동안에도 언제나 자원이 풍부하고 철옹성과 같던 미트리다테스는 8천 명의 병력을 결집시키고 있었다. 그는 해방자와 복수자로서 폰투스로 진입하여 그곳에 주둔하고 있던 소규모의 로마 수비대들을 쉽게 물리쳤다. 유약한 티그라네스는 아르메니아를 재점령한 뒤 다시 카파도키아를 침공했다. 루쿨루스는 아무 일도 할 수 없었다. 그의 병사들은 싸우기를 거부했다. 그는 로마에 증원군을 요청했으나 증원군은 오지 않았다. 킬리키아와 아시아의 새 총독들에게 호소해 보았으나 역시 거절당했다. 폭동이 가져다 준 참담한 결과가 승승장구하던 8년 세월을 물거품으로 만들었다. 루쿨루스는 많은 정치적 음모와 공작을 당하다가 마침내 처음에는 아킬리우스 글라브리오(Acilius Glabrio)에 의해서, 일년 뒤에는 폼페이우스에 의해서 지휘권을 박탈당했다. 그는 비록 최후의 승리를 놓치긴 했지만, 결국 그가 얻을 가치가 있던 승리를 얻고서 포도주 저장고, 연못, 벚나무로 위안을 얻었다.[1] 그리고 자신의 난관들을 이용하여 전쟁 비용을 얻었던 폼페이우스를 제재할 충분한 기회를 얻게 되었다.

스파르타쿠스와 이탈리아 노예 전쟁 (기원전 73~71). 지중해 양쪽 끝에서 전쟁이 한창 진행되고 있을 때 이탈리아 본토에서 위험한 노예 반란이 발생했다. 기원전 73년에 왕족 출신으로 추측되는 트라키아의 노예 스파르타쿠스(Spartacus)가 일단의 검투사들을 이끌고 카푸아의 훈련소 막사를 이탈했

---

1) 루쿨루스는 재배된 벚나무를 동방에서 이탈리아로 옮겨왔다. 벚나무에 루쿨루스라는 학명이 붙은 데에는 그런 이유가 있다.

다. 이들은 베수비우스 화산 분화구에 요새를 만들고 모든 노예들에게 해방을 위한 투쟁에 가담할 것을 요구했다. 수많은 노예들이 실제로 그들 편에 가담했다. 특히 마리우스가 킴브리아 전쟁에서 생포해온 갈리아인들과 게르만인들의 참여가 두드러졌다. 무기를 들고 싸우는 데 생소하지 않았던 이들은 광활한 농장에서 고된 노동과 짐승 취급을 받는 동안 억셀대로 억세진 상태에서 죽기를 각오하고 덤비는 위험한 분자들이었다. 남부의 거대한 농장들에서 스파르타쿠스에게 모여든 소와 양을 치는 목동들은 제대로 무장을 갖추었다. 다른 사람들도 해적들과 비양심적인 상인들에게 무기를 사거나 자기들을 진압하도록 파견된 로마 군대에게서 무기를 탈취함으로써 곧 무장을 갖추었다. 이들이 떼를 지어 농촌을 휩쓸고 다니고 노예 감옥을 공격하여 죄수들을 풀어주고 노예들을 무장시킴에 따라 그 병력은 7만 명으로 불어났다.

노예 반란이 추진력을 얻을 수 있었던 것은 로마의 정예 병력이 히스파니아와 소아시아에서 발목이 잡혀 있었기 때문이다. 당시 로마인들은 지중해 전역에 번지고 있던 느슨한 동조 반란을 막기 위해서 필사적인 투쟁을 벌이고 있었다. 세르토리우스, 미트리다테스, 그리고 지중해의 해적들이 오래 전부터 어느 정도 협조를 취하고 있었다. 그런 상황에서 이제 해적들이 이탈리아에서 반란을 일으킨 노예들에게 무기와 물자를 대주고 있었다. 만약 세르토리우스가 동방의 로마 영토에 대한 미트리다테스의 소유권 주장을 지지할 의지가 있었다면, 그리고 만약 히스파니아가 평정되기 전에 해적들이 이탈리아의 노예들을 위해 더 많은 일을 할 시간적 여유가 있었다면, 지중해 세계에 대한 로마의 지배는 완전히 강화되기 전에 붕괴되었을 것이다.

노예 반란이 쉽게 진압되리라고 생각한 정부는 곧 스파르타쿠스가 대규모 군대를 거느리고 있는데다 탁월한 전략가라는 사실을 파악하게 되었다. 패배에 패배가 잇달았다. 네 명의 프라이토르와 두 명의 콘술이 이끈 부대들이 스파르타쿠스에게 격파되자, 원로원은 자포자기 식으로 마르쿠스 리키니우스 크라수스를 지휘관으로 임명하고 그에게 스파르타쿠스에 의해 격파된 네 개의 콘술 군단 패잔병들 외에 여섯 개의 새 군단을 배당해 주었다.

마르쿠스 크라수스 (기원전 115경~53). 폼페이우스와 루쿨루스와 마찬가지로, 크라수스도 술라의 열렬한 지지자였다. 그는 심지어 술라가 콜리나 성문에서 중요한 승리를 거둘 때 결정적인 역할을 하기도 했다. 그러나 처벌대상자 명단을 독단적으로 조작했다는 이유로 술라와 술라의 최측근들로부터 신망을 잃었었다. 크라수스는 이제 대단히 어려운 상황에 처하게 되었다. 그의 가문은 삼 대에 걸쳐 귀족 사회에서 두드러진 지위를 누렸다. 그의 아버지와 형제는 마리우스를 대적하다가 죽었고, 그만 홀로 가문의 명예를 이어갈 자로 남았다. 그는 혈혈단신으로 가문을 세워가야 할 형편이었다. 그러므로 귀족 정치의 강렬한 정치 투쟁에서 이기는 데 필요한 자금을 확보하는 일에 착수했던 것이다.

이렇게 자금 확보에 열중하다보니 그는 고대 시대에 탐욕스럽다는 오명을 얻게 되었는데, 고대 세계의 로마 귀족 사회에서는 그렇게 노골적으로 돈을 끌어모으는 행위를 덕스럽게 여기지 않았기 때문이다. 그러나 크라수스는 경쟁자들을 제치고 고위 관직에 오르려면 돈을 모아야 했다. 폼페이우스와 결국은 카이사르마저도 전쟁(대단히 명예로운 사업으로 간주된)에서 거둔 이익으로 더 큰 부자가 되었다. 반면에 크라수스는 비옥한 농경지와 광산과 사업적인 임대사업으로 투자했다. 고도로 훈련된 노예들로 구성된 대규모 사원들을 거느리고 있다가 일시적으로 이들 전문인력이 필요한 사람들에게 이들을 빌려주었다. 아울러 설계가 변변치 않은 데다 인구가 밀집된 로마에서 자주 발생하는 화재 덕분에 헐값에 사들인 건물들을 수리하고 개축하는 데도 이들을 활용했다.

많은 사람들은 크라수스가 사설 소방대를 유지하면서(당시에는 국가가 관리하는 소방대가 없었다) 화재가 났을 때 건물주가 건물을 헐값에 팔겠다고 동의하기 전에는 진화에 나서지 않았다고 믿는다. 이 이야기를 입증할 만한 증거는 없다. 그러나 부자들이 가난한 사람들의 보호자 역할을 하기 위해 사설 소방대를 유지한 것은 특이한 일이 아니었다. 크라수스도 그런 동기로 소방대를 두었을 뿐 건물주가 건물을 팔기 전에는 진화에 나서지 않았다는 말은 사실이 아닌 듯하다.

크라수스는 사람들의 호의를 얻어내는 데 대단히 능숙했다. 누구든 자신의 변호를 요청하면 수임료를 받지 못할지라도 법정에서 그를 위해 기꺼이 변호해 준 것으로 유명했다. 종종 이자를 받지 않고 대출해 주었고, 그런 방식으로 덜 유명한 수많은 원로원 의원들의 충성을 얻었다. 그 결과 크라수스는 꾸준히 승진의 길을 걸어 공직 취임 연령이 된 지 몇년 뒤인 기원전 73년에 프라이토르 직에 올랐다. 기원전 72년에는 스파르타쿠스를 진압하기 위한 지휘권을 받음으로써 출세가도에 올라서게 할 명성을 누릴 수 있는 기회를 얻었다. 그는 심지어 자신의 돈을 사용하여 보다 많은 병사들을 모집했다.

크라수스는 모집한 사람들을 훈련시킨 뒤 스파르타쿠스를 진압하기 위해 브루티움 남부로 진격했다. 마침내 그는 스파르타쿠스가 진을 치고 있던 땅의 좁은 지협을 가로지르는 방벽을 쌓아 그를 포위했다. 어느 캄캄한 겨울 밤에 스파르타쿠스는 방벽을 뚫고 루카니아로 진군했다. 크라수스는 좌절했고, 전보다 훨씬 더 놀란 로마인들은 일찌감치 폼페이우스를 히스파니아에서 소환해 놓고 있었다. 크라수스는 폼페이우스가 도착해서 모든 영광을 가로채기 전에 무슨 일을 이루려고 작정했다. 스파르타쿠스의 군대는 두 개의 분견대로 나누어 진군했는데 하나는 게르만인들과 켈트인들로 구성되었고, 다른 하나는 트라키아인들과 근동인들로 구성되었다. 크라수스는 먼저 두 번의 작전으로 켈트인들과 게르만인들을 물리쳤다. 그런 뒤 스파르타쿠스를 따라잡아 정면 승부를 벌였다. 지난 2년 동안 아홉 개의 로마 군대를 물리친 스파르타쿠스도 결국은 패배했다. 그는 전장에서 죽었고, 살육이 워낙 컸기 때문에 그의 시체를 찾아낼 수 없었다.

폼페이우스는 히스파니아에서 돌아오던 길에 에트루리아로 도피했던 5천 명의 노예 부대를 만나 그들을 궤멸시켰다. 이 사소한 무력의 과시로 폼페이우스는 또 다른 전쟁을 종식시킨 공로를 내세울 수 있게 되었다. 그것은 크라수스에게는 대단히 애석한 일이었다.

폼페이우스와 크라수스의 콘술 직 (기원전 70). 폼페이우스와 크라수스는 둘 다 승자로서 로마로 행군했고 각자 성문 바깥에 군대를 야영시켰다. 두 사람 다 군사적 명예를 기대했고, 두 사람 다 콘술 직을 원했다. 기원전 73년에 프라이토르 직을 지낸 크라수스는 공직에 오를 수 있는 나이가 되었다. 그러나 폼페이우스는 콘술이 되기에는 여섯 살이나 어렸고, 법이 콘술 후보자에게 요구하는 하급 관직들을 하나도 역임하지 못한 상태였다. 원로원 의원들이 폼페이우스의 요구를 들어주려면 자신들의 권력의 기반인 술라의 국제를 어겨야 했다. 그럼에도 불구하고 그들은 그의 요구를 거절하려면 군단들을 로마로 들이는 위험을 감수해야만 했다. 크라수스를 이용하여 폼페이우스를 제거하려는 생각도 허황되기는 마찬가지였다. 두 사람은 정적이면서도 이 시점에서는 오로지 서로 협력해야만 저마다 콘술 직에 대해 품고 있는 기대가 성취될 수 있다는 것을 깨달았다. 두 사람은 자기들의 인기를 배가하고 원로원 내의 정적들을 더욱 압박하기 위해서 호민관들에게 다시 충분한 권력을 부여하고 원로원 의원이 아닌 자들을 배심원으로 임명하라는 인민의 요구를 지지했다. 폼페이우스는 법적 요구 조건들로부터 면제를 받았고, 그로써 그와 크라수스는 기원전 70년에 콘술에 선출되었다.

폼페이우스와 크라수스의 콘술 직은 여러 해 동안 공격을 당해온 술라의 국제를 완전히 소멸시켰다. 원로원의 귀족 지도자들은 불만을 희석시키려는 의도로 인민의 압력에 몇 가지 양보를 했었다. 기원전 75년에 콘술 가이우스 아우렐리우스 코타(Gaius Aurelius Cotta)는 호민관들에게 고위 관직들에 오를 수 있도록 허용하는 법안을 관철시켰다. 식량난과 고물가가 기승을 부리던 기원전 73년의 콘술은 4만5천 명의 시민에게 가이우스 크라수스가 정한 가격으로 5펙(peck, 약 45리터)의 곡물을 분배하는 법안을 주창했다. 폼페이우스와 크라수스는 이제 호민관들에게 술라가 취소했던 모든 권한을 돌려주는 법안을 상정하여 관철시켰다. (폼페이우스는 나중에 호민관들이 자기가 바라는 군지휘권을 확보하는 데 도움을 주리라고 기대했다. 그리고 그들은 그를 실망시키지 않았다.) 그런 뒤 호민관들은 레피두스와 세르토리우스 밑에서 전투에 참가한 모든 사람들에게 시민권을 회복시키는 법안을 상정했다. 콘술들은 술라 시대 이래로 정지 상태에 있던 독재관 직을 부활시켰고, 그렇게 해서 새로 임명된 독재관들은 즉각 술라의 일파 중에서 예순네 명을 원로원에서 축출했다.

이 역사적인 콘술 직이 끝나갈 무렵에 파멸에서 무언가를 건지려고 노력하던 귀족 프라이토르 아우렐리우스 코타가 원로원의 배심원 직 독점 관행을 타파하고 배심원 직을 원로원과 기사 계층과 트리부니 아이라리(tribuni aerarii)

에서 동수로 임명하는 내용의 법안을 작성하여 관철시켰다. 트리부니 아이라리에 관해서는 알려진 것이 전무하다. 이들은 아마 신분으로는 기사 계층보다 아래였으나 기사 계층과 마찬가지로 비원로원 상류 계층에 속했고, 이들이 향후에 배심원 정원의 2/3를 차지했다.

가이우스 베레스의 재판 (기원전 70년). 누가 배심원 자리에 앉을 것인가 하는 쟁점은 기원전 70년에 거행된 저 유명한 가이우스 베레스(Gaius Verres)의 재판으로 극명하게 부각되었다. 과거에 술라의 지지자였던 그는 기원전 74년에 프라이토르가 되었고, 그뒤 3년간 시칠리아의 총독을 지냈다. 총독으로 있을 때 속주민들을 속이고 갈취하고 약탈하고 심지어 살해하기도 했는데, 속주민들의 일부는 폼페이우스의 피호인들이었다. 피해를 입은 시칠리아인들이 기원전 70년에 부당취득재산 반환법정에 그를 고소했을 때, 그는 원로원에 포진하고 있는 술라의 옛 지지자들이 자신을 위해 무죄 판결을 이끌어 내 줄 것이라고 생각했다. 실제로 많은 의원들이 그런 입장을 견지했다. 그들은 이 재판을 원로원측 배심원들의 성실도에 대한 시험으로 보았다.

권력있는 친구들이 베레스를 지지하기 위해 규합했다. 이들은 당대에 가장 유명한 웅변가 퀸투스 호르텐시우스 호르탈루스(Quintus Hortensius Hortalus)를 설득하여 그를 변호하도록 했다. 그들은 대단히 교묘한 술책을 사용하여 고소를 중지시키거나 자기들 중 한 사람이 재판관이 될 때까지 재판을 연기하려는 헛된 시도를 했다. 심지어 우호적인 검사를 확보하려고까지 했다. 그러나 그들은 열정적인 젊은 웅변가 마르쿠스 툴리우스 키케로(Marcus Tullius Cicero)에게 번번이 가로막혔다. 키케로는 그 재판을 폼페이우스의 시칠리아 친구들을 보호해 줌으로써 그에게 호의를 베풀고, 베레스에게 구형을 내려 호르텐시우스에게 타격을 가함으로써 변론가로서 명성을 얻을 기회로 보았다.

마르쿠스 툴리우스 키케로 (기원전 106~43). 유명한 기사(eques)의 아들인 키케로는 기원전 106년에 아르피눔에서 태어났다. 좋은 교육을 받았고, 여러 지역을 여행했고, 아테네와 아시아와 로도스에서 철학과 수사학을 공부했으며, 로마에서 법률가로 활동하기 위해서 스스로 훈련했다. 결국 세계에서 가장 유명한 연설가들과 가장 위대한 문인들 중 한 사람이 되었다. 저서로는 「카틸리나 탄핵연설」(*In Catilinam*)와 「필리포스」(*Philippics*)를 포함한 많은 법률적·정치적 연설문들과, 「늙음에 관하여」(*De Senectute*)와 「우정론」(*De Amicitia*) 같은 수필들, 「법률론」(*De Legibas*), 「국가론」(*De Re Publica*), 「의무론」(*De Offices*)을 비롯한 다수의 철학 및 정치 논문들, 「연설가론」(*De Oratore*)과 「브루투스」(*Brutus*) 같은 연설론들이 있다.

역사적 관점에서 볼 때 보다 중요한 것은 그의 편지들이다. 그 안에는 이 시기에 일어난 사건들이 연(年) 단위로 뿐 아니라 하루 단위로 기술되어 있는 경우도 많다. 근대의 일간지가 등장하기 전까지 어느 한 역사 시기가 그렇게 소상하게 기록된 경우가 있을 것 같지 않다. 키케로의 편지들은 역사 문서를 넘어선다. 인간의 영혼과 그의 가장 깊은 내면의 정서, 인격의 약점들과 강점들을 드러낸다. 그리고 자신의 인격의 힘까지도. 그러나 이 편지들을 근거로 그는 가끔 현대 사가들에게 부당한 평가를 받았다. 그럼에도 불구하고 소수의 사가들이 「고백록」을 쓴 아우구스티누스만큼은 아닐지라도 키케로의 제 모습을 평가할 용기와 기본적인 확신과 정직을 드러냈다.

평생 키케로는 과두제를 점하던 옵티마테스 과두주의자들의 범죄와 추문을 들춰냈다. 물론 그는 그들을 철저하게 버리거나 그들에 대한 존경심을 버린 적은 없지만 말이다. 그의 이상은 그들 틈에 남아 있으면서 그들에게 공동의 선을 도모하는 참되고 편벽되지 않은 공복(公僕)들이 되도록 깨우치려는 것이었다. 그는 정치적으로도 비겁하지 않았다. 기원전 80년에 술라의 측근에게 위협을 받은 청년을 변호했다. 억눌린 속주민들을 진심으로 동정했다. 그들을 동정해서, 그리고 세계의 주목을 받는 재판을 통해서 자신의 입지를 향상시키기 위해서, 기원전 70년에 베레스 고소건을 맡아 거장 호르텐시우스조차 변호를 포기할 정도로 그에 대한 막대한 분량의 치명적인 증거들을 제시했다. 베레스는 맛있는 생선이 잡히고 기후가 온화한 마실리아로 망명길을 떠났다. 그것은 수백만 시칠리아인들의 고혈을 짜내고 심지어 로마 시민 한 사람을 십자가에 달아 죽인 사람에게 그다지 가혹한 형벌이 아니었다.

키케로가 베레스에 대해서 남긴 두번째 연설은 실제로 행해지지는 않고 소책자로 출판되었다. 이 연설은 베레스가 시칠리아 속주를 수탈하여 거액의 재산을 쌓을 수 있었던 경위를 상술한다. 베레스는 유복한 사람들을 거짓으로 고소하고 배심원들을 협박하여 피고들의 재산을 몰수하는 판결을 내리게 하고, 그런 뒤 그 재산을 착복했다. 정의를 팔아먹었을 뿐 아니라 사제직과 관직도 가장 높은 경매가에 팔아먹었다. 세금 징수업자들과 결탁하여 운반할 수 있는 양의 돈을 최대한 짜냈고, 잘못 징수한 세금을 돌려주는 일이 없었다. 공금을 가지고 엄청난 이율의 이자 놀이를 했고, 시칠리아인들에게 터무니 없는 헐값에 혹은 공짜로 밀을 사들여 로마 정부에 정상적인 시장 가격으로 팔았다. 예술품에도 손을 뻗어 개인들과 도시들과 심지어 신전들에서까지 강탈했다. 그의 도둑질과 약탈에 저항하거나 반대하는 사람은 옥에 가두거나 십자가에 달아맸다.

베레스의 죄상이 백일하에 드러난 사건은 술라의 과두제 지도자들과 그들이 장악한 체제에 반대하던 사람들에게 모든 필요한 탄약을 제공했다. 그러나 무죄 석방되지 않은 것이 배심원 직을 원로원 의원들, 기사 계층, 트리부니 아이라리에게 고루 배분하자는 코타의 타협안으로 하여금 유권자들에게 먹혀드는 데 일조한 듯하다. 이 개혁이 시행되고 호민관들이 과거의 권한을 충분히 되찾게 되자 국제는 대부분 술라 시대 이전의 상태로 되돌아갔다.

폼페이우스와 크라수스는 역사적으로 중요했던 기원전 70년의 역사적 콘술직을 마친 뒤에 다음 번 국가 위기 때 자신들의 명예와 위신을 더욱 높일 기회를 기다렸다. 폼페이우스는 자신을 극히 냉대하는 원로원 회의에는 참석하지 않고 언제나 그 진기한 외모로 다수의 피호인들과 가신들을 대동하고 로마 광장에 나갔고, 인민은 경외심과 자부심이 뒤섞인 표정으로 그를 지켜보았다. 그는 그들의 우상이었고 그들의 권익을 지키는 강력한 수호자였다. 크라수스는 재산을 늘리고 훗날 필요할 때 기댈 수 있는 친구들을 곳곳에 심어두기 위해서 배후에서 부지런히 활동했다. 결국 그 친구들 중 하나가 가이우스 율리우스 카이사르라고 하는 야심찬 젊은이였다.

카이사르 (기원전 100~44). 카이사르는 기원전 100년 7월 13일에 매우 유서깊은, 그러나 수백년간 정치적으로는 대단히 미미했던 귀족 가문에서 태

어났다.[2] 그의 가문에는 강력한 포풀라레스(popularis) 조상들이 있었다. 아주
머니 율리아(Julia)는 마리우스의 아내였다. 그녀보다 더 먼 조상 율리아는 그
라쿠스의 농지 분배 위원회에 몸담았던 풀비우스 플라쿠스의 아내였다. 카이
사르의 아내는 킨나의 딸 코르넬리아로서, 그는 한때 술라의 명령에도 불구하
고 그녀와 이혼하기를 거부했었다.

　카이사르가 후반에 누린 명성이 워낙 컸기에 많은 사가들이 그의 초기 경
력의 중요성을 과장하는 일이 생겼다. 그의 무공들과 위험을 가까스로 면한
일은 아마 꾸며낸 이야기인 듯하다. 그가 기원전 70년에 호민관의 권한을 회
복시키는 안건에 대해 지지 발언을 했을 가능성이 있지만, 술라의 국제를 전
복시킨 일과는 조금도 관계가 없었다. 그렇긴 하지만 그는 술라의 국제가 매
우 인기가 없는 점과 평민이 작고한 마리우스를 대단히 존경한다는 점을 이용
한 것만은 틀림없는 사실이다. 예를 들어 기원전 69년에 콰이스토르를 지낼
때 그는 술라가 금지했던 마리우스의 상(像)을 전시했고, 마리우스의 미망인
인 자기 아주머니 율리아의 장례식 때와 킨나의 딸인 자기 아내 코르넬리아의
장례식 때 마리우스와 킨나의 행적을 격찬하기까지 했다. 기원전 69년 말에
히스파니아로 발령받아 갔을 때부터는 비로소 자신의 이름을 내고 히스파니
아의 피호인들을 만들어가기 시작했다. 하지만 로마에서는 자기보다 더 유력
한 사람들의 도움을 받지 않고는 두각을 나타낼 길이 없었다. 배경 때문에 술
라의 많은 계승자들로부터 의혹을 사고 있던 카이사르에게는 폼페이우스와
크라수스 같은 사람들로부터 호의적인 주목을 받는 것이 유익했을 것이다.

기회주의적인 호민관들. 다른 젊은이들도 저마다 두각을 나타내려고 하
고 있었다. 몇몇 젊은이들은 폼페이우스와 크라수스가 권한을 회복시켜 놓은
호민관 직이 제공하는 기회들을 이용했다. 기원전 67년에 호민관들인 가이우
스 코르넬리우스와 아울루스 가비니우스가 특히 적극적이었다. 호민관 코르넬

---

　2) 수에토니우스의 「신(神) 율리우스」(6.1)에 따르면 카이사르는 자신이 불멸의 신들과 왕 앙
쿠스 마르키우스에게서(ab Anco Marcio)에게서 유래했다고 자랑했다고 한다. 학자들 중 더러
는 그의 출생 연도를 102년이나 101년으로 주장했지만, 오늘날은 전통적으로 인정되어온 기원전
100년이 널리 받아들여진다.

리우스가 내놓은 첫째 법은 프라이토르가 임직할 때 발표했던 칙령들(edicts)
— 그것은 최고의 중요성을 지닌 입법화였고 속주들 전체에 걸쳐서 보편법과
평등의 기초였다 — 에서 제시했던 원칙들에 따라 사법행정을 관장하게 했다.
그것은 모든 속주들을 대상으로 한 통일된 법과 형평을 중시하고 기초를 놓는
법이었다. 그의 두번째 법은 유권자들을 매수한 자에게 벌금을 매기고 피선거
권을 박탈하는 내용을 담았다. 마지막으로 통과된 세번째 법은 원로원이 의결
정족수인 2백 명이 참석하기 전에는 개인들에게 법의 요구를 면제해 주는 행
위를 불법으로 규정했다. 그의 다른 제안들 중에서 나중에 그의 동료 가비니
우스(Gabinius)가 통과시킨 법들 중에서 첫째 법안은 외국과 속주 사절들이
뇌물을 써서 원로원에서 로비를 할 수 없도록 그들에게 돈을 대여해 주는 것
을 금지했고, 두번째 법안은 로마의 동맹국들을 원로원의 정치적 지연 전술로
부터 보호하기 위해서 2월 회기 동안 대사들의 접견을 우선적인 과제로 삼도
록 의무화했다. 경제적·정치적 입지에 중대한 타격을 받게 된 원로원의 여러
중진 의원들의 격렬한 반대를 무릅쓰고 통과된 이 탁월하고 유익한 법들은 호
민관들이 술라에 의해 부과된 제재들로부터 벗어나는 것을 정당화하는 듯했
다.

하지만 코르넬리우스와 가비니우스 같은 사람들은 단순히 애국심에 고취된
개혁자들이 아니었다. 그들은 술라가 두려워했던 바로 그 일을 이행하고 있었
다. 원로원의 정치판에서 서로 경쟁자들이었던 두 사람은 그라쿠스 형제들과
그밖의 사람들이 과거에 그랬던 것처럼, 호민관에게 회복된 권한을 사용하여
원로원의 유력한 지도자들을 설득하고 있었다. 그들의 전략의 일부는 원로원
을 지배한 술라의 옵티마테스파 정치 후계자들에게서 소외되어 있던 폼페이
우스와 크라수스 같은 다른 유력한 원로원 의원들의 호의를 얻어내는 것이었
다.

해적들과 미트리다테스를 정벌해야 했던 폼페이우스의 임무(기원전 67~66). 가비니우스는 주로 지중해의 해적 문제를 다루기 위한 기원전 67년
의 법을 통과시킨 일로 주로 명성을 얻었다. 과거에도 해적 행위를 뿌리뽑으
려는 시도들이 여러 차례 있었으나 모두 무산되었는데(참조. 390쪽), 최근에

그 위협이 위험 수위에 이르렀던 것이다. 해적들은 이탈리아 본토 해안의 대도시들을 공격했고, 오스티아 근처의 대규모 로마 함대를 궤멸시켰고, 시칠리아 인근 해역에 워낙 자주 출몰했기 때문에 로마 시에 물자를 보급하는 선박들이 더 이상 항해를 할 수 없을 정도였다. 곡물 가격이 폭등했고, 기근의 위기에 처한 로마인들은 바다를 깨끗이 정리하기로 작정했다.

가비니우스가 민회에 상정한 법안은 3년간 지중해와 해안 지대에 대해 비상 대권을 행사할 콘술 급의 최고 사령관을 임명하고, 그에게 바다에서 육지로 50마일 이내의 모든 해안 지방에 대해서 속주 총독보다 우위의 권위를 부여하는 내용이었다. 마침내 통과된 이 법은 총사령관에게 국고에서 6천 탈렌툼의 비용을 끌어다 쓰고, 5백 척의 전함으로 구성된 함대를 조직하고, 필요하다면 120,000명의 보병과 5000명의 기병을 모집하고, 프라이토르 급의 레가투스들(legati) 25명과 콰이스토르 2명으로 구성된 참모단을 임명할 권한을 부여했다.

콘술 칼푸르니우스 피소(C. Calpurnius Piso)와 그밖의 원로원 의원들은 이 법안이 한 사람에게 지나치게 큰 권력을 준다는 이유로 완강히 반대했지만, 이 법안을 지지하는 인민에게 압도당해 버렸다. 호민관들 중 한 사람은 이 법안에 거부권을 행사했다가 과거에 티베리우스 그라쿠스가 옥타비우스를 처리한 것처럼 처리하겠다는 위협을 받고는 거부권을 철회했다. 결국 법안은 통과되었다. 그것이 법이 제정된 뒤에 원로원의 다수 의원들은 폼페이우스를 총사령관으로 임명했다. 대등한 경쟁자가 없었기 때문에 그들로서는 선택의 여지가 없었고, 비록 법에는 이름이 명기되지 않았지만 그가 바로 가비니우스와 유권자들이 염두에 두었던 장본인이었다.[3] 이번에는 가비니우스가 폼페이우스를 위해 쏟은 노력에 대해 충분한 보상을 받았다. 폼페이우스는 기원전 66년에 그를 레가투스로 발탁했고, 기원전 58년에는 그가 콘술에 오르게 해주겠다고 보증했다.

폼페이우스는 해적 소탕을 위한 원정에 혼신의 힘을 기울였다. 지중해와 흑

---

3) 그의 지도력에 대한 믿음이 워낙 컸기 때문에 그가 지휘권을 받던 당일에 곡물가가 큰 폭으로 하락했다.

해를 13개의 해군 지역으로 구분하고, 각 지역을 자신의 레가투스들에게 맡기고, 그로써 어느 해적들이고간에 한 쪽 그물을 피하면 반드시 다른 쪽 그물에 걸리도록 만들었다. 그는 함대와 인력과 보급품을 탁월하게 조직하고 방대하게 집중시킨 데 힘입어 사십일만에 서 지중해에서 해적들을 말끔히 소탕했다. 동 지중해로 기수를 돌린 그는 킬리키아 연안에서 해적들과 조우하여 그곳에서 그들을 전멸시켰다. 석 달이 지나가기 전에 그는 해적들을 바다에서 쓸어 버렸을 뿐 아니라 그들의 선박들과 육지에 설치해 놓은 요새들과 시설들을 모조리 파괴했다.

폼페이우스가 해적들에게 그렇게 신속히 승리를 거둘 수 있었던 것은 군사력이 압도적으로 우월했기 때문이기도 했고 포로들을 대우한 태도 때문이기도 했다. 로마인들은 해적을 잡으면 대개 십자가에 달아 죽이거나 노예로 팔았지만, 그는 히스파니아에서 성공적으로 사용했던 좀더 인간적인 방법을 채택했다. 즉, 항복한 해적들을 소아시아의 농장이나 촌락에 정착시켰던 것이다. 이렇게 해서 해적질을 유발한 기본적인 사회적·경제적 요인들이 제거되었고, 재정착한 해적들은 훗날 로마의 가장 충성스럽고 유용한 신민이 되었다. 그들 중 더러는 동방에서 가장 먼저 로마 시민권을 받았다. 이들은 아울러 폼페이우스의 충직한 피호인들이 되었다. 훗날 카이사르와 내전을 벌일 때 그는 동방에서 누린 막대한 지원을 토대로 전략을 펼쳤다.

한동안 미트리다테스 정벌 전쟁은 순탄치 못했다. 루쿨루스는 야전군 사령관으로서 탁월한 기량에도 불구하고 자대에 폭동이 일어나는 바람에 그 폰투스 왕이 자기 왕국을 재탈환하는 것을 막지 못했다. 새로 임명된 킬리키아와 비시니아의 총독들은 워낙 역량이 달린 탓에 루쿨루스가 지휘권을 그대로 보유했다. 동방에서 이미 대규모 육군과 함대를 보유하고 있던 폼페이우스가 당연히 승자였다.

원로원 내부에 있던 폼페이우스의 친구들과 정적들이 그를 임명하는 문제를 놓고 논쟁을 벌일 때, 호민관 가이우스 마닐리우스(Gaius Manilius)는 폼페이우스에게 소아시아의 모든 로마 병력에 대한 지휘권을 부여하는 내용의 유명한 법인 마닐리우스 법(lex Manilia)을 제안함으로써 인기와 폼페이우스의 강력한 호의를 입으려고 했다. 다른 야심찬 젊은이들도 그 상황을 이용하려고 했다. 카이사르는 그 법안을 지지했고, 키케로도 그 법안을 지지하는 유명한 연설을 했는데, 그것이 훗날 「*Pro Lege Manilia*」라는 제목으로 출판되었다. 평민회는 열정적으로 그 결의안을 지지했다. 폼페이우스는 이제 기사 계층뿐 아니라 평민의 우상이 되어 있었던 것이다. 원로원의 많은 사람들, 특히 주도적인 옵티마테스들을 그 법의 총괄적인 규정들에 반대하긴 했지만, 아무도 감히 이 인기 있는 장군을 임명하는 것을 공개적으로 반대하지 못했다.

폼페이우스의 동방 정복 (기원전 66~62). 다른 짐승의 사냥물을 맛보기 위해 오는 독수리처럼, 폼페이우스는 이미 미트리다테스와 티그라네스의 군대를 격파하고 그들의 위신을 무너뜨린 루쿨루스의 지휘권을 인수하기 위해서 도착했다. 루쿨루스가 보유했던 것보다 약 두 배가 많은 5만 명의 육군과 흑해를 순양하고 있던 해군을 거느린 폼페이우스는 미트리다테스의 열등한 병력을 기습공격하여 그들을 궤멸시켰다. 미트리다테스는 처음에는 아르메니아로 피신했다가 거기서 티그라네스가 은신처를 제공하기를 거부하자 멀리 코카서스로 피신했다. 폼페이우스는 그를 곧바로 추적하지 않았다.

폼페이우스는 그 다음에 아르메니아를 침공하고 아르탁사타로 진격해서 티그라네스에게 비굴한 항복을 받고 그를 로마인들의 동맹자이자 친구로 인정해 주었다. 기원전 65년 봄에 그는 미트리다테스를 추적했으나 붙잡지 못했다. 코카서스까지 진격하여 흑해와 카스피 해 사이에 거주하던 알바니아인들과 이베리아인들을 정복했다. 원래는 카스피 해까지 진격하려고 했으나 계획을 수정하여 폰투스로 돌아와 그곳을 두 구역으로 분할했다. 할리스 강까지 멀리 뻗어 있는 서부 구역을 비시니아 속주로 편입시키고 동부 구역을 동맹국 군주에게 넘겼다.

한편 미트리다테스는 코카서스를 지나 크림 반도로 갔다. 이곳에서 그 투철하고 대범한 왕은 거대한 군대를 일으켜 발칸 반도와 알프스 산맥 동쪽을 경유하여 이탈리아를 침공할 계획을 세웠다. 이 거대한 발상은 5세기 뒤에 훈족 아틸라에 의해 이행된다. 그러나 미트리다테스는 인정사정 보지 않는 징집을 강행하다가 그의 신민들의 반란을 촉발했다. 궁전이 폭도들에게 에워싸이고 도피할 소망도 관대히 대접받을 기회도 전무한 상황에서, 그는 아내들과 딸들을 살해한 뒤 자기 목숨마저 끊었다. 그의 아들 파르나케스 2세(Pharnaces II)는 그의 시체를 폼페이우스의 진영에 넘겨 주었고, 폼페이우스는 그를 폰투스 왕들의 묘지에 안장케 함으로써 정의롭고 인도적인 정복자로서 고조되어 가던 자신의 명성을 더욱 드높였다.

시리아에서의 폼페이우스 (기원전 64/3). 폼페이우스는 미트리다테스가 죽었다는 보고를 시리아에서 받았다. 그는 이 지역에서 루쿨루스가 티그라네스 2세를 축출하고 안티오코스 3세를 셀레우코스 왕조의 노쇠한 권좌에 다시 앉힌 이래로 그곳에 계속된 무정부 상태를 평정하기 위해서 싸우고 있었다. 당시에 시리아의 동부 지역들은 파르티아 제국의 설립자들로서 동방에서 로마의 주요 경쟁국이 된 아르사케스 왕조 왕들의 공세적인 통치하에 재기한 이란인들이 점령하고 있었다. 폭군들이 도시들을 장악했고, 강도들과 해적들이 신민들을 괴롭혔다. 폼페이우스는 이 부랑자들을 제거하고 시리아와 페니키아를 로마 속주로 합병했다.

기수를 남쪽으로 돌려 팔레스타인으로 들어간 폼페이우스는 두 형제 히르카누스(Hyrcanus)와 아리스토불루스(Aristobulus)가 마카베오 왕조의 유대 권좌를 놓고 싸우고 있는 형국을 발견했다. 두 경쟁자는 그에게 선물을 주면서 그의 호감을 사려고 했다. 그는 로마의 이익을 염두에 두고서 다소 약한 히르카누스의 편을 들어주었다. 바리사이 파(the Pharisees)의 지원을 받은 히르카누스는 사두가이 파(the Sadducces)의 지도자이자 좀더 유능한 친 파르티아 성향의 자기 형제와 대립했다. 이 결정을 내리는 데 있어서 유대인 신학에 관해 전혀 무지했던 폼페이우스는 결국 자기도 모르게 바리사이 파가 사두가이 파를 누르는 데 기여했다.

주로 부유한 토지 귀족과 사제 계급으로 구성된 사두가이 파는 토라(the Torah), 즉 구약성경의 처음 다섯 권에 실린 성문법 본문을 문자적으로 받아들인 보수적인 근본주의자들이었다. 바리사이 파도 성문법을 받아들이긴 했지만, 거기에다 서기관들(the Scribes)에 의해 전수된 방대한 해석과 구전(口傳) 전승들을 포함시켰다. 바리사이 파의 랍비들(the Rabbis) 곧 교사들은 나중에 미쉬나(the Mishina)와 탈무드(the Talmud)로 알려진 방대한 율법 주석집을 만들었다. 순전히 정치적 근거로 히르카누스의 편을 들기로 결정함으로써 폼페이우스는 유대교의 미래를 결정했는지도 모른다.

폼페이우스가 근동에서 거둔 업적. 폼페이우스가 근동에서 오랜 세월을 들여 벌인 활동이 마무리되었다. 기존의 기록들이 빈약하고 보잘것 없기 때문에 그의 군사 전략과 전술은 알려진 바가 거의 없으며, 그의 업적들 중 큰 윤곽들조차 희미할 뿐이다. 그는 급속히 순조롭게 그러나 압도적인 세력으로 좀더 탁월했지만 융통성은 덜했던 전임자가 시작해 놓은 임무를 완수했다. 폼페이우스는 루쿨루스처럼 불가능한 일을 시도하지 않았다. 그는 파르티아의 적대 행위에도 자극을 받지 않고 이집트가 무력하다 해서 침공의 유혹을 받지 않았다. 폼페이우스가 지휘한 유력한 장군들이 그때처럼 자제력을 발휘한 적이 없었다.

그럼에도 불구하고 그가 근동에서 발휘한 지휘능력은 역사의 유례를 찾아보기 힘들 만큼 컸고, 그의 업적은 견고하고 영구적이었다. 그는 로마 제국을 지중해에서 유프라테스 강까지 확장했다. 여느 전임자들보다 더 많은 액수의 세입을 로마의 국고에 쏟아부었다. 동방 사람들에게 세금과 배상금을 물리는 대가로 그들에게 알렉산드로스 이래로 누려보지 못한 평화와 안정을 부여했다. 바다에서 해적들을 소탕하여 안전하게 무역 활동을 하게 만들고, 시리아를 무정부 상태에서 건지고, 소아시아 전역을 전쟁의 시련과 공포에서 해방시켰다. 무엇보다 중요한 것은 기존의 무수한 도시들과 재건되거나 창건된 여러 도시에 특권을 부여함으로 도시 생활을 장려한 점이다.

폼페이우스의 부재 시에 루쿨루스와 원로원 내의 옵티마테스 정적들은 그에 대해 분개하고 신랄히 비판했다. 그들은 폼페이우스를 지지했던 전임 호민관들인 코르넬리우스와 마닐리우스를 탄압했다. 반면에 그들에게는 본격적인 해를 가할 실권이 없었고, 폼페이우스가 마치 술라처럼 강력한 군사력을 가지고 돌아와서 자신의 정적들을 분쇄할까봐 많은 이들이 두려워했다.

크라수스와 카이사르의 작전. 크라수스는 정치적·군사적 세력 균형을 이룰 지위를 다지기 위해서 모든 것을 다하였다. 그가 내세운 한 가지 구도는 히스파니아에서 자신의 영향력을 증대시키고 원로원에 대해서 자신의 대리인 그나이우스 칼푸르니우스 피소를 기원전 65년에 돌연히 사망한 근 히스파니아의 총독을 대체할 신임 총독으로 파견하도록 설득함으로써 폼페이우스의 영향력을 약화시키는 것이었다. 그러나 요령 없던 피소가 곧 살해되자 크라수스는 그쪽 전선에 대해서 더 이상의 조치를 취하지 않았다.

크라수스는 선거 전략에서 좀더 큰 성공을 거두었다. 기원전 65년에는 본인이 켄소르 직에 올랐고, 다른 우호적인 후보자들이 고위 관직에 오르도록 지원했다. 그들 중에는 아이딜리스 직을 얻은 카이사르가 있었다. 크라수스는 콘술들에 선출되었던 인사들인 작고한 독재관의 조카 푸블리우스 코르넬리우스 술라(P. Cornelius Sulla)와 푸블리우스 아우트로니우스 파이투스(P. Autronius Paetus)의 지원 유세에도 일조했을 것이다. 이 두 콘술 당선자들이 기원전 67년의 이른바 칼푸니우스 법(the Calpunian law)에 따라 뇌물죄로 기소되었을 때 위기가 고조되었다. 당선이 무효가 되고 당사자들은 공직에서 추방되었다. 키케로에 따르면 그들은 그뒤 루키우스 세르기우스 카탈리나(L. Sergius Catalina. Catiline)와 함께 기원전 65년 정월 초하루에 자기들 대신 콘술 직을 꿰찬 자들을 살해하려고 음모했다고 한다. 제1차 카탈리나 공모로 알려진 이 추측상의 음모는 실제로는 존재하지 않았다. 키케로가 나중에 선거 유세를 하면서 자신의 경쟁 입후보자 카탈리나와 그를 지원하고 있던 카이사르와 크라수스에게 흑색 선전을 하려는 의도로 특정 사실들을 왜곡한 것일 뿐이다.

한편 카이사르는 갈수록 큰 인기를 얻었고, 크라수스가 대주는 자금으로 인민들에게 오락을 제공했다. 그들을 즐겁게 해주기 위해 로마 광장을 장식하고, 320쌍의 검투사들을 전시하고, 사형 판결을 받은 죄수들에게 원형 경기장에서 은장식 무기를 들고 사자들과 싸우도록 했다. 어느 날 아침 일찍부터 로마 광장에 들어서던 인민들은 도처에 마리우스의 금 조각상들과 그의 전승 기념비들이 햇빛을 받아 번쩍이며 서 있는 것을 목격했다. 나이 든 전역병들이 조각상 주위에 몰려들기 시작했고, 그들의 볼에는 긍지의 눈물이 주르르 흘러내렸다. 카이사르의 노력이 이미 결실하기 시작하고 있었던 것이다.

크라수스가 인민의 지지 기반을 닦으려 한 궁극적인 목적은 폼페이우스가 누렸던 것과 똑같은 정치적 권력을 가져다 줄 군대를 일으키는 데 있었다. 로마 최고의 징집 지역 중 한 곳은 북 이탈리아였다. 크라수스는 켄소르의 권한을 사용하여 포 강 이북의 키살피나 갈리아 주민들에게 완전한 시민권을 주고 그들을 투표권이 있는 모든 트리부스들에 등록시키려는 계획을 수립했다. 그것은 이미 기원전 68년에 카이사르가 옹호한 바 있는 조치였다. 이 계획에 대해 동료 켄소르 퀸투스 루타티우스 카툴루스(Quintus Lutatius Catulus)가 거부권을 행사했다. 그는 폼페이우스나 크라수스, 그리고 그들의 친구들을 신뢰하지 않은 단호한 옵티마테스였다. 그의 거부가 워낙 강경했기 때문에 크라수스와 카툴루스가 모두 사임하지 않을 수 없었다. 그럴지라도 카이사르와 크라수스는 그 계획 때문에 포 강 이북 주민들에게 지속적인 사례를 받았고, 나중에 그곳에서 쉽게 군대를 모집할 수 있었다.

크라수스가 기원전 65년에 수립한 또 다른 계획은 기원전 80년에 로마인들에게 유증되었다고 전해지는 이집트에 관한 것이었다. 그는 이집트를 속주로 선포하는 법안을 작성했고, 이 법안은 여러 집단에게 지지를 받았다. 법안의 내용은 크라수스나 그의 대리인 카이사르에게 군대 모집권을 부여하고, 로마 인민에게 비옥한 곡창 지대를, 그리고 경제적 이익에 관심이 있는 기사 계층에게는 개발되지 않은 부의 보고를 주는 것이었을 것이다. 그럼에도 불구하고 이 법안은 당시 폼페이우스의 둘도 없는 지지자이면서 카이사르와 크라수스 같은 사람들의 의도를 신용하지 않은 카툴루스와 키케로의 반대 때문에 무산되었다.

기원전 64년의 선거들. 법안이 무산된 데 좌절하여 기원전 64년에 공직에서 물러난 크라수스와 카이사르는 카틸리나와 당시에 기원전 63년의 콘술 직을 놓고 키케로의 경쟁자로 입후보하고 있던 가이우스 안토니우스 휘브리다(C. Antonius Hybrida)라는 사람을 지원함으로써 공화정의 행정 체계를 장악하려고 시도했다.

카틸리나는 이미 어느 정도 유명세를 타고 있었다. 아니 그보다는 악명이 높아져 있었다. 그는 유서깊고 뼈대있는 가문 출신이면서도 (혹시 키케로와 살루스티우스의 기록이 믿을 만하다면) 불한당에다 살인자에다 온갖 악행의 대가였다. 과거에 술라를 지원했었고, 술라의 피비린내나는 처벌자 명단공개 (proscriptions) 때 악역을 맡았었다. 기원전 67년에 프로프라이토르 자격으로 아프리카 속주 총독을 지낸 뒤 재산부당취득 혐의로 기소되어 기원전 65년에 재판을 받았다.[4] 뇌물을 써서 무죄 판결을 받아낸 그는 계획대로 기원전 64년 선거에서 콘술 직에 출마했다. 그러나 마지막 순간에 난폭한 행동과 부채 말소에 관한 급진적인 발언으로 유권자들에게 경계심을 일으키는 바람에 기사 계층의 폭넓은 지지를 얻어낸 키케로가 큰 표 차로 콘술에 당선되었다. 안토니우스는 2위로서 콘술이 되는데 성공했지만 1위와는 큰 표차로 당선되었고, 카틸리나가 근소한 표차로 3위가 되었다. 크라수스로서는 자신이 민 후보자들 중 한 사람(안토니우스)이 콘술이 되었기 때문에 처음에는 그 선거가 부분적인 승리로 비쳤지만, 결국에는 완패임이 드러났다. 키케로가 안토니우스를 마케도니아, 즉 안토니우스가 원래부터 마음에 두고 있던 속주보다 훨씬 더 부유한 콘술급 속주로 파견함으로써 곧 그의 충성을 얻어냈기 때문이다.

룰루스 농지법 (기원전 63). 패배했으나 통제가 불가능한 크라수스와 카이사르는 또 다른 계획을 세웠다. 그것은 엄청난 범위에 지나치게 급진적인 농지법이었다. 그들은 이 법안을 푸블리우스 세르빌리우스 룰루스(P. Servilius Rullus)라는 잘 알려지지 않은 호민관에게 위임했다. 이 법안은 여러 가지 모호하고 복잡한 조항들 중에서도 서른다섯 트리부스 중에서 제비뽑기로 선정된 열일곱 트리부스가 열 명의 프라이토르 급 위원을 임명하게 하는 조항이 두드러졌다. 이 위원들에게는 풍부한 세입원이 되어온 캄파니아 공유지에 대한 임대를 중단한 뒤 그것을 빈민들에게 나눠줄 수 있는 권한과, 같은 목적으로 기원전 88년 이래로 이탈리아와 속주들의 공유지 매각으로 조성된 국가 기금과, 폼페이우스가 동방에서 벌인 정복 전쟁들로 최근에 국고에 들어온 전리품들을 사용하여 다른 농지들을 매입할 수 있는 권한과 함께 5년 임기를 부여하도록 했다. 아울러 위원들에게 농지 소유권을 심사하고 그에 따른 보상을

---

4) 그 재판의 고소자는 소아시아에서 루쿨루스의 세력을 잠식하는 데 이바지한 푸블리우스 클로디우스 풀케르였다. 키케로는 카틸리나의 유죄를 확신했으면서도 처음에는 그를 변호할 생각을 했고 클로디우스와 거래까지 했으나 나중에는 그 생각을 포기했다.

시행하며, 식민시들을 건설하고, 병력 자원들을 병적에 올리고 장비를 제공하며, 이집트를 군사력으로 점령하는 권한도 부여했다. 이 법안의 진정한 목적은 폼페이우스가 자신의 충성스런 전역병들에게 보상할 때 필요하게 될 농지를 매점하고, 크라수스와 카이사르에게 막대한 인원의 피호인들과 폼페이우스의 권력을 견제할 만한 군대를 일으킬 권한을 주려는 데 있었다.

키케로는 콘술에 취임한 당일에 압도적인 조롱과 왜곡된 진술과 경각심을 일으키는 선전을 사용하여 일목요연하고 그럴싸한 논리를 펴가며 룰루스 법안을 비판했다. 갖가지 선동 방법을 사용한 그는 심지어 인민에게 그 법안이 찬성표를 던지기에는 그들의 이익에 너무나 위험을 끼치게끔 골격을 갖추고 있다고 설득했다. 그 법안은 부결되었다.

이 시점에서 카이사르는 기원전 63년의 호민관 티투스 라비에누스(Titus Labienus)와 협력했다. 라비에누스는 라비리우스(Rabirius)를 대역죄(perduellio)로 — 그러나 실은 37년 전에 확정된 원로원의 비상 결의(Senatus Consultum Ultimum)에 따라 호민관 사투르니누스를 죽인 일을 가지고 — 소송을 제기하기 위한 법안을 통과시켰다. 카이사르는 연로하고 미미한 원로원 의원이던 라비리우스 개인에게 아무런 원한도 없었다. 다만 그의 목적은 콘술들이 민회에 대한 상소권도 무시한 채 이른바 국가의 적들을 처형할 때 휘둘러온 원로원 비상결의의 정당성을 공격하려는 것뿐이었다. 민회에 상소를 허용하는 특별 법원에서 유죄 판결을 받은 라비리우스는 켄투리아 회에서 재판을 받았다. 키케로는 그를 위해서 웅변으로 변론을 했다(*Pro Rabirio Perduelliuonis*, 대역죄 혐의를 받는 라비우스 변론문).

투표가 시작되기 직전에 한 프라이토르가 야니쿨룸 언덕에 꽂혀 있던 깃발을 내림으로써 민회를 해산했다. 그 노인은 성한 몸으로 귀가를 허락받았지만, 카이사르는 원로원을 장악하고 있던 사람들이 자기와 같은 포풀라레스 정적들에 대한 자신들의 궁극적 방호책으로 의존한 무기에 반대 여론을 집중시켰다. 라비에누스는 술라가 폐지한 바 있는 기원전 104년의 도미티우스 법(lex Domitia)처럼 열일곱 트리부스로 구성된 특별 트리부스 회에 사제들의 선출권을 회복시켜 주는 법안을 관철시켰다. 카이사르는 그 법안을 지지했고, 그로써 얻은 인기에 힘입어 대사제(Pontifex Maximus)에 선출되었다. 그것은 그처럼 젊은 사람에게는 작지 않은 승리였다. 특히 그의 정적들 중 하나가 크라수스의 전임 동료 켄소르이자 원로원에서 가장 존경을 받던 옵티마테스 의원인 카툴루스(Catulus)였기 때문에 그가 대사제에 선출된 것은 큰 의미가 있었다. 그렇지만 승리 뒤에는 또 한 번의 역전이 뒤따랐다. 술라가 추방시킨 인사들을 귀환시키고 복권시키자는 카이사르의 제안이 키케로에 의해 가로막힌 것이다.

카틸리나의 음모 (기원전 63). 카틸리나는 기원전 62년에 다시 콘술 직에 도전했다. 비록 그의 웅변술이 갈수록 이전보다 더욱 급진적이고 심상치 않았지만 초기에 그는 아마 크라수스와 카이사르의 후원을 받았던 것으로 보인다. 그는 부채의 총체적 말소를 주장함으로써 채권자들과 투자자들의 지지를 잃었지만, 채무자들과 파산한 귀족들과 술라의 전역병들과 술라에게 재산을 몰수당한 자들의 아들들로부터 강한 지지를 받았다. 카틸리나가 한량들과 불량자들과 범죄자들과 추방자들로부터 더욱 지지를 받으면 받을수록, 유복한 자들과 건실한 시민들은 그를 위험한 적으로 간주하지는 않았지만 갈수록 사회적으로 해로운 사람으로 두려워하게 되었다. 키케로는 혹시 카틸리나가 선출되면 폭력과 혁명에 의존할 것이라는 우려를 자극하려고 최선을 다했다.

선거에 패배한 카틸리나는 실의에 빠져 지내다가 정부를 전복하려는 음모를 꾸몄고, 그 소문이 키케로의 귀에 들어갔다. 카틸리나의 공모자들 중 한 사람의 정부(情婦)를 통해서 더욱 구체적인 정보가 키케로의 손에 들어갔다. 게다가 크라수스가 키케로를 은밀히 방문하여 자기가 공모자들로부터 받은 여러 통의 편지들을 전달했다.

그러나 키케로가 원로원에 카틸리나를 처음으로 고소했을 때는 대체로 추측에 근거했다. 심지어 카틸리나의 부관 만리우스(Manlius)가 정부를 장악하기 위해 에트루리아에서 화급히 병력을 모집하고 있다고 보고했을 때도 원로원은 증거가 불충분하다는 이유로 그의 보고를 무시해서 세나투스 콘술툼 울티뭄(원로원 비상결의)을 발표하기를 거부했는데, 마침내 만리우스가 실제로 에트루리아에서 상당수의 군대를 일으켰다는 소식이 다음 날 로마에 도착했다. 키케로의 말은 거짓이 아니었다.

키케로는 원로원 비상 결의는 사용하지 않고 그대신 카틸리나의 다음 행동을 주시했다. 카틸리나는 최후 행동에 나서기 위해서 동료 공모자들의 비밀 회의를 소집했다. 몇몇 사람들에게는 도심에 방화를 하는 임무를 맡겼고, 다른 사람들에게는 이탈리아 전역에서 봉기를 선동하는 임무를 맡겼다. 그리고 만리우스가 진격할 날을 결정했다. 두 명의 에퀴테스가 키케로와 그밖의 중요한 정치 지도자 암살 임무를 자원했다.

그러나 한 거짓 공범자의 정부(情婦)가 그 계획을 키케로에게 낱낱이 일러바쳤다. 그는 자객으로 예상되는 사람들이 자기 집에 오자 그들을 대처할 준비를 했다. 그날 그는 원로원 비상 회의를 소집하여 카틸리나가 참석한 자리에서 「1차 카틸리나 연설」(*First Catilinarian Oratium*)을 행했다. 그날 밤 카틸리나는 에트루리아에서 만리우스와 합류하기 위해서 로마를 떠났다. 그러자 절대 다수의 원로원 의원들이 그를 공적(a public enemy)으로 선언했다.

카틸리나는 떠났지만 위험 분자들은 도시 로마 안에 여전히 남아 있었다. 그들에게 카틸리나의 정력과 용기가 있다면 그들은 훨씬 더 위험한 세력이었다. 키케로는 그들의 신원을 파악하고 있었지만, 그들이 중대한 실수를 저지르기 전까지는 그들을 체포할 증거가 없었다. 그들은 갈리아 트랜스알피나의 알로브로게스인 사절들을 상대로 혹시 카틸리나에게 기병을 제공할 수 없는지 교섭을 했다. 사절들은 음모자들이 서명한 계약서를 받아두었다가 그것을 즉각 키케로에게 넘겨줌으로써 그들을 배반했다. 신속히 행동에 나선 키케로는 공모자들을 체포하여 원로원으로 끌고 오라고 지시한 뒤 원로원에서 그들의 서명 사실을 확인하고 그들의 자백을 받아냈다.

공범 다섯이 체포되어 혐의 사실을 자백했다는 소식이 로마 시 전역에 퍼졌다. 키케로는 공중 앞에 나설 때마다 우레와 같은 박수갈채를 받았다. 다음 날 아침에 구름떼 같은 군중이 죄수들의 운명에 관해 듣기 위해서 원로원 의사당 바깥에 모여 기다리고 있었다. 카틸리나와 공모한 혐의를 받고 있던 자들 — 심지어 카이사르조차 — 은 위험한 상황에 처해 있었다.

원로원에서 벌어진 논쟁. 원로원조차 소란스러웠다. 콘술 당선자 실라누스(Silanus)는 죄수들을 처형하자는 동의안을 제출했고, 처음에는 다수가 그 동의안을 지지했다. 그때 카이사르가 벌떡 일어섰다. 그는 죄수들의 유죄를 인정했지만, 그렇다고 해서 세나투스 콘술툼 울티뭄을 발동하는 데는 반대한다는 자신의 지론을 일관되게 펴면서, 혹시 처형이 불법인 동시에 정치적으로 위험한 조치가 아닌가 하고 의문을 제기했다. 그리고는 그들을 처형하기보다 이탈리아의 어떤 정해진 도시에서 종신형을 살게 하고 재산을 몰수하자고 제의했다. 그의 웅변에 다수의 의원들이 감동을 받고 견해를 바꾸었다. 키케로조차 투표할 순간에는 카이사르의 동의안에 찬성한 듯하다. 카이사르가 자리에 앉자 대 카토의 증손자 소 카토(Uticensis)가 일어나 동료 의원들의 유약함과 우유부단을 비판했다. 그의 연설이 워낙 신랄했기 때문에 과반수의 의원들이 결국에는 사형안에 표를 던졌다. 그날 공모자들은 횃불이 희미하게 밝혀진 툴리아눔 감옥에서 자기들의 죄값을 치렀다.

카틸리나의 죽음 (기원전 62). 사형 집행으로 공모 사건은 막을 내렸다. 카틸리나의 병력 중 2/3가 이탈했다. 끝까지 남은 3천 명은 자기들의 자랑스러운 기장(旗章)인 마리우스의 독수리를 중심으로 피스토이아 평지(피렌체 북서부)에서 싸우다가 죽었다. 전사자들 틈에 카틸리나가 끼여 있었다.

키케로의 포부. 아르피눔의 키케로는 급작스런 영예를 얻었다. 로마를 위험에서 구출한 공로로 시민들은 그를 위해 감사 축제를 벌이고 그에게 파테르 파트리아이(Pater Patriae) 곧 국부(國父)라는 칭호를 주었다. 그는 자랑스런 가문명이나 엄청난 부나 군사적 재능이나 강력한 정치 세력을 갖지 않은 채 원로원에 들어가 콘술 직에 오르고 자기 가문을 귀족 가문으로 만들었다(그로서는 그것이 친구들조차 더 이상 듣기 지겨울 정도로 자주 자랑할 만큼 워낙 자랑스런 업적이었다). 그의 역정에는 틀림없이 불편한 순간들이 있었을 것이다. 귀족이 되기는 했지만, 귀족으로 대접받지는 못했다. 웅변 때문에 존경은 받았지만 자화자찬 때문에 조롱을 받았다. 마리우스 이래 첫 신인(novus homo)이었던 키케로는 동료들의 냉대와 암시적으로 묻어나는 우월감, 자기에게 자주 내비치는 무례함 때문에 상처를 받지 않을 수 없었다.

그토록 도도한 사람으로서 그런 취급을 당하는 게 어려웠겠지만, 그럼에도 불구하고 키케로는 공화정의 사활은 원로원의 수위권을 유지하는 데 달려있다고 확신했다. 전통적인 귀족들은 원로원에 위신과 과거와 연속성을 부여했고, 키케로 자신과 같은 신인들은 원로원에 에너지와 지성과 현실 문제에 대한 통찰을 주어야 할 의무가 있었다. 평화와 안정과 자유는 원로원 귀족들과 부유한 기사 신분 — 사업가들과 이탈리아 지방 토지 귀족들 — 사이의 양 신분의 화합(concordia ordinum)에 달려 있었다. 약간 확대된 형태를 띤 양 신분의 화합은 재산과 현상(status quo)에 대한 혁명적 공격에 반대하는, 법을 준수하는 모든 선량한 시민들의 동맹이었다. 키케로는 아울러 콘센수스 이탈리아이(consensus Italiae)를 역설했다. 그가 이 말로 뜻한 것은 로마가 이탈리아 전체의 — 즉, 키케로 자신이 속한 이탈리아 지방 명망가 계층의 — 이익과 정서에 부합하게 국가 문제를 처리해야 한다는 것이었다.

키케로는 로마의 모든 정치적 삶의 기초를 이루는 이념들에 관해서 가장 유창하게 말하는 대변인이었고 그 어휘를 제공했다. 그중에서 가장 위대한 것은 공화정치의 정신이자 관행인 리베르타스(libertas, 자유)인데, 그 리베르타스 하에서 지배 엘리트에 속한 사람은 출생과 함께 그에게 권리로서 주어진 출세가도를 달리고, 디그니타스(지위, 위신, 영예)를 유지하고, 언론의 자유를 누리고, 정직의 덕성과 정신의 독립성과 관인대도를 친구들과 피호인들(magnitudo animi)에게 발휘할 수 있었다. 간단히 말해서 리베르타스는 법과 국제(國制)의 형식들을 존중하고 지배 계급의 특권을 영속케 하는, 거의 일종의 통치권의 한 형태였다. 리베르타스를 얻으면 오티움 쿰 디그니타테(otium cum dignitate) — 모든 신분들과 각 신분의 존엄과 영향력을 위한 평화와 평정과 안전 — 도 얻게 될 것이었다.

키케로가 생각한 이상적 국가는 법이 지배하는 국가였다. 정무관들에게는 행정권을, 원로원에게는 권위를, 인민에게는 자유를 부여하는 국가였다. 그 국가에서 인민은 평화롭고 안전하게 살면서 일하고, 지배 계급은 지위와 위신에 걸맞는 성취감을 발견할 수 있어야만 한다. 그것은 모든 계층들이 사회적 갈등이나 내전으로 방해를 받지 않고 번영을 누리는 국가였다. 키케로는, 그러한 국가란 왕정일 수도 없고, 아테네 식의 참여 민주정일 수도 없고, 다만 자유로운 귀족적 공화정일 수밖에 없다고 믿었다.

공화정의 위기. 기원전 62년경 말에 동방의 정복자 폼페이우스 마그누스가 브룬디시움에 상륙했다. 그는 즉시 자신의 강력한 군대를 해산했다. 과거의 술라처럼 얼마든지 독재 권력을 차지할 수 있을 만한 규모의 군대였는데도 말이다. 그의 행동은 때로 그가 왕정에 대한 야심이 있었다는 평가가 잘못임을 드러낸다. 이 허구는 근거없이 멋대로 퍼부어지는 정치적 욕설을 가리키는 두 용어들인 렉스(rex: 왕)와 레그눔(regnum: 왕국, 왕위, 왕권)을 문자적으로 진지하게 받아들인 데서 생긴 것이다. 이 용어들은 그라쿠스 형제, 사투르니누스, 킨나 같은 포풀라레스 지도자들에 대한 증오심을 일으키기 위해 사용되었다. 원로원의 수위권을 회복시키고, 2년 뒤에는 다소 자발적으로 독재관 직에서 물러난 술라에게도 이 용어가 쓰였다. 폼페이우스로부터 자신을 보호하려고 했을 뿐인 크라수스에게도, 심지어는 키케로에게도 이 용어가 쓰였다. 키케로는 아르피눔 출신의 신인(novus homo)이기 때문에 "타르퀴니우스 왕들 이래 로마를 지배한 최초의 외국 왕"이라는 비방을 받았다.

평생을 외골수로 왕권을 목표로 헌신했다고 묘사되어온 율리우스 카이사르만큼 왕정의 야심을 품은 자로 자주 매도된 사람도 없다. 그는 아마도 그렇게 장기적인 계획을 가졌을 리가 없고 다만 좀더 당면한 목표들은 가졌을 것이다. 그것은 부채를 청산하기 위해(그는 히스파니아로 가기 전에 2천5백만 데나리이의 부채를 졌다) 그리고 피호인들을 거느리기 위해 자금을 모으는 것과, 자신의 디그니타스(dignitas, 위엄)를 유지하는 것과, 정치와 전쟁에서 글로리아(gloria, 영예)를 얻는 것이었다. 어느 로마인이든 이 목표들을 달성하면 쓸데없이 남의 시기만 사는 왕이라는 장식(ornamenta)이 필요가 없었다. 카이사르에게, 폼페이우스에게, 그리고 모든 로마의 귀족들에게 왕이라는 칭호 자체가 여전히 저줏거리였다.

기원전 61년 초만 해도 공화정의 미래는 밝았다. 원로원이 카틸리나 음모를 처리하는 과정에서 예상치 않은 힘과 결단력을 보여 주었다. 기사 신분은 키케로라는 용감하고 달변의 대변인을 얻었고, 그가 표방한 **콘코르디아 오르디눔**(concordia ordinum, 양 신분의 화합)이 비록 필요한 개혁의 대안은 아닐지언정 사회적 갈등을 해소하는 해결책이 될 수 있을 것으로 보였다. 가장 강력한 징후는 폼페이우스가 자신의 군대를 해산하고 독재관의 권한을 장악하기를 거부한 것이었다. 따라서 만약 키케로가 폼페이우스에게 콘코르디아(화합) 정책에 대한 지지를 이끌어낼 수만 있었더라도 공화정을 구해낼 수 있었을 것이다.

그러나 이런 것들은 공허한 희망이었다. 크라수스의 질투, 원로원의 옵티마테스 지도자들이 폼페이우스에 보인 반감, 폼페이우스 자신의 서툰 행보, 그리고 아무도 막지 못할 키케로의 허영, 이 모든 것이 느슨한 화합 정책의 몰락에 이바지했다. 폼페이우스는 로마로 돌아온 뒤 자신이 또 하나의 알렉산드로스로 추앙을 받을 것을 잔뜩 기대하고서 원로원 회의에 참석했다. 그러나 크라수스가 엄숙히 일어서더니 의도적으로 폼페이우스를 무시하고는 키케로를 로마의 구원자로 극적으로 추켜세웠다. 허영심이 충족된 키케로는 순간적으로 폼페이우스에 관한 모든 것을 잊고서 자신의 화려한 공적을 매우 길게 늘어놓았다. 키케로는 이미 그 전부터 거만한 태도로 폼페이우스를 소외시켰고, 그로써 자신의 콘코르디아 오르디눔을 위한 중대한 지원세력을 스스로 차버렸다. 그로써 그는 자기도 모르는 상태에서 공화정 재건에 걸었던 희망을 산산조각내고 말았다.

폼페이우스는 온건한 요구 사항들을 원로원에 최후로 상정했으나 무참하게 거절당했다. 그로서는 자신의 전역병들을 위해 당연히 토지가 필요했고, 자신이 동방에서 체결한 악타(acta) 곧 조치들을 재가받아야 했다. 콘술 메텔루스 켈레르(Metellus Celer) — 폼페이우스가 바로 얼마 전에 그의 이복 누이와 이혼했다 — 가 그를 반대했고, 기원전 67년에 해적과 전쟁을 벌일 때 크레타에 대한 지휘권을 얻지 못하도록 방해한 폼페이우스에 대해 불만이 있던 기원전 69년의 콘술 역임자 메텔루스 크레티쿠스도 그를 반대했다. 폼페이우스의 후광을 뚫고 일어나 그에 대해 원한을 갖고 있던 루쿨루스는 폼페이우스의 요청대로 그의 제안들을 총괄적으로 다루지 말고 하나하나 따로 떼어 다루자고 주장했다. 그는 폼페이우스의 집요한 경쟁자였던 크라수스와 폼페이우스의 세력을 공화정에 위협으로 본 소 카토의 지원을 받았다.

소 카토 (기원전 95~46). 원로원의 귀족파 지도자들 중에서 소 카토 (Cato the Younger)만큼 폼페이우스의 요구에 악의적으로 반대한 사람은 없었다. 편협하고 현학적이되 정직하고 두려움이 없었던 그는 스스로 고백하는 철학에 의해 살아간 몇 안 되는 스토아 철학자 중 한 사람이었다. 악에 찌든 수도에서, 그는 자기 조상 대 카토(켄소리우스)의 모진 성격을 그대로 빼닮았다. 여전히 원로원의 최하층 의원 그룹 — 키케로는 이 그룹에 페다리이 (pedarii. '발로 뛰는 사람들' : 라틴어 pes(발)의 복수 1격 형용사 형으로 원로원 회의에서 발의권은 없고 남의 제안에 찬성표를 던지기 위해 이리저리 옮겨다니는 하급 원로원 의원들. '거수기' — 역주)라는 조롱조의 칭호를 붙였다 — 에 속했으면서도 도덕적 용기로 곧 술라의 옵피마테스 계승자들의 대변자로 인정을 받았고, 강직한 성품으로 원로원의 여느 의원보다 큰 세력을 얻었다. 카토의 방해 전술 때문에 폼페이우스의 악타(조치들)에 대한 재가는 지연되었다.

폼페이우스와 원로원 귀족파 지도자들 간의 화해 가능성이 물건너가자, 카토는 아시아에서 낙관적인 전망으로 지나치게 높은 세액에 응찰했다가 이제 계약액을 할인해 달라고 요청하는 조세 징수 회사들을 구제하기 위한 법안이 통과되지 못하도록 저지함으로써 크라수스와 기사 계층의 재정적 이익을 견제했다. 키케로는 개인적으로는 조세 징수 회사들의 요청을 지나치고 몰염치한 행위로 간주하면서도 자신의 콘코르디아 오르디눔 정책을 위해서 그 법안을 지지했었다.

카토는 더 나아가 배심원으로 일하는 기사들이 뇌물을 받는 행위를 범죄로 규정한 법안이 통과되도록 적극 나섬으로써 기사 신분을 견제했다(원로원에 대해서는 오래 전부터 뇌물 수수 행위가 범죄로 규정되었었다). 키케로는 정치가들이 자주 어쩔 수 없이 그렇게 하듯이 한 가지 원칙을 위해서 다른 원칙을 저버렸다. 그는 배심원들의 뇌물 금지 법안을 공정한 조치로 생각하면서도 그것이 조화에 해롭다고 여겨 그 법안에 반대했다.

카토의 다음 번 공격 목표는 율리우스 카이사르였다. 카이사르는 히스파니아에서 돌아온 직후에 자신의 군사적 성공에 대해서 이미 투표로써 확정된 개선식을 치러줄 것과, 자신이 부재중에 콘술 직에 출마할 수 있는 권리를 인정해 줄 것을 요청했다. 그로서는 시간상 두 가지를 다 성취하기가 법적으로 불가능했다. 당시의 법은 출마 희망자들이 선거 담당 정무관에게 직접 출마 의사를 전달하도록 규정했으나, 도시 로마의 경계선을 넘어서는 것은 개선식을 포기하는 것을 뜻했다.

카이사르는 카토가 자신의 요청을 반대한다는 사실을 알고는 개선식을 포기하고 대신에 콘술 직에 출마하기로 결정했다. 카이사르가 당선되어 속주를 맡고 속주 군대를 장악하게 되는 것을 두려워한 카토는 원로원을 설득하여 기원전 59년의 콘술들의 속주를 이탈리아의 산악 도로들과 삼림으로 배정하도록 했다. 만약 카토가 공화정 말살을 의도적으로 시작한 것이라면 그보다 더 성공적일 수가 없었다.

카토와 그의 동맹 세력은 결국 폼페이우스, 크라수스, 카이사르에게 각각 단독으로는 발휘할 수 없었던 강력한 힘을 발휘하는 연합을 결성하도록 몰아갔다. 그 연합이 권력을 잡은 뒤 세 사람이 저마다 최고의 영예를 추구하는 과정에서 필연적으로 다시 고개를 든 상호 경쟁이 율리우스 카이사르의 독재를 낳았고, 카이사르는 아우구스투스의 원수정(元首政, principate)을 위한 길을 닦았으며, 그의 원수정은 공화정을 영원히 종식시켰다. 로마 귀족들의 선천적인 야심과 경쟁이 공화정을 결국 한 사람만 남아 나머지를 지배하게 되는 의자뺏기 놀이로 전락시켰다.

18

카이사르의 등장 (기원전 60~52)

기원전 60년의 콘술 직 출마를 위해 개선식을 보류함으로써 카토와 그의 옵티마테스들을 놀라게 한 카이사르는 자신의 흡인력과 기능과 자원들을 총동원하여 승리를 쟁취했다. 그가 일찍부터 마리우스의 옛 추종자들을 관리한 것이 이제 결실을 보았다. 그는 히스파니아 총독 직을 마친 뒤 선거 자금으로 쓸 만한 돈을 상당액 보유하고 있었고, 게다가 함께 출마한 폼페이우스의 친구 루케이우스로부터도 상당액을 지원받았다. 카이사르를 적대시한 옵티마테스들은 그를 낙선시키기로 결정하고서, 완고하고 다소 무딘 사람이었지만 카토의 사위였던 비불루스(Bibulus)가 당선되도록 선거 자금을 모으기로 했다 (거기에 부패와 거리가 멀었던 카토까지 합세했다). 카이사르는 그들을 견제하기 위해서 크라수스와 폼페이우스의 지원도 받았다(처음에는 한 사람씩 개별 접근하여 지원을 받았을 것이다). 두 사람 다 카이사르처럼 원로원의 귀족파 정적들에게 방해와 피해를 입었던 처지였던지라 콘술이 되면 자기들을 호의적으로 대해 주기로 약속한 후보자를 흔쾌히 지원했다. 이러한 지원을 받은 카이사르는 별 어려움을 겪지 않고서 선거에서 이겼다. 그러나 루케이우스는 비불루스에게 패했고, 그것이 문제를 일으켰다.

이른바 제1차 삼두정치. 비불루스의 당선은 카이사르의 정적들이 강하다는 사실을 여실히 드러냈다. 카이사르가 자신의 입지를 최대한 강화할 목적으로 폼페이우스와 크라수스를 찾아가 현대 저자들이 종종 제1차 삼두정치(the First Triumvirate)라고 하는 연합에 협력하도록 설득한 것은 콘술에 당선된 뒤였을 것이다. 실제로는 그들의 연합을 삼두정치라고 하는 것은 정확하지 않다. 트리움비라투스(triumviratus)라 함은 권위가 분명히 규명된 합법적인 3인 위원회를 가리키는 로마의 용어였다. 흔히들 제2차 삼두정치라고 하는, 후대의 옥타비아누스, 안토니우스, 레피두스로 구성된 트리움비라투스는 과연 그러한 위원회였다(참조. 471쪽). 폼페이우스, 크라수스, 카이사르로 구성된 비공식적 연합은 그렇지 못했다. 이들의 연합에는 코이티오(coitio, 동맹) 혹은 팍티오(factio, 공조)가 더 적합할 것이다. 삼두정치라는 용어에 따르는 난점은 만약 카이사르가 키케로를 연합의 네번째 구성원으로 받아들이려고 한 시도가 성공했다면 피할 수 있었을 것이다. 그러나 키케로는 그 시도를 기존의 정체를 저해하기 위한 세 개인의 시도로 옳게 파악하고서 카이사르의 요청을 정중히 거절했다.

세 사람은 나머지 두 사람에게 해가 되지 않는 목표만을 추구하겠다고 서약했다. 세 사람이 저마다 무슨 목표를 품고 있었는지는 자명했다. 폼페이우스는 자신의 전역병들에게 줄 토지와, 자신이 동방에서 취한 악타(acta, 조치들)에 대한 재가를 원했고, 크라수스는 자신의 기사 계층 친구들의 세금 계약액 삭감을 원했으며, 카이사르는 속주와 군대의 지휘권을 원했다.

출범 단계에서는 카이사르의 세력이 폼페이우스나 크라수스에 비해 현저히 열세였다. 그러나 장기적으로는 그에게 이점이 있었다. 왜냐하면 폼페이우스와 크라수스가 서로간의 경쟁 관계를 결코 잊을 수 없었고 카이사르가 그들 중간에서 조종할 수 있었기 때문이다. 그는 자기 딸 율리아를 폼페이우스와 결혼시키고, 기원전 58년에 콘술이 된 루키우스 칼푸르니우스 피소 카이소니누스(Lucius Calpurnius Piso Caesonius)의 딸을 아내로 맞아들임으로써 곧 자신의 입지를 강화했다. 그 해와 그뒤 몇 해 동안 카이사르는 폼페이우스와 크라수스, 그리고 그밖의 사람들의 도움으로 자기에게 유리한 법안을 통과시켰다. 그 법안은 그가 다른 두 파트너를 충분히 능가하는 정치적·군사적·재정적 힘을 축적할 수 있게 해주었다.

카이사르의 입법. 그러나 기원전 59년에 카이사르가 당면했던 첫번째 과제는 폼페이우스와 크라수스의 필요를 채워줄 법을 제정하겠다는 약속을 지키는 일이었다. 임기 초반에 카이사르는 정적들을 불필요하게 자극하지 않고서 자기 목표를 달성하기 위해 상당히 노력했고, 그러느라 옵티마테스가 장악하고 있는 원로원과 자신의 옵티마테스 동료 비불루스를 정중히 대했다. 매사에 그들에게 자문을 구하고, 그들의 제안과 수정을 받아들이고, 오직 온건한 법안만을 제출했다. 그의 우호적인 태도가 유약함으로 해석되었든, 아니면 카이사르 자신이 신중한 접근에 지쳤든, 어쨌든 카이사르는 곧 좀더 직접적인 방법을 사용하기 시작했다. 자신이 제출한 온건한 법안들마저 원로원에서 끊임없이 논쟁거리가 되고 방해를 받자, 카이사르는 반대파 지도자 카토를 체포했다. 그러나 심사숙고한 끝에 의로운 카토를 순교자로 만들지 않기로 결정하고는 그를 풀어주었다.

카이사르는 최후 수단으로 폼페이우스의 전역병들의 정착을 위한 농지법안을 민회에 상정했다. 비불루스가 즉각 그 법안에 거부권을 행사했다. 비불루스는 유동적인 휴일들의 일자를 확정시킬 수 있는 콘술의 권한을 사용하여 연중 민회가 모일 수 있는 모든 날들을 죄다 축제일로 선포함으로써 세 권력자가 법을 제정할 수 있는 길을 봉쇄해 버렸다.

그러나 카이사르는 이러한 법적 장애를 무시하고서 자신의 농지 법안을 두번째로 민회에 제출했다. 로마 광장은 열띤 군중으로 가득 찼는데, 그들 대부분은 폼페이우스의 전역병들이었다. 법안이 상정되었고, 세 명의 호민관이 거부권을 행사했다. 군중의 수근거림이 분노의 함성으로 폭발했다. 카이사르는 극적으로 투표를 중단시키고서 폼페이우스에게 다른 조치를 준비했느냐고 물었다. 폼페이우스는 손을 허리춤에 갖다대고서 칼을 뽑는 데 주저하지 않겠다고 말했다. 로마 광장으로 뛰어나갔던 비불루스가 다시 연단으로 뛰어올라왔다. 그러나 그가 채 입을 열기도 전에 성난 폭도가 그의 안면을 강타했고 더러는 그의 머리에 오물통을 뒤집어 씌웠다. 민회는 그 법안을 통과시켰고, 카이사르는 그 법이 통과되었다고 선포했다.[1]

굴욕을 당한 비불루스는 공직에서 물러나 여생을 집에서 칩거하며 보냈다. 어떤 재담가는 그때부터 두 콘술의 이름이 더 이상 비불루스와 카이사르가 아니라 율리우스와 카이사르가 되었다고 정확히 관찰했다.

이제 거칠 것이 없게 된 카이사르는 자신의 나머지 입법 계획을 신속히 효율적으로 실행에 옮겼다. 캄파니아 공유지를 2만 명의 가난한 시민들에게 배분하는 것을 골자로 한 법안이 통과되었다(농지를 배분받을 수 있는 유일한 자격은 자녀가 적어도 세 명이 넘어야 한다는 것이었다). 폼페이우스가 동방에서 취한 모든 조치들을 일괄적으로 재가하기 위한 법안도 통과되었다. 크라수스의 친구들인 아시아 조세 징수 업자들이 국고에 납부해야 했던 계약금의 1/3을 경감해 주는 또 다른 법안도 통과되었다.

카이사르는 자기에게 유리한 법안도 통과시켰다. 그의 열광적 지지자 중 한 사람인 호민관 푸블리우스 바티니우스는 카이사르에게 5년간 키살피나 갈리아와 일리리쿰과 3개 군단으로 구성된 육군을 거느릴 수 있는 프로콘술의 권한을 주는 법안을 관철시켰다. 카이사르는 즉각 자신의 군대를 모집하기 시작했고 그 군대를 로마 근처에 주둔시켰다. 원로원 내의 정적들은 힘이 없었다. 만약 정무관이 원로원 회의를 소집하면 그 법을 무효로 선언할 수 있었겠지만, 아무도 회의를 소집하지 않았다. 아울러 세나투스 콘술툼 울티뭄(Senatus Consultum Ultimum, 원로원 비상결의)을 통과시킬 수도 없었다. 그것을 통과시켜봐야 소용이 없었다. 비불루스 외에는 그것을 집행할 사람이 없었는데, 그에게는 군대가 없었던 것이다. 상황이 이쯤 되자 어떠한 원로원 의원도 카이사르의 진노를 살까봐 그의 조치를 감히 반대하지 못했다. 카이사르가 소집한 회의에 여전히 참석하던 사람들은 무골호인들이었다. 그래서 트랜스알피나 갈리아 총독이 갑자기 죽자 그 속주를 자진해서 카이사르에게 넘겨주었던 것이다.

카이사르가 초기에 입법한 법들 중에는 악타 디우르나(Acta Diurna, 관보)를 고지할 것을 명한 계몽적인 법이 있었다. 그것은 최근에 발효된 모든 법의

---

1) 그 법안을 작성한 사람들은 장래의 사태를 예견하고서 기원전 100년 사투르니누스의 토지 법안에 삽입된 유사 구절과 비슷한 구절을 삽입했는데, 그것은 모든 원로원 의원들에게 그 법에 복종하도록 서약할 것을 요구하는 구절이었다. 카토를 포함한 모든 원로원 의원들이 그렇게 했다.

전문뿐 아니라 원로원과 민회들에서 이루어진 모든 토의와 회의를 요약한 내용을 게재한 관보(Acta Senatus et Populi Romani)였다. 거리에서 팔리고 광장에 게시되고 이탈리아와 속주들의 모든 읍들에 보내진 이 관보는 인민들이 국내외 문제를 항상 잘 알고 있게 해주었다. 그러나 카이사르가 악타 디우르나를 발행하도록 지시한 목적도 개인적인 것이었다. 이제는 원로원에서 자신의 정적들이 취하는 행동이 보통 시민들 — 그는 그들 사이에서 인기가 매우 높았다 — 에게 고스란히 알려졌다. 그러므로 그의 정적들은 그를 제재하려 할 때 자기들의 행동이 시민들에게 나쁘게 비치지 않을까 염려하여 두 번 생각하게 되었다.

기원전 59년에 카이사르가 제정한 가장 정치가다운 법은 부당취득재산 반환 청구에 관한 율리우스법(lex Julia de Repetundis)이었다. 이 법은 속주들의 행정을 조율하고, 재산부당취득 행위를 철저히 규제하고, 총독들이 선물을 받거나 돈을 받고 판결을 굽게 하거나 승인 없이 자기 속주의 영역을 넘어서거나 중앙 정부의 칙령을 보관하지 않는 행위(복사본 두 개는 속주들에, 한 개는 로마에 보관했다)를 중형으로써 금했다. 이 탁월한 법은 속주민들을 압제에서 보호하고 그들의 복지와 번영을 권장했다. 아울러 이 법에는 파벌적인 목적도 있었다. 정적들이 자기를 제재할 세력과 자원을 얻으려고 속주들을 남용하기 어렵게 만들고, 고소당하는 위험을 훨씬 더 크게 만들기 때문이다.

키케로의 추방 (기원전 58). 카이사르는 갈리아로 떠나기 전에 원로원 내의 정적들이 기원전 59년의 율리우스 법을 무효화하지 못하도록 확실한 조치를 취해두고 싶었다. 사람의 마음을 사로잡는 웅변술을 지닌 키케로는 그러한 공격을 성공적으로 주도할 만한 사람이었다. 키케로가 자유롭게 발언하지 못하도록 하기 위해서, 카이사르는 그에게 농지 위원회의 보수가 많은 자리를 제의했다. 키케로가 그 제의를 거절하자, 카이사르는 그에게 자신의 레가투스 자격으로 갈리아에 함께 가자고 제의했다. 키케로가 이 제의와 그밖의 다른 제의들을 거부하자, 카이사르는 마침내 그를 푸블리우스 클로디우스의 계획에 맡겨두기로 작정했다. 그는 기원전 67년에 루쿨루스의 미트리다테스 정벌을 방해한 장본인이었다. 자유분방하고 부도덕했으며, 교활하고 대담했던 그는 로마사에서 가장 유력한 하층민 선동가 중 한 사람이었다. 그의 무장 폭도들이 로마의 거리들을 주름잡았다. 그는 원래 클라우디우스라는 귀족이었지만, 인기를 얻기 위해 평민풍의 철자 클로디우스를 이름으로 사용했다. 아울러 기원전 59년 초에 카이사르는 대사제로서, 그리고 폼페이우스는 복점관으로서 그가 한 평민 가문에 양자가 되도록 해 줌으로써 그가 호민관이 될 수 있게 해주었고, 키케로가 협력하기를 거부할 때 그를 협박하여 입 다물게 할 수 있었다.

보나 데아 사건. 클로디우스는 키케로와 카토를 미워할 매우 특별한 이유가 있었다. 기원전 62년 말에 로마의 여성들은 대사제 율리우스 카이사르의 집에서 보나 데아(Bona Dea)의 연례 축제를 거행하고 있었다. 이 축제에는 남자들의 참석이 엄격히 금지되었다. 당시에 카이사르의 후처 폼페이아를 연모했다고 전해지는 클로디우스는 여자로 변장하고서 그 집에 들어갔다. 그러나 그가 들어온 것이 발각되었고 추문이 발생했다. 그러자 카이사르는 "카이사르의 아내는 의혹조차 받아서는 안 된다"고 공언하고는 폼페이아와 이혼했다. 카토는 그 기행을 장난으로 받아넘기는 대신(키케로는 사적으로 그것을 장난으로 간주했다) 클로디우스를 신성모독 죄로 재판에 회부했다. 카이사르는 증인으로 법정에 소환되었을 때 인기와 세도 있는 인물을 정적으로 만들고 싶지 않아 증언을 거부했으나, 역시 증인으로 소환된 키케로는 알리바이를 조작하려는 클로디우스의 노력을 허사로 만들었다. 유죄 판결이 분명해 보였지만, 크라수스가 배심원들에게 뇌물을 주어 무죄 판결이 내려지도록 했다. 클로디우스는 자신을 법정에 세운 카토와 자신에게 불리한 증언을 한 키케로를 결코 잊지 않았다.

클로디우스의 공격. 클로디우스가 관철한 첫 법안들 가운데 하나는 '징조'를 입법의 장애물로 규정하고 그것의 사용을 폐지했다. 그의 또 다른 법은 빈민들에게 곡물을 무상으로 분배하도록 규정했다. 그러나 클로디우스는 키케로에 대한 복수의 일환으로 제정한 악명높은 법으로 기억된다. 그것은 재판이나 민회에 대한 상소권을 주지 않고 로마 시민들을 죽인 사람에게 불과 물의 사용을 금하는 법이었다. 이 법은 카틸리나의 음모자들을 처형하도록 지시했던 키케로를 겨냥했을 뿐 아니라, 그라쿠스 형제 때부터 적법성을 놓고 논란이 되어온 원로원의 결의인 세나투스 **콘술툼 울티뭄**을 겨냥한 것이기도 했다. 자신이 표적이 되리라고는 꿈에도 생각지 않았던 키케로는 대경실색했다. 그와 그의 친구들은 콘술들인 피소(카이사르의 장인)와 가비니우스(폼페이우스의 피호인)에게 중재를 호소했으나 허사였다. 그는 한때 자신을 보호해 주겠다고 약속한 폼페이우스에게 호소했으나, 플루타르코스에 따르면 폼페이우스는 키케로가 도착하기 전에 집을 빠져나갔다고 한다. 백방으로 호소해도 소용이 없자 키케로는 이탈리아를 떠나는 수밖에 없었다.

클로디우스는 그 다음으로 카토를 겨냥하여, 그를 멀리 떨어진 키프로스 섬의 총독으로 발령하는 법으로써 그를 정치적으로 제거했다. 클로디우스는 카토가 로마에서 유일하게 그 신설 속주의 로마 재산을 관리할 정직한 사람이라고 아무렇지 않게 주장했다. 합법 절차를 거친 법을 어기는 것을 정당화할 수 없었던 카토는 스토아주의자의 태도로 순응했다.

가장 유능한 두 정적을 제거하고 난 카이사르는 기원전 59년의 율리우스 법을 영구화한 다음에, 마침내 자신의 속주들을 향해 길을 나섰다.

갈리아에서의 카이사르. 로마 바깥에서 키케로가 추방되기를 기다리던 카이사르는 이제 북쪽으로 길을 서둘러 트랜스알피나 갈리아에 주둔하고 있던 부대의 지휘권을 인수했다. 트랜스알피나는 종종 그 속주(the Province) 혹은 갈리아 나르보넨시스(Narbonese Gaul)로 불리는 곳으로서, 그 동부가 오늘날 남동 프랑스의 프로방스이다. 카이사르는 갈리아 트랜스알피나의 총독직을 활용하여 대규모 전쟁과 정복을 벌이고, 그로써 불후의 영광과 대규모의 충성스런 전역병들과 막대한 재산 조성하기를 바랐다. 마리우스, 술라, 폼페이우스가 충분히 입증했듯이, 이런 모든 것들이 로마 광장에서 벌어질 훨씬 더 중요한 정치 투쟁에 극히 긴요하게 쓰일 것들이었다. 이 당시에 갈리아 트랜스알피나는 이러한 기대를 충족시키기에 이상적인 자리를 차지하고 있었다. 자유로운 갈리아 종족들이 살고 있는 비옥하고 인구가 조밀한 지대와 접경을 이루고 있었고, 영토 안팎의 정치 상황은 주변의 로마 사령관에게 "로마의 중대한 이익을 지키기 위해서" 개입할 넉넉한 구실을 줄 만큼 불안정했다.

지리. 다소 'ㄱ'자 형태로 생긴 갈리아 트랜스알피나는 알프스 산맥에서 지중해 해안선을 따라 피레네 산맥으로 이어지며, 거기서 북쪽 경계선이 바다에서 북쪽으로 320km 가량 활 모양을 이루며 펼쳐지다가 제네바까지 이어진다. 그 속주의 북부에는 자유로운 혹은 '장발의' 갈리아(Gallia Comata)가 펼쳐져 있다. 이 지역은 오늘날의 중앙 프랑스와 북 프랑스, 벨기에, 네덜란드의 대부분, 그리고 독일 라인란트 지역을 포괄한다. 카이사르에 따르면 이 영토는 세 부분으로 구분되었다. 첫째는 가론 강과 피레네 산맥 중간의 남서부에 펼쳐진 아퀴타니아였다. 그 주민은 켈트족의 피가 상당히 섞인 이베리아 반도의 주민들(아마 오늘날의 바스크족)과 친족간이었다.

둘째 부분은 중앙 프랑스와 북 프랑스 그리고 라인 강 동쪽 깊숙한 곳까지 뻗어 있는 주변 독일 지역들을 포함하였으나, 북동부 지대는 포함하지 않았다. 주민은 거의가 켈트족으로서, 이들은 아마 기원전 7세기부터 남 독일과 오스트리아와 보헤미아에서 라인 강을 건너 들어왔고, 선주민들을 몰아냈거나 아니면 흡수했다. 셋째 부분은 센 강과 마른 강에서부터 쉘트 강 어귀와 하라인 강 저지에까지 펼쳐진 북동부 지역이었다. 이곳에는 호전적인 벨기에인들이 살았는데, 켈트인과 일부 게르만인의 혼혈 집단이었던 이들은 대다수가 기원전 2세기 말에 라인 강을 건너 들어왔다. 세 개의 갈리아 부족들은 종족과 언어와 관습과 제도가 서로 달랐다.

사회 및 정치 조직. 주로 농경민이었던 대다수 갈리아인들은 촌락들과 소규모 읍들에서 살았다. 다소 규모가 큰 공장들이나 광산촌들이 있었지만, 몇몇 큰 읍들은 큰 강들의 어귀와 만곡부, 그리고 교역로의 교차점들에서 발달한 무역 기지들이었다. 내륙에서는 비브락테, 게르고비아, 알레시아 같은 읍들이 가파른 산꼭대기에 서 있었다. 이곳들은 위험이 지속되는 시기에 방어가 용이한 은신처였지만 위기가 지나가면 방치되는 경우가 많았다. 갈리아가 로마화하기 전까지는 갈리아 읍들이 실제 도시가 된 경우는 없었던 것 같다.

갈리아인들은 대체로 정치적으로 약하고 불안정했다. 그들의 가장 큰 정치 단위는 부족 국가(civitas), 즉 다소 독립성을 유지한 씨족들의 느슨한 연방이었다. 그런 국가들이 백여 개가 있었고, 이들은 종종 서로 전쟁을 벌였다. 이 국가들은 내적으로도 불안정했다. 대부분 약 50년 전에 군주제가 폐지되고 서로 반목하는 귀족 파벌들에 의해 분열되었다. 그로 인한 혼란과 무질서가 갈리아 종족들을 라인 강을 건너 파상적으로 밀려오는 게르만 부족들이나 제국주의적 로마인들의 정복에 취약하게 만들었다.

헬베티이인들의 패배 (기원전 58). 카이사르가 그 속주(트랜스알피나)에 도착했을 때 갈리아의 경제, 사회, 정치 상황이 그러했다. 그 시기에 스위스 서부의 헬베티이인(Helvetii)은 오랫동안 품어온 염원, 즉 갈리아를 가로질러 자기들 땅보다 더 비옥하고 방대하며, 남서 독일의 아리오비스투스인과 게르만 종족들의 공격을 받지 않을 만큼 멀찌감치 떨어진 서쪽을 향해 이주할 준비를 했다. 기원전 58년에 그들은 가옥과 촌락을 불태운 뒤 론 강 둑에 집결했다.

카이사르는 자신의 군사적 재능을 발휘할 기회를 맞이했다. 그는 헬베티이인의 이주가 자유로운 갈리아에 혼란을 일으킴으로써 그 속주의 안전을 위협할 것이고, 그들의 옛 영토를 게르만인이 이탈리아를 침공할 때 이용할 길목으로 남겨두게 될 것이라고 주장하면서, 그들의 통과를 허용하지 않았다. 론 강의 오른쪽 둑을 따라 유라 산맥을 휘감고 돌아가는 산길이 있는데, 워낙 좁고 험해서 소가 끄는 수레가 한 줄로 지나갈 수밖에 없다. 론 강에서 거절을 당한 헬베티이인은 손 강을 따라 가다가 서쪽으로 건너갈 의도로 그 길을 택했다. 카이사르는 신속하고 결단력 있게 대처했다. 그것이 그가 장군으로서 인정받은 특징이었고, 그가 로마에서 실세로 부상할 수 있는 열쇠가 되었다. 두 군대는 몇 차례에 걸쳐 사소한 전투를 벌이다가 정면으로 충돌했고, 그 과정에서 로마 군대가 헬베티이 군대를 거의 전멸시켰다. 카이사르는 생존자들을 본토로 돌아가게 했고, 보이이인(the Boii)에 대해서만큼은 아이두이인 지도자들의 요청을 받아들여 아이두이인의 영토에 정착하도록 허용했다.

아리오비스투스. 전투가 끝나자마자 중앙 갈리아의 여러 국가들로부터 사절들이 줄을 지어 카이사르를 방문했다. 더러는 그가 최근에 거둔 승리를 축하했고, 더러는 강력한 게르만 왕 아리오비스투스(Ariovistus)를 막아달라고 탄원했다. 이미 두 국가를 속국으로 만든 아리오비스투스의 공세는 하루가 다르게 거세지고 있었다. 카이사르는 즉각 그 왕과 협상을 시작했고, 그의 무례하고 교만한 태도에서 전쟁을 일으킬 좋은 구실을 찾았다. 과감하고 신속한 진격, 몇 차례의 능숙한 작전, 그리고 단 한 차례의 전투로 게르만 군대는 철저히 궤멸되었다. 이로써 카이사르는 여름 한 철에 두 개의 거대한 적국을 무너뜨리고 로마를 갈리아 코마타의 수장으로 만들었다. 군단들이 겨우내 브장송에 주둔하도록 해놓은 그는 총독 법정의 11월 재판을 관장하고 또 다른 군사 원정을 위해 두 개 군단 병력을 더 모집할 목적으로 서둘러 갈리아 키살피나로 돌아갔다.

벨가이 전쟁 (기원전 57). 카이사르가 동 갈리아를 겨울 주둔지로 선정하자 벨가이인들 사이에 두려움과 적대감이 일어났다. 가장 신임하던 레가투스 티투스 라비에누스로부터 벨가이인들이 전쟁을 준비하고 있다는 편지를 받은 그는 서둘러 두 개 군단을 더 충원하여 알프스 산맥을 넘었다. 이번에도 신속하고 과단성 있는 행동이 주효했다. 벨가이인들은 너무 방만하여 지휘 체계가 흔들렸고 곧 군수품도 떨어지고 말았다. 상호 질투와 불화로 갈가리 찢긴 그들은 단 한 차례의 작은 접전으로 와해되어 흩어졌다. 카이사르는 이제 벨가이 국가들을 여유있게 하나씩 굴복시킬 수 있었다.

한편 총독으로부터 한 개 군단 병력을 받아 서 갈리아로 파견되었던 크라수스의 장남 소 푸블리우스 크라수스(the young Publius Crassus)는 영국 해협 해안선과 대서양 해안선에 살고 있던 모든 종족들을 로마에 굴복시켰다. 이렇게 해서 갈리아는 그 정복자의 발 앞에 무릎을 꿇었다. 라인 강 너머의 게르만인들조차 볼모들을 보내면서 그에게 복종을 약속했다. 이 승리의 소식을 보고받은 원로원은 15일이라는 유례 없이 긴 공식 감사절을 제정했다.

로마의 정치 상황 (기원전 58~56). 카이사르가 승전을 거듭하고 있는 동안, 정작 로마 시에는 무질서와 폭력이 난무하고 있었다. 국법 질서가 무너졌다. 원로원은 통치하기에 너무 유약했고, 대 폼페이우스는 너무 무력했다. 클로디우스는 무상 곡물법으로 빈민들의 우상이 되어 있었고, 그의 무장 폭도들이 거리를 지배했다. 그들은 가옥들을 공격하여 불태우고, 정적들에게 야유하고 침을 뱉었으며, 돌을 던지거나 짓밟아 죽이기도 했다.

카이사르가 갈리아로 떠나자마자 폼페이우스와 크라수스가 다투기 시작했다. 전자는 시들어가는 인기를 되찾고 귀족들의 지지를 얻기 위해서 추방당한 키케로를 불러오는 문제를 적극 거론하기 시작했다. 이에 격분한 클로디우스는 몇 차례에 걸쳐 폭동을 선동했고, 그 뒤에 이은 야유와 모욕과 위협에 폼페이우스는 잠시 공직 생활을 중단하고 칩거할 수밖에 없었다. 키케로를 좋아하지 않았고 클로디우스의 자금 조달에 기여한 크라수스는 클로디우스를 좌우하지 못했지만, 경쟁자의 몰락에 악의적인 미소를 지었다.

키케로의 소환 (기원전 57). 클로디우스는 호민관이었으므로 키케로의 복귀 허용 법안에 거부권을 행사할 수 있었고, 그러한 법안이 민회에 상정될 때마다 추종자들을 시켜 폭동을 일으키게 했다.

폼페이우스는 벨가이 전쟁이 벌어지던 여름에 정치 무대에 복귀했다. 카이사르와 서신 왕래를 했고, 다시 한 번 로마 광장에서 열리는 민회에 참석하기 시작했다. 그는 대개 호민관 티투스 안니우스 밀로(T. Annius Milo)가 이끄는 추종자들의 큰 무리의 호위를 받았다(그들 중 많은 수가 그와 함께 동방에서 참전했던 전역병들이었다). 폼페이우스는 키케로의 형제 퀸투스 키케로에게 만약 그 웅변가가 귀환을 허락받으면 카이사르의 통치나 율리우스의 법을 조금도 저해하지 않겠다고 보장할 것을 요구했다. 폼페이우스의 노력은 결실을 하여 그 해 가을에 키케로를 귀환시키는 법안이 켄투리아 회에서 뜨거운 갈채를 받으며 통과되었다. 그 법안이 통과될 수 있었던 것은 밀로와 그의 추종자들이 클로디우스의 추종자들과 혈전을 벌여 승리를 거둔 일도 다소 기여했다.

키케로는 귀환할 때 우레와 같은 환호를 받았다. 연도에 늘어선 군중은 그가 가는 길에 꽃을 뿌렸다. 원로원은 클로디우스의 추종자들이 파괴했던 그의 집을 (국고를 들여) 개축했다. 그러나 불행하게도 그 불량배들이 다시 와서 일꾼들을 몰아내고 개축되던 집을 부수고 옆에 있던 키케로의 형제의 집에 불을 질렀다.

키케로가 돌아온 뒤에 식량 사정이 급격히 악화되어 원로원의 옵티마테스 지도자들을 우려에 빠트렸다. 그들은 폼페이우스를 곡물 공급 책임자로 앉히는 데 동의했다. 폼페이우스는 곡물을 운반할 함대의 지휘권을 받았고 육군도 제의받았으나, 자신이 정말로 원하던 것에 지나치게 연연해 하는 모습을 보이지 않기 위해서 그 제의를 받아들이지 않았다. 옵티마테스들은 그의 말을 곧이곧대로 믿었다. 폼페이우스의 친구들은 그의 정직하지 못한 태도에 크게 실망했지만 이집트의 왕 플룻 연주자 프톨레마이오스(Ptolemy)가 알렉산드리아의 시민들에 의해 권좌에서 쫓겨난 뒤 정식으로 로마에 지원을 요청하는 일이 생기자 폼페이우스가 육군을 보유할 수 있는 좋은 기회가 생겼다고 보았다. 그러나 불행하게도 폼페이우스의 야심은 충족되지 못했는데 이는 어떤 이가 힘들여 「시빌라들의 신탁집」에 문의했다가 이집트 왕의 복권에 육군을 써서는 안 된다는 답변을 들었기 때문이다. 원로원의 대다수 의원들은 크게 안도하고서 그 문제를 내버려 두었다.

루카 회담 (기원전 56). 카이사르는 의심할 여지 없이 폼페이우스, 크라수스, 그리고 그외 사람들과의 서신 왕래를 통해서 로마에서 벌어지고 있던 정치 상황을 낱낱이 보고받았다. 키케로와 클로디우스가 서로 다른 의도를 가지고 기원전 59년의 율리우스 법을 공격하고 있다는 것을 알았다. 기원전 56년 4월 초에 라벤나에 있는 자신의 겨울 숙영지를 방문한 크라수스로부터 폼페이우스가 키케로의 격려를 받아 옵티마테스 쪽으로 선회했다는 것을 알았다. 폼페이우스, 크라수스, 카이사르의 연합이 위협을 받게 되자 카이사르가 직접 행동할 시간이 왔다. 그는 기원전 56년 4월 중순에 루카에서 폼페이우스를 만났는데, 아마 이 모임에는 크라수스도 참석했을 것이다.

　세 사람은 폼페이우스와 크라수스가 기원전 55년의 콘술 직에 출마하기로 합의했고, 아마 폼페이우스가 콘술 직을 역임한 뒤에 5년간 두 히스파니아 속주의 총독직을 맡고, 그같은 기간 크라수스는 파르티아인들과 전쟁을 벌일 권리와 함께 시리아 총독직을 맡으며, 카이사르의 총독 임기를 5년 더 연장한다는 데 합의한 듯하다. 아울러 그들은 키케로의 신랄한 연설을 중단시키고 클로디우스와 밀로의 폭도들을 제재한다는 데에도 합의했다. 회담이 끝나자 카이사르는 갈리아 트란스알피나로 떠났다.

속개된 갈리아 전쟁 (기원전 56~55). 카이사르는 브르타뉴의 베네티인이 전면적인 반란을 일으켰다는 소식을 들었다. 브리타니아와 교역을 하여 살던 조선과 항해에 능숙한 종족인 그들은 해상에서 가공할 만한 위협이 되었다. 그러나 로마인들은 곧 로마 전함들이 적함의 측면에 붙어 끝에 갈고리가 달린 긴 장대로 삭구(索具)를 끌어내려 적함을 무력하게 만들 수 있다는 사실을 곧 발견했다. 이로써 베네티인의 해군력은 분쇄되고 육지에서의 정복이 급속도로 완료되자, 총독은 게르마니아의 황무지들에서 고개를 든 새로운 위협에 대처하기 위해서 기수를 동쪽으로 돌렸다.

기원전 56년 늦가을에 두 게르만 종족이 라인 강을 건너 진격해온 수에비인에게 밀려 서진하면서 약탈을 일삼았다. 그들의 수는 400,000명이었다고 전해지나 그것은 과장된 수치이다. 그들의 수는 실제로는 100,000명을 넘지 않은 듯하며, 그중에서 무기를 들고 싸울 수 있는 장정의 수는 25,000명이고 나머지는 여자와 어린이들이었던 듯하다. 로마인들은 그 종족들의 지도자들과 협상에 들어갔으나, 게르만 기병대가 계약을 어기고 공격해오자 카이사르는 협상을 벌이고 있던 게르만족 추장들을 체포하고 대대적인 공격을 감행하여 지도자를 잃은 종족들을 무자비하게 살육했다.

라인 강을 가로지르는 거대한 목조 교량을 급속히 건설하면서 시작된 몇 차례에 걸친 신속한 작전은 나머지 게르만인을 기가 질리게 하기에 충분했다. 그런 뒤인 기원전 55년 늦여름에 카이사르는 브리타니아를 침공하는데, 이것은 로마사보다 영국사에서 더욱 기념되는 사건이다. 그가 브리타니아를 침공한 데에는 여러 가지 동기가 있었을 것이다. 호기심도 있었겠고, 갈리아인들을 지원한 브리타니아인들을 응징하고 싶은 욕구도 있었겠고, 알렉산드로스 대왕처럼 세계 끝에 있는 신비스런 땅을 정복함으로써 로마 사회에 깊은 인상을 주고 싶은 욕구도 있었겠고, 이미 정복된 갈리아 지도자들을 브리타니아 침공에 협력자들로 삼음으로써 그들을 유화하려는 욕구도 있었을 것이다. 그의 원정은 군사적으로는 큰 가치가 없었고 로마 권력도 더 확대된 것도 없었지만, 로마의 자긍심을 한껏 고무시켰던지라 원로원은 또 한 번의 공식 감사절을 선포했는데, 이번에는 그 기간이 20일이나 계속되었다.

다음 해에 카이사르는 브리타니아를 재차 침공했다. 특별히 건조한 전함들로 구성된 새 함대를 거느리고 바다를 건넌 그는 다섯 개 군단과 2천 명의 기병대를 켄트 해안에 상륙시켰다. 그리고는 신속히 내륙으로 진격했다. 그러나 재앙이 닥쳤다. 폭풍과 사나운 파도가 해안에 정박해둔 함대를 산산조각으로 만들었다는 전갈이 왔다. 그 소식에 원기를 회복한 브리타니아인들은 매복과 게릴라 전에 능한 그들의 유명한 전쟁 왕 카시벨라우누스(Cassivellaunus)의 지휘하에 반격을 위해 규합했다. 카이사르는 브리타니아인들의 공격을 파쇄하고 다시 내륙으로 진격하여 템스 강을 건너고 왕의 주요 요새를 공격하여 함락했다. 브리타니아인들은 화평을 청했다. 인질들과 조공을 바치겠다는 공식 약속이 그 조건이었다. 그러나 브리타니아가 로마의 속주가 된 것은 그뒤로 거의 100년이나 지나서 이루어질 일이었다. 당시에 카이사르는 갈리아 추장들 사이에 새로이 조성되던 위험한 분위기를 진압하기 위해서 갈리아로 돌아갔다.

최종 정복 (기원전 54~52). 기원전 54년 가을에 카이사르는 사마로브리바(마미앵)에서 갈리아 지도자들의 회담을 소집했다. 그곳에서 그는 그들이 로마의 권위에 대해서 갖고 있던 가장 큰 불만이 그들이 오래 전부터 갖고 있던 주변 종족들에 대한 전쟁과 약탈의 권리가 짓밟힌 데 있다는 사실을 알았다. 자신들의 영광스런 과거에 자부심을 갖고 있던 그들은 로마의 압제에 분노했다. 더욱이 흉년이 든 해에도 카이사르가 변함없이 곡물을 요구한 것이 그들을 절망으로 몰아갔다.

그들의 위험스런 분위기를 감지한 카이사르는 벨가이인들 사이에 큰 활과 같은 대형으로 군단 병력을 분산시켰다. 군단 병력이 산개되자 종족들은 반란의 유혹을 강하게 느꼈고, 그해 가을에 네르비이인, 트레베리인, 에부로네스인이 자기들의 지역에 주둔하고 있던 군단들을 공격했다. 카이사르가 벨가이인들에게 잔인하게 복수하고, 몇몇 갈리아 지도자들을 처형하고, 잔인하게 통치했다는 소식과 로마에서 소요 사태가 발생했다는 소식이 전해지자 중앙 갈리아의 종족들이 들고 일어났다.

베르킹게토릭스의 반란. 기원전 52년에 지난 날 아르베르니인의 왕의 아들인 베르킹게토릭스(Vercingetorix)의 지휘하에 갈리아인들은 독립 전쟁을 일으켰다. 반란은 오를레앙의 이탈리아 상인들에 대한 참혹한 학살로 시작되어 갈리아 전역으로 급속히 번졌다. 그 반란에 고무되어 로마의 가장 오래되고 강력한 친구들인 아이두이인이 들고일어났다. 반란군은 프로방스도 위협했다. 키살피나에서 황급히 돌아온 카이사르는 자신이 군단들과 단절되어 있는 사실을 발견했다. 군단들은 겨울 동안 북부에서 주둔하고 있었던 것이다. 그 속주의 방어 대책을 세워놓은 그는 서둘러 그러나 깊은 눈쌓인 산맥을 뚫고 힘겨운 행군을 감행하여 베르킹게토릭스의 본국인 갈리아 코마타로 진입했다. 이것은 직접적으로는 베르킹게토릭스의 애당초 계획을 무산시키고, 간접적으로는 카이사르 자신이 주도권을 되찾고 북부에 있는 그의 군단들과 합류할 수 있는 전략이었다.

베르킹게토릭스는 자신의 군대가 카이사르의 노련한 군단들에 상대가 되지 않는다는 사실을 깨닫고서 게릴라 전과 초토화 전략을 세우고 처음에는 그 전략을 이행했다. 소도시들과 촌락들을 불태우고, 통신을 두절시키고, 호송대를 생포하고, 식량을 징발하러 다니는 일행들을 공격하고, 로마 군대에 대해서는 치고 빠지는 전략이었다.

만약 갈리아 지도자들이 베르킹게토릭스에게 그 전략을 일관되게 수행하도록 허용했더라면 그는 카이사르의 군대를 무력화하고 아마 그를 갈리아에서 아예 쫓아낼 수도 있었을 것이다. 그러나 그들은 자기들의 아름다운 부르쥐읍이 불타거나 약탈되는 것을 차마 볼 수 없었다. 카이사르는 거대한 공성(攻城) 작전으로 부르쥐를 공격하여 질풍노도처럼 그 읍을 함락하고 대규모 갈리아 군대를 섬멸했다. 그런 뒤 다시 베르킹게토릭스의 영토를 침공하여 게르고비아의 우거진 산지를 포위 공격하다가 갈리아 전쟁 최초로 패배를 당했다.

카이사르는 이에 굴하지 않고서 용기와 지력으로 그 위기에 대처했다. 대적의 실수를 하나도 빠뜨리지 않고 이용했다. 게르고비아에서 거둔 승리에 고무되고 또 질투가 강하고 고집이 센 아이두이 동맹 세력을 유화하기 위해서, 베르킹게토릭스는 지금까지 써오던 게릴라 전술을 포기하고 무모하게도 전면전 전술을 채택했다. 전투에서 패한 베르킹게토릭스는 이번에는 군대를 이끌고 알레시아 삼림이 울창한 산지로 들어갔다. 카이사르는 그 산지를 즉각 포위했다. 병사들에게 곡괭이와 삽으로 15km 길이의 참호를 파게 하고 그곳에 23개의 요새를 설치했다.

알레시아 공격 (기원전 52). 성을 포위하고 진지를 쌓는 카이사르의 활동을 방해하는 데 실패한 베르킹게토릭스는 기병대를 소집하고 말굽을 천으로 감싸고서 밤에 포위망을 뚫고 각자 자기 고향으로 가서 국가의 독립을 위해 구원군을 모집해 오라고 명령했다. 미리 심어둔 스파이들을 통해 그 첩보를 접한 카이사르는 구원군을 차단하기 위해서 후방에 정교한 성벽을 건설했다. 그것은 곳곳에 요새와 망루를 세워 놓은 넓고 깊은 해자였다. 후방으로 더 나간 지대에는 뗏장으로 은폐한 함정과 부비트랩을 헤아릴 수 없이 많이 설치해 두었는데, 이것은 20세기 전쟁들이 발발하기 전까지 설치된 방어 체계 중에서 가장 정교한 것이었다.

갈리아인들은 구원 요청에 응했다. 거의 모든 지역에서 장정들이 정해진 지점을 향해 구름떼처럼 몰려들었다. 그렇게 해서 모인 방대한 무리가 알레시아를 향해 진군했다. 알레시아에서는 하루가 다르게 전투의 열기가 치열하게 달아오르고 있었다. 그것은 유럽의 장래를 판가름하게 될 갈리아 전투였다. 기병대의 참전, 포위되어 있던 알레시아 내부 군대의 단발적인 기습, 구원군에 의한 외곽 방어 시설에 대한 공격, 이 모든 것이 동시에 이루어져 급속히 성과를 거두고 있었다. 로마인들은 모든 지점에서 계속해서 압박당했고, 한 지점에서는 거의 궤멸되었다. 미친 듯이 말을 몰고 온 한 전령이 가쁜 숨을 몰아쉬며 카이사르에게 보고하기를, 방어선이 뚫렸고, 방어 병력들이 지칠대로 지쳐 있으며, 방어 시설마저 대규모 공격에 못이겨 무너지고 있다고 했다. 카이사르는 방어선이 무너진 그 지점에 여섯 개의 보병대를 투입했고, 다음에는 일곱 개의 보병대를 더 증파했으며, 자신도 더 많은 병력을 이끌고 그곳으로 황급히 달려갔다. 기병대도 따르라는 명령을 받았고, 예비 기병대는 적의 후방을 기습하라는 명령을 받았다. 라비에누스는 투입할 수 있는 모든 병력을 다 투입했다. 지칠 대로 지쳐서 항복할 시점에 가 있던 군단 병력들은 카이사르의 심홍색 전쟁 망토가 바람에 휘날리는 것을 보고는 사기 충천하여 맹렬한 공격을 감행했다. 적군은 전열이 흐트러지면서 도주하기 시작했다. 뒷정리 정도의 몇 차례 작전을 제외하면 갈리아 전투는 끝난 셈이었다.

그러나 로마에서의 수위권 쟁탈전은 이제야 비로소 시작되고 있었다. 갈리아에서 카이사르는 로마에서 가장 강하고 존경받는 사람이 되려는 야심을 실현할 만한 군사적·경제적 기반을 닦았다. 그렇게 함으로써 예전의 파트너들인 폼페이우스와 크라수스, 그리고 원로원의 옵티마테스들의 두려움과 시기를 증가시켰다. 그들 모두가 카이사르를 견제할 방법을 찾기 시작했다. 결국 이런 공작들이 카이사르로 하여금 모든 것을 내전에 걸도록 만들었다. 내전을 위해서 그는 정적들이 생각한 것보다 훨씬 탄탄한 준비를 갖추고 있었다.

19

카이사르의 승리와 몰락
(기원전 50년대 중반 ~ 44)

카이사르가 라인 강 건너편의 게르만인들을 공포의 도가니에 몰아넣고, 브리타니아를 침공하고, 벨가이 부족들을 약탈하고, 베르킹게토릭스를 제압하는 동안, 로마에서는 그의 장래를 위해 중요한 큰 정치적 상황들이 진행되고 있었다. 기원전 56년의 루카 회담 이후에 크라수스와 폼페이우스는 카이사르의 경쟁자가 될 수 있게 해줄 세력을 되찾았다. 두 사람 다 콘술 직에 다시 출마하려 했고, 다시 군대 지휘권과 속주들을 갖고 싶어했다. 그들의 정적들은 충격에서 벗어나지 못하고 있었다. 키케로는 평화를 유지해야 한다는 부담 때문에 독설에서 재빨리 찬사와 감사로 입장을 바꾸었다. 카이사르와 자주 편지를 주고 받았고, 그에게서 자금을 빌리기도 했으며, 그에게 자신의 최근 저서들을 보냈다. 그중에는 카이사르가 높이 평가할 수 없었던 시집 몇 권뿐 아니라 감탄하지 않을 수 없던 「연설가론」(*De Oratore*)도 들어 있었을 것이다.

수위권 투쟁. 공화정 말기에는 네 가지 것이 중시되었다. 그것은 콘술 직, 군대, 호민관 직, 그리고 현저한 정치가들의 역할로서, 많은 사람들, 그중에서도 누구보다도 키케로, 카토, 폼페이우스, 크라수스, 그리고 카이사르가 맡기를 열망하던 것들이었다. 모두가 명예와 권력을 위해서 투쟁했으나, 아무도 폭력이나 혁명을 바라지 않았다.

기원전 55년에 콘술들인 폼페이우스와 크라수스와 더불어 호민관 가이우스 트레보니우스(C. Trebonius)가 루카 회담에서 분명히 협약된 대로 콘술들에게 5년간 속주를 배정하는 법(트레보니우스 법)을 통과시켰다. 폼페이우스는 두 개의 히스파니아를 받았으나 아마 카이사르의 권고를 받아들여 사건의 추이를 관찰하기 위해 로마에 남아 있기로 결정했다. 마침내 군단들을 모집하게 된 그는 몇 개 군단은 자신의 레가투스들에게 붙여 히스파니아로 파견하고, 나머지 군단들은 이탈리아에 남겨 두었다. 지난 날 동방에서 귀국한 뒤 기원전 61년에 그랬던 것처럼 군대를 섣불리 해산하는 어리석음을 범할 생각이 없었다. 폼페이우스의 경쟁자이자 동료인 크라수스는 시리아 속주와 함께 자신의 재량하에 전쟁을 치를 수 있는 권리를 부여받았다. 법에는 파르티아가 언급되지 않았지만, 그가 로마의 동부 접경에 포진하고 있던 그 경쟁 세력에 대해 전쟁을 준비하고 있다는 것은 공공연한 비밀이었다.

크라수스의 몰락. 크라수스는 지체하지 않고 자신의 속주로 출발했다. 콘술 임기가 끝나기도 전에 로마를 떠나 시리아로 갔고, 기원전 54년 초봄에 3만5천 명의 병력을 이끌고 메소포타미아를 침공했다. 유프라테스 강을 건너 몇몇 접경 소도시들을 함락한 뒤 수비대를 배치했고, 시리아의 겨울 숙영지로 돌아가 거기서 군대를 훈련시킬 수 있었다. 그의 병력은 여전히 신참 지원병들로서, 더 이상 기습 공격의 이점을 누릴 수 없었으므로 파르티아인들과 총력전을 벌여야 하는 상황이었다. 아울러 크라수스는 군사 작전을 쉬는 틈을 타서 예루살렘 신전과 자기 속주 내에 있는 그밖의 부유한 신전들을 약탈함으로써 전쟁 비용을 보충했다.

기원전 53년 봄에 크라수스는 다시 유프라테스 강을 건넜다. 그의 목적은 파르티아를 전면 침공하고 셀레우케이아를 함락하는 것이었다. 그는 아르메니아를 지나서 파르티아를 공격하자는 제안을 거부했고, 대부분의 사람들이 생각하는 것과는 반대로 일년 전에 수비대를 배치해 둔 지역을 따라 난 유명하고 전략적으로 중요한 경로를 택했다. 파르티아인들이 마침내 공격을 감행할 때 크라수스의 군대는 이미 벨리크 강 유역의 카라이에 배치해 둔 수비대에 접근하고 있었다. 만약 푸블리우스 크라수스가 극히 중요한 기병대를 주력 부대에서 너무 멀리 떼어놓지 않았다면 로마인들은 파르티아인들의 공격을 견뎌낼 수 있었을 것이다. 그러나 기병대를 잃고나자 크라수스는 퇴각하지 않을 수 없었다. 그는 대부분의 군대를 이끌고 카라이에 도착했으나 그 도시는 대공격을 막아낼 만큼 견고하지 않았기 때문에 로마 보병에게 좀더 유리한 산지가 펼쳐진 북부로 한 번 더 퇴각해야만 했다.

퇴각하는 길에 전쟁 경험이 없는 그의 병력들은 기강이 해이해질 대로 해이해져서 이동 속도가 더뎠다. 크라수스는 시나카의 안전한 성벽을 불과 3킬로미터 정도 앞둔 지점에서 공격을 받고 전사했다. 파르티아 궁전에서 에우리피데스의 「바카이」(*Bacchae*)가 공연되는 동안 피가 뚝뚝 떨어지는 그의 흉칙한 머리가 내걸렸다. 일곱 개 군단이 궤멸되었고, 그들의 자랑스런 독수리 군기들이 파르티아 신전들 위에 세워졌다. 4만 명에 육박하던 육군 중에서 1만 명만 가이우스 카시우스 롱기누스(Gaius Cassius Longinus)의 노련한 지휘 덕에 시리아로 무사히 탈출했다. 그는 훗날 카이사르를 암살한 일당 중 한 사람이다.

연합의 붕괴. 크라수스의 죽음은 루카 이후에 존재해온 정교한 정치적 세력 균형을 완전히 뒤집었다. 그후로 폼페이우스와 카이사르는 계속해서 소원해졌다. 폼페이우스가 카이사르의 외동딸 율리아와 결혼함으로써 맺어진 개인적 유대 관계도 기원전 54년에 그 우아하고 세련된 부인의 뜻밖의 죽음으로 깨졌다.

혜성과 같은 카이사르의 등장이 폼페이우스의 명예와 세력을 위협했다. 폼페이우스로서는 지위를 유지하려면 원로원 지도자들의 도움이 필요했다. 그 두 강력한 사람을 갈라놓으려던 그들의 소원이 거의 실현되는 듯했다. 갈수록 벌어지는 균열을 막기 위해서 카이사르는 폼페이우스의 외동딸에게 결혼을 청했으나 냉정하게 거절당했다. 폼페이우스 자신은 푸블리우스 크라수스의 젊은 미망인이자 원로원 옵티마테스 지도자의 핵심 인물인 메텔루스 스키피오의 딸과 결혼했다.

한편 로마에서는 무질서가 만연했고, 부패와 금권 선거가 아무런 제재도 받지 않았다. 기원전 53년은 콘술들 없이 시작되었고, 52년도 그러했다. 폭력과 폭동 때문에 시민들이 거리를 마음놓고 지나다닐 수 없었다. 밀로는 콘술 직에 출마했고, 클로디우스는 폼페이우스의 지원을 받아 프라이토르 직에 출마했다. 뇌물이 공공연히 오갔다. 피가 넘쳐 흘렀다. 그리고 그 해가 기울었다. 선거도 없었고 정무관들도 선출되지 않았다. 권위가 땅바닥에 떨어졌다. 로마는 그야말로 무정부 상태였다.

클로디우스의 죽음 (기원전 52). 클로디우스의 부하들과 밀로의 부하들 사이에 싸움이 벌어진 과정에서 클로디우스가 살해당하자 폭동이 발생했다. 로마 광장에서 클로디우스의 미망인 풀비아에게 선동된 군중은 그의 시체를 들고 원로원 의사당으로 가서 그곳에서 그의 시체를 화장했다. 그 행위로 인해 확산된 공포와 분노를 폼페이우스가 이용했다. 대다수 사람들은 폼페이우스만이 질서를 회복할 수 있으므로 그에게 비상 대권을 주어야 한다는 데 동의했다. 그의 친구들은 독재관 직을 제의했으나, 그것은 옵티마테스들로서는 받아들이기에 너무 부담이 컸다. 카토와 비불루스는 폼페이우스를 기원전 52년의 단독 콘술로 선출되도록 노력한다는 내용의 합의를 도출했다. 이렇게 해서 폼페이우스는 상당한 행동 반경을 확보하게 되었으나, 여전히 호민관의 거부권에 제약을 받았고, 자신의 행동에 대해서도 법적인 책임을 져야 하는 위치에 있었다.

단독 콘술 폼페이우스 (기원전 52). 폼페이우스는 곧 질서를 회복하고 자신의 경쟁자들을 약화시키도록 고안한 여러 개의 법안들이 통과되도록 만들었다. 첫째 법안은 최근에 폭력을 행사한 자들을 처벌하는 데 목표를 두었다. 심지어 과거에 그의 동지였던 밀로도 클로디우스가 죽고 폼페이우스가 지지하던 출마자들의 경쟁자가 된 마당이었으므로 제거 대상에 포함되었다. 두번째 법안은 뇌물 수수 행위를 처벌하는 법으로 기원전 70년까지 소급 적용되었다. 그것은 카이사르의 친구들을 괴롭혔다. 두 법 모두 과거의 법들보다 더 가혹한 처벌 규정들과 신속한 집행을 명기했다.

키케로는 밀로가 클로디우스의 죽음을 몰고온 행동을 유발한 이유로 새로

운 법인 폭력방지법 데 비(de Vi)로 고소를 당했을 때 흔쾌히 그의 변호를 맡
았다. 그 누구도 밀로를 돕기 위해 재판을 방해할 수 없음을 분명히 해두기
위해서, 폼페이우스는 법정 주변에 무장 병력을 배치했다. 키케로는 무장 병력
을 보고서 너무 놀란 나머지 하고 싶은 말을 잊어버렸고, 밀로는 유죄 판결을
받고서 마실리아로 유배되었다. 가끔 놀랄 만큼 둔감한 모습을 보이곤 한 키
케로는 자기가 법정에서 하고 싶었던 변론문을 세련된 문장으로 다듬어 밀로
에게 보냈다!

폼페이우스는 정무관 직과 속주 총독 직 사이의 5년 유예 기간을 요구하는
법안을 관철시켰다. 이 법은 로마에서 뇌물 행위를 억제하고, 뇌물을 바친 때
부터 그 결실을 거둘 때까지의 기간을 대단히 길게 늘려놓음으로써 속주민들
을 수탈에서 보호하려는 진지한 의도를 담고 있긴 했지만, 폼페이우스 개인의
이익에도 유리하게 작용했다. 정상적인 상황이라면 카이사르를 계승할 사람을
콘술에 선출하기에 앞서 그를 콘술 역임자(consular)로 임명하지 않고는 그의
갈리아 지휘권을 박탈할 수 없었을 것이다. 그러면 그에게 자신의 길을 모색
할 적어도 18개월이라는 긴 기간을 주게 되는 셈이었다. 하지만 폼페이우스의
법으로는 카이사르의 지휘권을 즉각 박탈할 수 있었고, 카이사르는 그 일이
발생하지 않기를 바란다면 폼페이우스의 영향력에 기대지 않을 수 없었다. 그
러는 동안 폼페이우스는 히스파니아에 대한 군대 지휘권을 5년 더 연장받음
으로써 자신의 세력을 강화했다. 아울러 현재의 정무관들이 총독 직을 보유할
수 있기 전 5년의 간격을 메꾸기 위해서, 폼페이우스는 총독 직을 맡지 못한
모든 콘술 역임자들과 프라이토르 역임자들에게 5년 이상의 대기를 요구했다.
이 조치에 힘입어 그는 키케로와 비불루스 같은 영향력 있는 사람들을 해외
총독들로 파견할 수 있었고, 옵티마테스들로 하여금 로마를 이끌 지도자로 더
욱더 자신을 주목하게 만들 수 있었다.

기원전 52년부터 폼페이우스가 사용한 기본 전략은 카이사르와 옵티마테스
들 양측에게 자신의 세력을 과시하고, 각 진영에게 상대 진영으로부터 보호를
받기 위해 자신과 협력하지 않으면 안 되게 만드는 것이었다. 이런 방식으로
폼페이우스는 자신의 탁월성을 확정하려 했다. 예를 들어 카이사르는 콘술 자
격으로 로마로 돌아갈 수 있을 때까지 프로콘술로서의 명령권(imperium)을

보유함으로써 자신의 과거 행위들에 대해 소추를 면할 목적으로, 기원전 52년의 호민관 10명에게 자신이 기원전 49년의 콘술 직(카이사르로서는 두번째 콘술직이 됨)에 나아가기 위한 부재중 출마를 선언할 수 있도록 허용하는 법안을 관철시켜 주도록 설득한 바 있다. 그러나 폼페이우스는 고위직에 출마하는 모든 입후보자들에 관해서 규정한 그 법을 한층 강화하여, 입후보자들 스스로가 로마에서 선거 담당 정무관에게 직접 출마 의사를 전달하는 것을 의무화했다. 카이사르의 친구들이 항의하면서, 새로운 법 조항들이 카이사르에게 유리한 과거의 법에 대해 우선권을 갖게 되리라는 점을 지적했다. 그러자 폼페이우스는 카이사르가 새로운 법으로부터 예외를 인정받게 될 것이라고 대답하고는, 아마 법을 어겨가며 그런 내용을 부칙으로 기재한 공문을 남긴 듯하다. 이 행위는 카이사르가 폼페이우스의 선의에 의존해 있음을 공식적으로 천명했고, 옵티마테스들에게 법을 자의로 수정할 수 있는 사람에 대해 경계심을 갖도록 만들었다.

내전의 서곡. 일부 옵티마테스들이 카이사르에게서 지휘권을 즉각 박탈하려고 함에 따라 기원전 51년에 일련의 복잡한 공작이 잇달았다. 폼페이우스는 원로원 의원들에게 그 문제를 기원전 50년 3월 1일까지 제기하지 말도록 당부했다. 이런 식으로 폼페이우스는 카이사르에게 지휘권을 5년 더 연장해준 자신의 55년 법을 위배하지 않았다고 주장할 수 있었지만, 그럼에도 불구하고 그의 태도는 명령권을 견지하면서 부재중에 콘술 직에 출마하는 동안 자신의 속주들과 군대를 보유하려는 카이사르의 희망에 위협이었다.

그러나 카이사르는 호락호락하지 않았다. 기원전 50년에 콘술 아이밀리우스 파울루스(Aemilius Paullus)와 열 명의 호민관들은 카이사르를 지지하는 듯했다. 호민관들 중 가장 두드러진 인물은 가이우스 스크리보니우스 쿠리오(C. Scribonius Curio)로서, 클로디우스의 불같은 성격의 미망인 풀비아(Fulvia)와 결혼한 달변의 연설가이자 음모의 대가였다. 그는 지나치게 사치스런 생활을 했으며, 어떤 사료들에 의하면 카이사르가 막대한 빚을 갚을 때 그의 지원을 받았다고 한다. 매수되었든 그렇지 않든, 쿠리오는 카이사르의 아주 치밀한 무기였고, 중립을 지키는 척하면서 카이사르에게 불리한 모든 행동을 가로막

있다.

그밖에도 카일리우스 루푸스(Caelius Rufus), 돌라벨라(Dolabela), 마르쿠스 안토니우스(Marcus Antonius. Mark Antony)라는 세 명의 명민하고 야심 찬 젊은이들이 총독 카이사르를 지원했다. 카일리우스도 쿠리오처럼 세속적이고 세련된 빼어난 연설가였다. 그는 키케로의 친구이면서 또한 클로디우스의 악명높은 방탕한 누이 클로디아의 연인이었다. 난봉꾼이자 음흉한 돌라벨라는 키케로의 사위였다. 마르쿠스 안토니우스는 비록 쾌락을 즐기고 방탕했지만 탁월한 군인이자 전략가였고, 카이사르에게 신임을 받았다. 카이사르를 따라 산맥을 넘고 갈리아 코마타의 평지와 삼림을 두루 다녔다.

기원전 50년에 카이사르를 무력화하기 위한 본격적인 시도가 실패로 끝났다. 콘술 파울루스는 쿠리오와 짜고서 속주들을 놓고 격한 논쟁을 벌이는 척함으로써 다른 모든 문제들에 대한 논쟁을 사전에 차단했다. '무소속' 쿠리오는 기민하게 카이사르와 폼페이우스 양자가 지휘권을 양도하고 공화정의 안전을 위해 군대를 해산할 것을 요구했다. 그는 하룻밤새 인민의 영웅이 되었다.

폼페이우스는 쿠리오의 술책이 싫었고 그의 거부권 행사로 좌절을 겪었지만 패배를 인정하지 않았다. 그는 원로원의 옵티마테스 지도자들을 상대로 동방에서 파르티아인들과 전쟁을 벌이려면 군대가 필요하다고 설득했고, 그에 따라 원로원은 그와 카이사르가 1개 각각 군단을 제공해야 한다는 원로원 결의를 공포했다. 이 결의는 비록 표면상으로는 공정했으나 사실은 폼페이우스에게 유리했다. 그는 포기해야 할 것이 아무것도 없었던 반면에 카이사르는 두 개의 군단을 포기해야 했기 때문이다(한 개 군단은 그의 것이었고, 한 개 군단은 2년 전에 폼페이우스가 갈리아에서 활용하도록 그에게 빌려 준 것이었다). 군대가 이탈리아에 도착하자, 폼페이우스는 그 군대가 더 이상 동방에 필요 없다고 판단하고서 카푸아 근처에 주둔시켰다.

12월 1일에 콘술 가이우스 마르켈루스가 원로원에 참석하여 카이사르의 지휘권을 박탈하자는 동의안을 제출했다. 쿠리오는 예상했던 거부권을 행사하지 않았다. 그 동의안은 통과되었다. 마르켈루스는 의기양양하여 폼페이우스에게는 지휘권을 유지케 하자는 동의안을 제출했다. 이번에도 쿠리오는 조용히 있었다. 이번에도 동의안이 통과되었다. 그러자 쿠리오가 일어섰다. 그도 안건을 제출했다. 모든 군사 독재를 비판한 그는 카이사르에게만 불리한 조치가 취해지는 것이 부당하다고 지적하면서, 카이사르와 폼페이우스가 모두 은퇴해야 한다고 주장했다. 그의 동의안은 370대 22라는 압도적인 표차로 통과되었다. 격분한 마르켈루스는 "모두들 카이사르를 주인으로 모시고 싶어하는 것 같은데 마음대로 하시오!" 하고 외치고는 원로원 문을 박차고 나갔다. 그러자 쿠리오는 로마 광장으로 나가 회집한 인민에게 일장 연설을 했다. 그의 연설은 크게 먹혀들었다. 열광한 청중은 우레와 같은 갈채를 보내면서 꽃을 던졌다.

다음 날 마르켈루스는 원로원 특별 회의를 소집했다. 그 자리에서 그는 카이사르가 갈리아 키살피나에 도착했고 로마로 진격해 들어올 가능성이 있다는 소문을 전했다. 그는 원로원이 즉각 행동에 나서 국가 비상 사태를 선포하고 카이사르를 공적으로 규정해야 한다고 주장했다. 카푸아에 주둔하고 있는 두 개 군단을 불러들여 수도를 방어해야 한다고 했다. 쿠리오는 그 소문이 거짓이라고 주장하면서 그 동의안에 거부권을 행사했다. 그러자 마르켈루스는 쿠리오를 파괴 분자이자 의사방해자로서 불신임 투표를 하자는 동의안을 제출했다. 그 동의안이 통과되지 않자 그 콘술은 직접 폼페이우스를 찾아갔다. 그리고는 그에게 칼을 건네면서 두 개 군단을 이끌고 카이사르를 치도록 권한을 주었다. 폼페이우스는 그 명령을 받아들였지만 그다지 열의를 보이지는 않았다.

한 가지 위기에 또 다른 위기가 잇달았다. 원로원에서는 논쟁이 끊이지 않았고, 공적인 중재 활동과 사적인 협상이 오갔다. 카이사르는 폼페이우스가 지휘권을 포기할 경우 자신도 포기하겠다고 제의했다. 그러나 옵티마테스들은 그 제의를 일축하고 그의 제의를 국가에 대한 위해 행위로 단언한 다음 세나투스 콘술툼 울티뭄을 통과시켰다. 새로운 호민관들인 마르쿠스 안토니우스와 퀸투스 카시우스는 자신들의 거부권 행사가 비판을 받고 목숨마저 위협을 받게 되자 쿠리오와 카일리우스와 함께 로마 시에서 도피하여 카이사르와 합류했다.

루비콘 강을 건넌 카이사르. 한편 카이사르는 한 개의 로마 군단과 약간의 게르만인과 갈리아인 기병대의 분견대를 이끌고 갈리아 키살피나에 도착해 있었다. 그는 라벤나에 사령부를 설치하고 그가 원 갈리아(Further Gaul)로부터 이동하도록 지시한 두 개 군단이 도착하기를 기다렸다. 이번에도 카이사르가 갈리아인들에 대해 즐겨 쓰던 신속하고 결단력 있는 행동이 세력 균형을 깨뜨렸다. 카이사르는 원로원의 조치를 듣고는 더 이상 지체하지 않기로 결정했다. 그는 루비콘이라는, 키살피나와 이탈리아를 구분하는 작은 강 둑에 진을 쳤다. 집합한 자기 병사들과 함께 강 북쪽 둑에 선 그로서는 이제 무슨 일을 해야 할지가 확연하게 다가왔다. 일단 강을 건너면 다시 건너오는 일이 없게 될 것이다. 이탈리아 침공이 시작될 것이기 때문이다. 그는 비장하게 "주사위는 던져졌다"고 외치고는 군대를 이끌고 루비콘 강을 건넜다.

카이사르가 대외적으로 내건 명분은 호민관들의 법적 권한을 보호하기 위함이었지만, 그의 충직한 전역병들에게는 그의 행동이 자신의 디그니타스를 모욕한 정적들을 보복할 테니 도와달라는 요청으로 훨씬 강하게 받아들여졌다. 국법상의 문제들도 중요하지 않은 건 아니었지만, 그보다 더 중요한 것은 로마에서 개인의 탁월성을 놓고 벌인 투쟁이었다. 폼페이우스의 경우도 다르지 않았다.

카이사르가 달랑 한 개의 군단을 이끌고 그것도 추운 겨울에 이탈리아를 침공하기로 결정한 것은 계산된 모험이었다. 이탈리아의 병력 동원이 이제 막 시작되었기 때문이다. 그를 저지하기 위해서 서둘러 모집한 군대는 제대로 훈련을 받지 못했고 아마 전투를 벌일 의지도 없을 것이었다. 카이사르는 아울러 폼페이우스의 병력이 훈련된 두 개 군단뿐이었고, 그것도 갈리아에서 카이사르의 지휘를 받았던 군단들이라는 사실을 알았다. 그들은 전투가 벌어지면 부대를 이탈하리라는 것을 예측할 수 있었다.

카이사르는 동부 해안을 휩쓸었다. 큰 지방들이 그에게 넘어갔고, 심지어 폼페이우스의 아성인 피케눔도 예외가 아니었다. 그가 진격해오자 폼페이우스가 동원한 병력들은 항복을 하고 카이사르에게 합류했다. 코르피니움에서는 도미티우스 아헤노바르부스(Domitius Ahenobarbus)가 폼페이우스의 명령을 어기고서 완강히 버텼다. 그러나 코르피니움은 간단히 함락되었다. 1만5천 명의 병력으로 이루어진 수비대가 반란을 일으키자 도미티우스 자신도 항복해 버린 것이다. 카이사르는 그를 놔주었다.

카이사르의 신속한 진격과 코르피니움(강력한 기지로 간주되던)의 손쉬운 함락을 접한 폼페이우스의 추종자들은 공포에 휩싸였다. 그들은 국고를 방치한 채 카이사르가 진입하기 몇 주 전에 로마 시를 버리고 해안으로 달려갔다. 폼페이우스는 끌어 모을 수 있었던 모든 병력을 이끌고 브룬디시움으로 황급히 이동하여 그리스로 가는 배를 탔다.

카이사르는 너무 늦게 도착했다. 도망쳤던 군대가 다른 전선에서 다시 전투에 임했던 것이다. 카이사르는 브룬디시움을 버리고 로마로 출발했다.

카이사르가 그처럼 신속히 이탈리아를 정복할 수 있었던 데에는 군대에 대한 절대적이고 카리스마적 지휘, 이미 군대를 떠난 그의 전역병들이 보여 준 충성, 그리고 민간인들과 생포된 병사들에 대한 그의 관대한 처분이 크게 작용했다. 그러나 그의 앞에는 여전히 막중한 과제가 놓여 있었다. 폼페이우스가 바다를 장악한 데 힘입어 로마를 시칠리아와 북아프리카로부터의 곡물 공급으로부터 단절시키고, 항복을 받아내기 위해 굶주림으로 몰아갈 수 있었기 때문이다. 폼페이우스는 히스파니아에 전투로 다져진 군단들을 보유하고 있었고, 그가 왕들을 임명하기도 하고 폐위하기도 했던 동방에서도 막대한 자원과 인력을 끌어다 쓸 수 있었다. 이런 세력을 가지고 그는 두 방향에서 이탈리아를 공격할 수 있었다. 아울러 만약 최근에 정복하여 완전히 장악하지 못한 갈리아에서 또 다른 베르킹게토릭스가 등장하면 어떻게 될 것인가? 이런 것들이 로마로 달려가던 카이사르 앞에 놓인 문제들이었다.

카이사르는 로마에 들어가기 전에 키케로를 불러 함께 로마로 돌아가 새 정권을 세우고 그것에 존엄과 위신을 불어넣어 달라고 설득했다. 그러나 어느 편이 승리할지 아직 확신하지 못한데다 원칙상 카이사르와 그의 추종자들을 인정하기 어려웠던 키케로는 그의 설득을 거부했다. 카이사르는 크게 낙심한 채 자기 길을 갔다.

카이사르의 정부 재편. 카이사르는 9년만에 로마에 처음 입성하여 즉각 정부 재편 사업에 착수했다. 여전히 로마에 남아 있던 모든 원로원 의원들을 소집한 그는 유혈 사태를 막도록 그들의 협조를 요청했다. 그의 요청에 더러는 흔쾌히 응했고 더러는 마지못해서 응했다. 그들은 카이사르가 큰 신세를 진 포 강 이북 주민들에게 시민권을 부여하는 법안을 받아들였다.

카이사르는 로마와 이탈리아의 임시 통치를 위한 방안을 서둘러 마련했다. 기원전 77년에 폼페이우스에게 진압당한 반란군 지도자의 아들인 프라이토르 아이밀리우스 레피두스에게 로마 시 행정을 맡겼다. 마르쿠스 안토니우스를 이탈리아 총독 겸 전군 총사령관에 임명했다. 쿠리오를 시칠리아와 북아프리카로 보내 곡물을 확보하도록 했으며, 돌라벨라와 마르쿠스의 동생 가이우스 안토니우스를 일리리아로 보내 북동쪽에서 예상되는 폼페이우스의 이탈리아 침공을 차단하도록 했다. 국고를 열도록 지시했고, 협조하지 않는 호민관을 즉각 제거했다. 호민관들이 그렇게 많은 권한을 보유하고 있다는 게 그로서는 터무니 없는 일이었던 것이다! 이렇게 해서 로마의 행정과 재정의 기틀이 잡히자, 카이사르는 폼페이우스에게 충성하는 군대가 장악하고 있는 히스파니아를 향해 떠났다.

히스파니아에서의 카이사르 (기원전 49). 카이사르는 먼저 마실리아의 저항을 뚫고 가야 했다. 마실리아는 히스파니아와 이탈리아의 교통을 위협했을 뿐 아니라 갈리아에서 반란의 불씨가 되살아나도록 부추길 가능성이 있는 도시였던 것이다. 그는 일부 병력을 남겨두어 그 도시를 포위 공격하도록 하고 자신은 히스파니아를 향해 서둘러 진격했다. 히스파니아에서 처음에는 다소 어려움을 겪었지만, 그가 갈리아에 있을 당시에 충성스런 복무로 그 가치를 입증한 바 있는 갈리아와 게르만 기병대의 활약으로 승리를 거두었다. 결국 그는 40일만에 히스파니아에 주둔하고 있던 폼페이우스의 군대를 굴복시켰다. 돌아오는 길에 마실리아를 완전히 함락시켰다. 이후로 그 도시는 로마의 지배권 하에 놓이게 되었다.

카이사르가 히스파니아에서 승리를 거두었다는 소식이 전해지자 로마 시민들은 열광했고 카이사르의 정치 권력은 크게 증가했다. 레피두스가 상정한 특별법으로 그에게는 임시 독재관 직이 부여되었다. 로마 시민들은 환호했고, 그의 추종자들은 승리를 거두었다. 만약 쿠리오가 폼페이우스의 충직한 동맹자인 누미디아의 왕 유바(Juba)로부터 아프리카를 탈취하려고 하다가 전사하는 일만 없었다면 카이사르의 기쁨은 끝을 몰랐을 것이다.

카이사르의 두번째 콘술 취임 (기원전 48). 로마에서 카이사르의 관심을 사로잡은 두 가지 문제가 있었다. 하나는 콘술 출마였고 다른 하나는 사회 개혁이었다. 그는 12월에 열하루 동안 독재관으로 재직하면서 어느 진영에도 속하지 않은 푸블리우스 세르빌리우스 이사우리쿠스(P. Servilius Isauricus)를 동료 콘술로 삼아 콘술에 당선되었다.

카이사르에게 가장 당면한 문제는 채무자들의 빚을 경감하고 내전으로 훼손된 신용과 사업을 되살리는 일이었다. 많은 사람들에게는 무상 곡물 배급이 유일한 구원책이었다. 그는 채권자들에게 전쟁 전의 평가액으로 부동산을 받도록 의무화하고, 이미 지불된 모든 이자를 원금에서 공제하게 하고(채권자들에게는 대략 25%의 손실을 뜻함), 모든 이자 지불을 일년간 유예케 하는 법을 발효시켰다. 통화의 흐름을 보다 자유롭게 하고 기원전 50년에 원로원이 법제화한 대로 대출 이자를 12%로 장려하기 위해서, 그는 1만5천 데나리우스 이상의 자금을 비축하는 행위를 금한 옛 법률을 재발효시켰다.

카이사르가 취한 조치들 중에서 가장 인도적이고 계몽적이었던 것은 폼페이우스에 의해 추방된 인사들을 귀환시키고 술라의 잔인한 몰수와 추방 조치로 피해를 입은 사람들에게 시민권을 회복시켜 준 일이었다. 오랫동안 기정사실로 받아들여져온 불의한 관행을 바로잡는 법안들이 프라이토르들이나 호민관들에 의해 상정되어 트리부스 회의 적법한 절차에 의해 통과되었다. 그 절차는 정규적이고 정확하고 대단히 합법적이었다. 그의 조치들로 수혜를 입은 사람들은 그의 친구가 되었다. 반대한 사람들도 그를 국법질서 파괴자로 비판할 수 없었다.

폼페이우스의 전쟁 준비 (기원전 49). 카이사르가 로마와 서방에서 기반을 확고히 다져가는 동안, 폼페이우스는 그리스와 에피로스에서 대규모 군대를 일으켰다. 기원전 49년 말경에는 9개 군단을 훈련시켰고 두 개의 군단이 시리아에서 이동해 왔다. 폼페이우스가 해적들과 미트리다테스를 진압할 때 발휘한 지휘력이 이제 오랫만에 그 가치를 입증하고 있었다. 동방의 속주들과 속주민들로부터 '왕중 왕' 폼페이우스는 추가로 궁병(弓兵) 3천 명, 투석병 1천2백 명, 기병 7천 명, 전함 5백 척으로 구성된 함대, 무수한 수송선, 거대한 곡물과 전쟁 물자 창고를 징발했다. 카이사르가 기습적으로 아드리아 해를 건너 에피로스 남부에 상륙할 때 폼페이우스는 이 대규모 병력과 거대한 함대를 가지고 버티고 섰다.

카이사르의 그리스 침공 (기원전 48). 기원전 48년 1월 4일, 대낮에도 바다를 건널 엄두를 내기 어려운 계절에 카이사르는 일곱 개 군단을 배에 태우고 브룬디시움을 출항했다. 야음을 타서 폼페이우스의 감시병들을 따돌린 그는 다음 날 뒤르하키움(두라초) 항구 남쪽에 무사히 상륙했다. 그의 전매특허인 신속성과 대담성이 교과서적이고 행보가 더딘 폼페이우스를 경악시켰다. 그는 뒤르하키움을 점령하여 그곳을 이탈리아 침공을 위한 도약대로 삼기 위해 이동 중이었던 것이다. 두 장군이 그 전략적 항구에 먼저 닿기 위해 경주를 벌였고, 그 경주에서 폼페이우스가 이겼다.

카이사르에게는 설상가상으로 기원전 59년의 콘술이자 카이사르의 해묵은 정적인 폼페이우스의 제독 칼푸르니우스 비불루스가 매복해 있다가 안토니우스의 군단들에게 가기 위해 브룬디시움으로 향하던 카이사르의 수송선들과 선원들과 물자들을 탈취하거나 불태웠다. 해상 보급을 차단당하여 굶주림에 시달리게 된 카이사르의 육군은 허기진 배를 움켜쥐고 행군을 감행하여 전투를 벌여야 했다. 전염병과 말라리아가 그들을 위협했다. 모든 게 분명히 폼페이우스에게 유리하게 돌아갔다. 그는 바다를 장악했고, 카이사르보다 더 많은 군대와 우수한 기병과 많은 물자를 보유하고 있었다.

카이사르는 협상 쪽으로 방향을 틀어, 두 사람이 모두 군대를 해산하고 원로원과 인민으로 하여금 구체적인 평화안을 이행하도록 하자고 제의했다. 이런 식으로는 그 누구도 상대를 굴복시키지 못한다는 것은 뻔한 이치였다. 폼페이우스는 그 제의를 받아들일 수 없었다. 아마 카이사르도 그것을 잘 알고 있었을 것이다. 폼페이우스의 디그니타스는 이미 많은 사람들의 눈에 이탈리아로부터의 불명예스러운 후퇴로 비친 사건으로 손상을 입은 터였다. 그는 자기가 겁쟁이가 아니라는 것을 입증해야 했다. 만약 카이사르의 군사력이 불확실한 상황에서 그로부터 평화 제의를 받아들인다면 겁쟁이라는 오명을 씻지 못하게 될 것이었다.

뒤르하키움 전투. 뒤르하키움에서 전투를 벌일 수밖에 없게 된 카이사르는 포위선을 지나치게 확대했다가 폼페이우스의 우세한 병력수에 밀려 후퇴할 수밖에 없었다. 폼페이우스의 해상 보급로를 차단하기 위해서 중앙 테살리아를 향해 먼 길을 전속력으로 행군한 끝에 파르살루스에 진을 쳤다. 폼페이우스는 무방비 상태가 된 이탈리아를 침공하여 카이사르의 정치적·군사적 거점을 빼앗을 기회를 노리는 대신 그를 추격하는 쪽을 택했다. 그는 승리를 자신했다. 카이사르의 병력은 2만2천 명에 불과했지만, 자신의 병력은 4만7천 명에다 적군의 일곱 배나 되는 수의 기병이 있었다. 카이사르도 나름대로 승리를 확신했다. 그의 군대는 비록 수는 적지만 고도로 훈련되고 실전 경험도 풍부하고 충성심도 강했기 때문이었다.

파르살루스 전투 (기원전 48). 두 군대가 후덥지근한 어느 여름 날 아침에 조우했다. 카이사르가 신속한 공격을 펼쳐 예상되던 폼페이우스의 측면 공격을 가로막고 오히려 그의 측면을 공격했다. 그리고는 전략적으로 남겨두었던 예비 병력을 투입했다. 적군의 전열이 휘어지더니 마침내 뚫렸다. 폼페이우스의 병사들은 혼비백산하여 자기들의 진영으로 도주했다. 폼페이우스 자신도 이미 그곳에 가 있다가 곧 도주했다. 카이사르는 그를 추격했다. 그는 다시는 살아서 폼페이우스를 만나지 못했다.

폼페이우스의 죽음 (기원전 48). 폼페이우스는 레스보스에서 자기 아내 코르넬리아와 차남 섹스투스를 만나서 함께 배를 타고 이집트로 향했다. 이집트에는 그의 노병들이 아직 살아 있었다. 그곳에 가면 돈과 지원과 잃었던 세력을 되찾을 새로운 기회를 얻을 수 있으리라 생각했다.

그러나 그는 극히 불운한 때에 이집트에 도착했다. 그 나라가 내전으로 뒤죽박죽되어 있었던 것이다. 두 젊은 군주들 ― 13살 소년인 프톨레마이오스 13세(때로는 프톨레마이오스 12세라고 부름)와 그의 공동 섭정이자 누이이자 명목상의 아내인 클레오파트라 7세 — 이 아버지인 플룻 연주자 프톨레마이오스가 남기고 간 권좌를 놓고 투쟁을 벌이고 있었다. 처음에는 조화롭게 이루어지던 두 사람의 이원 통치는 어린 프톨레마이오스의 장관인 내시 포티누스 (Pothinus)의 노력에 의해 산산이 깨지고 말았다. 그는 소년 왕에게 영향력을 행사하여 클레오파트라에게서 권좌를 빼앗고 그녀를 알렉산드리아에서 추방하도록 만들었다. 클레오파트라는 시리아로 피신한 뒤 그곳에서 군대를 일으켜 가지고 자신의 유산을 도로 찾기 위해서 돌아왔다. 폼페이우스가 나일 강 어귀에 닻을 내리고 왕에게 상륙 허가를 신청할 즈음에 두 사람의 군대는 일촉 즉발의 대치 상태에 있었다.

왕의 고문들은 폼페이우스에게 상륙 허가를 내주었다. 그가 배에서 내려 땅을 밟는 순간에 한 로마인 변절자가 뒤에서 그를 칼로 찔렀다. 왕의 고문들은 그의 머리를 자르고 그것을 카이사르에게 선물로 보내기 위해 소금물에 절였으며, 몸은 해안가에 그냥 버려두었다. 사흘 뒤에 카이사르가 도착했다.

이집트에서의 카이사르 (기원전 48~47). 카이사르는 배에서 내릴 때 이집트가 이제는 로마인들의 권위에 종속되어 있음을 보여주기 위해서 공포감을 주는 콘술의 권표(fasces)를 들었다. 폼페이우스의 머리가 선물로 제시되자, 그는 메스꺼워하며 그것을 치워버렸다. 그는 눈물을 흘리면서 그 머리를 정중히 매장하도록 지시한 뒤, 살해 가담자들을 로마인들의 지도자에게 감히 폭력을 가한 죄로 처형하도록 명령했다. 카이사르는 폼페이우스를 미워해본 적이 없었다. 두 사람 다 상당한 매력이 있었고, 순전히 개인적으로는 따뜻한 교분을 나눌 때가 많았다. 그러나 궁극적으로는 두 사람이 서로가 열망해온 로마에서의 정치적 지위를 함께 차지할 수 없는 일이었다.

카이사르가 알렉산드리아에서 보인 고압적인 행동에 불쾌감을 느낀 이집트인들은 그에 대해 반감을 품게 되었고, 그로써 로마 병사들이 그곳에서 지내기가 껄끄럽게 되었다. 카이사르가 재기발랄하고 매력적인 클레오파트라에게 푹 빠져서 독단적으로 그녀에게 권좌를 돌려주고 이집트인들에게 그녀의 작고한 아버지가 진 부채를 갚으라고 요구하자, 포티누스와 프톨레마이오스 13세의 고문들은 국왕 군대를 발동하여 카이사르를 여러 달 포위했다. 한 개의 군단 병력으로는 2만 명의 병력과 알렉산드리아의 무장 군중을 당해낼 재간이 없었던 카이사르는 일찌감치 그곳으로 오도록 지시한 두 개 군단이 도착하기 전까지는 절명의 위기에 처해 있었다. 마지막에 도착한 병력은 페르가몬의 미트리다테스가 급조한 유대인, 시리아인, 아랍인, 시칠리아인의 혼합 군대였다. 그 미트리다테스는 작고한 폰투스의 미트리다테스 6세의 여러 서자들 중 하나였다고 전해진다.

시리아에서 진격한 미트리다테스가 나일 강에 도착했을 때 카이사르가 지휘권을 인수하여 이집트 군대를 격파했다. 프톨레마이오스는 도주하다가 나일 강에서 익사했다. 알렉산드리아인들은 항복했다. 왕관은 클레오파트라와 그녀의 남편이 된 그녀의 다른 형제 프톨레마이오스 14세에게 넘어갔다. 기원전 47년 봄에 카이사르는 이집트를 떠났다.

이집트를 떠난 카이사르는 시리아, 킬리키아, 카파도키아를 지나 폰투스로 갔고, 거기서 미트리다테스의 불충한 아들 파르나케스(Pharnaces. 404쪽)를 응징할 계획을 세웠다. 그 독재자는 내전의 틈을 타서 루시아 남부에서 반란을 일으킨 뒤 폰투스, 소 아르메니아, 카파도키아를 장악하고 로마 시민들을 박해하고 있었다. 카이사르가 그곳으로 가기 얼마 전에는 아시아 총독 그나이우스 도미티우스 칼비누스(Cn. Domitius Calvinus)를 물리쳤다. 카이사르는 닷새에 걸친 작전 끝에 젤라에서 그를 격파하고 그의 군대를 궤멸시켰다. 로마에 있는 친구 마티우스에게 쓴 편지에서, 카이사르는 이 전광석화와 같고 결정적인 승리를 "왔노라, 보았노라, 정복했노라"(Veni, Vidi, Vici)라는, 표현이 간결했던 라코니아 지방 식으로 선언했다. 페르가몬의 미트리다테스에게, 이집트와 남 러시아에서, 그리고 파르나케스를 제거하고서 소아시아에서 참전한 공로로 보상을 하고, 소아시아에서 발생한 그밖의 문제들을 해결한 뒤, 그 정복자는 이탈리아로 서둘러 돌아갔다.

이탈리아에서의 카이사르 (기원전 47). 로마를 떠난 지 18개월만인 기원전 47년 여름에 이탈리아에 도착한 카이사르에게는 많은 과제들이 기다리고 있었다. 질서를 회복해야 했고, 여러 사회적·경제적 문제를 해결해야 했고, 자금을 일으킬 수단과 방법을 찾아야 했고, 전투에 지친 군단 병력들의 군기를 바로세워야 했고, 마지막으로 이탈리아 침공을 위해 결집한 폼페이우스의 대군을 진압하기 위해 군대를 끌고 아프리카로 가야 했다.

카이사르가 없는 동안 로마에서 마르쿠스 안토니우스는 위험 수위에 육박해 있던 부채 문제를 해결하지 못하고 있었다. 부채 경감안을 제의했다가 낭패를 당한 카일리우스 루푸스(Caelius Rufus)가 반기를 들었다가 살해되었다. 그 뒤를 이어 채무자들의 편에 선 사람은 한때 키케로와 사위 관계에 있었던 돌라벨라였다. 기원전 47년에 호민관에 선출된 그는 모든 부채 탕감과 임차료 폐지를 제안했다. 폭동과 살인이 잇달았다. 채권자들의 불평과 한 원로원의 결의를 등에 업은 안토니우스의 군대는 돌라벨라의 추종 세력에 대해 진압에 나서 광장에 800구의 시체를 남겨 놓았다. 이 극단적인 조치로도 돌라벨라를 멈추게 할 수 없었다. 그러는 동안 반란을 일으킨 병사들이 로마를 향해 이미 진격을 시작하고 있었다. 바로 그런 상황에서 카이사르가 로마에 도착했다.

그 독재관이 도착하자 도시에는 갑작스럽게 정적이 내리깔렸다. 거리에 떠들썩하게 나돌던 군중이 자취를 감추었다. 도시에는 평화와 질서가 다시 임했다. 그러나 도시 외곽에는 반란을 일으킨 군단들이 마르스 광장에서 진을 치고 있었다. 그들로서는 깜짝 놀랍게도 카이사르가 갑자기 나타나 그들 앞에서서 일장 연설을 했다. 그가 연설하는 연단에 구름떼처럼 모여든 그들은 그에게 경례를 했다. 그는 그들에게 무엇을 원하는가를 물었다. 그들은 부채 탕감이라고 대답했다. 이 요구를 흔쾌히 받아들인 그는 자기가 승리하는 날에는 이 약속뿐 아니라 그 이상의 보상을 하겠다고 말했다. 그는 그들에게 '병사들이여'라는 표현대신 '시민들이여'라는 신랄한 비판이 담긴 표현을 사용한 뒤 자리를 뜨기 위해 돌아섰다. 질책에 허를 찔린 그들은 자책감과 부끄러움을 이기지 못해 할 말을 잊고 서 있었다. 그리고는 자기들을 다시 그의 병사들로서 받아들여 달라고 간청했다. 그는 마음을 누그러뜨리고는 그들에게 명령을 내렸다.

다음으로 최근의 혼란을 야기한 사회·경제적 문제들에 눈을 돌린 그 독재관은 그 문제들을 해결하려던 돌라벨라의 시도도 일축하지 않고, 안토니우스가 그 시도에 반대하여 취한 극단적인 조치도 강력히 비판하지 않았다. 비록 그의 후임 기병대장으로 나이 지긋하고 보다 온건한 정치가인 레피두스를 조용히 내정하긴 했지만 말이다. 그의 부채 경감 사업은 돌라벨라의 시도를 온건히 반영한 것이었다. 한해 동안 모든 건물의 임대료를 로마에서는 500데나리우스를, 이탈리아에서는 125데나리우스를 경감했고, 기원전 49년 이래로 연체된 모든 이자를 한해 동안 유예했다.

아프리카 원정 (기원전 46). 파르살루스 전투 후에 카토는 폼페이우스의 패잔병들을 재편하여 아프리카로 향했다. 풍랑 때문에 불가피하게 키레나이카에서 상륙한 그는 군대를 이끌고 뱅가지에서 트리폴리까지 수백 킬로미터의 사막을 가로질러 갔고, 거기서 튀니지로 가서 바루스(Varus)와 유바(Juba)와 합류했다. 이 엄청난 군사적 위업을 이룬 카토는 폼페이우스의 장인 메텔루스 스키피오에게 지휘권을 이양하는 우를 범했다. 그는 카토보다 계급은 높았지만 무능력이 입증된 사람이었다. 1만8천 명의 기병대를 이끌고 온 카이사르의 연로한 특사 라비에누스와 합류한 스키피오는 유바의 군대와 함께 카이사르의 세계 지배에 저항하여 버텨 섰다.

기원전 47년 가을에 카이사르는 다섯 개 군단과 2천 명의 기병을 이끌고 시칠리아에서 아프리카로 항해했다. 이 병력은 풍랑으로 크게 감소하긴 했지만, 카이사르는 성공적으로 교두보를 마련했다. 그런 뒤 더 많은 병력 — 비록 수적으로는 여전히 열세였지만 — 을 규합한 그는 무능력한 스키피오를 탑수스 근처의 불리한 지대로 유인하여 그의 군대를 섬멸했다.

카토의 죽음 (기원전 46). 카토는 탑수스의 비보를 들었을 때 자유 국가의 종말이 임박했다는 것을 알았다. 그는 카이사르의 계산된 용서를 받을 수도 있었지만 자기 발로 걸어가 용서를 구할 수는 없는 노릇이라 스스로 목숨을 끊는 편을 택했다. 그의 자살은 카이사르에게 큰 타격이었고, 그의 승리의 빛을 다소 가렸다.

그는 이렇게 외쳤다. "카토여, 나는 자네의 죽음을 부러워하네. 자네는 내게 자네 목숨을 살려 줄 기회를 주지 않았어." 카토는 전설이 되었고 그의 죽음은 순교가 되었다. 제정 후기의 독재자들조차 그 자살한 성인의 의복을 입곤 했다.

카이사르의 귀국과 승리 (기원전 46). 탑수스의 소식은 카이사르의 도착보다 먼저 로마에 도착했다. 그의 추종자들은 열광의 도가니에 빠졌다. 로마 광장은 축제로 흥청댔다. 카이사르는 자신이 얻고자 추구해온 명성의 정점에 올라서 있었다. 원로원 의원들은 40일의 감사절을 선포하고 그의 개선식을 관장할 72명의 릭토르들을 투표로 선출했다. 평시보다 세 배나 많은 수였다. 원로원 의원들은 그의 독재관 임기를 10년으로 연장하고 그를 켄소르의 권한과 함께 3년 임기의 도덕관(Prefect of Morals)에 임명했다. 그는 원로원 내의 소심하고 이기적인 정치가들이 따를 수 있도록 원로원에서 맨 처음으로 자신의 정견을 밝힐 권리를 받았고, 자신의 청동 조각상을 카피톨리누스 언덕의 유피테르 신상 맞은 편에 세우도록 했다. 일설에 의하면 그에게 집중되었다고 하던 그밖의 종교적·군주적 영예를 그는 대부분 배격했다. 그중 일부는 후대에 가공된 영예들로서, 훗날 황제주의 역사에서 생긴 것임에 틀림없다.

카이사르는 기원전 46년에 로마에 도착한 직후에 오랫동안 기다려온 개선식을 거행했다. 개선식은 갈리아인들, 이집트인들, 파르나케스, 유바에 대해서 각각 하루씩 네 번에 걸쳐 거행되었지만, 폼페이우스나 스키피오에 대한 개선식은 없었다. 카이사르는 자신이 촉발시킨 내전에서 동료 로마인들을 패배시킨 사건들을 부각시킬 생각이 없었던 것이다. 장엄한 행렬이 벌어졌고, 수백만 데나리우스가 병사들과 시민들에게 배분되었고, 평민들을 위해 2만3천 개의 식탁에 음식과 술이 차려졌으며, 정교한 쇼와 오락과 검투와 인공 호수에서의 해전과 마르스 광장에서 두 부대 사이의 모조 전투가 벌어졌다. 이것들은 로마에서 볼 수 있었던 가장 장엄한 광경들이었다. 카이사르가 가장 위대한 인물이라는 데에 이견이 없었다.

히스파니아 원정 (기원전 45). 한 차례의 원정이 더 남아 있었다. 기원전 46년 말에 카이사르는 여덟 개 군단을 이끌고 히스파니아를 향해 출발했다. 카이사르의 총독 퀸투스 카시우스 롱기누스(Q. Cassius Longinus)에 대해 반란이 일어난 틈을 타서 폼페이우스의 두 아들 그나이우스와 섹스투스 그리고 아프리카에서 도피해온 라비에누스가 대대적인 반란을 일으켰던 것이다.

요새화한 도시들을 공격함으로써 폼페이우스의 병력을 전투로 끌어들이려는 계획을 세웠다가 뜻을 이루지 못했던 카이사르는 마침내 문다(세비야와 말라가 중간 지점)에서 그들을 전투에 끌어들였다. 이곳에서 그의 군대는 저지에서 고지를 향해 전투를 벌여야 했다. 그 전투는 양측이 서로에게 두려움과 증오심을 가지고 사력을 다해 싸운 대단히 맹렬하고 잔인한 혈전이었다. 마지막 순간에 승패를 가른 것은 카이사르 부대의 우세한 군기와 지휘력이었다. 라비에누스는 전사하고 그나이우스 폼페이우스는 3주 뒤에 생포되었다.[1] 이것이 카이사르가 치렀던 가장 힘겨운 전투에다가 마지막 전투였다. 그는 이제 명실상부한 세계 최고의 군사적 승자였다.

카이사르의 재건 사업. 이제까지 카이사르가 전쟁에 힘입어 자신의 생명과 영예와 존엄을 지켰다고 한다면, 이제부터는 로마를 혼란과 파괴에서 구하고, 그 상처를 치유하고, 한 세기 동안 로마가 알지 못했던 평화와 정의와 안정을 끼쳐야 했다. 그렇지 않을 경우 그의 명성과 영광의 기반 자체가 와해될 것이었다.

고대 로마의 독재관의 권한과 가이우스 그라쿠스가 그 용례를 여실히 보여주었던 호민관의 권한으로 무장한 그는 로마 공화정과 그 제국을 중앙 집권적 세계 국가로 개조하는 작업에 착수했다. 술라와는 달리 그는 그라쿠스 이전의 국제(國制)를 되살리려고 하지 않았다. 그것은 애당초 제정되었을 당시와 사뭇 다른 상황에서 유지할 수 없음을 지난 100년 세월의 사건들이 여실히 보여 주었다. 그러나 특유의 용기와 결단력을 지닌 카이사르가 깨닫지 못한 것은 많은 수의 로마인들이 아직 그 사실을 인식하지 못하고 그의 통제를 받는 국가의 기능인들이 되기를 원치 않는다는 점이었다.

카이사르가 단행한 개혁들 가운데 더러는 행정적인 혹은 정치적인 것이었고, 더러는 사회적·경제적인 것이었다. 나머지는 어느 쪽 범주에도 속하지 않았다. 더러는 로마에만 영향을 끼쳤고, 더러는 로마와 이탈리아에 영향을 끼쳤으며, 나머지는 제국 전체에 영향을 끼쳤다. 그의 개혁의 총괄적인 영향은 로마 시의 절대 지배권을 축소하고, 로마를 이탈리아와 통합하고, 이탈리아를 제

---

1) 섹스투스는 이 전투에서 살아남아 8년 뒤 카이사르의 계승자들과 다시 전투를 벌인다.

국 나머지 지역과 통합한 것으로서, 그 과정에서 그의 수위권이 크게 강화되었다.

카이사르는 개혁 작업을 시작하기도 전에 공화정 후기가 지닌 한 가지 치명적인 약점을 제거했다. 그것은 민간 정부와 속주 군대를 따로 지배하는 관행이었다. 카이사르는 국가의 행정 수반이자 군대 총사령관이었다. 그가 최고 권력의 자리에 오른 뒤에는 어떠한 속주 총독도 독재를 시행할 수 없었고, 어떠한 장군도 군대를 개인적 혹은 사적인 도구로 동원하여 국가의 합법적인 민간 권력을 전복시킬 수 없었다. 카이사르는 행정 수반으로서 자신의 한 몸에 국가의 시민적 권위와 군사적 권위를 통합했다. 자신이 갈리아를 통치할 때 했던 그런 일을 그 누구도 할 수 없도록 예방하기 위해 힘썼다.

행정 개혁. 카이사르의 행정 개혁들 중에서 가장 중요한 것은 원로원과 관련되었다. 전통적으로 또한 국제(國制)상으로, 원로원은 처음에는 왕들을 보필하는, 그리고 나중에는 콘술들을 보필하는 자문 기관이었다. 포에니 전쟁 기간 동안과 전후에 원로원은 필연적으로 점차 더 복잡해져 가는 로마의 문제들을 더욱 많이 관장하게 되었고, 그런 상황이 원로원 의원들 사이에 주도권 투쟁을 증가시켰으며, 그것이 기원전 1세기 말의 혼동을 일으킨 큰 요인으로 작용했다. 그러나 원로원을 폐지한다는 것은 카이사르조차 감히 시도할 수 없었던 일이었을 것이고, 만약 폐지했다면 그것은 로마의 방대한 제국을 운영하는 데 필요한 전문적 지식과 협력을 내놓을 수 있는 단체 자체를 파괴한 셈이었을 것이다.

카이사르는 그렇게 하는 대신 원로원 의석 수를 6백 석에서 9백 석으로 늘린 뒤 늘어난 의석을 옛 친구들과 부유한 기사 계층과 심지어 로마화한 지방 사람들로 채웠다. 새 의원들을 원로원에 받아들이면서, 카이사르는 로마와 이탈리아 사이의 장벽을 무너뜨렸다. 로마와 이탈리아는 처음으로 하나가 되어 로마 제국 내의 중요한 동반자들이 되었고, 이제는 지방 사람들도 원로원에 진출할 수 있다는 포부를 품을 수 있게 되었다. 더욱이 새 의원들은 모두가 카이사르에게 감사와 충성심을 느끼지 않을 수 없었고, 그의 이익을 위해 노력할 것을 기대받았다.

카이사르는 율리우스 자치 법(lex Julia Municipalis)을 기안할 때 로마와 이탈리아의 통일을 향해 거보를 내디뎠다. 그 법안은 세 부분으로 나뉘었고 그가 죽은 뒤에 처음으로 발효되었다. 그중 두 부분은 로마에 관련되었는데, 첫째 부분은 곡물 무상 수령인 수를 320,000명에서 150,000명으로 삭감하는 문제를 다루었고, 둘째 부분은 로마와 교외의 거리와 도로를 유지·보수하는 문제를 다루었다. 셋째 부분은 이탈리아의 도시들, 구체적으로 자치 도시 민회 의원들이나 원로원 의원들의 연령과 그밖의 조건들 그리고 지역의 센서스와 관계되었다. 그 법은 지방 자치 정부를 허용하고 로마 시의 프라이토르들에게 서 이탈리아 전역에 법을 집행하는 의무를 덜어주었다. 이 법은 정부의 지방 자치 제도가 속주들로 확대되는 기반을 놓았다.

카이사르는 콰이스토르의 수를 20명에서 40명으로, 프라이토르의 수를 8명 에서 16명으로 늘렸다. 이러한 변화는 비대해진 원로원의 의원 수를 유지함으 로써 속주 행정관을 더 많이 배출하고 카이사르의 더 많은 친구들이 빠른 시 간에 고위 직에 오를 수 있도록 하는 데 유용했다.

사회 및 경제 개혁. 카이사르가 벌인 무수한 사회 및 경제 개혁의 직접적인 목적은 그가 곡물 구호에서 배제시킨 사람들에게 유용한 일자리를 제공하고 로마의 인구 밀집(당시 700,000명에 육박함)을 해소하려는 데 있었다. 아울러 그는 자신의 참전 전역병들을 배려해야 했다. 산업 역량이 부족한 사회에서 카이사르에게는 공공 사업과 식민화라는 두 가지 대안밖에 없었다.

카이사르가 로마에 건축 사업을 벌인 목적은 실직 부담을 덜 뿐 아니라 로 마를 대 제국에 걸맞는 아름답고 웅장한 수도로 만드는 데 있었다. 그 시기의 주된 건축물은 법정의 용도로 건축한 율리우스 공회당(the Basilica Julia), 주 랑(柱廊)이 빙 둘러선 율리우스 광장(Forum Julium), 그리고 중앙의 베누스 게네트릭스(Venus Genetrix) 신전이다. 그는 새 원로원 의사당, 민회들을 위 한 거대한 회의장, 근사한 공립 도서관, 화려한 극장, 웅장한 군신의 신전을 위 한 설계도를 작성했다.

이보다 훨씬 더 웅장한 것은 이탈리아를 위해 구상한 사업이었다. 원양 선 박들을 위한 오스티아의 인공 항구(훗날 클라우디우스에 의해 착공됨), 아펜니노 산맥을 넘어 아드리아 해 최상단까지 이어지는 도로, 푸키누스 호수와 폰투스 습지의 배수 시설(훗날에도 자주 시도되었으나 현대에 이를 때까지 준공된 적이 없다)이 그것이다.

이탈리아의 경제 회복을 한층 더 진척시키기 위해서, 카이사르는 모든 부유한 시민들에게 재산의 절반을 농지에 투자하도록 법으로 강요했고, 소와 양 사육업에 고용된 사람들 중 적어도 1/3을 자유인으로 충당하도록 의무화했다.

식민화와 로마화. 실업률을 줄이고, 로마의 과잉 인구를 해소하고, 많은 수의 참전 전역병들에게 주택을 제공하기 위해서, 카이사르는 가이우스 그라쿠스의 식민화 사업을 훨씬 대대적인 규모로 이탈리아 밖에서 착수했다. 모두 스무 개 이상의 식민시를 건설했고, 속주들에 적어도 100,000명 이상의 로마 시민들을 위한 주택을 건설했다. 건설된 식민시들로는 히스파니아의 히스팔리스(세비야)와 타라코(타라고네), 프랑스의 아를라테(아를), 네마우수스(니메), 아라우시오(오랑주), 루그두눔(리용), 아프리카의 키르타와 카르타고, 그리스의 코린토스, 스위스의 제네바가 있었다. 신 코린토스의 상업적 중요성을 증진시키기 위해서, 그는 이스트무스 지협을 관통하는 운하를 건설할 계획을 세웠다. 더 동쪽으로 가서는 그는 흑해 연안의 시노페와 헤라클레아에 식민시들을 건설했다.

그는 마리우스의 본을 따서 자신이 남 갈리아에서 모집한 병사들에게 시민권을 부여했다. 속주에서 로마로 전입한 박사들과 교사들과 도서관원들과 학자들에게 참정권을 주었고, 여러 속주 도시들에 로마 혹은 라틴의 지위를 부여했다. 가데스(카디츠)와 올리시포(리스본)에는 완전한 로마 시민권을, 그밖의 서른 개 히스파니아 도시들과 갈리아의 톨로사(툴루즈), 비엔나(비인), 아베니오(아비뇽), 그리고 시칠리아의 모든 도시들에는 라틴의 권리를 부여했다. 서부 속주들의 여러 도시들에는 학교들과 공립 도서관을 세웠고, 그곳에서 한 세기 남짓 뒤에는 로마의 위대한 저자들이 배출되었다.

이런 사업들이 카이사르가 속주들을 위해 벌인 사업의 전부가 아니다. 그는 동방에서는 조세 부담을 줄이고, 조세 징수권을 당시까지 속주 행정의 해악이던 매정하고 타락한 로마의 세금 청부 업자들에게서 빼앗아 자치 정부들에게 이양했다. 아시아와 시칠리아에서는 전통적인 십분의 일세를 고정액의 농지세로 대체했다. 속주에 실질 화폐 경제의 성장을 촉진하기 위해서 은 데나리우스를 25데나리우스 가치의 새로운 금화로 대체했다. 아우레우스(aureus)라고 하는 이 화폐가 장래의 제국에서 중요한 경제적 역할을 하게 된다. 속주들에 유리한 모든 식민시 건설과 조치들은 해묵은 문제들에 좋은 해결책이었을 뿐 아니라 제국 전역에서 카이사르에게 훌륭한 통치 기반이 되어 준 피호인 층과 친선관계를 증대시키기도 했다.

달력 개혁. 카이사르의 개혁들 중에서 가장 항구적으로 남은 것은 달력 개혁이었다. 일년을 355일로 잡고 새해 첫날이 3월 1일부터 시작하는 음력에 기초하는 과거와는 달리, 새 달력은 일년을 365¼로 잡고 새해 첫날이 1월 1일부터 시작하는 이집트의 태양력에 기초했다. 그리스 천문학자 알렉산드리아의 소시게네스(Sosigenes)의 작업으로 이루어진 새 달력은 1582년에 교황 그레고리우스 13세(Gregory XIII)에 의해 몇 가지 소소한 수정이 가해진 상태로 오늘날까지 쓰인다. 율리우스 카이사르를 기리기 위해서 원로원은 과거에는 퀸틸리스(Quintilis. '다섯째')라고 부르던 그의 탄생 월을 줄라이(July)로 개칭하도록 포고했다. 나중에는 섹스틸리스(Sextilis, '여섯째')가 카이사르의 상속자이자 계승자인 아우구스투스(Augustus)를 기념하여 오거스트(August)가 되었다. 그러나 카이사르는 이 개혁에서도 직접적인 혜택을 입었다. 옛 달력의 변덕스러움은 사제들과 행정관들에게 정적들의 행동을 지연시키고 방해하는 기회를 많이 주었다. 달력이 표준화하면서 누구도 카이사르에 대해서 그런 전략을 사용할 수 없게 되었다.

기원전 44년 2월에 이르면 카이사르가 전례가 없는 대권을 차지하고 있었다. 그에게 종속된 원로원의 결의에 의해 그는 딕타토르 페르페투우스(Dictator Perpetuus) 곧 종신 독재관의 칭호를 얻었다. 이 '개혁'은 기존의 공화정과 전혀 양립할 수 없었고, 여전히 기존의 전승에 높은 가치를 매기는 많은 사람들을 겁 먹게 했다.

율리우스 카이사르의 암살 (기원전 44년 3월 15일). 카이사르는 전면적인 개혁으로 안정과 안전을 공고히 굳히면 자신을 알렉산드로스 대왕보다 위대하게 만들어 줄 정복 사업을 더 이상 벌이지 않아도 될 것이라고 기대했다. 그의 군대 경력에서 마지막 행동은 도나우 강 하류의 북부 지방에 살고 있던 다키아인들에 대한 원정과, 기원전 53년에 카라이에서 크라수스의 군대를 물리치고 궤멸시킨 동방의 파르티아인들에 대한 원정이 될 것이었다.

그러나 그의 승승장구를 지켜보는 많은 원로원 의원들은 자기들이 영원히 그의 그늘에서 벗어나지 못할 것이라고 생각하여 좌절에 빠졌다. 그들 중 더러는 그에 대한 격렬한 반발을 일으킬 속셈으로 그에게 과도한 영예를 부여하는 데 표를 던졌을는지도 모른다. 만약 그렇다면 그들은 성공했다. 가이우스 카시우스 롱기누스(Gaius Cassius Longinus)와 마르쿠스 유니우스 브루투스(Marcus Junius Brutus)가 이끄는 60명이 넘는 원로원 의원들이 그의 권력 신장과 식지 않는 인기에 분개하여 원로원 회의 때 그를 살해하려는 음모를 꾸몄다. 거사일은 그가 동방으로 원정을 떠나기로 일정이 잡힌 날의 사흘 전인 기원전 44년 3월 이두스(Ides, 15일)였다. 공모자들 중 일부는 브루투스와 카시우스 같은 사면된 폼페이우스 파였지만, 대다수는 카이사르의 옛 친구들과 장교들이었다. 전하는 바로는 카이사르가 회의장 — 그곳은 아이러니컬하게도 폼페이우스의 극장에 붙은 주랑(柱廊) 안의 공회당이었다 — 으로 가고 있을 때 한 점술가가 가로막고 서서 "카이사르여, 3월 보름을 조심하시오!" 하고 경고했다고 한다. 카이사르는 그의 말을 한쪽 귀로 흘려 버린 채 가던 길을 계속 갔다.

카이사르가 좌석에 앉자 다수의 공모자들이 마치 그에게 탄원을 하려는 듯이 그를 에워쌌다. 최초의 타격을 받자, 카이사르는 놀라움과 분노로 자리를 박차고 일어나 호통을 쳤지만 아무런 소용이 없었다. 헤아릴 수 없이 많은 가격으로 피를 흘린 채 카이사르는 폼페이우스 조각상 발 앞에서 죽었다. 그는 한때 로마에서 탁월한 디그니타스를 얻기 위한 경쟁에서 폼페이우스를 격파했지만, 자신의 탁월성을 영구 고착하려는 노골적인 시도로 인해 자멸을 재촉했다.

일인군주정의 문제. 카이사르가 생애의 마지막 2년 동안 일종의 왕정을 수립하려는 계획을 품고 있었다는 증거가 허다하다. 그는 자의 반 타의 반으로 보통 사람들 위에 군림하기 위한 여러 단계들을 밟았다. 기원전 46년에 달력을 개혁하면서 자신의 출생 월을 율리우스 월로 개칭했다. 자신의 조각상을 헤아릴 수 없이 많이 세웠다. 사람들은 그의 조각상이 세계의 상징인 지구의(地球儀) 위에 서있는 모습을 보았고, 또 다른 조각상은 로마의 초대 왕이자 신격화된 로물루스의 신전(퀴리누스 신전)에 서 있었다. 기원전 45년과 44년에는 왕관과 그밖의 다른 왕권의 상징들을 새긴 주화들을 발행했다. 기원전 44년에 발행된 다른 주화들에는 그의 초상이 실렸는데, 이것은 비록 전례가 전무했던 것이 아니었고 헬레니즘 왕들의 공통된 관행이긴 했지만, 로마에서는 예사롭지 않은 현상이었다.

카이사르는 기원전 44년 2월 14일에 종신 독재관에 오르는 전례 없는 조치로써 이름만 뺀 실질상의 왕이었다. 그는 이 독재관직과 아울러 공공 행사 때 개선식 예복(에트루리아 왕들의 의복에서 유래함)과 월계관을 착용하고 평범한 정무관의 상아 의자 대신 금박 입힌 의자에 앉을 권한 같은 왕에 해당하는 영예들을 받았다. 마침내는 투표에 의해 특별 전속 사제(flamen)를 두게 되고, 그 자리에 마르쿠스 안토니우스가 임명되었다.

이런 조치들 중 더러는 그의 정적들이 그에 대한 반대 여론을 일으키기 위해 고의로 부추겼을 가능성이 크다. 그럼에도 불구하고 그가 만약 원했다면 얼마든지 그것들을 거부할 수 있었을 것이다. 그러므로 그가 기원전 44년에 자신을 렉스(rex, 왕)로 추켜세우는 군중을 질책하고, 2월 15일의 루페르칼리아 축제 때 안토니우스가 내미는 왕관을 짐짓 거절하면서 자신이 왕권을 거부했음을 공식 기록으로 남기라고 지시했을 때, 실질적으로는 그 지위를 차지하고 있으면서도 속내를 감추고서 사람들이 혐오하는 렉스 곧 왕이라는 칭호를 거부한 것으로 보인다.

그러나 카이사르가 공직에 발을 디딘 처음 순간부터 공화정을 타도하고 왕정을 수립할 계획을 세웠다고는 말할 수 없다. 기원전 48년이나 47년에 썼을 그의 마지막 저서 「내전기」(*De Bello Civile*)에도 그런 계획을 세웠다는 암시가 조금도 없다. 내전이 일어나기 전에 카이사르는 공화정 안에서 우위를 추구하는 여느 로마 귀족처럼 행동했을 뿐이다. 내전이 끝난 뒤에야 비로소 자신이 로마와 여러 언어권으로 구성된 방대한 제국을 위해 안정된 정권을 창출하는 동시에 자신이 이룩한 지위를 지키는 문제에 직면해 있는 현실을 발견하게 되었다. 과거에 술라도 개혁에 나섰다가 실패했었다. 따라서 어느 정도의 일인 지배 형태가 논리적인 대안이었고, 카이사르의 민첩한 판단력은 언제나 사태의 본질을 정확하게 꿰뚫었다.

카이사르의 의의. 그러나 카이사르는 그 민첩한 판단력에도 불구하고 카이사르 개인을 지나치게 크게 부각시켜서는 안 된다. 그는 독특한 현상이 아니라, 로마에서 대대로 최고의 디그니타스와 아욱토리타스를 추구해온 야심찬 귀족들의 긴 행렬의 정점이었을 뿐이다. 오랫동안 로마의 제국주의가 제공한 군사적 기회들이 충성스럽고 노련한 병사들로 이루어진 대규모 군대를 등에 업은 소수의 경쟁적 권력자들의 수중에 권력을 부여했다. 카이사르는 로마가 미처 목도하지 못한 가장 큰 규모에다 가장 응집력이 강한 노련한 병사들의 무리를 거느림으로써 전쟁이 끊일 날이 없었던 14년이란 세월 동안 경쟁 대상을 훨씬 축소시켜 놓았다. 따라서 그 뒤를 이어 그들의 충성을 확보할 수 있는 사람이 로마를 지배할 위치에 오르게 될 것이었다.

20
공화정의 마지막 날들 (기원전 44~30)

카이사르 암살은 아무 문제도 해결하지 못했다. 다만 누가 로마에서 가장 중요한 사람인지를 판가름할 또 다른 파괴적인 내전의 무대를 열어놓았을 뿐이다. 브루투스의 주장대로 공모자들은 '독재자' 카이사르를 살해하려는 것 이외에 다른 계획을 꾸미지 않았다. 그들은 순진하게도 옛 공화정이 기적적으로 소생하리라고 생각했다. 원로원 의원들은 크게 놀라 휴회하고서 집으로 뿔뿔이 흩어졌다. 공모의 두 주범 브루투스와 카시우스는 여전히 의기양양한 채 인민 앞에 연설을 하려고 광장으로 갔다가 광장이 거의 텅 비어 있는 것을 발견했다. 그곳에 서성대고 있던 소수의 사람들은 음울하고 적대적이고 냉담한 사람들로서, 어리둥절한 표정과 차가운 침묵으로 그들의 말을 들었다. 공모자들은 심기가 편치 않은 채 카피톨리누스 신전으로 물러가 병력을 풀어 방비를 한 뒤 그곳에서 향후 대책을 숙의했다.

마르쿠스 안토니우스 (기원전 82~30)의 대두. 기원전 44년에 카이사르의 동료 콘술이었던 마르쿠스 안토니우스는 행동에 나설 기회를 감지하고서 그날 밤에 호위병 한 명을 데리고 은신처에서 나와 카이사르의 미망인 칼푸르니아를 찾아갔다. 그리고는 카이사르의 모든 문서를 자신에게 넘겨달라고 설득했다. 안토니우스는 술고래에 상스러운 깡패로 자주 묘사되었다. 그 계층의 많은 젊은 사람들이 그랬듯이, 그도 명예 따위에는 관심이 없이 제멋대로 청년시절을 보냈다. 그러나 반드시 기억해야 할 점은 그의 잘못과 약점과 초기의 어리석은 행동들은 정적들, 특히 키케로와 아우구스투스의 선전에 의해 과장되었고, 그것이 현존하는 대다수 자료들에 반영된 사건들의 '공식' 평가를 형성시켰다는 점이다. 안토니우스는 군인으로서 장군으로서 정치가로서 훌륭한 자질을 많이 갖추고 있었다. 통찰력과 외교력에 힘입어 카이사르 암살 사건이 일어난 며칠 동안 심각한 위기를 면할 수 있었다.

안토니우스가 카이사르의 문서를 확보하고 있는 동안, 새로 모집한 군단을 이끌고 로마 성문 밖에서 주둔하고 있던 근(近) 히스파니아와 갈리아 나르보넨시스의 총독 지명자 마르쿠스 아이밀리우스 레피두스(M. Aemilius Lepidus)가 카피톨리누스 신전에 자리잡고 있던 공모자들을 공격할 채비를 갖추고 있었다. 다음 날 아침 안토니우스는 레피두스를 찾아가 자제하고서 자신의 군대를 맡아달라고 설득했다. 그런 뒤 두 사람은 카이사르의 장교들과 친구들을 만나 상의하고 공모자들과 접촉했다. 두 진영은 카이사르가 살해된 뒤 즉각 살해범들에 대해서 지지를 선언했던 원로 정치가 키케로와 각각 연락을 취하고 있었다.

여러 차례 협의를 한 결과로 3월 17일에 원로원 회의가 열리게 되었고, 안토니우스가 그 회의를 주재했다. 그는 냉정하고 기민하고 합리적이고 객관적이고 화해적인 입장을 견지했다. 다수의 원로원 의원들이 카이사르를 참주(tyrant)로 단죄하고, 그의 암살을 필요하고 공의로운 행위로 평가하고, 그의 시체를 테베레 강에 던지고, 그의 모든 법령들을 백지화하는 안에 찬성했다. 그러자 안토니우스가 나서서 간략한 답변을 통해서 그러한 조치들은 극단적이고 지혜롭지 못하고 실천 불가능하므로 배격해야 한다고 주장하고, 그들이 카이사르 덕택에 관직들과 속주들과 정치적 장래를 보장받지 않았느냐고 다그치고, 로마와 이탈리아와 속주들에서 반란이 일어날 위험이 있음을 암시하고, 귀를 열고 의사당 밖에서 공모자들에 대한 피의 복수를 요구하는 인민들의 함성을 들으라고 호소했다. 공포와 이기심에 대한 호소가 분위기를 반전시켰다. 원로원 내의 브루투스와 카시우스 지지자들조차 카이사르의 모든 조치들에 법의 효력을 부여하고 공모자들에게 사면을 베풀고 카이사르에게 국장을 허락하자는 안에 표를 던졌다. 회의가 끝난 뒤 안토니우스는 공모자들을 연회에 초대했다. 그들이 마신 축배는 마침내 평화와 화합과 선린의 시대가 동텄음을 원로원의 결의안보다 더욱 웅변적으로 말해주는 듯했다.

3월 20일이 카이사르의 장례일이었다. 마르쿠스 안토니우스는 전통적인 조사(弔辭)를 했다. 그의 연설은 짧고 사실적이고 평이했다.[1] 한 낭독자가 카이사르의 업적을 술회하고 그의 유언을 공개했다. 그가 로마인들에게 희사한 재산은 국립 공원으로 유증한 테베레 강 건너의 정원들과 로마 시민 일인당 3백 세스테르티우스(1세스테르티우스=1/4데나리우스)의 금액이었다. 카이사르가 기록으로 남겨둔 유언에서 주된 수혜자는 안토니우스가 아니라 유언상의 입양으로 그의 아들이 된 카이사르의 조카의 아들 가이우스 옥타비우스 투리누스(Gaius Octavius Thurinus)였다. 그는, 벨리트라이라는 작은 라틴 도시 출신의 부유한 은행가(카이사르의 누이 율리아의 남편)의 손자였다. 암살자 중 한 사람인 데키무스 브루투스는 안토니우스와 함께 부차적인 상속자로 언급되었다.

안토니우스는 극단적인 쇼맨십을 발휘하여 피 묻은 카이사르의 토가와 상처에서 피가 흐르는 밀랍 시체를 전시했다. 분노한 군중이 이성을 잃고서 공모자들을 색출하기 위해 거리로 쏟아져 나왔다. (그들은 착각하여 무고한 구경꾼을 찢어죽였다.) 로마 광장으로 돌아온 군중은 카이사르의 시체와 원로원 의사당에 불을 질렀고, 밤 늦도록 자기들의 영웅이자 시혜자의 재를 지켰다.

인민의 분위기가 그랬기 때문에 로마 광장은 공모자들에게 안전한 장소가 못 되었다. 로마도 마찬가지였다. 여전히 냉정하고 조심스런 게임을 벌이고 있던 안토니우스는 그들이 카이사르에게 할당받은 속주들로 가도록 허락했다. 데키무스 브루투스는 키살피나로, 트레보니우스는 아시아로 갔다. 카시우스와 마르쿠스 브루투스는 아직 자기들의 속주들로 가지 않고 자기들을 지지해 줄 지원 세력을 모으려는 헛된 계획을 품고 라티움의 소도시들에서 미적거렸다.

이 시점에서는 안토니우스가 카이사르를 계승하는 것처럼 보였다. 안토니우스는 비록 카이사르가 자신을 주요 상속자로 지명하지 않은 데 실망하긴 했지만, 그 독재관의 사유 재산과 문서와 초고들을 차지하여 많은 이익을 거두었

---

1) 아피우스, 플루타르코스, 그리고 훗날의 셰익스피어가 유행시킨 조사와는 사뭇 달랐다.

다. 게다가 자신의 탁월한 외교력과 화합 정신으로 훨씬 더 큰 이익을 거두었다. 그는 레피두스에게 대사제 직을 알선해 주었다. 공모자들에게 공격적인 태도를 취하지 않았다. 마르쿠스 브루투스에게는 약간의 애착을 갖고 있었고, 과거에 콘술 재직 시에 채무자들의 부채 감면 문제로 격렬한 논쟁을 벌였던 동료 콘술 돌라벨라를 받아들였으며, 로마 광장에 카이사르 숭배를 위해 설치된 제단과 기둥을 철거하라는 돌라벨라의 요구를 마지못해서 수용했다. 독재관직을 영구히 폐지하고 카이사르의 뜻대로 돌라벨라에게 시리아 속주를 맡겼다. 그는 원로원의 동의를 받아 마케도니아 속주와 카이사르가 발칸 반도와 파르티아 침공을 위해 동원해 두었던 모든 군단들을 차지했다. 안토니우스의 기지와 합리성이 카이사르가 죽은 뒤 로마를 혼돈에서 구하는 데 틀림없이 이바지했고, 그 점에 대해서 모든 이들이 감사할 수 있었다.

그렇지만 여전히 안토니우스는 야심가였다. 콘술로서 그리고 카이사르의 재산 집행자로서 자신의 지위를 이용하여 친구들에게 특혜를 베풀고 자신의 이익을 챙기려는 유혹을 뿌리칠 수 없었다. 자기 한 몸을 바쳐 원로원이라는 배를 구하고 싶었던 키케로 같은 사람들은 안토니우스의 이런 행동들을 보고서 그의 동기와 자신들에 대한 제재에 대해 의심하게 되었다.

옥타비아누스(기원전 63~서기 14)의 반발. 게다가 예상치 않게 카이사르의 상속자가 최고 권좌를 유연히 굳혀 가던 안토니우스를 가로막고 나섰다. 옥타비우스는 카이사르의 지시로 파르티아 전쟁을 위한 군사 훈련을 관장하도록 에피로스의 아폴로니아로 파견 가 있었다. 불과 열여덟의 나이에 체격도 그다지 좋지 않았던 옥타비우스는 이탈리아로 돌아가 그 급작스런 사태 반전에서 얻을 수 있는 기회를 포착하기로 과감히 결단을 내렸다. 자신이 카이사르의 주요 상속자가 되었고 그의 아들로 입양되었다는 사실을 안 그는 로마인들의 보통 관행을 흔쾌히 따라 가이우스 율리우스 카이사르 옥타비아누스라는 이름을 취했다.

그 이름의 효과를 극대화하기 위해서 언제나 자신을 카이사르라고 불렀고, 그것이 대다수의 자료들에 반영되어 있다. (현대의 저자들은 기원전 44년 이후부터 그가 기원전 27년에 아우구스투스라는 칭호를 받기 전까지의 기간에 관해서 쓸 때 그를 옥타비아누스라고 표기한다.) 옥타비아누스는 즉각 자신의 유산을 요구했지만, 그중 상당 부분을 안토니우스가 이미 써버린 뒤였다. 대수롭지 않게 보이는 그 청년을 아주 과소평가한 안토니우스는 그를 경멸조로 질책했다. 마음을 훨씬 더 단단히 먹은 옥타비아누스는 자신의 새 이름의 위력과, 안토니우스가 카이사르의 살해범들을 관대히 처분한 데에 대한 카이사르의 전역병들의 분노를 이용하여 안토니우스에 대한 그들의 충성심을 약화시켰다.

자신의 입지를 강화하기 위해서, 안토니우스는 자신에게 갈리아 키살피나와 갈리아 트랜스알피나에 대한 지휘권을 5년간 부여하고 마케도니아에 파견돼 있는 카이사르의 군단들을 현재 위치에서 자신의 부임지로 이동하도록 명하는 법안을 통과시켰다. 안토니우스는 과거에 카이사르가 그랬던 것처럼 이 유리한 지점에서 이탈리아와 로마를 지배할 생각이었던 것이 분명하다. 서로 싸우고 싶지 않거나 연합 전선이 주는 정치적 이익을 잃고 싶지 않았던 카이사르의 옛 장교들과 병사들의 압력이 안토니우스와 옥타비아누스 간의 반목이 심화되지 않도록 막아주었다.

그러나 여전히 안토니우스에게는 걱정거리가 늘어만 갔다. 그의 새로운 속주 지휘권이 마르쿠스 브루투스와 가이우스 카시우스의 두려움과 시기를 일으켰다. 7월에 그들은 크레타와 키레네보다 더 비중 있는 속주들을 요구했다. 인내심이 한계에 부닥친 안토니우스는 그들의 요구를 거부하고, 그들을 강하게 위협하자 그들은 동방에서 폼페이우스의 옛 지원 거점들에서 군대를 일으키기 위해서 이탈리아를 떠났다. 더욱이 폼페이우스 진영에 철퇴가 가해질 때 아프리카와 히스파니아로 피신했던 폼페이우스의 아들 섹스투스가 이제 서부 지중해를 장악하고서 히스파니아에서 다시 한 번 반란을 일으킬 준비를 하고 있었다. 안토니우스는 걱정이 태산처럼 쌓였고, 키케로가 원로원에 모습을 드러내지 않는 것에 분개했다. 많은 사람들이 그것을 그 유력한 연설가 안토니우스의 행위를 비판하는 것으로 해석할 소지가 있었기 때문이었다. 실제로 키케로는 공화정이 전복되고 있다고 느꼈고, 그 느낌은 자신의 권력이 약해지면서 더욱 첨예하게 되었다.

키케로의 공화정 옹호. 기원전 44년 9월 1일에 안토니우스는 원로원 출석을 등한시하는 키케로를 공개적으로 비판했다. 이에 대해 키케로는 온건한 비판 연설을 했지만, 그 연설은 갈수록 예민해져가던 안토니우스를 자극하여 키케로의 과거 경력을 신경질적으로 비판하게 만들 만큼 화나게하는 것이었다. 이에 대한 응답으로 키케로는 두번째 연설문을 작성하고 출판하였는데, 실제로 연설되지 않은 이 연설문에서 그는 안토니우스를 독재자요 깡패요 주정뱅이요 겁쟁이요 공개리에 자기 아내와 입 맞춤으로써 도덕을 조롱한 사람으로 낙인찍었다. 4세기 아테네에서 마케도니아의 필리포스를 비판한 데모스테네스의 유명한 연설에 자신의 연설들을 비유하여, 그것들에 필리피카 (Philippics)라는 제목을 붙였다. 열두 편의 필리피카가 더 잇달아 출판되었다. 그것은 키케로의 웅변을 말해주는 영원한 기념비이지만, 와전과 곡해로 가득 차 있다. 안토니우스는 그 연설들을 아예 듣지 않았다. 그에게는 그것말고 해야 할 일이 있었다.

로마는 안토니우스를 감내할 수 없게 되었다. 그는 자신이 마케도니아에서 소환해 놓은 네 개 군단을 만나러 브룬디시움으로 내려갔다. 그는 그 군단들을 북쪽으로 보내 데키무스 브루투스를 갈리아 키살피나에서 몰아내려는 의도를 가지고 있었는데, 왜냐하면 브루투스가 최근에 통과된 법을 무시하고 그 지역을 안토니우스에게 인계하기를 거부했기 때문이다 안토니우스의 콘술 임기(기원전 44)가 끝나가고 있었다. 더 이상 지체하면 자신이 지휘할 속주나 군단들이 남아 있지 않게 될는지 몰랐다. 브루투스와 카시우스는 동방으로 진출하여 부유한 속주들과 그곳에 주둔해 있는 대규모 군대들을 차지하고 있었다. 카시우스는 돌라벨라를 무찌르고 그를 자살로 몰고갔다. 근 히스파니아의 레피두스는 부정직하고 믿을 수 없는 동맹자였다. 「갈리아 전기」(*Gallia Comata*)에 나오는 루키우스 무나티우스 플랑쿠스(Lucius Munatius Plancus)와 원 히스파니아의 가이우스 아시니우스 폴리오(Gaius Asinius Pollio)는 훨씬 더 미덥지 못한 존재였다. 설상가상으로 옥타비아누스가 로마로 진격해오고 있었고, 안토니우스의 마케도니아 군단들 중 두 군단이 뇌물과 장래의 약속에 넘어가 그 젊은 반란자에 대한 지지를 천명했다. 키케로는 그가 안토니우스를 무너뜨릴 수단이라고 보고 그를 열렬히 환영했다. 물론 후에는 그에게 버림을 받긴 했지만.

무티나 공격 (기원전 44~43). 안토니우스는 북쪽으로 신속히 이동하여 완강히 저항하는 데키무스 브루투스를 무티나(모데나)에서 포위했다. 그해 1월에 원로원은 마침내 브루투스를 구원하기 위해 두 명의 신임 콘술들인 아울루스 히르티우스(Aulus Hirtius)와 과거에 카이사르 밑에서 안토니우스의 동료였던 가이우스 비비우스 판사(Gaius Vibius Pansa)를 보냈다. 아울러 시끄럽게 요구하는 키케로의 주장에 못 이겨 원로원은 젊은 옥타비아누스에게 프라이토르의 권한과 원로원 의원의 자격을 주어 파견했다. 옥타비아누스는 원로원으로부터 푸짐한 보상, 즉 합법화된 자신의 병사들에게 줄 돈과 토지, 그리고 자신을 위해서는 법정 연령보다 10년 먼저 콘술 직에 출마할 권한을 약속 받았다.

결국 세 개의 군대가 안토니우스에게 무티나 공격을 포기하게 만들었지만, 그가 알프스를 넘어 갈리아 남부로 퇴각하는 것을 막지는 못했다. 안토니우스는 그곳으로 가서 태도가 모호한 레피두스와 플랑쿠스의 지원을 받아낼 생각이었다. 두 콘술은 무티나에서 목숨을 잃었다. 히르티우스는 전사했고, 판사는 부상을 입고서 나중에 죽었다. 그들이 죽음으로써 옥타비아누스가 야전군 총사령관이 되었다.

무티나의 승리는 공화정을 위해서는 영광의 날이었다. 승리와 환희와 흥분의 도가니였다. 적은 패주했다. 공화정의 군대가 곧 그를 추격하여 섬멸할 것이다. 돌라벨라가 죽음으로써 동방 전역이 브루투스와 카시우스의 수중에 떨어졌다. 데키무스가 여전히 키살피나를 장악하고 있었고, 섹스투스 폼페이우스가 바다를 장악하고 있었다. 공화정주의자들은 곧 세력 균형을 회복하고서 옥타비아누스마저 제거할 것이었다. 그렇게 되면 공화정과 합법적인 정부가 회복되는 찬란한 날이 올 것이었다. 키케로는 그렇게 믿었다. 그러나 그의 믿음은 무참하게 빗나갔다.

무티나 전투 이후에 원로원은 안토니우스를 공적(公敵)으로 공포했다. 죽었든 살았든 데키무스 브루투스와 공화정을 위해 싸웠던 군인들을 위해서, 원로원은 50일의 감사절을 선포했는데, 로마 군대가 로마 군대를 상대로 벌인 전투에 대해서 감사절을 선포한 것은 과거에는 없던 일이었다. 브루투스와 카시우스에게는 동방의 모든 정무관들에 대한 상급 명령권(imperium maius)을 부여했다. 데키무스 브루투스에 대해서는 투표에 의해서 개선식과 이탈리아 전군(全軍)에 대한 명령권을 부여했다. 심지어 실제로는 성공한 해적에 지나지 않던 섹스투스 폼페이우스에 대해서도 원로원은 감사와 로마 해군에 대한 특별 명령권을 부여했다. 그러나 데키무스 브루투스를 포위와 패배에서 구원한 옥타비아누스에 대해서 원로원은 약식 개선식 곧 오바티오(ovatio)와 하급 명령권을 부여하자는 안건을 제출했다. 그러나 의원들은 이 안건마저 투표로서 기각하고, 그의 병사들에게 보상하기를 거부하고, 약속했던 콘술 직을 거절했다. 이런 어리석은 행동으로 원로원 의원들은 옥타비아누스를 다른 카이사르주의자들의 품으로 돌아가도록 내몰았다.

원로원의 냉대와 계산된 능멸에 대해서, 옥타비아누스는 단호한 어조로 개선식과 자신에게 약속된 콘술 직과 자기 병사들에 대한 보상을 요구했다. 원로원이 그의 요구를 일축하자, 옥타비아누스는 로마로 진격했다. 그에게는 여덟 개 군단이 있었고, 원로원을 지키기 위해 아프리카에서 소환되어온 두 개 군단이 그를 지지하고 나서자 그를 저항할 만한 병력이 전무하게 되었다. 옥타비아누스는 로마로 들어가 서거한 콘술들의 임기를 채우기 위해 무명의 친척 퀸투스 페디우스(Quintus Pedius)와 함께 스스로 콘술에 선출되었다.[2] 옥타비아누스는 아직 스무살도 채 안 되었다.

새 콘술들이 맨 처음 취한 행동은 각 국고에서 돈을 꺼내 병사에게 2천5백 데나리우스를 지불한 일이었고, 다음은 카이사르의 살해범들과 섹스투스 폼페이우스를 재판하기 위한 특별 법원을 설치하는 내용의 법안을 관철시킨 일이었다. 동시에 동맹 세력이 필요했던 옥타비아누스는 원로원이 안토니우스에 대해 내렸던 제재 결의를 철회하게 했다. 그러고나서 안토니우스와 만나기 위해서 북쪽으로 서둘러 달려갔다.

한편 안토니우스 자신도 실의에 빠지거나 한가히 지내지 않았다. 무티나 패전이 카이사르로 하여금 자기 병사들에게 존경과 충성을 얻게 해주었던 지도

---

2) 남의 임기를 채우도록 선출된 콘술들은 대리 콘술(suffect consul)이라 불렸다.

력과 용기와 인내와 극기를 이끌어냈다. 그는 갈리아 남부를 향해 어렵고 힘든 행군을 감행한 끝에 근 히스파니아와 갈리아 나르보넨시스의 총독인 연로한 레피두스의 대군과 대치했다. 레피두스가 안토니우스의 군대보다 훨씬 더 대규모 군대를 거느릴 수 있었던 비결은 오로지 율리우스 카이사르에 대해 충성을 고백한 데에 있었다. 두 군대는 작은 강을 사이에 놓고 양쪽에 진을 쳤다.

안토니우스는 현명하게 레피두스의 병사들의 공감대를 자극했다. 그들 중 상당수가 안토니우스와 함께 갈리아에서 카이사르 밑에서 복무했던 병사들이었다. 그는 꾀죄죄하고 수척하고 텁수룩한 몰골로 레피두스의 진에 몰래 들어가 병사들을 모아놓고 연설을 했다. 그뒤로 두 군대는 점차 사이가 가까워졌고, 안토니우스가 곧 실질적인 지휘관이 되었다. 그는 갈리아 코마타의 총독 플랑쿠스의 부대에 접근할 때도 비슷한 전략을 사용했다. 그렇게 해서 그는 스물두 개의 군단을 이끌고 이탈리아로 돌아왔다. 데키무스 브루투스의 군대가 후퇴하는 바람에 그는 아무런 저항을 받지 않은 채 갈리아 키살피나로 진입했다. 브루투스는 마케도니아로 피신하려고 했으나 갈리아의 어떤 족장에게 속아넘어가 살해되었다.

안토니우스와 레피두스가 갈리아 키살피나에 돌아왔을 때 옥타비아누스도 열한 개 군단을 이끌고 이미 그곳에 와 있었다. 두 사람의 병력은 숫자상으로 그 젊은이보다 크게 우세했지만, 그의 군대와 싸우려는 시도조차 하지 않았다. 그들의 병사들은 카이사르라는 마술적인 이름을 지닌 사람과 싸우기를 거부할 가능성이 컸기 때문이다. 레피두스는 전투 대신에 회담을 주선했다.

옥타비아누스, 안토니우스, 레피두스의 삼두정치. 몇 차례에 걸친 예비 협상 끝에 세 지도자는 볼로냐 근처를 흐르는 강의 작은 섬에서 만나 협력 정치에 합의했다. 정서적으로 부담이 큰 독재관이라는 칭호를 조심스럽게 회피한 그들은 자기들 스스로가 5년 임기의 절대 권한을 지닌 국가 재건 3인 위원(tresviri rei publicae constituendae : 이들은 보통 '삼두'(triumvirs)라 부르고, 이들의 지배를 삼두정치(triumvirate)라 한다. — 역주)이 되기로 결정했다. 그 목적을 위해 입안한 티티우스 법(lex Titia)이 기원전 43년 11월 27일에 우호적인 호민관에 의해 통과되었다. 이후로 콘술 직은 전통적인 명예와 직함과 귀족 신분 수여 면에서는 그대로 남았지만 권한은 대폭 축소되었다. 옥타비아누스와 페디우스는 콘술 직에서 사임하기로 합의하고 두 명의 허세를 그 자리에 앉혔다. 동맹 세력을 강화하기 위해서 옥타비아누스는 안토니우스의 아내이자 푸블리우스 클로디우스의 미망인인 풀비아의 딸 클로디아와 결혼했다.

속주들의 판도에서 드러나듯이, 옥타비아누스는 삼두정치의 실세가 아니었다. 안토니우스는 갈리아 키살피나와 갈리아 코마타를, 레피두스는 갈리아 나르보넨시스와 양 히스파니아를 확보했다. 옥타비아누스는 그보다 좀 못하고 어정쩡한 지역을 받았다. 북아프리카와 시칠리아, 사르디니아, 코르시카가 그의 몫이었는데, 한결같이 무법자이자 모험가인 섹스투스 폼페이우스가 차지하려 들고 있고 몇몇 구역은 이미 그에 의해 장악된 지역들이었다.

처벌자 명단공개(proscriptions, 기원전 43). 며칠 뒤 삼두들은 술라 때만큼 냉혈적이고 견디기 힘들되 명분도 그때보다 나을 게 없는 처벌자 명단 공개로 로마 사회 전역을 공포의 도가니로 몰아넣었다. 그들에게 희생된 사람들 가운데는 130명의 원로원 의원들과 아마 2000명의 기사 계층이 있었을 것이다. 그들이 내건 명분은 카이사르의 살해범을 응징하는 것이었지만, 실제 이유는 자기들의 43개 군단에 드는 비용과 마르쿠스 브루투스와 가이우스 카시우스에 대한 불가피한 원정에 드는 비용을 조달하기 위해 재산을 몰수하려는 것이었다. 3두들은 희생자들에게서 거둔 자금이 자기들의 필요에 충분하지 않다는 것을 알고는 부유한 여성들에게 재산세(capital levy, 삼두들은 빈약한 재정을 확충하기 위해 원래 시민들(즉 성인 남자)의 재산에 비례해서 부과하던 트리부툼 즉 전쟁세를 부유한 여성들에게까지 부과한 것이다. 이 조치는 여성들의 반발로 납세자의 수가 줄어들고 완화되었다. ─ 역주)를 부과하고, 이탈리아의 유산 계층에게 무거운 세금을 물리고, 이탈리아에서 부유한 도시들 중 열여덟 개의 지역을 전역병의 정착지로 설정했다.

삼두들은 탐욕과 강탈 외에도 정적들을 일소하고 싶은 욕구도 있었다. 안토니우스의 독기 어린 주장에 희생된 가장 저명한 인사는 키케로였다. 그는 다른 처벌 대상자들과는 달리 미적거리다가 도주할 기회를 놓쳤다. 그래도 도주

길에 나섰다가 포기한 그는 인적이 끊긴 길을 따라 쫓아오는 추적자들을 조용히 기다린 끝에 기원전 43년 12월 7일에 살해되었다. 그는 운명해 가던 공화정을 지키려다가 희생된 순교자였다. 그 연사의 가장 유력한 도구였던 혀와 오른팔이 로마 광장의 연단에 못박힌 채 걸렸다. 그것은 삼두들에게 반대하는 자는 이런 대가를 지불해야 한다는 것을 상기시키기 위한 잔인한 조치였다.

키케로가 안토니우스를 비판한 것은 무모하고 단견적인 행위였을 수도 있지만, 그는 공화정 말기에서 개인적 영예와 위신을 위한 귀족들간의 편협한 정쟁을 초월하는 정치적 식견을 지닌 몇 안 되는 사람들 중 하나였다. 그가 품었던 공화정의 이상, 즉 이탈리아 전역의 공적 있는 귀족들과 기사 계층에서 선별한 한 사람의 지식인 엘리트의 통치를 받는 공화정의 이상은 오늘날의 관점에서 보면 너무 순진하고 온정주의적(paternalistic)으로 보인다. 그럼에도 불구하고 그것은 자기 자신의 편협한 이기심의 한계를 넘어선 관심사들에 기초하여 더 나은 세계를 지향하여 세운 이상이었다. 그것은 그의 동료 의원들, 심지어 스토아 학자연하던 카토와 브루투스에게조차 해당되지 않았다.

공포와 폭력, 몰수와 추방의 정권을 지지하기 위해서 삼두들은 비원로원 출신이라는 점에서 자기들의 충직한 피호인이 될 만한 사람들을 데려다가 원로원을 채웠다. 그들은 콘술 직을 부정이나 범죄에 대한 보상으로 만들었고, 일년에 여러 쌍의 콘술들을 지명했다. 카이사르가 16명으로 늘려놓은 프라이토르 직에다 그들은 50명을 더 보탰다.

기원전 42년 1월 초하루에 정식으로 직위에 오른 삼두들은 원로원과 정무관들에게 카이사르의 법들을 준수할 것을 서약하도록 강요하고, 로마 광장의 한 신전을 카이사르에게 봉헌하고, 특별법에 의해 카이사르에게 신(神) 율리우스라는 이름을 부여하고 그를 로마 국가의 신들의 반열에 올려 놓았다. 옥타비아누스는 이제 자신을 디비 필리우스(Divi filius, '신의 아들')이라 부를 수 있었다.

필리피 전투(기원전 42). 이탈리아에서 모든 저항 세력을 진압한 삼두들은 동방 속주들을 체계적이고도 무자비하게 약탈하여 막대한 전비를 축적해 둔 브루투스와 카시우스에 대해 전쟁을 벌이기로 결정했다. 카이사르의 노련한 병사들이 일부 포함된 열아홉 개 군단 병력과 무수한 용병들을 보유한 공모자들은 마케도니아 연안의 필리피를 차지하고 있었다. 그곳은 북쪽에서는 산맥이, 남쪽에서는 늪지가 감싸고 있는 천혜의 방어 지점이었다. 그들의 해군이 바다를 지배했다.

공화정주의자들이 보유한 해군의 감시를 교묘히 피해, 안토니우스와 옥타비아누스는 스물여덟 개 군단을 이끌고 그리스에 상륙하고서 필리피로 쳐들어갔고, 기원전 42년 가을에 그곳에서 두 번에 걸쳐 전투가 벌어졌다. 첫번째 전투에서는 브루투스가 옥타비아누스를 물리친 반면 안토니우스가 카시우스를 물리쳤다. 모든 것을 잃었다고 생각한 카시우스는 스스로 목숨을 끊었다. 대단히 유능한 장군인 카시우스를 잃게 된 것은 브루투스로서는 이만저만한 손실이 아니었다. 그는 겨울 추위와 가뭄이 적군을 궤멸시키도록 기다리는 대신에 부하 장교들의 성급한 주장에 굴복하여 세 주 뒤에 전투를 감행했다. 그것은 치명적인 실수였다. 치열하고 피비린내 나는 전투가 끝나면서 삼두들이 승자로 떠올랐다. 브루투스는 자결했다. 그의 시체를 찾아낸 안토니우스는 자신의 자색 망토를 벗어 쓰러져 있는, 그러나 한때 자신의 친구였던 그 적에게 정중히 덮어주었다.

필리피 전투는 세 사람에게 결정적인 승리를 안겨주었다. 그 전투는 승자들의 발 앞에 로마 세계를 갖다 주었다. 진정한 승자 안토니우스에게는 영광과 노획품의 큰 몫이 돌아갔다. 반면에 섹스투스 폼페이우스와 비밀리에 협상을 벌였다고 전해진 레피두스는 무능과 무명의 지위로 급락했다. 그가 신의를 저버리고 섹스투스 폼페이우스와 음모를 꾸몄다고 비판한 안토니우스는 그에게서 갈리아 나르보넨시스를 박탈했고, 옥타비아누스는 두 개의 히스파니아를 차지했다. 안토니우스와 옥타비아누스는 그가 충성을 입증하여 아프리카 속주를 정복한다는 조건하에 그를 아프리카로 보내는 데 합의했다. 이로써 안토니우스는 동방 전역과 모든 갈리아 속주들을 장악하게 되었다— 비록 이제는 완전히 이탈리아에 귀속된 갈리아 키살피나를 나중에 포기했지만. 옥타비아누스는 원래 자신의 지역으로서 섹스투스 폼페이우스가 차지했었던 시칠리아와 사르디니아 속주들을 여전히 재정복해야 했다.

속주들의 재분할이 이루어진 뒤에는 보다 재미없는 일들이 기다리고 있었다. 그중에서도 가장 어렵고 인기없는 일이 옥타비아누스의 몫으로 떨어졌다. 그는 이탈리아로 돌아가 군대를 해산하고 몰수에 의해 100,000명이 넘는 전역병들을 재정착시킬 토지를 마련해야 했다. 안토니우스는 동방으로 가서 그 지역의 정치를 바로잡고 군단들에게 약속했던 자금을 마련하는 쪽을 택했다. 보다 계산이 빠르고 선견지명이 있던 옥타비아누스는 이탈리아가 여전히 제국과 궁극적 대권에 열쇠를 쥐고 있다는 사실을 분명히 간파하고 있었음에 틀림없다.

안토니우스와 클레오파트라. 안토니우스는 자신이 예상했던 것보다 더 좋은 몫을 배당받았다. 동방에 도착한 뒤에 그는 9년치 조공을 2년에 내게 함으로써 아시아의 부유한 도시들로부터 막대한 돈을 끌어모았고, 자신과 로마에게 유리하다고 판단되는 대로 왕들을 세우기도 하고 폐위하기도 했다. 마지막으로 그가 킬리키아의 타르수스에 갔을 때 그곳에는 과거에 왜 공모자들을 돕고 자금 지원을 했는지 설명하도록 소환된 클레오파트라가 곧 도착하도록 되어 있었다. 클레오파트라는 은 노(櫓)와 값진 자줏빛 천으로 만든 돛을 단 호화 유람선을 타고 도착했다. 화려한 옷으로 치장한 채 배에서 내리는 그녀에게서는 우아한 향기가 감돌았다. 선전과 전설에 따라 안토니우스가 관능적인 외국 여왕에게 완전히 마음을 빼앗겨 굴복했다고 생각하기가 쉽다. 그러나 비록 연정이 없지는 않았다 할지라도, 두 사람 모두 합리적인 정치적 이해를 추구했다. 각자가 상대에게 협력함으로써 얻을 것이 있었다. 클레오파트라는 자기 정적들을 제거하기 위해 로마 군대의 지원이 필요했고, 안토니우스는 파르티아와의 전쟁과 옥타비아누스와의 경쟁에 드는 비용을 마련하기 위해 이집트의 부가 필요했다.

페루시아 포위 공격 (페루시아 전쟁, 기원전 40). 안토니우스와는 달리, 옥타비아누스는 이탈리아에서 여러 가지 난관에 부닥쳤다. 그는 병약하고 의기소침한 상태로 이탈리아에 돌아왔다. 얼마 전에 병사들의 정착지로 지정해 둔 열여덟 개 도시들이 전역병들을 만족시키기에 충분하지 않다는 게 드러났고, 토지를 몰수당한 지주들의 저항도 격렬했다. 몰수의 범위를 늘리면서 불만의 여파도 고조되었다. 아울러 로마인들의 분위기도 불안하고 잔뜩 분노에 차 있었다. 섹스투스 폼페이우스가 여전히 바다를 장악한 채 곡물 공급을 차단하기 시작했다. 불만과 혼란과 불안과 궁핍이 국가 안정을 위협했다. 군인들과 시민들은 서로를 경원시했다. 옥타비아누스 자신이 한 번은 서로 엉겨붙어 싸우는 군중 틈에 거의 갇힐 뻔한 적도 있었다.

음모가 옥타비아누스의 난관과 비인기와 위험을 가중시켰다. 말썽을 일삼던 풀비아(클로디우스와 쿠리오의 아내였으나 이제는 마르쿠스 안토니우스의 아내)와 안토니우스의 형제이자 기원전 42년의 콘술인 루키우스가 전역병들과 지주들 양측을 상대로 옥타비아누스에 대한 의혹과 미움을 부추겼다. 그렇게 함으로써 풀비아와 루키우스는 옥타비아누스를 무너뜨리고 부재중인데다 믿을 만한 안토니우스를 최고 권좌에 앉히기를 바랐다. 그들은 안토니우스가 자기들의 행위를 인정치 않고 옥타비아누스와의 계약을 깨뜨리기를 거부하리라는 것을 잘 알면서도 어떻게 하든 그를 자기들의 뜻대로 몰고 가려고 했다.

풀비아와 루키우스는 결국 너무 멀리 나가서 옥타비아누스로 하여금 자기들과 전쟁을 벌이도록 몰고 갔다. 옥타비아누스의 충직한 장군들인 퀸투스 살비디에누스(Quintus Salvidienus)와 곧 그의 오른팔이 된 마르쿠스 빕사니우스 아그리파(Marcus Vipsanius Agrippa)가 그들을 에트루리아 산간지방의 소도시인 페루시아(페루지아)로 몰아붙인 뒤 그들을 포위했다. 안토니우스는 그들의 목표와 행동을 전혀 알지 못했기 때문에 아무런 조치도 취하지 않았다. 갈리아에서 그의 레가투스 두 사람이 진격해 내려왔지만 그들에게 이렇다 할 도움을 주지 않았다. 기근이 닥치자 그들은 곧장 항복했다. 옥타비아누스는 페루시아 읍 의회의 한 의원을 제외한 모든 사람들을 무자비하게 처형했지만, 루키우스와 풀비아의 목숨은 살려두었다. 그는 루키우스를 히스파니아 총독으로 파견했으나 그곳에서 곧 죽었다. 풀비아에게는 그리스로 가서 남편을 만나도록 허락했다. 그녀도 그곳에서 곧 죽었다.

안토니우스가 갈리아 트랜스알피나의 두 속주들에 남겨둔 레가투스가 죽자, 옥타비아누스는 전투에서 승리한 병력 중 일부를 보내 그곳을 차지하게 했다.[3] 죽은 레가투스의 아들은 전투 한 번 치르지 않고 항복했고, 아그리파(Agrippa)가 그 자리에 임명되었다. 군사적인 면에서 볼 때 이제 옥타비아누스는 사실상 서유럽 전역을 차지한 셈이 되었다.

하지만 그것으로 옥타비아누스의 모든 난관이 끝난 것은 아니었다. 약탈과 방화와 대량 학살과 속주들의 무력 지배는 그의 문제들을 해결해 주지도 않았고 그를 위험에서 안전하게 지켜 주지도 않았다. 그의 잔학한 행위는 오히려 여전히 반란의 기운이 감돌고 기근과 혼란과 절망에 잡혀 있던 땅에 증오와 불만만 가중시킬 뿐이었다. 섹스투스 폼페이우스의 적대적인 함대가 이탈리아 해안을 위협하고, 속주들을 공격하고, 곡물 수송을 방해했다. 옥타비아누스는 자신의 표리부동에 스스로 발목이 잡혀 마침내 파멸하는 것처럼 보였다.

이런 극한적인 상황에서 옥타비아누스는 바다의 지배자 섹스투스 폼페이우스에게 화해를 청했다. 풀비아의 조언을 받은 안토니우스 측에서도 섹스투스와 교섭을 벌이고 있는 줄을 까맣게 모르고 있었다. 옥타비아누스는 협상에 임하는 자신의 태도를 보다 진실하게 보이게 하기 위해서 자신의 아내이자 풀비아의 딸인 클로디아를 내보내고 섹스투스 폼페이우스의 아내에게 아주머니뻘 되는, 따라서 자기보다 상당히 연상인 스크리보니아(Scribonia)를 아내로 맞아들였다.

브룬디시움 협정 (기원전 40). 안토니우스는 옥타비아누스가 자신의 동생 및 풀비아와 전투를 벌이고 있을 때 이집트에 가 있었다. 그곳으로 그에게 또 다른 소식이 왔다. 갈리아에서 카이사르의 유명한 부관이었다가 나중에 적이 된 티투스(Titus)의 아들 퀸투스 라비에누스(Quintus Labienus)가 이끄는 파르티아인들이 시리아, 팔레스타인, 그리고 소아시아 지역들을 점령했다는 소식이었다. 아직 파르티아인들과 전쟁을 벌일 준비가 되어 있지 않던 안토니우스는 이탈리아를 떠나 그리스에 와 있던 풀비아와 의논을 하기 위해서 그리스로 항해했다. 풀비아는 그에게 섹스투스 폼페이우스의 사절들을 받아들이고 그가 제의하는 동맹을 수락하라고 설득했다. 그런 뒤에야 비로소 안토니우스는 파르티아인들과 전쟁을 벌일 군단을 모집하기 위해서 이탈리아로 갔다.

---

3) 카이사르가 정복한 그 방대한 속주는 지금은 대개 트랜스알피나 골이라 불리고 옛날의 트랜스알피나 속주는 지금은 대개 주요 도시인 나르보(Narbo)에서 지명을 따서 갈리아 나르보넨시스(Narbonese Gaul)라 불린다.

과거의 합의에 의하면 안토니우스와 옥타비아누스는 이탈리아를 공동의 병력 동원 지역으로 사용하도록 되어 있었다. 안토니우스는 브룬디시움에 상륙하려고 할 때 옥타비아누스의 군대에 의해 저지당하는 일을 겪고서 그 합의가 하등 쓸모없다는 사실을 발견했다. 좌절과 분노에 휩싸인 그는 병력을 상륙시켜 그 항구를 포위했다. 때맞춰 그의 동맹자 섹스투스 폼페이우스가 남이탈리아를 공격했다. 옥타비아누스가 브룬디시움에 나타나 그의 동료를 치려고 하자 카이사르의 옛 군단들은 서로 싸우기를 거부하고 오히려 친교를 나누었다. 협상과 회담이 잇달았고, 마침내 브룬디시움 협정으로 알려진 새로운 합의가 성립되었고 그로써 삼두정치가 재개되었다. 속주들의 재분배에 의해 옥타비아누스는 서방의 속주들뿐 아니라 일리리쿰을 차지했고, 안토니우스는 동방을, 레피두스는 아프리카를 차지했다. 이탈리아는 적어도 이론적으로는 세 사람 모두의 공동 병력 동원 지역으로 남게 되었다.

협정을 보증하기 위해서 안토니우스는 옥타비아누스의 아름답고 덕스러운 누이 옥타비아(Octavia)와 결혼했다. 두 강력한 경쟁자가 계약을 체결하자 이탈리아는 기쁨과 감사로 가득 찼다. 온 로마가 기뻐했다. 평화와 조화의 황금기가 도래하는 듯했다 — 그렇게 되기를 사람들은 소원했다.

하지만 기뻐하기에는 너무 일렀다. 안토니우스가 자신을 농락했다고 느낀 섹스투스 폼페이우스가 로마를 봉쇄하여 기근의 위협에 빠뜨렸다. 세금과 고물가와 식량 부족으로 곳곳에서 폭동이 일어났다. 인민은 빵과 평화를 외쳤다. 안토니우스와 옥타비아누스가 섹스투스를 공격할 준비를 할 때 인민의 반발이 워낙 드셌기 때문에 두 사람은 그와 협상을 벌이지 않을 수 없었다.

미세눔 협약 (기원전 39). 기원전 39년 가을에 미세눔(나폴리 근처)에서 삼두는 폼페이우스를 만나 논의하고 협상하고 술자리를 벌였다. 그가 이미 차지하고 있던 시칠리아와 사르디니아를 그가 그대로 차지하도록 하는 데 합의했고, 그에게 코르시카와 펠로폰네소스 반도까지 얹어 주었다. 아울러 그의 아버지가 몰수당했던 토지에 대해 그에게 보상을 해주고 향후에 그에게 복점관과 콘술 직을 주겠다고 약속했다. 그 대가로 그는 이탈리아 봉쇄를 풀고 로마에 곡물을 공급하고 공해에서 해적 행위를 중단하겠다고 약속했다.

안토니우스의 우세(기원전 39~37). 안토니우스의 권력과 인기는 이제 하늘 높은 줄 모르고 치솟았다. 원로원과 기사 계층, 옛 공화정주의자들, 그리고 이탈리아 전역의 대다수 유산 계층 사이에서 특히 그의 영향력이 강했다. 반면에 옥타비아누스는 도시 로마 인민들과 전역병들 사이에서 인기가 높았다. 더욱이 시간은 옥타비아누스의 편이었다. 안토니우스가 동방에 가 있는 동안 서방에서 그의 영향력은 시들게 되어 있었다.

그러나 현재로서는 서방이 안토니우스에게 밝은 전망을 주었다. 점증하는 옥타비아누스의 권력을 폼페이우스가 틀림없이 견제해 줄 것이다 — 안토니우스는 젊고 사랑스러운 신부 옥타비아를 데리고 아테네로 떠날 때 그렇게 생각했다. 그곳에서 그는 두 번의 겨울을 지내면서 가정 생활의 행복과 그 유서 깊은 대학 도시의 문화를 만끽했다. 그는 그곳에서 동방에 대한 재편을 지휘했다. 발칸 반도에는 아시니우스 폴리오(Asinius Pollio)를 보내 파르티니족을 진압하도록 했고, 동방에는 벤티디우스 바수스(Bentidius Bassus)와 헤롯(Herod. 기원전 40년 이래 유대의 마지막 왕)을 보내 시리아와 팔레스타인과 소아시아를 침공한 파르티아인들을 몰아내게 했다. 벤티디우스는 카이사르를 방불케 하는 속도전을 펼쳐 세 번에 걸친 대전에서 파르티아인들을 격파하고 그들을 유프라테스 강으로 몰아냈다. 벤티디우스는 그 강에서 공격을 멈추었다.

동방에서 로마의 위신을 되찾은 안토니우스는 파르티아인들을 정복하고 카라이를 응징하기 위한 조치를 취했다. 기원전 37년에 자신의 또 다른 위대한 장군 카니디우스(Canidius)를 아르메니아로 파견하여 그곳을 평정하게 했다. 카니디우스는 심지어 로마 군대를 이끌고 아르메니아를 넘어 코카서스 산맥까지 진격했다. 아르메니아로 돌아온 그는 안토니우스가 도착하기를 기다렸다. 그는 오래 기다렸다. 서방에서 골치아픈 문제들이 새로 발생하여 안토니우스로 하여금 파르티아 침공을 연기하도록 만들었던 것이다. 옥타비아누스가 그 원인이었다.

옥타비아누스의 권력 강화. 미세눔 협약은 이탈리아에 평화를 가져다 주었고, 해적과 해안 약탈과 기근에서 잠시 벗어나게 해주었지만, 옥타비아누스에게 그 조약은 훨씬 더 큰 유익을 의미했다. 추방되었던 공화정주의자들과 유서 깊은 가문의 귀족들, 그리고 그가 끌어들일 가치가 있던 동맹 세력들이 속속 귀환했다. 그러나 그 평화 조약은 오래 가지 않았다. 옥타비아누스는 평화를 원치 않았다. 섹스투스 폼페이우스는 제거해야 할 적이었다. 옥타비아누스가 치러야 했던 첫번째 전쟁은 폼페이우스가 제거하는 데 실패했던 한 반역자로부터 사르디니아 속주를 접수하는 것이었고, 두번째는 스크리보니아와 이혼하는 것이었다.

리비아. 사랑과 정책상의 이유로 옥타비아누스는 젊고 아름답고 부유하고 정치적인 감각이 탁월하고, 자기 가문과 자녀들의 장래의 위상을 위해 고심하던 리비아 드루실라(Livia Drusilla)와 즉시 결혼했다. 리비아는 의지가 굳고 영향력 있던 여러 귀족 여성들 중 한 사람이었다 — 그런 여성들 중 대표적인 인물들을 꼽자면 클로디아(P. 클로디우스의 누이이자 메텔루스 켈레르의 아내), 세르빌리아(카토의 이복 누이, M. 브루투스의 어머니, 카이사르의 유명한 정부), 공화정 후기의 정치에 큰 영향력을 행사한 풀비아(처음에는 클로디우스, 다음에는 쿠리오, 마지막에는 안토니우스의 아내) 등이다. 리비아의 아버지는 리비우스 드루수스 가문(Livii Drusi)으로 입양됨으로써 그 가문을 위대한 클라우디우스 씨족에다 접목시킨 리비우스 드루수스 클라우디아누스(Livius Drusus Claudianus)였다.

리비아 자신은 클라우디우스 가문의 다른 계열 출신으로서 페루시아 전쟁 때 옥타비아누스에 맞서 싸웠던 티베리우스 클라우디우스 네로(Tiberius Claudius Nero)와 결혼했었다. 이제 그녀와 그녀의 남편은 자기들의 가문들의 장래를 옥타비아누스에게 걸기로 결정했다. 리비아는 이미 그 남편에게서 첫 아들 티베리우스 클라우디우스 네로(Tiberius Claudius Nero, 장래의 황제 티베리우스)를 낳았고, 상호 합의하에 남편과 이혼하고 옥타비아누스와 약혼할 때 그의 둘째 아들 네로 클라우디우스 드루수스(Nero Claudius Drusus)를 임신하고 있었다. 옥타비아누스는 리비아와의 이 유리한 결합을 하루 속히 성사시키고 싶었던 나머지 스크리보니아가 자신의 외동딸 율리아(훗날 그가 여러 번의 정략 결혼에 이용하게 되는)를 낳던 당일에 그녀와 이혼했다. 리비아는 여생 동안 큰 사건들에 대해서 옥타비아누스가 빠짐없이 자문할 정도로 무척 신뢰하는 조언자가 되었다.

옥타비아누스의 지지 기반. 옥타비아누스는 리비아와 결혼하여 귀족 가문과 접목된 데 힘입어 원로원의 엘리트 계층 사이에서 지지 기반을 넓히고, 자기 가문보다 훨씬 더 귀족 사회에 결합되어 있던 안토니우스의 지지 기반을 잠식했다. 반면에 이탈리아 기사 신분 출신이라는 그 자신의 배경도 그에게는 커다란 자산이었다. 이 배경에 힘입어 그는 옛 공화정 귀족들의 권력 독점을 오랫동안 증오해온 기사 계층에서 많은 친구들을 얻었다. 이 기사 신분에서 그의 가장 충직하고 중요한 지지자들 두 사람이 나왔는데, 예술에 대한 부유한 보호자를 옥타비아누스에게 유리한 여론을 조성하는 데 기여한 가이우스 킬니우스 마이케나스(Gaius Cilnius Maecenas)와 그를 위해 숱한 군사적 승리를 이끌어낸 마르쿠스 빕사니우스 아그리파(Marcus Vipsanius Agrippa)가 이 바로 그들이었다. 더욱이 옥타비아누스는 로마 군대에 병력을 제공하던 이탈리아 농촌에서 큰 호응을 얻었다.

타렌툼 협약 (기원전 37). 옥타비아누스는 자신이 섹스투스 폼페이우스에 대해서 벌여놓은 전쟁을 혼자의 힘으로 끝낼 수 없었다. 그는 기원전 38년에 시칠리아를 침공했다가 폼페이우스에 의해 두 개 함대를 잃는 참패를 겪었다. 전세가 이렇게 반전되자 그는 꼭 필요한 인물인 아그리파를 갈리아에서 불러들이고 어쩔 수 없이 안토니우스에게 손을 내밀게 되었다. 안토니우스는 비록 옥타비아누스가 폼페이우스로부터 아무런 도발도 받지 않은 채 선공을 한 사실과 그의 지원 요청으로 인해 자신의 파르티아 원정이 늦춰지게 된 데에 분개하면서도 그를 돕기 위해 대 함대를 이끌고 아테네를 출발했다. 서로에 대해 미움과 의심을 품고 있던 두 실세가 타렌툼에서 만났다. 마이케나스의 끈기있는 외교와 옥타비아의 훌륭한 역할에 힘입어 두 사람은 서로의 견해를 조율하고 기원전 38년 12월 31일로 종료된 삼두정치의 시한을 5년 연장했다. 안토니우스가 폼페이우스와의 전쟁을 위해 지원한 120척의 전함에 대한 보답으로, 옥타비아누스는 동방에서 복무할 2천 명의 로마 병사들을 지원하기로 약속했다. 하지만 안토니우스는 그 병력을 지원받지 못했다.

섹스투스 폼페이우스의 패배 (기원전 36). 옥타비아누스는 안토니우스에게 받은 전함들과 아그리파가 건조한 전함들을 가지고 시칠리아에 대해 세 갈래의 공격을 감행할 수 있었다. 옥타비아누스와 아그리파는 푸테올리에서 출발했고, 스타틸리우스 타우루스는 타렌툼에서 출발했으며, 레피두스는 아프리카에서 출발했다. 그 작전은 옥타비아누스가 해상에서 겪은 큰 패배를 제외하면 계획대로 수행되었다. 아그리파와 레피두스가 시칠리아에 상륙하여 신속히 내지로 진격하는 동안, 아그리파는 해협 근처의 나울로쿠스 해상에서 폼페이우스와 대치하여 그를 붙잡아 두었다. 그 전투에서 섹스투스는 함대를 잃고 소아시아로 도주했다.

이렇게 해서 이미 하나의 경쟁자를 물리친 옥타비아누스는 또 다른 경쟁자를 꺾을 참이었다. 스물두 개의 군단을 거느리고 영광에 목마른 레피두스는 직접 시칠리아로부터 항복을 받아내겠다고 고집했다. 옥타비아누스가 반대하자 그는 옥타비아누스에게 섬을 떠나라고 명령했다. 카이사르라고 하는 마술과 같은 이름을 지닌 옥타비아누스는 과감하게 레피두스의 진영으로 들어가 그의 군단병사들에게 탈영하도록 설득했다. 그런 뒤 레피두스에게서 실권을 박탈하고서 명예롭게 키르케이이에서 유배 생활을 하도록 만들었다. 레피두스는 24년 뒤에 그곳에서 죽었다.

옥타비아누스의 개선. 서방에서 전쟁을 끝내고 바다의 자유를 되찾고 로마를 기근의 위기에서 해방시킨 장한 옥타비아누스의 귀국을 기다리는 로마의 분위기는 진지하고도 벅찼다. 그는 비록 옛 귀족들의 자유를 짓밟긴 했지만 수차례의 내전에 지칠 대로 지친 시민들에게 강력하고 체계잡힌 정부를 선물했다.

시민들은 감사와 찬사를 아낌없이 옥타비아누스에게 쏟아부었다. 심지어 신에 해당하는 칭호들과 수사들도 눈에 띄었다. 그의 조각상들이 이탈리아 신전들에 세워졌고, 금조각상이 로마 광장에 세워졌으며, 그가 이미 관행을 무시한 채 사용했던 '임페라토르 카이사르'라는 군사적 칭호에다가 호민관의 신성불가침성까지 그에게 부여되었다.

옥타비아누스는 이미 합리적인 예상을 넘어선 성공을 거두었다. 건강이 약하고 군사적 기능이 크게 떨어졌던 그가 승률이 희박했던 도박에서 승리를 거둔 것이다. 그가 성공할 수 있었던 데에는 냉정한 성격, 끈기, 선량한 외모, 돋보이는 대인 관계, 사람들에 대한 식견, 적의 실수를 이용할 줄 아는 능력, 선전가로서의 남다른 기술, 그리고 굉장한 기만성 같은 요인들이 작용했다. 그는 카이사르의 이름과 키케로의 웅변과 공화정 원로원의 신망을 이용했다. 아울러 그는 레피두스, 마르쿠스 안토니우스, 섹스투스 폼페이우스, 로마 시민들, 카이사르의 고참병들, 아그리파와 마이케나스 같은 충직한 친구들, 그리고 심지어 자기 아내들까지도 이용하고 종종 기만했다.

동방에서의 안토니우스.

클레오파트라와의 결혼 (기원전 37). 옥타비아누스의 농간에 빠져 그가 서방의 패권을 얻도록 돕느라 2년이라는 아까운 세월을 허비하면서 정작 자신은 아무것도 얻지 못한 안토니우스는 동방으로 돌아가 그때부터 자신의 독자적인 세력을 구축하기 위해서 혼신의 힘을 기울였다. 이 노력은 기원전 37년 안티오크에서 클레오파트라와 결혼한 일에서 상징적으로 잘 나타난다. 그러나 그는 옥타비아와 이혼하지는 않았다. 그녀와 나눠온 값진 관계를 끝내고 싶지 않았고, 로마인의 관점에서도 굳이 그럴 필요가 없었다. 로마 법은 로마 시민과 완전한 외국인 사이의 결혼을 인정하지 않았던 것이다. 그러므로 로마인의 시각에서는 옥타비아가 그의 법적 아내로 남아 있었고 클레오파트라는 그의 정부일 뿐이었다. 비록 옥타비아누스가 후대에 이 행위를 놓고 안티니우스를 비판하는 선전 활동을 벌이긴 했지만, 당시에 그 활동은 여론의 주목을 끌지 못했고, 옥타비아는 안토니우스와 옥타비아누스 사이의 내전이 피할 수 없는 현실이 될 때까지 자기 남편에게 충실히 남아 있었다.

물론 안토니우스는 클레오파트라와의 결혼을 그리스 동방에서 파르티아에 대해 로마의 권력과 따라서 자신의 권력을 보강하기 위해서 사용했다. 알렉산드로스 대왕의 제국 가운데 유일하게 남은 독립국의 공동 군주가 됨으로써, 그는 상당 지역이 파르티아인들의 수중에 들어간 그 제국에 대해서 법적 권리를 주장할 수 있었다. 아울러 이 결혼은 안토니우스에게 대중의 종교관을 자신에게 유리하게 조작할 수 있게 해주었다. 그는 이미 자신을 그리스 신화에 나오는 아시아의 정복 신 디오니소스로 주장함으로써 그리스인들의 호의를 얻으려 한 바 있다. 이제 그리스인들에게 그와 클레오파트라는 한 쌍의 신인 디오니소스와 아프로디테가 되었다. 이집트 본토인들에게 그들은 오시리스와 이시스로 보였다.

그 결혼의 종교적 정치적 의미는 클레오파트라가 과거에 안토니우스에게 낳아 주었던 쌍둥이를 그가 인정하고 이름을 바꾸어 준 일로써도 드러난다. 그들의 이름은 알렉산드로스 헬리오스(태양)와 클레오파트라 셀레네(달)가 되었다. 소년의 이름을 알렉산드로스로 선정한 것은 알렉산드로스 대왕의 옛 제국에 대한 법적 권리를 다지려는 시도를 분명히 보여주는 반면에, 헬리오스와 셀레네는 그와 클레오파트라의 정치적 지위에 대한 강력한 종교적 의미를 갖고 있었다. 그리스인들의 신념에 따르면 황금기는 태양 신과 관련되었다. 이집트 신화에서는 이시스(클레오파트라가 주장한 역할)가 태양의 어머니였다. 그러나 마침내 파르티아의 왕이 파르티아 토착 종교에서 강력한 신들인 '태양과 달의 형제'라는 칭호를 취했다. 따라서 안토니우스는 자신이 예상하던 정복된 파르티아 왕으로서의 자신의 지위를 강화하기 위해서 이 유력한 파르티아의 상징들을 자신과 일치시키고 있었던 셈이다.

동방 영토들의 재편. 안토니우스는 로마 제국의 동쪽 절반을 재편함으로써 자신의 입지를 강화했다. 과거에 동방의 속국들은 로마에 충성을 맹세하지 않고 자기들의 후원자인 대 폼페이우스에게 충성을 맹세했었다. 파르티아의 침공은 이 관계가 약해졌고 로마에 대한 본토 왕들과 왕조들의 충성이 희석되었음을 여실히 드러냈다. 안토니우스는 아시아, 비시니아, 로마령 시리아 같은 속주들을 괴롭히지 않고, 동방의 나머지 지역을 네 명의 피보호국 왕들에게 분할했다. 그들은 로마에 예속되었으나 쇠미늘 갑옷을 입은(mail-clad) 중무장 기병대에 힘입어 자기들의 국경을 방어할 만큼 힘을 갖추고 있었다.

안토니우스는 클레오파트라에게 코엘레 시리아, 키프로스, 그리고 킬리키아의 일부를 주었는데, 이 지역들은 다른 사람들에게 분할해준 지역만큼 넓지는

않았지만 이루 말할 수 없이 부유했다. 그럼에도 불구하고 이 조치는 그 야심
찬 여왕을 만족시키지 못했다. 그 여왕은 유대를 다스리던 헤롯 1세의 왕국을
추가로 할당해 주기를 원했던 것이다. 안토니우스는 헤롯이 애지중지하던 여
리코의 발삼나무 정원을 여왕에게 주긴 했지만 그녀의 이러한 요구를 단호히
거부했다. 클레오파트라는 이제 프톨레마이오스 2세 필라델푸스(Ptolemy II
Philadelphus) 때 프톨레마이오스 왕조의 이집트가 전성기를 구가하며 다스
리던 지역의 상당 부분을 도로 찾았다. 그녀는 기원전 36년에 안토니우스에게
낳아 준 아들에게 프톨레마이오스 필라델푸스라는 이름을 지어 줌으로써 이
점을 강조했다.

파르티아 원정 (기원전 36). 안토니우스는 기원전 37년에 클레오파트라와 결
혼함으로써 파르티아에 대한 대대적인 원정을 위한 동방 재편 과정에서 자신
의 지위를 크게 강화했다. 그러나 그는 그 당시에 그녀에게 빌붙지도 않았고
이집트의 재정에 의존하지도 않았다. 로마령 동방(Roman East)의 재정을 가
지고 원정을 준비했고, 기원전 36년에 클레오파트라의 반대를 무릅쓰고 원정
을 감행했다. 그의 계획은 크라수스의 전철을 밟지 않기 위해 메소포타미아
평야를 건너지 않고, 그 대신 아르메니아를 경유하여 침공하는 것이었다. 그곳
은 산악 지형으로 이루어졌기 때문에 로마의 군단들이 파르티아의 정예 기병
대와 맞서 싸우기가 유리했고, 그곳에서 카니디우스가 열여섯 개 군단을 거느
리고 그가 도착하기를 기다리고 있었던 것이다. 그러나 이 작전이 성공을 거
두기 위해서는 아르메니아 왕 아르타바스데스(Artavasdes)의 충성이 필수적
이었다.

하지만 아르타바스데스에게 충성을 얻겠다는 것은 지나친 기대였다. 안토니
우스가 메데스의 수도 프라스파(오늘날 아제르바이잔의 타브리츠에서 남쪽으
로 160킬로미터 가량 떨어짐)를 향해 8백 킬로미터 거리의 행군을 시작하자,
그 교활한 왕은 자신의 기병대를 철수시키고 파르티아인들에게 수송 물자와
공성 포열을 이동하기 위해 본대의 후미에 남겨진 두 개의 로마 군단을 공격
하여 궤멸시키게 했다. 공성 장비의 상실로 프라스파 함락은 불가능하게 되었
다. 식량이 고갈되고 겨울이 다가오자 안토니우스는 아르메니아로 후퇴했으나,

그곳에서 파르티아인들의 기습 공격으로 내내 시달렸다. 마침내 그는 2만 명이상의 병력을 잃은 채 시리아로 간신히 돌아왔다. 그의 탁월한 지휘력과 군단의 엄격한 군기가 아니었다면 병력 손실은 훨씬 더 컸을 것이다.

훈련된 병력의 상실로 안토니우스는 기원전 34년까지 작전을 재개하지 못했고, 그때조차 겨우 아르메니아를 침략하여 배반한 왕을 생포하여 폐위함으로써 복수심을 달랬을 뿐이다. 그는 아르메니아를 로마 속주로 만들고, 파르티아의 군주들에 대해 반란을 일으킨 메디아인들과 동맹을 결성했다. 파르티아인들은 정복되지 않고 카라이는 보복을 당하지 않은 채 남았다. 서방에서 문제가 일어났다는 보고에 놀란 안토니우스는 파르티아 작전을 포기한 뒤로 다시는 재개하지 않았다.

파르티아 작전에 실패했음에도 불구하고 안토니우스는 여전히 동방에서 실세였고 양분된 제국에서 주도권을 쥔 파트너였다. 이탈리아에서도 인민으로부터 상당한 지지를 받았고, 로마 원로원 의원들, 카이사르 숭배자들, 폼페이우스 숭배자들, 그리고 그나이우스 도미티우스 아헤노바르부스(Cn. Domitius Ahenobarbus), 루키우스 칼푸르니우스 비불루스(L. Calpurnius Bibulus), 그리고 카토와 브루투스의 여러 친족들 사이에서 상당한 추종자들을 거느리고 있었다. 그럼에도 불구하고 파르티아에서 패한 뒤로는 손실을 벌충하기 위해서 클레오파트라와 이집트에 의존하게 되었다. 그런 상황이 옥타비아누스에게 선전을 통해 점차 그의 지지 기반을 약화시키고 그를 무력하게 만들 수 있는 기회를 주었다.

임박한 내전. 동방의 지배자와 서방의 지배자 사이에 충돌이 불가피했다는 말이 정당하다. 두 경쟁자는 폼페이우스와 카이사르처럼 서로에게 물러서는 모습을 보여주기에는 너무 자존심이 강했다. 그러나 그것을 넘어서서 당시 상황의 실상은 비방과 거짓과 정치적 신화라는 깊고 딱딱한 각질 밑에 묻혀 있다. 만약 옥타비아누스 대신에 안토니우스가 최후의 내전에서 승리를 거두었다면 두 경쟁자에 대한 공식적 서술은 그래도 거짓으로 얼룩졌겠지만 내용은 사뭇 달라졌을 것이다. 안토니우스는 클레오파트라의 색정적인 노예가 아닌 근엄한 정치가요 인자한 남편과 아버지로 묘사되었을 것이고, 로마인들의 자유를 근동의 전제 정치에 종속시키려 한 독재자가 아닌 공화정을 파멸에서 건진 구원자로 묘사되었을 것이다.

옥타비아누스는 안토니우스의 고삐를 바짝 죄었다. 그는 브룬디시움 협정(참조. 477쪽)으로 약속했던 네 개 군단의 파병을 거부하고, 섹스투스 폼페이우스를 칠 때 안토니우스가 자신에게 대여해 준 120척의 전함 중 파손되지 않은 70척의 전함만 돌려보냈다. 섹스투스 폼페이우스조차 안토니우스의 파르티아 전쟁 패배를 이용하여 아시아를 침공했다가, 그곳에서 기원전 35년에 생포되어 죽었다.

옥타비아의 이혼. 그러나 옥타비아는 충직하게 남아 기원전 35년 봄에 남편을 돕기 위해 상당량의 물자와 2천 명의 새로운 병력을 이끌고 출발했다. 아테네에서 안토니우스로부터 병력과 물자는 보내고 그냥 로마로 돌아가라는 전갈을 받았다. 그것은 크나큰 충격이었다. 그런데도 공손히 순종하고서 남편이 잘 되기를 바랐다. 안토니우스가 그녀를 돌보지 않은 것은 아니다. 그는 몰인정한 사람이 아니었으나, 로마 세계의 수위권을 놓고 그녀의 오빠에게 도전하는 데 훨씬 더 관심이 있었고, 그 목표를 달성하는 데 있어서 옥타비아보다 클레오파트라가 그에게 줄 것을 더 많이 갖고 있었다. 그러나 기원전 32년 말 옥타비아누스와의 전쟁이 절정에 달하기 직전 클레오파트라의 영향력이 극에 달했을 때 안토니우스는 마침내 옥타비아와 이혼했다. 그는 이 행동으로 그때까지 이탈리아에 여전히 존재하던 지지 세력의 상당 부분을 잃었다.

전쟁 준비. 기원전 34년에 아르메니아를 정복하여서 자신을 배반한 아르타바스데스를 응징한 뒤, 안토니우스는 알렉산드리아에서 도에 지나친 개선식을 거행했다. 알렉산드리아의 기증(donation of Alexandria)으로 알려진 행사 때, 그는 클레오파트라와 그녀의 자녀들에게 그들의 영토 소유권을 확증하고 클레오파트라를 만인지상의 군주로 인정했다. 그런 뒤 그와 클레오파트라는 기원전 33년과 32년 겨울을 에페소스에서 보내면서 옥타비아누스와 대규모 전쟁을 벌일 준비를 했다. 그러나 옥타비아누스 같은 노련한 정치가로서도, 기원전 32년의 콘술이었고 원로원 의원의 절반의 지지를 받으며 기원전 31년의 콘술로 당선된 안토니우스와 전쟁을 벌인다는 게 쉽지 않았다. 안토니우스가 로마를위협한다는 사실을 입증하기란 더욱 어려웠다. 그에 비해 클레오파트라에 대해서는 공격하기가 훨씬 쉬웠다. 그녀는 스스로 세계의 군주로 올라서기 위해 음모를 꾸미는 가증스런 외국 여왕으로 묘사되었고, 장차 카피톨리누스 언덕에서 재판권을 집행할 것이라고 말했다는 소문이 나돌았다. 그녀가 꾸몄다고 하는 모든 음모에서 안토니우스는 맹목적인 앞잡이쯤으로 묘사되었다!

두 실세 사이의 간격은 끊임없이 벌어졌다. 두 사람은 서로 신랄한 편지를 주고받으면서 서로에게 약속을 어겼다는 비난과 가족의 스캔들과 사적인 비행에 대해 공격을 퍼부었다. 시인들과 연사들과 풍자 작가들이 진리와 정의를 희생시키면서 그 싸움에 개입했다.

기원전 32년의 두 콘술 소시우스(Sosius)와 도미티우스 아헤노바르부스(Domitius Ahenobarbus) — 두 사람 다 안토니우스의 친구이자 파벌이었다 — 는 일찍이 안토니우스로부터 동방에서 자신이 취한 모든 조치들과 자신이 클레오파트라와 그의 자녀들에게 기증한 내용에 대해 원로원으로부터 재가를 받아달라고 요청하는 급보를 받았다. 안토니우스는 그 서신에서 선전 목적상 삼두정치에서 은퇴하여 공화정을 회복시키겠다고 약속했다. 그 서신의 정치적 여파를 우려한 콘술들은 그 서신의 내용을 비밀에 부쳐 두었지만, 소시우스는 원로원에서 행한 격렬한 연설에서 옥타비아누스를 우회적으로 비판하고 그에 대한 불신임 투표안을 상정했다. 한 호민관이 즉각 거부권을 행사했다.

며칠 뒤에 옥타비아누스가 무장 호위병들을 거느린 채 직접 원로원에 나타났다. 그는 안토니우스와 그의 대리인들인 콘술들을 비판했다. 그런 뒤 다음 번 회의 때 안토니우스에 대한 유죄 증거를 제출하겠다고 약속하면서 원로원을 해산했다. 콘술들과 3백 명 이상의 원로원 의원들이 즉각 로마를 탈출하여 안토니우스에게로 갔다. 옥타비아누스는 그들이 떠나도록 내버려 두었다.

안토니우스의 유언장. 한편 그때까지 안토니우스의 강력한 지지자였던 플랑쿠스가 여러 사람들과 함께 안토니우스를 버리고서 로마로 도망쳤다. 한 번도 승자를 예측하여 선택하는 데서 실수를 범한 적이 없었던 플랑쿠스의 변절은 불길한 징조였고 큰 물의를 일으켰으며, 안토니우스를 큰 당황에 빠뜨렸다. 플랑쿠스는 옥타비아누스에게 값진 선물을 갖다 바쳤다. 그것은 안토니우스가 베스타 여사제들에게 자신의 유언장을 남겼다는 더없이 절박한 정보였다. 옥타비아누스는 즉시 그리고 불법적으로 베스타 여사제들에게 그 유언장을 빼앗아서 다음 번 원로원 회의 때 그것을 낭독했다. 그가 안토니우스의 유언장이라고 하면서 읽은 글은, 클레오파트라의 자녀들에게 유산을 물려줄 것을 확증하고, 그녀의 아들 카이사리온이 율리우스 카이사르의 참된 아들이자 계승자임을 공포하고, 안토니우스 자신이 죽으면 알렉산드리아의 프톨레마이오스 대영묘에 클레오파트라 곁에 묻으라고 지시하는 내용이었다.[4]

진본이든 날조 문서든 그 유언은 옥타비아누스에게 선전전에서 더할 나위 없이 큰 승리를 안겨 주었다. 그 유언은 안토니우스에 대해 나돌던 온갖 악한 소문들을 입증했고, 그의 친구들을 어리둥절하게 했고, 애국적 시민들에게 거부감과 공포를 안겨 주었다.

옥타비아누스의 선전 포고 (기원전 32). 안토니우스에 대한 반감을 최대한 이용한 옥타비아누스는 이제 동방을 치기 위해 서방의 세력을 동원하기로 결정했다. 지역별 규탄 대회, 선전, 애국심에 대한 호소, 그리고 협박까지도 마다하지 않은 다양한 방법으로 그는 먼저 이탈리아의 자치도시들로부터 그리고 나중에는 서방 속주들로부터 개인적 충성 서약을 받아낼 계획을 세웠다. 다소 기만적인 대중 조작으로 추진력을 얻은 그는 안토니우스에게서 명령권과 기원전 31년의 콘술 직을 박탈한다고 발표했다. 기원전 32년 늦가을에 그는 로마인들끼리의 또 다른 내전을 일으킨다는 인상을 피하기 위해서 클레오파트라에 대해 선전 포고를 한 뒤 겨울 동안 전쟁 준비를 하며 보냈다.

안토니우스도 그동안 한가하게 있지 않았다. 그는 에페소스에 전쟁을 위한 대대적인 병력과 장비를 결집시켰다. 대부분 이탈리아인들로 구성된 서른 개의 군단과 1만 2천 명의 기병, 5백 척의 전함, 막대한 양의 곡물과 군수 물자가 그곳에 결집되었다. 기원전 32년 말경에 그와 클레오파트라는 그리스를 향

---

4) 일부 고전 학자들은 이 편지를 진본으로 간주했지만, 몇몇 역사가는 안토니우스의 유언이 명백한 날조라고 판단했다.

해 배를 타고 가다가 암브라키우스 만 입구의 악티움을 전투 장소로 정하고 그곳에 주력 함대를 주둔시켰다.

문서상으로는 안토니우스가 악티움 전투에서 당연히 이겼어야 했다. 그는 탁월한 장군으로서 보병과 기병이 옥타비아누스와 수적으로 동등한 부대를 지휘했다. 아울러 고대 세계가 지금까지 목격했던 거대하고 강력한 함대들 중 하나를 보유하고 있었다.

그러나 그는 약점이 강점보다 많았다. 그의 전함들은 너무 육중하고 느렸고, 선원들은 훈련되지 않은 데다 최근에 해전을 치러본 적이 없었다. 그의 제독들 중에는 기량과 용기 면에서 로마사에서 가장 위대한 해군 전략가 중 한 사람인 아그리파와 견줄 만한 인물이 없었다.

더 심각한 것은 안토니우스 부대의 사기가 서방에서 옥타비아누스가 불러일으킬 애국적 열기와 부닥칠 때 곤두박질치게 될 것이라는 점이었다. 대다수 군단 병력은 안토니우스를 사나이요 군인으로 존경했지만, 동료 시민들과 전쟁하는 것은 극히 꺼렸다. 그의 장교들은 클레오파트라를 혐오했고, 사적인 자리에서는 안토니우스가 그녀를 이집트로 돌려보내지 않는다고 험담했다. 그가 클레오파트라의 자금과 곡물과 물자에 얼마나 크게 의존하고 있는지 그들은 몰랐다. 클레오파트라도 안토니우스가 자기를 버리고 옥타비아누스에게 돌아갈까봐 그를 떠나보내기를 두려워했다. 따라서 안토니우스의 운명은 이미 결정되었다.

악티움 해전 (기원전 31). 세계사에서 가장 유명하고 중요한 전투의 하나인 악티움 해전의 자세한 내용은 알려지지 않는다. 그 양상과 기간과 성격이 분명치 않아 쟁점이 된다. 그 전투를 윤색하거나 극화하려던 고대 작가들의 노력에도 불구하고 그것은 분명히 참담한 사건이었고, 전투라고 이름을 붙일 만한 가치도 없다. 전투는 바다에서 벌어졌고, 참전한 전함의 수도 극히 적었다. 육군은 전혀 개입하지 않았다. 악티움은 공화정을 종식시키고 제국을 시작시켰다는 이유에서만 유명하고 중요했다.

아그리파가 봉쇄 작전을 펼치자 안토니우스의 진영에서는 심각한 기근과 전염병이 돌았다. 안토니우스의 지휘관들이 사분오열되어 서로 분쟁을 벌였고,

병사들도 반역과 탈영으로 무력해졌다. 안토니우스 자신도 여러 가지 걱정으로 자세가 흐트러졌고, 육지에서 자신의 유명한 지휘력을 되살리기보다 자신의 육중한 전함들을 필요 이상으로 중시했다. 이미 전세가 기운 전투가 막바지에 접어들었을 때 안토니우스는 클레오파트라의 배가 공해상으로 빠져나가는 것을 보았다.[5] 정신이 산란해진 안토니우스는 즉시 여왕을 따라갔다. 지휘관 없이 버려진 그의 병사들은 당황해하다가 며칠 뒤에 옥타비아누스에게 항복했다.

전투가 완벽한 승리로 끝나자 옥타비아누스는 즉각 이집트를 향해 도주자들을 추격할 필요를 느끼지 않았다. 대신에 그는 이탈리아의 반란군 쪽으로 관심을 돌려 토지와 돈을 요구하는 그들을 달래기 위해서 바다를 건너갔다.

안토니우스와 클레오파트라의 죽음. 옥타비아누스는 기원전 30년 여름에야 비로소 자금의 필요를 절실히 느끼고서 이집트로 갔다. 안토니우스의 군단들은 잠시 저항하다가 항복하고 말았다. 알렉산드리아가 옥타비아누스의 수중에 떨어졌다. 옥타비아누스가 그 승리를 축하하고 있을 때 안토니우스가 자살했다는 소식이 들어왔다. 며칠 뒤 클레오파트라도 그 뒤를 따랐다. 이렇게 해서 이집트를 거의 300년 동안 지배한 프톨레마이오스 왕조의 마지막 군주가 사라졌다. 이집트는 로마 제국의 일부가 되었고, 그 풍부한 보고(寶庫)가 당대의 위대한 전략가들을 물리치고 명실상부한 세계의 주인이 된 옥타비아누스의 손에 들어갔다. 한 세기에 걸친 내전이 끝나고 마침내 평화가 찾아왔다.

공화정의 종말. 로마 공화정은 형식상으로는 시민의 민회들과 동료 정무관들과 귀족들의 원로원 사이에 권력을 분산시킨 채 여전히 남아 있었다. 그러나 실질상으로는 권력이 한 사람에게 집중되었고, 그것은 공화정주의에 완

---

5) 클레오파트라가 갑자기 도주한 이유는 알려지지 않는다. 더러는 안토니우스가 죽었다는 전갈을 받고서 좌절해서 그랬다고 설명하고, 더러는 덜 낭만적으로, 전세가 이미 불리하게 기울어서 생포를 면하기 위해 도주했다고 설명한다.

전히 반하는 것이었다. 공화정이 왜 몰락했는지에 대해서는 여러 가지 설명이
제시되었다. 살루스티우스, 키케로, 플루타르코스 같은 고대의 저자들은 도덕
적 설명을 제시했고, 그것이 현대에도 종종 지지를 받았다. 지중해 세계의 대
부분을 정복한 로마인들은 더 이상 자기들을 구속할 외부의 적을 두려워할 필
요가 없게 되었고, 그 결과 그들이 노출되기에 이른 외국 문화들과 그들이 얻
은 막대한 부와 권력의 부패한 영향력을 통해서 과거의 미덕들과 자기 통제력
을 상실했다. 오늘날의 여러 사가들은 공화정의 몰락의 원인을 왕정 수립을
위한 장기 계획이나 운명에 대한 신비주의적 관념을 초지일관 추구한 율리우
스 카이사르의 활동에서 주로 찾았다.

 또 어떤 사가들은 그 원인을 주로 제도적인 면에서 찾았다. 소규모 농업에
기반을 둔 도시 국가 위주의 제도가 광활한 해외 팽창과 더불어 들어온 거대
한 사회, 경제, 행정, 군사적인 문제들에 대처하는 데 부적절했다는 것이다. 그
러나 공화정의 몰락이 본질상 우연한 사건이었기 때문에 총괄적인 설명이 불
가능하다고 주장하는 사가들도 더러 있다. 공화정은 그라쿠스 형제부터 술라
에 이르는 격변기를 견뎠고, 변화한 상황에 필요한 적응을 하면서도 기본 성
격을 유지하면서 정상적으로 기능을 수행했으며, 따라서 만약 이기적이고 완
고하고 사태를 잘못 파악한 두 사람이 공화정을 멸망으로 끌고들어간 내전을
촉발하지 않았다면 그대로 존속했을 것이라는 설명이다.

 이런 설명들은 모두 다 부적절하다. 무릇 역사란 어느 정도는 우연이지만,
그렇다고 해서 총괄적인 원인이 발견될 수 없다거나 중요하지 않은 것은 아니
다. 어느 정도까지는 모든 역사가 우연적이다. 그러나 그것이 의미하는 것은
일반적인 원인이 발견될 수 없다거나 또는 그것이 중요하지 않다는 것이 아니
다. 우연한 사건들이 발생하며 그 사건들의 발생을 가능케 하는 전체적인 상
황 안에서 영향을 끼친다. 예를 들어 1970년대에 여러 나라들에 고통을 준 원
유 파동은 어떤 점에서는 중동의 정치와 전쟁에 따른 우연한 결과였지만, 만
약 지난 세기에 그 나라들에서 원유를 그렇게 중요한 상품으로 만들어 준 기
술, 경제, 사회, 문화 등 전반에 걸친 총괄적인 발전이 없었다면 원유 파동이란
게 없었을 것이다. 마찬가지로 공화정을 무너뜨린 내전의 발발을 볼 때도 총
괄적이고 장기적인 경제, 정치, 문화 발전이라는 배경에 넣고서 봐야 한다.

공화정의 해묵은 제도가 광활한 제국에 따른 새로운 문제들에 대처하기에 부적절했다는 것은 중요한 지적이다. 특정 상황에서 발생했거나 그 상황을 위해 마련된 제도들은 결국 상황이 급격히 변하면 결국 만족스러운 기능을 수행하지 못하는 법이다. 예를 들어 18세기 뉴잉글랜드의 작은 지방 도시 위원회식의 정부는 20세기 보스턴에는 전혀 맞지 않는다. 옛 제도를 수정하고 적응시켜 기본 골격을 유지시킬 수도 있지만, 그 과정은 그것을 전혀 다른 것으로 변형하기 전까지만 실행할 수 있다. 4백 년의 변화를 거친 영국의 엘리자베스 2세의 왕정은 엘리자베스 1세의 왕정과 같지 않다.

마찬가지로 옛 공화정 체제는 2백 년이 지난 뒤에는 기능이 중단되었고, 사소한 수정으로는 그 체제의 보존에 조금도 도움이 되지 않았다. 거부권의 제약을 받고 관점과 경험이 편협한 원로원의 지시를 받는 일년 임기의 정무관들이 장기간에 걸친 해외 전쟁을 수행하거나 멀리 이국 땅에 있는 속주들을 통치하기란 불가능했다. 이런 문제들을 해결하기 위해서 정무관 역임자들과 특별 지휘관들을 임기를 늘려 활용해 보았지만, 개인들에게 전례 없이 막대한 경제, 정치, 군사력이 집중되는 부작용이 생겼다. 그런 뒤 그들은 정상적인 정체상의 견제 장치들을 무너뜨리고 옛 체제의 균형을 유지해 준 지배 엘리트 계급 내의 세력 균형을 깨뜨리는 데 이용될 수가 있었다. 2백 년간의 제국주의에 수반된 엄청난 사회적 경제적 변화도 민회들의 구성 형태를 크게 변경시켰고, 민회들이 경쟁자에 대해 우위를 점하려는 야심찬 개인들에게 이용당하기 쉽게 만들었다. 변화된 상황에서 옛 체제를 회복하려던 술라의 시도가 실패할 수밖에 없었던 것은 당연한 결과였다.

그러나 제도적인 부적합성만 가지고는 로마 공화정의 몰락을 다 설명할 수 없다. 제도란 그것을 운용하는 사람들을 떠나서는 존재하지도 기능하지도 않는다. 중요한 제도를 운용하는 사람들의 성격과 능력과 태도가 주어진 상황에서 그 제도가 얼마나 잘 기능할는지를 결정한다. 예를 들어, 대공황 시대에 미국의 대통령제는 허버트 후버(Herbert Hoover) 정권 때는 국민을 이끌어 갈 효과적인 제도가 되지 못했지만, 프랭클린 루즈벨트(Franklin Roosevelt) 정권 때는 효과적인 제도가 되었다. 그의 정책이 지닌 궁극적인 가치를 누가 어떻게 평가하든간에 말이다. 그러므로 율리우스 카이사르 같은 개인 지도자들이 중요하다. 그는 운명에 대한 어떤 신비주의적 관념을 추구하거나 장기적인 일인군주정에 대한 야심을 품지 않았을지라도, 자기 확신, 결단력, 추진력 같은 독특한 장점들을 갖고 있었고, 그런 특성들에 힘입어 공화정을 무너뜨리던 정치적·군사적 경쟁에서 성공을 거둘 수 있었다.

그럼에도 불구하고 개인적 차이점을 지나치게 강조해서는 안 된다. 카이사르는 그의 사고와 행동을 형성케한 하나의 일반적인 문화상황 안에서 활동했는데 , 그것은 폼페이우스, 크라수스, 카틸리나, 클로디우스, 카토, 쿠리오, 안토니우스, 그리고 브루투스 같은 동료 귀족들에게 전형적이었던 방식이었다. 그들 모두가 귀족 사회에서 가장 존귀한 상이었던 개인의 글로리아, 디그니타스, 아욱토리타스에 깊은 관심을 갖고 있었다.

그러므로 도덕적 설명이 지나치게 단순하다 할지라도, 한 문화의 가치관이 어떻게 인간 행동에 영향을 주는가 하는 관점에서 이루어지는 도덕적 평가는 공화정 멸망을 설명하는 데 중요하다. 한 문화의 지배적인 가치관이 그 문화에 속해 사는 개인들이 자기 주변의 세계를 파악하고 그 안에서 행동하는 일반적인 방식을 형성한다. 그런 가치관은 형성기에는 종종 특정 역사 상황들에 반응하는 과정에서 발생한 다음, 그 가치관들과 함께 발전하는 관습, 종교, 민속, 예술, 문학, 제도 안에서 영속화하고 강화되고 확대된다. 상황들이란 장기간을 놓고 변화하므로, 이전 시대에는 긍정적인 행동으로 볼 수 있었던 것을 내놓은 가치관이 새로운 상황에서는 부정적인 행위로 볼 수 있는 것을 내놓으며, 위기와 변화의 시기로 이끌고 가는 경우가 종종 있다.

예를 들어, 그리스의 암흑 시대와 상고 시대(기원전 약 1000~약 500)에는 막 떠오르던 그리스 도시 국가들이 생존을 보장하고 발전에 힘이 되는 독립, 자급자족, 군사적 성공 같은 가치관을 발전시켰고, 성공이 그들의 가치관을 강화해 주었다. 그러나 그들이 성공하게 되면서 그들의 발전이 야기시킨 변화된 경제 상황 아래서 더 이상 자급자족할 수 없었고 남을 희생시키지 않고는 더 이상 확장할 수 없었기 때문에 고전 시대(기원전 500경~300경)에는 서로 투쟁하는 일이 많아지게 되었다. 서로가 바람직하다고 합의할 만한 평화를 얻는 유일한 길은 그들이 높은 가치를 매겼던 독립을 포기하고 그들의 독립과 자급자족의 증거였던 군사적 성공의 이상을 단념하는 것뿐이었다. 그러나 그런 가치관이 그들 문화에 워낙 깊이 뿌리박혀 있었고, 따라서 그들은 스스로를 파괴하는 전쟁을 계속 벌였으며, 그런 상황을 이용하여 마케도니아의 필리포스가 생존을 위해 치열하게 싸우는 그들의 독립을 파괴할 수 있었다.

공화정 초기에 글로리아, 디그니타스, 아욱토리타스를 크게 강조하고 그것을 얻기 위해 투쟁한 결과 적대적인 주변 종족들로부터 국가를 열정적으로 방어하고, 토지에 굶주린 인구를 만족시키기 위해서 로마의 영토를 확장하고, 사제들과 정무관들과 원로원 의원들로서 국가를 위해 유능하게 봉사한 지도자들의 세대가 등장했다. 로마가 비교적 좁고 동질적인 이탈리아라는 한계 안에서 팽창하는 동안에는 로마에서 귀족들이 벌이는 정쟁이 크게 확산될 기회가 없었고, 국가 안정이라는 고도의 이상이 유지되는 동안에는 그 정쟁에 연료를 제공한 가치관이 강화되었다. 그런 뒤 바로 이 가치관이 해외 확장과 그에 발맞춘 국내에서의 파괴적인 사회-경제적 변화에 이바지했다. 귀족 개개인은 그 두 가지 상황에 힘입어 경쟁자들과 투쟁하기 위한 과도한 자원을 얻을 수 있었다. 오래 유지된 가치관을 가지고 이런 자원을 열정적으로 추구하는 과정에서, 공화정 귀족들은 서로간의 경쟁을 그들이 애지중지하던 국가 자체를 파멸로 몰고갈 정도의 수준으로 끌어올렸다.

27

공화정 후기의 생활과 문화
(기원전 100경~30경)

기원전 1세기의 정치적 격동의 이면에는 사회적·경제적·문화적 격동이 있었다. 이탈리아 농촌에서는 지난 세기의 그라쿠스 형제의 위기에 일조했던 문제들이 기원전 90년의 동맹국 전쟁으로 시작된 일련의 국내 전쟁으로 종종 악화되었다. 속주들은 내전과 외국과의 전쟁, 그리고 부적절하거나 부패한 행정에 시달렸다. 로마와 이탈리아에서도 옛 사회 질서가 퇴색하면서 사람들의 가치관과 행동도 변하였다. 모스 마이오룸(mos maiorum, 조상의 관습)은 옛 힘을 잃었고, 국가의 종교도 힘을 잃었다. 그러나 예술과 문학에서만큼 변화가 뚜렷한 분야도 없었다. 창의력이 있고 사려깊은 개인들이 사회적·경제적·정치적 격동을 맞이할 때 새로운 태도와 형태와 개념을 가지고 맞이했고, 그것이 공화정 후기를 위기의 시대일 뿐 아니라 위대한 창의력의 시대로 자리매김을 한다.

농지와 전역병들. 기원전 2세기 말에 그라쿠스의 농지 재분배 법이 어떤 성공을 거두었든간에, 그 법이 경감하려고 했던 문제들은 내내 처음 못지 않게 심각했다. 초기에 수많은 소농들을 가난에 빠뜨린 경제적·군사적 압박이 여전히 존재했고, 마리우스와 더불어 강력한 장군들이 농지가 없는 사람들을 군대에 모집한 뒤 제대시킬 때 농지를 제공하는 방법으로 주로 그 문제를 해결했던 논식이 현실에서는 제대로 통하지 않았다. 농지를 할당받은 사람들은 대개 경제적 압박, 내전 과정에서의 몰수, 그리고 군대 징집으로 그것을 도로 잃기가 일쑤였다. 장기간에 걸친 대대적인 정착은 공화정의 내전이 완전히 종식되는 기원전 31년 이후까지 기다려야 했다.

그때까지는 농지가 없거나 부채를 진 수많은 농민들이 농사 지을 농지를 받는 대신에 대농장들에서 자유로운 소작농 곧 콜로누스들(coloni)로 들어가 일했다. 이러한 추세는 중앙 이탈리아와 남 이탈리아에서 특히 두드러졌다. 이 지역들에는 대규모 농장들이 밀집되어 있었고, 그중에서도 노예들이 밀집해서 살고 있던 지역에서는 스파르타쿠스의 반란 이후 노예 반란의 위험이 상존했다. 그러므로 일부 지주들은 자기 농지에 콜로누스들을 정착시키고 일년치 지대를 받는 것이 더 안전하고 이익이라고 판단했다.

농업. 이탈리아의 농촌 지역에서 소규모 자영농들은 주로 곡물을 재배했고, 잉여 곡물을 가까운 소도시에 내다 팔 수 있었다. 가족의 식생활을 위해 텃밭에 채소를 심고, 가금(家禽)을 키우고 때로는 돼지도 키웠다. 지방의 중소 도시와 대도시 주변에 사는 농민은 판매를 위해 채소를 재배하거나 가금, 양봉, 화훼 사업을 벌일 수가 있었다. 대규모 농장에서는 양, 소, 돼지를 집중 사육하여 도시의 시장이나 부대에 양털과 가죽과 고기를 공급하거나, 포도주를 위한 포도와 식용유를 위한 올리브를 집중 재배했다. 캄파니아 산 고급 포도주는 그리스의 최고급 포도주와 대등했으며, 질이 약간 떨어지는 북 이탈리아 산 포도주는 알프스 이북 지역에서 많이 팔렸다.

부유한 지주들은 수익을 위해 혹은 식탁을 멋지게 차릴 과시욕으로 외국산 작물들을 실험적으로 재배하기 시작했다. 루쿨루스가 당도가 높은 체리와 살구를 소아시아에서 이탈리아로 이식한 공로는 기억할 만하다. 그 덕에 체리와 살구 과수원이 다른 유실수 과수원들과 함께 급속히 확대되었다. 수많은 대영지들이 지주들의 사냥터로 변했고, 해변의 토지들은 뱀장어, 숭어, 그리고 그밖의 맛있는 해산물들의 양식장으로 유명해졌다.

서쪽 속주들에서는 이탈리아에서 온 이민들이 농업에 큰 영향을 주었다. 시칠리아와 북 아프리카에서 로마의 지주들은 만족을 모르는 로마 시장에 수출할 곡물을 집중적으로 생산했다. 히스파니아와 갈리아의 정착민들은 결국 이탈리아 시장을 장악하게 될 올리브 과수원, 포도원, 그리고 그밖의 유실수 과수원들을 개간하고 있었다. 그러나 동방의 속주들은 미트리다테스 전쟁들과 기원전 40년대와 30년대의 내전들에 의한 토지의 황폐화, 몰수, 배상금 때문에 큰 불황을 겪었다.

제조업과 상업. 동방에서는 제조업과 교역이 공화정 후기의 전쟁들로 인해 심각한 장애를 받았다. 이탈리아의 많은 상인들과 소아시아의 금융업자들은 기원전 88년에 미트리다테스에 의해 촉발된 폭동 때문에 재산과 생명을 잃었다. 로마인들이 로도스에 타격을 입히기 위해 기원전 168년에 자유 항구로 건설한 델로스는 기원전 88년과 69년에 전쟁으로 파괴된 뒤에 다시는 회복하지 못했다. 레반트 지역과 이탈리아 사이의 교역 회복은 주로 로마와 이탈리아를 상대로 푸테올리에 대규모 시설을 유지한 시리아와 알렉산드리아 상인들에 의해 이루어졌다.

그러나 서방의 교역은 이탈리아인들이 지배했다. 수많은 이탈리아 상인들이 아프리카와 시칠리아의 곡물 수출을 주도했다. 이탈리아 상인들은 기원전 46년에 우티카가 카이사르의 군대에게 함락될 때 그곳을 장악했고, 탑수스에는 이탈리아 사업가 300명이 거주했다. 아울러 이탈리아의 도붓장수들은 이탈리아 산 포도주, 도자기, 금속 제품을 가지고 알프스를 넘어가서 은과 노예들을 사왔다.

제조업은 기본적으로 장인 개개인이 작은 작업장에서 소수의 노예와 도제들을 데리고 일하는 수공업 수준을 벗어나지 못했다. 기술 발전이란 거의 존재하지 않았다. 이탈리아 제조업 중에서 가장 중요한 두 분야였던 청동 산업과 질그릇 식기류 산업은 각각 캄파니아의 카푸아와 에트루리아의 아레티움에 집중되었다. 카푸아는 이탈리아와 북 유럽 시장을 겨냥하여 고급 청동 조리 기구, 주전자, 전등, 촛대, 그리고 그밖의 용구들을 생산했다. 주형(鑄型)을 사용한 아로초 도자기는 사모스 도기(Samian ware)로 알려진, 붉고 광택이 뛰어나고 돋을새김을 한 접시와 대접으로 대량 생산되었다. 이 도자기는 서방의 속주 전역에서 큰 인기를 끌었고, 결국에는 서방 속주들에도 경쟁 제조업체들이 들어섰다.

에트루리아의 구리 광산들은 채광 기술의 발달로 고갈되어가고 있었지만, 민간 도급업자들이 국가로부터 광산을 임대 받아 운영하던 히스파니아에서 생산되는 구리들이 부족분을 넉넉히 채워 주었다. 구리와 합금하여 청동을 제조하는 데 쓰인 주석은 마르쿠스 크라수스의 아버지가 기원전 96년 히스파니아 총독으로 재직 시에 닦아놓은 교역로를 따라 브리타니아 제도의 콘월로부터 수입되었다.

로마와 이탈리아에서 건축업은 술라, 폼페이우스, 카이사르의 정복에 힘입어 막대한 이익을 얻었고, 그 자금을 다시 귀족들에게 대출하여 막대한 이자 수입을 얻었다. 술라가 동방에서 거둬들이거나 그의 해상의 적들로부터 몰수한 부(富)가 로마에서 이를테면 원로원 의사당 재건축, 로마 광장의 새로운 포장, 카피톨리누스 언덕의 유피테르 신전 재건, 공문서 보관소이던 타불라리움의 건축 같은 여러 공공 사업에 들어갔다. 술라는 자신의 허다한 전역병들에게 폼페이 같은 식민시들을 하사하고 그곳들에 적절한 공공 건물들을 지어 주었는데, 그가 프라이네스테에 건축한 거대한 포르투나 여신의 신전은 로마 건축에서 빼어난 업적으로 손꼽힌다(참조. 515쪽). 폼페이우스는 로마 최초의 석재 극장과 그 건물에 붙은 주랑(柱廊) ― 카이사르가 그곳에서 살해되었다 ― 을 건축했다. 카이사르는 기원전 52년 클로디우스의 장례 때 불탄 원로원 의사당을 다시 한 번 재건했다. 그는 아울러 투표소로 건축한 밀폐된 공회당인 사이프타 율리아와 옛 광장의 바실리카 율리아, 그리고 완전히 새로운 광장인 포룸 율리아를 설계했다.

부유한 귀족들은 팔라티누스 언덕을 화려한 도시 저택들로 덮었다. 도시의 다른 지역들에는 급속히 팽창하여 이제 백만 명에 육박하게 된 인구를 상대로 투기꾼들이 허술하기 짝이 없는 거대한 건물 군락과 복층 아파트인 인술라이(insulae)를 건축했다. 로마의 땅값이 워낙 비쌌기 때문에 크라수스는 화재로 전소되거나 부분적으로 파괴된 건물을 헐값에 사들여 수리한 다음 되팔아 이득을 챙겼다.

전쟁 다음으로 큰 이익을 낳는 사업은 공금융과 사금융을 망라한 금융업이었다. 소아시아에서 무수하게 이루어진 영토 합병으로 푸블리카니 회사(참조. 271쪽)에 의해 운영된 세금 징수 사업이 크게 확장되었다. 부유한 기사 신분이 이 회사들에 출자 조합원으로 깊이 관여했고, 때로는 법으로 금지된 원로원 의원들도 비밀 출자나 중개의 방식으로 관여했다. 푸블리카니에게 지불할 자금이 필요했던 속주 도시들이나 로마에 돈을 갖다 바치고 권좌를 사느라 거액을 지출한 뒤 운영 자금을 마련해야 했던 피보호국 왕들을 상대로 한 대금업은 부유한 금융업자들에게 거대한 이익의 원천이었다. 이율이 24% 혹은 48%나 되었던 이 세입원을 심지어 최고위층 귀족들조차 이용하고 싶은 유혹을 받았다. 폼페이우스는 동방에서 벌어들인 거액의 일부를 자신이 카파도키아 왕으로 인준한 아리오바르자네스에게 대출해 주었다. 기원전 52년에 키케로는, 킬리키아 총독으로서 자신의 권한을 이용하여 키프로스 섬의 도시 살라미스에 대해서 불법 차관을 48% 이율로 갚게 하도록 자신에게 간접적으로 압력을 가한 로마인이 마르쿠스 브루투스라는 사실을 알고는 충격을 받았다.

반면에 상인들과 선주들에게 사업 자금을 대주거나 로마 귀족들에게 활동 자금을 대주는 데 자금을 사용하는 등 보다 정상적인 사업에 종사한 대금업자들도 많았는데, 대부분 유복한 기사 신분 사람들이었다. 키케로의 절친한 친구이자 출판업자이자 은행가였던 티투스 폼포니우스 아티쿠스(T. Pomponius Atticus)가 그런 사람들 중 하나였다. 이들은 사업가들이었으면서도 기본 시각이 귀족들과 같았고, 이익의 많은 부분을 토지에 투자하고 지방 토지 귀족들처럼 살았다. 예를 들어 아티쿠스는 에피로스에 대영지를 구입했는데, 그 덕분에 88~65년에 아테네에서 거하면서(그의 별명 아티쿠스는 그래서 생겼다) 로마의 정치적 격랑에 휩쓸리지 않고 안전히 지낼 수 있었다. 그는 로마로 돌아온 뒤 퀴리날리스 언덕에 자리잡은 자신의 집에서 예술과 문학을 후원했고, 여러 중요한 사람들을 상대로 인맥을 형성함으로써 그뒤에 내전들이 벌어질 때도 모든 진영으로부터 보호를 받았다.

부의 편중. 엄청난 재산을 소유했던 아티쿠스는 소수의 상류층 사람들에게 부가 집중되고 부자들과 가난한 자들 사이의 간격이 갈수록 넓어지던 공화정 후기의 현저한 특징을 보여준 전형적인 인물이다. 이러한 추세는 적어도 포에

니 전쟁 때부터 이미 뚜렷해졌으나, 마리우스와 술라의 처벌자 명단 공개 조
치 도입으로 크게 가속화했다. 내전 때 승리한 진영이나 적어도 패하지 않은
진영은 추방되거나 처형된 개인들의 부동산을 인맥을 통해서든 일시적인 가
격 하락으로 인한 갑작스런 매물 증가를 통해서든 평상시의 일부 가격에 사들
일 수 있었다. 경기가 정상을 되찾아 부동산 가격이 오르면 그들의 수입은 엄
청나게 증가했다. 예를 들어 마르쿠스 크라수스는 기원전 87년의 내전 때 아
버지와 형제가 죽은 탓에 3백 탈렌툼이라는 그리 크지 않은 재산을 상속받았
다. 그러나 기원전 83년에 술라의 진영에 선 뒤 술라의 몰수 조치를 이용하여
값비싼 부동산들을 확보했다. 그런 뒤 기민한 관리를 통해 재산을 훨씬 더 크
게 불렸고, 그 결과 기원전 55년에 그 한 사람이 소유한 부동산 가격이 7천
탈렌툼이 넘었다.

귀족들이 전쟁과 제국 경영을 통해서 거둔 수익은 그보다 훨씬 더 컸다. 루
쿨루스는 미트리다테스를 완전히 굴복시키지 못했으면서도 이탈리아로 소환
된 뒤에 여러 채의 대저택에서 마치 왕처럼 살 만큼 소아시아에서 막대한 재
산을 끌어모았다. 폼페이우스와 카이사르는 동방과 갈리아에서 정복 사업을
벌이면서 모은 재산에 힘입어 크라수스보다 훨씬 더 부자가 되었다. 그들과
비슷한 수준을 유지하려고 한 크라수스의 유일한 희망은 부유한 파르티아 제
국을 정복하는 것뿐이었다.

속주 총독들은 종종 권력을 남용하여 고위 관직과 사회적 지위를 놓고 동
료 귀족들과 경쟁을 벌이기 위해서 개인 재산을 축적했다. 기원전 73~71년의
악명높은 시칠리아 총독 베레스는 부임 첫해에 불법으로 거둬들인 재산을 기
원전 74년 프라이토르 출마 때 진 빚을 갚는 데 썼고, 두번째 해에 번 재산은
법정 무죄 판결을 이끌어 내기 위해 배심원들을 매수하는 데 썼으며, 세번째
해에 번 재산은 자신을 위해 축적했다. 그가 시칠리아에서 약탈한 예술품들
때문에 기원전 43년 안토니우스의 재산 몰수자 명단에 그의 이름이 올랐다고
한다. 기원전 52년에 킬리키아에서 일했던 키케로 같은 정직한 총독조차 그
직위로 인해 상당한 재산을 모을 수 있었다. 그밖에도 키케로는 로마 귀족 사
회에서 비교적 가난한 축에 속했으면서도 상속과 선물과 법정에서 의뢰인으
로부터 받은 저렴한 이자의 대부금을 가지고 팔라티누스 언덕에 3백5십만 세

스테르티우스에 해당하는 도시형 저택과 적어도 여덟 채의 호화 별장을 구입할 수 있었다. 그도 기원전 43년의 처벌자 명단공개 때 자신의 생명과 함께 그 재산을 모두 잃었다.

많은 귀족들은 자기들의 정치 자금을 조달하고 동료 귀족들이 기대하는 생활 스타일을 유지하기 위해서 부동산과 장래 전망을 담보로 거액의 부채를 졌다. 카이사르는 갈리아에서 막대한 부를 끌어모으기 전의 한 시점에는 거의 7천5백만 데나리우스의 부채를 졌고, 그의 정적 쿠리오는 5천만 데나리우스의 부채를 졌다. 카틸리나는 속주 총독으로서 부당취득재산 반환청구 법정에 섰을 때 뇌물을 써서 무죄 판결을 얻어내고 또 콘술 직에 무모히 두 번 출마하느라 워낙 거액의 빚을 진 까닭에 혁명만이 재정 파탄을 면할 수 있는 유일한 희망이 되었다. 그와 함께 음모를 꾸민 여러 동료들도 비슷한 곤경에 처해 있었다.

농촌과 도시 빈민들의 생활. 부유한 기사 신분과 원로원 귀족들이 웅장한 도시 저택과 전원 별장, 수많은 집안 노예들의 근면한 봉사, 개인 목욕탕, 개인 도서관, 고급 포도주, 외국산 과일 따위를 한껏 누리며 살 때, 농촌과 도시 빈민들은 그날 벌어 그날 사는 힘겨운 생활을 꾸려가고 있었다. 탐욕스런 이웃, 악천후, 처벌자 명단공개, 내전으로 인한 재산 강탈 등으로 시달리지 않을 때는 자유농 혹은 소작농은 그럭저럭 살아갈 수 있었다. 추수 때에는 이웃의 부잣집의 대농장에서 품삯을 받고 일하여 약간의 여유 돈을 만질 수도 있었다. 그의 아내는 농번기에는 들에 나가 일하고, 텃밭을 관리하고, 가사를 꾸려가고, 자녀들을 키우느라 남편 못지 않게 고되게 살았다. 비위생적인 환경에서 출산의 위험을 견디고 나더라도 나이보다 일찍 늙었다.

도시 서민들의 생활은 종종 훨씬 열악했다. 점차 그들은 조명도 형편없고 통풍도 변변치 않고 화재와 붕괴 사고가 빈번한 불결한 집단 주택에 몰려 살게 되었다. 로마 시는 테베레 강의 잦은 범람으로 홍수의 위험마저 있었다. 이를테면 제빵업자, 축융(縮絨)업자, 철공업자, 도기업자, 제화(製靴)업자, 포도주와 식량 행상 같은 중류층 상점 주인들도 많이 있었지만, 꾸준한 일거리가 없는 비숙련 노동자 혹은 반(半)숙련 노동자가 더 많았다. 공사장이나 부두에 가면 임시적인 일자리를 구할 수 있었고, 부잣집에 일시적으로 고용될 수도 있었다. 그러나 당시에는 상품을 생산하고 운송하는 기술이 낮은 수준에 머물러 있었고 부도 소수에게 편중되어 있었기 때문에 한꺼번에 많은 일자리를 제공하는 대규모 산업이나 대형 시장이 발달하기 어려웠다.

많은 수의 가난한 사람들이 부자들의 피호인이 되어 선물(sportulae)과 때로는 소정의 현금(congiaria)으로 도움을 받았다. 선거 때는 무기명 비밀 투표와 치열한 선거 경쟁이 뇌물 수수를 가중시키면서 돈을 받고 표를 팔 수 있었다. 국가 축제와 개선식도 유익한 보너스를 제공했다. 예를 들어 크라수스는 자신이 스파르타쿠스를 진압한 것을 축하하기 위해서 로마 시 전역에서 축제를 벌였고, 모든 로마 시민에게 한 사람 당 세 달치 곡물을 하사했다. 국가가 수십 만 로마 시민들에게 곡물을 무상으로 배급함으로써 아사(餓死)를 막는 데 기여했지만, 그 조치는 성인 남자들에게만 국한되었기 때문에 그들의 가족을 부양하기에는 넉넉치 못했다. 많은 사람들이 항상 굶주림에 시달렸음에 틀림없으며, 식구 수를 줄이기 위해서 낙태와 영아 살해, 특히 여자 영아 살해가 빈번히 이루어졌다.

화재와 폭력. 도시들에서 산다는 것은 다른 면에서도 위험했다. 인구가 밀집된 빈민가를 휩쓴 수많은 화재를 진압할 국가 소방 부서가 없었다. 또한 가난과 인구 밀집으로 인한 점증하는 범죄와 폭력을 막을 만한 경찰력도 없었다. 사설 단체들이 지역 치안을 맡았을 수가 있고, 부자들이 사설 소방대를 유지하여 인기를 얻는 경우도 더러 있었다. 크라수스가 그랬던 것으로 믿어지며, 후대에 에그나티우스 루푸스(Egnatius Rufus)가 그랬다. 부자들은 특히 야간에 도시를 지날 때는 사설 경호원들을 대동했다. 가난한 사람들은 자기들에게 범죄를 자행하는 사람들로부터 스스로를 보호하거나 정의를 지키기 위해서는 스스로의 힘이나 가족과 친구들의 힘에 의존할 수밖에 없었다. 자구(自救)의 원칙이 여전히 널리 시행되었다. 검찰이 없었고, 법정도 소송절차가 복잡하여서 주로 부자들만 이용했다.

공화정 후기에 들어서는 정치인들이 선동한 폭력도 크게 증가했다. 가장 두드러지는 예는 물론 내전과 처벌자 명단공개로서, 그 기간 중에는 수천 수만 명의 사람들이 살해되었다. 그러나 중요한 재판, 예비 공청회(contiones), 선거, 민회의 입법 집회가 폭력으로 얼룩지는 일이 증가했다. 정치인들은 정적들을 협박하고 괴롭히기 위해서 조직 폭력배들을 고용했다. 예를 들어 기원전 66년에 전임 호민관 코르넬리우스를 고소한 사람들이 자객들로부터 큰 협박을 받고서 고소를 포기하는 일도 있었다. 기원전 65년에 카틸리나는 전임 호민관 마닐리우스가 고소당하지 않도록 무력 조치에 가담했다. 카이사르는 카토와 비불루스 같은 정적들을 제압하기 위한 기원전 59년의 입법을 관철시키려 할 때 큰 폭력에 의존했다. 푸블리우스 클로디우스(P. Clodius)는 기원전 58년에 가난한 시민들을 합법적인 사설 단체의 형식을 빌어 클럽들(collegia)로 조직하고서 그들을 폼페이우스 같은 자신의 정적들을 괴롭히는 데 사용했다. 그들은 폼페이우스의 집을 포위 공격했고, 키케로에 대해서는 그가 기원전 57년에 유배지에서 돌아온 뒤 집을 개축하려고 하자 공사를 방해했다.

공공 오락도 점증하던 폭력을 반영했다. 술라와 카이사르는 로마의 달력에 축제일들을 추가했다. 축제일에 거행된 오락 가운데는 전차 경주가 있었는데, 이 행사는 빠른 속도로 달리던 전차가 서로 충돌하여 파괴되고 전차 기수가 숱하게 죽는 모습을 보고 관중들은 흥분의 도가니에 빠졌다. 공직 후보자들이 후원한 검투 경기는 검투사 훈련소와 검투사 공급이 큰 사업이 될 정도로 삶의 공통된 특징이 되었다. 피에 주린 군중은 무대에서 벌어지는 짐승 사냥(venationes)에 열광했고, 그 행사를 위해 제국 전역에서 짐승을 수입했다. 카이사르는 독재관으로 있을 때 나우마키아(naumachia)라고 하는 새로운 폭력적 오락을 고안했는데, 그것은 그 행사를 위해 인공으로 만든 호수를 무대로 벌이는 해전이었다.

노예와 피해방인. 로마와 이탈리아의 노예 제도는 기원전 1세기에 꾸준히 발달했다. 기원전 67년 이전에 해적들의 납치 활동, 폼페이우스의 동방 정복, 카이사르의 갈리아 정복으로 농촌과 도시, 사업과 가내의 다양한 일자리에 항상 수요가 끊이지 않던 노예들을 무수히 공급했다. 시칠리아에서 학대받던 농촌 노예들의 두려운 반란(기원전 104~99)과 이탈리아에서 일어난 스파르타쿠스 반란(기원전 73~71)을 겪으면서 마침내 큰 교훈을 얻은 로마인들은 그런 반란을 예방하기 위해서 노예들에 대한 처우를 개선했다. 집안 노예들과 숙련된 기술이나 직업을 지닌 노예들은 계속해서 여러 가지 유익을 누렸다. 부유하고 세도 있는 주인들 밑에 들어간 노예들은 오히려 대다수 자유 시민들보다 형편이 나았다. 그들은 주인의 사유지를 경영하고, 사업과 정치에서 주인의 대리인으로 일하고, 충성에 대해서 후한 보상을 받았다. 그들 중 많은 수가 상당한 재산을 모았고 심지어 수하에 노예들을 거느리기도 했다.

로마인 주인들은 특히 개인과 가내의 노예들을 비롯한 노예들을 해방시키는 데 관대했고, 그들을 식구와 친구와 동침자로 알고 사랑했다. 좋은 예가 키케로의 개인 비서 티로(Tiro)인데, 키케로는 그를 아들로 대했고 결국에는 그는 해방했다. 티로는 피해방인이 되어서도 키케로를 충직스럽게 섬겼고, 그의 방대한 기록 자료를 처리하기 위해 속기법(여전히 현존함)을 창안했고, 그가 죽은 뒤에 그의 전기를 썼으며, 그의 서신을 모아 출판되도록 도왔다. 그러나 피해방인들은 과거의 주인들에게 충직한 피호인이 되었기 때문에 주인들은 그들을 투표권을 가진 모든 트리부스에 가입시키려고 노력했으나, 그러한 노력은 심한 저항을 받아 좌절되기 일쑤였다. 호민관 술피키우스가 기원전 88년에 그런 시도를 했다가 실패했고, 마닐리우스가 기원전 66년의 호민관으로서 그런 시도를 했다가 워낙 큰 반발을 사자 그 책임을 다른 사람들에게 전가했다.

이탈리아인들과 속주민들. 피해방인들과는 달리 동맹국 전쟁으로 참정권을 얻은 이탈리아인들은 투표권을 지닌 트리부스들에 공평한 자격을 가지고 가입할 수 있었다. 킨나는 기원전 86년과 84년 사이에 그런 조치를 취했고, 술라는 최종적으로 시행된 정의를 철회함으로써 이탈리아인들을 격분케 하는 우를 범치 않았다. 그러나 이탈리아의 보통 주민들에게는 로마 시민과 대등한 투표권을 갖는다는 것이 별로 실익이 없는 권리였다. 참정권을 행사하기 위해서 정기적으로 로마로 올라간다는 것이 너무 어려웠다. 하지만 이제 로마의 기사 신분이 된 이탈리아의 지방 토지 귀족들에게는 그것이 또 다른 문제였다. 그들은 기존의 기사 신분과 합류하여 국사에 대해 좀더 큰 목소리를 요구했다. 술라가 300명의 기사를 원로원에 등용시켰으나 그것으로 나머지 기사들의 지위가 크게 바뀌지는 않았다. 그들은 여전히 귀족들이 지배하는 원로원이 자기들의 법적·재정적 이익을 보호해 주지 못한다고 느꼈다. 그들은 폼페이우스의 지원을 받아 선동을 일으킨 결과 기원전 70년에 배심원단의 1/3석을 얻었으나, 기원전 59년 카이사르 치하에서는 아시아의 세금에 대한 과도한 계약액을 삭감당했다. 그 조치는 푸블리카니 회사를 도산 위기로 몰아넣었다. 그 회사의 증권을 많은 수의 기사 신분이 보유하고 있었고, 그 회사의 도산은 경제 공황을 촉발할 우려가 있었다. 키케로(그는 기사 신분 출신이다), 폼페이우스, 크라수스, 카이사르 같은 사람들은 이탈리아의 부유한 기사 신분 지주들을 피호인으로 영입하기 위해 힘썼다. 그들의 돈과 표와 영향력이 로마 광장에서 벌어질 정치 투쟁에서 대단히 유용할 수 있었다.

마찬가지로 권력 있는 로마의 귀족들은 부유한 속주민들, 속주 도시들, 그리고 심지어 속주들 전체를 피보호 대상으로 얻기 위해서 힘썼다. 티베리우스 그라쿠스는 대 티베리우스 그라쿠스가 히스파니아 총독으로 재직할 때 그곳의 많은 사람들로부터 충성을 받았던 덕에 호스틸리우스 만키누스의 군대를 누만티아에서 구출해 낼 수 있었다. 마찬가지로 크라수스의 아버지도 히스파니아 총독으로 재직 중에 워낙 많은 피호인을 확보한지라 크라수스가 킨나로부터 히스파니아에서 안전한 도피처를 찾을 수 있었다. 폼페이우스와 메텔루스 피우스 모두 세르토리우스와의 전쟁 기간에 무수한 히스파니아인들에게 시민권을 부여함으로써 히스파니아의 피호인을 확보했다. 더욱이 해적 전쟁과 미트리다테스 전쟁 때 폼페이우스가 취한 행동으로 동방 속주들에서는 대단히 많은 피호인이 몰려들었고, 그는 기원전 49년과 48년에 그들의 지원을 토대로 카이사르를 물리칠 수 있다고 계산했다.

교육. 기원전 1세기경에 로마는 매우 방대한 교육 체계를 발전시켰다. 비록 국가가 아무런 지원도 하지 않았기 때문에 교육의 기회가 비용을 지불할 수 있는 사람들에게 국한되긴 했지만 말이다. 초등학교들(ludi literarii)이 소년들과 소녀들을 모두 받아들였다. 이곳에서 그들은 읽기와 쓰기와 산수 같은 기초적인 내용들을 배웠는데, 단체 기합이 잦았기 때문에 어린이들에게는 학교 다니기가 고통일 때가 많았다. 열두살과 열다섯살 사이에서는 소녀들과 소년

들이 걷는 길이 달랐다. 소녀는 열네살쯤 되면 나이든 사람과 결혼하는 경우
가 많았고, 부유한 엘리트 가정 출신이 아니라면 정식 교육이 그것으로 중단
되었다. 로마 소년들이 거치는 두번째 교육 과정은 라틴어와 그리스어와 문학
을 가르치는 그라마티쿠스(grammaticus, 문법 선생님)의 지도를 받는 것이었
다. 기원전 1세기에는 그리스어를 라틴어만큼 유창하게 말하지 못하거나 그리
스 고전을 줄줄 암기하지 못하는 로마인은 제대로 교육을 받지 못한 사람으로
간주되었다.

기원전 1세기경에는 로마인들이 이탈리아와 서 지중해를 지배하게 되었기
때문에 라틴어를 아는 게 필수적이었다. 그러므로 어느 지역이든 라틴어 학교
— 그리고 출세의 야심을 품은 사람들에게는 그리스어 학교도 — 가 어김없이
들어섰다. 그 학교들은 라틴어와 그리스·로마문화를 널리 보급했고 이탈리아
서방 속주들의 상류층 사람들 사이에서 상당히 통일된 문화를 낳게 했다. 예
전과 마찬가지로 초등학교와 중등학교의 교사들은 부유한 가문에서 가정 교
사를 지낸 그리스인 피해방인들인 경우가 많았다. 그들의 생도들은 종종 키케
로, 베르길리우스, 호라티우스의 아버지들처럼 자기 아들을 로마 정계에 입문
시켜 입신양명케 하려는 야심을 품은 중류층이나 상류층 사람들의 자제들이
었다.

귀족들 사이에 개인 교수가 성행했다는 것은 귀족 소녀들도 남자 형제들과
함께 중등 교육을 종종 받았다는 것을 뜻한다. 혹시 그라쿠스 형제의 누이 셈
프로니아의 경우처럼 가문이 수사학과 철학에 뛰어난 사람들을 불러들여 급
여를 주고 자녀들을 가르치게 할 경우 소녀들도 남자 형제들과 함께 고급 수
사학과 철학 훈련을 받을 수 있었다. 귀족과 비귀족을 막론하고 많은 소년들
이 직업 수사학자들에게 보내져 최고 수준의 교육을 받았다.

오랫동안 그리스어 수사학이 고등 교과과정을 지배했다. 정확히 기원전 1세
기 초에 라틴어 수사학의 전문 교과 과정을 만들려는 움직임이 있었다. 그러
나 기원전 92년에 켄소르들이 교사들에게 라틴어 수사학 교육을 금지했는데,
아마 정치적 성공의 기반인 수사학 기술이 하층민들에게도 전해질 것을 우려
했기 때문인 듯하다. 율리우스 카이사르는 독재관이 된 뒤 결국 그 금지령을
철회했다.

상류층 젊은이는 그리스 수사학과 철학의 대 본산지인 아테네와 로도스를 여행하는 것으로 정식 교육을 마무리하는 경우가 많았다. 키케로와 카이사르 모두 로도스에 가서 그리스 수사학자 아폴로니우스 몰로(Apollonius Molo)에게 배웠다. 키케로는 아테네에서 철학에 심취했고, 세월이 흐른 뒤에는 철학 논문들을 써서 철학 사상을 라틴어로 보급하려고 했다. 아들 마르쿠스도 아테네로 보냈으나, 젊은 마르쿠스가 철학 이외의 다른 낙에 빠졌다는 것이 키케로의 편지들에 잘 나타난다. 하지만 마르쿠스가 기원전 30년에 아우구스투스의 동료 콘술이 된 점으로 미루어 그가 귀족 사회에서 입신을 할 만큼 충분한 교육을 받았음에 틀림없다.

공화정 후기의 여성들. 이미 말했듯이 상류층 여성들은 남자 형제들이 받던 학교 교육과 가정교사 교육으로부터 지적인 혜택을 받았다. 대개의 아버지들은 딸들을 아테네나 로도스 같은 지역으로 보내는 것을 최종 교육 단계로 삼지 않았지만, 호르텐시우스, 키케로, 소 카토 같은 세련되고 인자한 아버지들은 딸들에게 고등 교육을 제공하는 데 남다른 관심을 보였다. 키케로는 사랑하는 딸 툴리아의 죽음에 크게 낙담했다. 한동안 딸을 기릴 성소를 지을 생각까지 했다. 카토의 딸 포르키아는 아버지처럼 노골적인 공화정주의자였다. 그녀는 자신의 첫 남편 마르쿠스 칼푸르니우스 비불루스(M. Calpurnius Bibulus)가 카이사르와 대립할 때 남편을 지원했다. 둘째 남편 브루투스가 카이사르의 암살을 계획할 때 자신도 참여했다고 주장했고, 그녀가 죽은 뒤 키케로는 그녀를 위해 힘이 넘치는 찬사를 낭독했다. 연설가로서 키케로의 경쟁자인 호르텐시우스의 딸 호르텐시아는 기원전 42년에 모든 선례를 어긴 채 로마 광장에 직접 나타나 브루투스와 카이사르에 대한 전쟁 비용을 위해 부유한 여성에게 특별세를 부과한 조치를 비판했다. 그녀는 그 연설로 여론의 지지를 얻고서 자신의 뜻을 관철시켰다. 폼페이우스의 마지막이자 가장 사랑한 아내 코르넬리아 ─ 메텔루스 스키피오의 딸 ─ 는 박식하고 수금을 잘 타고 무엇보다도 기하학과 철학에 능통했기 때문에 칭송을 받았다.

헬레니즘권 그리스 세계에서 영민하고 야심찬 왕족 여성들이 왕조간의 결혼으로 더 많은 권력과 지위를 얻었던 것처럼, 급속히 팽창해 가던 로마 공화정 귀족들 사이에서 권력 경쟁이 갈수록 도를 더해가는 상황에서 상류층 로마 여성들도 강력한 결혼 동맹에서 권력과 명성을 얻을 기회를 찾았다. 카이사르의 아내들인 코르넬리아, 폼페이아, 칼푸르니아; 클로디우스, 쿠리오, 마르쿠스 안토니우스와 결혼했던 풀비아, 옥타비아누스의 누이 옥타비아, 옥타비아누스의 마지막 아내 리비아가 가장 현저한 예들이다.

공화정 후기에 상류층 여성들의 권력과 독립성이 증가했음을 보여주는 한 가지 뚜렷한 징후는 그들이 누린 성적 해방이었다. 이전에 그라쿠스 형제의 어머니 코르넬리아 같은 여성은 비록 독립성이 매우 강했으면서도 정숙한 로마의 기혼 부인이자 과부의 이상을 견지했다. 기원전 1세기 초에는 강렬한 정치적·경제적 경쟁하에 전통적인 가치관이 급속히 무너지면서, 많은 여성들이 무절제한 성적 행위로 오명을 얻게 되었다. 폼페이우스가 세번째 아내 무키아와 이혼한 이유는 자신이 미트리다테스와 전투를 벌이고 있는 동안 불륜 행각을 벌였기 때문이었다. 카이사르의 두번째 아내 폼페이아는 클로디우스와의 유명한 추문에 휩싸였다. 클로디우스의 누이들 가운데 한 사람이자 메텔루스 켈레르의 아내 클로디아는 문란한 사생활로 악명이 높았다. 그녀의 여러 연인들 중에는 시인 카툴루스와 키케로의 젊은 친구 카일리우스 루푸스가 끼여 있었다. 그녀의 남편은 임종 때 그녀가 자신에게 독을 먹였다고 주장했고, 다른 때에 루쿨루스는 그녀와 그녀의 자매인 루쿨루스의 아내가 그들의 형제와 불륜 관계를 맺었다고 증언했다. 살루스티우스는 여러 재능있고 방탕한 여성들이 심지어 카틸리나의 음모에도 가담했다고 주장하면서, 그중에서 셈프로니아라는 여성을 세세하게 묘사한다. 이러한 공화정 후기의 독립적이고 의지가 강하고 자유로운 여성들은 제국 시대의 여러 황후들과 비견할 만하다.

하층 여성들. 로마의 하층 여성들 가운데는 크게 세 범주가 있었다. 첫째는 노예들이었고, 둘째는 해방 노예들이었고, 셋째는 가난한 자유인이었다. 여성 노예들은 주로 유모, 직공(織工), 미용사, 하녀, 요리사, 가정부 같은 가내의 종들로 사용되었다. 대개 남자 주인들에게 성적인 목적으로 이용되었고, 그것에 대해서 그들이나 여주인들이 반대하지 못했다. 그런 경우에 아내들은 임신의 두려움을 덜었고, 잠자리를 강요하고 또한 사랑하지도 않는 남편에게서 자유를 맛보는 경우도 종종 있었다. 아울러 고분고분한 여성 노예들은 주인이 훗날 그 대가로 해방시켜 줄 것을 기대할 수 있었다. 여성 노예들은 부동산과 심지어는 다른 노예들을 소유할 수 있었다. 다른 노예들과의 결혼은 법적으로 인정을 받지 못했으나 심지어 부부가 노예로 팔려가면서 따로 떨어지게 되었을 때조차 서로의 관계를 매우 근실히 지키는 경우가 많았다. 여성 노예가 스스로 해방될 만큼 충분한 돈을 모았거나 그렇게 해서 해방된 뒤에는 종종 다른 데로 팔려간 남편을 찾아 해방시켜주곤 했다.

여성 노예들 중 가장 불행한 사람들은 매춘부들이었다. 매춘이 널리 시행되었고, 매춘부들은 대개 어렸을 때 노예들과 가난한 자유 시민들의 원치 않은 자녀들로서 주인이나 부모에 의해 뚜쟁이에게 팔리고, 뚜쟁이에 의해 오로지 매춘의 목적으로만 양육된 여성들이었다. 그들에게는 장래라는 게 없었다. 혹시 해방을 얻더라도 할 수 있는 일이 아무것도 없었고 따라서 최소한의 주거지, 음식, 신체적 안전을 제공해 줄 임자가 없으면 훨씬 더 열악한 상태에 떨어졌다.

많은 수의 여성 노예들이 해방된 이유는 그들이 대개 집안 노예들이었고, 주인들이 전통적으로 다른 분야의 주인들보다 관대했기 때문이다. 더러는 전 주인의 자유로운 가신으로 남았고, 더러는 노예 시절에 배운 일을 하며 살았고, 더러는 좋은 결혼, 관대한 보호자, 혹은 열심히 일함으로 좀더 편안한 상태에 들어갔다. 주인이 여성 노예와 결혼하기 위해서 그녀를 해방시키는 일도 종종 있었다. 최상류층을 제외하고는 해방된 여성과 결혼하는 게 아무런 흠이 되지 않았고, 심지어 최상류층에서도 그런 예가 없지 않았다. 대 카토의 둘째 아내는 해방 노예였다.

묘하게도 귀족들의 여성 노예들과 해방된 여성들이 자유롭게 태어난 가난한 시민 계층 여성들보다 인생에서 훨씬 더 큰 기회를 얻는 경우가 많았다. 가난한 노동자 계층의 여성들은 다들 기피하는 직업으로 만족해야 했다. 빨래, 베짜기, 방앗간에서 맷돌 돌리기, 도축장에서 일하기, 생선 판매 같은 직종이 자주 기록된다. 폼페이에서 발굴된 비명들에는 강낭콩 상인, 못 상인, 벽돌공, 심지어 석수장이 같은 다른 직종까지도 열거되어 있다. 많은 여성들이 선술집 접대부나 식당 종사자로 일했고, 그곳에서 매춘을 하는 경우도 있었다. 여러 선술집 벽에 접대부와 매춘부의 이름이 낙서로써 씌어 있는 것이 발견되는데, 예상할 수 있는 대로 그들의 장점과 단점, 그들에 대한 칭찬과 험담이 함께 섞여 있다. 기술이 없는 여러 가난한 여성들에게는 매춘이 유일한 생계 수단이었고, 적어도 매음굴의 보호를 받던 노예 매춘부들과 달리 이들은 아치 밑의 통로(fornices. 여기서 '간음하다'〈fornicate〉라는 단어가 유래함)에서 아무런 보호도 받지 못한 채 몸을 팔아야 했다.

특히 가난한 사람들 사이에서는 딸들을 귀찮은 짐으로 여겨 낳자마자 내다 버리거나 노예로 팔아넘기는 경우가 많았다. 이런 극단적인 취급을 받지 않더라도 소녀들은 별로 관심을 받지 못했다. 그런 추세에다 청소년기 결혼으로 인한 높은 비율의 사산, 빈약한 건강 관리, 비위생적인 생활 환경이 맞물려 가난한 여성들의 생활은 위험하기 짝이 없었다.

법. 공화정이 발전하고 생활이 좀더 복잡해져 감에 따라 모든 중요한 소송을 민회에서 재판하기가 어렵게 되었다. 그에 따라 각 재판마다 프라이토르 혹은 유덱스 콰이스티오니스(iudex quaestionis)가 재판장이 되는 상설 배심원 법정(quaestiones perpetuae)을 세우는 게 바람직하게 되었다. 의미심장하게도 처음으로 세워진 법정은 기원전 149년에 세워진 부당취득재산 반환청구법정(quaestio de rebus repetundis)이었다. 술라 시대 전에 두 개에서 네 개로 법정이 더 늘었는데, 술라는 그 숫자를 일곱 개로 끌어올렸다(참조. 377쪽). 이 법정에서 다뤄진 많은 범죄들은 정치와 관련되었고, 키케로의 연설문들과 그밖의 연설가들의 작품에서 분명히 나타나듯이 이 법정들에서 다루어진 고소사건들은 많은 경우 정치적 동기가 깔려 있었다. 공화정 후기에 배심원 자리의 장악이 그토록 중요한 쟁점이 되었던 데에는 그러한 이유가 있었다.

공화정 후기에 들어서 법을 이용할 수 있는 대상은 대개 권력자나 재력가에게 한정되긴 했지만, 법 자체는 훨씬 공정하고 공평해졌다. 12표법의 다소 편협한 시민법(ius civile)과 차후의 법률은 로마의 권력이 확장되면서 증가한 현상인 비로마인 관련 사건들에 꼭 부합하지만은 못했다. 그러므로 로마의 프라이토르들은 장래의 재판을 위한 준거가 된 자신들의 고시(告示, edicts)에다가 다른 민족의 법들(ius gentium)에서 취한 요소들과 그들 자신의 형평 개

넘을 포함시켰다. 프라이토르들이 그런 경우들에 발전시킨 소송절차에 관한 방식서 법은 경직되게 규정된 시민법(the Civil Law)의 조치들보다 워낙 우월했기 때문에 일찍이 기원전 150년에 시민법에 방식서 소송절차가 도입되었다. 아울러 증거를 중시하는 개선된 규정들이 배심원 법정을 위해서 고안되었고, 스토아 학파의 자연법(ius naturale) 학설이 공정성과 보편성의 방향으로 점점 더 법의 형성에 영향을 주었다.

종교와 철학. 공화정 후기에도 가족과 들판에 관한 개인적 숭배가 특히 보통 시민들 사이에서 여전히 의미있는 종교적 정서를 불러일으켰다. 공식 종교들과 국가의 의식들은 하류층에 대해서든 상류층에 대해서든 더 이상 활발한 종교적 힘이 되지 못했다. 기원전 2세기에 들어서면 이미 귀족들이 자신들의 지배를 영구화할 속셈으로 종교력, 복점, 점술, 징조 해석, 시빌라들의 신탁집에 대한 해석을 냉소적으로 조작하는 경향이 완연해져 있었다. 기원전 1세기에는 귀족 사회 내의 정치적 경쟁자들이 국가 종교를 자신들의 개인적 혹은 파당적 이익을 도모하기 위해 사용함에 따라 냉소적인 행위들이 훨씬 더 노골적인 성격을 띠었다.

외국 종교들에 대한 적대감. 게다가 귀족들은 인기 있는 외국 종교들과 비교(秘敎)들을 승인함으로써 공식 종교를 쇄신하려는 의지도 없었다. 그런 종교와 비교들은 전통 종교들처럼 통제하기가 쉽지 않을 것이었다. 기원전 139년의 한 원로원 결의는 유대인 포교자의 이민을 금지했고, 유대인 회당도 기원전 61년에 폼페이우스의 유대인 포로들이 유입되기 전까지는 관용되지 않았다. 이집트의 이시스와 세라피스 숭배는 승인을 받지 않고 건립된 카피톨리누스 언덕의 이시스 제단을 기원전 58년에 철거함으로써 엄격히 금지했다. 기원전 104년에 퀴벨레와 대모신(Magna Mater)이 승인을 받은 이래 로마에서 최초로 승인된 새로운 신은 기원전 42년에 암살당한 율리우스 카이사르였다. 그가 신격화된 데에는 분명히 정치적인 동기가 깔려 있었다.

로마의 귀족들이 헬레니즘권 그리스 철학의 이성주의에 점차 노출되어간 추세가 그들이 유서깊은 국교에 대해서 냉소적인 태도를 갖게 만든 데 기여했

을 것이다. 거꾸로 그들은 신앙이 쇠퇴해 감에 따라 철학적 대안을 찾는 데
좀더 관심을 갖게 되었을 것이다. 스토아 철학, 특히 기원전 2세기 말과 1세기
초에 로도스의 친로마 인사 파나이티우스(Panaetius)와 그의 생도 아파메아
의 포시도니우스(Posidonius)에 의해 수정된 스토아 철학은 소 카토와 브루
투스 같은 로마인들에게 관심을 끌었는데, 그들은 로마의 전통 윤리를 뒷받침
할 힘을 스토아의 윤리학에서 발견했다. 파나이티우스는 전형적인 로마 귀족
의 덕성, 즉 도량, 자애, 관용, 공직봉사를 강조했다. 기원전 87년에 포시도니우
스는 로마 주재 로도스 대사로 있을 때 마리우스에 대한 부정적인 여론을 조
성했다. 그러므로 그는 자신의 역사서들에서 마리우스의 옵티마테스 정적들과
그들의 관점을 호의적으로 평가했는데, 이것 때문에 소 카토 같은 사람들은
그의 스토아적 교훈을 더욱 호의적으로 대했다. 키케로와 폼페이우스가 다 로
도스에서 포시도니우스의 발 앞에 앉아 배웠으며, 포시도니우스는 폼페이우스
에게 깊은 인상을 받은 나머지 자신이 폴리비오스에 이어 연재한 52권에다
폼페이우스의 전쟁들에 대한 호의적인 기록을 부록으로 수록했다.

포시도니우스는 로마 제국을 최고 신이 다스리는 국가의 지상적 반영으로
보았다. 로마 제국의 사명이 덜 진보한 민족에게 문명을 전달하는 것이라고
보았다. 이 지상의 국가에서 훌륭히 봉사하는 정치인들은 사후에 천상의 국가
에 철학자로서 합류할 것이라고 했다 — 키케로는 로마 귀족들에게 사심 없는
정치를 행하도록 교훈하기 위해서 자신의 「국가론」(*Republic*)에서 그 사상을
채택했다. 포시도니우스는 아울러 인간 영혼이 천상의 육체와 동일한 실재를
갖고 있고, 사후에는 그 천상의 육체로 돌아간다고 믿었다. 그는 달이 지구의
조수 간만에 영향을 끼친다는 설을 과학적으로 입증함으로써 이 사상에 힘이
실리게 했고 로마의 점성술에 큰 자극을 주었다. 이런 사상들이 점차 인기를
얻어감에 따라 카이사르가 죽은 직후에 나타난 혜성이 하늘로 승천하는 그의
영혼이라는 개념을 받아들이는 게 한결 쉬워졌다.

에피쿠로스주의. 묘하게도 카이사르 자신과 그 당시의 다수의 로마인들은 그
런 신들이 저승에 살고 있고 이승에 아무런 간섭도 하지 않는다고 주장한 에
피쿠로스(Epicurus)의 회의적이고 유물론적이고 대단히 비로마적인 철학을

받아들였다. 에피쿠로스는 영혼이 죽을 때 우주의 다른 원자들 속에 흩어지는 원자들로만 구성된다고 믿었다. 그러므로 죽음은 두려워해야 할 것이 아니며, 사람은 삶의 참다운 쾌락을 조용히 향유하기 위해서는 결혼과 자녀 양육과 정치 같은 골치아픈 일들을 단절해야 한다고 강조했다. 로마인들 가운데 에피쿠로스주의를 널리 보급한 사람은 가다라의 필로데무스(Philodemus)이다. 그는 제1차 미트리다테스 전쟁 뒤에 이탈리아로 와서 그의 후원자인 카이사르의 장인 루키우스 칼푸르니우스 피소 카이소니누스(L. Calpurnius Piso Caesoninus)와 함께 헤르쿨라네움에 펼쳐진 나폴리 만에 정착했다. 필로데무스의 일부 저작이 실린, 까맣게 탄 파피루스 두루마리들이 150년 뒤 저 유명한 베수비우스 화산 폭발로 파괴된 피소의 별장 유적지에서 발견되었다.

로마의 에피쿠로스주의자들은 쾌락을 취하는 표준이 에피쿠로스 자신이 승인했음직한 것보다 낮았지만, 에피쿠로스주의가 전원으로 돌아가 은거하는 것을 이상적인 삶으로 쳤던 점은 왜 술라가 권력의 정점에서 은퇴했으며 왜 루쿨루스, 카이사르, 살루스티우스가 정원에 그처럼 많은 관심을 쏟았는지를 이해하는 데 도움이 된다. 카이사르가 에피쿠로스주의를 신봉했다는 사실을 알면 그가 암살당하기 직전에 음모와 불길한 징조에 관해 경고를 받았을 때 그것을 한 귀로 흘려버렸던 이유를 이해할 수 있을 것이다.

소요 학파와 아카데미 학파. 아리스토텔레스의 소요 학파와 회의주의적인 플라톤의 아카데미 학파는 다른 지역들에 비해 로마에서는 인기가 덜했다. 그러나 크라수스는 소요 학파의 알렉산드로스를 자신의 집안에 살게 했고, 키케로는 이성적인 연구와 논쟁을 통해서 사상을 검증하는 것을 강조한 아카데미 학파에 크게 관심을 가졌다. 그러나 대체로 키케로는 절충주의자였다. 그는 스토아 학파의 윤리와 자세를 크게 선호했으며, 특히 그의 정치적 사고에서는 소요 학파의 영향도 발견할 수 있다. 키케로와 그밖의 로마 철학 저자들은 독창적인 사상을 제기하려고 노력하지 않았다. 그들은 주로 동료 로마인들에게 자신들이 그리스 사상가들의 저서들에서 감탄하고 유용하다고 생각한 사상들을 전하는 데 치중했다.

예술과 건축. 철학 분야에서도 그랬지만, 공화정 후기의 로마인들은 종종 그리스 거장들의 예술을 모방했다. 로마 총독들과 장군들은 동방 그리스 도시들을 샅샅이 뒤져 저명한 그리스 예술가들의 그림들과 조각들을 약탈해 갔다. 원본을 구하기가 여의치 않으면 부유한 로마인들은 화가들에게 모조품 제작을 의뢰했다. 이탈리아 석공들은 유명한 조각상들을 균일하게 재현하는 데 능숙하게 되었다. 부유한 사람들이 가정 집 벽을 장식하는 추세가 늘어감에 따라 예술가들은 폼페이 유적지에서 볼 수 있는 것과 같이 유명한 회화 작품들을 프레스코로 재현했다. 하지만 인물상과 풍경을 실물 크기로 그리던 로마와 이탈리아의 토착 전승이 여전히 성행했고 기교가 더욱 세련되었다.

시각 예술 중에서 기원전 1세기에 로마인들이 가장 독창성을 발휘한 분야는 건축이었다. 로마인들은 이탈리아와 에트루리아의 토착적 요소들과 헬레니즘 그리스의 원칙들을 결합하여 독특한 형태의 건축을 창안했다. 헬레니즘 세계의 건축가들은 서로 다른 건축 단위들을 중앙의 축을 기준으로 뚜렷한 대칭을 이루는 전체로 조합하는 것을 강조했다. 그리스 최고의 건축물들은 페르가몬의 아크로폴리스와 프리에네에 있는 제우스 신전이다.

술라의 건축물들은 이 영향에 관한 최초의 증거를 보여 준다. 술라가 주문하여 기원전 78년 카툴루스가 완공한 공문서 보관소(Tabularium)는 로마 광장 바로 뒤쪽의 카피톨리움 언덕 벼랑에 세심히 터를 잡았다. 이 건물은 앞에 있는 로마 광장에 중앙의 배경을 이루어줄 뿐 아니라 열주(列柱)가 늘어선 윗층은 광장의 건물들과 카피톨리움 언덕의 다른 건물들을 건축학적으로 연결하여 뚜렷한 하나의 전체를 조성한다. 그러나 술라가 주도한 건축 사업 가운데 백미는 프라이네스테에 있는 포르투나 프리미게니아의 신전으로 알려진, 대단히 명료하고 대칭이 확실한 복합 건물이었다. 이 건물의 상당 부분은 제2차 세계대전 때 연합군의 폭격으로 그 터에 후대에 들어선 건물들이 파괴되었을 때 제 모습을 드러냈다. 신전 전체는 완만한 산기슭에 테라스들로 솟아 있었다. 테라스마다 중앙의 축을 중심으로 대칭을 이룬 채 저마다 독특한 양식으로 건축되었다. 네번째 테라스는 축을 이루는 중앙 계단을 향해 양 측면에서 독특한 각도로 만나는 경사로들을 통해 올라갔다. 신전 전체는 반원형 계단들과 만곡형 열주들 뒤에 있는 작고 둥근 신전으로 마무리되었다.

폼페이우스가 기원전 55년에 로마 최초의 석재 극장을 건축했을 때 이 도면과 동방에서 직접 본 것들에서 영감을 받아 직접 혹은 자신이 고용한 건축가를 시켜 비슷한 선들을 활용하여 극장을 설계했을 가능성이 있다. 그 극장 자체는 탄탄한 산기슭에 세워진 그리스의 극장들과는 달리 뒷 기둥을 배경으로 한 무대와 활 모양 계단들로 이루어진 객석을 갖춘 독립된 반원형 건물이었다. 상설 극장들의 반발을 무마하기 위해서 폼페이우스는 객석 맨 꼭대기 중앙에 베누스 빅트릭스의 성소를 설치했다. 이 극장에서 두드러지는 부분은 무대 뒷벽에 붙은 주랑(柱廊)이었다. 평행선을 이룬 두 열주가 예기치 않은 비를 피할 수 있는 장소나 회합을 가질 수 있는 장소를 제공했다. 카이사르가 그 설립자의 조각상 앞에서 암살당할 때 원로원이 그곳에서 모이고 있었다.

카이사르 자신은 술라의 공문서 보관소 동편이자 개축된 바실리카 아이밀리아의 맞은 편에 나란히 바실리카 율리아를 설계했다. 대략 평행선을 이룬 이 건물들은 새로운 양식에 맞춰 광장에 보다 큰 축의 대칭을 도입했다. 카이사르는 이 건물들 외에도 기원전 46년에 율리우스 광장으로 알려진 전혀 새롭고 대칭적인 광장을 건축했다. 이 광장은 열주(列柱)에 의해서, 세로 축을 따라 뒤쪽을 향해 들어선 열주형 베누스 게네트릭스 신전으로 완전히 둘러싸인 정방형 광장이었다. 같은 축에 놓인 신전 정면 중앙에는 카이사르의 기마상과 그 둘레에 여러 요정상들이 있는 분수대가 있었다. 이 대칭형 광장이 후대에 로마 황제들이 건축한 모든 광장들의 전형이 되었다.

술라의 공문서 보관소와 포르투나 프리미게니아 신전 구조에 나타난 로마식 아치 및 볼트(vault)와 그리스 식 기둥의 결합은 후대 로마 건축에 방향을 제시했다. 폼페이우스의 극장 벽은 각각 반원 기둥들에 장식된 세 줄 아치들에게까지 솟았다. 기둥 머리는 첫째 아치가 도리아 식이었고, 둘째 아치가 이오니아 식이었고, 셋째 아치가 코린토스 식이었다. 100년 뒤에 콜로세움의 정면도 비슷한 방식으로 처리되었다. 아울로 폼페이우스의 극장과 마찬가지로, 콜로세움의 계단식 좌석도 볼트 위에 세워졌다.

로마인들은 건물을 지을 때 그리스인들보다 훨씬 융통성 있는 설계와 더욱 큰 규모를 도출해 냈다. 왜냐하면 그들은 더 웅장한 건축을 가능케 하는 아치와 볼트를 세우는 데 특히 적합한 벽돌과 콘크리트를 사용했기 때문이다. 로마인들은 심지어 기둥도 벽돌로 세운 다음 표면을 치장 벽토나 돌로 입혔다.

콘크리트는 장식자들로 하여금 노출된 표면에 이미 형태나 색채가 가해진 돌들을 다양한 형태로 끼어맞춤으로써 무수한 결을 도출할 수 있게 했다. 그러나 로마와 이탈리아의 다른 지역에서 매우 중요한 건물들에 건축가들은 매우 다양한 고급 돌들도 사용하기 시작했다. 티부르에서 출토된 크림색 석회화 석회암과 루나(카라라)의 밝고 투명한 대리석이 이탈리아로부터 왔다. 그밖의 흰색 대리석과 다양한 색채의 대리석이 그리스, 에게 해 섬들, 소아시아, 아프리카에서 수입되었다. 공화정 말기에 로마와 이탈리아는 명실상부한 제국 중심지의 면모를 갖추기 시작했다.

공화정 후기의 문학. 기원전 1세기경에는 플라우투스(Plautus), 테렌티우스(Terence), 나이비우스(Naevius), 아키우스(Accius), 엔니우스(Ennius), 파쿠비우스(Pacuvius) 같은 라틴 희극, 비극, 역사 서사시 작가들이 이미 '고전적' 위상에 도달해 있었다. 창의력 있는 젊은 작가들은 다른 장르들로 전환하고 있었다. 실제로 교육받지 못한 농촌 빈민들과 피해방인들 혹은 다양한 문화권에서 온 이민들이 가득 뒤섞인 로마 주민들은 더 이상 세련된 희극이나 비극이 던지는 깊은 질문들을 이해할 능력이 없었다. 로마의 축제 때 열리는 연극들은 아주 기본적인 수준에서도 이해할 수 있는 단순한 소극(笑劇), 익살극, 마임의 수준으로 퇴보했다.

전통적인 로마 서사시도 청중을 잃기는 마찬가지였다. 상류층 가운데 많은 사람들이 좀더 개인주의적인 관점을 갖게 되었고, 제국의 전리품들에 정신이 팔렸고, 주변에서 벌어지는 내전으로 환멸을 느끼고 있었다. 그들은 옛날 식의 덕목과 로마의 힘을 칭송하는 애국적 서사시에 흥미를 잃고 있었다.

노비 포이타이와 카툴루스. 모든 그리스 문학으로 철저히 교육 받은 많은 젊은 귀족들은 빠른 속도로 과거와는 판이한 관습으로 진행되는 세계주의적 사회 생활에 적응했고, 자신들과 과거의 좀더 성실한 세대들 사이의 차이를 의식하고서 좀더 호소력 있는 다른 형태의 문학에 관심을 갖게 되었다. 기원전 1세기 초반에 그런 젊은이들 중에는 그들을 인정하지 않은 전통주의자 키케로의 글로 인해 노비 포이타이(Novi Poetae, '새로운 시인들') 혹은 현대

시인들로 알려지게 된 여러 시인들이 있었다. 그들이 자신들을 새로운 시인들이라 언급했는지, 하나의 집단으로서의 특별한 동질성을 느꼈는지는 알려지지 않지만, 그랬을 가능성이 있다. 그들 중 다수는 문법교사이자 시인인 발레리우스 카토(Valerius Cato)의 학생들이었다. 그들은 자신들의 시에 서로를 언급했고 서로의 작품에 대해 평론까지도 했다.

노비 포이타이는 알렉산드리아의 서정적이고 애가조의 시인들의 개인적이고 감정적인 저서들을 모델로 삼았다. 아울러 알렉산드리아 시인들의 특징인 신화, 문학, 지리에 대한 박식하고 모호하고 이국적인 암시를 즐겨 사용했다. 이들은 다수의 청중들을 위해서가 아니라 자신들을 위해서 작품을 썼다. 그들 중 한 사람을 제외한 모두의 작품(그들의 활동에 참여한 유일한 여성인 코르니피키아의 풍자시들을 포함한)이 일부 문법학자나 주석자에 의해 다른 작품에 한두 행 정도 인용된 것을 제외하고는 모두 자취를 감춘 데에는 그런 이유가 있었다.

카툴루스 (기원전 85경~54경). 작품이 남은 유일한 새로운 시인은 베로나의 가이우스 발레리우스 카툴루스(Gaius Valerius Catullus)이다(그의 경우도 그의 고향 소도시에서 발견된 단 한 편의 사본이 고작이다). 그의 생애에 관해서는 알려진 것이 없다. 그는 기원전 85년경에 태어나 기원전 54년경에 죽었다. 그가 공식 활동에 몸담은 것은 기원전 57년 비시니아의 총독 가이우스 멤미우스의 막료로 일년간 봉직한 것과 카이사르를 욕하는 시를 몇 편 쓴 것이 고작이다. 하지만 이 두 사람과 그의 시에 언급된 다른 사람들은 그가 상류 귀족 사회에서 활동했음을 보여 준다.

카툴루스는 그런 사회에서 한 여성을 만나 뜨겁게 사랑했다. 그는 그녀를 레스비아(Lesbia)라고 불렀지만, 실제로는 악명 높은 푸블리우스 클로디우스(P. Clodius)의 누이이자 메텔루스 켈레르의 아내인 클로디아였다. 클로디아는 아름답고 매력이 있었지만 문란한 생활에도 뒤지지 않았으며, 카툴루스는 그 사실을 알고는 크게 비통해 했다.

이런 관계가 자아낸 격정적인 사랑과 미움, 기쁨과 슬픔이 카탈루스가 남긴 여러 유명한 시들의 정신을 이룬다. 그 시들의 강렬한 정서가 세월의 벽을 뛰어넘어 오늘날 독자의 가슴에 불을 붙일 정도로 여전히 보석 같은 불길로 타오른다. 그의 시들은 2행 대구(對句)로 쓰인 경우가 많다. 그중 85번 시가 가장 유명하다:

> 나는 미워하면서 사랑한다. 왜냐고 묻겠지.
> 나도 몰라. 허나 나도 몰래 그런 게 생겨.
> 꼭 십자가에 달린 것 같아.

이 시를 비롯하여 이와 비슷한 그밖의 시들이 아우구스투스 시대에 연애시에 애가를 사용하여 주관적인 연정적 애가를 완성한 코르넬리우스 갈루스에게 큰 영감을 준 듯하다(참조. 603쪽).

카툴루스의 시는 다른 여러 주제들도 포괄한다. 101번 시는 소아시아에 있는 형제의 무덤을 찾아간 뒤 형제의 죽음에 관해서 쓴 감동적인 애가이다. 96번 시에서 그는 방금 아내와 사별한 친구를 위로하며, 쾌활한 권주가(勸酒歌)인 27번 시에서 고향 시르미오에 돌아가 그곳의 아름다움을 칭송한 31번 시로 옮아간다. 심지어 여신 디아나에게 바치는 존경어린 시(34)와 신 아티스에 관한 열정적인 장문의 시(63)를 쓰기도 했다. 펠레우스(Peleus)와 테티스(Thetis)의 신비로운 결혼을 주제로 삼은 64번 시는 알렉산드리아 양식으로 쓴 짧은 명 서사시(epyllion)이다. 더 나아가 카툴루스의 모든 시들은 그가 최초로 여러 편의 그리스 서정적 운율들을 라틴 시로 변안한 진지한 장인이었음을 보여 준다.

루크레티우스 (기원전 94경~55경). 카툴루스와 그밖의 노비 포이타이를 알면서도 그들의 활동에 참여하지 않은 동시대 시인들 중 한 사람은 에피쿠로스주의자 티투스 루크레티우스 카루스(Titus Lucretius Carus)였다. 그는 기원전 94년경에 태어나 기원전 55년경에 죽었다. 그의 파트로누스는 가이우스 멤미우스로서, 카툴루스가 비시니아에서 섬긴 사람이다. 폼페이에서 발굴된 가옥은 루크레티우스의 가족이 필로데무스와 그밖의 에피쿠로스 철학자들이 많이 모여 살던 나폴리 만 인근 지역에 살았을 가능성을 암시한다. 키케로는 편지에서 루크레티우스의 시를 호의적으로 언급하지만 그의 주제에 대해서는 냉담한 평가를 내린다. 비실제적인 전설에 따르면 키케로가 루크레티우스의 사후에 그의 저작을 출판했다고 한다. 테니슨(Tennyson)이 널리 퍼뜨린, 루크레티우스가 사랑의 묘약을 마시고 미쳤고, 자살하기 전 두뇌가 번쩍일 때 작품을 썼다는 설도 근거가 박약하다.

루크레티우스는 열렬한 에피쿠로스주의자였을 뿐 아니라 애국심도 강한 로마인이었다. 노비 포이타이 같은 젊고 격정적인 궤변론자들과 그들의 사실상 사적인 문학 세계와는 아무것도 공유하지 않았다. 그 대신 그는 애국 서사시라는 장르를 되살리려고 했다. 그렇지만 그의 서사시는 엔니우스와 나이비우스의 서사시처럼 전통적인 로마의 역사적 서사시가 아니라, 헤시오도스의 시와 파르메니데스와 엠페도클레스 같은 초기 그리스 철학자들의 시처럼 교훈적 서사시였다. 사실상 엠페도클레스의 시 「자연에 관하여」(*On Nature*)가 3음절 6보격에 6권으로 된 루크레티우스의 「사물의 본질에 관하여」(*De Rerum Natura*)의 직접적인 영감이 되었을 가능성이 있다. 그러나 루크레티우스의 목적은 독특한 로마 시에 있었다. 그는 폭력과 사회 불안과 심지어 로마의 내전으로 이어지고 있던 파괴적인 힘의 정치에 경악했다. 그는 동료 로마인들에게 평정을 추구하는 에피쿠로스 철학을 가르침으로써, 그들을 자멸에서 구하고 싶어했다.

따라서 루크레티우스는 평화에 대한 희구를 표현하기 위해서 자신의 작품 서두에 서사시의 관례대로 신에 대한 기원문을 사용했다. 자연의 창조력의 상징인 베누스에게 파괴적 전쟁의 상징인 마르스(군신)를 유혹하여 로마에 평화를 부여하도록 간청해 달라고 구했다. 그러나 시의 나머지 부분에서는 신들이 아무런 역할도 하지 않는다. 그리스에서든 로마에서든 찾아보기 힘든 선교사적인 정열을 가지고 루크레티우스는 에피쿠로스의 이성주의적 원자론을 사용하여 인민을 폭력과 범죄로 몰고간 비이성적인 두려움과 미신을 비판한다. 실재의 참 본질의 지식을 전함으로써, 인민에게 불멸을 얻기 위해 벌이는 부와 명예와 권력의 투쟁이나 죽음의 공포를 몰아내기 위한 광적인 쾌락 추구가 허망하기 짝이 없다는 사실을 일깨워 주고 싶어했다. 그러므로 평정 가운데 살아야 하고, 일체의 지나침을 삼가고 고통이나 근심에서 벗어나 유일하게 참

행복을 보장할 수 있는 철학적 평정을 견지해야 한다고 그는 주장했다.

원자론자인 루크레티우스는 우주가 빈 공간과 원자들 — 고형체이면서도 보이지 않고, 그 수가 무한하고 크기와 모양만 다른 입자들 — 로 구성되어 있고, 원자들이 공간에서 제 궤도를 이탈하여 서로 충돌하면서 서로 결합하여 모든 생물과 무생물 — 지구와 별들과 행성들과 동물들과 사람들의 육체들과 심지어는 영혼들 — 을 형성한다고 주장했다. 그는 만물, 심지어 인간 영혼까지도 어떤 것에서 유래하여 다른 어떤 것이 되는 게 틀림없다고 했다. 이는 개개의 물체가 죽거나 해체됨에 따라 그것을 구성하고 있던 원자들 — 그 자체는 영원하고 불멸한 — 이 해체되어 다시 한 번 공간으로 표류하기 때문이라고 했다. 죽음, 심지어 영혼의 죽음조차 자연의 과정이며, 그것이 불가피하지만 그렇다고 해서 두려워할 것은 아니라고 했다. 다만 모든 감각과 의식이 중단될 뿐이라고 그는 생각했다.

루크레티우스는 아울러 신들을 두려워할 필요가 없다고 주장했다. 신들은 비록 존재하기는 하지만 천상의 공간에 따로 떨어져 거주하며 인간사에 관심이 없다는 것이다. 두려워해야 할 것은 오직 격정적인 감정으로서, 그것이 이성을 가리고 극단적인 행위로 몰아가며, 그 행위의 필연적인 결과는 고통이라고 했다. 그는 격정과 고통 모두가 이성을 방해하지만, 이성은 삶에서 참되고 영원한 행복의 유일한 원천인 에피쿠로스 철학을 이해하게 한다고 주장했다.

루크레티우스의 철학적 메시지는 철저히 에피쿠로스에게서 유래했다. 그의 독창성은 자신의 메시지를 로마의 상황에 맞춰서 매우 강하고 아름다운 시적 언어로 그것을 표현하고 라틴의 3음절 6보격 시를 유연성과 융통성이 가미된 새로운 차원으로 끌어올렸다는 데 있다. 다음 세대에 로마 최고의 서사시 작가로서 청년 시절에 에피쿠로스주의를 폭넓게 공부한 베르길리우스는 루크레티우스에게 큰 영향을 받았다. 베르길리우스가 출판한 6보격 시는 루크레티우스의 시와 뚜렷한 유사성을 보일 뿐 아니라, 「아이네이스」(*Aeneid*)에서 진가를 발휘하는 격정의 제거라는 주제와 강력한 장면들은 루크레티우스의 「사물의 본질에 관하여」를 생생히 떠올리게 한다.

키케로 (기원전 106~43). 에피쿠로스주의를, 로마를 강하게 만든 모든 가치관에 대한 위협으로 본 키케로조차 루크레티우스의 시적 재능을 인정했다. 그러나 철학적 관점에서 볼 때 키케로의 취향은 스토아 학파와 아카데미 학파로 흘렀다. 키케로가 서양 문학과 사상에 크게 기여한 것의 하나는 그의 철학 저서들이다. 그 저서들에서 그는 라틴어를 당대의 지식인들 사이에 그리스 철학을 보급하기 위한 매체로 만들었다. 키케로는 자신의 철학적 에세이들이 대부분 그리스 작품들을 모방한 것이거나 각색한 것임을 부인하지 않는다(아티쿠스에게 보낸 편지에서 그는 이 점을 솔직히 시인한다). 그러나 일화로써 활기를 띠고 유연하고 품위있는 문체로 씌어진 점이 그 에세이들을 수 세기를 두고 읽히고 또 읽히게 만들었다.

그 에세이들 가운데는 에피쿠로스, 스토아, 플라톤 철학을 논한 「선과 악의 정의에 관하여」(*On the Definitions of Good and Evil*)와 인간 행복의 필수 요소들에 관한 강연인 「투스쿨룸에서의 토론」(*Tusculan Disputations*), 스토아 학파의 물리학을 다룬 「신들의 본질에 관하여」(*De Natura Deorum*)가 있다. 그의 논문들 가운데 가장 잘 알려진 것은 두 편의 짧은 대화록 「우정에 관하여」(*De Amicitia*)와 「노년에 관하여」(*De Senectute*)이다.

휴머니즘이란 칭호를 받을 만한 키케로의 계몽적인 철학은 인간과 그들의 본성, 그들의 지각의 정당성, 그들이 우주에서 차지하고 있는 위치를 다룬다. 모든 인간을 정중히 대해야 한다는 키케로의 스토아주의적 주장에서 만인은 평등하게 창조되었다는 현대 사상이 나왔다.

키케로는 정치학에 관한 두 편의 논문을 썼는데, 그중에서 더 중요한 「국가론」(*De Re Publica*)은 스키피오 아이밀리아누스와 그의 친구들이 벌이는 가상적 대화이다. 이것의 미완성 속편인 「법률론」(*De Legibus*)은 키케로, 아티쿠스, 퀸투스 키케로가 벌인 토론이다. 두 논문은 부분적으로는 스토아주의의 교훈에, 부분적으로는 「의무론」(*Officiis*)과 그밖의 철학서들에 개략된 신 아카데미 학파의 회의주의에 기초하고 주로는 로마 공화정 국제에 관한 키케로 자신의 이상화한 개념에 기초한 정치 이론들을 제시한다.

신 아카데미 학파는 어떤 사상이 다른 사상보다 더 개연성이 크다는, 그 창시자 카르네아데스(Carneades. 기원전 214경~129)의 학설을 견지했다. 키케로는 신 아카데미의 공공연한 지지자였으면서도, 스토아주의가 로마의 도덕

규율과 매우 비슷하다고 보았기 때문에 그 사상에 강하게 이끌렸다. 그는 스토아주의의 의무론과 불요불굴에 대한 그 주의의 숭엄한 신념을 숭상했다. 그는 이성을 우주의 지배 원칙이자 자연법의 토대로 기탄없이 받아들였다. 진정한 법 곧 자연과 조화를 이룬 이성은 시민법이나 국제법보다 우월하다. 이성은 인간이라고 하는 형제 관계의 기초이며, 거꾸로 인간들의 가슴에 심겨진 자연스런 보편적 정의 개념에 토대한다. 키케로의 이상적 공화국 사상은 그의 철학적 사상과 일치한다. 그는 신망이 두터운 계몽된 지도자 곧 프린켑스 키비타티스가 이끌고 원로원과 시민들이 각자의 기능을 수행하는 국가가 안정을 유지할 수 있을 뿐 아니라 개인의 자유와 사회적 책임의 조화를 이룰 수 있는 정부 형태를 보증할 것이라고 주장했다. 그러한 국가는 일인군주정과 귀족정과 민주정의 가장 좋은 특징들을 두루 갖추게 될 것이고, 그 안에서 모든 사회 세력은 공동 선을 위해 서로 협력할 것이라고 그는 생각했다.

　루크레티우스와 마찬가지로 키케로는 로마 귀족들이 권력과 디그니타스를 쟁취하기 위한 파괴적인 정쟁으로 공화정을 파멸시키는 것을 막으려고 노력했다. 그는 프린켑스가 자신의 신망에 따르는 도덕적 권위를 통해서 우뚝 서서 다른 야심찬 귀족들의 분파적 정쟁을 통제할 수 있을 것이라고 보았다. 그러나 루크레티우스와는 달리 키케로는 「국가론」에서 국가를 위한 고결한 행위에 신들 사이에서 복된 내세의 삶을 누리는 보상이 따르게 될 것이라고 주장했다.

　키케로 자신은 로마 기사 신분의 본체를 구성한 이탈리아 지방 귀족들로부터 최근에 떠오른 노부스 호모(novus homo, 新人)였다. 그러므로 그는 로마의 정치를 기사 신분의 필요와 욕구의 관점에서 바라보았다. 이 거대하고 유력한 신분의 불만은 종종 광장에서 벌어진 정쟁에 이용되었는데, 가이우스 그라쿠스, 소 리비우스 드루수스, 술피키우스 루푸스, 마리우스, 폼페이우스, 크라수스, 카이사르의 정치 경력에서 그런 모습을 볼 수 있다. 키케로는 재능과 정치적 야심이 있는 기사 신분 사람들이 로마에서의 정치적 입신에 방해를 받지 않고, 기사 신분의 사업과 재정적 이익이 원로원에 의해 보호받게 되도록 원로원 귀족들과 기사 신분간의 조화로운 관계 곧 콘코르디아 오르디눔(양 신분의 조화)을 옹호했다. 이런 식이라면 기사 신분은 정치적 현상태(status quo)

를 지지할 충분한 이유를 갖게 되고, 이것이 공화정의 안정을 보증하게 될 것이라고 키케로는 생각했다.

키케로의 연설. 키케로가 로마의 콘술 귀족들의 배타적인 집단을 뚫고 들어갈 수 있었던 것은 연설가로서의 재능 덕분이었다. 더욱이 그에게 동료 시민들을 설득하기 위한 정치가의 무기인 연설은 철학보다 훨씬 더 중요했다. 그는 연설을 로마 공직 생활에서의 강력한 추진력이라는 최고의 수준으로 끌어올렸다.

키케로는 내용과 표현법을 일치시켰다. 연설을 한 뒤에 그것을 전문 필사자들에게 맡겨 출판되도록 세련되게 다듬으면, 그들이 그 연설문을 훨씬 더 광범위한 청중에게 보급했다. 연설문이 정식으로 출판될 때까지 기다리지 못하는 사람들을 위해서 그가 연설하는 동안 속기로 받아적은 뒤 풀어 보급하는 경우도 종종 있었다. 그의 낭랑하고 우레와 같고 운율적이고 예리하고 심지어 상스러운 위트까지 섞인 연설은 책이 귀하고 대중 매체가 존재하지 않아 구전 문화에 익숙해 있던 청중들을 끊임없이 즐겁게 해주었다. 그러므로 대중 연설의 기술은 여러 세대에 걸친 숙달된 연설가들에 의해 축적된 소중한 유산이었다. 그러나 키케로 자신이 이전 시대와 동시대의 연설가들 위에 워낙 우뚝 솟아있었기 때문에 다른 사람들의 연설은 후대 저자들에 의해 산발적인 단편으로만 현존한다.

다른 형태의 예술들과 마찬가지로, 로마인들은 자기들의 공식 연설의 기초를 그리스의 모델에 두었다. 키케로의 시대에는 서로 경쟁 관계에 있던 두 개의 그리스 연설 양식인 아티카 양식(Attic style)과 아시아 양식(Asiatic style)의 지지자들이 인기를 끌기 위해 경합을 벌였다. 아시아 양식은 화려하고 과장되고 흥분적인 경향이 있었던 반면에, 아티카 양식은 좀더 단순하고 절제되었다. 키케로의 동시대인이자 그보다 연로했던 호르텐시우스 — 키케로는 로마의 대표적인 웅변가로서 그를 대체했다 — 의 연설들은 전자의 대표적인 예였던 반면에, 카이사르의 「갈리아 전쟁」의 절제된 산문은 후자의 대표적인 예였다.

어떠한 연설가도 끝끝내 한 가지 양식만 사용하는 경우란 없었을 것이다.

키케로의 경우는 더더욱 그러했다. 그의 연설은 시원시원하고 논지가 분명한 경우도 있었고 스케일이 크고 장황한 경우도 있었고 그 중간인 경우도 있었다. 키케로가 연설가로서 지닌 가장 큰 기술은 자신의 스타일을 주제와 일치시키고, 무엇이 주어진 상황에서 최대의 효과를 내는 것인지를 파악하는 것이었다. 예를 들어 아메리아의 섹스투스 로스키우스(Sextus Roscius)를 변호한 「로스키우스 변호 연설」(*Pro Roscio Amerino*, 기원전 80년)에서, 그는 로스키우스의 재산을 가로챌 목적으로 그에게 살인 누명을 씌운 술라의 심복 중 한 사람을 강력히 성토했다. 때로는 배심원들의 마음을 움직이기 위해서 치밀하게 고안한 과장된 스타일을 사용했지만, 최종 변론 때에는 단순하고 직접적이고 명쾌한 논리를 사용하여 술라의 심복을 기소했는데, 그것은 정치적으로 어려운 일이었으면서도 진실한 인상을 주는 데는 대단히 효과적이었다. 시칠리아의 탐욕스런 총독 가이우스 베레스(C. Verres)를 비판하는 첫 연설에서, 키케로는 인위적인 과장에 시간을 낭비하지 않고 베레스에게 불리한 사실들을 강한 어조로 그냥 나열함으로써 베레스로 하여금 형이 확정되기 전에 당황하여 도피하게 만들었다.

그러므로 「베레스 탄핵 연설」(Verrine Orations) 중 두번째 고소(actio)의 다섯 연설문은 행해지지 않았다. 키케로는 이 연설문들을 출판하기 위해 다듬을 때 표현상의 모든 기교를 동원하여 윤색했다. 때로는 사실들을 전달하기 위해서 단순한 해설체를 사용했고, 때로는 설명을 용이하게 할 만큼만 설득력을 높이기 위해 중간 과정을 택했고, 때로는 모든 사람들에게 베레스의 죄악에 대해서 치를 떨도록 하기 위해서 모든 종류의 수사법을 다 동원했다.

실제로 키케로는 청중의 마음을 사로잡는 데 대가였다. 그는 자신의 변론이 약하거나 자신의 목적이 종종 정치적인 이유상 그랬듯이 논쟁을 일으키려할 때에는 논지를 흐리고 호도하기 위해서 이 기술을 종종 사용했다. 예를 들어 키케로가 카틸리나를 비판한 네 번의 연설들(기원전 63) 가운데 첫째 연설은 카틸리나에 대한 큰 의혹에 기초하되 강력한 행동을 뒷받침할 만한 증거가 빈약한 독설의 걸작이었다. 키케로의 정치적 목적은 카틸리나의 동료 원로원 의원들 사이에 그에 대한 적대감을 조성하고 그에게 공포감을 심어주어 굴복케 하려는 데 있었다. 애국심, 살인과 대 화재의 두려운 이미지, 악의적인 비방,

순전한 허세를 동원함으로써 키케로는 재판에서 이겼다.

순전히 수사학을 사용하여 청중의 감정을 압도하는 키케로의 수완이 워낙 능했기 때문에 자제력이 강하던 카이사르도 키케로가 「리가리우스 변호 연설」(*Pro Ligario*, 기원전 46년)을 듣고는 너무나 당황한 나머지 손에 들고 있던 서류를 떨어뜨렸다. 키케로로부터 열네 번의 비판 연설을 들은 마르쿠스 안토니우스는 뼛속 깊이 증오가 사무쳐서 기원전 43년의 처벌자 명단공개 때 아무도 나서서 그에게 키케로를 살려주도록 설득할 수 없었다. 그럼에도 불구하고 안토니우스조차 키케로가 「두번째 연설」(*Second Philippic*) 말미에 애국적인 호소를 하자, 거기에 자신을 갖고 놀려는 의도가 깔려 있다는 것을 알았으면서도 감정적인 동요를 느꼈다.

연설문들. 루카 회담(기원전 56년 4월)과 마르쿠스 안토니우스에 대해 열띤 연설들(*Philippics*)을 토해낸 때(기원전 44~43) 사이의 기간에 키케로는 자신의 연설적 재능을 발휘할 기회를 거의 얻지 못했다. 그 기간에 그는 웅변의 이론과 실제에 관한 교육서 시리즈를 썼다: 「연설가론」(*De Oratore*, 기원전 55), 「최고 유형의 연설가들」(*De Optimo Genere Oratorum*, 기원전 52), 「유명한 연설가들」(*De Claris Oratoribus*, 기원전 46), 「연설가」(*Orator*, 기원전 46), 「주제들」(*Topica*, 기원전 44). 그의 초기 저서 「창안에 관하여」(*De Inventione*)를 합치면, 이 저서들은 공화정 후기 연설의 값진 기록과 가장 위대한 연설가가 고수한 원칙들을 이룬다.

서간문. 키케로는 편지도 많이 남겼다. 정치에 참여했을 뿐 아니라 정치 상황을 예리하게 관찰하기도 했다. 이 편지들에서 다른 사람들에게 논평해 준 내용들은 공화정 말기 중에서 대단히 중요한 기원전 68~44년을 이해하는 데 값진 직접적인 사료를 제공해 준다. 위인의 사적인 생각이란 반드시 그의 공적인 이미지로 구현되지만은 않는 법인데, 키케로도 이 점에서 예외가 아니었다. 지나친 허영, 중요한 시점에서의 판단력 결핍, 정치적 이익을 위해 진리를 희생시키는 태도를 열여섯권의 서간집 「아티쿠스에게」(*Ad Atticus*), 열여섯권의 서간집 「동생 퀸투스에게 보낸 편지」(*Ad Quintum Fratrem*), 또한 두 편의 「브루투스에게」(*Ad Brutum*)에서 볼 수 있다. 그럼에도 불구하고 이 편지들에는 재치와 매력과 학식과 기품이 가득하여 이 편지들을 후대를 바라보고 편지를 쓰는 사람들에게 수세기 동안 서간체의 전형이 되었다.

시. 키케로가 시인이기도 했음을 기억하는 사람은 거의 없다. 그는 청년 시절에 훗날의 노비 포이타이와 매우 비슷하게 알렉산드리아 양식으로 여러 가지 운율과 장르의 시를 실험한 듯하다. 이 작품들은 모두 현존하지 않지만, 초기에 쓴 6보격의 교훈 시 「*Aratea*」는 대부분 현존한다. 이 시는 헬레니즘기 그리스 시인 아라투스가 천문학 전승을 시로 번역한 「파이노메나」(*Phaenomena*)를 형식에 구애받지 않고 번역한 작품이다. 아울러 키케로는 마리우스의 생애에 관한 서사시 한 편과 자신의 생애와 관련된 사건들에 관한 서사시 두 편을 썼다. 한 편은 자신의 콘술직에 관한 「*De Consulatu Suo*」이었고, 또 한 편은 자신의 유배와 귀환에 관한 「*De Temporibus Suis*」이었다. 이 두 작품은 냉담한 반응을 받았는데, 그 원인은 시로서 무슨 약점이 있어서가 아니라 내용이 허황되어서였던 것 같다. 그러나 「*Aratea*」로써 키케로는 엔니우스 이래로 서사시에 진지한 노력을 기울인 첫 작가였다. 그의 6보격 시들은 엔니우스의 과장된 작품보다 세련되며, 그의 영향은 다른 여러 시인들 가운데서도 베르길리우스의 6보격 시들에 잘 나타나 있다.

살루스티우스 (기원전 86~34경). 키케로는 귀족 사회로 뚫고 들어간 기사 신분으로서, 귀족들의 이기성과 폐쇄성을 비판하는 동안에도 그들의 기본적 가치를 신봉했다. 역사가 가이우스 살루스티우스 크리스푸스(C. Sallustius Crispus)는 콘술 직의 존엄에 도달하지 못한, 그리고 도량이 훨씬 적었던 기사 신분 사람이었다. 그 역시 중앙 이탈리아의 아미테르눔이라는 작은 도시 출신으로서 쿠르수스 호노룸을 통해서 원로원에 발을 들여놓았다. 기원전 55년에 콰이스토르를 지낸 듯하며, 기원전 52년에는 호민관으로서 인기를 얻어 출세를 꿈꾸었다. 몰염치한 포풀라레스 정치가이자 키케로의 정적이었던 푸블리우스 클로디우스와 연대를 맺었다. 기원전 52년에 클로디우스가 살해되었을 때 살루스티우스는 그의 장례식 때 원로원 의사당을 불태우고 법정에서 클로디우스의 살해자 밀로를 변호한 키케로를 대적하는 데 주역을 맡았다.

새삼 말할 필요도 없지만, 살루스티우스와 키케로 혹은 클로디우스의 옵티마테스 정적들 사이에는 잃어버릴 애정이 없었다. 기원전 50년의 옵티마테스 켄소르 아피우스 클라디우스 풀케르는 묘하게도 클로디우스의 형제이면서도 살루스티우스를 원로원에서 축출했다. 살루스티우스는 율리우스 카이사르가 폼페이우스와 카이사르의 옵티마테스 정적들에 대해서 벌인 내전에서 카이사르를 지원함으로써 자신의 지위를 되찾고자 했다. 그 보상으로 그는 기원전 46년에 프라이토르에 선출되었고 개편된 아프리카 속주의 총독 직을 받았다. 그는 속주에서 몰염치한 수탈로 치부하다가 재산의 부당취득 혐의로 재판을 받았다. 카이사르의 영향력이 그를 재판에서 구해준 듯하나, 그의 정치 생명은 그것으로 끝났다. 카이사르조차 그에게 콘술 직을 배려해 줄 생각을 하지 않은 게 분명하며, 게다가 몇달 뒤에 카이사르가 암살됨으로써 그의 앞길은 콱 막혔다.

그 대신 살루스티우스는 정계에서 은퇴한 뒤 부당하게 모은 재산으로 구입한 호화로운 정원들과 별장들에서 여생을 로마 귀족들의 야심과 부패와 탐욕을 비판하는 윤리적이고 역사적인 논문을 쓰면서 보냈다. 위선이 아니었나? 그럴 것이다. 그러나 자신의 야심이 물거품으로 끝난 데 대한 실망감이 그로 하여금 자신을 그렇게 만든 정치적 격동의 원인이 된 상황들을 되돌아보고, 과거에 투키디데스가 아테네인들을 위해 그랬듯이 자기 동족들에게 교훈을 남겨 주는 데로 몰아갔다. 살루스티우스는 정계에서 성취하지 못한 영광을 심오한 역사책을 씀으로써 얻을 영광으로 대체하고자 했다. 자기 동족들에게 그들이 잘못된 과정을 밟아왔음을 일깨워 주고 로마의 사료 편찬 수준을 그리스 최고의 사가 투키디데스와 동일한 수준으로 끌어올릴 만한 그런 역사서를 말이다. 정식 학문 기관들과 조사 단체들 혹은 저작권 계약이 없는 시대에 그런 일을 하려면 귀족 유한 계급의 재산이 필요했다.

살루스티우스는 세 권의 역사책을 썼다. 첫권은 「카틸리나 전쟁」(*Bellum Catilinae*)이고, 둘째 권은 「유구르타 전쟁」(*Bellum Jugurthinum*)이고, 셋째 권은 「역사」(*Historiae*)이다. 다섯 권으로 된 「역사」는 기원전 78~67년의 사건들을 다루며, 그가 죽음으로써 다 완성되지 않은 듯하다. 앞의 두 책은 현

존하지만, 「역사」는 단편만 현존한다. 카이사르 앞으로 보낸 두 통의 편지도
살루스티우스의 것으로 추정되지만, 그 신빙성은 여러 가지 이유에서 종종 의
심된다. 「살루스티우스에 대한 비난」(*Invective Against Sallust*)이라는 위서
가 키케로의 저작으로 돌려지듯이, 제국 시대에 로마의 교육을 지배한 수사학
훈련의 영향으로 살루스티우스를 모방하여 집필된 후대의 저작들일 가능성도
있는 것이다.

「카틸리나 전쟁」은 부패와 이기심과 파당적 지도로 국가를 파멸로 끌고가
고 있던 옛 귀족들의 모든 실정을 한 사람의 등장 인물을 통해 고발할 수 있
는 기회를 살루스티우스에게 주었다. 카틸리나라는 인물로써 옛 로마의 모든
덕목들이 정반대의 특성들로 부패한 것이 제시된다. 카틸리나는 자신의 탐욕
과 야심을 만족시키기 위해서 자신의 막대한 액수의 탈렌툼을 써서 내전을 일
으키고자 했던 것이다. 「유구르타 전쟁」에서 살루스티우스는 파벌의 정치적
이익을 국가의 이익보다 앞세우는 귀족 지도자들의 부패와 무능력을 고발한
다.

술라가 죽은 뒤 탐욕스럽고 야심찬 귀족들의 투쟁 속에서 파괴적인 폭력과
내전의 증가를 다룬 「역사」에서도 같은 주제들이 전개된다. 살루스티우스는
이런 문제들의 근원을 대 제국 건설과 카르타고 멸망 이후에 강한 위협으로
로마의 내부 결속을 자극할 만한 강한 외적이 사라짐으로써 거대한 부와 권력
과 영광을 얻을 수 있었던 기회들에게로 돌린다. 살루스티우스가 공화정의 문
제들의 근원을 카르타고 멸망보다 훨씬 이전으로 거슬러 올라가서 보지 못한
점과 귀족들이 유혹 앞에서 이상화한 로마의 표준들을 유지하지 못한 것을 지
나치게 강조한 점으로 비판을 받을 수도 있긴 하지만, 그는 점차 나락으로 떨
어져 가던 하층민들의 절망적인 사회적·경제적 상황들도 공화정 체제가 점
차 불안정해 가게된 중대한 요인이었음을 어느 정도 자각하는 모습을 보여 준
다.

살루스티우스는 전문적인 역사책을 쓴 로마 최초의 사가는 아니었지만, 자
신이 추구하던 것의 문체적 표준을 설정하는 데 성공했다. 그는 구체적이고
예리한 어휘를 사용한 대 카토의 고풍스런 언어를 의도적으로 되살렸다. 문장
구조는 투키디데스의 간결하고 비약이 많은 문체를 모방했다. 기억하기 쉽고

풍자적인 구절들과 인용될 수 있는 문장들을 쓰기 위해서 예리한 비교법과 대구법을 즐겨 사용했다.

아울러 투키디데스의 방식으로 자신이 기술하는 사건들에 참여한 사람들에게 전하는 연설 형식을 빌어 자신의 여러 가지 견해를 피력했다. 역사를 수사학적으로 접근한 이 방식은 리비우스, 타키투스, 암미아누스 마르켈리누스의 저서들에서 볼 수 있는 대로 그뒤 로마 사가들의 주요 스타일을 확정해 놓았다. 연설이 의사전달의 주요 수단이던 시대에, 이런 특성은 오늘날과는 달리 그리 인위적인 인상을 주지 않았을 것이다. 수사학의 감식가들이었던 살루스티우스의 청중도 사건 기사 중간중간에 실리는 이런 수사학적 비평을 즐겼을 것으로 추측된다.

카이사르 (기원전 100~44). 율리우스 카이사르는 대개 영예로운 정복자이자 암살된 통치자로 기억되지만, 그 역시 탁월한 연설가이자 완숙의 경지에 이른 문필가였다. 그가 군인과 정치가로서 성공을 거둘 수 있게 되기까지는 이 두 분야의 역량에 적지 않은 힘을 입었다. 이 두 분야에서의 역량에 힘입어 자기 병사들의 충성과 헌신을 이끌어냈고, 표를 얻었으며, 정적들의 주장을 제압했다. 카이사르는 직설적이고 가볍게 장식을 가한 아티카 스타일을 선호했다. 살루스티우스의 비약이 심하고 금언투의 스타일을 사용하지도 않았고, 키케로가 역사 기술에 적절하다고 생각한 화려하게 윤색되고 치장된 문장을 사용하지도 않았다. 아울러 사건들에 참여했던 사람들의 개성과 도덕적 특성에 초점을 맞추지도 않았다. 그는 사건에 참여했던 사람들 못지 않게 우연도 사건들에 큰 요인이라고 믿었고, 행위들을 자기 입장에서 도덕적 평가를 가하지 않은 채 스스로 말하게끔 했다.

기원전 50년경 카이사르는 「갈리아 전쟁기」(*De Bello Gallico*)의 처음 일곱 권을 펴냈다. 제8권은 훗날 그의 충직한 사절 아울루스 히르티우스(Aulus Hirtius)가 집필했다. 세 권으로 된 「내전기」(*De Bello Civili*)의 집필은 기원전 48년 말이나 47년 초에 된 듯하지만, 출판은 카이사르가 죽은 뒤에야 비로소 이루어졌다.

카이사르가 이 두 전쟁을 기술한 글은 역사와 논평이 독특하게 결합된 모습을 띤다. 알렉산드로스 대왕 시대 이래로 유행했던 건조하고 사실적인 군사 기록들과는 달리, 카이사르의 논평들은 우아하고 수사학적이고 활기가 있었다. 어떠한 사가도 그 저자의 개성과 재능을 훼손하지 않고는 그 책들을 개작할 수 없었다. 「갈리아 전쟁기」를 쓴 목적은 밝혀지지 않았다. 한때 이 책이 민주적 성향의 장군이 자신에게 명령권을 부여한 인민에게 쓴 군사 보고서였다는 주장이 있었다. 대다수 학자들은 더 이상 이 견해에 동조하지 않는다. 그들은 카이사르가 자기 계층 사람들에게 호감을 사려고 했을 가능성이 더 크다고 주장한다. 오늘날의 일반적 견해 ― 카이사르가 자신이 갈리아에서 일으킨 전쟁을 방어 조치로 정당화하기 위해 썼다는 ― 는 전혀 정확하지 않은 듯하다. 로마인들로서는 야만인들과 전쟁을 벌이는 데 어떠한 정당화나 변명이 필요하지 않았기 때문이다. 그 총독은 갈리아 전쟁을 치름으로써 자신의 큰 임무, 즉 로마인들의 권력과 존엄을 유지하고 확장하는 임무를 수행했다. 만약 그의 글들이 군사적 동기 이외의 다른 동기를 갖고 있다면 그것은 변명이라기보다 자기 미화일 가능성이 더 크다.

「내전기」는 논조와 목적이 사뭇 달랐다. 전쟁 범죄에 대한 의식이 뚜렷이 배어난다. 로마 사회에서 내전은 최악의 범죄였으므로 극단적인 도발에 대해서만 내전을 벌였음을 입증할 필요가 있었던 것이다. 카이사르의 기록에 따르면 소규모의 급진적인 반동 집단이 자신으로 하여금 자신의 명예와 존엄과 로마인들의 최상의 이익을 변호하도록 몰고 갔다는 것이다. 그들은 잔인하고 무익하고, 전투에서는 비겁하고 패배한 뒤에는 수치스런 모습으로 비친다. 그들은 자비를 구하고, 그는 그들의 목숨을 살려주었다. 이 기록에는 과도한 거짓 진술은 없지만, 융통성을 위해 진리가 시련을 받았다고 말할 수는 있겠다.

문학 (기원전 40~31). 카이사르 이후의 군사 독재기에 연설은 쓸모도 없고 인기도 없었던 까닭에 쇠퇴했다. 키케로, 카이사르, 칼부스, 호르텐시우스가 다 죽었고 새 시대에는 그들에 필적할 만한 사람들이 없었다. 당대에 최고의 연설가들이었던 가이우스 아시니우스 폴리오와 마르쿠스 발레리우스 메살라 코르비누스는 대단히 우수했으나 위대하지는 못했다.

산문 작가들 중에서 가장 두드러진 사람은 살루스티우스였다. 조금 못미치는 사람들로는 마르쿠스 테렌티우스 바로(M. Terentius Varro)와 티투스 폼포니우스 아티쿠스(T. Pomponius Atticus), 코르넬리우스 네포스(Cornelius Nepos)가 있었다.

바로(Varro, 기원전 116~27). 고대 작가들을 통틀어 가장 박식하고 다재다능한 사람이 바로였다. 그는 지칠 줄 모르는 근면으로 역사, 법, 종교, 철학, 교육, 언어, 전기, 문학 비평, 농사 등 매우 다양한 주제에 관한 글을 남겼다. 대표작은 방대한 지식뿐 아니라 많은 오류도 포함된 「인간과 신의 고대사」(*Antiquities Human and Divine*)일 것이다. 그는 이 책에서 로물루스가 로마를 건축한 표준 일자를 기원전 753년 4월 21일로 고정시켰다. 그가 남긴 무수한 저서들 중에서 살아남은 것은 농사에 관한 가치있는 책 세 권과 라틴어에 관한 스물다섯 권의 저서 중 여섯 권, 그리고 해 아래 거의 모든 주제를 다룬 산문과 운문의 잡문인 「Menippean Satires」의 많은 단편들뿐이다. 기원전 36년 여든의 나이에 그는 농사의 이론과 실제를 다룬 기념비적 저서를 집필했는데, 이것은 로마의 사회적·경제적 역사를 이해하는 데 대단히 귀중한 논문이다.

아티쿠스(기원전 109~32)와 네포스(기원전 99경~24경). 바로는 키케로의 옛 친구 티투스 폼포니우스 아티쿠스(T. Pomponius Atticus)가 집필한 로마 연대기에 기초하여 자신의 초기 로마사 연구의 한 부분을 수행했다. 이런 역사에 대한 관심이 키케로를 자극하여 아티쿠스에게 자신의 콘술 직과 카틸리나 진압의 역사를 쓰도록 종용하게 했으나, 아티쿠스는 그 요청을 정중히 거절했다. 기원전 99년경에 태어난 코르넬리우스 네포스는 키케로와 아티쿠스 모두의 친구였다. 그도 로마 연대기를 썼지만, 그의 주된 공헌은 그리스의 전기 장르를 로마에서 유행시켰다는 데 있다. 그는 생애 초반에 키살피나 갈리아에서 로마로 왔으나 정치에는 발을 들여놓지 않았고, 그 덕에 기원전 24년경에 죽음을 맞이할 때까지 평온히 살아남을 수 있었다. 기원전 34년에 그는 열여섯 권으로 된 「명사 열전」(*De Viris Illustribus*)의 초판을 펴냈다. 이 책에는 로마인들과 비로마인들을 망라한 장군들과 정치인들과 작가들과 학자들의 간략한 전기들이 실려 있다. 그는 아티쿠스가 죽은 뒤에 개정판을 펴내면서 감사의 심정으로 쓴 전기의 형태로 죽은 그 친구에 대한 찬사를 수록했다. 그중에서 스물다섯 명의 전기만 현존하며, 가장 탁월한 것은 아티쿠스의 전기이다. 그밖에 큰 관심을 끄는 것은 로마의 옛 대적 한니발의 전기인데, 이 전기는 강력한 카르타고인들의 질투와 많은 로마인들의 의심이 마침내 한니발을 유배와 자살로 몰아간 경위를 말한다.

네포스의 문체는 읽기가 퍽 쉽다. 그가 여러 로마인들과 비 로마인들 그리고 심지어 비 그리스인들에 관해 썼다는 것은 로마 저자들 사이에서는 보기 힘든 그의 폭넓은 관점을 보여 준다. 불행하게도 대다수 고대 전기 작가들과 마찬가지로 그는 정확한 역사 기술보다 도덕적 교훈 설파에 더 큰 관심이 있었다. 그러므로 그는 종종 중요한 역사 사실들을 빠뜨리고 사료들에 담긴 오류들을 무비판적으로 재현했다.

정치적으로 로마 공화정의 마지막 세대는 재앙과도 같은 시대를 살았다. 그들은 방대한 제국 건설과 그로 인해 촉진된 거대한 사회적·경제적 변화들이 던지는 도전들에 대처하지 못했다. 그러나 문화적으로는 독창적인 큰 성공을 거두었다는 평가를 받아야 한다. 예술과 건축과 수사학과 문학과 학문에서 그들은 이전 세대들의 그리스인들의 계승자다웠다. 그들은 그리스 전승과 이탈리아 토착 전승을 독특하게 혼합하여 — 이것은 로마 문화의 특징이었다 — 다음 세대는 새로운 황금 시대, 즉 고전 그리스 시대와 비견할 만하고, 수 세기 동안 서유럽의 지배적인 문화적 원동력이 된 새로운 황금 시대를 낳을 수 있었다.

제 4 부

초기 로마 제국

22

아우구스투스의 원수정
(기원전 29~서기 14)

옥타비아누스가 명실상부하게 로마 세계를 제패한 기원전 29년은 로마사에서 새로운 시기가 시작되기에 알맞은 시점이었다. 전승에 의하면 기원전 509년에 수립된 공화정이라는 정부 체제는 이제 사실상 임페라토르(황제)로 알려지게 된 한 사람의 통치에 자리를 양보했다. 그러므로 공화정은 이미 오래 전에 방대한 제국을 건설하긴 했지만, 황제가 통제하는 정부 체제의 수립이 로마 제국 출범의 기점이 된다.

제국의 처음 300년은 대개 원수정(元首政, Principate)이라는 부제하에 다뤄진다. 원수정이라는 단어는 황제들이 서기 282년까지 주로 사용한 칭호의 하나인 프린켑스(princeps)에서 유래한 것으로서, 이 칭호에는 황제가 비록 국가의 공인된 수장이긴 하지만 로마 귀족 사회의 동등한 사람들 중 첫째 곧 프리무스 인테르 파레스(primus inter pares)에 불과하다는 의미와, 그가 그들과 협력하여 통치한다는 의미가 함축되어 있다. 그러나 282년 이후의 시기는 종종 전제정(專制政, Dominate)이라 불린다. 왜냐하면 황제들이 공공연히 독재를 행했고, 그에 따라 프린켑스라는 칭호는 완전히 사장되고 대신에 주(主)와 주인을 뜻하는 도미누스(dominus)라는 칭호가 성행했다.

아우구스투스의 원수정에 대한 자료. 아우구스투스의 통치사에 관한 정보는 대부분 수에토니우스(Suetonius)의 아우구스투스 전기, 디오(Dio)의 「로마사」 제52-56권, 벨레이우스 파테르쿨루스의 간략한 개요 중 제2권 86-123장, 그리고 아우구스투스 자신의 「업적록」(*Res Gestae*)에서 나온다. 불행하게도 리비우스(Livy)가 서기 9년까지 다룬 목격담(그의 로마사 중 134-142권)에는 「요약집」(*Periochae*) 가운데 가장 간략한 요약이 실려 있으며, 따라서 그 손실이 한층 더 절실하게 느껴진다.

아우구스투스 시대의 위대한 저자들의 저서들(참조. 597쪽)은 풍부한 고고학 유물들과 무수한 라틴 및 그리스 비명(碑銘), 이집트 파피루스들에 남은 기록들, 그리고 주화들과 마찬가지로 그 시기의 사회, 경제, 문화, 사상을 이해하는 데 도움이 되는 자료들로 풍성하다. 속주의 정황을 이해하는 데 매우 중요한 자료 중에는 키레네에서 발굴된 장문의 그리스어 비명이 있는데, 이 비명에는 아우구스투스의 칙령 네 개, 원로원의 결의 한 개가 실려 있으며, 퀴레네의 칙령들로 알려져 있다.

개선(기원전 29). 기원전 29년 늦여름에 옥타비아누스는 로마로 개선했다. 원로원은 그의 모든 조치들을 재가하고 그의 생일을 국경일로 선포하고 브룬디시움과 로마에 개선문을 세우기로 결의했다. 시인들은 그 강력한 정복자를 칭송했다. 그는 연 사흘간 달마티아와 악티움과 이집트에서 거둔 승리에 대해서 개선식을 거행했는데, 한결같이 화려함과 장엄함 면에서 율리우스 카이사르의 개선식들을 능가했다. 기원전 241년에 제1차 포에니 전쟁이 끝난 이래로 처음으로 야누스 신전의 문들이 육지와 바다에 평화가 임했다는 무언의 그러나 가시적인 표시로서 굳게 닫혔다. 내전과 폭력으로 얼룩진 한 세기가 끝나자 사람들은 마침내 자유롭게 숨쉬고 일하고 평화를 누리고 몰수와 처벌자 명단 공개와 처형을 두려워하지 않은 채 번영을 구가할 수 있게 되었다.

당면 과제들. 제국 내에는 평화가 깃들었지만 변경 지역들은 여전히 라인 강과 도나우 강 너머에서 부유하고 평화로운 제국 속주들을 호시탐탐 노리고 있던 야만족들로부터 보호해야 했다. 제국 국방을 위해서는 침략 전쟁이라는 확고한 정책이 요구되었다.

야만족들보다는 오히려 제국 군대가 내부의 평화와 안정에 훨씬 더 큰 잠재적 위협이었다. 야심차고 무자비한 장군들의 지휘하에 그들은 멀지 않은 과거에 그랬듯이 다시 국가를 전복시키고 분열시킬 수 있었다. 악티움 해전 이후에 옥타비아누스는 자신이 일흔 개 군단의 주인이 되어 있는 것을 발견했다. 그중에서 서른 개 미만의 군단이면 얄팍해진 재정을 바닥나게 하지 않고서 제국을 방어하기에 충분했다. 그 정도 규모의 군단들을 그는 혼자서 총사령관으로서 장악하고, 나머지는 해산할 필요가 있었다. 마흔 개 이상의 군단을 해산하고 나면 사유 재산을 몰수하거나 세금을 올리지 않고서 전역병들이 정착할 토지를 확보해야 하는 문제를 해결해야 했고, 그 문제와 아울러 제국 재건에 따르는 더 무겁고 다양한 문제들을 해결해야 했다. 강력한 중앙 정부를 수립해야 했고, 카이사르가 약화시킨 원로원의 위신과 권위를 회복시켜야 했고, 국가의 수장으로서 군대를 장악해야 했고, 제국 행정 체계를 수립해야 했고, 속주의 공공 재정과 행정을 조절하고 외교 문제를 감독해야 했고, 자신의 적절한 후계자를 발굴하여 키워야 했고, 고대의 도덕률을 되살리고 국가종교를 재건해야 했다. 이 모든 과제는 아무리 대단한 정력가라도 힘에 부치는 일이었다.

병약했던 옥타비아누스는 권력을 향해 더디나마 착실히 오르기 시작할 때부터 과시했던 의지력과 결단력과 정치적 기민성과 냉정함을 가지고 자신의 시원찮은 건강을 이기고 나갔다.

그는 인민의 우상이 되어 동방에서 돌아왔다. 돌아왔을 때 그의 위신과 권력은 카이사르조차 소유해본 적이 없는 그런 것이었다. 동방과 서방이 충성 맹세로써 그에게 복종했고, 로마사에서 가장 규모가 크고 전력이 막강한 군대의 총 지휘권이 그의 수중에 있있고, 부유하고 강한 제국의 재원과 자원이 그의 재량에 달려 있었다. 프톨레마이오스 왕조로부터 몰수한 재산만 해도 그의 전역병들에게 토지와 보너스를 주고 도시 로마 주민들에게 식량과 오락을 제공하고, 심지어 세금을 감면하고 대규모 토목 공사를 벌임으로써 이탈리아의 경제를 부흥시키기에 충분했다.

옥타비아누스는 자신의 재원 외에도 로마사에서 유례가 없는 아욱토리타스와 위신과 존엄을 누렸다. 초창기에 권력 투쟁에 몰두해 있을 때 그는 지상의 죄를 '도말'하여 그것을 혜성으로 '옮긴' 율리우스 카이사르의 '영혼'을 불러 도움을 청했었다. 그러한 '신적'(神的)인 도움이 이제는 더 이상 필요치 않았다. 전쟁 영웅이자 인민의 우상이 된 옥타비아누스 자신도 강력한 정파의 확고한 지도자이자 모든 후원과 권력의 공인된 원천이 되어 있었기 때문이다.

그가 이집트와 동방에서 돌아오기도 전에 원로원과 민회는 스스로 앞서서 옥타비아누스에게 특별한 영예와 특권과 칭호를 부여하는 안을 투표로써 통과시켰다. 옥타비아누스에게 개선문들과 조각상들이 세워지고 그를 기념하는 각종 경기들이 열렸으며 탄원서들이 도착했고, 시민들을 도울 — 도시 로마의 첫 이정표 안에서 뿐 아니라 제국 전역에서 — 호민관의 권한, 그리고 상소를 처리할 권한과 민회 법정에 계류중인 재판건에 대해서 사면을 할 권한과 귀족 지위를 하사할 권한이 주어졌다.

특별 칭호들. 옥타비아누스가 받은 여러 칭호들 중에서 첫번째 것은 그가 입양할 때 받은 카이사르라는 이름이었다. 그가 악티움 해전 이후에도 그 이름을 간직했다는 것은 주화들로 분명히 입증된다. 이 칭호는 그뒤로 더 이상 필요가 없었고 실제로 그도 한동안 그것을 버리고 기록에서도 거의 지웠지만, 여전히 화려하고 장엄하고 심지어는 절대적인 미래를 갖고 있었다. 훗날 그 칭호는 모든 황제들이 다 사용했고, 근대에는 독일의 카이저(Kaiser)와 러시아의 차르(Czar)가 그 칭호를 사용했다.

그의 이름의 일부인 임페라토르라는 칭호는 자랑할 만하고 유서깊은 칭호였다. 승리한 군대의 최고 사령관은 언제든 임페라토르라는 말로 환영을 받았고, 승리한 뒤까지도 그 칭호를 간직했다. 마리우스, 술라, 폼페이우스, 카이사르는 그 칭호를 자주 사용했고, 옥타비아누스는 직접 혹은 그의 레가투스들이 거둔 승리들로 인해 죽기 전에 스물일곱 번이나 그 칭호를 받았다. 카이사르와 폼페이우스, 그리고 이 칭호를 받은 공화정의 다른 모든 장군들과는 달리, 옥타비아누스는 그것을 프라이노멘(praenomen, 첫째 이름)으로 채택했고, 자신의 군사 경력을 강조하기 위해서 자신의 공식 직함의 일부로 그 칭호를 간직했다. 직계 후계자들인 티베리우스(Tiberius), 칼리굴라(Caligula), 클라우디우스

(Claudius)는 이 칭호를 거부했지만, 베스파시아누스(Vespasian) 때부터는 임 페라토르가 모든 로마 군주들의 표준 칭호가 되었고 영어의 'emperor'로 살 아남았다.

비록 공식 칭호에 끼지는 못했지만, 옥타비아누스의 칭호들 가운데는 프린 켑스 키비타티스(princeps civitatis. '국가 제1의 시민')이라는 칭호가 돋보인 다. 대개 프린켑스라고 줄여 쓰인 이 칭호에서 '원수정'(principate)과 '제후' (prince)라는 단어가 파생했다. 후대에는 '군주'(monarch)나 '황제' (emperor) 같은 것을 의미하게 되었지만, 독특할 것도 새로울 것도 없는 칭호 였다. 다른 프린켑스들이 있었기 때문이다. 공화정 시대에 프린켑스라는 단어 는 지도급 원로원 의원으로 인정을 받은 콘술 역임자이자 대단한 위신과 덕망 곧 아욱토리타스를 지닌 사람을 뜻했었다.

원수정의 발전. 기원전 29년에 옥타비아누스는 정치적으로 그리고 국제상 으로 대단히 어려운 상황에 처해 있었다. 합법적으로 수립되었던 삼두 정치를 안토니우스의 권력을 부인하기 위해서 기원전 33년 12월 31일에 소멸시켰다. 그 다음 해에는 옥타비아누스의 지위가 순전히 개인적인 것이 되었다. 그는 이탈리아의 대다수 주민들과 서방 전역의 자치 지역들에 사는 많은 주민들이 그에게 맹세한 충성 서약을 등에 업고서 자신의 공식 활동들을 정당화했다. 그러나 이렇게 순전히 개인적인 지위는 전통에서 벗어난 것이었기 때문에, 그 는 좀더 합법적인 지위를 얻기 위해서 기원전 31년의 콘술에 출마하여 당선 되었다. 그뒤로 해마다 콘술에 재선되었다. 콘술 직에 있으면서도 여전히 과거 의 개인적 충성을 근거로 동료들에 대해 우월권을 주장했고, 안토니우스가 독 재관 직을 폐지하기 전에 독재관들이 그랬듯이 스물 네 명의 릭토르들 전부를 거느렸다.

비판을 무마하기 위해서 옥타비아누스는 전쟁이 끝나면 자신의 특별한 지 위를 포기하고 공화정 국제(國制)의 정상적인 운영을 회복시키겠다고 약속했 다. 기원전 29년은 옥타비아누스가 그 약속을 순조롭게 이행하기 시작한, 아 니면 적어도 그렇게 하는 것처럼 보인 해였다. 만약 그렇게 하지 않았다면 그 는 율리우스 카이사르와 똑같은 운명을 맞이하거나 아니면 적어도 위험하고 어려운 상황에 처할 판국이었다. 반면에 옥타비아누스는 내심으로는 자신이 쟁취한 그 군림하는 지위를 간직하고 싶었고, 애국적인 견지에서 만약 자신이 그 지위를 포기하면 파괴적인 정쟁이 또 다시 반복될 것이라고 판단했다. 그렇다면 그의 과제는 자신이 그렇게 어렵사리 확보한 수위권을 훼손하고 지난날 공화정의 특징이었던 사회 불안을 재현할 우려가 있을 만큼 많은 권력을 양도하지 않은 채, 지위고하를 막론하고 옛 공화정 국제를 진심으로 원하는 많은 사람들을 만족시킬 만큼만 공화정을 회복시키는 일이었다.

그가 안전 그물도 없이 아주 가냘픈 밧줄을 타고서 균형을 잡는다는 대단히 어렵고 미묘한 일을 수행해야 했다. 무엇을 하면 안 되는지에 대해서 그는 좋은 예들을 갖고 있었다. 술라는 국제(國制)를 설계할 때 지나치게 반동적이고 시대 착오적인 태도를 견지했다. 카이사르는 너무 노골적으로 일인 통치를 추구했다. 폼페이우스와 안토니우스는 귀족들로부터 적절한 신임을 받지 못했다. 그러나 옥타비아누스가 따라야 할 모델은 없었다. 다음 10년 동안 바람직한 정부 형태를 구현하기 위해서는 자신의 신중함, 인내, 결단력, 기민함을 남김 없이 발휘해야만 했다.

초기의 개혁들. 옥타비아누스는 기원전 28년 1월 1일에 아그리파와 함께 콘술에 취임하면서 정치 재건의 길에 가시적인 첫발을 내디뎠다. 그는 공화정치에 어긋난 스물 네 명의 릭토르들 중 열두 명을 아그리파에게 양도함으로써 공화정의 정상적인 관행에 부합하게 동료 콘술에게 공평한 권력을 회복시켰음을 부각시켰다. 다음 조치는 시민들을 명부에 등록시키고 원로원의 명부를 개정하기 위해서 아그리파와 함께 켄소르의 권한을 받는 것이었다. 정상적인 국제(國制)를 회복시키겠다는 그의 주장이 신뢰성을 얻으려면 원로원 의원 재임용 심사는 절대적인 당위였다. 원로원은 옛 국제의 중심이자 옛 귀족들의 긍지였고, 그들의 호의와 협력이 옥타비아누스에게는 절실히 필요했다. 그러나 원로원은 얼마 전부터 위신을 크게 잃었다. 왜냐하면 카이사르를 비롯한 삼두 정치를 행한 권력자들이 정치적 봉사의 대가로 검증이 안 된 무자격자를 상당수 원로원 의원으로 임명함으로써 그 수를 크게 늘려놓았기 때문이다. 그 사람들이 바로 옥타비아누스가 이제 제거하고 싶은 유형의 사람들이었다. 그는 공화정주의에 입각하거나 내전에서 자신을 지원하지 않았다는 이유로 어느 누구도 숙청하지 않았다. 만약 그랬다면 원로원의 독립을 회복하고 싶어하는 자들과 자신이 비위를 맞추려 하던 사람들 사이에 적대감을 불러일으키고 말았을 것이다. 옥타비아누스와 아그리파는 그 시점에서는 원로원 의원수를 1천 명 가량에서 8백 명 가량으로 줄이는 데 성공했다. 기원전 18년과 13년에 숙청 작업을 더 벌인 결과 옥타비아누스는 마침내 원로원 의원수를 술라가 확정한 숫자인 6백 명으로 줄였다.

기원전 28년에 콰이스토르의 숫자를 40명에서 술라가 정해 놓은 20명으로 줄임으로써 옥타비아누스는 콰이스토르 역임자들이 원로원 의원이 되는 관행으로는 원로원 의원수를 1천 명 선으로 유지할 수 없었음을 분명히 해두었다. 아울러 그는 콰이스토르 직을 나이가 적어도 25살 이상으로서 원로원 가문 출신에다 품성이 좋고 군 복무를 마치고 적어도 800,000세스테르티우스(훗날에는 1백만 세스테르티우스) 이상의 재산을 소유한 사람들로 제한함으로써 그 직위의 가치를 높이려 했다. 기사 신분도 하위 정무관 직을 하나 또는 그 이상 역임했다면 콰이스토르 직에 오를 수 있었다. 옥타비아누스는 프라이토르의 숫자를 16명에서 술라가 정한 8명으로 줄임으로써 전통주의자들의 비위를 맞췄다. 마지막으로 그는 프라이토르와 콘술이 될 수 있는 최소 연령을 각각 서른두살과 서른다섯살로 낮췄다.

옥타비아누스는 예전처럼 적어도 400,000세스테르티우스의 재산을 가지고 있으면 기사 신분이 될 수 있게 했다. 그는 기사 신분과 원로원 신분에 새로운 피를 공급하기 위해서 이탈리아 자치 도시와 심지어 갈리아와 히스파니아의 로마 식민시들에 사는 소수의 부유한 귀족들을 받아들인 카이사르의 정책을 채택했다. 미래의 황제들은 훨씬 더 광범위한 규모로 그 정책을 지속시키게 된다.

기원전 27년의 조정(Settlement). 기원전 27년 1월 13일에 옥타비아누스는 숙정되어 원기를 되찾은 원로원에 치밀한 각본에 따라 출석하여 자신의 모든 권한을 원로원과 로마 인민들에게 이양하겠다고 제의했다. 그 숙연하고 극적인 행동은 공화정의 완전한 회복을 예고하는 듯했으나 아마 그가 예상한 대로 환호보다는 동요를 일으켰다. 그의 고결한 태도에 압도당한 원로원 의원 대다수는 아마 그의 측근들의 주창에 따라 그에게 10년 임기의 프로콘술의 권한으로 광활하고 지리적으로 떨어져 있는 단일 속주들인 히스파니아, 갈리아, 시리아, 이집트를 맡아달라고 설득했다. 그 속주들에는 대다수 군단들이 주둔하고 있었다. 해적 소탕 전쟁 때 폼페이우스가 그랬듯이, 아우구스투스는 콘술과 프라이토르 급 레가투스들을 임명하고 자신의 재량으로 선전포고와 강화를 할 수 있는 권한을 가졌다.

권력이 새로 분할됨에 따라 원로원은 로마와 이탈리아, 그리고 시칠리아, 사르디니아, 코르시카, 일리리쿰, 마케도니아, 그리스, 아시아, 비시니아, 크레타-키레네, 아프리카 같은 속주들을 다시 장악하게 되었다. 옥타비아누스는 자신의 레가투스들 혹은 대리인들을 통해서 '황제령' 속주들을 지배하게 된 반면에, 원로원은 콘술 역임자들과 프라이토르 역임자들 급에서 선별한 총독들을 통해서 '원로원령' 속주들을 장악했다.[1] 해마다 계속해서 콘술로 선출된 프린켑스는 자신의 아욱토리타스를 통해서든 아니면 콘술과 총독로서 지닌 자신의 명령권의 비중을 통해서든 '원로원령' 속주들의 총독들을 효과적으로 장악했다. 그런 방식으로 그는 이른바 공화정을 회복시킨 뒤에도 전과 다름 없는 실권을 유지했다.

옥타비아누스가 권력을 '이양'하고서 사흘째 되던 날, 원로원은 공화정 회복자에게 경의를 표하기 위해서 회의를 소집했다. 그의 자택 문에 월계관을 걸고, 용맹과 관용과 정의과 경건 같은 그의 덕목을 새긴 금 방패를 원로원 의사당에 걸었다. 이보다 훨씬 더 큰 영예는 그에게 고귀하다는 의미를 내포하고 국교적인 관념을 연상시키는 의미를 담은 아우구스투스(존엄한 자)라는 칭호를 수여한 것이었다.

그 이후의 개혁들. 신임 아우구스투스는 그 대가로 원로원을 격상시키고 그

---

1) 이른바 원로원령 속주들은 디오에 따르면(53. 12. 2와 53. 13. 1) 대체로 평화로운 지역들이었고, '황제령' 속주들과는 달리 군단 수비대가 필요하지 않았다고 한다. 이런 구분은 반드시 일치하지만은 않았다. 아프리카, 일리리쿰, 마케도니아의 원로원령 속주들의 총독들도 원수정 초기에는 휘하에 군단 병력을 보유하곤 했기 때문이다.

권력을 증대시켰다. 원로원에 국가 재정 예산 집행권을 되돌려 주고, 심지어 적어도 한동안은 금화와 은화 주조권까지도 주었다. 기원전 23년 이후 한동안 원로원은 원로원령 속주들에서의 부당 재산 취득 행위를 재판하고 이탈리아와 속주들로부터 항소를 받는 최고 법원이 되었다. 아우구스투스는 여전히 민회들을 입법 기관들로 인정하면서도, 원로원이 민회의 재가를 받지 않고서 법의 효력을 지닌 원로원 결의들을 공포할 수 있도록 허용했다. 공식적으로 원로원은 국정의 온전한 파트너가 되었다. 이론적으로는 그 이상이었는데 원로원은 프린켑스의 궁극적 권력의 원천이었기 때문이다. 원로원은 한 번 부여한 것을 도로 취할 수도 있었다.

예상치 않았던 문제들. 자기 앞에 닥친 국제(國制)상의 문제들을 효과적으로 해결했다고 판단한 아우구스투스는 기원전 27년 말에 자신의 속주들인 갈리아와 히스파니아에서 화급한 군사 작전을 관장하기 위해서 로마를 떠났다. 그리고는 거의 3년 동안 돌아오지 못했다. 그러나 그 기간 동안 자신이 취했던 국제상의 조치들이 기대했던 것만큼 효과적이지 못했다는 사실이 갈수록 분명해졌다. 많은 수의 구 귀족들이 그 조치를 달가워하지 않았다. 예를 들어 기원전 26년에 아우구스투스가 히스파니아에서 전쟁을 수행하고 있는 동안 그는 로마시 담당관(prefect of the City)이라는 옛 관직을 부활시킴으로써 로마의 시정을 장악하려고 했다. 그의 임명자는 마르쿠스 발레리우스 메살라 코르비누스(Marcus Valerius Messala Corvinus)로서, 나중에 안토니우스에게로 그리고 마지막으로는 아우구스투스에게로 전향하기 전에는 브루투스와 카시우스의 사람이었다. 그러나 그 직위는 뿌리를 공화정 이전의 왕정 시대에 두고 있었고, 기원전 367년 이후에 프라이토르의 권한이 증대되면서 폐지되었었다. 메살라는 불과 엿새 동안 그 직책을 맡았다가 그것이 국제에 어긋난다고 하여 사임했다. (결국 아우구스투스는 그 직책을 되살리는 데 성공했지만, 당분간 계획을 단념했다.) 구 공화정주의자들의 불만이 분명히 싹트고 있었다.

아우구스투스의 친구들이 원로원에서 아우구스투스의 명예를 격상시키기 위한 안건을 끊임없이 제의한 것도 옛 귀족들 사이에서 한층 더 증오를 일으켰다. 기원전 24년 말에 아우구스투스가 건강 악화로 히스파니아에서 돌아온 뒤에 기원전 23년 초에 원로원 속주 총독의 반역죄 재판에 간섭하여 사형 판결을 이끌어내자 그들은 한층 더 감정이 상했다. 그러던 직후에 불만을 품은 귀족들이 꾸민 아우구스투스 암살 음모가 발각되었다. 그 음모는 조용히 진압되었지만, 아우구스투스는 불만의 원인을 치유하기 위한 어떤 조치를 취하기도 전에 중병에 걸려 드러눕게 되었다.

기원전 23년의 권력 분할. 아우구스투스는 건강을 회복한 즉시 자신의 지위와 정치의 안정을 도모하기 위해서 국제상의 조정을 좀더 구체적으로 진행시켰다. 구 귀족들에게 가장 큰 걸림돌은 아우구스투스가 계속 콘술 직을 보유하고 있다는 점이었다. 그것은 전통적인 공화정주의자들의 눈밖에 난 길을 걸었던 마리우스와 카이사르의 행적과 너무나 비슷했다. 더욱이 콘술 직은 야심이 있는 원로원 의원이라면 누구나 품고 있던 목표였다. 아우구스투스는 매년 콘술 직을 보유함으로써 다른 사람들에게 돌아갈 그 자리를 절반으로 줄이고 있었다. 원로원 의원들과 상의한 뒤 그는 기원전 23년 1월 1일에 콘술 직을 사임했다. 그 대가로 완전한 호민관의 권한 곧 트리부니키아 포테스타스(tribunicia potestas)를 받았다. 그는 기원전 36년부터 호민관의 신성불가침권을 누렸고, 기원전 30년부터 시민들을 도울 권한 곧 아욱실리움(auxilium)을 누렸다. 기원전 30년에는 투표에 의해 완전한 호민관의 권한을 받았으나 그것을 거부했든지 아니면 사용하지 않았다. 그러나 이제는 그 권한을 자신의 지위의 공식적이고 합법적인 토대로 삼았고, 기원전 23년부터 자신이 트리부니키아 포테스타스(그의 주화에는 약자로 'T.P.'로 표기됨)를 보유한 햇수로 자신의 원수정의 햇수를 매겼다.

아우구스투스는 호민관의 권한에 힘입어 여러 가지 중요한 권리와 특권을 누렸다. 원로원 회의를 소집할 수 있었고, 법안을 작성하여 콘킬리움 플레비스(concilium plebis, 평민회)에 상정할 수 있었고, 서면 동의안을 원로원에 제출하여 다른 모든 사업보다 우선 심의하도록 할 수 있었다. 그럼에도 불구하고 그는 콘술 직 상실을 벌충하려면 더 큰 권한이 필요했다. 더 이상 콘술은 아니었지만, 그 직위의 후보자들을 지명하는, 콘술에 해당하는 권한을 허용받았다. 물론 그외에도 그는 여느 고위층과 마찬가지로 일단 후보자들의 입후보

가 수락되면 그들을 보증할 특권을 지녔다. 그러나 일단 당선된 모든 신임 정
무관들은 아우구스투스의 모든 과거와 미래의 공적 활동을 지지하겠다고 맹
세하도록 요구받았다. 아울러 그는 다양한 상설 법원들에 배심원들을 지명할
권한을 받았고, 이 권한에 힘입어 부가적으로 법 집행을 통제할 수 있었다. 마
지막으로 그의 콘술 직의 상실을 벌충하기 위해서 총독의 **명령권**이 강화되었
다. 아우구스투스는 로마 시에서 그 권한을 유지하도록 허용되었고, 그 권한을
더욱 크게(maius)하여 다른 속주 총독들 위에 군림하고 필요할 경우 모든 군
단들에 대해 명령권을 행사할 수 있게 했다. 이 **명령권**은 5년 내지 10년의 간
격을 두고서 기원전 18년과 13년과 8년, 그리고 서기 3년과 13년에 갱신되었다.

기원전 23년에는 다른 조정들이 이루어졌다. 아우구스투스는 프라이토르의
수를 여덟 명에서 열 명으로 늘리고, 늘어난 두 직위에 도시 재정을 맡겼다.
그 결과로 늘어날 프라이토르 역임자의 수에 맞게 총독 자리를 두 석 더 만들
기 위해서 갈리아 나르보넨시스(프로방스)와 키프로스의 관할권을 원로원으로
이양했다. (기원전 23년 이후에 합병된 속주들은 수비대들이 필요했고 그것들
은 그에 의해 유지되었다.) 기원전 23년 또는 그뒤 얼마 후에 원로원은 정치
적 혹은 형법상의 범죄로 고소를 당한 동료 원로원 의원들을 재판할 권한을
확보했다. 속주민들이 단지 부당취득 재산의 반환을 위해 원로원령 총독들에
게 제기한 소송은 동료 원로원 의원들로 구성된 소규모 특별 위원회가 재판하
도록 했다. 술라가 지하에서 흐뭇해 했을 것이다!

그 이상의 권력 확보. 전통주의적 귀족들은 기원전 23년의 변화들을 찬성했
겠지만, 도시 로마 평민들은 그렇지 않았다. 기원전 22년에 홍수와 기근이 겹
쳐서 일반 시민들이 살아가기가 대단히 어려워졌다. 그들은 원로원이 국정을
어떻게 장악하는가 하는 데에는 관심이 없고 다만 아우구스투스에게 영구 콘
술 직 혹은 독재관 직을 부여할 것과 그가 직접 켄소르 직을 맡아 곡물 담당
관 직(cura annonae)을 맡아 줄 것을 강하게 요구했다. 그는 콘술 직과 독재
관 직과 켄소르 직을 거부했으나, 자신의 방대한 재원을 가지고 며칠이 지나
지 않아 곡물 부족 사태를 해소했다. 아울러 기원전 22년에는 호민관의 권한
만 가지고는 원로원을 소집할 수 없었기 때문에 원로원을 소집할 수 있는 콘

술의 권한을 받았다.

기원전 22년 봄에 아우구스투스는 속주들의 각종 업무를 처리하기 위해서 떠났고, 그가 없는 가운데 국정의 책임이 원로원에게 맡겨졌다. 그해 말에 인민이 한 사람 이상의 콘술을 선출하기를 거부하자 그가 개입해야만 했다. 그는 콘술 직을 더 수락하기를 거부하고서 공화정주의자들로부터 크게 신임을 받던 귀족인 자신의 지명자를 콘술로 선출해 주도록 설득했다. 기원전 21, 20, 19년에도 똑같은 일이 반복되었다. 아울러 기원전 19년에는 아우구스투스가 콰이스토르 직 후보자로서 거부한 사람들이 입후보를 철회하기를 거부했다. 게다가 자기 재산으로 로마에 소방대를 조직하고 아이딜리스로서 성대한 경기를 후원하여 큰 인기를 얻은 에그나티우스 루푸스(Egnatius Rufus)가 프라이토르를 역임한 직후에 법을 어기고 콘술에 출마했다. 원로원의 다수 의원들은 세나투스 콘술툼 울티뭄(원로원 비상결의)을 통과시킨 뒤 아우구스투스에게 귀국하여 질서를 회복해 달라고 요청했다.

기원전 19년의 조정. 아우구스투스가 귀국한 기원전 19년 10월 12일은 국경일로 선포되었다. 그는 투표에 의해서 콘술에 준하는 권한을 받았는데, 그것은 아마 부재중에 로마 시 담당관을 임명할 권한과, 열두 개의 권표(fasces)를 사용할 권한과, 임기 일년의 두 콘술 사이에 상아 의자에 앉을 권한이었던 것 같다. 아우구스투스뿐 아니라 많은 전통주의적 귀족들도 그가 기원전 23년에 너무 많은 권한을 이양했다는 것을 확연히 깨달았을 것이다. 이제 그는 콘술직을 포기하면서 잃었던, 중요하다 판단되는 모든 권한을 되찾았다. 그는 여전히 콘술 직함을 갖지 않았으나 사실상 제3의 콘술이었다. 귀족들은 이제 마음 놓고 일년 임기의 콘술들과 경쟁을 벌일 수 있었고, 평민들도 자기들의 영웅이 콘술의 권한을 가지고 행동하고 콘술처럼 대우를 받는 것을 보고서 그가 정국을 장악하고 있다고 재확인할 수 있었다.

기원전 19년 이후의 소소한 변경 사항들. 기원전 19년의 조정은 아우구스투스의 권력에 발생한 마지막으로 굵직한 국제(國制)상의 조정이자 변화였다. 그러나 임시적인 변경은 세월을 두고 이루어졌다. 기원전 18년에 아우구스투스는 다시 한 번 원로원 의원 재임용 심사를 하여 의원수를 6백 명으로 줄였으며, 민회가 자신에게 넘겨준 항소권을 보유했다. 기원전 15년에 그는 금화와 은화를 주조할 수 있는 독점권을 획득했다. 기원전 12년에는 과거 삼두정치를 함께 주도했던 레피두스가 죽자 그 대신에 폰티펙스 막시무스(대사제)로 선출되었다. 그 직위는 그에게 국가종교의 수장으로서 큰 위신을 가져다 주었고, 그라티아누스 때까지(서기 375년경) 심지어 그리스도교인 황제들을 포함한 차후의 모든 로마 황제들이 이 직위를 보유했다. 기원전 2년에는 원로원의 투표에 의해 파테르 파트리아이(Pater Patriae) 즉 국부(國父)라는 칭호를 받음으로써 그의 위신은 한층 더 커졌다. 이것은 키케로가 카틸리나 음모를 진압한 뒤에 투표에 의해 받은 영예였다.

그러므로 기원전 18년 이후로 아우구스투스의 원수정의 형태가 상당히 잘 확정되고 국가도 안정된 듯 했다. 아우구스투스 자신은 기원전 17년에 100년제(the Secular Games)를 거행함으로써 새로운 시작을 축하할 수 있다고 확신했다. 많은 고대인들과 마찬가지로 로마인들도 세계사가 시대들(saecla: secular라는 단어가 여기서 유래함)을 주기로 순환한다고 믿었다. 각 시대는 흔히 100년 또는 110년 단위로 계산되었고, 순환 주기의 10번째 시대는 하나의 새로운 황금시대의 개막으로 간주되었다.「시빌라 신탁집」을 관장하고 있던 사제단은 그 일원이었던 아우구스투스로부터 약간 선동을 받아 현 주기의 열번째 시대가 기원전 17년에 시작할 것임을 알렸다. 그 사건을 기념하여 성대한 축제가 벌어지면 아우구스투스로서는 정치적 혼돈과 내전으로 얼룩진 악한 시대가 끝나고 자신의 새롭게 '회복된' 공화정하에 평화와 번영의 시대가 동텄음을 선전할 더할 나위 없이 좋은 기회를 맞게 될 것이었다. 내전의 상처는 이제 거의 치유되었고 정계(body Politic)는 다시 건강을 되찾았다. 축제 행사 중에서 가장 중요한 종교적 요소인 아폴로에게 바치는 환희의 송가를 과거에 필리피에서 아우구스투스에 맞서 싸웠던 호라티우스가 작곡했다는 사실만큼 그 사상에 걸맞는 상징은 없었다.

원수정의 본질. 아우구스투스는 자신의 원수정으로써 로마 제국으로 하여금 두 세기 동안 상당한 정도의 평화와 번영을 누리게 한 안정된 정부 형태를 구축하는 데 성공했다. 그러므로 대대로 역사가들이 씨름한 질문은 그것이 어떤 종류의 정부였는가 하는 것이다. 아우구스투스 자신은 인민에게 공화정의 옛 체제가 회복되었다고 설득하려고 힘썼다. 피상적으로는 그러했다. 원로원, 정무관들, 로마 민회는 계속해서 기존의 기능들 중 상당 부분을 과거와 비슷한 방식으로 수행했다. 아우구스투스가 많은 관직과 권한을 차지했지만 그러한 선례가 공화정의 역사에서 전혀 없지 않았다. 그럼에도 불구하고 그가 공화정 역사에서 어느 누구보다(아마 독재관들을 빼놓고는) 더 큰 권력을 가질 수 있었던 것은 그 관직과 권한을 한꺼번에 계속해서 차지한 데 있었다.

아우구스투스가 막강한 개인적 국법적 권력을 소유했던 점과, 그가 언제나 국가 기관으로서의 원로원을 존중하고 제국 경영에 원로원의 협력을 구한 점을 들어 많은 이들은 아우구스투스가 틀을 잡은 국가 형태를 프린켑스와 원로원의 공동 통치로 이루어진 양두정치(dyarchy)로 보았다. 그러나 그것 역시 빗나간 평가이다. 아우구스투스가 아무리 은폐하려고 해도 혹은 다른 사람들이 기꺼이 그 사실을 간과하려 해도 아우구스투스는 로마의 유일한 실세였다. 동방 속주 출신의 사가 카시우스 디오(Cassius Dio) — 그는 셉티무스 세베루스 치하의 자기 시대부터 시작하여 방대한 로마사를 쓴 인물로서 본토 로마인보다 왕정에 대해 훨씬 덜 예민했다 — 는 아우구스투스의 원수정이 일인정(monarchy)이었다고 딱 잘라 말했다.

그 평가가 훨씬 더 사실에 가깝지만 그렇다고 해서 완전히 만족스런 평가는 아니다. 수정하고 다듬을 필요가 있다. 아우구스투스의 지위는 틀림없이 군주의 지위였으나 그것은 아우구스투스의 시대와 디오의 시대 모두의 표준적인 군주정의 모델을 제공한 페르시아와 헬레니즘 세계와 파르티아 왕들의 지위와는 같지 않았다. 비록 실제로는 왕조적 고려들이 중요하긴 했지만 아우구스투스와 그의 계승자들은 왕조적 계승권에 의해 지배자가 된 것은 아니었고, 그들의 권력은 통치자의 어떤 절대 주권에 기초를 두지도 않았다. 그들의 권력은 전통적으로 로마의 합법적인 권위의 원천인 원로원과 민회에서 통과된 법률과 결의에 기초를 두었다. 공화정의 전통이 점차 과거 속으로 아스라이 사라져 가면서, 이들의 견제력은 황제의 막강한 입헌적 권력, 자금력, 군사력 앞에서 약해졌고, 후대 황제들은 모든 면에서 절대 군주가 되었다. 그러나 서기 처음 두 세기에 아우구스투스와 그의 계승자들이 시행한 원수정은 선거에 의한 입헌 군주정에 좀더 가까웠다. 그들의 권한은 그들 스스로가 제정하지 않은 법들에 제한받았다. 후임 황제 선택은 원로원의 재가를 받아야 했고, 후임 황제의 권한은 투표에 의해 새롭게 결정되어야 했다. 황제들은 군대의 힘으로 원로원 의원들을 협박하여 표를 얻을 수 있었지만, 그것은 그들의 표가 여전히 무엇인가를 의미한다는 증거였다. 더욱이 만약 황제가 독재자처럼 행동할 경우 공화정의 전통은 그를 제거하려는 음모를 조성할 만큼 여전히 강했고 네로의 경우처럼 심지어는 원로원의 표결에 의해서 그를 공적(公敵, public enemy)으로 단죄하는 결과마저 초래될 수 있었다. 주권은 여전히 또 다른 국제상의 기관의 손에 쥐어져 있었던 것이다.

물론 최종 분석에 따르면 아우구스투스가 주도한 국제(國制)상의 조정은 독특한 것이었다. 내전에서 냉정한 기회주의자로서 최고 권력을 움켜쥔 그는 정치적 수완의 금자탑을 세워놓았다. 그는 팽팽한 권력의 줄에서 상대방을 떨어뜨릴 상충하는 세력들을 무력화시키려는 목표를 놓고 대단한 인내와 수완을 발휘하여 국제(國制)상의 정교한 균형을 이루어 놓았다. 자신의 권력과 국가 안정을 도모할 만큼 충분한 힘을 갖고 있으면서도 수 세기 동안 정치의 초점이었던 전통적인 국제 형태와 기관들에 대한 많은 로마인들의 깊은 존중 의식을 만족시키기 위해 자유로운 공화정의 특성들을 충분히 보존하는, 은폐된 군주왕정을 수립했다. 정치가 가능성의 예술이라고 한다면 아우구스투스는 그 예술의 가장 위대한 거장의 하나가 되었다.

계승 문제. 아우구스투스에게 다른 무엇보다 어려움을 안겨 준 문제가 있었다. 기원전 23년의 정치 위기와 자신의 치명적인 건강 악화로 아우구스투스는 후계자 선정이라는 화급한 문제에 관심을 쏟게 되었다. 법률상으로나 국제상으로 후계자 선정권은 그에게 있지 않고 그가 자신의 권력 기반으로 삼은 원로원과 로마 인민에게 있었다. 그럼에도 불구하고 그는 혹시 자신이 그 문제를 해결하지 못하면 자신의 사후에 후계자를 낸 경쟁 파벌들 사이에 내전이 일어날지도 모른다고 우려했다. 또한 그는 자연스레 자기 자신의 가문, 자기 혈족에서 후계자를 찾고 싶어했다. 그러나 불행하게도 그는 아들이 없고 율리아라는 딸 하나밖에 없었다. 율리아는 옥타비아가 자신의 첫 남편 사이에 낳은 아들이자 아우구스투스 자신의 조카인 18살의 마르쿠스 클라우디우스 마르켈루스(M. Claudius Marcellus)와 기원전 25년에 결혼했었다. 아우구스투스는 자기 사위가 경험과 위신을 쌓아 자기가 죽으면 자연스럽게 자신의 후계자가 되도록 하기 위해서 사위의 정치적 출세를 위해 주모면밀하게 노력했다. 19살에 마르켈루스는 이미 원로원 의원이었다. 기원전 23년에 그는 쿠룰레스 아이딜리스로 선출되었고 사제의 일원으로도 근무했으며, 비록 법정 연령에 열 살 미달되었는데도 콘술 직 출마를 계획하고 있었다.

마르켈루스가 콘술에 당선되리라는 것은 거의 확실했다. 그는 아우구스투스의 후원을 받고 있을 뿐 아니라 아이딜리스 직에 있는 동안 경기들과 구경거리들을 성대히 치룸으로써 이미 인민으로부터 큰 인기를 누리고 있었다. 그러나 23년에 아우구스투스가 중병으로 드러누웠을 때 마르켈루스는 그를 계승하기에는 여전히 너무 어렸다. 그러므로 프린켑스는 자신의 반지를 아그리파에게 주어 그가 국정 대리 수행자임을 알렸다. 당시 상황으로서는 그것이 유일하게 현명한 조치였다. 아우구스투스의 충직한 측근이자 대단히 유능한 장군인 아그리파라면 만약 아우구스투스가 이 시점에서 죽을 경우에 생기게 될 권력의 공백에서 파괴적인 권력 투쟁을 예방하는 데 필요한 군대의 뒷받침을 받으리라고 판단했던 것이다.

아우구스투스는 건강을 회복한 뒤에 아그리파에게 모든 황제 속주들에 대한 명령권(imperium)을 부여하고 그를 동방으로 보내 시리아의 정세를 관장하고 파르티아에 대한 방어력을 강화하도록 했다. 아그리파가 동방으로 떠난 지 얼마 안 되어 마르켈루스는 죽었다(기원전 23).

이 시점에서 마르켈루스가 갑자기 죽자 아그리파가 혹은 그와 아우구스투스의 아내 리비아가 그의 죽음에 개입했다는 추측(고대와 현대를 막론하고)이 나돌았다. 그런 추측은 그들의 계통을 이어받은 후대의 황제들에 대해 불신을 조성하려고 겨냥한 악의적인 뒷공론을 반영한 듯하다. 아우구스투스에 대한 아그리파의 충성은 한시도 흔들린 적이 없으며, 아그리파로서도 기사 출신으로서는 정상적으로 기대할 수 없는 분에 넘치는 보상을 받았다. 이미 받은 것까지도 잃을 것을 감수하고서 후계자를 노린 음모를 꾸몄다는 것은 상식에 어굿나며 너무나 지나친 모험인 듯하다. 또한 리비아가 그런 음모에 개입했다는 것도 앞뒤가 맞지 않는다. 물론 그녀의 아들 티베리우스(Tiberius)가 마르켈루스보다 불과 두 살 아래였기 때문에 아우구스투스가 마르켈루스 대신 후계자로 선정할 가능성도 없지 않았다. 하지만 아우구스투스가 리비아의 동의없이 마르켈루스를 후계자로 선정했을 리가 없다. 그는 큰 결정에 대해서는 반드시 리비아의 의사를 크게 존중했기 때문이다. 나중의 행동들이 보여 주듯이, 그와 리비아는 티베리우스에게서 결점들을 발견했고, 따라서 티베리우스는 다른 적절한 후보자가 있을 때의 부차적인 대안에 지나지 않았다.

마르켈루스가 죽은 뒤 아우구스투스는 가급적 자기 가문에서 다른 계승 후보자를 찾기 위한 조치를 취했다. 기원전 21년에 그는 아그리파에게 사람을 보내 그의 아내와 이혼하고 율리아와 결혼하도록 설득했다. 기원전 18년에 그는 원로원령 속주들에 대한 아그리파의 명령권을 확대해 주는 한편, 아울러 5년 임기의 호민관의 권한까지 그에게 부여했다. 언제나 충직한 대리인이었던 아그리파는 이제 아우구스투스의 사위이자 동역자로서 후계자가 아닌가 하는 추측을 불러일으켰다. 그러나 실은 그렇지 않았다. 기원전 17년에 프린켑스는 율리아와 아그리파 사이에 태어난 두 어린 아들을 가이우스와 루키우스 카이사르라는 이름으로 양자들로 삼고 한 세대가 아닌 두 세대 동안의 계승 문제를 해결하려고 했다.

그러나 기원전 12년에 아그리파가 심장 질환으로 죽었다. 프린켑스가 자신의 양자들로 삼은 아그리파의 두 아들 루키우스와 가이우스는 국정에 참여하기에는 너무 어렸다. 후계자를 정하기 위한 프린켑스의 심원한 계획은 물건너간 듯했다.

비록 미봉책에 불과할지라도 티베리우스에게 좀더 유력한 역할을 맡기는 게 순리인 듯했다. 티베리우스 자신은 수 차례에 걸친 군사적 임무를 맡아 아우구스투스를 훌륭히 섬겼고 기원전 13년에는 콘술을 역임했다. 그는 충직한 신하로 만족해 하는 듯했다. 그는 만약 아우구스투스가 자신이 사랑하는 빕사니아(Vipsania) — 아그리파가 첫 결혼으로 낳은 딸 — 와 이혼하고 마르켈루스와 아그리파의 젊은 미망인 율리아와 결혼하도록 강요당하지 않았다면 아우구스투스의 어린 양자들을 위해서 섭정으로서 제2인자의 역할을 흔쾌히 수락했을 것이다. 티베리우스는 율리아의 방종한 생활이 싫었고 율리아도 근엄하고 과묵한 새 남편이 싫었다. 율리아는 이 남편 저 남편을 정치적 볼모로 삼아 혹사당한 뒤에는 곧 안락을 찾아 좀더 경험 많은 연인들에게로 돌아갔다.

티베리우스는 그녀의 행위와 그것이 그의 위엄에 손상을 끼친 것에 대해 분개했다. 그러나 아우구스투스는 자신에게 점점 더 의존하게 되었다. 인기 있고 재능 있는 티베리우스의 동생 드루수스가 기원전 9년 게르마니아에 대한 침공을 성공리에 마친 뒤에 낙마하여 죽었다. 기원전 8년에 아우구스투스의 속주들에 대한 명령권이 10년간 갱신되었을 때 티베리우스에게도 한 몫이 돌아간 듯하며, 그로써 비상시에 상당수의 제국 군단 병력에 대한 명령권을 받은 듯하다. 기원전 6년에 티베리우스는 5년 임기의 호민관 권한까지 받았다. 그는 위기 시에 아우구스투스를 대신할 지위에 있었다.

5년 임기의 호민관 권한은 티베리우스를 만족시키지도 못했고 율리아에 닥친 위기도 막아주지 못했다. 티베리우스는 아우구스투스가 자신의 양자들의 지위를 높이려는 조치를 취했을 때 그것에 분개하는 대신에 자신의 이 불행한 처지를 더 이상 감내할 필요가 없다고 느꼈던 것 같다. 비통하고 침울한 기분에 빠진 티베리우스는 로도스로 물러가 거의 10년간 칩거했다. 티베리우스는 자신에게 강요된 상황을 타파한 듯했지만, 그것은 아우구스투스로 하여금 그가 원수정의 무거운 짐을 질 적임자가 못된다는 판단을 굳히게 만든 듯하다. 그러나 마침내 율리아의 악명 높은 간음에 스스로 방해를 받게 된 아우구스투스는 기원전 2년에 그녀를 외딴 섬으로 추방했다. 그녀의 정부들 중 일부는 처형하고(그들은 불륜보다는 체제 전복 음모죄로 처형되었다) 나머지는 추방했다. 티베리우스조차 율리아를 위해 중재에 나섰지만 아무 소용도 없었다. 프린켑스는 마음을 누그러뜨리지 않았다.

운명은 다시 한 번 티베리우스 쪽으로 기울고 자신의 혈족을 후계자로 앉히려던 아우구스투스의 희망을 산산조각냈다. 티베리우스가 로도스에서 돌아온 서기 2년에 루키우스 카이사르가 히스파니아로 가던 도중에 죽었다. 2년 뒤 가이우스마저 아르메니아에서 위험한 공격을 감행하다가 부상을 입고 죽었다. 프린켑스는 티베리우스에게 마음을 돌리는 것 외에 대안이 없었다. 그는

슬픔과 좌절 속에서 서기 4년에 티베리우스를 자신의 양자로 삼고 그에게 속
주들에 대한 명령권과 아울러 10년 임기의 호민관의 권한을 부여했다.

세월이 흐르면서 아우구스투스가 늙고 병약해지면서 티베리우스는 그의 동
역자로서의 입지를 분명히 다졌다. 서기 13년에 티베리우스에게 호민관 직과
아울러 그와 아우구스투스에게 또 한 번의 명령권이 갱신될 때 그가 아우구스
투스와 동등한 협력자라는 데 이견이 없었다. 일년 뒤에 아우구스투스가 죽었
을 때 티베리우스는 이미 아우구스투스가 자동적으로 이루어지도록 세심히
계획을 세워둔 대로 무리없이 권좌를 계승할 만한 지위에 있었다.

불행하게도 아우구스투스는 자신의 친족에게 계승권을 넘겨주려고 하다가
장래의 일을 복잡하게 만들었다. 그는 티베리우스를 입양한 것과 동시에 아그
리파의 살아남은 아들이자, 자기 딸 율리아의 아들이기도 한 아그리파 포스투
무스(Agrippa Pustumus)를 입양했다. 그는 또한 티베리우스에게 그의 죽은
동생 드루수스의 아들 게르마니쿠스(Germanicus)를 입양하도록 요구했다.
게르마니쿠스의 어머니는 아우구스투스의 누이 옥타비아가 마르쿠스 안토니
우스와의 사이에서 낳은 딸이었기 때문에 아우구스투스와 혈통이 같았다. 그
유대 관계는 게르마니쿠스를 율리아와 아그리파의 딸 아그리피나(Agrippina)
와 결혼시킴으로써 강화되었다. 티베리우스 자신의 아들 — 그의 이름도 드루
수스였다 — 은 아우구스투스의 혈족이 아니었고 클라우디우스 가(家) 사람이
었기 때문에 한직으로 밀려났다. 황제 가문 중 율리우스 가 쪽으로 계승권이
넘어가게 하려고 한 아우구스투스의 시도들은 후 세대들에게 불행한 긴장과
경쟁을 일으켰다.

23

아우구스투스가 벌인 체계적인 개혁

로마의 정치적 위기에 대한 만족할 만한 국제(國制)상의 해결책을 찾고 자신의 후계자를 준비시키는 어려운 과제 외에도, 아우구스투스는 인구가 7천만 명에서 1억 명으로 추산되던 도시 로마와 그 방대한 제국을 위해 효과적이고도 능률적인 행정 체제를 마련해야 했다. 공화정 하에서 도시 로마와 속주들은 일년 임기의 정무관들과 짧은 임기의 대행 정무관들에 의해 다소 주먹구구식으로 운영되었다. 이론상으로는 원로원 전체가 지혜를 모아 건실한 지침을 내리고 응집력을 제공했을 것 같지만, 실제로는 반드시 그렇지만은 않았다. 갈수록 국정이 복잡해지면서 원로원 의원들은 산적한 문제들에 적절한 관심을 쏟을 시간이 없었다. 원로원의 다른 의원들은 짧은 임기의 다양한 직위와 부서를 거치느라 그들이 조언해야 했던 사람들보다 업무를 잘 파악하지 못하는 경우가 종종 있었다. 마지막으로 속주들과의 통신 연락의 속도가 느렸고, 그로써 총독들이 스스로의 판단으로 위기를 해결해야 할 때가 많았다. 과거에는 이런 상황이 야심가들로 하여금 업적을 쌓을 수 있는 절호의 비상 사태를 조성하는 데 기여했었다. 아울러 고위 관료들에게 급여를 주지 않는 공화정의 관행 때문에 독직(瀆職)과 부정에 빠져들 유혹이 늘어났고, 그것이 속주의 불안을 가중시키는 데 한 몫을 했다. 그러므로 아우구스투스는 행정 개혁을 단행하려는 큰 뜻을 품었다.

행정 체제의 발전. 기원전 27~18년에 아우구스투스는 자신을 도와 원로원의 의사 일정을 준비할 원로원 위원회가 발족되도록 했다. 종종 **콘킬리움 프린키피스**(프린켑스 자문 위원회)로 불린 이 위원회는 콘술들과 그밖의 정무관들 각각이 파견한 대표와 제비뽑기로 선출된 15인의 원로원 의원들로 구성되었고, 여섯 달마다 인원이 교체되게끔 되어 있었다. 서기 13년에 재편되어 황제 가문과 기사 신분 사람들로 보강된 이 위원회는 과거에 원로원에 속했던 기능들을 떠맡기 시작했다. 이렇게 재편되긴 했으나 그 위원회는 본격적인 내각이나 추밀원은 아니었다. 다소 공개적으로 모인 이 위원회는 정책 입안 기구가 아니라 행정 기구였다.

그러나 제정 후기 추밀원(privy council)의 진정한 전신은 이 불편하고 인원이 자주 교체되는 원로원 위원회가 아니라 — 이 위원회는 아우구스투스의 후임자에 의해 해산되었다 — 비공식적으로 비밀리에 모임을 갖던 최고위 행정가들, 아우구스투스의 친한 친구들, 최고위 원로원 의원들, 전문 법률가들, 그밖의 전문가들로 이루어진 소수 그룹이었다. 이들이 정부의 정책과, 원로원과 민회들에 상정할 법안과, 차기 선거 때 아우구스투스가 마음에 들어 할 후보자들 및 속주의 차기 총독 인선 문제, 그리고 제국의 재정, 외교, 법, 종교, 행정에 관한 모든 문제들을 결정했다.

제국 관료제의 시작. 아우구스투스가 거둔 탁월한 업적들 가운데 한 가지는 제국의 행정을 담당할 항구적인 행정 관료제를 창설한 것이다. 이것은 그가 재임 초에 착수했으나 죽음을 앞둔 시점까지도 완수하지 못하고 있던 과제였다. 그가 시간을 두고 수립한 훈련된 유급 직원들은 후대의 황제들이 로마라는 세계 국가의 행정력을 장악할 수 있게 해준 제국 관료들의 전신이었다.

훈련된 행정가들이라는 개념은 전혀 새로운 것이 아니었다. 제2차 포에니 전쟁 이래로 속주 총독들, 행정가들, 심지어 여기저기 흩어져 있는 대규모 토지들의 소유자들은 자신들의 피해방인들과 노예들을 비서, 경리 담당자, 사업 경영자로 활용했다. 폼페이우스는 곡물 공급 행정과 자신의 속주들 관리에 그런 사람들을 고용했다. 아우구스투스는 카이사르로부터 다수의 훈련된 노예들과 대리인들의 집단을 물려받았는데, 이들이 그가 훗날 제국 전역으로 확대시킨 복잡한 관료 조직의 핵이었다.

아우구스투스의 원수정 때만큼 훈련된 행정가들의 필요가 절실한 때는 없었다. 로마에서는 곡물 공급(cura annonae), 곡물 배급(frumentatio), 물 공급(cura aquae), 경찰과 화재 예방, 홍수 예방, 거리와 시장 건설과 유지, 신전과 공공 건물 건축과 보수를 위해서 그들이 필요했고, 이탈리아에서는 법과 질서의 보존과 도로와 교량 건설 같은 공동 시설들의 건설과 유지를 위해서, 그리고 속주들에서는 황제의 사유지 관리, 세금 징수, 군대에 대한 식량과 장비 보급, 토목 사업, 제국의 우편 체계(cursus publicus)를 위해서 그들이 필요했다.

제국 행정에 기용된 원로원 의원들. 아우구스투스는 자신의 행정 조직에 원로원 의원들, 기사들, 피해방인들, 그리고 심지어 노예들까지 각계 각층의 사람들을 기용했다. 로마사 최초로 각각 1천 명의 경찰 병력으로 구성된 세 개의 경찰대를 거느린 도시 로마 경찰대장(praefectus urbi)은 처음에는 언제나 콘술급의 원로원 의원으로 기용되었다. 아우구스투스가 기원전 12년에 임명한 상수도 국장(the Water Commissioner)도 마찬가지였다. 그는 다른 두 명의 원로원 의원의 지원을 받아 아그리파가 도시 로마의 수로교들과 급수 본관을 관리하도록 훈련시킨 240명의 노예들을 거느렸다. 다섯 명의 원로원 의원들로 구성된 또 다른 부서는 테베레 강의 범람 문제를 다루었다. 콘술급의 두 원로원 의원은 서기 6년까지 곡물 생산 속주들뿐 아니라 나폴리 근처의 항구 푸테올리에 지부들을 둔 대단히 중요한 곡물 중계를 관장했다.

제국 행정에서 기사들이 맡은 역할. 아우구스투스는 특히 원수정 때 원로원 의원들에게 위엄과 명예의 지위를 부여했지만, 최고위 행정가들 중 상당수는 기사 신분에서 발탁했다. 기사들(equites)은 특히 재정, 조세, 상업 등 원로원 의원들이 전문 지식을 갖추지 못한 분야에서 값진 경험을 쌓았다. 한 세기가 넘게 기사들은 제국의 천연 자원(광산, 삼림, 어장)을 개발하고, 대규모 금융, 선박, 공업, 상업적 독점 회사들을 세우고, 자신들이 운영하던 세금 징수 회사들을 통해서 속주들에서 무자비하게 세금을 쥐어짜냈다.

카이사르와 아우구스투스의 개혁으로 다소 세금 징수원들로 국한된 그들은 좀더 유익하고 명예로운 일에 종사할 기회를 얻은 것에 만족해 했다. 아우구스투스도 그것을 반겼다. 왜냐하면 그는 그들을 원로원 의원들보다 신뢰성이 크고 정치적으로는 덜 위험하고, 후원과 장래의 승진을 위해 자신에게 한층 의존하기 때문이었다. 결국 기사 신분 출신도 충직하게 봉직하면 원로원에 진출할 수 있었고, 그렇게 아우구스투스에게 신세를 진 노부스 호모(신인)로서 그 중요한 기관이 그에게 계속 충성하도록 하는데 이바지했다.

기사들에게는 군사, 법, 재정, 행정 부문이 열려 있었다. 젊은 기사는 대개 자신의 경력을 보조 기병 대대 지휘관으로 시작하여 보병대나 군단 내의 단위 부대 지휘관으로 승진한 다음 보병대장이 되었다. 공병대장(praefectus fabrum)도 장래에 중요한 직위로 영전할 기회를 얻을 수 있었다.

군 복무는 종종 기간이 달랐다. 사가 벨레이우스 파테르쿨루스 같은 기사 출신은 대개 8년을 복무했다. 다른 사람들은 더 오래 복무했다. 평생 군 생활을 직업으로 정한 사람들도 더러 있었다. 기사들은 특히 이집트같이 원로원 의원들에게 금지된 지역의 수비 임무를 맡은 군단들을 지휘했다. 일부 기사들은 정규 부대에서 한두 해 복무한 뒤 민간 행정 기관에서 대리인(attorney)으로 근무했다. 더러는 친위대(로마와 이탈리아의 법과 질서의 수호자) 장교, 코호르테스 우르바나이(cohortes urbanae, 도시 로마 경찰대), 혹은 비길레스(소방대. 에그나티우스 루푸스가 그 임무를 직접 담당함으로써 위험할 정도의 인기를 얻은 뒤 아우구스투스가 조직함)에서 근무했다. 좀더 빈번한 경우는 속주들에서 프로쿠라토르(procurator)로서, 황제의 대리인으로 근무하는 것이었다.

황제령 속주들에서 프로쿠라토르는 황제의 재정 대리인으로서 세금을 징수하고 경리를 맡았으며, 원로원령 속주들에서는 황제의 재정 대리인으로 황제의 사유지와 그곳에서 나오는 세금을 관리했다. 그는 아울러 특별한 감시자의 역할도 맡았다. 부패하고 탐욕스런 총독은 임기가 끝났을 때 엄격한 징벌을 면하기 위해서 아주 조심해야 했다. 프로쿠라토르는 원로원 콘술급의 총독보다 권한이 더 강한 경우가 종종 있었다.

관리관(prefects)으로서 기사들은, 어느 속주보다 부유하고 중요했던 이집트는 말할 것도 없고 특히 알프스 산맥의 북부와 동부인 라이티아와 노리쿰 같이 발전이 더디고 사회가 불안한 속주들을 맡아 다스릴 수 있었는데 이집트 관리관의 명예와 권력은 자부심이 대단한 원로원 의원 총독조차 시기할 정도로 컸다.

이집트 관리관에 버금간 권력을 지닌 사람들은 아우구스투스가 기원전 2년에 친위대의 아홉 개 보병대를 공동 지휘하도록 임명한 두 명의 친위대장(prefects. 이들도 기사 신분이었다)이었다. 티베리우스 때는 친위대의 공동 지휘관제가 폐지되고 일인 친위대 지휘관제가 수립되었다. 후대의 황제들 때에는 친위대장이 전군의 수석 지휘관이자 관료들의 수장이자 제국의 최고 항소 법원 판사가 되었고, 결국에는 황제들을 임명하기도 하고 폐위하기도 하는 실세가 되었으며, 경우에 따라서는 직접 황제의 위에 오르기도 했다.

서기 6년경에 제정된 다른 두 개의 관리관 직(prefecture)은 중요성은 떨어졌지만 더 높은 관직에 오르는 디딤돌 역할을 종종 했다. 하나는 곡물 행정 담당관직이었고, 다른 하나는 소방대장직이었다. 소방대는 일곱 개의 보병대로 구성되었고, 각 보병대는 1천 명의 전직 노예들로 구성되었는데, 이들은 야간에 거리를 순찰하고 도시 로마를 폭동이나 화재로부터 예방했다.

제국 행정에서 피해방인이 수행한 역할. 제국 행정에서 기사들의 대두는 피해방인들만큼 급속하지도 대대적이지도 않았다. 피해방인들의 일부는 궁극적으로 기사 신분, 원로원 의원, 콘술, 속주 총독이 차지한 것보다 더욱 강력한 지위를 차지했다.

처음에 피해방인들은 아주 하찮은 과제를 수행했다. 기꺼이 명령을 받으려는 그들의 태도, 그들이 복종심과 충성이 종국에는 그들의 가장 큰 자산임이 입증되었다. 근면과 검소와 충성과 지성에 힘입어 피해방인들은 점차 두각을 나타내다가 후대의 황제들 치하에서는 부와 권력의 자리를 차지하게 되었다.

그들은 제국 관료제 내의 통신 업무를 도맡았다. 거대한 제국에서 통신의 수요가 급증하고 복잡해짐에 따라 피해방인들의 역할이 결국에는 제국 행정에서 군대 직무나 총독의 직무보다 더 긴요하게 되었다. 아우구스투스에 의해 조성된 다양한 부서들의 일상 업무들에 따라 회계사, 감사, 비서, 서기 같은 인원들이 다수 필요하게 되었다. 이 방대한 조직 안에서 피해방인들은 급여가 많고 안정된 자리를 얻은 반면에, 노예들은 천하고 장래성이 없는 자리를 얻는데 그쳤다. 내무부, 재무부, 국방부, 통상부 등 현대 국가의 부서들처럼 로마 제국에도 중요한 부서 역할을 한 비서국들은 피해방인 계층의 독점 분야이자 방대한 권력의 원천으로 남았다.

피해방인들 중 많은 수가 빈틈없고 숙련된 관리자들이었는데, 이들이 곧 국가가 군비(軍備), 수로, 신전, 궁전, 경기(競技), 대중 유희에 얼마만한 예산을 쓰고 도로와 교량과 항만에는 얼마만한 예산을 쓸 것인지, 금화와 은화의 무게와 순도를 어떻게 정할 것인지, 속주들에게 얼마만한 세금이나 조공을 매길 것인지, 심지어 총독들, 관리관들(prefects), 대리인들(procurators), 그리고 그 밖의 공무원들의 급여 수준을 어떻게 정할 것인지 같은 문제들을 결정하게 되었다.

마지막으로, 고위직에 오른 특정 피해방인들은 제국 곳곳에서 탄원과 청탁을 받기 시작했다. 속주 정부의 착취에 대한 불평과 여러 관직이나 사제직에 대한 지원, 노예 해방을 위한 탄원, 제국 훈장 청원 등이 그것이었다. 그런 탄원과 청탁을 황제에게 보고하거나 무시할 수 있는 재량권이 이 피해방인 관료들에게 실질적인 권한을 실어주었다.

민회들에 대한 조종. 로마와 제국의 행정을 주도할 때 아우구스투스로서는 민회들의 선거와 입법 기능들에 영향력을 행사하는 것이 중요한 과제였다. 과거의 여느 유력 인사도 그랬듯이, 그도 자기가 지지하는 후보자를 위해서 지원 유세를 할 권리가 있었다. 그는 자신이 지닌 콘술로서의 명령권에 힘입어 입후보 희망자들을 받아들이거나 배척할 수 있는 권한을 콘술들과 함께 갖고 있었다. 이 두 가지 권한인 코멘다티오(commendatio, 추천권)와 노미나티오(nominatio, 지명권)에다 그의 개인적 인기와 아욱토리타스(auctoritas, 권위)가 합쳐져 그가 선호하는 사람들에게 커다란 이익을 안겨주었다.

그럼에도 불구하고 아우구스투스는 꼭 이런 방법만 사용하지 않았으며, 수년간 원로원을 지배하면서 선거 때 뇌물과 폭력을 종종 사용하던 귀족들을 자극하지 않기 위해서 콘술 선출 때는 심한 간섭을 삼갔다. 그러므로 서기 5년에 그는 콘술들을 설득하여 켄투리아 회의 투표 절차를 개정한 발레리우스 코르넬리우스 법을 상정케 했다. 이 법안은 죽은 가이우스와 루키우스 카이사르에게 경의를 표하여 6백 명의 원로원 의원들과 배심원으로 등록된 3천 명의 기사들로 구성된 열 개의 켄투리아를 조직했다. 이들은 먼저 투표하여 두 명의 콘술 후보자들과 열두 명의 프라이토르 후보자들에 대한 자기들의 지지 성향을 드러냈다. 그러고 나면 나머지 켄투리아들이 대개 그 성향을 따라 투표를 했다. 그때부터 이 열 개 지역구에 속한 기사들의 대다수는 대개 아우구스투스가 무척 좋아할 '신인들'을 선출했다.

평민들은 아우구스투스가 선거 결과에 영향력을 행사하는 것을 만족스러워했다. 그들은 그가 충직한 정무관들을 거느리기를 원했고, 그가 어떤 사람들을 마음에 두고 있는지를 알고 싶어했다. 서기 8년에 직접 후보자들을 위해 유세를 다니는 게 무리가 될 만큼 기력이 쇠해졌을 때, 아우구스투스는 자신이 유권자들에게 천거하는 후보자 명단을 발표하기 시작했다.

입법에 대한 아우구스투스의 영향력 또한 굉장했다. 그는 자신의 호민관의 권한(tribunicia potestas) 혹은 콘술의 명령권(imperium)에 힘입어 직접 법안을 제출할 수 있었다. 그러나 대개는 우호적인 정무관들을 시켜 자기가 바라는 법안을 제출케 했는데, 위에서 언급한 발레리우스 코르넬리우스 법이 그 경우에 속한다.

군사 개혁. 군대는 아우구스투스에게 행정 개혁보다 훨씬 더 심각한 문제를 안겨 주었다. 공화정 후기에는 개인 지휘관들에게 충성을 바치는 피호인 부대가 야심찬 지휘관들에게 내전을 벌일 수 있는 원동력이 되었다. 아우구스투스 자신도 카이사르와 폼페이우스에서부터 마리우스와 술라에게로 거슬러 올라가는 긴 인맥의 끝에 지나지 않았다. 이런 상황이 계속 발생하도록 놔둔다면 아우구스투스 자신의 권력과 그가 진정 로마에 주고 싶어하던 평화에 손상을 초래할 우려가 있었다. 기원전 27년에 그는 대다수 군단들이 주둔하고 있는 속주들을 자신의 직속 관할하에 두고 자신에게 충성을 바치는 기사 신분 레가투스들에게 지휘권을 맡김으로써 일부 야심적인 귀족 지휘관들로부터 도전을 받을 수 있는 기회를 크게 줄였다. 더욱이 모든 병사들에게 아우구스투스 자신에게 개인적인 충성 서약을 하도록 요구했다.

병력 감축. 그러나 아우구스투스가 군사 문제를 다루면서 밟은 첫째 단계는 군 병력을 감축하고 그들이 기대하던 농지를 하사하는 것이었다. 이 두 가지 조치는 실직하여 불만에 찬 제대 군인들로 인한 사회 불안을 줄이고 내전 때문에 거대하게 불어난 병력이 고갈된 국가 재정에 떠안기던 심각한 경제적 부담을 줄이기 위해 필요했다. 악티움 이후에 아우구스투스는 300,000명 가량의 병력을 제대시키고 군단 수를 60개에서 약 28개(약 160,000명)로 감축했다.

기원전 41년에 전역병들을 정착시키느라 무리하게 단행한 몰수를 피하고, 그 대신에 이탈리아와 제국 전역에 새 식민시들을 건설하여 전역병들에게 농지를 제공했으며, 그것은 주변 지역들을 안정시키고 로마화하는 데도 기여했다. 이집트의 막대한 부가 아우구스투스에게 세금을 증액하거나 식민시 정착을 위해 토지를 내놓은 사람들에게 보상을 거부하지 않고서도 이 식민화 구도를 이행하는 데 필요한 자금을 제공했다.

전역 제도. 그러나 결국 모든 전역병들에게 농지를 하사하기란 불가능하게 되었다. 첫째, 정규적으로 그 정책을 계속 수행하려면 농지를 확보하고 분배하기 위한 방대한 행정 체계가 필요하게 될 것이었다. 둘째, 제국의 인구가 7천만 명 내지 1억 명이었고 속주들도 더 이상 전쟁으로 인한 인구 감소가 없었기 때문에 나누어 줄 수 있는 농지의 양이 한정되기에 이르렀고 급기야는 갈수록 농지 확보에 많은 비용이 들었다. 적절한 보상 없이 전 소유주에게서 좋은 땅을 몰수하면 과거에도 그랬듯이 사회를 불안하게 만들 소지가 있었다. 게다가 헐값의 황무지나 변두리 땅에 전역병들을 정착시키더라도 역시 악영향을 초래할 소지가 컸다. 적지 않은 수가 그런 땅을 받지 않으려 하거나 받아 경작하다가도 포기하고 말 것이고, 결국 오히려 평화와 안정만 해치게 될 것이었다.

그러므로 서기 13년부터 아우구스투스는 전역병들이 안정된 경제 생활을 할 수 있도록 그들에게 현금을 지급하는 제도를 시행하기 시작했다. 친위대에서 근무한 전역병이 5000데나리우스, 일반 전역병이 거의 14년치의 급여에 해당하는 3000데나리우스를 받았다. 그 금액은 보통 사람이 평생 저축해도 손에 쥘 수 없는 목돈이었다. 더 나아가 병사들은 급여의 일부를 군단 사령부가 운용하는 기금에 저축하도록 장려를 받았고 후에는 의무적으로 그렇게 해야 했다. 만약 흥청망청 소비하지 않는다면 대개는 저축액과 전역 상여금만으로도 서른다섯살 내지 마흔살에 전역한 뒤에 평생 쓰고 살 수 있었을 것이다. 반면에 전역할 때 받은 돈으로 작은 농지를 매입하거나 작은 상점을 열어 전역 후의 생계를 꾸려나갈 수 있었다. 급여 수준이 높았던 백부장(centurion)은 상여금과 저축액을 가지고 전역 후 기사 신분을 얻고 더 높은 관직을 추구할 수 있었다. 그러나 보조 병력들은 전역 후에 제대로 대우를 받지 못했다. 그들이 전역할 때 받았던 가장 큰 보상은 시민권 증서였기 때문이다.

기원전 7~2년에 아우구스투스는 전역병들에게 자신의 기금에서 4억 세스테르티우스를 지급했다. 그의 기금으로는 그런 막대한 비용을 언제까지나 충당할 수 없었다. 그러므로 서기 6년에 그는 군대 기금(aerarium militare)을 설치함으로써 그 짐을 국가에게 이양했다. 이 기금의 출발 자금으로 자신의 기금에서 1억7천만 세스테르티우스를 출연하고, 그 뒤부터는 5%의 판매세로 거둬들인 세입에다가 속주들과 피호인들로부터 받은 선물과 유산을 합쳐 기금을 충당했다. 이 조치로 프린켑스의 개인 재정 부담이 줄어들었을 뿐 아니라 병사들에게 이제 다시 보상을 기대할 수 있게 해줌으로써 국가에 대한 그들의 충성심을 강화했다. 이 제도가 지녔던 가치는 네로 때 재정 비축을 위해 현금 대신 척박한 토지를 대신 지급하려 하자 고참병들이 소요를 일으킨 사건이 잘 보여 주었다.

직업 군인 제도의 정착. 공화정의 군대는 항상 비상 사태로 인해 일시적으로 징집되어 일년 임기의 정무관들이나 임시로 기용된 대행 정무관들의 지휘를 받던 일시적인 조직체였다. 이 제도로는 로마의 광범위한 영토를 방어하는 데 비효율적이었을 뿐 아니라 오로지 개인의 정치적 입신에만 관심이 있는 사람들의 손에 군대를 맡기게 되는 꼴이었으므로 국가에도 위험했다. 아우구스투스는 자신과 로마에 충직한 사람들이 지휘하는 상설 직업 군대를 창설했다. 복무 기간과 급여 등급도 정규화했다. 정규군 군인들은 매년 225데나리우스를 받았고, 처음에는 의무 복무 기간이 16년이었다. 그러나 인력 부족과 퇴직금 기금 고갈로 인해 복무 기간이 20년으로 늘었고, 게다가 실제로 제대하려면 훨씬 더 오랜 세월을 기다려야 했다.

군대의 골격은 백부장들로 이루어진 직업 장교단이었다. 이들이 최하급 지휘관들로서 군단 보병대를 지휘했다. 종종 지휘권이 없는 장교 계급에서 진급했고, 일단 백부장으로 진급한 뒤에는 세 배의 급여와 상여금을 받았다. 그러나 천부장(military tribune, 군단장에게 배속된 6명의 장군들) 이상의 계급은 민간 분야에서 더 높은 관직에 오를 준비를 하던 기사 신분 사람들과 원로원 신분의 젊은 사람들이 차지했다. 최고위급 장교들은 대개 아우구스투스의 가문 사람들이거나 충성도가 입증된 귀족들이었다.

각 군단은 고유한 수와 칭호를 지닌 항구적 집단으로 만들어졌다. 군단마다 자체를 나타내는 상징을 사용함으로써 병사들이 자기 부대에 대한 충성심을 갖고 부대의 명예를 드높이도록 힘쓰게 했다. 군단마다 접경 지대의 일정한 지역에 영구 주둔하는 경향을 띠었고, 그들의 주둔지 근방에서 후대 유럽의 중요한 도시들이 많이 자라났다.

군단 병력은 주로 이탈리아와 이를테면 히스파니아와 갈리아 같이 로마화가 아주 많이 진척된 지역들의 로마 시민들로부터 충원되었고, 동방에서는 얼마 전에 참정권을 받은 본토인들로도 충원되었다. 각 로마 군단은 동수의 보조 군대를 거느렸는데, 이를테면 제국에서 비교적 덜 발전된 지역들의 호전적인 종족들과 군단에 종종 본토인 장교들을 제공한 동맹국들로부터 충원한 기병대가 두드러진 경우였다. 보조 군대의 병사들에게 지급된 정규 급여는 연간 75데나리우스에 불과했고, 그들의 복무 기간은 25년이었다.

아우구스투스 때 정규 군단과 보조 군대 병력의 총수는 약 250,000내지 300,000명으로서, 총 연장 길이가 최소한 6400km나 되는 접경 지대를 지키기에는 그리 큰 규모가 아니었다. 스물여덟 개 군단 중에서 적어도 여덟 개 군단이 라인 지방을 지켰고 일곱 개 군단이 도나우 강 지대를 지켰다. 세 개 군단이 히스파니아에, 네 개 군단이 시리아에, 두 개 군단이 이집트에, 한 개 군단이 마케도니아에, 또 한 개 군단이 아프리카에 주둔했다. 두 개 군단에 해당하는 또 다른 병력이 소아시아, 유대, 갈리아에 보병대들로 분산되어 주둔했다.

친위대. 그러나 아우구스투스는 이탈리아 본토에는 아홉 개 보병대로 구성된 친위대를 주둔시켰다. 이 부대는 특별히 로마 시민들로 충원되었고 공화정 시대의 장군들의 호위대에 붙었던 칭호를 따서 친위대(the Praetorian Guard) 라 불렸다. 일개 보병대는 5백 명(훗날에는 1천 명)의 병력으로 구성된 듯하 다. 세 개의 보병대는 로마 근처에, 나머지 여섯 개는 이탈리아 외곽의 소도시 들에 주둔했다. 특권을 받은 친위대원들은 복무 기간이 16년밖에 되지 않았고, 375데나리우스의 연봉에다 5천 데나리우스의 퇴직금을 받았다. 많은 친위대원 들이 일반 군단의 백부장으로 진급했다.

소방대와 도시 로마 경찰대. 로마의 화재 진압과 치안 유지의 임무를 띤 소방 대(vigiles)와 도시 로마 경찰대(cohortes urbanae)는 군대의 지휘 계통에 따 라 조직되었지만 군대의 일부로 간주되지는 않았다. 소방대는 각각 1천 명의 분견대 일곱 개로 구성되었고, 분견대마다 아우구스투스가 로마를 구분한 열 네 개 지구 중 두 개를 관할했다. 도시 로마 경찰대는 각각 1천 명 내지 1천5 백 명의 분견대 세 개로 구성되었다. 소방대는 피해방인들로부터 충원되었고 기사 출신의 소방대장(praefectus vigilum)이 지휘했다. 도시 경찰대는 자유 인으로 태어난 시민들로 충원되었고 콘술급의 원로원 의원이 맡은 도시 로마 경찰대장(praefectus urbi)이 지휘했다.

제국 로마의 해군. 섹스투스 폼페이우스와의 전쟁과 악티움 해전은 항구 적인 로마 해군의 필요성을 역력히 보여 주었다. 해적을 소탕하고 이탈리아 해안 지방을 지키고 곡물 수송선과 무역선을 호위하기 위해서, 아우구스투스 는 두 개의 주력 함대를 창설하여 하나는 나폴리 만에 자리잡은 미세눔에 주 둔시키고, 다른 하나는 아드리아 해의 라벤나에 주둔시켰다. 다른 지역들에도 해군 기지를 건설했는데, 알렉산드리아와 한동안 남 갈리아의 포룸 율리이(오 늘날의 프레쥐스)가 두드러졌다. 노예들과 피해방인들도 소수 끼여있었으나 주로 달마티아인들로 충원되었던 함대들은 때로 기사 신분이 맡았으나 좀더 많은 경우는 피해방인들이 맡았던 제독들의 지휘를 받았다. 그밖에도 강에서 작전을 벌인 보조 소함대들이 라인 강, 도나우 강, 프랑스의 강들, 나일 강을 순찰했다.

재정의 재건. 아우구스투스의 원수정이 시행되기 전에 공화정 후기의 내전들이 과거에 원로원이 관장하던 국고인 아이라리움 사투르니(aerarium Saturni)의 기금을 고갈시켰고 그 세입을 탕진했다. 잘해야 부패하고 비효율적이었던 과거의 세금 징수 체제가 완전히 붕괴되었고, 공식 예산이라든가 세금 수납과 지출에 대한 정식 평가라든가 세금 징수 가능한 재산 조사가 이루어지지 않아 이미 악화되어 있던 상황을 더욱 악화시켰다.

고갈되어 바닥난 재정에다 아우구스투스 때에는 다양하고 무거운 짐들이 새로 짓눌렀다. 그것은 로마의 200,000 프롤레타리이 가정에 무상 곡물을 제공하는 곡물 행정을 위한 기금과, 공공 오락과 종교 축제를 벌일 자금과, 도로와 거리를 건설하고 보수할 기금과, 수도의 상하수도 유지와 경찰 및 소방대 유지를 위한 기금 등이었다. 이런 공공 사업을 지속하기 위해서는 막대한 자금이 필요했다. 게다가 제국 국방, 행정, 참전 전역병들을 위한 연금 등 날로 치솟기만 하는 비용들로 인해 재정 체계 개혁이 절대 절명의 과제가 되었다.

시급히 행동에 나서야 했던 상황이었는데도, 아우구스투스는 처음에는 대단히 더디고 신중하게 처신했다. 거기에는 어떠한 일이 있더라도 과거의 원로원 특권 신분을 무자비하게 짓밟을 것이라는 의심을 일으키지 않으려는 의중이 깔려 있었다. 기원전 28년에 그는 국고 관할권을 처음에는 경험 없는 콰이스토르들로부터 프라이토르 역임자들에게, 그리고 기원전 23년 이후에는 매년 부가적으로 선출된 두 명의 프라이토르들에게 이관하도록 요청했다. 그는 자신의 막대한 수입으로 국고를 보조할 수 있었기 때문에 곧 국가의 모든 재정을 실질적으로 장악하게 되었다.

그 정도로 만족하지 않은 아우구스투스는 기원전 27년 이후에는 제국의 각 속주에 피스쿠스(fiscus. 직역하면 '무화과 광주리')라고 하는 개별 계정 혹은 기금을 설치하고, 속주의 세금 수령액과 수입 중에서 군단들에게 지급할 금액을 그 안에 적립하도록 했다. 피스쿠스는 유일한 경리관이었던 그가 군대를 완전히 장악하도록 도왔을 뿐 아니라 제국의 재무 행정을 장악할 수 있게 해주었다. 훗날 클라우디우스는 따로 떨어져 있던 피스쿠스들을 중앙 피스쿠스로 한데 합쳤고, 그 뒤로 피스쿠스는 법률상으로 뿐 아니라 실질상으로도 로마 제국의 주요한 국고가 되었다.

서기 6년에 아우구스투스는 참전 전역병들에게 지급할 연금을 마련하기 위해서 세번째 기금인 아이라리움 밀리타레(aerarion militare, 군대기금)를 설치했다(참조. 564쪽).

아우구스투스는 더 나아가 네번째 기금을 보유하고 있었다. 파트리모니움 카이사리스(patrimonium Caesaris)라고 하는 이것은 그 규모는 엄청났으나 엄격한 의미에서 기금은 아니었다. 이것은 카이사르의 사유 재산, 안토니우스에게서 몰수한 재산, 클레오파트라의 방대한 재산, 속주들에 깔려 있던 아우구스투스의 사유지에서 거둬들인 세입, 그리고 부유한 로마인들이 그에게 남긴 막대한 유산으로 구성되었다. (그 유산만 해도 14억 세스테르티우스에 달했다.) 그는 이 기금들에 힘입어 제국의 전체 재무 행정을 장악했다.

사회 개혁. 아우구스투스는 국제(國制), 행정, 군사, 재정 상의 개혁에는 괄목할 만한 성공을 거두었지만, 사회 및 종교 개혁은 성과 면에서나 지속성 면에서 모두 미미한 수준을 벗어나지 못했다. 대부분이 실익이 없었고 부작용을 낳은 경우도 있었다. 사회 개혁을 단행한 목적은 상류 사회에서 갈수록 이기심이 만연하고 공공 정신이 박약해져 가던 경향을 막고 로마인의 도덕의 재건을 고무하려는 데 있었다. 그것은 훌륭하긴 하지만 입법 행위나 황제의 칙령으로는 성취할 수 없는 목적이었다.

가장 칭송받을 만한 것은 노예들에 대한 처우를 개선하려고 한 그의 시도였다. 카시우스 디오가 전하는 이야기에 따르면 아우구스투스는 어느 날 베디우스 폴리오의 집에서 저녁 식사를 했다고 한다. 베디우스 폴리오는 잘못을 범한 노예들을 양어장에 집어던져 칠성장어들의 밥이 되게 하는 습관을 갖고 있었다. 베디우스와 아우구스투스가 함께 식사를 하고 있는데 시중을 들고 있던 노예가 실수로 값진 크리스탈 잔을 깨뜨렸다. 화가 난 베디우스는 그 노예를 붙잡아 양어장에 던져 버리라고 명령했다. 그 노예는 벌벌 떨면서 아우구스투스의 발 아래 꿇어 엎드려 자기를 위해 중재해 달라고 간청했다. 가슴이 뭉클해진 아우구스투스는 베디우스에게 집안에 있는 모든 크리스탈 잔을 가져오라고 부탁했다. 잔들이 자기 앞에 다 모여 반짝이고 있을 때 그는 그것들을 모조리 바닥으로 던져 깨뜨렸다. 베디우스는 얼굴이 화끈 달아올랐으나 한 마디도 입밖에 내지 못했다. 그 행동이 무슨 뜻인지 너무나 자명했기 때문이다.

아우구스투스는 노예들의 처우를 개선하려고 시도한 것과는 대조적으로, 마이에스타스 법(law of maiestas, 대역법)을 부활시킴으로써 인간의 자유와 존엄을 짓밟았다. 그 법은 국가 전복 음모에서부터 말이나 글로나 행동으로 황제를 모욕하거나 심지어는 존경하지 않은 행위에 이르기까지 모든 범죄를 망라하는, 모호하고 포괄적이고 잣대를 마음대로 늘일 수 있는 법이었다. 신고자들(delatores)에게는 범죄자의 재산 중 1/4이 돌아갔다. 카이사르의 암살 사건과 기원전 23년에 발각된 것 같은 음모 사건들, 그리고 지난 세기에 수 차례에 걸쳐 발생한 내전들에 비추어 볼 때 아우구스투스가 자신과 국가에 대한 음모를 우려했던 것은 이해할 만하다. 그 자신은 마이에스타스 법을 적용하는 데 신중을 기했지만, 지성과 심리적 안정이 덜한 황제들의 손에 그 법이 들어갔을 때 그것은 독재와 탄압의 도구가 되었다.

실효를 거두지 못한 정도가 아니라 오히려 해독을 끼친 것은 방탕한 풍조를 통제하고 결혼과 가정 생활을 규제하려고 한 시도였다. 기원전 18년에 발효된 율리우스의 이름이 들어간 두 가지 법률과 서기 9년의 포피우스 포파이우스 법(lex Popia Poppaea. 이 법은 결혼과 간통에 관한 기존의 모든 법률과 칙령을 체계적으로 집대성한 법이었다)은 특히 불륜을 막고 출산률을 높이고 고대 로마의 덕목을 되살리려는 의도로 제정되었다.

새로운 법들은 장기간의 약혼과 이혼을 금했고, 모든 독신 남성들과 여성들에게 가급적 속히 결혼하도록 명령했고, 50세 미만의 과부들과 60세 미만의 홀아비들에게는 2년 내에 재혼하도록 명령했다. 명령을 이행하지 않으면 유산의 일부나 전부를 받을 수 없고 공직에 오를 수 없으며 공적인 경기장과 공연장에 입장을 금하는 등 많은 처벌과 법익 박탈 조치가 가해졌다. 결혼을 했으되 자녀가 없는 사람들도 비슷한 불이익을 당한 반면에, 자녀가 셋 이상인 사람들은 공직과 사회 생활에서 빨리 승진할 수 있었다. 예를 들어 자녀를 셋 이상 낳은 여성들은 후견으로부터 해방되었다.

그러나 이 법의 효력은 특별하고도 허구적인 '세 자녀의 권리'(ius trium liberorum)의 부여로써 다소 감소되었다. 유력 인사들은 이 권리를 주장할 수 있었다. 그로써 결혼하지 않은 시인들인 베르길리우스와 호라티우스, 자녀가 하나뿐이었던 아우구스투스 자신, 자녀가 둘이었던 황후 리비아, 결혼했으나 자녀가 없었던 마이케나스, 그리고 심지어 자신들의 이름을 포피우스 포파이우스 법에 빌려준 두 명의 미혼 콘술들조차 이 법의 규정을 지키지 않았다.

새로운 법들은 간통을 민사적 범죄로 뿐 아니라 형사적 범죄로 만들었다. 가장(pater familias)은 자신의 권한으로 간통을 범한 여성들을 그들의 정부들과 함께 죽일 수 있었고, 남편이 아내의 연인을 죽일 수 있었다. 간통을 저지른 아내와 이혼하기를 거부하는 사람이나 상대방이 간통을 저지른 줄을 알고서도 결혼한 사람이 모두 그 법 앞에 유죄였다. 극악한 간통자들은 벌금과 재산 몰수에서부터 추방과 심지어는 사형에 이르기까지 다양한 벌을 받았다.

아우구스투스 자신도 비록 마지막에는 자신의 혼인법들이 불륜을 억제하지도 못했고 출산률을 높이지도 못했음을 시인했지만, 그의 법률은 결과가 전혀 없지는 않았다. 국고를 늘렸고 장차 사회의 암적 존재로 남게 될 밀고자 계층을 양산했다.

사회 개혁 법 분야에서 그밖의 세 가지 법이 언급할 만하다. 그것은 기원전 2년의 푸피우스 카니니우스 법(lex Fufia Caninia), 서기 4년의 아일리우스 센티우스 법(lex Aelia Sentia), 그리고 아마 기원전 17년의 유니우스 노르바누스 법(lex Junia Norbana)이었다. 처음 두 법은 외국 노예들의 대규모 해방을 금했다. 그들을 대규모로 해방시키면 로마 시민층이 그들로 우글거리게 될 것이고, 통혼을 통해서 이탈리아 종족의 '순수성'을 '더럽히고' '오염시킨다'고 주장되었다. 주목을 끌지 못했던 아우구스투스의 이러한 인종주의는 이탈리아 농촌 출신으로서 지닌 성격의 일단이기도 하겠으나, 그 바탕에는 내전 때 자신을 충성스럽게 지지한 이탈리아인들의 특권을 지켜 주기 위한 정치적 목적도 깔려 있었다. 유니우스 법은 정식 절차를 밟지 않고 해방된 노예들을 이른바 유니우스계 라틴인들(Junian Latins)이라고 하는 2등급 시민으로 격하했다. 이들은 결혼 서약과 자녀 출산을 이행해야만 완전한 시민의 특권을 얻을 수 있었다.

빈민들을 위한 혜택. 기원전 2세기부터 로마에 터전을 잡기 시작한 거대한 수의 빈민들은 공화정 후기의 불안을 조성한 중요한 요인이었다. 아우구스투스는 민회들을 직접 효과적으로 장악함으로써 그들의 직접적인 정치적 세력을 무디게 만들었다. 그러면서도 그들이 일으키는 폭력과 무질서에도 대처해야 했다. 그들의 수를 줄이기 위해서 농촌에서 빈민들을 끌어들인 무상 곡물 배급을 폐지하는 방안을 검토하기도 했으나, 그것이 잠재적인 반발 요인이 될 것으로 판단하여 포기했다. 그 대신에 곡물을 무상 배급 받을 수 있는 사람의 수를 200,000명으로 줄이고, 무상 곡물을 받는 사람들도 만족시키면서 곡물가도 안정시키는 데 필요한 좀더 효과적인 곡물 확보 및 배급 체계를 수립했다. 아울러 사재를 털어 점차 인기를 더해가고 있던 검투 경기 같은 대중 오락과 행사 수를 늘렸다. 이런 식으로 아우구스투스는 도시 로마의 가난한 시민들을 황제들의 충직한 피호인들로 묶어두고, 구 귀족 계급을 견제하는 데 귀중한 디딤대로 만든 황제들의 '빵과 써커스'(panem et circensus) 정책을 수립했다.

종교 개혁들. 고대 국가 종교의 개혁에 나선 아우구스투스는 오랫동안 소홀히 해온 의식들과, 사제직을 부활시켰다. 그것은 어려운 과제였다. 개울, 들판, 집, 작은 숲, 교차로의 정령들을 숭배한 로마의 원시 애니미즘은 점차 그리스의 신인동형설과 융합하여 원래의 모습을 회복하기가 불가능했다. 그것을 부활시켜봐야 인위적이고 비현실적이고 일시적인 것에 지나지 않았을 것이다. 아마 이탈리아의 외딴 마을들에 사는 사람들을 제외한 대다수의 일반인들은 이미 오래 전에 좀더 이국적이고 들뜨게 하는 이집트와 근동의 종교들로 돌아서 있었다. 교양있고 세련된 상류층은 스토아 학파든 에피쿠로스 학파, 회의 학파든 견유학파든 철학으로 돌아서 있었다.

　기원전 28년에 아우구스투스는 로마의 모든 신전들을 대상으로 보수 작업을 벌였다(그 자신의 진술에 따르면 여든두 채였다고 한다). 바로 일년 전에는 신(神) 율리우스의 신전(옛 광장에)과 아폴로 신전(팔라티누스 언덕에)이 신축되어 봉헌되었는데, 두 신 모두 율리우스 황가의 수호자들이자 승리의 수여자들이자 국가를 내전에서 구해낸 신들이었던 관계로 그것은 적절한 선물이었다. 기원전 2년에 아우구스투스는 새로 건립된 아우구스투스 광장에 보복자 마르스(Mars the Avenger)의 새 신전을 건축했다.

무너진 신전들의 복구는 반쯤 잊혀졌던 고대 로마의 여러 종교 의식들의 부활을 알리는 서곡이었다. 기원전 27년에 아우구스투스는 아르발레스(경작) 형제단을 재조직했다. 이들은 한때 해마다 5월 말에 자라는 곡식에 신의 강복을 빌기 위해 들판을 돌며 벌이는 엄숙하면서도 유쾌한 제사 행렬인 암바르발리아(Ambarvalia)를 주도했고, 디아 여신(Dea Dia)으로 알려진 원시 들판의 여신을 기리는 행사도 주도했다. 아우구스투스는 플라멘 디알리스(Flamen Dialis, 유피테르 신관) 사제단을 과거의 모든 터부들과 함께 부활시켰다(참조. 88쪽).

고대 의식들의 부활은 경건과 용맹의 정신을 되살리는 데 기여한 점도 없지 않겠지만, 새 정부에 대한 충성이나 헌신을 직접 일으키거나 아우구스투스의 군주제적 통치를 선전할 수 없었다. 따라서 기원전 13년에 원로원은 투표를 통해서 아우구스투스의 평화 제단(Ara Pacis Augustae)을 세웠다. 이 장려한 기념물을 장식한 조각 패널들 중 하나는 아우구스투스가 제사를 드리기 위해 장엄한 행렬을 벌이는 모습을 보여 준다. 또 다른 패널에는 지모신이 무릎에 두 자녀와 땅의 과실들을 올려놓고 바위에 걸터 앉아 있는 모습이 새겨져 있다. 그 제단은 신들과의 화해와, 아우구스투스의 무용과 투철한 의무감에서 비롯된 지상의 평화와 풍족과 온갖 복을 암시하는 듯하다.

아우구스투스는 기원전 12년에 레피두스를 계승하여 대사제(폰티펙스 막시무스)가 된 뒤로는 더욱 큰 열정과 활력을 가지고 새로운 종교 사업을 추진할 수 있었다. 기원전 7년에는 도시 로마를 열네 개 지역으로 구분하고, 지역을 다시 구(區, vici)로 구분했다. 대개 피해방인층에서 선출된 구장(區長, vicomagistri)은 아이딜리스들을 도와 소방 활동을 지원했을 뿐 아니라, 교차로와 가족의 수호 정령들인 라레스 콤피탈레스(Lares Compitales. 이제는 Lares Augusti라 불리게 됨) 숭배를 위해 봉헌된 성소들에서 제사를 집전했다. 각 성소마다 구장들이 아우구스투스의 수호 정령(Genius of Augustus)에게 제물을 바쳤는데, 그것은 가족의 라레스와 페나테스 숭배에서 전통적으로 가장(家長, pater-familias)을 기린 것과 똑같은 이치였다. 이런 종교 행사들은 지극히 자발적인 것이었으나 그러면서도 미묘하게 정부가 배후에서 여론을 주도해 가는 데 기여했다.

몇몇 이탈리아 도시들, 특히 그리스인들이 자리잡은 남부의 도시들은 아우구스투스에게 바치는 신전들을 건립했지만, 그는 자신에 대한 지나친 신격화 사업을 권장하지 않았다. 오히려 그는 자신의 수호신 숭배를 권장하고 세비리 아우구스탈레스(Seviri Augustales)라고 하는 여섯 명의 하급 정무관단이 그 숭배를 관장하도록 권장했다. 이 정무관들은 주로 지방의 피해방인들로서, 각기 자신의 도시에서 그 숭배와 연관된 의식과 축제에 자금을 지원하도록 요구받았다. 이 명예는 아우구스투스가 그들이 정식 정무관직에 오르지 못하게 규정한 전통적인 금지령을 엄격히 시행한 데 따르는 피해에 대한 적절한 보상이 되었고, 따라서 그들은 그 직위로 인해 사회적 위신이 격상된 데에 따른 대가로 그 비용을 흔쾌히 맡았다.

그러므로 아우구스투스는 40년 재위 기간 중 로마 사회의 모든 구석에 미치는 개혁들을 단행한 셈이다. 조급하게 많은 것을 이루려고 덤비지 않고 점진적인 조치와 선례에 입각한 체계적인 작업에 의해 아우구스투스는 로마의 급진적 개혁에 성공했다. 복합적인 행정 체계를 수립하여 옛 귀족들을 만족시킬 만한 최상급 신분의 지위들을 많이 남겨두면서도 이탈리아의 기사 신분을 실세의 지위로 끌어들여 그들을 체제의 충직한 집단으로 만들었고, 신인들(novi homines)로서 원로원 신분에 오를 수 있는 기회를 열어 주었다. 노예들과 피해방인들은 어떤 면에서는 과거보다 더 큰 제약을 받았지만, 그들 역시 갈수록 전문화해가던 행정 체계에서 중요한 역할을 수행했고, 충직한 봉직을 통해서 자신들이나 자녀들 대에 신분 상승을 기대할 수 있었다. 도시 빈민들은 도시 생활에서 훨씬 제약된 역할을 수행했지만, 대체로 관대한 혜택들에 만족하며 살았다. 군대는 상비군이 되었고, 국가 재정은 훨씬 더 합리적이고 안정적이 되었다. 개인의 도덕성 개혁을 위한 시도는 큰 성과를 거두지 못했지만, 아우구스투스는 국가 종교에 새로운 영향을 주었고 자신의 체재에 대한 폭넓은 충성을 장려하는 방편으로써 자신의 수호신에 대한 숭배를 권장했다.

24

아우구스투스 치하의 제국의 안정

아우구스투스가 로마에서 독특한 자신의 국제(國制)를 정비하고 광범위한 내부의 행정, 군사, 재정, 사회적 개혁을 진행하고 있는 동안 그는 또한 특정 속주들을 평정하고 제국 전체의 방어선을 수립하는 막중한 과제를 떠맡아야만 했다. 그의 치하에 제국의 기본적인 방어선이 고정되었고, 속주들을 로마화하기 위한 정책들이 일관성 있게 추진되었다. 아우구스투스는 지중해 세계를 하나의 통일 국가이자 단일 문화권으로 결속하는 데 큰 자극을 주었는데, 그것이 유럽과 중동 역사에 끼친 영향이 오늘날까지도 느껴진다.

속주 행정의 개선. 공화정 후기에 사회 불안을 야기했던 요인들 중 한 가지는 담당관들을 급속히 교체함으로써 발생했던 비전문화된 속주 행정 체제였다. 이런 체제하에서 담당관들의 문제점은 그들이 최선의 경우에 업무를 잘 수행할 충분한 시간을 가질 수 없었고, 최악의 경우에는 가능한 한 짧은 시간에 속주민들로부터 많은 돈을 긁어내려고 했다는 것이다. 이런 체제는 불충실과 불신을 조장했고, 로마의 적들은 이런 상황을 이용하여 반란을 조장하기가 수월했다.

속주들에게 충성을 확보하려면 속주민들 자신들에게 적절한 관심을 써주는, 안정되고 효과적이고 정직한 행정이 필요했다. 그런 행정을 수립하기 위해서 아우구스투스는 원로원령 총독들뿐 아니라 황제령 총독들을 포함한 총독들을 확고히 장악하고, 재산 부당 취득 금지법을 강화하고, 일정한 기간을 두고 센서스(인구조사)를 시행함으로써 조세 체계를 개혁했다. 갈리아 트랜스알피나, 히스파니아, 마케도니아 같이 규모가 큰 속주들을 분할함으로써 행정상의 효율성과 장악력을 높였다. 조세 징수 회사들의 권력을 제한했고 직접세 수납 업무를 지역 세무원들의 지원을 받는 황제대리인(procurator)들에게 이관했다. 이런 개혁들은 특히 동방에서 급속한 경기 회복과 교역의 팽창을 가능하게 했고, 아우구스투스가 속주민들의 충성을 확보하도록 도왔다.

프린켑스는 지역의 관습을 존중하고 속주들에게 상당한 자치권을 주었는데, 이런 조치들로 인해 크고 작은 마을들과 신전 토지로부터 도시 공동체들이 발달할 수 있었다. 좀더 중요한 것으로서, 그는 속주의 소도시들과 대도시들의 의회들과 부족들의 의회들(concilia 혹은 koina)에게 집회의 자유와 황제나 원로원의 조치에 대해 감사나 경의 혹은 유감을 표시할 수 있는 권리를 주었다.

이집트는 특별한 경우였다. 수천 년 동안 이집트는 국토가 왕들의 사유지였다. 이 나라에 새로운 체제를 부과한다면 혼란이 일어날 우려가 컸으며, 따라서 아우구스투스로서는 이집트의 방대한 재산과 곡물을 잠재적 도전자들의 손에서 지키기 위해서 고대 파라오들과 헬레니즘 시대의 프톨레마이오스 왕들의 지위를 차지하는 것으로 그치는 것이 이익이었다. 그러므로 그는 이집트를 자신의 사유 재산의 일부로 대하고 로마 원로원 의원들에 대해 특별 허가가 없이 이 나라에 출입하지 못하게 했다. 그와 그의 후계자들은 기사 신분의 특별 감독관(prefects)들을 통해서 이 나라를 관리했다.

새 영토들과 속주들. 아우구스투스가 제국에 평화와 안정을 제공하기 위해 세운 정책의 또 다른 양상은 지중해역의 정복을 마무리하고 제국의 국경선을 지리적으로 방어에 가장 용이한 접경 지역들로 확대한 것이었다. 이 정책이 완수될 무렵 원로원령 속주 10개와 황제령 속주 18개를 합해서 모두 28개의 속주가 있었다. 로마의 관점에서 볼 때 그의 정책은 커다란 성공이었고, 이 성공에 힘입어 그는 무용(武勇)을 높이 평가하는 그 사회에서 큰 위신을 얻었다. 그러나 인간적인 면에서 볼 때 그것은 언제나 멋진 이야기만은 아니었다.

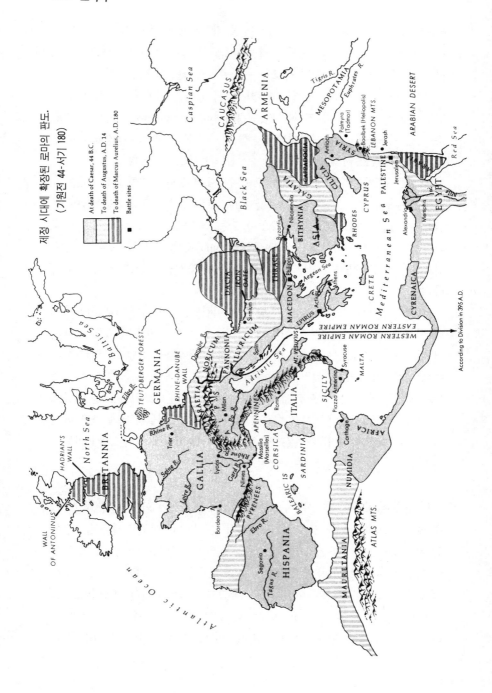

제정 시대에 확장된 로마의 판도.
(기원전 44-서기 180)

한 세기 뒤에 역사가 타키투스는 로마의 평화(Pax Romana)가 정착되는 과
정에서 독립을 잃고 고향을 파괴당한 본토인들이 직면한 현실을 간파하고서
로마인들에 관해서 "그들은 사막을 만들고 그것을 평화라고 부른다"고 말했
다.

서방.

아우구스투스가 정복 정책을 가장 일관되게 시행한 곳은 서방이었다. 서방
은 제국에서 문화가 덜 발달한 지역이었고, 따라서 야만적인 무력 외에는 통
제 수단이 별로 없었다. 이탈리아 주변에는 아직도 로마인들이 점령하려고 시
도하지 못한 방대한 지역이 있었다. 제국의 심장부 이탈리아를 보호하고 안전
한 국경선 안쪽에서 제국의 나머지 지역과 원활한 교통을 하기 위해서, 아우
구스투스는 체계적으로 그 지역들을 정복하는 작업에 착수했다.

히스파니아. 기원전 27년에 아우구스투스는 히스파니아 북서부의 칸타브리
아인들(Cantabrians)과 아스투르인들(Asturians)을 굴복시키기 위해서 직접
히스파니아로 출발했다. 그 종족들은 로마의 제재 노력에도 아랑곳하지 않고
수년 동안 동쪽과 남쪽에 정착해 살고 있던 주민들을 침공하고 있었다. 기원
전 26년에 그는 세 갈래에 걸친 대 공세를 감행했다. 그것은 쉬운 전투가 아
니어서 늘 취약했던 그의 건강에 큰 무리를 가했다. 그의 부하들이 이렇다 할
전과를 거두지 못하고 있을 때 아그리파가 지휘권을 이양받아 닥치는 대로 살
육하고 노예로 만드는 방식으로 마침내 완강한 부족민들을 제압했다.

갈리아. 갈리아에서는 이미 카이사르가 철저한 정복을 펼친 뒤였기 때문에
아우구스투스로서는 아퀴탄티아에서의 소소한 접전들과 행정 재편 외에는 이
렇다 할 일이 남아 있지 않았다. 기원전 22년에 그는 프로방스와 갈리아 나르
보넨시스를 원로원에 이관했다. 옛 갈리아 코마타를 아퀴타니아, 루그두넨시
스, 벨기카라는 세 행정 구역으로 분할하고, 각 구역에 총독에게 복속된 대리
인(legatus) 한 사람씩을 두었다. 총독은 루그두눔(리용)에 사령부를 두고 있
었다.

알프스 지역들. 이제 로마 제국은 지브롤터 해협에서 유프라테스 강까지 확대되었지만 알프스 지역은 아직 정복되지 않은 채 이탈리아를 위협했다. 거칠고 호전적인 종족들이 남쪽의 평화로운 이웃들을 끊임없이 침공했고, 이탈리아와 갈리아 사이의 직접 교통에 필수적인 길목들을 차지하고 있었다. 기원전 25년에 프린켑스는 알프스 지역의 종족들 가운데 가장 위험한 살라시인들(the Salassi)을 진압하기 위해서 테렌티우스 바로 무레나(Terentius Varro Murena)를 파견했다. 결정적인 승리와 무자비한 노예화로 그 위협이 제거되었다. 그뒤로 아오스타에 식민시를 건설한 전역병들이 성 베르나르의 대 산악로와 소 산악로들을 방어했고, 그에 힘입어 성 베르나르의 소 관문을 통해 이탈리아에서 루그두눔을 잇는 도로가 건설될 수 있었다.

그 다음 차례는 북쪽과 동쪽 알프스 지역들이었다. 기원전 17년과 16년에 일리리쿰의 유능한 총독 푸블리우스 실리우스 네르바(P. Silius Nerva)가 노리쿰(오늘날의 티롤, 스티리아, 잘츠부르크) 정복을 시작했다. 그 과제는 기원전 16~14년에 황제의 두 의붓 아들 티베리우스 클라우디우스 네로(Tiberius Claudius Nero)와 네로 클라우디우스 드루수스(Nero Claudius Drusus)에 의해 완수되었다. 이들은 양쪽에서 한 지점으로 옥죄고 들어가는 탁월한 원정으로 노리쿰과 라이티아(스위스 동부와 티롤 서부) 그리고 라인 강과 도나우 강 상류 지역에 사는 모든 종족들에 대한 정복을 완료했다. 노리쿰과 라이티아는 제국 속주가 되어 처음에는 관리관들(prefects)이, 기원전 8년 이후에는 황제 대리인들(procurators)이 다스렸다. 상(上) 도나우 지역이 로마 제국의 북쪽 국경선이 되었다.

도나우 지역. 발칸 반도에 대한 정복은 오랫동안 미뤄져 있었다. 일리리쿰(오늘날의 알바니아와 유고슬라비아의 일부분)과 마케도니아 두 속주는 오늘날 헝가리, 유고슬라비아 북부, 오스트리아 동부에 거주하던 판노니아인들(the Pannonians)이나 루마니아와 헝가리 북부에 거주하던 다키아인들(the Dacians)과 바스타르나이인들(the Bastarnae)에게 자주 침공을 받았다. 그밖에도 완전히 평정된 적이 없는 일리리쿰의 달마티아인들(the Dalmatians)이 로마의 권위에 대해 전면적인 반란을 일으킨 상태였다.

반란을 일으킨 달마티아인들을 진압하고 판노니아인들을 정복하는 과제는 처음에는 기원전 14/13년의 일리리쿰의 유능한 총독 마르쿠스 비니키우스(M. Vinicius)에게 맡겨졌다. 기원전 13/12년 겨울에는 아그리파가 그 임무를 인수했다. 그러나 아그리파는 무리한 겨울 원정으로 건강을 잃고 임무를 완수하지 못한 채 죽었다. 그 정복 작업은 기원전 12~9년이라는 4년간에 걸친 힘겨운 접전 끝에 결국 완수되었다. 그는 도나우 강 중앙의 남쪽 둑에 로마의 깃발을 꽂고 판노니아를 일리리쿰과 합병했다.

발칸 반도 동부도 오랫동안 분쟁 지역이었다. 기원전 53년 카라이 전투의 패장의 손자 마르쿠스 리키니우스 크라수스(M. Licinius Crassus)가 기원전 30년과 29년에 마케도니아의 총독으로서 트라키아(오늘날의 불가리아)를 정복하고 영토에 굶주린 바스타르나이인들(the Bastarnians)을 도나우 강 건너로 몰아냈다. 그의 이런 혁혁한 전공을 시샘한 아우구스투스는 한참 뜸을 들이다가 그에게 약소한 개선식을 허락했다. 그러나 그 지역의 평화는 오래 가지 못했다. 기원전 13년에 트라키아인들이 반란을 일으켜 마케도니아를 침공하고 다키아인들이 도나우 강을 건너 대대적인 약탈을 저지르자 아우구스투스는 갈라티아로부터 군대를 불러들이지 않을 수 없었다. 그 군대의 지휘관으로서 유능하되 주벽이 심했던 루키우스 칼푸르니우스 피소(L. Calpurnius Piso)는 3년(기원전 13~11년 혹은 12~10년)에 걸친 격전 끝에 그 지역에 질서를 회복했다. 그후로 기원전 9년에서 서기 6년 사이의 어떤 시점에 그나이우스 코르넬리우스 렌툴루스(Cn. Cornelius Lentulus)와 섹스투스 아일리우스 카투스(Sextus Aelius Catus)가 도나우 강을 건너 북쪽 지역을 침공하여 도나우 강 남쪽 강둑을 따라 일리리쿰에서 흑해까지 뻗어 있는 모이시아에 5만 명의 다키아인들을 이주시켰다. 서기 6년에 모이시아는 아우구스투스의 대리인들의 통치를 받는 개별 속주가 되었다.

이런 정복 사업들에 힘입어 아우구스투스는 제국의 국경선을 이탈리아 북동부로부터 멀찌감치 옮겨 놓았고, 요충지인 라인 지방과 동방 사이의 교통·통신을 크게 단축해 놓았다. 더욱이 도나우 강 유역 지방들은 비록 경제적으로는 많은 속주들보다 가치가 덜했지만 곧 제국 최고의 병력 충원지가 되었다. 여러 세기 뒤에 제국을 야만족의 침입에서 보호하려고 영웅적으로 싸운 여러 황제들이 바로 이 지역에서 나왔다.

게르마니아 접경에서의 실패. 아우구스투스가 유일하게 실패를 맛본 접경은 게르마니아 접경이었다. 게르마니아 종족들의 불안한 상태는 아우구스투스로 하여금 라인 강을 건너 국경선을 엘베 강까지 확장하고, 가능하다면 그 후에 는 비스툴라 강까지 확장하여 도나우 강까지의 방어선을 약 500킬로미터 남 짓 줄이게 했다. 그의 의붓아들 드루수스가 기원전 12~9년에 펼친 작전으로 첫 목표를 훌륭하게 성취했다. 그러나 불운하게도 드루수스가 기원전 9년에 말에서 떨어져 다리가 부러진 뒤 합병증으로 죽었다. 그뒤 티베리우스가 게르 마니아의 문제를 효과적으로 처리하다가 서기 6~9년에 판노니아와 일리리쿰 에서 일어난 심각한 반란을 진압하도록 소환되었다. 그러나 게르마니아에서 티베리우스를 계승한 퀸크틸리우스 바루스(Quinctilius Varus)의 가혹한 정책 때문에 서기 9년에 그곳에서 반란이 일어났다. 게르마니아의 지도자 아르미니 우스(Arminius)가 테우토부르그 숲(Teutoburg Forest)에 매복해 있다가 3개 군단을 기습 공격했다. 군단 병력은 거의 전멸했고 바루스는 자결했다.

테우토부르그의 재앙 소식이 로마에 도착했다. 프린켑스는 당혹과 슬픔과 좌절에 휩싸인 채 "퀸크틸리우스 바루스여, 나의 군단들을 돌려다오"라고 끊 임없이 되뇌었다. 테우토부르그 참패 사건과 그로 인해 잃은 세 개 군단을 보 충할 인력과 재원이 변변치 않자, 프린켑스는 게르마니아 정복의 꿈을 포기했 고, 후에 티베리우스와 게르마니쿠스가 거둔 성공에도 불구하고 엘베 강을 제 국의 유럽 국경선으로 만들려는 야심을 포기했다. 그 최종적이고 중대하고 돌 이킬 수 없는 결정은 재정적으로나 행정적으로는 안전한 조치였지만 전략적 으로는 그렇지 못했다. 라인 강 상류와 도나우 강 상류 사이의 삼각 지형은 국경선이 긴데다 이탈리아와도 가까웠기 때문에 야만족의 침입으로부터 국경 을 수비하기가 어려웠고, 이 국경선이 뚫릴 경우 이탈리아와 서방 속주들은 한층 위험한 상태에 빠지게 될 가능성에 놓이게 되었다.

북아프리카. 카이사르는 누미디아를 병합하여 옛 속주인 아프리카 프로콘술 라리스(Africa Proconsularis)를 확장했었다. 그러나 아우구스투스는 확장된 속주가 방어하기에 너무 어렵다는 점을 인식하고서 그 속주의 서부를 마우레타니아 왕국(오늘날의 알제리아와 모로코)에 넘겨주고, 공석 중이던 마우레타니아의 권좌에 안토니우스와 클레오파트라의 딸 클레오파트라 셀레네[달]와 결혼한 마우레타니아의 유바 2세(Juba II)를 앉혔다. 자기 이름을 내걸 정도의 명성있는 라틴 저자이자 미술품 감식가였던 유바는 교양있는 계몽 군주가 되었다. 그는 자기 나라와 서 아프리카의 문화 수준을 끌어올리고, 거친 사막 종족들로부터 나라를 지키고, 아우구스투스의 열두 개의 로마 식민시 건설 작업을 지원했다. 그중에서 모로코 해안에 자리잡은 팅기(탠지어)가 가장 두드러졌다.

동방.

근동의 문제들은 서방의 문제들과 판이하게 달랐다. 유서깊고 진보된 문화를 계승한 동방은 전통에 대한 자부심이 대단했고 창조력도 여전히 왕성했다. 파르티아 제국은 유프라테스 강에서부터 아랄 호(湖)에 이르고 인더스 강 너머까지 뻗어 있는 310만 평방 킬로미터의 지역을 포괄하는 방대하고 언어도 여러 개가 쓰이던 나라였다. 불과 얼마 전에 파르티아 제국은 로마 제국에게 세 번에 걸쳐 쓰라린 패배를 안겨 주었고, 지금도 여전히 잠재적인 위협 세력으로 간주되고 있었다. 그러나 이 제국은 조직된 국가였기 때문에 군사력뿐 아니라 세련된 외교를 통해서 다룰 수 있었다.

악티움 해전이 끝난 뒤부터 파르티아를 응징해야 한다는 강렬한 주장이 대두되었다. 아우구스투스는 여론의 요구와 베르길리우스나 호라티우스 같은 저자들의 애국적 정조를 공개적으로 무시하지 않은 채, 히스파니아와 게르마니아와 도나우 강 유역에서 전쟁을 벌이면서 동시에 파르티아에 대해 대대적인 원정을 감행하기란 논리상 불가능하다는 결론을 내렸다. 제국은 그런 동시 다발 전쟁을 벌일 만한 인력과 자원과 교통·통신이 부족했다. 아우구스투스는 다른 방법을 먼저 사용하고 싶었다.

피보호 왕국들. 로마의 권력을 강화하고 파르티아를 중립화하기 위해서, 아우구스투스는 피보호 왕국들을 파르티아와 로마 속주들 사이의 완충국들로 유지해 둔 안토니우스의 정책을 고수했다. 악티움 해전이 끝난 뒤 아우구스투스는 광활한 영토들을 갈라티아인 아민타스(Amyntas)에게 할당했었다(그 영토들에는 갈라티아, 피시디아, 리카오니아, 그리고 킬리키아 대부분 지역이 포함되었다). 그는 아울러 폰투스 동부와 소(lesser) 아르메니아에 대한 소유권을 계몽군주인 폴레모(Polemo)에게 넘겨주었고, 비열한 아르켈라우스(Archelaus)에게 카파도키아의 거대한 영토를 보상했다. 아우구스투스는 헤롯 대왕(기원전 37-4)이라고 하는 헤롯 1세의 왕국인 유대를 확장했다. 교활하고 유능한 군주였던 헤롯 1세는 예루살렘에 웅장한 신전을 건축하기도 했지만 자기 아내들과 아들들을 살해한 지독한 인간이기도 했다.

이렇게 해서 결국 모든 피보호왕국들이 속주가 되었다. 기원전 타우루스 산맥에 사는 포악한 종족들을 토벌하는 과정에서 아민타스(Amyntas)가 살해되었을 때 로마는 갈라티아와 팜필리아라는 광활한 속주를 얻었다. 10년 뒤 헤롯이 죽자 아우구스투스는 유대와 사마리아를 황제의 속주 즉 시리아의 관할 속주로 삼았다. 이 지역은 관리관들(prefects)이 다스렸는데, 그중 가장 유명한 사람은 그리스도가 십자가에 처형되던 당시인 서기 26~36년에 재직했던 본디오 빌라도(Pontius Pilate)였다.

아르메니아와 파르티아. 안토니우스의 사후에 로마의 영향력이 감퇴된 지역은 아르메니아 한 왕국뿐이었다. 기원전 34년에 정복되어 병합된 아르메니아는 악티움 해전 직전에 로마의 통제에서 벗어나 아르탁시아스(Artaxias)의 잔인한 통치하에 들어갔다. 아르탁시아스는 권력을 잡은 즉시 아르메니아에 체류하고 있던 모든 로마인들을 살해했다. 그러나 아우구스투스는 그들의 죽음에 대해 복수를 하지 않았고, 그 나라가 파르티아에서 소아시아와 시리아를 잇는 최상의 육로를 제공했는데도 불구하고 10년이 넘도록 통치권을 되찾으려고도 하지 않았다. 관망을 하면서 때를 기다리고 있었던 것이다.

기원전 20년에 아르탁시아스가 살해되었다. 아우구스투스는 즉각 티베리우스에게 군대를 붙여 아르메니아로 파견했다. 티베리우스는 로마에 우호적인 선왕의 형제 티그라네스 3세(Tigranes III)를 권좌에 앉혔다. 동시에 파르티아 왕을 협박하여 카라이 전투(Carrhae : 메소포타미아의 도시로 기원전 53년에 크라수스가 이끄는 7개 로마군단이 최악의 패배를 당해 군단 깃발 7개를 모두 빼앗기고 크라수스를 포함해서 로마 병사 2만명이 살해되었으며 1만명이 생포되었다 — 역주) 나 그 이후에 빼앗은 군단 깃발들과 생포한 모든 생존 로마 병사들을 인도하게 만들었다. 한 차례의 무력 시위로 잠시나마 동방에서 로마의 위신이 되살아났고, 로마의 명예를 더럽혔던 얼룩이 제거되었다. 그러자 아우구스투스는 기민하게 대승을 선포하고 주화들에 다음과 같은 구호들을 새겨넣어 자신의 위업을 선전함으로써 전쟁을 원하는 더 이상의 요구를 잠재웠다: 되찾은 군기들(signis receptis), 파르티아인들로부터 되찾은 시민들과 군기들(civibus et signis militaribus a Parthis recuperatis), 재함락한 아르메니아(Armenia recepta).

기원전 1년에 티그라네스가 죽기 전까지 동방에서는 모든 것이 잠잠했다. 그가 죽자 아르메니아의 민족주의자들은 파르티아인들의 지원과 선동을 받아 아우구스투스와 일언반구 상의조차 없이 자기들이 선정한 인물을 왕위에 앉혔다. 아우구스투스는 즉각 가이우스 카이사르에게 동방 전역에 대한 완전한 프로콘술의 권한을 주고 강력한 육군을 붙여 그를 아르메니아로 파견했다. 가이우스는 아르메니아인들을 굴복시킨 뒤 무력 시위와 외교로써 파르티아인들에게 로마가 아르메니아에 대해 우선권을 갖고 있음을 인정하도록 만들었다. 그 대단한 위업을 거둔 뒤 가이우스 카이사르는 치유될 수 없는 상처를 입고서 죽었다(서기 4년).

아우구스투스뿐 아니라 파르티아도 전쟁을 피해야 할 이유가 있었다. 왕권 주장자들의 불화로 찢긴데다 아시아 이민들에게 끊임없이 위협을 받던 파르티아는 공격을 감행할 처지가 아니었고, 따라서 실전을 감행하기보다 기꺼이 외교적 패배를 감수하려 했다. 전쟁을 하지 않더라도 외교와 음모로써 승리를 거둘 수 있다는 생각, 그리고 전면전은 승산도 없거니와 자금도 막대하게 들 것이라는 생각이 저변에 갈려있었다.

파르티아와 로마는 만약 전쟁이 일어나면 파괴될 공동의 경제적 이해를 갖고 있었다. 두 나라 다 유프라테스 계곡을 인도, 중앙 아시아, 중국과의 교역을 위한 대상로로 개방하는 데 관심이 있었다. 파르티아와 로마의 공동 보호하에 팔미라가 양호한 거리들과 공원들과 공공 건물들을 갖춘 크고 융성한 대상(隊

商) 도시로 급속히 변모하고 있었다. 페트라, 예라쉬, 필라델피아, 다마스쿠스 같은 다른 도시들도 대상 교역의 풍부한 혜택을 누리기 시작하고 있었다.

아프리카와 홍해 지역. 아우구스투스가 합병한 지역들 중 가장 부유한 나라로서 로마의 연중 곡물 공급의 1/3(5백만 부쉘)을 생산하던 이집트는 에티오피아 접경에서 몇 차례 사소한 충돌을 겪은 것을 제외하면 비교적 조용히 남아 있었다. 이집트 초대 관리관(prefect)이자 저명한 장군이자 애가(哀歌) 시인이자 아우구스투스와 폴리오와 베르길리우스의 친구였던 가이우스 코르넬리우스 갈루스(C. Cornelius Gallus)는 기원전 29년에 에티오피아 원정을 감행했다.[1] 그를 이은 관리관(prefect) 가이우스 페트로니우스(C. Petronius)는 에티오피아로부터 밀려들어온 반격군을 격퇴하고 두 차례의 원정(기원전 27년과 22년)으로 그들을 수단(Sudan)으로 밀어낸 뒤 그들의 성도(聖都) 나파타를 멸망시켰다. 그들의 여왕 칸다케(Candace)와의 합의에 의해서 프린켑스는 최종적으로 이집트의 남부 국경선을 제1폭포(the First Cataract) 근처로 확정지었는데, 이 국경선이 그 뒤 300년 동안 유지되었다.

이 무렵(기원전 25~24년)에 프린켑스는 이집트 관리관으로 추측되는 아일리우스 갈루스(Aelius Gallus)를 홍해 아래쪽으로 파견하여 아덴 근처와 사우디 아라비아에 거주하고 있던 사바인들(the Sabaeans)에 대해 원정을 감행하도록 했다. 이 원정의 목적은 사바인들이 인도와 귀금속, 향료, 화장품, 그리고 그밖의 일용품을 독점적으로 교역하던 관행을 알렉산드리아 상인들이 깨뜨릴 수 있도록 하기 위해 바벨 만데브 해협에 대한 재해권을 장악하려는 것이었다. 이 원정은 갈루스의 형편없는 지휘에도 불구하고 후대의 더 성공적인 원정을 위한 길을 닦아 놓았다. 지리학자 스트라보(Strabo)는 홍해의 항구 미오스 호르모스로부터 매년 125척의 선박이 출항했는데, 일부는 잔지바르와 아프리카 동부로, 많은 수는 인도 서부로, 나머지는 실론으로, 그리고 더러는 훨씬 동쪽인 벵골 만 연안과 아마 인도차이나까지 갔다고 말한다. 인도 동부의

---

1) 갈루스의 조각상들이 세워지고 피라미드들에 그의 업적들을 과장해서 새겨 넣은 일이 아우구스투스의 진노와 원로원에 의한 반역죄 선고를 촉발했다. 그는 기원전 27년에 자결했다.

폰디체리와 아리카데무에서 벌인 발굴은 로마의 교역 범위가 의외로 넓었음을 보여 주었다.

도로 건설. 도로 건설은 정복과 제국 방어와 속주 교통과 나란히 진행되었다. 군사용 도로 건설은 아우구스투스가 시작한 것은 아니지만, 그는 군사용 도로에 큰 관심을 쏟았고 최초로 이탈리아에서 속주들을 잇는 도로망을 확장했다. 기원전 27년에 그는 이탈리아의 도로들을 보수하고 재건하는 작업을 완료한 상태였다(많은 도로들이 가이우스 그라쿠스 때 이래로 방치되었었다). 그중에서도 로마와 북부를 잇는 주요 도로이자 제국의 동맥인 플라미니우스 도로를 재건한 것이 특히 두드러졌다. 알프스와 도나우 지역을 정복한 뒤, 아우구스투스는 베네티아 알프스의 아디제 강 유역의 트리덴툼(트렌트)에서 라이티아(바바리아)의 레크 강 유역의 아우구스타 빈데킬로룸(아우크스부르크)을 잇는 북부 도로를 착공했다. 다른 도로들은 이탈리아와 갈리아 사이로 알프스 산맥 지대를 관통했다. 이 사업이 완료되면서 스위스, 티롤, 오스트리아, 바바리아, 갈리아와 이탈리아 사이에는 밀접하고 신속한 교통이 이루어졌다.

제국의 역참제도(Cursus Publicus). 도로가 건설되면서 아우구스투스의 또 다른 업적이 가능하게 되었다. 그것은 공식 서신들과 급송 공문서들을 전송하고 관리들과 원로원 의원들과 그밖의 특권층 인사들을 호송하기 위한 제국의 역참제도(cursus publicus)로서, 고대 페르시아의 경우와 매우 비슷했다. 이 업무의 비용 — 말과 마차를 준비해 두고 공식 손님이 묵을 숙박소를 마련해 두는 데 드는 — 은 대로변에 자리잡은 지방도시들에게 할당되었는데, 그것은 많은 도시들에게는 무거운 부담이었지만 제국의 통신·교통·행정 집중에 대단히 크게 기여했다.

식민화. 정복 사업과 제국에 가치가 있었던 또 다른 수단은 식민시였다. 기원전 43년부터 서기 14년에 이르는 긴 정치 역정 동안 아우구스투스는 계속해서 이탈리아에 28개의 식민시와 속주들에 약 80개의 식민시들을 건설했다. 주로 참전 전역병들로 구성된 이탈리아 식민시들은 새 정권에 대한 엄청난 충성의 중심지들이었다. 아우구스투스는 카이사르가 추구했던 상업 식민시 정책을 포기한 듯하며, 이탈리아 바깥에 민간 혹은 상업 식민시를 건설했더라도 그 수는 극소수에 지나지 않았다. 그가 건설한 식민시는 대부분 전역병들을 정착시키기 위한 곳이거나 아니면 정복된 영토를 확고히 장악하기 위해 전략 거점들에 요새나 전초 기지를 두기 위한 곳이었다. 알프스, 갈리아, 특히 히스파니아에서 식민시들은 비록 후대에는 라틴어와 로마 법을 피정복민들 사이에 보급하는 데 이바지하고 그로써 로마화의 중요한 동인이 되긴 했지만, 당시에는 거칠고 야만적인 지역들 안에서 수비대 역할을 했다. 몇몇 식민시들 주변에서는 크고 융성한 공동체들이 자라났는데, 이 공동체들이 히스파니아의 바르셀로나, 사라고사, 메리다, 프랑스의 비인, 님, 리용, 아프리카의 탠지어 같은 유명한 현대 도시들의 모체였다.

속주들의 도시화. 아우구스투스의 속주 정책에서 가장 두드러진 특성은 서방의 도시화였다. 동방에서 그는 단지 알렉산드로스 대왕이 시작하고 헬레니즘 세계 왕들과 폼페이우스, 카이사르, 안토니우스가 지속해온 정책을 답습했다. 그 정책을 그는 갈리아와 히스파니아로 확대했고, 아프리카에서 되살렸다. 갈리아에서는 산간 고지의 소도시들과 요새화한 도피처, 장터들이 서서히 자취를 감추고 평지와 강과 개울의 굴곡부, 도로의 합류 지점들에 들어선 소도시들이 성장했다.

아우구스투스가 속주들에 도시 생활을 촉진시킨 데에는 도시를 로마 문화를 확산시키는 중심지로 삼으려는 사회적·정치적 동기가 있었다. 더욱이 도시들은 현대의 군청 소재지처럼 반경 80킬로미터 정도 내의 지역을 관장했고, 세금 징수와 그 밖의 유용한 기능을 수행하기 위한 편리한 행정 단위로서 중앙 정부를 도왔다. 도시들이 중앙 정부의 배려로 여러 가지 특권을 누리고 있으므로 새로운 제국 체제를 열정적으로 지원할 것을 아우구스투스가 계산했다는 점은 의심할 여지가 없다.

황제 숭배의 증대. 제국 전역에 황제 숭배가 성장한 것도 로마와 황제에 대한 유대를 강화하는 데 유익한 영향을 끼쳤다. 동방 속주들의 주민들은 오래 전부터 자기들의 군주들을 신으로 섬기는 데 익숙해져 있었다. 헬레니즘 세계 제국들과 왕국들이 로마 공화국에 예속되면서, 동방 주민들은 속주 총독들을 신으로 존경했다. 아우구스투스가 로마 세계의 군주가 되었을 때 많은 동방 주민들은 그를 숭배하기 위한 의식들을 만들기 시작했다.

그러나 아우구스투스는 자신이 너무 노골적으로 숭배되는 것을 달가워하지 않았다. 그것은 종교적으로 보수적인 로마인으로서의 그 자신에게 내키지 않는 일이었고, 자신을 질시하는 보수적인 귀족들을 소외시키는 정치적 모험이 수반될 것이 틀림없었다. 그러므로 그는 자신을 숭배하는 속주의 공적인 제식들을 여신 로마에 대한 제식들과 반드시 연계할 것을 역설했다. 기원전 29년에는 이미 그런 제식을 거행하는 신전들이 로모이아 세바스타(Romoia Sebasta)로 알려진 5년 주기의 제사들과 함께 니카이아, 에페소스, 페르가몬, 니코메디아 같은 동방의 도시들에 존재했다. 훗날에는 그의 권장에 따라 그런 제식들이 서방의 속주들에도 존재하게 되었는데, 독일의 쾰른, 갈리아 코마타의 리용, 히스파니아의 타라코가 대표적인 경우였다.

이런 제식들을 유지하는 것은 일년에 한 번 로마와 아우구스투스의 성소 앞에서 제사를 위해 모이는 속주 회의체의 책임이었다. 그 제사는 속주의 유력한 귀족들 사이에서 선출된 대사제가 주관했다. 이런 식으로 속주의 엘리트가 로마와 황제 모두에게 일체감과 충성심을 갖게 되었다.

그러므로 아우구스투스는 생애 말년 쯤에는 로마 속주들의 내적 평정과 효과적인 행정 체계를 다져 놓은 셈이다. 앞날을 위해 몇 가지 현저한 예를 제외하고는 제국 국경선을 확정했고, 거의 200년 동안 그들을 안전하게 지켜준 방어 체계를 조직했다. 아울러 조심스럽게 황제 숭배를 고무함으로써 그는 또한 거대한 복합 제국을 구성하고 있던 서로 다른 지역적 인종적 전통들에 다리를 놓아 줄, 제국 통일의 기반을 닦았다.

아우구스투스의 죽음. 서기 14년 8월 19일 캄파니아의 작은 도시 놀라(Nola)에서 거의 60년의 정치 역정을 끝으로 아우구스투스는 생애를 마쳤다. 그런데 그 때의 죽음도 예기치 않게 들이닥친 것이 아니었다. 미리 마음의 준비를 하고 있다가 평온하고 유쾌하게 죽음을 맞이했다. 의심과 죄책감과 후회에 휩싸여 죽지 않았다. 그는 임종하면서 자기 친구들에게 농담조로 다음과 같은 그리스 희곡의 대사를 인용했다: "어떤가, 내 배역을 잘 수행했지? 그렇다면 박수를 쳐서 나를 무대에서 내려오게 해주게." 그는 그의 배역을 잘 수행했던가? 과연 그러했다. 그리고 로마 원로원 의원들은 감사의 마음으로 그가 생전에는 지혜롭게도 공개적으로 거부했던 신의 칭호를 자발적으로 그에게 부여했다.

25

아우구스투스 시대의 생활과 문화

아우구스투스의 시대에는 지중해권 경제가 전반적으로 회생했다. 내전이 종식되고, 바다에서 해적이 소탕되고, 이탈리아에서 산적 행위와 무법 행위가 뿌리뽑히고, 이탈리아와 속주들에서 아우구스투스의 도로 건설 계획이 착착 진행되면서 농업과 공업과 상업이 눈부시게 발전했다. 한동안 이러한 새로운 발전의 가장 큰 수혜자는 이탈리아였다. 동방은 아직 과거의 전쟁과 약탈의 여파에서 회복되지 않았고, 서방의 속주들도 새 질서의 혜택을 만끽하기에는 아직 너무 일렀기 때문이다. 그러므로 이탈리아는 경제와 정치 양면에서 계속 지중해 세계를 지배했다.

농업. 이탈리아에서 아우구스투스 집권이 가져온 가장 큰 영향은 평화와 번영이었지만, 농업은 기원전 1세기의 기본적인 특징들이 그대로 남았다. 악티움 해전을 끝낸 뒤부터 아우구스투스는 필리피 전투 이후에 전역병들을 정착시키기 위해서 취해온 파괴적인 몰수 조치를 삼갔다. 이제 속주들에 건설된 새로운 식민시들이 많은 수의 전역병들에게 토지를 제공했고, 소규모 자영농들 계층이 이탈리아 전역에서 안정을 얻었다. 그러나 기원전 36년에 출판된 마르쿠스 테렌티우스 바로(Marcus Terentius Varro)의 「농업론」(*De Re Rustica*)에 잘 나타나 있듯이 대규모 농장들이 여전히 번성을 누렸고, 그들의 분배, 생산, 노동의 형태가 변함 없이 지속되었다.

공업. 아우구스투스 시대의 기술 지식은 여전히 불완전하고 오류가 많았다. 폼페이와 오스티아의 발굴 결과 소도시들과 항구 한 곳의 공업 상황에 관한 약간의 정보가 밝혀졌지만, 발굴이 불가능하거나 착수되지 않은 로마, 브룬디시움, 나폴리, 푸테올리, 카푸아, 타렌툼, 아퀼레이아 같은 대도시들과 항구들에 관해서는 알려진 바가 없다.

폼페이의 이른바 풍요의 거리(the Street of Abundance)가 발굴되면서 아우구스투스 시대의 평화와 번영이 이탈리아의 공업에 미친 영향이 극명하게 드러났다. 원수정 이전에는 완전히 주거지였던 그 거리는 서기 79년(화산이 폭발되던 해)에는 가옥들이 들어섰던 대부분의 터가 작은 공장들이나 상점들로 덮여 있었고, 그중 많은 수가 축융(縮絨)과 세탁과 염색 등 의류업에 종사하고 있었다. 막강한 권한을 가진 축융 길드가 인근의 대형 환전소 건물에 전시장과 매장을 두고 있었다.

폼페이에서 발굴된 가장 흥미로운 상점은 빵집이다. 왜냐하면 그 안에는 제분, 반죽, 제빵 등 고대의 빵 만드는 과정에 쓰인 장비 하나하나가 다 보존되어 있기 때문이다. 빵집은 도시 전역에 아주 고르게 분포되어 있다. 거의 모든 블럭마다 하나씩 자리잡고 있으며, 그중 더러는 너덧 개의 제분기와 반죽 기계와 오븐을 갖춰 공간이 꽤 넓었다. 한 빵집은 하루에 2천 덩어리의 빵을 진열할 만한 공간을 갖추고 있다. 제분기들은 조금만 손보면 지금도 밀을 가루로 분쇄할 수 있다. 발굴될 당시에 어떤 오븐에는 화산 폭발 당시에 구워지고 있던 빵들이 — 지금은 다소 까맣게 탄 상태이지만 — 들어 있었다.

폼페이의 제분·제빵점(그 숫자가 40개가 넘는다) 중에서 아무리 큰 곳도 베르길리우스 에우리사케스(M. Vergilius Eurysaces)가 로마에서 운영하던 막대한 제빵 시설에 비교하면 아무것도 아니었다. 국가의 청부업자(redemptor)였던 그는 노예와 피해방인을 가리지 않고 수많은 노동자들을 고용했다. 오늘날도 마지오레 성문(the Porta Maggiore) 근처에서 볼 수 있는 그의 크고 독특한 기념비에는 제빵 과정의 다양한 작업들을 낱낱이 묘사한 얕은 돋을새김들이 장식되어 있다. 이렇게 소규모 상점들과 길드들을 보유한 폼페이는 전형적인 소도시 경제를 갖추고 있었지만(그 형태가 중세 말의 소도시와 다르지 않았다), 그 기술들을 아무리 상세히 묘사하더라도 거의 대량 생산

단계에 육박했고 제품들을 유틀란트 반도에서 코카서스 지방까지, 브리타니아에서 인도까지 이르는 먼 시장들로 선적했던, 로마를 주축으로 한 이탈리아의 공업 규모가 얼마나 방대했는지는 제대로 이해할 수가 없을 것이다.

유리 공업. 번성을 구가해온 유리 공업은 기원전 40년경에 시리아(혹은 이집트)에서 취관(吹管)이 발명되면서 혁명적인 발전을 겪었다. 취관의 발명으로 아름다운 잔과 대접을 생산할 수 있게 되었을 뿐 아니라, 햇빛은 받아들이고 겨울의 추위는 막는 일석이조의 효과로 북부 지방의 기후에 유익한 유리창까지도 생산할 수 있게 되었다. 캄파니아나 아드리아 해의 항구 아퀼레이아의 유리 공장들에서 생산된 제품들이 노르웨이의 트론헤임 피오르드에서부터 구소련의 최남단 지역들에 이르는 광활한 지역에 수출되었다. 아우구스투스 치하의 이탈리아는 한동안 서방 유리 산업에서 배타적 독점권을 행사했다. 반세기 뒤에 갈리아가 경쟁자로 등장하여 처음에는 리용의 공장들과 마지막에는 라인 강 유역 쾰른의 공장들이 기하학적 문양이 새겨진 작은 대접들을 덴마크뿐 아니라 단치히(그다니스크) 인근 지역들과 조공을 바치던 지역들인 도나우 강 유역과 테이스 강 유역에까지 수출했다.

아레티움 도자기. 이탈리아 도자기 산업도 유리 산업의 역사를 답습했다. 에트루리아의 아레티움과 후대에 푸테올리에서 테라 시길라타(terra sigillata)로 알려진 아름답게 장식된 붉은 빛 도자기를 생산한 공장들은 아우구스투스와 티베리우스 시대에 대량 생산 체계를 유지하면서 브리타니아 중부 지방에서 인도 남동부의 아리카메두에 이르는 지역에 수출 독점권을 누렸다. 어떤 아레티움 도자기 공장은 1만 갤론의 용량을 지닌 반죽통을 갖고 있었고 족히 40명의 전문 디자이너와 그보다 훨씬 많은 수의 반죽공, 도공, 가마공을 고용했다. 벌써 그 당시에 갈리아의 남부와 동부, 히스파니아, 브리타니아, 그리고 도나우 강 유역에 계열 공장들이 들어서 있었는데, 이 공장들이 결국에는 유럽의 서부와 북부에서 그리고 심지어 이탈리아 본토에서까지도 그 거만한 독점권을 깨뜨렸다.

금속 공장들. 아우구스투스 당시의 이탈리아는 금속 제품 생산에서도 세계를 주도했다. 철 공장의 중심지는 푸테올리와 아퀼레이아라는 두 개의 큰 항구 도시였다. 푸테올리의 철 주물 공장은 엘바 섬에서 운송되어온 철광석을 제련하여 반복된 공정을 거쳐 강철처럼 단단한 무기와 농기구와 목공 기구를 제조했다. 얼마 전에 합병된 노리쿰(오스트리아)의 풍부한 철광 개발이 아퀼레이아에서 똑같이 우수한 농기구 생산을 촉진했고, 거기서 생산된 제품들이 비옥한 키살피나 전역에 판매되고 달마티아, 도나우 강 유역, 심지어 게르마니아에까지 수출되었다.

은 제품(접시, 쟁반, 대접, 잔, 촛대)의 주요 생산지 두 곳은 카푸아와 타렌툼이었고, 청동 제품(조각상, 흉상, 등잔 받침대, 식탁, 삼각대, 양동이, 부엌 단지와 냄비)의 생산지는 카푸아였다. 카푸아에서는 아마 수천 명의 노동자를 고용한 경영자가 대개 현대의 공업과 관련되는 노동의 전문화와 분화를 발달시켰다. 카푸아가 브리타니아, 게르마니아, 스칸디나비아, 러시아 남부로 엄청난 물량을 수출하던 관행은 갈리아가 처음에는 리용에서, 다음에 서기 80년에 훨씬 북쪽인 벨기에 지방과 라인 지방에 공장들을 세울 때까지 계속되었다.

건축업과 수공업. 아우구스투스의 광범위한 건축 사업과 세계 수도 로마의 미화에 들어간 막대한 비용이 건축 및 배관 자재 — 납, 테라코타 도관, 기와, 시멘트, 대리석, 그리고 티부르 강변에서 채석한 크림색 석회암인 이른바 석회화(石灰華) — 산업을 촉진했다. 이 산업 가운데 일부 부문은 대규모의 체계적인 생산 방법들을 발전시키지 못한 듯하다. 예를 들어 납 도관 생산자들은 주문을 받으면 그 분량만큼 납을 사서 도관을 만들고 노예 몇 명의 도움을 받아 그것을 설치하고 연결한 소규모 작업장 주인들이었다.

반면에 벽돌과 기와 제조업은 대단히 전문적인 단계에 도달해 있었다. 특히 공공 토목 사업을 위한 자재 생산을 놓고 개인 기업과 경쟁을 벌이던 원로원 의원들과 황제의 사유지들이 그러했다. 화산재와 석회를 혼합해서 만든, 수요가 매우 컸던 값싸고 유연한 건축 자재인 시멘트를 제조한 회사들의 조직에 관해서는 알려진 것이 없다.

건축 자재의 여왕은 대리석이었다. 로마인들은 그리스 에게 해의 유명한 대리석, 소아시아의 곱고 흰 바탕에 자줏빛 줄이 박힌 다양한 대리석들, 이집트의 사문석과 암적색 반암, 누미디아 시미투스의 아름다운 금빛 대리석을 수입했을 뿐 아니라, 그 당시에는 이탈리아에서 대리석을 채취하기도 했다. 에트루리아의 카라라에서 출토된 유명한 흰 대리석과 리구리아와 베로나 근처의 피에몽드에서 발견된 다양한 대리석들은 밝은 초록과 노랑색 혹은 혼합된 붉은색과 갈색과 흰색 등 색깔로 유명했다.

로마 제국의 화폐. 아우구스투스 시대는 지중해 지역의 정치적·경제적 통일, 공업과 세계 무역의 엄청난 확대가 두드러졌을 뿐 아니라, 제국 내부와 국경선 훨씬 너머의 지역들에서 날로 확대되어 가던 경제적 필요를 충당하기 위한 안정되고 풍부한 화폐 제조의 발달도 두드러졌다.

악티움 해전 이전에는 화폐 제도가 다소 혼란스런 상태에 있었다. 기원전 80년 중반에는 로마의 조폐국이 주석 부족으로 청동(구리, 주석, 납의 합금) 주화 발행을 모두 중지했고, 기원전 30년대 초반에는 금화와 은화(aurei et denarii) 발행을 중지했다. 이탈리아와 속주들의 여러 조폐국들은 산발적으로 그리고 불충분하게 사업과 군대에 드는 화폐를 제조했다.

악티움 해전이 끝나고 10년 남짓한 기간 동안, 아우구스투스는 금과 은과 청동으로 다양한 금액과 문양과 형태의 주화를 제조했다. 이 화폐들은 처음에는 에페소스, 페르가몬, 아파메아, 시리아 안티오크 등 동방에서 제조되었고, 나중에는 히스파니아의 에메리타(메리다)와 갈리아의 네마우수스(님) 등 서방에서 제조되었다.

기원전 23년 이후의 어느 시점(아마 19년)에 아우구스투스는 본격적인 제국 화폐의 기초를 닦기 시작했는데, 이것이 그의 원수정 가운데 가장 두드러진 업적의 하나였다. 그는 로마에 조폐국을 다시 열고 세 명의 조폐국 관리로 구성된 위원회(tresviri monetales)를 설치했다. 이 위원회는 (프린켑스와 원로원의 공동 지휘하에) 금과 은으로 뿐 아니라 황동과 오리칼쿰(구리와 아연의 합금)과 순 구리로도 주화를 제조했다. 황동과 구리 주화(실제의 금속 가치와 상관 없는 대용 화폐였던 것으로 추정됨)는 제국이 오래 전부터 필요로 하던 잔돈으로 쓰여졌다. 로마에서의 화폐 제도 외에도 아우구스투스는 기원전

16~13년에 갈리아에 체류하는 동안 님에서 큰 청동 주화를 발행했다. 같은 시기에 시리아 안티오크에서 발행된 주요 주화의 뒷면에는 SC(senatus consulto, 원로원의 결의에 의해)와 CA(Caesaris auctoritate, 카이사르의 권위로)라는 문자가 새겨져, 황제령 속주와 원로원령 속주의 '명확한' 구분이 흘러간 옛일이 되었음을 보여 준다. 로마에서의 화폐 제조에는 프린켑스와 원로원이 함께 참여했다. 아우구스투스의 원수정 기간과 그 이후에 제국의 금화 1아우레우스(aureus)는 은화 25데나리우스에 해당했고, 1데나리우스는 청동화 4세스테르티우스(sestertii) 혹은 12아세스(asses)에 해당했다. 속주 총독들과 동맹국 왕들과 자치 도시들과 종족들이 금으로(러시아 남부의 보스포러스) 그리고 특히 은과 청동으로 발행한 화폐들은 비록 가치는 다양한 정도로 낮았지만 제국의 화폐를 보완해 주었다.

  아우구스투스의 화폐는 경제적 기능 말고도 선전 혹은 홍보라는 중요한 가치가 있었는데, 새로 태어난 정권에게 여론 조성에 영향력을 행사할 수 있는 방법, 즉 융통성이 있으면서도 통제가 쉽고 미묘하면서도 강제적인 방법을 제공했기 때문이다. 화폐 모양의 변화 무쌍한 다양성은 대중에게 제국 정부의 이념과 늘 변화하는 정책과 목표를 주지시켰다. 제국 전역의 주민들은 화폐를 사용하면서 정부가 때때로 주민들에게 느끼고 믿도록 하려고 했던 바를 화폐가 막연하면서도 효과적으로 암시하는 것을 필연적으로 보았을 것이다. 오늘날의 우표처럼 자주 발행된 새로운 형태의 주화들은 대중의 눈 앞에 아우구스투스의 상을 때로는 여신 로마의 벗으로(ROM. ET. AUG), 때로는 악티움 해전의 승자로(IMP. X. ACT), 때로는 시민들의 생명의 보호자로(CAESAR. CUS. VII. CIVIBUS. SERVATEIS), 때로는 로마인의 자유의 보호자로(LIBERTATIS), 때로는 기원전 53년에 파르티아인들에게 빼앗겼던 군기를 되찾은 자로(SIGNIS RECEPTIS) 비치게 했다.

  제국의 정책과 업적의 뉘앙스가 바뀜에 따라 함께 변했을 홍보와 대중 선전의 매체로서, 주화들은 미술보다 더 효과와 적응성이 뛰어났다. 건축과 조각품은 아무리 훌륭할지라도 선전 매체로 쓰기에는 너무 경직되고 고정되어 있기 때문이다. 더욱이 7천만 내지 1억 명에 달했던 제국 인구 중에서 미술품을 늘 보고 사는 사람은 극소수에 불과한 반면에, 주화는 사람들이 매일 어디서

나 만지고 사용했다.

주화는 급속히 변화하는 정부의 목표와 정책과 결정을 신속히 담아내는 데 문학보다 더 효과가 컸다. 작가들, 특히 시인들은 구속을 싫어하고 독립된 정신을 갖고 있어서 군주의 가변적인 기분에 따라 오락가락하거나 공직의 멍에를 메는 일이 드물었기 때문이다.

건축과 미술. 옥타비아누스는 이탈리아와 서방의 지배자로서 율리우스 카이사르의 뒤를 이어 로마를 단장하는 작업을 계속했다. 최초의 공립 도서관, 팔라티누스 언덕에 들어선 아폴로 신전, 새로운 극장, 왕궁 재건, 아이밀리우스 공회당의 완공, 헤라클레스 신전 수리가 모두 이 시기에 이루어진 사업들이다. 군인이자 제독이자 기술자였던 아그리파는 아쿠아 마르키아(Aqua Marcia) 수로를 보수했고, 기원전 33년에 아이딜리스로서 아쿠아 율리아 수로 건설과 그밖의 토목 사업을 수행했다.

이탈리아와 에트루리아와 헬레니즘의 미술이 혼합된 로마 미술은 아우구스투스의 원수정 때 로마와 제국의 독특한 성격을 확보했다. 이런 발전을 가능하게 했던 조건들로는 그 시기의 평화와 경제적 번영, 오늘날까지 유럽 건축에 지대한 영향력을 행사해온 비트루비우스 폴리오(Vitruvius Pollio)의 고전 「건축론」(*De Architectura*. 기원전 약 27년)의 출판, 그리고 아우구스투스 자신의 왕성한 건축 활동을 들 수 있다. 「업적록」(*Res Gestae*)에서 그는 자신이 건립한 신전들과 보수한 82채의 신전들을 간략히 언급한다. 그는 죽기 전에 자신이 "로마를 벽돌의 도시로 물려받아 대리석의 도시로 물려주었다"고 말했는데, 이 말은 신전들과 공공 건물들에 관해서는 틀림없이 정확하지만 작은 목재와 태양에 말린 벽돌로 지은 취약한 빈민가 건물들의 거대한 군락에 관해서는 정확하지 못하다.

아우구스투스의 원수정 때 건립된 가장 중요한 건물은 옛 로마 광장의 동쪽 끝에 들어선 신 율리우스 신전과, 새로 건설된 아우구스투스 광장 — 제국의 4대 광장 중 첫번째 — 에 들어선 복수자 마르스의 신전, 그리고 팔라티누스 언덕에 들어선 웅장한 아폴로 신전 — 윤기나는 백색 카라라 대리석으로만 지은 로마 최초의 대형 건물 — 이다. 기원전 28년에 완공된 이 건물에는 두 개의 도서관이 있었는데, 하나는 그리스 도서들을, 다른 하나는 라틴 도서들을 보관했다. 웅장하기로는 코린토스 식 기둥들로 떠받친 세 열의 아케이드(공랑〈拱廊〉)와 2천 석의 객석을 지닌 마르켈루스 극장과, 카라칼라와 디오클레티아누스의 거대한 목욕탕들에서 절정에 달한 긴 목록에서 첫번째를 장식하는 아그리파 목욕탕(한결같이 모자이크들, 회화 작품들, 조각상들로 장식되어 있고, 냉탕과 온탕, 증기실, 수영장, 체육관, 도서관, 휴게실이 완비되어 있다), 그리고 에트루리아 식 봉분(tumulus) 형태를 띤 아우구스투스의 황능(Mausoleum of Augustus)도 뒤지지 않는다. 기원전 28년 테베레 강변에 세워진 이 능은 기원전 23년에 마르켈루스가 죽을 때부터 서기 98년에 네르바가 죽을 때까지 황실 가문 묘 역할을 했다. 판테온(만신전〈萬神殿〉)은 기원전 27년에 아그리파에 의해 설립되었고, 비록 서기 2세기에 하드리아누스에 의해 재건되긴 했으나 여전히 전면에는 'M. AGRIPPA. L. F. COS TERTIUM FECIT' (루키우스의 아들 마르쿠스 아그리파가 세번째 콘술 재위 기간에 [이것을] 건축했다)는 유명한 글귀가 새겨져 있다. 기원전 13년 이후에 건립된 아우구스투스의 평화의 제단(Ara Pacis Augustae) — 그 대리석 패널들에는 미술사에서 아마 가장 빼어난 부조 작품들이 포함되어 있다 — 은 회복된 평화와 번영이라는 주제들을 묘사했고, 황실 가족들과 관료들이 제단 자체의 봉헌 의식들에 참여하는 모습을 묘사한 독특한 부조를 지녔다.

예술 걸작들로서 뿐 아니라 정부의 지도 이념과 업적(평화, 번영, 승리, 종교)을 묘사한 점에서 평화의 제단에 필적할 만한 것은 프리마 포르타에 있는 아우구스투스의 유명한 인물상밖에 없다. 그는 파르티아가 탈취해 간 로마 군기를 티베리우스에게 인도하는 장면과 히스파니아와 갈리아에 대한 최후 정복 장면, 지모신(Terra Mater)의 생산력, 그리고 만물을 보호하는 유피테르의 망토를 묘사한 장식 흉갑(胸甲)을 착용하고 있다. 동일하지는 않지만 비슷한 개념이 로마령 카르타고에서 출토된 대리석 제단에 의해서도 전달된다. 여기서 로마는 무기 더미 위에 앉아 풍부의 뿔(cornucopiae), 평화의 지팡이(caduceus), 그 위에 올려진 지구(orbis terrarum)로 제단을 응시하고 있다. 정교한 비엔나 카메오(Gemma Augustea)와 the Grand Camée de France로는 각각 티베리우스의 승리와 아우구스투스의 승전을 보여주고, 보스코레알레에서 나온 두 개의 은잔으로는 게르만의 수감브리족이 아우구스투스와 티베리우스에게 굴복하는 모습을 보여주며, 아퀼레이아의 은접시로는 황제가 4계절에 의해 그리고 황금 시대의 비옥과 다산과 번성의 모든 상징들에 둘러싸여 있는 모습을 보여준다.

아우구스투스 시대의 건축 활동은 로마에 국한되지 않았다. 북 이탈리아와 중앙 이탈리아의 도시들의 유적지에 대한 연구는 아우구스투스의 시대가 경제적 번영기이자 지역 귀족들에 의한 대대적인 건축 활동기였음을 드러낸다. 서방의 속주들, 특히 갈리아는 로마에 새로 건립된 건축물들을 모방하거나 도입했다. 아우구스투스 시대에 속하는 갈리아의 건축물로는 조화와 대칭과 정교한 마무리가 두드러지는, 이른바 님(네마우수스)에 있는 Maison Carrée라고 하는 유명한 에트루리아 풍의 신전과, 가르 강의 깊은 협곡에서 48m의 3단 아치로 설치되어 맨 윗단으로 님까지 신선한 물을 공급하는 높다란 퐁 뒤 가르(가르 다리), 랭스(두로코르토룸)의 요새 없는 성문(Porte de Mars), 그리고 열주(列柱)와 중앙 벽감에 거대한 아우구스투스의 조각상이 서 있는 웅장한 극장과 개선문을 꼽을 수 있다.

문학. 아우구스투스 시대는 세계 문학의 위대한 시기의 하나로서 아테네의 페리클레스 시대와 영국의 엘리자베스 1세의 시대, 그리고 프랑스의 루이 14세의 시대와 견줄 만하다. 그래서 그 시대를 일컬어 대개 황금 시대라고 한다. 아우구스투스의 원수정 때 로마 문학이 형식과 표현에서 가장 완벽한 자태를 얻었기 때문이다. 이 시기는 호메로스, 아이스킬로스, 플라톤, 투키디데스, 혹은 심지어 루크레티우스의 역량을 지닌 걸출한 문인을 배출하지 못했지만(아마 베르길리우스를 제외하고는), '아우구스투스 시대'라는 용어는 18세기 초 영국 문학에 적용될 때처럼 귀족 사회의 일상사를 우아하고 세련된 도시풍(urbanitas)으로 그려내는 '정확하고' '고전적인' 표현을 함축하게 되었다. 그러므로 이 용어는 문학이 지배 계층의 목표와 이념과 완벽하게 조화를 이룬 시기를 가리킨다. 따라서 과거와 마찬가지로 아우구스투스 시대의 로마 문학은 로마사에 대한 애국적인 관심과 당대의 정치적 주제들을 반영하는 경우가 많다.

아우구스투스 시대의 로마는 문학에 대단히 유리한 조건들을 제공했다. 한 세기에 걸친 혼돈과 골육상쟁 끝에 전반적인 평화와 질서잡힌 통치의 시대가 로마인들에 대한 감사와 긍지와 열정을 불러일으켰다. 이 시대는 영웅적인 과거와 위대하고 영광스러운 현재라는, 문학이 예찬할 만한 주제들을 제공했다. 이미 세계의 정치적 수도였던 로마는 학생들과 학자들과 문인들을 해외에서 끌어모으는 문화 중심지로 급속히 발돋움하고 있었다.

산문 작가들(키케로, 카이사르, 살루스티우스, 네포스, 바로)이 주종을 이루었던 카이사르 시대와는 달리, 아우구스투스 시대는 뛰어난 시인들(베르길리우스, 호라티우스, 티불루스, 프로페르티우스, 오비디우스)을 배출했다. 이 시기는 본질적으로 시의 시대였다. 리비우스의 발군의 「로마사」(*Ab Urbe Condita*)조차 예외가 아니었다. 비평가들이 이 작품을 더러 산문 형식의 서사시로 간주하기 때문이다. 「로마사」는 베르길리우스의 「아이네이스」(*Aeneid*)가 끝난 곳에서 시작했다.

베르길리우스(기원전 70~19). 푸블리우스 베르길리우스 마로(Publius Vergilius Maro)는 이탈리아 북부 만투아 근처에서 농민의 아들로 태어났다. 원래는 법률가 훈련을 받았으나 도중에 그만두고 나폴리에서 에피쿠로스 철학자 시로(Siro)와 함께 철학을 공부했다. 그러나 시로가 죽은 뒤에는 시로 전향했다.

기원전 38년내지 37년에 베르길리우스는 헬레니즘 세계 그리스 시인 테오크리투스(Theocritus)의 형식에다 전원 생활과 목동들의 애환을 이상화한 열 편의 짧은 목가시들인 「목가」(*Bucolics*)를 펴냈다. 그러나 이 시들은 아담한 목가의 수준을 넘어선다. 예를 들어, 첫편과 아홉째 편은 필리피 전투 이후 옥타비아누스가 자신의 전역병들을 정착시키기 위해 소규모 자영농들을 몰아낸 일을 언급한다. 아울러 다섯째 편과 아홉째 편은 율리우스 카이사르의 신격화를 언급하는 반면에, 넷째 편은 아기의 출생과 함께 황금 시대가 귀환할 것을 예고한다. 여섯째 편은 에피쿠로스 철학 해설로서 루크레티우스를 연상하게 하고, 열번째 편은 동료 시인 코르넬리우스 갈루스에게 바치는 헌사이다.

「목가」에 힘입어 베르길리우스는 에트루리아 출생의 부유한 기사 신분으로서 문인 후원자요 아우구스투스의 절친한 친구였던 가이우스 킬니우스 마이케나스(Gaius Cilnius Maecenas)의 주목을 받게 되었다. 마이케나스의 지원을 받아 헤시오도스(Hesiod)의 「노동과 날」(*Works and Days*)처럼 네 권으로 된 교훈시 「농경시」(*Georgics*)를 착수하여 완성했다. 「농경시」는 바로의 작품처럼 전문 지침서로 의도되지 않았는데도 파종과 추수와 포도원과 과수원 관리, 가축 사육, 양봉 등 농부의 다양한 활동을 직접 체험을 바탕으로 사실적으로 묘사한다. 이 시는 이탈리아의 토양과 강인한 농부들을 예찬하고 풍년과 인간 행복에 필수불가결한 평화를 되찾아 준 아우구스투스를 예찬하는 찬가였다.

「농경시」를 완성한 뒤 베르길리우스는 그뒤 10년간 자신의 대표작 「아이네이스」(Aeneid)를 집필했다. 열두 권으로 구성된 민족 서사시인 이 작품은 처음 여섯 권은 호메로스의 「오디세이아」(*Odyssey*)에 해당하고 나머지 여섯 권은 「일리아스」(*Iliad*)에 해당한다. 지극히 유창하고 아름다운 화법과 품위있는 6보격 운율로 쓴 「아이네이스」는 트로이가 불타고 용사 아이네아스가 라티움에 상륙한 순간부터 라티움이 세계 대제국으로 발돋움할 때까지 — 아우구스투스 시대가 그 절정이었다 — 의 로마의 운명을 펼쳐놓는다. 아이네아스로부터 아우구스투스에 이르기까지 로마인들이 이룬 업적을 섭리의 성취로 드높인다. 명목상으로는 율리우스 가(家)의 전설적 조상 아이네아스가 주인공이지만 실제 테마는 로마이다. 로마의 임무는 세계를 지배하고, 열방에게 평화의 도를 가르치고, 패배자들을 용서하고 거만한 자들을 굴복시키는 것이다. 이 임무를 완수하려면 로마를 위대하게 만든 덕목 곧 용기와 경건과 의무에 대한 헌신과 절조와 신앙이 필요하다. 베르길리우스가 이런 덕목들을 강조한 것은 아우구스투스의 도덕 개혁과 옛 신앙(prisca fides) 부활과 맥락을 같이한다.

이와는 대조적으로 베르길리우스는 전 세대의 루크레티우스처럼 욕망(cupido)과 격정(furor)을 사회 갈등의 원인으로 보고서 단죄한다. 아이네아스와 트로이 사람들로 하여금 유피테르가 로마에게 정해준 영광스러운 운명을 성취하지 못하도록 가로막고, 고결한 용사 아이네아스가 필히 극복해야 했던 것이 이런 악들이었다. 불행하게도 베르길리우스는 대개 이런 악의 세력들을 여성과 관련된 표현으로 묘사함으로써 서양 문학에서 여성이 일관되게 부정적인 정형으로 등장하는 관행에 일조했다.

아이네아스와 그의 동료 트로이 사람들에게 재앙이 끊이지 않았던 원인은 유노(Juno)가 오래 전에 미네르바(Minerva, 아테나)와 비너스(아프로디테)와의 유명한 경쟁에서 파리스 왕자에 의해 가장 아름다운 여신으로 선출되지 못한 데 대한 앙갚음으로 트로이 사람들에게 분노를 쏟아부었기 때문이다. 유노가 일으킨 폭풍으로 아이네아스의 함대가 좌초한 카르타고에서는 아이네아스가 유노의 영감을 받은 디도(Dido)의 연정에 홀려 남자다운 임무를 놓아두고 딴전을 피울 뻔하다가 유피테르의 조언으로 정신을 차리고 외국 여왕의 매혹적인 품에서 세월을 허비하는 것보다 더 중요한 할 일이 있음을 깨닫게 되었다. 아이네아스가 제 임무를 깨닫고 디도를 버리자, 그녀의 뜨거운 사랑이 분노와 자기 파괴적인 증오로 돌변했고, 그녀가 죽으면서 내린 저주로 인해 카르타고가 로마의 영원한 적이 되었다.

어느 순간에는 심지어 트로이 여성들마저 아이네아스의 영웅적인 임무에 따르는 혹독한 환경에 지친 나머지 유노의 유혹과 시칠리아의 인심좋은 해안지방에 자리잡고 살 수 있는 가능성에 무력하게 굴복하고서 트로이 함대를 불지르려고 한다. 트로이 사람들은 마침내 이탈리아에 도착했을 때 본토인들과 사생결단의 전쟁에 휘말리게 된다. 그렇게 된 이유는 아이네아스가 왕 라티누스의 딸 라비니아와 약혼한 것을 질투한 루틸리우스의 왕 투르누스가 문학에서 가장 강한 존재로 묘사되는 여자 귀신들 중 하나인 복수의 여신 알렉토(the Fury Allecto)를 배후에서 사주한 유노의 뜻대로 전쟁과 복수욕으로 뜨겁게 달아올랐기 때문이다.

베르길리우스는 임종하면서 「아이네이스」를 태워 버리라고 요청했다. 아직 완성되지 않았다고 간주했기 때문이다. 그러나 아우구스투스가 나서서 반대명령을 내리고 그 책의 출판을 지시했다.

호라티우스(기원전 65~8). 그 시대의 또 다른 위대한 시인은 아풀리아 베누시아에 사는 유복한 피해방인의 아들 퀸투스 호라티우스 플라쿠스(Quintus Horatius Flaccus)였다. 양질의 교육 신봉론자인 그의 아버지가 그를 로마의 학교로 보냈고 나중에는 아테네의 상급 학교에 진학시켰다. 그곳에서 호라티우스는 유명한 브루투스를 만났고, 해외에서 유학하고 있던 많은 이상주의적 로마 청년들과 마찬가지로 필리피에서 공화정을 위해서 싸웠다. 그 뒤 무일푼의 신세로 로마로 돌아와 어떤 콰이스토르의 사무실에 취직했다. 그 직장은 지루하기는 했어도 시를 쓸 수 있는 시간과 생활비를 주었다.

기원전 35년에 그는 통렬하고 비관적인 단장격(短長格) 운율의 짧은 시들을 모은 「에포데스」(*Epodes*. 그리스 시인 아르킬로코스의 작품을 모방함)의 일부와, 수도에서 자행되는 악하고 우매한 행위를 비꼰 「풍자」(*Satires*. 그는 이 책을 Sermones 곧 비공식적 '대화'라고 불렀다. 형식은 구어체에 6보격 운율로 이루어져 있다)의 첫권을 썼다. 그가 초기에 쓴 시들은 신랄하고 때로는 통속적이고 외설적이기까지 하지만 워낙 투명하고 예리한 문체에 재치와 지혜가 담겨 있었던지라 베르길리우스에게 극찬을 받았고, 기원전 38년에 그에 의해 마이케나스에게 소개되었다.

처음에 마이케나스는 호라티우스에게 직장을 그만두고 거리를 다니면서 대도시의 삶을 관찰하며 지낼 수 있도록 충분한 수입을 제공했다. 나중에(기원전 33)는 그 시인에게 티볼리 근처의 사비니 시골에 방이 24개 딸린 집과, 노예 8명과 소작농 5가구를 둔 드넓은 사유지를 제공했다. 이곳에서 호라티우스는 빈둥거리면서 술을 마시고 시골의 한적한 생활을 마음껏 즐기면서 시를 쓸 수 있었다.

기원전 30년에 호라티우스는 「풍자」의 둘째 권을 펴냈다. 둘째 권에서는 첫권에서보다 원숙하고 덜 신랄한 모습을 보인다. 한편 그는 그후에 「송가」(*Odes*) 집필에 착수하여 7년간 계속했다. 기원전 23년에 출간된 처음 세 권은 길이가 각기 다르고 스무 개의 운율을 사용한 88편의 시로 되어 있다. 그는 그 운율들을 사포(Sappho), 알카이우스(Alcaeus), 아르킬로코스(Archilochus), 아나크레온(Anacreon) 같은 그리스 시인들에게서 차용하여 로마의 서정시 형식에 맞춰 사용했다.

"놋쇠보다 내구성이 강하고 이집트 왕들의 피라미드보다 높은"(*Odes* 3.30.1-2) 기념비이자 호라티우스의 명성이 주로 의존해 있는 「송가」(*Carmina*)는 여러 가지 주제들을 가볍게 다루는데, 그 다양성이 예술성과 조밀성과 순수한 화법과 까다로운 취향과 해맑음에다 또 다른 매력을 덧붙인다. 그중 몇 편은 그 자신이 진지하게 받아들인 도덕 교훈을 실은 이른바 '지혜의 시'이다. 이를테면 "젊음과 아름다움은 우리를 건드리고는 속히 가버리니 지금 그것들을 즐기자: [우리의 행복을] 시샘하는 시간이 급히 달음질치니 기회를 붙잡자"(*carpe diem*, "날을 붙들라", *Odes* 1,11,8) 같은 시들이다. 아울러 우정, 인생의 덧없음, 종교와 철학, 음주, 연애에 관한 대화시도 있다. 이런 주제들은 카툴루스와는 달리 호라티우스에게는 모든 것을 사르는 열정이 아니라 가볍게 즐기고 마는 희극이었다.

호라티우스는 베르길리우스가 「시선」(*Eclogues*)과 「농경시」(*Georgics*)에서 보여주는 것과는 달리 설명체 시인도 아니고 언어 풍경화가도 아니지만, 이따금씩 홉킨스(Gerard Manley Hopkins)의 방식으로 섬광처럼 터졌다가 곧 사라지는 순간적인 그림들을 언어로 그려낸다. 이를테면 멀리서 반짝이는 눈덮인 산, 포도덩굴 우거진 느릅나무, 긴 뿔을 앞세운 소떼, 구름 한 점 없는 캄파니아의 하늘 아래서 한가로이 풀을 뜯고 있는 검은 재갈 물린 소 따위이다.

그의 「송가」 가운데는 화려한 점에서 핀다로스 풍인 길고 엄숙한 이른바 로마 시들이 있는데, 이 시들에서 그는 중용과 검소, 용맹과 애국심, 정의, 경건, 신앙 등 아우구스투스가 부활시킨 과거의 덕목들을 찬양한다. 이런 덕목들이야말로 로마의 구원에 유일한 소망이라고 주장한 그는 아우구스투스의 사회 갱생 정책이 적어도 5년간은 시행될 것이라고 예상했다.

말년에 호라티우스는 「서간집」(*Epistles*) 두 권을 썼는데, 이 책들은 키케로가 쓴 서간집들처럼 실제 편지들이라기보다는 도덕, 종교, 철학에 관한 설교들이었다. 이 이른바 편지들 중 더러는 매력적이고 심지어 재미있기까지 하며, 더러는 지루하고 고루하고 불쾌감까지 주지만, 재치와 상냥함과 도시풍과 아름다운 어법과 패러독스들 때문에 영국 비평가들에 의해 '아우구스투스 시대'에 분류된다. 이 편지들 중에서 가장 길고 가장 유명한 이른바 「시의 기술」(*Ars Poetica*)은 시, 특히 비극의 집필 원칙들을 제시한다. 18세기에 알렉산드로스 포프(Alexander Pope)는 이 편지에서 많은 원칙을 이끌어내 자신의 「비평에 관한 에세이」(*Essay on Criticism*)에서 시로 구현했다.

라틴 애가(Elegy). 5보격과 6보격이 번갈아 쓰이는 애가체 대구(對句)가 그리스와 라틴 문학에서는 권주가(勸酒歌), 애국적 정치적 시, 만가(輓歌), 애가, 비문(碑文), 봉헌문, 경구(警句), 연애시 등 다양한 용도로 사용되었다. 카툴루스의 혁신을 따라 애가를 최초로 연애시에 본격 사용한 사람은 아마 가이우스 코르넬리우스 갈루스(Gaius Cornelius Gallus, 기원전 69경~26)일 것이다. 네 권으로 된 그의 「사랑」(*Amores*)는 주관적인 연정적 애가를 확고히 뿌리내리게 했다. 1978년까지 갈루스의 시는 한 편도 알려지지 않았다. 그 해에 이집트에서 파피루스 한 장이 발견되었는데, 그 안에는 4행시 한 편이 고스란히 적혀 있었고 두번째 시도 대부분이 보존되어 있었다. 이 시들은 그의 대표적인 작품은 아니지만 당시의 문학적 배경 속에서 그의 모습과 그가 다른 문인들에게 끼친 영향을 좀더 분명히 보게 해준다.

갈루스 이후에는 알비우스 티불루스(Albius Tibullus, 기원전 54?~19), 술피키아(Sulpicia, 기원전 50?), 섹스투스 프로페르티우스(Sextus Propertius, 50?~기원전 15경), 그리고 푸블리우스 오비디우스 나소(Publius Ovidius Naso, 오비드. 기원전 43~서기 17/8)가 등장했다. 유연성과 우아함의 면에서 로마의 수사학 교수 퀸틸리아누스(Quintilian. 서기 35?~97?)는 티불루스를 최고로 꼽았다. 일부 현대 비평가들도 그의 평가에 동의할 것이다.

티불루스에 관해서는 그가 델리아(Delia)와 네메시스(Nemesis) ― 빈민가에서 자라난 떠돌이들로서, 그를 황홀경에 빠지게도 하고 악한 기질과 불륜으로 그를 미치게도 한 ― 에게 보낸 열여섯 편의 애가를 엮은 두 권의 책에서 자신에 관해서 말한 약간의 내용밖에는 알려진 것이 없다. 티불루스는 마이케나스가 후원한 문인 집단에 속하지 않고 유명한 귀족 마르쿠스 발레리우스 메살라 코르비누스(Marcus Valerius Messalla Corvinus)가 후원한 좀더 작은 집단에 속했다. 그는 준수하고 세련되고 부유했던 것 같지만, 다소 신경증이 있었고 때로는 병적이기까지 했다. 그가 생시에 품었던 두 가지 열정은 하나는 여성들이었고 다른 하나는 농촌의 평화로움과 아름다움이었다. 그는 두번째보다 첫번째에 더 강한 열정을 품곤 했다. 여러 가지 문제점들을 안고 있긴 했지만, 그는 명석하고 명쾌하고 결코 진부하지 않은 탁월한 시인이었다. 그의 시는 유연하고 세련되고 음악적이며, 그는 연애와 슬픔의 애가의 거장이었다.

더러는 움브리아 태생의 프로페르티우스(Propertius)를 좋아할 것이다. 그의 연인은 좋은 가문 출신의 아름답고 재능있는 킨티아(Cynthia)였다. 그는 킨티아에게 네 권의 애가집을 선사했는데, 그 주 내용은 그녀가 자신의 마음을 얼마나 사로잡는지, 그리고 그녀가 얼마나 자기에게 유일한 기쁨과 슬픔의 원천인가 하는 것이다. 킨티아는 매력있는 여성이었으면서도 의심과 분노와 불륜으로 프로페르티우스를 다른 여자에게로 가게 만들었다.

문장가로서는 몇 가지 점에서 티불루스보다 우월했던 프로페르티우스는 어리둥절하게 만들고 이해하기 어려운 특이한 시인이다. 자주 글의 방향을 갑자기 분명치 않은 그리스 신화로 돌려 흥미진진한 대목을 무디게 만든다. 그는 아주 대범하고 독창적인 시인이었으면서도 재기 발랄한 운율로 얻은 빼어난 효과를 난해한 인유(引喩, allusion : 다른 예를 끌어들여 비유함 — 역주)로써 다소 희석시킨다.

아우구스투스 시대 이래로 작품이 현존하는 유일한 여류 시인은 메살라의 피후견인이자 조카로 추측되는 술피키아(Sulpicia)이다. 그녀의 출생 연대는 동시대인들에 견주어 추산할 수 있을 뿐이며, 얼마나 오래 살았는지도 알려지지 않는다. 그녀의 이름이 붙은 여섯 편의 짧고 섬세한 애가들이 티불루스의 사본에 보존되어 있다. 이 애가들은 달리는 알려지지 않았을 그녀의 진실한 사랑의 대상인 케린투스(Cerinthus)에게 쓴 것들이다. 허심탄회하고 솔직한 점이 두드러지는 이 애가들은 마음을 꾸밈없이 토로하는 점에서 유명한 동시대 작가들의 긴 시들보다 앞선다.

가장 감각적이고 세련된 애가 시인은 먼 산악 지방인 아브루치의 술모라는 작은 도시에서 로마로 온 오비디우스였다. 그의 가문은 유복한 기사 신분이었고, 그는 한동안 법률가가 되기 위해서 훈련을 받았다. 그러나 결국에는 시에 몰입했다. 스타일이 매우 밝은 그는 아우구스투스 시대 시인들 중에서 가장 많은 작품을 남겼다. 특별한 후원자가 없었고, 티불루스와 프로페르티우스의 친구였으며, 도덕 수준이 낮은 상류 계층에 속해 살았다.

오비디우스의 작품들 중 가장 많은 정보를 제공하고 중요한 것은 「변신」(*Metamorphoses*)과 「연표」(*Fasti*)로서, 전자는 6보격으로 후자는 애가체로 되어 있다. 15권에 250가지 이야기를 모아놓은 「변신」은 그리스 신화에 관한 정보의 보고이자 대대로 시인들과 화가들에게 영감의 원천이 되어왔다. 그러나 그보다 중요한 것은 「변신」이 베르길리우스의 「아이네이스」에 대한 오비디우스의 대답으로서, 율리우스 카이사르가 인간에서 신으로 변화하는 데서 애국적으로 절정에 달하는 세계사 서사시라는 점이다. 「연표」 혹은 「책력」(*Calendar*)은 일년의 매달과 관련된 천문학적·역사적·종교적 사건들을 기술하고 설명하는데, 한 달 당 한 권으로 되어 있다. 이 책은 용도 폐기된 여러 사제직들과 종교 의식들을 부활시키려는 아우구스투스의 시도를 훌륭하게 보완하였다. 불행하게도 이 책은 미완으로 그쳐서 처음 여섯 달만 다룬다.

오비디우스의 초기 작품들 중에는 티불루스의 문체로 쓴 「사랑」(*Amores*) 혹은 「사랑의 애가」(*Love Elegie*)가 있는데, 진실성은 덜하지만 연애시로서는 매우 세련되고 예술적 완성도가 높다. 그의 가장 독창적인 작품들의 하나는 「헤로이데스」(*Heroides*)로서, 전설적인 유명한 여성들이 출타중인 남편 혹은 연인에게 쓴 허구적인 시 모음으로서 여성들이 사물을 바라보는 시각을 보여 준다. 그 다음에 그의 걸작인 「사랑의 기술」(*Art of Love*)이 등장하는데, 성(性)에 관한 노골적인 지침서인 이 책은 온갖 유혹의 기술을 설명하고 강간에서 근친상간에 이르기까지 인류에게 알려진 이성애의 모든 측면을 개관한다. 두 명의 율리아(아우구스투스의 딸과 손녀딸)에게 호평을 받은 이 철저한 연구서는 프린켑스인 아우구스투스에게는 도덕 개혁과 혼인의 신성함을 다루는 법들을 능멸한 것으로 비쳤다.

프린켑스는 이 책의 저자를 기억해 두었다. 훗날 서기 8년에 오비디우스가 아우구스투스의 손녀딸 율리아와의 추문에 연루되었을 때 아우구스투스는 두 사람을 추방했다. 율리아는 아드리아 해의 어느 바위 섬으로 가게 되었고, 그 시인은 흑해 연안의 춥고 황량한 토미(오늘날의 콘스탄차)로 가게 되었다(그의 작품들은 공립 도서관들에서 수거된 뒤 소각되었다). 토미에서 지내면서 오비디우스는 이전 작품에서는 찾아보기 힘든 깊은 정서를 가지고 우아하고 선율적인 두 편의 시집을 써냈다. 「슬픔」(*Trista*)과 「폰투스에서 보낸 편지」(*Ex Ponto*)인데, 이 안에서 그는 그 음산하고 나무 한 그루 없는 암반 지대에 덮인 얼음과 눈, 그리고 칼을 차고 다니는 게타이족의 야만성을 깊이 불평한다. 오비디우스는 토미에서 오랜 세월 살면서 귀환을 애절하게 호소했으나 뜻을 이루지 못하고 그곳에서 쓸쓸히 죽었다(서기 17/18).

라틴 산문 작가들. 아우구스투스 시대의 가장 두드러지는 산문 작가는 군인이자 정치가인 가이우스 아시니우스 폴리오(Gaius Asinius Pollio, 기원전 76~서기 5), 문인의 후원자 마르쿠스 발레리우스 메살라 코르비누스(Marcus Valerius Messalla Corvinus, 기원전 64~서기 8), 황제 아우구스투스 자신 (기원전 63~서기 14), 그리고 애국적인 사가 티투스 리비우스(Titus Livy, 기원전 59~서기 17)였다. 폴리오는 키케로만큼 위대한 연설가는 아니었지만 옥타비아누스 진영에 가담하기 전에 먼저 카이사르의 진영과 다음에 마르쿠스 안토니우스 진영에서 중요한 군사 및 정치적 요직을 거쳤다. 브룬디시움 협정 (기원전 40)이 무용지물이 된 이후에 공직에서 물러나 자유의 신전에 인접한 공회당에 로마 최초의 공립 도서관을 건립했다. 그는 연설가이자 2류 시인이기도 했지만 그의 비중은 역사가라는 신분에 있다. 그는 숱한 중요한 사건들을 직접 겪었고 귀중한 자료들도 직접 열람했다. 그러므로 기원전 60년부터 필리피 전투에 이르기까지 발생한 내전들을 주제로 비평적이고 권위 있는 역사를 썼다. 비록 운율적인 어법과 급격한 단절과 생략이 흠이긴 하지만 대단히 솔직하고 평이한 문체가 돋보인다. 대부분이 유실되었는데도 직간접으로 플루타르코스의 카이사르와 안토니우스 전기들과 아피우스의 「내전기」(*Civil Wars*)에 주요 자료가 되었다.

당대에 존경받던 연설가이자 시를 무척 좋아한 메살라는 필리피 전투 때 카시우스 진영에 몸담았다가 그뒤에는 옥타비아누스 진영에 합류했고, 그를 위해서 안토니우스를 비판하는 글(현존하지 않음)을 썼다. 카이사르가 암살된 뒤에 발생한 내전을 독자적인 관점에서 직접 보고 겪은 바대로 썼는데, 현존한다면 대단히 귀중한 자료가 되었을 것이다. 그러나 불행하게도 유실되었고 그 영향의 흔적을 몇 군데서만 발견할 수 있을 뿐이다.

아우구스투스는 뛰어난 산문 문장가였다. 자신의 「업적록」(*Res Gestae*)에서 프린켑스는 자신의 의도를 좀더 정확하고 생생하게 해줄 수도 있음직한 속어나 구어를 회피하지 않은 채 명확하고 간결하게 글을 썼다. 이 귀중한 문서는 아우구스투스의 업적과 영예를 공식적으로 기록하며 재조직된 국가에서 프린켑스의 국제(國制)상의 지위를 자신의 의중을 담아 작성한다.

아우구스투스 시대 최고의 산문 작가는 역사가 리비우스였다. 그는 이탈리아 키살피나 지역의 파타비움(파두아) 출신으로서 황실의 문인 서클의 일원이자 훗날의 황제 클라우디우스의 가정교사가 되었다. 로마사를 건국의 시점부터 기원전 9년 드루수스가 죽을 때까지 다룬 142권 중에서 현존하는 책은 1-10권(아이네아스가 라티움에 상륙할 때부터 기원전 293년까지)과 21-45권(기원전 218~167년)이다. 간략한 요약문들이나 발췌문들(서기 4세기 이후에 작성된 듯함)이 136권과 137권을 제외한 모든 권들의 내용을 다소나마 보여 준다. 유창하게 흐르는 키케로의 문체에다 살루스티우스적이고 시적인 어법과 희곡적인 큰 힘이 실린 문체로, 리비우스는 로마인들의 위대한 업적들과 로마가 신의 명령에 따라 벌인 세계 정복을 기록한다. 자기 시대의 사치와 악습을 비판하는 단호한 머릿글로 시작한 그는 로마의 성공과 위대함이 애국심과 덕(德), 즉 신들에 대한 경건한 헌신과 전쟁에서의 용맹, 극기, 절개, 신의(gravitas), 가정 생활의 신성성 등의 산물이라고 주장했다. (그의 저서는 아우구스투스의 사회 개혁과 완전히 일치한다.)

역사가로서 결점들이 많긴 하지만 — 이를테면 자료를 무비판적으로 사용하고, 문헌들과 다른 중요한 자료들을 도외시하고, 경제 및 군사 전략에 무지하고, 초기의 제도들을 원래의 사회 상황에 놓고 해석하지 못한 점들 — 리비우스는 로마인들이 보고 싶어한 대로 로마의 역사와 성격을 그려 세계에 전달하는 데 성공했다. 이것은 그 자체만으로도 현대 로마사에 적지 않은 의의를 갖는 사실이다.

아우구스투스가 라틴 문학에 끼친 영향. 저자들이 부유하거나 권력 있는 개인 후원자들에 의존하던 사회에서 그 후원자들은 문필 활동에 큰 영향을 끼쳤다. 직접으로든 간접으로든 마이케나스를 통해서 아우구스투스가 행사한 영향력은 적지 않았다. 물론 그가 작가들에게 이렇게 쓰라 저렇게 쓰라 간섭했다는 말은 아니다. 예를 들어, 리비우스는 아우구스투스에게 공식 역사를 쓰도록 고용된 글 품팔이가 아니었다. 진정한 애국심으로 글을 썼고, 그것이 우연히 아우구스투스 자신의 필요와 정책과 들어맞았을 뿐이다. 베르길리우스,

호라티우스, 프로페르티우스에 대해서도 같은 말을 할 수 있다. 그러나 그 점이 마이케나스와 아우구스투스의 관심과 후원을 이끌어내는 데 기여했고, 거꾸로 그들의 후원에 힘입어 그들은 글도 쓰고 인기도 얻고 후대에 작품도 남길 수 있었다. 사실 아우구스투스는 베르길리우스 자신의 의중을 거슬러가면서 「아이네이스」를 출판하도록 직접 개입했다. 이런 상황이 반드시 해로웠다고는 할 수 없지만, 얼마나 많은 수의 다른 저자들이 후원자를 찾지 못해서 혹은 후원자와의 견해차 때문에 세월과 함께 잊혀졌을까 하는 의문이 생기게 한다.

물론 아우구스투스는 의견차를 관용했고, 실제로 검열권을 휘두를 만큼 지성의 수준이 낮지 않았다. 예를 들어, 프로페르티우스는 아우구스투스에게 유리한 글을 써달라는 마이케나스의 요청을 종종 거절했다. 아우구스투스 자신은 리비우스에게 정치적 성향상 폼페이우스주의자가 아니냐는 농담까지 던졌지만, 리비우스가 악티움 해전 이후의 민감한 사건들에 관해 쓰기 전에 안전히 숨을 거두었다. 아우구스투스의 계승자들 치하에 「요약집」(*Periochae*)에 실린 관련된 권들(134-142권)의 요약문들이 그들에 관해 가차없이 기록했다는 것은 우연한 일만은 아닐 것이다. 그러나 저자들이 아우구스투스에 대해 지녔던 호감을 좀더 단적으로 보여주는 예는 코르넬리우스 갈루스의 경우이다. 갈루스는 아우구스투스가 이집트의 관리관(prefect)으로서 거둔 군사적 업적을 요령없이 공표했다는 이유로 아우구스투스로부터 공개적인 질책을 받은 뒤에 자살했기 때문에 그의 경력에 관한 글이 갑자기 중단되었다. 그러므로 갈루스가 당한 불명예는 최근에 이집트의 파피루스(그가 살던 시대의 것으로 추정됨)에 그의 저서 중 몇 행이 발견될 때까지 그의 저서가 사라졌던 이유를 이해하는 데 도움이 될 수 있다. 오비디우스의 저서에는 공개적인 망신이 그러한 여파를 미치지는 않았지만, 그런 이유로 해서 「연표」(*Fasti*)를 완성하지 않았으며, 그의 유배를 슬퍼하고 석방을 간청하는 비탄조의 「*Tristia*」를 능가하는 작품이 나오지 않았을 가능성이 크다.

그리스 작가들. 제국의 그리스어권 출신의 지식인들은 계속해서 그리스 독자들을 위해서 왕성한 문필 활동을 했다. 특별히 주목할 만한 사람으로는 로마에서 아우구스투스 밑에서 활동한 두 사람이 있다. 첫번째 사람은 디오도루스 시쿨루스(Diodorus Siculus. 시칠리아 사람)이다. 그는 역사 시초부터 카이사르의 갈리아 정복까지 이르는 세계사를 마흔 권에 담아냈다. 이 책은 아주 탁월한 역사서는 아니지만 그리스와 로마의 역사 외에도 고대의 저자들이 대부분 입을 다무는 이집트, 메소포타미아, 인도, 스키타이, 아라비아, 북 아프리카의 역사까지도 다룬다는 점에서 중요하다. 더욱이 디오도루스는 현존하지 않는 초기의 중요한 사가들의 저서들을 편집하여 글을 썼기 때문에 그의 역사서는 이전의 사가들이 남긴 저서들의 내용을 가늠해 보게 한다.

로마와 이탈리아 역사에 보다 중요한 사가는 할리카르나수스의 디오니시오스(Dionysius)이다. 그는 기원전 30~8년에 로마에서 그리스 수사학을 가르쳤고, 영향력 있는 문학 서클을 만들었다. 그의 가장 유명한 저서는 「로마 고대사」(Roman Antiquities)이다. 그 책은 건국부터 제1차 포에니 전쟁까지의 로마사를 스무 권으로 기록했다. 수사학적 과장이 심하긴 하지만, 자료가 변변히 남아 있지 않은 로마사 시기에 대한 유실된 로마 연대기 저자들의 글에서 귀중한 자료를 추려내 보존한다.

디오니시오스는 당시의 취향에 영향을 준 문학 비평가로서 훨씬 더 가치가 있다. 그의 에세이 「단어 배열에 관하여」(On the Arrangement of Words)는 단어의 예술적인 배열을 논하고, 단편들로만 현존하는 「모방에 관하여」(On Imitation)는 좋은 문체를 개발하는 데 필수적인 것으로 간주되었던 관행인 이전의 저자들을 모방할 때 따라야 할 원칙들을 소개한다. 투키디데스의 문체에 관한 에세이에서 그는 투키디데스가 기원전 1세기 말의 저자들에게 끼쳤던 영향을 소개하는 반면에, 폼페이우스(C. Pompeius)에게 보낸 편지 — 거기서 그는 플라톤의 문체를 비판한다 — 는 그 당시의 문체 논쟁들의 일단을 드러낸다. 특히 가치 있는 것은 부분적으로만 보존된 「고대 연설가론」(On The Ancient Orators)으로서, 고전 시대 아티카의 연설들에 관한 전기적 문체적 정보를 제시한다.

마찬가지로 중요한 사람은 폰투스 출신의 그리스인 스트라보(Strabo, 기원전 64/63~서기 25경)였다. 폴리비오스가 다뤘던 시기를 제외한 마흔일곱 권으로 된 그의 역사서들은 불행하게도 유실되었으나, 열일곱 권으로 된 그의

「지리학」(*Geography*)은 현존한다. 이 책은 당시의 알려진 세계를 다룬다. 비록 당시에 사용할 수 있었던 최고의 수학적·천문학적·지리학적 연구만을 토대로 하지는 않았지만, 달리는 유실되었을 매우 흥미로운 지리학적 역사적 정보를 읽기 쉽게 소개한다.

전문 서적들. 온갖 형태의 편람들과 전문 지침서들이 아우구스투스 시대부터 꾸준히 인기를 끌기 시작했다. 비트루비우스(M. Vitruvius)의 「건축론」(*De Architectura*)은 로마 건축학의 표준 편람이 되었고 르네상스의 신 고전 건축과 후대의 고전 부흥 운동에 큰 영향을 끼쳤다. 가이우스와 루키우스 카이사르의 가정교사였던 베리우스 플라쿠스(Verrius Flaccus)는 초기의 라틴 사전 「*De Verboron Significatu*」을 편찬했고, 마르쿠스 아그리파(Marcus Agrippa)는 광장에 대형 로마 제국 지도를 설치하고, 자신의 그리스의 지리학적 조사와 로마의 측량 결과를 요약한 「주석」(*Commentary*)에 자세한 설명을 붙여 놓았다. 몇년 뒤 티베리우스 때 아울루스 코르넬리우스 켈수스(Aulus Cornelius Celsus)가 중요한 백과사전을 편찬했는데, 이 사전의 의학 항목은 여전히 고대 그리스의 의학 지식을 요약한 귀중한 글로 남아 있다.

법학. 아우구스투스 시대를 축으로 이른바 로마 법학의 헬레니즘기가 끝나고 디오클레티아누스 때까지 지속된 고전기로 알려진 새로운 시기가 시작되었다.

헬레니즘기. 기원전 200년경에 시작하여 아우구스투스와 더불어 끝난 로마 법의 헬레니즘기에 로마의 법학은 그리스의 법학, 철학, 수사학에 의해 강한 자극을 받았고, 그것이 촉매가 되어 로마 법학의 자연적 민족적 에너지가 발산되었다. 이 시기에는 비사제 계열의 법률가들이 등장하고 점차 직업 법률가, 법률 자문가, 법률 해석가와 같은 비사제들이 국교의 사제들과 신관들을 대체했다. 초기의 세속 법률가 가운데는 12표법의 본문과 주석을 담은 「삼부서」(三部書, *Tripertita*)를 출판한 섹스투스 아일리우스 파이투스 카투스(Sextus Aelius Paetus Catus)가 있었다(참조. 305쪽).

공화정 때 출판된 법률 저서들 중 대표작은 기원전 95년에 콘술을 지낸 사제 퀸투스 무키우스 스카이볼라(Q. Mucius Scaevola)의 「시민법」(*Ius Civile*)이었다. 열여덟 권으로 된 「시민법」은 사법(私法)을 체계적으로 해설한 최초의 저서로서 2세기까지 법 주석가들의 모델로 쓰였다. 이로써 이 저서는 로마 법뿐 아니라 미래의 유럽 법학에도 기초를 놓았다.

고전기. 아우구스투스 때 시작한 고전기는 250년간 계속되었다. 이 시기에는 국가에 관한 독창적인 사상들이 매우 구체적으로 상술되었다. 이제는 출신성분이 전문성에 서서히 자리를 내주고 있었다. 혈통이 좋고 자랑스러운 공적 업적을 내던 옛 로마 가문들이 점차 자취를 감추면서 이탈리아와 심지어 속주 소도시들 출신의 새로운 법률가들과 법률 전문가들이 전면에 서게 되었다. 초기 원수정 때에는 법률가들이 고위직을 차지하는 경우도 있었지만, 베스파시아누스 때(서기 69~79) 이후로는 제국 관료제에 속한 유급 관리라는 또 다른 형태가 좀더 일반화되었다. 법률가들 중 많은 수가 법률 상담가, 저자, 법학 교수로서 활동했다.

해답(解答, Responsa). 아우구스투스는 초기의 사제들과 후기의 법률가들이 세워놓은, 법에 대한 전문가적 견해 즉 해답(解答)을 제시하는 관습을 폐지하지 않았다. 그 관습을 보존하고 싶어했던 그는 소수의 선별된 법률가들에게 프린켑스의 권위에 의하여 해답하는 권한(ius respondendi ex auctoritate principis)을 주었다. 대부분의 프라이토르들과 심판인들은 이 해답을 존중하고 받아들였으나, 반드시 그렇게 해야 하는 법적인 의무를 지지 않았다. 권한을 받지 않은 법률가들도 자유롭게 해답을 제시했고, 정무관들과 심판인들은 그것을 받아들였다. 아우구스투스의 다른 많은 혁신 조치들과 마찬가지로 법률가들의 해답에 프린켑스가 권위를 부여하는 관행은 트라야누스 때(서기 98~117) 이후에는 계속되지 않았다.

법학파들. 로마 사회가 좀더 복잡해지고 법률가들이 공화정 때보다 민사 및 형사 소송에서 많은 활동을 벌임에 따라 법학 교육의 수요도 증가했다. 서기 1세기에는 두 개의 법학파가 등장했다. 카피토(서기 5년의 대리 콘술)가 설립했다고 전해지는 한 학파는 실제로는 서기 69년 직후에 죽은 가이우스 카시우스 롱기누스(C. Cassius Longinus)가 설립했으나, 카시우스의 유명한 스승 마수리우스 사비누스(Masurius Sabinus)의 이름을 따서 종종 사비누스 학파라 불린다. 또 다른 학파는 비록 후대에는 네로 때 법학을 가르쳤다고 하는 프로쿨루스(Proculus)의 이름을 따서 프로쿨루스 학파라는 이름이 붙긴 했으나, 아우구스투스 때 마르쿠스 안티스티우스 라베오(M. Antistius Labeo)에 의해서 시작된다.

아우구스투스의 업적. 법률은 평화기에만 번성하게 마련이다. 아우구스투스는 내전 때 하나의 파벌 지도자로서 경력을 시작했지만, 로마에 더 나은 미래를 건설하려고 근실히 노력함으로써 초기의 파괴적 활동을 벌충했다. 악티움 해전 이후에 평화와 질서잡힌 정부가 회복되고 그로 인해 경제가 회복되면서 예술과 문학이 활짝 꽃 필 수 있는 토대가 다져졌다. 그것은 아우구스투스 자신이 크게 권장하고 촉진한 것이었다. 아우구스투스 시대의 예술은 완전한 로마화를 성취했을 뿐 아니라 제국 전역을 포괄하는 성격을 갖게 되었다. 카르타고의 제단을 장식하는 조각상들과 갈리아 나르보넨시스에 있는 무수한 기념비들이 그것을 잘 보여준다. 베르길리우스, 호라티우스, 프로페르티우스, 오비디우스에 힘입어 라틴어는 시의 매체로 완벽하게 확립되었고, 라틴 문학은 세계의 위대한 문학의 하나가 되었다.

26

율리우스-클라우디우스 가의 처음
두 황제 : 티베리우스와 가이우스 (칼리굴라)
(서기 14~41)

율리우스-클라우디우스 왕조. 아우구스투스는 300년 뒤에 콘스탄티누스의 왕조와 발렌티니아누스와 테오도시우스의 왕조가 등장하기 전까지 로마 황제들 가운데 가장 길고 복잡한 왕조를 수립했다. 아우구스투스 왕조의 계승자들은 아우구스투스의 아내 리비아의 클라우디우스 가문과 아우구스투스의 율리우스 가문과의 관계 때문에 율리우스-클라우디우스 가(家) 황제들이라 불린다. 아우구스투스의 차기 계승자로서 리비아가 첫 남편 사이에서 낳은 아들 티베리우스(Tiberius)가 율리우스 가의 혈통을 이어받지 않은 유일한 황제였다. 나머지 세 황제 가이우스(Gaius. 칼리굴라로 널리 알려진 인물), 클라우디우스, 네로는 양 가문의 식구들이었다. 네 대의 통치는 각각 26년 6개월로 구성되는 두 쌍, 즉 티베리우스와 가이우스(서기 14~41), 그리고 클라우디우스와 네로(서기 41~68)의 시기로 쉽게 분류할 수 있다.

이 중요한 황제들의 성격과 그들의 재위 기간에 발생한 음모들과 복잡한 사건들을 제대로 이해하려면 뒤에 소개할 족보에서 볼 수 있듯이 율리우스-클라우디우스 가의 얽히고 설킨 관계를 유념할 필요가 있다. 딸 율리아와 누이 옥타비아의 자녀들, 그리고 리비아의 자녀들의 결혼을 세심하게 계획하여 자신과 가까운 혈통을 지닌 후계자를 배출하려고 집요한 노력을 기울였던 아우구스투스는 거미줄처럼 복잡한 인척들을 일으켰을 뿐 아니라 자신이 세운 프린켑스 직위를 얻으려고 했던 사람들을 혼미로 빠져들게 하고 심지어 성격을 비뚤어지게까지 한 시기와 경쟁과 음모도 생기게 했다. 만약 그가 칼리굴라나 네로를 예견할 수 있었다면 왕조를 세우겠다는 야심을 진작부터 버렸을 것이다.

율리우스-클라우디우스 가에 대한 자료. 율리우스-클라우디우스 가(家) 시대 전반에 걸쳐 의미있는 지속적인 기록을 남긴 고대 저자들 중 두 명의 저서들만 현존한다. 첫번째 사람은 라틴어로 썼고 두번째 사람은 그리스어로 썼다. 「열두 명의 카이사르들의 생애」(*Lives of the Twelve Caesars*)를 쓴 수에토니우스(Suetonius)와 「로마사」(*Roman History*) 중 제57-63권에서 그 왕조를 다룬 카시우스 디오(Cassius Dio)가 그들이다. 두 저자는 자신들이 기술한 사건들이 발생한 뒤에 살았다. 수에토니우스는 서기 69년경, 그러니까 네로의 통치가 막 끝났을 무렵에 태어나 140년경에 죽었다. 한동안 법률가로서 활동했고 서기 119년경부터 122년경까지 황제 하드리아누스의 우정국(郵政局) 대신을 지냈다. 추문 때문에 하드리아누스에게 면직된 뒤 은퇴하여 글을 쓰면서 여생을 보냈다. 비시니아 니카이아의 그리스 귀족 가문 출신인 카시우스 디오는 서기 150년경에 태어나 두 차례 콘술 직을 역임하고 두 차례 속주 총독 직을 역임한 것을 포함하여 원로원 의원으로서 화려한 경력을 쌓은 뒤에 235년경에 죽었다.

수에토니우스는 어렸을 때 손윗 사람들로부터 율리우스-클라우디우스 가문에 대해서 직접 이야기를 들었을 것이며, 하드리아누스 밑에서 일할 때 문서보관소에 들어가 자료들을 열람했다. 그는 그 내용을 종종 인용하고 대단히 귀중한 정보를 제공한다. 원로원의 고위급 의원이었던 디오 역시 공적인 정보를 많이 접했지만, 그것을 그다지 많이 사용하지는 않은 듯하다. 그와 수에토니우스 모두 주로 의존하는 것은 이전 시대 저자들이 남긴 이야기들이었다. 이전 시대 저자들이 주로 원로원 귀족 출신으로서 원수정치 하에서 실권과 특권들을 상실한 데에 자주 반감을 품은 사람들이었기 때문에, 수에토니우스와

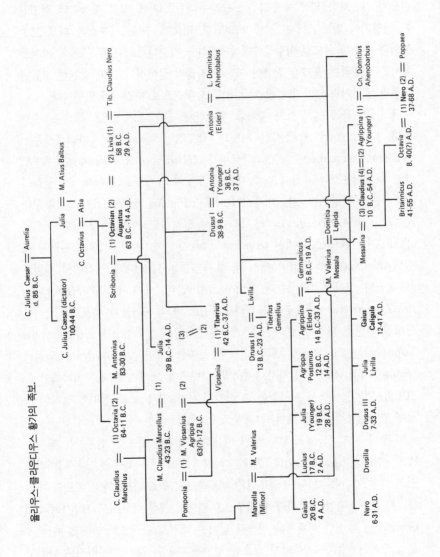

율리우스-클라우디우스 황가의 족보.

디오가 사용하는 말에는 율리우스-클라우디우스 가에 대한 부정적인 선입견
이 반영되어 있는 경우가 종종 나타난다. 더욱이 수에토니우스와 디오 모두
물의와 추문을 일으킨 사람들에게 큰 호감을 가졌다. 그러므로 그들의 저서들
에서는 꾸밈없는 분명한 진실이 다른 저자들의 글에서 그들이 발견한 저급한
풍문과 빈정거림과 악의에 찬 날조에 밀려 뒷전으로 나앉기가 일쑤이다.

율리우스-클라우디우스가 황제들 개개인에 대한 다른 중요한 문헌도 존재
한다. 티베리우스 때 충직한 기병대 장교였던 벨레이우스 파테르쿨루스
(Velleius Paterculus)는 자신의 「로마사」(*History of Rome*) 제2권 후반부
에서 티베리우스의 재위에 대해 대단히 우호적인 기사를 전한다. 칼리굴라에
대해서는 유대인 사가 플라비우스 요세푸스(Flavius Josephus)가 「유대 고대
사」(*Jewish Antiquities*) 제18, 19권에서, 알렉산드리아의 유대인 학자 필로
(Philo)가 「플라쿠스 논박서」(*Against Flaccus*)와 「가이우스에게 파견된 사
절단」(*Embassy to Gaius*)에서 특정 사건들을 그 시대의 시각에서 세밀하
게 전한다. 요세푸스의 「유대 고대사」 제19권과 「유대 전쟁사」(*History of
the Jewish War*) 제2-7권도 클라우디우스 때의 사건들과 네로 때 일어난
유대인 반란을 다룬다. 클라우디우스 때 추방당한 철학자 세네카(Seneca the
Younger)는 그 황제에 대해 신랄한 풍자를 가한 「*Apocolocyntosis*」
(*Pumpkinification*)의 저자로 추정되는 반면에, 세네카와 다른 저자들이 쓴
그밖의 수많은 비역사 저서들은 그 시기의 사회, 경제, 문화, 심지어 정치의 역
사에 관해서 많은 것을 보여 준다(참조. 719쪽).

이런 다른 저자들의 글보다 훨씬 자세하고 방대한 문헌은 현존하는 타키투
스의 「연대기」(*Annals*)이다. 원래는 서기 14~69년을 다루었으나, 티베리우
스의 재위 기간을 다룬 1-6권(5권은 대부분 유실됨)과 66년까지 네로의 재위
를 다룬 12-16권만 현존한다. 타키투스를 깊이 존경한 에드워드 기번(Edward
Gibbon)이 탁월한 문체에다 긴장감 넘치는 개인적 관점으로 인해 로마 제국
을 연구하는 현대 사가들에게 심오한 영향을 끼쳤던 것과 마찬가지로 타키투
스도 그러했다. 그가 전하는 어둡고 부정적인 이미지들은 차후 세대들의 마음
에 지울 수 없는 흔적을 남겨놓았다.

양식 있는 사가라면 사람들과 사건들에 대한 타키투스의 견해를 무비판적

으로 받아들일 수 없다. 많은 요인들이 그로 하여금 티베리우스와 네로를 가능한 한 가장 나쁜 차원 견지에서 묘사하게 만들었다. 타키투스는 도미티아누스의 재위(서기 81~96) 때에야 성숙한 모습을 드러내는데, 도미티아누스는 말년에 압제와 폭정을 일삼았고, 특히 원로원의 독립과 존엄을 보존하려던 원로원 의원 그룹에 대해 적대감을 나타냈다. 타키투스 자신이 이 그룹의 일원으로서 그들과 그들의 후계자들의 입장에서 글을 썼다. 그는 많은 옛 원로원 가문들이 원수정에 대해서 품어온 적대감을 품었고 그것을 영속화시켰다. 이 적대감은 자신이 도미티아누스의 치하에 겪은 경험들로 더욱 심화되었고, 따라서 전임 황제들의 행위를 자신이 체험한 압제에 비추어서 해석하는 경향을 띠었다. 실제로 그는 인생 자체에 대해서 냉소적인 태도를 갖게 되고 환멸을 느끼게 되었는데, "신들은 우리의 안녕에는 아랑곳하지 않고 우리를 벌 주는 데에만 관심을 쏟는다"는 그의 발언에서 그런 태도를 볼 수 있다. 최악의 상황을 예상하고 산 타키투스는 정반대의 상황이 쉽게 입증될 수 없을 때는 쉽게 그것을 보았다.

사실상 웅변술과 법학 교육을 받고 법정에서 변호사로 성공을 거두었던 타키투스는 악행을 저지른 자들에게 정의의 심판을 내리고 악인들을 형벌하기로 단단히 결심한 검사의 입장에서 역사에 접근했다. 역사가에게는 "고결한 사람들의 기록을 보존하고 악인들과 악행에 대해서는 후대의 법정에서 이루어질 재판을 두려워하게 만들" 도덕적 의무가 있다고 그는 주장했다. 그러므로 그는 자기 판단에 악하다고 생각되는 사람들에 대해 가장 확실한 논거를 제시하기 위해서 역사가가 이용할 수 있는 모든 수단을 다 동원했다. 그러므로 타키투스를 읽은 현대의 독자는 종종 변호사와 배심원의 역할을 다 수행할 필요가 있다. 전자는 유리한 증거를 부각시키기 위한 것이고, 후자는 양측에 대한 균형잡힌 평가에 도달하기 위한 것이다.

현대의 사가는 이 과제를 수행할 때 그 시대의 무수한 주화, 예술품, 기념비, 비명(碑銘)과 모든 중소도시의 유적들에 빛을 비춰온 풍부한 고고학적 연구에 힘을 입는다. 이러한 물리적 증거는 고대의 문헌들이 황제의 개성과 정치와 궁정의 음모와 전쟁에 집중하느라 소홀히 한 사회, 경제, 행정의 발전을 예시한다. 문헌 이외의 증거로부터 제국의 일반 주민들을 보호하고 그들의 안녕을 증진하는 것이 주된 의무여야 했던 군주들 치하에 그 주민들에게 어떤 일들이 발생하고 있었는지를 평가할 수 있다.

티베리우스(서기 14~37). 티베리우스의 정식 이름은 티베리우스 클라우디우스 네로(Tiberius Claudius Nero)였다. 서기 14년에 아우구스투스를 계승할 때 그의 나이 55세로서 인생의 전성기가 이미 지난 시기였다. 하지만 그는 국경 지역에서 장군으로서 오랫동안 복무하고 지난 10년간 실질상 아우구스투스의 공동 황제로 있으면서 귀중한 체험을 했다. 그러나 성격 한구석에는 신랄함과 환멸이 자리잡고 있어서 그것이 그를 거만하면서도 2인자로 만족하게 만들었고, 그러한 점 때문에 인생 말년에 떠맡게 된 그 어려운 지위에는 걸맞지 않았다. 유력한 클라우디우스 가(家)의 당당한 후손으로서, 로마와 자기 가문의 영예에 대해 제 의무를 수행할 마음은 충분히 있었으나 자긍심이 지나쳐 경직되고 소극적이게 되었으며, 혼자서 모든 책임을 져야 한다는 생각으로 인한 부담이 그를 불안정하고 기쁨을 모르는 사람으로 만들었다.

기쁨이란 티베리우스가 거의 알지 못하던 것이었고, 그가 맛본 그 작은 기쁨마저 오래 가지 못했다. 기원전 42년에 내전이 한창일 때 태어난 그는 생애의 첫 2년을 부모와 함께 유배지에서 보냈다. 기원전 38년에 어머니 리비아가 아버지를 설득하여 이혼한 뒤 옥타비아누스와 결혼했다. 옥타비아누스는 말이 더딘데다 더듬는 티베리우스를 싫어하고 성격이 훨씬 쾌활하고 붙임성 있는 동생 드루수스를 좋아한 듯하다. 이러한 어릴 적의 경험들이 티베리우스를 음울하고 냉소적이고 증오에 찬 사람으로 만들었다.

그러나 어른이 되었어도 그의 고민이 사라지지 않았다. 고되게 일했고 장군으로서 성공을 거두었어도 명성과 상이 그를 비켜갔다. 그는 젊은 사람들에게 치여 뒷전으로 밀려나기가 일쑤였다. 아그리파의 딸 빕사니아와 결혼하여 행복하게 살고 있다가 아우구스투스로부터 그녀와 이혼하고 자신을 업신여기던 율리아와 결혼하라는 강요에 할 수 없이 복종했다. 율리아가 아그리파 사이에 낳은 아들들인 루키우스 카이사르와 가이우스 카이사르를 아우구스투스가 편애하기 시작한 것도 못마땅했지만 그보다는 율리아와의 결혼 생활에서 도망치고 싶었던지라 스스로 유배를 자청하여 로도스로 가서 9년을 지냈다. 그는

젊은 카이사르들이 죽은 뒤 아우구스투스의 양자가 되고 그후에 호민관 권한
과 프로콘술의 명령권을 얻었음에도 과거에 앓아온 냉소와 무관심과 경멸은
없어지지 않았다. 황제로 즉위할 때도 표정에 냉소와 환멸이 배어 있는 그런
사람이었다. 그가 함께 일하게 된 원로원의 여러 귀족들이 그를 좋아하지도
신뢰하지도 않았으며, 그의 행동을 역사 기록에 남길 때 언제나 혹평을 가하
였다는 것이 조금도 이상하지 않다.

　예를 들어, 그가 새 프린켑스가 될 생각이 없다고 선언했을 때 많은 사람들
은 단지 그가 위선자라고 믿었다. 기원전 27년에 아우구스투스가 대권이 사실
상 원로원에 있는 것처럼 보이기 위해서 취했던 행동을 그가 단순히 모방했을
가능성도 없지 않지만, 실제로 그가 그 부담스러운 역할을 맡기를 몹시 꺼렸
을 가능성이 더욱 크다. 자신에게는 아우구스투스의 지략이 없다는 것을 틀림
없이 인식했을 것이고, 아우구스투스의 새로운 정부 형태가 필연적으로 일으
킬 정치적·국제(國制)적 모호성들을 하나하나 정리해 나가려 할 때 지침으로
삼을 만한 아무런 선례가 없는 상황이 두려웠을 것이다. 그는 결국 적절한 후
계자가 나타날 때 사임할 권리를 보장받는다는 단서로 프린켑스 직을 수락했
다. 그와 로마 모두에게 불행하게도 적임자들은 그의 무거운 짐을 덜어줄 준
비가 채 되기도 전에 모두 죽었다.

　티베리우스의 원수정은 아우구스투스의 손자 아그리파 포스트무스
(Agrippa Postmus)가 처형된 사건으로 불길하게 시작되었다. 그는 포악하고
고집이 센 사람으로서, 아우구스투스에 의해 서기 7년에 황량한 섬으로 유배
되어 있었다. 무기는 없었으나 힘은 황소 같았던 포스트무스는 자신을 죽이러
그 섬에 파견된 백부장의 병력에 맞서 격렬히 저항하다가 죽었다. 누가 그를
죽이도록 지시했는지 불분명하다. 아우구스투스였을 가능성도 있지만, 리비아
나 티베리우스일 가능성이 더 크다. 티베리우스에게 의혹의 시선이 쏠렸다. 타
키투스는 자신의 「연대기」에서 그런 논조하에서 그 처형 사건을 "신임 프린켑
스가 저지른 첫 범죄"(primum facinus novi principatus)라고 전한다.

　이렇게 타키투스는 이 사건에 대한 책임 의혹을 될 수 있는 대로 강력하게
티베리우스에게 전가함으로써 티베리우스를 은연중에 살인 독재자로 만들었
다. 그러나 아우구스투스가 포스투무스를 처형하도록 조언했을 가능성이 크며,

그렇게 할 만한 충분한 이유가 있었다. 그가 황제가 되면 폭군이 될 우려가 있는데다, 혹시 그대로 살려둔 채 아우구스투스의 죽음을 맞이할 경우 야심으로 혹은 티베리우스에 대한 혐오로 그를 황제로 옹립하려는 사람들이 있었기 때문이다. 그런 상황을 방치하면 로마는 정치적 불안정으로 빠질 가능성이 있었다.

군단들의 반란. 티베리우스가 즉위한 직후에 판노니아(헝가리)와 라인 지방 저지에 주둔하고 있던 군단들이 장기 복무와 형편없는 급여와 구타 및 학대로 강요되는 기강에 불만을 품고 반란을 일으켰다. 티베리우스는 아들 드루수스(2세)를 판노니아로 보내고, 조카이자 양자이자 후계자인 게르마니쿠스(Germanicus)를 라인 지방으로 보내 반란을 진압하게 했다. 드루수스는 위엄과 용기를 가지고 행동하여 기강을 바로잡는데 성공했고, 게르마니쿠스는 감정적으로 유약한 모습을 보이고 자살하겠다고 연극을 꾸며 협박하는 방식을 썼으나 제대로 통하지 않았다.

게르마니쿠스. 게르마니쿠스는 군대의 사기를 회복하고, 아버지이자 티베리우스의 동생인 드루수스의 업적을 본받고, 바루스가 테우토부르그 숲에서 당한 패배(참조. 580쪽)를 설욕하기 위해서, 게르마니아 정복 시도를 재개하려고 결심했다. 그는 서기 14~16년에 세 차례에 걸친 원정을 성공적으로 수행하여 바루스의 옛 적장인 아르미니우스를 패배시켰으나, 게르마니아 영토를 항구적으로 차지할 수는 없었다. 티베리우스는 게르마니쿠스의 군사적 모험이 제국의 인력과 자원을 쓸데없이 낭비하는 것으로 인식했다. 자신이 게르마니아에 대해 알고 있는 바에 따라 라인 지방을 항구적인 접경으로 남겨 둔 아우구스투스의 정책이 지혜롭다고 확신했다. 그러므로 그는 게르마니쿠스를 로마로 소환하고 게르마니아 정복을 포기했다. 그 대신 티베리우스는 아들 드루수스(2세)의 외교적 수완에 기대는 편을 택했다. 이러한 정책 반전은 곧 결실을 가져왔다. 아르미니우스와 보헤미아의 강력한 왕 마로보두우스(Maroboduus)가 서로 불화를 일으키더니 싸우기 시작했다. 마로보두우스는 왕국을 잃고서 난민 신세가 되어 이탈리아로 도피했다. 아르미니우스는 자객의 칼에 희생되었다. 보헤미아는 사실상 로마의 피보호 왕국이 되었다.

로마에서 극진한 예우를 갖춰(성대한 개선식을 포함하여) 게르마니쿠스를 영접한 티베리우스는 그에게 근동의 모든 총독들과 대리인들을 통괄할 수 있는 권한을 주어 그 지역으로 파견했다. 그를 파견한 목적은 파르티아의 야심 차고 공격적인 왕 아르타바누스 3세(Artabanus III)와 협상을 벌여 공석이 된 아르메니아의 권좌에 친로마 인사를 앉히고, 카파도키아, 킬리키아, 코마게네 같은 왕국들을 제국의 속주들로 합병하는 작업을 관장케 하려는 것이었다. 게르마니쿠스는 이 어려운 과제들을 아주 효율적이고도 성공적으로 완수했다.

만약 게르마니쿠스가 충동적으로 제국을 파르티아와의 전면전에 말려들게 할지 모른다는 우려를 티베리우스가 품지만 않았다면 이 모든 일은 제대로 마무리되었을 것이다. 그 탁월하되 충동적인 청년의 호전적인 기질에 일종의 제동 장치로 활용하기 위해서 그는 가이우스 칼푸르니우스 피소(C. Calpurnius Piso)를 시리아 총독으로 임명하여 동방으로 파견했다. 그러나 그것은 지극히 불행한 선택이었다. 피소는 게르마니쿠스를 미워했고 그를 상급자로 인정하거나 그의 명령에 순종하기를 거부했기 때문이다.

게르마니쿠스 측에도 실수가 있었다. 그는 티베리우스에게 어떠한 권한도 받지 않은 채 이집트로 가서 신(神)의 칭호를 받고 알렉산드리아에 발생한 기근을 구제하기 위해서 곡물 창고를 열었다. 그 위험한 행동으로 로마의 식량 공급이 위협을 당하지는 않았으나, 그가 이집트로 여행한 것은 아우구스투스의 정책에 위배된 것으로 비쳤고, 따라서 자연히 의심이 많고 형식을 존중하는 티베리우스의 비위를 거슬렸다. 그는 원로원에서 게르마니쿠스의 행동을 격렬하게 성토했다.

시리아로 돌아간 게르마니쿠스는 피소가 자신의 명령을 듣지 않고 자신을 무시하는 것을 발견했다. 그로서는 그를 속주에서 추방하는 것 외에 별 다른 방법이 없었다. 피소를 추방한 직후에 게르마니쿠스는 안티오크에서 몸져 누웠다. 와병과 정신 착란 중에 그는 피소가 마술과 독약으로 자신을 죽이려 했다고 떠들었고, 자기 아내와 자녀들을 모아놓고서 그의 살인 행위에 복수해 달라고 부탁한 뒤에 숨을 거두었다.

게르마니쿠스의 시신은 서둘러 화장되었고, 그의 아내 대(the Elder) 아그리피나가 재를 들고서 로마로 떠났다. 피소는 그 기회를 틈타 기습 공격으로 시리아 속주를 차지하려고 했으나 패배하여 로마로 끌려갔다. 로마에서 그는 세가지 죄목, 즉 게르마니쿠스 살해죄, 상급자에 대한 불복종죄, 추방령을 받은 속주를 되찾으려고 한 죄로 원로원에서 재판을 받았다. 비록 살해죄는 면했으나 나머지 혐의에 대해서는 유죄 판결을 받았다. 원로원의 판결을 받고서 피소는 자살했다.

아그리피나는 티베리우스가 게르마니쿠스의 죽음에 공모했다고 의심했다. 평소에 게르마니쿠스의 인기를 시기했고 자기 아들 드루수스(2세)의 계승에 걸리적거리는 장애를 제거하고 싶어했다는 것이 그 근거였다. 아그리피나의 의혹은 티베리우스(그리고 리비아)가 게르마니쿠스를 위한 공식 추모식에 참석하지 않자 더욱 깊어졌다. (티베리우스의 입장에서는 중요한 순간들에 지혜롭지 못하게 행동한 충동적인 사람을 칭송하기가 어려웠을 것이다. 사람들의 눈에 자신의 경직된 성격이 추모를 받는 게르마니쿠스의 붙임성이고 시원스런 성격과 극명히 대조되는 것도 싫었을 것이다. 그리고 그와 리비아가 뒷전에 남아 있음으로써 사람들의 눈에 아그리피나와 그의 자녀들과 그녀의 죽은 남편과 경쟁을 벌이는 모습을 보이고 싶은 마음이 없었을 가능성도 있다.) 게다가 피소의 자살은 다른 사람들에게 그가 정말로 게르마니쿠스를 독살했다는 확신을 심어주었고(피소는 다만 사형을 면함으로써 재산이 국가에 몰수당하지 않고 자신의 상속자들에게 돌아갈 수 있게 하려고 자살을 택한 듯하다), 원로원 내에 있던 피소의 친구들은 그가 티베리우스를 위해 희생양이 되었다고 의심하게 만들었다. 그러므로 티베리우스는 재위 기간 내내 아그리피나의 중상에 시달려야 했다. 그녀는 자기 자녀들과 함께 티베리우스를 싫어하는 원로원 의원들을 자기 주변에 끌어모을 수 있었다.

세야누스. 이러한 상황을 이용하여 세력 신장을 꾀하고 그로써 티베리우스에게 상황을 더욱 악화시킨 사람은 루키우스 아일리우스 세야누스(Lucius Aelius Sejanus)였다. 그는 로마사에서 가장 파렴치하고 음흉한 인물의 하나이지만, 폐쇄적인 공화정 귀족들이 정부의 고위직에서 배제해온 기사 신분에 대해서 원수정이 고위직에 문호를 개방한 경위를 잘 보여준 인물이기도 하다.

세야누스의 아버지는 친위대장을 역임했고 세야누스도 결국 같은 반열에 올랐다. 친위대는 곧 세야누스에게 큰 권력과 테러의 수단이 되었는데, 특히 자기 아버지가 죽은 뒤 프린켑스를 설득하여 자신을 유일한 친위대장으로 삼게 하고, 이전까지 이탈리아 전역에 흩어져 주둔해온 아홉 개의 보병대를 로마 동쪽 교외에 지은 새로운 막사에 모여 주둔하게 한 뒤부터는 더욱 그러했다. 갈수록 주제넘게 된 그는 황실 가문 여성과 결혼하여 권좌를 계승하려는 야심을 품었다. 이 야심을 이루기 위해 내디딘 첫 걸음은 드루수스(2세)의 아내 리빌라(Livilla)를 유혹한 일이었다. 23년에 드루수스가 갑자기 죽었다. 분명히 그것은 자연사였으나 리빌라를 유혹한 일과 비슷한 시기에 겹쳤던지라 세야누스의 음모라는 비난이 일었다.

권좌로 나가는 길을 정리하고 모든 잠재적 경쟁자들을 제거하기 위해서, 세야누스는 그 다음으로 아그리피나와 그녀의 세 아들 네로(후대의 황제가 아님), 드루수스(3세), 가이우스(칼리굴라)의 파멸과 죽음을 꾀했다. 그는 간사하고 악한 꾀를 내서 황제로 하여금 그 거칠고 원한에 찬 여인에 대해 혐의를 두게 만들었다. 그녀가 티베리우스를 혐오한다는 것은 공지의 사실이었다. 아그리피나에 대한 세야누스의 음모는 그가 티베리우스를 강권하여 분주한 수도를 떠나 나폴리 만에 있는 아름답고 인적이 드문 카프레아이(카프리) 섬에 가서 쉬도록 한 26년에 더욱 노골적인 성격을 띠었다. 세야누스는 아그리피나의 친구들을 반역죄로 몰아 추방하거나 자살이나 처형으로 죽임으로써 아그리피나에 대한 공격의 포문을 열었다. 29년에 늙은 황후 리비아가 여든여섯의 나이로 죽은 뒤에, 세야누스는 아그리피나가 권좌 찬탈 음모에 개입했다는 확신을 더욱 강하게 심어주었다. 그 결과 원로원은 (티베리우스로부터 두 통의 편지를 받은 뒤) 아그리피나를 판다테리아 섬으로, 그녀의 장남 네로를 폰티아로 추방했다. 네로는 그곳에서 곧 자결했다. 아그리피나의 둘째 아들 드루수스(3세)는 30년에 로마에서 투옥된 뒤 음식을 거부하다가 3년 뒤에 죽었다. 아그리피나와 드루수스가 누릴 수 있었던 유일한 위안은 자신들의 파멸을 사주한 자가 몰락하여 죽었다는 소식을 들을 때까지 살았다는 것뿐이었다.

유연하게 대권을 잡으려던 세야누스의 시도는 과욕을 부리기 전까지는 순항을 거듭했다. 31년에 그는 티베리우스와 함께 콘술을 지냈고 원로원으로부터 프로콘술의 명령권을 받았으며, 그 권한에 힘입어 관직과 속주들을 임의로 처리함으로써 자신의 피호인 세력을 확대할 수 있었다. 이 무렵에 그는 황실 가문과 이중으로 혼맥(婚脈)을 맺어두고 있었다. 그는 리빌라나, 그녀가 드루 수스(2세)에게서 낳은 딸 율리아 공주 중에서 한 명과 결혼할 수 있도록 티베 리우스의 승락을 받았고, 자기 딸을 클라우디우스(장래의 황제)의 아들과 약 혼하게 했다. 도시 로마에는 세야누스와 티베리우스의 조각상이 나란히 세워 졌고, 그들의 관용과 우정을 기리는 제단들이 설치되었다. 이제는 권좌로 향하 는 길을 가로막고 있는 장애물이 하나뿐이었다. 그것은 아그리피나의 셋째 아 들 가이우스(칼리굴라)로서, 티베리우스는 원로원에 보낸 서신에서 그를 황제 계승자로 천거해 둔 상태였다. 세야누스는 가이우스의 목숨을 노리는 음모로 써 그 장애물을 제거하려 했다. 그러던 차에 일이 갑자기 엉뚱하게 꼬이게 되 었다.

삼두(三頭)의 일원인 마르쿠스 안토니우스의 딸이자 어린 왕자 가이우스의 할머니인 안토니아(Antonia)가 자신의 피해방인 팔라스(Pallas)를 은밀히 티 베리우스에게 보냈고, 티베리우스는 즉각 가이우스를 안전한 카프리로 불렀다. 그런 뒤 티베리우스는 소방대장 나이비우스 수토리우스 마크로(Naevius Sutorius Macro)를 로마로 보내 친위대장 직을 인수하게 하고 원로원에 장문 의 편지를 전달케 했다. 콘술이 낭독한 그 편지는 세야누스에 대한 온화한 칭 송으로 시작했다. 그러나 칭송이 비판으로, 비판이 질책으로 변하더니 질책이 신랄한 탄핵과 단호한 체포령으로 끝났다. 원로원은 즉각 투표에 들어가 단죄 와 사형을 의결했다. 거리에 쏟아져 나온 시민들은 세야누스의 몰락에 기쁨의 환호를 보내고, 그의 조각상들을 쓰러뜨리고, 그의 시신을 이 거리 저 거리로 끌고다니다가 테베레 강에 집어던졌다. 그의 친구들과 지지자들 중 많은 수가 분노한 군중에게 붙잡혀 희생되었다.

오래 신임해온 고위관료가 반역을 꾀한 사건은 티베리우스에게 크나큰 타 격을 입혔다. 그 여파가 속속 감지되었다. 세야누스와 이혼한 아피카타 (Apicata)는 친위대 병사들이 와서 열한살 난 자신의 아들을 죽이고 자신의 어린 딸을 겁탈한 뒤 목졸라 죽이자 실성하여 자결했다. 그러기 전에 아피카 타는 티베리우스에게 편지를 보내 세야누스와 리빌라가 황제 계승자인 드루수스(2세)를 살해했다는 이야기를 전했다. 과거에 드루수스의 노예였던 사람을 붙잡아다가 고문을 하여 그 범죄 사실을 확인한 티베리우스는 자신이 부지중에 국가 전복을 노리는 음모에 말려들었다고 확신했다. 그리고는 그 음모를 뿌리뽑겠다고 결심했다.

반역법(Law of Maiests). 티베리우스의 손에는 강력한 무기가 들려져 있었다. 그것은 반역법으로서, 자신이 제정한 것이 아니라 공화정 초기부터 아우구스투스의 원수정 때까지 오랜 과정을 거쳐 발전한 산물이었다. 마이에스타스(Maiestas)는 원래 적국과 내통하거나 정무관에게 신체적인 해를 입히는 등 국가 안전을 침해하는 모든 범죄를 대상에 넣었다. 율리우스 카이사르 때 이 법은 국가의 존엄을 위해하는 모든 범죄를 포함하게 되었다. 원수정 때에는 대역죄(perduell)뿐 아니라 오만, 신성모독, 중상에서부터 관직을 남용한 부당 재산취득, 간통, 불륜, 강간과 살인에 이르는 잡다한 범죄도 포함했다.

엿가락처럼 마음대로 늘일 수 있는 이 법의 성격을 감안하면 티베리우스의 긴 재위 기간에 106명이나 되는 사람이 재판을 받았다는 것이 이상하지 않다. 티베리우스는 하급 법정이나 원로원에 의해 유죄 판결을 받은 사람들을 종종 사면했고, 그래서 그 죄로 고소된 사람들 중에서 실제로 유죄 판결을 받은 사람은 서른다섯 명에 지나지 않았다. 그러므로 티베리우스의 원수정이 전제 정치나 공포 정치였다고 한다면 그것은 지나친 과장이다. 그럼에도 불구하고 그는 후대에 다른 황제들이 권력을 남용할 수 있는 선례를 남겼다.

고발자들. 티베리우스의 원수정 때 반역죄 재판에 따른 최악의 폐단은 사적 시민들이 경제적 보상을 노리고 고발을 하도록 허용한 관행이었다(그들은 대개 유죄 판결을 받은 피고의 재산 중 1/4을 받았다). 고발자들(delatores)의 활용은 파렴치한 사람들에게 부자들을 대상으로 허위 고소를 하도록 부추긴 점에서 비열한 법 체계였으나, 검사나 경찰이 없었기 때문에 필요악이었다. 티베리우스 자신이 한때는 직업적인 고발자들에게 보상을 중단할 경우 기존의 법 집행 체제가 와해될 수 있다고 말하기도 했다.

그렇지만 많은 수의 고발자들이 떼돈을 벌었다고 생각하면 오산이다. 기록에 남은 열네 명의 고발자들 — 이들은 나중에 중상(重傷)모략 이외의 혐의로 피고로 등장한다 — 중에서 한 사람 이상을 밀고한 사람은 한 명뿐이다. 고발자라는 직업은 일거리가 많은 것도 아니고 수지가 맞는 것도 아니었으며 게다가 안전하지도 않았다. 상당한 위험 부담이 따르는 직업이었다. 타키투스는 일부 고발자들이 예상한 보상액만 잃고 그 이상의 피해를 당하지 않은 것이 얼마나 다행이었는지를 전한다. 여러 번에 걸쳐 티베리우스는 거짓 고발자들과 중상자들을 처벌하고 때로는 추방하기도 했다. 그들은 다른 사람들을 파멸로 끌고 가다가 결국에는 파멸을 자초했다.

티베리우스와 원로원: 점증한 프린켑스의 권력. 티베리우스의 재위 때, 특히 그가 카프리 섬으로 스스로 물러나고 세야누스가 몰락하는 과정에서 환멸을 느끼게 하는 사건들이 발생하고 나서 고발자들과 반역 재판이 증가한 일은 이미 불안한 상태에 있던 티베리우스와 많은 원로원 의원들간의 관계를 악화시켰다. 재위 기간 내내 티베리우스와 원로원의 관계는 아이러니의 연속이었다. 그 관계들은 아우구스투스의 원수정이 지닌 중대한 패러독스를, 즉 프린켑스의 권한을 증대하는 방향으로 나가지 않으면 풀 수 없었던 패러독스를 드러낸다.

언제나 그랬듯이 신중하게 아우구스투스의 족적을 따른 티베리우스는 원로원을 제국 통치의 의미있는 파트너로 삼기 위해 근실한 노력을 기울였다. 자신을 원로원 의원들과 다름 없는 동등한 시민으로 표현했고, 임페라토르(Imperator) 칭호의 독점과 같은 영예와 국부(國父, Pater Patriae)라는 칭호를 거부했다. 만약 덕망있는 원로원 의원이 의원으로서의 신분을 위협받을 정도로 심한 재정적 곤궁에 빠진다면 티베리우스는 흔쾌히 돈을 지불하여 그 문제를 해결해 주었다. 로마를 떠나 카프리로 가기 전에 티베리우스는 원로원의 모든 회의에 빠지지 않고 참석하려고 노력했다. 그는 연설과 토론의 자유를 권장했다. 적어도 한 때는 투표가 행해졌을 때 한 사람의 소수 의견으로 투표를 끝냈다.

아울러 티베리우스는 원로원의 권한과 책임을 증가시켰다. 예를 들어 켄투리아 회가 지녀온 유서깊은 특권인 콘술들과 프라이토르들을 선출하는 기능

을 원로원으로 이관했다. 원로원을 최고 법원으로 만들되, 특히 반역 혐의로
고소된 유력 인사들과 관직을 남용한 부당재산취득과 독직 혐의로 고소된 황
제령 및 원로원령 속주 총독들을 재판하는 법원으로 만들었다. 서기 20년이
될 때까지 반역죄 재판이 정규 프라이토르 법원에서 이루어진 경우도 더러 있
긴 했지만, 티베리우스는 그런 성격의 재판을 원로원에서 담당하는 쪽을 선호
했다. 원로원은 권력있는 피고들에 의한 뇌물과 협박에 덜 취약했기 때문이다.

티베리우스는 아울러 재정, 토목 사업, 군 병력의 모집과 배치, 장군들과 총
독들의 임명, 대외 문제 지휘 같은 모든 국정에 대해 원로원과 상의하는 것을
정례화했다. 그랬긴 했지만 원로원 의원들을 책임있는 국정 파트너로 삼으려
던 이런 모든 시도가 다 실제로 작용한 것은 아니었다. 티베리우스가 자기들
과 동등한 시민이 되려고 노력했는데도 불구하고, 그들은 결국 따지고 보면
그가 프린켑스로서 지닌 권력이 자기들의 권력보다 훨씬 크다는 것을 알았고,
그가 원로원 의원들에게 허심탄회하게 마음을 털어놓아도 된다고 권장하는
것 자체가 자기를 싫어하는 사람들에게 덫을 놓으려고 하는 게 아닌가 하는
의혹만 더했다. 그나이우스 피소가 티베리우스에게 한 발언이 그 문제를 적절
히 예시한다: "폐하(Sire)께 여쭙겠나이다. 몇 번째로 투표를 하시겠나이까?
맨 처음에 하신다면 제가 따라야 할 지침을 보여 주시는 셈이고, 맨 나중에
하신다면 저도 원치 않게 폐하의 뜻을 거스르게 될까봐 걱정이 되나이다." 티
베리우스가 그 사실을 가장하기 위해서 아무리 노력을 했든간에, 원로원 의원
들은 그들이 강력한 프린켑스의 피호인들이라는 점을 알았고, 그들로서는 이
사실을 잊을 수가 없었다. 티베리우스가 카프리로 은퇴하고 그 결과 그가 자
기들에게 어떻게 하기를 바라는지를 알려고 그의 편지를 기다려야 하게 된 이
후로 그들의 고민은 더욱 커졌다.

풀 수 없었던 문제. 그러므로 티베리우스도 책임을 회피하는 원로원 의원들
앞에서 분통이 터질 때 그들을 가리켜 "노예가 될 준비가 된 사람들"이라고
그랬듯이, 많은 원로원 의원들의 굴종적인 태도를 비판하기는 쉽지만, 그들로
서는 그런 쪽의 압박을 거스를 만한 실질적인 동기가 없었다. 동시에 티베리
우스 같은 선의를 품은 황제는 원로원의 위신을 세워주거나 의원들에게 책임

의식을 갖고 독자적으로 행동하기를 권장하긴 했지만, 위신의 진정한 토대이자 책임을 떠맡을 수 있게 하는 동기들인 실권과 보상을 그들에게 줄 수 없었다. 프린켑스의 직위는 최고 권력과 군 통수권과 전략적으로 중요한 속주들에 대한 독점권에 달려 있었다. 그런데 바로 그런 것들이 위신을 세워 주는 것들이었고, 바로 그런 것들을 얻고자 원로원 의원들이 자유로운 공화정 시대에 투쟁을 벌였던 것이다. 그러나 이제 와서 황제가 다른 원로원 의원들과 함께 그 권력을 공유하려 한다면 자기 손으로 정적들을 키우게 될 것이 뻔했다. 신중한 황제라면 그런 모험을 감행할 수 없고, 독재자라면 그런 일을 용납할 의사가 추호도 없을 것이었다. 따라서 원로원을 존중하는 황제 치하에서도 원로원 의원들은 황제가 적극 권장하는 책임감을 저버리는 경향이 있었다. 그러므로 선의를 지닌 황제조차 국정을 더욱 스스로 챙겨야 했다. 이런 식으로 해서 원로원의 권한은 갈수록 약해졌고, 그로써 독재적인 프린켑스가 원로원의 권리를 침해해도 갈수록 저항하기가 어려워졌다. 결국 황제에게 아첨하는 권한이 원로원에게 남은 전부였다.

스토아주의자들의 반발. 물론 원로원 내부에는 이런 상황에 개탄하는 의원들이 적지 않았다. 그들은 옛 공화정 귀족들의 후손들이거나 북 이탈리아의 보수적인 지역들 출신의 신흥 원로원 가문 사람들로서, 그들의 유명한 동향인인 역사가 리비우스처럼 공화정이 전성기를 누릴 때 발휘한 장점들을 이상화했다. 그들은 소 카토와 카이사르의 암살자들인 카시우스와 브루투스를 영웅으로 기억했다. 그들의 영웅들처럼 그들도 종종 스토아 철학을 표방했다. 로마에서 스토아 철학은 원수정에 대한 공화정주의자들의 반대와 결부되었다. 원수정에 반대한다는 이유로 탄압을 받을 때 그들은 빈번히 자살로써 순교자의 죽음을 추구했다. 그것이 비록 효과는 없었지만 궁극적인 저항 행위가 되었다.

역사가 크레무티우스 코르두스(Cremutius Cordus)는 티베리우스 치하에서 그런 사람이었다. 그는 자신이 쓴 로마사에서 브루투스를 칭송하고 카시우스를 '마지막 로마인'이라고 불렀다. 그 결과 25년에 그는 반역법에 걸려 고소당했다. 티베리우스가 원로원에서 열린 그의 재판에 참석했는데, 냉혹한 표정으로 크레무티우스의 항변을 승인치 않겠다는 의지를 드러냈다. 크레무티우스는 그의 표정을 보고서 항변을 포기하고 스스로 굶어죽었다. 그가 죽자 다수의 원로원 의원들은 황제에게 잘보이려고 아이딜리스들에게 그가 남긴 역사 기록들의 사본들을 빠짐없이 수거하여 불태워 버리도록 지시했다. 그러나 비밀리에 간직된 몇몇 사본들이 티베리우스의 사후에 출판되어 후대의 황제들 치하에 더 많은 수의 순교자들이 나오도록 고무했다.

행정가 티베리우스. 티베리우스의 명성은 주로 제국 경영에 대한 지식과 기술에 근거한다. 그는 아우구스투스의 대외 정책을 이어받아 될 수 있는 대로 군사 전략보다는 외교 전략에 의존했다. 그 비근한 예는 게르마니쿠스에게 게르마니아 정복을 중단하도록 하고 로마를 파르티아와의 전쟁에 끌어들이지 못하도록 그를 제재한 일이다. 아우구스투스가 중앙 유럽과 동방에서 벌여놓은 정복 사업을 내부적으로 다지기 위해서는 한숨을 돌릴 필요가 있었다. 라인 강 유역과 그밖의 접경 지대들에 대한 방어를 강화하고 갈리아, 트라키아, 북 아프리카에서 발생하는 반란을 진압함으로써, 그는 제국에 평화를 정착시키고 유례없는 전성기를 가져왔다.

속주의 경제를 진흥하기 위해서 그는 조공과 세금을 낮출 수 있는 데까지 낮췄다. 엄격한 긴축 정책으로(비용이 많이 들어가는 공공 오락과 야심적인 토목 사업 예산을 삭감함으로써) 세금을 줄이면서도 큰 규모의 재정 흑자를 낼 수 있었다. 그러나 불행하게도 공공 오락과 경기와 대규모 토목 사업 예산을 삭감한 것이 빌미가 되어 로마의 서민들 사이에서 그의 인기가 추락했다. 속주의 세금을 좀더 정직하고 효과적으로 징수하기 위해서 세금 징수 회사들의 기능을 관세 징수로 제한했고, 부당재산취득, 태형(笞刑), 사유 재산 몰수, 혹은 독직(瀆職)의 죄를 지은 모든 총독들을 엄중히 처벌했다. 일부 총독들은 그런 죄가 발각되면 황제의 진노한 얼굴을 대하느니 차라리 자살하는 쪽을 택했다.

티베리우스는 유능하고 양심적인 사람들을 황제령 속주 총독들로 임명했다. 정직한 행정에 인센티브를 주기 위해서 총독의 급여를 인상하고 임기를 연장함으로써 업무와 지역 상황에 더욱 밝은 상태에서 통치할 수 있게 했다. 총독들 가운데 많은 수가 5년 내지 10년의 임기를 누렸고, 더 오래 누린 사람들도 있었다. 가이우스 포파이우스 사비누스(C. Poppaeus Sabinus)는 최근에 하나의 황제령 속주로 통합된 마케도니아, 아카이아, 모이시아를 20년간 맡아 다스렸고, 칼비시우스 사비누스(Calvisius Sabinus)는 거의 24년 동안이나 판노니아의 총독을 지냈다. 이 정책의 결과로 총독의 임기가 대개 1년에 지나지 않은 원로원령 속주들에서보다 황제령 속주들에서 재산부당취득과 독직으로 인한 소송이 현저히 적었다.

티베리우스는 황제령과 원로원령을 망라한 속주들의 대의기관들(concilia)에게 로마에 대표단을 파견하여 황제와 원로원 앞에서 총독들(governors), 레가투스들(legates), 그리고 황제대리인들(procurators)에 관한 불평을 토로하도록 권장했다.

티베리우스는 제국 통화의 통일을 정착시켜 좀더 광범위한 지역에서 무역과 상품 교환이 한층 왕성하게 이루어질 수 있도록 하기 위해 갈리아 도시들에게 은화 발행을 중단하도록 했다. 국경 수비를 강화하고 교통과 통신과 상업을 장려하기 위해서 갈리아, 판노니아(헝가리), 모이시아(불가리아), 북 아프리카, 이집트, 그리고 특히 도로가 교차하거나 끝나는 지역들에서 도시들이 융성하게 자라난 히스파니아에서 방대한 도로와 교량 건설 사업에 착수했다.

속주들의 새로운 경제적 번성, 효과적인 세금 징수, 세심한 재무 행정에 따라 세입이 증가하고 국고에 막대한 잉여금이 쌓였고, 이런 넉넉한 재정 상황에 힘입어 티베리우스 황제는 이탈리아와 속주들을 막론하고 재난을 당한 지역들에 신속하고도 풍부한 지원을 할 수 있었다. 이외에도 국고에서 막대한 자금을 보조금으로 지불한 뒤에도, 티베리우스는 비난 여론이 많던 판매세를 1~1.5% 경감하고서도 국고에 27억 세스테르티우스(어떤 권위자들에 따르면 33억 세스테르티우스)를 남길 수 있었다.

통치 말년과 제위 이양. 티베리우스는 자신의 재위 마지막 10년을 거의 카프리 섬에서 은거하며 지냈다. 로마 근교를 세 번 다녀갔으나 다시는 로마에 들어가지 못했다. 그가 카프리에 은거하자 항간에는 그가 주색잡기로 세월을 보내고 있다는 악의적인 풍문이 나돌았다. 수에토니우스는 그런 풍문을 글에 담기를 좋아했지만, 사실 그 풍문은 아무런 근거도 없다. 티베리우스는 제국을 위해서 일하거나 혹은 풍문과는 다른 훨씬 교양 있는 일에 몰두하면서 시간을 보냈다. 예를 들어 주변에 학자들과 예술가들을 불러 모았는데, 그중에는 황제에게 점성술 지식을 가르친 알렉산드리아의 유명한 학자 트라실루스(Thrasyllus)도 있었다.

티베리우스가 말년에 씨름해야 했던 가장 심각한 문제의 하나는 제위 이양 문제였다. 게르마니쿠스가 죽고 드루수스(2세)와 게르마니쿠스 가족을 제거하려는 세야누스의 음모 사건이 있은 뒤로 가능한 대안은 게르마니쿠스의 아들 가이우스 칼리굴라와 티베리우스 자신의 손자이자 드루수스(2세)의 아들인 티베리우스 게멜루스(Tiberius Gemellus)밖에 남지 않게 되었다. 서기 35년, 75살의 나이에 티베리우스는 그 문제를 결정하려고 했다. 칼리굴라에 대해서는 그를 카프리로 데려갈 정도로 아꼈지만, 성품이 프린켑스에는 맞지 않다고 생각한 듯하다. 더욱이 왜 그랬는지는 모르지만 그는 칼리굴라에게 미리 경험을 쌓을 만한 어떠한 공직도 주지 않음으로써 프린켑스의 후계자가 되기에 더욱 부적절하게 만들었으며, 은거지에서 원로원과 주고받는 편지로써 국정을 수행하는 모습을 보고 자라게 만듦으로써 그에게 이상한 전형을 보여 주었다. 티베리우스는 아마 게멜루스를 후계자로 생각해 둔 듯하지만, 35년에 그의 나이는 불과 열여섯살이었다. 칼리굴라는 그보다 나이가 많았을 뿐 아니라 조상이 양친 모두 아우구스투스와 카이사르까지 거슬러 올라간 반면에, 게멜루스는 어머니를 통해서만 가능했다. 마지막으로 칼리굴라는 인기있는 게르마니쿠스의 아들이었던지라 평민과 군인들로부터 큰 지지를 받았다. 따라서 칼리굴라를 완전히 도외시하는 것은 너무나 위험했다. 그래서 티베리우스는 게멜루스와 칼리굴라를 공동 후계자로 삼았다.

37년에 티베리우스는 죽을 날이 가까워진 것을 느끼고서 로마로 돌아가려고 했다. 그러나 카프리를 떠나 만을 건너 겨우 미세눔에 도착했을 때 혼수상태에 빠져 있다가 죽었다. 근거 없는 소문이 나돌았다. 티베리우스가 잠시 의식을 회복했을 때 친위대장 퀸투스 나이비우스 수토리우스 마크로(Q. Naevius Sutorius Macro)가 이불로 그를 질식시켜 죽였다는 소문이었다. 아마 그 이야기는 칼리굴라가 살인마로 판명된 뒤에 조작된 듯하지만, 티베리우스가 죽은 직후에 마크로가 원로원 회의 때 칼리굴라를 새 프린켑스로 지명한 장본인이었다는 사실이 알려지면서 그 소문에 무게가 실렸다.

칼리굴라(서기 37~41).[1] 원로원 의원들은 칼리굴라가 황제 후계자로 지명되는 것을 이의 없이 승인하고, 티베리우스에 대해서는 아우구스투스와 카이사르의 경우와는 달리 그를 신으로 선포하기를 거부함으로써 불만을 표시했다. 칼리굴라 ― 그의 정식 이름은 가이우스 율리우스 카이사르 아우구스투스 게르마니쿠스(Gaius Julius Caesar Augustus Germanicus)이다 ― 는 지지를 받을 만한 여건을 많이 가지고 있었다. 게르마니쿠스의 살아남은 유일한 아들로서 인기를 누렸을 뿐 아니라, 할아버지들 중 한 사람이 아우구스투스의 위대한 장군 아그리파였다. (그러나 칼리굴라 자신은 아그리파가 기사 신분 출신이었던 점을 부끄러워했다고 한다.) 아울러 할아버지들 중 한 사람이 마르쿠스 안토니우스였는데, 내전의 상처가 과거 속으로 잊혀져 가면서 그의 명성이 향상되었다. 또 한 사람의 위대한 할아버지는 아우구스투스였다.

그러므로 그의 화려한 계보가 그의 최근의 과거를 가린 듯하다. 사려깊은 관찰자라면 그의 과거를 놓고서 다시 한 번 생각했겠지만, 혹시 그렇게 생각했더라도 입 다물고 있는 게 최선이라고 판단했을 것이다. 그는 십대 후반에 할머니 안토니아와 함께 살면서 할머니의 권유로 세 명의 젊은 트라키아 왕자들, 유대의 젊은 헤롯 아그리파 1세(Horod Agrippa I), 안토니우스와 클레오파트라의 손자 마우레타니아의 프톨레마이오스와 가까이 사귀었다. 동방의 절대 군주 개념은 아마 그들에게서 얻은 듯하다. 카프리에서 숙부의 궁전에서 지내는 동안 위선과 아첨을 배웠는데, 그로서는 세야누스의 공포 정치 때 살아남기 위해서 그럴 필요가 있었는지도 모른다.

인기를 한몸에 받으며 내디딘 첫걸음. 그러나 티베리우스의 길고 엄격하고 청교도적인 통치가 끝나자 인민은 새 군주를 기쁨과 감사로 맞이했다. 그는 답

---

1) 칼리굴라는 문자적으로 '작은 장화'라는 뜻이다. 어린 시절 라인 지방에서 살 때 그의 어머니 아그리피나가 그에게 군단 병사의 군복을 입히고 작은 군화를 신기기를 좋아했기 때문에 그의 아버지의 병사들이 그에게 붙여준 이름이다. '무거운 장화'라는 뜻의 칼리가이(caligae)의 축소형이다.

례로 리비아와 티베리우스의 유산을 분배해 주고, 평소에 원성이 높던 판매세 (티베리우스에 의해 이미 약간 인하됨)를 폐지하고, 화려한 구경거리와 오락과 전차 경주와 야수 사냥으로 인민을 기쁘게 했다. 심지어 민회들에게 정무관들을 선출하는 고대의 권한을 되돌려 주었다. 원로원에 대해서는 경의와 예의를 다하고 귀족들에게 유화적인 태도를 취함으로써 그들의 비위를 맞추었다. 이미 일정이 잡혀 있던 반역죄 재판을 모두 취소하고, 고발자들의 파렴치한 행위를 규제하고, 티베리우스의 추방자들을 도로 불러들이고, 정중한 예를 갖춰 어머니 아그리피나와 형제 네로의 유해를 섬들에서 가져다가 아우구스투스의 묘에 이장했다. 공동 재산 상속자인 사촌 티베리우스 게멜루스를 자기 아들이자 후계자로 입양하고, 삼촌 클라우디우스를 공동 콘술로 세우고, 세 명의 누이를 제국 전역에서 존경을 받게 했다. 게다가 브리타니아와 게르마니아 정복 준비를 공포함으로써 모든 계층에게 애국적 열정을 불러일으켰다. 그렇지만 중병에 걸리는 바람에 이 계획을 연기할 수밖에 없었고, 화합과 행복이 넘치는 영광스러운 통치를 바라던 사람들의 희망을 산산조각냈다.

노골화한 독재. 고대의 자료들(특히 수에토니우스의 저서)에 따르면 칼리굴라는 병석에서 일어난 뒤 정신 착란 증세가 생기고 최고 권력에 대한 집착이 심해졌다. 그가 훗날 자신을 사람의 모습을 한 신이라고 주장하게 된 것도 틀림없이 죽음의 문턱을 넘나들던 그때의 일이 계기가 되었을 것이다. 그는 틀림없이 미친 사람처럼 행동했던 것이 확실하지만, 그러나 그의 미친 짓에는 일정한 질서가 있었다. 그의 행동은 자신이 필멸의 인간보다 강력한 존재임을 과시하고 싶어하는 사람의 행동이었다. 또한 티베리우스가 신의 지위를 얻지 못한 것도 칼리굴라에게는 그런 중대한 문제를 우연에 맡겨두어서는 안 된다는 교훈을 뼛속 깊이 새겨 주었을 것이다.

그는 제어할 수 없는 독재자의 역을 맡기 시작하더니, 잔인하고 과대망상적이고 변덕스러운 행동에 정신없이 빠져들었다. 원로원을 무례하게 대하고, 속주 아프리카 프로콘술라리스(Africa Proconsularis)에 대한 군 통수권을 박탈하고, 제국 조폐국을 로마에서 리용으로 이전함으로써 원로원이 보유하고 있던 이탈리아 내에서의 조폐권을 박탈했다. 원로원 의원 개개인에게는 자신과 자신의 누이들을 위해 목숨을 바칠 것을 맹세하게 하고, 자기 식탁 곁에서 노예 복장을 하고서 시중 들게 하고, 토가를 입은 채 자신의 전차 곁에서 구보하게 하고, 심지어는 경의의 표시로 자기 발에 입맞추게 했다.

고대 이집트의 파라오들처럼(그는 파라오들을 크게 부러워하고 모방했다) 국민의 재산에 대한 소유권을 주장했고(이집트의 방식대로 상점 주인들과 장인들에게 세금을 부과했다), 누이들과 습관적으로 불륜 관계를 맺고 살았다고 하며(만약 그가 누이들과 결혼하는 경우가 종종 있었던 이집트의 파라오들과 헤라의 남편이자 형제였다고 하는 그리스의 제우스를 모방했다고 한다면 그것이 과장된 보고만은 아닐 것이다), 지상에서 신으로, 즉 새로운 태양(Neus Helius. 이집트의 주화들에는 그가 태양 신으로 묘사된다)으로 숭배 받기를 고대했다.

카스토르(Castor)와 폴룩스(Pollux)의 신전에 앉아 신으로서 숭배되거나 유피테르나 그밖의 신들과 대화를 나누기를 좋아했다. 결국에는 공금으로 자신을 위한 신전을 건립하고, 자신이 아끼는 말 인키타투스(Incitatus. 그는 이 말이 알렉산드로스 대왕의 부케팔루스〈Bucephalus〉가 환생한 것이라고 믿었다)를 자기를 제사하게 하는 대제관으로 임명했을 뿐 아니라, 한술 더 떠서 그 말을 원로원 의원으로 임명했다. 39년에는 많은 선박들을 끌어모아 바이아이 만을 가로지르는 다리를 만들어 놓고 알렉산드로스의 가슴받이 갑옷을 착용한 채 말을 타고 건넘으로써 그 다리의 완공을 축하했는데, 이는 알렉산드로스의 거대한 군사적 업적을 모방한 것이다. 기념식이 절정으로 달아오르자 구름떼처럼 모여들었던 사람들이 술에 취하게 되었고, 그들 때문에 배들이 뒤집히는 바람에 바다에 빠져 죽는 사람들이 생겼다.

재정적인 면에서도 칼리굴라는 절제력을 잃었다. 향료 목욕, 연회, 술, 경마, 쇼, 인민에게 줄 선물 등에 그는 막대한 돈을 쏟아부었다. 그가 네미 호수에 띄운 호화 유람선들에는 목욕탕과 정원과 보석 박힌 고물[船尾], 호화 가구들이 배치되어 있었다. 이런 사치스런 생활로 티베리우스가 국고에 모아놓았던 막대한 잉여금이 곧 바닥나 버렸다. 그는 새로운 기금을 마련하기 위해서 특별세들(식료품, 소송에 부과하는 세금과, 짐꾼, 뚜쟁이, 매춘부들의 수입에 부과하는 세금)을 신설하고, 유증을 강요하고, 재산을 몰수하는 방법에 의존했다.

그 목적으로 동산과 부동산을 몰수하는 방법으로써 반역법을 부활시켰다.

그에게 희생당한 사람들 중에는 그의 장인 유니우스 실라누스(Junius Silanus), 그의 양자이자 상속자 티베리우스 게멜루스, 그가 권좌에 오르도록 기여한 친위대장 나이비우스 수토리우스 마크로와, 클라우디우스 가의 여러 사람들과 열성적인 지지자들이 포함되어 있었다. 그의 삼촌 클라우디우스는 해를 끼칠 것 같지 않은 백치처럼 보인다는 이유만으로 화를 면했다.

칼리굴라의 과대망상적 행위는 그에 대한 음모를 불러일으켰다. 예를 들어 39년에 라인 강 주둔군 사령관들 중 한 명인 그나이우스 코르넬리우스 렌툴루스 가이툴리쿠스(Cn. Cornelius Lentulus Gaetulicus)가 칼리굴라가 끔찍이 사랑하던 누이 드루실라의 홀아비 마르쿠스 아이밀리우스 레피두스(M. Aemilius Lepidus)를 권좌에 앉히려는 음모를 꾸몄다. 칼리굴라는 두 사람을 처형하고, 음모에 가담한 다른 두 누이들인 소 아그리피나(the Younger Agrippina)와 율리아 리빌라(Julia Livilla)를 귀양보냈다. 아울러 판노니아 총독 칼비시우스 사비누스를 자기 휘하 군대의 충성을 훼손시킨 죄로 재판에 회부했다.

라인 지방에서 발생한 음모를 진압한 뒤, 칼리굴라는 향후 게르만족의 침공을 미연에 좌절시키기 위해서 39년 말에 라인 강을 건넜으나, 40년에 오래 전부터 구상해온 브리타니아 침공계획은 도버 해협까지 행군하여 불로뉴에 등대(높이 200피트)를 세우는 데 그쳤다. 이 등대는 1544년까지 서 있었다.

칼리굴라의 대외 및 속주 정책. 칼리굴라는 대외 및 속주 문제에 독단적이고 변덕스러웠지만, 일반적으로 아우구스투스와 티베리우스의 정책보다는 폼페이우스와 마르쿠스 안토니우스의 정책을 선호했다. 예를 들어, 동방에 대해서, 그는 제위 찬탈 음모를 꾸며 군대를 일으켜 밀고 들어올 소지가 있는 총독들보다 피보호의 왕들을 더 좋아했다. 대 아르메니아를 로마의 세력권에서 제외했고, 파르티아가 동방에서 로마의 이익을 인정해 주는 조건으로 파르티아에게 대 아르메니아 지배를 허용했다. 티베리우스가 속주로 병합한 코마게네를 안티오코스에게 돌려주었다. 자신의 젊은 세 트라키아 친구들을 각각 트라키아, 폰토스, 보스포로스 해협, 소 아르메니아의 피보호 군주들로 삼았다.

그리고 헤롯 아그리파(1세)에게 과거에 그의 할아버지 헤롯 대왕이 다스리던 왕국 전체를 넘겨 주었다. 반면에 아프리카에서는 어리석게도 속국 마우레티니아(알제리 서부와 모로코)의 왕 프톨레마이오스를 폐위한 뒤 처형했으며, 그의 왕국을 로마 속주로 만들었다. 칼리굴라는 아마 프톨레마이오스가 클레오파트라 셀레네를 통해서 마르쿠스 안토니우스의 후손이기도 하다는 점이 비위에 거슬린다는 이유만으로 그런 만행을 저지른 듯하다. 프톨레마이오스 살해로 인해 반란이 일어났고, 칼리굴라는 그것을 채 진압하지 못한 채 죽었다.

유대인 정책에서, 칼리굴라는 마찬가지로 변덕스럽고 도발적인 행태를 보였다. 대규모 유대인 공동체가 있던 알렉산드리아에서, 그는 그리스 군중이 유대인 구역을 약탈하고 그들의 회당에 자신의 조각상을 강압적으로 세우도록 방치했다. 40년에 유대인들은 학자 필로(Philo)를 단장으로 하는 사절단을 칼리굴라에게 파견했으나, 이렇다 할 시정 약속을 받아내지 못했다. 그 와중에 칼리굴라는 자신의 시리아 총독 페트로니우스를 시켜 예루살렘 성전에 자신의 조각상을 세우도록 했으나, 칼리굴라가 죽는 바람에 페트로니우스는 그 명령을 이행해야 하는 부담을 덜 수 있었다.

암살. 사치와 압제와 살인과 과대망상으로 얼룩진 칼리굴라의 짧은 정치 경력은 기원전 41년 1월 24일, 그러니까 친위대의 장군의 하나였던 카시우스 카이레아(Cassius Chaerea) — 칼리굴라로부터 음탕한 언행으로 모욕을 받았던 — 가 궁전의 비밀 통로에서 그를 쳐 죽인 때를 끝으로 졸지에 끝났다. 직접 거사를 담당한 사람은 카이레아였지만, 배후에서는 원로원과 정부와 군대의 유력 인사들이 그를 지원했다. 칼리굴라는 어디에도 자신을 지원할 만한 기반을 닦아 놓지 못했다.

칼리굴라의 재위에 관해서 할 수 있는 최선의 말은 그 기간이 짧았다는 것이다. 다행히도 그의 재위는 아우구스투스와 티베리우스가 로마라는 방대한 제국의 행정과 국방을 개선하기 위해 이루어 놓았던 많은 치적을 훼손할 만큼 길지는 않았다. 그럼에도 불구하고 그의 재위는 원수정 치하에서 무제한의 독재가 자행될 수 있는 막대한 가능성을 노출시켰다. 티베리우스는 비록 자신의 성격과 원수정이 안고 있는 역설적인 성격에 종종 좌절을 겪긴 했지만, 원로원을 국정의 비중 있는 파트너로 만들려고 진심으로 노력을 기울였다. 반면에 칼리굴라는 의도적으로 원로원이든 그 무엇이든 지존무상한 자신의 권위에 종속시키려고 했다.

그 결과 여전히 자유로운 공화정의 전통들을 간직하고 있던 원로원의 상당수 그룹은 칼리굴라를 제거한 뒤 공화정이나 좀더 나은 유사한 국제(國制)를 부활시키고 싶어했다. 그러나 아우구스투스 이후의 세계에서 그런 소원이 망상에 지나지 않는다는 사실이 차기 율리우스-클라우디우스 계 황제들의 제위를 둘러싼 상황에 의해 즉시 극명하게 드러나게 되었다.

27

클라우디우스, 네로, 그리고
율리우스-클라우디우스가의 종말
(서기 41~68)

클라우디우스(서기 41~54). 칼리굴라가 암살된 뒤 원로원 의원들은 향
후의 행동 노선을 놓고 토론을 벌였다. 그들이 공화정을 부활시키는 안과 선
거에 의한 진정한 원수정을 창출하는 안을 놓고 장단점을 논하는 과정에서,
그들에게 사태를 장악할 힘이 없다는 침통한 사실이 극명하게 드러났다. 칼리
굴라의 삼촌 클라우디우스 — 그의 정식 이름은 티베리우스 클라우디우스 네
로 게르마니쿠스였다 — 가 친위대 병사들에게 일인 당 1만5천 세스테르티우
스를 하사하겠다는 공약으로 그들의 충성을 얻어냈다. 티베리우스와 칼리굴라
도 황제가 된 뒤에 친위대 병사들에게 돈을 하사하긴 했지만, 클라우디우스는
친위대가 지니고 있는 정치적 권력을 간파하고서, 자신이 원수에 즉위하기 전
에 지원에 대한 보상을 약속함으로써 앞날에 위험한 선례를 남겼다. 친위대가
원로원에 대해서 자기들의 선택을 재가하도록 요구하자, 많은 원로원 의원들
이 나서서 항의했다. 클라우디우스는 친위대가 자신을 지지하므로 그들에게
다른 대안이 없다고 단도직입적으로 주장하자 그들은 어쩔 수 없이 굴복하고
말았다.

수에토니우스는 클라우디우스의 즉위를 익살극으로 묘사한다. 칼리굴라가

암살된 뒤 친위대의 일부 병사들은 황궁을 약탈하다가 발코니에 드리워진 커튼 아래로 비쭉 나와 있는 발 두 개를 보았다. 게르마니쿠스의 형제 클라우디우스였다. 클라우디우스는 그들이 자기를 죽일 줄로만 알았으나, 그들은 그를 자기들의 병영으로 데려다가 다른 병사들이 집결한 가운데 그를 로마 황제로 선포했다. 이것이 바로 적대적인 전승에서 얼간이로 묘사한 사람이 황제가 되기를 기대했을 때 나올 수 있음직한 이야기이다. 그러나 이 이야기는 칼리굴라의 암살 사건이 만들어 준 기회를 이용하여 황제가 된 클라우디우스의 기민한 태도를 제대로 평가하지 않는다. 클라우디우스는 프린켑스의 후보가 되기에 부적합한 장애들이 있긴 했지만 얼간이가 아니었다.

초기 생애. 클라우디우스는 평생토록 쾌유될 날이 없었던 병약한 몸, 신체적 불구, 더딘 정신적 발달, 사회적 부적응, 소심함 등 극단적인 신체적·정신적 장애를 갖고 있었다. 선천적 기형 혹은 소아마비가 그의 외형에 기괴한 흔적을 남겨서, 고개는 쉴새없이 흔들리고 다리는 가늘고 표정은 얼간이 같고 말까지 더듬어서 저능아처럼 보였다. 그의 황실 친척들은 그를 수치스러워하여 바깥 출입을 삼가게 하거나 희롱하는 때가 많았다. 칼리굴라는 가끔 그에게 궁정의 익살광대 짓을 하도록 시켰다.

흉한 외모와 사회적 위축감이 클라우디우스를 음주와 도박의 길에 들어서게 했으나, 그것 역시 그에게 낭패감을 안겨주었다. 그럼에도 불구하고 아우구스투스는 일찌감치 클라우디우스의 머리가 비상하다는 사실을 간파하고서 그에게 좋은 교사들을 붙여주었다. 대 역사가 리비우스의 개인 지도와 그리스 과학자들과 학자들과의 교분으로 지력이 발달하면서, 클라우디우스는 문헌학자 및 골동품 수집가가 되었고, 로마 법과 정치 분야의 전문가가 되었으며, 심지어 에트루리아와 카르타고 역사에 대해서도 전문가가 되었다. 두 민족 역사를 공부하느라 따로 에트루리아어와 포에니어를 익혔으며, 독창적인 조사에 입각하여 여러 권 분량의 글을 써냈다.

법과 역사에 대한 연구는 지도자가 될 사람에게 결코 하찮은 훈련이 아니었다. 게다가 클라우디우스는 유용한 현실 경험까지 쌓았다. 그는 기사 신분 사이에서 황실 가문을 대표하는 중요한 임무도 맡았고 큼직한 대회도 몇 개

치러냈다. 아우구스투스 때에는 조점관과 황제 제식의 사제를 지냈다. 티베리우스에게는 콘술의 상징들을 받는 영예를 누렸고, 칼리굴라 때는 두 달간 칼리굴라와 공동 콘술을 지냈다. 원로원조차 이따금씩 그에게 영예를 수여했다. 또한 율리우스 클라우디우스 가문 사람이자 한때 명성을 날린 게르마니쿠스의 동생으로서 군대와 도시 로마의 평민과 이탈리아 상류층과 속주민들의 지지를 얻었다.

클라우디우스의 정치 철학과 정책. 클라우디우스는 제위를 계승한 뒤에 뜻밖의 강인한 성품과 정치적 식견을 드러냈다. 로마사와 정치 제도를 연구하는 과정에서, 로마가 대 제국이 되기까지는 새로운 필요가 생길 때마다 새로운 제도를 만들어 낸 의지가 중요하게 작용했다는 점을 간파했다. 개혁이 로마 전승의 뿌리를 이루고 있으며 그것이 전성기에 올라서 있는 현 시점에서도 길라잡이가 될 것이라는 게 그의 지론이었다. 그러나 그가 전기를 썼던 아우구스투스처럼 그는 개혁을 너무 빨리 이뤄내려고 대들어서는 안 되고 과거를 존중해야 한다는 점을 인식했다.

클라우디우스와 원로원. 재위 초에 클라우디우스는 아우구스투스를 자신의 모델로 선포함으로써 원로원 귀족들을 유화하기를 바랐다. 비록 비밀 공화정주의자는 아니었으나, 원로원에 대해 깎듯한 태도를 취했고 제국 통치에 원로원의 협력을 진심으로 구했다. 무언가 특별히 제안할 게 있을 때에만 그는 콘술들 사이에 혹은 호민관의 좌석에 앉았다. 그는 원로원의 모든 모임에 빠짐 없이 참석했고, 원로원의 평의원석에 앉았으며, 요청을 받을 때에만 의견 (sententia)을 표시했다. 자신의 이름으로 거둔 군사적 승리로 인해 적어도 스물일곱 번이나 임페라토르(Imperator)로 선언되었지만, 그는 그 칭호와 함께 '국부'(Pater Patriae)라는 칭호를 거부했다. 티베리우스가 15년에 '황제령'으로 만들었던 마케도니아와 아카이아 속주들을 그는 44년에 원로원에 돌려주었다. 칼리굴라가 티베리우스의 정책을 뒤집어 민회에게 부여한 쿠룰레스 정무관 선출권을 원로원에 되돌려 주었다. 그러나 티베리우스가 재위할 때와 마찬가지로 원수정 자체의 속성에 내재된 모순이 많은 원로원 의원들과 프린켑스 사이의 관계를 경색시키고 원로원을 갈수록 약화시켰다.

정부의 중앙집권화. 클라우디우스는 원로원의 협조를 진심으로 원했지만, 자신이 공화정 치하에서처럼 편협하고 이기적인 귀족 집단의 사적 재산으로 더이상 이용되어서는 안 될 한 제국의 행정 수반이라는 사실을 잊지 않았다. 로마가 자체를 이탈리아와 속주들과 합칠 때가 이미 도래해 있었다. 이제는 좋은 정부와 효율적인 행정이 해묵은 원로원의 특권들을 대체해야 했다.

47/48년에 클라우디우스는 68년간 사장되어 온 켄소르 직을 부활시켰다. 그리고는 스스로 그 직에 오른 뒤(아우구스투스조차 그렇게 하지 않았다) 원로원에서 일부 구 원로원 의원들을 숙청하고 새 의원들을 충원했다. 옛 귀족들은 자연히 모욕을 당했다. 새 의원들 중 일부는 그 자신의 피호인들로서, 그 가문들이 율리우스 카이사르에게 시민권을 받은 갈리아 코마타의 종족 지도자들이었다. 이들은 대다수 이탈리아계 원로원 의원들보다 부유했고 크고 충직한 씨족들을 지배했다. 갈리아인들이 원로원에 진출함에 따라 갈리아인들은 이탈리아인들과 정치적으로 대등한 지위에 서게 되었고, 새로운 세계 국가에 충직한 협력자들이 되었다. 후대의 황제들은 그것이 현명한 조치였음을 인정하고서 갈리아인들을 원로원에 대폭 받아들였다.

클라우디우스는 로마의 원로원 귀족들에게 또 다른 타격을 가하였다. 불만을 품거나 야심을 품은 원로원 의원들에게 도전을 받을 가능성을 줄이기 위해서, 그는 원로원이 군대와 자체령 속주들에 대해 갖고 있던 권한을 약화시켰다. 아울러 효율성을 높인다는 명목으로 원로원 관할 국고(aerarium Saturni)를 자기 휘하의 두 콰이스토르에게 이관하고 여러 부문에서 거둬들인 세입을 황제의 국고(fiscus)로 돌렸다. 더 나아가 곡물 공급, 수로, 홍수 조절, 이탈리아의 도로망, 운하, 항구를 자신의 관할하에 두었다.

클라우디우스가 효율성 제고에 쏟아부은 열정은 법률 공부에서 터득한 형평과 공정에 대한 애착과 맞물렸다. 그러므로 프린켑스 개인 법정(intra cubiculum principis)에서 행해지는 재판의 수가 정무관들과 속주 총독들과 원로원 재판을 제치고 크게 증가했다. 클라우디우스가 재판 분야에서 펼친 활동은 보통 시민들에게는 인기를 얻었으나 그로 인해 자기들의 권한이 줄어드는 것을 지켜본 당사자들은 자연히 반감을 느꼈다. 고대 자료들에 클라우디우스가 재판관으로서 얼간이 같고 독단적이고 심지어 변덕스러운 행동을 보였다는 식의 과장된 이야기들 중 일부는 아마 그들에게서 나온 듯하다. 역설적이게도 클라우디우스가 가장 큰 욕을 먹은 것은 원로원 의원들이 티베리우스와 칼리굴라 치하에서 자신들의 동료들을 반역죄로 재판할 때 겪은 수모를 덜어주려고 진심으로 노력한 것 때문이었다. 그 자신이 원로원 의원들을 심문하여 유죄 판결을 내릴 때 부당하게도 그의 야심찬 아내들과 피해방인들에게 영향을 받지 않았느냐는 의혹을 받았다.

관료제의 확대와 새로운 내각. 클라우디우스가 방대한 제국을 위해 좀더 효율적이고 중앙집권적인 행정 체제를 수립하려고 모색하는 과정에서 그의 피해방인들의 역할이 대단히 중요하게 되었다. 정부의 중앙집권화에는 관료제의 확대와 '카이사르의 친구들'(amici Caesaris)로 알려진 추밀원(privy council)의 확대가 따랐다. 둘 다 그가 시작시킨 것이 아니었으나, 행정부를 특별 국이나 부서들(scrina)로 세분함으로써 훗날 제국 관료제가 발달하는 데 결정적인 걸음을 내디뎠다. 각 부서는 추밀원의 일원이기도 한 전문적이고 충직한 피해방인이 장을 맡았다. 클라우디우스의 서신 비서(ab epistulis) 나르키수스(Narcissus)는 황제의 옥새가 찍혀 제국 전역에 발송되는 모든 법과 칙령을 기안했다. 칼리스투스(Callistus)는 속주들에서 프린켑스에게 보내온 탄원들을 심의하고 사법적 조사와 재판을 담당하는 부서의 장이었다. 또 다른 중요한 관료는 팔라스(Pallas)였다(그는 안토니아가 세야누스를 해치려는 음모를 티베리우스에게 알리기 위해 은밀히 보낸 사람이다). 재무부의 장(a rationibus)이었던 그는 속주들의 모든 국고들과 황제 대리인들(procurators)의 활동을 조정했다. 네번째 관료는 클라우디우스 폴리비우스(Claudius Polybius)로서 기록청과 참고도서관(a studiis)의 장이었다.

제국 행정부의 관료들 중 상당수가 그리스나 동방 출신의 피해방인들이었다. 이들 중 더러는 직위를 이용하여 치부하기도 했지만 대체로는 탁월하고 충직한 행정관들이었다. 기사 신분과 원로원 신분은 이들이 외국 출신의 피해방인들이라는 이유로 경원시했고, 정부 내에서 그들의 세력과 영향력이 커지는 것을 경계했다. 고대와 현대의 저자들은 왜곡되고 적대적인 전승을 지나치게 사실로 받아들인 나머지 클라우디우스가 그의 대신들에게 좌우된 것처럼 기술한다. 하지만 실은 대부분 그가 국정을 좌우했고 그의 대신들은 그의 신실하고 고분고분한 노예들이었다.

토목 사업과 복지. 그렇게 해서 성취한 행정상의 효율에 힘입어, 클라우디우스는 공공 복지에 관심을 쏟고 방대한 토목 사업 계획을 이행할 수 있었다. 고리대금업자들을 대상으로 낭비벽이 심한 십대 청소년들에게 돈을 빌려주는 행위를 금함으로써 대금업에 따른 몇 가지 해악을 근절했다. 식량에 붙던 판매세를 폐지하여 세금 부담에 고통을 당하던 지역 사회들에 부담을 덜어주었다. 제국 조폐국을 장악함으로써 과도한 인플레이션을 예방하는 동시에 무역과 공업에 확대되어 가던 필요를 충당했는데, 수로, 간선도로, 운하 같은 토목공사는 제국 곳곳에서 무역과 공업에 새로운 자극을 주었다.

클라우디우스가 벌인 토목 사업들 중에서 가장 괄목할 만한 것은 오스티아에 인공 항구를 건설하여 모래톱으로 막혀 있던 테베레 강 어귀에 로마의 항구로 삼은 것이었다. 새 항구가 건설됨으로써 곡물선들이 오스티아에서 하역 작업을 할 수 있게 되었고, 지난 날처럼 캄파니아의 푸테올리에서 육로로 힘겹게 220킬로미터나 돌아가지 않고도 로마로 곧장 곡물을 운송할 수 있게 되었다. 오스티아는 곧 지중해 전역에서 몰려든 인구 100,000명의 대도시가 되었다. 오늘날 그곳에서 이루어진 발굴 결과들은 제국 대도시의 생활상을 생생하게 보여 준다.

오스티아 항구가 발달하면서 어렵고도 예견하지 못한 경제적 문제들이 발생했다. 그 항구를 이용하는 선박들은 빈배로 떠나야 했다. 로마는 세계의 제품들을 소비만 했지 생산은 하지 않는 도시였다. 수출품은 경미한 반면에 수입품은 곡물, 과일, 생선, 육류, 가죽, 기름, 포도주, 온갖 광물, 대리석, 목재, 유리, 파피루스, 염료, 옷감, 보석, 양념, 연고, 향료 등 막대했다. 클라우디우스가 로마의 항구를 푸테올리(농산물과 공산물의 부유한 수출 지역의 배출구)에서 오스티아로 전환하자마자 선주들이 돌아갈 때 싣고 갈 화물이 없으므로 해서 당장 재정 손실을 입게 되었다고 불평하고 나섰다. 그들을 만족시키고 중요한 생필품을 꾸준히 로마에 반입시키기 위해서, 클라우디우스와 그의 계승자들은 파선 보험, 세금 면제, 유산(遺産) 법 보류, 그리고 6년간 곡물 운송에 몸담은 사람들에 대한 시민권 부여 등 특별한 양보안들로 그들의 손실을 보상해 주어야 했다.

대외 정책과 제국 국방. 클라우디우스는 내치(內治)와 경제 문제를 공세적으로 다루었던 것과 똑같이 대외 정책도 공세적으로 다루었다. 그 방식은 서기 9년 이후의 아우구스투스의 대외 정책이나 티베리우스 그리고 심지어 칼리굴라의 대외 정책보다는 율리우스 카이사르의 대외 정책과 더욱 가까웠다. 그의 동기들은 복합적이었다. 프린켑스의 안전이 속주 군대의 충성 여부에 크게 의존해 있었다. 그들의 충성을 확보하기 위한 최선의 방법은 그들을 직접 지휘하고 서로간에 경쟁을 유도하는 것이었다. 클라우디우스는 군사적 경험이나 명성이 전무했기 때문에 황제가 되고나서는 그 방법을 사용할 필요가 절실했다. 그가 처한 상황이 위험하다는 사실은 예를 들어 그의 재위 원년에 달마티아 총독 푸리우스 카밀루스 스크리보니아누스(Furius Camillus Scribonianus)가 몇몇 지도급 원로원 의원들의 지원을 받아 자기 군단 병력을 설득하여 반란을 일으킨 사건에서 잘 드러났다. 다행히도 일부 병력이 충성을 버리지 않은 데다 군인들의 미신을 이용하여 반란은 며칠만에 진압되었다. 클라우디우스는 다른 문제들과 마찬가지로 이 문제도 제국 국방을 합리화하고 체계화하고 향상시키려는 의욕을 가지고 해결했다.

클라우디우스는 마케도니아와 아카이아의 평화로운 속주들을 원로원령으로 복귀시켰고, 46년에는 소요가 잦은 트라키아 왕국을 황제령 속주로 합병했다. 트라키아를 합병하고나자 로마는 다키아(오늘날 루마니아), 크리미아 반도, 그리고 멀리 돈 강에 이르기까지 흑해 북부 전역을 간섭할 수 있게 되었다.

근동에서 그의 정책은 활기차면서도 신중했다. 그는 고질적으로 로마의 가장 위험한 적국인 파르티아의 국내에 불화와 경쟁을 유발시켰고, 아르메니아에 대해서는 우호적인 피보호인 왕을 재기용함으로써 피보호국으로서의 지위를 재확립했으며, 헤롯 아그리파 1세가 죽은 뒤 유대를 로마령 속주로 병합했다. 그가 품은 큰 목적은 평화 정착과 동방 교역로(홍해, 인도양, 파르티아에서 인도와 중국을 잇는 대상로) 장악이었다.

재위 초에 클라우디우스는 칼리굴라가 왕 프톨레마이오스를 살해함으로써 마우레타니아에서 일어나게 한 반란을 진압해야 했다. 2년간 치열한 전투를 벌인 끝에 반란을 진압한 그는 마우레타니아를 두 개의 황제령 속주(동부의 Mauretania Caesariensis, 북서부의 Mauretania Tingitana〈탠지어〉)로 조직했다. 마우레타니아 정복은 대단히 중요하고 어려운 군사적 치적이긴 했지만, 브리타니아 정복만큼 환영을 받지는 못했다.

브리타니아 정복 (43년). 클라우디우스의 군사 행동을 유발시킨 다양한 동기들은 그의 유명한 브리타니아 정복에서 엿볼 수 있다. 한 가지 유력한 동기는 군사적 영광에 대한 그의 욕망이었을 것이고, 또 한 가지 동기는 두말할 나위 없이 그 작전이 강력한 국가에 대한 감정을 불러일으킬 것이라는 확신이었다. 그는 내심 로마 상인들을 보호하고 광물, 목재, 가축, 노예 등 그 섬의 유명한 재원을 확보하고 싶었을 것이다. 게다가 침공의 구실도 없지 않았다. 쿠노벨리누스(Cunobelinus. 셰익스피어의 작품에 나오는 심벨린〈Cymbeline〉)가 런던 북동부의 카물로두눔(콜체스터)을 도읍 삼아 브리타니아 남동부에 세운 왕국의 팽창력을 두려워한 소(lesser) 브리타니아 족장들이 그의 개입을 요청하고 나섰던 것이다. 쿠노벨리누스가 죽은 뒤(서기 40년경) 로마에 적대적인 그의 아들 카라타쿠스(Caratacus)가 왕국을 확장하고 드루이드교의 수호자로 자임하고 나섰다. 드루이드교는 아우구스투스와 티베리우스가 켈트족의 통일과 로마에 대한 저항을 조장하고 야만적이고 비인도적인 의식을 거행한다는 이유로 갈리아에서 뿌리뽑으려고 했던 종교이다. 그 강력한 브리타니아 왕국의 존재는 로마가 갈리아에서 권위를 유지하는 데 늘 위협거리였다.

43년에 아울루스 플라우티우스는 켄트에 5만 명의 육군을 상륙시키고 메드웨이 강에서 브리타니아인과 이틀 동안 전투를 벌여 승리를 거둔 뒤에 템스 강으로 진격하여 그곳에서 클라우디우스가 도착하기를 기다렸다. 그동안 클라우디우스는 군대를 끌고 카라타쿠스를 신속히 물리친 뒤 그의 수도 카물로도눔을 장악하고는 그곳에서 열한 명의 브리타니아인 왕들의 항복을 받았다. 원로원은 신속한 승리에 대한 보답으로 투표를 거쳐 클라우디우스에게 개선식과 브리타니쿠스(Britannicus)라는 자랑스런 이름을 결정했다. 44년에 개선식을 거행한 뒤, 그의 대리인들은 8년 내에 남서부의 웨일스 국경 지방에서부터 북서부 요크(에부라쿰) 근처 험버 강 어귀까지 뻗는 속주를 건설했다.

속주들의 식민화와 도시화. 정복과 제국 확장과 발맞춰서 속주들에서는 식민화, 도시화, 로마 시민권의 확대가 진행되었다. 율리우스 카이사르가 시작한 이 과정은 아우구스투스의 자제에도 지속되고 티베리우스 때에 더뎌지다가 클라우디우스 때 대대적으로 재개되었다. 후대 황제들의 대에서는 212년 노예를 제외한 제국의 모든 자유인들에게 시민권을 부여한 카라칼라(Caracalla)에 의해 콘스티투티오 안토니니아나(Constitutio Antoniniana, 안토니누스 황제 칙법)가 공포될 때까지 가속도로 진행되었다. 이 식민시들의 대부분은 정복된 지역에서 군사적 보루이자 로마 시민권의 섬 역할을 동시에 수행하였다. 농촌 및 부족 사회들이 조직을 갖춘 자치 도시들(municipia)이 된 것도 비슷한 목적을 수행하였다. 이러한 도시화와 로마화 작업에서 클라우디우스는 그의 무수한 고시들(告示, edicts)과 현존하는 비명들 및 파피루스들이 보여주듯이 세세한 행정 업무들에까지 관심을 가졌고 지역 현실을 놀라우리 만큼 정확히 파악하고 있었다. 클라우디우스는 시각이 왜곡된 저자들이 그려낸 늙은 구시대인이 결코 아니었다.

클라우디우스의 아내들. 클라우디우스의 재위가 지닌 가장 곤란한 면은 그의 결혼 생활이었다. 그가 견뎠던 삭막하고 외로운 유아기를 감안할 때 그가 결혼에 남다른 애착을 보였다는 것은 조금도 이상한 일이 아니다. 불행하게도 그의 아내들은 그를 사랑하지 않았다. 처음 두 아내들인 플라우티아 우르굴라닐라(Plautia Urgulanilla)와 아일리아 파이티나(Aelia Paetina)는 정숙하지 못할 뿐이어서 그는 그들과 이혼했다. 그러나 세번째와 네번째 아내들은 정숙하지 못할 뿐 아니라 야심까지 있어서 그들이 정치적으로 끼친 여파가 이만저만한 것이 아니었다. 클라우디우스가 세번째 아내 발레리아 메살리나(Valeria Messalina)와 결혼한 것은 칼리굴라가 정치적 이유로 주선한 것이었다. 메살리나는 양친 두 계열로 아우구스투스의 누이 옥타비아의 증손녀였다.

그러므로 이 결혼으로 칼리굴라는 자신의 율리우스-클라우디우스 계열의 장래를 탄탄히 다졌다.

두 사람이 결혼할 때 클라우디우스는 47살이었고 메살리나는 불과 15살이었다. 클라우디우스는 젊고 아름다운 메살리나를 사랑했지만, 메살리나는 자기보다 훨씬 나이 많고 신체적으로도 불구인 사람과 강제로 결혼하게 되었으므로 당연히 불행해 했다. 메살리나는 딸 옥타비아(Octavia)와 아들 브리타니쿠스(Britannicus. 클라우디우스의 브리타니아 정복을 기념하여 지은 이름)를 낳아 기르는 동안 과거에 아우구스투스의 딸 율리아가 사랑하지 않는 사람과 강제로 결혼하고 살 때 그랬던 것과 똑같이 다른 데서 쾌락을 찾았다. 또한 율리아의 딸 소 율리아의 경우처럼 메살리나의 추문은 정치적 음모와 연결되었다. 메살리나는 클라우디우스에 대한 영향력을 등에 업고서 특정 원로원 의원들에게 반역죄 판결이 내리게 했고, 그녀의 연인들 중 하나인 가이우스 실리우스(Gaius Sillius)는 그녀와 공모하여 클라우디우스를 폐위하고, 그녀와 결혼하고, 직접 권좌를 차지할 계획을 세웠다.

실리우스는 48년에 콘술에 당선되고 클라우디우스가 오스티아에 가 있을 때 메살리나와 함께 결혼 서약을 공포함으로써 음모를 실행에 옮겼다. 그러나 클라우디우스의 피해방인들인 나르키수스(Narcissus)와 팔라스(Pallas)와 칼리스투스(Callistus)가 사태를 그에게 보고했고, 그 보고를 받은 그는 반역을 꾀한 아내에게 마침내 제재 조치를 취하지 않을 수 없었다. 그녀와 실리우스와 그밖의 공모자들은 즉각 처형되었다.

클라우디우스는 오래 홀아비로 남아 있지 않았다. 다시 한 번 적합한 아내를 계획적으로 두루 찾았다. 그러다가 칼리굴라의 누이인 소 아그리피나의 연인이었던 자신의 피해방인인 팔라스의 강권을 못 이겨 소 아그리피나와 결혼했다. 그녀는 클라우디우스 자신의 형 게르마니쿠스의 딸이었는데도 말이다. 로마 법에 따르면 그러한 결혼은 근친 상간이었다. 그러므로 클라우디우스는 그 법을 수정했다.

아그리피나와 클라우디우스 두 사람의 필요가 이 결혼으로 모두 충족되었다. 소 아그리피나는 자신의 어머니 대 아그리피나로부터 게르마니쿠스 가를 황실 가문으로 만들려는 야심을 물려받았다. 당시 게르마니쿠스 가에는 그녀와 그녀가 첫 남편인 루키우스 도미티우스 아헤노바르부스(L. Domitius Ahenobarbus) 사이에 낳은 아들만 남아 있었다. 반면에 클라우디우스는 이미 58살이어서 제국을 적절한 후계자에게 넘겨 줄 필요가 있었다. 그의 아들 브리타니쿠스는 다섯살밖에 되지 않아 아직은 원수(元首)로서 훈련을 받을 수가 없었다. 아그리피나의 아들은 합법적인 혈통을 갖고 있었고, 비록 10살밖에 되지 않았지만 즉각 계승을 위한 훈련을 시작할 수 있었다. 클라우디우스는 즉시 자기 딸 옥타비아를 그와 약혼시킨 다음 50년에 그를 양자로 삼고 그에게 네로 클라우디우스 카이사르(Nero Claudius Caesar)라는 이름을 주었다. 그뒤로 그는 단순히 네로로 알려진다.

후계자에 대한 친위대의 충성은 51년에 아그리피나의 친구 섹스투스 아프라니우스 부루스(Sextus Afranius Burrus)를 친위대장으로 임명하는 조치로 확보했다. 네로의 교육은 박식한 철학자 소 세네카(Seneca the Younger)에게 위탁되었다. 아그리피나는 이제 상당한 확신을 가지고 장래를 맞이할 수 있었다.

아그리피나는 오래 기다리지 않아도 됐다. 클라우디우스는 54년에 확실치 않은 이유로 죽었다. 그가 아그리피나가 독을 묻혀 요리해준 버섯 요리를 먹고서 죽었다는 이야기는 적대적인 전승(그녀의 대적 대 플리니우스〈Pliny the Elder〉)에서 유래했으므로 신중하게 받아들여야 한다. 클라우디우스의 죽음으로 가장 직접적인 이득을 본 사람이 아그리피나였으므로 사인을 두고 자연스럽게 의혹이 생겼지만, 음식과 술에 탐닉한 것으로 유명했던 클라우디우스가 식사 도중에 우연히 음식이 목에 걸리는 바람에 질식하여 죽었을 가능성이 높다.

네로(서기 54~68). 아그리피나, 세네카, 부루스는 계승 문제를 유연하게 다루었다. 네로의 취임은 축제 분위기 속에서 이루어졌다. 친위대 병영을 방문하고(각 병사에게 1만5천 세스테르티우스를 주기로 약속했다), 세네카(Seneca)가 신중하게 작성한 연설문을 네로가 원로원 앞에서 낭독했으며(이 연설에서 네로는 아우구스투스의 정책을 따르고 원로원의 특권들과 권한을 존중하고, 자신은 군 통수권만 갖겠다고 약속했다), 그에 따른 반응으로 환호와 충성 맹세와 여러 아첨의 발언들이 네로 재위 첫날을 뜨겁게 달아오르게 했다.

재위 초기. 후대 황제 트라야누스의 평가가 와전된 것 때문에, 네로의 재위 첫 5년은 '네로의 다섯 해'(quinquennium Neronis)라고 불리며, 그가 유능한 친위대장 부루스(Burrus)와 철학자 세네카의 보필을 받았기 때문에 최고의 기간으로 간주된다. 그러나 실제로는 네로의 재위 첫 5년이 어떤 구별 가능한 단위를 이루는 것은 아니다(부루스와 세네카의 영향은 8년간 지속되었다). 트라야누스는 아마 네로가 64년 로마 대화재 때부터 5년간 벌인 건축 활동을 가리켰을 것이다.

재위 첫 8년(54~62) 동안은 세네카와 부루스의 보필이 여러 면에서 이로웠다. 그들과 원로원 내에 그들의 협력자들은 원로원을 다시 한 번 실질적인 권부로 만드는 길을 발견한 듯 보였다. 세네카의 건실한 조언을 청종한 네로는 철학자 세네카가 자신의 에세이 「관용론」(*De Clementia*)에서 격찬한 관용의 이상을 적용하여 과거에 많은 사람들로 하여금 클라우디우스에 대해 적대감을 갖게 했던 프린켑스 개인 법정(intra cubiculum principis)을 통한 재판을 폐지했다. 그는 원로원의 특권들을 존중하는 것 외에도 가난하게 된 원로원 의원 가정들을 돕기 위해 연금을 지급했다.

클라우디우스가 세운 유연한 행정 체계를 발판 삼아, 네로의 정부는 제국 내에 평화와 번영을 지속시키고, 국경선을 지키고, 해적들을 토벌하고, 속주에서 관직을 남용한 재산의 부당취득 죄를 원로원에서 엄격히 재판하게 함으로써 세금 징수원들(publicani)과 속주 총독들의 횡포를 규제했다. 부자였던 세네카가 관심이 없지 않았던 무역을 장려하기 위해서 지나친 세금을 완화하고, 네로 자신이 나서서 제국 전역에서 모든 간접세와 통관세를 폐지하는 법안을 상정했다. 그러나 원로원에서 그러한 조치가 공공 재정에 끼치는 악영향을 지적하는 신중한 반론이 제기되어 그 법안은 기각되었다. 네로 정부는 군사 업적을 꼼꼼히 기록으로 남기기도 했다. 그 세기의 대표적인 위대한 장군들 — 동방의 그나이우스 도미티우스 코르불로(Gnaeus Domitius Corbulo)와 브리타니아의 가이우스 수에토니우스 파울리누스(Gaius Suetonius Paullinus) — 이 로마 군대에 새로운 월계관을 보탰다.

　그러나 네로의 재위 초기에 이러한 긍정적인 면들이 있었던 반면에 음모와
악행과 폭력과 살인도 있었다. 초창기부터 아그리피나가 실권을 잡아 정부를
장악하기 위해 무자비한 시도를 벌였다. 그녀는 정책을 주도했고, 외국 대사들
을 접견했고, 제국의 주화들에 자신의 초상을 새겨넣었으며, 가문의 정적들을
상대로 숙청에 나섰다. 재위 초기에 아그리피나는 아우구스투스의 증손자이자
아시아 총독 마르쿠스 유니우스 실라누스(M. Junius Silanus)의 살해를 획책
하고, 네로의 아주머니 도미티아 레피다(Domitia Lepida)를 죽음으로 몰아갔
으며, 클라우디우스의 피해방인 대신들 중 하나인 칼리스투스(Calistus)를 공
직에서 쫓아내고, 또 다른 대신 나르키수스(Narcissus)를 즉결 처형했다.

　세네카와 부루스는 아그리피나의 권력이 지나치게 비대해지는 것을 우려하
여 네로에 대한 아그리피나의 영향력을 차단할 음모를 꾸몄다. 불행하게도 그
음모를 실행하느라 네로의 비열한 본능에 비위를 맞췄다. 그들은 네로가 황제
이므로 이제는 어머니의 간섭을 받지 않고도 원하는 것을 할 수 있다고 지적
했다. 그들은 예술과 음악과 시와 전차 경주에 대한 취미에 몰입하도록 그는
권장했을 뿐 아니라, 모든 공식 활동이 그의 신적인 지도의 결과인 것처럼 호
도함으로써 그의 허영과 자긍심을 한껏 추켜 세웠다. 어디를 가나 네로에게
숭배에 가까운 찬사와 더불어 감사가 쏟아졌다. 이런 식으로 그들은 네로에게
그리스 문화권과 비슷한 절대적이고 신적인 헬레니즘 군주들처럼 행동하도록
권장했다. 그렇게 해서 결국 그들은 네로를 자신들이 통제할 수 없는 인물로
바꾸어 놓았다.

　자신을 내세우는 네로. 네로는 세월이 흐르면서 어머니의 강압에 대해 점
차 반항적인 경향을 띠기 시작했다. 그를 특히 화나게 한 것은 어머니의 위선
과 잔소리, 그리고 귀에 못이 박히도록 들은, 그가 자기 덕분에 권좌에 앉게
되었다는 소리였다. 네로의 분노가 더해가면서 그 포악하고 오만한 여자를 비
록 제재는 못하더라도 회피하려고 한 세네카의 시도도 한결 쉬워졌다.

　네로와 아그리피나의 반목은 날이 갈수록 노골적이고 격한 성격을 띠어갔
다. 네로가 아그리피나의 총신 팔라스(Pallas)를 파면하자 아그리피나는 마침
내 분노가 폭발했다. 주위의 훈계를 무시한 채 아그리피나는 배은망덕한 아들

을 폐위하고 신(神) 클라우디우스의 친아들이자 합법적 상속자인 브리타니쿠스를 권좌에 앉히겠다고 협박했다. 그녀는 친위대에 호소하고 군대를 동원하겠다고 고함쳤다. 그녀는 네로를 사악한 협잡꾼으로, 세네카를 거짓 밀고자로, 부루스를 손이 불구라는 이유로 메스꺼운 인물로 칭함으로써 정적들에 대한 적대적인 여론을 조성하려고 했다. 정적들에게 게르마니쿠스의 딸이자 아우구스투스의 증손녀인 자신과 감히 대결하려 들지 말라고 경고했다.

정적들의 살해. 아그리피나의 장광설과 거친 협박에 네로는 자신의 권좌를 찬탈하려는 음모가 일어날지도 모른다고 우려했다. 55년에 그는 잠재적인 경쟁자를 제거할 의도로 (아마 독을 사용하여) 브리타니쿠스를 암살했다. 4년 뒤에는 아그리피나를 살해했다. 끊임없이 자신을 제거하려고 하는 그녀가 두렵다는 이유에서였다. 그뒤 62년에 옥타비아와 이혼하고 그녀를 추방한 뒤 자신의 정부인 아름답고 매혹적인 포파이아 사비나(Poppaea Sabina)와 결혼했다. 그녀는 종국에 네로의 몰락을 가져온 사람들 중 하나인 마르쿠스 살비우스 오토(M. Salvius Otho)의 아내였다. 네로는 훗날 옥타비아를 살해했다. 두 차례의 암살에서 포파이아가 맡은 역할은 감지되지 않는다.

티겔리누스. 62년에 부루스가 죽은 뒤에 네로는 오포니우스 티겔리누스(Ofonius Tigellinus)를 총애하게 되었다. 생선 도매상과 말 사육사로 일하던 사람이었다. 티겔리누스는 소방·경찰대장 겸 친위대장 직을 맡아 권좌 찬탈 음모를 악랄하게 발본색원하는 일을 낙으로 삼았다. 그가 가동한 밀고자, 스파이, 비밀 요원들의 조직이 그의 원수정 후반을 말 그대로 공포 정치로 만드는 데 일조했다. 그는 열정이 지나쳐 세네카에 대해서까지 뒷조사를 벌였다. 부와 명예에 신물이 난 세네카는 공직에서 은퇴했다. 그러나 은퇴 생활을 오래 순탄히 누릴 수 있는 운명이 되지 못했다.

이제 아그리피나, 부루스, 세네카에게서 자유로워진 네로는 갈수록 사치스럽고 과대망상적인 행동을 드러냈다. 여흥과 사치에 비용을 아끼지 않았다. 전차 경주장과 음악 경연장에 갈수록 자주 모습을 드러냈고, 64년에는 마침내 연극에 정식으로 출연함으로써 배우들을 천시하던 로마의 전통을 깨뜨리는 데까지 나아갔다. 더욱 심각했던 것은 칼리굴라 때도 그랬듯이 황제의 무모한 사치에 비용을 대기 위해 부자들이 날조된 죄명으로 유죄 판결을 받는 일이 다시 발생했다는 점이다. 게다가 율리우스-클라우디우스 왕조의 가까운 인척에게 품었던 네로의 질시가 살인으로 발전했다. 티베리우스의 손자 루벨리우스 플라우투스(Rubellius Plautus), 클라우디우스의 사위 코르넬리우스 술라(Cornelius Sulla), 아우구스투스의 후손 데키무스 유니우스 실라누스(D. Junius Silanus)가 즉각 제거되었다. 자연히 상류층이 이 새로운 압제자를 두려워하고 혐오하게 되었다. 그리고 저 유명한 화재가 적어도 일시적으로 로마의 하류층마저도 등을 돌리게 했다.

로마의 대화재 (64). 64년에는 덥고 건조한 기후가 오랫동안 지속되었다. 숨이 꽉꽉 막힐 정도로 더운 7월의 어느 날 팔라티누스 언덕과 카일리아누스 언덕 사이에 위치한 대경기장 동쪽 끝의 빈민가에서 화재가 발생했다. 강한 남동풍에 편승한 불길은 마른 목재와 올리브 기름 창고를 지나면서 큰 세력으로 발전하면서 이 집에서 저 집으로, 이 블럭에서 저 블럭으로 번져갔다. 허술하기 짝이 없는 아파트들과 로마의 가장 유서깊은 신전들과 성소들이 자리잡은 구역이 연기에 휩싸였을 뿐 아니라, 진귀한 서책들과 사본들과 예술품들이 보관되어 있던 네로 자신의 궁전마저 연기에 휩싸였다.

그 당시에 네로는 로마에서 남쪽으로 56킬로미터쯤 떨어진 안티움(안치오)에 머물고 있었다. 자다가 급보를 받은 그는 서둘러 화재 현장으로 달려갔다. 이 위기 속에서 네로의 좋은 자질들이 빛났다. 그는 암살자의 비수도 대학살의 광풍도 두려워하지 않은 채 절망 속에서 반쯤 미쳐버린 이재민들에게 모든 가능한 지원을 아끼지 않았다. 무서운 기세로 번지는 불길을 잡으려는 시도가 무위로 끝나자, 마르스 들판과 자신의 개인 정원을 이재민 수용소로 개조하고 그들을 먹이기 위해서 오스티아로부터의 곡물 수송을 서두르게 했다. 그러나 그렇게 혼신의 힘을 기울여 고통을 완화하려고 했어도 그가 새롭고 한층 아름다운 로마를 건설하는 영광을 얻으려고 불을 질렀다는 악의에 찬 소문에는 당해 낼 재주가 없었다.

재건 사업. 네로에 대한 비난이 사실 무근일지라도 그가 그 기회를 적극적으로 포착하여 로마 재건에 자신의 미학적 취향과 창작 활동에 열정을 쏟아 부은 것은 사실이다. 그가 이뤄냈거나 이루도록 승인한 많은 사업이 찬사를 받을 만한 것들이다. 네로는 도로들을 확장하고 직선화했고 도로 양쪽 변에는 기둥들을 세워 그늘을 드리우게 하고 화재의 위험을 줄이게 했다. 시내의 재건 지역들에는 분수대와 광장이 많이 들어섰다. 새 건물을 신축할 때는 현관과 1층을 불연성 석재로 짓도록 의무화하고 건물마다 샛길로 구분되도록 하며, 건물 뒷쪽에는 정원을 두고 소방용 양동이와 물을 비치하도록 했다.

황금 궁전. 그러나 네로가 자기 궁전 재건에 쏟아부은 낭비와 사치는 그가 방화범이라는 소문에 기름을 끼얹었다. 네로는 궁전 재건에 비용을 아끼지 않았다. 그의 새 궁전인 황금 궁전(Domus Aurea)은 건축에 들인 비용과 화려함에서 베르사이유에 있는 루이 14세의 거대한 궁전과 맞먹을 것이다. 현관은 네로의 거대한 조각상(36미터)을 수용할 만큼 높았고, 세 줄의 기둥 아케이드로 이루어진 홀은 거의 1.6킬로미터나 되었다. 열주와 정원과 호수와 들판과 놀이 공원 등을 포함하여 이 궁전은 팔라티누스 언덕과 에스퀼리누스 언덕 사이의 14만 7천평을 차지했다.

네로의 그리스도교인 박해. 때로는 유아기의 잔인으로 귀결된 네로의 가장 어두운 면인 유약하고 비겁한 성향이 자기에게 적대적인 소문을 잠재우기 위해 추구한 방법에서 고스란히 드러났다. 타키투스(*Annals* 15.44. 후대에 120년 혹은 심지어 123년에 기록된 듯함)에 따르면, 네로는 화재와 관련하여 자신에게 쏟아지는 의혹을 딴데로 돌리기 위해서 희생양을 찾았다. 그가 찾아낸 대상이 바로 그리스도교인들이었다. 그리스도교인들에 대해서는 타키투스가 다음과 같은 말로 표현해 놓은 대로 편견이 폭넓게 퍼져 있었다: "그들은 혐오스러운 종파로서, 그 명칭은 티베리우스 때 폰티우스 필라투스에게 처형된 크레스투스라는 사람에게서 유래했다. 한동안 탄압을 받은 이 위험한 미신은 곧 세력을 되찾아 유대뿐 아니라 심지어 세계 전역에서 온갖 혐오스럽고 가증스러운 것이 급류처럼 흘러들어오는 공동 하수장인 도시 로마에까지 퍼졌다. 이 저급하고 방탕한 사람들 중 일부가 자기들의 죄를 자백하자, 네로는 그중 일부를 개들에게 찢기게 하고, 일부를 십자가에 못박고, 일부를 산 채로 태워 죽였다."

화폐 개혁. 도시 로마 재건과 네로의 황금 궁전에 막대한 비용이 소비되면서 곧 국고가 바닥나고 화폐 가치가 급락했다. 그러므로 네로는 불가피하게 화폐 개혁을 단행하여 셉티미우스 세베루스(193~211) 때까지 골격이 유지된 통화 체계를 도입했다. 표준 금화인 아우레우스의 무게를 10% 가량 줄이고 표준 은화인 데나리우스의 은 함량을 비슷한 정도 줄였다. 이 조치로 금화와 은화가 서로간에 그리고 새로 도입된 동화(銅貨)와 좀더 안정된 관계를 유지하게 되었다. 그 개혁은 로마의 화폐를 그리스의 화폐에 더 잘 일치시키고, 그럼으로써 좀더 통일된 화폐 기준을 채택함으로써 제국 내에서의 교역을 촉진했다. 통화 가치 하락은 또 다른 목적에도 유리하게 작용했을 것이다. 즉, 향료와 귀금석 같은 사치품 수입 가격이 오르고 그로써 구매욕을 저하시킴으로써 인도와 남동 아시아로 막대한 양의 금과 은이 유출되는 것을 막는 경향을 띠었던 것이다.

통화 가치 하락으로 입은 큰 불이익은 그로 인해 물가가 10% 가량 오르고 저축이나 고정 수입에 의존해 사는 사람들에게 고통을 안겨 주었다는 데 있다. 그것은 마침내 네로로 하여금 전에는 로마에 거주하는 가난한 시민들에게 제한되었던 곡물 구호를 해외의 모든 빈민들과 로마에 거주하는 시민들에게 확대하게 만들었다.

권좌 찬탈 음모. 네로의 포악한 행위와 사치와 갈수록 도를 더해가던 잔인성이 그를 노리는 중대한 음모들로 이어졌다. 음모를 꾀한 사람들은 저마다 다른 동기를 품고 있었다. 더러는 순수하게 공화정 회복을 꿈꾸었고, 더러는 점증하던 네로의 독재를 혐오하고 그가 그리스와 근동 출신의 피해방인들을 권력과 영향력 있는 자리에 앉히는 데 분개했다. 가장 가공할 권좌 찬탈 음모는 65년 가이우스 칼푸르니우스 피소(Gaius Calpurnius Piso)의 음모였다. 원로원 의원들뿐 아니라 여러 기사 신분 사람들도 이 음모에 가담했다. 네로의 보복은 무자비했다. 무수한 희생자들 중에는 원로원의 지도급 의원들과 그 세기의 가장 위대한 문인들 중 세 사람 — 그들은 철학자 세네카, 시인 루카누스, 소설가이자 풍자 작가 페트로니우스였는데, 모두 네로의 명령대로 정맥을 끊어 자결했다 — 이 포함되어 있었다. 네로에게 희생된 유명 인사 중 한 사람은 실제로는 음모에 가담하지 않은 듯한 유명한 스토아 학자 푸블리우스 클로디우스 파이투스 트라세아(P. Clodius Paetus Thrasea)로서, 그는 엄격한 '행동과 고도의 도덕 원칙 그리고 옛 로마 귀족 사회의 전통 덕목인 디그니타스(dignitas, 위엄)와 리베르타스(libertas, 자유)의 수호자로 유명했다.

네로의 그리스 순회 공연 (66~67). 대화재도 권좌 찬탈 음모도 힘겨운 국정도 네로의 음악 열정을 가로막지 못했다. 네로는 꼼꼼히 준비한 뒤에 66년 가을에 그리스를 향해 대 연주 여행을 출발했다. 갈 때 여러 명의 연주자들과 합창단원들과 무수한 배우들 그리고 관리들과 시종들과 경호원들과 군인들을 대동했다. 그 여행은 그리스인들의 기민한 협조에 덕택에 성황리에 마쳤다. 그는 올림피아, 코린토스, 델피 그리고 여러 지역에서 가수와 비극 배우 혹은 전차 기수로 모습을 드러냈고, 1808개의 상과 트로피를 받았는데, 그중 대부분은 공연이나 경기 전에 받은 것들이었다. 그리스인들이 그에게 베풀어 준 성대한 환영회와 그들이 자신의 예술에 아끼지 않은 호평에 매우 흡족해한 그는 67년에 그리스를 마케도니아 총독으로부터 해방시켜 주었다. 그때 행한 연설은 기원전 196년에 티투스 퀸크티우스 플라미니누스의 연설을 생각나게 하는 내용이었다.

네로의 대외 정책. 세네카, 부루스, 그리고 그들의 친구들의 유능한 지도하에, 네로는 속주들의 평화와 번영을 유지시켰다. 대부분 청렴하고 유능한 총독들을 선출하고 직무 감사를 엄격히 수행했으며, 우수한 장군들을 보내 군단들을 지휘하게 함으로써 국경 지대를 보호하고 확장했다. 베르기니우스 루푸스(Verginius Rufus)는 라인 지방에, 수에토니우스 파울리누스(Suetonius Paulinus)는 브리타니아에 보냈고, 동방에는 처음에는 코르불로(Corbulo)를, 나중에는 장래의 황제 티투스 플라비우스 베스파시아누스(Titus Flavius

Vespasianus)를 보냈다.

아르메니아와 브리타니아. 위험한 두 지점이 남아 있었다. 그것은 아르메니아와 브리타니아였다. 마르쿠스 안토니우스 시절부터 문제 지역이었던 아르메니아는 네로의 전임 황제들치고 골치를 썩지 않은 사람이 없었다. 바위 투성이에다 산세가 험하고 여름에는 뜨겁고 겨울에는 모질게 추운 아르메니아는 정복하기도 어렵고, 정복했더라도 관리하기가 어려웠으며, 파르티아가 강국으로 남아 있는 동안에는 병합하기가 불가능했다. 로마도 파르티아도 안전과 위신상 상대방이 이곳을 차지하도록 호락호락 내버려 둘 수 없었다. 율리우스 카이사르가 예견한 대로 아르메니아 문제에 대한 항구적인 해결책은 파르티아를 굴복시키는 길밖에 없었다.

아르메니아 문제는 네로의 재위 초에, 그러니까 파르티아의 젊고 공세적인 왕 볼로게세스(Vologeses)가 자신의 형제 티리다테스 4세(Tiridates IV)를 아르메니아의 권좌에 앉힌 때에 불거졌다. 네로는 엄격한 훈련가이자 그 세기의 명장들 가운데 한 사람인 그나이우스 도미티우스 코르불로(Cn. Domitius Corbulo)를 동방에 파견했다. 그는 로마의 피보호인 티그라네스 5세(Tigranes V)를 아르메니아의 권좌에 앉혔다. 이로써 시작된 잠깐의 평화는 브리타니아 정복을 재개할 시간을 주었다.

브리타니아에서의 군사 작전 (60~61). 네로는 브리타니아에 또 다른 유능한 장군 수에토니우스 파울리누스를 파견했다. 그가 드루이드교의 주요 거점인 모나(앵글시) 섬을 정복한 뒤인 60년에 당시 템스 강과 워쉬 강 사이에 거주하고 있던 이케니족(the Iceni)과 트리노반테스족(the Trinovantes)이 후방에서 위험한 반란을 일으켰다. 그들의 왕이 자기 영토를 로마에 유증한다는 유언을 남긴 뒤 죽자 로마인 황제대리인(세네카처럼, 선왕이 빚을 진 대금업자들을 대행하여 행동한)은 농지들을 몰수하고 기존의 지주들을 농노로 전락시켰다. 그들은 왕의 미망인 부디카(Boudica. 보아디케아)의 토지를 강탈하고 그녀를 채찍질하고 그녀의 딸들이 겁탈당하도록 허용했다. 격노한 여왕은 군대를 소집하여 로마 식민시 카물로도눔(콜체스터)을 탈환했다. 여왕은 자신을 진압하도록 파견된 로마 군단을 격파하고 론디니움(런던)으로 진군하여 7만 명의 로마인들을 학살했다. 수에토니우스 파울리누스는 우월한 군기와 전술로 그녀의 군대를 물리친 뒤 무자비하게 반란을 진압했다. 패배한 부디카는 자결했고, 그뒤 브리타니아는 몇 차례의 소소한 습격이 일어난 것을 제외하고는 정복지로 남았다.

다시 아르메니아 (61~63). 아르메니아는 그렇지 못했다. 코르불로가 군대를 철수시키자 티그라네스 5세가 파르티아의 강력한 동맹국 메디아를 침공하여 자신이 끝낼 수 없었던 전쟁을 시작했다. 이에 파르티아 왕 볼로게세스가 아르메니아를 침공했다. 62년에 그는 네로가 코르불로의 요청을 받고 파견한 로마 군대 — 그 지휘관은 역량이 부족하고 소심한 인물이었다 — 를 격파하고 항복을 받아냈다. 63년에 코르불로는 다시 지휘권을 받아 노련한 전술로 볼로게세스를 굴복시킨 뒤 파르티아에 대해 로마의 수위권을 인정하게끔 만들었다. 그 대가로 티리다테스 4세가 아르메니아의 왕이 되도록 허용했다(그가 로마로 가서 네로의 손에 왕관을 받는 조건으로).

티리다테스의 대관식은 네로 자신이 분명히 보았듯이 미봉책에 지나지 않았다. 아르메니아 문제를 항구적으로 해결하려면 그 나라를 병합하고 파르티아 본토를 정복해야 했기 때문에, 네로는 카이사르의 대외 정책을 되살렸다. 파르티아를 정복하기 용이하도록 유연하게 만들기 위해서 그는 사방을 피보호국들로 에워싸기 시작했다. 남서부에는 아덴을 강력한 요새로 만들었고, 잔지바르를 점령하여 해군 기지로 삼았고, 나일 강 상류 원정으로 소말리아와 에티오피아를 정복할 계획을 수립했다. 북동쪽에서는 흑해에 해군 순찰대를 창설하고, 크리미아 반도를 사르마티아의 지배에서 해방시키고, 카스피 해 북부와 동부의 시베리아 남서부를 원정할 준비를 했다. 그러는 동안에 유대인 반란을 처리해야 했다.

유대인 반란. 로마 속주 유대에 거주하던 유대인들은 자신들의 독특한 전승과 배타적인 유일신교 때문에 항상 외국 정복자들을 혐오하고 그들에게 동화되기를 거부했으며, 아시리아 제국 시대 이래로 외국 지배자들에 대해 종종 반란을 일으켰다. 그들은 가령 마카베오 가(家)가 셀레우코스 제국에 대해서 반란을 일으켜 성공한 것처럼 이따금씩 반란에 성공했는데, 그것이 후대의 정복자들 치하에서 반란을 꾀할 용기를 불어넣어 주었다. 66년에 카이사랴 시에서 그리스인들이 이웃 유대인들을 공격한 사건이 발생했을 때 로마 당국이 수수방관하자 예루살렘에서 군중이 이에 항의하는 사태가 벌어졌는데, 사태를 더 이상 악화시키기를 꺼린 로마 총독이 항의 집회를 신속히 진압하는 데 실패함으로써 사태는 걷잡을 수 없는 상황으로 발전했다. 그러자 황제가 시리아에 보낸 레가투스 케스투스 갈루스(Cestus Gallus)가 3만 명의 병력을 이끌고 가서 예루살렘을 포위 공격했다. 그러나 때가 연말이었고 겨울철의 장기간 포위 공격을 미처 준비하지 못한 갈루스는 서둘러 철수했다. 이로써 그 속주 전역이 반란을 일으킬 기회를 잡았다.

베스파시아누스 그러나 네로는 브리타니아에서 혁혁한 전공을 세운 티투스 플라비우스 베스파시아누스에게 반란을 진압하도록 5만 명의 병력에 대한 특별 명령권을 부여했다. 67년에 베스파시아누스는 치밀한 계획하에 시골 지역을 탈환한 뒤 예루살렘을 향해 조금씩 포위망을 좁혀갔다. 많은 주민들이 이 전략의 불가피한 성공을 내다보고서 항복했다. 그들 중에는 갈릴리에서 반란군을 지휘했던 장래의 사가 플라비우스 요세푸스(Flavius Josephus)가 끼여 있었다. 그러나 여전히 저항은 격렬했다. 특히 예루살렘과 나중에는 마사다에서 그러했다. 베스파시아누스는 황제가 되기 전에 여러 해 고생을 했다.

그가 그렇게 고생한 것은 다행한 일이었다. 초기에 완승을 거뒀더라면 치명적으로 불리한 상황을 맞게 되었을 것이다. 한편으로 네로는 군사 원정을 감행하고 전선에 있는 군대를 방문하는 데 전혀 관심이 없었다. 그런 궂은 일은 흔쾌히 남에게 맡겼다. 그러나 다른 한편으론 남들이 지나치게 큰 군사적 업적과 인기를 얻어 급기야 자기보다 더 권력이 커지는 것을 두려워했다. 그러므로 61년에 혁혁한 전공을 거둔 수에토니우스 파울리누스를 브리타니아에서 소환한 뒤 그에게 주어야 할 영예를 주지 않았다. 피소의 음모를 겪고나서 더욱 두려움에 사로잡힌 네로는 66년과 67년에는 상(上) 게르마니아와 하(下) 게르마니아의 사령관들인 스크리보니우스 루푸스(Scribonius Rufus)와 스크리보니우스 프로쿨루스(Scribonius Proculus), 그리고 위대한 장군 도미티우스 코르불로에게 자살하도록 강요했다. 그러나 이런 조치는 더 많은 음모를 불러일으켰을 뿐이다.

빈덱스의 반란 (68). 네로는 소아시아와 이집트를 여행할 계획을 세웠으나 나쁜 소식이 들어와 여행을 취소하고 로마로 돌아갔다. 그것은 갈리아 속주들 중 한 곳의 총독 율리우스 빈덱스(C. Julius Vindex)가 반란을 일으켜 대군을 모집했다는 소식이었다. 빈덱스는 근 히스파니아의 총독 세르비우스 술피키우스 갈바(Servius Sulpicius Galba)와 루시타니아(포르투갈)의 총독 살비우스 오토(M. Salvius Otho)의 지원도 받았다. 북아프리카와 로마조차 반란의 분위기가 끓어오르고 있었다.

그러나 상 게르마니아의 충직하고 유능한 총독 베르기니우스 루푸스(L. Verginius Rufus)가 3개 군단을 이끌고 갈리아로 진입하여 베손티오(브장송)에서 빈덱스의 오합지졸을 제압했을 때 반란에 급격한 제동이 걸렸다. 패배한 빈덱스는 자살했다. 그런 뒤에도 네로는 안전치 못했다. 이번에는 승리한 루푸스의 군단들이 반란을 일으키고 자기들의 사령관을 로마 황제로 선포한 것이다. 루푸스는 그 선포를 거절하고 기탄 없이 자신의 운명을 원로원의 처분에 맡겼다.

네로의 실각 (68). 네로에 대한 반대와 반란이 잇달은 이유는 찾기가 그리 어렵지 않다. 그는 로마인답지 않은 태도와 행동으로(아그리피나가 지적했듯이), 이탈리아와 속주들, 특히 북아프리카의 대규모 사유지들을 탈취하고 몰수함으로써, 숱한 포학과 처형으로, 그리고 독재 쪽으로 더디지만 꾸준히 기운 행보로 인해 모든 속주 총독들('원로원령' 총독들뿐 아니라 '황제령' 총독들까지도, 그리고 심지어 '황제 대리인'까지도)과 군 고위 장교들과 '황제 대리인'들과 그밖의 정무관들을 여전히 배출하던 보수적인 상류층으로부터 반감을 샀다. 그뿐 아니라 그는 군단들의 충성과 애정(그것이 치명적으로 중요했다)을 얻거나 유지하는 데 실패했다. 재위 말기로 가면서 그는 군인들의 급료를 체불하도록 허용했고 그로써 그들의 충성과 사기를 크게 훼손했다. 게다가 그는 군인들을 무시했다. 그들은 자기들의 황제(Imperator)를 한 번도 본 적이 없었다. 그를 알지도 못했다. 그로서는 그리스로 개선 여행을 하느니 차라리 라인 지방으로 가서 자기 병사들을 방문하는 편이 훨씬 나았을 것이다.

그러는 동안 갈바는 한가히 있지 않았다. 그는 자신의 대리인들을 로마로 보내 친위대를 방문하여 병사 한 사람 당 8만 세스테르티우스를 주겠다고 약속함으로써 그들의 충성을 흐트러 놓게 했다. 친위대 병사들은 뇌물에 넘어가 네로를 버리고 갈바에 대해 지지를 선언했다. 곧 다른 부대들도 충성을 버리기 시작했다. 원로원은 네로를 공적으로 선포했다. 모두에게 버림과 단죄를 받은 터에 자신이 남들에게는 냉혹하게 요구한 것을 스스로 할 엄두가 나지 않은 그는 충직한 피해방인을 설득하여 자신의 목을 칼로 찌르도록 했다. 이렇게 해서 율리우스-클라우디우스 가의 마지막 황제인 네로는 최후를 마쳤다. 예술 공연에 집착하게 한 나르시시즘과 말년으로 갈수록 독재로 치달은 것이 그가 마지막으로 남긴 말이라고 전해지는 "참으로 훌륭한 예술가인 내가 죽는 구나"(Qualis artifex pereo)라는 말에 잘 드러나 있다.

타키투스, 수에토니우스, 디오 카시우스 같은 저자들의 문헌들은 상류층 사람들이 네로에게 품었던 정당한 심정을 정확하게 반영했는지 모르지만, 로마와 이탈리아와 속주들의 많은 평민들의 심정에 대해서는 그렇지 못했다. 귀족들에게 네로는 정신병자이자 악마로 비쳤다. 그러나 처절한 생존 투쟁을 벌이고 있던 대중에게는 종종 시혜자와 친구와 수호자였다. 그가 즉위한 뒤에야 비로소 그들은 배불리 먹고 근사한 위안을 받았다. 그는 그들에게 빵과 써커스(panem et circenses)를 제공했던 것이다!

인민이 네로를 숭배하고 누군가 몰래 그의 무덤에 꽃을 갖다 바치는 현상이 갈바와 후대의 황제들을 괴롭게 했다. 갈바의 계승자 오토는 쓰러진 네로의 조각상들을 다시 일으켜 세우고 자랑스럽게 '네로'라는 이름을 붙였다. 오토의 권좌를 찬탈한 비텔리우스는 네로의 이름을 공개적으로 칭송하고 심지어 그에게 제물을 바쳤다. 후대에 역시 원수정에 내재된 절대주의를 선호한 황제 도미티아누스(Domitian)은 네로에 대한 기억을 존중하고 당시에 생존해 있던 네로의 정적들 중 일부를 처형했다.

28

원수정의 위기와 플라비우스 가
황제들 치하에서의 회복 (서기 69~96)

율리우스-클라우디우스 가(家)의 마지막 황제 네로는 아우구스투스로 하여금 원수정을 견고한 토대에 수립할 수 있게 했던 교훈들을 배우는 데 실패했다. 비록 강력한 귀족들로부터 자발적인 협력은 아닐지라도 적어도 묵인을 얻기 위해서는 제국의 중심부에서 권력을 공개적으로 과시하는 일을 해서는 안되었고, 프린켑스에 도전하려는 시도가 확산되기 전에 신속히 진압할 수 있기위해서는 외곽에 포진한 군단들 하나하나의 충성을 주도면밀하게 관리해야했다. 네로의 실패는 이제 공화정 후기의 특징이었던 것과 똑같은 종류의 파괴적인 권력 쟁탈로써 원수정의 안정을 위협했다. 69년에 프린켑스의 직위는 암살과 내전을 통해 벼락 성공을 거둔 네 명의 황제들이 들어간 회전문이 되었다. 만약 그 과정을 그대로 내버려 두었다면 로마 제국은 회복할 수 없는 깊은 손상을 입고 말았을 것이다. 그러나 티투스 플라비우스 베스파시아누스는 그것을 막을 능력이 있었고, 그로써 원수정의 제2창건자라는 명성을 얻었다.

자료. 69년의 사건들과 플라비우스 가(家) 황제들(베스파시아누스, 티투스, 도미티아누스)에 대한 고대의 가장 중요한 자료는 타키투스의 「역사」

(*Histories*)이다. 불행하게도 전체 중에서 69년과 70년에 해당하는 책들만 현존한다. 타키투스는 그외에도 77~84년에 브리타니아를 통치한 자신의 장인 그나이우스 율리우스 아그리콜라(Cn. Julius Agricola)의 귀중한 전기와, 원수정 때의 「연설론에 관한 담론」(*Dialogue on Oratory*), 게르마니아인들에 관한 다소 공상적인 민족지적인 기록인 「게르마니아」(*Germania*)을 남겼다. 수에토니우스는 네로와 베스파시아누스 사이의 세 황제(갈바, 오토, 비텔리우스)와 세 명의 플라비우스 가 황제들에 관한 현존하는 전기들을 썼다. 역사 자료들인 이 문헌들은 수에토니우스의 학자로서의 빈약함뿐 아니라 장르상 전기에 따르는 제약을 다 안고 있지만, 타키투스의 워낙 많은 부분이 유실되었기 때문에 대단히 귀중한 자료들이다. 이 시기에 관한 유일한 역사 기록은 카시우스 디오의 「로마사」 65~77권에 관한 비잔틴 요약본뿐이다. 유용한 자료는 대 플리니우스의 「자연사」(*Natural History*), 퀸틸리아누스(Quintillian)의 「연설론 지침」(*Institutes of Oratory*), 프론티누스의 「군사 전략 모음」(*Trategemata*)과 「로마 수로(水路)에 관한 논문」(*De Aquae Ductis*), 그리고 스타티우스(Statius)와 마르티알리스(Martialis), 유베날리스(Juvenal)의 시(詩)들이다. 무수한 공공 및 사설 비명(碑銘)들과 예술품들, 건물들, 시설들, 요새들, 주화들, 공예품들도 당시의 정치, 사회, 경제, 문화 생활에 관한 유익한 정보를 제공한다.

갈바 (Galba, 68~69). 네로를 계승한 세르비우스 술피키우스 갈바는 몇 달밖에 재위하지 못했다. 유서깊은 원로원 가문 출신이었으나 현실 정치에 재능이 없는데다 즉위할 때의 나이가 이미 칠십줄에 들어서 있었기 때문에 제국의 비밀(arcana imperii)을 배우기에는 너무 나이들어 있었다. 그는 자신의 권력 기반을 공고히 다지기 전에 두 가지 상충되고 불가능한 일을 시도했다. 그것은 예산의 균형을 맞추면서 동시에 군대의 지지를 얻으려 한 일이었다. 무상 곡물배급을 삭감함으로써 로마 인민들과 멀어졌고, 약속한 기부금을 지불하지 못함으로써 친위대와 멀어졌으며, 라인 지방 주둔군의 신망을 받던 베르기니우스 루푸스(Verginius Rufus)를 소환하고 그 자리에 나이도 많고 인기도 없는 호르데오니우스 플라쿠스(Hordeonius Flaccus)를 앉히는 우를 범함으로써 라인 지방 주둔군과 멀어졌다. 두 군대는 반란을 일으킨 뒤 자기들의 사령관 중 하나인 아울루스 비텔리우스(Aulus Vitellius)를 로마 황제로 선포했다.

그럴지라도 갈바는 만약 베르기니우스 루푸스를 상속자 겸 공동 통치자로 세웠다면 목숨과 권좌를 보존할 수 있었을 것이다. 그러는 대신 그는 원로원에는 대단히 만족스럽지만 인기도 정치나 군사 경험도 전무한데다 군대에도 알려지지 않은 귀족 출신 루키우스 칼푸르니우스 피소 리키니아누스(L. Calpurnius Piso Licinianus)를 선택했다. 갈바의 이런 선택으로 그때까지 그의 친구이자 지지자로서 포파이아 사비나의 전 남편인 마르쿠스 살비우스 오토(Marcus Salvius Otho)를 위험한 적으로 만들었다. 그는 친위대 병영으로 황급히 달려가 그들에게 후한 기부금을 약속함으로써 자신을 황제로 옹립해 달라고 설득했다. 그들은 즉시 갈바와 피소를 살해했다.

오토 (Otho, 69). 오토는 친위대와 로마 주민들의 지지를 받고 곧 원로원으로부터도 승인을 받았지만, 앞서 비텔리우스를 황제로 선포했던 라인 강 주둔군은 그를 제거하려고 진군했다. 오토는 그들을 저지하기 위해 알프스 산맥 통로들을 봉쇄하려고 했지만 때는 이미 늦었다. 그는 베드리아쿰에서 과감한 포위 작전 끝에 라인 강 주둔군의 일부를 격파함으로써 전략가로서의 자질을 과시했지만, 그가 크레모나에 진을 치고 있던 자기보다 우세한 비텔리우스의 군대를 성급히 공격하면서 자신이 큰 기대를 걸고 있던 도나우 강 주둔군이 속히 와주기를 기대했으나 그들은 제때에 오지 않았다. 길고 힘겨운 전투 끝에 패배한 그는 자신의 짧은 재위를 자살로 매듭지었다. 병력을 재정비하여 계속 싸울 수도 있었지만 그렇게 했더라면 기나긴 내전으로 이탈리아가 초토화되었을 것이다.

의미심장하게도 오토는 옛 공화정 귀족 사회에 뿌리를 두지 않은 최초의 황제였다. 율리우스-클라우디우스 계열 황제들은 원로원의 구세대들을 견제할 충직한 관료 그룹을 확보하기 위해서 전통적인 원로원 가문 바깥에서 제국의 관료들을 기용했다. 율리우스-클라우디우스 계열이 막을 내림으로써 새로운 계층의 관료들이 권좌를 넘보고 싶은 심정을 다스릴 만한 충성심도 사라졌다.

비텔리우스 (Vitellius, 69). 크레모나의 승자는 로마의 권좌를 얼룩지게 한 가장 무능하고 부적절한 사람이었다. 짧은 재위 기간 동안(7개월) 그는 만찬에만 9억 세스테르티우스를 소비했다고 한다. 이렇게 해서 국고를 탕진한 그는 군인들에게 약속한 보상금을 지불할 수 없게 되자 그들에게 이탈리아를 마음껏 약탈함으로써 손실을 벌충하도록 허용했다. 그렇지만 그의 재위가 전혀 무의미했던 것은 아니다. 그는 티베리우스 이래로 전적으로 승진에 의해 권좌에 오르거나 부분적으로 친위대를 등에 업고 권좌에 오르지 않은 최초의 황제이다. 그 대에 이르러 친위대의 황제 옹위 독점권은 완전히 무너졌다.

한 황제는 이미 라인 강 주둔군에 의해 옹위되었다. 이 무렵에 동방에 주둔하고 있던 군대가 또 다른 황제를 추대할 움직임을 보이고 있었다. 그는 66년에 네로가 유대인 반란을 진압하도록 유대에 파견한 티투스 플라비우스 베스파시아누스였다. 그는 아들 티투스에게 예루살렘 공격 임무를 맡겨둔 채 자신은 이집트로 달려가 곡물선이 로마로 출항하는 것을 막았고, 그동안 그의 부관이자 시리아 총독 가이우스 리키니우스 무키아누스(C. Licinius Mucianus)는 2만 병력을 이끌고 소아시아를 지나 이탈리아로 진군했다.

한편 도나우 강 주둔군도 베스파시아누스를 지지했고, 5만 병력이 이미 이탈리아 접경까지 진군해 있었다. 이들은 비텔리우스가 방어에 소홀히 한 알프스 산맥 통로들을 장악한 뒤 소아시아에서 무키아누스의 군대가 도착하기를 기다릴 새 없이 비텔리우스의 군대와 마주쳐 크레모나에서 밤새껏 피비린내 나는 전투를 벌인 끝에 승리를 거두었다. 이들은 그 도시를 덮쳐 약탈과 방화를 자행한 뒤 주민들을 학살했다. 그 끔찍한 만행을 저지른 뒤 이들은 로마로 진격했는데, 로마에서는 비텔리우스가 베스파시아누스의 형이자 오토에 의해 도시 로마 경찰대장으로 임명된 플라비우스 사비누스(Flavius Sabinus)를 상대로 자신의 퇴위에 관한 협상을 벌이고 있었다.

비텔리우스가 퇴위 의사를 밝히자 정작 그의 군인들이 반발하고 나섰다. 이들은 폭동을 일으키고 사비누스를 살해하고 유피테르 신전을 소각한 뒤 비텔리우스에게 퇴위 의사를 철회하도록 압력을 가하였다. 그 시점에 도나우 강 주둔군이 도시 로마로 들이닥쳐 폭동을 일으킨 군인들을 섬멸하고 비텔리우스를 죽인 뒤 자신들이 크레모나에서 저지른 만행을 반복했다. 다행히도 무키아누스의 군대가 제때 도착하여 질서를 회복하고 이제 원로원에 의해 황제로 선포된 베스파시아누스의 도착을 준비했다. 베스파시아누스는 항구적인 통제권을 장악하고, 율리우스-클라우디우스 왕조의 막을 내린 뒤 자신의 플라비우스 왕조를 수립했다.

중요한 경향들. 왕조의 교체가 서기 69년의 유일한 혹은 가장 중요한 변화만은 아니었다. 아울러 69년의 의미는 속주 군대가 자기들의 지휘관을 황제로 선포할 때는 로마 말고 다른 지역에서도 옹위할 수 있다는 사실을 발견한 데에만 있지는 않았다. 오히려 그 해의 의미는 카이사르와 아우구스투스 시대 이래로 서서히 발전해온 추세들과 경향들이 강화되고 고조되었다는 데 있었다. 그 추세들과 경향들이란 옛 원로원 귀족 계층의 세력이 점차 쇠퇴했다는 것과,[1] 국경 주둔 부대들이 점차 정치적 중요성이 커졌다는 것, 행정권이 황제들과 그들의 관료들의 손아귀에 집중되었다는 것, 이탈리아와 속주들이 제국 정치와 행정에 더 폭넓게 참여하게 되었다는 것과, 시민권과 특권들을 후하게 부여함으로써 본격적인 통일 세계 국가가 발달했다는 것이다. 예를 들어 갈바는 중앙 갈리아의 종족들에게 참정권을 부여했고, 오토는 갈리아 동부에서 온 리그노네 인들(the Lignones)을 시민들로 만들었다. 비텔리우스는 히스파니아와 북아프리카에 라틴의 권리를 부여하는 데 후했던 것 같다. 더욱이 베스파시아누스는 이런 조치들을 존속시켰을 뿐 아니라 켄소르의 권한을 이용하여 도시화를 거친 서방의 속주들에서 유능한 인재들을 로마 원로원에 등용시키기도 했다.

베스파시아누스 (Vespasian, 69~70). 베스파시아누스의 즉위로 내전과 유혈 사태와 약탈로 얼룩진 69년의 악몽도 막을 내렸다. 로마인들에게는 평화와 안정의 새 날이 마치 공화정이 수명을 다해가면서 빚어진 정쟁과 무정

---

1) 네 명의 황제들 중에서 갈바만 유서깊은 로마 혈통을 자랑할 수 있었다. 오토와 비텔리우스와 베스파시아누스는 모두 이탈리아 기사 신분 출신으로서 황제가 지정한 신흥귀족 계층에 속했다.

부 상태와 내전에 종지부를 찍은 아우구스투스의 악티움 해전 승리의 날처럼 찬란하고 반갑게 밝아오고 있었다. 물론 베스파시아누스는 아우구스투스 같은 매력과 신망이 없었고 그의 재위도 아우구스투스만큼 기억할 만한 게 없는 게 사실이다. 그럼에도 불구하고 그것은 로마 제국 역사와 제2세기의 전형적인 정책들에 새로운 장을 연 것만큼은 사실이다.

베스파시아누스가 해결해야 했던 여러 가지 문제들에는 평화를 회복하고 게르마니아, 갈리아, 유대에서 발생한 반란을 진압하고, 군대를 개혁하고, 제국 국방과 속주 행정을 튼튼히 다지고, 정부를 중앙 집권화하고, 관료제를 확대하고, 예산의 균형을 맞추고 황실 재정을 회복하며, 계승을 정규화하는 것들이 있었다.

서기 9년에 태어난 베스파시아누스는 사비니 지방의 레아테라는 구릉 도시 근처의 작은 마을에서 살던 기사 가문 출신이었다. 할아버지는 경매인이었고, 아버지는 소아시아에서 세금 징수원 생활을 하다가 퇴직한 뒤 라이티아(바바리아 남부이자 스위스 동부) 속주에서 대금업에 종사했으며, 훗날 이탈리아로 돌아와 자기보다 약간 사회적 지위가 높은 가문의 여성과 결혼한 뒤 레아테 근처의 중간 규모의 사유지에 정착했다.

젊은 시절 베스파시아누스는 좋은 교육을 받아 라틴어로 뿐 아니라 그리스어로도 때로는 감상적이고 때로는 외설스런 농담을 주고받을 정도의 수준이었다. 재무와 군사에 남다른 능력을 인정받아 클라우디우스와 네로 치하에서 여러 직위를 거쳤다. 그는 무수한 행정과 군사적 경험을 쌓은 뒤인 예순의 나이에 머리가 벗겨지고 주름이 많은, 그러나 여전히 억센 몸으로 권좌에 올랐다. 몸소 트라키아, 히스파니아, 갈리아, 게르마니아, 브리타니아, 아프리카, 시리아, 이집트에서 이런저런 직위를 두루 거쳤던지라 제국에 무엇이 필요한지를 손금보듯 잘 알고 있었다. 억세고 근엄한 노병이었던 그는 군(軍)을 중시했고 군의 충성과 복종을 얻었다. 군은 불평이나 불만 없이 그의 개혁을 받아들였다. 그는 지칠 줄 모르고 국정을 수행했으며, 비록 구체적인 행동 노선을 결정하는 데에는 신중에 신중을 기했지만 일단 노선이 정해지면 과감하고 확고하게 추진했다. 살아오면서 돈이 얼마나 귀중한가를 깨달은 데 힘입어 확고한 재정 정책을 시행하고 예산의 균형을 맞추기 위해 심혈을 기울였다. 로마를 재정적 · 정치적 파멸의 벼랑에서 건져내고 평화와 번영의 시대를 한 세기 더 연장할 수 있었던 베스파시아누스는 바로 그런 인물이었다.

평화 회복

게르마니아인들과 켈트인들의 반란 (69~70). 베스파시아누스에게 가장 시급했던 과제는 게르마니아와 갈리아와 유대에서 일어난 반란을 진압하는 일이었다. 게르마니아의 한 종족 우두머리인 율리우스 키빌리스(Julius Civilis)는 로마 군대에 복무하면서 로마의 전쟁 방식을 철저히 익혔다. 비텔리우스의 재위가 끝나갈 무렵에 그는 자신의 종족 바타비족(the Batavi)과 일부 군단들을 설득하여 베스파시아누스를 지지하기 위한 반란을 일으켰다. 그런 뒤 그동안 가장해 왔던 로마에 대한 일체의 충성을 내팽개친 그는 게르마니아 국가의 독립을 선포하고, 라인 강 양안에 거주하는 다른 게르마니아 종족들과 로마 군대에서 복무하는 게르마니아인들에게 게르마니아인의 국가를 수립하는 과업에 자신과 함께 하자고 설득했다.

그의 본을 따라 벨가이와 갈리아 북동부에 거주하는 켈트인들도 반란을 일으키고 아우구스타 트레베로룸(트레베)을 수도로 하는 갈리아인의 국가를 수립하려고 시도했다. 그러나 켈트인의 반란은 실패로 끝나는데, 그 이유는 그 무렵에 다소 로마화한 다른 켈트 종족들이 로마에서 이탈하기를 거부했기 때문이다.

게르마니아인과 켈트인의 국가독립 운동은 70년 봄에, 그러니까 퀸투스 페틸리우스 케리알리스(Quintus Petilius Cerialis)라는 유능한 인물의 지휘로 라인 지방에 강력한 로마 증원군이 도착했을 때 무너졌다.

예루살렘과 마사다의 함락 (70, 73). 한편 유대 전쟁에서 베스파시아누스의 장남 티투스는 반란군을 거세게 몰아부쳐 예루살렘을 함락했다. 반란군이든 진압군이든 어느 쪽도 상대에 대해 조금치의 자비도 베풀지 않았다. 두려운 학살이 자행되었고, 간신히 목숨을 건진 대다수 유대인들은 노예로 팔렸다. 도미티아누스가 예루살렘 함락과 파괴를 기념하기 위해서 로마 광장에 건립한 티투스의 개선문에 새겨진 부조는 예루살렘 신전에서 탈취한 물건들 ─ 가지가 일곱인 등대며 진설병 상과 그밖의 탈취물들 — 을 들고서 벌이는 개선 행렬을 묘사한다. 마지막으로 로마에 저항하면 반드시 응징을 받는다는 것을 과시하기 위해서 세 개 군단이 반란군의 고립 지대들을 짓밟느라 3년 작전을 벌였다. 마지막 여섯 달 동안 군단들은 사해 위로 해발 510미터 솟아오른 가파른 바위 요새 마사다에 진치고 있던 광적인 반란군에 대해 공격로를 만들기 위해서 거대한 흙 둔덕을 쌓았다. 로마인들이 마침내 반란군의 성벽을 뚫자 반란군은 자기들의 건물들에 불을 지르고 여자 두 명과 아이 다섯을 제외한 모든 사람이 자결했다.

향후에 일어날지도 모르는 조직적인 반란을 미연에 싹부터 자르기 위해서 로마는 유대인 공의회인 산헤드린을 대제사장이라는 직위와 함께 폐지하고, 신전을 파괴하고, 그곳에서 이루어지던 예배를 금했다. 더 나아가 유대인들에게 전도를 금했고, 제국 전역에 거주하는 유대인들에게 예루살렘 신전에 바치던 세금을 이제부터는 로마의 유피테르 카피톨리누스에 바치게 했다. 그러나 모태에서부터 유대인 신앙을 받고 태어난 사람들에게는 카이사르 숭배를 면해주었다. 다양한 유대인 파벌들 중에서 바리사이 파만 살아남았다. 그들은 주로 율법 연구에만 전념했다. 예루살렘이 파괴되면서 소수 그리스도교 분파는 유대교의 뿌리에서 훨씬 더 잘려나가게 되어 이제는 나름대로의 정체성을 띠기 시작했는데, 이것이 그리스도교를 비유대인들 사이에 전파하는 데 이바지했을 뿐 아니라 곧 카이사르 숭배에 관한 문제들을 일으키게도 되었다.

군대 개혁. 69년의 대격변 속에서 속주 군대들이 수행한 역할을 지켜본 베스파시아누스는 군대를 개혁하지 않으면 안 될 절실한 필요를 느꼈다. 첫째, 그는 로마 군대 명부에서 당시에 막 진압된 게르마니아와 켈트인의 국가독립 운동을 지지한 군단들을 제거했다. 다음으로, 국경 지대에서 일부 군단 병력과 대다수 보조 부대 병력을 모집하던 관행을 폐지했다. 그곳에서 모집된 병력은 그곳 주민들과 동족적 정서를 갖는 경향이 있었던 것이다. 그런 동족주의적 경향을 좌절시키기 위해서 그는 출신 종족과 국가를 뒤섞어 모집한 새로운 보조 부대들을 창설하거나 그 부대들을 이탈리아인 장교들에게 붙여 원거주지에서 멀리 떨어진 국경 지방으로 이동 배치했다. 마지막으로 속주 지휘관들에 의한 군사 반란의 가능성을 미연에 방지하는 동시에 국방을 좀더 튼튼히 하기 위해서, 베스파시아누스는 기존의 몇몇 군사 지역들에 밀집해서 주둔하고 있던 군단들을 국경선을 따라 개별 군단 단위로 주둔하게 했다.

황제들의 치하에서 평화와 번영이 점차 자리를 잡으면서 로마와 이탈리아의 주민들 사이에서 군 복무에 대한 인기가 꾸준히 떨어졌다. 느슨해진 고삐를 바짝 죄기 위해서, 베스파시아누스는 군단 병력 모집 대상을 이탈리아에서 문화와 교육 수준이 비교적 높은 갈리아와 히스파니아의 청년들에게로 확대했으며, 그에 따라 그 지역들에는 장교 후보생들을 교육하는 사관학교들(collegia iuvenum)이 심심치 않게 들어서게 되었다. 이렇게 해서 베스파시아누스의 군대 개혁은 군대를 제국의 공복(公僕)이자 방어자에 좀더 부합하게 만들었을 뿐 아니라 속주들을 로마화하고 도시화하는 그의 한층 광범위한 정책과 나란히 진행되었다.

속주 정책. 베스파시아누스는 로마 세계에 도시화라는 새로운 시대를 선도한 일에서 카이사르와 아우구스투스와 티베리우스와 클라우디우스를 능가했다. 그 작업은 260년경까지 지속된다. 지난 세기들의 과업을 완수한 그는 350여개의 히스파니아 중·소도시에 라틴 권리를 확대함으로써 히스파니아를 새로운 세계 국가에 빠져서는 안 될 부분으로 만들었다. 달마티아조차 그의 재위 기간에 전에는 기미조차 없던 도시화의 양상을 띠기 시작했다. 도나우 강유역의 속주들은 로마 세계에서 로마 시민들의 식민시를 받아들인 마지막 지역들로서, 베스파시아누스의 재위 때에야 비로소 오래 전 기원전 338년이라는 역사적인 해에 시작된 과정에 참여하게 되었다.

베스파시아누스는 서방의 속주들을 병력 모집 기반으로 이용하거나 신설된 자치 도시의 관직 보유자들에게 로마 시민권을 부여하던 관행에서 한 걸음 더 나아가 그들을 제국 정치와 행정에 본격적인 동반자로 삼았다. 갈리아와 히스파니아의 지역 귀족들을 제국 행정과 자신이 확대해 놓은 관료 제도에 활용한 점에서 그는 클라우디우스나 여느 전임자들을 뛰어넘었다. 켄소르로서 갖고 있던 자신의 권한을 십분 활용하여 갈리아 남부와 히스파니아 남서부 바이티카의 자치 도시 귀족 계층의 무수한 사람들을 전임 황제들의 탄압과 69년의 내전으로 궐석이 많이 생긴 로마 원로원에 등용시켰다. 갈리아와 히스파니아 속주민들의 재능과 유용성을 활용하여 베스파시아누스는 그들에게 제국의 국 방과 서방의 평화와 질서와 안정 유지에 한몫 하도록 참여시켰다.

베스파시아누스는 라인 강 유역에서 복무하던 군단 수를 도로 여덟 개로 늘리고 갈리아 속주들의 행정에서 완전히 단절되어 있던 상 게르마니아와 하 게르마니아에 자리잡은 두 개의 군사적 속주들을 창설함으로써 북부 국경 지 대의 국방을 공고히 했다. 도나우 강 국경 지대를 따라가며 무수한 군사 도로 와 석재 요새들을 건설했다. 이런 것들보다 더 중요했던 치적은 아그리 데쿠마 테스(Agri Decumates)라고 하는 삼각 지대(오늘날은 대체로 독일 남서부 삼 림 지대에 포함됨)를 병합함으로써 라인 강과 도나우 강 상류에 자리잡은 오 늘날 독일과 스위스 남서부에 해당하는 위험한 돌출 지역을 국경선에서 지워 버렸다는 점이다. 베스파시아누스는 아울러 저명한 세 사람을 보내 과거에 클 라우디우스와 네로가 미완으로 남긴 브리타니아 정복을 재개하도록 했다. 그 세 사람은 게르마니아에서 키빌리스(Civilis)를 격파한 페틸리우스 케레알리 스(Petilius Cerealis, 71~74)와 「전술학」(*Stratagemata*)과 「수로들에 관하 여」(*On the Aqueducts*)를 쓴 율리우스 프론티누스(Julius Frontinus, 74~77/78), 그리고 사위인 타키투스가 「아그리콜라」(*Agricola*)라는 유명한 전기를 쓴 그나이우스 율리우스 아그리콜라(Cn. Julius Agricola, 77/78~84) 였다.

근동. 직접 경험으로 잘 알고 있던 근동에서 베스파시아누스는 전임자들의 방어 조치들에 따랐던 몇몇 근본적인 약점들을 보완하기 위한 작업을 나름대 로 제한된 방법을 동원하여 시도했다. 동방의 국경 지대에는 문제들이 산적해 있었다. 천연 국경선이 없었고, 시리아에서 흑해까지 480 킬로미터나 되는 기 나긴 접경 지대가 노출되어 있었고, 레바논에서 흑해에 이르는 긴 접경 지대 를 보호하기 위해서 대 아르메니아의 권좌에 로마의 꼭두각시를 앉히고 피보 호 왕국들의 고리들을 유지함으로써 파르티아의 팽창주의를 견제해야 했다. 그리고 제우그마, 사모사타, 혹은 멜리테네에 유프라테스 강 중·상류의 쉬운 도하 지점들을 방어할 만한 군단 병력이나 야전 부대가 없었으며, 마지막으로 동방 방어책이라고는 멀리 떨어진 시리아 속주에 주둔하고 있는 기동성도 떨어지고 훈련도 제대로 되어 있지 않은 군단들이 전부였다.

근동에서 로마가 안고 있던 일부 위험한 취약점들을 바로잡기 위해서 베스파시아누스는 파르티아와 평화 관계를 유지하려고 했다. 심지어 그 목적을 위해 그는 대 아르메니아 왕국에 대한 직접적인 혹은 명목상의 통제권을 포기할 정도였다. 그가 파르티아인들을 냉대한 일이라고는 코카서스 산맥 너머에 살면서 메디아 아트로파테네와 대 아르메니아를 침략했고 당시에 파르티아국의 존립 자체를 위협하고 있던 사르마티아 종족의 일족인 알라니인들(the Alani)를 격퇴하는 데 협조해 달라는 요청을 거부한 것이 고작이었다. 그는 대신에 이베리아(그루지아)의 왕이 다리엘 관문을 점령하고 75년에 티플리스 근처에 요새를 세우도록 도와주었다.

그가 취한 그밖의 조치들 중 일부는 파르티아 왕으로서는 달갑지 않은 것이었다. 첫째, 그는 대규모 대상(隊商) 도시 팔미라에 대한 로마의 관할권을 강화하고 유대를 별개의 황제 대리인 관할 속주로 만들고 예루살렘에 한 개의 완전한 군단을 주둔시켰다. 코마게네 왕국을 병합하고 그 왕을 폐위함으로써 시리아 속주를 레바논 북단에서부터 유프라테스 강 중간의 북부 지방까지 확장하고, 카파도키아와 소 아르메니아를 과거의 속주 갈라티아에 귀속시킴으로써 북쪽으로 아나톨리아에 거대한 속주를 창설했다. 그곳에 두 개 군단을 주둔시켰는데, 한 개는 유프라테스 강의 중요한 건널목인 멜리테네를 방어할 임무를 띠었고, 다른 한 개는 트라페주스(트레비존드)와 흑해에 자리잡은 그밖의 해군 기지들로 도로들이 뻗어나가는 중요한 교통 요충지인 사탈라를 방어할 임무를 띠었다. 이렇게 해서 베스파시아누스는 이제 군단 요새지들이 된 제우그마와 사모사타를 제외하고는, 시리아에 대해서 유프라테스 강을 건너 좀더 강한 보루들을 세우려고 하던 파르티아의 시도를 견제할 의무를 감소시켰다.

베스파시아누스와 원로원의 관계. 베스파시아누스는 이전의 아우구스투스와 티베리우스와 클라우디우스, 이후의 이른바 '현제'(賢帝)들과 마찬가지로 원로원을 극히 존중하고 존경했다. 유서깊고 저명한 가문 출신으로서 가난하게 되었으되 공적이 있는 의원들에게 그 역시 재정 지원을 아끼지 않았다. 하지만 원로원을 제국 경영에 동등한 파트너로 대했다는 말은 아니다. 원로원이 로마와 이탈리아의 상류층을 위한 확고한 발판으로 남았고 따라서 가장 독재적인 황제의 정권에까지도 강력한 영향력을 행사한 것이 사실이지만, 티베리우스 재위 이래로 정부의 효과적인 기관으로서는 꾸준히 그 기능이 쇠퇴해 갔다. 그 쇠퇴의 폭이 현저했던 때는 베스파시아누스가 클라우디우스의 본을 따라 켄소르 직을 자임함으로써 보수적인 원로원 의원들을 자극하는 모험을 감행한 73년이었다. 그는 이 때를 계기로 반대 성향을 지닌 완고한 원로원 의원들을 제거하고 자신에게 협조와 복종을 아끼지 않을 새로운 인물들을 이탈리아와 서방 속주들에서 영입할 권한을 쥐었다. 새 원로원 의원들은 대개 능력이 검증된 인사들로서 체제의 강력한 지지자들이었다. 원로원은 네로의 조치들과 68/69년의 내전으로 의원수가 200명 가량으로 줄어들었다. 베스파시아누스는 거기다가 800명을 추가했는데, 그 조치는 잔존하던 유서깊은 가문들을 틀림없이 당혹하게 했겠지만 베스파시아누스가 제국 경영에 필요로 했던 역량 있는 의원들의 규모를 늘려 놓았다.

관료제의 확대. 원로원의 약화는 권력과 기능이 제국 행정부로 꾸준히 집중되고 관료제의 확대로 귀결되었다. 황제들이 자주 교체되는 상황에서 행정의 연속성을 보존하는 유일한 수단으로서 관료제가 지닌 가치가 69년에 들어서는 이전보다 한층 더 밝히 드러나게 되었다.

베스파시아누스는 관료들을 선출할 때 두 가지 중요한 혁신을 단행했다. 우선 클라우디우스와 네로 치하에서 일부 고위직을 차지했던 피해방인들 중 비록 전부는 아니더라도 많은 수를 기사 신분으로 대체했고, 시간을 두고 이탈리아와 속주 출신 인사들을 갈수록 더 많이 기용했다. 이런 혁신을 단행한 이유는 자명하다. 즉 기사 신분은 피해방인들에 비해 원로원에 덜 거슬리는 존재들이었다. 피해방인들은 기사 신분에까지도 거슬리는 존재들이었다. 아울러 기사 신분은 대개 상당 규모의 사업체와 행정 경험을 갖고 있었고, 개인 수입도 대개 많았으므로 피해방인에 비해 공금을 횡령하려는 유혹을 덜 받았다. 속주민들은 지역 사정에 밝았고, 그것은 크게 다양성을 띤 제국의 행정에 극히 유용했음에 틀림없다.

재무 행정. 베스파시아누스의 가장 큰 명성은 재정 문제를 성공적으로 다룬 데 있었다. 그는 예산의 균형을 잡았고, 네로의 사치와 69년의 내전으로 바닥났던 국고를 다시 채워넣었다. 개인적으로 검소하고 빈틈없고 재무 경험도 있고 힘든 계약도 잘 체결해 내는 남다른 재능을 갖고 있던 그는 군대를 확고히 장악한 데 힘입어 막대한 하사금으로 그들의 충성이나 복종을 매수할 필요가 없었다. 아울러 그는 정부 관리들이 뇌물을 받거나 공금을 횡령하는 행위를 용납하지 않았다. 또한 속주들에게 새롭고 무거운 세금을 적극 부과했고 공공 지출을 대폭 삭감했다.

켄소르의 권한을 사용하여 제국의 재정 자원을 파악하기 위해 세밀한 인구·재산 조사를 벌였다. 그 과정에서 속주들이 한 세기 동안의 평화와 번영을 누린 당시의 상황에서 과거보다 더 많은 금액의 세금을 바칠 만한 능력이 있다는 사실을 발견했다. 로도스, 사모스, 비잔티움처럼 과거에 면세 혜택을 받았던 특정 '자유' 도시들과 섬들을 속주들에 귀속시키고 세금을 부과했다. 네로 때 자유와 면세 혜택을 받았던 그리스 속주를 다시 원로원령으로 귀속시키고, 사르디니아와 코르시카 같은 부유한 속주들을 황제 직할 지역으로 삼았다. 개인 지주들이 은밀히 가로챈 토지나 무단 점거자들이 불법으로 점유한 토지를 국유지로 귀속시킬 권한을 주장했고, 국고를 늘리기 위해 전임 황제들이 자신들의 친구들에게 주었던 많은 사유지들을 회수했으며, 세입 증대를 위해 이를테면 광산이나 채석장이나 어장이나 삼림이 딸린 그밖의 황제령 사유지들을 재편했다. 간단히 말해서 아무리 비정통적이고 비도덕적인 것일지라도 어떠한 세원(稅源)도 (이를테면 공중 화장실에 부과한 세금 같은) 베스파시아누스의 눈에 띄지 않은 것이 없었다.

철저한 재정 관리로 인한 명성에도 불구하고 베스파시아누스는 황실의 경비나 속주들의 도로, 교량, 요새, 로마의 공공 건물, 그리고 교육에는 비용을 아끼지 않았다. 69년의 내전으로 이탈리아가 입은 피해를 복구한 뒤, 그는 로마에 자신의 이름을 딴 광장(중앙에 평화의 신전이 들어선)과 티투스의 개선문과 석회석으로 5만 명을 수용할 수 있도록 건축된 웅장한 암피테아트룸 플라비움(Amphitheatrum Flavium) 곧 콜로세움의 건설에 착수함으로써 유대 전쟁의 종식을 기념했다.[2] 플라비우스 가 황제들의 콜로세움은 르네상스 시대 건축가들에게도 전형으로 사용되었지만, 지금도 여전히 제국 로마의 힘과 위엄의 상징물로, 그리고 세계에서 인간이 만든 거대한 불가사의의 하나로 서 있다. 베스파시아누스가 남긴 또 하나의 위대한 건축학적 업적은 71년에 카피톨리누스 유피테르에 새 신전을 완공한 것이었다.

문학과 교육을 장려하기 위해서 베스파시아누스는 시인들과 산문 작가들을 후하게 지원했다. 그는 공금으로 학교들에 기부금을 하사하고 문학과 수사학 교수직을 하나 설치했다. 저명한 히스파니아인 수사학자 마르쿠스 파비우스 퀸틸리아누스(Marcus Fabius Quintilianus)가 그 최초의 수혜자였다(참조. 724쪽).

베스파시아누스에 대한 반대. 베스파시아누스는 뚜렷한 업적들과 제국에 대한 봉사에도 불구하고 공화정에 미련을 두고 있던 원로원 의원들과 스토아 학파 및 견유학파 철학자들의 반대를 완전히 비껴가지는 못했다. 많은 원로원 의원들이 그가 자기 가문의 위신을 높이는 방편으로 콘술 직을 수 차례 역임한 행위와 그가 켄소르 직에 취임한 행위, 이탈리아인들과 속주민들을 원로원에 등용시킨 행위, 그리고 프린켑스 직을 자기 가문 사람들에게 전수함으로서 새로운 왕조를 창건하려 한 의도에 반대했다. 그러나 원로원 의원들의 반대는 위험하기보다 구호의 성격을 더 많이 띠었던지라 베스파시아누스는 그들의 소리에 조금도 개의치 않았다. 그보다 그를 훨씬 더 괴롭힌 것은 스토아 학파, 특히 견유학파 철학자들의 비판이었는데, 그는 결국 그들로 인해 쌓였던 분노가 폭발하여 그들을 로마에서 추방하도록 명령하기에 이르렀다.

베스파시아누스의 죽음 (79). 고된 집무를 10년간 지속해온 79년 봄에

---

2) 콜로세움이란 이름이 붙게 된 연원은 그 자체의 규모에서 비롯된 게 아니라, 입구에 세운 네로의 조각상의 규모(38미터)에서 비롯된 것이다. 그 조각상을 그곳에 세운 사람은 황제 하드리아누스로서, 그는 그것을 네로의 황금 궁전에서 그리로 옮겨놓았다.

베스파시아누스는 열병에 걸려 죽었지만, 죽는 순간에도 그는 유머 감각을 잃지 않았다. 누워 임종하면서 그는 혼잣말로 "여보게, 마치 내가 신이 되어가고 있는 것만 같구먼" 하고 중얼거렸다.

그는 죽기 전에 후계자 문제를 해결해 놓았다. 자기와 이름이 똑같은 장남 티투스 플라비우스 베스파시아누스에게 군통수권과 프로콘술의 명령권과 호민관의 권한을 부여함으로써, 그리고 그와 일년간 켄소르 직을, 7년간 콘술 직을 공유함으로써 그에게 권좌를 물려줄 준비를 차근차근 했었다. 아울러 그를 단독 친위대장으로 임명했는데, 그것은 그로 하여금 79년에 아울루스 카이키나(Aulus Caecina)의 권좌 찬탈 기도를 즉각 저지할 수 있게 해준 현명한 조치였다.

티투스 (Titus, 79~81). 베스파시아누스가 죽은 뒤 원로원은 비록 역겨움과 불안도 다소 있었지만 즉각 티투스에게 프린켑스의 지위에 해당하는 명예와 칭호들을 부여했다. 티투스는 준수하고 매력적이고 온화하고 관대했지만 도덕적 품행은 그다지 훌륭하지 못했다고 전해진다. 오히려 로마 귀족 사회의 문란한 생활에 젖어 있었는데, 그가 유대의 왕 헤롯 아그리파 2세의 누이 율리아 베레니케(Julia Berenice)와 벌인 애정 행각은 안토니우스와 클레오파트라를 떠올리게 한다.

그럼에도 불구하고 티투스는 일단 권좌에 앉자 신민의 안녕을 증진하는 데 힘쓰고 신민에게 많은 사랑을 받는 이상적인 프린켑스가 되었다. 아버지 때 추방되었던 철학자들을 불러들이고 모든 반역죄 재판을 중단시켰다. 밀고자들에게 공개 채찍질을 하고 노예로 만들거나 척박한 섬으로 유배를 보내는 식으로 보답했다. 보수적인 원로원 의원들을 자극하지 않기 위해 베레니케를 먼 곳으로 보냈고, 인민에게 화려한 오락과 쇼를 베풀어 찬탄과 기쁨을 선사했다.

세 가지 참사가 짧지만 화려했던 그의 재위를 얼룩지게 했다. 79년 8월에 베수비우스 화산이 수세기 동안의 침묵을 깨고 (63년에 한 차례 심각한 지진이 일어난 것을 빼고는) 갑자기 격렬하게 폭발했다. 땅이 흔들리고 솟아 올랐고, 하늘을 까맣게 덮은 연기로 사방이 어둠에 휩싸였고, 연기나는 경석(輕石)과 화산재가 비처럼 쏟아져 내려 캄파니아의 두 도시 폼페이와 헤르쿨라네움을 묻었다. 그런 뒤 사상 유례가 없던 큰 전염병이 캄파니아를 덮쳤다. 로마에서는 또 한 번의 대화재가 발생하여 사흘을 맹렬히 탔다. 빠른 간격으로 발생한 이 세 가지 재앙은 티투스의 정력과 인간애에 모진 시련을 가져다 주었다.

81년 9월에 티투스는 26개월의 재위를 끝으로 아버지처럼 열병에 걸려 42살의 나이에 가문의 저택에서 숨을 거두었다. 로마인들은 사랑하는 군주의 죽음을 애도했고, 원로원은 그에게 칭송과 명예를 아끼지 않았다. 그를 신격화하는 조치가 뒤따랐다.

도미티아누스 (81~96).

이로써 도미티아누스(Domitian)로 알려진 베스파시아누스의 차남 티투스 플라비우스 도미티아누스가 집권할 길이 열렸다. 그는 형의 임종 침상에서 물러나 황급히 로마를 향해 말을 몰았다. 황제로 선포되기 위해서 친위대 막사로 달려갔다. 군대는 묵종했고 원로원은 승인했다. 딱히 대안도 많지 않았다. 베스파시아누스의 아들이자 티투스의 동생을 제치고 권좌를 주장할 사람이 없었기 때문이다. 권좌는 그의 것이 되었는데, 이는 어떤 특별한 교육이나 사전 군사 혹은 행정 경험을 통해서 된 게 아니라 태어나기를 우연히 그렇게 태어난 덕분이었다. 베스파시아누스와 티투스 시절인 69년에 그는 아버지와 티투스가 동방에서 도착하기 전에 로마에서 지나치게 거만하게 행동했다가 뒷전으로 밀려나 지냈다. 배척과 따돌림과 무시를 당하며 살게 된 그는 그리스어로 시를 짓고 티베리우스 — 그는 그의 점잖음과 불굴의 의지와 엄격함을 무척 존경하고 훗날에는 모방하기까지 했다 — 의 「Acta」 즉 「행적록」(Deeds)을 공부하면서 스스로를 달랬다. 훗날 도미티아누스가 티투스를 독살했다는 뒷공론이 나돌았지만 입증할 만한 근거가 없다.

독재적인 행위.

권좌에 오른 직후에 도미티아누스는 독재적인 행위로 원로원의 불쾌감과 적대감을 샀다. 원로원에 개선 장군의 정복을 하고 등장한다는 것은 의원들의 존엄을 모욕하는 행위였다. (그가 입은 개선식 예복은 그가 명령권을 지닌 임페라토르임을 부각시켰다. 평시 복장을 했었다면 그는 자문하는 프린켑스임을 알리는 것이 되었을 것이다.) 게다가 그가 콘술 직을 열일곱 번이나 역임하고 종신 켄소르 직(censor perpetuus)을 취한 것은 모든 전통을 무시한 것일 뿐 아니라 절대 왕조를 세우겠다는 속내를 드러낸 것이기도 했다. 그보다 더 큰 문제는 시인들과 조신(朝臣)들과 심지어 관료들에게까지 자신을 주(主)와 신(dominus et Deus)으로 부르도록 권장하거나 허용함으로써 칼리굴라와 네로보다 한술 더 떠서 행동했다는 점이다.

도미티아누스는 기존에는 원로원 의원들에게만 국한되었던 힘있는 지위들에 기사 신분을 앉힘으로써 원로원의 유서깊은 특권을 짓밟았다. 기사 신분을 자신의 법률 자문단에 기용하여 원로원 의원들을 재판하게 했고 심지어 원로원령 속주인 아시아에 기사 신분 총독을 임명했다. 원로원의 입장에서는 이런 조치들이 신을 사칭한 오만불손한 행위보다 더 감내하기 어려웠다. 그가 죽은 뒤에 원로원이 그에 관한 기억을 저주하고 그의 조각상들을 공공 장소에서 치워버리도록 명령한 것이 조금도 이상한 일이 아니다.

그가 이렇게 악평을 받게 된 것은 원래부터 악인이거나 악한 황제여서 그랬다기보다 공적인 관계들을 올바로 맺지 못했기 때문에 그랬을 것이다. 만약 아우구스투스와 베스파시아누스 같은 기민한 정치가였다면, 그래서 키케로의 상투어를 약간 섞어 리베르타스(libertas, 자유)와 모스 마이오룸(mos maiorum, 조상의 관습) 같은 로마의 이상들에 보다 외관상으로 헌신하는 모습을 보였다면, 실권을 잃지 않고도 대다수 원로원 의원들의 지지를 쉽게 끌어냈을 것이다. 그리고 그는 타키투스와 소 플리니우스와 유베날리스의 독기 어린 필설로부터 자신의 기억을 지킬 수도 있었을 것이다.

구제 시책, 종교, 재정. 도미티아누스는 평민을 행복하게 하고 잘 먹이고 환대했다. 그는 세 번에 걸쳐 한 사람당 225데나리우스씩의 하사금(congiaria)을 베풀었다. 그는 그들을 즐겁게 하기 위해서 성대한 볼거리를 체계적으로 마련했다. 야수 사냥, 모의 해전과 육지 전투, 콜로세움에서의 검투 대회, 원형극장에서의 전차 경주가 그것이었다. 그리스의 방식대로 스포츠뿐 아니라 문학에서의 경쟁을 자극하기 위해서 마르스의 들판에 경기장과 음악당을 건축했다. 콜로세움과 티투스의 개선문 및 목욕탕을 완공했고, 아그리파의 판테온과 목욕탕, 그리고 불에 탄 세라피스와 이시스의 신전들(그는 이 신전들의 정면에 이집트에서 수입해온 오벨리스크를 세웠다)을 복원했다. 신격화한 베스파시아누스에게 아름다운 새 신전을, 수호자 유피테르(Juppiter Custos)에게 웅장한 신전을, 유피테르 옵티무스 막시무스에게는 카피톨리누스 언덕에 펜텔리콘 산 대리석 기둥들과 금박 문들과 금박 기와들로 장식한 가장 웅장한 신전을 지어 바쳤다.

도미티아누스는 일찌감치 로마 종교에 지대한 관심을 가졌고, 황제가 되고 나서는 옛 종교 의식들이 지닌 정치적 용도를 내다보고서 그것들을 복원하고 강화하는 데 힘썼다. 그로써 자신을 로마를 위대하게 만든 로마니타스(Romanitas, 로마의 풍습)와 신들 — 유피테르, 미네르바, 마르스, 베누스, 넵투누스, 베스타, 케레스, 그리고 로마 여신 자체 — 의 수호자로 천명했다. 그가 그들 중 하나가 되었다는 주장으로 나아간 근거는 바로 그 신들의 수호자로서의 자격이었다. 그러므로 그는 외국 종교들을 대개 적대시했는데, 다만 이시스 교에 대해서만큼은 예외여서 69년의 내전이 벌어졌을 때 이시스 교의 시종으로 변장하고서 위기를 모면하기까지 했다. 유대인들과 그리스도교인들에 대해서는 특히 적대시한 듯한데, 이는 그들의 엄격한 유일신교가 신으로 인정받고 싶은 그의 욕구와 상충했던 점을 감안하면 이해함 직하다. 반란이 불경(不敬)과 연관되고 황제 숭배가 충성의 잣대가 된 것은 그의 치하에서였다. 그것이 다음 두 세기 동안 그리스도교인들에게 그렇게 심각한 문제를 던져 주었다.

도미티아누스는 확실히 신에 부합하게 막대한 돈을 썼다. 자신에게 소홀하지 않은 그는 팔라티누스 언덕에 거대한 황궁을 짓고 알바 호수의 조용한 물결이 내려다 보이는 알바 산에 웅장한 저택을 지었다. 이탈리아에는 시누에사에서 쿠마이를 잇는 도로를 건설했고, 라인 강과 도나우 강 유역뿐 아니라 브리타니아에도 수많은 요새들과 수비대 숙영지들을 설치했다. 군단 병사들의 연봉을 300데나리우스에서 400데나리우스로 인상했고, 81~93년에 막대한 비용을 들여가며 여러 번의 전쟁을 치렀다.

그가 어디서 그만한 돈을 끌어댔는지는 미스테리이다. 세입원을 새로 개발한 것도 분명 아니고, 자녀가 다섯 명 이상인 유언자들로부터의 유증도 받은 것도 아니다. 5년 이상 국가에 진 부채를 탕감해 주었고, 베스파시아누스와는 달리 이탈리아의 공유지 점거자들에게 토지를 무상으로 불하했다. 또한 네로와 달리 통화 가치를 하락시키지 않았다. 그가 어떤 수단으로 후계자들에게 막대한 국고를 넘겨줄 수 있었는지를 설명하기 위해서는 그가 아버지의 재무 능력을 이어받았고 속주들의 세금을 엄격히 징수하여 효과적으로 집행한 점을 빠뜨려서는 안 된다. 그밖에도 반역죄 판결을 받은 사람들로부터 몰수한 막대한 금액을 새로 재조직하고 중앙집중화한 국고에 갈퀴로 끌어모으듯 모았을 것이다. 그의 재위 말기에 들어서는 그런 판결을 받은 사람들이 적지 않았을 것으로 보인다.

사투르니누스의 반란 (89). 상 게르마니아의 총독이자 모군티아쿰(마인츠)의 이중 숙영지에서 겨울을 나던 두 개 군단의 지휘관이었던 루키우스 안토니우스 사투르니누스(L. Antonius Saturninus)의 반란 이후에는 반역죄 재판이 좀더 빈번하게 치러졌다. 89년 1월 1일에 사투르니누스는 군인들의 저금과 급료를 가로챈 뒤 그 자금을 가지고 자기 군단들에게 자신을 황제로 옹위하도록, 그리고 라인 강 중류의 동부 지역에 거주하는 강력한 게르만 종족인 카티족(the Chatti)에게 로마 영토를 침공하도록 매수했다. 그 반란을 진압하기 위해서 도미티아누스는 트라야누스(Trajan. 미래의 황제)에게 히스파니아에서 1개 군단을 파견하도록 지시한 뒤 친위대를 이끌고 즉시 북부로 진군했다. 그러나 두 사람 다 너무 늦게 도착하는 바람에 전투를 벌이지 못했다. 충직한 하 게르마니아의 총독이 라인 강의 얼음을 깨뜨려 카티족이 강을 건너와 반란군을 지원하지 못하도록 막아준 급작스런 해빙에 힘입어 반란을 진압하고 사투르니누스를 살해했던 것이다. 그럼에도 불구하고 도미티아누스는 라인 강을 향한 진군의 속도를 늦추지 않았다.

반란 지역에 도착한 도미티아누스는 사투르니누스의 장교들과 공모자들을 무참히 처벌하고 로마의 영토를 라인 강 동부와 마인 강 북부까지 확장했다. 사투르니누스의 머리를 잘라 로마로 보냈고, 나중에 이중 개선식을 치렀는데, 물론 로마인 사투르니누스에 대한 전승을 기념한 개선식이 아니라 단축된 방어선과 망대들과 요새들에 힘입어 라인 강 접경을 확보한 뒤에 제압하기 위해 진격한 카티족과 타키우스족에 대한 전승을 기념한 개선식이었다.

다키아 접경 (85~93). 89년에 발생한 사투르니누스의 반란으로 85년에 젊고 공세적인 다키아의 왕 데케발루스(Decebalus, 85~106)가 도나우 강을 건너 로마 속주 모이시아를 침공한 뒤에 시작된 도미티아누스의 다키아 정복이 무산되었다. 88년에는 로마 군대가 다키아인들에게 큰 패배를 안겨 주었으나 89년에는 도미티아누스가 몸소 지휘한 로마 군대가 그들에게 정반대의 큰 패배를 당한 나머지 그가 데케발루스와 흔쾌히 협상에 임하게 되었다. 그 대가로 도미티아누스는 그를 다키아의 합법적인 왕으로 승인하고, 그에게 매년 보조금을 지불하고, 도로와 요새 건설에 능숙한 로마의 기술자들을 제공했다.

다키아의 평화 조약은 비록 편의상 체결되었고 상당수의 원로원 의원들에 의해 로마의 권위를 훼손한 조치로 받아들여졌으나, 로마에는 막대한 가치가 있었다. 이 조약 때문에 92년에 이아지게스(Iazyges)가 판노니아로 침공해 들어와서 로마 군단을 공격하여 피해를 입혔을 때 데케발루스를 비록 적극적인 동맹자는 아닐지라도 우호적인 중립자로 만들어 놓았다. 아울러 이 조약에 힘입어 도미티아누스는 로마에 적대적인 마르코만니족과 쿠아디족의 북부에 살던 게르만 종족들과 엘베 강 동부에 살던 셈노네스족, 그리고 실레지아의 강력한 루기이족과 동맹을 체결함으로써 그 적대적인 두 종족을 고립시킬 수 있었다. 도미티아누스는 도나우 강 유역인 빈도보나(비엔나), 카르눈툼(알텐부르크), 아퀸쿰(부다페스트), 그리고 오늘날 브라일라 근처의 트로에스미스에 건설된 강력한 요새 숙영지들에 아홉 개 내지 열 개 군단을 집중 배치함으로써 도나우 강 접경을 안정시킬 수 있었다. 93년에는 도나우 강 접경 전역에 다시 평화가 깃들어 있었다.

음모들과 반역죄 재판들. 89년의 사투르니누스의 반란은 도미티아누스를 워낙 당황케 했던지라, 그는 그뒤로 가공할 탄압조직을 발달시키고 어느 곳이든 자신에 대한 음모가 조성되고 있지 않나 예의주시했다. 감시자들과 밀고자들이 암약하기 시작했다. 89년에 그는 철학자들과 점성가들을 로마에서 추방했으나, 그뒤에는 몇몇 유능한 속주 총독들을 포함한 유력한 원로원 의원들과 심지어 자신의 여조카 도미틸라(Domitilla) 같은 황실 사람들에게까지도 지독히 가혹한 탄압을 가하였다.

도미티아누스의 살해 (96). 다음 번이 자기가 희생될 차례인 줄을 간파한 황제의 아내 도미티아(Domitia)는 새로 임관한 두 명의 친위대장들의 은밀한 지원을 받아 여러 유력한 원로원 의원들과 함께 음모를 꾸몄다. 이들은 도미티아누스에게 스테파누스(Stephanus)라는 도미틸라의 충직한 전임 노예 감독에게 알현할 기회를 주도록 설득했다. 스테파누스는 음모에 관한 비밀 정보를 갖고 있는 체했다. 황제의 침실로 안내되어 들어간 그는 도미티아누스에게 문서 하나를 건넸다. 도미티아누스가 문서를 펼쳐보는 순간 스테파누스는 팔에 붕대를 감아 그 속에 숨겨가지고 들어간 단검으로 그의 사타구니를 찔렀다. 칼에 찔린 도미티아누스는 침대에서 비틀거리면서 자신이 베개 밑에 보관해 둔 단검을 찾으려고 안간힘을 썼다. 그러나 단검은 이미 없어진 뒤였다. 그러므로 스테파누스는 도미티아누스의 노예들이 밀치고 들어와 자신을 살해하기 전에 자신의 임무를 완수할 수 있었다.

원로원 귀족들 사이에 형성된 도미티아누스에 대한 악평에도 불구하고 플라비우스 가 출신의 세 황제는 저마다 로마 제국에 적지 않은 기여를 했다. 이들은 제국 내부의 평화와 번영을 회복하고, 더 큰 행정적 효율성과 재정적 의무를 도입하고, 속주민들의 위상을 로마인들과 이탈리아인들(과거에 속주민들을 착취했던)의 위상과 접목시키는 작업을 꾸준히 진행하고, 그를 뒤이어 한 세기간의 선정을 베풀 후임자들에게 황제직 수행의 표준이 되었다.

29

오 현제 (서기 96~180)

도미티아누스의 죽음으로 플라비우스 왕조도 막을 내렸지만 그 왕조가 확립해 놓은 안정은 그 뒤에도 지속되었다. 네로가 죽은 뒤에 발생했던 것과 같은 파괴적인 위기와 내전의 시기가 뒤따르지 않았다. 네로와는 달리 도미티아누스는 군단들을 소홀히 하지 않았고, 반란을 도모한 사령관들을 신속히 진압해냈다. 도미티아누스를 제거하는 데 성공한 음모는 속주 군대들 사이에서 추진되지 않고 로마에 있는 황실 가문과 원로원 지도층 내부에서 추진되었다. 음모자들은 속주 사령관들이 대응할 시간적 여유를 갖기 전에 새 황제를 권좌에 앉혔다. 그 덕분에 황제의 권위가 대단히 유연하게 이양될 수 있었다.

원로원 의원들은 자신들 내부에서 도미티아누스의 계승자를 찾았다. 그들이 찾아낸 계승자는 인생의 전성기가 지난 예순살의 마르쿠스 코케이우스 네르바(Marcus Cocceius Nerva)로서, 또 다른 왕조를 수립할 위험이 없는 인물이었다. 하사금을 두둑히 지불하거나 지불하기로 약속한 것이 친위대와 속주의 군대들을 잠시나마 만족시키고 침묵케 했다. 이렇게 해서 평화로운 정권 이양이 이루어졌고, 원수정 역사에서 새 시대가 도래했다.

서기 96년부터 180년까지의 황제들인 네르바, 트라야누스, 하드리아누스, 안토니누스 피우스, 마르쿠스 아우렐리우스는 종종 '오 현제(賢帝)'라 불린다. 그들 치하에서 로마 제국은 가장 긴 안정과 선정(善政)의 시기를 누렸다. 그들은 제국과 자기들이 다스리는 신민의 복지를 증진하는 데 가장 큰 관심을 기울인 선량한 군주들이었다.

자료. 이 시기에 관련해서는 두 개의 이야기체 자료밖에 없으며, 그것도 모두 사기(史記)로서의 가치가 뛰어나지 않은 것들이다. 첫째는 카시우스 디오의 자료인데, 그의 로마사는 67~72권에 실린 재위들을 다루는데, 이 부분은 후대에 작성된 두 개의 비잔틴 요약본들에 의해 요약된 형태로만 보존되어 있다. 그중에서 긴 것은 오늘날 안토니누스 피우스의 재위와 마르쿠스 아우렐리우스의 초기가 빠져 있으며, 짧은 것은 긴 것에 기초를 두었다.

하드리아누스에서 마르쿠스 아우렐리우스에 이르는 황제들의 전기들과 루키우스 베루스와 아비디우스 카시우스의 전기들은 서기 395년경에 집필된 듯한 「아우구스투스들의 역사」(*Historia Augusta*)로 알려진, 논의의 여지가 있는 모음집에서 발견된다. 이 모음집에서 처음 네 주요 인물의 전기는 매우 탄탄한 자료에 기초하여 썼고, 역사의 큰 흐름을 잡아 쓴 점에서는 신뢰성이 높다. 두 개의 사소한 전기는 신뢰성이 크게 떨어지고, 아마 인기에 호소한 허구를 싣고 있는 듯하다.

네르바와 트라야누스의 재위에 관해서는 소 플리니우스의 친필 편지들과 그가 트라야누스에 대해서 쓴 「찬사」(*Panegyric*)가 매우 유용하다. 「로마에게 바치는 찬사」(*To Rome*)와 그리스 수사학자 아일리우스 아리스티데스의 「신성한 가르침들」(*Sacred Teachings*)은 안토니누스 피우스 시대를 이해하는 데 유용하며, 마르쿠스 아우렐리우스의 개인교수 마르쿠스 코르넬리우스 프론토의 「서간집」(*Epistulae*)은 하드리아누스 때부터 아우렐리우스 때까지 작성되었다. 물론 아우렐리우스 자신의 「명상록」(*Meditations*)은 그의 흥미로운 인격을 직접 들여다 보게 한다. 그밖의 문학과 기술 저서들과 무수한 그리스도교 저서들도 그 시기의 사회적·경제적·문화적 환경을 재구성하여 살펴보는 데 유용하다(참조. 732쪽).

베네벤툼에 있는 트라야누스의 개선문과 트라야누스와 마르쿠스 아우렐리우스의 기둥들 같은 기념비들은 이 시대에 제작된 현존하는 무수한 주화들과 비명들과 이집트산 파피루스들과 마찬가지로 귀중한 역사 정보를 제공한다. 주화들과 비명들과 파피루스들은 제국 전역에 걸쳐 이루어진 고고학 발굴에 따라 속주들에 관한 흥미로운 자료를 내놓는다. 마지막으로 「로마법 대전」 (*Corpus Juris Civilis*)은 현제들 치하의 사회적·행정적 발달에 빛을 비춰 준다.

네르바 (Nerva, 96~98).

네르바의 가문은 여러 유력한 법률가들을 배출했지만 유서깊은 가문은 아니었고, 사회적인 지위를 얻은 것도 그의 외삼촌이 율리우스-클라우디우스 가문의 먼 친척인 여성과 결혼한 덕분이었다. 네르바 자신은 법률가로서나 연설가로서 그다지 주목을 받지 못했고, 비록 정치적 수완은 대단했으나 속주를 통치하거나 군대를 지휘한 경력은 없었다. 온건하고 악의가 없는 성품에 어느 정권에도 협력할 의사가 있었던 그는 자신의 조각상을 로마 광장에 하나 세웠고, 네로의 재위 기간에 팔라티누스 언덕에 또 하나를 세웠다. 베스파시아누스 때인 71년에 콘술 직에 올랐고, 도미티아누스 때인 90년에 다시 콘술을 지냈다. 사제직도 여러 개 지냈다. 과거의 경력을 통틀어 볼 때 그는 명성보다는 안전을 선호한 듯하다.

원로원은 네르바를 여러 가지 이유에서 이상적인 군주로 여겼다. 우선 원로원 법정에서 사형 언도를 받지 않으면 원로원 의원을 처형하지 않겠다고 공약한데다, 원로원에 무상 곡물 집행권을 돌려주었고, 원성을 사던 반역법 (maiestas)을 유예했으며, 추방당했던 원로원 의원들을 소환하고 밀고자들을 탄압했다.[1]

반면에 네르바는 도미티아누스의 암살자들을 처벌하라는 요구를 뿌리칠 수 없었다. 친위대 병사들이 자신의 궁정을 포위하고 도미티아누스의 살해자들을 응징할 것을 요구할 때, 그는 그들이 그들의 전임 사령관과 그밖의 여러 음모자들을 살해하도록 순순히 허락했다. 게다가 권력 이양이 순조롭게 이루어지는 듯했으나, 초장부터 만약 도미티아누스의 암살로 국면이 갑작스레 전환된 일을 두고 이리저리 계산할 기회를 얻을 야심찬 속주 사령관들을 제어할 만한

---

1) 그러나 밀고자들 중에서 머리회전이 빠른 자들은 이런저런 수를 써서 막강한 권력의 자리를 지켰고, 심지어는 네르바의 자문회(consilium)의 의원으로도 활동하기까지 했다.

강력한 군사적 뒷받침을 받지 못하면 권력을 오래 유지할 수 없음이 분명하게 되었다.

그러므로 네르바의 짧은 재위에서 가장 중요한 조치는 대단히 유능하고 신망 높은 하 게르마니아의 군인 총독 마르쿠스 울피우스 트라야누스(Marcus Ulpius Traianus〈Trajan〉)를 입양하여 아들 겸 후계자 겸 공동 통치자로 삼은 일이었다. 그것은 대단히 탁월한 선택이었다. 입양한 지 일년 뒤에 네르바는 자신의 새 아들이 로마에 도착하기 전에 죽었다. 그러나 네르바의 조치 덕분에 트라야누스는 이렇다 할 사건 없이 권좌를 계승했다.

트라야누스 (Trajan, 98~117).

속주 출신의 첫 황제인 트라야누스는 히스파니아의 부유한 속주 바이티카의 세비야 근처에 자리잡은 이탈리카에서 태어났다. 그는 아버지를 자랑스럽게 여겼다. 그의 아버지는 베스파시아누스에 의해 원로원에 들어갔을 뿐 아니라 로마의 귀족 사회에까지 들어갔다. 그리고는 잇따라 콘술, 시리아 사령관, 아시아 총독을 지내고 개선의 영예를 무수하게 누렸다.

네르바의 양자가 되기 전에, 트라야누스도 나름대로 베스파시아누스와 도미티아누스 재위 때 라인 강, 도나우 강, 유프라테스 강, 시리아, 히스파니아에서 오랫동안 특출한 군사 경력을 쌓았다. 네르바의 재위 때 하 게르마니아의 총독을 지내는 동안 게르마니쿠스라는 명예로운 칭호를 받았다. 그밖에도 다키쿠스와 파르티쿠스(다키아인들과 파르티아인들의 정복자)라는 칭호를 얻게 될 것이었다.

네르바가 죽은 뒤 2년간 라인 강과 도나우 강 유역을 시찰하고 국방을 든든히 한 뒤에 오래 기다려온 트라야누스의 로마 입성이 큰 갈채하에 이루어졌다. 그런 임페라토르라면 원로원이든 로마 시민들이든 환호하고도 남았을 것이다. 당당한 체구에 억센 얼굴, 철회색 머리카락, 그것은 칼리굴라나 네로처럼 예측할 수 없는 애송이도 아니고 갈바나 네르바처럼 허약하고 앙상한 노인도 아닌, 생의 전성기에 전투로 다져진 군인의 모습이었다. 그는 외모만으로도 존경을 자아냈다.

트라야누스의 행정. 트라야누스의 원로원 정책은 빈틈없고 정중하고 때로는 공손하고 관대하기까지 하여 그야말로 '최상의 프린켑스'(Optimus Princeps)의 태도였다 — 이 칭호는 일찍이 100년에 부여되어 105년에 동전에 찍혔지만, 115년에야 비로소 공식적으로 사용되었다. 몇 세기 뒤에 원로원은 모든 신임 황제에게 "아우구스투스보다 운이 좋고 트라야누스보다 훌륭하게 되시기를"(Felicior Augusto, melior Traiano)이라는 최고의 인삿말을 전했다.

트라야누스가 대해야 했던 원로원은 자세와 구성 면에서 제국 초기와 달랐다. 네로와 도미티아누스에게 호되게 당한 원로원은 그가 적어도 "최악의 프린켑스보다 낫다"(melior pessimo princeps)고 여겨 그를 반갑게 받아들였다. 이런 자세의 변화는 구성의 변화에서 기인했다. 비명들과 파피루스들이 보여주듯이, 클라우디우스와 심지어 베스파시아누스의 원로원에는 속주 출신의 원로원 의원들이 소수에 지나지 않았다. 트라야누스 때에는 속주 출신 의원들이 전체의 40%가 약간 넘는 의석을 차지했고, 시간이 갈수록 동방 속주들에서 보다 많은 의원들이 원로원에 들어왔다.

원로원과 민회와 속주 군대의 지지와 애정을 누리면서, 트라야누스는 혼란이나 두려움 없이 자신의 행정 프로그램을 이행할 수 있었다. 그는 정열적인 황제였고 제국에 최고의 정부를 제공하려고 노력했다. 계몽적인 여러 사회적·경제적 프로그램을 추구했고, 로마와 속주들에 아름다움과 번영을 더해준 토목 공사를 많이 벌였다.

알리멘타:국가의 빈민 구제. 빈민 자녀들을 지원함으로써 이탈리아 인구를 부양하기 위한 알리멘타(alimenta)라고 하는 구제 사업은 비록 네르바 때 제정되었을 가능성도 있지만 트라야누스에 의해 강력히 추진되었다. 서기 1세기 말에 이탈리아는 속주의 공업과 농업 경쟁력에 밀려 경제적으로 쇠퇴하고 있었다. 속주의 공산품과 농산품이 기존의 이탈리아 수출업자들이 장악했던 시장, 특히 당시에 들어서 고도로 로마화한 갈리아와 히스파니아 속주들의 시장을 장악했다. 이탈리아의 대 지주들은 이러한 새로운 상황에 큰 어려움 없이 적응할 수 있었다. 한때 환금성 작물을 재배하는 데 사용할 수 있었던 토

지를 소작농들(coloni)에게 생산량의 고정된 몫을 받는 대가로 넘겨줄 수 있었고, 지주들은 그들에게 받는 몫으로 꾸준히 식량을 공급받았다.

그러나 소규모 자영농들과 수공업자들의 가난은 자녀를 양육할 수 있는 그들의 능력에 큰 타격을 가하였다. 그 결과 이탈리아의 인구가 감소했다. 인구 감소는 역으로 이탈리아의 병력 자원의 감소로 이어졌다. 이탈리아의 병력 자원은 황제들이 제국의 충직한 방어를 위해서 뿐 아니라 속주들을 로마화하고 제국의 통일을 증진하는 수단으로도 사용해 왔었다. 이 문제를 완화하기 위해서 네르바 혹은 트라야누스는 소 플리니우스 같은 부자들이 사재를 털어 지역의 빈민들을 구제한 예를 따라 가난한 시민 집안의 소년·소녀의 양육 및 교육비를 보조하기 위해 알리멘타라고 하는 공공 기금을 조성했다.

이 계획하에 주어진 지역의 지주들은 대출을 받을 때 대출액의 1/8에 해당하는 가치를 지닌 토지를 담보로 제공했다. 지주들은 그 대가로 대출받은 금액의 5% 가량을 영구적으로 해마다 이자로 지불하기로 동의했다. 지불된 이자는 제국 관료들이 관리하는 기금에 들어갔고, 관료들은 그 기금을 가지고 해당 지역의 가난한 어린이들에게 나눠주었다.

지주들이 알리멘타에 강제로 참여해야 했거나 대지주들인 지역 도시 평의회의 의원들이 이 기금에서 배제되었던 것 같지는 않다. 이 대출금은 부자가 아닌 사람들에게는 아무런 관계도 없었다. 어려운 환경에 있던 소규모 지주들에게는 그 대출금이 관심도 도움도 되지 않았다. 그런 사람들로서는 목돈을 대출받을 만한 담보도 없었거니와, 각박한 살림에 항구적인 빚까지 지고 싶지 않았다. 그러나 대지주는 재산의 일부만으로 담보를 제공하고, 상대적으로 큰 모험을 하지 않고 앞으로 들어올 수입의 일부만 비용으로 물고서 쓸 돈을 얻을 수 있었으며, 그 원금을 사용하여 사업을 확장하거나 토지를 더 사들여 수익을 증가시킴으로써 매년 지불하는 이자보다 더 큰 수입을 벌어들일 것을 기대할 수 있었다.

트라야누스가 속주의 경제 사정을 개선하기 위해 취한 조치도 마찬가지로 인상적이었다. 거의 모든 속주에 도로와 교량과 항만과 수로가 건설되었다. 그러나 불행하게도 트라야누스는 효율성을 제고하려다가 이탈리아와 속주들의 도시들과 지방 자치체들의 행정에 중앙 정부가 간섭하는 위험한 선례를 남기

고 그로써 한 세기 뒤에 지방 정부의 재정 주도권을 빼앗게 된 변화들을 도입
했다. 그러나 그의 동기는 선했고, 당시로서는 여러 도시들이 재정적으로 혼돈
상태에 빠져 있었던지라 그의 개입이 정당해 보였다.

이탈리아와 동방 속주들의 몇몇 도시들은 근교 농지들과 도시 부동산들에
서 거둬들이는 세금, 범법자들에게 부과하여 받는 벌금, 시민권 발급에 따른
수수료, 수렵과 어업 면허 판매금, 그리고 일부 지역에서는 통행료와 항만세
등 세입이 막대한데도 불구하고 재정난에 허덕였다. 세입이 아무리 많아도 대
중 오락, 종교 축제, 로마에의 대사 파견, 야심찬 토목 공사 등 지출을 따라잡
기 힘들 때가 많았다. 일부 자치체들의 재정난은 제국 정부를 대신하여 세금
을 징수하고 연체금이나 부족분을 메꿔야 할 책임 때문에 한층 가중되었다.

자치체들이 자기들의 재정난을 해결하도록 돕기 위해서, 트라야누스는 감독
관들 혹은 조사관들(curatores 혹은 correctores)을 파견했다. 111년에 그는
소 플리니우스를 비시니아로 보냈다. 109년에는 막시무스라는 사람을 그리스
로 보내 조사하게 하고 아테네, 스파르타, 델피의 업무를 감독하게 했으며, 포
강 이북의 이탈리아(the Italian Transpadana)에 황제의 특사를 파견했다. 이
런 대리인들의 조언은 비록 정중하고 우호적인 방식으로 이루어졌으나 함부
로 무시할 수 없었다.

다키아 전쟁 (101~106). 토목 사업과 행정이 트라야누스가 벌인 유일한
일도 그의 가장 큰 관심사도 아니었다. 평생을 함께해온 군대가 여전히 그에
게 큰 기쁨이었다. 101년에 그는 다키아를 침공했다. 일찍이 89년에 도미티아
누스는 다키아의 왕 데케발루스와 더불어 형편에 맞고 편리하되 로마 제국의
자존심에 상처를 입힌 조약을 체결한 바 있었다.

다키아 정복은 신속히 이루어지지도 쉽지도 않았다. 지형이 산과 숲으로 이
루어진데다 노회하고 로마를 혐오하는 왕의 지휘하에 독립심이 강한 다키아
인들이 광적으로 수비를 펼치는 바람에, 트라야누스는 철문(the Iron Gate, 루
마니아와 유고슬라비아 국경의 도나우 강에 있는 길이 3km의 협곡) 근처에
있는 타파이에서 역전을 당했다. 102년 봄에 트라야누스는 다시 다키아를 침
공했다. 여러 번 전투를 성공적으로 이끈 끝에 그는 수도 사르미제게투사를

함락하고 그곳에 수비대를 영구 주둔시켰다. 데케발루스는 무조건 항복하고 다시 한 번 로마의 피보호국이 되기로 동의했다. 트라야누스는 그런 뒤 로마로 돌아가 개선식을 벌이고 다키쿠스를 십일조 세 지역에 포함시켰다.

105년에 데케발루스가 평화 조약을 깨뜨렸다. 트라야누스는 열세 개 군단을 이끌고 서둘러 도나우 강 하류 지역으로 진격하여 자신의 건축가 아폴로도루스가 건설해 놓은 돌다리를 건넌 뒤 다키아의 저항을 분쇄했다(106). 데케발루스가 자살한 뒤 트라야누스는 다키아를 속주로 병합하고 사르미제게투사를 식민시(Ulpia Traiana)로 만들었다. 그리고는 제국 전역에서 온 무수한 전역 병들과 식민시 건설자들을 그곳에 정착시켰는데, 이들이 오늘날 루마니아인들의 조상들이다. 5만 명의 다키아 전쟁 포로들은 로마의 원형 경기장에서 노예와 검투사로서 생애를 마쳤다. 다키아의 금광들에서 쏟아져 들어온 막대한 세입이 로마와 이탈리아와 속주들에서 대규모 토목 공사가 시행되는 것을 가능케 했고, 금과 은의 비율을 잠시나마 크게 교란했기 때문에 제국 정부는 아마도 균형을 회복하기 위해서 은화에 구리의 함량을 약간 늘렸던 것 같다.

파르티아 전쟁 (113~117). 7년간의 평화 끝에 트라야누스는 파르티아를 상대로 전쟁을 개시했다. 파르티아의 새 왕 코스로이스(Chosroes)는 로마의 동의를 받지 않은 채 아르메니아 왕을 폐위함으로써 트라야누스의 화를 돋구었다. 트라야누스의 반응은 신속했다. 그는 113년 가을에 동방을 향해 출항했다.

그는 2년만에 로마의 영토를 티그리스 강과 유프라테스 강 상류에서 페르시아 만까지 확장했다. 극동으로 이어지는 대상로가 이제 그의 수중에 들어왔고 인도로 가는 길목이 다음 번 목표였다. 그는 페르시아 만의 물결을 곰곰이 바라보고 동쪽을 향해 출항하는 배를 지켜보면서 "아, 조금만 젊었다면 인도에도 갔을 텐데"하고 탄식하듯 말했다. 그는 인도로 가는 대신에 유프라테스 강을 따라 올라가 바빌론으로 갔으며 그곳에서 착잡한 소식을 받았다.

트라야누스가 국경선을 제국 사상 최대로 확장해 놓은 제국이 동시 다발적인 반란으로 급작스런 소란을 겪게 되었다. 셀레우키아, 메소포타미아, 아시리아, 심지어 아르메니아가 모두 반란을 일으켰고, 강력한 파르티아 군대가 잃었던 영토를 되찾기 위해 돌아오고 있었다. 도나우 강 유역의 사르마티아인들과 록솔라니인들도 다시 꿈틀거리기 시작했다. 브리타니아에서는 로마 수비대들이 스코틀랜드의 접경 지대에서 철수했다.

가장 심각한 반란은 키레나이카, 메소포타미아, 아디아베네, 키프로스, 이집트에서 유대인들이 일으킨 반란으로서, 온통 대학살로 얼룩졌다. 트라야누스는 단호하고 신속하게 대응했으나 만약 유능한 사령관이자 동료인 무어인 루시우스 퀴에투스(Lusius Quietus)의 도움이 없었다면 급속히 악화되어 가던 상황을 되돌려 놓지 못했을 것이다. 트라야누스 자신이 티그리스 강 유역의 셀레우키아를 함락하고 무참히 멸망시킴으로써 메소포타미아 남부를 평정하는 동안, 그의 사령관은 메소포타미아 북부를 재정복한 다음, 훗날 유대 총독으로서 팔레스타인에서 발생한 모든 유대인 반란들을 뿌리뽑았다. 그의 다른 사령관들도 키레나이카, 키프로스, 이집트에서 반란 진압 임무를 띠고 파견되었으나 그다지 큰 성과를 거두지 못했다. 트라야누스 자신도 예전에 정복했던 파르티아의 영토 전부를 재정복하지 못했다. 116년에 그는 메스포타미아 남부의 속주를 명목상 로마의 피호인이던 파르티아의 왕자에게 넘겨주고, 아시리아 속주 전체와 대 아르메니아의 일부를 잃었다.

트라야누스의 죽음 (117). 사막에서 3년간 벌인 힘겨운 원정과 그뒤 몇 달간의 긴장된 생활이 트라야누스의 기력을 크게 쇠하게 만들었다. 당시 그의 나이는 육십을 넘기고 있었다. 체시폰에서 돌아오는 길에 그는 병에 걸렸고, 안티오크에서 겨울을 지나는 동안 — 그곳에서 이듬해 봄에 메소포타미아에 대한 또 한 번의 원정을 계획하고 있었다 — 건강이 급속도로 악화되었다. 그는 어쩔 수 없이 원정 계획을 취소했다. 로마로 돌아가면서 푸블리우스 아일리우스 하드리아누스(Publius Aelius Hadrianus)를 근동 사령관으로 세웠다. 귀환 길에 그는 육로를 이용했다. 그리고 그는 킬리키아의 셀리누스에서 중풍을 맞아 며칠 뒤에 죽었다(117년 8월 9일).

트라야누스의 전쟁이 끼친 영향. 로마의 임페라토르 중 가장 위대한 인물의 하나인 트라야누스는 적어도 부분적으로는 카이사르의 다키아와 파르티아 정복 계획을 실현한 최초의 황제였다. 과거에 마르쿠스 안토니우스가 그 계획을 시도한 적이 있으나 성공을 거두지 못했다. 네로도 야심을 품었으나 시도해보지 못했다. 트라야누스의 치하에서 로마 제국은 가장 넓은 영토를 얻었고, 그가 죽은 뒤에는 더디지만 피할수 없는 쇠퇴가 뒤따랐다.

제국 확장에 든 비용은 만만치 않았다. 트라야누스는 건강으로 그 값을 치렀고, 제국은 인력과 자원으로 치렀다. 더욱이 트라야누스는 방어 가능한 선을 넘어서까지 제국을 확장했고, 그 과정에서 세 개의 강력한 완충국 ― 다키아, 파르티아, 나바티아 아라비아[2] ― 의 국력을 비록 완전히 무력화하지는 못했을지라도 크게 약화시켰다. 그 결과 로마는 훗날 중앙 아시아에서 물밀듯이 밀려오는 훈족에게 쫓겨 로마 제국의 라인 강, 도나우 강, 유프라테스 강의 지나치게 확장되고 취약한 국경선을 뚫고 들어올 고트족과 그밖의 게르만족들, 알란족, 아리아족의 대규모 침공을 흡수하고 격퇴해야만 하게 되었다. 다키아와 나바티아와 파르티아의 방어력을 무력화시킨 트라야누스의 조치는 미래의 로마 제국에 재앙을 초래했다.

하드리아누스 (Hadrian, 117~138).

트라야누스가 죽었다는 소식이 안티오크에 도착하자마자 시리아 주둔군이 자기들의 총사령관 하드리아누스를 로마 황제로 선포했다. 여러 날 뒤에 원로원이 공식적으로 그 선포를 재가했다. 하드리아누스가 입양이라는 조작된 수단으로 권좌에 올랐다는 소문이 나돌았으나 군대의 지지와 원로원의 재가 앞에서 별로 힘을 쓰지 못했다.

하드리아누스의 출생지는 쟁점으로 남아 있다. 「아우구스투스들의 역사」(*Historia Augusta*)에 따르면 그는 76년에 로마에서 태어났으나 양친의 가문은 트라야누스가 태어난 곳과 똑같은 히스파니아의 소도시인 이탈리카에 속했다고 한다. 그는 열살에 고아가 되어 아버지의 사촌이자 남자로서는 가장 가까운 근족이었던 트라야누스의 피후견인이 되었다. 좋은 교육을 받고 그리스 학문들과 그리스 예술과 철학에 강하고 지속적인 애착을 갖게 되었으며,

---

2) 106년의 손쉬운 원정으로 함락된 뒤 속주가 됨.

그 점 때문에 '그라이쿨루스'(그리스 놈)이라는 경멸적인 별명을 얻었다. 그는 세련된 예술적 취향과 예리하고 탁월한 통찰력을 지닌 지식인이 되었다.

하드리아누스가 받은 훈련이 학문 분야에만 머문 것은 아니다. 건강하고 체격이 좋고 강인했던 그는 야외 생활을 좋아했고 사냥을 무척 즐겼다. 플라톤이 말한 철인(哲人) 왕처럼 그는 군대와 공직에서 오랜 경력을 쌓았다. 히스파니아, 판노니아, 모이시아, 게르마니아, 파르티아에서 군인으로 복무했다. 제1차 다키아 전쟁 때 트라야누스의 콰이스토르를 지냈고, 제2차 다키아 전쟁 때 군단 사령관을 역임했다. 107년에 하 판노니아의 총독을, 117년에 시리아 총독을 지냈다. 그러나 권력을 향한 등정에 박차를 가하기 위해서 트라야누스의 종손녀 비비아 사비나(Vibia Sabina)와 결혼했다. 그녀는 대단히 아름다웠지만 미녀가 대개 그렇듯 욕구 불만에 가득한 여성이었는데, 하드리아누스는 만약 야심만 아니었다면 아마 이혼하고 말았을 것이다.

하드리아누스는 로마에 있을 때보다 사냥을 나가거나 군대를 이끌고 원정길에 오르거나 속주들을 순방할 때가 더 편안했다. 전통적인 가정 생활이 도무지 만족스럽지 않았다. 초기에는 첩들에게서 낙을 찾은 듯하지만, 그후에는 123년에 동방을 여행하면서 만난 안티우스(Antious)라는 비시니아 출신 그리스 청년과의 사귐에서 큰 낙을 찾았다. 하드리아누스가 그리스 귀족 문화의 동성애로 크게 점철된 그리스 예술과 철학을 사랑한 점과 남성뿐인 군대 사회에서 고대 스파르타 식으로 오랜동안 왕성한 활동을 했던 점으로 비추어 볼 때 그런 관계에서 큰 만족을 얻었다는 것은 이해함직하다.

하드리아누스의 원수정 초기. 하드리아누스는 어려운 과제를 물려받았다. 그것은 화려한 경력을 남긴 전임자와 어쩔 수 없이 비교하게 되어도 결코 가볍지 않은 과제로서, 키레나이카, 이집트, 키프로스, 마우레타니아, 도나우 강 하류, 브리타니아에서 벌어진 소요와 반란을 계승한 것이다. 그가 이런 반란들을 진압하도록 도와 준 사람은 트라야누스의 탁월한 무어족 사령관 루시우스 퀴에투스를 대체한 그의 충직한 친구 마르키우스 투르보(Marcius Turbo)였다.

정권이 새로 바뀌면서 대외 정책에도 변화가 찾아왔다. 트라야누스의 확장 전쟁이 제국의 인력과 자원을 고갈시켰다고 확신한 하드리아누스는 재위 초부터 현명하게 최근에 정복한 티그리스 강과 유프라테스 강 동부를 포기하고, 대 아르메니아가 피보호 왕국의 지위로 되돌아가도록 허용하고, 파르티아와 평화 조약을 맺었다. 반면에 그가 다키아도 포기하려 했다는 소문은 뜬소문이었다.

만약 트라야누스가 정복 전쟁으로 카이사르의 행보를 모방하려고 했다면, 하드리아누스는 자신의 평화 정책의 전례를 아우구스투스의 정책에서 찾았다. 비록 그는 123년에야 비로소 HADRIANVS AVGVSTVS라는 글귀를 자신의 주화들에 새겨넣었지만 말이다. 공교롭게도 그 해는 원로원이 옥타비아누스에게 '아우구스투스'라는 칭호를 수여한 지 150주년이 되던 해였다.

새로운 '아우구스투스의 평화(Pax Augusta)'에 모든 사람이 다 만족한 것은 아니다. 특히 트라야누스의 힘있는 정책에 감탄하고 하드리아누스의 새로운 국경 정책에 실망한 루시우스 퀴에투스와 세 명의 전직 사령관들이 그랬다. 불만과 반대를 온건하게 표현한 것이 노골적인 반역 행위로 발전하여 그들은 급기야 원로원에 의해 유죄 판결을 받기에 이르렀다. 그 네 사람은 하드리아누스가 재가하거나 인지하지도 않은 상태에서 처형되었다. 그것이 하드리아누스의 주장이다. 그는 자신의 재위가 관용과 자비로 이루어지기를 바랐고 말썽을 일으키는 총독들의 피로 얼룩지는 것을 바라지 않았다.

많은 상류층 로마인들에게 그의 부인은 사태를 피하려는 거짓말로 들렸다. 그러므로 그는 마지못해서 큰 부담감을 안고서 오래 연기해온 로마 여행을 감행했다. 마침내 118년 7월 초에 로마에 도착했다.

도착한 지 하루 남짓해서 휜칠하고 턱수염을 기르고[3] 당당한 모습으로 원로원에 출석한 그는 회집한 고위 인사들 앞에서 앞으로 원로원 의원은 원로원 법정에서 사형 판결을 받기 전에는 처형당하지 않을 것을 엄숙히 약속했다.[4]

원로원은 평정을 되찾았고, 하드리아누스는 선물을 무제한 뿌리고 막대한 액수의 연체된 부채와 세금을 탕감해 줌으로써 민심을 얻는 작업에 착수했다.

---

3) 턱수염은 오랫동안 로마 황제들의 관습이었다.
4) 그는 20년간 그 약속을 지켰다

날마다 광장에는 엄청난 금액의 부채가 탕감되면서 부채 내력이 적힌 회계 장부가 타는 연기가 피어올랐다. 하지만 그러한 관대함에 비해서 그와 측근들이 얻은 만족은 소소했다. 대중의 배은망덕에 크게 화가 난 하드리아누스는 다시 로마를 떠났다.

하드리아누스의 여행. 121년에 하드리아누스는 갈리아와 라인 지방을 순방했다. 다음 해에는 브리타니아를 방문하여 솔웨이 협만에서 타인 강을 잇는 성벽(그의 이름을 딴) 공사 계획을 점검했다. 그것은 북부의 호전적인 종족들이 스코틀랜드 접경 남부의 농토를 약탈하지 못하도록 막기 위한 성벽이었다. 브리타니아에서 돌아오는 길에 그는 갈리아와 히스파니아를 통과했고, 히스파니아에서 겨울을 났다. 봄에 그는 모로코의 로마인 도시들을 침공한 무어족을 응징하기 위한 원정을 감행했다. 그곳에서 파르티아인들이 다시 평화 조약을 깼다는 소식을 받고 에페소스를 향해 출항했다.

그가 집결한 군대의 뒷받침을 받아 근동에 극적으로 도착하는 광경을 본 파르티아 왕 코스로이스는 전쟁 대신 협상을 택했다. 그렇게 해서 전쟁이 끝나자 하드리아누스는 곧장 청원과 불평을 듣는 작업에 착수했다. 속주들의 실정을 벌하고 자치체의 신전, 공중 목욕탕, 수로, 극장 건축을 조정하고, 시지쿠스에 웅장한 신전을 건축했다.

128년에 북아프리카를 방문하여 황제령 사유지를 시찰하고 좀더 효과적인 토지 이용 방법을 연구했다. 이듬해 겨울을 아테네에서 보내면서 대중 오락과 축제를 주재하고 법을 편찬하고, 전제 군주 페이시스트라토스(Peisistratos)가 7세기 전에 설계한 거대한 신전을 건립하여 올림포스 제우스 곧 올림피에이온(Olympieion)에게 봉헌했다. 아테네 시 근교에 하드리아노폴리스라는 명칭의 신도시를 건설하고 그 안에 스토아라는 판테온과 체육관과 도서관과 또 다른 거대한 신전인 판헬레니온(Panhellenion)을 세운 뒤 그것을 낭만적으로 고대의 이상인 그리스의 통일에 바쳤다. 129년 봄에 그는 다시 소아시아를 방문했다. 그가 가는 곳마다 도시들과 신전들과 도서관들과 목욕탕들과 수로들이 들어섰다.

그러나 불행하게도 그는 유독 예루살렘에서는 몰이해를 드러냈다. 둔감하게도 그곳에 아일리아 카피톨리나라고 하는 로마 식민시를 건설하기로 결정하고, 유대인 신전 터에 유피테르 카피톨리누스에게 바치는 성소를 세웠다. 이 행위가 역사에서 가장 피비린내 나는 반란의 하나를 촉발했다.

그러는 동안 하드리아누스는 자신이 무슨 일을 벌여 놓았는지도 모른 채 이집트를 방문하여 경제 재건을 꾀하고 그 찬란한 과거의 유적지들을 시찰했다. 이집트에 있는 동안 사랑하는 안티누스가 나일 강에 빠져 죽는 바람에 그와 사별했다. 그를 기리기 위해 하드리아누스는 그가 익사한 곳에서 가까운 나일 강 동쪽 유역에 안티누폴리스라고 하는 아름다운 새 도시를 건설했다. 그가 죽은 뒤 하드리아누스는 그를 신으로 숭배하고, 그에게 성소들과 신전들을 지어 바쳤으며, 그의 형상을 새긴 주화를 발행했으며, 제국 전역에 그의 흉상들을 세웠다.

유대인 반란. 로마로 돌아온 하드리아누스는 유대인들이 132년 가을에 반란을 일으켰고, 로마 점령군에 대항하여 게릴라 전을 펼치고 있다는 사실을 알았다. 유명한 게릴라 전 전략가 시몬 바르 코크바(사해사본〈Dead Sea Scrolls〉에는 시몬 벤 [바르] 코시바)가 지휘하는 유대인들이 예루살렘을 점령하고 그곳에 주둔하고 있던 로마 군단을 섬멸하고 한동안 로마 군대를 팔레스타인에서 몰아낸 듯했다. 하드리아누스는 서둘러 시리아로 돌아가 다른 속주들에서 증원군을 모집한 뒤 유능한 율리우스 세베루스를 브리타니아에서 소환하여 증원군의 지휘권을 맡겼다. 세베루스는 조직적으로 요새들과 거주지들을 고립시키고 반란군의 식량과 식수를 차단했다. 로마 군대는 50만 명의 인구를 학살하고 그 이상의 사람들을 노예로 만들었을 것이다. 135년에 반란이 최종 진압되었을 때 황무지가 된 그 땅에 고요와 적막이 깔렸다.

생존한 예루살렘의 유대인 주민들은 강제로 이주되었고, 유대인들은 매년 공식적으로 정해진 날 외에는 그 도시로 들어가는 것이 금지되었다. 그 도시의 명칭은 정식으로 아일리아 카피톨리나로 변경되었고 콘스탄티누스 때(324~337)까지 그 명칭으로 남아 있었다. 유대라는 명칭은 시리아 팔레스티나로 변경되었다. 그곳과 제국 전역에 남아 있던 유대인들은 여전히 조상의 종교를 신봉하고 전통적인 학교와 회당을 유지하도록 허용받았지만, 수세기 동안 그들의 대망의 초점이었던 민족 국가의 흔적은 1800년 동안 지워져 버렸다.

국경 지대 방어. 하드리아누스가 트라야누스의 공세적인 대외 전쟁을 포기하고 최근에 얻은 몇몇 정복지들을 이양했다고 해서 국경 지대 방어에 소홀했던 것은 아니다. 그는 브리타니아의 하드리아누스 성벽처럼 국경 지대에 대규모의 방어 시설을 설치한 최초의 황제였다. 게르마니아 남부에는 끊이지 않고 이어진 도랑과 2.7미터 높이의 참나무 말뚝 뒤로 총연장 길이 550킬로미터의 성채를 건축했다. 이 성채들은 수비대가 주둔하던 요새들과 망대들과 함께 국경 지대를 적의 침공에서 방어했을 뿐 아니라 국경선을 형성하고 로마 세계와 야만족 세계 사이의 교역 통제를 위한 검문소 역할을 하기도 했다.

군대 개혁. 하드리아누스는 군대도 소홀히 하지 않았다. 그가 군대의 기강과 병력 모집과 전술에 가한 개혁은 지속적인 중요성을 띠었다. 기강을 일종의 신앙처럼 여긴 그는 기강을 세우기 위해서 직접 제국 전역에 산개해 있던 수비대들을 직접 시찰하면서 병사들의 훈련과 행군과 작전을 관찰하고, 장비와 군복과 군장과 식당을 점검하고, 병사들에게 힘겨운 행군을 지시하고, 병사들이 행군하는 동안 자신도 직접 군복을 입고 군장을 맨 채 행군에 참여했다. 여느 황제들보다 군대의 충성을 받았고, 여느 황제 때보다 군대의 기강과 효율성이 높았다.

하드리아누스가 단행한 중요한 군대 개혁의 하나는 훈련과 장비와 조직 면에서 군단들과 보조 부대들(auxilia)의 차이를 점진적으로 없앤 것이다. 군단과 보조 부대가 그의 재위 때 최초로 로마 시민들과 비시민들로 구성되었고, 점점 더 병사들이 복무하게 될 접경 지대에서 모집되었다. 신참병들의 다수가 영구 기지들 근처에서 태어난 군인들의 아들들이었으며, 하드리아누스는 그들에게 당시까지 인정되지 않던 아버지의 부동산을 상속할 수 있는 권한을 부여했다.

접경 지대를 따라 늘어선 영구 요새들을 지키던 보조 부대들 외에도, 하드리아누스는 특히 게르마니아와 도나우 강 유역의 속주들, 브리타니아, 모로코에서 누메리(numeri)라고 하는 새로운 유형의 보조 부대들을 많이 창설했다. 이들은 소규모 이동 부대들로서, 그중 일부는 경보병이었고, 일부는 기병이었고, 일부는 혼합군이었으며, 일부는 엑스플로라토레스(exploratores)로 알려진 기마 수색대로 구성되었다. 누메리는 비록 로마의 전임 백부장들의 지휘를 받는 경우가 많긴 했지만, 자기들의 본토어와 무기와 전투 방법을 유지했다.

하드리아누스가 전술에 도입한 가장 위대한 개혁은 고대 마케도니아의 팔랑크스(중장보병 밀집대전술)를 개선하여 도입한 것이다. 공격시에 보조 부대가 선제 공격을 하고나면 군단들의 팔랑크스가 뒤따라 진격하여 최후의 타격을 가하였다. 적군이 선제 공격을 가할 때는 보조 부대가 공격의 예봉을 무디게 했다. 그런 다음 접경 요새들 배후의 막사에 대기하고 있던 군단들이 진격하여 지친 적군을 무너뜨렸다. 하드리아누스의 전술은 거의 두 세기 동안 소소한 수정을 제외하고는 표준적인 군사 전략으로 남게 되었다.

속주들. 폭넓은 여행과 재무행정장관들과 그밖의 대리인들이 보내오는 자세한 보고들에 힘입어 하드리아누스는 속주들의 정황을 친숙히 알 수 있었다. 속주 행정에 관한 어떠한 지엽적인 일도 그는 사소하게 취급하지 않았다. 특히 그것이 강자로부터 약자를 보호하고 부자로부터 빈자를 보호하는 일(humiliores contra honestiores; tenuiores contra potentiores)인 경우에는 더욱 그러했다. 아울러 하드리아누스 때에 제국의 도시화가 절정에 달했고, 문화와 문명이 확산되면서 로마 시민권의 대상도 확대되었다.

하드리아누스는 도시 평의회들 즉 지역 원로원(decuriones)의 모든 의원들뿐 아니라 정무관들에게 시민권을 부여하는 대 라틴권(Latium Maius)을 수시로 부여했다. 이 정책은 흔히들 주장하는 것처럼 자치체가 쇠퇴해간 징후도 아니고 단순히 관직을 좀더 매력적으로 만들기 위해 쓰인 것도 아니며, 다만 로마 시민권이 전역에 보급되는 속도에 박차를 가하고 로마 제국을 본격적인 세계 국가로 변화시키는 데 본뜻이 있었다. 이 정책은 세수 기반을 넓히고 병력 자원이 되는 시민의 수를 증가시키는 등 실질적인 효과도 적지 않았다.

제국 관료제의 재편. 로마가 세계 국가로 발돋움하면서 증가한 행정상의 필요와 하드리아누스 개인의 효율성에 대한 의욕이 제국 관료제의 확대와 재편으로 이어졌다. 그가 공무원들에게 요구한 자질들은 대다수 현대 국가들이 필요로 하는 것들과 다르지 않았다. 그는 공직자들이 유능하고 제대로 훈련되고 역량을 갖추고 황제에게 충성하며 국가에 헌신할 것을 요구했다. 공직자들에게 넉넉한 보수를 지급했고 힘든 업무와 솔선수범과 효율적 업무 수행에 대해서 보상했다.

과거에 베스파시아누스는 고위 행정직에 피해방인들보다 기사 신분을 더 많이 기용함으로써 클라우디우스의 정책을 뒤집은 바 있었다. 하드리아누스는 베스파시아누스의 노선을 따라 기사 신분을 클라우디우스가 창설한 네 개의 행정 부서 — 제국 우정부(郵政部, ab epistulis), 법무부(a libellis), 재무부(a rationibus), 교육 및 문헌부(a studiis) — 책임자들로 임명했다. 그들의 위신을 높여 주기 위해서 이 관직 보유자들에게 비르 에그레기우스(vir egregius '현저한 사람'), 비르 페르펙티시무스(vir perfectissimus '가장 완벽한 사람'), 그리고 친위대장에게 붙던 비르 에미넨티시무스(vir eminentissimus '가장 탁월한 사람') 같은 극찬이 담긴 칭호를 부여했다. 다양한 행정직에 따라 급료의 수준도 세분했다. 예를 들어 황제대리인(procurator)들은 서열에 따라 연봉 6만, 10만, 20만, 30만 세스테르티우스를 받았다. 네 명의 기사 출신 관리관(equistrian prefects)들의 급료 수준은 그보다 훨씬 높았다.

이 네 개의 정부 부서에다 하드리아누스는 각료급의 두 부서를 신설했는데, 두 부서 모두 정부의 정부의 중앙집권화가 훨씬 진척되었다는 것뿐 아니라 기사 신분이 더욱 폭넓게 국정에 참여하게 되었다는 것을 가리켰다. 신설된 부서들의 하나는 기존에 이탈리아의 자치체들과 속주들에 재정적 행정적 부담을 안겨 주었던 이른바 제국의 우편과 통신(cursus publicus)이라는 극히 중요한 체계를 개혁한 데서 기인했다. 하드리아누스는 그 체계를 로마의 중앙 부서의 통제를 받고 기사 출신의 교통 담당관(praefectus vehiculorum)의 지휘를 받는 국가 제도로 재편함으로써 부담을 덜어주었다.

다른 새 부서는 징세 체계, 특히 5%의 상속세 징수 체계가 정밀성을 띤 결과로 생겼다. 하드리아누스는 상속세 징수 업무를 카이사르와 아우구스투스와 티베리우스의 정책 노선에 맞춰 세금 징수 회사에서 기사 신분의 징세관

(procurator)이 감독하는 국가 기관으로 이관했다. 징세관은 제국 전역의 무수한 요원들의 지원을 받아 상속세와 그밖의 직접·간접세들을 징수했다.

제국 관료제를 재편하는 과정에서 하드리아누스는 기사 신분 관리들의 민간 업무와 군사 업무를 분리하고 군사 경험이 없는 기사 신분을 민간 부서에 임명함으로써 아우구스투스의 정책에서 탈피했다. 그는 아마 법률과 철학에 관심이 있으면서 군대 생활에 염증을 느낀 사람들을 정부 부서로 끌어들이고 싶었던 것인지도 모른다.

하드리아누스는 고위 행정직을 꿈꾸는 기사 신분에게 선택권이 주어졌던 군사 훈련을 받는 대신에 국고 담당 대리인들(advocati fisci) ― 세금 기피와 체납 건을 기소하도록 제국 전역에 파견된, 신실된 직위의 관리 ― 같은 소소한 업무를 수행함으로써 민간 부서 업무를 시작하도록 요구했다.

하드리아누스가 민간 업무와 군사 업무를 분리한 것은 잘못된 발상이었던 것 같다. 왜냐하면 정부의 고위 관리들에게 필요한 군사 경험과 군대에 대한 장악력을 박탈하고, 가령 3세기에 실제로 발생했던 것처럼 민간 정부에 관해 전혀 무지한 군사령관들의 강력한 집단의 도전을 받을 때 손쓸 수 없는 상황이 벌어졌기 때문이다. 이 경우에 행정적 효율성을 제고하려고 한 하드리아누스의 의욕은 장래의 국가 안정에 해롭다는 것이 입증되었다.

자문회의 재편. 조직에 대한 열정이 남달랐던 하드리아누스는 이를테면 아우구스투스와 그의 후임자들이 자문했던 궁정의 친구들과 고문들의 비공식 자문회의를 본격적인 내각과 항구적인 프린켑스 자문회의(consilium principis)로 전환했다. 이 집단은 정부의 여러 부서장들과 수석 담당관들(chief prefects), 그리고 여러 저명한 법률가들로 구성되었다. 이 기관은 제국의 주요 정책 결정 기관의 역할을 했을 뿐 아니라, 원로원 의원들과 고위 관리들이 관련된 소송을 심리하고 황제를 도와 민법과 형법을 제정하고 해석하는 기능을 지닌 일종의 대법원 역할도 수행했다.

법률 개혁. 하드리아누스가 시행한 모든 개혁들 중에서 가장 위대하고 항구적 영향을 남긴 것은 법률 분야의 개혁이었다. 그중 한 가지 개혁은 저명한 법률가들의 만장일치의 해답(responsa)에 유사한 사건들을 심의하는 판사들을 지휘할 수 있는 법적 구속력을 부여한 것이다. 저명한 법률가들의 의견이 상충될 때만 판사들이 독자적인 판결을 내릴 수 있었다. 이런 제도가 훗날 로마 법학에 들어가 마침내 유스티니아누스 1세의 「학설류집」(學說類集, *Digest*)과 「칙법휘찬」(勅法彙纂, *Code*)으로 꽃피게 되었다.

그보다 더욱 중요한 것은 「프라이토르의 영구고시록」(*Praetorian Perpetual Edict*)의 편집과 편찬이었다. 공화정 시대 초기 이래로 신임 시민 담당 프라이토르(Urban Praetor)는 자신의 임기 동안 따르고자 하는 법률과 법 절차를 밝힌 고시들(告示, edicts)을 작성하여 고시했다. 속주 총독들뿐 아니라 외국인 담당 프라이토르(Praetor Peregrinus)도 그 선례를 따랐다. 프라이토르들은 필요한 경우에 새로운 법과 절차를 추가하기도 했지만 정상적으로는 전임자들의 법률과 절차를 따랐기 때문에 그 고시들은 여러 진부한 규칙들과 모순들과 모호한 점들을 존속시키는 경향이 있었는데, 논리적이고 법률적인 사고를 지닌 하드리아누스에게는 이 모든 것들이 못마땅했다. 그러므로 그는 살비우스 율리아누스(Salvius Julianus)에게 황제나 원로원의 결의에 의하지 않고는 현재와 장래의 모든 프라이토르들에게 수정이나 첨가가 허용되지 않은 채 구속력을 지니는 영구 고시록(永久告示錄, edictum perpetuum)을 작성하게 했다.

그뒤로 프린켑스들의 칙법들(勅法, constitutiones principum)은 점차 법의 근원으로서 중요성을 띠기 시작했다. 그 칙법들은 황제가 자신의 명령권을 가지고 발행한 고시들(edicta)과 그의 사법적 명령(decreta) 혹은 판결, 구체적인 법 조항에 관한 서면 문의에 대한 답변(rescripta), 관리들에 대한 위임사항(mandata) 혹은 그의 명령에 대한 행정 지침들로 구성되었다.

로마에 있는 프라이토르 법원들의 과중한 공판 일정을 완화하고 이탈리아의 법 집행을 신속히 처리하기 위해서, 하드리아누스는 반도를 네 개의 사법 구역으로 분할하고, 각 구역을 콘술 급 순회 판사(juridicus consularis)에게 맡겨 상속과 신탁과 후견에 관련된 소송을 주재하고 자치체의 법원들로부터 항소를 받아 재판하도록 했다. 이 혁신은 유익하고 필요했으며 이탈리아를 속주의 지위로 격하할 의도가 없었지만 원로원을 불쾌하게 만들었고, 원로원의 지속된 항의 때문에 하드리아누스의 후임자 안토니누스 피우스가 현명치 못하게도 그 혁신을 원점으로 돌려놓았다. 후대에 마르쿠스 아우렐리우스가 그 조치를 복원시켜야 했다.

사회 개혁. 법과 정의의 최고 원천을 자임한 하드리아누스는 스토아 철학 원칙과 노예조차 인간으로 본 세네카 및 견유학파의 사상에 부합하게 약자와 의지할 데 없는 자를 보호하는 데 자신의 권위를 사용했다. 주인이 노예를 죽이고 고문하거나 거세하거나 검투사로 팔아넘기거나 불륜의 목적으로 팔아넘기는 것을 불법으로 규정했다. 아울러 파테르 파밀리아스(pater familias, 家長)에게서 자기 자녀들에 대한 생살여탈권을 박탈했으며 미성년자가 재산을 상속하고 소유할 수 있도록 권한을 보호해 주었다.

사회 복지와 교육 분야에서 하드리아누스는 네르바와 트라야누스의 정책을 고수하여 이탈리아의 빈민 가정의 자녀들을 양육하고 교육하기 위해 국가 기금을 사용하고 그 기금의 분배를 집행하도록 아동 복지 감독관(praefectus alimentorum)을 임명했다. 아울러 제국의 여러 자치체들에 있는 중등학교 교육과 은퇴 교사들의 연금을 위해 기금을 제공했다. 그는 베스파시아누스의 정책을 계승하여 로마와 속주들에 있는 수사학, 철학, 기술, 의학 학교들에 기부금을 냈다.

하드리아누스의 말년. 유대인 전쟁이 끝난 뒤 하드리아누스는 로마로 돌아가(135) 다시는 이탈리아를 떠나지 않았다. 로마에서 아니오 강을 따라 29킬로미터 올라간 곳에 있는 티부르(티볼리)의 아름다운 저택에서 말년을 보냈으나 인생을 즐길 기력이 없었다. 그렇게 많은 곳을 여행하고 많은 것을 보고 이룩하고 난 뒤라서 생에 대한 의욕이 남김없이 빠져나갔다. 고독과 좌절이 그의 정신을 엄습했고 소모성 질병이 그의 육체를 괴롭혔다.

병이 깊어지고 죽음이 가까이 다가오자, 그는 후계자 선정 문제에 관심을 돌렸다. 그가 먼저 선택한 사람은 그의 친구인 루키우스 케이오니우스 콤모두스 베루스(Lucius Ceionius Commodus Verus)였다. 그를 양자로 삼을 셈으로 군인들과 인민의 지지를 얻어내기 위해 막대한 돈을 뿌렸다. 그러나 그것은 한갖 낭비였을 뿐이다. 루키우스 베루스가 일찌감치 138년에 죽었던 것이다. 하드리아누스는 그뒤 부유하고 덕망있는 원로원 의원 티투스 아우렐리우스 안토니누스(Titus Aurelius Antoninus)를 양자로 삼고, 다시 그에게 열일곱살 난 마르쿠스 안니우스 베루스(Marcus Annius Verus. 훗날 황제 마르쿠스 아우렐리우스가 됨)와 작고한 루키우스 베루스의 아들인 일곱살 난 소년 루키우스 아일리우스 베루스를 그의 양자들로 삼도록 했다. 그렇게 해놓고 난 뒤 하드리아누스는 자신이 계승 문제를 한 세대만 해결하지 않고 두 세대에 걸쳐 해결함으로써 아우구스투스의 전범을 따랐다고 느꼈다. 이제 그의 마지막이자 유일한 소원은 평안히 죽는 것이었다.

죽음이 찾아왔으나 그다지 속히 찾아오지는 않았다. 고통으로 시달릴대로 시달린 그는 누가 자신의 목숨을 끊어주기를 바랐다. 자신의 주치의에게 독이 든 알약을 달라고 간청했으나 주치의는 그 알약을 자신이 먹어 버렸다. 노예에게 자신의 심장을 찌르라고 명령했으나 그 노예는 도주해 버렸다. 마침내 138년 7월 10일에 나폴리 근처의 바이아이에서 자연이 그의 소원을 들어주었다. 그의 양아들이자 상속자인 안토니누스가 그의 시신을 대묘(Mausoleum)에 안장하고, 원로원의 반대를 무릅쓰고서 그를 신격화했다. 또 다른 신이 이제 로마의 하늘에 등단했으며, 안토니누스는 피우스라는 새 이름을 취하였다.

안토니누스 피우스 (Antoninus Pius, 138~161).

안토니누스의 재위는 그 길이(23년)에 걸맞지 않게 무사 태평했다. 제국은 평화로웠고, 큰 대외 전쟁이나 내부 반란이 그 평화를 깨뜨리지 않았다. 황제 본인이 로마인의 덕성을 두루 갖춘 태평한 사람이었다. 「아우구스투스들의 역사」에 따르면 그는 훤칠하고 준수했고, 기품과 교양을 갖췄고, 재능과 웅변과 학문이 높았고, 근면하고 공정하고 정직하고 신앙이 깊고 남들에게 관대하고 자신에게는 엄격하고 매우 인자하고 침착했다고 한다. 정적은 적고 친구는 많았다.

안토니누스의 생애는 항상 소박하되 단조롭지 않았고, 엄격하되 경색되지 않았으며, 위험하거나 불안한 법이 없었다. 그는 라누비움이라는 유명하고 유서깊은 라틴 소도시에서 태어나 자랐지만 가문은 갈리아 남부 네마우수스(님)

출신으로서 이탈리아에 많은 사유지를 소유하고 로마 근교에 융성한 벽돌 곡
장을 소유한 부유하고 유서깊은 귀족 가문이었다. 그의 사유지들 가운데 그가
가장 아끼던 곳은 로마에서 서쪽으로 16킬로미터 가량 떨어진 에트루리아 접
경의 로리움이라는 곳이었다. 그곳에서 직접 재산을 관리하면서 많은 시간을
보냈다. 그는 닭을 키우고 친구들을 불러 대접하고 사냥과 낚시를 즐겼다. 로
마와 그곳의 궁전들과 하드리아누스의 저택은 그의 마음을 끌지 못했다.

초기 경력. 원로원 의원이 거치는 모든 직위를 두루 거친 안토니누스는
120년에 두번째로 콘술을 역임한 뒤 시골 사유지로 은퇴하여 여생을 즐길 생
각이었다. 그러던 차에 하드리아누스의 명으로 이탈리아 구역 판사가 되었고,
135/6년에는 아시아 총독이 되었으며, 그곳에서 행정가로서 두각을 나타냈다.
해박한 법률 지식과 행정 능력에 힘입어 그밖에도 여러 관직에 임명되었지만
그중 어느 하나도 자원한 것이 없었다. 하드리아누스는 그를 프린켑스 자문회
의 의원으로 기용했고, 마침내는 자신의 후계자 겸 동료로 삼았다.

안토니누스와 원로원. 안토니누스가 황제가 되어 맨 처음 수행한 일은 하
드리아누스의 비확장 정책과 친 헬레니즘 성향과 사해동포적 철학을 항상 못
마땅하게 여겨온 다수의 원로원 의원들이 그의 기억을 지워버리고 그의 고시
들과 법령들(acta)을 무효화하려고 할 때 그들의 시도를 좌절시킨 일이었다.
하드리아누스의 조치들을 무효화한다는 건 곧바로 자신의 입양과 계승을 사
실로 인정치 않겠다는 의도가 아니냐고 지적해 가면서 원로원에 대해서 자신
의 전임자에게 신의 영예를 부여하도록 승복시켰다. 그 대가로 원성이 높던
이탈리아의 네 구역 판사직을 폐지하고 하드리아누스가 임종하면서 법의 보
호를 박탈한 원로원 의원들을 구명하기로 합의했다. 이로써 원로원과의 관계
가 극히 조화를 띠기 시작했다. 안토니누스는 더 나아가 의원들을 정중히 대
하고 회의에 참석하고 자신의 정책에 대해 원로원에 자문하고 가난한 의원 가
정들에 재정 지원을 함으로써 원로원과의 관계를 더욱 향상시켰다.

토목 공사. 안토니누스는 이탈리아에 넉넉한 자금을 지원하여 토목 공사와

사회 복지에 사용하도록 했다. 푸테올리, 오스티아, 카이에타, 테라키나 같은 항구들을 개량하고, 오스티아에 공중 목욕탕을 짓게 하고, 카푸아에 원형 극장을 세우도록 했으며, 그밖에도 교육과 어린이 복지 그리고 로마 주민들에 대한 후한 식량 및 재정 분배를 위해 자금을 내놓았다.

속주들에 대해서도 도외시하지 않았다. 평화로운 그의 재위 기간 동안 비록 어느 지역이랄 것도 없이 수탈을 당한 대다수 농민들과 특히 이집트의 펠라힌 (fellahin, 이집트의 농민들)은 여전히 가난에 허덕이긴 했어도 상류층과 중류층은 번성을 누렸다. 안토니누스는 그리스와 소아시아와 몇몇 에게 해 섬들 도시들의 지배 계층의 바람과 청원을 귀담아 들었다. 빈번히 그들의 세금을 깎아 주거나 부채를 탕감해 주었고, 그들이 지진이나 화재나 홍수로 피해를 입을 때는 지원을 아끼지 않았다. 더욱이 국내에 머물러 지냄으로써 황제를 모셔야 하는 무거운 부담을 덜어주었다. 그는 자신의 권력과 선행이 마치 평화로운 늦여름 오후 햇살처럼 로마나 로리움에서 퍼져나가게 하는 것으로 만족했다.

재무 행정. 로마와 이탈리아와 속주들에서 자선과 토목 공사에 막대한 비용을 지출했으면서도 안토니누스는 건실한 재무 행정과 검소한 생활에 힘입어 죽기 전에 2십억 세스테르티우스의 잉여금을 국고에 남기는 데 성공했다. 그것은 티베리우스가 죽은 이래로 최대의 잉여금이었다.

법률의 발전. 그것보다 더욱 자랑스러운 업적은 로마 법에 크게 기여했다는 점이다. 역대 로마 황제 중에서 그처럼 주변에 탁월한 법적 재능을 지닌 인사들을 둔 황제는 없었다. 다섯 명의 법률가가 황제 자문회의 의원들이었다. 안토니누스 본인이 법의 세목과 정신을 친숙히 알고 있었다. 그는 상속에 관한 법들을 명쾌히 정리하고 소수의 법적 권익을 보호하고 노예 해방을 장려했다. 그는 노예를 죽이거나 학대한 주인에게 부과되는 벌금을 높였고, 이전까지 이탈리아와 속주들에 큰 괴로움을 안겨준 인신매매 행위를 단호히 응징했다. 반대로 탈영병에 대한 처벌을 완화하고 전쟁 포로를 10년간 광산에서 노역을 시킨 뒤에는 풀어주었다. 유대인들에게 할례권을 허용하고 그리스도교인들에 대한 탄압을 제지했다. 보다 폭넓은 관심을 끄는 대목은 그가 유죄 사실이 입증되기 전까지는 누구도 무죄하다고 간주해야 하며, 판사들의 견해가 팽팽히 맞설 때 피고는 반드시 불확정의 이익(the benefit of the doubt)을 받아야 한다고 규정했다는 점이다.

대외 정책. 로마 제국의 권력과 위엄의 살아 있는 상징이었던 안토니누스는 제국 국경선 훨씬 너머까지 명성과 권위를 얻었다. 박트리아와 인도에서 그에게 대사가 파견되었다. 그의 이름이 중앙 아시아와 중국에까지 알려졌다. 동방의 왕들이 그의 자문을 구했고, 그가 파르티아 왕에게 보낸 편지에는 아르메니아 침공을 삼가달라는 권유가 담겨 있다. 그는 몇몇 사람들에게는 권좌를 수여하고, 다른 사람들에게는 영토를 확장해 주었다. 심지어 보헤미아의 콰디족조차 그가 지명해 주는 사람을 자기들의 왕으로 받아들였다.

그럼에도 불구하고 로마의 권력은 기울고 있었다. 흔들리던 그 기반이 그나마 버티고 있었던 이유는 트라야누스가 거둔 군사적 업적과 하드리아누스가 로마 군대를 효율적이고 강한 군대로 만들기 위해 쏟아부은 부단한 노력 때문이었다. 안토니누스는 비용을 절감하기 위해서 군대가 물러지고 전력이 약해지는 것을 방치했는데, 반면에 국경 너머의 민족들 — 게르만족들, 훈족, 아리아족, 아랍족 — 은 로마의 군제와 전술을 모방함으로써 군사력을 키워가고 있었다. 한때 로마 군단을 여러 게르만 종족들이나 파르티아의 호적수로 만들었던 좋은 장비와 훈련이 이제는 더 이상 로마의 전유물이 아니었다. 이제는 모로코의 종족들이 일으킨 것과 같은 소규모 반란도 상당한 어려움을 겪지 않고는 진압되지 않았다. 비슷한 반란이 브리타니아, 게르마니아, 다키아, 러시아 남부, 소아시아, 이집트, 팔레스타인에서 간헐적으로 일어났다.

안토니누스는 열정 혹은 주도권을 발휘한 두 개의 국경 지대 — 브리타니아와 게르마니아 — 에서만 하드리아누스의 정책을 단순히 답습했다. 스코틀랜드에서는 국경선을 북쪽으로 120킬로미터를 밀어부쳤고, 폭이 60킬로미터 가량 되는 포스와 클라이드 사이의 협만에 잔디와 진흙으로 성벽을 쌓았는데, 그 길이가 솔웨이 강과 타인 강 사이의 하드리아누스 성벽의 절반 가량 된다. 3.2킬로미터 간격으로 19개의 요새를 갖춘 안토니누스 성벽이 건축된 목적은 북쪽과 남쪽에 사는 원주민들에게 위압감을 심어주고 가축 도적질이나 밀수를 막는 데 있었다. 게르마니아 남서부에서 그는 국경선을 전방으로 30 내지 50킬로미터 밀어부침으로써 국경선의 길이를 단축하고 석재로 요새들과 망대들을 새로 지어 수비를 강화했다.

안토니누스의 죽음. 안토니누스가 브리타니아와 게르마니아에 세워 놓은 방어선은 그의 재위 말까지는 굳게 버티고 섰으나 그뒤까지 그렇지는 못했다. 수동적 방어와 고립주의 정책 그리고 군대를 정예 상태로 유지하지 못한 점이 제국을 그의 사후에 밀어닥친 외부의 파상적인 공세를 변변히 퇴치하지 못하게 만들었다. 아마 그는 161년 3월에 로리움에서 임종 침상에 누워서 자신의 실수를 희미하게나마 깨달았을 것이다. 혼수상태에서 제국에 관해서 그리고 자신을 배반한 모든 간교한 왕들에 관해서 분노에 휩싸여 말을 했던 것이다.

마르쿠스 아우렐리우스 (Marcus Aurelius, 161~180).

안토니누스가 세상을 떠난 뒤 로마 황제들 중에서 아마 가장 탁월하고 틀림없이 가장 고결한 황제인 마르쿠스 아우렐리우스가 즉위했다. 그는 스토아 철학자이자 평화에 헌신한 사람이었다. 그처럼 평화를 사랑한 사람이 재위의 많은 부분을 국경 지대에 출몰하는 게르마니아와 파르티아 침략자들에 맞서 전투를 벌이는 데 보내야 했다는 것은 역사의 아이러니 중 하나이다.

마르쿠스 아우렐리우스는 121년 로마에서 부유하고 명망있는 히스파니아계 부모에게서 태어났다. 돈과 지위와 열의가 제공할 수 있는 모든 교육 혜택을 누렸다. 불과 여섯살 때 하드리아누스가 루키우스 콤모두스 베루스에게 그를 양자로 삼으라고 강요했다. 훗날 그는 안토니누스 피우스의 양자가 되었고, 안토니누스가 죽은 뒤에 로마 황제가 되었다.

교육과 문화적 배경. 마르쿠스는 공립 학교에 가본 적이 없었다. R자로 시작하는 세 명의 가정교사에게 문법과 문학(라틴 문학뿐 아니라 그리스 문학까지도)과 과학과 수학과 음악과 춤과 그림을 배웠다. 그가 배운 운동에는 그가 무척 좋아한 공놀이와 권투, 레슬링, 사냥, 낚시가 있었다.

마르쿠스가 받은 교육의 다음 단계는 수사학과 로마 법 공부였는데, 수사학은 아프리카 출신의 유명한 수사학자 겸 변호사 코르넬리우스 프론토(Cornelius Fronto, 100년경~166년경)에게 배웠고, 로마 법은 화려한 경력의 법률 전문가 루키우스 볼루시우스 마이키아누스(L. Volusius Maecianus)에게 배웠다. 거부(巨富)로서 그리스 철학자이자 수사학자인 헤로데스 아티쿠스(Herodes Atticus, 101년경~177)는 아테네에서 그에게 그리스 웅변술을 가르치기 위해서 왔다. 이들은 그의 교사들 중 가장 저명한 인사들로서, 그밖에도 수많은 교사들이 그를 가르쳤다. 그러나 누구보다도 훌륭하고 사랑을 많이 받은 교사는 수사학자 프론토로서, 마르쿠스는 그와 여러 해 동안 편지를 주고받았다.

철학 훈련. 프론토의 이상론에 따르면 사람에게 문학에 박식하게 하고 언변에 능하게 할 뿐 아니라 고도의 도덕성까지도 갖추게 한다고 하는 수사학 공부와 병행하여, 마르쿠스 아우렐리우스는 스토아 철학에 큰 매력을 느꼈다. 그는 유니우스 루스티쿠스(Junius Rusticus)에게 철학을 배웠는데, 유니우스는 그에게 네로의 법정에서 어떤 피해방인에게 참혹한 고문을 당한 적이 있는 병약하고 절름발이인 프리기아의 노예 에픽테토스의 「대화록」(*Discourses*, 서기 55년경~135년)을 빌려주었다. 에픽테토스는 훗날 해방되어 로마에서 철학을 가르치다가 비타협적인 스토아 철학자답게 독재에 항거하다가 도미티아누스에 의해 90년에 추방당했다.

아마 클레안테스(Cleanthes, 기원전 310년경~232년)의 「제우스에게 바치는 찬가」(*Hymn to Zeus*)를 제외하고는 스토아주의를 가장 숭고하게 피력한 내용이 마르쿠스 아우렐리우스의 「명상록」(*Meditations*)에 실려 있다. 마르쿠스는 제2차 마르코만니 전쟁(169~175) 때 도나우 강 유역에서 야전 생활을 하면서 밤이면 명상을 하여 그것을 그리스어로 남겼다. 두서없고 연결성이 없고 감정이 배제된 독백 혹은 보편적 힘(the Universal Power)과 나눈 대화가 그 내용을 이룬다. 「명상록」(그리스어 제목으로는 '자신에게'〈타 에이스 헤아우톤〉)에서 그는 스토아 철학의 전통적 덕목들을 도덕성의 기초로 강하게 재확인하면서, 그 덕목들로부터 영혼이 추진력을 얻어 신과 직접 교감을 나누고 자기 의지를 흔쾌히 버리는 경지에 들어간다고 했다.

그리스도교인들에 대한 박해. 그러나 당대의 독실한 이교 로마인들과 마찬가지로, 마르쿠스 아우렐리우스는 그리스도교인들을 부패하고 미신적인 분파일 뿐 아니라 로마의 생활 방식을 뒤엎는 데 헌신한 불법적이고 반체제 조직으로 간주했다. 그리스도교인들이 국가의 신들에게 제사를 드리라는 정무관의 지시를 완강하게 불복하던 것을 마르쿠스는 황제들이 외부로부터는 야만족에게서 내부로부터는 분열에서 제국을 지켜 강하게 하는 방편으로 고대 로마 문화와 종교를 복원하려는 노력을 거스르는 행위로 간주했다. 일반 주민들은 그리스도교인들을 무신론과 불륜과 심지어는 식인의 죄목으로 고소하고 그들을 희생양으로 삼아 국가에 닥치고 있던 재난들을 면하려고 했다. 루그두눔(리용)과 스미르나(이즈미르)에서처럼 성난 군중이 응징을 요구할 때 관리들이 군중의 요구에 부응한 경우가 많았다. 예를 들어 순교자 유스티누스(Justin Martyr. 플라톤 철학과 스토아 철학을 유대교와 그리스도교의 신학에 접목시킨 인물)는 로마에서 여섯 명의 동료와 함께 죽었다. 누미디아의 스킬리움에서도 그리스도교인들이 죽었다. 트랜스알피나의 루그두눔과 비엔나(비인)에서도 무수한 그리스도교인들이 피를 요구하는 성난 군중 때문에 고문을 당해 죽었다.

황제와 군인으로서의 마르쿠스 아우렐리우스. 마르쿠스 아우렐리우스는 유능한 행정가이자 군사령관이었다. 그의 재위 첫 2년은 위기가 가득했다. 테베레 강에 대홍수가 났고, 시지쿠스에 지진이, 갈라티아에 가뭄이, 브리타니아에 반란이 일어났고, 게르만족이 라인 강을 건너왔으며, 젊은 파르티아의 왕 볼로게세스 3세가 아르메니아와 시리아를 침공했다. 마르쿠스가 황제가 되어 취한 최초의 행동은 루키우스 베루스를 자신과 명예와 직함과 권력이 동등한 동료로 임명해 줄 것을 고집한 것이었다. 베루스를 쾌락과 자기 탐닉에 중독된 경박한 젊은이로 간주한 원로원의 반대를 무릅쓰고서 말이다. 그런 뒤 베루스는 파르티아의 위협에 대처하기 위해서 동방으로 갔고, 그 동안 아우렐리우스는 서방의 긴박한 문제들을 다루었다. 재위 말기에 한 사람의 계승자를 지목하는 데서 넘어서서 재위 초에 이 두 동등한 동역자들 사이에 역할 분담이 이루어졌다는 것은 갈수록 무거워져만 가던 제국 국방과 행정의 짐을 져야하는 상황에서 점차 매력적인 해결책이 될 것이었다. 결국 이 처방이 공식화하여 제국은 둘로 갈라지게 된다.

파르티아 전쟁 (161~165). 동방에서 베루스는 현명하게도 쾌락에 탐닉하면서도 시리아와 카파도키아에 주둔하고 있던 기강도 해이하고 훈련도 안된 군대를 철저히 재편했다. 그는 유능한 두 명의 장군을 부관으로 삼았다. 한명은 아르메니아를 침공하여 그 수도 아르탁사타를 함락하고 불태운 스타티우스 프리스쿠스(Statius Priscus)였고, 다른 한 명은 시리아 태생의 엄격한 훈련가 아비디우스 카시우스(Avidius Cassius)였다. 시리아 주둔군을 강군으로 조련한 그는 유프라테스 강을 건너 메소포타미아를 침공하여 순식간에 에데사, 니시비스, 체시폰, 셀레우키아를 함락한 뒤 완전히 불태워 버렸다. 두 황제는 공동으로 개선식을 거행했다. 아우렐리우스는 승리를 이끌어낸 전략을 수립한 장본인이었지만 베루스에게서 승리의 영광을 박탈할 의사가 없었다.

그런 뒤 두 가지 재난이 갑작스럽게 닥쳤다. 병사들이 불에 타 폐허가 돼버린 셀레우키아에서 돌아오면서 두려운 전염병을 가지고 왔다. 그 때문에 승리에 들떠 있던 동방의 군대들이 철수했고, 철수하면서 소아시아와 이집트와 그리스와 이탈리아에 전염병을 옮겨 일부 지역들에서는 인구의 1/3이나 죽게 했으며, 마침내는 라인 강과 도나우 강 국경선을 지키던 군인들의 수를 격감시켰다.

도나우 강 유역의 국방은 대규모 병력이 동방으로 차출됨에 따라 이미 크게 약해진 상태였다. 그 참에 게르만족이 대규모로 그곳을 뚫고 밀려들어왔다. 마르코만니인과 콰디인과 그밖의 여러 종족들이 그들인데, 이들은 수세기 동안 유라시아의 광활한 한복판에서 형성해온 세력을 가지고 천천히 그러나 무자비하게 압박해 들어오기 시작했다. 경비 병력이 드문드문 배치된 국경선을 뚫고 들어온 이들은 도나우 강 유역 속주들인 라에티아, 노리쿰, 판노니아를 짓밟고 지나간 뒤 율리우스 알프스 지방을 관통하여 이탈리아 북부로 쳐들어와 아드리아 해 머리 부분에 자리잡은 대 항구 아퀼레이아를 포위했다. 마리우스 시대에 킴브리아인과 테우토네스인의 침공을 받은 이래 이탈리아가 이 때만큼 위험에 처한 적이 없었다.

도나우 접경 지대에서 벌어진 전쟁 (167~175). 로마에 기근이 발생한 상황을 방치한 채 마르쿠스 아우렐리우스는 강력한 조치를 취했다. 원로원에 대해서 자신과 베루스가 즉각 북부 국경 지대로 떠나야겠다고 선언했다. 파르티아 전쟁을 치르면서 국고가 바닥난 상황에서 마르쿠스는 세금을 늘리지 않기 위해서 황궁들에 있는 금 식기들과 고급 예술품들을 내다 팔았다. 그는 노예들과 검투사들과 화적들을 군대로 징집했으며 적의 후방을 교란하기 위해서 게르만족과 스키타이족을 고용했다. 그는 알프스 산맥의 통로들을 봉쇄하고 위험 지역의 도시들을 요새화했다. 그런 뒤 그는 서둘러 북쪽으로 진격하여 아퀼레이아를 탈환하고 노리쿰과 판노니아를 수복했다. 그의 진격에 밀린 적군은 퇴각하면서 휴전을 요청했다. 마르쿠스는 그 요청을 마지못해서 수용했는데, 그 이유는 오로지 전염병이 새로 돌아 로마 군대를 쑥밭으로 만들고 아퀼레이아의 수비대를 거의 전멸시켰기 때문이었다. 169년에 임무를 완수한 두 황제는 로마로 돌아갔다. 돌아가는 길에 루키우스 베루스는 졸중(卒中)으로 쓰러져 급사했다.

이제 유일의 프린켑스가 된 마르쿠스 아우렐리우스는 산적한 문제를 풀어야 했다. 가장 큰 적인 콰디인과 마르코만니인과 이아지게스인은 진압되지 않은 채 여전히 위협적인 세력으로 남아 있었고, 파르티아의 왕은 다시 아르메니아를 침공했고, 169년에 카티인이 라인 강 상류의 접경 지대를 침공한 반면에 카우치인은 벨가이 속주를 침공했으며, 모로코의 종족들이 반란을 일으켜 아프리카와 히스파니아 해안 지대를 괴롭히고, 해협을 건너 바이티카를 침공했고, 나일 삼각주의 유목민들이 반란을 일으켰다가 아비디우스 카시우스(Avidius Cassius)가 적기에 개입하여 간신히 진압되었고, 무엇보다도 170년에 갈리키아 동부의 코스토보키인이 사르마티아인과 손잡고 도나우 강 하류를 건너 모이시아로 쳐들어와서 발칸 반도를 유린하고 그리스를 침공하여 남쪽 깊숙이 아티카까지 짓밟고, 쫓겨가기 전에 엘레우시스에 있는 신비의 신전을 약탈했다.

169년 가을에 마르쿠스 아우렐리우스는 다시 도나우 강 국경 지대로 돌아갔다. 주적인 마르코만니인과 콰디인과 이아지게스인을 하나씩 차례로 제압하여 그들의 영토를 합병하고 과거에 아우구스투스와 티베리우스가 포기했던 율리우스 카이사르의 원대한 전략을 실현하기로 각오했다. 172년에 도나우 강을 건넌 그는 먼저 콰디인을 친 다음 마르코만니인을 치고 마지막으로 이아지게스인을 쳤다. 각 종족에게 그들이 잡아갔던 모든 로마군 포로들을 돌려받고, 그들이 속주들에 입힌 피해를 복구했으며, 도나우 강 북쪽 제방에서 16킬로미터의 폭으로 길게 이어진 지대에서 주민들을 소개시켰다.

이 긴 마르코만니 전쟁의 내력이 캄푸스 마르티우스 광장에 서 있는 마르쿠스 아우렐리우스 기둥의 나선형 소벽(frieze)에 조각되어 있다. 116개의 부조(浮彫)들은 로마 군인들이 보급품과 전쟁 물자를 수송하고, 전리품과 포로들을 호송하고, 거친 강물을 건너거나 게르마니아와 사르마티아의 요새들을 공격하는 모습을 보여준다. 다른 부조들은 차분하고 자신감에 차 있는 황제가 직접 말을 타고 군대를 이끌고, 참모들과 작전을 의논하고, 외국의 사절들을 영접하고, 아첨하는 표정을 띤 정복된 적군들의 주목을 받는 모습을 묘사한다.

이아지게스인과 사르마티아인과 코스토보키인의 정복이 아직 완료되지 않은 상황에서 마르쿠스 아우렐리우스는 조약의 의무를 어긴 콰디인을 다시 응징해야 했다. 그 작전에 몰두하고 있을 때 그는 동방에서 심란한 기별을 받았다.

아비디우스 카시우스의 제위 찬탈 (175). 동방에서 자신의 출생지인 시리아를 맡은 유능한, 그러나 거칠고 냉혈적인 총독 아비디우스 카시우스가 마르쿠스 아우렐리우스의 서거를 알리는 거짓 소문에 호도되어 자신을 황제로 선포했다. 마르쿠스는 아직 정복되지 않은 콰디인과 이아지게스인과 서둘러 평화 조약을 체결하고서 아내 파우스티나와 어린 아들 콤모두스를 시르미움(유고슬라비아의 미트로비카)으로 부른 다음 그들과 함께 동방으로 출발할 채비를 갖추었다. 그러나 동방으로 출발하기 전에 어떤 군단 병사가 카시우스의 머리를 들고 찾아왔다. 황제는 그것을 외면한 채 정중히 묻어주라고 명령했다. 카시우스가 죽었으므로 굳이 동방으로 갈 필요가 없어진 듯했으나, 마르쿠스는 계획대로 동방을 방문했다. 아마 로마의 힘을 과시하고, 충성의 표시를 받고, 불충한 관리들을 관직에서 털어내려는 의도였을 것이다. 소아시아로 가는 동안 아내인 파우스티나를 잃었다. 안토니누스의 딸인 파우스티나는 그가 30년 동안 사랑했던 여성이자 열세살난 그의 아들의 어머니였다.

소아시아, 시리아, 이집트를 순방하면서 가는 곳마다 충성의 환호를 받은 그는 176년에 아내와 자신의 최고의 장군들 중 하나를 잃은 슬프고 고독한 사람이 되어 로마로 돌아갔다. 그는 총독에게 속주를 맡길 때 출생지인 속주는 절대로 맡기지 않겠다고 결심했고, 즉시 자기 아들 콤모두스를 상속자 겸 후계자로 선정했다. 콤모두스는 매우 준수하고 강건한 젊은이였으나 인격과 이상은 아버지와 사뭇 달랐다.

로마에서 마르쿠스 아우렐리우스는 자신이 게르마니아와 사르마티아에서 거둔 승리를 기념하여 개선식을 벌였다. 개선식 과정에서 그는 자신의 기마상 제막식을 거행했다. 여전히 로마 카피톨리누스 언덕에 서 있는 이 기마상은 후대에 제작된 거의 모든 기마상들의 원형이 되었고, 캄푸스 마르티우스 광장에 있는 자신의 기둥의 기초석을 놓았다.

도나우 강으로 돌아감 (178~180). 도나우 강 유역에 다시 문제가 생겼다는 소문이 돌자 황제는 178년에 서둘러 북쪽으로 갔다(아들 콤모두스가 차후에 그를 따라갔다). 몸소 자기 병력을 이끌고 도나우 강을 건넌 그는 제3차 마르코만니 전쟁으로 알려진 길고 격렬한 원정 끝에 콰디인과 마르코만니인의 저항을 격파했다. 도나우 강 유역의 카스트라 레기나(바바리아의 레겐스부르크)에 새로운 군단 캠프를 설치하고, 훗날 있을지도 모를 이민족의 침공에 대비하여 북쪽 국경 지대를 될 수 있는 대로 짧고 강하게 만들기 위해서 북쪽으로는 저 멀리 에르즈게비르게 산맥(체코슬로바키아와 구 동독 사이의 경계선)까지, 동쪽으로는 저 멀리 파카르파타인 산맥(루마니아 동부)까지 펼쳐진 광활한 영토를 병합함으로써 두 개의 속주 ─ 마르코만니아와 사르마티아 ─ 를 신설했다. 이 거대한 과제를 수행하고 있는 동안 마르쿠스 아우렐리우스는 갑자기 위험한 병(전염병인 듯함)에 감염되어 180년 3월 17일 빈도보나(비엔나)에 설치한 자신의 캠프에서 죽었다. 죽으면서 "떠오르는 태양한테 가라. 내

태양은 지고 있다"라는 마지막 말을 남겼다.

도나우 지역 원정이 남긴 가장 항구적인 결과는 마르쿠스 아우렐리우스가 게르만인과 사르마티아인에게 승리를 거두었다는 점뿐 아니라 전쟁으로 찢기고 전염병으로 황폐하게 된 속주들인 다키아, 모이시아, 라이티아, 판노니아, 달마티아, 갈리아와 심지어 이탈리아에까지 수많은 게르만족 인구를 이주시켜 정착케 했다는 점도 있었다. 이 조치는 일시적으로 라인 강과 도나우 강 국경지대에 가해지던 압박을 덜어주었을 뿐 아니라 마침내는 로마 제국의 전체 민족 구성을 변경시켰다.

계승 문제. 마르쿠스 아우렐리우스의 뛰어난 자질들을 높이 평가한 사람들은 그가 아무런 자격이 없는 아들 콤모두스를 후계자로 삼음으로써 트라야누스부터 아우렐리우스 자신에게까지 이르는 유능하고 헌신적이고 자애로운 군주들을 배출한 입양에 의한 계승의 관행을 저버린 점을 종종 비판했다. 그 비판자들은 입양에 의한 계승 관행이 왕조 계승에 대한 어떠한 이론적 대안도 아니었다는 점을 망각하고 있다. 그 관행은 출신 성분과 상관없이 가장 훌륭한 자격을 갖춘 개인을 선정하는 스토아주의의 원칙에 입각한 제도가 아니었다. 입양 관행은 왕조의 원칙에 대한 재확인이었다. 로마의 귀족들은 친 상속자가 없을 때는 가문의 존립을 지키기 위해서 항상 입양에 의존했다. 네르바를 비롯하여 마르쿠스 아우렐리우스 전까지의 황제들은 공교롭게도 여러 가지 이유상 자기들의 위를 물려줄 아들이 없었다. 왕조의 원칙은 군인들과 더 나아가 평민들에게 워낙 강한 지지를 받았기 때문에 아우렐리우스의 네 계승자들은 어떻게든 아들을 낳아야 할 필요를 느꼈다. 아우렐리우스에게는 친 상속자들이 있었으므로 그에게는 장남을 후계자로 선포하는 것 외에 다른 대안이 없었다. 만약 그렇게 하지 않았다면 수많은 사람들이 콤모두스를 가장 적법한 후계자로 천거하고 나섰을 것이고, 그로 인해 참혹한 내전이 발생했을 가능성이 크다.

문제들과 경향들. 서기 2세기는 종종 로마 제국의 황금기로 묘사되었다. 실제로 그랬다. 그러나 모든 황금기들이 그렇듯이 이때도 순금보다는 도금에 가까웠다. 표면 밑에는 미래에 부정적인 영향을 끼치게 될 문제들과 경향들이 잠복해 있었다. 모두 3세기와 그 이후에 위기가 확대되는 동안 부닥치게 될 것들이었다.

국방. 트라야누스가 메소포타미아의 정복 지역들을 끝까지 장악하지 못한 것과 트라야누스가 정적인 국방 정책을 채택한 것은 제국이 힘의 한계점에 도달했고 자원도 그 막중한 국방의 부담을 뒷받침하기에 턱없이 부족했음을 암시한다. 그 문제는 마르쿠스 아우렐리우스가 동방과 서방에서 동시에 국경선을 수호하려고 할 때 큰 어려움을 느끼면서 확연하게 드러났다. 전염병이라고 하는 뜻밖의 재난이 그의 과제를 복잡하게 얽히게 한 점도 물론 있었지만, 그가 게르만 종족들에 대한 마지막 원정을 감행할 때 취하지 않을 수 없었던 조치들은 제국이 국경 지대에서 본격적인 침략을 받을 때 안전을 확보할 여지가 전혀 없다는 것을 시사한다.

경제적 취약성. 아우구스투스는 제국이 경제적 잠재력을 마음껏 발산하도록 만들었고 그 상황에 힘입어 제국이 1세기에 괄목할 만한 성장을 기록했지만, 2세기에 들어서 경제 성장을 가로막는 경향들이 나타났다(참조, 752쪽). 이탈리아에서 알리멘타의 필요가 증가하고 동방에서 파산한 도시들이 속출했다는 것은 경제 활력이 쇠퇴했음을 암시한다. 트라야누스가 다키아를 정복하고 그곳의 금광들을 차지하여 경제가 부양되긴 했지만, 그것은 바닥에 깔려 있던 경제적 취약성을 분명히 드러냈을 뿐이다. 그 취약성이 3세기에 국경 지대가 갈수록 압박을 받게 될 때 제국의 국방을 훨씬 더 힘겹게 만들 것이었다.

정치 권력의 중앙 집중. 내치와 국방이 갈수록 복잡성을 띠어감에 따라 권력이 황제와 그의 관료들의 손아귀에 집중되는 현상이 가속화했다. 황제들이 선심 행정을 펼수록 그들의 권력은 신장된 반면에 로마 원로원과 정무관들, 지방 의회들(curiae), 속주 자치체들의 관리들의 권력은 위축되었다. 여러 속주 도시들의 재정을 강화한다는 명목으로 황제가 감독관들을 파견하면서 지역 쿠리아들의 권한은 더욱 위축되었다. 하드리아누스 때 프라이토르의 고시가 법전화하고 트라야누스와 그의 계승자들이 제국 전체를 바라보는 시각에서 문제들을 공평히 처리하기 위해서 고시와 법령과 칙답을 늘려 사용하면서 누구나 황제를 제국 법률의 유일한 근원으로 바라보게 되었다. 마르쿠스 아우렐리우스는 항상 법안을 원로원에 제출하여 재가를 받은 뒤에 시행하긴 했지만, 워낙 법안을 효과적이고도 철저히 작성하여 제출하였기 때문에 의원들은 엑스 오라티오네 프린키피스(ex oratione principis) 곧 "프린켑스의 연설에 부합하게" 법안을 수정하지 않은 채 채택했다.

　권력이 황제에게 집중되면서 지방 정부의 자발성이 위축되었고 문제가 생길 때마다 황제만 쳐다보는 경향이 생겼다. 3세기에는 이런 상황이 제국 체제를 경직화하고 위기 때 그 체제가 제대로 작동하지 못하게 만들었다. 지방은 중앙 정부로부터 소원감을 느끼게 되어 제국의 이익보다 지역의 이익을 앞세우게 되었고, 그런 경향이 제국의 통일을 저해했다.

　점증한 군국화. 트라야누스, 하드리아누스, 마르쿠스 아우렐리우스는 문민 행정가들로서 성공을 거두긴 했지만, 그들이 뚜렷한 족적을 남긴 것은 주로 군인으로 국경 지대에서 벌인 활동이었다. 황제들의 문민적 양상이 군사적 양상에 종속되어 가고 있었다. 문민 원로원은 갈수록 한낱 자치체 의회로 전락해 갔고, 의원들의 위신도 자치체 의원들보다 분명히 앞섰으나 실권은 그렇지 못했다. 아우렐리우스의 아들이 집권한 이후인 3세기와 그 이후 세기들에 로마 원로원은 로마와 이탈리아 바깥의 문제에 아무런 영향력도 행사하지 못했다. 공식적으로는 여전히 새 황제의 즉위를 재가했지만 황제를 선택하는 실권은 갈수록 빈번히 침공을 받는 제국의 국방에 너무나 중요했던 속주 군대들의 손아귀로 들어갔다. 군인들을 장악할 수 있는 자가 국가를 장악할 수 있었다. 3, 4세기의 제국이 절대 군국주의 국가로 변모해 가면서 그 누구도 군인들을 장악하지 못하면 곧 실각했다.

30

서기 첫 두 세기의 로마 문화와 사회

문학.

아우구스투스에서 시작된 황금 시대의 작가들은 라틴 문학을 양적으로는 그렇지 못했지만 질적으로는 그리스 작가들과 대등한 수준으로 끌어올려 놓았다. 라틴 문학은 이제 그리스 문학의 모든 장르들을 로마화했다. 라틴 작가들의 후 세대들은 이제 로마 작가들을 착상과 귀감의 대상으로 바라보게 될 것이었다. 리비우스, 베르길리우스, 호라티우스, 프로페르티우스, 티불루스, 그리고 심지어 오비디우스 같은 자기들의 민족 유산을 자랑스럽게 여긴 황금 시대의 작가들은 로마니타스(Romanitas)라는 단어로 요약되는 가치관과 이상을 소중히 여겼다. 이 작가들의 작품들과 이상들이 서방 속주들의 교육받은 계층들에게 받은 대접은 그리스 문학이 이전 시대의 로마인들과 이탈리아인들에게 받은 대접과 같았다. 한 마디로 말해서 그것은 그들에게 모방의 대상이 되었다. 그러므로 그 작가들은 로마의 찬란한 과거에서 애국적인 긍지를 흡수하고 그 위대함의 원인이라고들 믿은 이상들을 신봉했다. 그러므로 로마니타스는 서방 속주들의 고등 문화에 지울 수 없이 각인되었다.

라틴어와 라틴 문학은 또한 서방 속주민들이 광활한 로마 세계와 제국 관료 사회로 나갈 수 있었던 통행증이었다. 그것은 마치 초기 로마인들이 한층 광범위한 그리스 문화 세계와 헬레니즘이 꽃핀 동방 왕국들로 나가려 할 때 그리스어가 통행증이었던 것과 마찬가지였다. 그 결과 서기 처음 두 세기에 라틴 문학계의 여러 지도급 인사들은 더 이상 옛 로마 귀족 계층이나 야심찬 이탈리아 자치체 출신의 청년들 출신이 아니라 갈리아나 히스파니아나 북아프리카의 식민시와 자치체 출신이었다. 그 사람들은 라틴 문학에 그들이 알아오던 것보다 더 깊은 숨결과 인기를 준, 항상 새로운 재능의 원천이었다.

그러나 불행하게도 이탈리아와 서방의 고등 교육은 대부분 공화정 시대에 공직 사회에서 성공을 거두려 할 때 필수적으로 거쳐야 했던 수사학 훈련에 기초를 두고 있었다. 그렇지만 황제들 치하에서는 실질적인 연설의 기회가 극히 제한되었다. 티베리우스는 효과적으로 민회에 의한 정무관 선출 제도를 폐지했고, 원로원은 점차 입법 기관으로 기능했으며, 따라서 어느 누구도 선거 유세와 공청(contiones)에서 연설로써 여론을 몰아갈 일이 없었다. 더욱이 황제들을 두려워해서 혹은 존경해서 원로원에서마저 논쟁을 벌이는 일이 극히 줄어들었다. 논쟁이 시들해지고 껍데기만 남으면서 논증과 설득의 역량을 발휘할 기회도 사라졌다. 가끔씩 원로원에서 대죄의 혐의로 재판을 받는 중요 인물을 소추하거나 변호할 때 대단히 웅변적인 진술을 펼치는 사람이 나오곤 했지만, 황제가 임명한 사람들이 주도한 하급 법정들에서는 재판이 대개 전문적인 법 조항에 따라 결정되었지, 웅변술이 필수적인 배심원 투표에 따라 결정되지 않았다.

그럼에도 불구하고 사람들은 마치 수사학이 필요한 것처럼 여전히 수사학 교육을 받았다. 그러므로 수사학 학교들에서 가르치는 설득력 있는 혹은 논쟁적인 연설(suasoriae와 controversiae)은 점차 "한니발이 굳이 로마를 공격해야 했었나?" 따위의 주제들을 놓고 벌이는 인위적인 훈련이 되었다. 그런 주제들이란 실제 생활과 하등 상관없는 것들이었다. 그 결과 수사학의 스타일도 점차 그 자체를 위한 세련되고 색다른 기교에 치중하게 되었다. 내용이 아니라 스타일이 목표가 되었다. 이렇게 외형적인 효과만을 겨냥하여 끊임없이 추구한 결과 비슷한 훈련을 받은 다른 사람들과의 경쟁에서 자신의 언변을 과시하는 데만 뜻을 둔 과장되고 왜곡되고 빗나간 유의 저작들이 생산되었다.

그러나 라틴 문학이 정치적 중요성을 전혀 갖고 있지 않았던 것은 아니다. 오히려 정반대였다. 로마니타스는 아무리 절제있는 프린켑스도 감추기 힘들었던 독재 정치와 기본적으로 양립할 수 없는 이상화한 공화정 시대의 과거를 반영했다. 아우구스투스 치하에 평화와 '평온'이 한창일 때에는 이 사실이 쉽게 무시되었지만, 율리우스-클라우디우스 계 황제들 치하에서 황제정이 영구 고착되면서 이상과 현실 사이의 모순이 무시하고 넘어가기 어렵게 되었다. 게다가 교육 제도가 상류층 자제들을 제정 시대에 걸맞는 관료들이 아닌 공화정 시대에 걸맞는 정치가들로 키우게끔 되어 있었기 때문에 이러한 모순이 두드러졌다. 그러므로 첫 두 세기의 여러 라틴 작가들은 잃어버린 공화정 시대의 자유를 향수어린 시각으로 혹은 저항의 시각으로 되돌아 보며 공화정의 리베르타스(libertas, 자유)를 위해 순교한 위대한 인물인 소 카토에 의해 상징되는 스토아주의의 가르침으로 도피한다.

티베리우스와 칼리굴라 치하에서 문학이 겪은 빈곤. 아우구스투스 시대에 활짝 꽃핀 문학은 '원수정'의 규제적 성격이 감지되기 시작하면서 아우구스투스의 재위 말기에 들어서기도 전에 벌써 쇠퇴하기 시작했다. 경직되고 음모에 찌든 티베리우스의 시대나 변덕스럽고 과대망상적인 칼리굴라의 시대에는 베르길리우스, 호라티우스, 프로페르티우스, 티불루스, 오비디우스, 리비우스의 자리를 메꿔 줄 작가들이 나타나지 않았다. 이 황제들 치하에서는 세 명의 유명한 사가들인 아울루스 크레무티우스 코르두스(Aulus Cremutius Cordus, 서기 25년 죽음)와 대 세네카(Seneca the Elder, 기원전 55년경~서기 40년경)와 벨레이우스 파테르쿨루스(Velleius Paterculus, 기원전 19년경~서기 32년경)가 등장했을 뿐이다. 기사 신분의 장교인 벨레이우스는 수사학적 문체로 간략한 로마사를 썼다. 이 작품이 갖고 있는 중요성은 자기가 속한 신분 태도를 반영하고 그가 섬긴 티베리우스에게 호의적이라는 점에 있다. 반면에 크레무티우스 코르두스는 적어도 기원전 18년까지의 로마 내전사를 써서 황제의 권력과 디그니타스(dignitas, 위엄) 독점에 분개하던, 스토아주의를 지향하던 전통적인 귀족들의 견해를 반영했다. 세야누스는 그를 반역죄로 재판에 넘기고 그의 저서들을 불태웠고, 그는 자살했다. 대 세네카, 즉 루키우스(혹은 마르쿠스) 안나이우스 세네카(기원전 55년경~서기 40년경)는 그의 사기(史記) 중 같은 시대에 해당하는 부분은 유실되긴 했지만 형편이 훨씬 나았다. 그 부분이 유실된 것은 퍽 유감스러운 일이다. 왜냐하면 그는 히스파니아의 코르두바 출신으로서 제정 로마 시대 초기에 두각을 나타내기 시작한 서방 속주민들의 하나였기 때문이다. 그의 저작들 중 살아남은 것은 공식 연설문들에서 발췌하여 만든 수사학 연습서(*controversiae*와 *sausoriae*)이다.

이 시기에 언급하고 넘어갈 가치가 있는 유일한 시인은 가이우스 율리우스 파이드루스(Gaius Julius Phaedrus, 기원전 15년경~서기 50년경)이다. 그는 이솝의 방식으로 우화시를 썼다. 그 시들은 르네상스 시대 유럽에서 큰 인기를 끌었고 19세기 학교 교과서들에 흥미로우면서도 도덕을 권장하는 이야기들로 사용되었다. 그의 작품은 당시의 세태를 교묘하게 비판했으며, 세야누스는 그의 입을 다물게 하려고 시도했으나 성과를 거두지 못했다.

클라우디우스와 네로 치하에서 시작된 은(銀) 시대.

독재자 칼리굴라가 죽고 클라우디우스가 즉위하면서 로마에는 문학의 활기가 살아나기 시작했다. 문학 작품의 수와 한 번의 큰 단절을 제외하고는 활기가 유지된 기간으로도 아우구스투스의 재위 초를 능가했다. 그러나 작품들의 질은 대체로 아우구스투스 시대의 작품들에 미치지 못한다는 것이 일반적인 평가이기 때문에 이 시대를 가리켜 은 시대라고 한다. 물론 클라우디우스 본인이 기교가 적지 않은 작가 겸 사가였다. 묘하게도 그는 재위 초에 메살리나의 영향으로 탁월한 연설가이자 투철한 스토아주의자 대 세네카의 아들 루키우스 안나이우스 세네카(소 세네카)를 추방했다. 이 조치는 로마에서 표현의 자유에 관보를 덮었음에 틀림없지만, 아그리피나의 신속한 조언으로 클라우디우스는 49년에 소 세네카를 예술가가 되겠다는 꿈을 품고 있던 어린 아들 네로의 가정교사로 불러들였다. 이 시점부터 세네카가 네로 치하에서 갈수록 도를 더해가던 네로의 질시와 두려움 때문에 실각할 때까지 문필 활동이 매우 활발하게 이루어졌다. 특히 많은 수가 세네카의 가문과 인척 관계를 맺고 있던 히스파니아 출신 작가들의 활동이 두드러졌다.

소 세네카 (기원전 4년경~서기 65년). 서기 1세기 중반의 가장 유명한 문인인 루키우스 안나이우스 세네카(L. Annaeus Seneca)는 히스파니아 코르두바에서 태어나 소년 시절에 로마로 왔다. 로마에서 수사학과 철학을 공부하고 법률가가 되었다. 그는 정국의 흐름을 잘 읽는 정치가였을 뿐 아니라 은행업과 포도재배로 큰 돈도 벌었다. 더욱이 로마에서 가장 유명한 스토아 철학자의 하나이자 다음과 같은 다양한 저서를 낸 다작가이기도 했다: 클라우디우스에 대한 악의적인 풍자(*Apocolocyntosis*); 자연과학에 관한 긴 논문(*Questiones Naturales*); 줄거리와 주제가 전형적인 에우리피데스적이고 실질적인 이해보다 정서적 영향을 위해 애쓰고 고도의 수사학 문체로 쓰인 아홉 편의 비극; 「분노에 관하여」(*De Ira*), 「행복한 삶에 관하여」(*De Vita Beata*), 「여가에 관하여」(*De Otio*); 산문 논문들(*De Clementia*와 *De Beneficiis*); 종교적인 동시에 인간적인 스토아 철학을 탁월하게 해설한 124편의 도덕적 서간문(*Epistulae Morales*).

65년에 네로는 세네카가 자신을 제거하려는 스토아 학파의 음모에 피소와 함께 개입했을지 모른다고 의심했다. 세네카의 아내는 그와 함께 죽여달라고 용감하게 주장했다. 그는 자신의 정맥을 끊은 뒤 서서히 고통스럽게, 그러나 스토아 학자다운 인내로 철학을 강론하면서 죽어갔다.

루카누스(서기 39~65). 마르쿠스 안나이우스 루카누스(M. Annaeus Lucan)는 세네카의 조카였다. 그 역시 히스파니아 코르두바에서 태어나 어렸을 때 로마로 왔고 수사학 학교에서 교육을 받았다. 그의 저서 중 유일하게 현존하는 것은 카이사르와 폼페이우스 사이의 전쟁을 해설하는 열 권으로 된 격렬하고 비관적인 서사시 「내전기」(*De Bello Civili*. 종종 *Pharsalis*라고 함)뿐이다. 이 저서는 공화정에 대한 강력한 성향과 카이사르에 대한 깊은 적대감을 드러낸다. 미완으로 그쳤고 저자의 원숙미가 미흡하다. 게다가 이 저서가 부적절할 정도로 지엽으로 빠지고 반복이 지루하게 계속되고 수사학적 과장이 지나치게 나타나는데도 불구하고 시로서 탁월함을 유지한 이유는 설득력과 진실성이 있기 때문이다. 루카누스도 피소의 음모에 공모한 혐의를 받아 65년에 자살했다.

페트로니우스(서기 66). 네로는 66년에도 푸블리우스 클로디우스 파이투스 트라세아(P. Clodius Paetus Thrasea)를 처형함으로써 스토아 학파의 반체제

인사들을 계속해서 탄압했다. 그와 연루된 혐의를 받은 다른 사람들은 자살하
도록 명령을 받았다. 그들 중 한 사람은 소설가 겸 풍자 작가 티투스(혹은 가
이우스) 페트로니우스(Titus⟨or Gaius⟩ Petronius)로서, 타키투스가 네로의
방탕한 궁정에서 "사회적 품위의 판단자"(elegantiae arbiter)로 언급한 인물
이다. 그의 「사티리콘」(*Satyricon*)는 악인 소설(picaresque novel)로서 자주
평가받는데, 아마 열여섯 권으로 되어 있었던 것 같으며, 현존하는 것은 마지
막 두 권의 단편들뿐이다.

「사티리콘」은 세련된 재치와 자극적인 유흥을 제공하는 동시에 당시의 현
실을 진지하게 비판하기도 한다. 페트로니우스는 옛 로마의 가치관이 전도된
세계를 묘사한다. 천박한 물질주의와 감각주의가 당시의 유행이고, 악한 수사
적 기교가 폭동을 선동하고, 모두가 겉치레에 여념이 없다. 웃음 뒤에는 사회
가 미쳐돌아가고 있다는 느낌이 깔려 있다.

페르시우스(서기 34~62)와 마르티알리스(서기 40경~104). 아울루스 페르시
우스 플라쿠스(Aulus Persius Flaccus)와 마르쿠스 발레리우스 마르티알리스
(Marcus Valerius Martialis)는 둘 다 네로의 숙청을 모면한 풍자 작가들이다.
페르시우스는 스토아주의자 파이투스 트라세아, 소 세네카, 루카누스와 연관지
어지는 점으로 미루어 일찍 죽었을 가능성이 있다. 현존하는 그의 육보격 시
집인 「풍자」(*Satires*)는 최소한의 단어로 자신의 사상을 압축하고 복잡한 사
상을 간결하게 피력하기 위해 시적 암시에 크게 의존한다. 개인의 구체적인
악들을 비판하기보다 인간이 상투적으로 저지르는 잘못들을 학문적으로 비판
한다. 반면에 비빌리스 출신의 히스파니아 사람 마르티알리스는 열두 권으로
된 자신의 「풍자시」(*Epigrams*)에서 예리한 통찰력으로 사람들이 모든 방면
에서 실제로 살아가면서 저지르는 부끄런 일들과 악들을 비판한다.

전문서 저자들. 또 다른 히스파니아 사람 콜루멜라(Columella, 서기 10경
~70)는 농사에 관한 로마의 고전적인 편람 「농사론」(*De Re Rustica*)을 썼
다. 대 플리니우스, 즉 가이우스 플리니우스 세쿤두스(서기 23경~79)도 자신
의 「자연사」(*Historia Naturalis*)에서 농사를 논했다. 모두 서른일곱 권으로

이루어진 이 저서는 지리학, 인류학, 동물학, 식물학, 광물학에 관한 정보와 그 롯된 정보를 비과학적인 방법으로 편찬한 작품이다. 이 두 저서는 제정 시대 에 편람과 전문 서적이 점진적으로 인기를 끌었던 상황을 반영한다.

새로 떠오른 유형은 과거의 저자에 대한 심도있는 주석이었다. 그런 유형으 로 최초의 본격적인 저서는 퀸투스 아스코니우스 페디아누스(Quintus Asconius Pedianus, 기원전 9~서기 76)가 키케로의 연설집에 대해서 쓴 주 석으로서, 키케로 시대를 공부하는 학생들에게 귀중한 자료로 남아 있다.

역사. 의미심장하게도 칼리굴라 때부터 플라비우스 계 황제들 때까지 비중 있는 역사서는 퀸투스 쿠르티우스 루푸스(Quintus Curtius Rufus. 서기 20경 ~80)가 쓴 「알렉산드로스의 역사」(*History of Alexander*) 한 권뿐이다. 이 책은 진지한 역사라기보다 역사적 공상소설에 가깝다. 대단히 수사학적인 그 책의 진정한 중요성은 알렉산드로스가 죽은 뒤 그의 생애에 관련된 실제 사실 들을 아주 모호하게 하고 중세에 알렉산드로스를 둘러싼 민간 전설들의 기초 가 된 과장된 이야기들을 진척시켰다는 점에 있다.

플라비우스 황제들 시대의 문학(서기 69~96).

네로가 벌인 숙청으로 로마 작가들의 한 세대 전체가 전성기에 오르자마자 제거되었고, 플라비우스 황제들 치하에서도 정치 상황이 새로운 세대의 작가 들의 배출을 막았다. 마르티알리스는 플라비우스 황제들 치하에서 자신의 풍 자 저서들을 대부분 쓰긴 했지만 결국 로마를 떠나 히스파니아로 돌아갔다. 베스파시아누스, 티투스, 도미티아누스는 학문과 문학에 적대적이지 않았다. 오히려 정반대였다. 베스파시아누스와 도미티아누스는 그리스와 라틴 수사학 교수들을 후하게 지원했고, 도미티아누스는 79년의 화재로 파괴된 로마의 도 서관들을 복원했다. 그러나 이들은 표현의 자유를 장려하지 않았는데, 무릇 표 현의 자유 없이 위대한 문학이 살아남을 수 없는 법이다. 베스파시아누스는 스토아주의자들과 견유학파 철학자들을 로마에서 추방하고 헬비디우스 프리 스쿠스를 처형할 때 자신의 기조를 드러냈다.

베스파시아누스에 대해 공정히 말하자면, 그들은 자신들보다 정치 현실을 훨씬 잘 이해하고 있는 황제에게 불평 불만을 퍼뜨리고 심지어 헛된 음모를 꾸밈으로써 그의 인내심을 시험했다. 그렇긴 했어도 베스파시아누스가 철학자들을 탄압하는 것을 보고서 작가라면 누구든 경각심을 갖지 않을 수 없었다. 88년에 사투르니누스가 도미티아누스에게 반란을 시도했다가 실패한 뒤에 상황은 더욱 악화되었다. 그는 89년과 95년 두 번에 걸쳐 철학자들을 로마에서 추방하고 비판자들이 감히 입을 놀리지 못하도록 밀고자들을 대량 고용했다. 플라비우스 황제들 치하에서 책을 펴내고도 살아남은 작가들은 안전한 주제, 특히 이렇다 할 영감이나 정치적 의미가 없는 케케묵은 서사시들을 다룬 '무사안일' 한 사람들뿐이었다.

시. 시인들 중 살아남은 사람은 세 명뿐이었다. 실리우스 이탈리쿠스(Silius Italicus, 서기 26경~101)는 네로의 유명한 밀고자였고 베스파시아누스 때에는 아시아 총독을 지낸 사람이었다. 그는 도미티아누스 때 은퇴하여 예술 애호가로서 지냈다. 포에니 전쟁을 주제로 모두 열일곱 권으로 이루어진 전문적인 역량은 돋보이되 영감은 없는 서사시 「카르타고 사람들」(*Punica*)을 썼다. 발레리우스 플라쿠스(Valerius Flaccus, 서기 70경~90)도 비슷한 경력을 거쳤고 「아르고 선의 영웅들」(*Argonautica*)을 썼다. 황금 양털을 찾아 탐험을 벌인 이아손(Jason)의 모험기를 개작한 이 작품은 세련되긴 하지만 독창성이 없는 서사시이다. 푸블리우스 파피니우스 스타티우스(Publius Papinius Statius, 서기 45경~96)는 셋중에서 가장 재능이 뛰어난 작가였다. 그는 도미티아누스의 후원을 받아 작품 생활을 한 전업 작가였다. 도미티아누스가 총애한 배우를 위해 가극의 대본을 썼고 도미티아누스의 게르마니아 전쟁을 주제로 서사시를 썼다. 의미심장하게도 두 작품 다 망실되었다. 다른 두 편의 서사시인 오이디푸스의 아들들이 벌인 갈등을 주제로 한 「테바이드」(*Thebaid*)와 아킬레스를 주제로 한 미완의 작품인 「아킬레이드」(*Achilleid*)는 현존한다. 베르길리우스의 풍을 모방한 이 서사시들은 힘과 아름다움이 넘치는 개별 단락들이 많지만 전체적인 구도는 미흡하다. 스타티우스의 걸작은 서른두 편의 개별 시들을 모은 「시 모음」(*Silvae*)으로서 대개가 친구들에게 쓴 시들이다. 시의 진정한 매력을 아는 따뜻하고 이해심 많은 사람의 진솔한 정서가 그 시들에 배어 있다.

요세푸스(서기 37 혹은 38에 출생). 플라비우스 황제들 시대에 사기를 펴낸 유일하게 중요한 사가는 그 황제들의 유대인 피호인 플라비우스 요세푸스 (Flavius Josephus)였다. 그는 포로로 잡힌 바리사이인으로서 베스파시아누스 가 황제가 되리라고 예언한 사람이다. 그는 로마에 저항하는 게 무모한 짓임 을 지적하기 위해서 「유대 전쟁사」(*History of the Jewish War*)를 썼다. 그 러나 스물두 권으로 된 「유대 고대사」(*Jewish Antiquities*)에서는 친로마적 관점을 유지하면서도 이방인들에게 자기 동족의 신앙과 생활 방식을 변호했 다. 아울러 알렉산드리아의 그리스인 아피온(Apion)의 반 유대인주의적 저서 들을 비판한 「아피온 논박서」(*Contra Apionem*)를 썼고 자서전에서 자신의 인생 역정을 변호했다.

퀸틸리아누스(서기 33경~100경). 고등 교육에서 수사학이 중요한 역할을 수 행하는 가운데 히스파니아인 마르쿠스 파비우스 퀸틸리아누스(Marcus Fabius Quintilianus)의 방대한 수사학 훈련 지침서가 등장했다. 그는 로마에 서 베스파시아누스의 수석 수사학 교수직을 지냈고 도미티아누스의 상속자들 의 가정교사로 일했다. 그의 「웅변 교육」(*Institutio Oratorio*)은 수사학의 모든 기교를 다루고 그 주제에 대한 진지한 연구에 어느 때보다 큰 영향을 끼 쳤다. 이 책은 다른 여러 그리스와 라틴의 저자들에게 중요한 정보 자료가 되 기도 했다.

오 현제들 치하에서 되살아난 문학.
플라비우스 황제들 시대에 성년기에 접어든 중요한 작가들은 도미티아누스 가 죽을 때까지는 자신들의 저서를 펴내지 않았다. 그의 성격이 워낙 독재적 인데다 86년 이후에는 늘 음모를 두려워했기 때문에 여러 주제들에 관해 공 개적으로 견해를 표시한다는 것은 위험한 행위였다. 그러나 오 현제들과 교육 수준이 높은 원로원 엘리트 사이에 분위기가 좀더 느슨해지면서 많은 작가들 에게 좋은 풍토가 조성되었다.

타키투스(서기 55경~120)와 소 플리니우스(서기 61경~114경). 가장 두드러진 저자는 코르넬리우스 타키투스(Cornelius Tacitus)로서, 그의 귀중한 역사서들에 관해서는 이미 앞에서 논했다(참조. 616쪽). 그는 또한 과거의 웅변가들을 관찰하고 자기 시대에 자유로운 교육 기관들의 부재가 어떻게 당대의 웅변가들에게 알맹이 없이 수사학적 효과만 추구하는 풍토를 낳았는가를 통찰한 「웅변가들에 관한 대화」(*Dialogue on Orators*)를 썼다. 타키투스의 논지를 대 플리니우스의 조카 가이우스 플리니우스 카이킬리우스 세쿤두스 곧 소 플리니우스의 연설집인 「찬사」(*Panegyric*)만큼 분명하게 나타낸 저서도 없다. 이 저서는 트라야누스에 대한 아첨 일색이며, 용감한 면이 있다면 죽은 도미티아누스를 마음놓고 비판함으로써 간접적인 조언을 제시하는 것이 고작이다. 반면에 그의 「서간집」(*Letters*) 아홉 권은 훨씬 낫다. 세련되고 예술적인 산문체로 쓴 이 책의 편지들은 트라야누스와 그밖의 여러 중요한 친구들에게 보낸 것들이다. 이 편지들은 소년들과 소녀들을 위해 학교에 기부금을 내거나 그리스도교인들에 대한 익명의 비난을 일축하는 등 자신의 책임을 다하고 불의를 피하고 될 수 있는 대로 선행을 하려고 노력하는 품위있고 단정한 개인의 모습을 드러낸다.

유베날리스(서기 55경~130경). 그보다 훨씬 덜 호감을 주는 사람은 시인 데키무스 유니우스 유베날리스(Decimus Junius Juvenalis)로서, 브리타니아에서 타키투스의 장인 아그리콜라 밑에서 섬긴 것으로 추정되는 기사 신분 사람이다. 그는 도미티아누스 치하에서 추방을 당했는데 그 일이 그에게는 고통스러운 기억으로 계속 남았던 것 같다. 트라야누스와 하드리아누스 때 그는 다섯 권으로 된 6보격 시집 「풍자」(*Satires*)를 펴냈다. 이 책은 일상적으로 되풀이되는 악행들에 관해서 종종 격렬하고 때로는 무례하게까지 비판한 작품이다. 초기의 풍자집에서 그는 도미티아누스 치하에 만연한 병리현상에 대해서 쌓였던 분노와 미움을 남김없이 토해내는 듯하다. 풍자 6에서 여성들을 악하게 묘사한 것은 다소간 현실에 대한 실망이 소설에 반영된 듯하고, 풍자 2와 9에서 동성애를 격렬히 비판한 것은 하드리아누스의 경향을 승인치 않았음을 보여 주는 듯하다. 그의 가장 독창적인 작품은 거대한 생선을 요리하는

'중차대한' 문제를 논의하기 위해 자문회의를 소집한 도미티아누스를 조롱한 풍자 4일 것이다. 유베날리스가 중세에 큰 인기를 얻은 원인은 이교 로마의 퇴폐 풍조에 대한 그리스도교 윤리주의자들의 견해를 인정해 줌으로써 그들의 비위를 맞췄기 때문이다.

수에토니우스(서기 69경~135경). 같은 방식으로 중세 그리스도교인들의 마음을 사로잡은 또 다른 작가는 가이우스 수에토니우스 트란퀼루스(Gaius Suetonius Tranquillus)였다. 소 플리니우스의 친구였던 그는 트라야누스 밑에서 일했고 하드리아누스의 비서 겸 황실 사서(司書)가 되었다. 본문 비평, 유명한 매춘부들, 저명 인사들, 문인들, 그리스와 로마의 경기들, 그밖에 호기심을 자아내는 다양한 주제들에 관해서 책을 썼다. 그럼에도 불구하고 그의 대부분의 저서는 망실되었고, 그의 명성은 율리우스 카이사르로부터 도미티아누스까지를 다룬 방대한 전기 「열두 카이사르들의 생애」(*Lives of the Twelve Caesars.*)에 힘입는다. 그러나 이 전기들이 목표한 것은 본격적인 역사라기보다는 여흥이었다. 그러므로 수에토니우스의 전기가 일찍이 망실된 자료들에서 많은 값진 정보를 발췌하여 보존하고 있긴 하지만, 그가 묘사하는 인물들은 주의해서 다루어야 한다. 소문과 뒷공론과 수사학적으로 윤색된 추문이 자주 끼여들어 있기 때문에 독자의 입장에서 현명한 회의적 시각이 필요한 경우가 종종 있다.

프론토(서기 100경~170경). 수에토니우스가 과거의 황제들의 기괴한 행동들에 애착을 갖고 모호한 주제들을 조사한 것은 안토니누스 황제들 치하의 사회에 거의 고대의 종교에 가까웠던 뚜렷한 문학 운동이 된 난해하고 고대적인 주제들에 열중했던 분위기가 지배적이었다는 징후였다. 이 운동에 가장 큰 자극을 준 듯한 사람은 마르쿠스 아우렐리우스의 개인 교사 마르쿠스 코르넬리우스 프론토(M. Cornelius Fronto)였다. 의미심장하게도 프론토는 아프리카의 키르타에서 태어났는데, 그의 활동에 힘입어 곧 그곳이 히스파니아를 대신하여 로마의 작가들을 배출한 속주가 되었다.

하드리아누스의 재위 때 콰이스토르를 지내고 황제의 개인 교사뿐 아니라

143년에는 콘술로서도 활동한 프론토는 로마의 최상류 사회에서 활동했다. 주변에 유명한 연설가 페스투스 포스투미우스(Pestus Postumius), 문법학자 술피키우스 아폴리나리스(Sulpicius Apollinaris), 철학자 파보리누스(Favorinus) 같은 문학적 재능이 있는 사람들을 끌어모았다. 그들은 초기 라틴 문학을 세밀히 조사하여 흔히 쓰이지 않는 고대어들을 찾는 데 큰 관심을 가졌다. 키케로와 베르길리우스 같은 고전 저자들의 다소 한정된 어휘의 폭을 넓히고, 표현에 분명한 논지와 다양성을 더욱 기하기 위해서 프론토가 엘로쿠티오 노벨라(새로운 연설법)라고 부른 것을 이루어내고 싶어했다.

불행하게도 프론토가 마르쿠스 아우렐리우스에게 보낸 편지들이 보여 주듯이 그것은 의욕일 뿐이었다. 프론토는 매우 점잖고 친절하고 관대한 사람인 듯하지만 어떻게 하면 자신을 가장 정확하게 표현할 수 있는가 하는 것만 논하고 어떤 것이 가치있는 말인가 하는 것은 진지하게 논하지 않는다. 그의 논지는 사상가라기보다 직업 수사학자의 논지였다. 그에게 역사란 찬사 연습에 지나지 않았고 철학이란 적극적으로 피해야 할 것이었다. 이 논지에 대해서 마르쿠스 아우렐리우스는 존경하는 그 개인 교사를 분명히 실망시켰다.

아울루스 겔리우스(서기 125경~175경). 프론토의 접근법에 내재된 위험은 난해한 고어들과 심오한 연구가 현실 세계와 아무런 관계도 없이 그 자체가 목적이 될 소지가 있다는 점이다. 문제가 되는 사례가 프론토의 교양있는 친구 아울루스 겔리우스(Aulus Gellius)였다. 아테네에서 학생으로 시작한 그는 이전의 작가들에게서 흥미로운 기담들을 발췌하여 폭넓은 철학과 고대학 주제들에 관한 대담들에 중간중간에 끼어넣었다. 그 기원을 존중하여 「아티카의 밤들」(Noctes Atticae)이라 불린 이 책은 현재는 망실된 초기의 저작들로부터 얻은 많은 중요한 정보를 간직하고 있기 때문에 현대 학자들에게 대단히 귀중한 저서이다. 그러나 그 자체로는 당시에 지적 생활로 통한 겉치레 수사학과 경박한 예술의 한 가지 예로서밖에는 별다른 가치를 갖고 있지 않다.

아풀레이우스(서기 123경~180경). 아프리카 마다우로스에서 태어난 시인 겸 수사학자인 아풀레이우스(Apuleius)의 저서들도 고문체, 화려한 수사, 피상적 지식으로 겉치레에 치중하는 경우가 많다. 결국 그는 직업 수사학자로서 카르타고에 눌러앉았다. 「자연적인 질문들」(*Natural Questions*), 「어류에 관하여」(*On Fish*), 「나무에 관하여」(*On Trees*), 「천문학적 현상들」(*Astronomical Phenomena*), 「산수」(*Arithmetic*), 「격언에 관하여」(*On Proverbs*), 그리고 역사서들의 발췌본 같은 저서들에 자신의 지식을 펼쳐 놓았다. 그러나 그는 한 가지 주제에서 만큼은 단순한 과시의 차원을 넘어서서 본격적인 상상력을 동원하여 생각을 모아간다. 그의 「변신」(*Metamorphoses*) 혹은 「황금 나귀」(*Golden Ass*)는 천재성이 엿보이는 독창적인 작품이다. 겉으로 볼 때 이 작품은 성적인 탈선과 운명의 극적인 반전으로 가득한 고대 밀레토스의 민담 형태를 지닌 소설이다. 이 작품에서 루키우스(Lucius)라는 사람은 스스로 실험해 본 성교와 마술의 희생자가 되는데, 그 실험으로 인해 그는 인간의 감각들을 지닌 나귀로 변한다. 나귀가 된 그는 무수한 사건과 불행을 겪는 과정에서 잔인한 청년, 화적떼, 농부들, 내시 사제들, 빵굽는 사람, 채소 재배자, 요리사의 손을 거치다가 마지막으로 코린토스의 서커스 조련사를 만나게 되는데, 조련사는 나귀로 변해 있는 그를 검투 경기의 일부로 여성을 태우도록 가르치고 싶어한다. 이러한 내용은 기존의 유명한 이야기에서 유래한 듯하다. 그러나 아풀레이우스는 큐피드와 프시케 이야기 같은 아름다운 다른 이야기들로부터 여러 부가적인 요소들을 끌어다가 더욱 심도 있게 각색하고 다른 많은 경우들에는 당시에 유행하던 마술과 미신을 조롱하는 방식으로 이야기 곳곳에 소개한다. 이와는 대조적으로 아풀레이우스는 이야기 끝에 가서는 감동적인 회심의 장면을 통해서 여신 이시스의 구원의 은혜를 믿는 순수한 믿음의 힘을 묘사한다.

파우사니아스(150년에 활동). 서기 처음 두 세기의 평화와 번영 그리고 당시의 고대에 대한 관심이 여행과 유적지, 기념비, 박물관 답사 붐을 일으켰다. 그러므로 여행담들과 여행 안내서들이 큰 인기를 끌었다. 다행히도 2세기 중반 리디아 출신의 그리스 지리학자 파우사니아스(Pausanias)가 쓴 「그리스 해설서」(*Description of Greece*)라는 대단히 값진 저서가 현존한다. 그는 대개 도시들의 역사와 지형 그리고 주위 환경을 요약하며, 그 도시들의 신화적 전승과 종교 관습, 사회 생활, 자연 산물들에 관한 정보를 싣는다. 특히 그는 역사적 전적지(戰迹地), 애국적 기념비, 유명한 미술과 건축 작품들에 관심을 갖는다. 묘사하는 내용이 매우 정확하여 고대 도시들의 위치를 파악하고 재발견한 것을 복원하는 데 큰 도움이 된다.

그리스 문학의 소생.

파우사니아스가 고대 그리스의 위대한 기념비들과 장소들을 묘사한 그리스 작가였다는 것은 의미심장하다. 서기 처음 두 세기는 로마 제국의 절반에 해당하는 그리스어권에서 문화 활동과 지역적 긍지가 되살아난 시기였다. 아우구스투스 시대의 라틴 저자들이 나름대로 위대한 작품 체계를 수립해 놓았고 후대의 로마 작가들에게 큰 존경을 받긴 했어도, 그리스인들은 상류층 로마인들이 과거에 공화정 말기에 그랬던 것과 똑같이 교육을 끝마치기 위해 그리스의 위대한 문화 중심지들로 끊임없이 몰려드는 것을 긍지에 찬 눈으로 바라볼 수 있었다. 네로, 하드리아누스, 마르쿠스 아우렐리우스 같은 황제들이 보여준 친 헬레니즘 성향이 많은 그리스인들에게 자부심을 되살려 놓았다. 그것은 제국의 평화 속에서 그리스 도시들이 과거의 번영을 되찾고 유력한 그리스인들이 제국 관료 사회에서 높은 지위를 차지하게 되었다는 자부심이었다. 실제로 이 시기에 여러 중요한 그리스 작가들은 로마 정부에서 훌륭한 경력을 쌓은 사람들이었다.

플루타르코스(서기 45경~120). 그런 사람들 가운데 두드러진 작가가 보이오티아 카이로네아 출신의 플루타르코스(Plutarch)이다. 그는 하드리아누스 때 아카이아의 재무행정장관을 지냈다. 그러나 95년 뒤에는 카이로네아에서 많은 세월을 보내면서 가르치고 집필에 몰두했다. 이때 써서 펴낸 잡다한 윤리적·수사학적·골동품 연구학적 에세이들(전부 다 플루타르코스의 작품은 아님)에 「윤리」(*Moralia*)라는 제목이 붙었다. 플루타르코스의 가장 유명한 작품은 물론 「그리스와 로마 비교 위인전」(*Parallel Lives of Noble Greeks and Romans*)이다. 그리스인들의 민족적 긍지가 되살아났다는 것은 이 책의 총괄적인 주제에서 잘 나타난다. 로마사의 중요한 인물 하나하나에 해당하는 중요한 인물이 그리스사에서도 등장하는 것이다. 플루타르코스는 자료를 선정할 때 객관적이거나 비평적인 역사적 분석을 제시하는 데 초점을 두지 않고 도덕적 성격을 부각시키는 데 초점을 둔다. 아울러 그는 좋은 이야기꾼의 감각을 갖고 있으며 자신의 이야기를 과장된 수사학으로 거추장스럽게 장식하지 않는다. 주제들 자체가 필요한 모든 흥미를 제공하는데, 그것이 바로 플루타르코스가 고대 저자들 중에서 가장 널리 읽히는 저자로 남아 있는 비결이다.

아리아누스(서기 95경~180). 그리스의 유산을 떠오르게 만든 또 다른 저자는 니코메디아 출신의 비시니아 그리스인 플라비우스 아리아누스(Flavius Arrianus)였다. 로마 시민이기도 했던 그는 하드리아누스 재위 초에 보궐 콘술을 지냈고 131~137년에 카파도키아의 총독을 지냈다. 그는 은퇴하여 아테네에서 문화 생활을 영위하면서 에픽테토스 밑에서 철학을 공부했다. 자신의 「강론집」(*Diatribes*)에서 그는 에픽테토스의 스토아 철학을 상세히 소개하고 「편람」(*Enchiridion*)에서는 그것의 요약을 소개한다. 심지어 그는 사냥에 관한 논문 「사냥론」(*Cynegetica*)과 크세노폰을 모방한 짧은 전기들을 쓰기도 했다. 그의 「전술」(*Tactics*)과 「흑해 항해기」(*Voyage around the Black Sea*)는 현존하지만, 불행하게도 「파르티아 역사」(*History of Parthia*)와 「비시니아 역사」(*History of Bithynia*)는 그렇지 않다.

아리아누스의 현존하는 역사서들 중에서 가장 중요한 것은 알렉산드로스가 페르시아와 치른 전쟁을 명쾌하고 쉬운 산문체로 기술한 「알렉산드로스의 원정」(*Anabasis of Alexander*)이다. 이 책은 현존하는 알렉산드로스 관련 역사서들 중에서 가장 자세하고 건실한 사료의 뒷받침을 받은 저서이다. 그는 더 나아가 크세노폰을 모방하여 속편 「알렉산드로스 이후」(*After Alexander*)를 썼는데, 이 책이 유실됨으로써 알렉산드로스의 후계자들의 역사를 복원하기가 한결 어려워졌다.

아피아누스(서기 90경~165). 알렉산드리아 출신 그리스인이자 아리아누스와 동시대인인 아피아누스(Appian)도 로마 시민권을 얻었다. 로마에서 공직 생활을 훌륭히 마친 그는 폴리비오스의 초기 저서처럼 그리스어로 세계사를 썼다. 스물네 권으로 된 그의 보편적 「로마사」(Romaika)는 이탈리아에서 로마가 흥기한 일부터 시작하여 다양한 인종 집단들과 민족들이 로마에 의해 정복당하는 과정을 기술한다. 그러나 13-17권은 그라쿠스 형제 때부터 악티움 해전 때까지 「내전들」(Civil Wars)에 대한 막간을 이룬다. 아피아누스는 종종 현존하지 않는 그리스어와 라틴어로 된 귀중한 자료들을 따랐다. 그 역시 읽기 쉬운 단순하고 꾸밈없는 문체로 썼다.

루키아노스(서기 115경~185경). 이 시기 최고이자 가장 독창적인 작가는 이집트에서 로마의 행정관 직을 지낸 사모사타 출신의 그리스화한 시리아 사람 루키아노스(Lucian)였다. 그는 고전 아티카 방언에 능숙했고 문학에 조예가 깊었다. 그의 초기 저서들은 자주 재치가 가미된 수사학적 연설과 문학 비평으로 이루어져 있다. 그의 가장 유명한 저서들은 인간의 자존심, 현학적인 철학자들, 종교적 사기꾼들, 대중의 미신들을 제거한 「죽은 자들의 대화」(Dialogues of the Dead) 같은 해학적이고 반(半) 대중적인 철학적 담론이다. 그도 아풀레이우스의 「황금 나귀」처럼 기발한 이야기를 바탕으로 「루키우스 혹은 나귀」(Lucius, or the Ass)라는 소설을 썼다. 그는 허황되고 어리석고 거짓된 것을 혐오했고, 오늘날도 독자들에게 즐거움을 선사한다.

제2의 소피스트들. 제2의 소피스트들(the Second Sophistic)로 알려진 문학 운동에 가담한 다수의 그리스 작가들에게는 같은 평가를 내릴 수 없다. 기원전 5세기와 4세기의 그리스 소피스트들은 형식적인 수사학을 창안했다. 따라서 서기 2세기와 3세기의 직업 수사학자들도 소피스트들이라 불렸다. 그들 중 다수는 고대 그리스 연설가들의 어휘와 연설체를 되살리려고 의식적인 노력을 기울였고, 그들에게서 제2의 소피스트들이라는 칭호가 유래했다. 그들 대부분은 부유한데다 그리스의 과거에 대해 자부심을 지닌 문화인들로서 로마 제국 내의 아테네, 에페소스, 페르가몬, 안티오크, 스미르나, 프루사 같은 자기들의 도시들의 영향력을 키우려고 노력했다. 이들은 로마 귀족들과의 관계 개선을 위해 힘썼고 종종 황제들에게 총애를 받았다. 고풍을 되살리려는 그들의 경향이 프론토에게 영향을 끼쳤는데, 그의 「새로운 연설론」은 라틴계에서 일어난 비슷한 운동을 반영한다.

철학도로서 셉티미우스 세베루스와 율리아 돔나에게 후원을 받은 필로스트라투스(Philostratus. 서기 170경~250경)는 자신의 「소피스트들의 생애」(*Lives of the Sophists*)에서 제2의 소피스트들 가운데 지도급 인물들을 칭찬했다. 그들 중에는 스미르나에서 활동한 폴레몬(Polemon. 서기 88경~145경)과 아테네의 부유한 자선가 헤로도데스 아티쿠스(Herododes Atticus. 서기 101~177), 제국 전역을 다니며 강의와 기념식 연설을 한 아일리우스 아리스티데스(Aelius Aristides. 서기 120경~189)가 있었다. 폴레몬과 헤로도데스 아티쿠스의 저서는 남아있지 않지만, 저자가 아리스티데스로 기재된 저서는 50권이 현존한다. 아리스티데스는 최고의 문장가였지만 사상은 일천하고 독창성이 없었다.

디오 크리소스톰(서기 40경~115경). 제2의 소피스트들을 가장 잘 대표한 사람들은 폭넓은 청중에게 윤리적 교훈을 전달하는 데 깊은 관심을 쏟은 유명한 철학 강사들이었다. 그중에서도 가장 주목할 만한 사람이 비시니아 프루사 출신의 디오 크리소스톰(Dio Chrysostom, '황금 입')이다. 그의 메시지는 문명화를 가능케 하는 정직과 단순 소박한 덕목들을 강조한 스토아주의와 견유주의를 알맞게 섞은 내용이었다. 연설에는 그다지 독창적인 사상이 실리지 않았지만, 주제보다 수사학 기교를 과시하는 데 더 치중하던 당대의 많은 연설가들의 지나침을 피하는 훌륭한 스타일로 그에게 깊이 뿌리박힌 가치관을 전달했다.

그리스도교 저자들. 크리소스톰이 제국을 여행하면서 자신이 문명화에 최고의 가치관이라고 믿던 바를 설파하고 있을 때, 다른 사람들은 비록 공통의 그리스 로마의 유산인 많은 가치들을 그와 공유하면서도 결국 그 유산을 사뭇 다른 것으로 바꿔 놓을 새로운 사상을 전파하고 있었다. 이들도 자신들이 깊이 믿는 바를 말할 무엇을 갖고 있었기 때문에 그 시대 최고의 역량있는 저자들 중 일부는 그리스도교 저자들이었다. 가장 잘 알려진 사람들은 「신약성경」(*New Testament*)의 네 복음서 저자들인 마태와 마가와 누가와 요한으로서,

이들은 그리스도의 생애와 가르침에 관한 기억과 메시지들, 그리고 「신약성경」의 나머지 대부분의 내용을 이루며 그리스도교 신학의 지적 토대를 형성하는 사도 바울의 선교 서신들을 보존하려고 했다.

그럼에도 불구하고 탁월한 지적 능력과 뜨거운 열정으로 집필을 한 다른 여러 그리스도교 저자들이 있었다. 가장 두드러진 사람은 최초의 위대한 성직자이자 그리스도교 정통 신앙의 교부인 안티오크의 이그나티우스(Ignatius. 서기 50~107)와 그리스도교의 일체성에 대한 강력한 옹호자이자 이단 비판자이자 조직 신학의 아버지인 리용의 이레나이우스(Irenaeus. 서기 130경~202), 네 복음서를 대조한 「그리스도의 생애」(Life of Christ)가 거의 3세기 동안 시리아 교회들에서 읽힌 '아시리아인' 타티아노스(Tatian. 서기 120경~172), 그리고 마지막으로 열정적인 키케로 식의 연설과 재치와 풍자로 그리스도교계의 논쟁을 라틴 문학으로 바꿔 놓고 라틴 문학을 서방 가톨릭계의 언어로 바꿔 놓은 카르타고의 테르툴리아누스(Tertullian. 서기 160경~230?)였다.

서기 처음 두 세기의 건축.

서기 처음 두 세기에 로마 제국 문화의 가장 독창적인 분야는 아마 건축일 것이다. 아우구스투스는 과거에 비해 훨씬 큰 규모로 국가의 자원을 토목 사업에 쏟아부었다. 그의 본을 이 시기의 대다수 황제들이 추종하고 확대했다. 그렇게 풍부한 자원을 손에 쥐게 된 건축가들은 자신들의 창의적인 재능을 사용할 기회를 끊길 일이 없었다.

서로 다른 구조와 양식상의 요소들을 불후의 통일된 전체로 결합할 수 있는 가능성은 일찍이 헬레니즘 시대 그리스 건축가들에 의해 발견되고 프라이네스테에 있는 술라의 유명한 포르투나 신전에서 모방되었다. 서기 처음 두 세기의 건축가들(그들 중 대다수가 그리스인들이었다)은 이런 가능성을 최대한도로 발전시켰다. 예술적 설계도에 따라 배열된 다양한 요소들로 구성된 거대한 복합체 건물들이 표준이 되었다.

황궁들. 황제들마다 팔라티누스 언덕에 자신의 화려한 거처를 소유해야 했고, 그렇지 않으면 적어도 전임자의 거처에 증축을 해야 했다. 네로는 64년의 화재 덕분에 불규칙하게 뻗은 복합 건물인 황금 저택을 지었는데, 그것은 그의 과대망상을 비쳐주는 건물이다. 그러나 그 건물은 규모와 복잡성에서 최고 수준의 건축물이다. 면적이 오늘날 바티칸 궁전의 두 배나 되었고, 각각 여든 개의 방을 지닌 궁전들의 복합체였다. 별도의 공원들과 목장들과 작은 숲들과 심지어 동물원까지 딸려 있었고, 길이 1.6킬로미터에 폭 105미터의 아케이드 접근로가 있었다. 각각 담수와 염수로 이루어진 두 개의 못이 각각 24킬로미터 길이의 수로를 통해 물을 공급받았다. 베스파시아누스는 네로의 궁전을 허물고 새 질서의 도래를 상징하기 위해서 팔라티누스 언덕에 좀더 작은 궁전을 지었다. 베스파시아누스의 아들들, 그중에서도 특히 도미티아누스는 이 궁전 역시 기존의 여러 건물들을 기초 밑에 깔고 거대한 복합 건물이 될 때까지 새 궁전을 꾸준히 증축했다. 그 잔해는 오늘날도 팔라티누스 언덕에 가면 볼 수 있다.

황제 하드리아누스는 혁신적인 건축가로서 로마 동쪽으로 29킬로미터 쯤 떨어진 티부르(티볼리) 근처에 화려한 저택을 설계했다. 이 궁전은 규모와 설계의 복잡성 면에서 네로의 황금 저택을 훨씬 능가했는데, 상당 부분이 그대로 남아 있다. 길이 90미터에 폭 450미터를 덮은 이 저택에는 각각 테마와 분위기가 서로 다른 여덟 채의 궁전과 경기장, 팔라이스트라(레슬링을 위한), 도서관, 세라피스 신전(세라페움), 두 개의 연못, 세 개의 식당, 세 개의 목욕탕, 1층 위 아래로 늘어선 무수한 주랑(柱廊), 그밖에 영빈관, 노예 구역, 성소들 같은 건물들이 있었다. 복합 건물을 통틀어 가장 현저한 것은 새로운 시각 효과를 내기 위해서 서로 다른 기하학적 문양 ─ 곡선, 팔각형, 직사각형, 정사각형 ─ 을 독창적으로 배합한 것이다.

공공 건물. 아우구스투스의 율리우스-클라우디우스 가 계승자들은 로마의 공공 건축에 크게 이바지하지 않았다. 반면에 플라비우스 가 황제들은 역동적인 공공 건축의 시대를 열었다. 그들은 네로의 황금 저택을 허물고 그 터에 콜로세움과 티투스의 목욕탕들을 건축했다. 불행하게도 목욕탕들은 다른 여러 고대의 건물들처럼 르네상스 시대에 그 돌들을 뜯어내 새 건물들을 짓는 데 사용한 건축가들에 의해 완전히 사라졌다. 티투스도 개선문을 건축했는데, 이 것이 로마 광장 동쪽 입구에 여전히 서 있다. 이 개선문은 그가 유대인들에게 거둔 승리를 기념하며, 그 조각들은 예루살렘 성전에서 탈취해온 물품들을 본 따 만든 성물들을 묘사한다. 베스파시아누스는 신격화한 클라우디우스의 신전을 완공하고 세번째 황제의 로마 광장 곧 평화의 광장(유대인 반란의 종식을 기념함)을 짓기 시작했는데, 베스파시아누스의 광장이라고도 하는 이 광장은 아우구스투스 광장의 동쪽에 그리고 원래의 광장에서 바로 북쪽에 자리잡았다.

베스파시아누스는 옛 광장과 자신이 건설한 새 광장 사이에 성도(聖都)의 신전(Templum Sacrae Urbis)이라 불리는 것도 건축한 듯하다. 이 건물은 기록 보관소로 쓰였고, 북쪽 외곽 벽(베스파시아누스 광장의 도서관 남쪽 벽 안쪽이기도 함)에는 도시 전체의 상세한 지도가 대리석에 새겨져 있었다. 이 대리석 도면의 여러 조각들이 아직까지 남아 있어서 고대 로마의 도면과 유적지들을 복원하는 데 매우 유용하게 쓰인다. 도미티아누스는 마르스 광장에 3만 석을 지닌 새로운 경기장을 건축했다. 이 건물은 수세기 동안 로마 시의 가장 유명한 건축물의 하나로 남았다. 원형경기장의 길이는 225미터쯤 되었는데, 그 형태와 규모가 오늘날의 나보나 광장에 의해 보존되어 있다. 도미티아누스는 옛 광장의 서단에, 그러니까 사투르누스 신전의 북서쪽과 화합의 신전 남서쪽에 베스파시아누스 신전을 완공했다. 오늘날은 거대한 코린토스 식 기둥 세 개만 서 있다.

콜로세움. 콜로세움(콜리세움) 혹은 원래의 명칭대로 하자면 플라비우스의 원형극장을 건축하는 기념비적 사업을 시작한 사람은 베스파시아누스였고 완공한 사람은 도미티아누스였다. 콜로세움이라는 명칭이 붙은 것은 근처에 36 미터 높이의 거대한 네로의 청동 상이 서 있었기 때문이다(베스파시아누스는 네로의 상을 태양의 상으로 개조했다). 콜로세움의 유적은 화려한 양식들과 인상적인 건축술의 세련된 조합을 보여주는 웅장한 건축물로서 로마 제국 건축의 상징물로 서 있다. 장축이 약 186미터, 단축이 약 155미터인 타원형으로서 높이가 48미터이며, 4만5천 명 내지 5만5천 명의 관객을 수용할 수 있었다. 정면은 건축의 형태들과 문양들이 독창적으로 배합되어 장식되었다. 80개의 아치로 구성된 3층 아케이드가 건물 외각을 빙 둘러싼다. 아치 하나하나는 엔태블러처(기둥 위에 걸쳐 놓은 수평 부분)를 떠받치는 장식된 기둥들(벽에 반절이 들어간)이 골격을 이룬다. 이런 방식으로 로마식의 곡선 아치와 그리스 신전의 수평 정면이 한데 결합한다. 1층은 도리아 양식이고 2층은 이오니아 양식이고 3층은 코린토스 양식이다. 4층에는 아치가 없고 아래 층들의 반원 기둥들과 일치하게 늘어선 여러 코린토스 식 벽기둥으로 장식되어 있다.

트라야누스의 광장. 많은 황제들은 점차 규모가 커지는 로마의 공무와 상업 활동을 수용하기 위해서 광장들을 만들었다. 네르바의 광장이 황제의 광장들 중 가장 규모가 작은 반면에 그의 후계자 트라야누스의 광장이 가장 크다. 그 유적이 오늘날도 웅장한 자태로 남아 있다. 이 광장은 아우구스투스 광장의 서쪽에 있으며, 공화정 광장 계곡과 마르스 광장을 연결하려고 한 카이사르의 원래 도면을 완성하기 위해서 그 남쪽 모퉁이가 카이사르의 광장 북쪽 모퉁이와 맞닿아 있다. 카피톨리누스 언덕과 퀴리날리스 언덕의 가장자리들은 대략 너비 186미터에 길이 30미터에 이르는 거대한 도면에 맞는 공간을 내기 위해 잘라내야 했다. 이 광장의 주요 부분은 대략 가로 90미터에 세로 114미터의 넓은 공간으로 이루어졌다. 남동쪽, 남서쪽, 북서쪽 면들에는 색깔이 서로 다른 대리석 원주들이 둘러 있었다. 입구는 남동쪽 면 중앙에 있었고, 안으로 들어갈 때 통과하게 되는 거대한 개선 아치의 전면에는 여섯 개의 원주가 솟아 있었고 아치 위에는 육두 전차를 모는 트라야누스의 상이 얹혀 있었다. 열주(列柱) 양쪽 중간 이면에는 거대한 반원형 건물이 있었다. 북동쪽에 있는 건물은 트라야누스의 시장이라 불리며 이층으로 된 상점들과 방들을 갖추고 있다.

광장 끝은 지면에서 0.9미터 높이로 솟고 진입로에 계단 세 개가 나 있는 바실리카 울피아라고 하는 거대한 바실리카의 전면에서 마감되었다. 이 바실리카의 출입구들에는 양 옆으로 노란색 대리석 기둥들이 줄지어 섰고 위에는 전차들과 전리품들이 얹혀져 있었다. 벽들은 대리석을 입힌 콘크리트였고 양쪽 끝에는 큰 후진(後陣)이 있었다. 두 줄로 늘어선 아흔여섯 개의 대리석 기둥들이 홀 내부를 둘렀고 폭이 24미터 가량 되는 신랑(身廊) 둘레의 상층 갤러리를 떠받쳤다.

바실리카 뒤에는 두 개의 도서관(관례대로 하나는 라틴 도서관이고 다른 하나는 그리스 도서관)이 마주보고 있었다. 두 도서관 사이에 자리잡은 안뜰 중간에는 로마의 대표적인 기념비들의 하나인 트라야누스의 기둥이 서 있었다. 트라야누스가 죽은 뒤에 하드리아누스는 이 안뜰의 터진 부분에 신격화한 트라야누스와 트라야누스의 아내 플로티나에게 바치는 웅장한 신전을 건축하여 구역 전체가 건축적인 균형을 갖추도록 했다.

하드리아누스 때 지어진 공공 건물들. 로마에서 하드리아누스는 기존의 건물들을 개축하고 보수하는 데 주로 관심을 기울였으나, 로마 제국의 건축이 서로 이질적인 형태들과 양식들을 웅장하면서도 흥미로운 구조들로 결합하는 길을 내준 세 가지 독특한 건축물들을 건축한 장본인이었다. 첫째 건축물은 콜로세움과 옛 광장 북동쪽 모서리 사이에 있는 로마에서 가장 큰 신전 — 베누스와 로마의 신전 — 이었다. 실제로 그것은 둥근 천장의 후진(後陣)을 갖추고 등을 맞대고 서 있는 두 개의 신전이었다. 한쪽 후진에는 베누스의 상이 서 있었고, 다른 한 쪽 후진에는 로마의 상이 서 있었다. 이러한 배치는 편리한 그리스어 언어유희를 이용한 것이다. 즉, 베누스는 사랑 즉 아모르(amor)의 여신인데, 이것을 거꾸로 읽으면 로마(Roma)라는 이름이 되는 것이다. 그러나 오늘날은 그 터만 남아 있다.

하드리아누스가 남긴 가장 유명한 건물은 판테온(Pantheon) 즉 모든 신들의 신전[萬神殿]이다. 609년 이래로 그리스도교 교회당이 된 이 건물은 오늘날 로마에서 가장 잘 보존된 고대의 건물이다. 이 건물은 로마 황실의 건축 양식을 특징짓는 골격과 형태를 독창적으로 조합한 완벽한 예이다. 정면은 열주(列柱)와 박공벽으로 이루어진 고전 시대 그리스 신전의 외관을 보여준다. 이 정면이 아우구스투스의 동료 마르쿠스 아그리파가 건축한 원래 판테온의 내력과 헌정사 비명(碑銘)을 보존한 것일 가능성이 있으나, 그것과 나머지는 대부분 하드리아누스의 작품이다.

전통적인 양식의 정면에 신전 본당인 거대한 돔이 달린 원주가 연결된다.

이렇게 해서 직선과 곡선이 독특하게 결합된다. 이 테마가 돔의 곡선 천장에 내려앉은 직사각형 소란 반자, 바닥에 깔린 정사각형과 원형 대리석들, 그리고 원통형 기둥 벽에 번갈아 나 있는 직사각형 벽감과 곡선형 벽감에서도 반복된다. 더욱이 드럼(돔 지붕을 떠받치는 원통형 건조물)의 직경이 바닥에서 돔 꼭대기의 거리와 똑같기 때문에 구(球)와 원주가 결합되며, 그로써 만약 돔의 곡선을 확대하면 바닥에 닿게 될 것이다. 마지막으로 돔 꼭대기에 직경 9미터 가량 되는 둥근 구멍으로 건물 전체에 빛이 든다. 이 구멍은 늘 개방되어 있었지만, 워낙 높기 때문에 비가 와도 웬간한 빗방울은 바닥에 떨어지기 전에 증발해 버린다.

그 돔은 로마인들이 용도를 크게 증가시킨 콘크리트의 특성들을 로마의 건축 기사들이 어떻게 이용했는지를 잘 보여 준다. 돔의 무게를 줄이기 위해서 보통 모래나 자갈 대신 경석이 사용되었고, 벽은 꼭대기에 가까워질수록 얇게 만들었다. 우묵히 들어간 천장의 소란 반자(coffer)[1]들이 돔의 무게를 더욱 줄이면서 늑골 격자를 만들어냈다. 콘크리트가 일단 굳은 뒤 이 돔은 1850년간의 생존이 증명하듯이 견고하고 이음새 없는 매우 튼튼한 덩어리가 되었다.

테베레 강 건너편에는 그 시대의 또 다른 경이로운 건축물이 들어섰다. 그것은 하드리아누스의 무덤으로서, 300미터의 대지에 들어선 육중하고 견고하고 둥근 거대한 능이었다. 그 꼭대기에는 청동으로 만든 4두 전차가 비상(飛上)하려는 자세로 서 있었다. 내부에는 파로스 산(産) 대리석을 입힌 벽들과 동방의 대리석 혹은 이집트 반암으로 만든 거대한 원주들, 모자이크 바닥, 그리고 무수한 조각상들이 있었다. 중세에는 그 육중한 건물이 오랫동안 성채로 쓰였고 산타 안젤로 성으로 알려졌는데, 여전히 그 이름으로 불리고 있다.

속주들의 건축. 하드리아누스가 죽은 뒤 2세기에 로마의 건축 속도는 상당히 둔해졌으나 다른 곳에서는 건축 붐이 여전했다. 비교적 작은 도시에서 제국의 건축과 설계를 훌륭히 보여 주는 예는 트라야누스가 북아프리카에 전

---

1) 반자틀을 '#'자 모양이 연속되게 한 뒤, 각 구멍에 네모 널을 덮어 만든 반자. 우물 반자라고도 한다. — 역주

역병들을 위해 건설한 식민시 타무가디(딤가드)였다. 이 도시는 격자처럼 펼쳐진 널찍하고 서로 교차하는 대로들과 옆길들 위에 세워졌다. 대로들에는 기둥들이 줄지어 늘어섰고, 그밖에도 그리스 식의 극장과 목욕탕과 설비가 잘 갖추어진 광장을 포함한 편의 시설들이 들어서 있었다. 서기 200년경에는 1만 2천 내지 1만5천 명의 인구가 이곳에서 안락하고 안전하게 거주했다.

조각. 초상과 조각을 사실적으로 묘사한 로마의 전통이 서기 2세기에도 내내 지속되었는데, 그 예를 여러 황제들의 흉상들에서 살펴볼 수 있다. 가장 좋은 예는 말을 탄 마르쿠스 아우렐리우스의 청동 상이다. 이 조각상이 비범한 이유는 오로지 이것이 현존하는 유일의 청동 기마상이기 때문이지만, 그러나 이것은 로마 제국 전역에서 볼 수 있었던 전통적인 양식을 대표하는 잘 만들어진 작품이다. 혁신이 발생한 것은 부조(浮彫)를 사용하는 데서이다. 아우구스투스와 평화의 제단(Ara Pacis)과 더불어 시작한 부조는 공식 예술의 가장 흔한 형태의 하나가 되었다. 티베리우스와 클라우디우스는 여러 제단들에 이루어놓은 유명한 부조들로써 아우구스투스의 주제들을 재현했다. 티투스는 자신의 개선문 내부를 자신의 개선 행렬의 움직임과 흥분된 분위기로 가득한 생생한 장면들로 장식했다. 도미티아누스는 플라비우스 황가와 아마 자신이 카티족에 대해 벌인 원정을 기리는 긴 부조에 아우구스투스의 평화의 제단에 나타난 좀더 절제된 고전주의를 모방했다. 트라야누스는 베네벤툼에 개선문을 세웠는데, 이 개선문은 이용 가능한 모든 평면에 자신이 황제로서 의무들을 수행하는 장면들을 질감 높은 부조들로 덮은 점을 제외하고는 로마에 있는 티투스의 개선문과 똑같다. 더욱이 이 장면들은 고전적인 방식대로 균형감과 정적인 면이 돋보인다.

그러나 트라야누스는 로마에서 바실리카 울피아 뒤의 안뜰에 자신이 치른 다키아 전쟁을 기념하는 전혀 새롭고 특이한 부조를 설치했다. 그것은 지름 3.6미터에 높이 약 30미터 가량 되는 원주이다. 전쟁들을 묘사한 나선형 부조들이 이 원주를 감아 올라간다. 전쟁들에 따르는 방대하고 복잡한 병참과 공학과 군사적 면들이 극적으로 왕 데케발루스의 죽음으로 이어지는 이야기에 현실감 있게 자세히 묘사되어 있다. 모두 250명의 인물이 등장하지만, 트라야누스가 50회 이상 등장하여서 전체에 통일성을 부여한다. 지면에서 올라갈수록 시야에서 멀어지는 점을 상쇄하기 위해서 나선의 폭과 인물들의 크기가 위로 올라가면서 더욱 넓어지고 커진다. 꼭대기에는 트라야누스의 청동 상이 세워져 있다가 1588년 성 베드로의 상으로 대체되었다. 원주를 받치고 있는 널따란 좌대가 트라야누스의 무덤이다.

마르쿠스 아우렐리우스는 트라야누스의 원주를 모방하여 캄푸스 마르티우스에 자신의 원주를 세웠다. 그러나 예술적인 시각으로 볼 때 이 부조는 트라야누스의 부조와 사뭇 다르다. 현실감 있는 세부 묘사가 생략되어 있고, 입체적 공간 관계를 만들어 내려는 시도가 없으며, 통일되고 극적인 이야기 순서가 없다. 끊임없는 동작과 거의 혼돈에 가까운 투쟁이 있다. 그러나 이 모든 것을 꿰뚫고서 마르쿠스 아우렐리우스가 우뚝 선다. 그는 단순히 행위의 일부가 아니다. 그의 시선은 거듭 부조 바깥을 응시하여서 복잡하게 묘사되어 있는 동작들을 무심코 훑고 지나가던 관람객의 시선을 강하게 사로잡는다. 자질구레한 일상사들이 희미해지는 대신에 사건들 속에서 황제가 수행한 역할만 명료하게 부각된다. 이런 표현 양식은 제정 후기와 중세의 '내세적인' 미술과 비슷하다.

회화. 달리는 알 수 없던 서기 첫 두 세기의 로마 회화의 모습이 티투스의 재위 기간인 79년에 베수비우스 화산 폭발로 매몰되었던 폼페이와 헤르쿨라네움에서 발견된 벽화들에서 드러난다. 이 프레스코들은 창의적인 미술가들의 작품이라기보다 회벽에 대가들의 작품이나 표준화한 장식 그림들을 모사하면서 고객의 취향을 살려 그린 장인들의 작품이다. 여전히 살아 있는 듯한 유쾌한 혹은 낭만적인 풍경과 유명한 신화나 서사시의 배경이 그 프레스코들에 가득하다.

이 작품들은 대부분 일정한 건축 양식으로 둘레 벽에 그림을 그려넣은 점이 돋보인다. 대략 14년부터 62년까지는 제3의 양식, 즉 이집트 풍의 양식이 가장 유행했다. 이 시기의 화가들은 화법을 사용하여 깊이의 착각을 일으킨 대신에 그림을 그려 넣을 수 있는 평면에 색채를 입힌 건축적 형태들을 사용했다. 62년 이후에 제4의 양식, 즉 장식 양식이 유행했다. 벽 뒤로 무한한 깊이의 착각을 일으키기 위해서 원근법이 크게 사용되었다. 건축 형태들이 문양도 매우 현란했다. 바로크 풍의 환상들처럼 보일 정도로 복잡한 세부 모습을 치밀하게 묘사했는데, 아마 네로의 취향이 당시의 추세에 끼친 영향을 보여 주는 듯하다.

모자이크, 주화, 원형 양각. 제국 전역에서, 특히 북아프리카의 대저택들에서 발견되는 그 시기의 무수한 모자이크들은 해당 지역의 사회적 경제적 생활을 들여다 볼 수 있는 귀중한 자료들인 동시에 결국 미래를 한층 빛나게 만든 훌륭한 예술적 취향과 솜씨를 보여 준다. 이 시기의 주화들과 원형 양각들은 역사상 가장 우수한 것들에 속한다. 하드리아누스가 청동 원형 양각들을 연속해서 발행한 데서 기원한 원형 양각 조각술은 상징과 알레고리를 즐긴 점과 기술과 기교에서 고대 세계에서 가장 아름다운 주화들에 비견할 만하다.

과학. 이론 과학은 로마인들의 강점이 아니었다. 로마 제국에서 이루어진 과학 활동은 동방에서 그리스 전승을 상속한 사람들에 의해서 수행되었다. 그들조차 독창적인 활동은 없었다. 그들은 백과사전식 저서들로 선조들의 발견 업적들을 편찬하고 체계화하는 경향을 띠었고, 그 저서들이 17세기와 18세기 과학 혁명이 일어날 때까지 표준 참고서가 되었다. 그중 두 가지 주요 저서를 들자면 페르가몬 출신의 의사인 갈렌(Galen. 클라우디우스 갈레누스. 130경 ~200)의 의학 논문들과 알렉산드리아의 프톨레마이오스(Ptolemy. 클라우디우스 프톨레마이오스. 150경)의 수학적 지리학과 천문학 논문들이다.

철학. 파나이티우스(Panaetius)와 포시도니우스(Posidonius) 같은 헬레니즘 세계 그리스 철학자들은 스토아주의를 로마인들의 삶의 자세와 필요에 맞게 각색했고, 스토아주의자들은 사촌 격인 견유학자들과 함께 서기 첫 두 세기에 어느 정도 활발한 활동을 보인 유일한 철학자들이었다. 그러나 그리스든 로마든 이 시기의 철학자들은 어떠한 새로운 장도 개척하지 않았다. 그들이 노력을 기울인 분야는 주로 의무, 절제, 선행 같은 기존의 교의들을 널리 퍼뜨리고 가르치는 것이었다.

세네카는 클라우디우스와 네로 치하에서 여러 가지 스토아주의의 주제들을 해설했다. 예를 들어 「섭리론」(*De Providentia*)에서는 착한 사람들이 고통을 당하는 것은 외견상의 현상일 뿐이라고 주장한다. 「분노에 관하여」(*De Ira*)와 「행복한 삶에 관하여」(*De Via Beata*)에서는 극기와 욕구 절제를 옹호한다. 현존하는 124편의 「교훈적 편지들」(*Epistulae Morales*)에서 세네카는 스토아주의 윤리학과 철학의 관점에서 루킬리우스라는 젊은 친구에게 실질적인 조언을 한다.

세네카의 에세이들은 그와 동시대 사람인 가이우스 무소니우스 루푸스(Gaius Musonius Rufus, 서기 30경~100경)의 공개 강의만큼 그 시대에 폭넓은 영향을 주지 못했다. 루푸스는 두 번 유형을 당했는데, 한 번은 네로 때 피소의 음모가 무산된 뒤였고, 또 한 번은 베스파시아누스가 스토아파 반대파를 탄압할 때였다. 후대의 여러 스토아주의자들은 루푸스의 제자들이었지만, 그중에서도 가장 두드러진 사람은 절름발이 그리스 노예 에픽테토스(Epictetus)였다. 그는 자유를 얻은 뒤에 로마에서 교사로서 활동을 시작했으나 도미티아누스에 의해 추방당했다. 이탈리아에서 추방되자 그는 아드리아해 건너 편에 있는 니코폴리스에서 가르치면서 많은 추종자들을 끌어모으며 지냈다. 저서는 남기지 않았지만 역사가 아리아누스(Arrian)가 그의 강의록 「디아트리베스」(*Diatribes*)를 모아 요약본 「엔키리디온」(*Enchiridion*)과 함께 출판했다. 그는 조물주의 자애와 인간의 형제애를 강조했다. 행복은 자신의 의지를 조절하고 신이 그 지혜의 섭리로 사람에게 견디기를 요구하는 것을 무조건 받아들이는 데 달려 있다고 믿었다.

에픽테토스의 이러한 가르침은 마르쿠스 아우렐리우스로 하여금 수사학 공부에서 스토아주의 공부로 전향하도록 영향을 끼쳤다. 동일한 정신이 아우렐리우스의 「명상록」에 영감을 불어넣었다. 에픽테토스와 아우렐리우스의 저서들은 그 이래로 민감한 독자들을 끌어모았고 후대 서방의 윤리 사상에 중대한 영향을 끼쳤다.

종교. 그럼에도 불구하고 스토아주의는 종교로서 발전할 만큼 1세기와 2세기에 영향을 끼치지는 못했다. 종교는 공화정 후기의 냉소적인 정치가들의 명백한 조종에서 벗어난 뒤부터 사회 모든 계층 사이에서 로마 종교로서 신뢰를 되찾았다. 더욱이 제국 전역에서 지방 제의(祭儀)들이 로마 판테온의 유사한 제의들과 동화되었고, 그로써 로마 종교가 국제 종교의 면모를 띠게 되었다. 황제들은 폰티펙스 막시무스로서 진지하게 의무를 수행했고, 황제 숭배가 꾸준히 발전했다. 많은 사람들이 집에 황제의 성소를 차렸다.

좀더 의미심장했던 것은 점차 세속사를 깊숙이 장악해간 중앙집권화한 제국의 사회 모든 신분에서 사람들이 자신들의 삶과 운명을 스스로 주도해 간다는 의식을 얻기 위해서 신적 능력에 접근했다는 점이다. 그들은 신탁과 징조와 전조를 진실하게 찾고 연구했다. 점성술이 극단적으로 유행했다. 신적 능력에 접했다고 주장하는 기적 행위자들에게 사람들이 몰렸다. 예를 들어 네로와 플라비우스 가 황제들이 통치할 때 카파도키아 사람 티아나의 아폴로니우스(Apollonius)는 도미티아누스에 의해 로마에서 추방될 정도로 예언자와 병 고치는 자로서 큰 인기를 얻었다. 그가 죽은 뒤 사람들은 오랫동안 그를 신으로 숭배했다.

안토니누스 피우스 때는 황실 식료품 납품업자인 파플라고니아 출신의 아보누테이코스의 알렉산드로스(Alexander)가 병 고치는 자로 이름을 날렸다. 그는 비교(秘敎)를 창시하여 여러 유력한 로마인들에게 영향을 끼쳤는데, 그들 중에는 마르쿠스 아우렐리우스의 가정교사 프론토도 끼어 있었다. 이 비교 역시 그가 죽은 뒤에도 계속 존재했다.

비교(秘敎)들. 자신들의 인생을 신과 연관짓고 그로써 자신들의 궁극적인 운명에 영향을 주고 싶어하던 사람들의 욕구는 입교인들에게 장래의 구원을 보장하는 비교들이 큰 인기를 끌었던 사실에서 볼 수 있다. 디오니소스교가 크게 유행했다. 그런 비교의 가입 절차가 폼페이에 있는 신비들의 저택에 그려진 벽화들에 생생하게 묘사되어 있다. 에페소스에서는 데메테르교가 제국 전역에서 추종자들을 끌어들였는데, 황제 하드리아누스도 그중 한 사람이었다.

이시스. 위와 같은 그리스-로마의 전통적인 비교들과 나란히 동방의 비교들도 열렬한 선교에 힘입어 점차 세력을 얻어가고 있었다. 그 비교들의 비밀스런 성격 때문에 그리고 훗날 경쟁 종교인 그리스도교에 완패를 당했기 때문에 그 비교들에 관한 정보도 기껏해야 스케치 수준을 벗어나지 못하지만, 몇 가지 기본적인 사실들은 알려져 있다. 동방의 비교들 가운데 가장 유행했던 것의 하나는 이시스와 그 남자 짝인 세라피스를 숭배한 비교였다. 원래 이시스는 고대 이집트의 여신이었지만, 헬레니즘 시대에 들어서면서 보편적인 어머니 상과 인류의 구원자로 변모하였다. 아풀레이우스는 자신의 「황금 나귀」에서 이시스의 자애를 찬미했다. 몇 가지 간단한 행동 준칙을 준행하는 사람들은 이승과 저승에서 행복을 약속받았다. 숭배자들은 아울러 정교하고 감정이 고조된 의식에 참여하여 심리적 만족을 얻었는데, 이시스 숭배 의식의 그러한 면 때문에 원로원은 공화정 로마에서 그 종교를 금지시켰다. 그러나 칼리굴라는 결국 캄푸스 마르티우스에 이시스를 위해 국가의 신전을 내주었다. 제국 구석구석에 퍼진 대종교를 더 이상 금지할 수 없었던 것이다.

미트라스교. 그러나 결국 이시스보다 훨씬 더 인기를 얻은 것은 페르시아 신 미트라스였다. 미트라스교(Mithraism)는 페르시아의 조로아스터교의 일파로 생겼다. 조로아스터교에서 미트라스는 빛과 진리의 신으로서 악의 세력 아흐리만(Ahriman)에 맞서 영원한 투쟁을 벌이는 선의 세력 아후라 마즈다(Ahura Mazda)를 도왔다. 미트라스는 아후라 마즈다의 중요한 동맹자인 태양신과 밀접한 관계를 맺고 있었고, 때때로 태양과 동일시된다. 미트라스의 신적 업적들 중에서 가장 눈부신 것은 신성한 황소를 잡아 죽인 일로서, 그의 손에 죽은 그 황소에게서 또 다른 유익한 형태의 생명이 솟아나왔다.

이 죽음과 탄생이 이 미트라스 비교의 핵심 요소이다. 미트라스교에 관련된 가장 흔한 조각상은 미트라스가 황소를 잡아죽이는 모습을 보여 준다. 전형적인 미트라스 신전인 미트라이움(Mithraeum)은 인공 지하 동굴로서 아마 죽음과 무덤을 상징하는 듯하다. 입교자들은 의무적으로 황소를 제물로 바치고 일정한 시련 의식을 거친 뒤 황소의 피로 세례를 받았다. 그 시련 가운데는 모의 살인도 있었던 것 같다. 또한 성찬식도 있었다. 그 모든 의식이 직업적인 사제에 의해 성대하게 집례되었고 불멸의 약속이 따랐다. 선행을 하라는 명령이 담긴 강력한 도덕 법전도 강요되었다.

미트라스교는 처음에는 플라비우스 가 황제들 치하의 서방 속주들에서, 특히 군부대와 항구 — 그곳에는 항상 동방 속주들에서 온 사람들로 북적댔다 — 에서 유행했다. 이 비교는 남자들에게만 제한되었고 특히 미트라스가 선의 편에 서서 영웅적인 투쟁을 했다는 것 때문에 군인들에게 인기가 높았다. 그러나 이렇게 가입 대상을 남자들로 제한한 것이 크게 불리한 요소로 작용했으며, 이 비교가 결국 많은 공통점을 지닌 그리스도교의 그늘에 가려 사라지게 된 것도 바로 그 점 때문이 아니었나 싶다.

그리스도교.

그리스도교는 인기를 끈 여러 비교들의 특성을 고루 갖추었다. 우선 악과 죽음의 세력을 이긴 예수라는 자애롭고 신적인 구세주가 그랬고, 성모 마리아라는 자애로운 어머니 상, 복된 내세에 대한 약속, 지방의 가치관과 정부 기관들이 멀리 떨어진 중앙 정부에 밀려 힘을 잃어가고 있던 시대에 특별한 공동체에 속했다는 소속감이 그랬다. 그러나 이 세번째 점에서 그리스도교는 나머지 비교들을 크게 능가했다. 엄격한 도덕률을 요구하고 다른 모든 신들을 배척한 점이 그리스도교인들의 특별 의식을 증가시켰다. 더욱이 "서로 사랑하라"는 그리스도의 명령이 공동체 안에서 자선 행위를 촉진하고 그에 힘입어 친교 의식과 공동체적 동질성이 커졌다.

원동력. 그리스도교의 독특한 원동력의 하나는 고도의 조직이었다. 서기 1세기에 개별적인 그리스도교 공동체들은 회중의 필요를 보살피고, 교회 정책을 수립하고, 활동을 규제하는 성직자와 지도자들 — 집사들과 여집사들(청지기들), 장로들(원로들), 주교들(감독들) — 로 이루어진 지역 체제를 수립했다. 초기 교회의 주교들이 훗날 일단의 교회들의 우두머리가 되었다.

다른 새 종교들과 마찬가지로 그리스도교도 처음에는 제국의 교역로를 따라 주요 도시 중심지들로 확산되었다. 훗날 이 중심지들에서 소속교회들의 감독하에 파견된 선교사들이 주변의 중소 도시들에서 교회를 세웠다. 도시 주교들이 이 교세 확장을 조정했고 그 과정에서 자연스럽게 큰 영향력과 권위를 행사하게 되었으며, 그로써 2세기 말에 이르면 대도시 주교들이 해당 지역의 전체 교회 조직의 우두머리로 인정을 받고 있었다. 더욱이 그리스도교의 강한 형제애 때문에 주교들과 여러 교회들은 주기적으로 서신을 왕래하여 어려움 앞에서 서로를 지원했다. 이런 식으로 그들은 지역의 관습과 신앙이 그리스도와 그의 제자들의 권위있는 가르침에 부합하게 되도록 만들었다.

그리스도가 최근의 역사적 인물이었고 그의 직계 제자들 혹은 사도 바울이 초대 그리스도교 교회를 세웠다는 점이 1세기와 2세기에 강력한 교회 조직이 발달하는 데 중요한 의미를 갖는다. 이들이 닦아놓은 터가 주교들의 사도적 계승을 통해 그리스도 자신의 가르침과 행위와 직접적인 역사적 고리를 제공했다. 바울과 원 제자들 이후 세대에 세워진 교회들은 자연히 자신들의 행보가 구원을 얻는 데 절대적인 그리스도의 가르침과 정신에 부합한지를 확인하고 싶을 때 사도 교회들을 향해서 지도와 가르침을 구했다. 그러므로 사도 교회들, 특히 로마와 예루살렘과 알렉산드리아와 안티오크, 이 네 대도시들의 사도 교회들이 큰 존경과 권위를 얻었다. 따라서 이 교회들이 더 작은 교회들에 자신들의 의지를 강요할 수 있었고, 그로써 그리스도교는 다른 어떤 종교도 흉내낼 수 없는 조직과 교리적 통일에 도달할 수 있었다.

초기 그리스도교의 확산에 이바지한 또 다른 요인은 그 개방성과 모든 계층, 모든 성별에 가졌던 호소력이었다. 여성들이 교회에서 배척되거나 교회 안에서 소외되지 않았다. 초기 교회에서 남녀 집사들이 함께 지교회에서 봉사했다. 단순한 의식과 세례와 성찬이라는 은혜로운 의식들이 가난한 사람들에게 전혀 경제적 부담을 지워주지 않았다. 실제로 그리스도의 가르침은 가난한 사람들과 천한 사람들을 칭찬하고 현세에서는 그들에 대한 구제를 권장하고 내세에서는 좀더 나은 사람을 약속함으로써 그들의 처지를 한층 참을 만하게 만들어 주었다. 반면에 그리스도교는 구약성경, 네 복음서, 바울의 세련된 저서들 같은 기록들에 근거를 둠으로써 교육 수준이 높은 상류층에게도 호소력을 발휘했다.

이 계층에서 그리스도교로 개종한 사람들 중에서 훈련된 사상가들과 저자들이 배출되었으며, 이들이 초기 교부(教父)들이 되었다. 정식 철학 교육이 오랜 전통이 되어온 그리스어권 동방에서는 2세기 말 알렉산드리아의 주교들인 클레멘스(Clement)와 오리게네스(Origen) 같은 사람들이 철학적 엄격성으로 그리스도교 신학을 해설했다. 동방과 서방에서 다른 사람들은 그리스도교에 대한 일반의 오해와 정부의 적대감을 불식하는 데 목표를 둔 그리스도교 변증학의 전통을 세웠다. 로마에 그리스도교 학교를 세우기 위해서 팔레스타인의 플라비아 네아폴리스(나블루스)를 떠난 순교자 유스티누스(Justin Martyr)는 안토니누스 피우스와 마르쿠스 아우렐리우스에 대해서 그리스도교를 변호하는 편지를 보냈다. 카르타고의 테르툴리아누스(Tertullian)는 법률가로서의 지식을 사용하여 로마의 위정자들이 그리스도교인들에 대해 자주 제기하던 모든 고소들을 철저히 논박하는 글을 썼다.

그리스도교인들에 대한 박해. 그리스도교인들은 공격으로부터 스스로를 변호할 필요가 있었는데, 거기에는 두 가지 이유가 있었다. 그들이 엄격한 유일신론으로 다른 신들을 배척하고 이교도 이웃들이 벌이던 전통적인 행위들에 참여하지 않은 것은 주변 사람들에 대한 모욕으로서 그들의 적대감을 키웠다. 이 적대감은 생소한 것에 대해 인간이 보통 가지는 두려움 때문에 더욱 커졌다. 따라서 사람들은 자기들이 개인적으로든 집단으로든 당하는 모든 불행을 그리스도교인들의 탓으로 쉽게 돌리고 그럴 때마다 로마 관리들에게 그들의 '범죄'를 자주 고소했다. 더욱이 로마의 당국자들은 언제나 비밀 단체들을 경계하고 있었고 그들이 국가 전복 음모를 꾸미고 있을까봐 두려워했다. 그리스도교인들의 경우가 바로 그런 두려움을 가지고 대할 만한 사람들이었다. 그들은 국가를 수호하는 신들의 비위를 맞추기를 거부하고 황제의 상 앞에서 의식을 수행하기를 거부했기 때문이다.

처음 두 세기 동안 박해와 그로 인한 순교는 대부분 순전히 지방 정부의 관리들과 정책에 따른 결과였다. 유대인 당국자들이 유대 총독 페스투스(베스도) 앞에서 바울을 고소한 일이나 페스투스가 죽은 틈을 타서 예루살렘 교회 지도자 야고보를 처형한 일이 다 그렇다. 네로가 로마에서 그리스도교인들을 처형한 것은 64년의 대화재라는 참화를 당한 대중의 관심을 딴 데로 돌리려는 순전히 국지적인 행위였다. 도미티아누스는 체제 전복을 꾀한 분자들로 낙인 찍어 처형하거나 추방한 지식인들 틈에 그리스도교인들을 끼어넣은 듯하지만, 예루살렘에서 예수의 친족들에게 씌워진 죄목들에 아무런 근거도 발견하지 못하자 예루살렘의 그리스도교인들에 대한 처형을 중단하도록 지시했다.

그러나 2세기 초엽에 그리스도교가 동방 속주들에 널리 퍼지면서 지방에서 그리스도교에 대한 반대 여론이 빈번하게 발생했다. 트라야누스는 비시니아-폰투스를 맡긴 소 플리니우스에게 보낸 유명한 편지에서 그리스도교인들에 대한 조직적인 사냥이나 익명의 고소를 접수하는 일이 있어서 안 된다는 데 동의했다. 그러나 그는 정당하게 고소를 당하여 그리스도교인이라는 죄로 유죄 판결을 받은 사람들은 신앙을 포기하고 신들에게 제사를 드리기 전에는 처형해야 한다고 강조했다. 하드리아누스는 그리스도교인을 고소할 때는 엄격한 법 절차를 따르고, 법 절차에 부합하지 않으면 고소를 기각하라고 지시했다. 마르쿠스 아우렐리우스는 그리스도교인들을 싫어하면서도 그리스도교인들에 대한 박해를 적극 권장하지는 않았지만, 다른 중대사들에 발목이 잡혀 있었기 때문에 여론의 압력에 굴복하여 그리스도교인들을 고문하고 처형하는 총독들을 제재할 여유가 없었다.

1세기와 2세기에 순교자들이 속출하면서 신자들은 신앙 각오를 더욱 결연히 다졌고, 사려깊은 비그리스도교인들은 깊은 감명을 받아 그들 중에서 영웅적인 순교자들의 본을 받아 개종하는 경우가 종종 있었다. 그리스도교 저자들은 살아남은 신자들에게 용기를 주기 위해서 순교자들을 찬양했다. 그러므로 교회의 수가 불어나는 속도에 탄력이 붙으면서 3세기의 황제들은 로마의 전통 신들을 달래고 점차 혼돈에 빠져들어가던 제국에 통일을 강요할 의도로 교회를 적극적으로 박해했다.

사회적 발전.

서기 처음 두 세기의 큰 사회적 추세 중 하나는 로마의 귀족층이 확대되어 이탈리아와 속주들의 상류층을 포함하게 된 점이다. 일찍이 아우구스투스는 이탈리아 자치체의 귀족들에게 폭넓은 지지를 받았기 때문에 로마를 독점 지배할 수 있었다. 그와 그의 율리우스-클라우디우스 가 계승자들 치하에서 이탈리아 귀족들에게는 군에 복무하고 속주 행정에 참여할 기회가 활짝 열렸다. 훌륭히 충직하게 봉직한 사람들에게는 콘술직과 원로원 의원직 같은 직위들이 하사되었다. 가장 현저한 예가 베스파시아누스이다. 그는 레아테 근처의 지방 귀족 가문에서 태어나 제국 관료로 근무하다가 원로원 의원직뿐 아니라 프린켑스의 직위에까지 올랐다.

로마화한 속주들의 상류층도 곧 이탈리아 자치체 귀족들에 뒤이어 제국 정부 관직, 원로원 의원직, 그리고 황제직에 올랐다. 옛 공화정 귀족들의 후손들은 클라우디우스가 갈리아 출신들을 원로원 의원으로 임명하는 데 반대했으나 허사였다. 율리우스 빈덱스(68년 갈리아에서 반란을 일으킨 인물), 세네카, 트라야누스, 하드리아누스, 프론토의 경력이 입증하듯이 갈리아, 히스파니아, 북아프리카 출신들도 그들에 못지 않았다. 사실상 네로와 도미티아누스 치하에서 숙청 바람이 한바탕 불고 지나간 뒤에 옛 공화정 귀족 가문들 대부분이 자취를 감추었고, 1세기 말경에는 원로원 의원 다수가 이탈리아 자치체들과 서방 속주들 출신이었다. 더욱이 2세기에는 하드리아누스와 마르쿠스 아우렐리우스 같은 황제들의 후원에 힘입어 동방 속주 도시들 출신의 상류층 그리스인들이 제국 정부에 들어가 높은 지위에 올랐다. 아피아누스, 아리아누스, 카시우스 디오, 플루타르코스 같은 저자들이 대표적인 경우이다.

상류층 여성들. 공화정 후기에 상류층 여성들은 상당한 독립과 권한을 누렸는데, 그런 추세가 극단적인 경우에는 추문과 문란한 사생활로 귀결되었다. 쉽게 예상할 수 있듯이 많은 남성들은 전통적인 남성 지배 관행이 위협을 받는다고 느꼈고, 제정 초기에 접어들면서 여성들을 원래의 지위로 돌아가게 하려는 구체적인 시도가 있었다. 이 시도는 현숙한 아내와 어머니라는 전통적인 로마의 이상에 의해 뒷받침을 받았을 뿐 아니라, 여성들을 병적인 두려움과 적대감을 갖고 바라보고 여성들이 선천적으로 열등하다고 보는 경향이 있던 고전 그리스 문학과 철학에 로마인들이 폭넓게 접하면서도 뒷받침을 받았다. 로마 문학에서는 이 견해를 이미 「아이네이스」에 나타나는 여성 주인공들에 대한 보편적인 부정적 태도에서 볼 수 있고, 한 세기 뒤에는 유베날리스의 여섯번째 풍자에 이 견해가 현저히 나타난다. 공적으로는 아우구스투스가 결혼을 장려하고 간통을 벌하는 입법을 추진할 때 이 견해가 분명하게 대두되었다.

그러나 상류층 여성들을 과거의 종속 상태로 되돌리려는 이러한 시도는 제대로 먹혀들지 않았다. 오비디우스가 연애 유희자들을 위해 쓴 지침서 「사랑의 기술」(*The Art of Love*)이 인기를 끌었던 것은 상류층에 아우구스투스의 도덕주의에 대한 반감이 만연했음을 보여 준다. 난교가 증가했고, 그 시대에 난교로 유명한 여성들 가운데 두 명이 동일하게 율리아라 불린 아우구스투스의 딸과 손녀딸이었다.

황실과 귀족 가문의 여성들은 독립적인 열성 귀족 여성들의 전통을 따라 자신들의 야심을 채우려고 했다. 아우구스투스의 아내 리비아는 그의 재위 기간 동안 실세였으며 그의 뜻에 따라 아우구스타라는 칭호를 얻었다. 리비아는 위압적인 태도로 티베리우스를 여러 차례 괴롭혔다. 메살리나는 남편 클라우디우스의 권력을 찬탈하려는 음모에 적극 가담했다. 대 아그리피나는 티베리우스의 철천지 원수였고, 소 아그리피나는 살인과 음모로 아들 네로를 권좌에 앉혔으며, 반면에 트라야누스의 아내 플로티나는 하드리아누스의 제위 계승이 유연하게 이루어지는 데 이바지했다. 황제들의 어머니들과 아내들은 그들의 아들들과 남편들을 드높이기 위해서 종종 신격화되거나 큰 명예를 얻었다. 황실의 선전에도 그들의 가문 내력이 함께 소개되었다. 속주 총독의 아내는 자선 활동에 대해 송덕비와 조각상으로 영예를 얻었고, 그보다 지위가 낮은 무수한 여성들은 운동선수, 음악가, 의사로서 쌓은 업적으로 영예를 얻었다.

아우구스투스 이후에는 여성들의 법적 지위가 사회적 실질에 맞춰 향상되었다. 126년에 하드리아누스는 여성에게 유언의 권리를 허용했고, 마르쿠스 아우렐리우스는 아버지뿐 아니라 어머니도 자녀들에게 재산을 물려줄 권리를 보장해 주었다. 그러나 결국에는 여성들에 대한 보호는 디오클레티아누스(서기 284~305) 때 폐지되었다.

하류층. 하류층 시민들, 피해방인들, 속주민들, 그리고 노예들의 운명은 기원전 1세기에 비해 서기 처음 두 세기에는 다소 개선되었지만, 남자든 여자든 가난하고 힘 없는 사람들은 어느 사회에서도 형편이 극적으로 나아지는 경우가 없었다. 그 시기에는 제국 내에 전반적으로 평화와 번영이 찾아왔기 때문에 대다수 사람들에게 세상살이가 좀더 안전하고 덜 절망적이었으며, 거의 모든 황제들이 인민 대중의 고통을 덜어주려고 노력했다. 그들은 무상 곡물에 기대어 사는 사람들을 먹여살리고 나머지 사람들을 위해서도 곡물가를 안정시키려고 로마의 곡물 공급을 원활히 하는 데 각별히 힘썼다. 도시 빈민들은 아울러 공중 화장실과 목욕탕 건축을 통해 홍수 조절, 주거 형편, 상수도 공급을 개선하고 공중 위생을 향상시키려는 황제들의 노력에 혜택을 입었다. 속주들의 여러 대도시들에서는 지방의 부유한 독지가들이 황제들을 모방하여 비슷한 사업을 추진했다.

적어도 이탈리아에서는 농촌 빈민들이 트라야누스 개인적인 구호 활동과 트라야누스와 후임 황제들의 부양정책(alimenta)으로 혜택을 입었지만, 소녀들에게 돌아가는 구호품은 소년들에 비해 항상 적었다. 속주들에서는 효율적이고 정직한 행정을 펼치려는 황제들의 노력에 힘입어 농민들이 과거와 같은 무자비한 수탈은 면했을 것이 틀림없지만, 모든 제국 관리들이 황제의 지시대로 양심적으로 행동했다고 생각한다면 그것은 순진한 생각이다.

일부 교육 수준이 높은 그리스 피해방인들과 황실 가문의 노예들은 비약적인 신분 상승을 겪었지만, 절대 다수의 피해방인과 노예의 신분에는 아무런 변화도 없었다. 피해방인들 중에는 큰 부자가 된 사람들도 있고 중류층의 직업을 가진 사람들도 있고 가난을 벗지 못한 사람들도 있고, 아우구스탈리스(augustalis) 같은 명예로운 직위에 오를 수 있었음에도 불구하고 모두가 2등급 시민의 신분을 벗어나지 못했다. 노예들의 숫자는 줄어든 듯하지만 그들이 받는 대우와 신분은 사실상 변하지 않았다. 아우구스투스가 노예 해방 행위에 세금을 물리고 주인이 자의로 해방시킬 수 있는 노예 수를 제한하는 방식으로 노예 해방의 속도를 늦추려고 시도하긴 했지만, 무수한 피해방인의 비문들이 보여 주듯이 로마인들은 노예 해방에 여전히 관대했다. 노예를 잔혹하게 대하는 주인들에게 제재를 가하려는 시도도 있었지만, 노예들은 여전히 증인으로서 고문을 당했고, 만약 노예가 주인을 살해했을 때는 그의 노예가 전부 처형을 당했다.

중류층의 번영. 처음 두 세기 동안 제국 전역에 평화와 안정이 깃들면서 제국의 부가 크게 치솟았고, 농업과 제조업과 상업이 확대되면서 어느 정도 재산이 있거나 재능과 모험심이 있는 사람들은 일찍이 겪어보지 못한 번영을 누렸다. 속주들도 제국의 평화(팍스 로마나)에 따른 유익을 한껏 누리게 되었다. 수입이 치솟고 여행의 충동도 전례없이 커졌는데, 양호한 도로들이 거대한 망을 이루며 건설되면서 그 충동을 한층 더 자극했다. 속주들은 도시화하고 도시들이 등장했다. 아시아, 아프리카, 히스파니아 혹은 갈리아를 여행하는 사람은 로마에서 보던 것과 크기와 위용만 다른 신전들과 극장들과 도서관들과 목욕탕들과 고급 주택들을 볼 수 있었다. 농장과 공장에서 나온 생산품들이 육지와 바다에서 자유롭게 유통되었으며, 해외 무역도 꾸준히 확대되었다.

경제 동향.

속주의 농업. 제국의 '발전된' 지역들에서는 상대적으로 정적인 고대의 농업 기술이 한계에 부닥쳐 농업 발달이 정체되어 있었던 반면에, 덜 발전된 속주들에서는 농업 잠재력이 급속히 발산되었다. 브리타니아의 경우 요크셔 계곡과 남동부 지역의 광활한 들판에서 수출하기에 충분한 양의 곡물이 생산되었다. 북부의 군대들에 군복을 제공하는 데 크게 필요했던 양털을 얻기 위한 양 사육이 글로스터셔의 코츠월드 양들을 대상으로 이루어진 듯하다. 또 다른 곡창 지대는 라인 강을 따라 형성된 벨가이(벨기움) 속주였다. 갈리아 남부에서는 포도주로 지금까지 명성을 유지하고 있던 지역들이 주요 포도주 생산지들이었고, 2세기에는 그곳이 이탈리아를 대신하여 북유럽의 포도주 공급원이 되었다. 이 지역들은 심지어 거대한 로마 시장 자체에서까지도 경쟁을 벌였다. 히스파니아와 튀니지의 올리브 과수원에서는 엄청난 분량의 기름이 생산되어 광범위한 지역에 수출되었는데, 이 품목에서도 이탈리아의 생산자들이 뒷전으로 밀려났다.

동지중해의 옛 곡창 지대들도 서기 처음 두 세기의 특징이었던 안정과 건실한 행정으로부터 혜택을 입었다. 시리아의 오론테스 강 계곡이 올리브 생산지로 전성기를 누렸고, 요르단 강 동편이 곡물 생산으로 번영을 구가했으며, 이집트에서는 관개 시설이 들어선 농토들이 증가하였다. 더욱이 도시화가 확산되고 도시들이 규모가 커지면서 근교의 소규모 자영농들은 과일과 채소와 치즈와 계란과 가금을 내다 팔 시장을 쉽게 구했다.

광산업과 제조업. 국경 지대가 안정을 찾고 제국 전역에 거대한 도로와 항구와 운하가 건설되면서 원자재의 새로운 출처가 개발되고 그것이 제조업의 확산을 촉진했다. 납 주괴(鑄塊)와 선철(銑鐵)이 브리타니아의 주요 산물이었다. 주석과 구리와 은이 히스파니아에서 여전히 중요했고, 새로운 속주 다키아의 금광이 활발히 개발되었다.

동방에서는 과거의 제조업 중심지들이 번성을 누렸다. 이집트와 시리아의 공장들이 파피루스, 갈색 유리, 직물, 자주색 염료, 그리고 가죽 제품들을 생산해 냈다. 소아시아가 대리석, 도기, 양피지, 카페트, 옷감을 공급했다.

서방에서는 1세기에 이탈리아의 유리, 도기, 청동 제품 생산자들이 자신들의 제품을 멀리 널리 보급했지만, 2세기에 접어들면서 속주 중심지들, 특히 갈리아와 라인 지방의 중심지들이 수출 시장을 점령하면서 사양길에 접어들었다. 1세기에는 갈리아의 루그두눔(리용)이 서방의 유리 공업 중심지가 된 반면에, 2세기에는 게르마니아의 콜로니아 아그리피나(콜로뉴)가 그 자리를 차지했다. 테라 시길라타(Terra sigillata), 즉 아레티움에서 이탈리아에 수출되던 양각 장식이 가해진 붉은색 식기류가 서유럽 시장을 대상으로 처음에는 그라우페센케에서, 다음에는 갈리아의 레주에서, 그리고 마지막에는 라인 지방의 트레스타베르나이에서 대규모로 모방 생산되어 성공을 거두었다. 아울러 벨가이의 퉁그레스에서는 유명한 흑 도기가 생산되었고, 브리타니아의 도자기도 회색 점토액으로 비슷한 모양을 이루었다. 카푸아의 유명한 청동 제작자들조차 그레스니치에 공장을 세운 숙련된 갈리아 장인들에게 서방의 시장을 빼앗겼다.

제국의 교역. 서방 속주들에 상업농과 전문적인 제조업이 증가하면서 이탈리아의 사회 및 경제에 부정적인 영향을 끼쳤다는 것은 앞 장에서 설명한 바 있다(참조. 686-688쪽). 이탈리아인들이 속주의 생산자들과 경쟁에서 뒤졌던 큰 이유는 낡은 운송 체계, 특히 육로 운송 체계의 비효율성 때문이었다. 제국의 탁월한 도로망에도 불구하고 마차나 수레에 의한 운송은 더디고 어려움이 많았는데, 그렇게 된 데에는 고대인들이 말에 마구를 장착할 때 짐 때문에 고삐가 팽팽히 당겨져 말의 숨통을 조이는 방식으로 장착한 것도 적지 않은 이유였다.

속주 농민들과 장인들은 일단 이탈리아의 경쟁자들을 필적할 만한 상품을 생산하게 되면서 지역 시장을 지근거리에 두고 있다는 이점을 살려 이탈리아의 수출업자들이 따라잡을 수 없는 유리한 고지를 점했다. 사실상 해안 근처나 항로상에서 좀더 효율적인 수로 운송을 쉽게 이용할 수 있었던 속주 농민들은 선박을 이용하여 돈벌이가 잘 되는 로마 시장들이나 그밖의 이탈리아 해안 도시들로 상품을 운반함으로써 이탈리아 내륙에서 육로로 상품을 운송하던 농부들보다 크게 유리했다. 예를 들어, 갈리아 남부의 아렐라타이(아를)나 나르보 산 포도주 단지를 해상으로 로마로 운송하는 것이 로마에서 불과 24킬로미터 떨어진 지역에서 육로로 로마까지 운송하는 것보다 비용이 싸게 먹혔다.

그러나 바로 그런 요인들 때문에 속주의 제조업과 상업의 잠재력이 서기 2세기경에 도달한 수준을 넘어 발휘되지 못했다. 수로 운송을 쉽게 이용할 수 있던 농부들만 곡물 수출로 이익을 남길 수 있었다. 더욱이 수송 속도가 더디고 냉장이나 보관 기술이 부족했기 때문에 곡물과 올리브유와 포도주 같이 쉽게 부패하지 않는 농산품만 원거리 선적이 가능했다. 제조업의 경우 특정 지역에서만 구할 수 있는 원자재나 고도의 전문 기술에 의해서만 생산이 가능했던 고가의 제품들만 원거리 수출로서도 이익을 남길 수 있었다. 그러므로 그런 제품들이 진열되는 시장은 부자들에게나 의미가 있었다. 대다수 사람들은 그런 제품과 상관 없이 지내든지 아니면 지방 제조업체가 내놓은 질이 떨어지는 모조품으로 만족해야 했다. 그 결과 제조업은 대체로 소규모에 지역에 국한되는 경향을 띠었고 교역도 제한되었다.

해외 교역. 거리상의 이유로 해외 교역은 사치품들로 제한되었지만 제국 전역이 번성을 누리면서 교역도 증가하게 되자 외국의 사치품들의 수요도 늘어나고 해외 교역로도 더욱 개척되었다. 로마의 상인들이 호박(琥珀)과 모피를 찾아 게르마니아 북부 해안선을 따라 발트해 섬들까지 여행했다. 예를 들어 고틀란드에서는 4천 개의 로마 주화가 발견되었다. 1세기에 파르티아인들은 중국의 비단 무역 경로가 남쪽 인도로 전환되도록 강제했고, 그로써 인도에 도착한 중국의 비단이 배편으로 홍해 항구로 운송되었다. 그러나 1세기 말에는 그리스와 시리아의 상인들이 박트라(아프가니스탄 북중부의 발크)에서 중국에서 온 비단 대상(隊商)과 정기적으로 접촉하고 있었고, 훗날 하드리아누스나 안토니누스 때에는 동쪽으로 좀더 들어간 타스쿠르간(석탑)에서 그들과 접촉했다.

대략 아우구스투스 시대에 히팔루스(Hippalus)라고 하는 그리스 선장이 계절풍인 몬순의 이동 원칙을 발견함으로써 아라비아 남부와 서인도를 오가며 향료와 보석과 양념과 면직물을 거래하던 상선들이 정해진 기한에 항해할 수 있는 길을 터놓았다. 2세기 초에는 그리스 상인들이 펀잡 지방까지 뚫고 들어갔다. 2세기 전반에 이들은 인도 남부와 실론을 빙 돌아서 인도 동해안과 아마 저 멀리 하노이까지 항해했다. 166년에는 일단의 상인들이 중국 황하를 타고 깊숙이 거슬러 올라가 뤄양에서 황제 후안티에게 조공을 바쳐가며 서방과의 정기적인 해상 무역을 제의했다. 그러나 결국에는 제대로 이루어진 게 없었다.

로마령이 아닌 아프리카 지역과도 교역이 이루어졌다. 1세기에 상인들이 유향을 얻기 위해 소말리아 해안을 따라 교역을 했고 2세기에는 상아를 찾아 저멀리 남쪽으로 잔지바르와 모잠비크까지 내려갔다. 탐험가들이 내륙 깊숙이 뚫고 들어가 나일 강의 수원인 빅토리아 호수와 앨버트 호수까지 들어가기도 했다. 북아프리카에서는 페잔을 지나 사하라 사막 인근 지역에서 로마와 여러 도시들에서 벌어지는 무수한 경기들에 쓰일 이국적 동물들을 구입하기 위한 거래가 활발하게 이루어졌다.

로마 제국의 구조적인 경제적 재정적 취약점. 서기 처음 두 세기에 경제가 비약적으로 성공했는데도 불구하고 이미 네로 때에 접어들면서 그 기저에 깔린 중대한 취약점들이 드러나기 시작했다. 이 취약점들은 제국의 경제 잠재력을 위축시키고 3세기에 시작된 장기 침체에 일조했다. 예를 들어, 외국과의 사치품 교역이 부정적인 영향을 끼쳤다. 로마의 교역로를 추적하는 데 도움이 되는 무수한 로마 주화들이 뚜렷이 보여주듯이 값비싼 제품들은 은화와 금화로 지불되었다. 대 플리니우스는 네로 때 동방 지역과의 무역에 매년 4백만 세스테르티우스가 지출된 데 반해 인도와의 무역에만 6백만 세스테르티우스가 지출되었다고 불평했다. 2세기에는 청동과 납 제품들, 식기류, 갈색 유리, 모직물, 그리고 심지어 재가공한 비단 같은 일부 제조업 품목의 수출에 힘입어 적자 폭이 줄어들었을 가능성이 있다. 그렇긴 해도 로마의 대표적인 제품은 제국의 우수한 주화였는데, 귀금석의 끊임없는 부족 현상이 통화와 재정 체계의 안정을 저해하였다.

문제의 일부는 통화 체계의 성격 자체에 있었다. 소액 거래에 쓰인 지방의 구리와 청동 주화들을 제외하면, 통화 체계는 귀금석의 실제 함량으로 가치가 고정된 주화들의 유통에 기초를 두고 있었다. 사업 확장에 불가피한 신용은 유통되는 주화의 양에 의해 극히 제한되었다. 만약 통화량을 유지하거나 증가시키기 위해 주화의 가치를 평가절하하면 물가가 솟았기 때문에 아무런 이익도 없었다.

네로 때에는 금은의 주요 공급원인 히스파니아의 금광과 은광의 생산량이 감소한데다 해외 무역과 네로 자신의 과소비로 인한 고갈까지 겹치는 바람에, 네로는 금화와 은화의 순도를 낮추게 되었다. 트라야누스 때에는 로마가 다키아의 금광을 개발할 수 있게 됨으로써 심각한 위기를 모면했으나, 마르쿠스 아우렐리우스 때에는 많은 전쟁으로 경제에 새로운 심각한 부담이 가해졌다.

안토니누스 피우스가 국고에 남겼다고 하는 막대한 잉여금에도 불구하고 마르쿠스 아우렐리우스는 도나우 원정 자금을 조달하기 위해서 궁전의 보석과 보물을 매각하고 은화에 구리 함량을 34%까지 늘임으로써 은화의 가치를 절하하지 않을 수 없었다. 3세기의 위기에 대처하기 위해서 후대의 황제들은 주화의 가치를 거의 붕괴 지경까지 더 하락시켰으나, 그로써 교역에 큰 타격을 입히고 경제에 큰 부담을 주었다.

황제들의 일반적인 재정 정책 때문에도 많은 문제들이 발생했다. 평화시에는 제국의 수입과 지출이 그럭저럭 맞아떨어졌다. 그러나 정부와 제국 관료 체계의 비용 상승, 군대에 지불된 기부금, 교육과 복지 그리고 각종 기념비와 공공 건물에 지출된 막대한 비용, 재해를 입은 지역에 지출된 구호금 때문에 내란이나 군사 비상 사태에 대처할 만한 비용을 비축할 여력이 없었다. 연체금 말소와 세금 감면에 비효율적인 세수 제도로 국가가 갈수록 파산의 위기에 몰려 있었다.

황제들은 정규 세금을 늘리고 징수된 세금을 제국의 모든 부면에 지출하는 대신, 자주 특별세와 자산 몰수, 군대를 위한 돈과 식량과 운송 수단 징발, 혹은 강제 노역 같은 방식에 의존했는데, 이로 인한 피해는 거의 다 경제 가운데 농업 부분에 집중되었다. 이런 파행적인 세금 징수가 3세기에 가파른 곡선을 그리며 증가하면서 징수의 책임을 맡은 자치체들과 부자들에게 큰 부담을 안겨주었을 뿐 아니라 때로는 자영농들과 소작농들을 파업과 폭동과 야반도주의 처지로 몰아내거나 유랑민이 되게 했다.

고대 과학 기술의 실패. 그렇지만 무거운 조세 부담, 귀족들의 수입 사치품 소비, 그릇된 재정 정책, 제국 국방과 통치에 든 막대한 비용, 2세기 이후의 잦은 내전 같은 요인만으로 3세기 이후로 전개된 경제적 쇠퇴를 제대로 설명할 수 있다고 생각하면 잘못이다. 문제의 뿌리는 오히려 그리스-로마 사회가 순수 과학을 생산적인 과학 기술로 전환하지 못한 데 있다. 그리스인들은 이론 과학과 수학의 역사에서 인상적인 업적의 기록을 남겼고, 헬레니즘 시대의 아르키메데스(Archimedes, 기원전 287경~121)와 알렉산드리아의 헤로(Hero, 기원전 150경) 같은 사람들에 힘입어 순환 사슬, 복활차(複滑車), 기중기, 증기 엔진, 반동 터빈 같은 여러 기계 장치들이 발명되었음에도 불구하고, 정작 그들은 이런 발명들을 실용화하여 노동력을 절감하고 생산력을 높이고 고도로 집중된 관료 국가의 재정적 부담을 질 수 있는 산업 문화를 건설하는 데 활용하지는 못했다.

고대인들이 과학을 산업 공학으로 전환하지 못했던 이유를 이해할 수 있는 실마리는 노예 신드롬(이것은 아우구스투스 시대 이래로 깨져가고 있었다)과 귀족 유한 계층의 노동에 대한 경멸에서도 찾을 수 있지만, 경제 생산과 직접 관계가 없는 한 계층의 삶의 태도를 반영하고 지속시킨 고대 교육의 잘못에서도 찾을 수 있을 것이다. 과학과 실용 기술 교육을 천시하는 대신 수사학을 지나치게 강조한 결과 과학자와 산업 기술자와 전문가보다 법률가와 행정가와 수사학 교수를 배출하는 데 주력하게 되었다.

노예 노동력이 급감하고 무상 노동력이 부족해지면서 2세기 이후에 제국이 직면한 위기들을 타개하기 위해 산업 공학과 노동력 절감용 기계의 필요성이 대두되었다. 그것들이 없이는 제국이 크게 증가하던 군사적 필요를 충당하면

서 동시에 건실한 민간 경제를 유지할 도리가 없었다. 그러므로 3세기에 접어
들면서 심각한 쇠퇴기가 시작되었다.

제5부

로마 제국의 변형과 해체

37

세베루스 가 황제들 치하에서의 위기와
일시적 회복 (서기 180~235)

마르쿠스 아우렐리우스가 죽은 180년부터 디오클레티아누스가 즉위한 285년까지의 시기는 로마사에서 가장 어렵고 혼란스럽고 오해를 받는 시기의 하나이다. 그러나 최근에 들어서 학자들이 이 시기를 점차 주목하기 시작했고, 그런 추세에 힘입어 이 시기에 대해서 과거 어느 때보다도 더 구체적이고 신뢰할 만한 상을 만들어 낼 수 있게 되었다. 이 시기는 거의 비등한 두 부분으로 나눌 수 있다. 첫 부분은 마르쿠스 아우렐리우스가 죽은 180년부터 세베루스 가의 마지막 황제인 세베루스 알렉산데르가 암살된 235년까지이다. 이 시기에 제국의 국경 지대들은 비록 압박은 받았으나 침공을 받지는 않았으며 국내의 정치 위기도 심각한 것은 193년부터 197년 초까지 그리고 217년부터 221년까지 두 차례밖에 없었다. 두번째 부분은 235년부터 디오클레티아누스가 승리를 거둔 285년까지이다. 이 시기에는 내전도 잦고 암살도 급증했으며 26명의 황제 혹은 황제 참칭자들이 실각하고 국경선들이 빈번히 뚫렸으며, 제국이 거의 붕괴 직전에 몰렸다.

180년부터 285년까지 한 세기의 전반부와 후반부에 여러 차이가 있긴 했지만, 두 시기를 통틀어 통일성을 부여하는 여러 가지 추세들을 추적할 수 있다. 로마 시 자체는 큰 상징적 의미를 유지하고 있긴 했지만, 실질적인 권력은 갈수록 방어의 필요가 절실해져 가던 접경 지대 근처의 전략 지대들로 옮겨갔다. 국방의 필요성과 속주들의 비중이 점차 커졌다는 것은 거의 모든 황제들이 속주 출신의 장군들로서, 그들 중 상당수가 국방 문제가 자주 첨예하게 대두되었고 제국의 최정예 장교들을 많이 배출한 도나우 강 유역 속주들 출신이었던 사실이 극명하게 말해준다.

속주들이 점차 중요하게 부각되면서 로마와 이탈리아의 우월성이 쇠퇴함에 따라 지역주의와 파벌주의와 분열과 갈등도 증가했다. 새 황제가 즉위하면 다른 속주나 지역이 특별한 관심을 받는 동안 자신들과 자신들이 안고 있는 문제가 등한시될 것을 우려한 특정 속주나 지역의 군대나 주민들이 대립 황제나 황제권에 도전한 사람을 지원하는 경우가 종종 있었다. 때로는 일부 지역이 따로 황제를 옹위하여 떨어져나가기까지 했다.

국방과 개인의 안전이 황제들의 초미의 관심사가 됨에 따라 그들의 직위도 아우구스투스 시절부터 유지해온 문민 행정관직의 특성들을 점차 잃어가면서 순전히 군대의 힘과 근동과 헬레니즘 세계의 노선에 따라 신적 왕권의 명분에 근거한 절대 왕권이 되어갔다. 아울러 황제들이 국방의 필요를 충당하기 위해서 국가의 자원을 총동원함에 따라 대다수 민중은 만족한 시민들(citizens)이기보다 고통당하는 신민(subjects)의 지위로 전락했다. 소수의 부자들과 유력한 원로원 의원들과 기사 신분이 사회적 법적 특권들과 제국 정부 내의 유력한 직위들을 하사받아 황제의 협력자가 된 반면에, 하위 계층들은 법적으로 열등하게 되었고 심지어 국가의 이름으로 더 큰 압제를 받았다. 마지막으로 평민들은 국방의 부담과 국가의 잘못된 재정 정책과 과다한 농업 세와 내전으로 인한 파괴와 거듭된 침략으로 안 그래도 취약한 제국의 경제가 타격을 받게 되면서 갈수록 더런 재정적 시련을 겪게 되었다.

서기 180~285년에 해당하는 로마사의 자료.

180년에서 285년에 이르는 시기, 특히 그중에서도 후반부의 복잡한 시기는 파악하기가 어려운데, 이렇게 된 이유는 신빙성 있는 기록들이 부족하기 때문이다. 카시우스 디오의 글 중 그 자신의 시대를 다룬 후반부이자 가장 가치있는 권들(79권과 80권을 제외한)은 초록들과 단편들로만 현존한다. 180년에서 238년까지의 시기에 관한 가치있는 정보는 헤로디아누스(Herodian)가 자기 시대의 역사를 다룬 현존하는 여덟 권과 4세기 말의 「아우구스투스들의 역사」(*Historia Augusta*)에 실려 있지만, 후자에 실린 235년 이후의 황제들의 전기들은 역사라기보다 비현실적인 허구에 더 가깝다. 4세기에 그 시기를 다룬 덜 중요한 역사서들에는 아우렐리우스 빅토르(Aurelius Victor)의 「카이사르들」(*Caesars*)과 저자 미상의 「카이사르들에 관한 초록」(*Epitome de Caesaribus*), 그리고 에우트로피우스(Eutropius)와 페스투스(Festus)의 역사서들 같은 간략한 로마 역사서들이 있다. 5세기 그리스 사가 조시무스(Zosimus)도 아우구스투스부터 서기 410년까지를 다룬 자신의 로마사에서 이 시기를 다루었다.

3세기에는 그리스도교 저자들의 수가 더욱 증가하면서 큰 비중을 차지하게 되었으며, 확장되어가던 그리스도교 교회의 역사와 교리 논쟁에 관한 정보뿐 아니라 세속사에 관한 정보까지도 제공했다. 라틴 그리스도교 저자들 중에서 이 시기에 가장 두드러진 사람들은 테르툴리아누스(Tertullian. 160경~230경)과 성 키프리아누스(Cyprian)였다. 테르툴리아누스는 법률가로서 훈련을 받고 카르타고에서 살았다. 그는 삼위일체 정통 교리를 공식화한 최초의 저자로 알려져 있다. 그의 무수한 저서들은 그 시기의 사회 생활과 그리스도교인들이 개인적으로 여성들을 대할 때 지니던 이상적인 태도에 관해서 많은 내용을 보여 준다. 성 키프리아누스는 테르툴리아누스를 자신의 교사들 중 하나로 여겼으며 카르타고의 주교가 되었다. 그의 저서들은 250년대에 발생한 그리스도교 박해사와 박해 때 신앙을 버렸다가 나중에 신자로 받아들여지기를 원하던 그리스도교인들에 관한 도나투스파 논쟁을 이해하는 데 특히 귀중하다. 이 시기를 이해하는 데 아울러 중요한 것은 성 히에로니무스(Jerome. 330경~420)의 두 편집물이다. 하나는 창조 때부터 378년까지의 연대기이고, 다른 하나는 그리스도교 문학사이다.

당시의 그리스 교부들 가운데 알렉산드리아의 클레멘스(150경~215경)와 오리게네스(185경~255경)가 두드러진다. 클레멘스는 그리스 철학의 양상들을 그리스도교 신학에 전하는 데 이바지했고, 그의 저서들은 그가 논쟁을 벌인 이교 그리스 비교들에 관한 진귀한 정보를 제공한다. 클레멘스 밑에서 공부한 오리게네스는 본문 비평, 성경 주석, 교회 교리, 그리스도교 변증학, 예배

등 많은 주제들에 관한 저서를 남겼다. 팔레스타인에서 활동한 카이사리아의 에우세비우스(260경~340경)는 3세기를 재구성하는 데 귀중한 두 권의 역사서를 썼다. 아브라함 때부터 서기 325년까지의 사건들을 다룬 그의 연대기는 망실되었지만, 그 내용은 대부분 그 연대기에 기초한 히에로니무스의 비슷한 저서에 보존되어 있다. 다행히도 그의 「교회사」(*Ecclesiastical History*)는 손상을 입지 않고 제국의 초기 교회 성장에 관한 전반적인 내력을 전하는 귀중한 자료로 남아 있다.

유스티니아누스의 「로마법 대전」(*Corpus Iuris Civilis*)에는 3세기의 법률 저서들의 무수한 단편들이 보존되어 있는데, 그 단편들은 주화들과 파피루스들과 비명들과 고고학 자료들과 함께 모두 우수한 자료들이다. 이 자료들은 아직 충분히 연구되거나 해석되지 못했지만, 3세기에 관한 큰 정보를 구성하고 있으며 그 시기에 끊임없이 새로운 빛을 던져준다. 한때 로마 제국에 편입되었던 나라들에서 점차 커지는 고고학에 대한 관심도 속주들의 국방 정책과 사회 및 경제 상황을 좀더 잘 이해할 수 있게 해주었다.

콤모두스(Commodus, 180~192). 로마사에서 서기 3세기는 마르쿠스 아우렐리우스의 변변치 않은 아들 콤모두스의 재위와 더불어 시작한다. 아우렐리우스는 콤모두스가 자신의 위를 계승하도록 놔두는 것 외에 별다른 합리적 대안이 없었지만, 권좌 주위에 좋은 고문단을 둠으로써 선정이 지속되게 하려고 나름대로 힘썼다. 예를 들어, 그는 콤모두스의 누이 루킬라(Lucilla)를 자신이 매우 신임하는 고문 중 한 사람인 클라우디우스 폼페이아누스(Claudius Pompeianus)와 결혼시켰다. 불행하게도 젊은 황제는 아버지가 죽자 엇갈린 충고를 받았다. 폼페이아누스를 비롯한 일부 고문들은 그의 아버지가 성공적으로 추진해 온 콰디인과 마르코만니인과의 큰 전쟁을 그가 마무리하기를 원했다. 다른 고문들은 신념 때문이었는지 아니면 새 황제의 총애를 받고 승진하기를 기대했는지 그에게 휴전 협정을 체결하고 로마로 귀환하는 쉬운 길을 택하라고 조언했다.

후자의 조치는 얼른 보면 아주 무책임한 것인 듯하지만 휴전 협정도 나름대로 많은 장점을 갖고 있었다. 전쟁이 이미 제국의 재정에 큰 부담을 안겨주고 있었고, 로마 군대도 전염병으로 전력이 약해져 있었으며, 엘베 강과 카르 파티아 산맥에 거점을 둔 국경선을 확보한다면 그것보다 긴 현재의 라인-도나우 강 국경선보다 전략적 이점들이 있긴 하겠으나 제국의 보급로가 훨씬 길어져 군수품을 제대로 공급하려면 긴 시간과 많은 병력이 필요하게 될 것이었다.

더욱이 콤모두스와 그에게 조언했던 사람들은 잘 확립된 휴전 조약의 선례들을 따랐기에, 그것을 콰디인과 마르코만니인이 기꺼이 받아들였다. 마르코만니인은 로마의 탈영병들과 포로들을 넘겨주고, 도나우 강을 따라 비무장지대를 설정하고, 로마 군대에 병력을 제공하고, 해마다 그 병력들에게 군량미를 제공한다는 데 합의했다. 이 조약은 합리적인 것으로서 수년간 도나우 강 유역에 안정을 가져다 주었다. 아우렐리우스의 정복 구도를 포기할 때 콤모두스는 하드리아누스의 선례를 지적할 수 있었다. 하드리아누스도 트라야누스의 연로한 고문들의 반대를 무릅쓰고 트라야누스의 계획을 지혜롭게 포기했던 것이다.

불행하게도 젊고 경험이 없는 콤모두스는 하드리아누스가 아니었다. 그는 철저한 행정과 군사 훈련과 대내적 발전에 힘쓰는 대신 편안한 생활을 추구했다. 일단 로마에 자리를 잡은 뒤부터는 갈수록 육체적 쾌락에 탐닉했다. 예상할 수 있듯이 자료들에 그 점이 지나치게 부각되기는 했지만 갈수록 쾌락에 탐닉한 것은 사실이며, 그렇게 된 데에는 그의 비위를 맞춰가며 그를 자기 탐닉에 가둬 놓음으로써 간섭을 받지 않고 국정을 마음대로 주무르려고 하던 자들의 영향이 있었을 것이다. 그는 콜로세움에서 사자와 호랑이 사냥을 연출함으로써 상류층의 도덕성에 대한 감각을 크게 훼손했지만 서민들은 그 행사를 보고 즐거워했다. 개인적으로는 오십 보 떨어진 거리에서 단검을 던져 타조의 목을 맞히는 기량을 쌓았지만 사치와 방탕으로 국고를 탕진했다. 게다가 다양한 총신들에게 중요한 의무들을 맡겼다가 그들에게 싫증이 나면 곧 죽여버렸다.

일찍이 182년 초에 다수의 원로원 의원들이 콤모두스의 누이 루킬라와 함께 그 무책임한 지도자를 암살하려는 음모를 꾸몄다. 그들은 개인적으로 혐오스러웠을 뿐 아니라 그가 급기야는 제국을 망쳐 버릴 것을 우려했던 것이다.

그러나 음모는 실패로 끝났다. 그때부터 황제는 자연히 두려워하고 의심하고 복수심을 품게 되었다. 친위대장 페레니스(Perennis) — 그 역시 185년에 반역죄로 처형된다 — 같은 책략가들의 지도를 받아 콤모두스는 귀족들과 궁정인들을 대상으로 또 한 번의 공포 정치를 펼쳤다. 그러나 결국 부패와 사치와 공포 정치의 순환에 속도가 붙으면서 친위대장 아이밀리우스 라이투스(Aemilius Laetus), 의전관 에클렉투스(Eclectus), 그리고 콤모두스에게 버림받은 정부(mistress) 마르키아(Marcia)가 꾸민 음모가 성공을 거두게 되었다 (마르키아는 콤모두스가 총애하던 레슬링 선수에게 뇌물을 주어 192년 마지막 날에 콤모두스를 그의 목욕탕에서 목졸라 죽이게 했다).

페르티낙스와 디디우스 율리아누스 (193). 도미티아누스의 암살자들이 세심하게 연로한 네르바를 그의 계승자로 예비해 두었듯이, 콤모두스의 암살자들도 연로한 원로원 의원 페르티낙스(Pertinax)를 예비해 두었다. 페르티낙스는 아우렐리우스 때 유력 인사가 된 아프리카 출신의 신인(novus homo)이었다. 그는 라이투스의 조종을 받은 친위대장과 그를 만족스럽게 여긴 원로원과 인민에게 신속히 승인을 받았다. 페르티낙스는 질서를 회복하고 국고를 채워 넣을 대책을 강구했다. 그는 세금을 줄였고, 전쟁으로 황폐케 되고 전염병으로 인구가 급감한 지역의 정착 희망자들에게 완전한 토지 소유권과 10년간의 면세 혜택을 주었으며, 콤모두스가 자신의 궁전에 모아둔 보물들 — 고급 비단과 비싼 예복과 외투, 검투 장비들과 전차들, 그리고 쾌락과 악에 쓰인 대다수 인적 자원들 — 을 경매에 부쳤다.

불행하게도 그는 두 가지 큰 실수를 저질렀다. 필요한 자금을 모으기 위해서 고위 관직들을 매각함으로써 콤모두스 때 그런 관행에 분노했던 많은 원로원 의원들로 하여금 등을 돌리게 만들었다. 네로 이후의 갈바처럼 페르티낙스도 친위대장에 약속한 금액을 지불하지 않은데다 친위대에게 가혹한 훈련을 시키려 함으로써 친위대장과 멀어졌다. 그러자 친위대는 자기들에게 한 병사당 2만5천 세스테르티우스를 주기로 약속한 엄청난 부자 원로원 의원 디디우스 율리아누스(M. Didius Julianus)에게 권좌를 팔아넘겼다. 원로원은 어쩔 도리 없이 그 지명을 인준했다.

존엄한 황제 직위가 이렇게 모욕을 당하는 것을 보고서 분노한 로마 인민은 율리아누스에게 갖가지 욕을 해대고 그가 무장 경호원들에 둘러싸여 궁정에서 나와 길을 가려 하면 돌팔매질을 했다. 그러던 끝에 인민은 원형 경기장에 운집하여 시리아 총독 페스케니우스 니게르(Pescennius Niger)에게 군대를 일으켜 권좌를 장악하라고 요구하는 결의안을 통과시켰다. 시리아 군단들은 총독을 황제로 예우했다. 같은 시기에 브리타니아 주둔군과 도나우 주둔군도 각각 자기들의 사령관 클로디우스 알비누스(Clodius Albinus)와 셉티미우스 세베루스(Septimius Severus)를 황제로 선언하고 로마로 진격했다. 셉티미우스가 먼저 도착하여 단호하고 결단력 있게 권좌를 차지했다. 율리아누스는 처음에는 세베루스를 배척하다가 협상을 시도했으나 세베루스에게 권좌를 팔아넘긴 친위대에게 버림을 받고 원로원에 의해 폐위되었다. 그는 궁정으로 도망쳤으나 그곳에서 친위대 병사에게 발각되어 살해되었다.

셉티미우스 세베루스의 즉위.

트리폴리에서 멀지 않은 소도시 렙티스 마그나에서 146년에 태어난 셉티미우스 세베루스는 아프리카인으로서 권좌에 오른 두번째 인물이다. 아프리카 출신이 황제가 되었다는 것은 속주들의 중요성이 그만큼 커졌다는 증거였다. 그는 아테네에서 문학과 철학을 공부하고 로마에서 법률가로서 활동하고 히스파니아에서 호민관과 프라이토르를 지내고 갈리아 루그두넨시스의 총독과 마지막에는 판노니아의 총독을 지냈다. 비록 고대 카르타고어의 억양이 섞인 그리스어를 구사했으나 좋은 교육을 받았고 시인들과 철학자들의 무리를 좋아했다. 그의 두번째 아내인 율리아 돔나(Julia Domna)는 부유하고 아름답고 지적인 시리아 여성으로서, 그녀 역시 복잡한 사생활로 유명했다. 그녀는 그에게 카라칼라(Caracalla)와 게타(Geta)라는 두 아들을 낳아주었다.

세베루스는 즉시 자신의 권력을 공고히 다지기 위한 조치를 취했다. 각종 기금들을 장악하고 고갈된 도시 로마의 곡물창고를 다시 채우고 페르티낙스의 살해자를 응징하고 그의 이름을 취했다. 그는 자기 병사들에게 급여를 늘려주어 그들의 지속된 충성을 확보하고 이탈리아 친위대를 해산했다. 그런 뒤 그는 자기 군단들에서 선발한 정예 병사 1만5천 명으로 구성된 새로운 친위대를 창설했는데, 이들은 대부분 일리리아와 트라키아에서 모집한 병사들이었다. 친위대가 물갈이됨으로써 이탈리아는 황제들을 선출하는 문제나 제국 정부에서 누려온 특권을 잃어버리게 되었다.

페스케니우스 니게르 제거를 위한 전쟁 (193~194). 세베루스는 동시에 경쟁자 제거 작업에 나섰다. 니게르를 치러 가면서 후방의 안전을 확보하기 위해서 일시적으로 알비누스를 카이사르 겸 입양 후계자로 인정했다. 그동안 니게르는 로마령 아시아와 이집트의 지지를 확보한 채 비잔티움을 차지하고서 그곳을 거점으로 삼아 세베루스의 도나우 속주들을 위협할 수 있게 되었다. 신속하고 격렬한 원정 끝에 세베루스가 니게르를 물리치고 안티오크를 함락했다. 패배한 니게르는 유프라테스 강을 건너 파르티아로 도피하려다가 붙잡혀 살해되었다.

1차 파르티아 전쟁 (194~195). 니게르가 패하여 죽은 뒤 세베루스는 파르티아를 침공했다. 파르티아 왕 볼로게세스 4세는 니게르에게 지원을 제공했을 뿐 아니라 메소포타미아 서부에 자리잡은 로마의 속국 오스로에네의 왕을 이간질했다. 194/5년에 세베루스는 오스로에네와 메소포타미아 북부와 아디아베네(오늘날의 아제르바이잔)를 침공했다. 이곳에서 원정이 갑자기 중단되었다. 제국의 맞은 편 끝에서 알비누스가 브리타니아에서 군대를 모집하여 셉티미우스와 일전을 벌이려고 나섰기 때문이다.

알비누스는 황제가 자신을 카이사르 겸 후계자로 인정한 것에 대해 시간이 갈수록 그 진실성을 의심했다. 원로원의 많은 추종 세력의 지원을 받은 그는 대권을 요구하기로 결정했다. 자신의 주장을 분명히 해두기 위해서 그는 갈리아로 넘어들어 루그두눔(리용)에 사령부를 설치했다. 그가 아프리카, 도나우 속주들, 소아시아와 밀착되어 있던 세베루스를 제치고 브리타니아에서 뿐 아니라 갈리아와 히스파니아와 게르마니아에서 상당한 지지를 받았다는 것은 우연한 일이 아니다. 세베루스가 서둘러 서쪽으로 이동하면서 두 사람이 격렬한 전투를 벌인 결과 알비누스가 패배한 뒤 자살했다. 세베루스는 승리한 자신의 군대에게 루그두눔 시에 약탈과 방화를 자행하도록 허용하고 속주들과 로마 원로원에서 알비누스의 지지자들을 무자비하게 숙청했다.

황제의 권위와 정통성의 새로운 근거. 셉티미우스는 193년에 군대를 이끌고 로마에 진주해 있었지만 경쟁자들을 따돌리고 자신이 황제가 되어야 한다는 주장을 관철시키기 위해서 원로원을 회유하고 협력을 이끌어내려고 안간힘을 썼다. 과거에 살해된 원로원의 황제 지명자의 편에서 복수자로 자임할 수 있기 위해서 이미 페르티낙스라는 이름도 취해놓은 상태였다. 그는 로마에 체류할 때 민간인 복장을 했고 원로원 의원들에게 동료 의원들에 의한 재판을 거치지 않고는 원로원 의원을 단 한 명도 처형하지 않겠다고 맹세했었다. 아울러 밀고자들을 활용하지 않겠다고도 약속했다.

셉티미우스가 얼마나 진실했는지는 말하기 어렵다. 원로원 지도자들이 그에게 스스로를 입증할 기회를 주지 않았으니까 말이다. 원로원의 많은 의원들은 그를 불신하든가 아니면 그가 고작 기사 신분에다가 속주 출신이라는 이유로 그를 미워했다. 그들에게는 클로디우스 알비누스가 훨씬 더 마음에 들었다. 왜냐하면 그는 세습 귀족인데다가 원로원의 위신을 철저히 지켜준 마르쿠스 아우렐리우스를 충직히 섬겼기 때문이다. 그들은 노골적으로 알비누스를 지지함으로써 셉티미우스의 진노를 살 수밖에 없었다. 그러므로 셉티미우스는 페스케니우스 니게르와 파르티아를 누르고 동방을 평정한 뒤 원로원에 대한 유화정책을 포기하고 정식으로 군대를 자신의 주된 권위의 원천으로 삼고는 자신과 자신의 가문을 로마의 새 왕조로 수립했다.

과거에는 원로원에 대해서 새 황제의 인준 같은 어떤 조치를 취하도록 강요하기 위해서 군대를 사용했었다. 원로원이 합법적인 권위의 원천으로 인정을 받았기 때문이다. 그러나 셉티미우스는 원로원 대신 군대를 공인된 권위의 원천으로 삼았다. 예를 들어 195년에 그는 알비누스에게 전쟁을 일으키는 것을 합법화하기 위해서 메소포타미아 주둔군에게 알비누스를 공적으로 선포하도록 만들었다. 같은 해에 자신이 안토니누스 가문인 마르쿠스 아우렐리우스의 가문에 입양되는 것을 역시 군대로 하여금 인준토록 하고 자신의 '형제' 콤모두스가 신의 반열에 올랐음을 선언토록 했다. (과거에 원로원이 콤모두스에 관한 기억을 단죄해 놓은 상태이기 때문에 그는 아울러 원로원을 압박하여 과거의 그 조치를 철회하도록 만들었다.) 196년에 그는 군대에게 자신의 장남 셉티미우스 바시아누스(Septimius Bassianus. 카라칼라)를 클로디우스 알비누스 대신 카이사르로 선포하도록 하고 자기 가문이 새로운 안토니누스의 계보를 이어받았음을 강조하기 위해서 그에게 마르쿠스 아우렐리우스 안토니누스라는 이름을 하사했다.

이 계보는 왕조적 계승을 통해 셉티미우스와 그 아들들의 황제권 주장을 합법화했을 뿐 아니라 셉티미우스에게 신이 자신과 자신의 가문을 지지한다고 주장할 수 있도록 허용했다. 그는 이제 신격화한 황제들의 '아들'과 '형제'였기 때문이다. 그는 자신의 황제 즉위를 예고하는 많은 징조들을 널리 선전하는 동시에, 주화들과 비명들과 황제 숭배를 통해서 신들이 자신의 즉위를 재가했음을 공식적으로 주장했다. 군 부대들에서 셉티미우스와 그 가문의 구성원들의 조각상들은 도무스 디비나(신의 가족)로 숭배되었다. 셉티미우스는 비공식적으로는 갈수록 신이라는 뉘앙스를 띠어간 도미누스(dominus, 주인님, 주님의 뜻)라 불리게 되었다. 어떤 주화에는 그의 아들 게타(Geta)가 광선의 면류관을 쓰고서 복을 내리는 태양신으로 묘사되어 있고 "정복되지 않는 세베루스의 아들 피우스 아우구스투스"라는 칭호가 새겨져 있는데, 이것은 갈수록 인기를 얻던 신인 정복되지 않는 태양을 기억하게 하는 칭호이다. 세베루스의 아내 율리아 돔나(Julia Domna)는 같은 주화에 대모신 큐벨레로 묘사되어 있고, 다른 주화들에는 아우구스투스들의 어머니, 원로원의 어머니 혹은 국모(Mater Patriae) 유노(Juno)의 권좌에 앉은 모습으로 묘사되어 있다. 세베루스는 비명들에 누멘 프라이센스(현존하는 영)로도 언급되며, 그를 누멘으로 여겨 — 이것은 그의 신성을 뚜렷이 언급한 것이다 — 봉헌들이 이루어졌다.

체계적인 개혁. 알비누스를 물리치고 황제의 권위와 정통성의 새로운 기반을 분명히 확립한 셉티미우스 세베루스는 아우구스투스의 재위 이래로 가장 포괄적인 일련의 변화를 로마 정부에 도입했다. 그의 때까지 많은 변화들이 발생했으나 미미하고 점진적인 것들 일색이었다. 세베루스가 단행한 것도 점진적으로 발행해온 변화들과 맥을 같이 하는 경우가 종종 있긴 했으나, 그 변화들에 최초로 공식적 표현을 부여한 이가 그였으며, 그 변화들에 내포된

방향, 즉 원수정에 전혀 다른 정신을 부여하는 전혀 새로운 체제를 창설하려
는 방향을 거침없이 따랐다는 점에서 그의 태도는 혁명적이었다.

원로원의 큰 위상 하락. 경쟁자들을 제거하자, 세베루스는 원로원에 대한 보
복에 착수했다. 동료 의원들을 재판할 수 있는 원로원의 권한을 박탈하고 스
물아홉 명의 의원들을 알비누스 지지에 의한 반역죄로 유죄 판결을 내렸다.
아울러 새 의원들을 많이 임명했는데, 특히 자신에게 충성을 바칠 것으로 기
대되는 아프리카와 동방 출신들을 많이 임명했고, 그로써 이탈리아의 원로원
의원들은 소수파가 되었다. 더욱이 그는 행정부 관리들을 임명할 때 원로원
의원들보다 군 출신 기사 신분을 선호했다. 기사 신분은 아우구스투스 이래로
꾸준히 상승해 왔으나 셉티미우스 때 이르러서 급격히 상승했다. 그는 기사
신분을 원로원령 속주들의 부총독들로 임명하고 정규 원로원령 총독들이 병
에 걸리거나 죽으면 그들을 대리 총독들로 활용했다. 육군에 세 개 군단을 증
설할 때도 원로원 신분 레가투스(legate)들 대신 기사 신분 관리관(prefect)들
을 군단 사령관들로 세웠다. 아울러 원로원 의원들이 주도하는 상설 배심원
법정들(quaestiones perpetuae)을 폐지하고, 과거에 그들이 담당하던 사건들
을 로마에서 반경 160킬로미터 이내의 사건일 경우는 도시 로마 경찰대장
(praefectus urbi) 관할하에, 그리고 그 이외 지역의 사건일 경우는 친위대장
(praefectus praetorio)의 관할하에 배당했다.

아우구스투스 때부터 시작된 점진적 변화의 결과로 원로원은 프린켑스와
이제 옛 공화정 시대의 원로원의 진정한 계승자가 된 황제 자문회의가 입안한
정책들을 홍보하는 기관으로 전락하였다. 황제 자문회의는 창설 이래 의원수
가 꾸준히 증가하여 이제는 원로원의 여러 중견 의원들과 기사 신분뿐 아니라
당대 최고의 법률가들 — 파피니아누스(Papinian)와 훗날에는 울피아누스
(Ulpian)와 파울루스(Paulus) — 도 가담하였다.

친위대장의 권한은 크게 증가했다. 그는 곡물 행정도 감독했고, 이탈리아에
주둔하는 모든 군대의 총사령관이었으며, 제국 최고 법원이자 제국 최고 정책
입안 기구인 황제 자문회의의 부의장이었다. 197년부터 205년까지 친위대장
을 지낸 인물은 가이우스 풀비우스 플라우티아누스(C. Fulvius Plautianus)였

다. 극도로 야심이 많고 거만하고 잔인했던 그는 위압적인 성격과 황제에 대한 영향력을 토대로 거의 독재에 가까운 권력을 휘둘렀다. 그러다가 결국 신망을 잃고서 암살당했다. 후임 친위대장은 저명한 법률가 파피니아누스였다.

재정 개혁. 동방과 서방을 통틀어 정적들에게서 몰수한 재산이 주체할 수 없을 정도로 쌓이자 세베루스는 정규 황제금고인 피스쿠스(fiscus)와 그리고 파트리모니움 카이사리스(황제의 가산)와 구별되는 새로운 기금인 레스 프리바타 프린키피스(프린켑스의 사유 재산)을 창설했다. 일인의 황제 재정대리인(procurator)이 관리한 새 기금은 황제로 하여금 제국의 재정을 더욱 강력히 장악할 수 있게 해주었을 뿐 아니라 군인들의 연봉을 일인당 375데니리우스에서 500데나리우스로 인상한 데 힘입어 군대까지도 더욱 강력히 장악할 수 있게 해주었다. (이러한 연봉 증액은 콤모두스의 재위 이래로 기승을 부려온 인플레이션을 벌충하기 위해서도 필요했다.) 더 나아가 세베루스는 재정의 필요상 데나리우스의 은 함량을 50%로 줄였다. 그럼에도 불구하고 재정 분야에서 그의 통치는 여러 전임자들보다 건실하여서 일시적으로나마 경제 부흥을 일으키고 국고에 상당액의 잉여금을 비축하게 했다.

법률 개혁. 셉티미우스가 단행한 여러 가지 법률 개혁은 하드리아누스의 개혁, 특히 법률가 율리아누스(Julianus)의 「프라이토르의 영구고시록」(*Praetorian Perpetual Edict*) 개정판에 제시되었던 것이었다. 세베루스가 단행한 주요 개혁은 이미 언급한 공화정 시대의 정규 상설 배심원 법원들을 폐지하고 그들이 맡던 재판을 시장과 친위대장에게 이관한 것이었다. 그러나 세베루스가 단행한 또 한 가지 중요한 혁신은 시민들이 이제 둘로 나뉨으로써 형성된 두 개의 사회 계층 — 원로원 신분과 기사 신분과 모든 자치체 장들과 모든 계급의 군인들로 구성된 상류층인 호네스티오레스(honestiores)와 하류층인 후밀리오레스(humiliores) — 에 상이한 기준에 의한 형량을 도입한 것이었다. 특권층이 추방을 당하거나 깨끗하게 처형당할 만한 죄에 대해서 비특권층은 광산에서 중노동을 하거나 맹수들에게 던져지는 형을 언도받았다. 더욱이 호네스티오레스는 황제에 대한 상소권이 있었던 반면에 후밀리오레스는 그렇지 못했다. 형법 절차에 발생한 이러한 변화가 중세의 봉건 사회에서도 계속해서 반영되었다.

속주 행정. 일반적으로 셉티미우스 세베루스의 속주 정책은 속주들의 위상을 이탈리아의 위상과 동일한 수준으로 끌어올리기 시작한 하드리아누스와 안토니누스 가 황제들이 펼친 정책의 자연스런 귀결이었다. 세베루스가 이 정책을 고수한 이유는 이탈리아를 미워했기 때문이 아니라 정치적 왕조적 동기 때문이었다. 그가 이탈리아의 친위대를 해산하고 근동과 아프리카 출신들을 원로원 의원들로 임명한 것은 주로 자신의 체제를 공고히 하기 위해 취한 조치들이었다. 그는 신설된 군단들 중 하나를 이탈리아에 주둔시키고 나머지 둘을 메소포타미아에 주둔시켜 자신이 이탈리아를 제국에서 가장 취약한 국경 지대 속주들의 하나보다 더 안전하게 여기지 않고 있음을 보여 주었다. 그는 비록 로마와 이탈리아에서 토목 사업과 로마 주민의 생계와 유흥, 그리고 공공 구제와 교육 사업(콤모두스가 보류했던) 재개에 자금을 후하게 지불했지만, 아프리카와 시리아에서도 똑같이 막대한 자금을 지불했다. 그러므로 세베루스의 체제는 이전의 황제들이 시작해 놓은 정책, 즉 그리스-로마 세계의 다양한 지리적 문화적 요소들을 균형과 평등과 융합으로 이끄는 정책의 완성판이었다.

페스케니우스 니게르와 클로디우스 알비누스처럼 위험 인물로 부각될 소지가 있는 속주 총독들에게 권력이 집중되는 위험을 방지하기 위한 예비 조치로서, 셉티미우스는 아우구스투스와 트라야누스와 하드리아누스의 정책을 답습하여 군대가 밀집하여 주둔하고 있는 큰 속주들을 분할했다. 시리아와 브리타니아를 각각 두 개의 개별 속주로 분할하고 누미디아를 아프리카에서 떼어냈으며, 이렇게 하여 좀더 규모가 작은 속주들과 그에 따라 권력도 작은 총독들을 만들어냈다.

군대 개혁. 셉티미우스는 군대가 전적으로 권력의 기반이었고 또한 적절한 국방 정책에 큰 관심이 있었기 때문에, 군단 수를 서른 개에서 서른세 개로 증설하여 군대 규모를 확대하는 방법뿐 아니라 병영 생활을 될 수 있는 대로 쾌적하게 만드는 방법도 사용하여 군대에 중대한 개선 조치들을 취했다.

셉티미우스가 병영 생활을 좀더 쾌적하게 만들기 위해 도입한 방법은 초급 장교들에게 사교 클럽들을 조직하도록 허용한 것이었다. 병사들은 음주와 유흥을 위해 그리고 복무 기간과 전역 후를 대비한 계를 들기 위해 이 사교 클럽들에 돈을 각출했다. 셉티미우스는 제국 국경 지대에서 복무하는 병사들과 현지 여성들 사이의 혼인을 합법화했다. 이로써 오래 전부터 존재해 왔으면서도 법적인 인정을 받지 못하던 변칙적 혼인이 폐지되었다. 친위대는 비록 이제는 더 이상 이탈리아인들과 서방 속주민들과 마케도니아인들로만 구성되지 않았을지라도 여전히 로마 최고의 전통으로 훈련을 받은 엘리트 부대로서 장래의 육군 장교들을 훈련시키는 유명한 학교로 남았다.

군대를 재편하는 과정에서 세베루스는 원로원 출신 지휘관들을 기사 신분으로 교체하기 시작했는데, 이들은 전직 백부장 출신들인 경우가 종종 있었다. 그가 증편한 세 개 군단의 지휘관들은 더 이상 원로원의 레가투스들이 아니라 레가투스의 계급을 지닌 기사 신분의 군단장(prefect)들로서, 그들 중 일부는 속주 총독에 기용될 만한 사람들이었다. 세베루스는 일반 병사라도 능력과 열의만 있으면 백부장(centurion)에서 천부장(tribune), 군단장, 총독(legatus) 그리고 결국에는 비록 황제는 되지 못하더라도 친위대장이라는 높은 계급에까지 승진할 수 있는 길을 터줌으로써 군대를 민주화했다. 심지어 일반 전역병도 전역 후에는 민간 관료 사회에서 좋은 일자리를 보상받는 특권층이 되었다. 군단 병사들의 급여를 인상하는 조치와 아울러서 그는 특정 보조부대들에게 황제의 사유지 일부를 영구 임대해 주고 그로써 그들이 자신들의 터전인 접경 지역에서 항구적인 농민 군대가 되도록 했다.

제2차 파르티아 전쟁 (197~199). 대외 정책에서 셉티미우스는 전임자들의 노선을 고수했다. 하드리아누스와 안토니누스 피우스 때 중단되었던 파르티아 제국과의 고질적인 전쟁도 재개했다. 변화된 세계 정황에 비추어 볼 때 그런 정책이 이제는 지탱할 수 없게 되었고 심지어 위험하다는 사실을 인식하지 못한 채 말이다. 그는 중앙 아시아의 대평원이 장차 산사태처럼 로마 제국과 주변국들을 덮치게 될 훈족과 그밖의 야만족들 같은 이동 민족들에게 수세기 동안 번식처라는 사실을 인식하지 못했다. 제국의 자원과 인력은 비록 막대하긴 했지만 이민족들과 파르티아에 대해 동시 다발 전쟁을 수행하기에는 부적절했다.

세베루스가 파르티아와의 전쟁을 재개한 일이 끼친 또 다른 위험한 결과는 기원전 238년 이래로 파르티아를 지배해온 유약하고 무능한 아르사키드 왕조를 더욱 약화시키고 서기 227년에는 마침내 그 왕조를 무너뜨렸다는 점이다. 로마의 침공 앞에서 아르사키드 왕조는 결국 더 역동적이고 혁명적인 사산 왕조와 새로운 페르시아 제국에게 자리를 내주고 말았다. 이 왕조와 제국의 창건자 아르다쉬르 1세(Ardashir I. 224~241)를 계승한 그의 아들 샤푸르 1세(Shapur I. 241~272)는 폰투스의 미트리다테스 6세 때 이래로 근동에서 로마의 가장 가공할 대적이었다. 샤푸르 1세는 워낙 로마인들을 괴롭혔기 때문에 그가 죽은 다음에야 비로소 로마인들은 북부와 서부 국경 지대를 뚫고 내려온 게르만족들을 몰아내기 위한 충분한 병력을 소집할 수 있었다.

브리타니아에서 벌인 전쟁 (208~211). 재위 말년에 셉티미우스는 아들들인 카라칼라와 게타와 함께 스코틀랜드 심장부를 원정했으나 원주민들을 전면전으로 이끌어내려는 시도는 실패했다. 원주민들은 대신에 게릴라 전술을 사용하여 로마 군대에 막대한 손실을 입혔다. 병력 손실과 원정 자체의 명백한 실패에도 불구하고 셉티미우스는 중요한 결과를 성취했다. 로마의 권력을 과시하고 하드리아누스 장벽을 철저히 재건함으로써 북쪽 브리타니아로부터 있을지 모르는 침략의 예봉을 사전에 효과적으로 꺾고 브리타니아에 거의 한 세기 동안 평화를 준 것이 그것이다. 그러나 셉티미우스는 다시는 로마를 볼 수 없게 되었다. 211년에 요크에서 죽었던 것이다. 디오에 따르면 세베루스는 임종하면서 아들들인 카라칼라와 게타에게 "서로 합심하여 병사들을 후대하거라. 다른 사람들은 다 무시해도 좋다"고 조언했다. 이 말은 아마 수사학적으로 꾸며낸 것이긴 하겠지만, 그래도 군대를 우대할 것을 강조한 점과 그의 상속자들이 협력하지 못한 현실을 거꾸로 지적한 점에서 의미심장하다.

카라칼라 (Caracalla, 211~217).

셉티미우스가 죽고 카라칼라와 게타가 함께 권좌에 즉위했으나 이들의 공동 통치 시도가 무망하다는 사실이 입증되었다. 두 사람은 서로를 극히 두려워하다가 결국 카라칼라가 게타를 어머니의 아파트로 유인하여 그곳에서 그를 살해했다. 게타는 아마 자기 어머니의 품에서 죽은 듯하다. 그런 뒤 그는 게타의 친구와 지지자로 추정되는 인사들을 무자비하게 제거했는데, 그들 중에는 저명한 법률가이자 친위대장인 파피니아누스도 끼여 있었다. 게타가 살해된 사건을 놓고 군인들 사이에서 돌고 있는 불만을 잠재우기 위해서 그는 그들의 연봉을 500데나리우스에서 750데나리우스로 인상했는데, 이 조치로 국고가 고갈되자 그는 상속세와 노예 해방세를 두 배로 올리고 통화 가치를 약간 절하함으로써 세금을 더 거둬들이지 않을 수 없었다. 그는 안토니니아누스라고 하는 새로운 주화를 발행했는데, 아마 두 데나리우스로 추정되지만 무게는 두 데나리우스와 똑같지 않았다. 아울러 그는 원로원의 위상을 낮춘 반면에 군인들과 속주민들을 우대한 아버지의 정책을 계속 수행함으로써 많은 귀족들로부터 미움을 샀다.

카라칼라 — 즐겨 입던 긴 갈리아 망토에서 생긴 이름 — 는 대단히 우수한 군인이자 전략가였고 정치가로서의 자질도 약간 갖고 있었다. 그가 재위중 단행한 가장 역사적인 조치는 212년에 제국의 모든 자유인들에게로 시민권을 확대한 것이었다. 이것은 율리우스 카이사르가 시작시켜 놓은 과정의 완성이었다. 카라칼라는 유명한 「안토니누스 황제 칙법」(*Constitutio Antoniniana*)을 공표함으로써 이탈리아인들과 속주민들, 정복자들과 피정복자들, 도시 거주자들과 농촌 거주자들, 그리스-로마 문화를 소유한 사람들과 그렇지 못한 사람들 사이의 모든 차이를 제거했다. 그뒤로 로마 제국의 자유인들은 너나할 것 없이 로마 시민들이었고 또한 당연히 로마의 납세자들이었다.

카라칼라가 정치가로서의 역량을 과시한 또 다른 사례는 로마 제국과 파르티아 제국을 통일하려는 자신의 꿈을 성취하기 위해서 파르티아의 아르타바누스 5세(Artabanus V)의 딸에게 구혼한 일이었다. 두 개의 거대한 문화 세력이 접경 너머의 이민족들 앞에 공동의 국경선을 펼쳐 놓기를 바라서 한 일이었지만, 로마나 페르시아의 귀족들이 그런 조치를 어떻게 감내했을는지 헤아리기가 어렵다.

게르마니아 전쟁과 파르티아 전쟁. 카라칼라는 외교로 성취하지 못한 것은 전쟁으로 성취하려고 했다. 213년에 그는 로마를 떠났다가 다시는 돌아가지 못했다. 그는 재위기간의 상당 부분을 전쟁으로 보냈으며, 그 과정에서 참다운 군인 황제임을 과시했다. 병사들과 함께 먹고 함께 행군을 했으며 그들이 참호를 파고 다리를 놓고 전투를 벌일 때 함께 했다.

카라칼라는 알레만니인을 공격하기 위해서 먼저 라이티아 국경(limes)으로 진격했다. 알레만니인은 서쪽으로 이동하여 라인 강 상류의 오른쪽 제방을 따라 정착한 혼합 종족들로서 비록 그 위세는 가공할 만했으나 갓 조직된 연방이었다. 마인 강에서 그들에게 결정적인 패배를 안긴 뒤 그는 요새들을 건축 및 재건했고 도로와 교량을 보수했으며, 라이티아 접경을 따라 높이 2~3미터에 두께 4미터의 돌 성벽을 60킬로미터 길이로 쌓았다. 이 성벽은 그뒤 20년간 이민족의 침공을 막는 데 크게 기여했다.

판노니아와 도나우 강 하류의 방비도 비슷한 방법으로 강화한 카라칼라는 동방으로 진격했다. 그는 알렉산드리아에서 일어난 봉기를 무자비하게 진압하고 파르티아에 대해 전쟁을 재개했다. 216년에는 아디아베네를 건너 진격하여 메디아를 침공했으나, 여러 요새 지역들을 약탈한 뒤에는 에데사에 있는 겨울 숙영지로 철수했다. 이듬해 봄에 그는 그곳에서 좀더 활발한 공세를 벌일 준비를 했으나 작전이 어떻게 완수되는지 미처 지켜보지 못한 채 눈을 감았다. 217년 4월 8일에 달 신전에서 종교 행사를 하기 위해 에데사에서 카라이로 여행하는 동안 그는 친위대장 마르쿠스 오펠리우스 마크리누스(M. Opellius Macrinus)의 사주에 의해 칼에 찔려 죽었다.

카라칼라의 파르티아 원정이 무산되면서 비롯된 가장 불행한 결과로는 그렇지 않아도 삐걱거리던 체제가 한층 약화된 것과 227년에 공세적인 페르시아의 아르다쉬르 1세와 샤푸르 1세의 왕조에 의해 파르티아가 전복된 것을 들 수 있다. 그들은 한때 고대 페르시아의 아카이메니드 왕조가 다스렸던 모든 영토를 되찾는 작업에 즉각 착수했던 것이다.

마크리누스 (Macrinus, 217~218).

카라칼라 제거 음모의 주모자인 오펠리우스 마크리누스는 군대의 지지를 얻어 권좌에 올랐다. 그는 출생으로는 마우레타니아인이었고 기사 신분 출신 자였으며 먼저 원로원에 몸담지 않은 채 권좌에 오른 최초의 프린켑스였다. 그는 세베루스 왕조와 어떻게든 관계를 맺기 위해서 세베루스라는 이름을 취했고, 자신의 어린 아들 디아두메니아누스(Diadumenianus)에게 안토니누스 라는 이름을 붙여 주었으며, 심지어 원로원에 대해서 카라칼라를 신으로 선포 하도록 명령하기까지 했다. 군대의 충성을 확보하기 위해서는 군사적 명성이 필요하다는 사실을 인식하고서 파르티아에 대해 전쟁을 개시했으나 장군으로 서의 역량이 형편없음을 드러내고 말았다. 몇 차례의 소소한 승리와 두 차례 의 대패를 겪은 뒤 그는 자신이 생포한 포로들을 파르티아 측에 넘겨주고 막 대한 배상금을 지불한다는 데 합의함으로써 군대의 신망을 잃어버렸다. 이 치 욕스런 조약에다 신병들의 연봉을 삭감하기로 한 지혜롭지 못한 결정과 세베 루스 가문의 반대가 맞물려 결국 그는 목숨과 권좌를 잃고 말았다.

인상적인 시리아 여왕들. 셉티미우스 세베루스는 재혼을 통해서 제국 정 치에서 주도적인 역할을 하고 싶어한 탁월한 시리아 여성들의 가문과 관계를 맺었다. 그의 아내 율리아 돔나(Julia Domna)과 그녀의 동생 율리아 마이사 (Julia Maesa)는 좋은 교육을 받고 명민하고 강인했다. 돔나는 세베루스의 재 위 초기는 막강한 영향력을 행사했으나 야심찬 친위대장 플라우티아누스 (Plautianus)의 술책에 한동안 눌려 지내는 동안 유력 인사들을 대상으로 지 적인 서클을 만드는 데 주력했다. 플라우티아누스가 실각한 뒤 ― 그가 실각 하기까지는 그녀가 카라칼라를 통해 영향력을 행사한 탓도 있을 것이다 ― 과 거의 세력을 되찾을 수 있었고, 208년에는 세베루스를 따라 브리타니아를 방 문했다. 세베루스가 죽은 뒤 성격이 차분한 아들 게타를 즉위시키려고 노력하 다가 게타가 살해되는 일이 생기자 이번에는 카라칼라를 즉위시키려고 노력 했다. 215년에 파르티아 원정 길에 오르는 카라칼라를 따라 안티오크까지 갔 다가 그가 암살된 직후에 그곳에서 죽었다. 마크리누스는 그녀의 자매 마이사 를 시리아에 강제로 남아 있게 했고, 마이사는 자기 가문의 황실 재산을 되찾기 위한 음모를 꾸몄다.

마이사는 두 딸 소아이미아스(Soaemias)와 마마이아(Mamaea)를 데리고 에메사로 가서 살았다. 에메사는 다마스쿠스의 북쪽에 있는 시리아의 소도시 으로서 레바논에서 그리 멀지 않은 곳이었다. 이곳에서 소아이미아스의 14살 난 아들 바리우스 아비투스(Varius Avitus)가 시리아의 태양신 엘라가발의 대 사제로 일했고 그러므로 엘라가발루스(Elagabalus) 혹은 보다 적합하게는 헬 리오가발루스(Heliogabalus)라는 이름을 얻었다.

헬리오가발루스 (Heliogabalus, 218~222).

군대가 카라칼라의 기억을 얼마나 소중히 간직하고 있는지를 안 마이사는 바리우스 아비투스가 카라칼라의 친아들이며 따라서 진짜 세베루스라는 소문 을 꾸며 퍼뜨렸다. 그녀는 그를 시리아의 군단들에게 보였고, 그녀에게 막대한 기부금을 받은 군단들은 소문을 더욱 확신하고서 그를 마르쿠스 아우렐리우 스 안토니누스라는 이름으로 황제로 추대했다. 마크리누스는 자신의 병사들 대부분에게 버림을 받고 전투에서 패한 뒤 도주했으나 결국 추적당하여 살해 되었다.

일년 뒤 헬리오가발루스는 자색 비단 겉옷에 볼에 연지를 바르고 진주 목 걸이를 걸고 보석 박힌 면류관을 쓴 모습으로 로마에 도착했다. 로마에 올 때 에메사에서 원뿔형 흑석 — 엘라가발의 신상 — 을 가져와서 팔라티누스 언덕 의 화려한 신전에 안치해 놓고서는 거기서 로마인들에게는 낯선 성행위(아마 적대적이고 말초적인 자료들로 옮겨지면서 과장된 듯함)와 드럼과 심벌즈와 시리아 여인들이 부르는 송가를 배경으로 이국적인 의식으로 종교 행사를 벌 였다. 이런 낯선 의식들보다 로마인들을 훨씬 더 경악하게 만든 것은 그가 시 리아의 태양신 엘라가발을 로마의 최고 신으로 만들려고 노력한 점이었다.

헬리오가발루스는 사제직과 방탕한 생활에 더 많은 시간을 내기 위해서 국 사의 대부분을 할머니에게 맡기고 마음에 드는 사람들을 최고위직에 앉혔다. 이를테면 전문 무용가를 친위대장으로, 전차 기수를 경찰·소방대장으로, 이발 사를 곡물 행정 담당관으로 앉히는 식이었다.

헬리오가발루스의 상궤를 벗어난 행동이 그의 몰락과 세베루스 가의 파멸

로 이어질 것을 직감한 마이사는 기지를 발휘하여 그에게 자신의 또 다른 손
자 게시우스 바시아누스 알렉시아누스(Gessius Bassianus Alexianus)를 입
양하여 카이사르 겸 후계자로 삼으라고 제안했다. 헬리오가발루스는 자신이
마르쿠스 아우렐리우스 세베루스 알렉산데르라는 이름으로 입양한 알렉시아
누스가 원로원과 인민에게 신망을 얻는 것을 보고서 자신의 결정을 후회한 뒤
그 소년을 제거하려고 두 번에 걸쳐 시도했다.

마이사와 마마이아는 친위대에게 도움을 요청했고, 친위대는 기다렸다는 듯
이 헬리오가발루스와 그의 어머니 소아이미아스를 추적했다. 두 사람은 자신
들의 은거지인 화장실에서 생포되었다. 그들은 두 사람의 목을 베고 몸뚱이를
질질 끌고 거리를 누비다가 아이밀리아 다리까지 갔다. 그곳에서 두 사람의
시체에 육중한 물체를 매달아 테베레 강물에 던졌다.

세베루스 알렉산데르 (Severus Alexander, 222~235).

세베루스 알렉산데르는 환호를 받으며 즉위했다. 그는 비록 열네살밖에 되
지 않았으나 공부에 힘쓰고 재능이 있고 부지런했다. 실권은 위풍당당한 여성
인 그의 어머니 율리아 마마이아가 쥐었다. 그녀는 심지어 그의 재위 말까지
사실상 로마 최초의 여제(女帝)였다.

알렉산데르의 재위 중에 원로원은 비록 권력은 되찾지 못했으나 위신은 되
찾았다. 마마이아는 문민 정부의 힘을 강화하여 불안정하고 반란의 소지가 있
는 군대를 장악하기 위해서 원로원의 지원을 얻으려 애썼던 것이다. 그에 따
라 열여섯 명의 유력한 원로원 의원들로 구성된 위원회를 구성하여 명목상 섭
정의 역할을 하게 했다. 물론 이 위원회는 실제로는 자문의 기능밖에 수행하
지 못했겠지만 말이다. 아울러 원로원 의원들은 확대된 황실 위원회에서 다수
파를 구성했을 것이다. 두 위원회의 의장은 친위대장이었는데, 평시에는 기사
신분에서 선출되던 그 직위가 이제는 원로원 신분으로 격상되었다. 원로원 의
원들이 포함된 재판에서 피고들의 품위를 손상하지 않은 채 재판을 할 수 있
도록 하기 위함이었다. 이 당시의 친위대장은 저명한 법률가인 도미티우스 울
피아누스(Domitius Ulpianus)였다. 이처럼 새 정권은 원로원의 위엄을 증진
했을 뿐 아니라 친위대장의 권한도 확대했다. 아울러 세베루스 알렉산데르 때

에는 옛 정무관직들의 권한이 꾸준히 약화되었는데, 그중에서 호민관직과 평민 아이딜리스직은 임명이 중단되었다.

사회 및 경제 정책. 알렉산데르 정부는 정직하고 효율적인 행정을 제공함으로써 백성의 호의와 지지를 얻는 데도 힘을 기울인 듯하다. 세금을 줄이고 목욕탕들과 수로들과 도서관들과 도로들의 신설을 승인했다. 교사들과 학자들에게 장려금을 지급하고 가난한 사람들에게 농지를 구입할 수 있는 자금을 무이자로 대출했다. 그의 정부가 이룬 한 가지 큰 개혁은 제국 전역에, 심지어 이집트의 촌락들에까지 초등학교 교육을 제공한 것이다. 또 한 가지 큰 개혁은 정부의 감독과 통제하에 로마 주민들에게 식료품과 필수적 서비스를 제공하는 일과 관련된 모든 길드들 곧 조합들(collegia)을 공인한 것이다. 이 범주에는 포도주와 기름 상인들, 제빵업자들, 제화업자들이 포함되었다. 그 대가로 조합들은 특별 세금 혜택과 면세 혜택 그리고 국비로 법률 자문을 받는 혜택을 누렸다.

군대 문제. 알렉산데르의 정권이 안고 있던 치명적인 약점은 군대를 장악하지 못한 점이었다. 228년에 친위대가 다른 데도 아닌 황궁에서 폭동을 일으켜 자신들의 대장 도미티우스 울피아누스를 죽였는데, 그 이유는 그가 너무 엄격해 보인다는 것이었다. 메소포타미아 군대도 폭동을 일으켜 자기들의 지휘관을 살해했다. 또 다른 탁월한 훈련가이자 역사가인 디오 카시우스도 만약 알렉산데르에 의해 자신의 고향 비시니아로 쫓겨가지 않았다면 똑같은 운명에 처해졌을 것이다.

226/7년만큼 훈련된 군대의 필요가 절실한 때가 없었다. 아르다쉬르 1세가 이끄는 이란의 새 정권이 로마에 대해서 전쟁을 걸어오고 있었다. 그는 이미 메소포타미아를 점령하고 시리아와 카파도키아 속주들을 위협하고 있었다. 232년에 외교적인 노력이 실패로 끝난 뒤 알렉산데르는 몸소 동방으로 가야만 했다. 그는 세 갈래의 대규모 공격 작전을 세운 뒤 실행에 옮겼다. 이 작전은 틀림없이 성공함직한 것이었으나 지휘관들의 역량이 부족한데다 지나치게 몸을 사린 결과 양 진영에 막대한 손해를 입혔고, 기껏해야 교착 상태를 만들

어 놓고 끝났다. 알렉산데르는 성대한 그러나 미심쩍은 승리를 기념하기 위해서 로마로 돌아갔다.

한편 알레만니인과 그밖의 게르만 종족들이 로마의 국경선을 뚫고 갈리아와 라이티아로 쏟아져 들어왔다. 알렉산데르는 어머니와 함께 서둘러 북쪽으로 달려갔다. 초기에 다소 승리를 거둔 그는 어리석게도 어머니의 조언을 받아들여 게르만족에게 보조금으로 평화를 샀다. 차라리 그 돈을 자기들에게 주기를 고대했을 그의 군인들은 크게 실망했다. 그들은 235년에 판노니아 군단들의 사령관인 트라키아 사람 막시미누스(Maximinus)의 주도로 반란을 일으켜 알렉산데르와 그의 어머니를 살해했다. 이로써 그들은 세베루스 황가의 통치를 끝내고 거의 반 세기 동안 지속된 내전의 시대를 열었다. 이 내전들은 세베루스 알렉산데르가 제국 국경 지대들에서 직면했던 그런 문제들 때문에 진압하기가 더욱 어려웠다.

세베루스 가 황제들의 중요성. 세베루스가 황제들이 종종 사용한 방법을 비판하고 싶은 사람이 있겠지만, 그들은 자신들이 하려고 하던 많은 일들을 불가피하게 만든 숱한 상황들에 대처하고 있었다. 어느 황제든 이 시기에 맞부닥친 가장 막중한 과제는 국경 수비였다. 그러므로 유능한 황제가 되려면 국경 수비대와 함께 많은 시간을 보낼 필요가 있었다. 권좌와 제국을 동시에 지키기 위해서는 원로원보다 군대의 지지와 충성을 얻어내야 했다.

제국 내에서 원로원 신분과 이탈리아인이 특권적 지위를 누린다는 것은 이제는 더 이상 현실적이지도 공정하지도 않았다. 이제는 속주들이 국경 수비를 위한 막대한 인력과 대부분의 비용을 부담했다. 속주에서 많은 수의 새 의원들을 받아들임으로써 원로원의 시야를 제국 전역으로 확대한 것은 유용하긴 했으나 그것조차 제국이 당면한 필요를 충당하기에는 충분하지 않았다. 세베루스 가 황제들 치하에서 의원 수가 900명에 육박했는데도 불구하고 원로원의 규모는 제국 로마가 필요로 하는 많은 수의 정무관들과 관리들을 배출하기에는 여전히 너무 작았다. 더 많은 인원을 제공하기 위해서는 원로원의 문호를 기사 신분에게 활짝 열어놓아 그 규모를 확대하거나 더 많은 기사 신분을 관리들과 정무관들로 직접 선발할 필요가 있었다. 어느 경우가 됐든 세습적인 지위를 누려온 원로원 의원들은 그로 인해 독점권이 무너지는 것에 분개하거나 변화에 반대하는 보수적인 태도를 취했을 것이다.

마지막으로, 군대와 민간 정부에서 속주민들의 중요성이 대두됨에 따라 로마 정무관 자격으로서의 황제를 통해서는 제국의 통일을 유지하기가 더 이상 힘들게 되었다. 옛 공화정의 정치 문화를 공유했던 이탈리아의 로마 시민들이 지배할 당시의 제국에서는 그것이 황제에게 유용한 역할이었다. 그러나 속주민들은 대다수가 그런 정치 문화를 공유한 적도 없고 게다가 제국 전역에 대한 황제의 지배적인 지위를 받아들일 만한 여타의 세속적 직위도 없었다. 보편적으로 받아들인 유일한 직위는 황제의 신성이라는 종교적 직위였다. 그것은 기본적으로 종교적인 시대에 예외적인 소수의 합리주의자들과 비교적 소수 종파의 신자들인 그리스도교인들과 유대인들을 제외한 모든 사람들의 종교적 관점에 쉽게 수용될 수 있는 직위였다.

평화의 제단(Ara Pacis)에서 나온 부조. 비옥한 대지(Earth)와 아기들의 양 옆에 동풍과 서풍이 감싸고 있고, 주변에는 평화와 번영의 상징들이 둘러 있다. (571쪽 참조)

프리마 포르타의 리비아 별장에서 나온, 갑옷을 입은 황제 아우구스투스의 조각 (기원전 20년경). (596쪽 참조)

폼페이의 풍요의 거리(the Street of Abundance). 작업장들과 상점들이 늘어서 있다. (590쪽 참조)

남 프랑스의 님에 있는 La Maison Carrée (595쪽 참조)

남 프랑스의 님에 있는 Pont du Gard (595쪽 참조)

오스티아에 있는 한 아파트 단지의 모형. (643쪽 참조)

베스파시아누스의 흉상. (665쪽 참조)

티투스의 개선문에 있던 부조(서기 81). 예루살렘에서 가져온 전리품들이
묘사되어 있다. (667쪽 참조)

하드리아누스의 별장에서 나온
안티누스의 부조 초상화. (695쪽 참조)

이 웅장한 모형은 티부르에 있는 하드리아누스의 저택을 구성한 건물들과 연못들과 열주들의 복합체를 재현한 것이다. (734쪽 참조)

콜로세움(콜리세움) 혹은 플라비아누스의 원형극장. (735쪽 참조)

하드리아누스의 판테온의 정면. 건물에 새겨진 글귀는 아그리파의 이전 건물에서 따온 비명이다.(737쪽 참조)

미술가가 재현한 판테온의 내부. (737쪽 참조)

마르쿠스 아우렐리우스의 청동 기마상. (739쪽 참조)

베네벤툼에 있는 트라야누스의 개선문. (739쪽 참조)

트라야누스의 원주.(739쪽 참조)

하드리아누스의 주화. 앞면에는 하드리아누스 아우구스투스라는 글귀가 새겨져 있고,
뒷면에는 여신 로마가 갑옷 모양의 의자에 앉아 승리의 인물상과 풍요의 뿔을 들고 있다.

(741쪽 참조)

베네치아의 성 마르코 성당에 있는 이 양식화한 인물상들은 디오클레티아누스와 나머지 세 명의 통치자들을 묘사하는 듯하다. (881쪽 참조)

로마에 있는 콘스탄티누스의 개선문. 양쪽 아치들 위에 조밀하게 묘사된 부조의 스타일이 눈여겨 볼 만하다.
(883쪽 참조)

황제 막시미아누스의 소유였던 것으로 추정되는 피아차 아메리나의 어느 시칠리아 인의 저택에서 나온 이 4세기의 모자이크는 운동 경기에 참여한 여성들을 묘사한 연속 작품들의 하나이다. (883쪽 참조)

하기아 소피아. 네 개의 광탑(光塔)은 투르크족이 덧붙인 것이다. (956쪽 참조)

32

제3세기의 무정부 상태(서기 235~285)

235년에 세베루스 알렉산데르가 살해되면서 로마 제국에 전례가 없던 50년의 위기가 시작되었다. 국경 지대들은 거듭해서 공격을 받았다. 황제직은 어지러울 정도로 많은 찬탈자들 사이에 축구공처럼 이리저리 왔다갔다 했다. 지방마다 자기들이 세운 황제들을 따라 갈가리 떨어져 나갔고, 제국은 완전히 해체되는 듯했다. 질서를 회복하고 제국을 살아남게 하기까지 오랫동안 고통스러운 조정을 무수히 겪어야 했다.

위기가 닥친 이유. 여러 가지 요인들이 서로 얽히고 설켜서 이 위기를 만들어냈다. 그중 많은 요인들은 이미 상당 부분 존재해 있었고, 바로 이런 현실 때문에 셉티미우스 세베루스가 제국 체제에 근본적인 변화를 일으키려고 노력하게 되었다. 좀더 최근에 대두된 요인들도 있었다. 그 두 가지 요인들이 결합하면서 거의 치명적인 결과를 빚어냈다.

세베루스 왕조의 실패. 큰 요인들 중 하나는 세베루스 가 황제들이 셉티미우스에 버금하는 또 다른 황제를 배출하는 데 실패한 점이었다. 만약 후임 황제가 자신의 신적 지위에 입각하여 제국 통일 정책을 계속해서 수행했더라면 재난들 앞에서 통일성을 유지하기가 한결 쉬웠을 것이다. 그러나 긴장과 압박이 가중되는데도 지역 현안과 이기주의로 갈가리 찢긴 제국 전체를 하나로 아우를 만한 강한 권력을 쥔 사람이 아직까지 나오지 않고 있었다. 그러므로 지역을 등에 업고 권좌를 차지하기 위한 무수한 내전들로 인해 위기가 심화되었다.

내적 갈등. 셉티미우스 세베루스는 지리적 정치적 현실에 맞춰 더욱 강하고 진정으로 통일된 제국을 건설하기 위해서는 원로원과 이탈리아가 누려온 주도적 지위를 배제할 필요를 절실히 느꼈다. 불행하게도 그가 힘써온 통합이 아직까지도 완성되지 않고 있었다. 과거를 그리워하던 많은 원로원 의원들과 이탈리아인들은 자신들의 위신과 특권을 지키기 위해서 기사 신분과 속주 출신의 황제들, 즉 자신들과 아무런 상관 없이 제위에 오른 황제들의 권력을 저해하려고 노력했다. 그러나 그들은 자기들의 황제 지명자들을 보호할 만한 군사력이 없었기 때문에 그들이 제대로 할 수 있는 일이라곤 한층 심각한 혼란을 조장하는 것밖에 없었다.

지역간 갈등도 악재로 작용했다. 어떤 한 속주나 속주 집단의 군단들과 주민들이 제국의 다른 지역 출신의 황제가 자기들의 현안에 제대로 관심을 기울이지 않고 있다고 믿는 경우가 심심치 않게 발생했다. 그러므로 그들은 종종 반란을 일으켜 자신들의 필요를 돌아봐 줄 황제를 옹립했다. 예를 들어, 북부 국경선을 초미의 관심사로 삼고 있던 판노니아 군단들이 시리아인 세베루스 알렉산데르에 대해서 반란을 일으켰는데, 그들의 눈에 그가 게르만 침략자들을 다루는 일에 유약한 면을 보였기 때문이다.

국방 체계와 갈수록 심해진 국경 지대에 대한 압박. 로마의 국경선 수비 체제는 본질적으로는 하드리아누스 때로 거슬러 올라간다. 그는 정적(靜的) 방어 정책을 표방하여 국경선을 따라 고정적으로 설치해 놓은 야전 시설들에 단위 부대들을 주둔시켰다. 셉티미우스는 국경 지대의 군단 병사들에게 주변 지역의 여성들과 결혼하는 것을 법으로 허용하고 보조부대 병사들에게 부대 주변에서 농사짓도록 장려하여 그들이 농민 군대가 되도록 함으로써 국경 주둔군의 고정되고 정적인 성격을 한층 강화하였다. 국경 지대에 가해지는 공격의 수위와 빈도수가 상대적으로 미미하거나 뜸한 동안에는 이 체제가 제대로 작동할 수 있었다. 지역의 단위 부대들이 소규모의 도발을 제압할 수 있었고, 만약 한 지역에서 큰 위협이 발생하면 임시로 다른 지역의 단위 부대들을 소집하여 대규모 원정을 감행할 수 있었다.

그러나 3세기 후반에 접어들면서 이 체계가 더 이상 효과가 없음이 자명해졌다. 라인 강과 도나우 강 유역에서 이민족이 벌인 공격의 수위와 빈도수가 증가했을 뿐 아니라, 로마가 동방 국경선에서 새로운 사산 페르시아 왕조의 적극적인 도발에 직면해 있었다. 따라서 이제는 어느 한 지역이 비상 사태에 처했다고 해서 다른 지역의 군대를 불러들이면 다른 지역이 위험에 처하게 될 상황이었다. 국경 지방에서 결혼하여 그곳에 영구 정착함으로써 지역에 대한 애착이 강해진 병사들은 그 사실을 잘 알고 있었으므로 다른 지역에서 와서 싸워달라는 요청이 들어와도 어지간해서는 자기들에게 맡겨진 국경 지방을 떠나려 하지 않았다. 그러므로 제국 정부로부터 자기 지역에 관한 관심을 더욱 크게 끌어내기 위해서 지역 지휘관을 황제로 추대하는 경우가 종종 있었다.

인력과 재정의 부족. 국경 지대가 갈수록 더욱 심한 압박을 받는 상황에서 정적 수비 체제가 제대로 작동할 수 있는 유일한 방법은 군대의 규모를 대폭 키우되 특히 훈련과 장비를 제대로 갖춘 군인들의 수를 늘리는 길뿐이었다. 그러나 아우구스투스가 오래 전에 깨달았듯이 제국의 경제 형편으로는 스물여덟 개 내지 서른 개가 넘는 군단을 유지하기가 쉽지 않았고, 심지어 아우구스투스조차 서기 9년에 발루스의 세 개 군단을 상실한 뒤에는 스물다섯 개의 군단만 유지했다. 상비 군단의 수가 서른 개에 도달한 것은 마르쿠스 아우렐리우스의 때였으며, 셉티미우스는 그 수를 서른세 개로 끌어올렸다. 거기서 수를 더 늘리면 세금 부담이 한층 커지고 인력도 고갈되어서 경제에 부정적인 영향을 끼치게 될 것이었다.

이 문제는 주화의 재료가 되는 귀금석의 공급 감소와 해외 무역에서의 불균형으로 한층 더 악화되었다. 엎친데 덮친 격으로 3세기 중엽에 전염병이 크게 돌았다. 그러므로 제국 국방의 현안을 해결하기 위해서는 새로운 국방 정책을 수립하든가 아니면 세입과 인력 자원을 새로 창출하는 수밖에 없었다.

이런 과제란 대단히 좋은 상황에서도 쉽게 이루어낼 수 없는 것이었다. 제국이 직면했던 다른 모든 복잡한 문제들에 비추어 볼 때 그것은 거의 불가능한 과제였다.

트라키아인 막시미누스 (235~238).

235년에 알렉산더 세베루스에게 반란을 일으킨 판노니아 군단들은 자신들의 지휘관인 가이우스 율리우스 막시미누스(Gaius Julius Maximinus)라는 트라키아인을 자기들의 황제로 선포했다. 그는 「아우구스투스들의 역사」에 묘사된 대로 무식한 농부일 리가 없었겠지만 그 계층 출신이었던 것은 사실이며, 그가 지휘한 병사들은 그를 두려워하고 존경하고 칭송했다. 그는 병사들의 기분과 그들이 좋아하는 것을 잘 알았으며, 그들이 자신을 황제로 선포한 뒤에 그는 그들의 급여를 두 배 인상해 주었다. 그들은 그를 따라 게르마니아로 깊숙이 따라들어가서 뷔르템베르크 근처에서 게르만 종족들을 격파하고 수많은 포로들과 막대한 전리품을 얻었다. 사르마티아족과 다키아족과 심지어는 아마 도나우 강 하류의 고트족까지 격파한 막시미아누스는 게르마니아에 대한 총체적인 정복 계획을 세웠다.

막시미누스에게 닥친 주된 문제는 병사들에게 지급할 돈을 확보하는 일이었다. 그는 자신의 모금 담당자들을 제국 전역에 파견했다. 그들은 모든 계층에게서 특히 부자들에게서 재산을 강탈했다. 유별나게 무자비한 강탈을 일삼은 어떤 재정대리인(procurator)은 북아프리카에서 격렬한 저항을 불러일으켰다. 토지를 잃을 위기에 처한 대지주들이 반란을 배후 조종한 것이다. 그들은 그 재정대리인을 살해하고 막시미누스를 배척하고 엄청난 부자이나 나이가 지긋한 마르쿠스 안토니우스 고르디아누스(M. Antonius Gordianus)를 황제로 선포하고 이름이 같은 그의 아들을 공동 황제로 선포했다. 처음부터 막시미누스를 트라키아의 제위 찬탈자로 간주해온 원로원 의원들 — 그들 중 상당수는 세베루스 가 황제들에 의해 임명되었다 — 은 그 지명을 기쁘게 받아들이고 막시미누스를 공적으로 선포했다. 그러나 두 고르디아누스가 목숨을 잃게 되자 — 아들은 막시미누스의 누미디아 총독과 전투를 벌이다가 전사했고 아버지는 자살했다 — 원로원은 의원들 가운데 두 사람, 즉 마르쿠스 푸피에누스 막시무스(M. Pupienus Maximus)와 데키무스 칼비누스 발비누스(D. Calvinus Balbinus)를 공동 황제로 임명하고 고르디아누스 1세의 손자로서 열세살난 고르디아누스 3세를 카이사르로 임명했다. 다시 원기를 회복한 알렉산데르 세베루스의 원로원은 놀라운 결단력과 속도로 움직였다. 한동안 그 명성은 하늘을 찌를 듯했다.

아프리카와 이탈리아에서 벌어진 사건들을 접한 막시미누스는 즉각 로마를 향해 진군하지 않을 수 없었다. 아퀼레이아에서 적대적인 이탈리아 병력에 의해 차단당하자 그는 그 도시를 공격했으나 탈취하지 못했다. 마침내 굶주림과 좌절에 휩싸인 그의 병사들이 폭동을 일으켜 막시미누스와 그의 아들을 살해했다. 그들은 원로원이 임명한 두 황제들인 발비누스와 푸피에누스를 황제로 선포했다. 로마에 도착한 그들은 열광적인 환영을 받았다. 그러나 그 기쁨은 잠시였다. 막시미누스가 죽은 지 두 달이 채 못 되어 친위대장이 두 황제를 살해하고 고르디아누스 3세를 새 황제로 옹립한 것이다.

고르디아누스 3세 (Gordian III, 238~244).

소년 황제가 즉위하자 강력하고 위험한 두 적들이 안 그래도 약해진 제국의 방어선을 공격하기 시작하거나 공격할 채비를 갖추었다. 고트족이 이제 도나우 강 하류로 밀려들어오면서 사르마니아족과 카르피족과 합세하여 모이시아와 트라키아를 짓밟고 있었다. 근동에서는 페르시아인들이 모이시아와 시리아 속주들을 침공하고 있었다. 214년에 강력한 샤푸르족이 오른테스 강 유역의 안티오크를 향해 진격하고 있었다.

만약 고르디아누스 3세가 자신의 장인 푸리우스 티메시테우스(C. Furius Timesitheus) — 친위대장이었던 그는 탁월한 군사령관이었을 뿐 아니라 최고의 조직가였다 — 의 충성과 경험과 탁월한 역량을 신뢰하지 못했다면 로마는 그 전례 없이 거대한 재앙을 고스란히 당하고 말았을 것이다. 242년에 두 사람은 함께 로마를 출발하여 도나우 강 유역을 평정한 뒤 시리아로 가서 안티오크를 수복하고 로마 속주들을 되찾았다. 티메시테우스가 죽었을 때 이들은 페르시아의 수도 크테시폰를 탈취할 기회마저 잡았다. 그 순간에 고르디아누스 본인도 죽고 말았는데, 전장에서 낙마한 뒤에 죽은 게 틀림없다. 하지만 또 다른 전승에 따르면 요르단 강 지역의 아랍인 추장 출신의 새 친위대장 필리푸스가 식량이 부족한 틈을 이용하여 폭동을 사주했고, 그 결과 고르디아누스가 죽었다고 한다.

아랍인 필리푸스 (Philip the Arab, 244~249).

군대는 필리푸스를 황제로 받아들였고, 필리푸스는 샤푸르와 강화했다. 강화 조건은 로마가 메소포타미아와 소 아르메니아 속주들을 계속 차지하는 대신에 대 아르메니아에서의 모든 이익을 철회하고 배상금으로 혹은 페르시아인들에게 생포된 포로들을 되찾기 위한 몸값으로 500,000데나리우스를 지불한다는 것이었다.

필리푸스는 원로원의 호의를 얻기 위해서 저자세를 보이고 인내하며 정부의 조치를 주시했으나 상황은 걷잡을 수 없이 돌아갔다. 다키아의 카르피족에게 소소한 승리를 거둔 그는 247년에 로마 건국 천년을 기념할 준비를 하기 위해서 로마로 돌아갔다. 웅장한 기념식이 거행되고 있는 동안에도 고트족과 카르피족은 도나우 강을 건너오고 있었다. 이해함직한 일이지만, 도나우 강 주둔군이 반란을 일으켜 군단장들 중 한 명을 황제로 선포했다. 동방에서도 황제를 자임하는 두 사람이 등장했다. 이런 황당한 소식을 접한 필리푸스는 다급하게 노련한 원로원 의원 가이우스 데키우스(C. Decius)를 도나우 강으로 파견했다. 데키우스는 전력을 재정비한 다음 고트족을 도나우 강 너머로 몰아냈다. 엄한 훈련가이자 장군인 그에 대한 존경심에 도나우 국경 주둔군 병사들은 그를 황제로 선포했고, 그는 필리푸스를 치기 위해 즉시 이탈리아로 진군했다. 249년에 베로나 근처에서 대규모 전투가 벌어졌고, 이 전투에서 필리푸스는 패배한 뒤 살해되었다. 이로써 아랍인 필리푸스의 원수정도 막을 내렸다. 그는 수년간 제국의 권좌를 차지한 마지막 동방 속주민이었다.

데키우스 (Decius, 249~251).

한편 고트족은 자신들의 유능한 왕 크니바(Kniva)의 지휘를 받아 데키우스와 그의 군대가 도나우 국경 지대를 공백으로 남긴 채 떠난 틈을 타서 다키아, 하(下) 모이시아, 트라키아로 쏟아져 들어왔다. 소식을 받은 데키우스는 서둘러 로마를 떠났다. 그는 비록 고트족 부대들 중 하나에게 심각한 패배를 안기긴 했으나 그의 병력은 너무 약했고 행군도 더뎠으며 게으른 부사령관 트레보니아누스 갈루스(Trebonianus Gallus)의 의심스럽고 비효율적인 보급 탓에 적군을 제압할 수가 없었다. 마침내 251년에 크니바는 데키우스를 도브루쟈의 아담클리시 근처에 있는 아브리투스의 늪지로 유혹하는 데 성공했고, 이곳에서 로마인들은 자기들의 역사에서 치욕스럽기로 손꼽히는 참패를 겪었다. 데키우스와 그의 아들은 살해되었다. 군인들에 의해 황제로 선포된 갈루스는 고트족과 치욕스런 조약을 맺었고, 이 조약에 힘입어 고트족은 약탈한 물품과 생포한 로마군 고급 장교들을 남김없이 이끌고, 게다가 로마로부터 매년 조공을 바치겠다는 보증까지 받은 채 고향으로 돌아갈 수 있었다.

고대와 현대를 통틀어 데키우스만큼 논쟁을 일으킨 황제가 없었다. 대개 원로원을 중시하는 편향된 시각을 가진 이교 라틴 저자들은 데키우스를 높이 추켜세웠는데, 왜냐하면 그가 콘술을 역임한 원로원 의원으로서 재위 기간 동안 원로원과 돈독한 관계를 유지했기 때문이다. 원로원 의원들의 눈에 그는 훌륭한 군주요 탁월한 행정가요 유능한 장군이요 지칠 줄 모르는 정력과 무쇠같은 의지를 지닌 인물로 비쳤다. 그리스도교 저자들(예를 들어 락탄티우스〈Lactantius〉는 그를 가리켜 '지긋지긋한 짐승'이라고 했다)은 그를 비난했다. 왜냐하면 그가 역대 황제들 중 최초로 제국 전역의 그리스도교인들을 조직적으로 박해했기 때문이다. 이교 저자들은 대체로 그리스도교인들이 국교를 인정하지 않고 평화를 설교함으로써 제국 국방을 저해한 반국가적 조직에 속했다는 이유로 그들에 대한 박해를 정당화했다.

다음 두 황제들인 갈루스(251~253)와 아이밀리아누스(Aemilianus, 253)는 잠깐동안만 재위했다. 두 사람 다 속주 군대가 계속해서 제국의 운명을 손에 쥐고 있는 상황에서 반란군에 의해 암살되었다.

발레리아누스(253~260)와 갈리에누스(253~268).

아이밀리아누스가 죽은 뒤 발레리아누스(Valerian)가 황제로 선포되었다. 그는 자기 아들 갈리에누스(Gallienus)를 협동 황제로 임명하고 그에게 서방을 총괄하는 명령권을 주었다. 260년에 발레리아누스가 죽을 때까지 두 사람은 함께 재위했다.

갈리에누스의 시대는 로마인의 역사에서 가장 중대한 시기의 하나로 손꼽힌다. 이 시기에 과거에 시작되었던 파괴적인 경향들이 한꺼번에 분출되었고 미래의 회복을 위한 기초가 놓였다. 그의 재위는 재난으로 시작했다. 이민족들이 사방이 뚫리고 허술해진 라인 강과 도나우 강 유역의 접경 지대들을 뚫고 들어오고 있었다. 근동에서는 페르시아인들이 메소포타미아, 시리아, 카파도키아 속주들을 침공했다. 어느 한 속주도 침공으로 인한 파괴를 면치 못했다. 광활한 논밭이 황폐화되고 도시들이 약탈되고 불탔으며 시민들은 노예로 끌려갔다. 폼페이우스 이전 시대처럼 바다에는 해적들이 들끓었다. 화적떼와 도둑들이 농촌을 습격했다. 지진이 이탈리아와 소아시아를 동시에 뒤흔들어 놓았다. 이민족의 침략이 절정에 달해 있을 때 이집트에서 전염병이 발생하여 제국 전역을 감염시키면서 15년 이상 기승을 부렸다. 조종(弔鐘)이 멈출 날이 없었다. 알렉산드리아에서는 인구의 2/3가 죽었고 로마에서는 하루만에 5천 명이 죽었다. 농촌과 도시의 노동력이 급감했고 생산이 크게 저하되었다. 설상가상으로 군 동원 자원이 크게 감소했다. 동시에 발생하거나 꼬리에 꼬리를 물고 발생한 이런 타격들로 인해서 저항을 일으켜온 문제들이 더욱 가중되었고 제국의 통일이 산산조각났다.

제국 국경선이 붕괴되면서 국경 주둔 부대 병사들의 지역 정서도 가중되었다. 이러한 지역 정서에다 물품 부족으로 물가가 오르면서 끊임없이 발산된 급여 인상 주장이 함께 작용하여 지역에 기반을 둔 제위 찬탈자들의 수가 늘어나게 했다. 갈리에누스의 재위 때문도 18명의 찬탈자들이 권좌를 차지하기 위해 헛되게 노력했다.

대외 문제. 근동에서 깜짝 놀랄 보고들이 로마로 들어오고 있었다. 252년에 샤푸르가 로마의 보호를 받는 아르메니아의 왕을 암살하도록 배후에서 조종하고 로마령 소아시아를 정복할 길을 트기 위해서 자신의 꼭두각시로 대체했다. 그는 253년에 메소포타미아와 시리아를 침공했다. 그 직후에 고트족이 흑해의 동부와 남부의 연안에 자리잡은 도시들을 약탈하고 선박을 이용하여 소아시아의 연안을 공격하기 시작했다.

상황이 위중해지자 발레리아누스는 로마를 나서지 않을 수 없었다. 아마 256년에 나선 그는 동방에 모습을 나타냈으며, 그곳에서 전혀 역량이 갖추어져 있지 않음을 드러냈다. 그리 규모가 크지 않은 몇 차례의 접전을 치렀는데도 불구하고(그의 주화에는 대승들로 묘사되어 있다) 그는 로마의 위신을 되찾는 데 실패했다. 좌절과 당혹에 휩싸인 그는 분노를 그리스도교인들에게 쏟아부어 그들에게 끔찍한 박해를 가하였다. 마침내 그는 전염병으로 전력이 약해진 자신의 군대를 에데사로 파견하여 페르시아의 주력 부대와 맞서 싸우도록 했다. 이 전투에서 그와 그의 군대가 모두 참담한 재난을 당했다. 그는 260년에 샤푸르에게 생포되어 여생을 포로로 마쳤다. 그는 로마사에서 가장 안된 인물들 가운데 한 명이다.

한편 254년 이래로 계속 전쟁을 벌여온 갈리에누스는 갈리아와 라인 지방에서 알레만니인과 프랑크인을 몰아내느라 정신이 없었다. 그는 또 강을 건너오려는 시도를 격퇴하고 요새들을 강화했다. 좀더 남쪽에서는 도나우 국경 지대에서 격퇴당했던 마르코만니인과 알레만니인이 국경선을 뚫고 이탈리아로 돌진해 들어왔다. 전자는 254년에 라벤나까지 깊숙이 밀고 들어왔고, 후자는 4년 뒤에 밀라노에 도달했다. 갈리에누스는 먼저 마르코만니인과 동맹을 맺고 그들에게 판노니아 고지에 자리잡은 도나우 강 이남의 땅을 줌으로써 그들의 기세를 한풀 꺾었고, 258/59년에 밀라노 근처에서 알레만니쪽을 진멸했다. 다음 해에는 판노니아에서 발생한 두 번의 위험한 반란을 진압해야만 했다. 황제가 라인 강으로 가서 돌아올 줄 모르자 화가 난 판노니아 주둔 군단들이 차례로 일어난 두 명의 제위 찬탈자를 지지하고 나섰던 것이다.

라인 지방의 상황은 그의 짧은 부재중에 급속히 악화되었다. 알레만니인이 라인 강 상류를 건너 론 계곡과 오베르뉴 지방을 침공했다. 프랑크인은 라인 강 하류 지대에서 발흥하여 갈리아, 히스파니아, 심지어 모로코까지 짓밟았다. 게르마니아와 덴마크의 연안에 거주하던 색슨족과 유트족은 바다 유랑을 시작하여 브리타니아와 갈리아의 해안 지대를 약탈했다. 그것이 전부가 아니었다. 259년에 라인 강 주둔 군단들이 두려움과 좌절을 못이기고 반란을 일으켜 부재중인 황제에 대한 충성을 포기하고 갈리에누스가 떠날 때 라인 지방에 대한 명령권을 맡긴 포스투무스(Postumus)를 황제로 받들었다. 히스파니아와 브리타니아의 군대들도 나중에 그 전철을 밟았다.

갈리에누스는 포스투무스의 찬탈을 인정하지 않았으나 게르만족과 고트족이 도나우 강 유역 속주들을 침공한 사실과 다른 제위 참칭자들에 의한 반란에 부닥쳐 포스투무스에게 서방의 속주들을 차지하는 것으로 만족하도록 강요하는 것 외에 뾰족한 수가 없었다. 혼자 남게 된 포스투무스는 갈리아에서 프랑크인과 알레만니인을 몰아내고 접경 지대들을 열성적으로 방어하고 자신의 주화를 발행하고 효과적인 행정 체제를 수립했다. 갈리에누스가 직접 나섰더라도 그 이상 잘하지 못했을 것이다.

동방에서 로마 권력의 쇠퇴. 260년에 발레리우스의 군대를 격파하고 그를 생포한 데 잔뜩 고무된 페르시아인들은 안티오크를 약탈하고 메소포타미아 전역을 점령하고 킬리키아와 카파도키아를 짓밟고 소아시아를 가로질러 흑해까지 진출했다. 이들은 만약 군대 조직을 계속 유지했더라면 소아시아 전체를 항구적으로 차지할 수도 있었을 것이다. 그러나 그렇게 하는 대신 이들은 소규모 약탈대로 뿔뿔이 흩어졌다.

그러는 동안 로마는 반격을 준비하고 있었다. 발레리아누스의 옛 장군들 중 한 사람인 마크리아누스가 자신의 부관 칼리스투스(Callistus)의 지원을 받아 발레리아누스의 패잔병들을 규합했다. 그중 일부 병력을 함대에 태운 칼리스투스는 킬리키아 해안에 상륙한 뒤 수많은 페르시아인들을 기습 공격하여 제압하고 샤푸르의 보급품을 운반하던 병사들과 그의 후궁을 생포했다. 그런 당혹스런 손실을 당한 샤푸르는 소아시아를 떠나 자신의 모든 약탈품과 포로들을 이끌고 크테시폰으로 후퇴했다. 그는 후퇴하는 길에 유프라테스 강변에서 예상치 않은 적과 충돌하게 되었는데, 그는 로마의 피보호인이었던 팔미라의 추장 오데나투스(Odenathus)였다. 그 재앙과 같은 조우로 인해 샤푸르는 한동안 다리를 절고 다녔다. 재위 말에 전쟁에 지친 샤푸르는 내치와 야심찬 토목 사업에 몰두했으며, 소아시아의 장래는 오데나투스와 갈리에누스에게 내맡겼다.

팔미라. 팔미라는 시리아 사막에 있는 오아시스였다. 지중해에서 중앙 아시아로 그리고 페르시아 만으로 가는 주요 대상로에 자리잡고 있다. 이곳의 장터에는 직물과 양념과 향료와 보석과 귀금속같이 중국과 인도와 페르시아와 아라비아에서 들어온 물건들이 잔뜩 쌓여 있었다. 2세기 경에 이곳은 널찍하게 잘 포장된 도로들과 대로들, 그늘을 제공하는 주랑들, 위엄있는 아치들, 웅장한 공공 건물들을 지닌 근동의 주요 도시들 가운데 하나가 되어 있었다.

트라야누스 시대 이래로 팔미라는 로마 군대에게 중요한 병력 자원의 기반이었다. 기마 궁사들과 중무장 기병들로 구성된 유명한 팔미라 보병대들이 제국 전역에서 맹활약을 했다. 훗날 팔미라에게 십일조세 식민시의 지위를 부여하고 그곳의 지도급 시민들 중 몇몇을 원로원에 등용시킨 세베루스 가 황제들은 이 단위 부대들에게 비록 로마의 정규군이긴 하지만 시리아와 파르티아 접경에서 반(半) 독립적인 팔미라 군대로 복무하도록 허용했다. 오데나투스는 바로 이 부대를 이끌고서 유프라테스 강 서쪽 제방에서 막강한 샤푸르의 자존심을 꺾었다.

기민하고 기회주의적인 갈리에누스는 오데나투스가 자발적으로 로마를 위해 수행한 봉사들을 놓치지 않고서 그에게 요란한 직함들을 하사하고 그를 근동의 로마군 총사령관으로 임명함으로써 감사를 표시했다.

한편 마크리아누스는 갈리에누스에게서 이탈한 뒤 군대를 설득하여 자기 두 아들 마크리아누스와 퀴에투스(Quietus)를 공동 황제로 선포하도록 만들었다. 오래 고통을 당하던 동방은 그들을 기쁘게 황제로 맞이하였다. 그리고 만약 대(the elder) 마크리아누스가 야심을 동방으로만 국한시켰더라면 만사가 잘 진행되었을 것이다. 그는 그러는 대신에 제국의 나머지 부분에도 손을 뻗치기로 작정했다. 퀴에투스를 동방에 남겨둔 채 맏아들을 데리고 도나우 강으로 진격했다. 그곳에서 그들은 갈리에누스가 그들을 저지하기 위해 파견한 아우레올루스(Aureolus)에게 패하여 전사했다. 그런 뒤 오데나투스는 다른 황제 참칭자를 추적하여 그의 친위대장 칼리스투스와 함께 처단했다.

267년에 페르시아에 대한 2차 원정에서 크테시폰을 포위 공격하고 있던 오데나투스는 고트족을 몰아내기 위해서 포위를 풀고서 병력을 이동시켰다. 고트족은 육상과 해상으로 소아시아를 침공하고 칼케돈과 니코메디아 같은 부유한 도시들을 약탈하고 에페소스에 있는 거대한 디아나 신전을 파괴했다. 그러나 오데나투스는 그들을 따라잡지 못했다. 그들이 이미 헤라클레아 폰티카에서 모든 노획품과 포로들을 싣고 배를 타고 떠난 뒤였기 때문이다. 그 직후에 정체 불명의 자객이 오데나투스를 찔러 죽였다. 그의 미망인인 아름답고 재능있고 총명한 제노비아(Zenobia)가 팔미라에서 권력을 차지하여 아우렐리아누스(Aurelian)의 즉위 때까지 유지했다.

갈리에누스의 마지막 전투들 (268). 전년에 거둔 성공에 크게 고무된 고트족은 3세기에 들어서 가장 큰 규모로 제국을 침공하기 시작했다. 5백 척(어떤 이들은 2천 척이라고 함)으로 구성된 무적함대가 바다로 쏟아져 나오고 320,000명으로 전해지는 믿기지 않을 만큼 엄청난 육군이 발칸 반도와 에게해를 침공하고 그리스를 약탈하고 스파르타, 아르고스, 아테네 같은 도시들을 점령했다. 침략자들은 에피로스와 마케도니아를 관통하여 북쪽으로 이동한 뒤 마지막으로 모이시아의 나이수스(오늘날의 니쉬)에 당도했다. 이곳에서 268년에 갈리에누스가 그들을 가로막았고, 3세기에 가장 피비린내 나는 전투를 벌인 끝에 수많은 고트족 병사들을 쓰러뜨렸다. 만약 갈리에누스가 포스투무스의 침공을 막기 위해 이탈리아의 방어 임무를 맡기고 온 기병대 장군 아우레올루스(Aureolus)의 반란을 진압하기 위해 서둘러 이탈리아로 떠나느라 고트족에 대해 추격전을 포기하지 않았더라면 그 전투의 승리로 고트족의 위기가 종식되었을는지도 모른다. 갈리에누스는 밀라노 근처에서 벌어진 전투에서 아우레올루스를 격퇴했으나 자신의 참모 장교들에게 암살되고 말았다. 그 장교들은 모두 일리리아계로서 갈리에누스가 도나우 지방의 국방에 큰 힘을 쏟지 않는 데에 불만을 느꼈을 가능성이 있다.

갈리에누스의 개혁. 그러나 갈리에누스는 죽기 전에 제국이 회복할 수 있는 기반을 닦아 놓았고 디오클레티아누스(Diocletian)와 콘스탄티누스(Constantine)의 개혁을 위한 길을 예비해 놓았다. 그가 추구한 목적은 중앙 정부의 권한을 강화하여 군대의 기강을 바로잡고 제위 찬탈자의 등장을 예방하고 야만족의 공격에 대해 제국을 방어하는 것이었다.

행정 분야. 갈리에누스의 개혁 중 가장 급진적이었던 것은 원로원 의원들을 모든 군 고위 지휘관직에서 배제하고 그들 대신에 역량을 검증받은 기사 신분 지휘관들을 기용한 일이었다. 이 개혁의 의도는 두말할 나위 없이 권력 찬탈을 노리는 야심찬 원로원 출신 지휘관들의 반란을 사전에 예방하려는 데 있었다. 그밖에도 접경 지대에서의 고된 병영 생활을 견디려는 의지가 있고 군대의 기강을 엄격히 유지할 능력이 있는 직업 장교들을 적절히 공급함으로써 군대의 기강과 효율성을 회복하려는 의도도 있었다. 그의 개혁은 군대의 민주화 과정을 완료했을 뿐 아니라 원로원의 위세에 중대한 타격을 가했다.

기사 신분은 그밖에도 대부분의 황제령 속주들과 때로는 원로원령 속주들에서까지도 원로원 의원 신분 총독들을 점차 대체해 갔다. 군대가 주둔하고 있는 속주들에서는 기사 신분 총독들만 명령권을 가졌다. 원로원 의원 신분 총독들은 그렇지 못했다. 그로써 기사 신분 총독이 부임한 속주들에서는 민간과 군대의 권위가 통합되었으나 원로원령 속주들에서는 그 두 분야의 권위가 분리되었다.

군사 분야. 갈리에누스의 엄격한 군대 개혁 중 가장 혁명적인 것은 고정된 접경 지대 요새들을 두터운 방어 체계로써 보강한 것이었다. 갈리에누스는 옛 체계를 최전선으로 유지했지만, 접경 지대 뒤에 분포되어 있는 도시들을 요새화하여 혹시 최전선이 뚫리더라도 적군의 진격을 저지할 수 있도록 했다.

새로운 전략에는 국경선 후방의 전략 요충지들에 주둔하면서 가장 위험한 지점으로 즉각 이동할 수 있는 기동 부대가 필요했다. 서방에서 전략 요충지라고 하면 아퀼레이아, 베로나, 그리고 특히 밀라노였기 때문에 그 개혁은 이탈리아를 다시 한 번 군사적으로 큰 중요성을 지닌 중심지로 만들었다. 반면에 로마시와 원로원의 정치적 중요성을 감퇴시킨 점도 있었다. 왜냐하면 황제들이 조폐국과 군수 공장들뿐 아니라 자신들의 저택도 대규모 군사 도시들로 이전하지 않으면 안 되었기 때문이다. 황제가 있는 곳에 로마도 있었다.

이동 방어 개념은 당시까지 주력부대였던, 기동력이 떨어지는 군단을 보병과 상관없이 독자적으로 작전을 펼칠 기병대로 대체할 것을 요구했다. 새로운 기병대는 안장 없는 말을 타는 무어족 투창병들, 달마티아의 기수들, 오스로에니아와 팔미라의 기마 궁사들, 그리고 페르시아 타입으로 사람과 말이 다 같이 중무장한 기병(cataphractarii)으로 구성되었다. 갈리에누스는 이 기병대를 크게 중시하여 263년에 이 부대를 친위대와 동렬에 놓았다. 이 부대의 사령관은 곧 친위대장과 경쟁 관계에 있다가 곧 그 위에 섰으며, 비록 기사 신분에 불과하면서도 제국에서 황제 다음가는 실권자가 되었다. 클라우디우스 고티쿠스, 아우렐리아누스, 프로부스, 디오클레티아누스가 훗날 이 부대의 사령관으로서의 지위를 원수(元首)직에 오르는 도약대로 이용하게 된다.

갈리에누스는 자신의 모든 전임 황제들을 통틀어 하드리아누스를 가장 닮은 황제였다. 예리한 지성과 지칠 줄 모르는 정력과 신속한 결단력에서 비슷했다. 하드리아누스가 시와 예술을 사랑했듯이 갈리에누스도 그러했으며, 그가 그리스 문화와 문학과 철학을 흠모했던 점도 마찬가지였다. 아울러 그도 아버지가 추진했던 그리스도교에 대한 박해 정책을 포기하고 관용 정책을 수립하여 40년간 지속되게 했다.

클라우디우스 고티쿠스 (268~270).

갈리에누스가 암살당한 뒤 그의 암살에 가담했던 클라우디우스 2세가 황제로 선포되었다. 그는 그는 갈리에누스가 고속 승진의 길로 이끌어 준 젊고 탁월한 일리리아계 장교들 그룹의 일원이었다. 그가 황제가 되어 수행한 첫번째 과제는 가르다 호수까지 깊숙이 이탈리아를 침공해 들어온 알레만니인을 격퇴하는 일이었다. 그런 뒤 갈리에누스의 추격을 모면했던 고트족과 훗날 발칸 반도를 침공했던 고트족을 내몰았다. 그는 그 과정에서 생포한 고트족 중 일부를 로마군에 편입시키고 나머지를 트라키아, 모이시아, 마케도니아의 버려진 농촌에 정착시켰다. 그가 고트인의 위협을 워낙 조용히 잠재웠기 때문에 한 세기가 넘도록 그들의 대규모 공세가 다시 발생하지 않았다. 이렇게 제국의 재건에 크게 이바지했기 때문에 그는 클라우디우스 고티쿠스(Claudius Gothicus)라는 근사한 칭호를 얻었다.

아우렐리아누스 (Aurelian, 270~275).

클라우디우스 고티쿠스가 전염병에 걸려 죽자 이제 원로원의 다수 세력이 된 군대가 또 다른 탁월한 일리리아계 장교 루키우스 도미티우스 아울렐리아

누스(Lucius Domitius Aurelianus)를 후임자로 선출했다. 그는 고트족 전쟁
때 클라우디우스가 기병대 지휘권을 맡겼던 인물이다. 강인하고 노련한 장군
으로서 엄격한 기강으로 '무쇠팔'(manus ad ferrum)이란 별명을 얻었다. 처
벌이 워낙 가혹했기 때문에 실제로 병사들을 벌해야 하는 상황이 거의 없었
다.

아우렐리아누스를 기다리고 있던 과제는 많고도 힘겨운 것들이었다. 그는
기나긴 도나우 강 국경 지대와 이탈리아를 방어하고, 서방과 동방의 속주들을
모두 로마 제국으로 회복하고, 다양한 정치 경제적 문제들을 해결해야 했는데,
그중에는 무너진 주화 체계를 바로잡는 일이 포함되었다.

눈앞의 과제는 이탈리아를 도나우 강 상류 이북에 사는 알레만니인의 동족
유퉁기인(the Juthungi)의 침략과 약탈로부터 지키는 일이었다. 아우렐리아누
스가 접근하자 그들은 탈취물을 가지고 신속히 퇴각하려고 했지만 그는 도나
우 강 유역에 매복시켜 놓은 병력으로 그들을 가로막고는 그 절반을 죽였다.
그 다음에는 판노니아를 침공한 아스딩기아 반달족(the Asdingian Vandals)
을 격퇴하고 그들 중 2천 명의 기병을 로마군에 차출했다. 그러는 동안 유퉁
기인이 알레만니인과 마르코만니인의 지원을 받아 이탈리아를 재침공하여 밀
라노를 포위 공격하고 피아첸차를 점령했다. 그들은 이곳에서 매복 작전을 펼
쳐 도나우 강에서부터의 긴 행군으로 지친 아우렐리아누스의 군대에게 패배
를 안겨주었다. 침략군은 만약 수많은 약탈조로 흩어지지 않고 한데 뭉쳐 밀
고 내려왔다면 로마를 쉽게 차지할 수 있었을 것이다. 하지만 뿔뿔이 흩어져
있는 그들을 아우렐리아누스가 쉽게 제압할 수 있었다. 그가 메타우루스와 티
키눔 근처에서 승리를 거둔 때를 기점으로 침략군은 게르마니아로 철수했다.

개혁. 다른 과제들에서 자유로워진 아우렐리아누스는 조폐국 관리들이 저질
주화를 제조하여 이익을 챙겨온 관행에 황제가 제동을 건 데에 불만을 품고
일으킨 심각한 반란을 진압하기 위해서 로마로 돌아갔다. 그리고는 자신이 계
획한 주화 체계 개혁을 위한 예비 단계로서 즉각 일정 기간 동안 조폐국을 폐
쇄했다. 로마를 향후에 있을지도 모르는 이민족의 공격과 함락으로부터 보호
하기 위해서 그는 271년에 시 외곽에 벽돌담을 쌓기 시작했다. 이 성벽은 총

연장 길이 약 20킬로미터에 높이 6미터, 두께 3.6미터였다. 18개의 성문에다 여러 개의 출격구, 그리고 대포를 설치한 구각들이 있었다. 회복할 수 없을 정도로 손상을 입은 수비대 병력으로 다키아를 언제까지나 장악할 수 없을 것으로 확신한 아우렐리아누스는 모든 수비대 병력과 대부분의 민간인들을 그 속주에서 철수시켰다. 이 조치로 인해 제국 국경선이 그만큼 단축되었을 뿐 아니라 그 병력을 다른 지역에 배치할 수 있었다. 터전을 잃은 민간인들은 전쟁이 휩쓸고 지나가 황폐해진 판노니아, 모이시아, 트라키아 속주들에 재정착시키고, 다키아는 고트족에게 넘겨주었다.

동방에 대한 재정복 (272~273). 이탈리아와 도나우 강 속주들이 잠시 침공의 위협에서 벗어나자 아우렐리아누스는 마음놓고 동방에 대한 재정복 사업에 나섰다. 그가 정복해야 했던 대적은 페르시아 왕이 아니라 팔미라의 야심 차고 유능한 여왕 제노비아(Zenobia)였다. 지성과 인품은 이집트 여왕 클레오파트라와 대등하고 미모와 덕성은 훨씬 뛰어난 여성이었다. 제노비아는 궁정을 위엄있고 화려하게 유지했을 뿐 아니라 주변에 학자들과 시인들과 예술가들을 불러모았다. 그녀의 수석 고문은 디오니시우스 카시우스 롱기누스(Dionysius Cassius Longinus, 213?~273)로서, 「숭고함에 관하여」(*On the Sublime*)라는 유명한 논문의 저자로 추측되는 저명한 수사학자겸 철학자였다.

아우렐리아누스가 이탈리아와 도나우 강 유역에 정신이 팔려 있는 틈을 이용하여, 제노비아는 제국으로부터 이탈하여 팔미라의 판도를 이집트와 소아시아와 저 멀리 북쪽으로 비시니아까지 넓혔다. 페르시아와도 동맹을 맺었으나 그 나라로부터 별 도움은 받지 못했다.

아우렐리아누스는 이집트 재정복 작전을 프로부스(Probus)에게 위임하고 자신은 소아시아로 진격했다. 오른테스 강 유역의 안티오크에 도달할 때까지 이렇다 할 저항을 받지 않은 그는 그곳에서 기마 궁병들과 중장 기병대로 구성된 팔미라 군대와 전투를 벌였다. 그들을 제압한 그는 에메사로 진격하여 그곳에서 팔미라의 대군과 대치했다. 이번에도 대승을 거둔 로마군은 작열하는 사막의 태양 아래 128킬로미터 떨어진 팔미라 시를 향해 행군을 감행했다. 포위에 충분히 대비한 팔미라는 오랫동안 완강히 저항했다. 팔미라 시가 마침내 항복한 것은 공포에 사로잡힌 여왕이 페르시아에 도움을 청하기 위해 도주를 시도했을 때였다. 생포되어 아우렐리아누스 앞에 끌려온 여왕은 자신의 수석 고문 롱기누스와 그밖의 고문들과 친구들에게 침략을 사주한 죄를 덮어씌움으로써 목숨을 건졌다. 롱기누스는 진정한 철학자답게 죽었다. 아우렐리아누스는 팔미라 시와 시민들을 대단히 관대하게 처분했다. 그곳에 소규모 수비대를 주둔시킨 뒤 즉각 유럽을 향해 길을 떠났다.

그가 멀리 도나우 강에 도달했을 때 팔미라에서 반란이 일어나 수비대가 학살당했다는 전갈이 답지되었다. 아우렐리아누스의 회군은 신속했고 그의 보복은 두려웠다. 부녀자나 어린이도 그의 진노를 면하지 못했다. 그는 팔미라의 보화를 탈취하고 성벽을 무너뜨리고 한때 거만하고 강했던 그 도시를 자그마한 사막의 소도시로 전락시켰다. 그 도시의 잔해가 오늘날까지 남아 있다.[1]

갈리아 재정복 (273~274). 갈리아 재정복은 한결 수월했다. 268년에 포스투무스가 살해된 뒤에 갈리아의 지휘권은 처음에는 빅토리누스(Victorinus)에게 다음에는 테트리쿠스(Tetricus)에게 넘어갔다. 테트리쿠스는 사람좋은 나이 지긋한 원로원 의원으로서 게르만족의 침공을 막거나 자신의 장교들을 휘어잡을 만한 역량이 없었다. 그가 아우렐리아누스에게 반기를 든 것은 어정쩡하고 쓸데없는 행위였다. 부하들이 그를 싸움으로 몰아가자, 그는 자신의 용감한 병사들을 버리고 아우렐리아누스에게 항복했다. 아우렐리아누스가 로마에서 개선 행진을 할 때 그는 자신보다 더 생기가 넘치는 포로인 동방의 전설적인 여왕 제노비아와 함께 시가지들을 걸어야 했다. 개선식이 끝난 뒤 아우렐리아누스는 두 사람에게 유례를 찾기 힘든 관용과 존대를 베풀었다. 테트리쿠스는 이탈리아 남부 루카니아의 수석 감찰관(Corrector Lucaniae)으로 임명하고 제노비아에게는 티볼리의 저택을 선물했다. 그녀는 그곳에서 로마 원로원 의원의 아내로 여생을 마쳤다.

아우렐리아누스는 잃었던 속주들을 되찾은 뒤에 '세계의 회복자'

---

1) 곧 이어 그는 알렉산드리아에서 일어난 반란을 마찬가지로 무자비하게 진압했다.

(Restitutor Orbis)라는 자랑스러운 칭호를 얻었다.

경제 개혁. 274년에 아우렐리아누스는 또 다른 막중한 과제와 씨름했다. 국내의 안정 회복이 바로 그것이었다. 가장 시급한 현안은 267년 이래로 주민들이 데나리우스와 안토니니아누스를 푸대에 담아 사용할 정도로(2데나리우스짜리 주화 3125개가 한 푸대에 들어갔다) 가치가 크게 하락한 주화의 가치를 바로잡는 일이었다. 아우렐리아누스는 안토니니아누스 혹은 2데나리우스의 공식 가치를 8세스테르티우스에서 1세스테르티우스로 절하했다. 화폐 가치를 267년 이후에 여덟 배나 오른 물가에 맞게 조율하기 위함이었다. 그러나 그러한 조치로 과연 인플레이션이 잡혔는지는 쟁점으로 남아 있다. 그는 아울러 모든 지역 조폐국을 폐쇄하고 로마에 위치한 원로원 산하 조폐국을 영구 폐쇄하였는데, 그것은 자치체의 자율성과 원로원의 특권에 큰 타격을 입혔다.

곡물가 인상으로 인한 로마의 고통을 덜기 위해서 아우렐리아누스는 제빵 산업을 국가의 직접적인 감독하에 두고서, 제분용 밀을 제빵업자 조합에 팔고 빵값을 고정시켰다. 월 단위로 시행하던 곡물 무상 배급을 중단하고 그 대신 무상 배급을 받을 자격을 갖춘 시민들에게 매일 2파운드의 빵을 배급했다. 같은 시민들에게 정기적으로 돼지고기와 기름과 소금과 가능하다면 포도주까지 배급이 이루어지도록 했다.

알렉산데르 세베루스의 전례를 따라 아우렐리아누스는 식료품과 그밖의 생필품 운송과 가공에 몸담은 모든 조합들을 국가의 통제하에 두고 그로써 그들을 정부의 기관들로 삼았다.[2]

독재 정치와 유일신교. 장기간에 걸쳐 이루어진 두 가지 발전이 아우렐리아누스의 재위 때 그 절정에 접근했다. 정부에서 절대 군주정으로 향해온 경향과 종교에서 유일신교로 향해온 경향이 이 무렵에 확고한 우위를 점했으며,

---

2) 이렇게 국가가 경제 생활에 대한 통제의 폭을 확대한 것을 현대 국가 사회주의의 전조로 해석해서는 안 된다. 고대 경제가 현대적 의미로 사회주의적이거나 자본주의적인 적이 없었기 때문이다.

황제들이 종교계로부터 자신들의 권위를 추인받으려고 함에 따라 두 가지 경향이 일정한 상관 관계를 맺게까지 되었다. 3세기에 황제들이 정신없이 바뀌었어도 일인군주정은 무너지지 않았고, 오히려 원수정이 독재적 절대주의로 변모해 갔다. 종교에서 유일신교로 향하는 경향도 두드러졌다. 세계를 아우르는 사해동포적 국가의 등장과 함께 근동 문화의 영향력 확대와 서쪽으로 확산되어 간 동방의 종교들이 과거의 민족적이고 지역적인 다신교의 쇠퇴와 한층 보편적이고 유일신교적 종교의 등장을 촉진했다. 제국 종교마저 제국의 통일과 힘의 도덕적 기반으로서의 잠재력을 상실하고 독재 정부와 유일신교라는 쌍둥이가 대두하도록 길을 내주었다.

로마에서 아우렐리아누스는 정복되지 않는 태양(Sol Invictus)에게 화려한 신전을 건립해 바치고 이 우주의 최고 신이자 로마 제국의 수호신 숭배를 관장하도록 원로원 의원급 사제단을 설립했다. 이제는 천상의 유일한 신이 지상의 유일한 군주를 지켜주게 되었다.

그러나 아우렐리아누스에게 불행하게도 그 새로운 신은 3세기의 다른 많은 황제들이 처했던 운명에서 그를 건지지 못했다. 어떤 부패한 대신이 거짓말에 현혹되어 자기 목숨을 잃을 것을 걱정한 나머지 친위대의 고위 장교들의 명단을 날조한 뒤 아우렐리아누스가 그들을 처형할 계획을 세워 놓았다는 거짓 소문을 퍼뜨렸다. '처형자' 명단에 든 장교들은 즉각 행동에 나섰다. 그들은 275년 가을에 페린투스와 비잔티움 중간에 있는 카이노프루리움에서 아우렐리아누스를 살해한 것이다. 마침내 진실이 밝혀지자 공포에 사로잡힌 장교들은 땅을 치며 후회했지만 때는 너무 늦었다.

타키투스 (275~276).

자책감과 좌절에 빠진 군 지도자들은 후임 황제 선출권을 원로원에 이관했다. 원로원은 약간 지체하다가 칠십 중반에 들어선 자체의 지도자 마르쿠스 클라우디우스 타키투스(M. Claudius Tacitus)를 황제로 지명했다. 타키투스는 소아시아에서 고트족과 알란족에 대한 원정을 대단히 성공적으로 감행했는데도 불구하고 그 역시 자신의 병사들이 꾸민 음모에 희생되고 말았다. 그가 재위한 16개월 동안 원로원은 옛 권력을 잠시 되찾았다. 하지만 그것은 운석처럼 나타나 잠시 밝게 빛나다가 영원히 사라지고 말았다.

프로부스 (Probus, 276~282).

타키투스가 죽은 뒤 황제들을 임명하고 폐위하는 권한이 다시 군대로 넘어갔다. 군대는 곧 전 황제의 이복 형제로서 군대나 원로원과 상의하지 않고 권좌를 차지한 플로리아누스(Florianus)를 폐위했다. 동방의 군대는 이미 실권자 프로부스를 황제로 선포해 두고 있었다. 또 다른 일리리아계 거물이었던 프로부스는 장군으로서는 아우렐리아누스와 역량이 비슷했고 아마 지성과 문화면에서는 그보다 우월했던 것 같다. 그는 속주들에 평화와 질서를 회복함으로써 제국을 공고히 하는 작업을 지속했다.

첫번째 과제는 아우렐리아누스가 죽은 뒤 갈리아 전역을 짓밟고 일흔 개가량의 도시들을 점령하고 무수히 많은 비옥한 전답을 황무지로 만든 프랑크족과 알레만니족으로부터 갈리아를 해방시키는 일이었다. 일년 내에 침략자들이 완전히 후퇴하자 승기를 잡은 프로부스는 거침없이 추격전을 펼쳐 그들 중 수만 명을 죽이고 나머지를 게르마니아의 광야로 몰아냈다. 프로부스는 라인강 서쪽 제방에 자리잡은 로마의 도시들 맞은 편의 동쪽 제방을 따라 강력한 요새들을 건설했다. 아울러 1만6천 명의 게르만족을 로마 군대로 차출하고 그들을 작은 단위 부대들로 분할하여 다양한 속주들에 배치했다. 두 명의 불충하고 야심찬 장군들이 일으킨 반란을 제외하고(그는 이 반란들을 확고히 진압했다) 갈리아는 프로부스 재위 내내 조용히 남아 있었다.

278년에 프로부스는 라이티아에서 알레만니인과 부르군트인을 그리고 판노니아에서 반달인을 몰아냈다. 트라키아의 버려진 지대에 그는 100,000명의 스키타이인들과 고트인에게 밀려 러시아 남부의 고향에서 쫓겨온 게르만인 계열의 바스타르나이인을 정착시켰다. 소아시아 남부에서 출몰하던 이사우리아 산적들을 소탕하고 그곳에 평화를 정착시키고 로마군에 차출할 젊은 병력 자원을 양성하기 위해서 그는 전역병들의 식민시들을 건설했다. 마지막으로 이집트를 수단으로부터 침공해 들어온 블레미에스인에게서 해방시켰다.

병사들이 병영에서 빈둥거리다가 군기가 해이해지는 것을 예방하기 위해서 그는 황무지와 습지를 개간하고 포도원을 만들고 배수로를 파고 도로를 건설하는 사역을 부과했다. 그 지겨운 사역과 함께 프로부스가 평시에조차 고삐를 늦추지 않고 강행한 군사 훈련으로 병사들의 불만이 쌓여갔다. 병사들이 판노니아 남부의 시르미움 근처에서 배수로 공사를 벌이고 있는 동안 라이티아에서 폭동이 일어나 친위대장 마르쿠스 아우렐리우스 카루스(Marcus Aurelius Carus)를 황제로 선포했다는 전달이 도착했다. 이 전갈이 잔뜩 불만에 싸여있던 병사들을 자극하여 폭동을 일으키게 했고, 그 세기에서 가장 유능하고 가장 양심적인 군주의 하나였던 프로부스는 그들의 손에 희생되었다.

카루스와 그의 아들들인 카리누스와 누메리아누스 (282~285).

새 황제 카루스(Carus)는 또 한 사람의 일리리아계였다. 그 역시 직업 군인이자 꽤 역량 있는 장군이었다. 그는 심지어 황제 인준을 받기 위해 원로원을 기웃거리기조차 하지 않았고 즉위하면서 자기 두 아들 카리누스(Carinus)와 누메리아누스(Numerianus)에게 카이사르의 직위를 하사했다. 그는 이탈리아와 갈리아의 국방을 카리누스에게 맡기고서 자신은 다른 아들을 데리고 동방으로 떠났다. 도나우 강을 넘어온 콰디족과 사르마티아족을 283년에 굴복시킨 뒤에는 페르시아로 진격했다. 유프라테스 강을 건너 셀레우키아를 점령한 다음 티그리스 강을 건너 크테시폰을 장악했다. 이러한 승승장구가 284년에 들어서 베일에 싸인 그의 죽음에 의해 갑자기 중단되었다. 사료들에 의하면 카루스가 벼락에 맞아 죽었다고 한다. 하지만 그가 친위대장 아리우스 아페르(Arrius Aper)의 손에 희생되었을 가능성이 더욱 크다. 훗날 아페르는 은밀히 누메리아누스의 암살도 꾀했던 것이다.

후임자를 선출하기 위해 군사 회의가 열렸다. 동방 주둔군은 카리누스의 제위권 주장을 일축하고 — 카리누스는 악습에 중독된 것이 널리 알려져서 전반적으로 그를 멸시하는 분위기였다 — 대신 동방 주둔군 장교들의 하나인 디오클레스(Diocles)를 지명했다. 새 황제(그는 디오클레티아누스로 더 잘 알려져 있다)가 취한 첫번째 행동은 아페르에게 자결을 명한 것이었다. 이탈리아의 방어 임무를 맡기고서 혼자 남아 있던 카리누스는 디오클레티아누스를 자신의 동료로 인정하기를 거부하고서 동방 주둔군에 대한 정벌 길에 나섰다. 두 군대는 마르구스(모라바) 강 계곡에 위치한 모이시아에서 충돌했다. 거기서 발생한 격렬한 전투에서 전력이 한 수 위인 카리누스의 군대가 거의 승기를 잡은 순간에 어떤 천부장(그의 아내가 카리누스에게 유혹을 당했던)이 찌른 비수가 카리누스의 심장을 관통했다. 승리를 했으나 지도자를 잃은 그의 군대는 디오클레티아누스를 자기들의 황제로 받아들였다. 갈리에누스, 클라우디우스 2세, 아우렐리아누스, 프로부스가 다 이루지 못하고 죽은 재건 작업을 완수할 만한 최상의 인물이 285년에 이러한 운명의 반전에 의해서 모습을 드러냈다.[3]

---

3) 그러나 디오클레티아누스는 자신의 재위 원년을 스스로 황제로 선포한 284년으로 잡았다.

33

디오클레티아누스의 전제정 치하에 이루어진 제국의 재편(서기 284~305)

알렉산데르 세베루스가 죽은 뒤부터 디오클레티아누스가 즉위할 때까지의 반 세기 동안 로마사에서 전례가 없는 일련의 재앙이 발생했다. 유럽과 아프리카의 국경 지대에서 이민족의 침입이 동시 다발로 이루어졌고, 세력을 회복한 페르시아의 사산 왕국과 재앙에 가까운 전쟁을 벌였고, 무수한 로마 부대들에서 반란이 일어났고, 속주들이 이탈했고, 20인 이상의 황제들이 폭력에 의해 급사했으며, 기근과 전염병이 발생했다. 대대적인 동원으로 침공의 물결을 되돌려 놓고 제국의 해체를 막았으나 그 여파는 심각했다. 셉티미우스 세베루스 때부터 상당한 탄력을 받아온 군사 일인정(military monarchy)으로 향한 추세에 이미 엄청난 가속도가 붙어 있었다. 디오클레티아누스 때 그 추세가 절정에 달했으며, 그 과정에서 떠오른 로마 제국은 서기 1, 2세기의 원수정 때와 사회적·경제적·정치적으로 사뭇 다른 모습으로 떠올랐다.

디오클레티아누스 대에 들어서 원수정은 전제정에 자리를 내주었다. '전제정'(the Dominate)이란 단어는 '주와 주인'(lord and master)이란 뜻의 도미누스(dominus)에서 유래한 것으로서, 절대 군주정이나 독재정과 동의어였으며 디오클레티아누스 때에는 공문서에 정식으로 사용되고 있었다. 이것은 지나간 세 세기에 걸친 발전의 논리적 귀결이었다. 혼돈을 극복하고 제국의 존림을 지키기 위해서는 철저한 조치들이 필요했다. 디오클레티아누스는 과감하고 단호하고 심지어 독창력을 가지고 행동했다. 그가 추진한 몇 가지 정책은 성공을 거두었다. 몇 가지 정책은 실패하거나 정반대의 결과를 가져왔고 문제를 해결한 만큼 새로운 문제들을 일으켰다. 그러나 디오클레티아누스는 단기간에 제국이 되살아나게 하는 데 이바지했다. 비록 그 과정에서 허다한 개인들의 삶의 질이 희생되긴 했지만, 전제정하에서 많은 사람들에게 산다는 것이 향유할 만한 좋은 것이 아니라 도피하고 싶은 감옥이었다. 제국 말기의 상황은 머지 않아 유럽의 중세에서 발견할 수 있게 될 상황과 비슷해지기 시작했다.

자료. 4세기에 관한 자료는 3세기에 비해 대체로 우수하다. 게다가 최근에 들어서는 학자들로부터 훨씬 더 큰 주목을 받고 있다. 그러므로 오늘날 사가들은 이후로 전개될 세기들을 위해 유럽사를 형성하고 있던 사건들을 더욱 잘 이해하게 되었다. 최근에 조사된 자료들 중에서 가장 중요한 것의 하나로 손꼽히는 것은 600년이나 그 무렵에 270~410년에 해당하는 로마사를 여섯 권 분량으로 다룬 그리스의 탁월한 저자 조시무스(Zosimus)의「새 역사」(*New History*)이다. 이 책은 라틴어권의 마지막 위대한 로마사가로서 타키투스를 모방하여 네르바로부터 발렌스(378)에 이르는 로마사를 서른한 권의 분량으로 신뢰성 있고 예리하고 세련된 필치로 기록한 암미아누스 마르켈리누스(Ammianus Marcellinus)의「역사」(*Histories*)의 증보이자 속편이다. 그중에서 현존하는 것은 353~378년을 다룬 마지막 열여덟 권뿐이다.

두번째로 중요한 자료들은「아우구스투스들의 역사」(*Historia Augusta*)의 맨 마지막에 자리잡은 디오클레티아누스의 전기와 로마사를 간략히 개관한 여러 편의「약사」(*breviaria*)인데, 후자의 마지막 편들은 저자 자신의 시대에 발생한 사건들을 기록하기 때문에 상당한 가치가 있다. 그중에서 최고의 것은 아우구스투스로부터 배교자 율리아누스(Julian the Apostate, 361~363)에 이르는 황제들의 간략한 전기인 아우렐리우스 빅토르(Aurelius Victor)의「카이사르들」(*Caesars*)과 369년으로 끝나는 에우트로피우스(Eutropius)의「약사」(*Breviary*), 371년으로 끝나는 루피우스 페스투스(Rufius Festus)의

「약사」, 테오도시우스 1세가 죽은 395년으로 끝나는 저자 미상의 「카이사르들의 초록」(*Epitome of the Caesars*)이다.

그리스도교 저자들의 저서들도 그들이 아니었으면 유실되었을 많은 문서들, 이를테면 황제의 칙법들과 고시들, 교회 공의회의 회의록들, 황제의 서신들, 주교들과 그밖의 교회 직원들이 쓴 서신들 같은 문서들을 조심스러우면서도 간결하게 인용하고 있기 때문에 귀중한 자료들이다. 락탄티우스(Lactantius)는 그리스도교인들을 박해한 황제들이 고통스런 죽음을 당할 것이라는 주장을 담은 그리스어 소책자 「박해자들의 죽음에 관하여」(*On the Deaths of the Persecutors*)에는 디오클레티아누스의 즉위부터 313년 막시미누스 다이아 (Maximinus Daia)의 죽음까지의 특정 사건들을 충실하게 직접 기록한 자료가 보존되어 있다. 훗날 알렉산드리아의 주교 성 아타나시우스(St. Athanasius, 296경~373)는 문서들로 가득찬 많은 소책자들을 썼는데, 그중 가장 중요한 것은 콘스탄티누스 때 대규모 종교 투쟁으로 역사적으로 큰 여파를 남긴 아리우스파 이단 지지자들을 논박한 소책자들이다.

그리스도교 자료들 중에서 가장 가치있는 것은 팔레스타인 카이사리아의 에우세비우스(Eusebius)가 남긴 여러 권의 저서들이다. 앞서 언급한 저서들 (참조. 764쪽) 외에도 그의 「콘스탄티누스의 생애」(*Life of Constantine*)는 명백한 찬사적 편향에도 불구하고 이 시기를 이해하는 데 대단히 중요하다. 그밖에도 그는 디오클레티아누스 때의 대박해에 관한 문서들과 목격담들을 모은 귀중한 책도 저술했다.

이 시기의 주된 자료들에는 비명들과 파피루스들과 주화들과 고고학 발굴 자료들을 비롯하여, 특히 비명들과 파피루스들과 다양한 법률서들과 문학서들 안에 그리고 테오도시우스 법전(테오도시우스 2세⟨408~450⟩의 재위 때인 438년에 간행)과 유스티니아누스 법전(유스티니아누스 1세⟨527~565⟩의 재위 때인 529년에 초판이 간행)에 보존된 황제의 「칙법들」(*constitutiones*)이 있다.[1] 비명(碑銘)으로 남은 가장 중요한 두 가지 본문은 디오클레티아누스의 유명한 '가격 상한가에 관한 고시'(Edict on Maximum Prices)와 페르시아의 나르세스 1세(Narses I, 293~302)가 남긴 대형 파이쿨리(Paikuli) 비명으로서, 후자에서는 왕이 자신이 거둔 승리들과 로마의 외교 사절들과 아시아의 속국 왕들이 자신에게 바친 경의의 행동들을 술회하고 있다.

디오클레티아누스의 등장. 디오클레티아누스의 출신이 비천하다는 설은 적대적이거나 사실을 지나치게 극화한 자료들에 의해 과장된 것이다. 도나우 강 속주들 출신의 유능하고 양질의 훈련을 받은 장교들 중 한 사람인 그는 비교적 유복한 속주 가문 출신인 듯하다. 갈리에누스 밑에서 기병으로 복무했고, 모이시아에서 '둑스'(dux) 즉 기병대 사령관을 지냈으며, 황제의 기병 근위대 대장을 지냈다. 이렇게 탁월했던 그의 군 경력도 조직가와 행정가와 정치가로서의 경력에 비하면 그늘에 가린다. 그는 우수한 고문들과 장군들의 지원을 받아 제국에 과거의 위대함을 되돌려 주었다.

디오클레티아누스가 해결해야 했던 주된 과제는 중앙 정부의 권한과 권위를 강화하고, 국경 지대를 방어하고, 반란을 일으켜 떨어져 나간 속주들을 되찾고, 권좌를 찬탈하려는 끊임없는 시도들에 유리한 발판이 되는 상황들을 제거하는 것이었다. 아우렐리아누스와 프로부스가 시작해 놓은 이 과제는 그들이 암살당하면서 중단되었었다. 군대는 언제고 다시 반란을 일으켜 새로운 황제를 옹립할 소지가 있었다. 찬탈자들이 다시 등장할 가능성만이 아니라 실제로 등장했으며, 속주들도 이탈해 나갔다. 이탈의 위험이 특히 컸던 곳은 프랑크족과 부르군트족과 알레만니족의 거듭된 침공과 그로 인한 초토화와 기근에 시달리고 있던 갈리아였다. 이곳에서 농민들인 바가우다이족(the Bagaudae)이 침략과 제국의 세금과 지주들의 수탈에 시달릴 대로 시달려 반란을 일으켰다.

디오클레티아누스가 최초로 취한 행동은 서방의 국방을 떠맡을 능력이 있

---

1)constitutiones principum(황제들의 칙법들)은 법의 효력을 지닌 문서로서 다음과 같은 자료들로 구성되었다: (1) 고시(edicta): 로마 정무관인 황제의 공식 포고. 그의 임기 동안 제국 전역에 대해 효력을 지녔다; (2) 판결(decreta): 황제의 법적 판결. 법의 효력을 지녔다; (3) 칙답(勅答, rescripta): 구체적인 법적 쟁점들에 대한 질의서에 대한 황제의 답서. 「칙법들」은 원래 그 저자의 원수정 동안에만 유효했지만, 훗날에는 후임 황제의 율령에 배치되지 않는 한 공법과 사법의 원전으로서 효력을 유지했다. 아울러 황제는 자신이 법률 해답권(ius respondendi)을 위임한 저명 법률가들의 답서를 통해 법의 근원이 되기도 했다.

는 충직한 대리인을 찾아 위협을 받고 있는 도나우 강과 동방의 국경 지대들의 방어에 총력을 기울이도록 만든 것이었다. 그런 충직한 대리인은 서방의 군단들에게 그가 서방의 문제들에 관심을 기울이고 있다는 확신을 줌으로써 반란의 위험을 덜어줄 것이었다. 그가 선택한 인물은 군대의 오랜 동료 막시미아누스(**Maximian**)로서, 디오클레티아누스는 그를 카이사르로 승진시켜 갈리아로 파견하였다.

갈리아에서 막시미아누스는 신속하게 바가우다이족의 반란을 진압하고 두 차례에 걸친 전광석화 같은 육상 원정을 통해서 게르만족을 갈리아에서 라인 강 동쪽 지대로 몰아냈다. 이러한 전과를 높이 평가한 디오클레티아누스는 286년에 막시미아누스를 아우구스투스의 지위로 승진시켰다. 막시미아누스는 디오클레티아누스와 공동으로 통치하게 되었고 개인적인 위신과 권위에서 황제에 버금가게 되었다.

막시미아누스는 바다에서는 그다지 전과를 거두지 못했다. 그는 영국 해협과 북해에서 갈리아와 브리타니아의 해안을 약탈하던 프랑크족과 색슨족 해적들을 소탕하기 위해서 갈리아 해안의 불로뉴에 해군 기지를 설립하고 마우사이우스 카라우시우스(**Mausaeus Carausius**)라는 사람에게 로마 함대 지휘권을 맡겼다. 하 게르마니아 출신으로서 노련하고 대범한 선원이었던 카라우시우스는 몇 주만에 해적들을 제압했다. 이런 해상에서의 전과에 야심이 잔뜩 고무된 그는 해적들에게서 압수한 선박들과 인원들로 함대를 확대하고 불로뉴와 브리타니아를 점령한 뒤 스스로 아우구스투스로 자임하고 나섰다. 마침 디오클레티아누스가 다른 문제에 발목이 잡혀 있어서 항의 표시를 하는 것 이상의 조치를 취하지 못하고 막시미아누스의 함대마저 바다에서 좌초한 까닭에 카라우시우스는 북구의 황제로서 7년간 아무런 저항도 받지 않은 채 브리티니아를 휘젓고 다녔다.

그러나 그동안 디오클레티아누스가 손을 놓고 있었던 것은 아니다. 속주들을 차례로 순방하면서 국경 지대의 방어 상황을 점검하고 침략을 격퇴했다. 도나우 강과 유프라테스 강 유역에서 로마의 힘을 과시하여, 289년에 라이티아에서 알레만니인을, 판노니아와 모이시아에서 사르마티아인과 고트인을, 시리아를 침공한 아랍의 침공자들을 각각 격퇴했다. 291년에는 수단에서 이집트를 침공했던 블레미에스인을 격퇴했다. 290년에는 대 아르메니아를 다시 한번 로마의 속국으로 만들고 이제는 사라진 아르사키드 파르티아 왕조의 후손이 자 로마의 피보호자인 티리다테스 3세(Tiridates III)를 그 권좌에 앉혔다. 아울러 사산조 페르시아인들을 설득하여 과거에 로마의 속주였던 메소포타미아에 대한 권리를 포기하게 만들었다.

4제 정치 (293~312). 디오클레티아누스는 이중 '명령권'이 군사 면과 정치 면에서 성공적인 실험이었다고 확신했다. 군대에 대한 황실의 장악력을 강화하고 카라우시우스 같은 권력 찬탈자들을 미연에 방지하기 위해서 그는 293년에 4인 통치 체제인 4제 정치(tetrachy)를 수립하기로 작정했다. 2인의 카이사르를 임명하여 한 사람은 동방에서 디오클레티아누스를 보좌하고 다른 한 사람은 서방에서 막시미아누스를 보좌하도록 했다. 디오클레티아누스는 자신의 카이사르로 또 한 사람의 도나우 주둔군 장교이자 탁월한 전략가인 가이우스 갈레리우스(Gaius Galerius)를 선택했다. 막시미아누스도 또 다른 도나우 주둔군 출신인 가이우스 플라비우스 율리우스 콘스탄티우스(C. Flavius Julius Constantius)를 선택했다. 보통 클로루스(Chlorus) 곧 '창백한 얼굴'로 불린 그는 역량있는 장군이자 현명한 정치가이자 장래 콘스탄티누스 대제의 아버지가 될 만한 인물임을 입증했다.

4제 정치는 디오클레티아누스의 인격과 권위로 결속되었고, 입양과 결혼에 의해 배나 강화되었다. 이는 두 카이사르 모두 자신의 아우구스투스의 입양된 상속자 겸 사위였기 때문이다. 4제 정치는 직무와 권한이 분리되지 않았다. 법이 네 명의 군주 모두의 이름으로 공포되었고, 네 명 중 한 사람이 승리를 얻으면 모두가 갈채를 받았다. 반면에 네 사람이 각각 독자적인 법정과 친위대를 두었고, 자신의 형상과 이름이 새겨진 주화를 발행할 권한이 있었다.

각 아우구스투스와 카이사르는 자신이 자신의 수도로부터 편리하고 적절하게 방어할 수 있는 속주들과 국경 지대들을 맡았다. 막시미아누스는 밀라노에서 라인 강 상류 지대와 도나우 강 상류 지대를 보호했고, 콘스탄티우스는 트레브(트리에르)에서 라인 강 중류와 하류 지대와 갈리아, 그리고 훗날에는 브리타니아를 방어했고, 갈레리우스는 사베 강 유역의 시르미움에서 도나우 강 중류와 하류를 지켰으며, 디오클레티아누스는 마르마라해의 니코메디아에서 제국의 동쪽 부분을 수호할 책임을 맡았다. 이러한 책임 분담에도 불구하고 제국은 영토로나 행정으로나 하나의 전체를 유지했다.

이론적으로는 4두 정치는 아울러 조용하고 질서있는 제위 계승을 제공했다. 한 아우구스투스가 죽거나 폐위되면 그의 양자인 동시에 상속인 카이사르가 그 자리를 계승한 다음 새로운 카이사르를 선정하게 될 것이었다. 그러나 불행하게도 이 제도는 디오클레티아누스라는 역동적인 인물에 의해서만 유지되었다. 일단 그가 제거되자 그의 계승자들은 수위권을 놓고 서로 투쟁을 시작했으며, 제국은 또 다른 소모적 내전으로 빠져들어갔다.

4제 정치의 작동. 그러나 디오클레티아누스가 권력의 고삐를 쥐고 있는 동안 4제 정치는 네 명의 군주가 저마다 자신의 영역에 평화와 통일을 회복하는 작업에 착수함에 따라 디오클레티아누스의 예상을 충분히 정당화했다.

콘스탄티우스는 즉각 권력 찬탈자 카라우시우스에 대한 토벌 작전을 시작했다. 불로뉴를 장악하고 프랑크족과 북해 인근에 거주하고 있던 카라우시우스의 다른 게르만 동맹 종족을 진압했다. 그 과정에서 생포한 무수한 포로들을 갈리아 동부로 이송하여 농촌에 정작시키고 향후 로마군의 병력 자원으로 삼았다. 293년에 카라우시우스는 그를 배반한 야심찬 경쟁자에 의해 암살되었다.

296년에 콘스탄티우스는 브리타니아를 침공하여 '땅끝'(Land's End)에서 하드리아누스 성벽까지 로마의 지배를 재확립했다. 그런 뒤 방어 체제를 재정비하고 번영이 되돌아오게 했다. 영국 해협과 북해와 대서양에서 자국 선박들을 보호하고 색슨족 해적의 공격에 대비하여 남부와 동부 해안 지대에 일정 간격을 두고 강력한 요새들을 건축했다. 이 모든 요새들과 함께 강력한 새 함대의 지휘권을 색슨 해안 주백(州伯, the Count)으로 알려진 새로운 관리에게 맡겼다.

그런 뒤 콘스탄티우스는 대륙으로 돌아가 거기서 상습적인 게르만 침략자들을 다시 한 번 라인 강 너머로 몰아내고 라인 지방의 국경 지대를 많은 성채와 요새들로 강화했다. 298년에 랑그레스 근처에서 알레만니족에게 대승을 거둔 데 힘입어 수년 동안 갈리아에 평화와 번영이 도래케 했다. 그뒤 서방 제국에서 중요하고 아름답기로 손꼽히는 도시인 아우구스타 트레베로룸(트레브, 트리어)을 자신의 수도로 삼았다.

갈레리우스와 디오클레티아누스도 도나우족과 동방에서 똑같이 바빴고 콘스탄티우스 못지 않은 성공을 거두었다. 293~296년에 갈레리우스는 고트족과 마르코만니족과 사르마티아족과 바스타르니아족을 굴복시키고 이아지게스족과 카르피족을 생포하여 인구가 소개(疏開)된 판노니아에 정착시켰다. 도나우 강을 따라 성채들을 건축하고 도나우 강 남부를 농지로 개간하기 위해 관개 사업을 벌였다.

디오클레티아누스는 도나우 강 하류에서 갈레리우스를 도와 방어와 요새화 작업에 참여한 뒤 이집트에서 일어난 봉기를 진압했다. 그곳에서는 두 명의 제위 찬탈자들인 아킬레우스(Achilleus)와 루키우스 도미티우스 도미티아누스(Lucius Domitius Domitianus)가 296년에 스스로를 각각 감찰관(Corrector)과 아우구스투스로 선포했다. 디오클레티아누스는 여덟 달 뒤에 알렉산드리아를 탈환하고 도미티아누스와 아킬레우스와 그들의 도당을 처형했다.[2] 그런 뒤 그는 알렉산드리아 속주 조폐국을 폐쇄하고 이집트의 행정 체계를 완전히 재편했다.

디오클레티아누스가 이집트에 몰두해 있는 틈을 타서 페르시아 왕 나르세스(Narses)가 로마에 대해서 적대 행위를 개시했다. 그는 아르메니아 왕국을 짓밟고 시리아를 침공했다. 297년에 디오클레티아누스에 의해 도나우 강에서 소환된 갈레리우스가 동방으로 달려갔으나 카라이에서 멀지 않은 칼리니쿰에서 충분치 못한 병력을 가지고 성급하게 페르시아인들을 공격했다. 결국 참담한 패배를 당했고 그 결과 메소포타미아를 잃었다. 다음 해에 발칸 반도에서 새로 모집한 병력으로 전력을 보강한 갈레리우스는 아르메니아로 진격하여 에르제룸에서 나르세스를 패주시켰다. 왕의 후궁들을 포함한 막대한 전리품을 챙긴 그는 곧 이어 메소포타미아를 재정복하고 니시비스(향후 로마가 그 지역

---

2) 이 두 사람과 반(半) 이교이자 반(半) 그리스도교 분파인 마니교 사이에 어떤 관계가 있었을 가능성이 있다. 디오클레티아누스는 그 반란을 진압한 직후에 이 분파에 대해서 법의 보호를 박탈했다.

에서 세력을 유지하는 데 엄청난 전략적 가치를 지닌 요새)와 페르시아의 수도 크테시폰을 점령했다.

아내들과 자녀들을 잃은 처지여서 몹시 불리한 강화 조약을 받아들이지 않을 수 없었던 나르세스는 당시에 티그리스 상류까지 확대된 메소포타미아와 티그리스 강 너머에 있는 다섯 개의 작은 속주들을 로마에 넘겨주기로 합의했다. 대 아르메니아와 코카서스 산맥 이남의 이베리아 왕국을 로마의 보호국으로 인정했다. 아울러 로마 제국과 페르시아 제국 사이를 왕래하는 상인들이 로마의 세관을 통과하게 한다는 데에도 합의했다. 갈레리우스의 승리가 너무 완벽했기 때문에 페르시아인들은 그뒤 50년동안 로마에게 전쟁을 거는 모험을 하지 않았다.

4제 정치는 서방에서 콘스탄티우스가, 동방에서 갈레리우스가 거둔 승리에 의해, 브리타니아에서 라인 강과 도나우 강과 유프라테스 강에서 그리고 이집트와 메소포타미아에서 강력한 방어선을 구축함으로써, 그리고 국경선의 인근 지역에 다시 사람이 살게 하고 토지를 개간하기 위해 생포된 이민족들을 체계적으로 정착시킴으로써 그 존재가 완전히 정당화되었다. 얼른 생각하면 권력을 분산시킨 듯하지만 실제로는 하나로 통일한 이 4두 체제는 20년간 로마에 안정된 통치를 제공했고, 이 기간 동안의 안정에 힘입어 국방을 재정비하고 자원을 동원함으로써 제국은 서방에서 200년을 더 버틸 수 있었고 동방에서 비잔틴 제국을 위한 기반을 놓을 수 있었다.

디오클레티아누스의 개혁. 4제 정치를 수립하고 제국의 국방을 강화한 것 외에도 디오클레티아누스는 정부의 거의 모든 부서에 대해 전면적인 개혁을 단행했다. 이러한 개혁이 전혀 선례가 없는 생소한 것이 아니었으니, 이는 이 개혁이 급진적인 혁신이 아니라 오히려 절대 군주정을 향한 기존의 추세를 연장하고 강화하는 것이었기 때문이다.

궁정 의식. 디오클레티아누스는 황제 개인의 안전을 도모함으로써 국가의 안정을 증진하기 위해서 자신을 전복하려는 시도가 반역으로 보일 뿐 아니라 신성모독으로까지 보일 정도로 자신의 주위를 권력과 화려함과 종교적 신성함으로 둘렀다. 그는 요비우스라는 칭호를 취하여 로마 제국을 회복하도록 보냄을 받은 유피테르의 지상의 대리자로 자임했다. 자신의 동료 막시미아누스에게는 지상의 헤라클레스이자 요비우스의 조력자로서 헤르쿨리우스라는 이름을 부여했다. 두 사람은 신에 준하는 존경과 숭배를 요구했다. 그들의 궁전, 법정, 침실 등 그들에 관한 모든 것이 신성하고 거룩했다. 그들의 초상화는 내면의 신성에서 발산되는 후광으로 빛났다.

백성들을 자신의 권력과 위엄으로 압도하고 그들에게 신비감과 경외감을 심어주기 위해서 디오클레티아누스는 페르시아 황궁에 못지 않은 정교한 궁정 의식과 예법을 도입했다. 황제는 어지간해서는 대중 앞에 모습을 드러내지 않았고 누구도 감히 그 앞에 쉽게 나갈 수 없었다. 어쩌다가 한 번 대중 앞에 나갈 때면 왕관을 쓰고 홀을 쥐었다. 자색 겉옷에 눈부시게 빛나는 보석들이 박힌 금으로 자신을 치장했다. 그 앞에 나가서 무엇을 아뢸 때는 무릎을 꿇고 그 옷술에 입 맞춰야 했다. 이러한 숭배 행위는 황실 자문회의(consilium) 위원들에게도 요구되었다. 황제의 면전에서는 반드시 서 있어야 했던 데서 그 자문회의에 신성 자문회의(sacrum consistorium)라는 칭호가 붙은 것이다.

속주의 재편과 제국 권력의 중앙집권화. 중앙 정부를 강화하고 힘과 야심을 지닌 총독들의 반란을 예방하기 위해서, 디오클레티아누스는 속주들을 철저히 재편했다. 큰 속주들을 작은 단위들로 분할하여 속주의 총수를 50개 가량에서 100개 남짓으로 늘렸다. 사실상 모든 총독들에게서 군사적 기능을 박탈함으로써 그들의 권한과 독립성을 줄이고 속주들에 대한 철저한 행정 감독을 시행했을 뿐 아니라 고금을 막론하고 어떠한 정부든 그 힘과 안정의 큰 원천으로 삼아온 관리 임면권에 대한 중앙 정부의 권한을 강화했다. 셉티미우스 세베루스가 시작한 정책보다 더 철저하면서도 맥락을 같이한 것은 이탈리아가 기존에 누려온 특권적 지위를 폐지한 것이다. 디오클레티아누스는 이탈리아 주민들에게 제국 다른 지역과 동일한 세금들을 부과하고 그 영토를 열여섯 개의 속주로 분할했다.

제국 정부가 속주 총독들을 좀더 효율적으로 통제할 수 있게 하기 위해서 디오클레티아누스는 속주들을 관구(diocese)로 알려진 열두 개의 행정 구역

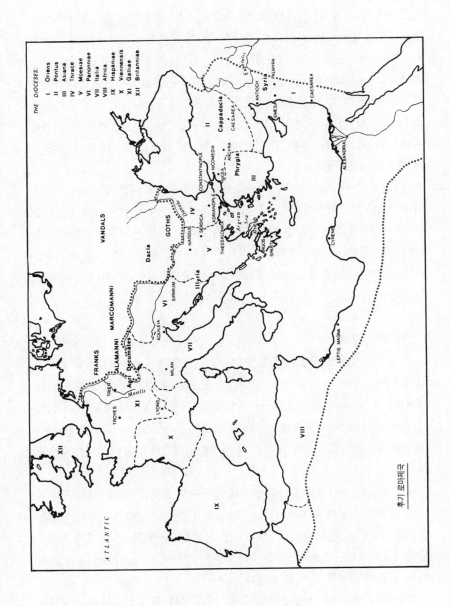

후기 로마제국

으로 분할했다. 각 관구는 4제의 한 사람 밑에서 교대로 행정을 보좌하는 네 명의 지역장(praetorian prefect) 중 한 사람이 관할하에 있는 이른바 비카리 우스(vicarius, 관구장)가 감독했다. 비카리우스들은 자신의 관구 내의 모든 총독들(consulares, correctores, presides)을 감독하되, 심지어 아프리카와 아 시아와 아카이아의 세 총독을 제외한 원로원령 총독들까지도 감독했다. 비카 리우스들 자신은 기사 신분이었고, 모든 총독들(소아시아의 마우레타니아와 이사우리아의 총독들을 제외한)과 마찬가지로 법 집행을 주 임무로 하는 순수 한 민간 관리들이었다.

디오클레티아누스는 군대와 속주에 주둔한 수비대에 대한 명령권을 '공작' (公爵, dux)으로 알려진 직업 군인들에게 위임했다. 이들을 철저히 감독하고 권좌에 대한 야심을 서로 견제하도록 하기 위해서 그는 공작들이 총독들과 그 밖의 민간 관리들로부터 군수품과 식량을 보급 받도록 만들었다. 몇몇 관구들 에서는 공작들이 '주백'(comes)으로 알려진 좀더 높은 관리의 명령을 받았 다.

군대 개혁. 갈리에누스가 이뤄 놓은 모든 업적에도 불구하고 군대 개혁은 여 전히 절실한 과제로 남아 있었다. 3세기 내내 국경 지대에서 부대들을 철수시 키지 않고서 대전을 치를 만큼 군단들이 충분치 않았다. 정예부대이긴 하나 상대적으로 수가 적었던 친위대를 제외하고는 기동성을 갖춘 야전군이 없었 다. 아울러 갈리에누스는 기병의 취약점을 개선하지 못했었다. 디오클레티아누 스는 특유의 정력으로 가장 어려운 이 문제들을 해결하기 위한 작업에 착수했 다.

국경 지대의 방어력을 강화하기 위해서 군단의 규모를 6000명에서 1000명 으로 줄였다. 이로써 전체 병력수는 400,000명에서 약 500,000명으로 늘었을 뿐인데도 군단 수는 39개에서 65개나 그 이상으로 늘었고, 그에 따라 기병대 들과 보조부대들도 늘었다. 군단 수가 늘어남에 따라 국경 지대에 병력을 훨 씬 더 고르게 배치할 수 있게 되었다.

디오클레티아누스는 아울러 군대를 두 개의 주력 부대로 구분했다. 하나는 국경(limes) 수비대인 리미타네이(limitanei)였고, 다른 하나는 후방의 전략적 거점들에 주둔하면서 유사시에 어느 때고 이동할 수 있었던 코미타텐세스 (comitatenses. 원래는 '황제의 수행원'이라는 뜻의 comitatus에서 유래했지만 당시에는 제국의 영토 중 각자 자신의 영역을 맡은 4제의 일원이 종종 지휘한, 주로 기병대로 구성된 기동 야전군을 가리켰다)였다. 코미타텐세스는 신체적 입대 자격이 까다로웠고, 급여와 음식이 더 후했으며, 특권이 더 많았다. 아울러 그들은 25년 대신에 20년만 복무하면 되었다.

인력 부족으로 생긴 또 다른 군사적 문제는 신병 모집 문제였다. 이론상으로는 기존의 보편적 군복무의 의무가 여전히 살아남아 있었으나, 실제로는 정부가 농업과 공업과 운송업과 그밖의 필수적인 분야에서 지나치게 많은 장정들을 끌어낼 수 없었다.

디오클레티아누스는 필요한 수의 병력 자원을 확보하기 위해서 징집, 세습적 복무 의무 부과, 용병 고용, 자원 입대 등 다양한 방법에 의존했다. 그는 필수적인 직업에 종사하지 않는 사람들과 아울러 당연히 신체적 조건을 갖춘 거지들과 방랑인들을 강제 징집했다. 게르만족 정착민들의 아들들과 전역병들의 아들들, 심지어 현역 군인들의 아들들이 적정 연령에 도달하면 그들에게 입대를 강요했다. 지주들에게는 그들의 소작인들과 피부양자들 가운데서 매년 법으로 정해진 수의 입대자를 충당하도록 의무화함으로써 완화된 형태의 징집을 강요했다. 지주들은 입대자를 내놓는 대신에 동일한 수의 용병을 고용하는 데 드는 비용을 내놓을 수도 있었다.

자원 입대도 드물지 않았다. 군대는 흔히 군 생활보다 싫은 어떤 상황으로부터 도피처를 제공하거나 보통 시민들이 누릴 수 없는 부역이나 세금 면제 같은 법적 이익을 얻는 방법을 제공해 주었기 때문이다. 예를 들어, 전쟁 포로가 죽거나 노예가 될 운명을 면하기 위해서 입대할 수 있었고, 심지어 자치체의 원로원 의원이나 시의회 의원이 도무지 질 수 없는 세금 부담과 그밖의 진저리나는 의무들을 지는 대신에 군 생활을 선택할 수 있었다.

화폐와 재정 개혁. 디오클레티아누스의 군사 및 행정 개혁이 가져온 불행한 결과의 하나는 군대 규모의 확대와 속주와 총독 수의 배가, 네 개의 서로 다른 제국 수도의 등장, 막대한 재정을 잡아먹고 이미 고갈 위기에 처한 국가 재정을 한층 더 심각한 위기에 빠뜨린 방대한 민간 관료 체계의 설립이었다. 재정 긴장을 초래한 또 다른 원인은 디오클레티아누스 자신의 건축열이었다. 거의 모든 속주와 군사 시설(무기 공장들, 군수 창고들, 군수 공장들)에 들어선 대로들과 요새들 외에도, 그는 제국 수도 네 곳을 화려한 궁전들과 공회당들과 목욕탕들로 장식했다. 이런 사업들과 그밖의 야심찬 사업들을 뒷받침할 재정을 조달하려면 제국 전체의 화폐 및 재정 체계를 재편하지 않으면 안 되었다.

화폐 개혁 (286). 화폐 개혁에 힘입어 디오클레티아누스는 3세기의 끔찍한 재정 혼돈을 종식시키고 금과 은의 새로운 화폐 체계를 만들려고 시도했다. 이 시도는 비록 장기간의 관점에서 볼 때는 성공하지 못한 셈이었지만 그래도 후임자들에게 모델을 제공했다. 286년에 그는 기존의 아우레우스 화를 표준 금화였던 금 1파운드(327그램)의 60%에 해당하는 새로운 아우레우스 금화로 대체하고, 표준 은화 1파운드의 96%에 해당하는 비율로 대략 네로 때의 데나리우스와 비슷한 새로운 은화 아르겐테우스를 발행했다. 소액 주화의 필요를 채우기 위해서 세 가지 종류의 무게와 액면가의 은 도금 청동 주화를 발행했는데, 가장 무거운 것이 종종 폴리스(follis)로 알려진 주화이고 가장 가벼운 것이 은 도금 데나리우스로서, 이 데나리우스는 금 1파운드에 대해 1/50,000의 명목상 가치를 갖고 있었고 대략 1/20폴리스에 해당했다.

새로 발행된 주화들 중에서 가장 수명이 길었던 것은 아우레우스였다. 324년에 콘스탄티누스가 그 무게를 파운드 대비 60에서 72로 줄인 뒤 이 주화는 솔리두스(solidus, 그리고 훗날에는 비잔틴의 베잔트 bezant)로 알려지게 되었다. 솔리두스화는 로마 세계 전역과 심지어 페르시아에서까지 자유롭게 유통되었고 비잔틴 제국과 중세 서방 양쪽에서 천년 이상 수명을 유지했다. 그 이름은 지금도 이탈리아의 솔도(soldo)와 프랑스의 수(sou)로 남아 있다.

세제 개혁. 화폐 개혁을 정착시킨 디오클레티아누스는 다음으로 세제 개혁을 단행할 수 있었다. 그는 기존의 간접세들과 속주의 공물, 아우구스투스와 그의 후임자들이 세입원으로 활용한 유증 제도를 폐지했다. 재원이 지속적이

고도 적절한 수준으로 국고에 유입되도록 하기 위해서 디오클레티아누스는 또한 3세기에 시행된 불규칙적인 긴급 세금과 청구를 폐지하고 생산물에 부과하는 정규적인 소득세로 대체했다. 전통적이고 지역적인 특정 세금들은 계속해서 화폐로 납부할 수 있었지만, 신설된 세금들은 많은 경우에 여러 가지 방법으로, 이를테면 곡물과 기름과 포도주 같은 농산물이나 공산품의 형태로 납부할 수 있었다. 이른바 아노나(annona)라고 하는 이러한 물품들을 과거의 황제들은 정규 세입에 예상치 않은 부족분이 생길 경우 그것을 벌충하기 위해서 비정기적으로 청구했었다.

디오클레티아누스의 세제 개혁이 끼친 가장 큰 효과는 지역과 시기에 따라 액수가 서로 달랐던 이런 긴급 세들이 제국 전역에서 징수할 수 있는 정규 연세(年稅)로 전환된 점이었다. 새로운 세금은 주기적으로 평가되고 미리 고정되고 제국 전체와 각 관구와 속주에서 거둬들일 세액을 명시하는 황제의 명령이나 포고(indictio. 15년 주기로 재평가된 재산에 대한 세액 공포)로 고지되었다. 훗날 인딕티오라는 용어는 297~312년에는 5년 주기로 그러나 그뒤로는 15년 주기로 행해진 재산 평가 사이의 기간을 뜻하게 되었다. 그 주기는 정규 제도로 워낙 잘 정착되었기 때문에 사실상 연대기 체제를 구성하게 되었다.

287년에 도입되고 297년에 손질되고 312년경에는 후임 황제들에 의해 완비된 디오클레티아누스의 조세 제도는 많은 연구와 조사의 대상이 되었는데도 여전히 모호하고 복잡하다. 그 제도가 실제로는 일관성도 없었고 제국의 모든 지역이나 관구에 획일적으로 적용되지도 않았을 것이라고 믿게 되는 것은 바로 그런 이유 때문이다. 분명히 디오클레티아누스와 그의 정무관들은 그 제도가 지역의 사회 및 경제적 차이를 다소 반영하여 시행되어야 한다는 점을 인식할 만큼은 융통성이 있었다. 그렇지 않을 경우 그것은 시행할 수 없는 경직된 제도가 될 것이기 때문이다.

디오클레티아누스의 세제 개혁의 핵심은 향후 두 세기 내에 관구마다 크게 달랐던 인두세 제도였다. 카푸트(caput) 곧 '머리'라는 뜻의 단어에서 유래한 이 세금은 과거에 존재했던 개인세였다. 디오클레티아누스의 인두세 방식은 일률적인 개인세가 아니라 징세 목적상 제국 농촌의 동산과 부동산의 총합을 사정 혹은 평가하는 방식이었다. 평가 대상에는 토지, 노동력, 농작물, 가축 같은 구체적인 모든 요소들이 포함되었고, 이상적인 평가 단위는 자영농이든 소작농(colonus)이든 물납(物納) 소작농이든 피고용인이든 세액에 해당하는 농작물을 생산할 수 있는 면적의 토지(지리적 위치, 기후, 토양, 혹은 곡물의 종류로 지역마다 다른)를 필요로 하는 노동력으로 규정할 수 있는 카푸트였다. 여성에게는 한 카푸트의 절반을 부과되었고, 짐승들에게는 좀더 낮은 비율로 부과되었다.

5세기 로마령 시리아의 법률서를 시리아어로 옮겨놓은 책은 일부 속주들(예를 들면 시리아)에서는 평가 단위가 카푸트가 아니라 유굼(jugum)이라고 하는 평가 단위였음을 지적한다. 적어도 시리아에서는 유굼이 각각 20, 40, 60 로마 에이커의 경작지 — 토양의 비옥 정도에 따라 등급 매겨진 경작지 — 나 5에이커의 포도원 혹은 다 자란 올리브 나무 225그루를 보유한 평지나 450그루를 보유한 경사지를 의미했다. 다른 말로 해서 유굼은 카푸트에 해당하는 가치를 지닌 작물을 생산하는 데 필요한 토지의 크기였다.

유굼 형태의 인두세인 유가티오-카피타티오(jugatio-capitatio)의 이상적인 제도에서는 카푸트와 유굼이라는 두 단위가 비록 동등하고 심지어 상호 교환이 가능할지라도 두 개의 독특한 세금을 의미했다. 징세관들은 이 두 단위를 결합하여 지역 사회, 속주, 관구의 모든 물적 인간적 동물적 자원을 사정(査定)할 수 있었다. 그러나 불행하게도 디오클레티아누스의 수도 니코메디아에 인접해 있었고 따라서 그의 직접적인 관리하에 있었던 소아시아와 폰투스를 제외한 제국의 어느 관구에도 완벽한 유굼 형태의 인두세가 충분히 적용되지 않았다.

트라키아, 일리리아, 갈리아에서는 덜 완벽하면서도 정교한 그 조세 제도가 존재했었던 것 같다. 이집트에서는 콘스탄티우스 2세의 재위 때인 349년부터 359년 사이의 어느 시점까지 지세와 인세가 분리되어 있었다. 북아프리카에서는 징수관의 단위가 유굼이 아니라 200에이커에 해당하는 켄투리아(centuria)였다. 이탈리아 북부는 비록 디오클레티아누스의 조세 제도를 적용받아 아노나를 레기오 아노나리아(regio annonaria)로 지불했으나, 인두세가 유굼과 관련하여 사정되지 않았다. 로마에 육류와 양털과 포도주와 목재와 석회를 공급한 중앙 이탈리아와 남부 이탈리아(당시에는 regio suburbicaria로 알려짐)에서는 사정 단위가 밀레나(millena)였는데, 이것에 관해서는 거의 알려져 있지 않다.

디오클레티아누스의 조세 개혁은 재정면에서 매우 유익한 영향을 끼쳤다. 징세액이 얼마나 될 것인가를 몇년 전에 미리 알게 됨으로써 정부가 지출을 계획하고 조절하고 과거에 경화 주조로써 공황을 초래하게 했던 과다 지출을 막을 수 있었다. 마침내 정부는 연간 예산을 작성할 수 있게 되었는데, 그것이 없었다면 통화를 안정시키려는 어떠한 노력도 무익하게 되었을 것이다.

디오클레티아누스의 조세 개혁은 납세자에게 적어도 이론상으로는 부담을 공정하고 공평하게 분담케 하고 세액을 미리 알려 줌으로써 도움을 주었다. 정부는 경제를 일시적으로 안정시킬 수 있었을 뿐 아니라 로마의 비잔틴 후계자들 치하에서 천년 이상 견딘 재정 체계를 위한 기초를 놓았다.

최고 가격령 (302). 디오클레티아누스의 화폐 개혁은 부분적인 성공밖에 거두지 못했다. 솔리두스와는 달리 은 도금한 화폐 곧 은동 화폐는 추후에 더 하락되었고, 그것이 결국 가파른 물가 상승을 낳았다. 인플레이션을 막기 위해서 디오클레티아누스는 302년에 자신의 유명한 최고 가격령을 발행했다. 로마 경제 실정을 파악하는 데 가장 중요하고 교훈적인 문서인 이 칙령은 주로 제국의 동쪽 부분에서 그러나 최근에는 이탈리아에서도 발견된 비명(碑銘) 형태의 무수한 그리스어와 라틴어 단편들을 토대로 복원되었다. 이 칙령은 다양한 산지에 다양한 품종의 밀, 보리, 가금, 채소, 과일, 생선, 포도주에서부터 의류, 침구용 리넨, 잉크, 양피지, 그리고 기술자의 노임에 이르기까지 천 개가 넘는 품목에 대한 최고 가격을 정해 놓았다.

칙령의 훌륭한 전문에서 디오클레티아누스는 주민들과 군인들과 정부 관리들을 등쳐먹는 투기꾼들과 부당 이득자들을 엄중하게 단죄하고, 칙령을 범하는 자들에 대해 사형을 규정해 놓았다. 그러나 디오클레티아누스는 화폐, 특히 그중에서도 일반 상거래에 쓰이던 은화와 동화의 가치를 안정시키지 못함으로써 물가를 잡으려는 시도도 실패로 돌아갈 수밖에 없었다. 생산자가 상품에 대해서 받을 수 있는 가격이 고정된 상태에서 돈의 가치가 떨어지자 공시 가격으로 상품을 만들어 내봐야 아무런 이익이 없었다. 그러므로 사람들은 시장에 내다 팔 물건을 아예 만들지 않거나 만들더라도 암시장에 불법으로 내다 팔았다. 이런 경제 현실 앞에서 생산과 유통을 장려하기 위해서는 그 칙령을 완화해야 했고, 결국 그 칙령은 콘스탄티누스에 의해 철회되었다.

그리스도교인들에 대한 마지막 박해 (299~311). 디오클레티아누스가 범한 또 한 가지 실패는 그리스도교인들을 박해한 것으로서, 이것이 그의 재위를 피비린내 나는 비극적인 종말로 끝나게 했다. 갈리에누스가 선포한 40년 종교 휴전을 그가 왜 파기했는지는 많은 추측의 주제가 되어왔으며, 이것은 특히 그의 아내가 그리스도교인이었기 때문에 더욱 그러하다. 일부 학자들은 그의 박해를 종교적 원칙에 입각하여 바라보았다. 유피테르의 대리인을 자임한 그가 옛 로마 신앙과 도덕률을 회복하고자 했다는 것이다. 박해가 시작된 상황들이 이 견해를 어느 정도 뒷받침해 주지만, 그 상황들은 디오클레티아누스가 안전을 도모하느라 국가 권력을 강화하기 위해서 제국 주민들 사이에 국교 신봉과 통일성을 확보하는 데 정치적으로 관심이 있었다는 점도 보여준다. 그리스도교의 반대자들은 카이사르 갈레리우스와 신플라톤주의자 히에로클레스처럼 그리스도교인들을 제국에 악영향을 끼치는 파괴분자들로 쉽게 낙인찍었다.

박해는 299년에 시작되었다. 도살한 짐승의 내장을 검사하여 신들의 뜻을 파악하기 위해서 드리는 국가 제사 의식 때 복점관들이 보고하기를 행사장에 적대적인 기운이 감돌아 제사를 제대로 드릴 수 없다고 했다. 의혹과 분노에 휩싸인 디오클레티아누스는 자신의 아내를 포함한 황궁의 모든 사람들에게 전통적인 신들에게 제사를 드리도록 명령하고, 거부하는 자들을 잡아다가 태형을 가하도록 했다. 그런 다음 모든 관리들과 군인들에게 영을 내려 제사를 드리도록 하고 거부할 경우 파면시키겠다는 갈레리우스의 제안을 허용했다.

303년에 그는 그리스도교 교회를 파괴하고 신앙서들을 압수하여 불태우고 시간과 장소를 막론하고 그리스도교 예배를 금지하고, 과거에 그리스도교인들이 누리던 법정에서의 기소권과 변호권을 제한하도록 하는 내용의 칙령을 작성했다. 303년 겨울의 어느 날 밤에 제국 경찰은 위에 언급한 칙령이 공식적으로 선포될 때까지 기다리지 않은 채 니코메디아의 황궁 맞은편에 서 있던 그리스도교 대성당에 갑자기 난입하여 닥치는 대로 약탈한 뒤 건물을 무너뜨렸다. 칙령이 도시 전역에 나붙은 것은 다음 날의 일이었다. 분노한 어느 그리스도교인이 칙령문 가운데 하나를 잡아찢다가 체포되어 화형을 당했다.

그뒤 보름동안 니코메디아의 황궁에서 원인 모를 화재가 두 번 발생했다. 용의자로 지목된 무수한 그리스도교인들이 투옥되어 고문을 당한 끝에 죽었다. 동시에 시리아와 카파도키아에서 그리스도교인들이 일으킨 것으로 생각된 반란이 있었다. 반란은 쉽게 진압되었지만 그로 인해 두 개의 칙령이 더 공포되었다. 하나는 성직자들을 체포하라는 칙령이었고, 다른 하나는 국가의 신들에게 제사를 드리겠다고 동의하는 모든 자들을 석방하고 거부하는 자들을 사형에 처함으로써 미어터지는 감옥들을 여유있게 만들라는 칙령이었다.

로마를 방문하여 자신의 즉위 20주년을 기념하고서 막 돌아온 디오클레티아누스는 중병에 걸려 국사를 돌아볼 수 없게 되었다. 에우세비우스에 따르면 갈레리우스가 그 기회를 잡아 모든 그리스도교인들에게 관습적인 제사를 드릴 것을 요구하되 거부하면 사형이나 광산에서의 중노동형에 처하게 한다는 내용의 네번째 칙령을 작성하여 공포했다고 한다.

네 가지 칙령 중에서 아마 첫번째 칙령을 제외한 그 어느 것도 제국 전역에서 동일한 강도로 집행되지는 않았다. 갈리아와 브리타니아에서는 콘스탄티우스가 몇몇 교회당을 철거한 것으로 그친 반면에, 갈레리우스와 막시미아누스는 자신들의 영역에서 박해에 훨씬 더 열정을 쏟았다. 디오클레티아누스가 퇴위한 305년에 박해가 절정에 달했다.

퇴위. 305년 5월 1일에 니코메디아에 병력이 집결한 가운데 디오클레디아누스가 공식적으로 퇴위했다. 그는 눈물을 흘리면서 병사들을 떠났다. 퇴위 연설에서 자신이 너무 늙고 병들어 — 아마 중풍을 맞은 듯하다 — 더 이상 국정의 무거운 짐을 질 수 없게 되었다고 말했다. 같은 날 밀라노에서는 과거에 디오클레티아누스가 받아낸 약속에 따라 막시미아누스도 사임했다. 디오클레티아누스는 콘스탄티우스 클로루스와 갈레리우스를 새 아우구스투스들로 지명했고, 선임자로 지명된 콘스탄티우스는 갈리아, 브리타니아, 히스파니아, 모로코를 자신의 특별 속주들로 받았다. 갈레리우스는 발칸 반도와 소아시아의

대부분 지역을 받았다. 갈레리우스는 다시 자신의 조카 막시미누스 다이아
(Maximinus Daia)를 동방의 카이사르 겸 소아시아의 나머지 속주들과 시리
아, 이집트의 통치자로 지명했고, 반면에 콘스탄티우스는 플라비우스 발레리우
스 세베루스(Flavius Valerius Severus)를 카이사르 겸 이탈리아, 로마령 아프
리카, 판노니아 통치자로 지명했다.

두 전임 아우구스투스들은 퇴위한 뒤 은퇴했다. 막시미아누스는 자신이 강
제로 퇴위된 데에 분을 품고 루카니아로 가서 자신의 제국을 도로 낚아챌 기
회가 오기만을 기다렸다. 디오클레티아누스는 스플리트에 있는 자신의 웅장한
성채 궁전으로 은퇴하여 거기서 여생 8년을 보냈다.

디오클레티아누스의 모든 개혁과 정책을 장기적인 안목에서 다 성공이라고
평가할 수는 없지만, 그의 안정된 20년 재위가 제국의 직접적인 분열을 막는
데 대단히 중요한 역할을 했다. 그의 치하에서 로마 제국이 전제정(the
Dominate) 곧 강력하고 중앙집권적인 관료제를 통해 고도로 통제된 국가를
통치하는 절대 군사 군주정(an absolute military monarchy)으로 진행해온
과정이 사실상 완료되었다. 아우구스투스와 안토니누스계 황제들이 알았던 제
국의 몸뚱이는 200년 동안 더 존립할 수 있었고, 그중 동쪽 절반은 천년 동안
더 존립할 수 있었지만, 그 정신은 완전히 변모했다.

34

콘스탄티누스 대제와 그리스도교
(서기 305~337)

한때 또 한 명의 탁월한 군 지휘관이었던 디오클레티아누스는 로마사에서 가장 중요한 황제들 가운데 하나가 되었다. 그는 로마의 힘을 지중해 세계 곳곳에서 과시하고 제국을 목전의 해체의 위기에서 구출했다. 그러나 그는 많은 업적들에도 불구하고 눈을 감기 전에 4제 정치가 와해되고 자신이 박해했던 종교가 국가의 승인을 받는 것을 지켜보았다. 콘스탄티누스라는 떠오르는 태양의 눈부신 빛에 한때 위대했던 자신의 명성이 희미하게 사라지는 것을 보면서 디오클레티아누스는 자신이 헛수고를 했다는 자괴심을 안은 채 죽었다. 그러나 원칙적으로 볼 때 콘스탄티누스는 제국의 권력을 장악한 뒤에 디오클레티아누스가 세워놓은 사회·경제·군사·행정 정책들 중 상당수를 그대로 이어 추진했다.

대(the Great)라는 수식어가 붙은 채 불리게 된 콘스탄티누스는 콘스탄티우스 클로루스가 비시니아에서 만난 첩 헬레나에게서 낳은 서자였다. 콘스탄티우스는 한동안 헬레나와 함께 살다가 289년에 그녀를 버리고 황제 막시미아누스의 의붓딸 테오도라와 결혼했다. 콘스탄티누스는 니코메디아에 있는 디오클레티아누스의 궁전에서 자라면서 제국의 비밀들을 직접 배우면서 강하고 준수한 청년으로 장성했다.

콘스탄티우스는 디오클레티아누스와 막시미아누스의 동반 퇴위 후에 명목
상으로는 선임 아우구스투스(황제)였지만 실질상 제국의 지배자는 갈레리우
스였다. 그는 여전히 298년에 페르시아에 거둔 승리의 후광에 둘러싸여 있었
다. 두 카이사르(부황제)인 동방의 막시미누스 다이아와 서방의 플라비우스
발레리우스 세베루스는 모두 갈레리우스에게 지시를 받고 맹목적으로 헌신했
다. 그들을 통해서 갈레리우스는 제국의 주요 부분들을 통제할 수 있었다. 젊
은 콘스탄티누스가 자신의 궁전에서 거한다는 사실이 갈레리우스에게는 여러
가지로 이익이었다. 향후에 콘스탄티우스와 정치적 거래를 할 때 볼모로 쓸
수 있을테고 군대에 대해 자신의 대변인으로 쓸 수 있었으니 말이다.

콘스탄티누스의 등장 (306). 306년에 스코틀랜드 픽트족이 잉글랜드를
침공한 사건이 콘스탄티우스에게 아들을 돌려달라고 요구할 만한 확실하고
그럴 듯한 이유를 제공했다. 그동안 써먹던 콘스탄티누스를 그냥 보낼 생각도
없는데다 쿠데타의 가능성을 의심한 갈레리우스는 버틸 수 있을 때까지 버텼
으나 결국에는 그 청년을 보내기로 동의하고 여행하는 데 필요한 서류들에 서
명을 해주었다. 갈레리우스가 마음을 바꿀지도 모른다고 판단한 콘스탄티누스
는 어느 날 밤에 도망치듯 궁전을 빠져나와 신속히 귀향길에 올랐다. 도중에
혹시 있을지도 모를 추격에 대비하여 남겨두고 가야 하는 모든 파발마들을 죽
이거나 발을 부러뜨렸다. 그렇게 해서 아버지가 있는 불로뉴에 도착하여 아버
지와 함께 브리타니아로 항해했다. 콘스탄티우스는 픽트족을 상대로 신속하고
도 손쉬운 승리를 거둔 뒤 요크에서 죽었다(이곳은 거의 한 세기 전에 셉티미
우스 세베루스가 죽은 곳이었다). 군대는 콘스탄티누스를 그의 아버지 대신에
아우구스투스로 선언했다.

콘스탄티누스는 즉각 갈레리우스에게 편지를 써서 자신을 아우구스투스로
인정해 줄 것을 요청했다. 내전의 모험을 무릅쓰고 싶지 않았던 갈레리우스는
이 요청을 대놓고 거절하지 않았다. 그는 콘스탄티누스에게 카이사르의 직함
과 직위를 줌으로써 절충을 시도했다. 젊은 콘스탄티누스는 자신이 여전히 크
게 존경하고 있던 디오클레티아누스가 수립해 놓은 4제 정치를 유지하고 평
화를 깨트리지 않을 목적으로 그 제의를 조용히 수락했다. 아울러 갈레리우스

의 측근 세베루스가 아우구스투스의 지위에 올랐어도 크게 동요하지 않았다. 시간이 자신의 편이라고 확신한 콘스탄티누스는 알레만니인과 프랑크인을 상대로 거듭 승리를 거둠으로써 자신의 입지를 꾸준히 강화했다. 그는 그 종족들의 왕들을 생포하여 악취나는 지하감옥에 가두거나 트레브의 원형경기장에서 사자들에게 던졌다.

막센티우스의 제위 찬탈 (306). 막시미아누스의 아들 막센티우스(Maxentius)는 콘스탄티누스가 승승장구하고 있다는 소식을 듣고 대노했다. 그는 전임 아우구스투스의 적자(適者)인 자신이 권좌에 오를 더 큰 권리를 갖고 있다고 믿었다. 그러므로 개인적으로 혐오하던 갈레리우스가 자신의 길을 가로막고 있다는 사실을 발견했을 때 자연히 불만이 차올랐다. 306년에 그는 인기가 없던 세베루스에게서 로마를 탈취했다. 한편 권좌를 되찾으려고 조바심이 난 막시미아누스는 루카니아에 있는 자신의 사유지를 버려둔 채 군대를 장악하고 자기 아들을 돕기 위해서 길을 나섰다. 아울러 디오클레티아누스에게 국정을 다시 맡아달라고 설득했으나 성과를 거두지 못했다. 마지막으로 막센티우스는 세베루스의 병사들에게 주군을 버리도록 설득했고, 그 결과 세베루스가 라벤나에서 막시미아누스에게 굴복했다. 갈레리우스가 막센티우스에게 아우구스투스의 직함을 부여하기를 거부하자, 막센티우스는 스스로 그 직함을 취했다.

307년 초에 막시미아누스도 아우구스투스의 직함을 취했다. 그는 트레브에 있는 콘스탄티누스의 궁전을 찾아가 그의 십대 딸 파우스타와 약혼하고, 장차 있을 갈레리우스와의 일전에서 그의 지원을 얻기 위해 노력했다. 심지어 콘스탄티누스를 아우구스투스로 인정해 주었다.

307년 9월에 사건이 쉴새없이 꼬리를 물고 일어나기 시작했다. 갈레리우스는 이탈리아로 들어가 로마로 진격했다. 그러나 그 침공은 실패로 끝났다. 로마는 기습 공격으로 함락하기에는 너무 강했고 굶주리게 하여 항복을 이끌어내기에는 식량 사정이 워낙 좋았다. 그의 군단 병력들 중에서 일부가 지칠 대로 지쳐 폭동을 일으켰고, 일부는 탈영했다. 세베루스 짝이 날 것이 두려워진 갈레리우스는 나머지 병력의 충성마저 잃지 않기 위해서 서둘러 철수했다.

그러나 막시미아누스는 자신이 막센티우스에게 종속된 것을 후회하기 시작했다. 그의 욕구 불만은 308년 초부터 노골화했다. 제국 군대 앞에서 거칠고 열정적인 연설을 마친 뒤에 병사들이 보는 앞에서 자기 아들의 어깨에서 자줏빛 옷을 벗겨냈다. 그러나 병사들이 막센티우스 편에 서자 그 노인은 다시 콘스탄티누스의 궁전으로 돌아갔고 막센티우스가 로마의 주인으로 남게 되었다.

4제 체제가 무너지고 디오클레티아누스의 원대한 구도가 물거품이 될 순간이 임박하자, 갈레리우스는 대단한 정치력을 발휘하여 오스트리아의 도나우 강 유역에 자리잡은 카르눈툼(알텐부르크)에서 아우구스투스들과 카이사르들의 회담을 소집하기로 결정한 다음 막시미아누스와 디오클레티아누스를 설득하여 회담에 참석하도록 했다. 이 회담에서 도출된 결정 사항들은 처음에는 대단한 것처럼 보였다. 막시미아누스는 마지못해서 다시 은퇴하기로 동의했다. 연로한 군인이자 갈레리우스의 동료인 리키니우스가 세베루스 대신에 아우구스투스가 되었다. 불법적으로 권력을 잡았던 막센티우스는 공적으로 선포되었다. 회담에 참석하지 않았던 콘스탄티누스와 막시미누스 다이아는 카이사르라는 열등한 직위를 받아들여야 했는데, 두 사람 다 리키니우스라는 무명의 인물이 고속 승진한 데에 분노했다. 그러므로 그 회담의 결정들은 사실상 갈레리우스와 리키니우스를 제외한 아무도 만족시키지 못했다.

카르눈툼 회담이 끝난 뒤 불만을 삭이지 못한 늙은 막시미아누스가 다시 콘스탄티누스를 방문했다. 콘스탄티누스는 예를 갖춰 그를 영접하긴 했으나 그에게 요직을 맡기지는 않았다. 홀대를 당했다고 판단한 막시미아누스는 콘스탄티누스가 부재중인 틈을 타서 310년에 프랑크족에 대한 원정을 감행하고 아를에서 세번째이자 마지막으로 자신을 황제로 선포했다. 자기 영토에서 저질러진 그 몰염치한 반역에 분노한 콘스탄티누스는 라인 강에서 예상치 못한 속도로 돌아와 권력 찬탈자를 포위 공격했다. 막시미아누스는 마침내 마르세유에서 어쩔 수 없이 항복했다. 공식 자료에 따르면 훗날 그는 자기 방에서 스스로 목매달아 죽었다고 한다.

헤르쿨리우스 왕조를 거부한 콘스탄티누스. 디오클레티아누스와 함께 헤르쿨리우스(Herculius)라는 칭호를 지녔던 막시미아누스가 죽은 뒤 콘스탄티누스는 헤르쿨리우스 왕조를 통치권의 기반으로 삼기를 거부하고 자신이 유명한 클라우디우스 고티쿠스의 후손임을 선언함으로써 새로운 권력의 기반을 내세웠다. 그는 자신의 수호신을 헤라클레스 대신에 정복되지 않는 태양(Sol Invictus)을 택했는데, 이 신은 갈리아에서는 아폴로와 동일시된 듯하다. 이 신은 클라우디우스 고티쿠스와 아우렐리아누스의 수호신이기도 했다. 콘스탄티누스는 자신이 클라우디우스 고티쿠스의 후손이라고 주장함으로써 자신의 권력이 세습에 의한 것일 뿐 아니라 자신에게 제국의 유일한 통치자가 될 권리가 있다는 것을 주장할 수 있었다. 이러한 새로운 기반에 힘입은 그는 이제 막센티우스를 정식으로 권력 찬탈자이자 독재자라고 선언하고서 그에게 선전포고를 할 준비를 했다.

콘스탄티누스가 막센티우스에게 가한 최초의 적대 행위는 310년 히스파니아를 병합한 일이었다. 아프리카가 308년에 막시미아누스 편에 선 이래로 히스파니아는 로마의 주된 곡물 공급지였다. 그러므로 로마에 거점을 둔 막센티우스로서는 히스파니아를 상실함으로써 기근과 식량 폭동과 거리 시위와 그로 인해 6천 명이 사망하는 등 심각한 문제를 떠안게 되었다. 이런 상황을 타개하기 위해 막센티우스는 아프리카 재정복을 위한 원정대를 파견했다. 이 원정이 승리함으로써 로마의 식량 공급 문제가 해결되었을 뿐 아니라 막센티우스도 콘스탄티누스의 도전을 거리낌없이 받아들일 수 있게 되었다. 그는 콘스탄티누스에게 자기 아버지 막시미아누스의 살해 죄를 지우고 전쟁을 준비했다. 일촉 즉발의 위기 상황에서 제국의 다른 지역들에서 발생한 사건들로 인한 압박 때문에 가까스로 전쟁이 연기되었다.

종교 관용령 (311). 디오클레티아누스가 퇴위한 뒤에 그리스도교인들에 대한 박해는 갈레리우스의 관구들(일리리쿰, 트라키아, 소아시아)과 특히 막시미누스 다이아의 관구들(시리아와 이집트)에서만 지속되었다. 막시미누스는 이교 제사에 참석하기를 거부하는 자는 남녀노소를 무론하고 사지 절단과 광산과 채석장에서의 중노동 형에서부터 처형에 이르는 형벌들을 가하도록 지시했다. 아울러 그리스도교 교회와 비슷한 사제들의 위계 조직과 자선 기관들과 대도시 신전들에 종속되는 지역 신전들을 갖춘 이교 교회와 사제단을 조직함으로써 그리스도교 교회의 영향을 막으려고 시도했다.

마침내 311년에 신비스런 질병에 걸린 동안 갈레리우스는 그리스도교인들을 박해해야 아무런 소용도 없다는 확신을 갖게 되었다. 그는 선임 아우구스투스의 자격으로 제국 전역의 모든 그리스도교인들에게 그들이 자신과 국가를 위해 기도하고 공공 질서에 아무런 해도 끼치지 않는 것을 조건으로 예배의 자유와 교회의 문을 다시 열 권리를 부여하는 저 유명한 관용령을 공포했다. 이렇게 정책을 변경하게 된 이유에 대해서 그는 인민이 아무 종교도 갖고 있지 않는 것보다 어떤 종교든 종교 생활을 하는 것이 제국을 위해 더 유익하다는 말로 해명했다. 이 칙령을 선포해 놓고 며칠 뒤에 갈레리우스는 숨을 거두었다.

갈레리우스가 죽은 뒤 남아 있던 네 명의 아우구스투스들은 서로간의 질투와 미움으로 제국의 분열을 고수했다. 막시미누스 다이아는 즉각 갈레리우스가 통치하던 아시아의 속주들을 침공하여 장악한 뒤 리키니우스가 통치하던 발칸 반도를 위협했다. 막센티우스와의 일전을 예상한 콘스탄티누스는 리키니우스와 동맹을 맺고 그의 누이 콘스탄티아와 약혼했다. 한편 막시미누스는 비밀리에 막센티우스와 동맹을 맺었다.

콘스탄티누스의 이탈리아 침공 (312). 콘스탄티누스는 오래 기다려온 이탈리아 침공을 312년 봄에 감행했다. 그는 갈리아에서 거의 4만 명에 육박하는 병력을 이끌고 출발하여 알프스 산맥을 넘었다. 토리노 근처에서 그는 이탈리아 북부를 방어하기 위해 막센티우스가 파견한 대규모 중갑 기병과 조우하여 그들을 굴복시켰다. 그런 뒤 파죽지세로 콘스탄티누스는 토리노, 밀라노, 아퀼레이아, 모데나 같은 도시들을 함락하고서 로마로 진격했다. 막센티우스는 원래 거의 난공불락에 가까운 아우렐리아누스의 성벽 뒤에서 로마 시를 방어할 계획이었다.

만약 막센티우스가 일찍이 세베루스와 갈레리우스에게 승리를 거둘 수 있게 해준 원래의 전략을 고수했다면 아마 전쟁에서 이겼을 것이다. 막센티우스의 군대에 비해 병력의 규모가 작았던 콘스탄티누스의 군대는 기습 공격으로든 장기간의 포위 공격으로든 로마 시를 함락시키기에는 너무 약했다. 막센티우스는 종교적 '징조들'에 대한 신앙 때문이었든 혹은 민중 봉기가 무서워서 그랬든간에 계획을 변경하여 개활지에서 콘스탄티누스와 일전을 벌이기 위해서 나갔다.

밀비아 다리의 전투 (312). 막센티우스는 군대를 이끌고 구 밀비아 다리를 대체하기 위해 급조한 부교(浮橋)를 이용하여 테베레 강을 건넜다. 그는 기존의 전략에 부합한 방어 조치의 일환으로 구 밀비아 다리를 철거하도록 지시했었다. 두 부분으로 이루어진 부교는 적군의 추격을 차단하기 위해서 신속히 절단할 수 있는 쇠사슬로 결합되어 있었다. 그는 플라미니우스 가도를 타고서 로마 북쪽으로 16킬로미터 떨어진 삭타 루브라(붉은 바위)까지 진격했다. 이곳에는 콘스탄티누스가 전날 밤부터 부대를 숙영시켜두고 있었다.

락탄티우스는 전투가 벌어지기 전날 밤에 콘스탄티누스에게 환상이 나타나 병사들의 방패들에 옛날에 쓰이던 승리의 상징을 표시하라고 지시했다고 하는데, 그리스도의 표상이기도 했던 그 상징은 X자를 수직으로 세우고 머리 부분에 그리스도에 해당하는 그리스어 두 단어인 키와 로를 표기한 결합 문자였다. 가능성은 희박하지만, 에우세비우스는 훗날 콘스탄티누스가 자신에게 주장하기를, 전투가 벌어지기 얼마 전에 자신이 하늘에서 화염이 태양을 가로지르는 것을 보았는데, 화염 밑에 ἐν τούτῳ νίκα("이 상징으로 네가 정복할 것이다" 혹은 보다 친숙한 형태로 전해져 내려온 그리스어 문장인 in hoc vince나 in hoc signo vinces)라는 그리스 단어들이 있었다고 했다. 콘스탄티누스는 그 징조가 지시한 대로 한 뒤에 전장으로 나갔다.

콘스탄티누스는 먼저 기병대로 공격을 가하였다. 그 뒤를 따라간 보병이 적군을 협소한 고립 지대로 몰아넣었다. 적군의 뒤에는 비로 불어난 테베레 강이 무섭게 흐르고 있었다. 많은 적군 병사들이 떠밀려 발 디딜 틈을 찾지 못한 채 강물에 빠졌고, 그밖의 병사들은 흔들리는 부교로 몰려들었으나 부교가 그들의 무게를 이기지 못한 채 끊어지고 말았다. 막센티우스와 수천 명의 병사들이 급류에 휘말려 죽었다.

다음 날 콘스탄티누스는 로마로 개선해 들어갔다. 행렬의 선두에는 한 병사가 막센티우스의 머리를 창에 꽂은 채 행진을 했다. 그의 시신을 강에서 그물로 인양해 냈던 것이다. 거리에 도열한 군중은 콘스탄티누스를 해방자라고 외치면서 환호작약했다. 원로원은 막센티우스에 대한 기억을 단죄하고 그의 조치들을 무효화하고 콘스탄티누스를 제국 전체의 선임 아우구스투스로 선포했다.

콘스탄티누스와 그리스도교. 원로원은 자체의 지위 격상을 리베르타스의 승리로 환호했겠지만, 진정한 승리는 그리스도교 교회였다. 콘스탄티누스의 승전상에서 그는 오른손에 십자가를 쥐고 있다. 하지만 그의 개선문에는 그가 이름을 밝히지 않은 신의 힘(instinctu divinitatis)과 자신의 위대한 정신(mentis magnitudine)에 힘입어 승리를 얻었다고 비명(碑銘)의 형식으로 밝혀져 있다.

콘스탄티누스는 자기가 승리를 거둔 원인을 그리스도의 개입 탓으로 돌리게 되었지만, 밀비아 다리에서 승리를 거둔 뒤에 독실한 그리스도교 신자가 되지는 않았다. 반면에 그는 생을 마감하면서 세례를 받기 전에도 틀림없이 신자였다. 그가 정확히 언제 완전한 회심을 겪었는지는 말할 수 없다. 정치적 고려와 개인적 발전의 상호 작용이 그것을 복잡하고 점진적인 과정으로 만들었다. 그는 현실 파악이 빠른 정치가였기 때문에 원로원과 제국 관료들과 군대는 말할 것도 없고 전체 인민의 80내지 90%의 종교적 신념들을 비판하거나 탄압하려는 시도를 하지 않았다. 아울러 아무리 혁혁하고 결정적이었다 해도 한 번의 승리로 하루 아침에 자신의 옛 신앙을 바꿀 수는 없었고, 다만 훗날 완전히 대체될 때까지 점진적으로 바꾸어 갔을 뿐이다. 그는 황제가 되어서도 고대 로마의 폰티펙스 막시무스의 직위를 계속 유지했다. 개선문은 정복되지 않는 태양을 콘스탄티누스의 수호신으로 묘사한다. 313년에 주조된 일련의 금 원형 양각들에는 콘스탄티누스의 머리와 태양이 앞뒷면에 새겨져 있다. 315년에 주조된 은 원형 양각에는 전형적인 로마의 상징과 그리스도교의 상징이 혼합된 특성이 나타나 있다. 황제가 투구에는 그리스도교의 상징을, 방패에는 로마의 암늑대를, 손에는 십자가 문양의 머리를 한 홀(惚)을 들고 있는 모습을 하고 있는 것이다. 콘스탄티누스는 그 뒤에도 318년까지 계속해서 마르스와 유피테르와 심지어 헤라클레스를 기념하는 주화들을 발행했다. 그러므로 콘스탄티누스의 재위는 곧 사라질 로마 제국과 장차 올 그리스도교 제국 사이를 잇는 고리였던 셈이다.

콘스탄티누스는 선임 아우구스투스의 자격으로 막시미누스 다이아에게 동방에서 그가 벌이고 있던 그리스도교인들에 대한 박해를 중단하라고 명령했다. 다이아는 그의 명령에 복종했다. 313년에 콘스탄티누스는 아프리카 총독에게 지시하여 교회들에게 몰수당한 모든 재산을 돌려주고, 새로 선출된 카르타고의 주교 카이킬리아누스(Caecilianus)에게 아프리카와 누미디아와 마우레타니아에서 활동하는 정통파 주교들과 성직자들에게 나눠줄 기금을 제공하며, 성직자들에게 자치체의 모든 의무와 종교행사를 면제해 주도록 했다. 그 일이 시행되자 콘스탄티누스는 리키니우스와 회담을 갖기 위해서 로마를 떠나 밀라노로 향했다.

밀라노 회담 (313). 313년 밀라노 회담에서는 오랫동안 지체된 리키니우스와 콘스탄티아의 결혼이 이루어졌을 뿐 아니라 두 황제가 완전한 종교의 자유와 그리스도교 교회에 대한 승인 혹은 그보다는 지역의 각 교회를 법적 '인격'으로 승인하는 건에 관해 전반적인 합의에 도달했다.[1]

밀라노 칙령이 공포되자 의구심을 갖는 사람도 더러 있었지만, 합의 사항들에는 갈레리우스의 관용령뿐 아니라 콘스탄티누스가 교회들을 위해 재산 회복과 공적 의무 면제에 관해 서방 전역에 내린 모든 답서들(rescripts)도 포함되어 있었다. 리키니우스는 이 종교의 마그나 카르타를 유럽에서 자신의 영역뿐 아니라 동방에서도 시행했으며, 이에 힘입어 동방은 곧 막시미누스 다이아의 박해로부터 해방되기에 이르렀다.

막시미누스 다이아의 종말 (313). 막시미누스 다이아는 비록 그리스도교 저자들에 의해 악의 노예로 묘사되긴 했으나 의심할 여지 없이 원칙을 존중하는 사람이자 군사적 역량과 정치가의 수완을 갖춘 사람이었다. 갈레리우

---

1) 거의 같은 의미에서 오늘날의 사업체와 비수익 단체들도 법적으로 '인격들' [법인들]이다. 이들은 재산을 소유하고 계약을 맺고 법적 소송의 주체나 대상이 될 수 있다.

스 칙령이 공포된 이래로 그는 자기 영역에 사는 그리스도교인들을 간헐적으로 박해하거나 그들을 굴욕적인 자리로 내몰았다. 중단하라는 콘스탄티누스의 명령을 복종하되 민첩성이나 열성은 나타내지 않았다.

다이아는 카이사르가 된 이래로 실망스러운 일들을 많이 만났다. 디오클레티아누스에게 야만인 취급을 받았고, 카르눈툼 회담에 초대조차 받지 못했고, 자신을 아우구스투스로 인정해달라고 요구했다가 갈레리우스로부터 무시 내지 냉대를 받았으며, 리키니우스는 갈레리우스가 아시아에서 소유했던 속주들을 차지하기 위해 오래 전부터 그에게 선전 포고를 할 기회만 엿보고 있었다. 동료 막센티우스가 전쟁에서 패하여 죽은 뒤에 다이아는 콘스탄티누스와 리키니우스의 연합 세력에 홀로 맞섰다. 콘스탄티누스가 라인 지방을 침공한 프랑크족을 쫓아내려고 갈리아로 떠나자 다이아는 리키니우스를 공격할 절호의 기회를 맞이하였다.

혹한이 몰아친 겨울에 다이아는 7만 병력을 이끌고 눈덮인 소아시아의 산지들에서 내려왔다. 보스포로스 해협을 건너 비잔티움을 포위 공격한 그는 열하루만에 항복을 받아냈다. 리키니우스가 소식을 듣고서 군대를 끌고 밀라노에서 서둘러 왔다. 수는 적었으나 훈련이 잘 된 군대였다. 두 군대는 아드리아노플 근처에서 대치했다. 이 전투에서 패한 다이아는 노예로 변장하고서 도망쳤다. 리키니우스가 그를 추격하여 소아시아로 들어갔으나, 다이아는 그곳에서 병에 걸려 죽고 말았다. 이제 동방을 손에 쥐게 된 리키니우스는 그리스도교인들에게 완전한 신앙의 자유를 부여하고 밀라노 회담에서 합의한 대로 그들에게 지난 날 몰수되었던 교회당들과 재산을 되돌려주었다.

분할된 제국 (313~324). 제국은 마르쿠스 안토니우스와 옥타비아누스의 시절처럼 다시 한 번 양분되었고, 두 대립 군주들 사이의 길고 치열한 투쟁을 겪어야 했다. 콘스탄티누스도 리키니우스도 서로를 좋아하지도 신뢰하지도 않았다. 불가피한 투쟁을 막거나 그렇지 않으면 연기하기 위해서 콘스탄티누스는 두 사람의 영토 중간에 완충국을 세우려고 했다. 그 목적으로 바시아누스 (Bassianus)를 이탈리아와 아프리카와 판노니아를 다스릴 카이사르로 임명했다. 콘스탄티누스의 이복누이 아나스타시아(Anastasia)와 결혼하고 리키니우스의 궁전에 세네키오(Senecio)라는 이름의 형제를 둔 바시아누스를 선택한 것은 완벽한 조치로 보였으나 리키니우스에게는 받아들일 수 없는 조치였음이 입증되었다.

정적의 구도를 깊이 불신한 리키니우스는 세네키오를 설득하여 바시아누스로 하여금 콘스탄티누스에게 반란을 일으키도록 부추기게 했다. 그러나 콘스탄티누스는 사전에 그 음모를 적발하여 바시아누스를 처형한 뒤 세네키오를 넘겨줄 것을 요구했다. 리키니우스가 그 요구를 거부하자 콘스탄티누스는 316년에 공격을 감행했다. 그는 판노니아에서는 리키니우스에게 막대한 손실을 입혔으나 트라키아에서는 승부를 내지 못했다. 두 사람은 지지부진한 전쟁을 계속할 의사가 없었으므로 휴전 협정을 체결했는데, 그 조약에 따라 리키니우스는 트라키아를 제외한 유럽의 모든 영토에 대한 주장을 포기하는 데 합의했고, 콘스탄티누스는 리키니우스가 통치하는 제국의 영역에 대해 선임 아우구스투스로서의 입법권 주장을 포기했다.

그 타협안은 영구히 갈 운명도 아니었고 두 사람 다 그럴 의도도 없었다. 두 황제의 관계는 몇년간은 조화와 협력으로 유지되더니 결국은 서서히 악화되기 시작했다. 상호 적대감과 경쟁적 야심이 균열을 넓혀놓았다. 콘스탄티누스는 내심으로는 평화를 원치 않았다. 그가 클라우디우스 고티쿠스의 직계 후손임을 주장한 것부터가 제국을 통째로 통치하겠다는 그의 속내를 잘 말해주고 있었다. 리키니우스는 상이한 종교 정책으로써 자신도 모르게 그의 속내가 실현되게 하는 데 기여했다. 리키니우스가 밀라노에서 합의된 정책을 뒤집자 콘스탄티누스는 지금까지 감춰온 본심을 드러내 그것을 전쟁의 구실로 삼았다.

리키니우스와는 달리 콘스탄티누스는 밀비아 전투 이래로 꾸준히 그리스도교와 가까워졌다. 이 당시에 그가 교회에 부여한 혜택들은 그 전투에서 자신이 받았다고 믿은 도움에 대해서 하느님께 감사를 표한 것이었다. 그 도움의 대가로 그는 지상의 그리스도교 교회를 인정하고 교회를 국가의 효과적인 동반자로 삼았다.

그는 비록 제국의 인구와 군대와 관료 체제에서 이교도들이 차지하고 있는 비율이 월등히 많다는 현실을 고려해야 했는데도 불구하고 그리스도교인들에게 더 많은 특권과 면제를 부여함으로써 밀라노 칙령의 원칙을 훨씬 넘어서는 조치들을 허가했다. 그의 종교 정책의 중요한 특징은 로마의 교황과 정통파 성직자들에게 교리를 확정하고 교회 안에서 권징을 시행하도록 허용한 것과 그들의 결정을 국가의 권위로 집행한 것이었다.

318년에 발행된 법령에서 그는 주교들의 법정에서 내린 판결들의 법적 효력을 승인했다. 321년의 답서(rescript)에서 그는 로마 시민들이 그리스도교 교회에 재산을 증여하는 것을 합법화했을 뿐 아니라 유언을 남기지 않고 죽은 순교자들의 재산도 교회에 배당했다. 같은 해에 일요일을 법정 공휴일로 정하고 법원들과 국영 기업체들에서 일하는 사람들의 휴일로 선포했다.[2] 콘스탄티누스가 개인적으로 점차 그리스도교를 받아들였다는 또 한 가지 징후는 밀비아 다리 전투 이후에 라바룸(labarum), 즉 세로가 긴 십자에 카이 로의 결합 문자를 꼭대기에 표기한 군기(軍旗)로 채택한 데서도 엿볼 수 있다.

도나투스파 분쟁. 콘스탄티누스는 개인적 경험과 코르도바의 주교 호시우스(Hosius) 같은 조언자들에 힘입어 그리스도교의 하느님의 능력을 확신했고, 그리스도교 교회가 성취한 강하고 효과적인 조직과 국가가 일체가 되는 데서 끌어낼 수 있는 유익들도 보았다. 그러므로 콘스탄티누스는 아프리카의 교회를 분열시키고 국가의 통일을 무너뜨리고 있던 분쟁을 심각한 눈으로 바라보았다. 분쟁의 명칭은 반체제 성직자들의 급진적인 집단을 이끈 광적인 지도자 도나투스(Donatus)에게서 유래했다. 이 집단은 카이킬리아누스가 대도시인 카르타고의 수도 대주교로 선출된 데에 강력히 항의했다. 그 이유는 그가 디오클레티아누스의 박해 때 신앙을 버리고 성경을 내주어 불태우게 한 사람들을 너무 쉽게 용서하고 성직에 재임용했기 때문이라는 것이었다. 로마 교황의 뜻과 상반되게 도나투스주의자들은 6년간 악취나는 지하 감방 생활을 견디고 고문대에서 사지를 늘리는 고문을 아홉 번 받고도 꿈쩍하지 않은 도나투스를 카르타고의 주교로 선출했다.

---

2) 이 선포에 대해서 그리스도교인은 그 날을 '주일'(主日)로 해석하고 이교도는 태양의 성일로 해석하는데, 어느 쪽으로도 해석이 가능하다.

콘스탄티누스가 최근에 아프리카의 성직자들과 지교회들에게 혜택을 부여하면서 도나투스파를 그 대상에서 제외시키자 아프리카의 분쟁은 뜨겁게 달아올랐다. 313년과 314년에 콘스탄티누스가 소집한 두 차례의 공의회가 도나투스파에 불리한 판결을 내렸다. 도나투스파는 자기들의 사정을 재판해 달라고 황제에게 호소했다. 마침내 황제는 그 호소를 받아들였다. 그는 긴 심사숙고 끝에 공의회들의 결정을 재확인하고서 도나투스파에 대한 군사적 진압과 그들의 교회에 대한 재산 몰수를 지시했다. 321년에 콘스탄티누스는 박해를 해가지고는 그들의 광신만 고조시키고 아프리카에 혼란만 가중시킬 뿐임을 깨닫고서 박해를 중단하도록 명령했다. 그리고는 냉소적으로 도나투스파를 "하느님의 심판에" 맡겨두었다. 교회에 평화와 통일을 회복하려던 그의 첫번째 시도는 무참하게 깨지고 말았다.

아리우스파 이단. 비슷한 종교 문제들이 리키니우스에게 닥쳤지만, 그는 그 문제들을 콘스탄티누스와 다른 방법으로 다루었는데도 이렇다할 성공을 거두지 못했다. 처음에 그는 밀라노에서 도달한 합의 사항을 충실히 준수했지만, 이집트에서 아리우스파 이단이 등장하여 자기 영역에서의 평화와 통일을 깨뜨리려고 위협하자 그리스도교인들에 대한 체계적인 박해에 의존했다.

아리우스파 이단의 씨앗은 도나투스파 분쟁 때와 마찬가지로 디오클레티아누스의 박해 때 뿌려졌다. 도나투스와 마찬가지로 리코폴리스의 주교 멜리티우스(Melitius)는 알렉산드리아의 주교 페트루스(Peter)가 배교했던 그리스도교인들을 교회 안에 다시 받아들이자 강력히 비판하고 나섰다. 멜리티우스는 큰 반대파 지도자가 되었는데, 반대파에서는 훗날 아리우스(Arius)라는 사제가 가장 이단적인 색채를 띠었다.

아리우스가 설교 활동을 통해서 제시한 교리는 그리스도가 성부(the Father)와 "동일 본질"(homoousios)을 지니지 않고 "다른 본질"(heteroousios)을 지녔다는 것이었다. 그리스도는 성부의 아들이므로 시차적으로 뒤에 속할 수밖에 없다는 주장이었다. 온 세계에 앞서 태어나긴 했으나 그가 존재하지 않은 시간이 틀림없이 있었다는 것이었다.

그 비정통 교리는 비록 3세기 초의 위대한 세 교부 ― 오리게네스(Origen),

알렉산드리아의 성 디오니시우스(St. Dionysius), 그리고 노년기의 테르툴리아누스(Tertullian) — 가 이따금 행한 발언들과 본질적으로 다르지 않았지만 좀더 정통적인 신앙을 견지한 베드로의 계승자 주교 알렉산더(Alexander)에게 충격과 분노를 안겨주었다. 알렉산더는 성자(the Son)가 성부와 동일 본질을 갖고 있다고 믿었고, 삼위일체의 세 위격 — 성부, 성자, 성령 — 이 모두 시간과 본질과 권능에서 한 분으로서 우주의 전능한 권능의 세 측면을 대표한다고 믿었다.

아리우스는 파문을 당하여 이집트 교구에서 추방된 뒤 처음에는 유력한 교회사가이자 카이사리아의 주교인 에우세비우스를 만나러 팔레스타인으로 갔고, 다음에는 리키니우스의 궁전에서 막강한 영향력을 행사하고 있던 또 다른 에우세비우스의 주교좌가 있는 니코메디아로 갔다. 아리우스는 주교들과 황후 콘스탄티아 그리고 소아시아 전역의 고위 성직자들과 고관들에게 강력한 인상을 주었다.

그 문제를 놓고 동방에서 논쟁이 뜨겁게 달아올랐다. 신랄한 내용을 담은 편지들과 소책자들이 교구에서 교구로 유포되었고, 아리우스는 직접 평민의 지지를 얻기 위해서 대중적인 노래들을 지어서 보급했다.

상황이 이쯤 되자 리키니우스는 인내의 한계에 도달했다. 그리스도교인들에 대해서 한 번도 공감을 해본적이 없던 그는 이제 그들이 벌이고 있는 논쟁에서 콘스탄티누스와 권력 투쟁을 앞두고 있는 시점에서 훨씬 더 위험한 요인을 발견하게 되었다(그는 그리스도교인들이 과연 누구를 위해서 기도하고 있는가 하고 의심했을 것이다). 따라서 320년에 그는 그리스도교인들에 대한 박해를 재개했다.

리키니우스의 패배와 죽음 (324). 콘스탄티누스는 리키니우스가 그리스도교인들에게 박해를 재개한 사건에서 그와 일전을 벌일 도덕적 구실을 찾았겠지만, 그에게 좀더 직접적인 구실을 준 사건은 323년에 고트족이 모이시아와 트라키아를 침공한 사건이었다. 그들의 침공을 격퇴하기 위해서 콘스탄티누스는 리키니우스가 통치하는 트라키아를 통과하지 않을 수가 없었다. 리키니우스는 분노하여 항의했으나 콘스탄티누스는 그것을 일축해 버렸다. 양 진영은 즉각 전쟁 태세에 들어갔다.

324년 중반에 콘스탄티누스는 리키니우스의 군대를 공격하여 패배시켰다. 리키니우스는 항복했으나 그의 아내 콘스탄티아의 간곡한 호소가 콘스탄티누스를 감동시켜 목숨을 건졌다. 그는 살로니카로 추방되었다. 여섯 달 뒤에 콘스탄티누스는 그를 반역죄로 처형했다. 콘스탄티누스는 이제 거의 40년만에 처음으로 통일을 이룩한 제국의 유일한 군주였다. 이제는 "하나의 군주, 하나의 세계, 하나의 신조"가 제국의 새로운 구호가 되었다.

니케아 공의회 (325). 군사적 승리로 제국은 정치적으로 재통일되었지만 콘스탄티누스가 이루고자 했던 종교적 통일은 그리 신속히 결정적으로 이루어지지 않았다. 혼신의 노력을 기울여 종교적 통일을 이뤄내고자 했던 콘스탄티누스에게는 한 가지 뚜렷한 장애가 있었다. 그는 아리우스와 주교 알렉산더가 벌이던 논쟁의 종교적 중요성을 깨닫지 못했던 것이다. 그의 주된 목표는 제국 내에 조화를 이뤄내는 것이었기 때문에 성부와 성자와 성령이 나뉠 수 없는 하나의 신성을 대표하든 세 분의 독립된 신들이든 그에게는 아무런 상관이 없었다. 따라서 아리우스와 주교 알렉산더에게 쓴 서신에서 그는 각자의 원칙들을 포기하고 불합리하고 중요치도 않은 신학 쟁점들에 관한 말 싸움을 그만두라고 촉구했다. 자연히 그의 서신은 논쟁을 종식시키지 못했다.

그래도 여전히 평화로운 문제 해결을 희망한 콘스탄티누스는 니케아에서 에큐메니컬 공의회가 열리도록 소집한 뒤 제국 전역의 주교들이 국비로 여행할 수 있도록 배려하고 자신도 공의회에 참석하기로 결정했다.

325년 5월 20일에 비시니아 니케아에 3백여 명의 주교들이 모였다. 콘스탄티누스는 간단한 개회식사에서 자신이 하느님께 헌신하고 있음을 공언한 뒤 참석한 주교들에게 함께 힘을 합하여 교회의 통일을 회복하자고 설득했다. 교회의 통일 이외의 다른 모든 문제는 부차적이고 상대적으로 중요하지 않다고 힘주어 말했다. 토론과 심의가 원만히 진행되도록 이따금씩 개입할 수 있는 권한만 유지한 그는 공의회를 주교들의 손에 맡겼다.

니케아 공의회는 교리를 정의하고 가톨릭 교회의 조직을 완료했다. 이 공의회의 결정들은 325년의 문제들에만 영향을 끼친 게 아니라 그리스도교에 항구적인 영향을 끼쳤다. 이 공의회가 작성한 니케아 신조는 381년에 콘스탄티노플 공의회가 채택한 몇 가지 사소한 수정안들을 제외하고는 오늘날까지 대부분의 그리스도교 교회의 신조로 남았다. 이 신조는 삼위일체 교리를 재확인하고 아리우스를 파문하고 그의 저서들을 불태우도록 명령했다. 부활절 날짜를 춘분 다음의 첫 만월 뒤에 오는 첫 일요일로 확정했고, 그리스도교 세계의 교회 권징과 정치 규정을 위해 20개의 교회법을 작성했다.

니케아 공의회가 끼친 역사적 결과들은 엄청나게 컸다. 무엇보다도 그리스도의 본성이라는 쟁점에 관한 타협을 좀더 어렵게 만들었고 교회를 수년간 적대적인 두 진영으로 갈라놓았다. 아울러 제국의 정책이 갈팡질팡하게 만들었다. 어떤 황제들은 아리우스파였고 다른 황제들은 니케아 신조를 지지했기 때문이다. 아리우스파는 콘스탄티우스 2세(Constantius II)와 발렌스(Valens) 치하에서 국가의 호의를 누리는 동안 자신들 방식의 그리스도교를 도나우 강 건너에 사는 게르만 종족들에게 전파할 수 있었다. 이들의 선교 활동이 워낙 성공을 거두었던지라 반달족과 부르군트족과 동고트족과 서고트족은, 엄격한 니케아파로 남아 있던 제국의 서쪽 절반의 상당 지역을 점령할 무렵에 아리우스파 그리스도교인들이었다.

아이러니컬한 점은 옛 로마 영토에 살던 정통파 인구와 그들의 새로운 게르만족 지배자들의 관계가 만약 후자가 이교도들로 남았더라면 좀더 유연했으리라는 것이다. 이교도들이었다면 그리스도교 신앙에 무지한 것으로 그쳤을 것이고 그들을 개종시키려는 희망도 기꺼이 품었을 것이기 때문에 관용하기가 훨씬 더 쉬웠을 것이다. 그러나 정통파의 눈에 비친 아리우스파는 악의적인 이단들이고 따라서 죄가 더 많았으며, 반대로 아리우스파 게르만족은 정통 신앙을 받아들일 이유를 느끼지 못했다. 그들은 이미 스스로를 참 그리스도교인들로 생각하고 정통파의 태도에 분개했다. 그러므로 두 집단간의 분파적 적대감이 제국을 훨씬 더 쇠락케 하고 중세 초에 문화적 쇠퇴로 곤두박질치게 할 훗날의 침략자들 앞에서 너무나 절실히 필요로 했던 통일을 가로막았다.

니케아 공의회는 아울러 로마사의 나머지 부분과 그후의 비잔틴사 기간에 교회와 국가 사이의 관계에도 깊은 영향을 끼쳤다. 콘스탄티누스가 공의회를 개회함으로써 공식적 역할을 수행한 사실은 도나투스파 분쟁 때 이미 가까워진 국가의 수장과 교회 사이의 관계를 더욱 두텁게 다졌다. 콘스탄티누스가 니케아에서 보인 행동은 훗날 황제들이 교회를 지배하고 국가의 목적을 위해 교회를 조종하던 황제교황주의(Caesaro-papism)에 전형을 제공했다. 콘스탄티누스는 스스로를 이사포스톨로스(Isapostolos, 사도들과 동등)이자 하느님이 선택한 종이라고 주장했다.

콘스탄티누스의 세속 정책들. 콘스탄티누스의 종교적 선택은 디오클레티아누스와 사뭇 달랐지만, 종교를 국가의 통제하에 집중시키려는 정책은 똑같았으며, 화폐 개혁 같은 다른 분야들에서 그는 디오클레티아누스의 선례를 훨씬 더 분명하게 따랐다. 그는 디오클레티아누스의 금화 솔리두스를 파운드 대비 72로 안정시키고 새로운 은화 밀리아렌세(금 파운드의 천번째 부분을 가리킴)를 발행했다. 이런 건설적인 조치들에 힘입어 다음 두 세기 동안 화폐 경제가 점차 부활되었고, 디오클레티아누스가 제정한 세금들을 정부가 대부분 현금으로 징수할 수 있게 되었으며, 제국 내부뿐 아니라 제국 국경을 훨씬 넘어선 지역들에까지도 거래를 촉진했다. 이 화폐 경제는 몇 세기 뒤에 비잔틴 제국으로 하여금 이슬람 칼리프국의 거듭된 침공을 퇴치할 만한 재정적 안정과 자원을 제공했다.

제국의 군대 재편. 콘스탄티누스는 디오클레티아누스가 강조한 기동 야전 부대들(comitatenses)을 증편하고 강화하기 위해서 국경 지대에 주둔하고 있던 일부 정예부대들을 후방으로 이동함으로써 국경 수비대들(limitanei)의 전력을 약화시켰다. 그는 디오클레티아누스가 창설한 기동 야전 부대들에 주로 기병대를 중심으로 일부 보병대를 가미한, 궁전 경비대(palatini)로 알려진 새로운 정예 부대들을 보강했다. 게르만족을 제국 군대에 입대시키고 그들을 고위 사령관들로 임명하고 종종 국가 최고 관직들에 기용하는 정책을 크게 가속화했다. 312년에 해체된 친위대를 정예 요원들로 구성된 경호대로 대체했는데, 그 요원들 대부분이 게르만족이었다. 그는 이 경호대에 '궁전 학파'(scholae palatinae)라는 독특한 이름을 붙였다.

군사 분야에서 진척된 또 다른 중요한 발전은 상급 지휘 체계를 재편하고 군대와 민간의 기능들을 완전히 분리한 일이었다. 프라이토르 급 감독관들 (praetorian prefects)을 보병대장(magister peditum)과 기병대장(magister equitum)이라는 두 명의 최고 사령관들로 대체했다. 이와 비슷하게 속주 총 독들이 국경 수비대들을 지휘하던 공(公)들과 주백들에게 행사하던 권위도 폐 지했다.

프라이토르 급 감독관들은 비록 군사적 기능은 박탈당했지만 여전히 매우 막강한 고관들이었다. 각자가 네 개의 큰 장관 관할구(prefecture)인 갈리아, 이탈리아, 일리리쿰 그리고 동방에서 부황제의 권력을 행사했다. 331년 이후에 는 그들이 내린 모든 법적 판결이 최종 판결이었고, 그들이 내린 판결에 대해 서는 심지어 황제에게조차 항소할 수 없었다. 이들은 제국 우정(郵政), 공공 건물 건립, 세금 징수와 보관, 장인과 상인 조합 관리, 시장 물가 규제, 고등 교 육을 감독했다. 그보다 훨씬 중요했던 것은 이들이 병력 모집과 등록, 병력 배 치, 군수품 보급 업무들을 행정적으로 통제함으로써 야심찬 군 지휘관들에 대 해 강력한 제어 수단의 역할을 했던 점이다.

황궁의 확장. 보병대장과 기병대장은 크게 확장된 황궁인(comitatus)의 일 원들이었다. 황제에게 신성의 후광을 드리우기 위해서 정교한 황실 의식을 발 전시킨 디오클레티아누스의 정책을 고수한 콘스탄티누스는 자신의 시종들의 수를 늘렸다. 시종들 중 상당수는 페르시아 식으로 내시들이었는데, 이들은 황 제를 알현할 수 있는 기회를 통제함으로써 세력을 얻게 되었다. 그들 중 가장 중요한 직위는 의전관 즉 시종장(praepositus sacri cubiculi)과 가사 책임관 (castrensis)이었다.

민간 분야에도 중요한 관직들이 많았다. 신성 자문회의(the Sacred Consistory)의 의사록은 서기들(notarii)에 의해 보관되었는데, 그들의 우두머 리가 고위직에 지명된 사람들(notitia dignitatum)의 명단을 관리했다. 비서관 장(quaestor sacri palatii)은 황제의 칙령들의 초안을 작성하고 황제에게 들어 온 청원서들을 검토했다. 공문담당관(magister officiorum)은 서신들과 법적 문제들과 청원들을 다룬 신성 비서들(sacra scrinia)을 관장하고, 공문서를 전 달하고 중앙 정부를 위해 정보를 수집하고, 군대의 이동을 통제하는 업무를 맡았기 때문에 권한이 극히 컸다. 그는 아울러 황실 경호대와 병기고와 병기 공장을 감독했다. 그는 의전 담당관으로서 심지어 황제와 함께 임용 작업에 참여했고, 대사들을 영접했으며, 그로써 직접적인 외교 정책에 이바지했다. 재정 담당관(comes sacrarum largitionum)은 제국의 광산들과 조폐국들을 관장했고, 사유지 담당관(comes rei privatae)은 황제의 막대한 개인 재산을 관장했다. 이상의 모든 궁정 관리들(palatini)과 그들의 참모들은 일반 시민들에 부과되는 세금과 각종 의무를 면제받았다.

옛 관직들과 원로원의 최종적인 소멸. 콘스탄티누스와 그의 후임자들이 이따금씩 콘술직을 계속해서 보유하고, 폰티펙스 막시무스라는 칭호를 유지하고, 여전히 아우구스투스의 전통에 따라 호민관으로서의 권한(tribunicia potestas)을 여전히 선전했지만, 옛 정무관직들은 꾸준히 소멸해 갔다. 300년경에 셉티미우스 세베루스 때 법적 기능을 상실한 프라이토르들과 3세기에 모든 속주들이 군대 편제로 바뀐 뒤에 더 이상 다룰 원로원의 수입이 없게 된 콰이스토르들이 하나씩 줄어들었다. 그들에게 남은 유일한 직무는 로마에서 축제가 벌어질 때 경기와 유흥을 관장하는 것뿐이었다. 두 명의 콘술이 한 사람은 로마에서 다른 한 사람은 콘스탄티노플에서 여전히 임명되었으나, 그 직위는 명예직에 그쳤다. 원로원 의장들로서 콘술들이 행사한 마지막 실질적인 기능은 이미 일정 시점에 로마 담당관(urban prefect)에게로 넘어가서, 그의 법정이 모든 원로원 의원들의 민사 소송과 로마 거주자들의 형사 소송을 담당했다. 그러나 그밖의 그의 기능들은 모두 친위대장(Praetorian prefect)의 대리인이 다루었다.

로마 원로원은 이제 로마 담당관으로 인해서 로마의 시의회에 그치게 되었다. 원로원은 더 이상 황제들의 지명을 재가하지 않았고, 그 자문 기능은 궁정의 최고위급 관리들로 구성된 황실 회의인 신성 자문회의(the Sacred Consistory)에게로 넘어갔다. 이제는 황제가 원로원에게 자신의 결정 사항을 고지하기만 하면 되었고, 그만한 정중한 행위에도 아첨에 가까운 감사를 받았다.

오랫동안 꾸준히 지속되어온 추세에 발맞추어 콘스탄티누스는 마침내 원로원 의원들과 기사 신분 사이의 구분을 폐지했다. 역량을 갖춘 관리들의 필요가 컸기 때문에 과거에 이쪽이나 저쪽 신분에 제한되었던 직위들이 이제는 두 신분 모두에게 개방되었다. 원로원 의원급 직위들에 임명되던 기사들이 원로원 의원들이 되었고, 원로원 의원 수는 2천5백 명 가량으로 불어났다. 그러나 묘하게도 이러한 변화는 원로원 자체의 기관으로서의 쇠퇴에도 불구하고 하나의 신분으로서 원로원 의원들의 신망은 증가시켰다. 이제 원로원 의원들은 제국 정부에서 최고 계층의 일부가 되었다. 이러한 현상은 대지주들인 원로원 의원들이 최고위직들을 독점하는 위치에 있던, 도시화가 덜 진행된 서방에서 특히 두드러졌다. 콘스탄티누스는 심지어 특히 중요한 직무를 수행해낸 원로원 의원들을 공적으로 예우하기 위해서 '귀족'(patrician)이라는 표현까지 되살렸다.

콘스탄티노플 건설 (324). 하드리아누스 때 이래로 로마 시와 이탈리아 반도는 제국 내에서 점차 과거의 지배적인 지위를 상실했다. 시민권, 특권들, 부와 정치 권력이 꾸준히 속주민들에게로 확대되어 가다가 결국에는 그들 사이에 무수한 군인들과 관료들과 원로원 계층이 형성되었고, 마침내 그들이 제위마저 차지하게 되었다. 로마 시는 312년에 콘스탄티누스에 의해 함락될 때 여실히 드러났던 것처럼 여전히 그 소유자에게 상징적으로 큰 가치를 지니고 있었다. 그럼에도 불구하고 콘스탄티누스는 항시 위협을 받고 있는 국경 지대들과의 관계를 감안할 때 로마가 더 이상 좋은 위치가 아님을 깨닫고서 일찌감치 그곳을 수도로 삼기를 포기하였다. (결국 서방에서는 로마 대신에 밀라노가 수도가 되었다.) 더욱이 누군가 내부에서 황제에게 도전하기 위해 로마의 상징적 권력을 차지하는 것을 막기 위해서 콘스탄티누스는 많은 찬탈자들의 산실이 되어온 친위대를 전격 해산했다.

디오클레티아누스처럼 콘스탄티누스도 제국이 하나의 수도를 갖기보다 동방과 서방 양쪽의 수도들에서 국방과 행정을 담당해야 한다고 인식했다. 아울러 그가 그리스도교로 개종하면서 깊이 뿌리박힌 옛 로마의 이교 전통들을 완전히 탈피한 새로운 로마가 그에게 훨씬 더 호소력이 있었다. 콘스탄티누스가 동방의 수도로 선정한 도시는 유서는 깊지만 당시에는 쇠퇴한 그리스 도시 비

잔티온으로서, 이 도시가 결국에는 그를 기리는 뜻에서 콘스탄티노플로 명칭
이 바뀌게 되었다.

이 선택은 천재성의 산물이었다. 지중해로 난 해협들을 통해서 흑해가 흐르
는 콘스탄티노플(이스탄불)에서는 유럽이 아시아를 만난다. 도시 한복판에는
근동과 소아시아를 발칸 반도와 서 유럽에 잇는 도로들이 관통했는데 그것은
제국의 큰 전선(戰線) 두 곳인 도나우 강 하류 지대와 유프라테스 강에 쉽게
접근할 수 있는 도로들이었다. 두 면으로는 바다에 의해서 셋째 면에서는 강
력한 육지의 요새들에 의해서 보호를 받는 갑(岬)에 자리잡은 콘스탄티노플은
난공불락의 위치를 점한 채 천년이 넘는 세월을 함락되지 않은 채 남았다. 이
도시에는 수심이 깊은 좋은 항구도 있었는데(훗날 황금뿔이라는 명칭이 붙
음), 해상 공격에 대비하여 항구의 입구를 신속하고도 쉽게 봉쇄할 수 있었다.
무역 활동에 이상적인 위치를 차지했던 이 도시는 동서와 남북을 잇는 세계의
교역을 장악했다. 북쪽에서 수입된 모피와 동양에서 수입된 양념들, 고급 포도
주들과 온갖 종류의 사치품들이 삶에 열정과 우아함을 더해주었다.

콘스탄티누스가 내다볼 수 있었던 군사적·전략적·상업적 가능성들 말고
도, 이 도시만큼 새로운 그리스도교 신학의 중심지로서 적합한 장소가 없었던
것으로 보인다. 그리스도교 교세가 주종을 이룬 콘스탄티노플은 거룩한 평화
(the Holy Peace), 거룩한 지혜(Hagia Sophia), 그리고 열두 사도의 교회 등
교회들의 첫 어머니가 되었다.

종교를 제외한 다른 모든 면에서, 콘스탄티누스는 새 수도를 로마의 복제
도시로 만들었다. 비록 로마 원로원은 디오클레티아누스와 콘스탄티누스의 재
위 때 사실상 군더더기 기관이 되었지만, 그럼에도 불구하고 유서깊고 영광스
러운 과거에 의해 존경을 받는 기관이었다. 그러므로 새로운 원로원 의사당이
새 도시에서 가장 요지에 건립되었으며, 콘스탄티누스는 원로원 회의들에 로
마의 가장 유력한 가문들의 수장들뿐 아니라 동방 속주들의 고관들도 소집했
다.

새 로마는 또한 여러가지 특권을 누리고 세금을 면제받는 포풀루스 로마누
스(Populus Romanus)와 무엇보다도 평민(plebs) 곧 로마에서처럼 무료 유
흥과 최상품인 이집트 밀로 구운 공짜 빵과 돼지고기와 베이컨과 기름과 심지

어 포도주까지도 공짜로 배급받던 사람들을 두어야 했다.

새 수도를 단장하기 위해서 콘스탄티누스는 옛 신전들과 성소들, 심지어 델피 신전까지도 철거하고 그곳에서 청동 제단(the Tripod)과 아폴로 신상을 치워버렸다. 자신이 몰수한 재산(금 6만 파운드 가량 된 것으로 추측됨)에 힘입어 콘스탄티노플에 웅장한 황궁과 거대한 경기장과 대학교와 공립 학교들과 도서관들과 웅장한 그리스도교 교회당들을 건축할 수 있었다.

콘스탄티누스 1세(대제)의 죽음 (337). 국내에서 일어난 비극이 안 그랬으면 영광스러웠을 재위에 흠집을 냈다. 326년에 콘스탄티누스는 군인으로서 전도양양했던 젊은 장남 크리스푸스(Crispus)를 그의 계모 파우스타(Fausta) 황후를 욕보였다는 날조된 죄목으로 처형했다(파우스타가 자신의 세 아들 콘스탄티누스 2세, 콘스탄티우스 2세, 콘스탄스의 유력한 경쟁자인 그를 제거하기 위해서 그 죄목을 날조한 듯하다). 같은 해에, 추측컨대 황제의 어머니 헬레네(Helen)가 파우스타가 노예와 간통을 저지른 일을 폭로한 뒤에, 황후 자신도 뜨거운 욕탕에서 데어 죽었다.

337년에 로마의 보호국인 아르메니아를 일방적으로 침공한 페르시아를 응징하기 위해 전열을 정비하는 동안 콘스탄티누스는 병석에 드러눕게 되었다. 죽음이 가차없이 다가오고 있다고 느낀 그는 아타나시우스에 맞서 아리우스를 열렬히 옹호했던 니코메디아의 주교 에우세비우스를 불러 자신의 세례를 집례하도록 했다. (당시에는 무흠한 상태로 죽기 위해서 세례를 나중으로 연기하는 일이 드물지 않았다.) 그리스도교 세례자를 뜻하는 흰색 도포를 입은 채 콘스탄티누스는 죽었다. 그의 묘는 열두 사도 교회와 연결된 황능(mausoleum)이었다.

콘스탄티누스의 재위가 가졌던 의의는 절대로 과소평가할 수가 없다. 디오클레티아누스의 군사·경제·행정 개혁의 큰 틀은 그대로 유지하면서 지엽적인 점들을 기술적으로 수정한 그는 로마 제국의 통일이 150년간 더 지속되도록 기틀을 다져놓았다. 그렇게 거칠고 경직되고 경제적으로 침체된 제국이 계속해서 보존될 가치가 있었는가 하는 의문이 제기될 수 있다. 그러나 위기의 한복판에 처해 있던 콘스탄티누스로서는 그런 호사스런 질문에 대답할 여유가 없었고, 불운에 처해있던 그의 대다수 인민들의 입장에서도 로마 자체가 없어진 세상보다는 그래도 구악들이 존재하는 세상이 더 나았다.

아울러 콘스탄티누스는 박해받던 소수 종파인 그리스도교를 받아들여 그 종교에 큰 자극을 주었다. 그 결과 그리스도교는 결국 로마 제국의 종교가 되었을 뿐 아니라 대부분의 현대 세계의 종교가 되었다. 그가 그리스도교에 끼친 영향은 단지 정치적인 것이 아니었다. 그가 취한 행동들은 가장 널리 받아들여지는 그리스도교의 신조와 그리스도교의 제도적 골격의 형성에도 큰 영향을 끼쳤다. 마지막으로, 자신의 그리스도교 제국을 위한 새 수도를 훌륭하게 선택함으로써 비잔틴 제국의 기틀을 놓았고, 그렇게 해서 세워진 비잔틴 제국은 천년간 더 존속하면서 유럽과 근동에 이루 말할 수 없이 큰 영향을 끼치게 된다.

35

콤모두스에서 콘스탄티누스에 이르는
시대의 생활과 문화(서기 180~337)

콤모두스에서 콘스탄티누스의 때까지 로마 제국의 경제·사회·문화 생활
은 급속하고 급진적이고 때로는 재앙에 가까운 변화로 얼룩져 있다. 경제는
장기 침체의 늪에 빠져들었다. 그 침체의 늪에서 간간이 회복된 때도 있었지
만 본격적으로 회복되지는 못했다. 로마 사회의 계층 구조는 국가가 생존을
위해 혼신의 힘을 기울이는 동안 훨씬 더 양극화했고 결국에는 고착화했다.
걱정과 불안이 모든 계층들에 흔적을 남겼고 당대의 문화 생활에 반영되었다.
사람들은 불안을 해소하기 위해 갈수록 종교와 마술과 미신으로 향했고, 사회
기강과 합리적 사고가 무너졌고, 세속 문학이 창의력을 잃었으며, 내세성과 때
로는 기교 쇠퇴가 미술과 건축에서 두드러졌다.

경제 생활.
마르쿠스 아우렐리우스 이후의 경제 생활에서 지배적인 요인은 인플레이션
이었다. 과학 기술이 정체된 상황에서 로마 제국의 경제적 잠재력은 이미 서
기 2세기 초에 절정에 도달했었다. 마르쿠스 아우렐리우스 이후에는 침공과
내전과 전염병이 생산과 교역을 방해했다. 황제들이 이런 위기들에 대처하려
고 하는 과정에서 군대와 관료제의 규모가 점차 커짐에 따라 재정과 인력의

수요도 그만큼 커졌고, 그로 인해 건강한 민간 경제가 유지되는 데 필요한 재정과 인력이 남아나지 않았으며, 상품들도 부족하게 되었다. 사회 불안이 상황을 더욱 악화시켰다. 묻혀 있다가 막대한 양이 발견된 3세기의 주화들이 입증하듯이, 사람들이 돈을 투자하는 대신에 저축하기 시작했기 때문이다. 그 결과 사업과 농업이 훨씬 더 위축되고 물건이 부족하여 물가와 용역비가 치솟고 화폐 가치는 더욱 떨어졌다. 예를 들어, 267~274년의 재앙에 가까운 기간에는 물가가 7백 퍼센트나 증가했다.

그로 인해 발생한 고통은 이루 말할 수 없이 컸다. 바로 그런 이유 때문에 군인들이 셉티미우스 세베루스와 후임 황제들에게 더 많은 급료와 기부금을 끈질기게 요구했던 것이다. 그들이 다른 사람들에 비해 더 탐욕스러웠던 것이 아니다. 그들은 정부에 압력을 가할 만한 유리한 위치에 있었을 뿐이고, 그렇지 못한 다른 사람들은 최선의 지혜를 짜내 스스로를 보호해야 했다. 대지주들은 정부의 징세관들을 돌려보낼 만한 세력이 있었다. 중간층은 자신들의 세금 중 일부를 가난한 사람들에게 떠넘기거나 관료 사회에 들어가 피난처를 얻을 수 있었다. 가난한 사람들은 대지주들의 하인이 되거나 로마와 형편이 나은 다른 도시들에 가서 정부의 구제를 받거나 무법자와 유랑민이 되거나 국경선 너머로 도주하는 방법에 의존할 수 있었다. 물론 이런 방법들은 하나같이 경제를 악화시켰다.

황제들이 이런 상황을 개선하기 위해 취한 조치들도 별다른 도움이 되지 않았다. 알렉산데르 세베루스 때부터 국가는 보조금과 고정 물가를 결합시켜 생산자들을 통제한 공식 상업 조합(collegia)을 통해 필수품 생산자들과 용역 제공자들을 갈수록 더 확고히 장악했다. 결국 디오클레티아누스는 제국의 모든 상품과 용역의 가격을 고정시키려고 시도했다. 그러나 보조금을 지불하려면 그에 필요한 더 많은 세금을 거둬야 했고, 물가가 고정되면 생산자가 인플레이션이 가파른 시기에 살아남을 만큼의 이익을 거둘 수 없었다. 그러므로 디오클레티아누스가 곧 파악하게 된 것처럼 생산자들은 생산 활동을 중단하거나 암시장으로 발길을 돌렸다. 사람들에게 생산을 강요하려는 시도도 역효과만 냈다. 생산을 강요 받으면 너나할 것 없이 기회만 오면 직업을 포기하고 도주했기 때문이다.

국가가 화폐 가치를 안정시키려고 시도하는 과정에서 겪은 큰 어려움의 하나는 귀금속 주화의 수요를 충족시킬 만큼 충분하지 못하다는 점이었다. 그러므로 지속적인 화폐 개혁을 단행하기가 어려웠다. 아우렐리아누스와 디오클레티아누스 모두 처절하게 실패하고 말았다. 콘스탄티누스도 부분적인 성공을 거두었을 뿐이다. 그는 자신의 새 솔리두스(solidus)를 로마 파운드(11파운드) 대비 60대신 72로 제작하고 사장된 금을 끌어내기 위한 방책들을 사용하여 가까스로 금화 체계를 안정시켰다. 고액 납세자들에게 일부 금액을 금으로 납부하도록 의무화하고, 제국 사유지의 지대를 금으로 내도록 하고, 정적 리키니우스가 강압적으로 끌어모아 비축한 금을 몰수하고, 결국 여러 이교 신전들의 보고(寶庫)를 몰수했다.

그러나 콘스탄티누스가 발행한 은화는 그다지 많지 않았으며, 구리나 은동(은을 약간 섞은 구리) 주화들은 실패로 그쳤다. 예를 들어 334년에 금 대비 구리 데나리우스의 비율은 파운드 대비 300,000 혹은 솔리두스 대비 4250내지 4500이었다. 337년 콘스탄티누스가 죽을 때 그 비율은 파운드 대비 2천만 혹은 솔리두스 대비 275,000이었다. 357년경에는 무려 파운드 대비 330,000,000이나 되었다! 가난한 사람들이 콘스탄티누스의 금화 안정 조치로부터 아무런 혜택도 받지 못했고 인플레이션으로 계속해서 고통을 당했다는 것은 명약관화한 사실이다.

화폐 경제의 쇠퇴. 3세기의 화폐 체계의 혼란이 화폐 경제를 거의 궤멸시켰다. 이런 상황이 원수정의 최고 업적 가운데 하나였던 공적·사적인 부양과 교육 신탁 기금을 말려버렸고 많은 경우에 교역을 물물교환 차원으로 전락시켰다. 이 사실이 물품 지급을 기초로 삼은 디오클레티아누스의 조세 체계에서 뚜렷이 나타난다. 디오클레티아누스의 화폐 개혁은 화폐 경제를 부활시키는 데 목적이 있었고, 이러한 그의 기대가 최고가격령에 나타난다. 콘스탄티누스의 금화 안정화 조치는 대규모 거래에서 화폐의 사용을 부활시켰고 현물 납부 방식의 일부 세금을 솔리두스 납부 방식으로 전환하는 데 성공했지만, 대다수 사람들에게는 물물교환과 현물 납부가 여전히 유일한 교환 수단이었다.

해외 무역의 쇠퇴. 로마 자체의 곤경들과 국경선 바깥 지역의 혼란이 해외 무역에 장애를 놓았다. 2세기 말에 중국 제국이 와해되고 적대적인 사산 페르시아 제국이 등장함으로써 3세기에는 극동을 잇는 육상 교역로가 두절되었다. 인도양을 가로지르는 해상 교역로는 3세기 초에 두절된 듯하다. 물론 그 지역에서의 무역은 4세기에 들어서는 본토 중간 상인들을 통해서 재개되었지만 말이다. 그런 교역이 재개되었다는 사실은 제국 내의 일부 사람들에게 부가 여전히 편중되었다는 점과 사치품의 수요가 여전했다는 점을 입증한다.

농업의 쇠퇴. 3세기 중반부터 로마 제국의 많은 지역에서 농업이 돌이킬 수 없을 정도로 사양길에 접어들었다. 침략과 내전과 인플레이션과 과다한 세금이 맞물려 많은 농민들이 파산으로 내몰렸다. 예외도 있었다. 북아프리카는 150년간 이렇다 할 중대한 침략을 받지 않았고 제국이 보조금을 제공하는 로마 시장이라는 확실한 곡물과 기름의 판로가 있었다. 섬 나라인 브리타니아도 특히 콘스탄티우스와 콘스탄티누스 같은 강력한 총독들의 보호로 비교적 외침에서 자유로웠고, 그곳에서 생산된 곡물도 라인 강 주둔군이라는 정부가 보조하는 시장을 갖고 있었다. 일부 지역들은 대규모 군대 주둔지들에 의해 보호를 받았기 때문에 계속해서 번영했다. 예를 들어 최상급 포도주를 생산하던 모젤 강 계곡은 황제의 저택인 아우구스타 트레베로룸(트레브, 트리어)과 라인 강의 모군티아쿰(마인츠) 수비대에 의해 보호를 받았다.

이집트는 지리적으로 외침을 받기 어려운 곳에 자리잡고 있었던 데다가 황제들에게 각별한 관심을 받았다. 이집트도 3세기의 혼란으로 농업의 쇠퇴를 겪었지만, 4세기에는 되살아났다. 새 도시에 공급할 곡물이 필요했던 디오클레티아누스와 콘스탄티누스의 노력으로 질서가 회복되고 관개 체제가 수리되었으며 농업 생산이 다시 늘어났다. 그러나 다른 지역들, 특히 라인 강과 도나우 강 유역의 속주들은 국가가 나서서 농민들을 토지에 묶어두고 포로로 잡은 적군들을 재정착시키려고 노력했는데도 불구하고 농민들이 미련없이 버리고 떠난 예에 속한다.

대 사유지의 증가. 농업이 여전히 성행한 지역들은 예외없이 요새화한 대저택에 사는 대지주들의 사유지가 되는 경향을 띠었다. 서기 처음 두 세기 동안의 번영기에 라티푼디아의 확산이 중단되었고, 모든 곳에서 자영농의 농지나 중간 규모의 사유지가 두드러졌다. 그러나 3세기에 닥친 불황으로 라티푼디아는 다시 한 번 급속히 증가했다. 당시의 상황에서 다른 사람들이 포기한 농지를 매입하거나 인수할 재력을 가진 사람들은 세습 원로원 귀족들이나 유력한 정부 관리들뿐이었다. 허다한 경우 소규모 자영농들은 이웃의 대지주에게 농지를 넘기고 **콜로니**(소작농)로서 지대를 바치는 대가로 든든한 사회적 인맥과 요새화한 대저택을 소유한 그 유력한 지주의 보호를 받았으며, 이렇게 해서 형성된 가신(家臣)들은 세금 징수원들과 군대 모집인들과 화적들과 야만족 침입자들을 막아주는 방패 역할을 했다.

중세의 장원처럼 이 대저택 사유지들도 대부분 자급자족을 했다. 지역민들이 소비하는 거의 대부분의 물품도 자체 생산되었다. 소작농들은 현물로 지대를 냈고, 지주들은 그것에서 식량과 옷감을 조달했으며, 대저택에 기거하는 장인들이 일상 생활에 필요한 거의 모든 물품을 생산해 제공했다. 지주가 쓸 철과 사치품 같은 전문화한 물품들만 외부에서 구입해야 했다.

제국 내의 제조업과 상업의 붕괴. 이런 상황에서 제국 내에서 과거와 같은 대규모의 제조업과 상업이 존재할 수 없게 되었다는 것은 자명한 일이다. 인플레이션으로 대다수 사람들의 구매력이 붕괴되면서 농업은 자급자족 수준으로 전락했고, 국경 지대의 정세 불안으로 교역로들이 단절되었고, 세금이나 강제 징발로 이익이 사라졌으며, 개인 사업과 교역은 심각한 타격을 입었다. 2세기에 서방 속주들에서 융성했던 대규모 유리, 도자기, 금속류, 의류 공장들이 크게 위축되었다. 군대에 무기와 의복을 꾸준히 공급하기 위해서 황제들은 국영 병기 공장들과 의류 공장들을 세우지 않을 수 없었고, 그로 인해 자연히 개인 기업가들은 더욱 기회를 잃었다.

사회 생활.

도시의 쇠퇴. 제국의 도시들은 주변 농촌과 부재 지주의 사유지에 거주하는 농부들의 왕성한 생산 활동에 의존해서 살았다. 그러므로 특히 서방에서는 그들 중 많은 사람들이 3세기부터 시작된 경기 침체로 상당한 타격을 입었다. 고고학적으로 이러한 동향은 3~4세기의 도시 성곽들이 과거 그 도시들의 터 가운데 1/4 남짓한 부분만 둘렀던 사실에서 잘 나타난다. 좁아진 성곽 안에는 주로 정부 관리들과 그들의 참모들, 그리고 그들에게 생필품을 공급하던 소수 의 개인들이 거주했다.

로마, 콘스탄티노플, 아우구스타 트레베로룸, 메디올라눔(밀라노) 혹은 안티 오크 같은 몇몇 도시들은 특별한 상황 덕택에 번영을 누렸다. 로마와 콘스탄 티노플이 발전한 이유는 황제들이 공화정 시대로 거슬러 올라가는 저 유명한 후원 전통에 따라 빵과 고기와 포도주와 올리브유를 배급하여 시민들을 직접 보조했기 때문이다. 아우구스타 트레베로룸과 메디올라눔이 대규모 중심지로 살아남은 이유는 황제의 거주지이자 큰 군사 기지였기 때문이다. 상업 활동이 여전히 왕성하게 이루어지고 있던 안티오크조차 만약 시리아의 행정 중심지 이자 제국 조폐국과 병기 공장의 소재지가 아니었다면 그런 대도시로 남을 수 없었을 것이다.

지방의회 의원 계층의 몰락. 사업과 상업이 쇠퇴하고 도시들이 위축되면서 지 방의회의 의원 계층(curiales)이 몰락했다. 그들은 지방 도시들이나 읍들의 쿠 리아이(자치체의 원로원이나 의회)를 구성한 상인들과 사업가들과 중간 규모 의 지주들이었다. 황제들이 추진한 재정과 행정 정책들은 그들의 곤경을 더욱 악화시켰다. 자치체의 정무관들과 의원들이었던 쿠리알리스들(curiales)은 과 거에 자기들의 도시와 읍을 미화하는 데는 사재를 털었지만 토목 공사, 목욕 탕 건축, 공공 유흥 그리고 빈민 구제 사업에는 자치체의 기금을 사용했다. 이 들은 아울러 제국의 세금 징수 업무를 맡았고 자신들의 영역을 통과하는 부대 들에게 식량과 숙소를 제공했으며 제국의 역참(驛站)에 말을 제공했다. 이들 은 자체 경비로 국가를 위해 이런 기능들 중 상당 부분을 수행했다. 실제로 황제 마요리아누스(Majorian, 457~461)는 이들을 가리켜 국가의 신경 조직 이자 중요 기관들이라 했던 바, 이러한 표현은 2~3세기에 그들이 수행한 역 할을 좀더 잘 설명해 준다. 그러나 4세기에 이르러 이들은 국가를 위해서 봉 사하는 것은 차치하더라도 스스로 생존할 힘조차 이미 잃어버렸다.

　이들은 매년이 아닐지라도 5년마다 고정된 액수의 세금을 화폐나 현물로 내야 했다. 그밖에도 그들은 노동이나 현물로 낼 수 있었던 특별 비상세를 내야 했다. 디오클레티아누스는 자치체의 의원들에게 각자의 영역에 대한 세금 징수 업무를 부과함으로써 그들을 파산과 몰락의 궁지로 내몰았다. 그들은 연체금과 미달액을 자기들의 호주머니에서 메꿔야했던 것이다. 세력이 막강한 원로원의 지주들에게 세금을 강요할 힘이 없었던 그들은 그들에게 돌아갈 부담을 보다 가난하고 힘 없는 계층에게 떠넘겨야 했고, 그러다보니 그들에게 압제자와 독재자로 비치게 되었다. 이렇게 부담이 막중해지다보니 그들은 군인이나 대 사유지의 소작농이나 나중에는 사제 혹은 수사가 됨으로써 그 부담에서 벗어나려고 했다.

　그들이 도피를 시도하자 정부가 강력한 규제의 손길을 뻗쳐 그들을 협회나 회사나 조합 같은 다양한 단체들에 가입하도록 의무화함으로써 본래의 직업에 묶어두었다. 314년에 콘스탄티누스는 선주(船主)들을 대상으로 선주 회사에 가입하는 것을 강제적이고 세습적인 의무로 만들었다. 훗날 그는 제분업자, 제빵업자, 정육업자, 제화업자, 목수, 벽돌공 같은 주요 분야의 노동자들과 기술자들에게 평생 그 직업을 유지하게 하고 아들들에게도 같은 직업을 훈련시키는 것을 의무화했다. 후대 로마 제국 후기의 회사들이 비잔틴과 아마 일부 이슬람권의 길드들의 기원이 되었지만, 중세 이탈리아, 프랑스, 히스파니아의 길드들에게도 그러했는지는 여전히 큰 쟁점으로 남아 있다.

　도시 빈민. 도시 빈민들이 그나마 구제를 받아 연명한 곳은 로마와 콘스탄티노플 같이 생활 형편이 나은 소수의 도시들뿐이었다. 그 도시들에서는 빈민들이 분에 넘치게 후한 식량과 유흥을 대접 받았다. 그런 대접을 뒷받침하기 위해서 지방의 세입에 의존해야 했던 대다수 도시들에서는 대다수 빈민들이 더 이상 식량과 유흥을 대접받을 수 없었다. 생활은 곤궁해졌고 범죄와 매춘과 어린이 매매와 군 입대와 농촌 및 국경 바깥 지대로의 도주만이 몇 안 되는 대안으로 남았다.

　상류층의 대저택 사회. 상류층은 기본적으로 두 유형의 사람들로 이루어졌다.

주로 막대한 토지 재산을 상속한 사람들과 군대와 관료 사회에서 고위직에 오르면서 권력 행사를 통해 치부한 사람들이 그들이었다. 후자는 벌어들인 돈을 토지에 투자했고, 은퇴할 때 재산을 상속한 사람들을 모방하여 경기가 좋지 않은 도시를 떠나 시골에 요새화한 대저택을 짓고 그곳에서 자급자족 생활을 했다. 황제 디오클레티아누스조차 달마티아 해안의 살로나이(스팔라토, 스플리트)에 거대한 요새 저택으로 은퇴했다. 그들은 막대한 재산 덕분에 여전히 외국과 국내 교역으로 들어오던 사치품들을 쓰고 살았고 과거 몇 세기의 문화적 전통을 다소 이어갔다. 그러나 세월이 갈수록 그들의 활동은 중세에 그들의 지위에 해당하는 사람들이 그랬듯이 자기 영토 방어와 사냥과 승마 같은 전원 생활에 몰두했다.

소작농의 농노화. 서기 3세기와 그뒤 몇 세기 동안 라티푼디아의 노동 가운데 노예들이 차지하는 비중이 그다지 크지 않았다. 가족 노예들이 여전히 흔했지만 값싼 비숙련 노동력은 공급이 끊겼다. 황제들은 전쟁 포로들을 로마 군대에 입대시키거나 버려진 땅에 정착시키는 편을 택했다. 그러므로 대 사유지의 농업 노동력은 대부분 다수의 **콜로니** 곧 자유 소작농들에 의해 제공되었다. 그러나 322년에 콘스탄티누스는 중요한 농업 노동력을 꾸준히 공급하기 위해서 법률로써 그들을 영구히 토지에 묶어 둠으로써 그들의 자유를 제한했다. 그로써 그는 저 유명한 **콜로나투스** 곧 항구적이고 세습적인 **콜로누스** 즉 예농의 신분을 만들어냈다. 아울러 그는 지주들에게 정부에 바칠 세금을 소작농들에게서 거두고, 소작농의 아들들을 군대에 입대시키고, 그들에 대해서 경찰과 판사의 기능을 수행할 수 있는 권한을 부여했다.

계층화와 조직화의 증대. 법의 구속을 받는 콜로누스의 등장은 사회의 모든 측면에 계층화와 조직화가 증대했음을 뜻했다. 로마 사회는 언제나 사회적 지위를 크게 중시했지만, 제정 후기에는 공식적인 칭호들이 엄격히 규정된 계서제 안에서 확산되었다. 궁정의 고위 관리들이 포함된 원로원 신분의 구성원들은 **클라리시미**(clarissimi. 단수, clarissimus) 곧 가장 탁월한 사람들(most excellent)이라 불렸다. 친위대장 같은 기사 신분 가운데 최고위 관리들은 에

멘티시미(ementissimi. 단수, ementissimus) 곧 가장 저명한 사람들(most outstanding)이라 불렸다. 기사 신분의 다음 단계인 관구장(vicarius), 공(公), 총독 같은 사람들은 페르펙티시미(perfectissimi) 곧 가장 완전한 사람들 (most accomplished)이라 불렸다. 이 계층 중에서 황제가 표창할 만한 특별한 직무를 수행하는 개인들을 가리켜 코미테스(comites. 단수, comes) 곧 주백 (count)이라 했으며, 이들조차 첫째와 둘째와 셋째 계급(ordinis primi, secundi, tertii)으로 등급이 매겨졌다. 하층민들은 후밀리오레스(humiliores. 단수, humilior) 곧 좀더 낮은 자, 좀더 비천한 자라 불렸다.

공화정과 초기 원수정 때의 법 정신과 정반대로 디오클레티아누스와 콘스탄티누스는 하류층과 상류층 사람들이 범한 동일 범죄에 대해서 형벌의 수위를 달리하는 셉티미우스 세베루스의 관행을 지속했다. 그는 모든 이들에게 좀더 가혹한 형벌을 부과함으로써 법 준수를 유도했지만, 특정 지역들에서는 여전히 의지할 데 없는 자들을 보호하려는 시도가 이루어졌다. 디오클레티아누스는 어린이를 팔아넘긴 부모에게 법의 보호를 박탈함으로써 그 행위에 쐐기를 박으려고 했고, 콘스탄티누스는 노예들에게 십자가형을 가하고 얼굴에 낙인을 찍는 관행을 금했다. 그는 아울러 파테르파밀리아스(가부장)의 형벌권을 제한했고 감옥 개혁을 시도했다.

종교, 마술, 미신.

갈수록 혼돈스럽고 냉혹해져 가는 세계에서 현실의 고통을 속수무책으로 당해야만 했던 지역의 사람들이 갈수록 종교와 비교(秘敎)에서 위안을 찾으려고 했다는 것은 조금도 이상한 일이 아니다. 농촌에서는 사람들에게 친숙한 자연의 신들이 수세기 동안 농민들 사이에서 그랬듯이 극진한 숭배를 받았다. 이 사실은 파가누스(paganus. 시골의)라는 단어에서 유래하고 그리스도교가 도시들에서 교세를 장악한 뒤에 불신자들에게 적용한 이교도(pagan)라는 단어로 입증된다. 그러나 3세기에 도시들과 군대들에서는 다양한 신비 종교들, 그중에서도 특히 악의 세력과 밀접한 관계를 가진 주제들과 그들을 극복하는 비결을 다룬 종교들이 옛 그리스-로마의 올림포스 신들보다 더 큰 인기를 끌었다. 초자연적 능력을 소유했다고 떠벌인 마술사들과 사기꾼들에게도 신도들이 많이 따랐다.

종교와 국가. 세베루스 가 황제들과 디오클레티아누스 사이의 황제들이 보통 사람들처럼 죽고 오류를 범한다는 지극히 명백한 사실로 인해서 황제 숭배의 진지성이 떨어졌고, 그들 중 아무도 죽은 뒤에 신격화되지 못했다. 그러므로 황제들은 저마다 국가를 보호할 만한 신에 대해 개인적인 호감을 표시함으로써 국가에 대한 종교의 지지를 얻어내려고 노력했다. 그리스도교인들에 대해 최초로 전면적인 박해를 가한 데키우스(250)는 로마의 전성기 때 그 공로가 돌려진 전통적인 신인동형적 올림포스 신들의 호의를 다시 얻어보고자 시도했다. 그는 옛 기관 사제들과 종교 행사들이 보존했다고 추정해온, 로마인들이 **팍스 데오룸**(pax deorum, 신들의 평화)이라 부른 것을 회복하고 싶어했다.

로마 원로원의 많은 전통주의자들은 이런 조치를 환영하고 적극 참여했으며, 로마의 이교도 원로원 의원들은 적어도 또 다른 150년 동안 전통적 국가 종교의 보루로 남았다. 디오클레티아누스는 요비우스라는 이름을 취하고 유피테르와 헤라클레스와 각별한 사이임을 상징하기 위해서 막시미아누스에게 헤르쿨리우스라는 이름을 부여함으로써 같은 노선을 걸었다. 아울러 그와 갈레리우스는 그리스도교뿐 아니라 신흥 종교인 마니교도 탄압했다.

다른 황제들은 좀더 혁신적인 노선을 걸었다. 갈리에누스는 우주를 다스리는 신적 존재에 관한 지식을 얻게 해준다는 플로티노스의 신플라톤주의적 신비주의에 깊은 관심이 있었다. 아우렐리아누스는 제국을 한 군주 치하에 통일하는 방편으로 혼합주의적이고 거의 유일신교에 가까운 솔 인빅투스 곧 정복되지 않는 태양 신 숭배를 장려했다. 솔 인빅투스 숭배는 콘스탄티누스의 아버지가 선호했던 종교이기도 했으며, 콘스탄티누스 자신도 그리스도교로 개종하기 전에 충성을 맹세했던 종교였다(그리스도교도 그 종교의 상징적 의미를 일부 공유했다).

이시스교와 미트라교. 이시스 비교는 서기 1세기와 2세기에 그랬던 것처럼 계속해서 세력을 얻지 못했다. 이 비교는 부분적으로는 동방의 신비주의 종교, 마술, 상징주의의 전반적인 혼합체에 잠식되었고, 부분적으로는 세상에서의 악의 문제를 주된 관심사로 삼은 종교적 구도자들에게 만족을 주지 못했다. 그러나 그런 유의 많은 사람들은 미트라교로부터 계속해서 감화를 받았다. 미트라교에서는 빛과 생명(아후라 마즈다) 진영의 구세주 미트라스(Mithras)가 조로아스터교의 흑암과 죽음의 세력(아흐리만)에 맞서 싸웠다. 이 두 세력은 선과 악이라는 표현으로 쉽게 해석할 수 있었다. 미트라교는 세베루스 가 황제들이 선호했고, 3~4세기의 무수한 성소들이 제국 전역의 도시들과 군 주둔지들에서 발견된다.

마니교 3세기 후반과 그뒤 200년 동안 가장 교세가 강했던 종교의 하나는 마니(Mani)라고 하는 페르시아의 예언자가 창시한 마니교였다. 마니는 사산조 페르시아 왕 샤푸르(Shapur. Sapor) 1세의 친구로서 242년에 그의 지원을 받아 포교를 시작했다. 그러나 30년 남짓 뒤에 그는 보수적인 종교적 반동에 영향을 받은 샤푸르의 손자 바라네스(Varanes. Vahram, Varahan, Bahram) 1세에게 처형되었다.

예수가 궁극적 구원의 실행자로서 중심적 역할을 수행하기 때문에, 마니교는 그리스도교의 이단적 곁가지로 분류할 수 있다. 마니교는 그리스도교의 영지주의적 이단들과도 비슷한 점들이 많았고 비슷한 지적 분위기에서 자랐다. 이 분위기는 저 멀리 동쪽 인도까지 뻗어있던 헬레니즘 제국들의 방대한 영토를 배경으로 그리스 철학, 페르시아 조로아스터교, 바빌로니아 점성술, 그리고 다양한 동방의 비교들이 서로 영향을 끼치며 존재하던 헬레니즘 시대의 산물이었다. 마니는 심지어 인도도 여행을 했고, 부처를 조로아스터와 그리스도와 나란히 예언자들의 반열에 넣었다.

마니교 신앙의 근본적인 출발점에서는 조로아스터교의 요소, 즉 두 가지 대원칙 혹은 뿌리인 빛과 어둠의 존재가 완연히 나타난다. 이 둘은 정반대에 자리잡은 두 개의 영원하고 물리적인 영역들이다. 빛의 영역에는 질서잡히고 평화롭고 지적이고 선명한 모든 것이 들어있고, 어둠의 영역에는 무질서하고 소란스럽고 우둔하고 탁한 모든 것이 들어있다. 마니에 따르면, 과거의 어떤 시점에 어둠이 빛을 침공했고 그것이 악의 기원이라고 한다. 그로 인해 벌어진 투쟁에서 빛의 영역의 일부를 삼킨 어둠의 세력의 신체들로부터 이 세상이 창조되었다. 그러므로 이 세상과 그 안에 있는 모든 것은 빛의 입자들과 어둠의 재료의 혼합물이다.

아담에게 이 비참한 상태를 알려주고 그에게 자신 안에 있는 신적인 실재 곧 빛의 입자들을 육체라는 감옥에서 점차 해방시키고 원래의 완전한 상태를 회복하기 위해 어둠으로부터 빛을 추출해내는 과정에 참여하는 방법을 지적해 준 이가 예수였다. 불행하게도 어둠의 대리인들이 아담을 유혹하여 제 임무를 수행하지 못하게 만들기 위해서 하와를 창조했고, 그들의 자녀들을 통해서 빛의 입자들이 훨씬 더 멀리 흩어졌다. 그러나 예수가 달과 해를 사용하여 죽은 자들로부터 영혼들을 추출해내고 완전한 인간을 재건하는 장치를 수립했다. 결국 마니는 세상이 예수의 재림과 함께 끝날 것이고 대화재가 1468년 간 세상에 남은 것들을 정련할 것이며 그뒤에 마침내 천상의 모든 물질이 제거되고 빛의 영역이 완전히 회복된다고 주장했다.

조로아스터교의 이원론과 그리스도교의 구원이 혼합된 이 이론은 정통 그리스도교에게 강력한 경쟁자였다. 심지어 4세기 말에 성 아우구스티누스(St. Augustine)조차 참 그리스도교인이 되기 전에는 마니교 신봉자였다. 그러나 마니교가 정통 그리스도교와 경쟁하면서 드러낸 중요한 취약점은 개인 구원의 부재였다. 마니교에서는 구원의 초점이 육체적 인간 안에 갇힌 입자들이 가라앉아 있는 빛의 영역을 재건하는 데 있었다. 그 안에는 그리스도교가 약속하고 많은 사람들에게 매력을 느끼게 한 개인의 생존이 없었다. 아울러 마니교 신자들은 로마 황제를 개종시키는 유리한 상황을 누리지 못했고 페르시아 황제들의 지지를 상실했다.

유대교와 그리스도교. 유대교는 제국 전역에 퍼져 살던 유대인들이 중심이 되어 교세를 유지했지만, 하드리아누스가 유대교로의 개종 활동을 금지함으로써 선교의 추진력이 꺾였고 그로써 개종 사례가 드물었다. 그런 제약 속에서 유대교는 보호 받는 종교로 남았다. 그러므로 유대인들에 대한 국가의 공적인 박해가 없었다. 다만 그리스의 도시 생활 전통과 상반되게 특별한 신분과 완전한 시민권을 요구한 대규모 유대인 공동체들을 두었던 알렉산드리아 같은 그리스 도시들에서는 유대인들에 대한 국지적인 폭행 사건들이 발생했다.

그리스도교는 유대교의 기원과 완전히 구분되는 정체성을 내세웠기 때문에 그리스도교인들이 국가의 신들에 대한 숭배를 거부할 때도 특별한 보호를 요구할 권한을 상실했고, 3세기에 들어서는 황제들이 종교적 방법으로 제국의 통일을 추구하는 과정에서 국가의 공식적 박해를 받았다. 그러나 그리스도교는 박해를 받는 과정에서 조직이 강화되고 순교자들을 통해서 신망을 얻는 등 유익을 얻었다. 더욱이 성경의 신약 정경과 교회의 주요 신학 교리들이 확정된 것도 바로 이 기간이었다. 이 기간은 니케아 공의회(325)에서 공식적 정통 신앙의 확립으로 귀결된 대격동의 시기였다.

초기 교회 사상가들 사이에서는 도나투스파 분쟁(참조. 848쪽)과 아리우스파 이단(참조. pp. 849쪽) 말고도 무수한 논쟁 자료들이 있었다. 이 격동에서 큰 세력을 발휘한 것은 그리스 철학의 영향과 이교의 비교(秘教)들로서, 이것들이 그리스도교가 발전하고 있던 세계에 스며들어 거기서 개종자들을 얻어가고 있었다. 이 영향을 가장 공통적으로 드러낸 것이 바로 다양한 영지주의(gnostic) 이단들의 확산이었다. 많은 그리스 철학자들과 이교들의 정교한 우주론들과 이원론이 병존한 영지주의는 신적 불멸의 영혼이 악한 필멸의 육체에 갇혀 있다고 보았다. 영지주의자들은 그리스도가 이런 일들에 관한 지식(gnosis)을 가져온 것이라고 믿었다. 영지주의자들은 이 지식을 진리로 받을 경우 영혼이 그 필멸의 감옥에서 해방되고 그것이 원래 속했던 순결한 천상의 영역으로 돌아가게 할 수 있다고 믿었다.

그러나 그리스도교로 하여금 단지 또 하나의 헬레니즘화한 동방 비교의 하나가 되지 않도록 막은 것은 첫째, 유대인들의 성경을 유대인들과는 사뭇 다른 정신을 가지고 예수를 메시야로 믿는 근거와 증거로 받아들였다는 사실이다. 둘째는 그 독특한 조직의 틀이 사도적 계승 사상에 기초를 두었고, 그것이 구약성경과 초기 그리스도교 저작들 — 주로 이방적 배경보다 유대교적 배경이 훨씬 강한 사람들이 집필했고, 3세기에 신약성경으로 정경화한 — 과 근본적으로 다른 신앙과 행위가 확산되지 못하도록 막을 수 있었다. 이 체제는 이미 180~190년에 리용의 주교 이레나이우스(Irenaeus)의 저서들, 특히 그의 「다섯 권의 이단 논박서」(*Five Books against Heresies*)와 「사도적 설교의 논증」(*Demonstration of Apostolic Preaching*)에 그 굵직굵직한 내용들이 드러난 듯하다.

200년경 서방의 교회는 이미 그 친숙한 형태로 성숙해 있었다. 소아시아 출신 그리스인이었던 이레나이우스는 서방에서 그리스어를 사용한 마지막 그리스도교 대 저자였다. 그뒤로는 라틴어가 신학과 일상의 용도 면에서 서방 교회의 표준어가 되었다. 일요일 예배의 형태와 순서 그리고 성찬 의식이 그 표준적인 골격을 갖추었다. 이 무렵에는 로마의 주교가 다른 주교들과 교회들에 대해 수위권을 갖고 있다고 공인되었고, 심지어 서방에서 두번째로 큰 주교좌이자 테르툴리아누스와 키프리아누스가 설립한 중요한 사상 학파의 고향인 카르타고의 주교에게조차 존경을 받았다(그러나 테르툴리아누스 자신은 결국 몬타누스파 이단의 지지자가 되었다).

3세기 중반에는 배교했다가 교회로 돌아오기를 원하는 사람들을 처리하는 문제와 이단 성직자가 집례한 세례의 유효성 문제로 로마와 카르타고 사이에 분쟁들이 발생했다. 로마 주교들은 대체로 두 경우 모두에 대해서 너그러운 경향을 띠었고, 키프리아누스가 이끈 카르타고인들은 로마의 사제 노바티아누스(Novatian)의 좀더 엄격한 견해를 지지했다. 그러나 외부로부터의 박해 위협이 심각한 균열을 막았다. 물론 결국 그 쟁점이 도나투스파 분쟁으로 터졌지만, 카르타고 주교들은 대체로 로마 편에 충실히 남았다. 로마는 아울러 그리스도의 죽음을 유대교의 유월절에 지키는 동방의 관습을 배격하고 부활절 일요일을 준수하는 관행을 확립했다. 그리스의 철학적 사색 노선에 따른 로고스와 성부 하느님의 관계에 관한 복잡한 이론들도 배격했다. 결국 이 문제는 로마와 알렉산드리아 사이에 큰 불화를 일으키게 되지만, 3세기에는 심지어 알렉산드리아조차 로마를 따랐고 로마의 신약성경을 정경으로 받아들였다.

그러나 전반적으로 3세기에는 동방 교회의 상태가 서방 교회의 상태보다 훨씬 더 유동적이었다. 이집트는 영지주의 이단들로 가득했고, 로마와 알렉산드리아 사이의 긴밀한 관계가 그들을 통제하기 위한 노력의 일부였다. 그럼에도 불구하고 그리스어권이었던 알렉산드리아는 라틴어권 서방보다 그리스 철학 사상의 영향에 훨씬 더 많이 열려 있었다. 2세기 말경에는 유명한 알렉산드리아 교리문답 학교가 비중있는 그리스도교 대학교가 되어가고 있었다. 180~200년에 클레멘스(Clement)가 이 학교의 교장이었다. 원래 아테네 출신

이교도였던 그는 플라톤적 경향을 이 학교가 해석한 그리스도교 신학에 접목시키는 데 크게 이바지했다. 그의 노선을 이어받은 사람이 오리게네스(Origen)로서, 그는 논리학과 변증학과 자연과학과 기하학과 천문학을 정규 교과과정으로 삼았다. 이런 훈련에 힘입어 알렉산드리아 교부들은 그리스 철학을 가지고 이교의 비판자들을 논박했고 그리스도교 사상에 좀더 큰 틀을 제공했으며, 그들의 이러한 노력에 힘입어 그리스도교는 제국의 이교 지식인 엘리트들에게 큰 신망을 얻었다.

그러나 오리게네스로 하여금 이 세상이 악으로부터 말미암았고 타락 전에는 완전한 창조물이 아니었으며 삼위일체는 한 분이 아니라 세 분의 개별적 실체들이라는 이단적 견해를 발전시키게 만든 것은 다름 아닌 플라톤 사상의 영향이었다. 그러므로 그는 오히려 특정 영지주의 사상들을 조장했고, 콘스탄티누스 때 아리우스파 이단이 등장할 수 있는 무대를 마련했다.

오리게네스의 학생들과 사상은 시리아와 팔레스타인에서 대단히 큰 영향력을 행사했는데, 그 지역들에서도 삼위일체에 관한 사색이 논쟁을 일으켰다. 그 중 가장 두드러진 것은 260년대에 안티오크의 주교가 되어 시리아에서 활동한 사모사타의 파울루스(Paul)가 개입한 논쟁이었다. 그는 로고스를 성부와 한 분으로 보고 성자를 전적인 인간으로 보았다. 오리게네스파 주교들은 그의 견해를 이단설로 단죄했는데, 그 주된 근거는 그가 로고스를 성부와 동일 본질을 가진 분으로 보았다는 것이었다. 이렇게 해서 그들은 콘스탄티누스 때 동방 교회를 분열시킨 논쟁을 위해 훨씬 더 많은 탄약을 공급했다.

로마 속주 시리아의 동편, 그러니까 메소포티미아의 로마 속국들과 국경 지대들에는 서기 170년경에 순교자 유스티누스의 제자 타티아누스(Tatian)에 의해 시리아어권 교회가 설립되었다. 그가 펴낸 「디아테사론」(*Diatessaron*. '하나로 엮은 넷')으로 알려진 시리아어 네 복음서 대역성경(통합본)이 시리아 교회의 기본 성경이 되었다. 에데사의 왕 아그바르(Agbar)의 개종이 시리아 교회에 큰 자극제가 되었고, 그에 힘입어 시리아 교회는 수세기 동안 강한 정통 교회로 남았다. 그러나 이 교회에서는 180년경에 그리스도교인이 된 바르다이산(Bardaisan. Bardesanes)이라는 큰 이단이 등장했다. 그는 천문학과 점성술을 배운 아람의 지식인이었다. 그는 과거에 자신의 새 신앙으로 취택한 많은 사상들을 한데 결합했다. 이렇게 그리스도교 사상과 비그리스도교 사상을 이단적으로 종합한 것이 훗날 마니가 신봉한 견해 중 상당 부분의 기초가 되었다.

4세기 초에 이집트와 시리아의 그리스도교인들은 갈레리우스의 박해 때 신앙을 버렸다가 돌아온 사람들을 놓고 벌어진 분쟁에 휘말렸다. 신앙을 버린 자들에게 사면을 베풀기를 거부한 진영은 멜레티우스(Meletius)가 이끌었는데, 그는 325년에 니케아 공의회에서 단죄를 받았다. 그러나 그의 추종자들은 수세기 동안 멜레티우스 분파를 유지했다.

팔레스타인 바깥에서는 최초로 교회가 설립된 소아시아에서는 그리스도교인들이 수가 많았고 대체로 이교도 이웃들과 좋은 관계를 맺고 살았다. 2세기 중엽에는 북아프리카에서처럼 데키우스의 박해 때 신앙을 버렸던 사람들을 교회로 다시 받아들이는 문제를 놓고 내부 분쟁이 발생했다. 소아시아의 많은 그리스도교인들이 노바티아누스(Novatian)의 엄격한 입장을 받아들였다. 그의 추종자들은 분리주의 분파가 되었고 그가 주장한 교회의 사면 불능론을 모든 대죄들에 확대 적용했다. 그러므로 노바티아누스파는 대단히 청교도적인 성격을 띠었다. 그들은 철저히 무죄한 삶을 살려고 노력했고, 스스로를 카타리(Cathari, 순결한 자)라고 불렀으며, 개종자들의 재세례를 고집했다.

2세기 말에 프리기아의 개종자 몬타누스(Montanus)에 의해 유명한 이단이 도입되었다. 그는 그리스도의 재림이 임박했다는 예언을 하기 시작했고, 자신이 성령의 감화를 받았다고 주장했다. 만약 이 예언 운동의 유효성이 받아들여졌다면 신적 영감을 주장하는 자들 사이에 새로운 계시가 끊임없이 발생함으로써 교회의 교리가 혼돈에 빠졌을 것이고, 교회의 통일성도 제국에서 그 위치를 강화할 기회를 가져보기도 전에 와해되고 말았을 것이다.

소아시아와 관련하여 발생한 주목할 만한 그밖의 논쟁은 부활절 문제에 관해 로마 교회의 입장을 지지하기를 거부한 것이 고작이었다.

마술과 미신. 그리스도교가 많은 개종자들을 얻고 그 신학이 공식적 면모를 형성해 가고 있는 사이에 계층을 망라한 많은 사람들은 다양한 형태의 마술과 미신을 찾았다. 점성술, 연금술, 마술, 주술(신적 세력들을 불러내 통제하는 기

술)을 다룬, 헤르메스 트리스메기스투스(Hermes Trismegistus)가 저자로 추
정되는 모음집이 대단히 유명했다. 3세기에 가장 유명한 주술사는 시리아 남
부에서 활동한 칼키스의 이암블리코스(Iamblichus)였다. 그는 250년경에 태
어나 로마에서 당시의 일반적인 종교적 분위기에 크게 영향을 받던 과학과 철
학을 제대로 배웠다. 시리아로 돌아간 그는 정교한 상징 체계와 제사들과 주
문들을 지닌 신비 종교들과 이교의 제식들을 방대하게 통합함으로써 그리스
도교의 성장을 저지하고 이교를 회복하려고 노력하면서 여생을 보냈다. 그의
추종자들은 그가 신들을 나타나게 하고, 기도할 때면 밝게 달아올랐으며 지면
에서 공중으로 떠올랐다고 주장했다. 많은 사람들이 그의 가르침을 듣기 위해
몰려들었고, 훗날 황제 율리아누스(Julian)가 이교로 배교하고 옛 종교를 되살
리려고 시도했을 때도 그의 가르침에서 큰 영향을 받았다.

과학과 철학.

그 시대의 기질은 객관적이고 과학적인 사고를 이어가지 못했다. 독창적이
고 치밀한 고대의 마지막 철학자는 이집트 출신 그리스인 플로티노스
(Plotinus. 205~270)였다. 그는 알렉산드리아에서 암모니우스 사카스
(Ammonius Saccas)라고 하는 신비주의 철학자 밑에서 공부를 했고 페르시
아와 인도의 지혜를 공부하고 싶은 생각에서 고르디아누스 3세(Gordian III)
를 따라 페르시아 원정에 참여했다. 고르디아누스가 다음 해에 살해되자 플로
티노스는 로마로 가서 금욕주의 철학자들 그룹과 합류하여 학교를 세웠다.

플라톤 철학을 가지고 시작한 그는 우주를 체계적으로 설명해 나갔고, 그
결과로 신플라톤주의라고 하는 새로운 사상 학파가 생겼다. 이 사상 체계는
각각 아홉 권을 지닌 여섯 부로 구성된 「엔네아데스」(아홉 개의 군
(群):*Enneads*)라는 대작에 해설되어 있다. 이 책은 플라톤에 담겨 있는 신비
주의적 피타고라스적인 요소들에 크게 영향을 받았다. 플로티노스의 견해로는
모든 것이 단일하고 비물질적이고 무인격적인 신(the One), 즉 그것에서부터
실재가 일련의 동심원들로 발산되는 ― 그 마지막 것이 실제의 가장 낮은 단
계인 물질임 ― 영원한 세력으로부터 파생된다. 실재의 각 단계는 그보다 높
은 다음 단계에 의존한다. 그래서 물질(Matter)은 자연(Nature)에 의존하고,

자연은 세계 영혼(the World-soul)에 의존하고, 세계 영혼은 세계 정신(the World-mind)에 의존하며, 세계 정신은 신(the One)에 의존한다. 인간은 이 모든 존재의 단계들을 축소형으로 지니고 있으며, 지성의 힘을 집중함으로써 세계 정신의 수준과 동일한 수준에 도달할 수 있다. 그 시점에서는 신 자체와의 황홀경 속에서의 결합에 도달하게 될 만큼의 완전한 자아의 일치를 성취할 수 있다.

분명히 플로티노스의 목표는 당대의 종교가 표방한 목표와 동일하지만, 그 목표를 마술이나 종교 의식이나 중재적 구주를 통해서가 아니라 순수하고 사변적인 지성을 통해서 얻으려고 했다는 점에서 철학적이다. 그러나 이러한 엄격한 이지적 신비주의는 당대의 대다수 사람들을 초월한 것이었고, 따라서 신플라톤주의는 곧 이암블리코스 같은 사람들의 마술적 명상으로 덧칠해지게 되었다.

「엔네아데스」는 실제로는 플로티노스의 제자이자 조력자로서, 이암블리코스의 스승인 포르피리오스(Porphyry, 232/33~305경)에 의해 출판되었다. 포르피리오스는 독창적인 사상가가 아니었지만 다른 사람들의 사상을 기민하게 파악하는 능력이 있었고, 정확한 해석가이자 홍보가였다. 플로티노스의 사상을 널리 알리는 데 가장 크게 이바지한 사람이 바로 그였고, 그의 사상을 과거의 도(道)를 위협하는 그리스도교인들에 맞서 이교 철학과 종교를 지키는 보루로 본 사람이 바로 그였다. 그는 그리스도교인들에 대항하여 전통을 옹호하는 열다섯 권의 방대한 책을 썼는데, 이 책은 이암블리코스가 그리스도교의 위협에 맞서 이교 사상의 힘을 규합하려고 훨씬 더 열정적인 노력을 쏟을 수 있는 무대를 마련해 주었다.

문학.

교부들과 이단들과 철학자들의 저서들은 문필과 수사학의 기교 교육이 3세기에도 적어도 제국의 대도시들에서만큼은 여전히 강했음을 보여준다. 국가는 군사 부문과 민간 관료 부문에서 그런 훈련을 받은 사람들을 필요로 했다. 그러므로 국가는 국비 교수들을 통해서 고등 교육을 뒷받침함으로써 그런 인재를 확보하려는 노력을 게을리하지 않았다. 이렇게 문학과 수사학의 비중을 강조하는 교육 체제는 유일하게 그런 교육 기회를 얻을 수 있었던 상류층 사이에 즉흥적으로 6보격 시를 짓거나 세련된 연설을 할 수 있는 무수한 사람들을 배출했으며, 특히 그리스 동방에서 그런 사람들이 남긴, 역량은 있으나 2류 작품들이 현존한다.

여러 황제들이 이러한 교육 체제에서 배출되었으며, 교육받은 상류층의 문학적 관심을 공유했다. 셉티미우스 세베루스는 문학과 법학으로 탄탄한 교육을 받았고 그리스어로 자서전을 썼다(이 작품은 현존하지 않는다). 그의 아내 율리아 돔나는 철학과 종교에 관심이 대단했다. 그녀는 이교 소피스트들을 후원하고 그리스도교 사상가 오리게네스와의 만남도 주선했다. 세베루스 알렉산데르는 역사가들과 웅변가들과 법률가들이 포함된 지식인 그룹을 두었다. 고르디아누스 1세는 갈리에누스처럼 시인이었으며, 플로티노스에 대해서도 관심이 있었고 캄파니아에 플로티노스를 수장으로 하는 신플라톤주의적 국가를 수립할 계획을 세우기도 했다. 카루스의 아들 누메리아누스는 시인으로서 큰 명망을 얻었다. 디오클레티아누스는 베르길리우스를 인용할 능력을 갖고 있었고 락탄티우스를 니코메디아의 수사학 교수로 임명했다. 훗날 콘스탄티누스는 그를 콘스탄티노플에서 자기 아들들의 가정 교사로 삼았다.

세베루스 가 황제들 때 집필된 전기와 역사. 과거에는 율리아 돔나가 문학 후원가로서 활동한 내력이 과장되었는데, 당대 로마의 문단과 지식인 세계에서 거의 모든 저명한 인사들을 후원했다는 설도 그중 하나이다. 율리아 돔나가 후원한 그룹 가운데서 저서가 살아남은 주요 인사는 그리스 소피스트 필로스트라투스(Philostratus. 170년경 출생)이다. 그는 과거 소피스트들의 전기 모음을 썼고, 돔나의 요청으로 서기 1세기 카파도키아의 신비주의자이자 기적 행위자이며 그리스도에 견줄 만한 이교도로 소개되는 티아나의 아폴로니우스(Apollonius)의 전기를 썼다. 아마 필로스트라투스 이후에 그리 멀지 않은 시기에 또 다른 그리스 전기 작가인 디오게네스 라이르티우스(Diogenes Laertius)가 고대 철학자들의 전기집을 썼는데, 그리스 철학사를 재구성하는 데 대단히 유용한 저서이다.

알렉산데르 세베루스 때 그리스 사가 카시우스 디오가 229년 건국 연대부

터의 로마사를 썼다. 디오는 일류 사가는 아니었지만 좋은 사료들을 사용했고
그로써 이렇다 할 다른 사료들이 없는 상황에서 매우 귀중한 정보를 제공한
다. 몇년 뒤에 헤로디아누스(Herodian)가 180년부터 238년까지의 사건들을
그리스어로 기술한 값진 저서를 남겼다. 디오와 헤로디아누스와 동시대인인
마리우스 막시무스(Marius Maximus)는 수에토니우스의 작업을 계승하여 네
르바부터 엘라가발루스에 이르는 황제들의 라틴어 전기를 썼다. 이 전기에는
사실들과 함께 외설적인 이야기도 실려 있지만 가치있는 내용도 많이 실려 있
다. 이 전기는 비록 현존하지는 않지만 악명높은 「아우구스투스들의 역사」
(*Historia Augusta*)의 첫 부분이자 가장 탁월한 부분에 실린 동시대의 전
기들에 기본 골격을 제공해 주었다.

 로마의 학문. 세베루스 가 황제들의 시대와 그 직후의 시대에 고전 라틴 저
자들을 대상으로 한 학문성이 높은 여러 편의 논문들과 주석들이 나왔다. 예
를 들어 폼포니우스 포르프리온(Pomponius Porphryion)은 호라티우스
(Horace)에 대한 현존하는 주석을 썼다. 이러한 전통은 테렌티우스(Terence)
와 베르길리우스의 주석을 쓴 아일리우스 도나투스(Aelius Donatus)와 세르비
우스 호노라투스(Servius Honoratus)와 여러 편의 유실된 저서들의 내용을 인
용 형식으로 소개하는 논니우스 마르켈루스(Nonnius Marcellus)의 문법서에
의해서 300년대 초반에도 지속되었다. 세베루스 가 황제들 치하에서 클라우디
우스 아일리아누스(Claudius Aelianus)는 동물과 인간의 생활에 관해 쓴 윤
리적인 대요(*De Natura Animalium and Varia Historia*)에서 진기한 정
보를 많이 실었는데, 이 책은 중세 때 큰 호평을 받았다.

 아테네의 학문과 역사. 아테네는 3세기에도 여전히 중요한 대학 도시로 남아
있었다. 3세기 말에 수사학자 롱기누스가 플라톤 아카데미를 이끌었다. 그의
저서 「숭엄한 것에 관하여」(*On the Sublime*)는 고대 문학 비평서의 중요한
견본이다. 268년에 게르만족 헤룰리(Heruli)가 아테네를 침공한 뒤에 롱기누
스는 팔미라로 가서 제노비아(Zenobia)의 고문이 되었다가 훗날 아우렐리아
누스에 의해서 반역죄로 처형되었다. 플라톤 아카데미에서 그가 맡았던 직위

는 상당한 공적을 남긴 사가 덱시푸스(Dexippus)가 차지했다. 그는 알렉산드로스의 후계자들의 이야기를 다룬 서기 269/70년까지를 다룬 연대기적 사기를 열두 권으로 썼고 238~270년의 고트족 침공사를 썼다. 이 책들은 모두 유실되었으나 후자의 상당 부분이 조시무스의 역사에 보존되어 있다.

알렉산드리아의 학문과 과학. 3세기에도 알렉산드리아에서는 학문과 과학이 존속했지만 그 독창적인 활력은 소진되었다. 그 시대에 알렉산드리아가 내놓을 수 있었던 최고의 저서들은 과거 저서를 반복하거나 편집한 것이었다. 가장 유명한 것은 아테나이우스(Athenaeus)가 쓴 「만찬석상의 소피스트들」(*Deipnosophistae*)이다. 이 책은 과거에 나온 책 1천5백 권을 토대로 해 아래의 모든 주제들에 관해 쓴 에세이들을 소개한다. 이 책의 장점은 달리는 잊혀지고 말았을 무수한 저서들의 단편들을 간직했다는 데 있다. 아테나이우스 이후에 알렉산드리아의 이교 학계는 269/70년에 제노비아의 습격으로 심각한 타격을 입었는데, 이때 그곳의 박물관이 크게 훼손되었다.

시와 그리스 로맨스. 당대 최고의 라틴 시인은 3세기 말에 활동한 마르쿠스 아우렐리우스 올림피쿠스 네메시아누스(Marcus Aurelius Olympicus Nemesianus)였다. 네메시아누스는 카르타고 출신으로서 황제 카루스(Carus)와 그의 아들 누메리아누스(Numerianus)와 가까운 사이였고, 누메리아누스를 대상으로 서사시를 쓸 생각도 품었다. 현존하는 그의 전원시 네 편은 베르길리우스의 뒤를 이를 만한 작품들이며, 사냥을 주제로 쓴 교훈시 「사냥론」(*Georgics*)은 베르길리우스의 「농경시」(*Cynegetica*)의 전통에 서 있다. 그리스어권에서 주목할 만한 유일한 시도 전원 생활을 주제로 한 또 다른 시로서, 3세기 초에 오피아누스(Oppian)가 어업을 주제로 쓴 「어업론」(*Halieutica*)이다. 그러나 훨씬 더 흥미롭고, 삭막한 세상 살이에서 도피를 모색하던 당대의 성격이 잘 살아나 있는 분야는 그리스 로맨스들이다. 이 작품들에는 대개 고결한 남녀 주인공이 등장하는데, 두 사람은 불행한 현실로 서로 떨어져 지내면서 소름끼치는 숱한 모험과 재앙을 당하다가 마침내 거기서 간신히 빠져나와 행복하게 재결합한다. 이 장르는 적어도 서기 1세기 초에 등장했지만, 이 장르의 대표작이라고 할 만한 두 작품은 3세기에 나왔다. 롱구스(Longus)가 쓴 「다프니스와 클로에」(*Daphnis and Chloe*)는 오늘날까지 잘 알려져 있다. 이 작품에 등장하는 두 주인공은 아름다운 전원에서 주워다 길러진 젊고 무구한 젊은 목동과 여목동으로서, 두 사람은 사랑에 빠졌다가 헤어지게 되고 그뒤 다양한 모험을 겪는 동안 자신들의 정체를 알게 되고 결국 서로를 다시 만나 행복하게 산다. 둘째 작품은 헬리오도루스(Heliodorus)의 「아이티오피카」(*Aethiopica*)로서, 헌신적인 연인과 헤어진 고결한 여주인공에 관한 긴 이야기이다. 그녀는 에티오피아 왕의 잃었던 딸로 밝혀지고, 결국 귀족인 연인이 그녀를 찾아내 결혼한다.

예술과 건축.

조각. 여러가지로 고통이 많았던 시기였지만 황제들과 부유한 고관들을 위해 적지 않은 예술품들이 제작되었다. 주화들에 묘사된 초상화들은 국가의 선전 매체로서 높은 수준의 사실주의를 유지했다. 흉상들도 활발한 로마의 전승을 유지했다. 세베루스 가 황제들로부터 갈리에누스에 이르기까지 조각가들은 인물의 진정한 성격을 강조하기 위해서 심리적 사실주의에 힘썼다. 갈리에누스 때에는 고전 그리스 양식대로 좀더 이상화한 인물 묘사가 선호되었지만, 이후에는 신플라톤주의의 영향으로 인물에 초월적인 질을 부여하는 좀더 도식적이고 기하학적인 양식으로 옮겨갔다. 이 양식이 중세를 예고했다.

시대의 새로운 종교적 영향으로 화장(火葬) 대신 매장이 보편적 관행이 되면서 부유한 그리스도교인들과 이교도들이 정교하게 조각된 석관을 사용하기 시작했을 때 부조(浮彫)가 그런 유의 조각의 현저한 특징이 되었다. 어떤 부조들은 철학자나 시인 주위에 고전적인 인물들이 무리지어 있는 정경을 묘사함으로써 죽음에 대한 지혜의 승리를 상징한다. 다른 부조들은 아비규환의 전쟁터에 우뚝 서 있는 영웅적인 인물을 묘사하여 악에 대한 선의 승리를 상징한다. 그리스도교인들은 선한 목자나 하느님의 구원에 관한 구약성경 이야기들을 묘사했다. 이 부조들의 상당수는 배경이 고전 시대 작품들과는 달리 균형감이 없지만 그래도 인물 하나하나는 대단히 정교히 조각되었고 철저히 그리스-로마의 사실주의 전통에 서 있다.

3세기라는 각박한 시기에는 공적인 부조 작품들을 제작할 기회가 많지 않았다. 부조 장르는 좀더 안정된 디오클레티아누스와 콘스탄티누스의 체제 아래서 되살아났지만, 작품의 정신과 질은 달랐다. 예를 들어, 다른 기념비들에 모방된 콘스탄티누스의 아치를 위해 제작된 것들과 같은 부조들은 황궁에 의해 조장된 내세적 분위기와 맞물려 경직되고 정면을 향하고 틀에 박히고 성직자적인 질감을 보여준다. 게다가 성급하고 조야하게 제작되었는데, 이 사실은 노련한 조각가들이 없었음을 암시한다.

회화와 모자이크 그러나 회화와 모자이크 예술은 세베루스 가 황제들로부터 콘스탄티누스 때까지 내내 융성했다. 회화 작품들은 주로 제국 전역의 가정들과 공공 건물들과 무덤들과 회당들과 신전들과 교회들의 동굴 벽들에 벽화 형식으로 보존되어 있다. 이런 건물들, 특히 그 건물들의 바닥도 탁월한 모자이크 작품들로 장식된 경우가 많았다. 기교 수준은 대단히 높았고, 그 배경들은 당대의 생활상을 재건하는 데 긴요하다.

건축. 제국의 심각한 경기 침체에도 불구하고 세베루스 가 황제들 치하에서 벌어진 건축 활동은 과거에 비해 왕성했다. 로마에는 셉티미우스 세베루스의 아치가 광장에 지금도 서 있다. 황제의 저택에는 육중한 부속 건물들이 새로 덧붙었는데, 그 터전을 팔라티누스 언덕에 가면 볼 수 있다. 카라칼라는 거대한 공중 목욕탕을 새로 짓고 황실 경호대를 위해 새로운 주둔지를 지었는데, 둘 다 지금은 폐허로 남아 있다. 셉티미우스의 고향 도시인 북아프리카의 렙티스 마그나에는 기념비적 건물들이 하나의 복합체를 이루도록 건축되었으며, 그 유적지가 오늘날도 제국의 건축과 도시 계획이 어떠했음을 여실히 보여준다. 더욱이 이 유적지들은 모두 로마의 탄탄한 건축술을 보여 준다.

세베루스 가 황제들과 디오클레티아누스 사이의 혼란기에는 아우렐리아누스가 로마 주변에 쌓은 19킬로미터 길이의 성벽(일부만 보존됨)과 속주들에 건설된 요새들 이외의 공공 건축 사업에는 그다지 기회가 없었다. 그러나 디오클레티아누스와 콘스탄티누스 때에는 황제의 호의를 입은 지역들을 위주로 공공 건축 사업이 대규모로 되살아났다. 로마에서는 디오클레티아누스가 원로원 의사당(오늘날도 광장에 서 있다)과 웅장한 공중 목욕탕(오늘날 대부분 보존되어 있다)을 재건했다. 막센티우스는 한때 1만5천 명을 수용했던 원형경기장과 광장 동쪽 끝에 성 코스마스와 다미아누스의 교회가 된 건물(아마 신전이었던 것 같다)을 건축했다. 그는 이 신전 곁에 엄청난 크기의 바실리카를 착공했는데, 지금은 대부분 파괴된 이 바실리카를 콘스탄티누스가 완공했고, 콘스탄티누스 자신은 지금도 콜로세움 바로 곁으로 남서쪽에 서 있는 거대한 아치를 건축했다. 물론 콘스탄티누스는 324년 이후에 막대한 비용을 들여 자신의 새 수도에 요새들과 공공 건물들과 교회들을 건축했지만, 이 건축물들은 훗날 유스티니아누스와 후임 황제들의 건축 사업으로 거의 자취를 감추었다.

디오클레티아누스와 콘스탄티누스 시대의 건축물들은 건축술이 조금도 쇠퇴하지 않았음을 보여주는데 반해, 건축물들의 질은 전에 비해 갈수록 거칠어지고 부주의한 경향을 띤다. 그러나 어쨌든 그 목표는 대개 우아함보다는 웅장함에 있었다. 세베루스 가 황제들의 목욕탕들과 궁정들, 디오클레티아누스의 목욕탕들, 막센티우스와 콘스탄티누스의 건축물들은 축소 지향적인 면에서 냉엄하고 가공되지 않은 힘이 발산된 면에서 위압감을 준다. 이 건축물들은 포위감과 모든 것을 중앙의 권위에 굴복시키려는 욕구와 제국을 위협하는 세력들을 제압하는 무쇠 같은 의지를 반영한다.

서기 3세기의 압박들은 로마의 사회와 문화 생활을 훗날 중세 유럽이 따르게 될 방향으로 몰아갔다. 많은 지역에서는 물물교환과 자급자족이 경제 생활의 성격이 되었다. 많은 부자들이 요새화한 대저택으로 피신했고 소작농들이 예농으로 전락한 반면에, 갈수록 축소돼가던 지방 소도시들의 중산층 시의원들은 파산했다. 종교와 철학은 현세보다 내세의 구원에 관심을 두었다. 마술과 미신이 도처에서 인기를 끌었고, 세속 문학은 비록 사장되지는 않았으나 침체되었다. 외견상 제국은 거의 공격을 받는 형국을 띠었고, 실제로도 그러했다. 디오클레티아누스와 콘스탄티누스는 거의 의지력만 가지고 제국을 완전한 붕괴에서 건져내 꼭대기에서 바닥까지 재편함으로써 그들과 그들 시대의 사람들이 이해한 바 해체의 세력들에 맞서서 투쟁을 계속했다. 그들이 취한 대안들은 현대의 이상들을 가지고 판단하자면 비판할 거리가 많지만 실질적인 면에서 보자면 그 폭이 대단히 좁았다.

36

콘스탄티누스의 왕조부터 테오도시우스 대제까지(서기 337~395)

디오클레티아누스와 콘스탄티누스는 로마 제국이 3세기 후반에 그것을 삼켜버리려고 위협하던 혼돈에서 빠져나오도록 하는 데 이바지했다. 그들은 갈수록 줄어가던 로마의 재원을 일관성 있게 동원함으로써 자기 보존을 위해 혼신의 힘을 기울였다. 그 결과 콘스탄티누스 대제가 죽은 때부터 테오도시우스 대제가 죽은 때까지 58년 동안 제국은 비록 콘스탄티누스의 후계자들 사이의 피비린내 나는 반목과 두 차례에 걸친 심각한 군사적 패배, 그리스도교인들과 이교도들 사이의 투쟁, 그리고 갈수록 게르만족이나 용병으로 군대를 편성해야 했던 상황 등에도 불구하고 전반적으로는 손상을 입지 않은 채 살아남았다.

자료. 이 시기를 연구하기 위한 전반적인 사료들은 양호하다. 가장 양호한 것은 390년경에 집필된 암미아누스 마르켈리누스(Ammianus Marcellinus)의 로마사 중 현존하는 권들이다. 노련한 이교도 장교로서 폭넓은 지역을 여행하고 동방과 서방에서 여러 차례 대규모 원정을 감행한 경험이 있는 암미아누스는 마지막 대 라틴 사가였다. 그는 비록 안티오크에서 태어나 그리스어가 모국어였으나, 구세대 귀족들이 이교 로마 문화를 보존하기 위해 집요한 노력을 벌이고 있던 로마로 은퇴했다. 마찬가지로 과거로 되돌아가 그 자취를 찾던 암미아누스는 자신의 로마사를 도미티아누스의 죽음(타키투스가 마감한)부터 시작하여 378년 운명적인 아드리아노플 전투까지 써내려감으로써 스스로 타키투스의 후계자로 자임했다. 불행하게도 353년까지의 사건들을 다룬 처음 열세 권은 망실되었지만, 14~31권은 암미아누스 자신의 시대에 발생한 사건들을 다루었기 때문에 매우 중요하다.

아드리아노플 전투 이전 시기에 대해서는 가치가 덜하지만 그 이후 시기에 대해서 빠져서는 안 될 자료는 테오도시우스 2세 때 살던 또 다른 이교도 조시무스의 그리스어 저서 「새 역사」(*New History*)이다. 그가 다룬 주제는 로마의 쇠망이었고, 첫권이 제국의 역사를 아우구스투스부터 디오클레티아누스까지 다룬 반면에 나머지 다섯 권은 디오클레티아누스부터 410년 알라릭(Alaric)이 로마를 함락할 때까지의 사건들을 상세히 다루었다. 암미아누스가 역사를 공정하게 기술한 데 비해 조시무스는 로마가 당하고 있던 재난들을 모두 옛 신앙을 버린 탓으로 돌린, 전형적으로 반(反) 그리스도교적 이교 사가였다. 반면에 성 아우구스티누스의 친구 파울루스 오로시우스(Orosius)는 그리스도교의 관점에서 아담 때부터 서기 417년에 이르는 인류사를 모두 일곱 권으로 썼다. 이 책은 「이교도 논박서」(*Against the Pagans*)라는 제목을 달고 있으며, 인류가 그리스도교 황제들 치하에서보다 이교가 지배할 때 훨씬 더 많은 재앙을 당했음을 입증하려고 시도한다.

그밖에도 소소한 자료들이 많다. 아우렐리우스 빅토르(Aurelius Victor)가 짧은 시리즈로 쓴 황제들의 전기와 저자 미상의 「카이사르들의 초록」(*Epitome of the Caesars*), 에우트로피우스(Eutropius)가 364년까지의 로마사를 다룬 「약사」(*Breviary*), 성 히에로니무스(St. Jerome)가 남긴 에우세비우스의 「연대기」(*Chronicle*) 속편 등에 유용한 정보가 간간이 실려 있다. 그밖의 귀중한 문헌으로는 성인들의 무수한 전기들, 황제 율리아누스의 저서들, 안티오크의 리바니우스(Libanius)가 남긴 편지들과 저서들, 4세기 말 그리스 소피스트 테미스티우스(Themistius)의 연설집, 4세기의 라틴어 찬사집, 황제 그라티아누스(Gratian)의 가정교사 아우소니우스(Ausonius)의 저서들, 큰 분량으로 남아 있는 초기 교부들의 편지들과 설교들과 논문들, 그리고 이 시기부터 나온 윤리학과 판례들을 보존하고 있는 테오도시우스 2세와 유스티니아누스의 법전들을 들 수 있다. 그러나 언제나 그렇듯이 이 일반적인 자료들은 좀더 구체적인 고고학과 고전학(古錢學)과 비명과 파피루스 연구로 보완되어야 한다.

콘스탄티누스의 아들들과 후계자들.

콘스탄티누스의 그리스도교는 그의 자녀들의 인격을 향상시키거나 그의 사후에 경직된 정치 현실을 누그러뜨리지 못했다. 콘스탄티누스는 첫 아내에게서 낳은 비운의 크리스푸스(Crispus) 말고도 파우스타에게서 낳은 세 아들 — 콘스탄티누스 2세와 콘스탄티우스 2세와 콘스탄스 — 이 있었다. 아울러 두 명의 이복 형제 플라비우스 달마티우스(Flavius Dalmatius)와 율리우스 콘스탄티우스(Julius Constantius)가 있었는데, 이들도 그의 조카들인 자녀들을 두고 있었다. 콘스탄티누스는 후계 구도를 명확하게 대비해 놓지 않았기 때문에 적법한 권리를 내세우는 후보자들이 많이 일어났다. 여러 후보자들과 실권을 장악한 군 장교들 사이에 3년과 1달 반에 걸친 까다로운 협상 끝에 타협안이 도출되었다.

그 타협안에 따라 콘스탄티누스 2세가 브리타니아, 갈리아, 히스파니아를 받고, 콘스탄스가 이탈리아, 아프리카, 판노니아를 받고, 콘스탄티우스 2세가 아시아와 이집트를 차지하고, 사촌들의 하나인 소 달마티우스(Dalmatius the Younger)가 트라키아와 마케도니아를, 다른 사촌인 한니발리아누스(Hannibalianus)가 폰투스와 아르메니아 왕권을 약속받았다. 그러나 사람이 사악하고 무자비한 콘스탄티우스 2세는 콘스탄티누스가 자신의 이복 형제들에게 살해되었다는 헛소문을 퍼뜨렸다. 이 소문을 듣고 분노에 휩싸인 콘스탄티노플 주둔 병력들은 콘스탄티누스의 이복 형제들과 그 아들들을 살육했는데, 그 와중에서 율리우스 콘스탄티우스의 어린 두 아들과 이복 형제들인 갈루스 그리고 율리아누스가 살아남았다.

내전. 이 유혈 사태가 상황을 개선시키지 못한 것은 두말할 나위가 없다. 콘스탄티누스의 세 아들은 서로를 시기하고 의심했다. 새로 형성된 3분 체제에서는 콘스탄티누스 2세가 서방 제국 전역을 받고, 콘스탄스가 아프리카와 이 탈리아와 일리리쿰을 차지한 반면에, 콘스탄티우스 2세는 제국의 동쪽 절반만 다스리게 되었다. 콘스탄티누스 2세는 종속자처럼 행동하기를 거부하는 콘스 탄스의 속내가 두려운 나머지 340년에 그의 영토를 장악하려고 시도하다가 그로 인해 벌어진 전투에서 살해되었다. 그러자 서방 전체의 통치권이 콘스탄 스에게 떨어졌다. 콘스탄티우스 2세가 페르시아 왕 샤푸르(사포르) 2세의 잦 은 침략에 맞서 동방 국경선을 방어하고 있는 동안 콘스탄스는 브리타니아와 라인 강 유역에 대해 질서 회복 작업에 나섰다. 그러나 그는 병사들을 모질게 대하고 인플레이션을 누그러뜨리지 못한 결과 10년 뒤에 마그넨티우스 (**Magnentius**)의 음모에 희생되고 말았다. 그러자 콘스탄티우스 2세가 페르시 아인들에게서 손을 빼고서 서둘러 서쪽으로 진군했고 2년간 마그넨티우스에 게 여러 차례에 걸쳐 패배를 안겼으며, 그 결과 마그넨티우스는 353년에 자결 했다. 이로써 제국은 다시 한 번 단일 황제의 통치를 받게 되었다.

카이사르가 된 갈루스 그러나 제국이 안고 있던 문제들은 여전히 한 사람이 담당하기에는 너무나 컸다. 콘스탄티우스 2세는 서쪽으로 이동한 뒤에 동방에 서 자신을 대리할 충직한 하급자가 필요하다는 사실을 깨달았다. 그런 인물을 세운다는 것은 언제나 위험한 일이었다. 왜냐하면 권력의 유혹과 정세의 흐름 이 하급자를 종종 경쟁자로 바꿔놓았기 때문이다. 많은 주저와 망설임과 아마 죄책감에 시달린 끝에 콘스탄티우스 2세는 사촌 갈루스를 카이사르로 선출했 다. 그는 콘스탄티누스의 남자 친족이 살육당할 때 살아남은 두 명 중 한 사 람이었다.

혈연 관계가 없는 사람을 카이사르로 앉힌다는 것은 현명치 못한 일이었을 것이다. 반면에 두 사람의 성품을 감안할 때 갈루스를 선정한 것은 실패로 끝 날 수밖에 없었던 것으로 보인다. 불과 스물다섯살밖에 되지 않은 갈루스는 337년의 학살 사건 이후로 가택 연금 상태에서 살아왔었다. 황실 업무에는 아 무런 경험도 없었고, 급한 성격을 갖고 있었으며, 자기 아버지와 형이 살해된 데 책임이 있는 콘스탄티우스 2세에 대해서 필시 혐오와 불신을 품고 있었을 것이다. 반대로 그 점을 틀림없이 간파했을 것이고 선천적으로 의심이 많던 콘스탄티우스도 갈루스를 신뢰하지 않았다. 그러므로 콘스탄티우스는 갈루스를 안티오크로 보내 동방 국경 지대를 방어하도록 했을 때 그의 권한을 크게 제한했다. 스파이들을 그의 주위에 배치하고, 참모를 배정할 때도 갈루스와 손발을 잘 맞출 만한 사람보다는 황제에게 충성을 바칠 만한 사람을 선정하여 배정했다.

이런 불이익에도 불구하고 갈루스는 자신의 거점인 안티오크를 중심으로 자신의 임무를 탁월하게 소화해 냈다. 군사 면에서 페르시아 군대가 서방에서 벌어진 로마의 내전을 틈타 공세를 강화하지 못하도록 막았다. 이 성공 하나만으로도 콘스탄티우스의 시기와 두려움과 의심을 사기에 충분했다. 이런 태도는 어떻게 해서든 그의 환심을 사려고 한 스파이들과 관리들 때문에, 그리고 곡물을 매점매석해서 이득을 봐왔다가 갈루스의 개입으로 길이 막혀 이를 갈던 안티오크 상류층에서 쏟아져 나온 불평 불만 때문에 더욱 가중되었다. 그들의 저항이 거칠고 험악한 반응을 촉발시켰다(이러한 상황은 안티오크의 상류층 인사였던 암미아누스에 의해 과장되었을 가능성이 있다). 354년에 마그넨티우스가 죽은 뒤 콘스탄티우스는 안도하여 갈루스를 소환했는데, 갈루스는 처음에는 소환령에 거부하다가 결국 이탈리아에서 그를 만나기로 동의했다. 그러나 갈루스가 콘스탄티노플에서 여장을 풀고 지체하자 콘스탄티우스는 그가 권좌를 노리고 있다고 확신했다. 그러다가 결국 갈루스가 이탈리아에 도착하자 콘스탄티우스는 그를 체포하여 참수하도록 지시했다(354).

율리아누스의 등장. 그러나 콘스탄티우스 2세는 다시 동료가 필요해졌다. 그가 도나우 강 유역에서 호전적인 종족들과 전투를 벌이고 있는 동안 음모가 벌어져 갈리아의 유능한 사령관 실바누스(Silvanus)가 반란을 일으켰다. 콘스탄티우스는 실바누스를 신속히 암살하도록 조치하여 사태를 수습할 수 있었지만, 이미 반란으로 입은 피해는 말할 수 없이 컸다. 게르만 종족들이 혼란한 틈을 타서 국경 지대의 전략 거점들을 장악하고 갈리아로 깊숙이 밀고 내려와 그 지역 경제에 심각한 피해를 입혔다. 두 개의 큰 국경 지대에서 동시에 전쟁을 수행할 능력이 없었던 콘스탄티우스는 또 다른 카이사르를 선정할 수밖에 없었다. 그는 갈루스 사건을 경험했으면서도 아내 에우세비아의 설득에 넘어가 갈루스의 스물세살난 이복 형제이자 337년 학살의 또 다른 생존자인 율리아누스(Julian)를 카이사르로 지명했다.

이번 경우에는 갈루스 때보다 성공할 조짐이 더욱 희박해 보였다. 이번에도 최근 4년을 제외한 거의 모든 시간을 의심과 음모가 감도는 분위기에서 가택 연금 상태로 지내면서 벗이라고는 노예들과 성직자 가정 교사들과 책들밖에 없었던, 그래서 국정 경험이라고는 전무한 젊은이가 콘스탄티우스의 신뢰를 받지 못한 채 중책을 떠맡게 되었다. 그러나 율리아누스는 훨씬 붙임성이 있었고 좋은 스승들로부터 받은 수사학과 역사와 철학 교육으로 예리한 지성을 터득한 탓에 경험 부족을 벌충할 수 있었다.

상황을 신속히 파악한 율리아누스는 갈루스가 범한 정치적 실수를 답습하지 않으려고 조심하면서 어리석은 모험을 하지 않은 채 과감히 행동할 때를 파악하는 기민한 군사적 감각을 발휘했다. 그는 곧 쓸데없이 콘스탄티우스의 의심을 사지 않은 채 게르만족을 퇴치하는 게 얼마나 중요한가를 입증했다. 357년쯤이면 그는 벌써 갈리아에서 병사들에게 큰 인기를 얻고 군대를 효과적으로 장악하고 있었다. 그 해에 그는 스트라스부르에서 자신보다 병력이 몇 곱절 많은 게르만족 부대들을 여러 번에 걸쳐 격파했다. 율리아누스는 다음 두 해 동안 브리타니아와 라인 강 유역 전체에 걸쳐 로마 국경선을 체계적으로 회복했다. 짜임새 있는 작전과 과감한 보복 원정으로 게르만족의 영역으로 깊숙이 밀고 올라감으로써 다양한 종족들을 두려움에 떨게 했고 그 결과 갈리아의 도시들과 비옥한 지대에 다시 한 번 평화가 깃들게 했다.

그러나 359년에 접어들면서 율리아누스는 안전을 위협받았다. 평화와 번영을 촉진하기 위해서, 율리아누스는 민간 부문에 대해서는 아무런 권한도 없으면서도 로마의 관리들의 부정 부패를 막는 데 힘썼다. 독직(瀆職)으로 이익을 챙기던 고관들은 궁정에서 율리아누스를 헐뜯고 의심과 두려움이 많은 콘스탄티우스의 성격을 부추겼다. 더욱이 같은 해에 궁정에서 율리아누스를 대변해 주던 장본인인 에우세비아가 죽는 일이 발생했다. 마침 콘스탄티우스가 페르시아로부터 재개된 위협에 대처하기 위해서 동방으로 돌아갔다. 콘스탄티우스는 그 기회를 이용하여 율리아누스의 병력 중 상당수를 동방 전선으로 불러냄으로써 그의 전력을 약화시키려고 했다. 율리아누스는 병력을 내주기를 거부했고, 이런 조치로 고향을 떠나고 싶어하지 않던 자신의 병력들과 그들과 헤어지기를 원치 않던 그들의 친구들과 가족들 사이에서 그의 인기가 치솟았다.

마침내 360년 2월에 자신들과 자신들이 사랑하는 지휘관을 콘스탄티우스 2세로부터 지키기 위해서 군대가 한사코 거절하던 율리아누스를 황제로 선포했다. 콘스탄티우스가 동방 국경 지대를 방어하고 있던 다음 해에 율리아누스는 사태의 평화로운 해결을 위해서 협상을 벌였다. 콘스탄티우스는 공동 통치를 골격으로 한 모든 제의를 완강히 거절하다가 마침내 361년에 율리아누스를 정벌하기 위해 나섰다. 율리아누스가 먼저 동방으로 진격함으로써 기선을 제압했으나 두 군대가 충돌하기 전에 콘스탄티우스가 갑자기 병에 걸려 죽었다. 콘스탄티우스는 권좌를 물려줄 아들이 없었기 때문에 율리아누스가 피 한 방울 흘리지 않고서 단일 황제가 되었다.

콘스탄티우스 2세 치하의 제국. 콘스탄티우스 2세는 비록 역사에 남을 위대한 황제는 아니었지만 그렇다고 해서 악한 황제도 아니었다. 만약 콘스탄티누스를 아우구스투스에 비한다면 그는 여러 모로 티베리우스를 닮았다. 불안정하고 우유부단했던 그는 종종 간악한 대신들에게 잘못된 영향을 받았고 목적을 성취하기 위해 불의한 방법을 사용했다. 그러나 그는 자신의 부족한 역량을 최대한 발휘하여 자기 아버지가 닦아 놓은 길을 성실히 걸었다. "하나의 제국에 하나의 교회"가 그의 아버지와 마찬가지로 그에게도 정책의 근간이었다. 이 점을 알면 그가 337년에 취한 냉정한 행동들과, 훗날 마그넨티우스나 율리아누스를 공동 황제로 승인하기를 거부한 태도와 두 사람의 건에 대해서 내전도 불사하려고 했던 태도를 이해할 수 있다.

쾌락을 좋아했던 형제 콘스탄스와는 달리, 콘스탄티우스 2세는 국경 지대를 보호하는 힘겨운 의무를 소홀히하지 않았다. 재위 기간의 대부분을 새 수도의 화려한 시설이 아닌 군대 막사에서 지냈으며, 비록 아버지나 경쟁자 율리아누스처럼 대범한 장군은 아니었을지라도 제국의 영토를 보전했다.

행정가로서 콘스탄티우스 2세는 디오클레티아누스와 콘스탄티누스의 중앙 집권화 정책을 지속했다. 동시에 그의 입법 활동은 관료 체제가 조장한 관료들의 권력 남용을 완화하려고 한 정직한 시도를 보여준다.

　마지막으로, 그는 콘스탄티누스가 시작시켜 놓은 그리스도교 교회와 로마 국가의 통일을 열정적으로 독려했다. 일찍이 콘스탄티누스가 내린 이교 제사 금지령을 재확인하고 356년에 모든 이교 신전을 폐쇄하도록 지시했다. 신학의 면에서 콘스탄티우스 2세는 온건한 아리우스파의 견해를 지지하고 그 관점에서 교리적 통일을 장려했다. 359년에 지역 단위로 두 번에 걸쳐 주교들의 공의회를 소집했는데, 한 번은 서방에서 이탈리아의 아드리아해 연안에 자리잡은 아리미눔(리미니)에서 소집했고, 다른 한 번은 동방에서 킬리키아의 칼리카드누스 강 유역에 자리잡은 셀레우키아에서 소집했다. 두 공의회 모두 결국 그리스도가 "성부와 비슷하다"고 선언하는 신조를 채택했고, 이 신조는 다음 해에 콘스탄티노플에서 열린 총공의회에서 인준되었다. 만약 콘스탄티우스가 더 오래 살아서 율리아누스를 물리쳤다면 그 타협안을 정착시킬 수 있었을 것이다. 하지만 361년에 타계함으로써 종교 문제가 다시 한 번 격동에 빠졌다.

　배교자 율리아누스. 율리아누스는 자신의 모든 친척들과 마찬가지로 그리스도교인으로 자라났다. 중등 교육은 카파도키아의 주교 게오르기우스(George)의 감독하에 받았고, 심지어 교회에서 독서자(lector)라는 하위 성직까지 받았다. 그러나 게오르기우스는 고전 문학과 그리스 철학, 특히 신플라톤 철학에 관련된 좋은 장서들을 보관하고 있었다. 율리아누스는 이 책들을 읽으면서 자신의 가족을 살해하고 자신에게 수년간 고독한 연금 생활을 강요해온 자들이 신봉하는 그리스도교보다 헬레니즘 정신에서 더 매력을 느꼈다. 연금 생활에서 풀려나자 율리아누스는 페르가몬으로 가서 수사학을 공부하고 아테네로 가서 철학을 공부했다. 이런 공부를 하고 있는 동안 그는 이교가 진정한 종교의 길이라고 확신하고서 은밀히 개종했다. 그러나 361년에 콘스탄티노플에 들어간 직후에 율리아누스는 이교를 제재하는 법들을 폐기함으로써 자신이 옛 도(道)를 신봉한다는 사실을 천명했다.

　율리아누스는 공적으로는 단지 모든 종교에 대해서 관용을 선포했을 뿐이었지만, 실제로는 자신의 직위에 따르는 모든 권한을 총동원하여 교회를 누르는 대가로 이교의 지위를 높였다. 관용령을 시행함으로써 비타협적인 니케아 신조 지지파가 아리우스파와 싸우는 볼썽 사나운 장면이 연출될 것을 기대하면서, 다른 한편으로는 태양신을 우주의 신으로 삼는 신플라톤주의적 이교를 창설하기 위한 작업을 벌였다. 심지어 이 통일된 신플라톤주의적 이교에 자신이 버린 교회를 본따 윤리적 힘과 조직적 골격을 부여하였다. 그리스도교인들의 관점에서 볼 때 율리아누스는 마귀의 사악한 대리인이었고, 이러한 인상은 그가 자신의 친구들조차 지나치다고 생각할 만큼 마술과 점과 징조들과 기적과 정교한 제사 의식을 강조한 데서 더욱 강하게 각인되었다. 그럼에도 불구하고 354년 이래로 자신의 운명이 급작스럽고 극적으로 바뀌는 것을 체험한 그는 신들이 자기를 편들고 있고 자신이 순항하고 있다고 확신했다.

페르시아 전쟁. 자신의 운명을 확신한 율리아누스는 자신의 용맹이 입증될 때까지 기다리고 싶지 않았다. 그는 주변 속주들에 안전을 항구적으로 정착시키고 자신은 또 다른 알렉산드로스 대왕이 되는 영광을 차지하기 위해서 곧장 페르시아를 침공할 준비를 했다. 안티오크를 거점으로 삼아 침략을 준비하고 있던 동안 그는 제국을 통틀어 그리스도교의 뿌리가 가장 강력히 박힌 도시들의 하나인 이 대도시 시민들을 대상으로 자신의 이교 부흥 운동을 적극 벌였다. 안티오크 시민들이 그를 무시한 것은 그나마 신사적인 태도였고 최악의 경우에는 그를 조소했다. 율리아누스는 혜성처럼 등장한 이래 처음으로 실패의 쓴맛을 보았고, 이 경험이 그의 확신을 흔들어 놓았다.

마침내 페르시아를 침공한 그는 초기에 거둔 성공으로 확신을 되찾았다. 내친 김에 내륙으로 밀고 들어가고 싶은 욕심이 생겼다. 아직 페르시아의 주력 부대와 조우하지도 않았고 뚜렷한 전략적 목표도 서지 않았는데도 말이다. 그는 페르시아의 수도 크테시폰까지 밀고 들어갔으나 수도를 함락하는 데는 실패했다. 모든 것을 태워버릴 듯한 여름 햇볕 아래서 변변치 않은 보급품으로 연명하며 퇴각하던 로마 군대는 이제 왕 샤푸르 2세의 주력 부대에게 쉴새없이 시달렸다. 율리아누스는 기습 공격을 받은 후미의 병력들에게로 가서 전열을 정비하기 위해 흉배를 뗀 채 말에서 내렸다가 측면으로부터 창으로 공격을 받고서 치명적인 부상을 입었다. 더러는 로마 군의 대열 가운데 있던 그리스도교인 병사가 그를 창으로 찔렀다고 한다. 그뒤 며칠 동안 페르시아 병사들은 이런 말로써 퇴각하는 로마 병사들을 조롱함으로써 그들의 사기를 꺾어 놓았다. 그러나 전쟁의 와중에서 누가 과연 창으로 그를 찔렀는지 확인할 수 없었고, 지금도 확인할 길이 없다. 율리아누스는 잠시 연명하다가 363년 6월 26일에 죽었다.

율리아누스가 일찌감치 죽은 사건은 로마사에서 큰 전환점이 되었다. 만약 그가 디오클레티아누스나 콘스탄티누스처럼 오래 재위했다면 그의 정책은 큰 영향을 끼쳤을 것이다. 그는 자신의 열렬한 소원대로 그리스도교의 뿌리를 뽑지는 못했겠지만, 신학적으로 제도적으로 통일된 이교가 국가의 지원을 받아 그리스도교 교회에 맞설 만한 강력한 상대가 되었을 가능성이 있고, 제국이 두 개의 적대적인 종교 진영으로 분열되는 위기에 처하게 되었을 가능성이 있다. 반면에 만약 그가 페르시아에서 거둔 초기의 승리에 만족했다면 동부 국경 지대에서 장기간의 평화를 정착시키고 라인 강과 도나우 강 유역의 종족들에 대한 정벌 사업을 성공적으로 지속시킬 수 있었을 것이다. 그렇게 해서 안정이 정착되었다면 서방의 속주들이 점차 번영을 되찾았을 것이고, 그 상황에 힘입어 정부의 형태도 3세기의 재난들 이후에 제국을 철저한 몰락에서 구하는 데 필요했던 것보다 덜 권위적인 모습으로 돌아갈 수 있었을 것이다. 물론 군주 혼자서 사건의 흐름을 바꿔놓을 수 있는 것은 아니겠지만, 대안이 있는 정책을 결정하고 그 정책을 실행할 기회가 주어진다면, 군주 혼자서라도 얼마든지 심대한 영향을 끼칠 수 있다.

황제로 선포된 요비아누스 (363년 6월 말). 율리아누스는 상속자가 없었고, 따라서 그가 영웅으로 생각했던 알렉산드로스처럼 그도 임종 침상에서 친구들과 대화를 나눌 때 후계자를 지명하기를 거부했다. 그가 죽자 율리아누스의 장군들과 보병대 지휘관들과 기병대 장교들이 후계자를 선정하기 위해서 회의를 열었다. 그들이 첫번째로 선택한 인물은 율리아누스의 절친한 고문 살루스티우스 세쿤두스(Salustius Secundus)였다. 동방의 친위대장(Praetorian Prefect)이었던 그는 온건한 이교도이자 대체로 인기가 높은 사람이었다. 하지만 그는 나이가 많고 야심도 없었기 때문에 황제직 제의를 거절했다. 그뒤 상당한 논쟁을 벌인 장교들은 마침내 얄궂게도 요비아누스

(Jovian)라는 이름을 지닌 그리스도교인 장교를 황제로 세우기로 합의했다 (요비아누스는 유피테르의 별칭임).

로마 군대는 전투를 계속했다. 그들이 티그리스 강 동쪽 둑을 건너자 여전히 전면전을 두려워하던 샤푸르는 협상을 제의했다. 우유부단하고 자신이 없고 아마 하루속히 귀국하여 자신의 황제권을 확실히 해두고 싶었던 요비아누스는 매우 불리한 조약안을 받아들였다. 조약안에는 메소포타미아의 로마 수비대에게 닻과 같은 역할을 해온 난공불락의 요새 니시비스를 넘겨주고, 티그리스 강 너머의 로마 속주들을 포기하고, 아르메니아에 대해 유지해온 보호국의 지위를 중단하고, 코카서스 지방을 방어하는 비용을 지불하기 위해 매년 페르시아에 보조금을 지불한다는 내용이 들어 있었다. 그 대가로 샤푸르는 30년간의 평화를 보장했다.

요비아누스는 불과 여덟 달을 재위한 뒤에 죽었다. 그가 샤푸르와 강화 조약을 맺은 뒤에 취한 한 가지 중요한 조치는 율리아누스의 반(反) 그리스도교 입법을 철회한 것이었다. 그는 비록 친 그리스도교적 인물이었지만 이교도를 박해하는 정책을 쓰지는 않았다. 율리아누스의 이교도 친구들과 지지자들은 과거의 행위로 인해 시련을 겪지 않았고, 모두가 개인 의사대로 자유롭게 종교 생활을 했다.

발렌티니아누스 1세와 발렌스 (364~378). 요비아누스가 죽자 주요 군 장교들과 민간 관리들은 비록 2등급에 지나지 않지만 판노니아 출신 그리스도교인으로서 노련한 장교였던 플라비우스 발렌티니아누스(Flavius Valentinianus)를 후임 황제로 선정했다. 아울러 그들은 그에게 공동 황제를 선정하여 제국이 동방과 서방에서 동시에 문제를 해결할 수 있도록 하라고 주문했다. 발렌티니아누스는 자기 형제 발렌스(Valens)를 선정하고 그에게 동방을 맡긴 뒤 자신은 밀라노에서 서방을 관장했다. 율리아누스가 지휘하던 옛 갈리아 군단들과 이교들과 콘스탄티누스 대제의 가문을 선호하던 많은 사람들은 율리아누스의 모계 친척인 프로코피우스(Procopius)를 지지했다. 그는 365년 말에 제위를 찬탈하려고 했다가 366년 초에 진압되어 처형되었다.

군인들이었던 발렌티니아누스와 발렌스는 왕성한 노력을 기울여 제국을 방어했다. 365년부터 375년까지 서방에서는 발렌티니아누스가 라인 강 유역에서 게르만 종족들을 격퇴하고 요새를 보강하고 갈리아에 평화를 가져다 주었다. 그의 장군 테오도시우스(Theodosius)는 브리타니아에서 픽트족과 스코트족을 밀어내고 북아프리카에서 무어족 추장 피르무스(Firmus)가 일으킨 반란을 진압했다(374). 발렌티니아누스는 아울러 도나우 강 접경 지대들을 강화하고 375년에 콰디족의 침공을 격퇴했다. 그러나 분노한 상태에서 콰디족과 협상을 벌이는 동안 중풍을 맞아 죽었다. 그는 열여섯살난 아들 그라티아누스(Gratian)를 후계자로 남겨 놓고 갔다.

동방에서는 발렌스가 365년부터 369년까지 트라키아에서 고트족의 거듭된 침공을 퇴치했다. 그런 뒤 371년에 페르시아의 세력이 커지는 것을 제재하는 데 관심을 돌렸다. 하지만 아르메니아에 대한 통제권을 재확립하는 선에서만 성공을 거두었고, 그뒤로는 다시 고트족이 조성한 새로운 위기에 대처하기 위해 서둘러 돌아가야 했다.

아드리아노플 전투(서기 378년 8월 9일). 수많은 동고트족과 서고트족이 밀려들어오는 훈족에게 쫓겨 유럽 북동부를 등지고 내려오고 있었다. 서고트족과 그들과 합류한 일부 동고트족이 발렌스에게 도나우 강을 건너 트라키아와 모이시아에 정착하게 해달라고 간청했다. 그들을 받아들이면 제국의 병력 자원이 늘어날 것을 예상한 발렌스는 그들이 무기를 버리는 조건으로 그들을 받아들이는 데 합의했다. 그러나 불행하게도 제국은 그런 갑작스런 대규모 정착을 받아들일 준비가 되어 있지 않았고, 몰염치한 로마 장교들은 무기를 버린 고트족이 정착민 수용소에서 대기하고 있는 동안 무기를 버린 그들을 난폭하게 다루었다. 로마인들은 그들에게 비싼 값을 받거나 혹은 다른 고트족 사람들을 받는 대가로 형편없는 음식과 심지어는 개고기를 팔았고, 그렇게 해서 인수한 고트족 사람들을 노예로 팔아넘겼다. 이러한 상황에 분노한 고트족은 377년에 대규모로 반란을 일으켰고, 역량이 없는 로마 지휘관이 사태를 장악하지 못했다.

발렌스가 직접 군대를 지휘하기 위해 도착한 때는 378년 여름이었다. 참을성이 없는데다 승리의 월계관을 젊은 조카 그라티아누스와 나눌 생각이 추호도 없던 발렌스는 그라티아누스가 파견한 원군을 기다리지 않은 채 전투에 임했다. 378년 8월 9일 오후에, 아침 일찍 출정하여 점심을 거른 로마 군대는 자신들이 트라키아의 아드리아노플 근처의 뜨겁고 황량한 평지에서 싸우고 있는 현실을 발견했다. 하지만 그들에게는 대안이 없었다. 참혹한 살육이 전개되었다. 로마 군대의 2/3와 수십명의 장교들과 어리석은 황제 자신이 그 전장에서 죽었다. 발칸 반도는 고트족의 땅이 되었다.

아드리아노플에서 당한 재앙을 제외하면 발렌티니아누스 1세와 발렌스의 공동 통치는 군사적인 면에서는 성공적이었다. 이들은 로마의 접경 지대에서 호전적인 종족들을 대상으로 용병을 모집하여 로마 군대를 보강했고, 발렌스가 어리석게도 아드리아노플에서 서둘다가 최후를 마치기 전까지는 국경 지대들을 성공적으로 방어했다. 그러나 민간 분야의 국정에서 그들의 통치는 보잘것 없었다. 그들은 군인들이었기에 상류층 민간인들과 마음이 맞지 않았고, 그들을 대하는 민간인들도 역시 마찬가지였다. 그러므로 두 황제는 자신들이 속한 사회 신분 출신으로서 교육 수준이 높지 못하고 기회주의적인 사람들을 민간 행정 관리들로 발탁했다.

두 사람은 입법 활동을 통해서 빈민들을 보호하고 정의를 세우고 재정 남용을 막으려고 노력했다. 예를 들어 발렌티니아누스는 제국 전역을 담당하는 시민 보호관(defensor civitatis)이라는 직위를 창설했는데, 이것은 시민들을 독단적인 관리들의 횡포로부터 보호하는 것을 임무로 삼는 일종의 민원 조사 관직이었다. 그럼에도 불구하고 공동 황제들의 선한 의도는 고트족을 마구 학대했던 자들 같은 무자비하고 탐욕스런 관리들에 의해 번번이 가로막혔다. 부정 부패의 대세에 밀려 정직한 관리들에게는 기회가 돌아가지 않았다. 예를 들어 아프리카에서 피르무스가 일으킨 반란을 진압한 테오도시우스가 그 속주에서 관리들의 비행을 들춰내자 궁정의 유력 인사들이 황제를 부추겨 그를 제거하도록 했고, 그 결과 그는 처형당하고 말았다. 상황이 이쯤 되자 경제는 다시 침체했고 시민들의 불만이 크게 고조되어 아프리카의 많은 로마인들이 피르무스의 반란을 지지할 지경이 되었다. 다른 속주들에서는 사람들이 자기들의 의무와 직업을 저버리려고 하는 경향이 갈수록 늘어났다.

종교 문제에서 두 황제는 이교도를 관용했고, 다만 제사를 드리고 마술과 점의 행사에 참석하는 것만 금했다. 서방에서는 발렌티니아누스가 니케아 신조의 정통파 지지자였지만 신학 분쟁에는 개입하지 않았고 종교 지도자들에게 자기들의 문제를 스스로 풀어가도록 허용했다. 그러나 그는 몰염치한 성직자들이 과부들과 미혼 여성들을 미혹하여 무상 증여를 받는 행위를 금했다. 동방에서는 발렌스가 359년에 콘스탄티우스 2세에 의해 국교로 선포된 온건한 아리우스주의를 지지했다. 그러나 불행하게도 그는 그 주의를 강요하려다가 성직자들의 불만과 민중의 동요와 반대파에 대한 박해를 초래했다.

그라티아누스와 테오도시우스 대제 (379~395). 발렌스가 죽을 때 젊은 그라티아누스는 불리한 처지에 있었다. 그는 좋은 교육을 받고 역량있는 고문들의 후견을 받았으나, 나이가 어렸던지라 입지가 불안했다. 아드리아노플에서의 대패 이후에 일리리쿰의 충성을 확보하기 위해서 일리리쿰 주둔군은 그라티아누스의 네살 난 동생 발렌티니아누스 2세를 공동 황제로 선포해 놓고 있었다. 그라티아누스는 그들의 조치를 수락했지만 발렌티니아누스 2세에게 더 이상의 영토를 주지 않고 그를 그의 어머니와 메로바우데스(Merobaudes)라는 프랑크인의 섭정하에 두었다. 그라티아누스 자신은 유배지에 있던 테오도시우스(Theodosius)를 불러들였다. 그는 과거에 피르무스의 반란을 진압한 뒤에 부당하게 처형되었던 테오도시우스의 아들이었다. 379년에 그라티아누스는 테오도시우스를 자신의 동료이자 처남으로 삼았다.

테오도시우스가 맡은 첫번째 임무는 발렌스를 격퇴한 이래로 발칸 반도에서 노략질을 일삼고 있는 서고트족과 대결하는 것이었다. 그는 결정적인 패배를 안기지 못한 채 3년간 그들과 대치했다. 막대한 출혈을 요구하는 전투를 더 이상 지연시킬 생각이 없어진 테오도시우스는 옛 공화정 시대의 관행을 생각나게 하는 평화 조약을 제의했다. 그 조약에 따라 서고트족이 자기들의 왕들의 통치를 받는 자치국이면서 동맹국의 자격으로 제국 안에 정착하도록 허용했다. 그 대가로 서고트족은 로마를 위해서 싸우되 지휘는 자기들의 종족 지휘관들에게 받기로 합의했다. 당시의 상황에서 테오도시우스가 달리 해낼 수 있었던 일이 없었지만, 그의 혁신적인 정착 정책은 훗날 다른 이민족들로 하여금 비슷한 대우를 요구하도록 만들고, 그들이 제국의 나머지 인구와 동화되지 않을 때 제국의 통일성을 더욱 훼손하게 되는 선례를 만들어 놓았다.

그라티아누스를 전복한 막시무스 (383). 서방에서는 아버지가 상류층으로부터 받지 못한 존경을 받게끔 가능한 한 최고의 교육을 받은 그라티아누스가 자신을 위해 아버지가 붙여준 판노니아의 깐깐한 고문들 대신에 세련된 친구들을 영입했다. 그리고 그는 국경 지대의 적군들에 신경을 쓰기보다 황제 사유지에서 오락을 즐기는 데 더 몰두했다. 아울러 그는 정통 그리스도교를 장려하는 데 지대한 관심을 쏟았다. 발렌티니아누스 1세가 죽자마자 그는 제국 전역에 종교 관용령을 반포했으나 그것을 곧 철회했는데, 아마 유능하고 질투심 많은 밀라노의 주교 암브로시우스(Ambrose)의 영향 때문인 듯하다. 381년에 그라티아누스는 폰티펙스 막시무스라는 칭호를 포기하고, 로마 원로원 의사당에 있던 승리의 제단을 철거하고, 베스타 여사제들과 유서깊은 사제단의 재산을 몰수했다. 다음 해에 이교도 원로원 의원들이 이 조치들을 철회해달라고 탄원했으나 교황 다마수스(Damasus)와 암브로시우스가 그를 도와 이 조치를 강행하도록 했다.

이런 문제들에 마음을 빼앗긴 그라티아누스는 군대를 소홀히 대했고, 그런데다가 본토에서 노련한 사냥꾼들이었던 야만족 알란족의 일개 대대를 자신의 경호대로 선정함으로써 군인들에게 큰 모멸감을 안겨주었다. 383년에 브리타니아에서는 군인들에 의해 황제로 옹립된 마그누스 막시무스(Magnus Maximus)가 신속히 갈리아로 진격하여 그곳을 장악하고 그라티아누스의 군대를 쉽게 물리쳤다. 그라티아누스는 자기 병사들에게 버림을 받은 뒤 곧 처형되었다. 귀중한 자원을 내전으로 낭비하고 동방을 동고트족과 페르시아의 먹이로 방치해 둘 생각이 없던 테오도시우스는 막시무스를 브리타니아와 갈리아와 히스파니아를 맡은 동료 황제로 받아들였다.

발렌티니아누스 2세는 어머니 유스티나의 섭정하에 이탈리아와 다키아와 마케도니아와 그밖에 일리리쿰의 통치권을 받았다. 그러나 387년에 막시무스가 이탈리아의 통제권을 장악하려고 시도했다. 바로 얼마 전인 386년에 테오도시우스는 동고트족에게 치명타를 가하고 페르시아와 동부 국경 지대를 놓고 타협을 도출해 놓은 상태였다. 막시무스는 아마 자신이 이탈리아를 강점한 일에 대해서 테오도시우스가 조만간 자신을 응징하러 올 것이 두려워서 자신의 권력 기반을 강화하기 위해 힘썼다. 만약 막시무스가 두려워했다면 그 두려움은 곧 현실이 되었다. 테오도시우스로서는 이제 더 이상 막시무스를 방치해 둘 수 없었기 때문이다.

테오도시우스는 테살로니카로 도피했던 발렌티니아누스 2세의 누이 갈라(Galla)와 결혼한 뒤 서쪽으로 진격했다. 막시무스는 일리리쿰에서 그를 만나 두 번 패한 뒤에 아퀼레이아로 철수했고, 그곳에서 388년에 현실을 파악한 병사들의 압력에 굴복하여 테오도시우스에게 항복했다. 테오도시우스의 지휘권 하에 있는 프랑크인 사령관(Magister Militum : 콘스탄티누스 이래로 총사령관인 황제를 보좌한 장군직. 처음에는 1명이다가 기병사령관, 보병사령관 등 2인, 그리고 후에는 각 지역별로 사령관이 임명되었다. — 역주) 아르보가스트(Arbogast)는 갈리아를 막시무스의 아들 빅토르(Victor)에게서 되찾았고, 그의 주도하에 발렌티니아누스 2세가 서방의 책임자가 되었다.

아르보가스트의 반란. 아르보가스트는 고질적인 병력 자원 부족을 벌충하기 위해 야만족에게 크게 의존한 테오도시우스 밑에서 고위직에 오른 여러 야만족들 가운데 한 사람이었다. 의지력이 강하고 야심만만했던 아르보가스트는 군주로서의 독립성을 내세우는 젊은 발렌티니아누스와 말다툼을 벌였다. 그 와중에서 392년에 발렌티니아누스를 죽였으나 야만족인 자신을 차마 황제로 선포하지는 못했다. 그대신 그는 꼭두각시 황제를 세웠다. 비서국의 수장이자 아마 정체를 감춘 이교도였을 수사학자 에우게니우스(Eugenius)가 그였다. 에우게니우스는 승인을 받기 위해 서투르게 협상을 타진했으나, 테오도시우스는 어쩔 수 없이 서방을 다시 침공할 채비를 갖추었다. 394년 9월 6일에 두 군대가 마침내 아퀼레이아 근처의 프리기두스 강에서 만났다. 처음에는 수세에 몰리던 테오도시우스는 때맞춰 불어온 폭풍과 일부 적군 병사들의 탈영에 힘입어 전세를 역전시켰다. 결국 에우게니우스와 아르보가스트를 궤멸시킨 그는 재통일된 제국의 유일한 황제가 되었다.

테오도시우스의 죽음과 제국의 분열. 얼마 뒤 건강이 악화된 테오도시우스는 승리를 거둔 지 불과 다섯달만인 395년 초에 밀라노에서 죽었다. 더러는 테오도시우스가 서방을 열살난 자기 아들 호노리우스(Honorius)에게 맡기고 동방을 열여덟살난 자기 아들 아르카디우스(Arcadius)에게 맡김으로써 그때까지 통일을 유지해온 제국을 영구 분열시켰다고 말한다. 하지만 테오도시우스의 입장에서는 동방과 서방에서 제국의 권위를 동등한 자격으로 대표할 전략적 필요성을 확신했을 것이다. 에우게니우스가 서방을 통치한다는 것은 오래 전부터 원칙으로 받아들여져온 권위의 분할이 아니라 테오도시우스의 입장에서 관용할 수 없었던 불법 행위였다. 그는 서방의 합법적인 황제들인 그라티아누스와 발렌티니아누스 2세에 대해서 아무런 편견도 나타낸 적이 없었다.

테오도시우스에게 훨씬 더 어려웠던 과제는 내전과 국경 지대 방어에 드는 비용을 조달하는 일이었다. 그 일에 드는 세금과 인력은 경제와 인구가 안전히 감내할 수 있는 정도를 넘어서는 것이었다. 그런 막중한 부담으로 인해 도시들이 더욱 쇠퇴하고 중간층이 몰락하고 인구가 감소했다. 이러한 상황은 테오도시우스가 궁전을 동방식으로 꾸미고 콘스탄티노플의 장엄함을 배가하기 위해서 막대한 비용이 드는 토목 사업을 감행함으로써 더욱 악화되었다. 늘어난 군사적 재정적 부담을 충당하기 위해서 관료제를 방만하게 운용해야 했고, 그 과정에서 무수한 관리들이 남의 희생의 대가로 사리사욕을 채웠기 때문에 훨씬 더 많은 문제들이 생겼다.

후대의 그리스도교 시대가 테오도시우스에게 '대제'라는 칭호를 붙인 이유는 주로 그의 종교적 활동 때문이었다. 경건한 정통파 그리스도교인이었던 그는 점차 니케아 신조를 받아들인 사람들을 지원했다. 그 과정에서 그는 밀라노의 암브로시우스에게 격려를 받았다. 처음에 그는 자신의 정통 신앙을 그리스도교인들에게만 적용했지만, 나중에는 391년과 392년의 칙령을 통해서 이교 예배의 외적인 표현을 법으로 금했다. 그러나 테오도시우스는 유대인들에게 종교의 자유를 허용한 로마의 오랜 정책을 뒤집지는 않았다.

테오도시우스의 적대감 앞에서도 이교는 사라지지 않았다. 오히려 그 신봉자들은 갈수록 오래 전에 사라진 대의 명분을 그리워하며 신봉해온 사람들을 닮기 시작했다. 그들은 로마를 위대하게 일어나게 했던 옛 신들이 자신들의 박해자들을 응징하고 제국의 옛 영화를 되찾아 줄 것을 소망했다. 그러나 그런 날은 결코 오지 않았을 것이다. 그리스도교 교회와 야만족들이 아무도 멈춰세울 수 없을 정도로 워낙 강력한 변화를 주도해 가고 있었기 때문이다.

37

서방의 상실(서기 395~493)

　　테오도시우스가 죽은 뒤 한 세기와 1/4세기만에 로마 제국은 내부 갈등과 게르만족의 정복이라는 양대 요인에 의해서 붕괴되고 만다. 처음에는 제국이 단순히 두 개의 분리된 그러면서도 서로 동일하지 않은 절반들로 나뉘었을 뿐이었다. 한 곳은 좀더 가난하고 덜 안전한 서방으로서 이곳의 황제들은 상황이 요구하는 대로 로마나 밀라노나 라벤나를 거점으로 삼았다. 다른 한 곳은 좀더 부유하고 좀더 안정된 동방으로서, 이곳의 황제들은 콘스탄티누스가 보스포로스 해협에 세운 부유하고 난공불락의 도시에 확고히 터전을 잡았다. 서방은 그곳 황제들의 권력이 완전히 사라지게 되는 서기 476년까지 속주들이 하나 둘씩 떨어져 나감에 따라 게르만 종족들에 의해 개별 왕국들로 급속히 변모해 갔다. 반면에 동방은 손상을 입지 않은 채 살아남았고, 동방 황제들이 보편 국가라는 로마의 이상을 보존하고 제국이 좀더 헬레니즘화하고 줄어든 중세의 비잔틴 제국으로 변모해 갈 준비를 함에 따라 황제의 권위도 아우구스투스 때와 방불한 모습으로 정치적 단절 없이 시행되었다.

　　395~518년의 로마사에 대한 자료. 암미아누스 마르켈리누스와 그보다 훨씬 못한 4세기의 발췌 작가들을 제외하고는, 이 시기의 처음 25년간에 해당하는 자료들은 앞장과 거의 동일하다. 그러나 각각 410년과 417년까지 다룬 조시무스와 오로시우스 이후에는 제한된 폭이나마 연구에 의존할 만한 통사

적인 자료들이 없다. 좀더 초점을 좁게 설정한다면 테오도레투스(Theodoret),
소조멘(Sozomen), 소크라테스(Socrates)의 교회사가 각각 408년, 425년, 439
년으로 끝난다. 에바그리우스(Evagrius)는 자신의 「교회사」(*Ecclesiastical
History*)를 에페소스 공의회(431)부터 시작하여 594년까지 이어갔다. 공정성
을 유지하려는 이 책의 시도는 간혹 경신(輕信) 때문에 흐려진다. 이 책과 그
밖의 교회사들은 그러나 한 가지 큰 장점을 갖고 있다. 다름 아닌 공문서들을
자주 인용하는 것인데, 세속 사가들은 이런 방식을 대개 회피했다.

439년부터 줄곧 연결성을 유지하는 세속 자료들은 매우 드물고, 있다 하더
라도 세계 연대기를 아담에서부터 시작하여 유스티니아누스로 끝나도록 쓴
요한 말랄라스(John Malalas) 같은 초기 비잔틴 저자들의 공상적인 연대기인
경우가 많다. 포티우스(Photius)와 콘스탄티누스 포르피로게니투스
(Constantine Porphyrogenitus) 같은 중세 비잔틴의 편집자들은 현존하지 않
는 저서들에서 귀중한 단편들을 많이 보존했다. 예를 들어, 포르피로게니투스
가 편집한 외교 문서들에는 파니움의 프리스쿠스(Priscus)가 외교 사절로서
아틸라의 진영에 파견되어 갔을 때 아틸라와 훈족에게 매료되어 기록한 보고
서가 실려 있다. 아울러 로마 바깥 세계의 역사를 이해하는 데는 6세기의 수
사 요르다네스(Jordanes)의 글이 중요하다. 그의 세계사에는 북유럽의 미정착
종족들을 다루며, 그의 「고트족의 기원과 그들이 벌인 행위들」(*On the
Origin and Deeds of the Goths*)은 열두 권으로 된 카시오도루스
(Cassiodorus)의 기록을 기초로 삼고 있다.

문헌적 증거는 438년에 발행되고 과거 40년 동안 공포된 많은 법률들을 실
은 테오도시우스 2세의 「법전」(*Codes*)과 더불어 나온 다양한 로마법 편찬서
들에 의해 제공된다. 차후에 발렌티니아누스 3세와 테오도시우스 2세가 발행
한 새로운 법률집 「새 법들」(*Novellae*)도 그 법들이 공포된 데에 대한 귀중
한 해설을 싣고 있다. 테오도시우스 2세가 공포한 그밖의 법률들이 유스티니
아누스의 「법전」(*Codes*)에 요약 형태로 실려 있다. 또 다른 가치있는 문헌은
5세기 초 제국의 고위 관리들과 장교들의 공식 명단인 「고관들의 명부」
(*Notitia Dignitatum*)이다. 이 문헌은 당대의 행정 구조와 군사 동향을 들
여다 볼 수 있는 중요한 시각을 제공한다. 그밖에 당대의 중요한 저서로는 클

라우디아누스(Claudian)의 시들(참조. 994쪽), 시도니우스 아폴리나리스 (Sidonius Apollinaris)의 시들과 편지들(참조. 994쪽), 그리고 이 시기에 등장하기 시작한 성인들과 성직자들과 상류층 인사들의 무수한 전기들이 있다. 이 자료들은 좁은 범위를 다룬다는 약점이 있지만 사회적·경제적·문화적 상황에 관한 자세한 소개로 벌충한다.

동방과 서방의 분열. 제국이 그 방대한 면적과 갈수록 복잡해져 가는 국내 문제들 앞에서 두 황제를 중심으로 분열되리라는 것은 이미 3세기에 제국의 통일을 유지하기 힘들었던 점과 디오클레티아누스가 동방과 서방을 관할할 아우구스투스들을 따로 세웠던 점과 콘스탄티누스가 로마에 해당하는 수도를 동방에 설립하기로 결정한 점, 그리고 군 장교들이 발렌티니아누스에게 공동 황제를 임명하도록 요구한 점에서 예견되었던 일이다. 두 개의 수도가 정식으로 수립됨에 따라 영구 분열은 이제 시간 문제였다.

그 영구 분열의 때가 뜻밖에 빨리 다가왔다. 테오도시우스가 두 아들을 남겨둔 채 죽었기 때문이다. 그는 이미 383년에 장남 아르카디우스(Arcadius)를 아우구스투스로 임명하고 387년에 막시무스를 정벌하러 서진할 때 그를 명목상 동방의 통치자로 남겨 놓고 떠났다. 393년에 테오도시우스는 차남 호노리우스(Honorius)를 서방의 아우구스투스로 선포하고 아르보가스트와 에우게니우스를 정벌하러 갈 때 그를 데리고 갔다. 395년에 테오도시우스가 죽자 이제 열일곱 혹은 열여덟살이 된 아르카디우스가 동방의 유일한 군주가 되었고, 열살이 된 호노리우스는 서방의 황제로 홀로 남겨졌다.

어린이 황제들. 아르카디우스와 호노리우스가 즉위한 일은 동방과 서방 양 진영에서 테오도시우스의 왕조를 약하게 만든 불행한 어린이 후계 형태를 예증한다. 아르카디우스는 408년에 죽을 때 일곱살난 아들 테오도시우스 2세에게 제위를 물려주었다. 호노리우스는 423년에 여섯살밖에 안 된 조카 발렌티니아누스 3세에게 제위를 물려주었다. 테오도시우스의 아들들과 손자들은 이렇게 나이가 어렸기 때문에 세도있는 대신들의 감독을 받지 않고는 통치할 수 없었으며, 그러니 자연히 그들에게 의존하게 되었고 장성해서도 그들에게서 독립할 수가 없었다. 대신들이 궁정에서 자리와 세력을 놓고 경쟁하다보니 제국 전체의 안녕이 개인적 경쟁과 야심에 희생되는 경우가 속출했다. 흥미롭게도 그 왕조에서 한층 강력하고 독립적인 사람들은 호노리우스와 아르카디우스의 이복 누이이자 발렌티니아누스 3세의 어머니인 갈라 플라키디아(Galla Placidia)와 테오도시우스 2세의 누이인 풀케리아(Pulcheria), 그리고 그의 아내 에우독시아(Eudoxia) 같은 여성들이었다. 이들은 여성들이었기 때문에 어린 남자 황제들을 지도하는 자들의 의존을 심화하는 조언과 아첨이 먹혀들지 않았다.

테오도시우스의 어린 계승자들 치하에 제국은 로마와 콘스탄티노플에서 각각 임명된 일년 임기의 두 콘술 중 한 명을 세움으로써 명목상 통일을 유지해갔다. 게다가 황제들의 조각상들을 나란히 전시하고 제국의 법률들을 공동 명의로 공포함으로써 외견상으로는 통일이 강화되었다. 그러나 한 쪽이 공포한 법률을 다른 쪽이 호혜 원칙에 입각하여 공포하지 않는 일이 빈번했고, 군사적 혹은 왕조적 위기 때 서로 협력한 예들이 없지 않았음에도 동방과 서방의 행정은 각기 따로 놀았다.

제국 군대의 게르만족 사령관들. 이 시기의 초기에 두드러졌던 특징의 하나는 게르만족 장군들이 제국 군대의 고위 지휘관직을 차지한 점이다. 그라티아누스 때 이런 경향이 두드러졌는데, 이 점은 여러 가지 구체적인 이유들을 가지고 설명할 수 있다. 가장 중요한 이유는 병력 자원이 워낙 부족했던지라 게르만 부족들 중에서 호전적인 무리들을 로마 군에 모집하게 되었고, 거꾸로 이런 상황은 유능한 추장들과 장군들에게 황제로부터 호의를 얻어 승진할 수 있는 기회를 부여했다. 둘째, 게르만족 추장들을 잠재적 적에서 충성스런 동맹자로 돌려놓는 한 가지 방법은 테오도시우스가 서고트족을 연방적 동맹 세력으로 만듦으로써 그랬던 것처럼 그들에게 로마 군대 내의 좋은 자리를 제공하는 것이었다. 아울러 황제의 자리를 요구하는 야만족을 지지할 가능성이 없는 로마의 민간 관리들과 공통 분모가 없는 사람들에게 군대 권력을 맡기는 것이 적절해 보였을 가능성도 있다. 마지막으로, 테오도시우스 대제 같이 군사적으로 성공한 황제의 입장에서는 힘든 군복무보다 쉽고 급여가 많은 행정직에 관심이 많은 로마의 피지배층에게서보다는 주로 군사적인 장점을 지닌 게르만족 지도자들에게서 더 많은 공통점을 발견했을 가능성도 있다.

그러나 불행하게도 게르만족 장교들이 군대에서 고위직을 얻자 로마의 고위 장교들과 민간 관리들 편에서 시기와 적대감이 표출되었다. 아울러 그러한 직위들은 그 직위들에 오른 게르만족 사람들에게 제국의 정계에서 개인과 부족의 원한을 갚을 수 있는 기회도 주었다. 이 문제는 황궁이 두 개나 존재하고, 각 황제의 장군들과 대신들이 어리고 미숙한 황제에 대해서 영향력을 확대하려고 꾀한 상황에 의해 악화되었다. 따라서 호노리우스 때 스틸리코(Stilicho)의 경력이 예증하듯이 이런 모든 상황은 제국의 평화와 안전에 위협이 될 수 있었으며, 동방과 서방의 행정에 협조가 없었던 것은 바로 이런 상황 때문이었다.

스틸리코. 스틸리코의 어머니는 로마인이었을 가능성이 있지만 그의 아버지는 로마 군대에서 복무한 반달족이었다. 스틸리코는 남들이 하는 대로 황제 경호대의 일부이자 젊은 장교의 훈련소인 프로텍토레스(protectores)에서 복무했다. 그러다가 곧 테오도시우스의 눈에 들었고 그 덕택에 황제의 조카 세레나(Serena)와 곧 결혼했다. 그뒤 고속 승진을 하여 이동 야전군의 한 부대를 책임진 기병사령관(magister equitum)이라는 로마 고위 사령관직에 올랐다. 테오도시우스가 아르보가스트를 정벌하러 서쪽으로 갔을 때 스틸리코는 기병대와 보병대를 총괄하는 군 사령관직(magister militum)[1]을 차지했다. 마지막으로 테오도시우스는 죽기 전에 스틸리코에게 어린 후계자들이 권좌에 오르도록 보살피는 임무를 맡겼다.

아르보가스트와 에우게니우스의 반란 사건이 보여 주었듯이, 게르만족 장군이 황제가 된다는 건 불가능했을지라도 권좌의 배후에서 실세가 된다는 것은

---

1) 저자는 스틸리코의 군사령관직을 magister utriusque militiae라고 하면서 그 직책이 최고사령관이라고 말한다. 그러나 magister utriusque militiae는 기병사령관 또는 보병 사령관 중 1인을 지칭하는 말이다. 따라서 양군을 지휘하는 사령관이라면 magister militum이라고 써야한다. 이에 대해서는 A Berger, *Encyclopedic Dictionary of Roman Law*의 magister militum 항목을 참조하라 — 역주

얼마든지 가능했다. 스틸리코가 아마 바로 그러한 야심을 품고서 자신의 막강한 직위를 이용하여 자기 아들 에우케리우스(Eucherius)를 호노리우스의 이복누이 갈라 플라키디아(Galla Placidia)와 결혼시키는 방법으로 그가 권좌에 오를 수 있는 길을 열어주려고 했던 것 같다. 그러나 불행하게도 스틸리코는 그러한 야심 때문에 곧 동방의 황궁에서 막강한 영향력을 지닌 지위에 오르려고 꾀해온 아르카디우스의 부패하고 강력한 친위대장 루피누스와 충돌하게 되었다.

루피누스와의 경쟁. 스틸리코와 루피누스가 벌인 투쟁의 초기 국면은 395년 봄에 누가 전략적으로 중요한 일리리쿰 대관구장(prefecture of Illyricum)을 통제하느냐 하는 문제를 가지고 시작되었다. 379년에 그라티아누스는 아드리아노플 전투 이후에 일리리쿰 인근 지역들을 약탈하고 있던 서고트족에 대한 테오도시우스의 정벌을 돕기 위해서 일리리쿰의 관할권을 서방으로부터 동방의 테오도시우스에게로 이전한 바 있다. 스틸리코는 이곳을 호노리우스에게 배당함으로써 서방에 돌려주려 한 것이 테오도시우스의 뜻이었다고 주장했다. 그러나 루피누스는 아르카디우스를 설득하여 스틸리코의 주장을 거절하도록 만들었다.

일리리쿰은 잃기에는 너무나 귀중한 지역이었다. 이곳을 잃는다면 아르카디우스에게 소아시아와 레반트 지역과 이집트를 넘겨주는 것과 다름이 없었다. 이곳은 육지와 바다로 제국의 두 절반을 잇는 요충지였고, 어느 쪽에서든 우수한 병력 자원을 모집할 수 있는 최고의 지역 가운데 하나였다. 스틸리코는 과거 393년에 테오도시우스가 서방으로 이끌고 온 동방의 부대들을 콘스탄티노플로 도로 이동시킨다는 명목으로 395년 봄에 일리리쿰에 도착했다. 그는 판노니아와 노리쿰에서 야만족의 침략을 저지하다가 왔고 다수의 서방 병력도 끌고 왔기 때문에 그가 일리리쿰을 차지하려는 속셈이라는 의혹이 일었다. 마침 서고트족이 새로 선출된 왕 알라릭의 지휘로 봉기를 일으킴으로써 상황이 복잡하게 꼬였다. 서고트족은 자기들이 아르보가스트에 대한 정벌 작전에 따라 나섰다가 변변한 대접을 받지 못했다고 생각하고서 콘스탄티노플의 외곽에까지 밀고 들어갈 정도로 마케도니아와 트라키아를 유린했다. 알라릭은 루피누스와 협상을 벌인 끝에 서쪽으로 기수를 돌려 장관 속주인 일리리쿰으로 들어갔다가 거기서 스틸리코에게 생포되었다.

스틸리코는 서고트족의 위협을 타파한 대가로 신망을 얻고 그로써 일리리쿰에 대한 소유권 주장에 힘이 실릴 것을 우려한 루피누스는 아르카디우스를 설득하여 스틸리코에게 동방의 군단들을 즉각 콘스탄티노플로 돌려보내고 본인은 서방으로 귀환하도록 명령하게 만들었다. 스틸리코는 그 명령에 복종했다. 아마 자기 병사들에게 상관의 명령을 거스를 것인가를 물을 만큼 강한 확신이 서지 않았을 것이다. 그리고 콘스탄티노플에 있는 아내와 아이들이 걱정되기도 했을 것이다. 아울러 그는 알라릭을 풀어주었는데, 이 조치로 알라릭은 그에게 빚을 지게 되었고 아르카디우스는 방어책을 상실한 일리리쿰 대관구의 로마인들에게 원성을 샀다.

동방 군대는 동고트족 출신의 가이나스(Gainas)의 지휘로 복귀했는데, 스틸리코는 그와 함께 루피누스를 암살하려는 음모를 꾸몄다. 395년 11월 27일에 루피누스는 부대를 시찰하기 위해서 아르카디우스를 따라 콘스탄티노플에 모습을 나타냈다. 가이나스와 그의 공모자들은 루피누스 주위에 몰려 우호적인 몸짓을 보이고 감언이설을 쏟아냈다. 그러다가 결정적인 순간이 다가오자 그들은 그를 베어 넘어뜨렸다. 잘린 그의 머리가 거리 곳곳에서 조롱거리가 되었고, 잘린 그의 오른손이 악명높았던 그의 탐욕을 상징하기나 하듯 구경꾼들에게 선물을 요구하는 자세로 전시되었다.

알라릭. 스틸리코가 서방의 국경 지대를 강화하고 있는 동안 알라릭과 서고트족은 아르카디우스로부터 이렇다 할 제재를 받지 않은 채 일년이 넘도록 그리스와 발칸 반도를 약탈했다. 그러나 397년 봄에 스틸리코가 마침내 알라릭을 제재하려고 그리스를 침공하자 아르카디우스와 콘스탄티노플 원로원은 스틸리코를 공적으로 선포했다. 아울러 그들은 아프리카의 무어족 주백(Moorish Count of Africa) 길도(Gildo)를 부추겨 호노리우스에 대해 반란을 일으키게 했다. 길도가 로마에 대한 중요한 곡물 공급선을 차단하자, 스틸리코는 로마의 식량난을 해결하고 길도를 처단하기 위해서 알라릭을 놔주고 로마로 급히 돌아갈 수밖에 없었다. 그런데 과거에 길도가 테오도시우스 치하에서 자기 형제 피르무스가 일으킨 반란을 진압하는 데 기여했듯이, 이번에는 그의 다른 형제 마스케젤(Mascezel)이 그를 진압했고, 그동안 스틸리코는 이탈리아를 돌보았다.

아프리카는 건졌으나 그동안 알라릭은 북쪽으로 이동하여 에피로스로 들어갔고, 아르카디우스로부터 군사령관(magister militum)이라는 직위를 얻은 뒤 그곳에 정착했다. 스틸리코는 398년에 자신의 딸 마리아를 호노리우스와 결혼시킴으로써 자신의 지위를 강화했지만, 일리리쿰을 침공할 만한 아무런 직위도 갖고 있지 못했다. 오히려 그대신 401년에 알라릭이 이탈리아를 침공했는데, 그때 스틸리코는 라다가이수스(Radagaisus)의 지휘하에 노리쿰과 라이티아를 약탈하고 있던 반달족과 알란족과 그밖의 게르만 종족들의 심각한 침공을 저지하기 위해 알프스 산맥 이북으로 소환되어 가 있었다. 알라릭은 이탈리아 북부의 여러 소도시들을 함락한 뒤에 밀라노에 있는 호노리우스 자신을 포위 공격할 참이었다. 그때 스틸리코가 라다가이수스를 물리치고 갈리아와 브리타니아에서 원군을 끌어모아 가지고 돌아왔다(402년 2월). 알라릭은 밀라노에서 퇴각했다가 폴렌티아에서 패배했는데, 이곳에서 스틸리코는 알라릭의 식구들을 생포했다. 협상이 이루어졌고, 그 결과 알라릭은 식구들과 추종자들을 이끌고 이탈리아를 떠났다.

알라릭과 스틸리코 모두 시간을 벌고 있었다. 알라릭은 403년 여름에 이탈리아를 재침공하여 베로나를 공격했다. 이제 전열을 가다듬은 스틸리코는 다시 그를 물리쳤다. 그러나 스틸리코는 다시 한 번 기회를 주었다. 알라릭은 스틸리코가 일리리쿰을 차지하도록 돕겠다고 약속한 뒤에 철수를 허락받았다. 그러나 불행하게도 스틸리코가 병력 증강을 위해서 북부 국경선에서 병력을 빼내는 바람에 이제 동고트족이 주축을 이룬 대규모 게르만 군대의 수장이 된 라다가이수스가 도나우 강을 건너 이탈리아로 곧장 밀고 들어왔다. 스틸리코가 406년 8월에 그를 물리치고 죽이기까지는 여섯 달이 걸렸다.

스틸리코의 몰락. 스틸리코와 알라릭이 일리리쿰을 침공할 수 있기 전에 또 다른 위기가 가로막았다. 406년 말에 반달족과 수에비족과 알란족과 그밖의 종족들로 구성된 대군이 꽁꽁 얼어붙은 라인 강을 건너 갈리아로 밀려들어왔다. 과거에 종종 그랬던 것처럼 황제가 국경 지대를 제대로 방어하지 못하자 속주 사령관이 황제의 권위를 찬탈했다. 브리타니아에서는 또 다른 콘스탄티누스가 황제로 옹립된 뒤에 407년에 군대를 이끌고 침략자들을 격퇴하기 위해서 바다를 건너 갈리아로 들어왔다.

스틸리코가 콘스탄티노플을 함락시키기 위해서 일리리쿰에 대해 침공을 감행했을 때 알라릭은 노리쿰을 침공한 다음 4천 파운드의 금을 보조금으로 내줄 것과 자기 병사들에게 군대에 자리를 내줄 것을 요구했다. 스틸리코는 주저하는 원로원을 설득하여 그 요구를 받아들이게 만들었다. 이 조치에 불만을 느낀 황실 수비대 로마 장교들이 알라릭과 반역적 내통을 했다는 죄목으로 그를 공격했다. 그들은 아울러 스틸리코가 일리리쿰 대관구에서 자신의 아들을 제3의 황제로 옹립할 계획을 세웠었다는 소문을 퍼뜨렸다. 마침 올림피우스 (Olympius)라는 궁정 관리가 꾸민 음모로 인해 호노리우스는 스틸리코에게 등을 돌리게 되었고, 결국 그를 체포하여 408년 8월에 그의 아들과 함께 처형하게 했다.

알라릭의 로마 공격. 호노리우스는 이제 알라릭과의 합의 사항을 존중하기를 거부했고, 그러자 알라릭은 즉각 이탈리아를 침공하여 로마를 포위했다. 그동안 호노리우스는 라벤나의 안전한 소택지에서 공포에 떨고 있었다. 호노리우스로부터 아무런 지원이 없자 로마 원로원은 알라릭과 협상을 벌였고, 알라릭은 막대한 배상금을 받는 대가로 포위를 풀기로 합의했다. 배상금을 지불하기로 한 이 합의 조건이 호노리우스와의 연락 끝에 승인되었다. 호노리우스는 그밖에도 신의의 표시로 인질들을 내주기로 합의했다. 그러나 호노리우스가 다시 약속을 지키지 않자 알라릭이 409년 말에 다시 로마로 쳐들어왔다. 다시 협상이 이루어져 로마 시는 공격을 면했고, 원로원의 동의하에 도시 로마 담당관(Urban Prefect) 프리스쿠스 아탈루스(Priscus Attalus)가 새 황제로 선출되었으며, 새 황제는 알라릭과 협조하기로 동의했다. 알라릭 자신은 군사령관이 되었고, 그의 처남 아타울프(Athaulf)는 황궁 경호대장(Count of the Domestics)이 되었다. 그밖의 중요한 직위들은 아탈루스의 친구들이 차지했는데, 그들은 모두 승리의 제단 건으로 성 암브로시우스와 갈등을 겪었던

고(故) 퀸투스 아우렐리우스 심마쿠스(Quintus Aurelius Symmachus)가 이끌던 세도있는 이교도 원로원 의원 그룹에 속한 사람들이었다.

겁에 질린 호노리우스는 공동 통치를 위한 협상을 제의했으나 아탈루스는 그 제의를 거절했다. 호노리우스가 라벤나를 탈출하여 콘스탄티노플로 가려고 할 때 동방에서 4천 명의 병력이 도착하여 그의 결심을 굳히게 했다. 그 무렵 아탈루스와 알라릭 사이에는 야만족들을 사용하여 로마인들과 싸우게 하는 문제로 의견 차이가 발생했다. 그러자 알라릭은 아탈루스를 지지해온 입장을 철회하고서 호노리우스와 계약을 맺었다. 그러나 서고트족 사람으로서 알라릭의 경쟁자인 사루스(Sarus)가 호노리우스 편에 개입하는 바람에 평화의 기회가 무산되었다. 그러자 알라릭은 다시 로마를 포위했고 이번에는 로마를 아끼지 않았다(서기 410년 8월 24일). 8백 년 만에 처음으로 로마는 외국 침략자들에게 함락되었다. 이틀 내지 사흘 동안 알라릭은 자기 병사들에게 마음껏 짓밟고 약탈하고 불태우도록 허용했다. 당대의 사료들은 로마 시가 입은 물리적 손상을 강조했지만, 호노리우스의 이복 누이 갈라 플라키디아를 포함한 많은 포로들이 귀중한 물건들과 함께 끌려갔다.

그러나 알라릭은 자신이 탈취한 것을 오래 향유하지 못했다. 레기움으로 남진하다가 죽은 것이다. 그의 추종자들은 바센투스 강 근처에서 회군하여 강물줄기를 잠시 바꾸고 그의 시신을 강 바닥에 묻은 다음 강 물을 원래대로 흐르게 함으로써 그의 최종 안식지를 아무도 훼손할 수 없도록 만들었다.

알라릭 이후 서고트족의 이주와 정착. 서고트족은 알라릭의 처남 아타울프(Athaulf)를 새 왕으로 선출했다. 거의 일년을 이탈리아 침공으로 보낸 그들은 412년에 알프스 산맥을 넘어 갈리아로 들어갔다. 이들은 처음에는 요비우스(Jovius)라는 로마 반란자를 지원하다가 정책을 바꾸어 그 속주를 다시 장악하려고 노력하던 호노리우스를 지원했다. 그러나 과거의 실패에서 교훈을 얻지 못한 호노리우스는 이번에도 그들에게 보상하기를 거부했다. 아타울프는 즉각 나르보네세 갈리아의 수도 나르보와 그밖의 주요 소도시들을 탈취하고 포로로 잡고 있던 호노리우스의 이복 누이 갈라 플라키디아의 동의를 얻어 그녀와 결혼했다. 호노리우스로부터 승인과 협력을 얻어내려는 시도였으나 그것은 헛된 시도였다. 호노리우스는 오래 전부터 플라키디아와 결혼하고 싶어하던 자신의 총사령관 콘스탄티우스를 보내 서고트족을 격퇴하도록 했다. 서고트족은 히스파니아로 도주했고, 그곳에서 아타울프는 암살당했다(415).

며칠간의 혼란 끝에 발리아(Wallia)가 아타울프의 계승자로 선출되었다. 그는 자기 종족을 이끌고 아프리카로 가려고 하다가 로마의 봉쇄 때문에 실패한 뒤 굶어죽을 위기에 처한 상황에서 콘스탄티우스와 협상을 벌였다. 발리아는 식량을 얻는 대가로 과부가 된 플라키디아를 돌려보내기로 합의하고, 로마와 연합하여 히스파니아의 다른 부분들을 침공한 반달족과 알란족을 공격하기로 합의했다. 그가 두 종족을 제압한 데 겁을 먹은 콘스탄티우스는 서고트족을 갈리아로 도로 불러들여(그곳에서는 그들을 좀더 쉽게 감독할 수 있었다) 아퀴타니아 남부에 정착시켰다.

갈리아의 서고트족. 반달족은 자기들의 왕의 통치를 받고 군사적으로 로마를 섬기는 연방 동맹 세력으로 갈리아에 정착했다. 로마 지주들의 토지가 부분적으로 분할되어 서고트족에게 할당되었으며, 반면에 로마 지주들은 나머지 토지를 그대로 소유한 채 서고트족의 통제를 받지 않고 호노리우스의 통치를 받았다. 그러나 서고트족은 독립 왕국을 원했고 결국 발리아의 계승자 테오도릭 1세(Theodoric I)가 로마인들을 압박하여 아퀴타니아에 대한 지배권을 얻어냈다. 그후 451년에 그는 로마의 주백 아이티우스(Aetius)를 도와 트로예스 근처 마우리악 평원 전투에서 훈족을 저지했으며, 로마와 서고트족은 한동안 우호적인 관계를 유지했다. 그러나 466년에 반로마 파벌이 권력을 잡아 결국 477년경에는 프랑스 남부 전역과 히스파니아 일부를 장악했다. 그 해는 서방의 마지막 로마 황제가 폐위된 해였다.

반달족, 알란족, 수에비족. 스틸리코가 라다가이수스와 알라릭과 싸우고 있는 동안 반달족과 알란족과 수에비족은 라인 강 국경 수비대의 전력이 약해진 틈을 타서 갈리아를 침공했다. 반달족은 두 그룹으로 나뉘어 있었다. 한 그룹은 게르마니아의 마인 강 지대에서 온 실링족이었고 다른 한 그룹은 헝가리의 테이스(티자) 강 유역에서 온 아스딩족이었다. 수에비족과 알란족은 도나우 강 중류 지대에서 왔다. 406년을 마감하는 마지막 날에 이 네 종족이 얼어 붙은 라인 강을 건너왔다. 모군티아쿰(오늘날의 서독 마인츠)을 약탈한 이들 은 벨기에 갈리아를 향해 서진하여 트레베스(오늘날 룩셈부르크 근처의 트리 어)를 함락했다. 북쪽으로도 한 번 크게 휩쓸며 파괴를 일삼은 그들은 기수를 남쪽으로 돌려 센 강과 르와르 강을 건너 아키텐으로 들어갔다.

로마인 제위 탈취자 콘스탄티누스는 이런 재난의 틈을 타서 자신의 브리타 니아 군단들을 이끌고 갈리아와 히스파니아를 장악하려고 했다. 어떻게 해서 든 자신의 전력을 강화하는 데 큰 관심을 기울인 그는 침략자들을 갈리아 남 서쪽에 묶어두려고 시도했다. 그러나 409년 9월 말 내지 10월 초에 그들은 피 레네 산맥을 건너 히스파니아를 차지했다. 그러나 로마군이 보급로를 차단하 자 그들은 어쩔 수 없이 영토를 얻는 대가로 로마의 연방으로 남는다는 내용 의 조약에 합의했다. 아스딩파 반달족과 수에비족은 북서쪽에 정착했고 알란 족은 중앙 지대를 얻었으며 실링파 반달족은 남쪽을 차지했다. 그러나 416년 에 로마인들은 서고트족을 설득하여 히스파니아에서 이 불청객들을 몰아내도 록 만들었다. 발리아의 지휘하에 서고트족은 실링파 반달족을 멸망시키고 알 란족의 수를 크게 줄여놓았다. 이때 살아남은 알란족 사람들은 아스딩파 반달 족에게로 들어가 그들과 융합되었고, 이들은 서고트족이 갈리아로 돌아간 뒤 에 자기들의 왕 군데릭(Gunderic)의 영도하에 자유롭게 살았으며, 수에비족 을 제압했다.

반달족의 아프리카 침공. 428년에 군데릭의 뒤를 이어 그의 유능하고 야심찬 형제 가이세릭(Gaiseric)이 왕이 되었고, 다음 해에 로마령 아프리카에서 발 생한 사건들이 그 비옥한 농경 지대를 침공할 만한 더할 나위 없이 좋은 기회 를 제공했다. 아프리카의 주백 보니파키우스(Boniface)와 발렌티니아누스 3 세의 섭정 갈라 플라키디아 사이에 분쟁이 발생했다. 갈라 플라키디아는 보니 파키우스를 축출하기 위해 군대를 파견했고 보니파키우스는 가이세릭을 불러 들었는데, 그는 가이세릭에게 8만 명의 장정과 부녀자들을 이동시킬 수 있는 수단을 제공했다. 보니파키우스와 플라키디아는 자기들이 취한 행동이 얼마나 어리석은 짓이었는가를 깨닫고 분쟁을 그쳤지만 이미 때는 늦었다. 일단 아프리카에 상륙한 가이세릭은 431년 말 무렵에는 카르타고와 키르타를 제외한 모든 지역을 장악했다.

435년에 가이세릭에게 누미디아에 연방국을 제공한다는 내용의 평화 조약이 체결되었지만 가이세릭은 439년에 카르타고를 점령함으로써 조약을 파기했다. 그런 뒤 함대를 조직하여 시칠리아와 그밖의 섬들을 침공했다. 442년에 발렌티니아누스 3세는 반달족을 독립 왕국으로 승인했고, 그뒤로 455년까지 두 나라의 관계는 안정을 유지했다. 그러다가 455년에 발렌티니아누스가 암살당하자 반달족은 로마 시 자체를 공격하여 약탈할 수 있는 절호의 기회를 맞이하였다. 반달족은 도시의 외형은 그대로 남겨둔 채 이동할 수 있는 막대한 분량의 재물과 포로들을 끌고 갔다. 그중에는 발렌티니아누스 3세의 미망인 에우독시아(Eudoxia)와 그녀의 두 딸도 포함되어 있었다.

가이세릭은 장남 후네릭(Huneric)을 에우독시아의 딸 에우도키아(Eudocia)와 결혼시킴으로써 자기 가문을 제국의 왕조와 접목시키려고 해보았지만 그 결혼이 동방이든 서방이든 로마 황제들과의 관계를 조금이라도 개선시킨 것은 없었다. 그러나 가이세릭을 축출하려던 로마의 모든 시도가 실패로 끝났고, 서방의 마지막 황제가 폐위된 해인 476년에 동방의 황제 제노(Zeno)가 로마령 아프리카, 시칠리아의 릴리바이움, 사르디니아, 코르시카, 그리고 발레아레스 제도(諸島)에 대한 반달족의 소유권을 인정했다.

부르군트족. 부르군트족은 왕 군다하르(Gundahar, Gunther)의 영도하에 반달족과 알란족과 수에비족의 뒤를 따라 407년에 라인 강 동쪽 제방을 건너 갈리아로 들어왔다. 이들은 보름스 근처에 정착한 뒤 로마의 제위 탈취자 콘스탄티누스와 요비누스와 협력했다. 그뒤 호노리우스는 이들을 연방 종족으로 승인했다. 훗날 발렌티니아누스 3세 치하에서의 군 사령관 아이티우스는 그들이 로마군에 병력을 제공하기로 한 약속을 이행하지 않는다는 이유로 훈족을 끌어들여 그들을 공격했다. 443년에 그는 그들을 사보이에 정착시켰고, 그들은 451년에 그를 도와 훈족과 전투를 벌였다. 아이티우스와 발렌티니아누스 3세가 죽은 뒤 부르군트족은 자기들의 영토를 론 강 이남에서부터 뒤랑스 강까지 확장했다. 공식적으로 그들의 왕들은 로마의 연방 동맹 세력으로 남았다. 왜냐하면 그들은 유서깊은 황실과의 결합이 가져다주는 신망을 귀중히 여겼기 때문이다. 그러나 실질적으로 그들은 황제의 판단이 아닌 자신들의 판단에 따라 황제를 섬긴 자율적인 군주들이었다.

프랑크족. 부르군트족이 407년 갈리아의 혼란한 정세를 틈타 그곳에 자신들의 영토를 확보했듯이 프랑크족도 그러했다. 프랑크족에는 리푸아리아족과 살리아족이 있었다. 리푸아리아족은 한동안 라인 강 중류의 게르마니아쪽 유역에 정착해왔다. 이들이 이제 강을 건너 왼쪽 제방에도 터를 잡았다. 아울러 이들은 자기들의 무력을 로마를 돕는 데 사용하기도 하여 451년에 로마를 도와 아틸라를 패배시켰다.

그러나 수가 더 많고 중요했던 그룹은 북해 연안에서 라인 강 어귀 연안으로 내려온 살리아파 프랑크족이었다. 이들은 350년이 되기 전에 라인 강 하류를 건너 뫼즈 강과 쉘트 강 사이의 톡산드리아를 차지했다. 율리아누스는 그들의 팽창을 저지하고 로마의 연방 종족으로 삼았지만, 그들은 406년 이후에 갈리아에서 발생한 문제들을 이용하여 좀 강까지 남쪽으로 뻗어나갈 수 있었다. 그러나 이들도 연방 종족으로서 451년에 아이티우스를 도와 훈족을 공격했으며 468년까지 충성을 유지했다. 486년에 킬데릭(Childeric)은 갈리아에서 로마의 권력의 자취를 남김없이 제거하고 자신의 통치를 서고트 왕국의 접경이었던 르와르 강까지 확대했다.

앵글족, 색슨족, 유트족. 살리아파 프랑크족이 갈리아로 밀고 내려오는 동안 북해에 거주하던 다른 게르만 종족들 ─ 앵글족과 색슨족과 유트족 ─ 이 브리타니아를 침공하기 시작했다. 408년에 색슨족이 침공하여 당시까지 갈리아에 있던 제위 탈취자 콘스탄티누스에 대한 브리타니아의 충성을 손상시켰다. 결국 로마의 정치적·군사적 권위가 재확립되긴 했으나 서로마 황제들은 적절한 안전을 제공하느라 막대한 재원을 쏟아붓지 않으면 안 되었다. 428년까지 앵글족과 색슨족과 유트족이 잉글랜드 해안에 영구 정착하고 있었다. 442년경 로마 수비대가 브리타니아를 철수하여 다시는 돌아오지 않았다. 그뒤로 게르만족 침략자들이 트위드 강 북쪽과 세번 강 서쪽 사이의 일대를 꾸준히 차지해 갔다.

훈족. 게르만 종족들이 로마 제국의 접경 지대를 압박한 것은 훈족의 압박 때문이기도 했다. 몽고인들의 일족인 훈족은 자신들을 압박하는 다른 종족들에게 밀려 자신들의 고향인 중앙 아시아에서 서쪽으로 내몰렸다. 키가 작고 피부가 거무스름하고 강인하고 탁월한 기수(騎手)들이고 사나운 전사들로서 유목 생활로 시련에 단련된 이들은 자기들이 통과해 가려고 하던 지역에서 좀 더 정착된 생활을 하고 있던 게르만족을 공포의 도가니로 밀어넣었다. 테오도시우스 대제 때에 이르면 이들이 옛 로마 속주였던 다키아에 주둔하면서 러시아 남부에서 살던 게르만 종족들인 동고트족과 헤룰족과 알란족에게 조공을 받았다. 이들은 로마 국경 지대들을 침공하기도 하고 로마군에서 복무하기도 했다.

로마인들을 다루는 데 있어서 훨씬 더 큰 압력을 행사할 수 있었던 정열적인 왕 루아(Rua. Ruas, Rugula, Rugila) 치하에서는 훨씬 더 큰 정치적 통일에 도달한 듯하다. 422년 혹은 424년에 황제 테오도시우스 2세는 발칸 반도가 공격당하는 사태를 막기 위해서 그에게 매년 금 130킬로그램의 보조금을 지불하기로 동의했다. 다음 해에 루아는 아이티우스에게 대군을 붙여서 갈라 플라키디아와 발렌티니아누스 3세의 군대와 대치하고 있던 황제 자임자 요한을 지원하도록 했다. 그러나 요한이 전사하는 사태가 벌어지자 아이티우스는 훈족으로부터 판노니아의 속주 발레리아에서 이동을 멈추겠다는 약속을 받아냄으로써 자신의 목숨을 구했다. 그러나 433년과 434년에 루아는 보니파키우스와 세바스티아누스와 대립하고 있던 아이티우스를 성공적으로 지원하여 판노니아의 영토를 되찾았다.

아틸라. 434년에 루아의 조카들인 아틸라(Atilla)와 블레다(Bleda)가 왕위를 계승했고, 두 사람은 왕국을 분할했다. 그러나 공세적인 아틸라가 곧 블레다의 세력을 잠식하고 443년에 그를 처형한 뒤에 모든 훈족을 자신의 통치하에 통일했다. 아틸라는 계속해서 발칸 반도를 괴롭히고 갈수록 많은 액수의 보조금을 요구하다가 마침내 450년경에는 자신이 통치하는 방대한 유럽 제국을 세우기 위해서 급작스럽게 관심을 서방쪽으로 돌렸다. 그가 그렇게 서방쪽으로 관심을 돌리게 된 데에는 발렌티니아누스 3세의 누이 호노리아(Honoria)가 서방의 일부를 차지하기 위해서 그에게 도움을 요청해온 것과, 반달족의 가이세릭이 갈리아에 주둔하고 있는 자신의 적 서고트족을 공격하도록 훈족을 부추기고 있었던 것이 주 원인으로 작용했다.

아틸라는 451년에 갈리아를 공격할 때 지나치게 세력을 확대했고, 오를레앙을 탈취하는 데 실패한 상태에서 아이티우스와 서고트족 왕 테오데릭과 그밖의 게르만족들에게 공격을 받아 모리악 평야의 마른 골짜기로 밀렸을 때 이미 후퇴하고 있었다. 그러나 아이티우스는 과거에 자신에게 매우 유용하게 쓰였던 훈족이 도망치도록 허용했다. 그러자 아틸라는 호노리아의 도움을 청하기 위해 이탈리아를 공격했다. 그러나 교황 레오(Leo)가 외교 활동을 펼치고 때맞춰 아틸라의 진영에 전염병이 돌고 동방에서 군대가 도착함으로써 그는 453년에 이렇다 할 성과 없이 철수하게 되었다. 재침공을 꿈꾸던 그는 454년에 부르군트 왕의 누이와 결혼을 한 직후에 죽었다. 아틸라의 강력한 통치가 사라지자 그의 제국은 그가 지배했던 동쪽의 게르만 종족들의 공격을 받아 금방 와해되었다.

서방 황제들의 종말 (408~476).

454년에 아틸라가 죽을 때 서로마 황제들에게 남겨진 지역은 이탈리아와 갈리아 일부와 히스파니아뿐이었다. 테오도시우스 대제의 아들과 손자의 궁정들에서 야심을 품은 대신들과 친척들이 꾸미는 음모가 제국의 절반을 약화시키고 있던 문제들에 일조한 반면에, 제국이 안고 있던 그 문제들로 인해 형성된 불만과 불안이 다시 음모에 기름을 끼얹었다. 호노리우스의 불행했던 어린 시절에 스틸리코가 일리리쿰의 통제권을 놓고 동방의 루피누스와 대립할 때 알라릭과 서고트족을 이용한 것은 위험하고 파괴적인 시도였다. 그럼에도 불구하고 스틸리코는 알라릭을 제재할 수 있었던 사람이었다. 하지만 호노리우스는 408년에 스틸리코를 처형함으로써 커서도 별다른 지혜를 얻지 못했음을 스스로 드러냈다.

그뒤에 올림피우스와 스틸리코의 옛 친구이자 대관구장(Praetorian

Prefect)인 요비우스 사이에 벌어진 투쟁은 알라릭과 호노리우스의 관계를 더욱 악화시켰다. 그러던 중 마침내 알라릭은 먼저 대립 황제로 자임한 아탈루스를 지원하다가(409) 나중에는 호노리우스에게 교훈을 깨우쳐 주기 위해서 로마를 함락시켰다(410). 후임 기병 겸 보병 사령관 콘스탄티우스가 호노리우스의 이복 누이 갈라 플라키디아와 결혼하고 싶어했던 점도 서고트족 왕 아타울프가 플라키디아와 결혼한 뒤(414) 호노리우스가 그와 선린 관계를 갖기를 완강히 거부했던 이유를 설명해 준다. 그 결과 서고트족은 로마 영토를 다시 유린하기 시작했다. 콘스탄티우스가 마침내 플라키디아와 결혼하는 데 성공하고(417) 후계자인 테오도시우스의 손자 발렌티니아누스 3세를 낳은 일은 동방 궁정의 질시를 가중시켰다. 콘스탄티우스가 죽은 뒤(421) 플라키디아와 호노리우스는 사이가 멀어졌고 두 사람의 추종자들이 서로에게 공격을 가하였다. 플라키디아와 그녀의 자녀들은 423년에 테오도시우스 2세가 살고 있던 비잔티움으로 피신했다. 그러므로 자녀가 없던 호노리우스가 몇 달 뒤에 죽을 때 서방에는 직계 계승자가 없었고, 따라서 요한이라는 인물이 라벤나에서 황제로 선포되었다.

갈라 플라키디아와 발렌티니아누스 3세. 이런 상황에서 테오도시우스 2세는 대규모 병력을 제공하여 다섯 살난 발렌티니아누스 3세를 위해 서방을 재정복해야 했다. 로마인들은 야만족과 싸우는 대신 서로 엉켜 싸웠다. 섭정이던 플라키디아가 아프리카의 주백 보니파키우스에게도 지원을 받은 반면에, 유능한 아이티우스는 어린 시절에 인질 신분으로 함께 지낸 훈족에게서 군대를 모집하여 요한을 지원했다. 훈족 군대는 너무 늦게 도착하는 바람에 요한을 구하지는 못했지만 주백 겸 기병 사령관인 아이티우스가 프랑크족과 서고트족에 맞서서 갈리아 속주들을 방어할 수 있도록 유리한 조건을 만들어 주었다(425). 아이티우스는 플라키디아에게 압력을 가하여 429년에 자신을 기병 겸 보병 사령관으로 임명하도록 만들었다. 그러는 동안 보니파키우스가 아프리카에서 반란을 일으켜 가이세릭이 이끄는 반달족을 불러들임으로써 비참한 결과를 초래했다. 그럼에도 불구하고 보니파키우스는 플라키디아와 화해했고, 플라키디아는 아이티우스를 해임하고 그를 아이티우스의 자리에 앉혔다. 아이티우스는 옛 친구인 훈족 왕 루아를 불러들여 434년에 총독 계급의 권력을 되찾았다.

아이티우스의 지배. 그뒤 20년 동안 아이티우스는 황제의 막후 실세로 있으면서 훈족과 게르만 종족들을 교묘하게 이용하여 서로 견제하게 만듦으로써 서방 제국의 남은 세력을 지켰다. 아울러 외교 역량을 발휘하여 가우덴티우스(Gaudentius)로 추측되는 아들을 발렌티니아누스 3세의 딸 소(小) 플라키디아와 약혼시켰다. 그러나 대 플라키디아와 발렌티니아누스 3세의 입장에서 볼때 한때 황제 참칭자의 편에 서서 자기들에게 칼을 겨누고 그를 제거하려던 시도를 가로막았던 자가 실권을 행사하는 것이 달갑지 않았다는 것은 충분히 이해함직한 일이었다. 따라서 로마의 유서깊고 세도있는 원로원 가문의 수장이자 의전관(儀典官)인 페트로니우스 막시무스(Petronius Maximus)가 아이티우스 암살 계획에 발렌티니아누스 3세를 끌어들이기가 쉬웠다. 이 암살 계획은 454년 9월 21일에 실행되어 성공했다. 발렌티니아누스 3세는 어리석게도 자신의 권좌를 지켜줄 능력이 있던 사람을 자기 손으로 죽였고, 그로 인해 제국은 혼란에 빠졌다.

발렌티니아누스 3세의 죽음과 서방에서 테오도시우스 왕조의 몰락. 발렌티니아누스는 이제 강력한 원로원 의원 올리브리우스(Olybrius)에게 플라키디아를 주기로 약속했다. 아이티우스 대신에 총독직에 오를 것으로 기대했던 막시무스는 이제 헤라클리우스(Heraclius)의 견제를 받게 되었다. 그러자 막시무스는 아이티우스의 친구들과 결탁하여 헤라클리우스와 발렌티니아누스 3세를 모두 암살했다(455년 3월 16일). 발렌티니아누스 3세는 남자 후계자를 남기지 않았기 때문에 권좌를 놓고 투쟁이 벌어졌다. 이 투쟁이 몇달 뒤에 반달족으로 하여금 로마를 약탈할 야심을 품게 하고 실제로 그 야심을 실행하도록 만들었다. 막시무스는 군인들을 매수하여 그들의 지원을 받아 아이티우스의 친구인 막시미아누스(Maximian)와 저명한 원로원 의원 마요리아누스(Majorian)를 제거했다. 막시무스는 자신의 지위를 강화하기 위해서 발렌티니아누스 3세의 미망인 에우독시아를 억지로 자신과 결혼하게 하고 발렌티니아누스의 딸 에우독시아를 자기 아들 팔라디우스와 결혼하게 했다. 그러나 에우독시아는 과거에 가이세릭의 아들 후네릭에게 주기로 약정되어 있었다. 가이세릭은 그 결혼을 몹시 원하고 있었다. 그러므로 가이세릭은 추측컨대 에우독시아의 협조를 얻어 이탈리아를 침공하여 455년 6월 3일에 로마를 약탈한 뒤에 발렌티니아누스 3세의 두 딸을 모두 아프리카로 데려갔다. 백성에게 진작부터 혐오의 대상이 되었던 막시무스는 로마가 함락되기 며칠 전에 로마를 도망치려고 하다가 신전에서 그를 겨냥한 돌에 정통으로 맞아 죽었다.

아비투스. 이로써 공석이 된 권좌를 놓고 다시 한 번 투쟁이 벌어졌다. 서고트 왕 테오도릭 2세(Theodoric II)는 과거에 아이티우스의 신하였던 갈리아 대관구장(Prefect) 아비투스(Avitus)를 지원했다. 그는 비로마인들에 의해 옹립된 최초의 황제였다. 서고트족은 455년 7월 그들의 수도 툴루즈에서 그를 황제로 선포했다. 그가 인준을 받은 것은 훗날 속주 갈리아의 수도 아를에서 모인 갈리아-로마인들의 회의에서였다. 그럼에도 불구하고 그는 동방의 황제 마르키아누스(Marcian)에게 인정을 받았다. 가이세릭이 즉각 그를 적대시했고, 그가 황제로 즉위하는 데 아무런 역할도 하지 못한 로마 원로원 의원들과 군인들도 자연히 괘씸하게 생각했다. 원로원과 군대는 마요리아누스를 지지했다. 그는 아울러 아비투스가 군 사령관으로 임명했던 리키메르(Ricimer)의 지지도 받았다.

리키메르의 지배. 리키메르는 반은 서고트족이었고 반은 수에비족이었다. 그의 어머니는 과거 서고트족 왕 발리아의 딸이었고, 그런 배경에 힘입어 그는 로마군에서 신망을 쌓았다. 그러나 야만족에다 아리우스파 신자였기 때문에 로마 황제가 되려는 꿈을 꿀 수 없었다. 그러므로 향후 16년 동안 황제의 막후 실세가 되기 위해서 주도면밀하게 활동했다. 잠깐 동안 제위 공백기가 지난 뒤 리키메르는 동방 황제 레오 1세로부터 율리우스 발레리아누스 마요리아누스(Julius Valerianus Majorianus)를 서방 황제로 인정한다는 인준을 받아냈다. 동시에 그 자신은 457년 4월 1일에 귀족 신분을 받았다.

마요리아누스의 재위 (457~461). 리키메르가 이탈리아를 동고트족과 알란족과 반달족의 공격으로부터 보호하고 있는 동안 마요리아누스는 서고트족의 진격을 저지하고, 갈리아인들과 로마인들이 아비투스를 황제로 옹립하려고 했다가 실패하자 분개하여 일으킨 반란을 진압하기 위해서 갈리아로 갔다. 마요리아누스는 이 두 가지 일에 모두 성공을 거두었지만, 반달족으로부터 아프리카를 재탈환하려고 나섰다가 실패함으로써 여론의 지지를 잃어버렸고, 그러한 그를 리키메르가 폐위시킨 뒤 461년 8월 21일에 처형했다.

세베루스 (461~465). 석달 뒤에 리키메르는 로마 원로원이 리비우스 세베루스(Libius Severus)를 황제로 선출하도록 막후에서 영향력을 행사했지만, 세베루스는 콘스탄티노플의 레오에게 인준을 받지 못했다. 전략적으로 중요한 의미를 갖고 있던 섬 시칠리아에서 주백 마르켈리누스(Marcellinus)가 반란을 일으켰다가 실패한 뒤에 반달족과 무어족이 그 섬을 침략했다. 그러자 레오가 가이세릭과의 평화 조약이 체결되도록 주선하기 위해서 개입했다. 가이세릭은 발렌티니아누스 3세의 미망인 에우독시아와 그녀의 딸 플라키디아를 풀어주기로 합의했다. 반면에 플라키디아의 약혼자 올리브리우스를 서방 황제로 세워달라는 가이세릭의 요구를 레오는 받아들이지 않았다. 세베루스는 465년에 죽었는데, 아마 리키메르의 사주로 독살된 듯하며, 상황은 레오가 결정적인 조치를 취하기로 결정한 467년까지 난국으로 남아 있었다.

안테미우스 (467~472). 레오는 혼인을 통해 테오도시우스의 가문과 관계를 맺은 안테미우스(Anthemius)를 서방 황제로 임명하고 리키메르와 안테미우스의 딸 사이의 결혼을 주선했다. 그런 뒤 레오는 468년에 가이세릭에 대한 세 갈래의 대대적인 공격을 조정했다. 불행하게도 그의 궁정에서 발생한 음모 때문에 무능한 지휘관이 선정되었고, 게다가 리키메르가 자신의 해묵은 정적 마르켈리누스가 작전에 가담하게 된 것을 분하게 여겼다. 어쨌든 마르켈리누스는 암살되고 말았는데, 그의 암살로 인해 원정은 실패한 것이나 다름없었다. 그 결과 귀중한 자원은 자원대로 낭비하고 가이세릭은 가이세릭대로 전보다 훨씬 더 확고한 방어 태세를 취했다.

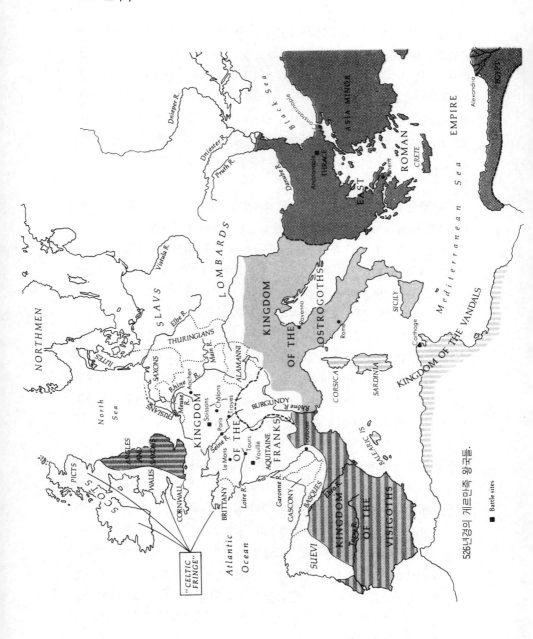

526년경의 게르만족 왕국들.

■ Battle sites

안테미우스는 비록 정직하고 선의적인 행정을 펼쳤지만 서방에서 발생하는 사건들은 그의 통제를 벗어난 것이었다. 서고트 왕 에우릭(Euric)이 이미 그런 상황을 이용하여 갈리아와 히스파니아에서 자신의 세력을 확대한 반면에, 로마인들은 위축되었다. 안테미우스와 그의 후계자들은 에우릭을 제재할 힘이 없었다. 더욱이 이탈리아에서 안테미우스의 인기마저 형편없었다. 철학을 지나치게 중시하는 그리스인인데다가 일부 사람들이 우려한 대로 이교도였기 때문이다. 그러나 로마 원로원 의원들은 전략 도시인 밀라노에 거점을 두고 있던 야만족 리키메르보다 그를 선호했다.

올리브리우스 (472). 안테미우스와 리키메르의 관계가 지나치게 악화되자 이탈리아는 사실상 두 개의 개별적인 왕국들로 분열되었다. 레오는 소 플라키디아의 남편 올리브리우스(Olybrius)를 로마로 파견했다. 그를 파견한 목적은 겉으로는 안테미우스와 리키메르 사이에서 화해를 주선하기 위한 것이었지만, 실은 그가 전에 가이세릭과 유대를 맺었다는 이유로 자객을 붙여 그를 은밀히 살해하려는 것이었다. 그 음모를 사전에 포착한 리키메르는 그것을 역이용하여 올리브리우스를 황제로 세우고 로마에서 안테미우스를 공격하기 위한 구실로 삼았다(472). 그러나 리키메르와 올리브리우스 두 사람 다 그 해가 채 가기도 전에 죽었고, 서방은 다시 한번 약탈의 대상이 되었다.

글리케리우스(473~474)와 네포스(475~476). 리키메르의 조카인 부르군트 사람 군도바드(Gundobad)가 리키메르를 계승하여 군 사령관이 되었다. 넉 달 뒤에 그는 황궁 경호대장(Count of the Domestics)인 글리케리우스(Glycerius)를 라벤나에서 황제로 즉위시켰다. 그러나 레오는 이 조치를 승인하지 않고서 주백 마르켈리누스의 처조카인 율리우스 네포스(Julius Nepos)를 황제로 임명했다. 군도바드가 부르군트족의 왕이 되기 위해서 군 사령관의 직위를 사임하자, 네포스는 쉽게 글리케리우스를 폐위하고 적법한 황제가 되었다. 군도바드의 자리는 한때 아틸라의 비서관을 지낸 오레스테스(Orestes)라는 사람이 차지했다.

로물루스 아우구스툴루스 (476). 오레스테스는 즉각 네포스를 폐위하고 자기 아들 로물루스(Romulus)를 황제로 앉히려는 음모를 꾸몄다. 그의 배후에는 게르만족 용병 부대가 버티고 있었기 때문에 네포스는 이탈리아를 탈출하여 디오클레티아누스의 옛 궁전이 있는 달마티아 해안으로 갔다. '로물루스'는 로마의 전설적인 설립자의 이름이었고 그의 별명 '아우구스툴루스'는 초대 로마 황제의 이름을 조롱한 이름이었다. 그는 명목상 서로마의 마지막 황제였다. 물론 그는 오레스테스의 꼭두각시에 지나지 않았고 동방에서 인정을 받지도 못했다. 공식적인 서로마 황제는 율리우스 네포스로 남아 있었는데, 그는 480년에 유배지에서 죽었다. 그러나 현실적인 목적상 서방 황제들의 직위는 로물루스 아우구스툴루스로 중단되었다. 그의 제위 찬탈은 일년도 못 되어 오레스테스의 게르만족 장교들의 하나인 오도아케르(Odoacer, Odovacer)에 의해 종지부를 찍었다.

오도아케르 (476~493). 오레스테스를 지원했던 게르만족은 다른 게르만 종족들이 속주들에서 항구적인 토지를 받은 것처럼 이탈리아에서 토지를 받고 싶어했다. 그러나 오레스테스는 이탈리아의 영토를 그대로 보전하려고 했다. 그러자 오도아케르의 지휘하에 그들은 오레스테스를 죽이고 로물루스 아우구스툴루스를 강제로 은둔지로 보냈다. 오도아케르는 자신의 게르만족 지지자들에 의해 왕으로 옹립되었으나 로마령 이탈리아의 왕이 되려고 하지는 않았다. 그대신 그는 동방 황제 제노와 더불어 적법하게 임명받은 총독으로서 이탈리아를 통치하기로 합의했다. 이 합의에 대해서 그는 로마의 강력한 귀족들의 뒷받침을 받았다. 이탈리아의 상황은 이제 오도아케르의 게르만족 백성이 로마인들과 토지를 분점하게 된 것을 제외하고는 예전과 크게 다르지 않았다. 추측컨대 게르만족 병사들은 일인당 로마인 지주의 평균 사유지의 1/3에 해당하는 토지를 받았지만, 과연 게르만족에게 돌아간 토지의 비율이 그렇게 높은데도 오도아케르가 원로원의 지지를 받을 수 있었겠는가 하는 것은 의심스러운 점이다.

테오도릭(아말족)과 동고트족. 동방 황제 제노는 오도아케르를 신뢰하지 않고 그가 일리리쿰에 대해서 흑심을 품고 있을까봐 우려했다. 동고트족에게 공격을 받고 있던 일리리쿰에 대해서 자신이 침공을 준비하고 있는 터였기 때문이다. 동고트족은 도나우 강 하류 지대에서 훈족에 의해 발이 묶여 있었지만, 아틸라가 죽은 뒤에는 이동을 강행하여 판노니아로 들어갔고, 그곳에서 동방 황제 마르키아누스가 그들에게 연방 종족 자격으로 연례 보조금을 받으며 정착하도록 허락했었다. 훗날 레오가 보조금을 지불하기를 거절하자 그들은 일리리쿰을 침공함으로써 보복을 가했다. 461년에 레오는 보조금을 회복시키기로 동의했고, 동고트족 왕 테오데미르(Theodemir)의 아들 아말족 테오도릭이 인질로서 콘스탄티노플에 보내졌다. 레오는 우호의 표시로 테오도릭에게 귀국을 허용했고, 471년에 그가 자기 아버지를 계승하여 왕이 되었다.

여러 해 동안 테오도릭과 동고트족은 트라키아, 다키아, 일리리쿰을 약탈했다. 심지어 487년에는 콘스탄티노플로 진격했다. 그러나 488년에 동방 황제 제노가 테오도릭을 이용하여 오도아케르를 타도하고서 자신의 대리인 자격으로 이탈리아를 통치하게 하려는 계획을 세웠다. 그 계획대로 489년에 테오도릭이 이탈리아를 침공했고 4년 뒤인 493년 2월에 오도아케르가 항복했다. 몇 주 뒤에 테오도릭은 오도아케르가 자신을 전복하려는 음모를 꾸몄다는 구실을 내세워 자기 손으로 그를 베어 죽였다. 공식적으로는 테오도릭이 제노에 의해 임명된 총독으로서 이탈리아를 통치했다. 동방 황제 대리인으로서 그의 지위는 497년 황제 아나스타시우스에 의해 재확인되었다.

그러나 실질적으로 이탈리아는 이제 서방 제국에서 가장 뒤늦게 게르만족 후계자가 통치하는 국가가 된 셈이었다. 프랑크족은 이미 갈리아에 마지막으로 남은 제국의 영토를 정복한 뒤였다. 서방 제국이 통일된 하나의 국가에서 다수의 독립된 게르만 종족 왕국들로 탈바꿈해온 정치적 과정이 이로써 완료되었다. 통일 제국에 대한 꿈이 유럽의 중세 시대 내내 사람들의 뇌리를 떠나지 않고 희망을 불어넣었지만, 그 꿈은 다시는 회복될 수 없었다.

38

살아남은 동방(서기 395~518)

　게르만 종족들이 이탈리아와 제국의 서방 속주들을 장악하는 데 성공한 반면에, 콘스탄티노플에 주둔한 황제들이 다스린 동방 속주들은 비록 축소된 형태이긴 하나 국경선과 제국의 존립을 지켰다. 서쪽을 잃은 옛 로마 제국의 동쪽 절반은 점차 그리스와 근동의 성격을 띠어가다가 마침내 중세사의 비잔틴 제국으로 변모했다.

　그러나 그 변모 과정은 퍽 길었다. 상당 기간 동안 라틴어가 군대와 정부와 법정의 공식 언어로 남았다. 황제들은 사회, 경제, 정치, 군사 면에서 여전히 지난 두 세기 동안 전임자들이 쓰던 것과 크게 다르지 않는 용어들을 사용했다. 여전히 제국이 전성기 때에 확보했던 판도를 기초로 계획을 세웠고 서방을 되찾기를 소원했다. 유스티니아누스(Justinian, 518~565)가 죽음으로써 그 목표가 실현되지 못한 뒤에야 비로소 동방 황제들은 서방의 꿈을 버리고 오로지 동방의 통일을 보존하는 데만 힘썼다.

　아르카디우스(395~408)와 게르만족. 테오도시우스 대제가 죽은 뒤(395) 동방은 서방과는 달리 스틸리코 같은 강력한 게르만족 장교의 지배하에 들어가는 것을 모면했다. 그렇게 된 데에는 행운도 작용했다. 395년에 동고트족 가이나스(Gainas)가 아르카디우스의 강력한 친위대장 루피누스를 암살한 뒤에 루피누스가 궁정에서 행사하던 막강한 지위가 에우트로피우스

(Eutropius)라고 하는 대머리 노인 내시이자 의전관에게 넘어갔다. 400년 초에 가이나스는 막후 공작으로 그를 실각시키고 아르카디우스에게서 군 사령관 직을 빼앗다시피하여 얻었다. 가이나스가 겨냥한 것은 스틸리코가 서방에서 누렸던 것과 동일한 권력을 동방에서 누리려는 것이었다. 자연히 많은 고관들과 콘스탄티노플의 일반 시민들은 게르만족이 군대에서 세력을 휘두르는 것이 무척 불쾌했다. 400년 7월 12일에 콘스탄티노플에서 대규모 폭동이 일어나 수많은 게르만족 병사들이 학살당했다. 가이나스 자신은 추방되었고 군대 내에서 야만족의 세력이 급격히 위축되었다. 그 뒤로는 대개 로마인들이 고위 지휘관직을 차지했다. 더욱이 동방 황제들은 자신들의 영토에서, 특히 일리리쿰과 소아시아에서 훨씬 많은 병력 자원들을 보유하고 있었고, 따라서 서방의 경우와는 달리 게르만족 용병들에 의존하지 않았으며 야만족의 세력을 본토 병력들을 가지고 상쇄할 수 있었다.

에우트로피우스가 실각한 뒤 아르카디우스의 아내 에우독시아(발렌티니아누스 3세의 아내와 아무 관계가 없음. 아르카디우스는 애당초 에우트로피우스의 소개로 에우독시아를 만났다)와 친위대장 아우렐리아누스가 궁정에서 반(反) 야만족파를 이끌면서 대단한 영향력을 행사했다. 에우독시아는 유창하고 인기가 높고 금욕적인 콘스탄티노플의 주교 크리소스토무스('황금 입')와 갈등을 벌였기 때문에 평판이 좋지 않았다. 크리소스토무스는 여러 차례 에우독시아를 공개적으로 비판했고, 에우독시아는 그가 강단에서 사치와 부도덕에 대해 자주 토해내는 비판이 자신을 겨냥한 것이라고 믿었다. 에우독시아는 그를 파면시키기 위해서 교회 안에 있던 그의 정적들과 험담가들과 손을 잡았는데, 403년에 처음으로 시도했고 404년부터는 끊임없이 시도했다. 이 일로 인해 아르카디우스와 호노리우스 사이에 균열을 냈다. 호노리우스가 크리소스토무스를 위해 개입하려고 했기 때문이다. 두 사람은 408년 아르카디우스가 죽을 때까지 화해하지 않았다.

테오도시우스 2세(408~450), 풀케리아, 에우도키아. 아르카디우스가 죽을 때 그의 아들 테오도시우스는 불과 일곱살이었고 장녀 풀케리아(Pulcheria)는 불과 아홉살이었다. 누군가 다른 사람이 실질적인 통치를 맡아야 했다. 이 역할을 친위대장 안테미우스(Anthemius)가 훌륭하게 수행했다. 그의 통치하에 동방과 서방의 황실들이 다시 손을 잡았고, 콘스탄티노플이 서쪽으로 마르마라(프로폰티스) 해부터 골든 혼(콘스탄티노플의 내항)까지 육중한 성곽이 건설됨으로써 면적도 넓어지고 더욱 난공불락의 도시가 되었고, 페르시아와 평화 조약이 체결되었고, 훈족이 모이시아 저지로부터 격퇴되었고, 도나우 강 함대가 강화되었으며, 콘스탄티노플의 곡물 공급을 원활히 하고 속주들의 재정난을 덜어주기 위한 조치들이 취해졌다.

414년에 풀케리아가 아우구스타(황제의 누이나 아내나 어머니에 대한 존칭)가 되었고 추측컨대 안테미우스가 죽은 뒤에는 섭정이 되었다. 풀케리아는 신앙도 깊은데다 의지력도 강했다. 동생 테오도시우스를 도덕적으로 정치적으로 부패에 물들지 않게 하기 위해서 직접 동생의 교육을 챙겼다. 궁정 생활이 경건하게 이루어졌고, 풀케리아는 두 여동생을 설복하여 평생 정절을 지키며 살기로 서약한 자신의 본을 따르도록 만들었다. 그녀의 섭정직은 공식적으로는 테오도시우스의 열다섯해 생일로서 끝났지만, 그뒤에도 오랫동안 궁정에서 실세로 남았다.

421년에 테오도시우스의 배필을 고른 이는 풀케리아였다. 그리고 그 선택은 탁월했다. 이교도이자 아테네의 철학자 레온티우스(Leontius)의 딸 아테나이스(Athenais)가 그녀가 동생을 위해 고른 배필이었다. 아테나이스는 아름다울 뿐 아니라 최고의 교육을 받았고, 그로써 점잖고 학구적인 테오도시우스 2세에 비해 손색이 없었다. 더욱이 그녀는 그리스도교로 개종하여 에우도키아(Eudocia)라는 이름을 취하긴 했지만, 그녀가 황후가 된 사건은 여전히 상류층 인사들 사이에 상당한 영향력을 행사하던 이교 지식인들에게 신선한 충격을 주었음에 틀림없다.

테오도시우스의 위대한 업적 두 가지에 발상을 제공한 사람은 아마 박식한 에우도키아였을 것이다. 425년에 테오도시우스는 알렉산드리아와 아테네의 대학교들과 경쟁할 수 있는 본격적인 대학교를 콘스탄티노플에 세웠다. 그는 강의실들을 원로원 의사당에 마련했고, 그리스어 문법과 라틴어 문법에 각각 열명의 교수를 배정하고 그리스 수사학에 다섯 명, 라틴 수사학에 세 명, 법학에 두 명, 철학에 한 명의 교수를 각각 배정했다. 4년 뒤에 테오도시우스는 자신

의 가장 유명한 사업에 착수했는데, 그것은 테오도시우스 법전으로서, 그 안에
는 콘스탄티누스부터 자신에 이르는 황제들이 공포한 모든 법이 단권의 참고
서 안에 집대성되었다. 이 법전은 9년 뒤인 438년 2월 15일에 열여섯 명의 법
학자들의 노력으로 테오도시우스 2세와 발렌티니아누스 3세의 공동 명의로
발행되었다.

에우도키아가 궁정에서 발휘한 영향력이 풀케리아의 영향력과 상호 경쟁
관계에 들어간 것은 자연스러운 일이다. 그 관계는 20년간 큰 문제를 일으키
지 않고 유지되었으나, 그뒤에 내시 크리사피우스(Chrysaphius)가 두 사람의
경쟁 관계를 이용하여 두 사람을 제거하려고 꾀했다. 그 직후인 440년에 풀케
리아가 궁정을 떠났고, 에우도키아도 444년에 불륜의 의혹을 받아 실각했다.
에우도키아는 예루살렘으로 가서 살도록 허락을 받아 그곳에서 남은 16년 여
생을 경건하고 선한 일을 행하며 살았다.

페르시아와 훈족 (408~450). 테오도시우스의 치하에서 동방 제국은 주
기적으로 페르시아와 훈족에게 위협을 받았다. 군대가 페르시아와 전선을 형
성할 때면 훈족이 어김없이 도나우 강을 건너 공격해 왔다. 421년에 페르시아
왕 바라네스(Varanes, Vahram, Varahan, Bahram) 5세는 테오도시우스가 페
르시아에서 망명한 그리스도교인들을 보호하고 있다는 이유로 선전포고를 했
다. 로마인들은 42년에 페르시아 군대를 단호히 격퇴했으나, 훈족 루아가 그
기회를 포착하여 트라키아를 침공하는 바람에 평화를 유지하기 위해서는 매
년 금 350파운드를 주겠다는 약속으로 그들을 돌려보내는 수밖에 없었다. 434
년에 반달족과 싸우고 있던 발렌티니아누스 3세를 지원하기 위해 파견된 부
대가 패배하자, 루아는 동로마의 전력에 공백이 생긴 틈을 이용하여 테오도시
우스 2세에게 더 많은 것을 요구했다. 루아는 협상 과정에서 죽었고 그의 후
임자 아틸라가 연례 공납금을 700파운드로 두 배를 증액하여 받았다.

441년에 반달족을 치기 위해 또 다른 대 병력이 서방으로 떠난 사이에 페
르시아가 다시 공격을 감행했고 아틸라도 더 많은 것을 요구했다. 로마인들은
442년에 페르시아 군대를 격퇴했으나 아틸라는 로마인들이 전열을 가다듬고
반격을 시작할 때까지 많은 도시들을 유린하고 로마인들을 쳐부셨다. 그 결과

제국의 국고는 금 6000파운드를 한꺼번에 지불하고 매년 2100파운드라는 살인적인 조공을 바쳐야 하는 등 엄청난 부담을 안게 되었다. 447년에 아틸라가 공격을 재개하여 동로마인들을 쳐부순 다음 도나우 강 유역의 로마 점령 지대를 닷새 여행길 만큼의 폭으로 비우라고 요구했다. 449년에 크리사피우스가 아틸라를 암살하려고 시도했다가 실패했으나 아틸라는 응징하는 대신에 더 큰 정복 대상을 찾아 서쪽으로 이동했다.

콘스탄티노플의 많은 부자 원로원 의원들은 훈족에게 거액의 보조금이 지불되는 것에 분개했다. 크리사피우스의 정책으로 결정된 그 보조금의 상당 부분을 그들이 부담해야 했기 때문이다. 아울러 크리사피우스는 아틸라에 대한 서투른 암살 기도 때문에 위신이 크게 추락했다. 더욱이 같은 해에 그와 총리대신(Master of the Offices)인 그의 동료 노무스(Nomus)는 단성론(單性論, Monophysitism), 즉 그리스도가 하나의 본성 곧 신성을 지녔고 그것이 인성(人性)을 흡수했다는 이단설을 가르친 에우티케스(Eutyches)의 견해에 대해 내려졌던 단죄를 철회함으로써 고위직에 있는 여러 정통파 그리스도교인들을 격분시켰다. 그런 뒤인 450년 7월 28일에 테오도시우스가 낙마 사고로 아들 없이 죽자 콘스탄티노플 원로원에 포진해 있던 크리사피우스의 정적들은 풀케리아와 군사령관 아스파르와 함께 마르키아누스(Marcian)를 테오도시우스 2세의 계승자로 선출했다. 그에게 왕조의 권리를 주기 위해서 풀케리아와의 형식상의(pro forma) 결혼도 주선되었다. 마르키아누스는 제위에 오르자마자 크리사피우스와 노무스를 타도하고 그들의 세속 및 종교 정책을 취소했다.

마르키아누스 (450~457). 무엇보다도 마르키아누스는 아틸라에게 공납금을 계속 지불하기를 거부했다. 다행히도 아틸라는 서방에 너무 깊숙이 개입해 있었기 때문에 결국 그를 응징하지 못한 채 죽었다. 아틸라가 죽고 그의 제국이 붕괴되자 마르키아누스는 그 기회를 이용하여 그동안 포기했던 도나우 강 유역에 야만족 연방 종족들, 그중에서도 특히 동고트족을 다시 정착시킬 수 있었다. 훈족에게 공납금을 지불해야 했던 부담을 털어버린 마르키아누스는 특히 자신을 지원해준 원로원 계층에 대해서 세금을 감면해 줄 수 있었다. 관직을 유지하는 데 드는 비용을 경감해 주었고 관직을 매매하는 부패한 관행에도 쐐기를 박으려고 노력했다. 마지막으로, 마르키아누스와 풀케리아는 교황 레오 1세와 협력하여 단성론 이단을 다루기 위해서 제4차 칼케돈 공의회를 개최했다. 공의회는 에우티케스와 이집트 주교들을 주축으로 한 그의 지지자들을 단죄했는데, 이 조치는 동방 제국의 통일에 지대한 영향을 끼치게 된다.

위협받은 안정. 457년 마르키아누스가 죽자 그동안 테오도시우스가 죽은 이래로 동방 제국이 서방에 비해 누려온 상대적인 안정이 심각한 수준으로 흔들렸다. 동고트족이 끊임없이 도나우 접경 지대를 교란했고, 야만족 장군들이 다시 한 번 콘스탄티노플에서 킹메이커들이 되려고 했고, 비잔틴이란 단어에 매우 잘 어울리게 된 음모들이 기승을 부렸으며, 교리 분쟁이 분파 정신을 극도로 고조시켰다.

레오 (457~474). 마르키아누스가 죽자 원로원은 테오도시우스 2세와 이름이 같은 친위대장(praetorian prefect)의 손자이자 마르키아누스의 사위인 안테미우스(Anthemius)를 황제로 선출하고 싶었을 것이다. 그러나 그들은 대신에 군 사령관 아스파르의 강요로 그의 장군들 중 하나를 황제 레오 1세(Leo I)로 선출했다. 그러나 레오는 아스파르의 꼭두각시가 되려고 하지 않았다. 466년에 이사우리아 출신 장군 타라시코디사(Tarasicodissa)가 아스파르의 아들들의 하나가 페르시아인들과 더불어 음모를 꾸미고 있다는 증거를 제출하자, 레오는 그 용의자를 요르다네스(Jordanes)라는 반달족으로 교체했다. 그는 아울러 자신의 맏딸 아리아드네(Ariadne)를 제노라는 그리스 이름을 취한 타라시코디사(Tarasicodissa)에게 결혼시키고 그를 트라키아의 군 사령관으로 삼았다. 레오의 개인적 안전은 아마 이사우리아 출신 병사들로 구성된 새로운 궁정 경호대(the Excubitors라고 불림)가 담당했다.

대외 정책에서 레오는 안테미우스를 서방의 황제로 세우고 467년에 반달족 가이세릭에 대한 대규모 공동 원정을 감행함으로써 뚜렷한 독자 노선을 걸었다. 불행하게도 레오가 세운 장군이 무능했기 때문에 원정은 468년에 실패로 끝나고 레오의 입지도 약화되었다. 아스파르가 그 기회를 포착하여 레오의 둘째 딸과 자신의 아들 파트리키우스(Patricius)의 결혼을 강제로 성사시켰고, 파트리키우스를 카이사르로 선포했다. 아스파르와 그의 아들들의 음모가 끊이질 않자 레오와 제노는 극단적인 조치를 취하지 않으면 안 된다고 판단했다. 아스파르와 그의 아들들은 궁전으로 초대받았다가 황제의 내시들에게 공격을 당했다. 파트리키우스는 부상만 입고 목숨을 건졌으나 그의 아버지와 동생은 죽었다(471).

테오도릭 스트라보(Theodoric Strabo)는 아스파르가 살해된 사건을 구실 삼아 트라키아에서 그가 차지했던 자리를 자신에게 넘기고 영토를 최근에 자신을 왕으로 선출한 동고트족에게 줄 것을 요구했다. 레오가 거부하자 스트라보는 트라키아를 유린했다. 473년에 두 사람은 합의를 도출했는데, 그 합의에 따라 스트라보는 아스파르의 옛 직위를 받고 동고트족은 매년 금 2천 파운드의 공납금을 받았다.

레오 2세(473~474)와 제노(474~491). 473년에 레오는 제노가 아리아드네(Ariadne)에게서 낳은 아들(또 다른 레오)을 자신의 동료 겸 후계자로 삼았다. 레오 1세는 몇달 뒤인 474년 초에 죽었다. 그러자 레오 2세가 자기 아버지 제노를 공동 황제로 삼았다. 그는 그 해가 가기 전에 죽었고 그로써 제노가 유일한 황제가 되었다.

지위가 취약했던 제노는 곧 레오 1세의 미망인 베리나(Verina)와 동고트족의 야심찬 왕 테오도릭 스트라보가 주도한 심각한 반란에 부닥쳐야 했다. 476년에 제노는 잠시 국내의 정적들을 쳐부수는 데 성공했으나 여전히 테오도릭 스트라보를 상대해야 했는데, 그에 대해서는 동고트족의 경쟁자인 아말 사람 테오도릭과 연대하여 싸우려고 했다. 제노는 아말 사람 테오도릭을 양자로 받아들이고 군 사령관으로 임명한 다음 트라키아로 파견하여 스트라보와 싸우도록 했다. 그러나 그 아말 사람은 입장을 바꾸어 스트라보로 하여금 제노를 치도록 교묘히 유도했다. 완강한 베리나가 개입된 국내의 음모들이 더 발생하여 488년까지 완전히 진압되지 않았다. 그러는 동안 테오도릭 스트라보가 죽었고, 488년에 제노가 아말 사람 테오도릭과 만족스러운 합의에 도달할 수 있게 되었는데, 그는 테오도릭에게 이탈리아의 오도아케르를 타도할 수 있는 권한을 부여했다. 제노는 마침내 위험한 대적들을 직접 제거하고서 3년의 여생 동안 음모에서 말끔히 벗어날 수 있었다.

이단들과 헤노티콘. 마르키온(450~457) 때부터 두 세기 뒤 아랍이 시리아와 이집트를 정복할 때까지 동방을 괴롭힌 이단들은 그 뿌리가 아리우스파 이단이 제기한 그리스도의 본성에 관한 질문들과 로마와 콘스탄티노플과 알렉산드리아와 예루살렘과 안티오크에서 서로 주도권 쟁탈을 벌인 경쟁 주교들(총대주교들)의 질시에 박혀 있었다. 427년에 콘스탄티노플의 총대주교가 된 네스토리우스(Nestorius)는 그리스도가 두 개의 분리된 본성 곧 인성과 신성을 갖고 있으며, 이 두 본성은 비록 한 위격(位格, person) 안에서 발견되지만 혼합되지는 않는다고 주장했다. 반면에 알렉산드리아의 총대주교 키릴루스(Cyril)는 그리스도의 두 본성이 독특하게 남아 있긴 하지만 한 위격 안에서(hypostatic) 서로 나뉠 수 없게끔 결합되어 있다고 주장했다.

누구 할 것 없이 완고하고 고집세고 질투심 강한 두 성직자 사이에 논쟁이 격화되자 테오도시우스 2세는 431년에 에페소스에서 공의회를 소집함으로써 그 문제를 해결하려고 했다. 공의회에서는 다양한 책략들이 사용되어 처음에는 네스토리우스가 단죄를 당하고, 다음에는 키릴루스가, 그 다음에는 다시 네스토리우스가 단죄를 당했다. 그러자 에우티케스가 단성론을 개진했다. 그리스도가 하나의 본성(monophysis)인 신성만 지녔으며 신성이 인성을 흡수했다는 것이었다. 이 견해는 알렉산드리아에서 키릴루스를 계승한 디오스코루스(Dioscorus)에게 지지를 받았으나 448년 콘스탄티노플에서 그곳 총대주교 플라비아누스(Flavian)가 주재한 공의회에서 단죄를 당했다. 이 판결은 일년 뒤에 에페소스에서 디오스코루스의 주재로 열린 공의회에서 뒤집혔다. 이 일로 인해 플라비아누스는 면직되었다.

디오스코루스가 에페소스에서 승리를 거둠으로써 종교 문제에 대해서는 알렉산드리아가 동방에서 주도권을 쥐게 되었다. 이 상황에 함축된 정치적 의미는 황제 마르키아누스가 방치하지 못할 만큼 대단히 컸다. 451년에 그는 칼케돈에서 제1차 세계 공의회를 소집했고, 이 공의회는 에우티케스의 사상을 이단으로 단죄하고 디오스코루스를 면직했다. 디오스코루스는 추방되고 프로테리우스(Proterius)가 군대에 의해 강제로 알렉산드리아에서 그의 후임자 자리에 앉았다.

칼케돈에서 그리스도의 본성을 정의하기 위해 채택된 신조는 과거 알렉산드리아의 총대주교 키릴루스의 견해와 「레오의 공한」(*The Tome of Leo*)에 제시된 교황 레오 1세의 입장에 기초를 둔 것이었다. 부연하자면 그것은 그리스도가 완전한 인간이요 완전한 신으로서, 혼동이나 변화, 분열이나 구분이 없는 두 본성을 지닌 한 분이자 동일한 그리스도이며, 각 본성이 한 위격과 한 본체(hypostasis) 안으로 공동으로 작용한다는 설이었다. 이 신조는 여전히 그리스 정교회와 서방의 다양한 그리스도교 교회들에서 우세하지만, 단성론이 폭넓은 지지를 받았던 시리아와 팔레스타인과 이집트에서는 인기가 없었다.

알렉산드리아에서는 마르키아누스가 죽자 그의 지명자인 총대주교 프로테리우스가 457년 부활절에 자신의 교회에서 폭행을 당해 죽었고, 단성론주의자 티모테우스 아일루루스(Timothy Aelurus, '고양이')가 460년에 레오 1세에 의해 강제로 추방될 때까지 그의 자리에 임명되었다. 예루살렘과 안티오크에서도 마르키아누스와 레오의 치하에서 비슷한 상황이 전개되었다. 훗날 제노의 재위 초반에 발생한 혼란에 힘입어 단성론자 총대주교 고양이 티모테우스와 축융공(縮絨工) 페트루스가 알렉산드리아와 안티오크에서 잠시 권력을 회복했다.

482년에 제노는 콘스탄티노플 총대주교 아카키우스(Acacius)의 자문을 받아 통일령 곧 헤노티콘(Henotikon)을 발행함으로써 파괴적인 종교 논쟁을 종식시키려고 했다. 325년 니케아와 381년 콘스탄티노플에서 제시된 정통 신앙을 재확인한 헤노티콘은 네스토리우스와 에우티케스의 견해를 단죄하고 칼케돈 공의회와 장래에 소집될 공의회의 결정을 무시했거나 무시하려는 사람에 대해서 저주를 선언했다. 그러나 이 문서는 극단적 단성론파와 칼케돈파를 만족시키지 못했고, 교황 펠릭스(Felix)는 이 문서가 「레오의 공한」을 무시했다는 이유로 인준을 거부했다. 그 대신 그는 제노를 따라 그의 조치를 무시한 아카키우스(Acacius)를 파문했다.

헤노티콘은 단성론파 총대주교들이 그것에 동의하고 그로써 자신들의 교구에 도입할 수 있었던 만큼 융통성이 컸다. 그 결과 알렉산드리아, 예루살렘, 안티오크가 모두 제노의 치하에서 단성론파 총대주교들을 보유했다. 그러나 그 문제는 사실상 사라지지 않고 후대 황제들 때에도 계속해서 어려운 상황을 만들었다. 결국 이집트의 단성론파는 자기들의 교회인 콥트 교회를 세웠는데, 이 교회는 이슬람의 정복에도 살아남아 오늘날까지 이어져 내려오고 있다.

아나스타시우스 (491~518). 제노가 죽은 다음 날 황후 아리아드네 (Ariadne)가 새 황제 인선 문제를 문제를 논의하기 위해서 다양한 성직자들과 총주교 에우페미우스(Euphemius)와 원로원 의원들을 대상으로 공개 회의를 열었다. 회의중에 대 의전관 우르비키우스(Urbicius)가 제안한, 황후가 직접 황제를 선정하도록 하자는 의견이 채택되었다. 황후는 저명한 황제 자문회의(Imperial Council)의 위원 아나스타시우스(Anastasius)를 선정했다. 선정하기 전에 그는 아마 여론의 동의를 얻었을 것이다. 종교 분야에서 아타스타시우스는 단성론파를 지지했고, 그 이유로 총대주교 에우페미우스는 그가 정통 신앙을 지지한다고 서명할 때까지 그의 대관식을 승락하지 않았다. 20년 동안 아나스타시우스는 헤노티콘을 견지하려고 노력함으로써 서약을 준수했지만, 그의 노력은 결국 종교적 극단론자들 때문에 물거품이 되고 말았다.

아리아드네는 아타스타시우스의 즉위에 더욱 적법성을 실어주기 위해서 그와 결혼했는데, 그 행동이 제노의 형제인 롱기누스와 이사우리아인들에게 큰 실망을 주었다. 반면에 콘스탄티노플에 거주하는 그리스 시민들은 이사우리아인들이 권력을 휘두르는 것을 몹시 못마땅하게 여겼고, 그런 분위기에서 경기장에서 소요 사태가 발생하자 아나스타시우스는 그것을 구실로 롱기누스와 그밖의 모든 이사우리아인들을 수도에서 추방했다. 그는 롱기누스를 강제로 성직에 앉히고, 제노의 재산을 몰수하고, 제노가 자기 동족들에게 제공해온 연례 공납금을 삭감했다. 자연히 이런 조치들은 이미 일부 이사우리아인들이 일으킨 반란의 불길에 기름을 끼얹은 격이었지만, 아나스타시우스는 이사우리아인들의 세력을 꺾고 그들을 확실하게 황제의 통제하에 두기로 단단히 결심했다. 이 결심을 성취하기까지는 7년의 치열한 투쟁을 겪어야 했지만 어쨌든 그는 성공을 거두었다. 많은 이사우리아인들이 트라키아의 인적이 드문 지역들에 재정착되었다. 그들은 계속해서 군대에 긴요한 병력을 공급했지만 더 이상 제국 정치에 관여하지는 못했다.

페르시아와 불가르족과의 전쟁. 접경 지대에 사는 다양한 선주민들이 이곳저곳에서 소소한 분란을 일으켰지만 페르시아와 불가르족(Bulgars)이 일으킨 분란은 적지 않은 문제를 일으켰다. 502년에 페르시아 왕 카와드(Kawad, Kavades, Cawades, Qawad)가 침공을 감행했다. 그는 결국 격퇴되었고, 506년에 기존의 상태를 토대로 7년간의 휴전 협정이 서명되었는데, 이 조약이 513년 이후에까지도 유지되었다. 그러나 불가르족은 좀더 힘겨운 상대였다. 그들은 454년 이후에 아틸라가 이끈 훈족의 잔존 세력과 연합한 몽고의 일족이었다. 이들은 동고트족에 의해 저지되었으나 테오도릭이 이탈리아로 떠난 뒤에 트라키아와 일리리쿰을 다시 침공하기 시작했다. 493, 499, 502년에 대규모 습격이 발생했다. 아나스타시우스가 초기에 대처한 방식은 콘스탄티노플 서쪽으로 프로폰티스해에서 흑해를 잇는 64킬로미터 가량의 장성(長城)을 쌓은 것이었다(497년경). 그러나 506년에 페르시아와 휴전이 체결된 뒤에 충분한 병력을 파견할 수 있게 되자 그는 517년까지 불가르족을 저지했다.

종교 분쟁. 517년에 이르면 제국은 511년부터 아나스타시우스의 종교 정책과 관련된 내전에 의해 쇠약해져 있었다. 재위 첫 20년 동안 아나스타시우스는 단성론파와 정통 칼케돈파가 서로 헤노티콘을 지지하는 동안에는 그들 사이의 분쟁에 비교적 중립적인 태도를 견지했다. 497년에 단성론파 제거 음모를 꾸민 혐의로 총대주교 에우페미우스를 면직했으나 그 자리에 또 다른 칼케돈파 마케도니우스를 앉히도록 허용했다. 그러나 511년에 이르면 칼케돈파가 안티오크 교구와 예루살렘 교구를 장악하고 있었는데, 이때부터 아나스타시우스는 마케도니우스를 면직하고 그 대신 단성론파 티모테우스를 앉힘으로써 단성론파의 입장에서 개입하기 시작했다.

아나스타시우스는 티모테우스를 제거하려는 시도를 단호히 배격하였지만, 트라키아의 연방 종족들의 주백 비탈리아누스(Vitalian)가 트라키아에서 반기를 들고 마케도니우스의 편에서 개입하였다. 그는 511년과 514년에 콘스탄티노플로 진격했지만 두 번 다 아나스타시우스는 협상을 벌여 그를 철수시켰다.

515년이 되어도 약속된 교회 공의회가 개최되지 않자 비탈리아누스는 다시 콘스탄티노플로 진격했지만, 이번에는 육지와 바다에서 치명적인 패배를 당했고 그가 일으킨 반란도 진압되었다.

재정 개혁. 비탈리아누스와의 대첩을 승리로 이끈 사람은 전임 친위대장 마리누스(Marinus)였다. 그는 아나스타시우스의 재위 중 가장 큰 업적인 재정 개혁의 입안을 도운 사람이었다. 498년에 아나스타시우스는 도시 빈민에게 타격을 입힌 퇴행적인 판매세인 크리사르기론(chrysargyron)을 폐지했다. 이 조치로 잃은 세입은 황실 사유지에서 거둔 동일 액수의 수입으로 메꿨다. 513년에 그는 심지어 농민들에게 큰 부담을 준 인두세(capitatio)를 폐지하기 시작했다.

인두세 폐지가 가능할 수 있었던 이유는 그가 사기와 낭비를 근절하기 위해 도입한 철저하고도 체계적인 재정 관리로 인해 세입이 증가했기 때문이었을 것이다. 그는 관료들의 뇌물 수수를 단속하고 병사들이 규정된 급여를 받도록 했다. 군대의 식량이 중간에서 새나가지 않도록 하기 위해서 분량을 철저히 점검하도록 했다. 아울러 토지세의 상당액을 현물 지급 방식에서 금 지급 방식으로 전환하여 실제로 필요한 군수품만 확보하게 함으로써 군수품 조달을 한층 원활하게 만들었다.

아나스타시우스는 더 나아가 속주 관리들 감독할 빈디케스(vindices. 감독관 혹은 처벌자)와 자치체 의원들인 쿠리알레스(curiales)를 임명함으로써 징세 체제를 강화했다. 빈디케스의 임무는 세금이 정직하게 징수되고 부자들이 특별 대우를 받지 못하도록 감시하는 것이었다. 마지막으로, 아나스타시우스는 소규모 일상 거래에 유용한 일련의 동화(銅貨)들을 발행했다. 과거에는 금화 솔리두스와 거의 무가치한 동화 눔무스(nummus) 중간에 아무런 화폐도 없었다. 새 주화들은 40, 20, 10, 5 누미니로 명명되었다. 이 주화들은 사람들로부터 대단히 편리하다는 평가를 받았고, 국고에 수납될 때 교환된 금화 솔리두스에 비해 제작 단가가 싸게 먹혔기 때문에 국고에도 이익을 남겼다.

이런 개혁들이 다 제국의 세입을 늘린 반면에 실질적인 세금 부담을 줄였다. 아나스타시우스는 국정을 지혜롭고 양심적으로 운영함으로써 제국의 재정을 긴축하지 않고서도 전쟁이나 천재지변으로 피해를 입은 도시들과 속주들에 관대히 베풀 수 있었다. 그는 죽을 때 국고에 금 320,000파운드의 잉여금을 남겼는데, 이것은 직계 후임자들에게 귀중한 유증이 되었다.

테오도시우스 대제가 죽은 이래로 그 세기와 그 다음 세기의 1/4 동안 왕조의 격변과 파괴적인 종교 분쟁이 일어났음에도 불구하고 동방은 손상을 입지 않고 살아남았으나, 서방은 무수한 개별 게르만 왕국들로 해체되었다. 야만족 황제 옹립자들이 제거되었고, 동고트족이 이탈리아로 들어왔고, 페르시아와 평화 관계가 정착되었으며, 국가 재정이 유례없이 건실했다. 아나스타시우스의 계승자를 찾는 문제만 빨리 결정된다면 동방 제국의 장래가 안정의 희망을 제시한다는 믿음이 한동안 지속되었다.

39

유스티누스와 유스티니아누스의 독재정 확립 (서기 518~532)

아나스타시우스가 518년에 후계자를 남기지 않고 죽음으로써 계승에 따른 또 다른 위기가 조성되었지만, 대다수 사람들은 파괴적인 투쟁만은 피해야 한다고 생각했다. 황제의 개인 경호대(the Excubitors) 대장인 유스티누스 (Justin)은 그리 투명하지 않은 음모를 통해서 원로원으로부터 황제 지명을 받고 시민들과 고위 성직자들로부터 승인을 받았다. 그는 출신이 대단히 비천한 일리리쿰 사람으로서 교육도 오늘날 유고슬라비아 남부의 스코피에에 해당하는 스쿠피 일대에서 받은 것이 전부였다. 고위 장교가 된 그는 조카들을 콘스탄티노플로 데려와 각종 교육의 혜택과 사회적 지위를 누리게 함으로써 가문의 위신을 높였다. 이미 예순여섯살이나 된 유스티누스는 총애하는 조카 유스티니아누스를 처음부터 곁에 가까이 둔 채 국정을 수행함으로써 제위 계승을 위해 훈련을 시켰다. 좋은 교육을 받고 열정이 대단했던 유스티니아누스는 삼촌의 재위(518~527) 내내 적지 않은 영향을 끼쳤다.

유스티누스와 유스티니아누스의 시대에 대한 자료. 유스티누스의 재위에 대한 자료는 제한되어 있다. 콘스탄티누스 포르피로게니투스 (Constantine Porphyrogenitus)는 「비잔틴 궁전의 의전」(*On the*

Ceremonies of the Byzantine Court)에서 유스티누스의 황제 피선과 대관식에 관한 공기록을 싣고 있다. 그가 공포한 법률 가운데 스물다섯 개 가량이 유스티니아누스의 「법전」(*Code*)에 나오며, 그가 종교 문제들로 쓴 편지들이 현존한다. 주된 이야기체 자료들은 요한 말랄라스(John Malalas)가 쓴 당대의 세속 기록인 「연대기」(*Chronography*)와, 에바그리우스(Evagrius)와 에페소스의 요한(John)이 쓴 교회사들— 전자는 칼케돈파의 시각에서, 후자는 단성론파의 시각에서 썼다 — 이다.

반면에 유스티니아누스의 재위(527~565)는 고대사에서 문헌 자료가 가장 잘 남아 있는 시기에 속한다. 카이사리아의 프로코피우스(Procopius)는 자신의 「페르시아 전쟁」(*Persian War*), 「고트족 전쟁」(*Gothic War*), 「반달족 전쟁」(*Vandalic War*)에서 522년까지 이르는 군사 및 외교 역사를 종종 목격자의 관점에서 기록한다. 유스티니아누스가 죽은 직후부터 집필을 시작한 아가티아스(Agathias)는 자신의 「역사」(*Histories*)에서 552~558년에 발생한 사건들을 다루는 반면에, 메난데르(Menander the Protector)가 582년까지 쓴 속편의 상당 부분이 콘스탄티누스 포르피로게니투스의 「역사 초록」(*Historical Excerpts*)에 보존되어 있다. 코리푸스(Corippus)의 라틴어 서사시 「요하니드」(*Johannid*)도 546~548년에 아프리카에서 감행된 군사 행동을 자세히 묘사한다.

국내 문제에 관해서는 프로코피우스의 「건축물들에 관하여」(*On Buildings*)가 유스티니아누스의 방대한 건축 사업을 잘 기술하지만, 그의 「비사」(*Secret History*)에는 유스티니아누스와 그의 아내 테오도라(Theodora)를 최대한 부정적인 시각에서 기술하려는 의도로 쓴 상스러운 뒷공론과 추문에 얽힌 비난이 가득하다. 그러나 이 책은 자신들의 부패로 황제 자신이 욕을 먹게 만든 관료 체제가 어떻게 운용되었는지 들여다 볼 수 있게 한다. 국내 문제에 관한 가장 중요한 자료는 물론 「유스티니아누스 법전」(*Codex Justinianus*)에 보존된 법률들이다. 그 법률들은 그 법전의 재판이 발행된 534년에 이르면 거의 완성되어 있었다. 그가 차후에 발행한 180개 법률은 대부분 534~544년에 발행된 것으로서 다른 법률집에 보존되어 있다. 이 시기에 집필된 방대한 양의 교회 문서들도 중요한 정보 자료이다.

유스티누스의 재위 (518~527).

유스티누스가 황제가 되어 최초로 취한 조치는 자신의 가장 강력한 두 정적을 처형하고 아나스타시우스의 단성론파 지지 정책을 뒤집은 것이었다. 라틴어권 속주 사람들인 유스티누스와 유스티니아누스는 둘 다 로마 정통 신앙의 수호자들이었고, 따라서 칼케돈파를 지지했다. 유스티누스는 콘스탄티노플에서 40명 가량의 주교들을 대상으로 공의회를 소집하여 칼케돈의 입장을 재확인했다. 그뒤 속주들에서 열린 공의회들은 단성론파 지도자 안티오크의 세베루스(Severus)와 50명이 넘는 그밖의 주교들을 면직시켰다. 그뒤에 투옥과 학살이 따랐으나 그것으로서는 이단 세력을 박멸하지 못했다. 알렉산드리아의 단성론파 대주교 티모테우스 4세는 자신의 교구를 장악할 만큼 강한 세력을 유지했다.

예전에 아나스타시우스에게 반란을 일으켰던 정통파 인사 비탈리아누스의 지지를 얻기 위해서 유스티누스는 그를 군 사령관으로 승진시키고 심지어 520년에는 콘술로 임명했다. 그러나 그것은 그렇지 않을 경우 지나치게 권력이 비대해졌을 사람을 무장 해제시키기 위한 술책이었다. 비탈리아누스는 콘술 재직 중에 암살당했고, 유스티니아누스가 승진하여 그의 직위들을 맡았다.

야만족들과 페르시아. 군사적인 면에서 유스티누스가 야만족에 대해서 취한 정책은 성공을 거두었지만 페르시아에 대해서는 그렇지 못했다. 그의 다른 조카로서 트라키아의 군 사령관이었던 게르마누스(Germanus)는 안타이족의 대 공세를 격퇴하고 거의 10년간 그들을 통제했다. 콜키스와 아르메니아의 접경 지대에 살던 사나운 종족인 트자니족도 평정되어 그리스도교화하였다. 유스티누스는 재위 말기에 두 가지 문제로 페르시아를 자극하여 심각한 전쟁을 촉발시켰다. 첫째, 페르시아인들이 자신들의 그리스도교 속국인 이베리아 왕국(오늘날의 그루지아)에 대해서 조로아스터교를 강요하려고 했을 때 유스티누스는 이베리아족을 위해 개입했다. 그 일로 페르시아 왕 카와드 1세(Kawad I)를 대노케 했다.

카와드는 자신의 셋째 아들 코스로이스(Chosroes, Khosroes, Khusro)가 페르시아의 왕위를 잇기를 원했지만 큰 아들들이 그를 적대시할까봐 두려웠다. 그러므로 그는 유스티누스에게 코스로이스를 양자로 삼아달라고 부탁함으로써 로마가 그를 지지해 줄 것을 요구했다. 유스티누스는 만약 그렇게 할 경우 로마법상 코스로이스가 로마의 제위를 요구할 적법한 권리를 갖게 된다는 자문을 받고는 그 진기한 발상을 거부했다. 수모감을 느낀 카와드와 코스로이스는 로마인들을 공격했지만 어떤 결정적인 전투가 벌어지기 전에 유스티누스가 병에 걸려 몇 달 뒤에 유스티니아누스를 후계자로 지명하고 나서 죽었다 (527년 8월 1일).

유스티니아누스의 즉위 (527).

마흔살쯤 된 한창 나이에 유스티니아누스는 제위에 올랐다. 아마 마르쿠스 아우렐리우스 이후에 그만큼 좋은 교육을 받은 황제가 없었을 것이고, 콘스탄티누스 대제의 아들들 이래로 그처럼 권력의 핵심 위치에서 실질적인 훈련을 받은 사람이 없었을 것이다. 그러므로 유스티니아누스는 심대한 설계와 개혁을 구상할 능력이 있었을 뿐 아니라 효과적인 조치를 취하는 방법도 알고 있었다. 라틴어권 속주에서 태어나 로마의 위대한 역사를 배우며 고무된 그는 라틴 서방을 되찾고 제국의 옛 세력과 판도를 회복하기를 갈망했다. 아울러 정통파 그리스도교를 참된 보편 신앙으로 굳게 믿은 그는 통일된 제국에서 이교와 이단 세력을 뿌리뽑기를 소원했다.

그 두 가지 목표는 긴밀히 연결되어 있었다. 유스티니아누스는 한편으로는 과거의 세속적 영화를 되돌아보고 있었고, 다른 한편으로는 위대한 그리스도교 국가 수립을 내다보고 있었다. 그는 정통 신앙을 수호함으로써 하느님의 호의를 입고 그로써 자신이 품은 세속적 목표를 성취할 수 있게 되기를 소원했고, 세속적으로 성공함으로써 하느님을 위해 참 신앙을 시행할 기회를 얻게 되기를 소원했다. 그 과정에서 그는 행정과 국방과 재정과 종교와 상업에 대한 황제의 통제권을 확대하고 비잔틴 식 독재정을 수립했다.

유스티니아누스의 신앙은 진지한 신학 공부가 뒷받침되었으며, 그것이 그의 국정 운영에 체계와 질서와 공정성이 두드러지게 만들었다. 재위 내내 유스티니아누스는 그리스도교 교리를 정통 신앙의 방향으로 통일하기 위해서 난해한 신학적 질문들에 대해 대답을 찾아내려고 노력했다. 아울러 국정의 효율성을 제고하고 국력을 강화하기 위해서 제국의 법률, 행정, 재정 체계를 합리적으로 정비하고 개혁했다. 그가 추진한 토목 사업조차 그가 벌인 다른 사업에서 발견하게 되는 질서와 체계에 대한 애착이 반영되어 있다.

이렇게 질서와 체계와 효율에 바친 열정은 제국의 모든 분야를 빠짐없이 장악하고 싶어하던 사람의 모습을 비쳐준다. 체계적인 효율성을 갖추고 고상한 목표들을 추구하는 양심적이고 재능있는 행정가와 자신의 이름을 걸고 통치하는 국가의 유익을 위해 획일적인 복종을 요구하는 독재자 사이의 차이는 그리 크지 않다. 종교적 정통 신앙을 바라던 유스티니아누스의 욕구가 불신자들과 이단들에 대한 조직적인 박해로 이어졌다. 자신의 권위를 지키는 데 각별했던 유스티니아누스는 다른 사람들의 조언을 달가워하지 않았고 어떻게 해서든 최선을 다해 자신을 섬기고자 하는 이들에 대해 가해진 불충의 비난을 지나치게 곧이 곧대로 받아들였다.

마지막으로 그는 자신을 지극히 저명한 신하들보다 훨씬 높이기 위해 고안한 정교한 의식과 예법을 즐겼다. 원로원 의원들조차 이제는 주(Lord)과 여주(Mistress)라 불린 황제나 황후 앞에서는 꿇어 엎드려 스스로 겸비해야 했던 반면에, 고관들과 궁정의 신하들은 스스로를 그들의 종이라 불렀다.

테오도라. 유스티니아누스의 황후는 아름답고 이지적이고 배포가 강한 테오도라(Theodora)였다. 그녀가 유스티니아누스의 재위에 갖는 중요성은 과소평가하기 힘들다. 테오도라는 거의 간섭을 받지 않고 독자적으로 행동했고, 유스티니아누스도 그녀를 공식적으로 국정의 파트너로 인정했다. 그녀에게 호르미스다스(Hormisdas)의 궁전과 대 사유지들을 하사했고, 그녀는 거기서 나오는 수입으로 자신의 명령에 언제든지 복종할 태세가 되어 있는 다수의 충직한 추종자들을 거느렸다. 어떤 사람들에게는 후원을 베풀어 출세를 시키는 든든한 친구가 되었고, 다른 사람들에게는 적대감을 쏟아부어 인생을 파멸로 빠뜨리는 두려운 정적이 되었다. 심지어 자신의 판단에 옳다고 보일 때는 유스티니아누스의 정책에 반하는 행동을 할 정도로 대범했다.

테오도라가 누린 권력과 그녀의 미천한 출신 배경은 자연히 원로원 귀족들에게 시기와 증오를 일으켰다. 그 결과 그녀의 과거와 황후로서 취한 행동들에 관련하여 중상 모략적인 소문들이 많이 나돌았다. 그러나 그 소문들은 상당수가 명백히 적대적이고 왜곡된 자료에서 나온 것들이기 때문에 어떤 것이 허구이고 어떤 것이 진실인지 구분하기가 어렵다. 그녀의 출신이 황제 후계자의 배필로 받아들이기 어려울 정도로 워낙 비천했다는 점이 유스티누스의 아내 에우페미아가 유스티니아누스와 그녀의 결혼을 완강히 반대한 사실에 설명이 될 수 있을 것이다. 프로코피우스는 진실성이 떨어지는 자신의 「비사」(*Secret History*)에서 그녀가 서커스단의 곰 사육사의 딸로 태어나 처음에는 아역 배우로 활동하다가 다음에는 몹시 방탕한 매춘부 생활을 했다고 한다.

테오도라의 초기 생애가 완벽하지 않은 것은 분명한 사실이지만, 프로코피우스의 도색적인 묘사 중 상당 부분은 몇 가지 단순한 사실들에 착안한 것인 듯하다. 그녀가 곰 사육사의 딸이었을 가능성은 충분하다. 유스티니아누스가 테오도라와 결혼할 즈음에 유스티누스가 원로원 의원들에게 여배우들과 결혼하지 못하도록 금하는 법을 폐기했던 것이 그녀가 여배우였다는 설을 뒷받침할 만한 유일한 근거일 수가 있다. 그녀는 유스티니아누스와 관계를 맺기 전에 어떤 연인과의 사이에서 딸을 하나 낳은 듯하지만, 그 점과 그녀가 강제 매춘에 들어간 여성들이 예외 없이 처하는 운명에서 가난한 어린 소녀들을 구하는 데 관심이 있었다는 점은 그녀의 정적들이 그녀의 어린 시절에 관해서 퍼뜨린 잔인한 이야기를 뒷받침할 만한 유일한 사실들이다.

여성 보호. 테오도라는 여성들을 학대에서 보호하고 여성들에게 더 나은 권리를 보호해 주려고 노력한 점에서 크게 칭송을 받을 만하다. 그녀는 어린 소녀들을 매매하거나 어린 소녀들과 관계를 맺는 것을 금지하는 법안을 관철하기 위해서 적극 노력했다. 심지어 사비를 털어 이미 매매된 어린 소녀들을 속량해 주기도 했다. 그들에게 피난과 재활의 장소를 제공하기 위해서 보스포로스 해협 건너에 있는 궁전을 메타노이아(회개)라고 하는 집으로 만들었다. 아울러 남편들이 원치 않는 아내들을 쫓아내기 위해 자주 꾸며낸 간통죄에 의한 가혹하고 독단적인 이혼으로부터 여성들을 보호했다.

테오도라와 유스티니아누스의 종교 정책. 테오도라의 관심으로부터 유익을 얻은 또 다른 집단은 단성론파였다. 테오도라는 정통 칼케돈파보다 그들의 견해를 지지했던 것이다. 반면에 유스티니아누스는 엄격한 칼케돈주의자였고 일관되게 그리스도교 이단들을 뿌리뽑으려고 노력했다. 마니교와 몬타누스파 같은 이단들에 대해서는 처음부터 강경한 조치를 사용했다. 좀더 널리 퍼진 단성론파 이단의 경우에 대해서는 칼케돈파와 온건한 단성론파를 조화시킴으로써 극단적인 단성론파를 고립시킨 다음 필요하다면 단호한 조치를 취해 그들을 뿌리뽑을 만한 신학적 공식을 찾기를 바랐다.

532년에 그는 여섯 명의 칼케돈파 주교와 여섯 명의 단성론파 주교로 구성된 위원회를 소집했다. 이들은 네스토리우스와 에우티케스의 견해를 단죄하고 그리스도의 이중 본성과 단일 본성 그 어느 쪽에 대해서도 언급하지 않았다. 이들의 결정은 534년 교황 요한 2세에 의해 채택되었다. 535년에 알렉산드리아의 총대주교로서 극단적인 단성론주의자였던 티모테우스 4세가 죽자 유스티니아누스는 황제의 직권으로 온건파인 테오도시우스(Theodosius)를 그의 자리에 앉혔다. 그뒤로 그의 정책이 입지를 얻어가는 듯했으나 교황 요한 2세가 죽고 교리적으로 융통성이 없는 아가페투스(Agapethus)가 그의 지위를 계승했다. 아가페투스는 요한이 받아들였던 절충안을 배격하고 유스티니아누스에게도 그 안을 포기하도록 설득했다. 마침 극단적인 칼케돈주의자 메나스(Menas)가 총대주교에 임명되어 새로운 공의회를 소집했고, 그 공의회는 온건한 단성론파를 단죄했다. 그러자 유스티니아누스는 시리아와 이집트에서 단성론파에 대한 모진 박해를 뒷받침해 주었다.

그럼에도 불구하고 유스티니아누스는 여전히 신학적 절충안을 모색했다. 543/44년에 그는 세 장으로 된 칙령(삼장〈the Three Chapter〉)을 공포했는데, 매 장마다 단성론파에게 거슬리는 특정 칼케돈 사상들을 단죄했다. 동방의 칼케돈파 총대주교들은 그 칙령을 받아들였지만, 교황 비길리우스(Vigilius)는 그것을 배척하기도 하고 받아들이기도 하는 등 오락가락하다가 554년에 폐위의 위협에 밀려 그 칙령에 전폭적인 축복을 했다. 그러나 유스티니아누스의 이 조치는 서방의 주교들 사이에서는 분쟁을 일으켰을 뿐이다. 왜냐하면 많은 주교들이 비길리우스의 지휘에 따르기를 거부했기 때문이다.

동방에서는 삼장(三章)이 단성론파를 진정시키는 데도 실패했다. 그들은 박해의 압력 속에서 급속한 속도로 강력한 독립 교회를 세워가고 있었다. 564년에 유스티니아누스는 그리스도의 육체가 타락할 수 없고 고통을 겪을 수 없다는 극단적인 단성론파 교리를 받아들임으로써 절충을 위한 새로운 신조를 모색했으나, 565년에 이렇다 할 성과도 없이 죽었고, 그가 그 통일에 제국의 안녕이 걸려 있다고 믿은 교회는 이전보다 더욱 갈가리 분열되었다.

유스티니아누스는 긴 재위 기간 동안 그밖에도 여러 가지 종교 문제들에 개입했다. 조직과 질서에 대한 강렬한 열의를 가지고 주교 선출, 성직자의 품행과 인격, 수도 생활 규율, 교회 재산 관리 같은 교회 내부의 문제들을 조정하는 여러 가지 법안들을 관철시켰다. 아울러 이교도들과 다른 비그리스도교인들에 대한 강력한 제재 조치들을 취했다. 529년에 모든 이교도들을 대상으로 의무적으로 그리스도교 신앙 교육을 받고 세례를 받도록 명령하고, 명령에 불복종하면 재산을 몰수하거나 추방했다. 심지어 아테네의 플라톤 아카데미를 폐교하고 콘스탄티노플의 몇몇 유력한 이교도 귀족들을 처형했다. 더욱이 유대인들과 사마리아인들의 명예로운 신분을 부인하는 법을 제정하여 그들의 법적 자유를 제한하고 그들의 재산을 오로지 정통파 그리스도교인들에게만 유증하도록 의무화했다. 훗날에는 심지어 유대인 회당들의 예배 규율을 지시하기까지 했고, 562년에는 새로운 열의를 가지고 이교도들을 박해했다.

법률 개혁. 유스티니아누스의 법적·행정적 개혁은 종교 정책에 비해 높은 평가를 받을 만하고 또한 성공을 거두었다. 로마 법은 로마가 수세기 동안 성장과 변화를 겪는 과정에서 일관성 없이 방만해져서 합리화와 체계화 작업이 필요한 상태였다. 528년 2월 13일에 유스티니아누스는 위원회를 설치하여 과거에 법전으로 편찬되었거나 편찬되지 않은 황제의 모든 칙령을 수집하고 현실화하고 편집하고 단순하게 정리하여 밀도있게 단권으로 편찬하도록 했다. 이 작업은 529년 4월 7일 유스티니아누스의 콰이스토르 트레보니아누스(Trebonian)와 그밖의 위원들에 의해 완료되었다.

530년 12월에 유스티니아누스는 트레보니아누스에게 지난 시대 법률가들의 고전적인 법률서들에 대해서 주석을 편찬하도록 했다. 이 작업은 3년만에 완성되었다. 그러고 나서는 유스티니아누스의 방대한 법률들을 망라한 「법전」을 갱신할 때가 되었다. 오늘날까지 남아 있는 이 두번째 판은 534년 11월 16일에 등장했다. 한해 전에는 「법학 제요」(*Institutes*)가 발행되어 법률 연구를 단순화하기 위한 교과서 역할을 했다.

행정 개혁. 제국의 행정 부문에서 유스티니아누스는 부패를 줄이고 효율성을 높이기 위해 근실히 노력했다. 원수정 때도 제국 행정에 부패와 남용이 뿌리뽑힌 적은 없지만, 그래도 초기의 황제들은 공화정 말기에 비해 높은 표준을 엄격히 시행했다. 그러나 3세기의 혼돈을 거치고 디오클레티아누스와 콘스탄티누스의 개혁 이래 관료제가 엄청난 속도로 발전하면서 표준도 낮아지고 부패의 기회와 부패에 빠질 만한 관리들의 수도 늘어났기 때문에 의식있는 황제가 등장하여 행정 체제를 장악하려고 해도 이전보다 훨씬 더 어렵게 되었다.

유스티니아누스가 가장 유익을 끼친 개혁의 하나는 당시에 관직에 오를 때 돈을 내고 관직에 오른 다음에는 독직(瀆職)과 부패로 그 돈을 벌충하던 수프라기아(suffragia) 관행을 근절한 것이었다. 아울러 그는 속주 총독들에게 통치 규범을 하달하고 속주민들의 민원 조사관으로 활동할 데펜소르스 키비타티스(defensors civitatis) 곧 시민 변호인들의 권한을 강화했다. 외침의 위협이 현저하지 않은 속주들의 문민 총독의 직무와 군사령관의 직무를 통합하여 관구를 대리 통치하던 관구장(vicar)직을 폐지하고 그리스도교 주교들에게 관리들을 감독하고 속주 전반의 복지를 도모할 권한을 부여함으로써 속주 행정의 능률을 높였다.

수도에서 유스티니아누스는 프라이펙투스 비길룸(praefectus vigilum, 도시 경비사령관)의 직위에 힘을 실어주고 그에게 프라이토르 프레비스(praetor plebis, 평민의 프라이토르)라는 새로운 직함을 부여했다. 그는 시민들의 안전을 도모하고 군대에 식량을 보급하기 위한 조치들을 취했다. 아울러 콰이시토르(quaesitor)라고 하는 감찰관직을 신설했다. 콰이시토르는 콘스탄티노플을 방문한 외지인들이 안전하게 볼일을 마치고 돌아가도록 배려하고, 불법 이주자들을 고향으로 돌려보내고, 적법한 거주자들 중 실업자들에게 일터를 알선해 주었다.

이러한 개혁들은 유스티니아누스의 친위대장 카파도키아 사람 요한을 통해서 원활하게 수행되었다. 그러나 개혁들이 대개 그렇듯이 그도 실천보다 이론에 앞섰다. 관구장직을 폐지함으로써 무법자들이 이 속주의 관할권에서 저 속주의 관할권으로 옮겨다님으로써 체포를 면할 수 있었다. 관료 조직이 방대한 사회, 특히 어떤 사람들은 우월하게 여겨지고 다른 사람들은 열등하게 여겨지는 사회들에서는 여전히 권력의 부패와 남용이 사라지지 않았다. 중간 단계의 관구장들에게 힘을 실어 주었더라면 속주 차원에서 부패와 남용을 쉽게 막을 수 있었을 텐데 그 직위를 아예 폐지함으로써 사실상 개혁은 카파도키아 사람 요한의 실권을 강화시킨 것 외에는 별다른 결과를 거두지 못했다.

카파도키아 사람 요한. 요한은 제국 재정의 분야에서 자신의 권력을 크게 사용했다. 유스티니아누스가 야심적으로 벌인 전쟁과 외교와 토목 사업에는 막대한 재정이 소요되었다. 아나스타시우스가 남기고 간 잉여금이 곧 바닥이 나자, 유스티니아누스는 즉석에서 들어오는 세입을 가지고 모든 재정을 충당해야만 했다. 요한은 이러한 세입 확보에 성공을 거둠으로써 유스티니아누스에게 없어서는 안 될 존재가 되었지만, 그 과정에서 더 많은 세금을 내야 했던 사람들로부터 혐오감을 일으키고 그가 황제로부터 받은 실권과 호의에 배아파하던 사람들의 질시를 일으켰다. 물론 그는 야심이 대단했고, 종종 무자비한 방법을 동원했고, 개인 재산 확충에 힘쓰기는 했지만, 프로코피우스나 리디아 사람 요한이 남긴 자료들이 그를 묘사해 놓은 기괴한 모습은 무시하고 넘어가는 것이 옳다. 전자는 탐욕스러운 궁정인의 모습이고 후자는 세금을 회피했거나 부패로부터 이득을 얻어온 터에 요한의 강력한 재무 행정에 의해 가장 큰 타격을 입은 부유한 귀족들과 관리들의 견해를 반영했다.

부유한 지주들은 요한이 부과한 토지 부과세, 이른바 '공기 세'(air tax)에 틀림없이 이를 갈았을 것이다. 그럼에도 불구하고 그들은 그 세금을 낼 만한 충분한 능력을 갖고 있었고, 그 결과 매년 금화 3천 파운드의 세수가 더 걷혔다. 아울러 요한은 콘스탄티노플에서 페르시아 접경을 잇는 전략적인 루트를 제외한 소아시아와 레반트 지역과 이집트 전역을 대상으로 공공 역마 체계

(cursus publicus)를 폐지했다. 비용만 많이 들고 부유한 시민들과 정부 관리들에 의해 자주 남용되었기 때문이다. 마찬가지로 부자들이 위신을 높이기 위해서 임용되기를 힘쓴 기관으로서 막대한 유지비를 잡아먹던 의장대(儀仗隊) 곧 스콜라이 중 네 개 부대를 폐지하고, 나머지 부대들에 대해서도 그 구성원들이 급료를 포기하는 데 동의하지 않을 경우 전방으로 이동할 것을 명령했다. 이 부대들은 불필요한 부대였고, 따라서 부대원들의 반감을 사가면서라도 그들에게 돌아갈 급료를 좀더 긴요한 곳에 사용한다는 것은 가치있는 일이었다. 그러나 페르시아와 평화 관계를 유지하고 있던 기간에 동방의 국경 주둔군에게까지 급료 지불을 유예한 것은 지혜롭지 못한 정책이었다. 그들의 사기가 땅에 떨어졌고 전쟁이 다시 터지지 않는 한 쓸모없는 존재들이 되었기 때문이다.

공금 횡령과 낭비를 막기 위해서 요한은 특별 회계 감사원들을 파견하여 회계 장부들, 특히 관청들과 군대의 장부들을 점검하게 했다. 이들은 지역 유지들의 부패를 들춰내고, 부재 군인들과 무자격 군인들을 급여 대상에서 제외시키고, 장교들이 정원이 미달된 부대들을 완편 부대들로 보고하여 급료와 보급품의 차액을 착복하는 행위를 중지시켰다. 이러한 시스템은 기득권층의 반감과 불평을 일으킬 수밖에 없었다. 회계 감사원 자신이 부패에 빠진 경우도 있었지만, 유스티니아누스는 자신이 어떻게 해서든 성실한 사람들을 선출하려고 힘썼고, 정직하게 업무를 수행한 사람들에게는 그들이 국가를 위해 절약한 돈의 1/12을 주어 보상했다.

카파도키아 사람 요한의 몰락. 532년 초에 니카 반란으로 알려진 사건이 일어났을 때 유스티니아누스는 상황에 밀려 요한을 면직시키고 귀족의 이익을 대변하는 덜 공세적인 포카스(Phocas)를 그 자리에 앉힐 수밖에 없었다. 그러나 일년이 못되어 사태를 확고히 장악한 유스티니아누스는 요한을 친위대장으로 재임명했다. 그럼에도 불구하고 요한은 정적들, 특히 자기 남편에게 영향력을 행사하는 것을 괘씸히 여기고, 그가 권좌에 대한 욕심을 품고 있다고 생각했을 법한 테오도라에게 음모의 표적이 되었다. 마침내 541년에 테오도라는, 자기 남편을 유스티니아누스에게 가장 큰 총애를 받게 하려고 힘쓰던 유스티니아누스의 위대한 장군 벨리사리우스(Belisarius)의 아내 안토니나(Antonina)의 도움을 받아 요한을 추방하고 강제로 성직자가 되게 했다. 그러나 테오도라가 죽은 뒤 유스티니아누스는 요한을 사면하고 그가 사제의 자격으로 콘스탄티노플로 돌아오도록 허락했다.

요한 이후의 행정과 재정. 요한 이후에 유스티니아누스는 속주들의 그룹을 통치할 중간 단계의 통치자들을 세우는 방향으로 행정 체제를 재편했다. 오리엔스 관구에서 한때 속주 총독들의 하나로 격하된 동방의 주백(Count)인 코메스 오리엔티스가 휘하의 몇몇 총독들을 다시 통치하는 권위를 받았다 (542). 548년에 폰투스 관구 속주들의 질서를 유지하기 위해 그 관구에 군사적 권위를 지닌 비카리우스(관구장)가 다시 임명되었고, 아시아와 트라키아에도 비슷한 성격의 관리가 임명되었다. 유스티니아누스는 아울러 행정 절차들을 향상시키고 부패를 통제하기 위한 법률들을 꾸준히 발행했다.

페테르 바르시메스. 재정 분야에서 요한의 역할을 인수한 사람은 543년에 초대 황실 보조금 담당 주백과 친위대장을 지낸 페테르 바르시메스(Peter Barsymes)였다. 그는 544년에 콘스탄티노플에 저장되어 있던 곡물을 매각하여 세입을 늘리려 했다가 흉작으로 545년에 곡물을 강제 매입해야 하는 상황에 몰린 뒤부터 인기가 추락하였고 546년에 사직해야 했다. 그럼에도 불구하고 곧 황실 보조금 담당 주백 직에 다시 기용되었고 554년 혹은 555년에 다시 한 번 친위대장이 되었다.

그도 프로코피우스에 의해서 부정적으로 묘사되지만, 그가 입안한 법들을 살펴보면 그가 공정한 절차에 의해서 세입과 소액 납세자들을 모두 보호하려 했음을 알게 된다. 그 법들은 세금 부담을 종종 힘없는 시민들에게 떠넘기고 그들을 착취하려고 한 부유하고 힘있는 자들에게는 달갑지 않았을 것이다. 아울러 그들은 그가 페르시아와의 전쟁으로 야기된 비단의 품귀 현상을 이용하여 비단 판매권을 국가가 고가로 독점하여 국고에 막대한 이익을 남기기 위해 취한 혁신에 대해서도 분개했음에 틀림없다. 552년에 몇몇 수사들이 중국에서 빈 대나무 지팡이 속에 누에고치들을 숨겨 가지고 나왔고, 그 이후로 비단 제조가 국가의 전매 사업의 일부가 되었다. 페테르는 아울러 길드들 곧 콜레기아 (collegia)를 독점 관리하기 위해서 다른 사업 분야들에도 전매 품목들을 판매하는 관행을 도입했을 가능성이 크다.

화폐 체계. 유스티니아누스가 벌인 사업들로 재정 경색이 발생했음에도 불구하고 제국의 주화 체계는 강력하게 남았고, 카디즈에서 실론에 이르는 문명 세계 전역에서 표준 교환 매체로 쓰였다. 훗날 서방에서 게르마니아에 들어선 국가들은 제국의 주화 체계를 그대로 사용하는 것이 정치적으로나 경제적으로 현명하다는 것을 발견했다. 프랑크의 메로빙조 왕들은 심지어 유스티니아누스의 흉상을 자기들의 주화들에 넣고 머릿글자만 자기들의 것으로 바꿔 놓았다. 히스파니아에서는 수에비족이 호노리우스와 바이투스의 주화 형태를 계속 사용했고, 이탈리아에서는 동고트족 왕들이 유스티니아누스로부터 공격을 받은 뒤에도 제국의 주화를 교체하는 대신에 아나스타시우스의 흉상과 전설들을 되살리는 데 그쳤다.

제1차 페르시아 전쟁. 유스티누스가 죽고 나서 527년에 유일의 황제가 된 유스티니아누스는 페르시아와의 전쟁을 물려받았는데, 전세가 크게 기울고 있었다. 그는 페르시아 영토를 정복할 욕심이 없었으므로 다만 페르시아인들에게 장기간의 평화 조약을 받아들일 만큼의 군사적 압력만 가하고 자신은 홀가분하게 서방을 재정복할 수 있게 되기를 바랐다. 전쟁은 시소를 거듭하다가 531년 9월에 페르시아 왕 카와드가 죽는 상황을 맞이했는데, 그를 계승한 코스로이스(Chosroes)는 자신의 권위에 도전하는 세력들을 진압하는 데 총력을 기울이기를 원해서 유스티니아누스의 대사들과 진지한 협상에 들어갔다. 마침내 양 진영은 532년 봄에 영구 평화 조약에 서명했다. 페르시아 측은 전쟁 이전의 국경선을 받아들였고, 유스티니아누스는 코스로이스가 코카서스 지방을 보호해 주는 대가로 매년 요구하던 공납금을 더 이상 요구하지 않겠다고 합의해 준 데 대해서 그에게 1만1천 파운드의 금을 지불했다.

니카 반란. 코스로이스와의 협상 과정에서 유스티니아누스는 콘스탄티노플에서 활동하던 서커스단이 개입된 반란 때문에 권좌를 거의 잃을 뻔했다. 그 서커스단은 국가 축제 때 전차 경주가 가장 인기 있는 볼거리였던 공화정 말기에 생긴 집단이었다. 매번 전차 경주 때마다 대개 네 대의 전차가 필요했다. 경주의 진행 책임을 맡은 관리는 그 목적을 위해 조직된 네 개의 집단들로부터 전차들과 그것을 조종할 기수들과 말들을 임대했다. 이들이 서커스단으로 알려지게 되었고, 각 집단마다 붉은색과 흰색과 푸른색과 녹색 등 독특한 색깔을 지니고 있었다. 오늘날 스포츠 팀들과 마찬가지로 그들도 저마다 열렬한 팬들을 보유하고 있었고, 전차 경주에서 우승하는 기수들은 오늘날 연봉 수백만 달러의 스포츠 스타들처럼 막대한 돈을 거머쥐었다.

전차 경주과 우승한 기수들이 큰 인기를 누렸다는 사실은 원로원 귀족들의 질시를 상쇄하기 위해서 대중의 호의에 의존했던 황제들이 왜 한결같이 전차 경주를 후하게 지원했는가 하는 이유를 설명해 준다. 네로와 도미티아누스와 콤모두스 같은 일부 황제들은 심지어 직접 경주에 참여하여 전차를 몰았다. 로마 문화가 서기 1세기와 2세기에 제국 전역으로 퍼져가면서 어느 정도 비중이 있는 속주의 도시마다 나름대로 적색파와 백색파와 청색파와 녹색파를 두었다. 민중이 정치에 참여할 길이 차단당하고 도시 빈민들이 무익하고 무력한 생활을 꾸려갈 수밖에 없는 사회에서, 서커스가 제공하는 흥미와 경주에 걸어서 목돈을 거머쥘 수 있는 기회란 대단히 강렬한 관심을 불러일으켰다. 오늘날 폭주족과 노상강도들과 다를 바 없이 불안과 권태 속에서 살던 사람들은 나름대로 클럽을 구성하여 각 파벌에 가입했다. 이들은 다른 파벌들과 구별되는 옷을 지어입고, 일반 시민들을 괴롭히고, 심지어 범죄를 저지르기도 했다. 서로 다른 파벌들에 속한 클럽들 사이에 충돌이 일어나는 것이 다반사였고 그런 충돌이 심지어는 전면적인 민중 봉기로 폭발하기도 했다.

청색파와 녹색파. 유스티니아누스 시대에 콘스탄티노플에서는 적색파와 백색파가 청색파와 녹색파의 그늘에 완전히 가려 있었다. 이 두 파벌은 수도의 정치 생활에 중요한 요소가 될 정도로 추종 세력과 조직력이 상당했다. 황제들과 유력한 원로원 의원들은 이 두 파벌을 이용하여 자신들의 정치적·종교적 목적을 달성하고자 했다. 예를 들어 황제 아나스타시우스는 자신이 신봉한 단성론파의 견해에 동조한 녹색파를 지지했다. 정통파인 유스티누스와 유스티니아누스는 그러므로 청색파를 지원하여 일부 구성원들에게 관직을 내주고, 그들의 활동에 자금을 지원하고, 그들이 무질서와 범죄를 저지르더라도 처벌받지 않도록 감싸주었다.

그러나 유스티니아누스는 일단 권력을 장악한 다음에는 두 파벌이 계속해서 조장하던 무질서를 위험한 행위로 보고서 그들에게 징계의 손을 뻗쳤다. 532년 1월 13일에 유스티니아누스가 청색파 한 사람, 녹색파 한 사람에게 사형이 언도되었을 때 감형하기를 거부했다가 두 사람이 어설픈 교수형 덕분에 목숨을 부지하자, 두 파벌은 그들을 석방시키기 위해서 협력하기로 결정했다. 이들은 니카(nika, '정복')라는 단어를 자신들의 구호로 채택했는데, 훗날 일어난 민란에 이 명칭이 붙게 된다.

그날 저녁 폭도들은 여러 채의 공공 건물들에 불을 질렀다. 대 궁전 현관 홀과 거룩한 지혜의 교회 곧 하기아 소피아도 예외가 아니었다. 다음 날 전차 경주가 재개되었으나 그것에 눈길을 주지 않은 폭도들은 경주가 열리던 경기장(Hippodrome)의 북쪽 끝에 불을 질렀다. 애당초 반란을 일으킨 무리에 유스티니아누스의 재정 정책으로 시련을 겪은 사람들, 이를테면 무거운 세금을 못이겨 농지를 포기한 채 콘스탄티노플로 이주한 무수한 소규모 자영농들 같은 사람들이 가세하여 폭도의 수가 크게 불어나게 되었다. 유스티니아누스의 독재와 재정 정책에 불만을 품었던 유력한 원로원 의원들의 지원에 고무된 그들은 이제 세 명의 주요 관료를 파면시킬 것을 요구하고 나섰다. 그 세 명의 관료는 시장 에우다이몬(Eudaemon), 유스티니아누스의 콰이스토르 트리보니아누스(Tribonian), 그리고 카파도키아 사람 요한이었다.

유스티니아누스는 비록 폭도의 요구를 수용하여 그들을 교체했지만 폭동은 여전히 진압되지 않았다. 그러자 폭동의 주모자들이 나서서 황제 자신의 사직을 요구했다. 그들의 생각은 유스티니아누스를 폐위한 뒤 아나스타시우스의 세 명의 조카 프로부스(Probus)와 폼페이우스(Pompeius)와 히파티우스(Hipatius) 중에서 한 사람을 황제로 옹립하려는 것이었다. 하지만 이 세 사람은 그 음모에 가담하지 않은 듯하다. 프로부스는 끌려다니는 꼴을 피하기 위해서 도시를 도망쳐 나갔고, 폼페이우스와 히파티우스는 궁전에서 유스티니아누스 편에 서 있었다.

유스티니아누스는 폭도들이 노리는 것이 자신을 폐위시키는 것임을 깨닫고서는 그들을 무력으로 진압하기로 결심했다. 정규 궁정 경호대는 중립을 지키는 쪽을 선호하고 민중을 공격하기를 거부했지만, 유스티니아누스는 그들 말고도 의존할 만한 세력이 있었다. 방금 페르시아 전선에서 소환되어 온 벨리사리우스와 도나우 국경 지대에서 복무하던 문두스(Mundus)가 고트족과 헤룰족의 충직한 파견대와 함께 그에게 와 있었던 것이다. 이들은 이틀 동안 폭도들과 전투를 벌였으나 도시를 더 불태운 것 외에는 이렇다 할 전과를 거두지 못했다.

상황이 악화되자 유스티니아누스는 사람들에 대한 불신이 극에 달한 나머지 최측근들을 제외한 모든 사람들을 궁정에서 해고했다. 심지어 떠나기를 한사코 마다하던 폼페이우스와 히파티우스도 강제로 떠나게 함으로써 폭도들의 저항에 기름을 끼얹었다. 그가 군중 앞에 직접 나타나 지극히 성스러운 맹세로 대 사면을 단행하고 개혁을 제도화하겠다고 약속했을 때 군중은 경멸조로 그의 호소를 일축하고서 주저하는 히파티우스를 제위에 앉혔다. 일이 이쯤 되자 유스티니아누스는 도망치기로 결정했다. 그러나 결정적인 순간에 대범한 테오도라가 나서서 유배되어 사느니 제위를 지키다 죽는 게 더욱 떳떳하지 않느냐고 주장했다. 유스티니아누스는 용기를 되찾고서 머물렀다.

유스티니아누스는 자신의 충직한 환관 나르세스(Narses)를 불렀다. 그리고는 품에 지닐 수 있을 만큼의 최대한의 금을 가지고 경기장에서 히파티우스를 연호하고 있는 군중 틈으로 들어가 청색파와 녹색파에게 뇌물을 주어 불화의 씨를 뿌리고, 아나스타시우스가 과거에 녹색파를 편애했던 기억을 환기시킴으로써 청색파의 질투를 유발하도록 지시했다. 그러는 사이에 문두스와 벨리사리우스는 인파로 가득찬 경기장을 기습 공격할 병력을 배치해 두었다. 비록 소수였으나 훈련된 문두스와 벨리사리우스의 병사들은 수천 명의 인명을 살육해 가면서 반란 세력의 허점을 공격했다.

히파티우스와 폼페이우스는 그들이 다른 반란의 핵심 분자가 되지 못하도록 처형했고, 반란에 동조한 혐의를 받은 열여덟 명의 원로원 의원들은 재산을 몰수당한 뒤 추방당했다. 그 뒤로 서커스 파벌들은 유스티니아누스에게 심각한 문제가 되지 않았으며, 유스티니아누스는 초창기에는 원로원의 반발을 샀던 독재적 통치를 더욱 강화할 수 있었다. 절망적인 순간에 테오도라가 드러낸 강직한 성품이 유스티니아누스의 권좌를 지켰고 그에게 훨씬 더 큰 스케일로 행동할 수 있도록 운신의 폭을 넓혀 주었다. 16년 뒤(548년 6월 28일) 테오도라가 죽었을 때 그가 그녀를 깊이 경모하고 그녀의 죽음을 깊이 애도한 것이 조금도 무리가 아니다.

콘스탄티노플 재건. 과거의 독재자 네로가 64년의 대화재를 이용하여 로마를 존귀한 황제의 수도에 적합하게 웅장한 규모로 재건했던 것과 똑같이, 유스티니아누스도 니카 반란으로 인한 대화재 이후에 콘스탄티노플을 재건했다. 그가 재건해야 했던 세속 건물들에는 원로원 의사당과 제우시푸스 목욕탕, 아우구스테움의 주랑(柱廊), 그리고 대 궁전의 부분들이 있었다. 아울러 그는 그 기회를 사용하여 궁전을 완전히 뜯어고치고 자신의 재위를 드높이는 화려한 모자이크로 궁전을 장식했다. 심지어 수도 외곽의 헤리온(파나라키)에 있는 여름 궁전조차 비슷한 방식으로 개조했다.

유스티니아누스가 하느님의 가호를 입어 통치를 해나가기를 바랐기 때문에 교회들은 각별한 배려를 받았다. 거룩한 평화의 교회 곧 하기아 이레네는 이웃해 있는 거룩한 지혜 곧 하기아 소피아 교회에 버금가는 규모로 증축되었다. 지진으로 손상된 성 사도들의 교회도 이 무렵에 재건되었다.

하기아 소피아는 가장 야심찬 사업으로서 완공하는 데 5년이 걸렸다. 당대 최고의 건축가들인 트랄레스의 안테미우스(Anthemius)와 밀레투스의 이시도레(Isidore)가 공사를 맡았다. 돔 교회당 전문가인 안테미우스는 돔 지붕을 그리스 십자가 모양의 평면도와 조화시키는 기발한 설계를 구상했다. 이 교회당은 가로 75미터 세로 68미터이고, 양팔이 교차하는 30평방미터의 사각 지점 위로 54미터 올라간 곳에 돔이 세워졌다. 건축가들은 돔을 지지하고 그 기초를 정사각형 통로 위에 올려놓기 위해서 정사각형 통로 각 면에 육중한 아치를 세우고 각 모서리에 거대한 교각을 놓았다. 네 모서리에는 돌 삼각 궁륭을 놓고 그 끝부분이 각주(角柱)에 얹히도록 했고, 그 측면들이 옆에 붙은 아치들의 곡선을 따르도록 했으며, 이렇게 해서 생긴 원형 기반이 인접한 아치들의 꼭대기들 사이의 90궁형(원의 1/4)을 형성하게 했다. 안정을 기하기 위해서 반쪽 돔들로 주요 돔 밑의 건물 동쪽과 서쪽을 받치게 했고, 북쪽과 남쪽에는 거대한 수직 버팀벽들을 세웠다. 건물의 기본 자재는 벽돌이었고, 늑재를 붙인 돔은 특별히 가벼운 타일로 덮었다.

하기아 소피아가 원형이 된 비잔틴 교회당들의 전형대로 교회당 외부는 평범했지만 내부는 조밀하게 장식되었다. 제국 전역에서 채집해온 다양한 색채의 대리석들이 기둥과 바닥에 쓰였고 벽면을 감쌌다. 둥근 천장은 순금으로 뒤덮였고, 거대한 모자이크들 — 그중 가장 규모가 큰 것은 별 문양으로 뒤덮인 천장 꼭대기에 자리잡은 대형 십자가상이다 — 이 교회 내부 전체를 장식했다.

새로운 하기아 소피아는 537년 12월 26일에 장식되었다. 그러나 불행하게도 안테미우스와 이시도레(Isidore)는 그 혁신적인 도면에서 하중을 잘못 계산하는 바람에 558년에 결국 돔이 붕괴되었다. 소 이시도레(Isidore the Younger)는 수직적 추력(推力)을 강화하기 위해서 새 돔을 7.5미터 더 높여 건축했다. 이 돔은 562년에 완공되어 오늘날까지 남아 있다.

이 교회당을 신적 지혜와 유스티니아누스의 재위 양자에 합당한 기념비로 만들기 위해서 수천 파운드의 금이 하기아 소피아 건축과 설비에 사용되었다. 강단은 금과 보석으로 장식했고, 제단은 순금이었으며, 총대주교의 보좌는 도금한 은 수천 파운드로 제작되었다. 어떤 자료에 따르면 총 공사비가 금 320,000파운드였다고 한다. 공사비가 10의 계수로 과장된 감이 없진 않지만 그래도 그 비용은 여전히 엄청났을 것이다. 유스티니아누스로서는 서방을 재정복하는 원대한 구도를 성취할 때까지 그 엄청난 국내적 비용을 삭감하는 것이 지혜로운 처사였을 것이다. 그는 니카 반란과 코스로이스와의 평화 조약 체결 직후에 서방에 대한 원정에 착수했으나 초기에 반짝 성공을 거둔 다음 서방에서의 군사 작전에 충분한 재원을 투입하지 못함으로써 작전 전체에 실패를 초래하고 동방과 서방 양 진영에서 장기간에 걸쳐 심각한 문제들을 일으켜 놓았다.

40

이룰 수 없었던 보편 제국의 꿈
(서기 532~565)

지난 세기에 로마 제국의 서방쪽 절반은 프랑크족, 반달족, 서고트족, 동고트족 같은 게르만족의 왕국들에게 완전히 넘어갔다. 그러나 지중해와 유럽을 아우르는 옛 보편 로마 제국의 꿈은 여전히 살아남아 오늘날까지도 득의양양한 장군들과 야심찬 정치인들과 이상주의적 철학자들과 과대망상적 독재자들의 뇌리에 자주 출몰하거나 영감을 불어넣었다. 이 꿈을 실현하기 위해서 30년 이상 공을 들인 유스티니아누스에게만큼 이 꿈이 현실적으로 보인 사람도 없었다. 하지만 그도 막상 그 과제에 부닥쳐 본 뒤에야 예상보다 어렵다는 것을 발견했다. 서방에서 반격을 받기 시작하면서 그는 다른 곳에서 가해오는 공격에 취약하게 되었다. 따라서 어쩔 수 없이 제국의 재원을 드문드문 배분하는 위험을 감수해야 했고 그로써 과제는 더욱 어려워졌다.

북아프리카 속주들에 대한 재정복 (533~534). 532년경 북아프리카의 반달 왕국이 처한 상황은 재정복을 꿈꾸던 유스티니아누스의 포부가 이뤄지기에 유리했다. 발렌티니아누스 3세의 손자이자 전대의 반달족 왕 힐데릭(참조. 914쪽)은 자신의 영토에서 정통파 로마 가톨릭 교도들에 대한 박해를 중지하고 유스티니아누스와 조약을 체결했다. 그러나 그는 무어족 침략자들을 격퇴하지 못함으로써 자신의 사촌 겔리메르(Gelimer)에 의해 폐위되었다. 힐데릭과 체결한 조약을 발동한 유스티니아누스는 북아프리카 침공을 준비했다. 그의 장군들과 고문들은 과거에 반달족에 대해서 감행했다가 입은 막대한 인명과 재산의 손실을 상기시켜 가면서 반대했다. 그런데도 유스티니아누스는 그들의 조언을 뿌리쳤고, 533년에 벨리사리우스가 황제의 명을 받들고 1만5천 내지 2만 명의 병사들을 이끌고 항해에 나섰다. 벨리사리우스의 유능하고 대범한 아내 안토니나가 그의 곁에서 그와 함께 지휘했다.

　믿어지지 않을 만큼 쉽게 승리가 찾아왔다. 겔리메르는 역량이 없는데다가 트리폴리타니아에서 가톨릭 로마인들이 일으킨 반란과 그의 사르디니아 총독이 일으킨 반란에 정신이 팔려 있었다. 시칠리아에 자리잡고 살던 동고트족의 지원을 받은 벨리사리우스와 안토니나는 저항을 받지 않은 채 북아프리카에 상륙했고, 아리우스파 반달족을 지긋지긋하게 여기던 가톨릭 주민들의 도움을 받았다. 일년이 채 못되어 벨리사리우스와 안토니나의 역량이 뛰어나서라기보다 겔리메르의 어처구니 없는 무능 덕분에 이긴 두 번의 전투로 북아프리카가 재정복되었다. 534년에 북아프리카와 사르디니아가 공식적으로 아프리카 대관구장 관할령(Praetorian Prefecture)으로 조직되었다. 그러나 불행하게도 예상치 않게 쉽고 빠르게 진행된 아프리카 작전의 배후에는 재앙이 도사리고 있었다. 이 두 번의 승리로 인해서 유스티니아누스가 계획한 대대적인 서방 재정복 사업이 전폭적인 지지를 얻게 되는데, 첫 승리를 거둔 뒤에 그 사업을 계속해서 밀고나간다는 것이 극히 어렵고 막대한 비용을 필요로 한다는 교훈을 그 뒤에야 뼈저리게 깨닫게 된다.

이탈리아. 북아프리카 속주들을 회복한 직후에 이탈리아에 로마의 세력을 회복시킬 절호의 기회가 조성되었다. 테오도릭은 자신의 재위 내내 이탈리아에 대해서 계몽적인 통치를 펼쳤었다. 그는 로마의 문화와 제도를 크게 존중했고, 비록 아리우스주의자였으면서도 정통파 가톨릭 로마 시민들을 자극하지 않으려고 노력했다. 그러므로 이탈리아의 모든 계층 사람들에게는 생활이 예나 지금이나 별 차이가 없었고, 오히려 상대적인 평화와 번영을 누렸다. 다만 큰 차이라고 할 것 같으면 이제는 정치적·군사적 실권을 장악한 테오도릭에게 세금을 바치게 된 것뿐이었다. 불행하게도 정통파 로마 귀족도 테오도릭의 동료 동고트족도 그의 정책을 항상 높이 평가한 것만은 아니었지만, 그래도 그는 526년에 생을 마감할 때까지 그럭저럭 두 집단을 장악했다.

테오도릭의 위를 물려받은 사람은 열살난 아탈라릭(Athalaric)이었고, 그의 어머니인 테오도릭의 딸 아말라순타(Amalasuntha)가 섭정 역할을 했다. 아말라순타는 테오도릭의 정책을 유지했고 아탈라릭에게 고전 교육을 받게 했다. 그러나 동고트족 가운데 강력한 반(反) 로마파가 나서서 아탈라릭을 게르만 전사로 키워야 한다고 주장했다. 결국 그들의 주장이 먹혀들었고, 아말라순타는 망명 문제로 유스티니아누스와 협상을 벌였다. 그러던 차에 폭음을 일삼던 동료들의 영향으로 아탈라릭은 534년 과도한 음주로 목숨을 잃었다.

그러자 아말라순타는 테오다하드(Theodahad)에게 자신의 지도를 받는 조건으로 왕위를 물려받을 것을 제의했다. 그러나 일단 안전히 왕위에 오른 테오다하드는 아말라순타를 투옥시킨 다음 처형했다(535). 황후 테오도라가 유스티니아누스에게 아말라순타의 보호자 역할을 할 기회를 주기 위해서 테오다하드를 상대로 비밀 공작을 벌였을 가능성이 크다.

어쨌든 테오다하드의 행동은 유스티니아누스에게 개입할 좋은 구실을 주었다. 유스티니아누스는 먼저 시칠리아와 일리리쿰을 점령한 다음 테오다하드와 협상을 벌였다. 결국 테오다하드는 연간 금 2만 파운드의 세입이 보장된 동방의 사유지들을 받는 대가로 유스티니아누스에게 이탈리아를 넘기기로 약속했다. 그러나 고트족 군대가 순식간에 일리리쿰을 되찾은 틈을 타서 그가 변절하자, 유스티니아누스는 벨리사리우스에게 이탈리아 침공을 명하는 한편 다른 지휘관 콘스탄티아누스(Constantian)를 신속히 파견하여 일리리쿰을 수복하게 했다.

아프리카에서 폭동이 일어난 탓에 잠시 지체한 벨리사리우스는 536년 6월 말에 만 명 미만의 병력을 이끌고 레기움에 상륙했다. 적은 병력이었는데도 큰 전과를 올릴 수 있었던 이유는 테오다하드가 그를 저지하기 위한 아무런 조치도 취하지 않은데다 이탈리아의 가톨릭 주민들이 대개 그를 지지했기 때문이었다. 그러나 그가 시월에 도착한 나폴리에서는 만만치 않은 적의 수비대가 진을 치고 있었고 주민들도 그의 입성을 바라지 않았다. 벨리사리우스는 큰 대가를 치르며 공격을 감행하여 거의 자포자기에 빠진 상황에서 도시로 수로가 흘러들어가는 통로를 통해서 성벽을 관통해 들어갈 수 있다는 사실을 발견했다. 그뒤 나폴리를 약탈한 그는 로마로 진군했다.

테오다하드가 비티기스로 교체됨. 한편 동고트족은 심약한 테오다하드를 폐위하고 왕가와 관계가 없는 유능한 지휘관 비티기스(Vitigis)를 왕위에 앉혔다. 그러나 비티기스는 자신의 군대를 풀어 로마를 사수하는 대신에 고작 4천 명의 수비대에게 로마 방어 임무를 맡겨놓은 채 자신은 라벤나로 진격했다. 그곳에서 자신의 통치를 합법화하기 위해서 아말라순타의 딸 마타순타(Matasuntha)와 억지로 결혼했다. 아울러 갈리아에서 동고트족이 차지했던 영토를 돌려주는 대가로 프랑크족으로부터 원조를 청했고, 유스티니아누스가 자신의 제의를 수락할 가능성이 희박한 줄을 알면서도 유스티니아누스와 마지막 필사적인 협상을 벌였다.

로마에서는 교황 실베리우스(Silverius)와 다수의 원로원 의원들과 가톨릭 주민들이 벨리사리우스에게 성문을 열어주었다. 수적으로 절대 열세인 수비대는 변변히 싸워보지도 못하고 철수했다. 비티기스는 마침내 대군을 이끌고 돌아와 로마를 포위 공격했다. 벨리사리우스는 374일 동안 로마 주민들에게 식량을 공급하고 수적으로 열세인 병력의 사기를 진작시켜 가면서 탁월한 수완과 군사적 지도력을 발휘했다. 357년 11월에 몇 차례에 걸쳐 결정적인 증원군을 받았고 협상을 위한 휴전을 이끌어냈다. 비티기스가 휴전을 깨뜨리자 벨리사리우스가 그런 사태에 대비하여 피케눔에 주둔시켜 둔 비탈리아누스(Vitalian)의 조카 요한이 라벤나 근처 아드리아해 연안에 위치한 아리미눔(리미니)을 점령했다. 이 작전에 타격을 입은 비티기스는 라벤나를 사수하기 위해서 로마에 대한 공격을 포기했다(538년 3월 중순).

지휘관들의 경쟁. 그러나 벨리사리우스는 이제 다른 지휘관들끼리 손발이 맞지 않는 뜻밖의 장애물을 만났다. 먼저 장애를 놓은 사람은 요한이었다. 벨리사리우스가 지나치게 신중하다고 생각한 요한은 비티기스가 아리미눔을 공격해 올 경우를 대비하여 — 실제로 그는 금방 공격해 왔다 — 귀중한 기병대를 잃지 않도록 하기 위해 그 부대를 아리미눔에서 철수시키라는 벨리사리우스의 명령을 거부했다. 그런 뒤에 7천 명의 증원군을 이끌고 이탈리아에 도착한 황실 내탕금 관리인 환관 나르세스(Narses)가 벨리사리우스에게 복종하기를 거부했다. 그 결과 비록 요한이 구출되긴 했지만 로마 점령 후에 벨리사리우스에게 자진 항복했던 밀라노를 동고트족이 재탈환한 뒤 남자 주민들을 학살하고 여자들을 노예로 만들었다(539년 봄). 그러므로 유스티니아누스는 나르세스를 소환하고 벨리사리우스를 최고 사령관으로 확고히 지명했다.

라벤나 함락 (540년 봄). 양 진영에서 유리한 방향을 따라 오락가락하던 프랑크족의 잠깐동안의 침공이 동고트족을 포 강에서 몰아냈고, 벨리사리우스는 평소와 다름없는 신중한 태도로 동고트족이 라벤나를 방어하기 위해 성 밖에 설치해 둔 요새들을 철거해 갔다. 벨리사리우스의 군대가 시칠리아와 이탈리아 남부에서 해운으로 생필품을 보급받고 있는 동안 북부의 동고트족 수비대들은 식량난에 허덕였다. 전쟁으로 북부의 여러 지역이 초토화되었기 때문에 심지어 민간인들조차 영양실조에 걸리거나 굶어죽어가고 있었다. 비티기스는 라벤나에서 도나우 강 너머에 있는 롬바르드족에게 사신을 보내 동료 게르만족을 도와달라고 요청했다가 성과를 거두지 못하자 페르시아 왕 코스로이스에게 밀사를 보내 동방 전선에서 다시 전쟁을 일으켜 로마인들의 관심을 딴데로 돌려 놓아달라고 부추겼다.

이 사실을 확인한 유스티니아누스는 두 개의 전선에서 동시에 전쟁을 수행해야 하는 상황을 피하기 위해서 비티기스에게 관대한 조건을 제시했다. 비티기스에게는 그가 보유하고 있는 왕궁 보물의 절반을 양도하고 포 강 이남의 이탈리아 지역을 제국에게 넘겨줄 것을 요구했다. 유스티니아누스 측에서는 그 대가로 비티기스를 포 강과 알프스 산맥 중간 지대의 이탈리아 왕으로 인정해 주겠다고 했다. 비티기스는 흔쾌히 수락했으나 벨리사리우스는 그런 식의 조약에 가담하기를 거부했다. 그의 관점에서 볼 때 그것은 승리가 자기 손아귀에 있는 판국에 5년간 힘겹게 치러온 전쟁을 없었던 일로 하자는 것처럼 보였다. 그가 조약에 서명하기를 거부하자 동고트족은 유스티니아누스 진영의 배신을 우려했고, 상황은 교착 상태에 빠졌다.

그러던 중 동고트족은 벨리사리우스의 계략에 빠졌다. 그는 동고트족으로부터 자신이 서방 황제가 되면 그들이 자신의 충성스런 신민이 되겠다는 제안을 받았다. 그는 그 제안을 수락하는 척했지만, 합의를 마무리하기 위해서 병사들과 함께 라벤나로 들어간 순간 비티기스와 그의 아내, 여러 동고트족 귀족들을 생포하고 왕궁의 보물을 탈취했다(540년 5월). 그런 뒤 그들을 데리고 콘스탄티노플로 갔다.

유스티니아누스는 벨리사리우스가 자신의 지시도 없이 저지른 행동을 썩 달가워하지 않았고, 예전에 그가 반달족을 무찌르고 돌아왔을 때와 달리 그를 위해 개선식을 치러주지도 않았다. 겉으로 보기에는 엄청난 전과를 거둔 셈이었지만, 이탈리아에서의 상황은 유스티니아누스의 조약이 성사되었을 경우 예상할 수 있었던 것보다 훨씬 악화되었다. 포 강 이북의 동고트족은 벨리사리우스의 표리부동함이 드러난 이후로는 누구에게도 항복하지 않았다. 그 대신 그들은 탁월한 장군 일디바드(Ildibad)를 자기들의 새 왕으로 선출했다. 어떠한 조약도 받아들이지 않은 그들은 유스티니아누스가 피하고 싶어했던 문제를 일으켰다. 그것은 두 전선에서 대규모 전쟁을 치러야 하는 상황이었다.

북아프리카에서 발생한 문제들. 유스티니아는 일전에 북아프리카를 적절히 장악하지 못한 채 이탈리아를 성급히 침공했다가 비록 소규모이긴 했지만 전략상 어려움을 겪었던 일이 있었다. 534년에 벨리사리우스가 승리를 거두고 떠난 직후에 무어족이 침공하여 철저한 약탈을 시작했는데, 이들을 진압하는 데 2년이나 걸렸고 여전히 다루기 힘든 세력으로 남아 있었다. 무어족을 격퇴하자마자 북아프리카에 주둔하고 있던 로마 병력의 약 2/3가 다양한 이유로 반란을 일으켰다. 그 새로운 속주에서 세금을 거둬들이는 속도가 더뎌서 병사들의 급여가 오랫동안 체불되었고, 많은 병사들이 신임 지휘관 솔로몬(Solomon)의 가혹한 훈련에 이를 갈았고, 야만족 보조부대원들이 노획품 분배에 자신들이 형편없는 대우를 받는다고 느꼈고, 반달족 여성을 아내로 둔 사람들은 그들대로 황제가 그 여성들의 반달족 아버지와 남편의 사유지를 몰수하고 그들의 딸들과 과부들에게 그 사유지를 상속하지 못하도록 한 것에 불만을 품었으며, 아리우스파 그리스도교인들이었던 로마의 많은 야만족 동맹 종족들은 유스티니아누스가 반달족을 정복한 뒤 그들의 아리우스주의를 탄압한 데에 분노했다.

북아프리카에서 폭동을 일으킨 병사들은 카르타고를 포위 공격했는데, 카르타고는 벨리사리우스가 이탈리아 침공을 중단하고 시칠리아에서 돌아온 후에야 비로소 구출되었다. 벨리사리우스는 곧 시칠리아로 돌아가야 했고 유스티니아누스는 자신의 유능한 사촌 게르마누스에게 북아프리카에 질서를 회복하는 임무를 맡겼다. 그는 537년에 반란군에게 치명적인 패배를 안긴 뒤 다음 두 해 동안 통제를 강화했다. 539년에 솔로몬이 돌아와 군대를 재정비하고 말썽거리가 된 반달족 여자들을 추방하고 무어족에 대해 원정을 감행했다. 이런 조치는 적어도 잠시동안은 북아프리카에 대한 유스티니아누스의 걱정을 덜어주었다.

제2차 페르시아 전쟁 (540~562). 539년경 유스티니아누스가 가장 걱정하던 문제는 페르시아와 전쟁이 재개될지도 모른다는 점이었다. 동부 전선의 상황은 이미 불안정했다. 언제나 로마와 페르시아 사이에서 불화의 원인이 되어왔던 아르메니아에서 로마 당국의 재정적 착취가 원인이 되어 반란이 일어나 있었다. 로마 군대를 물리칠 힘이 없었던 반란 세력은 페르시아 왕 코스로이스에게 도움을 요청했다. 그들 외에도 비티기스에게 부추김을 받은 코스로이스는 540년에 전쟁을 일으켰고, 이 전쟁은 562년까지는 공식적으로 끝나지 않았다.

카와드의 계승자인 코스로이스는 로마 제국의 유스티니아누스에 비견할 만큼 열정적이고 유능한 사산조 페르시아의 지도자였다. 그는 자기 아버지가 시작해 놓은 행정과 토지 개혁을 계속 수행하고 군대를 한층 효율적으로 정비했으며, 문학과 철학과 종교에도 큰 관심을 기울였다. 그는 모든 분야에서 사산조 페르시아를 더욱 영광스럽고 위대한 지위에 올려놓고 싶었다.

유스티니아누스가 아프리카와 이탈리아에서 거둔 승리들이 코스로이스에게는 우려와 질투를 일으켰다. 그는 동고트족이나 아르메니아의 지원을 호소할 필요도 느끼지 않은 채 532년의 영구 평화 조약을 깨뜨리고 540년에 유스티니아누스의 동부 측방에서 전쟁을 일으켰다. 로마인들에게는 다행하게도 유스

티니아누스는 532년 이래로 메소포타미아와 시리아 지역의 요새들과 도시의
성벽들을 재건하거나 보강했었다. 그러므로 코스로이스의 목표는 로마의 영토
를 점령하는 것보다는 일부 주요 요새들을 효과적으로 공략하여 자신이 포위
하거나 위협을 한 도시들에게서 전리품이나 돈을 챙기고 유스티니아누스에게
국경 지대에서 평화를 회복시키는 대가로 조공을 바치게 하는 것이었다. 코스
로이스는 수라와 베로이아와 안티오크를 짓밟았으나 히에라폴리스와 에데사
에 대해서는 점령에 실패한 뒤에 돈을 받아내는 것으로 만족해야 했다. 만약
코스로이스가 협상 과정에서 다라스의 대 요새를 포위 공격하는 작전에 실패
하지 않았더라면 유스티니아누스는 5천 파운드의 금에다 5백 파운드의 공납
금을 지불하는 데 합의했을 것이다.

541년에 코스로이스는 흑해 동단에 위치한 로마의 속국 라치카(고대의 콜
키스)를 점령함으로써 큰 전과를 기록했다. 그 왕국을 계속 장악할 양으로 로
마의 요새 도시 페트라에 수비대를 주둔시킨 뒤 코스로이스는 벨리사리우스
와 조우하기 위해서 페르시아 영토로 돌아갔다. 벨리사리우스는 티그리스 강
상류 근처의 니시비스에서 동쪽으로 48킬로미터 가량 떨어진 페르시아의 요
새 시사우라나에 도착하여 그것을 함락해 놓고 있었다. 다음 해에 코스로이스
는 시리아에 있는 로마의 도시 세르기오폴리스를 탈취하는 데 실패한 뒤에 벨
리사리우스와 일시적인 휴전에 들어갔다(542).

이탈리아에서 재개된 전쟁 (541~543). 유스티니아누스는 542년에 비
록 불완전한 형태나마 어떻게 해서든 휴전 협정을 체결하기 위해 초조해 했을
것이다. 누구도 대신할 수 없는 벨리사리우스를 이탈리아로 돌려보낼 필요가
생겼기 때문이다. 새로운 동고트족 왕 일디바드가 이탈리아에서 전쟁을 속행
하기로 작정한 상황에서 로마의 정책들이 그에게 그 작정을 실행에 옮기기 쉽
게 만들어 주었다. 첫째, 540년에 벨리사리우스가 떠나면서 이탈리아에서의 군
지휘권이 그의 전임 부하들 사이에 분산되었다. 둘째, 제국 행정관들이 펼친
성급한 재정 정책이 유스티니아누스가 독재에서 해방시켰다고 주장한 바로
그 주민들과 군인들의 관계를 소원하게 만들고 있었다.

처음에는 천 명도 안 되는 병력으로 시작한 일디바드는 분리되어 있던 로

마 장군들로부터 이렇다 할 방해도 받지 않은 채 포 강 이북의 이탈리아에 대해 동고트족의 지배권을 확대했다. 일디바드가 사사로운 다툼 과정에서 암살되고 무능력한 에라릭(Eraric)이 그 자리를 계승하여 북 이탈리아를 유스티니아누스로부터 탈취하려는 기미를 보였을 때도 로마 지휘관들은 그 상황을 제대로 이용하지 못했다. 그후 541년에 동고트족 사이에 음모가 발생하여 에라릭이 암살되고 왕으로서의 역량을 갖춘 일디바드의 조카 토틸라(Totila)가 즉위했다.

토틸라는 542년에 서로 갈라져 있던 로마 지휘관들을 공격하여 나폴리를 제외한 이탈리아 남부의 대부분 지역을 쉽게 탈환했고, 543년 봄에는 나폴리마저 긴 포위 공격 끝에 함락시켰다. 그는 노예들을 군대로 모집하여 병력을 증강하고 군수품이 아쉬워도 농촌에 대한 약탈을 삼가는 지혜로움을 과시했다. 그 대신 그는 정규 세금과 지대를 거둬들였고, 이런 정책에 힘입어 영토를 초토화하지 않은 채 정규 수입을 얻었다. 함락한 도시들과 읍들을 인간적으로 대함으로써 신망도 크게 얻었다. 그러나 탈취한 요새들에 주둔시켜 로마의 반격을 막을 만한 충분한 병력이 없었기 때문에 그 요새들을 파괴했다.

페르시아와의 분쟁. 542년에 로마인들은 동고트족과 페르시아와 전투를 벌여야 했을 뿐 아니라 그들보다 훨씬 파괴적인 원수였던 전염병과도 싸워야 했다. 이 전염병은 맨 처음 발생했을 때 가공할 만한 피해를 입혔고, 시리아에서 발생함으로써 코스로이스가 자진하여 휴전 협정을 체결하도록 만드는 데 기여했다. 콘스탄티노플에서만 이 전염병 때문에 300,000명이나 죽은 듯하다. 유스티니아누스 자신도 병에 걸렸으나 살아남았다. 살아남은 사람들은 다음 20년 동안 수많은 인명을 앗아가며 기승을 부린 다음 번 전염병으로부터 면역되었고, 그렇게 해서 면역성을 갖춘 사람들이 제국의 인구를 구성했다.

542년에 로마와 페르시아가 체결한 휴전 협정은 그다지 효과를 발휘하지 못했다. 조약 문서의 잉크가 마르기도 전에 코스로이스가 카보라스(아브로라스, 아락세스) 강이 합류하는 지점으로부터 북서쪽으로 160킬로미터쯤 떨어진, 유프라테스 강 동쪽 제방에 있는 로마 요새 칼리니쿰(니케포리움)을 침공했던 것이다. 543년에 코스로이스가 계획한 로마령 아르메니아에 대한 침공은 전염병이 발생하고 아들이 반란을 일으키는 바람에 좌절되었다. 반면에 로마인들은 유프라테스 강 상류 근처의 페르사르메니아를 침공하여 성공을 거두었다. 마지막으로 코스로이스는 544년에 에데사를 탈취하려다가 다시 쓴맛을 보고나서 545년에 5년간의 휴전 협정을 체결하는 데 동의했다. 그 대가로 유스티니아누스는 그에게 2천 파운드의 금을 지불했지만, 라치카에서의 작전은 조약에서 제외시켰다. 그뒤 그 휴전 협정은 551년에 비슷한 내용으로 다시 5년간 재개되었다.

토틸라를 치기 위해 이탈리아로 돌아간 벨리사리우스. 542년에 코스로이스와 첫번째 휴전 협정을 체결한 뒤 유스티니아누스는 이탈리아의 동고트족을 치기 위해서 벨리사리우스를 다시 파견했다. 벨리사리우스의 공격 준비 작업은 543년에 콘스탄티노플에 번진 전염병으로 방해를 받았음은 물론이다. 그와 그의 용맹스런 아내 안토니나는 544년이 되어서야 라벤나에 도착했다. 게다가 그는 병력도 극히 모자랐다. 페르시아와 전쟁을 치른데다 유스티니아누스가 대규모 건축 사업을 벌인 탓에 자금도 부족하고 전염병이 돌았기 때문에 병력을 제대로 모집하지 못했을 것이다. 겨우 4천 명의 병력을 이끌고 이탈리아에 도착한 그는 애당초 그곳에 파견되었던 병력 중에서 상당수가 급료를 받지 못해서 부대를 떠난 사실을 발견했다. 그는 마침내 유스티니아누스를 설득하여 마침 코스로이스와 휴전 중이므로 동방에서 일부 병력을 보내도록 만들었지만 충분한 병력은 아니었다.

한편 토틸라는 중앙 이탈리아로 진격하여 545/46년 겨울에 로마를 포위했다. 벨리사리우스는 그 도시를 방어하려고 애썼으나 결국 반역자들 때문에 그 도시는 함락되고 말았다. 그러나 벨리사리우스에게는 다행하게도 3천 명의 로마 수비대 병력이 피신해 나왔다. 프로코피우스에 따르면 끝까지 로마 시에 남은 사람은 500명의 시민들뿐이었다고 한다. 그 숫자에 의문을 제기할 수도 있지만, 굶어죽고 도망친 사람들 때문에 주민 수가 그렇게 크게 줄었던 것이다. 로마는 그뒤 수세기 동안 과거의 규모를 회복하지 못했다!

토틸라는 로마에 수비대를 주둔시킬 여유가 없었기 때문에 남쪽으로 기수를 돌려 그곳에서 자신의 요새들을 공격하고 있는 로마 군대에게 진격했다.

벨리사리우스는 동고트족이 자신을 치기 위해 로마 시를 비우고 떠난 사이에 기지를 발휘하여 다시 로마를 탈환한 다음 토틸라가 돌아왔을 때 그의 공격을 잘 막아냈다. 그러나 548년에 유스티니아누스가 보낸 6천 명의 잡종 부대를 가지고는 토틸라에 대해서 공격을 펼치기란 불가능했다.

벨리사리우스는 유스티니아누스가 자랑한 최고의 장군이었지만 그 역시 적절한 병력을 갖추지 않고서는 전쟁을 성공적으로 수행할 수 없었다. 그러므로 그는 유능한 안토니나를 콘스탄티노플로 보냈다. 혹시 아내가 테오도라를 구슬러서 좀더 많은 병력을 이끌고 올 수 있지 않을까 생각해서였다. 그러나 불행하게도 테오도라는 안토니나가 도착하기 직전인 548년 6월 28일에 죽었고, 유스티니아누스는 545년에 코스로이스와 체결한 휴전 협정에서 제외된 라치카 전쟁을 수행할 충분한 병력을 확보하는 데 골몰하고 있었다. 자기 남편이 절망적인 상황에 처해 있는 것을 확인한 안토니나는 남편에게 철수하도록 요청했다. 이탈리아에 남아 있다는 것은 부질없는 짓이었다. 그는 549년 초에 콘스탄티노플로 돌아와 동방의 군 사령관(Master of the Soldiers)으로 다시 기용되었지만, 예전처럼 그 직위를 적극적으로 수행하지는 않았다.

라치카 전쟁 (549~557). 코스로이스는 라치카(Lazica)를 사수함으로써 페르시아가 전에 소유해 본 적이 없는 흑해 진출로를 견지하기로 작정했다. 유스티니아누스도 나름대로 이 중요한 해군의 전략 거점을 탈환함으로써 로마의 해묵은 적이 흑해로 진출하는 것을 막기로 작정했다. 라치카 사람들은 곧 로마의 압제보다 페르시아의 압제를 더 혐오하기 시작했다. 이들이 로마의 지원을 요청했고, 유스티니아누스는 549년에 라치카를 탈환하기 위해 7천 명의 병력을 파견했다. 551년에 페트라가 재탈환되었으나 그뒤로 전쟁은 소강 국면으로 접어들었다.

동방에서의 평화. 557년에 또 다른 5년 기간의 휴전 협정이 체결되었고, 이번 협정에는 라치카도 포함되었다. 마침내 562년에 유스티니아누스와 코스로이스는 50년간의 평화 조약을 체결했다. 코스로이스는 라치카에서 병력을 철수시키는 대가로 매년 3만 파운드의 금을 보조금으로 받았다. 그는 아울러 코카서스 중앙 지대를 야만족의 침공에서 방어하는 데 합의했다. 그밖에 페르시아 제국과 로마 제국 사이의 상업적·군사적·외교적 관계를 규정한 조항들을 두었고, 접경 지대에서 페르시아인들과 로마인들 사이의 개인적 분쟁이 더 큰 분쟁으로 발전하지 않도록 막기 위한 규정들을 두었다. 별개의 합의문에서 코스로이스는 자신의 제국 내에서 그리스도교인들이 전도를 하지 않는 한 그들을 관용하겠다고 약속했다.

이탈리아에서 발생한 재앙 (549~551). 549년에 벨리사리우스가 떠난 뒤에 이탈리아의 상황은 더욱 악화되었다. 벨리사리우스가 초기에 북아프리카와 이탈리아 양 진영을 모두 쉽게 재정복한 것을 보고 사태를 안이하게 파악한 유스티니아누스는 서방의 앞날에 잠복해 있는 심각한 문제들을 제대로 보지 못했다. 게다가 동방에서 코스로이스에 대해 원정을 감행하거나 공납금으로 그를 매수하고 하느님과 제국을 영화롭게 하기 위한 건물들이나 예술에 지불해야 할 막대한 자금이 필요했다. 그러므로 그는 서방에서 벨리사리우스와 그밖의 사람들이 실제보다 부풀려서 지원 요청을 한다고 믿는 경향이 있었다. 이미 인원 부족 현상을 겪고 있던 로마 군대들은 이탈리아와 북아프리카 양쪽에서 급료 부족에 분노한 병사들에 의한 폭동과 반역을 겪었다.

바로 그런 상황 때문에 벨리사리우스가 떠난 뒤인 550년에 일부 이사우리아계 병사들이 로마를 배반하고 토틸라에게 붙었다. 그것이 결국 유스티니아누스로 하여금 좀더 과격한 조치를 취하도록 자극했다. 그는 토틸라의 협상 제의를 거절했다. 그러자 토틸라는 그동안 남겨두었던 시칠리아를 즉각 침공했다. 마침내 유스티니아누스는 자신의 사촌 게르마누스에게 전쟁 수행의 임무를 맡겼다. 게르마누스는 공금뿐 아니라 사재도 털어 이탈리아를 수복하기 위한 원정을 준비했다.

이탈리아 수복 (552~562). 불행하게도 동고트족의 충성을 분열시키려는 의도로 아말라순타의 딸이자 테오도릭의 손녀딸인 마타순타와 결혼한 게르마누스는 이탈리아로 출정하기 전에 죽었다. 유스티니아누스는 그 자리에 인기 있고 유능한 환관 나르세스를 임명했다. 나르세스는 거의 절반이 롬바르드족과 헤룰족과 게피드족과 훈족으로 구성된 적어도 2만5천의 병력을 이끌고 이탈리아에 도착했다. 그리고는 계획된 전투(Butta Gallorum)에서 토틸라를 즉시 물리쳤고, 토틸라는 도주하다가 전사했다.

이런 정황은 토틸라가 과거에 거둔 성공이 주로 유스티니아누스가 이탈리아에서의 전쟁에 충분한 자원을 할당하지 않은 결과였다는 것을 여실히 보여준다.

같은 해에 나르세스는 몬스 락타리우스에서 동고트족에 대해 벌인 또 다른 대전에서 승리를 거두었다. 그뒤로 동고트족의 저항은 나르세스가 체계적으로 감축한 여러 요새 도시들에 국한되었다. 반면에 나르세스는 프랑크족과 그들에게 종속된 알라만니족의 대군을 상대해야 했다. 그들은 나르세스가 파종한 것을 수확하기 위해서 553년에 북쪽에서부터 이탈리아로 쏟아져 들어왔다. 프랑크족이 이탈리아의 많은 지역을 약탈하느라 전력을 소진하고 있을 때 나르세스는 요새화한 소도시들을 고수했다. 마침내 554년에 나르세스는 카푸아 외곽에서 벌어진 대규모 전투에서 그들을 섬멸했다. 이로써 포 강 이남의 이탈리아는 마침내 전쟁에서 해방되었지만, 562년에야 비로소 나르세스는 포 강과 알프스 산맥 사이의 동고트족 요새들을 탈환할 수 있었다.

국본조서 (554). 554년에 유스티니아누스는 이탈리아에 질서를 회복하고 본격적인 제국의 행정을 펼치기 위해서 **국본조서**(Pragmatic Sanction,國本詔書: 황제가 공포한 국가의 기본법 — 역주)로 알려진 율령을 반포했다. 이 율령은 포로들과 망명자들에게 시민의 권리들과 재산을 회복시키고, 노예들을 그들의 주인들에게 돌려주고, 콜로누스들(소작인들)을 그들의 지주들에게 돌려주었다. 그러나 오랫동안 토지를 점유한 고트족 지주들에게는 재산권을 행사하도록 허용했다. 유스티니아누스는 아울러 초기의 재정복 이후에 큰 불만의 원인이 된 재정과 행정상의 남용들을 금지했고, 인민에게 부당한 부담을 지우지 않은 채 군인들에게 적정량의 필수품을 제공했다.

다른 국경 지대들에서 벌어진 전투들 (544~561). 유스티니아누스가 동부 국경 지대와 이탈리아에서 동시 전쟁을 치르거나 불안한 휴전 상태에 있는 동안 다른 곳에서는 한 시름 놓고 있었던 것은 아니다. 그는 북아프리카와 이탈리아를 장악하기 전에도 서방의 다른 지역들을 재정복하기 위한 원대한 구도를 꾸준히 실행에 옮겼다. 544년에 무어족이 다시 한 번 북아프리카에서 반란을 일으켰다. 그들은 누미디아의 방어 책임을 맡았으나 아프리카를 독자적으로 통치하고 싶어한 로마의 장군과 급료를 받지 못한 부대들에게 지원을 받았다. 이 반란은 547년까지는 진압되지 않았으나, 무어족은 그뒤로는 유스티니아누스의 재위가 끝날 때까지(563년에 잠깐 반란을 일으킨 때를 제외하고는) 진압된 상태로 지냈다.

유스티니아누스는 550년 이후로는 서방에 좀더 큰 정력을 바친 듯하다. 그는 마침내 이탈리아에서 전쟁을 수행하기에 적절한 자원을 배정한 것과 때를 맞춰서 서고트족 사이에서 일어난 왕조의 투쟁을 틈타 히스파니아를 탈환했다. 551년에 서고트족의 왕위 찬탈자 아타나길드(Athanagild)가 자신의 정적인 왕 아길라(Agila)를 치기 위해서 유스티니아누스에게 지원을 요청했다. 유스티니아누스는 즉각 함대와 육군을 준비했고, 이 부대들이 아타나길드를 대신하여 대서양과 지중해 양안을 따라 히스파니아 남부를 점령했다. 그러자 서고트족은 그를 왕으로 받아들였지만, 로마인들은 자기들이 탈취한 것을 그들에게 넘겨주기를 거부했다. 그대신 그들은 뉴카르타고, 말라카, 코르도바 같이 중요한 도시들이 포함된 그 영토를 바이티카 속주로 조직했다.

발칸 반도에서는 다양한 야만족 종족들이 529년 이래로 트라키아와 일리리쿰을 주기적으로 침략했다. 불가르족이 544년에 일리리쿰을 공격했다. 스칼벤족(the Scalvenes)이 548년에 그 속주를 관통하여 저 멀리 디르하키움(두라초)까지 나갔고, 550년과 551년에 트라키아와 다키아와 달마티아를 유린했다. 몇년간의 휴식 뒤에 이 두 종족은 코트리구르 훈족과 연합하여 559년에 대규모 침공을 감행했다. 그중 한 그룹은 마케도니아와 그리스로 뚫고 들어와 남쪽 깊숙이 테르모필라이까지 내려왔고, 다른 그룹은 체르소네세(갈리폴리 반도)를 공격했고, 또 다른 그룹은 트라키아를 관통하여 콘스탄티노플 장벽에까지 밀고 왔다.

콘스탄티노플에서 적은 자원으로 많은 일을 해내는 비결을 오랜 세월 동안 터득한 벨리사리우스가 다시 한 번 그 위기를 극복했다. 자신의 3백 명의 충

성스런 호위대에다 급조하여 무기도 변변치 않은 시민군으로 구성된 임시 부
대를 이끌고 벨리사리우스는 성 밖으로 진격하여 케투스 교외에 진을 쳤다.
그곳에서 그는 자신의 보잘것 없는 병력을 금방이라도 섬멸할 듯한 기세로 공
격해 온 2천 명의 훈족에 대해서 탁월한 매복 작전을 펼쳤다. 그의 병사들은
한 명의 인명 손실도 입지 않은 채 4백 명의 훈족을 죽였으며, 이러한 타격을
입은 훈족은 대경실색하여 콘스탄티노플에서 철수했다. 로마인들은 테르모필
라이와 케르소네세 입구에 수비대를 주둔시켰고, 야만족들은 유스티니아누스
가 자기들에게 매년 공납금을 지불하겠다고 약속하자 도나우 강 너머로 철수
했다. 아바르족도 561년에 비슷한 제의를 받고 떠났으며, 이로써 발칸 반도는
유스티니아누스 재위의 나머지 기간 동안 평온하게 남았다.

　야만족들이 공납금 제의에 설득당한 이유는 그들로서도 초기의 공격이 끝
난 뒤 아주 오랫동안 발칸 반도에 남아 있을 수 없었기 때문이었다. 540~549
년에 유스티니아누스는 도나우 강 유역과 발칸 반도 전역에 설치해 둔 수백
곳의 수비대 시설들과 요새들을 건축하고 보수하는 데 힘을 쏟았다. 아마 그
랬기 때문에 이 시기에 이탈리아에 적절한 재원을 지원할 수 없다고 느꼈을
것이다. 침략자들은 군인을 찾아볼 수 없는 농촌을 마음껏 유린하고 다닐 수
있었지만, 로마인들은 소수의 병력을 가지고 자급자족이 충분히 가능하도록
설비해 놓은 요새 지역들을 지키고 있다가 그들이 뿔뿔이 흩어져 약탈을 할
때 그들을 괴롭히거나 그들이 식량을 남김없이 약탈한 뒤 그 거추장스러운 약
탈품을 끌고 돌아올 때 그들의 후미를 공격했다.

유스티니아누스 재위의 공과(功過)

　법과 행정. 유스티니아누스가 로마 법을 총괄적으로 편찬하고 개정하기 위
해 수립한 정책은 대단한 성공을 거두었고, 이것이 그의 재위를 생각할 때 가
장 먼저 떠오르는 치적이다. 그는 시대에 뒤지거나 모순된 법들을 폐기하고
나머지 법들을 체계적으로 정비함으로써 크고 복합적인 국가의 복지에 꼭 필
요한 통일되고 효율적인 법 체계를 마련했다. 이 법은 여전히 대다수 유럽 국
가들에서 법 체계의 모델을 제시한다.

　유스티니아누스는 관리들의 급여를 인상하고, 그들의 기능들을 통합하여 그

들의 숫자를 줄이고, 권력을 콘스탄티노플로 집중함으로써 좀더 효율적이고 정직한 행정을 제공하려고 힘썼지만 언제나 성공을 거둔 것은 아니다. 세상에 부패에 오염되지 않은 체제란 없는 법이다. 그러나 유스티니아누스는 융통성을 견지한 채 자신이 할 수 있을 때 실수와 부패를 바로잡았고, 이렇게 하여 전에 존재하던 체제를 확연히 개선했다. 그가 재위하는 동안 제국의 행정가들은 보통 사람과 국가 모두의 이익을 잘 도모했다.

비잔틴 독재정. 유스티니아누스의 법률 개혁과 행정 개혁은 다 같이 본격적인 독재 왕정의 창출에 이바지했는데, 그것이 향후 비잔틴 제국의 특징이었다. 황제의 직위는 아우구스투스 이래로 갈수록 독재적인 성격을 띠어왔다. 때로는 칼리굴라와 네로와 도미티아누스와 셉티미우스 세베루스와 혹은 콘스탄티누스 때처럼 그 속도가 빨랐고, 때로는 베스파시아누스와 안토니누스 피우스와 타키투스와 프로부스와 혹은 그라티아누스 때처럼 속도가 더뎠다. 황제들 개개인의 인품이 그 속도에 영향을 미쳤지만, 긴 안목에서 볼 때는 갈수록 대형화하고 복잡해지는 문제들을 다루기 위해 강력하고 효율적이고 중앙 집권적인 권력이 필요하게 된 현실이 황제들을 독재정의 방향으로 떠밀었다.

유스티니아누스의 정책들은 그런 과정의 절정이었다. 그의 모델에 기초하여 세워진 비잔틴 독재정은 여느 독재정이 지닐 수 있는 유감스러운 잘못들을 두루 구비했다. 그런 연유에서 '비잔틴'이라는 단어가 정치에 적용될 때는 경멸적인 뜻을 갖게 되었다. 그럼에도 불구하고 유스티니아누스의 계승자들과 그들의 대신들은 군대들을 유지하고 재원들을 조직했는데, 이러한 방침들이 동방의 문명이 수세기 동안 야만족의 끊임없는 공격의 물결에 엄몰되지 않도록 보존해 주었다.

제조업과 상업. 유스티니아누스는 제조업과 상업에 대해서 대체로 전통적인 로마의 정책을 따랐다. 지중해 동부와 서부간의 교역은 오래 전부터 그리스와 시리아 상인들이 장악하고 있었다. 북아프리카와 이탈리아와 히스파니아 연안의 일부가 재정복되면서 그들은 틀림없이 타 지역들과 더 쉽게 교역하여 더 큰 돈을 벌었을 것이다. 동방에서는 유스티니아누스가 실크 교역에 지대한 관심을 가졌다. 실크 교역은 그동안 페르시아가 독점함으로써 로마의 상인들과 소비자들에게 손해를 입혔었다. 설상가상으로 페르시아인들이 그 분야에서 벌어들인 수입은 동방에서 로마의 교역이 안고 있던 고질적인 불균형을 가중시켰다.

유스티니아누스는 페르시아의 실크 독점권을 타파하기 위해서 처음에는 아비시니아족과 손을 잡았으나 이렇다 할 성과를 거두지 못했다. 훗날 그는 누에들을 중국에서 밀수하여 제국에서 키우는 사업을 후원했다. 이렇게 해서 그는 농업과 제조업에 관련된 전혀 새로운 분야를 개척하게 되었다. 더욱이 원사(原絲)의 직접 생산은 대단히 큰 이익을 가져다 주는 국가의 전매 사업이었다.

유스티니아누스는 아울러 무기 제조업도 국가 독점 사업으로 만들었다. 이경우에 그의 동기는 세입을 늘리려는 데 있었다기보다는 무기가 불순 세력에게 들어가는 것을 차단하려는 데 있었다. 디오클레티아누스 때 이래로 제국 자체의 필요를 충당하기 위한 무기 공장이 이미 존재했기 때문이다. 그러나 이제는 국가만이 무기를 제조할 수 있게 되었다.

예술과 건축. 유스티니아누스의 방대한 토목 사업은 예술과 건축에 큰 혜택을 입혔다. 건축과 모자이크 장식과 회화에서 두드러지는 비잔틴 양식들은 콘스탄티노플의 하기아 소피아와 대 궁전 그리고 라벤나의 산 비탈레 교회와 산 아폴리나레 누오보 교회에서 여실히 볼 수 있듯이 그 기본 형태가 유스티니아누스의 후원을 받아 갖추어졌다. 장식을 생략한 외부와 원근감 없는 프레스코와 모자이크로 장식한 내부, 경직된 포즈를 취하고 있는 성인들, 그리고 금빛과 화려한 색채들이 튀는 돔 교회들이 수세기 동안 비잔틴 건축과 교회당들의 특징을 고스란히 간직하고 있다.

기나긴 재위. 아마 유스티니아누스가 거둔 가장 위대한 승리는 장수를 누렸다는 점일 것이다. 스파르타 식으로 철저히 양육을 받은 유스티니아누스는 체질이 워낙 건강했던지라 무수한 사람들을 쓰러뜨린 전염병에서 살아남을 수 있었다. 아울러 그는 음모들로부터도 안전했던 것 같다. 니카 반란 이래로 주목할 만한 음모 사건은 두 번뿐이었는데, 그것도 그가 심각한 위험에 처하기 전에 모두 사전에 발각되었다.

불행하게도 이 음모들 가운데 하나는 벨리사리우스의 측근 두 명이 개입됨으로써 벨리사리우스에게 의혹이 쏠리게 했다. 벨리사리우스는 자신의 무장 가신들이 해산당하고 본인은 불명예를 당하는 수모를 겪었다. 그러나 전설과는 달리 벨리사리우스는 맹인 거지로서 생을 마치지는 않았다. 유스티니아누스는 일년도 못가서 그를 재신임했고, 두 사람은 여생을 함께 보냈다. 벨리사리우스는 565년 3월에 죽었고, 유스티니아누스는 몇달 뒤인 565년 11월 14일에 죽었다.

종교적 박해. 유스티니아누스의 재위는 주목할 만한 업적들에도 불구하고 공과를 따져보면 실패였다. 가장 크게 실패한 분야는 종교였다. 칼케돈에서 정의된 정통 가톨릭 그리스도교 밑에서 제국을 통일함으로써 신의 호의를 구하려고 한 그의 정책은 다른 신앙 혹은 그리스도교의 다른 유형을 신봉한 주민들 사이에서 제국 정부에 대한 깊은 반감만 일으켰을 뿐이다. 유대인 박해와 이집트와 레반트 지역에서의 단성론파 그리스도교인들 박해는 그들 중 많은 사람들에게 워낙 큰 반감을 심어 놓았기 때문에 그들은 유스티니아누스가 죽고 나서 75년 뒤에 이슬람 정복자들이 그들의 땅을 차지했을 때 오히려 그들을 환영했다. 마찬가지로 북아프리카의 아리우스파 그리스도교인들은 가톨릭 정통 신앙을 강요하려는 끈질긴 시도에 반감을 가졌고, 그로 인해 생긴 분열이 7세기 중엽에 이슬람 정복자들로 하여금 더욱 쉽게 정복할 수 있게 해주었다. 동고트족이 초기의 이탈리아 재정복 이후에 격렬한 반란을 일으킬 때도 정통 신앙을 강요하는 데 대한 아리우스파 동고트족의 저항이 큰 추진력이 되었다.

제국의 파산. 유스티니아누스가 죽을 무렵에 제국의 국고는 그의 방대한 토목 사업과 충동적으로 벌인 전쟁들과 그가 다른 대적들과 싸울 틈을 얻기 위해 평화 조약을 구하느라 일부 대적들에게 지불하기로 합의한 엄청난 공납금으로 인한 막대한 지출로 바닥이 나 있었다. 국고의 절망적인 상태가 그의 계승자로 하여금 페르시아에 계속해서 공납금을 지불하는 대신 전쟁을 벌이는 모험을 감행하도록 몰아갔다. 하지만 오히려 그 전쟁은 20년을 질질 끌면서 제국을 훨씬 더 약화시켰다.

후계 문제의 미숙한 처리. 유스티니아누스는 후계자 선정 문제를 미숙하게 다룸으로써 문제를 복잡하게 만들었다. 차기 황제 후보자는 유능한 장군이자 자신의 사촌 게르마니우스의 아들인 유스티누스(Justin)와 테오도라가 크게 선호한 조카인 또 다른 유스티누스 두 사람으로 좁혀져 있었다. 후자는 이렇다 할 능력이 없었는데도 유스티니아누스는 그동안 그를 높은 지위로 승진시켜 두었었다. 그러면서도 두 사람 중 누구를 뚜렷이 지목하지 않았다. 불행하게도 유스티니아누스가 죽었을 때 열등한 유스티누스가 권좌를 차지하기에 좀더 유리한 지위에 있었고, 권좌를 차지한 뒤에 그는 경쟁자를 처형했다. 유스티누스 2세는 과대망상증에 가까운 허세를 부렸고 대외 정책을 파행적으로 이끌고 갔다. 결국에는 파괴적인 종교적 박해까지 지속했으며, 유스티니아누스의 지나친 재정 지출을 벌충한답시고 도에 지나치게 긴축 정책을 펼치다가 제국의 안전을 손상시켰다. 마지막으로 그는 심리적으로 워낙 불안정했기 때문에 제대로 통치를 할 수 없었고 국가를 혼란과 쇠약의 구덩이로 밀어넣었다.

서방의 재정복. 유스티니아누스가 북아프리카 속주들과 이탈리아와 히스파니아의 일부를 재정복했을지라도 그것조차 실패로, 오히려 가장 큰 실패로 평가해야 한다. 그는 이러한 일방적인 전쟁을 수행하느라 다른 국경 지대의 수비를 약하게 만들었고 그로써 페르시아와 다양한 야만족들로부터의 공격을 초래했다. 그 결과 제국의 재정에 큰 무리가 갔고 그 허약한 기조가 다음 세대로 이어졌다.

더욱이 정복한 속주들에서 정복과 그뒤의 수비에 따른 비용을 거둬들이지 못했다. 북아프리카 속주들은 주기적인 반란과 주변의 무어족으로부터의 끊임없는 습격에 시달렸다. 이탈리아를 마침내 평정했을 무렵에 그곳 도시들은 오랜 전쟁으로 폐허가 되어 있었고 과거의 번영은 영구히 손상을 입었다. 히스파니아의 제국 속주도 그 지역을 빼앗긴 주변의 서고트족으로부터 끊임없는 압박을 받았다.

엄청난 고통과 비용을 잡아먹고 재정복된 이 서방의 이 속주들은 유스티니아누스가 죽은 직후에 하나둘씩 상실되기 시작했다. 568년에 롬바르드족과 그들의 동맹 종족들이 북 이탈리아를 침공했다. 572년경에 그들은 포 강과 알프스 산맥 중간의 모든 것을 차지하고 있었다. 590년경에 이탈리아의 나머지 지역 중 상당 부분마저 상실되었다. 유스티니아누스가 죽은 뒤 60년경에 서고트족이 히스파니아의 영토를 되찾아갔고, 한 세기 남짓한 뒤에는 이슬람교가 북 아프리카에서 제국의 세력을 몰아냈다.

유스티니아누스가 죽은 뒤 그리 오래 되지 않아서 제국은 새로 재정복한 서방의 속주들뿐 아니라 이집트와 레반트 지역과 트라키아와 발칸 반도까지도 잃기 시작했다. 더욱이 제국은 외부의 문제들로 인해 가중된 내부의 혼란기로 접어들었다. 9세기에 연속해서 등장한 열정적인 황제들이 재앙의 파도를 막아낼 무렵에 크게 위축된 그 국가는 더 이상 로마라고 할 만한 성격을 갖고 있지 못했고, 오히려 오늘날 비잔틴 그리스라 불리는 그런 모습을 완연히 지니고 있었다.

만약에 유스티니아누스가 자신의 탁월한 재능을 서방 재탈환 사업에 쏟아붓지 않고 그 대신 동방에서 물려받은 로마 제국의 방어력을 강화하는 데 쏟아부었다면, 만약에 자신의 종교 정책으로 원한과 불화의 씨를 심지 않았다면, 동방의 로마 제국은 훨씬 더 오래 버텼을 것이다. 더욱이 서방에 들어선 게르만족 국가들도 유럽의 로마 문명을 파괴하는 점에서 자신들보다 한 수 위였던 후대의 정복자들을 훨씬 더 잘 물리칠 수 있었을 것이다.

서기 첫 두 세기의 보편 로마 제국을 가능하게 했던 역사 상황은 이제 더 이상 존재하지 않았다. 변화된 상황에서 그 보편 제국을 유지하는 데 필요한 자원들도 먼저 서방의 상실을 막아낼 수 없었다. 이제 그러한 자원은 존재하지도 않았다. 유스티니아누스는 죽은 자를 살리려고 하다가 산 자만 약하게 만들고 만 셈이다.

41

후기 로마 제국의 생활과 문화
(서기 337~565)

3세기에 드러났던 경향들 중 상당수가 콘스탄티누스 이후의 4세기와 5세기와 6세기에도 계속되었다. 상대적으로 안정되었던 콘스탄티누스 직후의 시기에는 몇몇 경우 개선된 점들도 있었지만, 4세기 후반과 그 이후 세기들에는 급진적인 변화가 일어나 제국의 생활 전반에 전혀 새로운 모습을 입혔다. 예를 들어, 그리스도교가 콘스탄티누스 이후에 급속히 교세를 확장하면서 5세기 경에는 제국의 가장 유력한 종교가 되었고, 378년 이후에 야만족들이 독자적으로 제국 내에 정착하면서 다음 세기에 서방에서 게르만족 국가들로 이행하는 데 전형을 놓았다.

경제 활동. 콘스탄티누스 이후에 제국의 국경선이 확고하게 유지되는 동안 경제 활동도 더욱 안정되어 갔다. 서방에서 교역과 제조업은 과거의 번성을 되찾지 못했지만, 제국의 해안 도시들은 식료품과 원자재와 좀더 질 좋은 제조업 물품들과 사치품들을 대상으로 꾸준한 교역 활동을 벌였다. 그 물품들 중 상당수는 여전히 극동에서 수입되었지만, 과거와는 달리 로마 상인들을 통하지 않고 제3자를 통해서 들어왔다.

사산 왕조 때 페르시아인들이 중국과의 실크 교역에 대해 독점권을 유지하는 바람에 로마인들은 유스티니아누스가 밀수로 누에들을 확보할 때까지 실크의 전량을 페르시아의 세관을 통해서 수입해야 했다. 인도와 실론(스리랑카) 그리고 아프리카 동부 연안과의 교역은 주로 홍해를 통해서 예멘의 히미아리트족과 에티오피아의 아비시니아족에 의해서 이루어졌다.

5세기와 6세기의 야만족의 침공과 페르시아 전쟁으로 제국의 교역이 국내와 국외에서 모두 지장을 받았으나 완전히 붕괴되지는 않았다. 예를 들어, 브리타니아는 5세기 초부터 제국의 다른 지역들로부터 점차 고립되어갔고, 540년에 유스티니아누스의 제2차 페르시아 전쟁의 발발로 실크 원자재의 수입이 뚝 끊기자 티르(두로)와 베리투스(베이루트)의 실크 방적 산업이 몰락했다. 그러나 5세기와 6세기 내내 알렉산드리아와 콘스탄티노플은 대규모 교역 중심지로 남았고, 서방이 게르만족의 계승 국가들에 접수되고 반달족의 해적들이 기승을 부리는 와중에도 큰 돈벌이가 되던 서방 지중해권의 사치품 교역은 무너지지 않았다. 그리스와 시리아의 상인들이 여전히 서방의 항구들에서 활동을 했고, 그런 이유로 게르만족 왕들은 제국의 표준대로 금화를 계속해서 발행했다. 인도에서 호노리우스 때부터 유스티니아누스 때까지의 로마 주화들이 발견된 사실이 역설해 주듯이 제국의 주화들은 보편적인 인정을 받았고 선호되었다.

제국 정부는 클리스마(수에즈), 보스포로스 해협의 히에론, 그리고 페르시아 접경 지대의 니시비스 같은 몇몇 통관항들을 통해서 해외 교역을 통제했다. 수입세는 12.5%였고, 철과 청동과 무기 같은 전략 품목들은 수출이 금지되었다. 아울러 군납품인 무기와 갑옷과 제복 그리고 황제와 상류층이 선호하던 실크 의류를 생산하는 대규모 제조업이 그대로 유지되었다.

농업. 제국의 농업은 3세기의 추세를 그대로 이어갔다. 인플레이션과 국가가 부과하는 무거운 부담들을 감내하며 살아남기 어려워진 소규모 자영농들을 희생시키면서 대 사유지들이 계속해서 증가했다. 부유한 지주들이 하나의 속주에서만이 아니라 여러 속주들에서 여러 개의 사유지를 소유하는 경우가 많았다. 부재 지주들이 사유지 관리를 전문 경영자들에게 위탁했고, 그들이 지주를 대신하여 소작인들을 감독하고 지대를 거둬들였다.

이탈리아의 농업은 4세기와 5세기에 사실상 일종의 부흥기를 맞이했다. 서방 속주들에 거주하는 부자들이 국경 지대에서 멀리 떨어진 이탈리아의 토지를 안전한 투자처로 간주했기 때문이었다. 변경 지대의 토지들은 지주가 부유하든 가난하든 갈수록 포기되는 경향을 띠었다. 이는 제국 정부가 갈수록 토지에 무거운 세금을 물렸기 때문이다. 6세기에 유스티니아누스가 벌인 재정복 전쟁들과 그 여파로 아프리카와 이탈리아에 조성된 사회 불안이 그 지역의 농업에 심각한 타격을 입혔고, 그 타격을 다시는 만회하지 못했다.

사회 생활. 4세기에는 사회 생활에 이렇다 할 큰 단절이 없었다. 사회의 각 계층을 구분하는 칭호들을 많이 내놓으면서 계층화가 계속해서 진행되었다. 가난한 사람들은 여전히 농노로 전락했고, 지방의원 계층(curiales)은 한층 더 가난에 직면했으며, 부자들은 왕처럼 호사를 누렸다. 역사와 세도를 자랑하는 원로원 가문들이 소유한 재산은 어마어마했다. 일례로 그라티아누스와 테오도시우스 때 원로원 의사당에 있는 승리의 제단을 지키기 위한 투쟁을 주도했던 퀸투스 아우렐리우스 심마쿠스(Quintus Aurelius Symmachus)는 이탈리아에만도 대저택이 15채나 되었고, 아들이 프라이토르로서 로마에서 벌인 경기를 위해서 2천 파운드의 금을 소비할 정도였다. 5세기 초에 페트로니우스 막시무스(Petronius Maximus)는 자신이 주도한 경기에 그 두 배의 액수를 사용했다.

5, 6세기에 일어난 변화들. 그러나 5, 6세기에는 굵직한 변화들이 발생했다. 서방의 로마 귀족들은 게르만족의 지배하에 심각한 영향을 받았다. 418년과 443년에 서고트족과 부르군트족이 아퀴타니아와 사보이에 정착할 때 로마 주민들은 경작 가능한 토지와 가축과 소작인들과 노예들 중 1/3을 새 입주자들에게 넘겨주어야 했다. 나중에는 또 다른 1/3마저 포기해야 했다. 서고트족과 부르군트족은 로마 법에 기초한 특별법을 가지고 기존의 로마 주민들을 통치했다. 그 법은 로마인들과 게르만인들을 차별하는 경향을 띠었을 뿐 아니라 두 집단 사이의 분쟁들을 좀더 복잡하게 만들었다. 그밖에도 서고트족은 로마인들과의 통혼을 금했다.

　이탈리아에서는 오도아케르가 자신의 병사들을 위해서 로마인들의 토지 중 1/3을 차지했고, 테오도릭은 493년에 이탈리아를 접수할 때 자신의 동고트족 추종자들에게 그 1/3만을 그대로 할당해 주는 선에서 그쳤다. 그는 심지어 많은 지주들에게 토지 자체를 잃는 대신 지세의 1/3을 마치 왕에게 세금을 바치듯이 납부할 수 있도록 허용했다. 테오도릭은 아울러 로마의 행정 체계를 그대로 보존하고 기존의 로마 주민들을 차별하지 않으려고 노력했다. 심지어 그들이 군대의 장교들로 복무하도록 허용하기까지 했다.

　북아프리카에서 가이세릭이 이끌던 반달족은 옛 로마 주민들에게서 모든 재산을 몰수했고, 도피하지 못한 로마 주민들을 아마 농노로 전락시킨 듯하다. 갈리아를 차지한 프랑크족은 사뭇 달랐다. 그들은 초기에 북부를 정복한 뒤에 로마 주민들에게 기존의 모든 재산을 그대로 소유하도록 내버려 두었다.

　충분히 예상할 수 있는 일이지만, 서방의 옛 주민들과 새 주민들의 관계는 자주 경색되었다. 게르만 종족들은 정착된 생활 방식과 질서잡힌 정부에 익숙지 않았다. 게르만족 관리들도 과거의 로마 관리들과 다를 바 없이 부패했고, 무법과 폭력이 도처에서 성행했다. 예를 들어, 테오도릭은 농촌을 보호할 책임을 위임받은 자신의 동고트족 전사들이 오히려 농촌을 약탈하지 못하도록 노력했으나 성과를 거두지 못했다.

　더욱이 아리우스파인 게르만족과 정통 가톨릭파인 로마인들 사이의 종교적 차이라는 또 다른 문제가 있었다. 옛 로마의 상류층은 새로운 지배 세력 때문에 다른 분야에서의 기회가 닫히자 교회 정치쪽으로 관심을 돌렸다. 인종적 적대감과 종교적 차이가 서로 얽히는 경향을 띠었다. 왕들이 유별나게 광적인 아리우스주의자들이었던 반달 왕국에서는 상황이 특히 심각했다. 훈네릭(Hunneric)은 5천 명 가량의 가톨릭 성직자들을 광야로 추방했고 가톨릭 주교들을 코르시카로 보내 강제 노동을 시켰다.

　부르군트족과 서고트족과 동고트족은 비교적 관용책을 써서 가톨릭 성직자들과 협력을 모색했다. 그럼에도 불구하고 예를 들어 테오도릭은 정통파 성직자들이 여전히 자신의 대적들과 협력하는 것을 발견했다. 프랑크족은 5세기 말에 메로빙조 왕들 치하에서 가톨릭 신앙으로 회심했기 때문에 좀 달랐지만, 그렇다고 해서 그들이 추종자들에게 보상하기 위해 교회의 토지를 몰수하지 않은 것은 아니다.

도시의 쇠퇴. 4세기 이후에 도시 생활은 서방에서는 아주 빠른 속도로 쇠퇴했고 동방에서도 심각한 타격을 입었다. 서방에서는 게르만족의 정복과 정착을 둘러싼 혼란이 특히 파괴적인 결과를 초래했다. 게르만족은 도시 생활에 취미가 없었고 대체로 도시들이 쇠퇴하도록 방치했다. 몇몇 도시들은 극단적으로 위축된 상황에서 교회 행정의 중심지들로 살아남았고, 아렐라타이(아를), 마실리아, 카르타고, 나폴리, 오스티아, 아리미눔 같은 몇몇 항구들은 중요한 도시로 남았다.

이탈리아의 도시들은 5세기 초와 6세기에 서방의 다른 도시들만큼 심각한 타격을 입지 않았다. 410년에 알라릭이 로마를 약탈한 사건은 심리적으로는 중대한 충격이었지만 현실적으로는 그렇게 심각한 파괴를 초래하지는 않았다. 455년 반달족의 공격조차 그렇게 심각한 참화는 아니었다. 그러나 유스티니아누스가 재정복 전쟁을 벌이는 동안 심지어 로마를 포함한 이탈리아의 대도시들 대부분은 초토화되고 인구가 격감했다.

동방에서는 5세기와 6세기 초에 트라키아, 모이시아, 그리스, 발칸 반도에 자리잡은 도시들이 서고트족, 훈족, 동고트족, 불가르족, 스클라벤족의 거듭된 침공으로 큰 타격을 입었다. 그리스에서는 심각한 공격을 면하고 예전의 모습을 상당 부분 그대로 간직한 유일한 대도시는 아테네뿐이었다. 묘하게도 아테네는 이교도들에게 교육 활동을 금지한 유스티니아누스의 529년 칙령으로 더 큰 타격을 입었을 것이다. 이 칙령은 언제나 많은 수의 학생들을 끌어들임으로써 아테네의 큰 수입원이 되었던 플라톤 아카데미와 그밖의 유명한 학교들을 사실상 폐교하게 만들었다.

페르시아 접경 지대를 따라 자리잡은 속주들, 그중에서도 특히 시리아에서는 사산조 페르시아와의 전쟁도 도시 생활에 적지 않은 타격을 입혔다. 540년에 코스로이스 1세와 벌인 전쟁이 특히 큰 타격을 입혔다. 그는 많은 도시들의 재원을 앗아갔을 뿐 아니라 그 도시들을 탈취하기 위해 급습하는 과정에서 대단히 큰 피해를 입혔다. '동방의 여왕' 안티오크가 후자의 경우에 속했다. 코스로이스는 대성당 같은 대 건물들에서 장식을 제거하라고 지시했고, 인구를 농촌 지대로 분산시켰으며, 도시를 파괴했다. 그 도시는 훗날 재건되었다. 콘스탄티노플과 알렉산드리아는 예전의 세력을 유지했다.

이교와 그리스도교. 콘스탄티누스는 당시에 여전히 제국 인구의 대다수가 신봉하던 이교 종교들을 말살하기 위한 결정적인 조치를 취하지 않았다. 다만 동물 제사를 공식적으로 금하고 로마에서 시행하던 고대의 공공 의식을 제외한 이교 숭배에 대해서는 국가 보조금을 중단했다. 그것만 제외하면 이교도들은 종교 행사를 자유롭게 시행했다. 그러나 그러한 관용은 황제들이 그리스도교인인 한에는 일시적인 조치로 끝났다. 구약성경의 일관된 가르침과 구약성경에서 유래된 그리스도교 신조는 유일신에게만 예배를 드리도록 명했기 때문이다.

후대의 경건한 황제들의 입장에서는 자신들의 신앙과 다른 신들의 숭배를 허용하는 문제 사이의 괴리가 성가실 수밖에 없었다. 더욱이 고대인들의 정서상 종교와 국가의 안녕은 불가분의 관계를 갖고 있었다. 국가를 위해서 신의 호의를 입는 것이 군주의 신성한 의무였다. 다신교적 이교도들은 많은 출처에서 그러한 호의를 입는 데 아무런 문제가 없었지만 그리스도교의 신은 신적인 복에 대한 대가로 독점적인 예배를 요구했다. 그러므로 그리스도교 황제로서는 다른 신들의 숭배를 철폐하는 것이 논리적으로 지고의 의무였다.

그렇기 때문에 콘스탄티우스 2세가 모든 신전을 폐쇄하도록 명령했던 것이다. 그러나 그러한 금령을 4세기 중엽에 억지로 시행한다는 것은 비현실적이었다. 명령을 시행해야 할 관리들 중 많은 수가 여전히 이교도들이었고, 지각 있는 그리스도교인들은 이교도가 밀집된 지역에서 그 명령을 강행하면 위험한 사태가 생길지도 모른다고 인식했다. 많은 이교도들은 그리스도교에 개종하는 척하면서 스스로를 보호했고, 더러는 새로운 권력을 전복할 목적으로 그리스도교 지도자들이 되었다. 예를 들어, 율리아누스는 일리움의 주교가 고대의 신전들을 보호한 비밀 이교도라는 사실을 발견했다. 물론 율리아누스는 모든 이교도 제재법을 철회했으며, 그를 계승한 그리스도교 황제들은 제사에 대한 금령만 되살렸다.

4세기의 이교. 고대 이교들은 비록 이제는 국가의 지원을 받는 그리스도교에 맞서서 수세의 입장에 있었지만 그래도 4세기 말까지 여전히 중요하게 남았다. 콘스탄티누스가 황궁을 콘스탄티노플로 옮긴 일은 옛 귀족 신분의 전통이 로마가 위대하게 떠오를 때 함께 했던 고대 종교들과 긴밀히 얽혀 있던 로마의 이교의 입장에서는 반가운 일이었다. 황제의 주도면밀한 시선에서 해방된 로마 원로원의 유서깊은 가문들은 전통적인 이교의 보루로 남았다. 이러한 사실은 그들이 원로원 의사당에서 승리의 제단을 철거하지 못하도록 투쟁하고, 381년에 그라티아누스가 로마의 공식 종교들에 대한 국가 보조금을 중단하려 할 때 그렇게 하지 못하도록 투쟁한 일로 입증된다. 그들은 391년에 테오도시우스가 이교의 종교 행사를 금지한 데 자극받아 이교 부활과 승리의 제단 원상 복귀를 주장한 아르보가스트와 에우게니우스의 반란을 지원했다. 그러나 테오도시우스는 394년에 그들을 격퇴한 뒤 승리의 제단을 다시 철거했고 원로원을 압박하여 이교 로마의 기관들의 종식을 선포하도록 했다.

이 시점에 다른 지역들에서는 이교 의식의 쇠퇴에 가속도가 붙었다. 올림피아 경기가 393년을 마지막으로 폐지되었다. 다음 두 해 동안 테오도시우스는 올림피아에서 숭배받던 제우스 신상과 사모스의 헤라 신상, 그니도스의 아프로디테 신상, 린도스의 아테나 신상을 체계적으로 제거했다. 396년에 알라릭이 엘레우시스를 약탈함으로써 엘레우시스인들의 비교(秘敎)들은 영원히 자취를 감추었다. 그 이전인 389년에는 광적인 그리스도교인들이 알렉산드리아에서 디오니소스 비교들을 모독하고 세라피스 대 신전과 거기에 딸린 귀중한 도서관을 파손했다. 아테네의 경우는 그 명성을 누구도 함부로 무시할 수 없었기 때문에 그곳의 신전들도 한동안은 보존되었지만, 다음 세대에 접어들면서 페이디아스(Pheidias)가 금과 상아로 제작한 아테나 신상이 파르테논 신전에서 제거되었다.

4세기 이후 이교 사상의 힘. 이교의 공적 예배와 의식은 테오도시우스의 공격으로 급속히 쇠퇴했지만, 이교의 주지주의는 강력하게 남았다. 테오도시우스는 종교 재판소와 비슷한 기관을 설치하지 않았다. 신앙 자체가 아닌 이교의 외적 의식만 박해를 받은 셈이다. 이교 도서들은 자유롭게 유포되었고 이교 사상이 법률과 수사학과 철학 학교들을 지배했다. 주로 이런 학교들에서 훈련을 받은 수많은 제국의 고위 관리들은 여전히 때로는 공공연한 그리고 때로는 은밀한 이교도들이었다. 아테네는 다음 세기에도 이교 사상의 중심지로 남았고 그 명성이 더욱 증가하기까지 했다.

황제 율리아누스가 죽은 뒤에 그의 친구 프리스쿠스(Priscus)가 아테네 아카데미의 교장이 되어 학생들에게 신플라톤주의를 보급했다. 그와 그의 계승자들은 신플라톤주의를 그리스도교와 대립하고 난해한 마술과 기적을 지속시키는 체계적인 이교 신학으로 바꾸어 놓았다. 제국 전역에서 아테네로 몰려든 학생들을 통해서 신플라톤주의는 제국 전역의 지식인들에게 커다란 영향을 주었다. 그리스도교 지도자들이 이런 현상을 우려했던 것은 당연한 일이었다. 사변적인 그리스도교 사상가들조차 신플라톤주의에게 이끌렸기 때문이다.

알렉산드리아도 4, 5세기에 신플라톤주의의 중요한 중심지가 되었다. 4세기 말에 그곳의 학교는 저명한 천문학자이자 수학자 테온(Theon)의 지도를 받았다. 그의 딸 히파티아(Hypatia)가 그 학교에서 가장 존경받고 유명한 교사들중 하나가 되었다. 그리스도교 주교 키릴루스(Cyril)의 파벌은 히파티아가 키릴루스를 반대한 알렉산드리아 주재 대관구장(prefect)에게 가진 영향력을 두려워한 나머지 415년에 그녀의 집을 습격하여 그녀를 살해했다.

유스티니아누스의 전면적인 이교 박해. 유스티니아누스는 이교 사상을 근절하기 위한 종교 재판소라 할 만한 기관을 창시한 사람이었다. 그는 민간 및 교회 담당 관리들에게 이교 의식이 여전히 시행된다는 보고들을 조사하도록 하고 세례받은 그리스도교인 외에는 아무도 교수 활동을 하지 못하도록 했다. 아테네에 있는 학교들의 교장들이 불응하고 나서자 유스티니아누스는 그 학교들의 재산을 몰수했다. 학자들 중 더러는 페르시아의 코스로이스 1세의 궁전으로 망명했지만 곧 그곳 생활에 염증을 느꼈다. 그러나 코스로이스는 그들에게 한 가지 큰 은혜를 끼쳤다. 즉 532년에 유스티니아누스와 조약을 맺을 때 그들이 제국으로 돌아가 평화롭게 은퇴하여 살 수 있도록 보장하는 사항을 명시했던 것이다.

유스티니아누스는 아울러 농촌의 소박한 사람들 사이에 깊이 뿌리박힌 이교 신앙을 뿌리뽑기 위해 노력했다. 지난 번 폐쇄 조치를 피해서 외진 데로 피해간 성소들에 공격적인 관리들을 보내 철거하게 했고, 미개한 사람들을 계몽하기 위해 광범위하게 진행되던 선교 활동을 지원했다. 그러나 그 작업은 비교적 수월했는데, 왜냐하면 이미 그리스도교 의식과 이교 의식이 어느 정도 절충된 형태를 갖추었기 때문이다. 초기 교회의 비교적 단순한 예배식이 이제는 향과 초와 꽃과 성구(聖具)를 사용하는 좀더 정교한 의식에 자리를 내주었다. 무수한 성인들과 순교자들이 많은 이교 신들과 영웅들이 맡았던 상호 경쟁적인 기능들을 떠맡았다. 예를 들어, 처녀 아테나(파르테노스)의 고향인 아테네의 파르테논 신전이 성모 마리아 교회가 되었다든지, 예수 탄생 절기가 미트라의 탄생일과 이교도들의 동지(冬至) 축일과 연관된 계절과 겹치게 되었다든지, 혹은 성 코스마스 교회와 다미아누스 교회에서 자면 이제는 카스토르 신전과 폴룩스 신전에서 얻을 수 있었던 치유(治癒)을 얻을 수 있게 되었다든지 하는 것들은 단순한 우연의 일치가 아니다. 마술과 성찬도 생각이 치밀하지 못한 사람들로서는 뚜렷이 구분할 수 없게 되었다.

이교도들과 유대인들. 로마 제국 말기 그리스도교에서 이루어진 여러 가지 중요한 발전들에는 아리우스주의와 단성론과 도나투스 분쟁 같은 이단들과 분쟁들이 있었다. 이 이단들과 분열들은 사회적으로 큰 쟁점으로 달아올랐기 때문에 그에 관련된 정치적 사건들을 다룬 장들에서 이미 논했었다. 다른 이단들은 3세기의 종교적 발전들과 관련하여 이미 언급했었다. 5세기 초의 펠라기우스주의는 비록 대규모 사회적 투쟁을 촉발시키지는 않았어도 그리스도교 사상가들이 그 이래로 끊임없이 제기하게 된 죄와 구원에 관한 근본적인 문제들을 일으켰기 때문에 살펴보고 넘어갈 필요가 있다.

교회는 반복될 수 없는 두 가지 성사(聖事) 곧 세례(baptism)와 고해(penance)만으로 구원의 은혜를 얻을 수 있다고 가르쳤다. 세례는 아담의 원죄와 개인이 이생에서 세례를 받는 시점까지 지은 죄를 씻어주고, 고해는 그 이후에 지은 죄를 씻을 수 있다고 했다. 더욱이 교회는 성적 문제에 관해서 엄격한 도덕적 규율들을 부과하고, 이를테면 극장이나 검투장이나 야수 사냥이나 경주나 이런 행위들과 다소 관련지을 수 있는 공적 의무를 수행하는 등 보통 로마인들이 수행하는 행위를 단죄했다. 더 심하게는 법에 의거한 처형을 살인으로 간주함으로써 어떤 관리라도 재판관석에 앉으면 그런 유의 죄에 쉽게 감염될 소지가 있게 했다. 그 결과 4세기에는 그리스도교를 신봉한 많은 사람들이 죽을 때 은혜의 상태로 무흠하게 죽기 위해서 세례를 될 수 있는 대로 마지막 순간까지 연기했다. 5세기에 들어서 유아나 성년기 초반에 세례를 받는 일이 좀더 보편화하면서 고해가 죽기 전에 지은 죄를 씻는 수단으로 사용되었다. 그러므로 많은 사람들은 그리스도교의 엄격한 도덕법에 관심을 갖지 않고 비그리스도교인들과 다를 바 없이 죄를 지으며 살았다. 세례나 고해로 모든 죄를 씻을 수 있는 줄로 알았기 때문에 자제력을 발휘할 필요조차 없었다.

이러한 불합리한 상황을 놓고 고민하던 사람들 중에는 모건(Morgan)이라고 하는 웨일스의 평신도가 있었다. 훗날 펠라기우스(Pelagius)로 알려진 그는 아담의 원죄가 그의 본성에서 유래되어 후손들에게 전가된다는 교리를 부정했다. 그러므로 그는 의롭게 살려는 개인의 노력으로 구원을 얻을 수 있다고 주장했다. 펠라기우스의 견해는 초기에 동방에서 받아들여졌으나, 서방에서 성 아우구스티누스(참조. 997쪽)가 416년에 개최된 공의회에서 그 견해에 대한 공격을 주도했다. 결국 그뒤에 공의회가 수차례 열린 뒤에 그 견해는 431년 에페소스에서 열린 제3차 에큐메니컬 공의회에서 단죄되었다.

유스티니아누스는 이교도들뿐 아니라 이단들도 뿌리뽑으려고 애썼다. 이단들이 법률에 관한 직업을 갖거나 법률을 가르치는 것을 막았고, 그들의 상속권을 금지했으며, 그들이 법정에서 정통파 신자들에게 불리한 증언을 하지 못하도록 했다. 심지어 마니교도들과 타락한 이단들을 사형에 처하는 법을 제정했다. 유대교의 서자격인 사마리아인들에게도 모질게 대하여 529년에 그들의 회당들을 철거했다. 정통파 유대인들에 대한 태도도 그다지 다르지 않았다. 비록 그들에게 종교 의식을 금하지는 않았어도 이단들과 사마리아인들과 똑같이 공민권을 제한했다. 이런 정책들로 인해서 529년과 550년경에 팔레스타인에서 유대인들과 사마리아인들이 두 차례에 걸쳐 심각한 반란을 일으켰고, 그 결과 무자비한 유혈 사태가 초래되었다.

수도원주의. 현세와 동떨어져 순결하게 살려는 금욕주의적 성인 혹은 현인들의 이상은 지중해 동부 세계에서 나름대로 긴 역사를 갖고 있었다. 이 사상은 하느님과의 신비한 합일을 추구하고, 세례와 고해 뒤에 죄를 피하고, 혹은 의로운 생활을 통해 구원을 얻고자 한 그리스도교인들에게 특히 매력이 있었다. 무수한 남녀 그리스도교인들이 세속 생활을 등지고서 혼자서(그리스어로 monos), 사람이 살지 않는 지역(그리스어로 eremos, eremia)에서 은수자(隱修者. 그리스어로 eremites)로서 홀로 거룩한 생활을 하려고 노력했다. 이들의 성결한 생활은 곧 널리 알려져 곧 많은 사람들을 그러한 생활에 참여케 했다.

특히 명성을 얻는 수사는 이집트의 성 안토니우스(St. Anthony)였다. 그는 285년에 테베 근처의 이집트 사막으로 은둔했는데, 곧 많은 사람들이 그의 주위에 몰려들어 근처의 임시 숙소에서 생활했다. 이 운동은 알렉산드리아 주교 아타나시우스가 저 유명한 성 안토니우스의 전기를 쓴 뒤에 훨씬 더 큰 추진력을 얻었다. 그러므로 안토니우스는 종종 그리스도교 수도원주의의 창시자로 불린다.

그러나 성 안토니우스 같은 수사들은 완전한 자율성을 누렸다. 그들의 느슨한 공동체들은 라우라(laura)들이라 불렸고, 정식 회칙이나 제도에 얽매이지 않았다. 그러다가 곧 일부 수사들이 함께 살면서 고정된 규율과 한 지도자의 지도를 받으며 공동 생활을 했다. 이들은 공주 수사(共住修士〈cenobites. 공동 생활이란 뜻의 그리스어 coinos bios에서 유래〉)라 불렸고, 이들의 지도자들은 결국 대수도원장(abbot. '아버지'라는 뜻의 시리아어 abbā에서 유래)이라 불렸다. 그런 공동체 가운데 가장 먼저 알려진 공동체는 326년에 성 파코미우스(St. Pachomius)가 이집트에 설립했다. 4세기 말경에는 은수자 방식과 공주 방식의 수도원주의가 경건한 남녀들에 의해서 동방 전역으로 확산되었다. 아타나시우스가 아리우스 논쟁 때 몇몇 수사들과 함께 로마로 망명했을 때인 4세기 중엽에는 수도원주의가 심지어 이탈리아에까지 도달해 있었다.

수사들은 정부나 교회 당국으로부터 통제를 받지 않았기 때문에 무절제하고 광적인 수사들이 분파 투쟁이나 일으키는 사회의 쓰레기 같은 사람들이 되는 경우가 종종 있었다. 그러므로 좀더 엄격한 통제와 기강을 세워야 한다는 압박감이 정부와 교회 당국 양쪽에서 생겼다. 황제들도 무절제한 수도원주의 때문에 점차 직업에 발목이 잡혀만 가던 사람들의 도피를 조장하지나 않을까 우려했고, 주교들은 교회의 조직적 교리적 통일이 교회의 공식 구조 바깥에서 인기를 얻는 신앙인들에 의해 위협받지나 않을까 두려워했다.

수도원주의가 좀더 틀을 갖춰가는 점에서 한 걸음 크게 내디디게 만든 사람은 성 바실리우스(St. Basil)였다. 그는 360년에 폰투스의 네오카이사리아 (카비라, 닉사르)에 새로운 수도원을 설립했다. 그의 수도회칙은 이전 것들에 비해 좀더 꼼꼼했고, 수사들에게 수도에 정진하도록 하기 위해 지나친 금욕 행위보다 공부와 협동 노동에 힘쓰도록 규정했다. 이 수도회칙은 폭넓은 지역에서 모방되어 그리스 수도원주의의 모범이 되었다. 교회 당국이 수도원주의에 대해서 최초로 조치를 취하고 나선 것은 451년 칼케돈에서 열린 제4차 에큐메니컬 공의회 때였다. 이 공의회는 교구 안에서 주교의 허락을 받지 않고는 수도원을 설립하지 못하도록 금하고 수사가 수도원 경내를 떠날 때는 주교의 허락을 얻도록 했다.

서방에서는 동방에 비해서 수도원들과 수녀원들이 비교적 더딘 속도로 보급되었다. 투르의 마르티누스(Martin)는 360년경 푸아티에에서 갈리아의 수도원 운동을 개척했으나 400년경까지 수도원은 두세 곳밖에 늘어나지 않았다. 같은 시기에 성 아우구스티누스는 아프리카에 수도원주의를 도입했지만, 히스파니아에서는 수도원주의에 관한 기록이 전무하다. 서방의 수도원주의에서 큰 사건이라고 하면 520년경에 성 베네딕투스가 나폴리 근처 몬테 카시노에다 인도적인 상식에 기초하고 독서와 연구의 가치를 강조한 수도회칙을 채택한 공주 수도원을 설립한 것이었다. 그는 그로써 사본들의 수집과 필사를 자극했고 많은 고대의 저서들이 중세를 지나기까지 살아남을 수 있도록 이바지했다.

예술과 건축. 4, 5, 6세기 동안 예술에서의 고전 그리스-로마 전승들과 기법들이 완전히 소멸되지는 않았지만, 갈수록 종교화해 가던 시대에 근동 예술의 신전중심적 전통들이 갈수록 현저해졌다. 이 전통은 세속적 자연주의를 무시하고 초월적이고 영적인 특성을 추구했다. 인물상들은 얼굴을 충분히 나타내기 위해서 경직된 자세로 전면을 향한 채 포즈를 취했다. 신체는 간단한 의

복으로 가려졌으며, '영혼의 창'인 눈을 부각시킴으로써 얼굴 배후에 있는 영혼을 강조하려고 각별한 노력을 기울였다. 부조나 프레스코나 모자이크에서 배경은 명암과 원근감이 없게 표현하는 대신 인물상은 '뜨게' 만듦으로써 세속으로부터의 이탈을 강조했다. 황제나 그리스도 같은 인물상은 주위에 둘러선 인물상들보다 크게 묘사하고 천한 사람들을 작고 조직적으로 도열해 있는 모습으로 심지어는 조야한 모습으로 묘사함으로써 그 존재의 중요성을 강조했다.

건축 분야에서는 유스티니아누스 때까지는 이렇다 할 새로운 장이 대두하지 않았다. 콘스탄티노플을 제외한다면 국경 지대의 방어 시설과 교회당을 넘어서는 건축 활동이 없었다. 콘스탄티누스 때부터 계속해서 이교 신전들에 있던 대 예술품들이 새로운 로마의 건축물들을 장식하기 위해서 운송되었다. 과거의 기념비적 건축물들을 보존하려는 관리들의 노력에도 불구하고 유서깊은 숱한 이교 신전들이 그리스도교 교회 건축을 위한 채석장으로 쓰였다. 초기 그리스도교 교회들은 대체로 로마 바실리카 양식, 즉 아치형 창들과 한쪽 끝에 낸 반원형 후진(後陣, apse)과 역청을 바른 나무 지붕으로 이루어진 단순한 직사각형 건물 양식을 채택했는데, 가장 대표적인 예가 4세기 초에 건축된 트리어르의 바실리카이다. 세월이 흐르면서 측랑(側廊, aisle)이 덧붙었고, 콘스탄티노플에 세워진 유스티니아누스의 성 사도들의 교회에는 두 개의 짧은 날개 즉 수랑(袖廊, transept)이 한쪽 끝에서 가까운 곳에 덧붙음으로써 십자가 형상을 연출했다. 물론 유스티니아누스의 성 지혜 교회는 교회 건축의 전혀 새로운 양식을 제시했다(참조, 955쪽).

세속 문학. 서기 4, 5, 6세기에는 이렇다 할 세속 그리스 문학 작품이 없었다. 4세기 그리스 저자들 가운데 작품이 현존하는 비중있는 사람들은 리바니우스(Libanius, 314~395)와 테미스티우스(Themistius, 390년경 죽음)였다. 소피스트이자 수사학 교수였던 이들은 많은 수의 학생들로부터 추종을 받았고 콘스탄티누스에서 테오도시우스에 이르는 황제들의 친구였다. 그들이 남긴 연설문 가운데 상당수가 현존한다. 이들은 동방의 정계와 사회에 큰 빛을 비추었다. 동시대인으로서 단호한 반(反) 그리스도교적 신플라톤 학파를 설립한 사르디스의 에우나피우스(Eunapius)는 다른 소피스트들에 관한 현존하는 다수의 전기들과 단편들로만 남은 그 자신의 시대의 역사 한 권을 썼다.

역사는 5, 6세기 그리스 학문의 주된 장르였고, 저서가 현존하는 중요한 두 저자에 의해 대표된다. 그중 앞서 활동한 사람은 5세기 전반에 제국의 재무 부서에서 일한 관리인 조시무스(Zosimus)이다. 그의 「새 역사」(*New History*)는 아우구스투스 때부터 410년 알라릭의 로마 약탈 때까지 로마 제국의 역사를 기술한다. 이 책은 덱시푸스(Dexippus, 참조. 878쪽)와 에우나피우스(Eunapius) 같은 저자들의 자료들을 사용하기 때문에 3, 4세기 동방을 이해하는 데 더할 나위 없이 귀중하다. 그는 노골적인 반 그리스도교주의자로서 로마가 시련을 당하게 된 원인을 끊임없이 옛 신들을 소홀히 대한 때문으로 지적한다.

후기 그리스 사학에서 두드러진 사람은 물론 프로코피우스(Procopius, 500경~565)이다. 대 벨리사리우스의 개인 비서 자격으로 유스티니아누스 시대의 연대기를 편찬한 사람이다. 그는 페르시아, 반달족, 동고트족을 상대로 한 전쟁기들을 썼다. 아울러 유스티니아누스의 방대한 건축 활동을 기록하고 유스티니아누스와 테오도라에 관한 모든 추문들을 집대성한 「비사」(*Anecdota*)를 썼다. 많은 부분에서 헤로도토스와 투키디데스를 연상케 하는 그의 유스티니아누스 전쟁기들은 직접 체험에 기초하여 치밀하고 생생하고 정확하게 기록되었다. 그의 「비사」는 훨씬 더 현실감 있으며, 그가 이 책에서 기술하는 추문들이 비록 악의에 찬 뒷공론으로 가득하다 할지라도 반대파의 목소리를 대변한다는 점에서 그 가치가 작지 않다.

4세기 후반에 이교 라틴 문학은 키케로와 리비우스와 베르길리우스와 타키투스 같은 저자들의 작품들을 탐독한, 원로원 계층의 고대 전승 지지자들 사이에서 호황을 누렸다. 그 저자들의 관점과 일치하게 그들 중 많이는 역사에 예리한 관심을 가졌다. 그러나 이 관심은 과거에 대한 향수를 반영한 데 그치지 않고 3세기에 로마가 거의 몰락한 뒤에 연속성과 갱신의 의식까지도 반영한 것이었다.

이 그룹에서 중추적인 인물은 퀸투스 아우렐리우스 심마쿠스(Quintus Aurelius Symmachus, 340경~402경)였다. 그의 가문은 리비우스의 역사 저

서들의 사본을 수집하는 데 관심이 있었고, 그는 당대에 가장 유명한 로마의
웅변가가 되었다. 그는 여러 고위 관직을 지냈고 원로원 의사당에서 승리의
제단을 철거하려는 시도에 대한 투쟁을 주도했다. 열 권의 서간집을 펴냈는데,
거기에 실린 편지들이 그의 연설문들의 단편들과 함께 현존한다. 이 글들은 4
세기 로마의 부유한 원로원 계층의 생활상을 생생히 보여 준다.

「아우구스투스들의 역사」(*Historia Augusta*)라고 알려진, 사실과 가상이
혼합된 낯선 전기는 바로 이 그룹에서 편찬된 듯하다. 이 전기는 하드리아누
스부터 디오클레티아누스까지 이르는 황제들을 다루며, 디오클레티아누스와
콘스탄티누스의 재위 때 여섯 명의 저자들에 의해 기록되었다고 한다. 그러나
전산 작업을 통한 문체 분석은 이 전기가 사실상 한 사람에 의해 집필되었다
는 설을 뒷받침한다. 아마 어떤 사람이 수에토니우스의 역할을 맡으면서 수준
높은 장난을 한 것 같다. 하지만 그런 저서가 나올 수 있었다는 사실 자체가
당시에 대범하고 확신에 찬 정신이 있었음을 반증한다.

내용에서는 「아우구스투스들의 역사」와 판이하게 다르지만, 암미아누스 마
르켈리누스(Ammianus Marcellinus, 330경~400경)의 진지한 역사서도 비슷
한 정신을 내비친다. 로마의 마지막 위대한 사가 마르켈리누스는 타키투스가
서기 96년으로 벗어놓은 외투를 378년 아드리아노플 전투까지의 로마사를 집
필함으로써 과감하게 리비우스와 타키투스의 외투를 입었다. 안티오크에서 이
교도로 태어난 그는 그리스어가 모국어였으나 군 생활을 성공적으로 마친 뒤
에 로마로 은퇴하여 그곳에서 라틴어로 집필을 했다. 그는 좋은 자료를 사용
했고 균형잡힌 판단을 했다. 유감스럽게도 96년부터 353년까지 발생한 사건들
을 다룬 제1권부터 13권이 망실되었지만, 제14~31권은 현존한다. 그는 수사
학적 효과를 얻기 위해 무리한 노력을 기울이는 때도 있지만, 매우 인상적인
기사와 탁월한 통찰력을 드러내는 경우도 종종 있다.

로마의 전승이 깊지 않은 속주들에서 온 무수한 관리들과 황제들 사이에는
로마사를 간략히 요약한 책의 수요가 대단히 컸다. 아프리카 출신 아우렐리우
스 빅토르(Aurelius Victor)는 자신의 「카이사르들」(*Caesares*)에서 콘스탄
티우스 2세부터 이어지는 황제들의 생애를 간략히 기술했다. 그가 무릇 황제
란 어떻게 처신해야 하는가를 조언하면서 황제가 덕과 교양을 동시에 갖추면

가장 좋지만 적어도 교양은 갖추어야 한다고 한 말에는 교육받은 상류층의 편향이 담겨 있다. 테오도시우스가 죽은 직후(395)에 누군가가 빅토르의 저서를 「카이사르들의 초록」(*Epitome de Caesaribus*)에 요약하고 그의 기사를 395년까지 연장했다. 또 다른 익명의 저자는 또한 빅토르의 저서에 사투르누스에서 로물루스로 이어지는 신화적인 과거를 다룬 「로마 민족의 기원」(*Origo Gentis Romanae*)과 알바계 왕들에서 마르쿠스 안토니우스로 이어지는 유명한 사람들을 개관한 「로마 명사 열전」(*De Viris Illustribus Urbis Romanae*)을 포함시키는 방식으로 완벽한 로마사 요약본을 이루어내기 위해 「3등분 역사」(*Tripartite History*)로 알려진 모음집을 출간했다.

다음에 소개할 두 명의 2류 사가들은 황제 발렌스의 궁정 신하들이었다. 율리아누스의 페르시아 원정에 참여했던 에우트로피우스(Eutropius)는 로물루스부터 요비아누스의 죽음(364)까지의 모든 내용을 열 편의 단권으로 다룬 「로마사 개요」(*Breviarium ab Urbe Condita*)를 썼다. 간결 명쾌하게 쓴 이 책은 큰 인기를 얻었고, 그리스어로 번역되었으며, 최근까지 자주 학교에서 사용되었다. 루피우스 페스투스(Rufius Festus)는 발렌스의 관심을 끌기 위해서 비슷한 개략서를 쓰고 그에게 헌정했다. 「로마인들의 행적 개요」(*Breviarium Rerum Gestarum Populi Romani*)라 불린 이 책도 로물루스부터 서기 364년까지 확대되었지만, 대체로 정복 전쟁들을 더욱 비중있게 다룬다.

율리우스 옵세쿠엔스(Julius Obsequens)가 「불가사의들에 관하여」(*De Prodigiis*)라는 작은 논문에서 이교를 옹호하려고 한 것은 아마 같은 시기인 4세기 말이었던 것 같다. 그는 리비우스가 기원전 196년부터 기원전 12년까지의 시기를 대상으로 기록한 불가사의들을 요약하면서 그 불가사의들이 예고한 참사들을 로마인들이 어떻게 피했는지를 보여주었다. 그러므로 그는 신뢰할 만한 옛 의식들을 단죄하는 그리스도교를 중시하느라 그 의식들을 버려서는 안 된다는 점을 강조하고 싶어한 것이다.

좀더 문학적인 측면에서 볼 때 422년에 호노리우스 밑에서 의전관에 오른 암브로시우스 테오도시우스 마크로비우스(Ambrosius Theodosius Macrobius)도 같은 점을 강조했다. 청년 시절에 그는 심마쿠스의 서클과 친하게 지냈고, 그의 주요 저서 「사투르누스 축제」(*Saturnalia*)는 심마쿠스와 그의 친구들이 사투르누스 축제 때 열린 연회에서 나눈 식견 높은 대화의 형식으로 이루어져 있다. 그들이 축제와 로마의 고대사와 문법과 문학 비평에 관해서 나눈 대화는 그렇지 않으면 사라지고 말았을 고대의 학문을 풍부하게 보존하고 있다. 마크로비우스는 아울러 키케로의 「국가론」(*Republic*)에 나오는 "스키피오의 꿈"에 관한 주석을 썼다. 로마 정치인들에 관한 이상화한 견해와 키케로의 사상에 깔려 있던 플라톤주의화한 스토아주의는 마크로비우스 시대에 신플라톤주의를 견지한 이교도들에게 큰 인기를 끌었다.

지식인다운 지식인이라면 시인으로서도 역량을 갖추고 있는 것을 당연시했고, 더러는 수준이 금 시대와 같지는 않을지라도 적어도 은 시대에 해당할 만한 작품을 써냈다. 현존하는 시인들 가운데 활동이 가장 저조했던 사람은 마크로비우스의 친구 아비아누스(Avianus)였다. 그는 400년경에 바브리우스(Babrius)의 그리스 우화들 중 40편을 오비디우스의 운율에 맞춰 라틴 시로 개작했다. 그의 운율은 오비디우스에 못 미치는 경우가 간혹 있었고, 그가 베르길리우스나 오비디우스를 흉내낸 표현들은 반드시 주제에 적합하지만은 않다.

당대의 가장 완숙한 시인이라고 할 수는 없으나 가장 많은 작품을 써낸 시인은 갈리아 부르디갈라(보르도)에서 수사학 교수로 활동한 데키무스 마그누스 아우소니우스(Decimus Magnus Ausonius, 395년경 죽음)였다. 그는 그리스도교인이었으나 테오도시우스와 친하게 지낸 것만큼이나 심마쿠스와도 친하게 지냈다. 그는 아우구스타 트레베로룸에서 황제 그라티아누스의 개인 교수가 되었고 399년에 콘술 직을 지냈다. 여러 편의 우아한 단편 시들을 썼는데, 이 시들은 4세기 말 갈리아의 전원 대저택을 중심으로 이루어지던 근심걱정 없는 생활을 들여다 볼 수 있게 한다는 점에서 가치가 있다. 그가 남긴 가장 유명한 작품은 아름다운 모젤 계곡에서 지내면서 예술에 가까운 문화 활동에서 솟아나는 순진무구한 정서를 품고서 사는 생활을 묘사한 긴 시 「모젤라」(*Mosella*)이다.

아우소니우스와 연하의 동시대인이자 같은 갈리아 출신인 루틸리우스 클라우디우스 나마티아누스(Rutilius Claudius Namatianus)는 알라릭의 로마 약탈과 서고트족의 갈리아 침공이 한바탕 휩쓸고 지나간 격동기에 작품 활동을 했다. 그는 호노리우스 때인 412년에 궁정관리장(Master of Office)을, 414년에 로마 담당관(City Prefect)을 지냈다. 416년에는 야만족의 침략으로 형편없게 훼손된 갈리아의 자기 사유지를 복구하기 위해 울적한 기분으로 로마를 떠났다. 이때의 여행을「그의 귀향에 관하여」(De Reditu Suo)라는 우아한 장시에서 기술했는데, 이 시에서 그는 로마 시에 대해 감동적인 찬사를 아끼지 않고, 자신이 지나가면서 관찰한 농촌 이야기를 적고, 야만족 스틸리코, 유대교, 수도원주의 그리고 자신이 이교와 제국을 파괴하는 세력으로 본 그외 모든 것들을 단죄한다. 그는 실로 만가(輓歌) 운율의 대가였고, 그의 진실성은 그의 시를 단순한 수사(修辭)의 차원을 뛰어넘게 한다.

묘하게도 당대 최고의 라틴 시인 클라우디아누스(Claudius Claudianus)는 나마티아누스가 가장 혐오한 것과 긴밀한 관계를 맺고 있었다. 그는 나마티아누스보다 한발 앞서 호노리우스의 궁정에서 일했고, 아마 그리스도교인이었을 뿐 아니라 스틸리코의 부하였다. 암미아누스 마르켈리누스처럼 그리스어를 모국어로 구사했음에 분명한 그는 라틴어도 그에 못지 않게 능숙하게 구사했으며, 그리스도교인이면서도 고대의 서사시와 신화적인 전승들을 자유자재로 사용했다. 고위 관리들을 위해 여러 편의 찬사를 썼는데, 놀랍게도 그 내용이 진부하지 않으며, 신화적인 주제로「거인들의 전투」(Battle of the Gaints)와「프로세르피나의 겁탈」(Rape of Proserpina)이라는 탁월한 미완의 작품 두 편을 남겼다. 그러나 그의 대표작들은 스틸리코의 업적을 칭송하고 동방 궁정에 있는 그의 정적들을 저주한「루피누스를 비판함」(Against Rufinus),「에우트로피우스를 비판함」(Against Eutropius),「길도에 대한 전쟁」(The War against Gildo),「고트족 전쟁」(The Gothic War)이다. 그의 열기어린 독설에는 대단한 힘이 실려 있고, 그에게는 탁월한 표현력과 기발한 착상을 끌어내는 예리한 감각이 있다.

그와 대조적으로 갈리아의 주교 시도니우스 아폴리나리스(Sidonius Apollinaris, 430경~480경)의 시들은 영감이 없이 진부하며, 그의 편지들은 지극히 현학적이다.

6세기에는 두 명의 저자가 당시까지의 라틴 세속 문학사를 마무리했다. 보이티우스(Boethius, 480경~524)는 동고트족 테오도릭의 후원을 받은 철학자였지만, 나중에 반역 혐의로 처형당했다. 그는 수학과 음악과 아리스토텔레스와 키케로에 관해서 썼고, 플라톤과 아리스토텔레스의 총서를 라틴어로 번역하는 대 작업을 벌였다. 아울러 정통 신앙의 삼위일체론을 옹호하는 글도 썼다. 가장 잘 알려진 저서는 옥중 생활에서 스스로 위안을 찾기 위해서 쓴 「철학의 위안」(*Consolation of Philosophy*)이다. 이 책에서 그는 철학이라는 상징화한 인물과 대화를 나누면서 여러 이교 철학적 견해들을 옹호한다.

보이티우스보다 운이 좋았던 사람은 카시오도루스(Cassiodorus, 487~583)였다. 저명한 이탈리아 가문 출신인 그는 로마의 마지막 콘술과 궁정관리장(Master of Offices)과 친위대장을 역임했다. 공직에 몸담고 있는 동안 두 권의 역사 대작을 펴냈는데, 하나는 아담으로부터 519년까지를 다룬 세계사 「연대기」(*Chronica*)이고 다른 하나는 열두 권(대부분 유실됨)으로 이루어진 「고트족의 역사」(*History of the Goths*)이다. 은퇴한 뒤에는 브루티움에 수도원을 짓고 문학 연구를 장려했다. 그의 논문 「신적·세속적 문학의 교육 원칙들」(*Educational Principles of Divine and Secular Literature*)은 중세에 널리 쓰였다.

그리스도교와 고전 문화. 유스티니아누스가 이교도들에게 교수 활동을 금지할 수 있었던 유일한 이유는 6세기가 되었을 때 그리스도교가 이미 이교의 공식 사상과 문학을 완전히 흡수하고, 클라우디아누스와 아폴리나리스와 보이티우스와 카시오도루스의 저서들이 잘 보여주듯이 그것들을 자신의 것으로 삼고 있었기 때문이었다. 이교도들은 로마 제국에서 견해를 주고받을 때 사용된 공식적 주장의 규칙들과 문학의 장르들을 창안했었다. 그리스도교인들은 자기들의 이교 경쟁자들과 동일한 모델들로부터 대개 같은 학교들에서 그 규칙들과 장르들을 배워야 했다. 예를 들어, 이교도 리바니우스는 그리스 수도원주의의 창시자 성 바실리우스와 그리스도교 대 설교자 성 요한 크리소스토무스의 스승이었다. 로마 이교주의를 웅변으로 옹호한 지식인 심마쿠스는 그의 사촌인 밀라노의 성 암브로시우스와 황제 테오도시우스 1세에게 존경을 받았다.

황제 율리아누스가 그리스도교인들에 대해서 이교 문학을 가르치지 못하도록 금했을 때, 그리스도교인들인 아폴리나리스 부자(父子) — 문법학자와 그의 아들인 수사학자 — 는 성경을 그리스 고전 형식으로 재편했다. 구약성경 처음 다섯 권은 호메로스 서사시 형식으로, 역대기와 열왕기는 비극 형식으로, 신약성경은 플라톤의 대화 형식으로 각각 바꾸었다. 꽤 훌륭하게 된 작업이었지만, 그리스도교 교사들은 율리아누스가 죽은 뒤 금령이 철회되자 고전 시대의 모델들에게로 앞다투어 되돌아갔다. 교회사가 소크라테스(Socrates)는 이교의 반대자들과 대립할 때 그들의 무기를 쓰는 게 더 효율적이므로 그렇게 하는 게 적절하다고 설명했다.

더욱이 그들이 매일의 물질적 세상에서 등질 것을 늘상 주장하는 동안에도 대다수 그리스도교인들은 바로 그 세계에서 이교도들과 어깨를 부대껴 가며 살았다. 그들은 같은 학교에서 공부했을 뿐 아니라 서로 결혼하고 일터에서 함께 일하고 공중 목욕탕과 도서관과 극장에서 여가 활동을 함께 하는 경우가 적지 않았다. 무수한 방법으로 서로에게 미묘한 영향을 주었으며, 그리스도교인들은 제국을 장악하고 있으면서도 다른 한편으로는 제국의 세련된 문화에 장악된 상태로 있었다. 그것은 마치 공화정 시대에 그리스를 정복한 로마인들이 그리스의 세련된 문화에 정복되어 있었던 것과 같은 이치였다. 실제로 위대한 교부들 중 상당수가 어른이 된 뒤에 그리스도교로 개종했으며, 따라서 새로운 종교를 위해 봉사할 때 이미 터득한 이교의 지식을 사용하는 것은 자연스러운 일이었다.

그러므로 4, 5, 6세기의 대표적인 교회 저자들은 한결같이 고전 시대의 이교 문학과 철학과 수사학의 흔적을 뚜렷이 지니고 있다. 예를 들어 이교도 문법학자 도나투스 밑에서 공부했고 위대한 라틴어 번역성경 불가타(the Vulgate)를 번역한 성 히에로니무스(St. Jerome, 348경~420)는 신학적 반대자들을 신랄히 비판할 때 유베날리스의 풍자에 새로운 어떤 것을 보태지 못했으며, 키케로에 버금가는 그의 편지들은 고전 저자들을 인용한 내용으로 가득하다. 사실상 그는 어느 날 밤 꿈에 그리스도의 형상이 나타나서 자신이 그리스도교인이 아니라 키케로주의자라고 꾸짖을 정도로 키케로의 라틴 학문에 깊이 심취해 있었다. 「교회사」(*Church History*)와 「콘스탄티누스의 생애」(*Life of*

Constantine)라는 불멸의 저서들을 쓴 카이사레아의 에우세비우스
(Eusebius)는 고전 역사 서술과 전기의 전승의 울타리 안에서 작업을 했다.
북아프리카 프톨레마이스의 주교 키레네의 시네시우스(Synesius, 370~415
경)는 개종하기 전에 히파티아에게 신플라톤주의를 배웠으며, 그가 남긴 무수
한 설교들과 편지들과 찬송 시들과 논문들은 대목마다 고전에서 교육받은 흔
적을 드러낸다.

　적어도 서방에서만큼은 이교 학문과 그리스도교 신앙이 가장 복합적으로
혼합된 가장 좋은 예는 북아프리카 히포의 주교 성 아우구스티누스(St.
Augustine, 354~430)이다. 이교도 아버지와 그리스도교인 어머니에게서 태어
난 그는 카르타고에서 수사학을 공부한 뒤 출세하기 위해 로마로 갔다. 그곳
에서 심마쿠스와 그의 서클을 알게 되었다. 그들을 통해서 밀라노의 수사학
교수직을 허락받았다. 그는 사고와 문체 면에서 키케로에게 지대한 영향을 받
았고, 밀라노에서 정통 교회 그리스도교인이 되기 전에는 마니교도였다. 밀라
노에서 그에게 회심의 계기를 마련해 준 성 암브로시우스는 그리스도교 신플
라톤주의자들의 유력한 서클의 일원이었다.

　아우구스티누스가 남긴 방대한 분량의 편지들과 설교들과 주석들은 그가
이교 고전 문학과 철학에서 영향을 받은 흔적을 도처에서 보여 준다. 그 점에
서 두 저서가 두드러지는데, 한 권은 키케로에 심취한 애송이 학생에서 마니
교도로, 신플라톤주의자로, 그리고 마지막에는 세례받은 그리스도교인으로 이
어져온 그의 지적·영적 발전을 되짚는 「고백록」(*Confessions*)이고, 다른 한
권은 410년 알라릭의 로마 약탈과 그로 인해 상류층 이교도 난민들이 아프리
카로 밀려들어온 일, 그리고 그들의 언행이 최근에 정통파 가톨릭 교회가 점
한 우위를 위협하던 일에 자극을 받아 쓴 대작(*magnum opus*)인 「신국론」
(*City of God*)이다.

　라틴 수사학의 문체에 탁월했던 아우구스티누스는 이교도들을 논박할 때
그들이 쓰던 용어를 그대로 가져다 썼다. 그들이 자신들의 이교 신앙의 기초
로 삼은 고대의 신화들과 역사관들을 체계적으로 비판했고, 신플라톤주의를
철학적으로 엄격하게 논박했다. 그러나 자신의 급진적인 그리스도교적 실재관
을 논증할 때도 신적 섭리(Divine Providence)와 시민들의 공동체를 가리키

는 고전 시대의 핵심적인 사회적·정치적 개념인 키비타스(civitas) 같은, 이교도들과 공유하던 개념들을 기초로 삼았다. 아우구스티누스의 관점에서 볼 때 그리스도교인은 하느님의 완전한 천상의 공동체의 시민으로서 이 지상 공동체에서 나그네로 체류하는 동안 그 공동체를 사모한다. 그럼에도 불구하고 아우구스티누스는 그리스도교인들을 위한 체류 도시를 배척하지 않았다. 그것은 하느님의 창조의 일부로서 비록 완전하지는 않지만 선하며, 선량한 그리스도교인은 그 장점들을 향유하면서 그 단점들을 제거하기 위해 노력할 수 있다고 보았다. 이교도들이 사랑하는 옛 지상의 키비타스에 대해서 청교도적으로 배척한 흔적을 찾아볼 수 없다. 그것은 훨씬 더 좋은 다른 키비타스에 대한 이상에 의해 증대될 뿐이다.

아우구스티누스는 반달족이 히포의 성문을 두드리고 있을 때 죽었다. 이교 고전 세계가 급격히 사라지고 있었다. 4세기에 로마에 창궐했던 이교 문화는 이미 썰물처럼 빠져나갔다. 올림피아 경기가 한 세대 동안 열리지 않았다. 거대한 이교 신전들이 도처에서 폐쇄되고 약탈되었다. 한 세기 안에 플라톤 아카데미가 영구히 폐쇄될 것이었다. 그럼에도 불구하고 성 아우구스티누스와 그와 비슷한 다른 사람들의 저서들을 통해서 새로운 그리스도교 문화가 이미 옛 시대의 문화를 상당 부분 흡수했고 중세를 지나 르네상스와 그 이후까지 그 영향력을 보존할 것이었다.

42

로마 멸망의 문제

18세기 중엽 이래로 학자들은 로마 제국의 멸망에 관해서 열띤 논쟁을 벌였다. 각 세대마다 그것을 설명하기 위해서 새로운 원인을 제시하되, 현실의 불안이나 지적인 유행에 편승하여 그렇게 하는 경우가 많았다. 그 설명들 중 더러는 기존의 문제에 새로운 통찰들을 보태었고, 더러는 신뢰받지 못하는 견해들의 쓰레기통에 던져졌거나 적어도 그렇게 되었어야 옳았다. 이 주제에 관한 논쟁에서 대다수가 범한 오류는 단 하나의 원인만을 찾으려고 시도했다는 점이다. 그러나 20세기 후반에 들어서 사가들은 인간의 사건들이 퍽 복잡하고 로마 제국의 멸망 같은 현상에 대해서 단 한 가지 원인만을 찾으려드는 것이 어리석은 시도라는 것을 훨씬 더 진지하게 의식하게 되었다. 그러므로 아직 최종 결론이 내려지지는 않았지만 이제는 그 문제에 관한 훨씬 더 훌륭한 이해와 그 해결책의 윤곽이 존재한다.

구체적인 분석에 들어가기 전에 두 가지 점이 강조되어야 한다. 첫째, 몰락이란 단어가 함축하는 것과 같은 급작스런 로마 제국의 붕괴란 없었다는 점이다. 오히려 상호 작용을 하면서 급증하던 무수한 변화들이 발생하여 경제와 정치와 문화 생활을 점진적으로 변형시킨 기나긴 과정이 있었다고 해야 옳다. 그러므로 로마사를 되돌아 볼 때 서기 5, 6세기의 상황은 1, 2세기, 그러니까 제국이 가장 광활한 판도를 얻었고 제국 전역이 전반적으로 경제적 전성기를 누렸고 문화 생활도 여전히 고전 시대 그리스-로마 전승을 왕성히 표출하던 시대의 상황과 사뭇 달랐다고 말하는 것이 가능하다. 제국의 서쪽 절반이 게르만 왕국들로 갈가리 분열되고 있는 동안, 동방쪽 절반은 살아남아 훨씬 더 점진적인 변형을 거쳐 비잔틴 제국이 되었고, 이 제국은 콘스탄티노플에 수도를 둔 황제들의 치하에서 또 다른 천년 동안 존속했다. 이 두 가지 점이 이른바 로마의 멸망에 대해서 제시된 다양한 원인들을 평가하는 데 도움이 될 것이다.

타당성 없는 원인들

인종 혼합. 20세기 초에 인기가 있었던 견해들의 하나는 초기의 로마인들을 동방에서 온 열등한 인종들과의 혼합으로 생물학적으로 압도된 아리아계의 우수한 인종으로 본 불합리한 견해에 기초를 두었다. 이 해석은 당시에 유행하던 반(反) 유대주의를 반영했으며 가공적인 지배 민족에 대한 파시스트들의 선전 활동에 연료를 제공했다. 파시스트들의 선전만큼이나 이 해석도 도덕적으로도 용납될 수 없고 역사적으로도 정확하지 않다. 첫째로, 인종 혼합에 관한 연구들은 묘비들에서 취한 이름들에 기초를 두었는데, 그것들은 인종의 기원을 알려주는 신뢰성 있는 지표들도 아니고 그 보존 형태가 통계학적으로 정확한 분석을 할 만한 적절한 분포를 이루고 있지도 않다. 둘째로, 통계학상 타당한 분포를 발견해낼 수 있다고 할지라도 인종 혼합설의 배후에 깔려 있는 인종 개념들과 사고의 틀은 현대 생물학적 인류학적 연구 결과 거짓으로 입증되었다. 셋째로, 서방이 해체된 뒤에 천년 동안 살아남은 것은 이른바 열등한 인종들이 왔다고 하는 제국의 동쪽 절반이었다.

납 중독. 타당성이 없는 또 한 가지 설은 핵심 지도 계층 사람들이 납으로 만든 상수도관을 통해서 가정까지 물을 끌어다 쓰고 옹기 대신 납 그릇들로 요리를 할 만한 경제적 여유가 있었기 때문에 물과 음식으로 지나치게 많은 양의 납을 흡수하여 죽었다는 설이다. 이 설은 부적절하게 선정된 유골들에 대한 분석에 기초를 두고 있으며, 그 유골들이 묻혀 있는 동안 외부로부터 얼마만큼의 납이 유골에 스며들게 되었는지 확인할 길이 없다. 극히 드문 예를 제외하고는 수도관이나 부엌 용구나 그밖의 용구들을 통해서 상류층에 치명적인 해를 끼칠 만큼 많은 양의 납이 흡수되었을 가능성은 희박하다. 혹시 누가 납에 중독되었다면 납 주물 공장에서 일하던 하층 노동자들이었을 가능성이 훨씬 크다. 역사적인 관점에서 볼 때도 납 중독설은 제국의 동쪽 절반이 서방으로부터 단절된 뒤에도 오래 살아남은 사실로써 부정된다.

토양의 황폐. 일부 학자들은 제국의 토양이 황폐화하고 그로 인해서 치명적으로 중요했던 농업 경제가 쇠퇴함으로써 제국이 멸망했다고 주장했다. 몇몇 고립된 지역들에서는 토양의 황폐화가 발생했겠지만, 경작 가능했던 전체 토지에 비하면 그 비율은 미미하여 심각한 타격을 주지 못했다. 토양의 황폐화가 문제였다면 로마인들은 제국 말기에 농업이 쇠퇴할 때 그토록 광활했던 비옥한 토지에 대해 경작을 포기하지 않았을 것이다.

기후 변화. 또 어떤 학자들은 장기간에 걸친 기후 건조와 그로 인한 생산 감축으로 인해 제국의 농업이 쇠퇴했을 것이라고 설명했다. 그러나 이 설은 제국 말기에 해당하는 시기에 로마와 같은 위도에서 자라고 있던 아주 오래된 캘리포니아 아메리카삼나무들의 나이테를 연구한 결과에 기초를 두고 있다. 그러나 이 연구는 캘리포니아 연안의 기후를 같은 위도의 세계 다른 지역들의 기후와 다르게 만드는 바람과 대양의 기후와 지형학 같은 독특한 지리적 가변 요소들을 통째로 무시하기 때문에 타당하지 않다. 기후 변화와 그것이 로마 제국에 끼쳤을 영향에 관한 논의는 좀더 많고 복합적인 과학적 조사가 이루어질 때까지 기다리는 것이 옳다.

계급 투쟁. 혁명들로 얼룩진 근대의 역사가 일부 역사가들로 하여금 로마 제국의 해체 원인을 농민 계급과 전통적으로 그들을 착취한 도시 계급 사이의 계급 투쟁의 결과로 설명하도록 만들었다. 이 설에 따르면 로마 군대가 대부분 가난한 농민들로 구성되자 그들이 내전들을 통해서 도시 계층을 약탈함으로써 보복을 가했다고 한다. 그러나 사실상 군인들은 특정 계층을 편애하지 않았고, 도시 주민들을 약탈한 것만큼이나 자주 농촌 주민들도 약탈했다.

로마 군대의 야만족화. 일부 학자들은 게르만족 보조 부대들과 연방 동맹 종족들을 활용하는 횟수가 증가하면서 다른 야만족들을 제재하는 점에서 로마 군대의 효율성이 떨어졌다고 주장했다. 때로는 로마 군대에서 복무하는 야만족들과 제국을 침공한 야만족들 사이에 충돌이 있었다. 그리고 로마 군대에서 복무를 마친 뒤 국경 지대 너머에 있는 고향으로 돌아간 야만족들이 로마의 무기 체계와 전략과 전술에 대한 귀중한 정보를 전달한 일도 있긴 했지만, 455년에 아이티우스의 군대가 훈족을 물리친 사건이 잘 보여주듯이 주로 야만족으로 구성된 로마 군대들도 지휘만 제대로 하면 대단히 효과적일 수가 있었다.

서방이 갈수록 야만족 군대들과 장군들에 의존하여 국방을 도모했고, 따라서 스틸리코와 알라릭과 아르보가스트와 오도아케르와 동고트족 테오도릭 같은 사람들이 점차 권력을 늘려가다가 마침내 서방 제국들을 완전히 전복했던 것이 사실이다. 그러나 그것은 서방이 그들에게 종속되지 않을 수 없게 만든 다른 요인들로 인해 빚어진 결과이다.

그리스도교. 그리스도교가 로마 제국 멸망의 원인이 되었다는 견해는 종교의 비합리주의에 반대하거나 고전 문화에 너무 심취한 나머지 서기 5세기까지 로마 문화를 주도하고 그리스도교를 배척한 이교 지식인들의 편견을 그대로 취한 여러 사상가들 사이에 인기가 있었다. 그들은 그리스도교가 제국의 군사적 열의를 침체시킨 위험한 평화주의(Pacifism)를 조장했고, 소중한 병력 자원을 수도원으로 빼냈고, 갈수록 위태로워지던 국가를 구하는 데 필요한 우수한 인재들을 교회의 성직자들로 끌어들였으며, 타 종교들에 불관용하고 내부적인 교리 분쟁을 일삼음으로써 위기 때에 국가를 지키는 데 필요한 내부의 통일을 파괴했다고 주장한다.

피상적으로 생각하면 이런 비판이 정당해 보일 수가 있다. 실제로 그리스도교인들이 종교적 이유로 군 복무를 거부하는 사례들이 있다. 그러나 그리스도교 황제들의 군사 정책은 다른 많은 황제들의 정책을 따랐으며, 심지어 그리스도교 주교들이 자기들의 도시들을 방어하는 데 앞장선 사례들도 있다. 많은 유능한 성직자들은 국가를 위해 봉사하기를 거부한 게 아니라 오히려 적극적으로 세속사에 참여했다. 유스티니아누스의 법률이 그 점을 분명히 보여 준다. 많은 그리스도교인들이 세속을 등지고 수도원으로 들어간 것이 사실이지만, 그것은 그리스도교의 과오가 아니었다.

　사람들은 그리스도교와 상관 없이 존재하던 삶의 압박에서 도피하고 있었고, 비록 수도원이 없었을지라도 다른 피난처를 찾았을 것이다. 마지막으로 분열을 초래한 그리스도교 교리 투쟁들이 제국에 해를 끼친 것은 사실이지만, 그 투쟁들은 그리스도교가 존재하지 않았더라도 다른 투쟁들을 낳았을 좀더 깊은 사회·경제적 문제들의 징후들인 경우가 많았다.

부수적인 근인(近因)들

　우발적인 사건들과 야만족의 침공. 그밖의 설명들도 그 자체로는 크게 틀렸다고 할 수는 없지만 그것만을 가지고는 그렇게 복합적인 현상을 이해하는 데 충분하지 않다. 어떤 학파는 로마의 멸망을 설명할 만한 총괄적인 원인들이란 없고 다만 연속성을 갖고 발생한 부수적인(우발적인) 사건들을 가지고서야 그 원인을 설명할 수 있다고 주장했다. 예를 들면, 마르쿠스 아우렐리우스가 갑작스럽게 죽었고 그를 계승한 콤모두스가 그의 원대한 게르만 정복 구도를 단행하지 않기로 결심한 것과, 황제 발렌스가 378년 아드리아노플 전투를 앞두고 어리석게도 증원군을 기다리지 않기로 판단을 내린 것, 테오도시우스 대제가 어린 두 명의 남자 상속자만을 남겨 두고 죽음으로써 제국을 항구적으로 분열시키도록 기여한 것, 서고트족을 제압할 능력이 있었던 스틸리코가 암살된 일 같은 사건들이 하나로 작용하여 로마 제국의 멸망을 초래했다는 것이다. 또 다른 학파는 서기 4, 5세기에 발생한 야만족들의 쉴새없는 침공이 제국을 해체시킨 진정한 원인이었다고 강조한다.

　이 설명들은 다 나름대로 타당성을 갖고 있다. 부수적인 사건들과 야만족의 침공이 한데 겹쳐 제국에 막대한 결과를 초래한 것이 사실이지만, 이런 요인들만 중시하면 왜 그 사건들이 그토록 파괴적인 결과를 초래했는가 하는 더 크고 중요한 질문을 놓치게 된다. 그 사건들은 제국의 문제들을 일으킨 부수적인 근인들이었을 뿐이다. 제국의 골격과 그리스 로마 문화의 성격 자체와 연결되어 있는 좀더 본질적이고 궁극적인 원인들이 더 많이 있으며, 그것이 제국이 한데 겹쳐 닥쳐온 압박들에 대처하지 못하고 결국 멸망하고 만 이유를 설명해 준다.

본질적 혹은 궁극적 원인들

로마 제국의 지리적 구조. 제국의 지리적 구조는 제국이 4, 5세기에 발생한 야만족들의 공격을 막아낼 수 없었던 본질적인 원인이었다. 제국은 마치 도우넛을 옆으로 길게 늘여놓은 형태로서 지중해가 중간에 크게 뚫린 구멍에 해당했다. 여러 가지 면에서 그 '구멍'은 크나큰 자산이었다. 왜냐하면 지중해는 고대 세계의 가장 유용한 운송 수단을 제공했고 지중해 연안 전역을 단일 제국으로 묶어둘 수 있게 했기 때문이다. 반면에 제국의 이러한 지리적 구조는 육지의 국경선이 거주 가능한 영토의 면적에 비해 지나치게 길었다는 뜻이기도 했다. 그러므로 국경 지대들이 심각한 위협을 받을 때 그 지역들을 방어하는 데 막대한 인력과 자원이 들었으며, 복잡한 문화를 유지하기에 필요한 다른 중요한 활동들에는 상대적으로 적은 인력과 자원이 할애되었다.

서방에서는 특히 그랬다. 서방은 동방에 비해 더 길고 취약한 국경 지대들을 갖고 있었다. 야만족들이 라인 강과 도나우 강으로 이어지는 2400킬로미터의 국경선을 넘어 침공해 들어온 일은 이루 헤아릴 수 없이 많았다. 동방이 아르카디우스 때 일리리쿰의 320킬로미터를 인수할 때까지 도나우 강 하류 지대를 제외한 전 지역을 방어할 책임은 모두 서방의 몫이었다. 더욱이 도나우 강 하류를 건너온 야만족들은 콘스탄티노플의 철옹성 같은 방어에 가로막히면 불운한 서방으로 기수를 돌리는 때가 많았다. 브리타니아도 하드리아누스 장벽을 넘어오려는 야만족과 해상 침략자 앵글로색슨족에 맞서서 방어해야 할 지역이 이만저만 넓지 않았고, 북아프리카 서부도 무어족으로부터 방어해야 했다. 동방은 이집트에 훨씬 안전한 국경 지대를 두고 있었고, 페르시아와 가끔 전쟁을 치르기도 했지만 문명국이었던지라 외교를 통해서 관계를 조정할 수 있었다.

인력 부족. 방어해야 할 국경 지대는 광활하고 야만족의 침입은 늘어만 가는 상황에서, 후기 제국은 군대에 병력 자원을 공급하고 점증하는 비용을 뒷받침하는 데 필요한 수준의 경제 활동을 유지하기 위한 인력이 부족하여 시련을 겪었다. 제국의 인구가 전염병이나 그밖의 원인들로 인해 심각하게 감소한 것은 아니다. 대단히 유용한 인구 통계 조사 결과는 제국 후기에 장기간에 걸친 인구 감소가 없었고 다만 인구가 증가하지 않았을 뿐이었음을 지적한다. 그러므로 갈수록 늘어만 가던 인력 수요에 비추어 볼 때 인력 부족 현상이 심각하게 대두되었던 것이다. 도시가 발달한 동방에 비해서 인구가 훨씬 적으면서도 방어해야 할 영토는 더욱 넓었던 서방은 이 인력 부족 현상을 훨씬 더 뼈저리게 느꼈다. 그러므로 서방은 갈수록 강력한 게르만족 군사 지도자들에게 의존하게 되었고, 결국은 그들이 서방 자체를 장악할 수 있었다.

경제적 취약성. 로마 제국의 경제 제도도 4, 5세기에 갈수록 무거워져 가던 국방의 짐을 제대로 질 만큼 강하지 못했다. 과거에는 제국의 번영이 정복 전쟁들을 통한 전리품 유입으로 유지되었었다. 그러나 제국 후기에는 정복 전쟁으로 이익을 남길 만한 곳이 없었다. 야만족들은 가난했고, 사산조 페르시아는 너무 강했다. 더욱이 말기에 접어들면서 로마 경제는 기본적으로 저생산의 침체에 빠졌다. 로마 경제의 근간은 농업과 사치품 교역이었다. 로마의 농업은 뻔한 사람과 가축 노동력 공급에 의존했기 때문에 노력에 비해 부가 가치가 대단히 적었고, 사치품 교역도 더 이상 정복 전쟁으로 확보할 수 없게 된 귀금속들을 고갈시켰다.

귀금속 감소는 특히 해로운 결과를 초래했다. 왜냐하면 고대의 화폐와 재정 체계가 정화(正貨) 즉 액면상의 무게와 가치를 지닌 귀금속 주화들에 의존했기 때문이다. 이런 체계로 인해서 사업을 확대하고 생산적인 경제 활동을 위해 쓸 수 있는 목돈을 조달하기란 이만저만 성가신 일이 아니었다. 로마 경제는 기껏해야 현상을 유지하는 차원에 머물렀다. 그러다가 국방의 문제가 불거지면 군대를 유지하고 군대와 함께 생기는 관료 체제를 유지하기 위해서 더 많은 세금을 거둘 수밖에 없었다. 그로 인해 더욱 막다른 궁지에 몰린 농민들은 굶어죽거나 도망쳤고, 연쇄 반응으로 소작농들을 더욱 가혹하게 착취해야만 했던 소수의 농민들만 남겨 놓았다.

도시화가 덜 된 서방에서는 경제 문제들이 특히 심각했다. 정화(正貨)의 고

같은 동방에서보다 서방에서 훨씬 더 두드러졌다. 중국과 아프리카와 인도와의 사치품 교역은 동방 도시들의 주민들에 의해 주도되었다. 이들은 종종 수입된 실크와 상아와 보석류와 그밖의 고가품들을 완제품으로 가공한 다음 그것을 서방에 가져다 돈을 받고 팔았고, 거기서 원자재 구입 대금을 벌충했다. 그러므로 제국 동쪽 절반의 경제는 비교적 균형을 유지했다. 동방은 혼자라면 능히 버틸 수 있었지만, 유스티니아누스가 서방 회복 사업에 나섰다가 막대한 손실을 입고 실패한 사건이 잘 보여주듯이 동방은 자기보다 약한 서방까지 보존해 줄 만한 자원을 갖고 있지 않았다.

고대 과학기술의 저급한 수준. 제국의 상대적인 인력 부족과 경제적 취약성 이면에는 좀더 고질적인 문제가 깔려 있었다. 그것은 고대의 과학 기술이 극히 저조한 수준에 머물러 있었다는 점이었다. 역동적 과학 기술의 부재란 곧 경제 성장의 부재를 뜻했다. 왜냐하면 뻔한 노동력을 가지고는 생산량을 증가시킬 방법이 없었기 때문이다. 갈수록 커가던 국방의 필요에 의해 생긴 수요를 충당하기 위해서 사람과 가축의 노동 생산성을 향상시킬 수 있는 기계류나 동력 장치가 없었고, 모든 것이 그저 매우 초보적인 수준에 머물러 있었다.

불안정하고 부패한 정치 문화. 로마 제국이 멸망하게 된 또 다른 근본적인 원인은 불안정하고 부패한 정치 문화였다. 이것이 야만족들로부터 침략을 받는 상황에서 제국을 더욱 궁지로 몰아넣은 숱한 내전과 관리들의 부패를 낳았다. 소중한 인력과 자원이 파괴적인 제위 쟁탈전에 소모되었고, 그러한 권력 투쟁은 국경 지대를 방어할 국력을 약화시킬 뿐이었다. 제국의 관리들은 끊임없이 권력을 남용하여 의지할 데 없는 주민들에게서 갈취한 돈이나 부자들에게서 받은 뇌물로 치부했다. 부자들과 세도가들은 돈과 권력을 이용하여 대개 많은 재정적 부담을 피했기 때문에 생산력을 갖춘 중간층 도시 주민들과 가난한 농민들이 가장 큰 고통을 당했고, 그로써 제국의 경제는 한층 더 약해졌다.

고대 사회의 귀족적 가치관. 제국이 해체된 여러 가지 근본적인 원인들과 뗄 수 없는 관계를 갖고 있는 것이 바로 고대 사회의 귀족적 가치관이다. 귀족들의 이상 한가운데에는 독립된 권력을 갖춘 부유한 대지주가 되어 전쟁이나 공무에 참여하지 않을 경우 문화 생활을 즐기며 편안하게 사는 것이 최고라는 생각이 자리잡고 있었다. 이 이상은 뿌리가 비슷했던 초기 그리스와 로마 사회에 뿌리를 두고 있었다. 그 당시에도 부(富)의 유일한 출처가 농업이나 약탈뿐이었고, 부자들만 사회를 방어하는 데 필요한 갑옷과 무기를 구입할 여력이나 공무를 돌아볼 여가가 있었던 것이다.

고대 그리스의 문화 생활이 더 역사가 깊은 근동의 문화들과 접촉하면서 발전하기 시작했을 때 고등 학문을 받아들이고 시간을 내서 지적인 과업에 몰두할 수 있는 여력을 갖춘 사람들은 귀족들이었다. 그러므로 귀족들은 자신들의 사고와 문학에 고대 그리스 사회의 표준적인 가치관을 형성하고 존속시켰다. 로마 귀족들은 그리스 문화와 접촉하게 되었을 때 로마 사회에 있던 한가한 문화 생활에 관한 이상도 함께 받아들여 영속시켰다.

귀족들의 이상에 익숙한 대다수 고대인들은 기계를 만지는 혹은 실질적인 직업들을 하찮게 여겼다. 생산을 위한 노동과 장사도 노예들과 삯군들 같은 천한 사람들이 하는 일이었으므로 별로 가치를 두지 않았다. 그들은 고대적인 기준으로 볼 때 진정으로 자유로운 사람들이 아니라는 이유로 저급하고 천한 사람들로 대했다. 노예는 다른 사람의 재산이었고, 삯군은 생계를 위해 고용인에게 예속되었으며, 상점 주인들은 고객들의 후원에 의지해서 살았다.

이러한 태도들이 교육 제도에 반영되었을 뿐 아니라 그 제도에 의해 조장되었다. 고대 그리스와 로마의 교육 제도는 자유 학예(즉, 자유로운 사람들만 받을 수 있는 과목들) — 교양있는 귀족의 특징이 되고 수사학과 법학을 통해서 정치력을 발휘할 수 있도록 해주는 언변과 추상적 지식 — 훈련만 강조했다. 그 결과 고대 그리스인들과 로마인들은 추상적인 사고를 실질적이고 생산적인 경제적 목적에 적용하는 일이 드물었다. 그들은 노동에 관해서 걱정할 필요가 없었고, 그러므로 노동을 좀더 쉽게 만들거나 생산성을 높이는 데 관심을 기울이지 않았다. 돈이 있으면 그저 토지와 대규모 재정 혹은 상업적 사업에 투자했고, 노동에 관해서는 노예들과 해방 노예들과 소작인들과 고용한 관리인이 알아서 하도록 내버려 두었다. 그럼에도 불구하고 노예들과 소작인들과 가난한 농민들은 교육을 받지 못했고 받을 기회도 없었으며, 노동력을 절감하는 과학 기술적 혁신에 몰두할 의욕도 없었다.

지배적인 가설들의 견지에서 볼 때 귀족들은 오히려 과학 기술의 혁신이 일어나지 않았기 때문에, 그 결과로 하층민들이 자신들에게 계속해서 의존했기 때문에 큰 혜택을 입었다. 대 귀족이 되었다는 표시의 하나는 그가 행사하는 후원 활동의 범위가 얼마나 넓으냐 하는 것이었다. 피보호인들과 예속인들을 더 많이 거느리고 있을수록 그의 신분도 높게 평가되었다. 그러한 태도는 베스파시아누스가 잘 예시해 준다. 그는 콜로세움을 건축할 때 노동력을 절감하는 기중기를 제작하자는 착상을 거부했던 것이다. 그 착상을 낸 사람이 왜 기중기를 사용하지 않느냐고 묻자, 베스파시아누스는 될 수 있는 대로 가난한 사람들을 많이 고용하기 위함이라는 취지로 대답을 했다. 황제로서 베스파시아누스는 자신이 로마에서 가장 위대한 후원자임을 과시할 필요가 있었다. 제국의 가장 암울한 시대에조차 황제들이 계속해서 막대한 자금을 단지 제국의 두 수도의 빈민들을 먹이는 데만 사용하지 않고 오락을 후하게 제공하는 데도 사용했던 이유는 베스파시아누스의 그러한 태도가 잘 설명해 준다.

마찬가지로 귀족들에게서 유래한 도시 개념도 경제적으로 역효과를 냈다. 고대의 도시는 대개 전쟁 수익과 투자와 대리 경작으로 돈을 번 부유한 귀족들에 의해 지배되었다. 그들에게 도시는 정치 권력을 행사하고, 후원자로서의 지위를 과시하고, 지적 활동을 추구하기 위한 광장을 제공해 주었다. 그러므로 그들은 자기들의 도시들을 웅장하게 장식하기 위해 경쟁을 벌였지만, 생산과 거리가 먼 개선문들과 신전들과 극장들과 원형 극장들과 경기장들과 목욕탕들을 건축하여 자기들의 권력과 신분과 고상한 취향을 자랑했다.

제국을 약화시키는 데 기여한 정치 불안과 내전들은 귀족들이 권력과 명예와 영광에 정신이 팔려 있음으로 해서 갈수록 증가했다. 그것이 바로 과거에 공화정을 약화시킨 주 원인이었다. 황제가 된다는 것은 그 직위에 따르는 최고의 권력과 명성과 영광을 얻는 것을 뜻했다. 그러므로 외침의 위기가 상존해 있는 중에라도 내전을 일으키면서까지 황제가 될 수 있는 기회를 잡으려는 유혹이 언제나 컸다.

반면에 권력이 황제의 수중에 집중되다 보니 많은 귀족들이 한때 그들의 경력에서 핵심 내용이었던 공직들을 포기하는 일이 생겼다. 대신에 그들은 막대한 재산과 화려한 사치와 시골의 대저택들, 그리고 그들로 하여금 중앙 정부를 무시하고 세금을 피할 수 있게 해준 사적인 군대 같은 귀족으로서의 사적인 표지들을 개발했다. 그러므로 그들은 제국을 보존하는 쪽보다는 약화시키는 쪽으로 기여했다.

출신 성분이 대 귀족이 아니었던 사람들은 그들의 이상을 흉내내고 그들처럼 되고 싶어했다. 제국 후기에 그렇게 할 수 있었던 유일한 실질적인 방식은 제국의 군대나 민간 정부의 고위직에 오르는 것이었다. 군사적·정치적 권력을 지닌 사람들은 그 권력을 이용한 압제와 독직(瀆職)으로 재산을 긁어모을 수 있었다. 이러한 행동은 그렇지 않아도 능력 이상의 짐을 지고 허덕이고 있던 생산력 있는 중간층과 하류층을 약화시키고 소외시킬 뿐이었다. 이렇게 해서 제국의 인력 부족과 경제적 문제들은 한층 더 가중되었다.

지중해를 감싸안은 로마 제국이 해체된 다양한 부수적인 원인들과 근본적인 원인들은 따로 분석되어 왔지만 실은 서로 얽혀 있었고, 그렇게 서로 얽힌 채 복잡한 방식으로 작용함으로써 하나씩 따로 구분하기가 불가능하다. 그 원인들 중 더러는 서방에서 훨씬 더 광범위하게 작용한 나머지 서방을 여러 개의 게르만 왕국들로 쪼개 놓았고, 이렇게 해서 형성된 판도가 중세 초 서유럽의 시작을 이루었다. 국방력이 좀더 강하고 인구도 많고 경제적으로도 번성했던 동방은 다른 근본적인 문제들을 서방과 많이 공유했음에도 충분히 버틸 만한 힘을 갖고 있었고, 거의 천년 동안 카이사르들의 전통을 이어간 비잔틴 제국으로 서서히 변모해 갔다.

부록

역대 로마 황제

아우구스투스	BC 27~AD 14	게타	209~212
티베리우스	14~37	마크리누스	217~218
칼리굴라	37~41	엘라가발루스	218~222
클라우디우스	41~54	알렉산데르 세베루스	222~235
네로	54~68	막시미누스	235~238
갈바	68~69	고르디아누스 1세	238
오토	69	고르디아누스 2세	238
비텔리우스	69	막시무스	238
베스파시아누스	69~79	발비누스	238
티투스	79~81	고르디아누스 3세	238~244
도미티아누스	81~96	필리푸스	244~249
네르바	96~98	데키우스	249~251
트라야누스	98~117	호스틸리아누스	251
하드리아누스	117~138	갈루스	251~253
안토니누스 피우스	138~161	아이밀리아누스	253
마르쿠스 아우렐리우스	161~180	발레리아누스	253~260
루키우스 베루스	161~169	갈리에누스	253~268
콤모두스	176~192	클라우디우스 2세	268~269
페르티낙스	193	퀸틸루스	269~270
디디우스 율리아누스	193	아우렐리아누스	269/270~275
셉티미우스 세베루스	193~211	타키투스	275~276
카라칼라	198~217	플로리아누스	276

로마사 연대표

초기 이탈리아

기원전

5000경~2000경	신석기 시대.
2000경~1800	청동 석기 시대.
1800경~1000/800경	청동기 시대.
1800경	아펜니노 문화의 시작.
1500경	아펜니노 문화의 만개.
1500경	테레마레 문화의 시작.
1400경	미케네 상인들이 이탈리아 남부에 진출.
1250경	미케네의 도자기가 에트루리아(루니)에 도입.
1200/1150경	후기 청동기 시대. 아펜니노 문화와 테레마레 문화가 가까워짐.
1000경(?), 900경(?), 800경(?)	철기 시대의 시작.
750경	로마의 팔라티누스 언덕에 철기 시대가 정착.
750경	그리스 식민자들이 이스키아와 쿠마이에 도착.
750경~700	진보한 빌라노바 문화 혹은 초기 에트루리아 문화?
700경	이탈리아에서 '동방' 의 국면이 시작.
700경	에트루리아 문화가 번성하기 시작.
650경	에트루리아의 세력이 캄파니아로 확대되기 시작.
500경	에트루리아의 세력이 이탈리아 북부로 확대. 초기 로마
800/750경	로마 콰드라타. 팔라티누스 언덕에 철기 시대가 정착.
750경~670	셉티몬티움[七丘祭]: 팔라티누스, 케르말루스, 벨리아, 파구탈, 키스피우스, 오피우스, 카일리우스 언덕들의 정착민들이 동맹 결성. 7세기 네 지역으로 구성된 도시: 퀴리날리스, 비미날리스,

그리고 로마 광장 일 부의 편입.

625/600경　로마 광장에서 이루어진 마지막 매장. 에트루리아의 영향이 로마에 나타나기 시작.

6세기　카피톨리누스와 에스퀼리누스를 포함한 '세르비우스' 도시.

전통적 연대

753~716　로물루스

715~673　누마 폼필리우스. 베스타 숭배 등이 국교로 수립.

674~642　툴루스 호스틸리우스. 알바 롱가의 멸망.

655경　데마라투스가 코린토스에서 에트루리아로 이주.

642~617　안쿠스 마르키우스. 로마의 세력이 해안으로 확장.

616~579　루키우스 타르퀴니우스 프리스쿠스. 로마광장에 배수 작업이 이루어짐.

578~535　세르비우스 툴리우스. '세르비우스'의 조직이 시작. 라틴 인과 조약을 체결함. 아벤티누스 언덕에 디아나 신전 건립.

535경　에트루리아 인들과 카르타고 인들이 페니키아 인들을 알랄리아에서 축출.

534~510　루키우스 타르퀴니우스 수페르부스. 카피톨리누스 신전. 가비이인과의 조약. 로마 영토가 900평방 킬로미터로 확장.

524　에트루리아 인들이 쿠마이에서 패하고, 아리스토데무스가 쿠마이를 장악.

로마 공화정

509　타르퀴니우스와 왕정의 몰락. 일년 임기의 두 정무관(콘술) 직 신설. 카피톨리누스 신전 봉헌. 로마와 카르타고 사이의 조약.

508　포르세나와의 전쟁 (그가 로마를 함락함?)

506　라틴 인과 쿠마이의 아리스토데무스가 아리키아에서 포르세나의 아들을 격퇴.

504　클라우디우스 가의 로마 이주.

501　최초의 독재관 임명.

496　로마와 라틴 동맹 사이에 레길루스 호수에서 전투 발생. 리베르, 리베라, 케레스 숭배가 도입.

495　시니아에 라틴 식민시 건설.

494　제1차 철수: 평민들이 권리를 주장하고 나섬. 벨리트라이에 라틴 식민시 건설.

493　스푸리우스 카시우스가 라틴 인과 조약을 체결.

492　쿠마이에서 곡물이 수입됨. 노르바에 라틴 식민시 건설.

491	코리올라누스의 침공.
486	스푸리우스 카시우스가 곡물법을 제안함. 로마와 헤르니키와 의 조약 체결. 아이퀴 인과 볼스키 인과의 전쟁: 50년 동안 간헐적으로 벌어짐.
482~474	베이이 인과의 전쟁.
479	크레메라 인과의 전투.
474	에트루리아 인들이 시라쿠사의 히에로에 의해 쿠마이에서 축출.
471	볼레로 푸블릴리우스 법: 평민회와 호민관들이 승인을 받음.
469?	호민관의 수가 열 명으로 증가.
458?	미누키우스가 알기두스 산에서 아이퀴 인에게 패배함; 로마 군대가 킨킨나투스에 의해 구조.
456	아벤티누스언덕의 고유지화에 관한 이킬리우스 법.
451~450	10대관단(大官團). 12표법 공포.
449	평민들의 철수. 발레리우스-호라티우스 법: 호민관들의 권한을 규명.
447	콰이스토르들이 민회에서 선출. 트리부스 평민회가 창설된 듯함.
445	카눌레이우스 법: 콘술의 권한을 지닌 트리부누스 밀리툼들이 콘술 직을 대체.
444	아르데아와 조약 체결.
443	켄소르 직 신설.
442	아르데아에 라틴 식민시 건설?
439	미누키우스가 로마의 곡물 배급을 관장.
433	아폴로 신전.
431	아이퀴인이 알기두스 산에서 결정적으로 패배.
428~425	로마가 베이이로부터 피데나이를 탈취.
421	콰이스토르의 인원이 네 명으로 증가:평민들에게 문호가 개방.
418	라비키에 라틴 식민시 건설.
409	세 명의 평민 콰이스토르.
406	앙크수르가 굴복.
404	벨리트라이에 수비대 주둔.
399	신들에 대한 제사(Lectisternium)를 법령으로 포고.
396	전쟁세 징수 시작. 오랜(10년?) 포위 공격 끝에 베이이를 함락.볼스키와의강화.
393	키르케이이에 라틴 식민시 건설.
390?	수트리움에 라틴 식민시 건설.
390	알리아 전투. 갈리아인들의 로마 약탈 (폴리비오스에 따르면 387년).
388	아이퀴 인이 볼라에서 패배.

387	아게르 베이엔스에 창설된 네 개의 농촌 트리부스(당시에 트리부스수도합 스물다섯 개).
386~5	라틴 인, 볼스키 인과 헤르니키 인의 패배.
385	사트리쿰에 라틴 식민시 건설.
385?	네페테에 라틴 식민시 건설.
382	세티아에 라틴 식민시 건설.
381	투스쿨룸이 굴복.
378	'세르비우스' 성벽의 착공.
377	라틴 인이 사트리쿰을 함락당한 뒤에 패배. 리키니우스와 섹스티우스가 선동을 시작.
367	리키니우스와 섹스티우스 법이 통과. 콘술 직의 부활. 쿠룰레스 아이딜리스 직의 신설.
366	최초의 평민 출신 콘술. 프라이토르 직의 신설. 귀족과 평민이 매년 쿠룰레스 아이딜리스 직을 번갈아 역임.
361	로마의 페렌티눔 함락.
359	타르퀴니 시의 반란.
358	헤르니키가 동맹에 다시 받아들여짐. 라틴 인과의 조약 갱신. 안티움에 두 개의 트리부스 창설(도합 스물일곱 개).
357	정부가 노예 해방에 세금 부과. 최고 이자율 공시. 팔레리이 시의 반란. 갈리아의 라티움 침공.
356	최초의 평민 출신 독재관.
354	로마와 삼니움 인의 동맹.
353	카이레의 패배: 100년의 휴전; 반 시민권 부여 (혹은 훗날에).
352	퀸쿠에비리 멘사리이(무능한 채무자들을 돕기 위한 5인위원) 임명.
351	최초의 평민 출신 켄소르. 타르퀴니이와 팔레리이의 굴복. 그로 인한 40년 휴전.
349(혹은 346)	갈리아인의 침공을 저지.
348	로마와 카르타고의 조약의 갱신.
346	안티움과 사트리쿰의 패배.
343	팔레리이가 영구 동맹국이 됨. 라틴이 파일리니를 공격.
343~341	제1차 삼니움 전쟁.
342	군대에서 발생한 폭동과 평민들의 철수. 게누키우스의 법들.
340~338	라틴인의 반란.

339	푸블릴리우스 법.
338	라틴 동맹의 해체. 많은 도시들이 완전 혹은 절반의 로마 시민권을 받음. 안티움(그리고 오스티아?)에 로마 식민시 건설. 벨리트라이로부터 토지를 몰수.
337	최초의 평민 프라이토르.
334	칼레스에 라틴 식민시 건설.
332	라티움에 두 개의 트리부스 신설(도합 스물아홉 개). 로마가 타렌툼과 조약을 체결(혹은 303년).
332~331	로마가 세노네스 인과 30년간 휴전에 들어감.
329	프리베르눔이 함락되고 반 시민권을 부여받음. 타라키나(앙크수르)에 로마 식민시 건설.
328	프레겔라이에 라틴 식민시 건설.
328~302	제2차 삼니움 전쟁. 프로로가티오 임페리이(임페리움의 연장)의 첫번째 사용. 부채에 관한 포에틸리우스 법(혹은 313년).
326	로마가 네아폴리스, 누케리아, 그리고 아풀리아 인과 동맹을 맺음.
321	로마가 카우디움 분기점에서 패배. 평화. 로마가 프레겔라이를 양도.
318	캄파니아 북부에 두 개의 트리부스 신설(도합 서른한 개). 테아눔(아풀리)과 카누시움과의 동맹. 로마인 감독관들이 카푸아와 쿠마이에 파견됨.
316	제2차 삼니움 전쟁의 재개.
315	루케리아의 함락. 삼니움 인이 라우툴라이에서 승리. 카푸아가 삼니움 인에게 반란을 일으킴.
314	타라키나에서 로마가 승리를 거둠. 카푸아가 굴복함. 루케리아에 라틴 식민시 건설.
313(혹은 312)	프레겔라이, 소라 등이 재함락. 수에사 아우룬카, 폰티아, 사티쿨라, 인테람나에 라틴 식민시 건설.
312	아피우스 클라우디우스의 켄소르 재위. 아피우스 가도와 아피우스 수도의 개통.
311	두오비리 나발레스(해군 담당 2인 위원)가 임명됨.
310	로마가 에트루리아로 진격함. 코르토나, 페루시아, 아레티움과의 조약 체결.
308	타르퀴니아와의 동맹이 40년간 재개.
307	헤르니키의 반란.
306	아나니아가 반란을 일으켰다가 반 시민권을 받음. 카르타고와 '우호' 조약 체결.
304	아피우스 클라우디우스의 개혁이 폐기됨. 플라비우스가 법률소송절차를 공포.아이퀴 인의 패배. 삼니움 전쟁의 종결. 마르시, 파일리니, 마루키니, 프렌타니와의 동맹 결성.

303	알바 푸켄스와 소라에 라틴 식민시 건설. 아르피눔에 반 시민권이 부여. 로마에 살루스 신전 건립.
302	베스티니와의 동맹.
300	프로보카티오에 관한 발레리우스 법. 오굴니우스 법이 평민에게 사제단의 문호를 개방.
299	아니엔시스와 테렌티나 두 트리부스 신설(도합 서른세 개). 나르니아에 라틴 식민시 건설.
298	카르세올리에 라틴 식민시 건설. 피케눔인과 동맹 결성. 갈리아인의 로마 영토 침공.
298~290	제3차 삼니움 전쟁.
298	로마가 보비아눔 베투스와 아우피데나를 함락.
296	삼니움 인이 아게르 팔레르누스를 침공. 민투르나이와 시누에사에 로마 식민시 건설.
295	로마가 센티눔에서 삼니움 인, 갈리아 인, 움브리아 인에게 승리.
294	볼시니이, 페루시아, 에레티움과의 40년 조약. 삼니움 인이 루케리아 근처에서 승리.
293	아이스쿨라피우스 교의 도입. 마이니우스 법(?). 로마가 아퀼로나에서 삼니움 인에게 승리.
292	팔레리이의 굴복.
291	베누시아의 반란. 그곳에 라틴 식민시가 세워짐.
290	삼니움 인과의 강화. 사비니 인에게 반 시민권 부여.
289	로마에 조폐국과 트리움비리 모네탈레스(주화 담당 3인 위원)가 신설됨. 하드리아에 라틴 식민시 건설.
287	호르텐시우스 법: 평민회의 결정에 법적 효력을 부여.
284	불키, 볼시니 등의 반란. 세노네스가 아게르 갈리쿠스에서 축출. 세나에 로마 식민시 건설.
283	보이이가 바디모 호수에서 패배.
282	로마 수비대가 투리이, 레기움, 로크리에 파견됨. 로마 함대가 타렌툼 인들에게 공격을 받음.
281	로마의 대사가 타렌툼에 파견됨.
280	불키, 타르쿠니이, 그리고 그밖의 에트루리아 도시들과의 동맹 결성.
280~275	피로스와의 전쟁.
280	피로스가 이탈리아에 상륙하여 헤라클레아에서 로마 군대를 격파. 협상들.

279   아스쿨룸 전투.

278   로마가 카르타고와 조약을 체결. 피로스가 이탈리아를 떠남.

275   피로스가 돌아와 말벤툼 근처에서 패배. 이탈리아를 떠남.

273   파이스툼과 코사에 라틴 식민시 건설. 카이레가 영토의 일부를 빼앗김. 로마와
            이집트의 우호 관계.

272   리비우스 안드로니쿠스가 로마에 옴. 아니오 베투스 수도. 벨리아, 헤라클레아,
            투리이, 메타폰툼과의 동맹. 타렌툼의 항복.

270   레기움 점령.

269   로마에서 최초로 제작된 은화. 피케눔 인의 반란.

268   피케눔 인의 굴복: 반 시민권 부여. 사비니 인이 완전한 시민권 얻음. 베네벤툼
            과 아리미눔에 라틴 식민시 건설.

267   살렌티니와의 전쟁. 브룬디시움 점령.

266   아풀리아와 메사피아가 굴복하여 동맹에 가입.

264~241   제1차 포에니 전쟁.

264   로마 최초의 검투 경기. 피르뭄에 라틴 식민시 건설. 볼시니이 점령. 로마가 마
            메르티누스 부대와 동맹을 맺음. 로마 군대가 시칠리아에 파견됨.

263   아이세르니아에 라틴 식민시 건설. 히에로가 로마의 동맹 세력이 됨.

262   아그리겐툼 점령.

261~260   로마 인들이 함대를 건조함.

260   밀라이 해상에서의 해전에서 승리. 두일리우스가 로마 최초의 해전 승리로 개선
            식 거행.

259   로마의 코르시카 점령.

257   틴다리스 해전에서 승리.

256   에크노무스 해전에서 승리. 레굴루스가 아프리카에 상륙.

255   레굴루스 군대의 패배. 헤르마이움 곶 해전에서 승리. 하지만 로마 함대가 파키
            누스 해상에서 좌초.

254   로마의 파노르무스 함락.

253   로마 함대가 팔리누루스 해상에서 좌초.

250   파노르무스에서의 승리. 릴리바이움에 대한 포위 공격.

249   클라우디우스가 드레파나 해전에서 패배. 로마의 수송 함대가 좌초.

247   하밀카르 바르카가 시칠리아 서부에서 카르타고 군대를 이끌고 공격을 개시.

244   브룬디시움에 라틴 식민시 건설.

243   자발적인 대부에 힘입은 로마 함대 건조.

242 프라이토르 페레그리누스(외국인 담당 법무관직) 신설.

241 아이가테스 인술라이 해상에서의 해전에서 승리. 평화. 로마가 시칠리아를 점령. 팔레리이의 굴복. 스폴레티움에 라틴 식민시 건설. 피케눔에 두 트리부스가 신설(도합 서른다섯 개). 켄투리아 회 개혁(241?).

241~238 용병대가 카르타고에 반란을 일으킴.

238~225 로마가 사르디니아를 점령: 사르디니아와 코르시카의 함락과 굴복.

238~230 리구리아 인에 대한 간헐적인 원정들.

237 하밀카르가 히스파니아에 감.

236 나이비우스 연극의 첫 공연. 갈리아가 이탈리아 북부를 침공.

235~234 야누스 신전이 닫힘. 235년경 콰드리가투스 화(貨) 발행.

232 플라미니우스가 아게르 갈리쿠스를 분배.

231 로마가 히스파니아에 있는 하밀카르에게 대사를 파견.

230 하스드루발이 히스파니아에서 하밀카르를 계승.

229~228 제1차 일리리아 전쟁. 일리리아 연안에 로마의 영향력이 확립.

228 로마 사절들이 아테네와 코린토스에 파견됨.

227 프라이토르의 인원이 네 명으로 증가. 시칠리아와 사르디니아가 프라이토르들에 의해 통치됨.

226 로마와 하스드루발 사이에 이베르 조약 체결.

225 갈리아 인들이 침공했다가 텔라몬에서 패배.

223 플라미니우스가 인수브레스 인을 굴복시킴.

222 클라스티디움 전투; 인수브레스 인의 굴복.

221~220 북동부 접경 지대 덕분에 율리우스 알프스가 안전 지대가 됨.

221 한니발이 하스드루발을 계승. 사군툼 인들이 로마에 호소.

220 플라미니우스의 켄소르 재위; 플라미니우스 가도 건설.

219 제2차 일리리아 전쟁; 데메트리우스의 패배. 한나발이 사군툼을 공격하여 함락 (11월).

218~201 제2차 포에니 전쟁.

218 클라우디우스 법. 플라켄티아와 크레모나에 라틴 식민시 건설. 한니발이 이탈리아 북부에 진입. 티키누스와 트레비아에서의 전투.

217 로마가 트라시메네 호수에서 패배. 이베르 강근처 해전에서 승리.

216 로마가 칸나이에서 패배. 카푸아를 포함한 중앙 이탈리아에서 반란이 일어남.

215 세금이 두 배로 인상. 이탈리아 남부에서의 한니발. 히에로가 죽은 뒤 카르타고가 필리포스와 시라쿠사이와 동맹을 결성. 하스드루발이 데르토사에서 패배.

214~205   제1차 마케도니아 전쟁.

214   일리리아에서의 라이비누스.

213   한니발이 요새를 제외한 타렌툼을 점령. 로마가 시라쿠사이를 포위 공격.

212   카푸아 포위 공격. 루디 아폴리나레스 도입.

212/211   데나리우스 도입. 로마가 아이톨리아와 동맹 결성.

211   한니발이 로마로 진격. 카푸아와 시라쿠사의 함락. 히스파니아에서 스키피오 형제가 패배함.

210   열두 개의 라틴 식민 도시들이 분담금 요청을 거부. 아그리겐툼의 함락. 스키피오가 히스파니아에 상륙.

209   타렌툼 재점령. 신 카르타고 점령.

208   마르켈루스의 죽음. 바이쿨라 전투.

207   하스드루발이 메타우루스에서 패배.

206   일리파 전투; 히스파니아의 최종 굴복. 아이톨리아 인들이 필리포스와 강화함.

205   시칠리아에서의 스키피오. 페니키아의 평화.

204   엔니우스가 로마로 옴. 소아시아에서 지모신 석상을 들여옴. 스키피오가 아프리카에 상륙.

203   스키피오가 시팍스를 물리치고 대평원 전투를 이김. 휴전이 체결되었다가 파기됨. 한니발이 카르타고로 소환됨. 갈리아에서 마고가 패배함.

203~202   필리포스와 안티오코스가 조약 체결.

202   스키피오가 자마에서 승리. 필리포스와 안티오코스의 공세. 아이톨리아 동맹이 로마에 지원을 요청했다가 거부당함.

201   카르타고와 강화 체결. 그로써 카르타고가 피보호국이 됨. 대 누미디아의 왕 마시니사. 아탈로스와 로도스가 로마에 필리포스를 제거해 달라고 호소.

200~196   제2차 마케도니아 전쟁.

200   필리포스에 대한 선전포고. 로마 군대가 그리스에 파견. 인수브레스 인이 플라켄티아를 격파.

199   포르키우스 법. 나이비우스의 죽음. 아이톨리아 동맹이 로마에 합류.

198   플라미니누스가 아우스 강에서 승리. 아카이아 인들이 로마에 합류.

197   프라이토르의 인원이 여섯 명으로 증가. 히스파니아가 두 개의 속주로 편성. 케테구스가 인수브레스인을 격파. 필리포스가 키노스케팔라이에서 패배. 필리포스와 로마와의 평화 조약(겨울). 히스파니아 투르데타니 인의 반란. 안티오코스가 에페소스를 점령.

196   마르켈루스가 인수브레스 인을 최종 진압. 플라미니누스가 코린토스에서 행한

선언. 스미르나가 원로원에 호소. 리시마키아에서 안티오코스와의 회담. 한니발이 카르타고의 집정관이 됨.

195 포르키우스 법. 오피우스 법의 폐기. 한니발이 망명하여 안티오코스에게 합류. 마시니사가 카르타고 영토를 침공. 히스파니아에서의 카토. 나비스에 대한 전쟁.

194 볼투르눔, 리테르눔, 푸테올리, 살레르눔, 시폰툼, 템프사, 크로톤, 북센툼에 로마 식민시 건설. 루시타니의 패배: 그 과정에서 간헐적이고 지리한 전쟁이 벌어짐. 로마가 그리스에서 철수.

193 투리이 코피아에 라틴 식민시 건설.

192 비보 발렌티아에 라틴 식민시 건설. 아푸아니 인을 저지함. 안티오코스에 대한 선전 포고(10월). 안티오코스가 그리스에 상륙.

192~189 안티오코스와의 전쟁.

191 아킬리우스 법(달력에 관한). 보이이가 스키피오 나시카에게 패배. 안티오코스가 테르모필라이에서 패배한 뒤 소아시아로 철수. 아이톨리아에서 전쟁이 발생. 안티오코스의 함대가 코리쿠스 해상에서 패배. 로마가 배상금 전액을 갚겠다는 카르타고의 제의를 묵살.

190 플라켄티아와 크레모나에 재정착이 이루어짐. 그리스에서의 스키피오 형제. 안티오코스의 함대가 패배.

190 혹은 189 안티오코스가 마그네시아에서 패배.

189 보노니아에 라틴 식민시 건설. 캄파니아 인들이 로마 시민들로 등록. 암브라키아의 함락. 아이톨리아와의 강화. 만리우스가 갈라티아를 침공.

188 아르피눔, 포르미아이, 푼디에 완전한 시민권이 부여됨. 아마메아 조약. 아시아 문제 조정.

187 로마가 전쟁 부채를 청산. 라틴 인들이 로마로부터 고향으로 돌려보내짐. 스키피오에 대한 정치적 공격. 아이밀리우스 가도와 플라미니우스 가도.

186 바쿠스교도들에 관한 원로원 결의. 리구리아 인들이 필리포스를 격파.

184 켄소르 카토. 바실리카 포르키아. 스키피오가 리테르눔으로 철수. 플라우투스의 죽음. 포텐티아와 피사우룸에 로마 식민시 건설. 필리포스가 데메트리우스를 로마로 파견.

184/3 스키피오의 죽음.

183 파르마, 무티나, 사투르니아에 로마 식민시 건설.

183/2 한니발의 죽음.

181 바이비우스 법. 오르키우스 법(사치규제법). 아퀼레이아에 라틴 식민시 건설.

그라비스카이에 로마 식민시 건설. 인가우니의 패배. 코르시카와 사르디니아에서 반란이 일어남. 아카이아와 스파르타 사이의 분쟁 종식.

181~179	제1차 켈티베리아 전쟁.
180	정무관직에 관한 빌리우스 법. 루카에 라틴 식민시 건설. 아푸아니의 패배. 그라쿠스가 히스파니아에서 신망을 쌓음. 루킬리우스의 출생.
179	바실리카 아이밀리아 착공. 페르세우스의 즉위.
178	이스트리아 원정.
177	라틴 인들을 로마에서 귀향시킴. 루나에 로마 식민시 건설. 이스트리아의 합병.
177~176	사르디니아의 굴복.
173	라틴 인들을 귀향시킴. 두 명의 에피쿠로스 학자를 추방. 마시니사와 카르타고를 중재하기 위한 사절단 파견.
172	평민들이 최초로 두 콘술 직에 재임.
172~167	제3차 마케도니아 전쟁.
171	부당취득재산 반환 청구 담당 한시법정 개설. 스페인 카르테이아에 라틴 식민시 건설.
169	보코니우스 법. 피해방인들을 한 개의 도시 트리부스에 국한시킴. 원로원과 기사 신분 간의 갈등.
168	피드나에서 페레우스의 패배. 안티오코스가 저지됨. 델로스가 자유 항구로 선언. 히스파니아 코르도바의 건설(혹은 151년).
167	트리부툼의 일시 중단. 페르세우스의 장서가 로마로 이송. 에피로스 약탈. 마케돈이 네 개의 공화국으로 분할되고, 일리리쿰이 세 개의 보호령으로 분할됨. 1000명의 아카이아 인들이 로마로 이송됨.
166~159	테렌티우스의 「희곡」 출간.
163	코르시카의 최후 함락.
161	판니우스 법(사치규제법). 그리스 철학자들의 추방. 유대인들과의 조약.
159	뇌물 금지법.
157~155	로마의 달마티아와 판노니아 원정.
155	카르네아데스와 그밖의 인사들이 로마에서 강의함.
154	옥시비아 리구리아 인의 굴복.
154~138	루시타니아 전쟁.
153~151	제2차 켈티베리아 전쟁.
153	콘술들이 1월 초하루에 취임.
151	카르타고가 마시니사에 선전포고.

150경	아일리우스 푸피우스 법. 아이부티우스 법 ~ 공식 법률 소송 절차 확립.
150	아카이아의 망명자들이 그리스로 돌아감.
149~146	제3차 포에니 전쟁.
149	부당 취득 재산 반환 청구 담당 상설 법정 (칼푸르니우스 법). 카토의 「기원」(*Origins*) 간행. 카르타고에 대한 포위 공격 시작. 마케도니아에 안드리스코스의 등장.
148	포스투미우스 가도.
147	비리아투스의 승승장구. 스키피오 아이밀리아누스가 카르타고에서 지휘권을 쥠. 마케도니아가 로마의 속주가 됨.
146	카르타고의 멸망. 아프리카가 속주가 됨. 로마와 아카이아 사이의 전쟁. 코린토스 약탈.
145경	라일리우스가 농지 개혁을 시도.
144	마르키우스의 수도(水道).
143~133	제3차 켈티베리아 혹은 누만티아 전쟁.
142	스키피오 아이밀리아누스의 켄소르 취임. 티베르 강에 석교(石橋)가 놓임.
139	가비니우스 법: 비밀투표에 의한 선거. 비리아투스의 죽음.
137	카시우스 법: 법정들에서의 비밀투표. 데키무스 브루투스가 칼라이키 인에 대해 원정 감행. 히스파니아에서 만키누스의 패배와 굴복.
135~132	시칠리아에서 노예 전쟁 발발.
133	티베리우스 그라쿠스의 호민관 취임: 농지법. 호민관 옥타비우스의 면직. 페르가몬이 아탈로스 3세에 의해 로마에 유증됨. 그라쿠스가 살해됨. 스키피오 아이밀리아누스가 누만티아를 약탈하고 히스파니아에 정착.
132	그라쿠스 형제를 처벌하기 위한 재판. 농지 위원회 가동. 시칠리아가 루필리우스 법에 의해 재편. 아시아에서 아리스토니코스의 반란이 일어남.
131	파피리우스 법: 입법을 위한 비밀투표.
130	아리스토니코스의 패배.
129	스키피오 아이밀리아누스의 죽음. 아시아 속주의 조직.
126	호민관 펜누스의 외국인에 관한 법. 사르디니아의 사회 불안.
125	콘술 풀비우스 플라쿠스가 라틴 인들에게 참정권을 주겠다고 제의. 프레겔라이의 반란.
124	프레겔라이 인들을 위해 파브라테리아에 식민시 건설. 갈리아의 아르베르니와 알로브로게스에 대한 전쟁.
123	가이우스 그라쿠스 호민관에 처음 취임하여 여러 가지 법안을 제출했고, 122년

에 재선. 루브리우스 법(122?)이 카르타고 터에 유노니아 건설을 규정. 아쿠아이 섹스티아이에 요새 건설.

122 가이우스 그라쿠스의 계속된 입법. 리비우스 드루수스의 견제. 발레아릭 제도가 진압되고, 팔마와 폴렌티아에 식민시 건설.

121 세나투스 콘술툼 울티뭄(원로원 비상 결의)의 최초 발효. 사회 불안; 그라쿠스의 살해; 그의 추종자들이 오피미우스에게 처형됨. 농지 법. 아르베르니와 알로브로게스의 패배. 도미티우스 가도 건설.

120 오피미우스에 대한 재판과 무죄 석방.

119 호민관 마리우스가 법안을 관철시킴. 그라쿠스 농지 위원회 해산. 농지 법.

118 갈리아 남부 나르보 마르티우스에 식민시 건설. 미킵사의 죽음. 아드헤르발, 히엠프살, 유구르타가 누미디아를 공동 통치.

117 히엠프살의 죽음.

116 유구르타가 자신의 입지를 강화. 원로원이 누미디아에 위원회 파견.

115 아이밀리우스 스카우루스가 콘술 재위.

114 히스파니아에서의 마리우스.

113 그나이우스 카르보가 노레이아에서 킴브리인에 의해 패배.

112 유구르타가 키르타를 약탈. 유구르타에 대한 선전포고.

111 농지 법(토리우스 법?). 유구르타와 잠정적인 협조.

110 마밀리우스의 주도로 재판이 열림. 아프리카에서 전쟁 발발: 아울루스 알비누스의 항복.

109 메텔루스가 유구르타에 대해 일부 승리를 거둠.

107 콘술로 선출된 마리우스가 프롤레타리이의 지지를 얻어 메텔루스의 후임자가 됨. 카프사를 탈취함. 카시우스가 갈리아에서 티구리니에게 패배.

106 키케로와 폼페이우스의 출생. 카이피오의 배심원 법. 마리우스가 누미디아 서부를 침공해 들어감. 마우레타니아의 보쿠스가 유구르타를 술라에게 넘겨줌.

105 킴브리 인과 테우토네스 인이 아라우시오에서 로마 군대를 격파.

104 세르빌리우스 글라우키아의 배심원 법. 콘술에 재선된 마리우스가 로마 군대를 재편. 사제 선출에 관한 도미티우스 법. 제2차 시칠리아 노예 전쟁.

103 호민관 사투르니누스: 곡물 법, 반역 법 (마리우스의 전역병들을 위한 토지 할당). 콘술에 3선 된 마리우스가 갈리아에서 군대를 훈련.

102 콘술에 4선 된 마리우스가 아쿠아이 섹스티아이 근처에서 테우토네스 인을 격파. 마르쿠스 안토니우스가 해적을 소탕하기 위해 킬리키아로 파견됨.

101 콘술에 5선 된 마리우스와 카툴루스가 베르켈라이 근처에서 킴브리 인을 격퇴.

100	마리우스가 콘술에 6선. 사투르니누스의 입법. 마리우스가 사투르니누스와 글라우키아와 손잡고 로마에서 폭동을 일으킴. 세나투스 콘술툼 울티뭄(원로원 비상 결의). 마리우스가 질서를 회복했고, 사투르니누스와 글라우키아가 죽음. 율리우스 카이사르의 출생. 에포레디아에 식민시 건설. 제2차 시칠리아 노예전쟁의 종식.
98	마리우스가 로마를 떠나 아시아로 감. 카이킬리우스 디디우스 법. 루시타니아에서 반란이 일어남.
96	술라(97년의 프라이토르)가 아리오바르자네스를 카파도키아 권좌에 앉히도록 명령. 프톨레마이오스 아피온이 죽고, 죽을 때 퀴레네를 로마에 유증.
95	리키니우스 무키우스 법: 추방령. 미트리다테스가 로마에 의해 파플라고니아와 카파도키아를 떠나도록 명령 받음. 티그라네스가 아르메니아의 왕이 됨.
94	비시니아의 니코메데스 3세의 죽음.
92	루틸리우스 루푸스가 유죄 판결을 받음. 켄소르들이 라틴 웅변가들을 탄압.
91	마르쿠스 리비우스 드루수스의 호민관 취임과 피살. 동맹국 전쟁 발발.
90	동맹국 전쟁에서 밀린 로마. 율리아 법.
89	스트라보와 술라의 승리. 플라우티우스 법. 폼페이우스 법.
88	술피키우스 루푸스의 호민관 취임. 아시아의 군 지휘권을 술라에게서 마리우스에게로 이양하자는 제의. 술라가 로마를 장악하고, 술피키우스의 입법을 폐기하고, 일부 입법을 단행. 마리우스의 피신. 동맹국 전쟁이 삼니움 인에게 국한되다가 그들도 점차 항복. 미트리다테스가 소아시아를 유린.
86	킨나와 마리우스가 로마를 장악. 술라 지지자들에 대한 학살. 술라가 그리스에 상륙하여 아테네를 포위 공격. 킨나가 87~84년에 콘술 재위.
86	7선 콘술인 마리우스가 죽음. 플라쿠스와 핌브리아가 아시아로 파견됨. 술라가 아테네를 장악하고 카이로네아와 오르코메누스에서 미트리다테스의 군대를 격퇴.
85	다르다누스와 미트리다테스의 조약. 아시아의 세력 판도 조정.
84	새로운 시민들이 서른다섯 트리부스에 분산 할당됨. 킨나가 살해 됨. 카르보가 단독 콘술로 남음.
83	술라가 이탈리아에 상륙하고, 폼페이우스의 지원을 받음. 무레나가 제2차 미트리다테스 전쟁을 개시.
82	이탈리아의 내전. 술라가 승리하여 추방과 재산 몰수를 단행. 세르토리우스가 히스파니아로 떠남. 폼페이우스가 시칠리아에서 술라의 정적들을 진멸. 술라가 무레나에게 전쟁 중지를 지시.

81	술라의 독재관 취임. 국제(國制)상의 조정. 형법 개혁. 폼페이우스가 아프리카에서 마리우스를 격파. 세르토리우스가 히스파니아에서 쫓겨남.
80	세르토리우스가 다시 히스파니아에 상륙. 80년경 키케로의 '아메리아의 섹스투스 로스키우스변호 연설.'
79	술라가 독재관 직을 사임. 세르토리우스가 메텔루스 피우스를 격퇴.
78	술라의 죽음. 레피두스가 술라의 국제(國制)에 도전. 푸블리우스 세르빌리우스가 리키아의 해적을 소탕하기 위한 3년간의 원정을 감행.
77	레피두스의 패배와 죽음. 폼페이우스가 세르토리우스의 견제자로 임명됨.
76	호민관들에게 권력을 되돌려 주기 위한 선동. 세르토리우스가 메텔루스와 폼페이우스를 제재하는 데 성공함.
75	아우렐리우스 법이 호민관들에게 다른 관직들의 문호를 개방. 키케로가 시칠리아의 콰이스토르가 됨.
75/74	니코메데스가 죽으면서 비시니아를 로마에 유증.
74	퀴레네가 로마 속주가 됨. 히스파니아에 증원군 파견. 마르쿠스 안토니우스가 해적 소탕을 위한 지휘권을 받음. 미트리다테스가 비시니아를 침공하고, 그를 제재하기 위해 루쿨루스가 파견됨.
73	테렌티우스 카시우스 법. 카푸아에서 스파르타쿠스의 등장. 루쿨루스가 퀴지쿠스를 구출하고 미트리다테스를 격퇴.
72	스파르타쿠스의 승승장구. 세르토리우스가 암살되고, 그의 후임자 페르페르나가 히스파니아에 정착하고 있던 폼페이우스에게 패배. 루쿨루스가 폰투스의 미트리다테스에 대해 원정을 감행. 마르쿠스 루쿨루스가 트라키아 종족들을 격퇴. 마르쿠스 안토니우스가 크레테 해적들에게 격퇴됨.
70	폼페이우스와 크라수스의 첫 콘술 취임. 호민관들의 권한 회복. 형사 재판 절차의 재편. 베레스재판. 베르길리우스 출생.
69	루쿨루스가 아르메니아를 침공하고 티그라노케르타를 함락.
68	미트리다테스가 폰투스로 돌아감. 루쿨루스의 군대에 조성된 불만.
67	가비니우스 법이 폼페이우스에게 해적 소탕을 감행할 군 지휘권을 부여. 그가 지중해 전역에서 해적을 소탕.
66	마닐리우스 법이 폼페이우스에게 미트리다테스를 제재할 지휘권을 부여. 결국 미트리다테스가 격퇴당함. 제1차 카틸리나 '음모' 사건. 키케로의 프라이토르 취임. 그의 '폼페이우스의 임페리움에 관하여' (de imperio Cn. Pompei).
65	크라수스의 켄소르 취임. 폼페이우스가 코카서스에서 원정을 감행. 호라티우스의 출생.

재판. 레게스 폼페이아이(폼페이우스의 법들) 10인 호민관의 법. 갈리아에서 베르킹게토릭스의 반란. 알레시아 포위 공격. 베르킹게토릭스의 항복.

51　귀족파가 카이사르를 공격. 카이사르가 쿠리오의 지원을 얻음. 벨로바키의 반란. 욱셀로두눔에 대한 포위 공격. 파르티아가 시리아를 침공. 키케로가 킬리키아로 파견됨. 프톨레마이오스 아울레테스의 죽음. 프톨레마이오스 12세와 클레오파트라가 이집트의 공동 군주가 됨.

50　쿠리오가 카이사르의 후임자에 관한 결정에 거부권 행사. 폼페이우스가 여름에 병에 걸림. 쿠리오가 폼페이우스와 카이사르에게 군대 해산을 제안했다가 거부됨. 마르켈루스가 폼페이우스에게 국가를 건지도록 요청. 호민관들이 로마를 떠남. 카이사르가 갈리아의 세력을 규합한 뒤 루비콘 강을 건너 이탈리아로 침공. 내전의 시작.

49　폼페이우스가 그리스로 떠남. 카이사르가 11일간 1선 독재관이 되어 비상 입법을 통과시키고, 히스파니아로 가서 일레르다에서 폼페이우스의 군대를 격파. 쿠리오가 아프리카에서 패하여 죽음.

48　카이사르가 콘술에 재선. 이탈리아의 정세 불안. 밀로의 살해. 카이사르가 그리스로 건너감. 니라키움 원정. 폼페이우스가 파르살루스에서 패배하고 이집트에서 살해됨. 알렉산드리아 전쟁. 클레오파트라가 이집트의 여왕이 됨.

47　카이사르가 두번째로 독재관이 됨. 그의 기병대장 안토니우스가 이탈리아의 질서 유지를 시도함. 카이사르가 이집트를 떠나 젤라에서 파르나케스를 물리치고 동방의 정세를 바로잡은 뒤 이탈리아로 돌아와 폭동을 진압하고 법안을 통과시킨 다음 폼페이우스를 치기 위해 아프리카로 항해함.

46　카이사르가 타프수스에서 승리. 카토의 자살. 아프리카 노바의 재편. 카이사르가 2선 독재관에 3선 콘술의 자격으로 로마에 돌아와 개선식을 거행. 입법. 달력 개혁. 카이사르가 히스파니아로 떠남.

45　3선 독재관 겸 4선 콘술이 된 카이사르가 문다에서 폼페이우스의 군대를 격파. 로마로 돌아와 대대적인 환영을 받음.

44　카이사르가 4선 독재관(종신) 겸 5선 콘술이 됨. 음모. 카이사르의 살해. 옥타비아누스가 그리스에서 돌아옴. 안토니우스가 키살피나와 트랜스알피나 갈리아에서 지휘권을 받음. 키케로의 첫 '필리피카 연설'(Philippics).

43　안토니우스가 무티나에 대한 공격을 중단. 콘술들인 히르티우스와 판사의 죽음. 데키무스 브루투스가 갈리아에서 살해됨. 옥타비아누스(아우구스투스)가 콘술로 선포됨. 안토니우스, 옥타비아누스, 레피두스의 삼두정치(11월). 추방과 몰수; 키케로의 살해. 마케도니아에서의 마르쿠스 브루투스와 시리아에서의 카시우

스.

42	율리우스 카이사르가 신격화됨. 섹스투스 폼페이우스가 시칠리를 장악. 브루투스와 카시우스가 필리피에서 패배. 미래의 황제 티베리우스의 출생.
41	페루시아(Perusine) 전쟁. 소아시아의 안토니우스가 클레오파트라를 만나고 알렉산드리아를 방문.
40	루키우스 안토니우스가 페루시아를 옥타비아누스에게 양도. 브룬시디움의 합의로 로마 세계가 분할 (10월). 안토니우스가 옥타비아와 결혼. 시리아의 파르티아 침공. 원로원이 헤롯을 유대왕으로 승인. 베르길리우스의 「목가선집 제4권 」(*Fourth Eclogue*).
39	안토니우스, 옥타비아누스, 섹스투스 폼페이우스의 미세눔 협정. 벤티디우스가 아마누스 산에서 파르티아 인들을 격파.
38	옥타비아누스가 리비아와 결혼. 섹스투스 폼페이우스의 해전 승리. 벤티디우스가 긴다루스에서 승리. 안토니우스가 사모사타를 함락.
37	타렌툼 협정. 그로 인한 삼두정치가 재개된 듯함. 헤롯과 소시우스가 예루살렘 탈취. 안토니우스가 안티오크에서 클레오파트라와 결혼. 아민타스와 폴레모가 각각 갈라티아와 폰투스의 왕이 됨.
36	옥타비아누스가 호민관의 신성불가침권을 받음. 섹스투스 폼페이우스에 대한 공세. 나울로쿠스 해상에서 폼페이우스의 패배 . 레피두스가 삼두의 지위에서 축출. 안토니우스가 아르메니아를 통해 후퇴.
35	일리리아에서의 옥타비아누스. 섹스투스 폼페이우스의 죽음.
34	일리리아에서의 옥타비아누스. 안토니우스가 아르메니아를 침공하고, 알렉산드리아에서 개선식을 거행. 알렉산드리아의 기증.
33	옥타비아누스의 콘술 재선. 아르메니아에서의 안토니우스.
33/32	안토니우스와 클레오파트라가 에페소스에서 겨울을 보냄.
32	옥타비아가 안토니우스에게 이혼 당함. 옥타비아누스가 로마에서 안토니우스의 유서를 공개.
32/31	그리스에서의 안토니우스와 클레오파트라.
31	옥타비아누스의 콘술 3선(23년까지 계속 재임). 옥타비아누스가 악티움에서 안토니우스를 격파하고 아시아에서 겨울을 남.
30	옥타비아누스에게 호민관의 권한 부여. 안토니우스의 암살. 옥타비아누스의 알렉산드리아 입성과 클레오파트라의 자살.
30~28	크라수스의 발칸 반도 원정. 이집트에서의 코르넬리우스 갈루스.
29	옥타비아누스의 삼중 승리. 디부스 율리우스의 신전 봉헌.

28 옥타비아누스와 아그리파의 인구 조사; 렉티오 세나투스(원로원 의원 재임용 심사). 팔라티누스 언덕에 아폴로 신전 봉헌. 아우구스투스의 황능 착공. 히스파니아에서의 메살라.

원수정

27 국제(國制) 정비. 이제 아우구스투스가 된 옥타비아누스가 10년간 임페리움을 받음. 크라수스의 승리. 25년까지 갈리아와 히스파니아에서의 아우구스투스. 아그리파가 최초의 판테온을 건축.

26 코르넬리우스 갈루스의 불명예.

26~25 아일리우스 갈루스의 아라비아 원정.

25 율리아와 마르켈루스의 결혼. 바로가 살라시에서 패배. 스페인 타라코넨시스 조직. 갈라티아 합병.

25~23 페트로니우스가 지휘한 에티오피아 전쟁.

23 아우구스투스의 와병. 카이피오와 무레나의 음모. 국제(國制) 재정비. 아우구스투스가 콘술 직을 사임하고 프로콘술의 상급 임페리움과 완전한 호민관의 권한을 부여받음. 마르켈루스의 죽음. 아그리파가 동방에 파견됨. 호라티우스의「송시」(*Ode*) 중 처음 세 권 출간.

22 아우구스투스가 독재관 직과 종신 콘술 직을 사양하되, 쿠라 안노나이(곡물 공급 의원직)는 받아들임. 아우구스투스가 3년간 그리스와 아시아에 체류.

21 아그리파가 율리아와 결혼.

20 파르티아 인들이 로마의 군기를 반환. 티베리우스가 아르메니아에 들어가 티그라네스를 왕으로 세움.

19 아우구스투스의 귀환. 로마에 아우구스투스의 개선문이 세워짐. 베르길리우스와 티불루스의 죽음. 아그리파가 히스파니아를 평정.

18 아우구스투스의 임페리움이 5년간 연장. 아그리파가 상급 임페리움과 호민관의 권한을 받음. 율리우스의 법들. 원로원 의원 재임용 심사.

17 아우구스투스가 손자들인 가이우스와 루키우스를 양자로 삼음. 루디 사이쿨라레스(백년제). 호라티우스의 카르멘 사이쿨라레(백년제 노래).

16~13 아우구스투스의 갈리아 체류.

16 아그리파가 동방에 체류. 노리쿰의 합병.

15 티베리우스와 드루수스가 라이티와 빈델리키를 격파하고 도나우에 도달.

14 폴레모가 보스포로스 왕국을 인수.

13 아우구스투스의 귀환; 임페리움이 5년간 더 연장됨. 티베리우스의 콘술 취임.

의 권한과 아우구스투스와 동일한 총독의 임페리움을 받음.

14 루스트룸. 아우구스투스의 죽음. 티베리우스의 즉위. 세야누스가 친위대장이
됨. 판노니아와 게르마니아 주둔 군단들 내부에서 반란이 일어남. 드루수스가
판노니아에 파견됨. 게르마니쿠스가 라인 강을 건너 마르시 인을 공격.

15 게르마니쿠스가 카티 인을 공격. 아카이아와 마케도니아가 원로원령에서 프린
켑스령으로 전환되고 모이시아에 귀속.

16 리보 드루수스가 피소되었다고 자살. 게르마니쿠스가 다시 게르마니아를 침공
한 뒤 소환됨.

17 게르마니쿠스의 개선. 그뒤 동방에 파견. 그나이우스 피소가 시리아 총독으로
부임. 소아시아에 지진 발생. 카파도키아와 코마게네가 황제령 속주로 조직. 아
프리카 타크파리나스에서 반란이 일어남. 리비우스의 죽음.

18 티베리우스가 게르마니쿠스와 콘술에 취임(3선). 게르마니쿠스가 동방에 체류.
아르메니아가 아르탁시아스에게 하사됨. 게르마니쿠스가 이집트로 감.

19 유대인들이 로마에서 추방됨. 아르미니우스의 살해. 피소가 시리아를 떠남. 게
르마니쿠스가 안티오크에서 죽음.

20 피소의 재판; 자살.

21 티베리우스가 아들 드루수스와 함께 콘술 취임(4선). 티베리우스가 캄파니아로
감. 갈리아의 플로루스와 사크로비르에서 반란이 일어남. 트라키아의 사회 불
안.

22 드루수스가 호민관의 권한을 받음.

23 드루수스의 죽음.

24 탁파리나스의 패배.

25 크레무티우스 코르두스의 피소; 자살.

26 트라키아의 사회 불안 해소. 폰티우스 필라투스(본디오 빌라도)가 유대 총독에
임명.

27 베리우스가 카프레아이에 칩거.

28 프리시이 인의 반란.

29 리비아의 죽음. 아그리파의 추방.

30 벨레이우스 파테르쿨루스의 「역사」 출간.

31 티베리우스가 세야누스와 함께 콘술 취임(5선). 가이우스가 토가 비릴리스를
받음. 세야누스의 처형. 마크로가 친위대장에 임명됨.

33 아그리피나의 죽음. 로마의 재정난. 예수의 십자가 처형(추정 연대).

34 4분봉왕 필리포스의 영토가 시리아로 편입.

36	필라투스(빌라도)가 시리아 총독 루키우스 비텔리우스에 의해 로마로 보내짐.
37	티베리우스의 죽음. 가이우스(칼리굴라)의 즉위. 클라우디우스와 공동 콘술. 콤마게네가 다시 피보호 왕국으로 수립.
38	드루실라의 죽음와 신격화. 알렉산드리아에서 유대인들의 폭동. 폴레모 2세가 폰투스를, 코티스가 소 아르메니아를 받음.
39	가이우스가 라인 강으로 감. 율리아와 아그리피나가 추방됨.
40	가이우스가 도버 해협을 원정한 뒤 로마로 돌아옴.
41	가이우스가 살해됨(1월 24일). 클라우디우스가 황제로 즉위. 카우키 인의 패배. 클라우디우스가 알렉산드리아의 소요 사태 진압. 아그리피나 1세가 유대와 사마리아를 받음. 세네카의 추방.
42	달마티아에서 스크리보니아누스가 반란을 일으켰다가 자살. 마우레타니아가 두 개의 속주로 조직.
43	브리타니아 원정. 리키아가 황제령 속주로 됨.
44	클라우디우스가 브리타니아 원정을 마치고 개선. 아카이아와 마케도니아가 원로원령이 됨. 아그리피나 1세의 죽음. 유대가 다시 속주가 됨.
46	트라키아가 속주로 됨.
47	아울루스 플라우티우스가 브리타니아 정복을 마치고 개선. 클라우디우스와 루키우스 비텔리우스가 켄소르에 취임. 루디 사이쿨라레스(백년제). 코르불로가 프리시이 인에 대해 원정을 감행. 브리타니아에서의 오스토리우스 스카풀라.
48	메살리나가 처형됨. 클라우디우스가 아그리피나와 결혼.
49	세네카가 코르시카에서 소환되어 네로의 가정교사가 됨.
50	네로가 클라우디우스의 양자가 되고 브리타니쿠스의 후견인이 됨. 아그리파 1세가 칼키스를 통치.
51	부루스가 친위대장이 됨. 베스파시아누스의 콘술 취임. 카라타쿠스가 웨일스에서 패배. 51년 혹은 52년에 볼로게세스가 파르티아의 왕이 됨.
51~52	갈리오가 아카이아의 총독이 됨.
53	네로가 옥타비아와 결혼. 파르티아 인들의 아르메니아 강점. 티리다테스가 권좌에 복귀함.
54	클라우디우스의 죽음. 네로의 즉위. 클라우디우스가 신격화됨.
55	브리타니쿠스의 독살. 팔라스의 해임. 코르불로가 동방으로 감.
56	프라이펙티 아이라리이가 콰이스토레스 아이라리이로 대체.
57	네로가 원로원 의원들과 기사들을 강제로 오락에 참여하도록 만듦.
58	네로가 영구 콘술 직을 거부. 코르불로가 아르탁사스타를 점령.

59	네로가 아그리피나를 살해하고 그리스의 경기를 도입. 코르불로가 티그라노케르타를 점령.
60	네로니아의 수립. 코르불로가 아르메니아를 평정. 시리아 총독이 됨. 페스투스가 펠릭스 후임으로 유대 총독이 됨.
61	부디카의 반란과 브리타니아의 아케니 인.
62	부루스의 죽음. 티겔리누스가 친위대장이 됨. 세네카가 모욕을 당함. 네로가 옥타비아와 이혼하고 포파이아와 결혼. 옥타비아가 살해됨. 파이투스가 란데이아에서 파르티아에 항복.
64	로마의 대화재. 그리스도인들에 대한 박해. 황금저택(Domus Aurea) 건축 시작. 에티오피아에 그리스도교 전파.
64~65	코티안 알프스가 속주가 됨. 폰투스가 갈라티아에 편입.
65	피소의 음모. 세네카와 루카누스의 자살. 포파이아의 죽음. 무소니우스 루푸스의 추방.
66	네로가 로마에서 티리다테스에게 왕관을 씌워주고 그리스로 감. 트라세아 파이투스가 사형을 언도 받음. 비니키우스의 음모. 야누스 신전이 닫힘. 페트로니우스의 죽음. 팔레스타인에서 반란이 발생.
67	네로가 코린토스 운하를 방문. 코르불로가 자살을 명령 받음. 베스파시아누스가 유대에서 군대를 지휘. 요세푸스가 그에게 항복.
68	네로가 이탈리아로 귀환한 뒤 죽음(6월). 원로원과 친위대의 지지를 받은 갈바가 로마에 입성 (가을). 베르기니우스 루푸스가 갈리아에서 빈덱스의 반란 제의를 거부. 빈덱스의 패배와 죽음. 베스파시아누스가 예루살렘을 공격.
69	갈바가 살해되고 오토가 친위대에 의해 황제로 옹립(1월). 비텔리우스가 게르마니아 주둔군에 의해 황제로 옹립되고, 카이키나와 발렌스의 지지를 받음. 오토가 베드리아쿰에서 패배한 뒤 자살(4월). 라인 강 접경지에서 키빌리스의 봉기. 베스파시아누스가 동방에서 황제로 선포됨. 안토니우스가 지휘한 그의 군대가 크레모나를 약탈하고 로마를 점령. 비텔리우스의 죽음(12월). 황제 베스파시아누스.
70	베스파시아누스가 로마에 도착(여름). 클라시쿠스가 갈리아에 대한 명령권을 장악하려고 시도. 키빌리스가 진멸됨. 예루살렘의 함락. 카피톨리누스 신전 복원 공사 착공.
71	티투스가 유대에서 돌아옴. 총독의 명령권을 받고 베스파시아누스와 호민관의 권한을 양분. 점성가들과 철학자들이 로마에서 추방됨.
72	소 아르메니아가 카파도키아에 편입.

113	트라야누스가 파르티아 전쟁 개시.
114	아르메니아의 병합.
115	메소포타미아의 병합. 퀴레네에서 유대인이 반란을 일으킴.
116	크테시폰 함락. 동방에서 반란이 일어남. 유대인 반란의 확산.
117	트라야누스가 킬리키아에서 죽음. 하드리아누스의 즉위.
118	하드리아누스가 로마에 도착(7월).
120	안토니누스의 콘술 취임.
121	하드리아누스가 서방의 속주들을 순방.마르쿠스 아우렐리우스의 출생.
122	하드리아누스가 브리타니아를 방문하고 성벽 건축을 지시. 무어 인의 반란.
124	소아시아에서의 하드리아누스.
129	아테네에서의 하드리아누스.
130	하드리아누스가 안티노폴리스를 건설. 예루살렘 터에 아일리아 카피톨리나를 건설.
131	바르 코크바 휘하의 유대인 반란.
134	알라니 인이 파르티아를 침공.
135	유대인들이 마침내 패배. 시리아 팔라이스트리나의 재편. 베누스와 로마의 신전이 봉헌됨.
136	하드리아누스가 루키우스 아일리우스를 양자로 삼고 카이사르로 임명. 세르비아누스의 음모.
138	카이사르 루키우스 아일리우스의 죽음(1월). 안토니누스가 양자가 되어 공동 통치자가 됨(2월). 하드리아누스의 죽음(7월). 안토니누스 피우스의 즉위.
138~139	브리간테스 인이 롤리우스 우르비쿠스에게 패배.
139	하드리아누스의 황능 봉헌.
140	마르쿠스 아우렐리우스의 첫 콘술 취임.
142	브리타니아에 안토니누스 성벽이 완공됨.
145	마르쿠스아우렐리우스가 피우스의 딸 파우스티나와 결혼.
148	로마 건국 9백 주년.
152	마우레타니아에 다시 평화가 정착.
152~153	이집트에서의 반란.
154	브리간테스 족의 봉기가 진압됨.
157~158	다키아 종족들에 대한 원정.
160	마르쿠스 아우렐리우스와 루키우스 베루스가 콘술에 지명.
161	안토니누스의 죽음(3월). 마르쿠스. 아우렐리우스의 즉위. 루키우스 베루스가

아우구스투스의 칭호를 받음.

162	파르티아 인들이 아르메니아를 침공.루키우스.베루스가 동방에 파견됨.
163	아르메니아 수복.
165	전염병이 동방으로부터 이탈리아와 서방으로 번짐.
165~166	파르티아 인들의 패배; 셀레우키아와 크테시폰의 멸망.
166	로마가 메디아에서 승리. 루키우스 베루스가 마르쿠스 아우렐리우스와 개선식을 벌임.
167	로마에 전염병이 번짐. 마르코만니 인과 콰디 인이 도나우 강을 넘어옴; 이탈리아 북부가 침공 당함. 이아지게스 인이 다키아를 공격.
168~175	마르코만니 인, 콰디 인, 사르마타이 인에 대한 전쟁.
169	마르쿠스아우렐리우스가 북부 접경으로 감. 루키우스 베루스의 죽음.
172	마르코만니 인의 굴복. 이집트에서 반란 발생.
174	마르쿠스아우렐리우스가 「명상록」을 쓰기 시작. 콰디 인의 굴복.
175	이아지게스 인의 굴복. 아비디우스 카시우스의 반란; 진압됨. 마르쿠스 아우렐리우스와 콤모두스가 동방으로 감.
176	마르쿠스 아우렐리우스와 콤모두스가 로마로 돌아와 개선식을 치름.
177	콤모두스가 콘술에 취임하고, 아우구스투스의 칭호를 받음. 마우레타니아 인의 굴복.
178~180	도나우 접경 지대의 불안.
178	마르쿠스아우렐리우스와 콤모두스가 북쪽으로 감.
180	마르쿠스아우렐리우스의 죽음(3월). 콤모두스의 즉위. 다키아 종족들, 콰디 인, 이아지게스 인, 반달리 인이 평정됨. 페레니스가 친위대장이 됨.
182	루킬라의 음모; 처형.
184	브리타니아의 안토니누스 장벽을 마침내 포기함.
185	페레니스의 처형; 클레안데루스가 친위대장이 됨.
186	페르티낙스가 브리타니아 주둔군이 일으킨 폭동을 진압.
188	게르마니아에서 일어난 반란이 진압됨.
190	클레안데루스의 처형.페르티낙스가 아프리카의 소요 사태를 진압.
192	콤모두스의 살해(12월).
193	페르티낙스가 황제로 옹립됨(1월 1일); 친위대에 의해 살해됨(3월). 디디우스 율리아누스가 황제가 되었다가 살해됨(6월). 셉티미우스 세베루스의 즉위. 브리타니아에서 클로디우스 알비누스가 카이사르의 칭호를 받음. 시리아 군단들이 황제로 옹립한 페세니우스 니게르를 진압하기 위해 세베루스가 진격. 비잔

티움 포위 공격이 시작.

194	페세니우스의 패배와 죽음. 세베루스가 유프라테스 강을 건넘.
196	카라칼라가 카이사르로 옹립됨. 비잔티움의 함락.
197	알비누스가 루그두눔 근처에서 패배하고 자살함. 브리타니아가 두 속주로 분할. 세베루스가 로마로 귀환한 뒤(6월) 동방 원정을 재개.
197~198	카라칼라가 세베루스와 함께 아우구스투스로 선포됨.
198	세베루스가 크테시폰을 점령.
199~200	세베루스가 이집트, 시리아, 그리고 도나우 접경 지대를 순방.
202	세베루스가 로마로 돌아옴. 기독교 박해.
203	게타의 콘술 취임. 세베루스의 개선문 봉헌.
203~204	아프리카에서의 세베루스.
205	카라칼라와 게타의 콘술 취임. 플라우티아누스의 살해. 브리타니아 북부가 스코틀랜드 종족들에게 약탈당한 뒤 하드리아누스 장벽을 복구함.
206~207	이탈리아에서 불라 펠릭스가 일으킨 혼란.
208	세베루스가 로마를 떠나 브리타니아로 감.
209	세베루스가 스코틀랜드 북부를 원정.
211	셉티미우스 세베루스가 요크에서 죽음. 게타와 카라칼라가 로마로 돌아옴.
212	카라칼라가 게타를 죽이고 유일 황제가 됨. 「안토니누스 황제 칙법」(Constitutio Antoniniana).
213	카라칼라가 알라만니 인에 대해 원정을 감행.
215	안토니니아누스의 은화 발행.
215~216	카라칼라가 안티오크에서 겨울을 난 뒤 동쪽으로 진격.
217	카라칼라가 카라이 근처에서 살해됨. 마크리누스가 황제가 되었으나 니시비스 근처에서 패배를 당함.
218	엘라가발루스의 지지자들이 마크리누스를 물리치고 그를 살해함; 엘라가발루스가 황제로 옹립됨.
219	엘라가발루스가 로마에 도착.
220	엘라가발루스의 콘술 취임.
222	엘라가발루스가 사촌 알렉산데르를 양자로 삼음. 엘라가발루스와 율리아 소아이미아스가 살해됨(3월). 세베루스 알렉산데르가 황제가 됨.
223(?)	친위대장 겸 법률가 울피아누스가 군인들에 의해 살해됨.
227	아르다쉬르 사사니안이 파르티아의 왕이 됨.
229	세베루스 알렉산데르와 디오 카시우스가 콘술에 취임.

230 　페르시아가 메소포타미아를 침공하고 니시비스를 포위 공격.

231 　세베루스 알렉산데르가 로마를 떠나 동방으로 감.

232 　페르시아에 대한 로마의 공격이 실패함.

233 　세베루스 알렉산데르가 로마로 귀환.

234 　알라만니 인에 대한 원정. 판노니아 주둔군이 막시미누스 트락스를 황제로 옹립.

235 　세베루스 알렉산데르가 모군티아쿰 근처에서 죽음(3월). 막시미누스가 원로원의 인정을 받고 알라만니 인을 격퇴함. 그리스도교 제재법의 시행.

236~237 　다키아 인과 사르마티아 인에 대한 전투.

237~238 　페르시아가 메소포타미아를 공격하여 니시비스와 카라이를 점령.

238~275 　이 시기의 연대는 접경지의 사건들 때문에 불확실한 경우가 많다.

238 　아프리카의 총독 고르디아누스가 황제로 옹립됨. 그가 자기 아들과 통치하다가 누미디아 총독에 의해 살해됨. 원로원이 푸피에누스와 발비누스를 임명(4월). 막시미누스가 살해됨(5/6월). 친위대 병사들이 푸피에누스와 발비누스를 살해하고 고르디아누스 3세를 황제로 옹립(7월). 고트 족과 카르피 족이 도나우 강을 넘어 침공함.

241 　티메시테우스가 친위대장이 됨. 샤푸르 1세가 아르다쉬르를 계승함.

242 　티메시테우스가 페르시아에 대해 원정을 감행.

244 　고르디아누스 3세가 살해됨. 아라비아 인 필리포스가 페르시아와 강화하고 황제가 되어 로마에 옴.

245~247 　도나우 접경에서 전쟁이 발생.

247 　황제의 아들 필리포스가 아우구스투스가 됨. 로마 건국 1천 주년.

248 　로마에서 건국 1천 주년 기념 경기가 열림. 데키우스가 모이시아와 판노니아를 평정.

249 　데키우스가 군대에 의해 황제로 옹립. 데키우스가 베로나 근처에서 벌어진 전투에서 필리포스와 그의 아들을 죽임. 크니바가 이끄는 고트 족이 공격을 재개.

249~251 　그리스도교인들에 대한 박해.

251 　데키우스의 두 아들이 아우구스투스로 옹립됨. 데키우스와 그의 아들 헤렌니우스 에트루스쿠스가 도나우 접경에서 패하여 죽음. 트레보니아누스 갈루스가 데키우스의 다른 아들 호스틸리아누스와 함께 황제로 선포되었으나, 호스틸리아누스는 곧 죽음. 갈루스의 아들 볼루시아누스가 아우구스투스로 선포됨.

252 　고트 족과 야만족이 북부 접경 지대를 공격. 페르시아가 메소포타미아를 공격.

253 　아이밀리아누스가 황제로 선포됨; 갈루스의 패배와 죽음. 발레리아누스가 라인

강 주둔군에 의해 황제로 옹립됨. 아이밀리아누스가 자신의 병사들에게 살해됨. 발레리아누스가 로마로 감. 그의 아들 갈리에누스가 제2의 아우구스투스로 선포됨.

254	마르코만니 족이 판노니아를 공격하고 라벤나를 약탈.
256	프랑크 족이 라인강 저지를 공격. 고트 족이 해상으로 소아시아를 공격.
257	발레리아누스가 그리스도교인들에 대한 박해를 재개. 페르시아 침공의 재개.
258	키프리아누스의 순교(258 혹은 259년). 갈리에누스가 알라만니 족을 물리침.
259/260	발레리아누스가 샤푸르에게 생포됨.
260	갈리에누스가 그리스도교 박해를 중단. 마크리아누스와 퀴에투스가 동방에서 황제들로 옹립됨. 갈리아에서의 포스투무스(혹은 259년). 잉게누우스의 반란과 판노니아에서 레갈리아누스의 반란.
261	아우레올루스에 대한 전투에서 마크리아누스가 전사함. 팔미라의 오데나투스가 둑스 오리엔티스(오리엔트 사령관)로 승인됨. 퀴에투스가 에메사에서 처형됨.
262	전염병이 이탈리아와 아프리카에 번짐. 오데나투스가 페르시아를 성공적으로 제재함. 로마에서 갈리에누스의 개선문이 봉헌됨.
267	고트 족의 소아시아 침공.
267~268	오데나투스가 전사함; 제노비아가 유아 바발라투스의 이름으로 권력을 쥠.
268	고트 족이 트라키아와 그리스를 침공. 갈리에누스가 나이수스에서 승리를 거두었으나 밀라노에서 살해됨. 클라우디우스가 황제가 됨. 아우레올루스가 살해됨.
268/269	포스투무스가 살해됨. 제노비아가 왕국을 확대.
269	클라우디우스가 고트 족에 대해 결정적인 승리를 거둠.
270	클라우디우스가 판노니아에서 전염병으로 죽음(1월). 원로원이 퀸틸루스를 선정했으나 아우렐리아누스가 그와 유틍기 족을 제압하는 데 성공함. 다키아를 포기함. 제노비아의 군대가 알렉산드리아에 입성. 플로티노스의 죽음.
271	아우렐리아누스의 장벽이 로마에서 착공. 아우렐리아누스가 제노비아를 정벌하기 위해 이동.
273	아우렐리아누스가 팔미라를 멸망시킴. 이집트에서 일어난 반란이 진압됨.
274	아우렐리아누스가 갈리아에서 테트리쿠스를 격파한 뒤 개선식을 치르고 주화를 발행. 로마에 태양신 신전을 건립.
275	아우렐리아누스가 트라키아에서 살해됨. 타키투스가 황제가 됨.
276	타키투스의 죽음. 그의 동생 플로리아누스가 살해됨. 프로부스가 황제가 됨.
276~277	프로부스가 갈리아에서 게르만 족과 고트 족을 몰아냄.

307 콘스탄티누스가 막시미아누스의 딸 파우스타와 결혼하고, 막센티우스를 아우구스투스로 받아들임. 세베루스의 패배와 죽음. 갈레리우스가 이탈리아로 갔다가 판노니아로 철수.

308 황제들인 디오클레티아누스, 갈레리우스, 막시미아누스가 카르눈툼에서 회담을 가짐. 리키니우스가 아우구스투스로 선포됨.

310 막시미아누스의 죽음.

311 갈레리우스가 니코메디아에서 그리스도인들에게 법적 승인을 부여하는 칙령을 공포. 갈레리우스의 죽음. 박해의 재개(10~11월). 아프리카에서 일어난 반란이 진압됨.

312 콘스탄티누스가 밀비아 다리에서 막센티우스를 물리침. 막센티우스의 죽음.

313 콘스탄티누스와 리키니우스가 밀라노에서 만나 로마 세계를 분할하는 데 합의. 리키니우스가 막시미누스를 물리치고, 막시미누스가 타르수스에서 죽음. 리키니우스가 니코메디아에서 신앙 자유령을 공포. 로마에서 열린 공의회에서 도나투스파가 단죄를 받음.

314 아를에서 주교 회의 개최.

314~315 콘스탄티누스가 리키니우스와 손잡고서 전쟁에서 승리.

315 로마에 콘스탄티누스의 개선문이 건립됨.

316 디오클레티아누스의 죽음.

317 콘스탄티누스의 아들들인 크리푸스와 콘스탄티우스, 그리고 리키니우스의 아들 리키니아누스가 카이사르들로 선포됨.

320 리키니우스가 기독교를 탄압함.

321 콘스탄티누스가 도나투스파에게 관용령을 선포.

322 콘스탄티누스가 사르마티아 인들을 판노니아에서 몰아냄.

323 콘스탄티누스가 고트 족을 트라키아에서 몰아냄.

324 콘스탄티누스와 리키니우스 사이의 전쟁. 콘스탄티누스가 아드리아노플과 크리소폴리스에서 승리를 거둠. 리키니우스가 추방됨. 콘스탄티노폴리스 건설 착공.

325 리키니우스의 살해. 니케아에서 그리스도교 공의회가 열림.

330 콘스탄티노플이 황제의 주둔 도시가 됨.

337 콘스탄티누스의 죽음. 제국이 그의 세 아들에 의해 3분됨.

337~340 콘스탄티누스 2세가 서방의 황제가 됨.

337~350 콘스탄스.

337~361 동방에서의 콘스탄티우스 2세.

406	갈리아에 야만족이 침입함.
408	스틸리코의 살해. 알라릭이 이탈리아를 침공함.
408~450	테오도시우스 2세가 동방의 황제가 됨.
409	히스파니아가 반달 족 알란 족, 수에비 족에게 침공을 당함.
410	서고트 족이 로마를 함락(8월 23일). 알라릭의 죽음. 호노리우스가 브리타니아에 대해서 자체 방어를 역설.
425~455	발렌티니아누스 3세가 서방의 황제가 됨.
429	반달 족이 아프리카를 침공.
430	히포의 아우구스티누스의 죽음.
438	테오도시우스 법전.
439	반달 족이 카르타고를 함락.
446	브리타니아가 아이티우스에게 최후로 호소.
450~457	마르키아누스가 동방의 황제가 됨.
451	아이티우스와 훈족 사이의 전투. 칼케돈 공의회.
453	아틸라의 죽음.
454	아이티우스의 살해. 동고트 족이 판노니아에 정착.
455	막시무스가 서방의 황제가 됨. 가이세릭이 이끄는 반달 족이 로마를 약탈.
472	리키메르가 로마를 함락.
476	서방 황제 로물루스 아우구스툴루스의 폐위. 오도아케르가 이탈리아의 왕이 됨. 제노가 동방과 서방의 황제가 됨.

한 권으로 읽는 디테일 로마사

하이켈하임 로마사

1판 1쇄 발행 1999년 2월 20일
2판 1쇄 발행 2017년 4월 21일
2판 4쇄 발행 2024년 3월 11일

지은이 프리츠 M. 하이켈하임
옮긴이 김덕수
발행인 박명곤　**CEO** 박지성　**CFO** 김영은
기획편집1팀 채대광, 김준원, 이승미, 이상지
기획편집2팀 박일귀, 이은빈, 강민형, 이지은
디자인팀 구경표, 구혜민, 임지선
마케팅팀 임우열, 김은지, 이호, 최고은

펴낸곳 (주)현대지성
출판등록 제406-2014-000124호
전화 070-7791-2136　**팩스** 0303-3444-2136
주소 서울시 강서구 마곡중앙6로 40, 장흥빌딩 10층
홈페이지 www.hdjisung.com　**이메일** support@hdjisung.com
제작처 영신사

ⓒ 현대지성 2017

"Curious and Creative people make Inspiring Contents"
현대지성은 여러분의 의견 하나하나를 소중히 받고 있습니다.
원고 투고, 오탈자 제보, 제휴 제안은 support@hdjisung.com으로 보내 주세요.

현대지성 홈페이지

"인류의 지혜에서 내일의 길을 찾다"
현대지성 클래식

현대지성 클래식 살펴보기